Springer-Lehrbuch

Bernd Hecker

Europäisches Strafrecht

7. Auflage

 Springer

Bernd Hecker
Lehrstuhl für Deutsches und Europäisches Strafrecht,
Strafprozessrecht sowie Umwelt- und Wirtschaftsstrafrecht
Eberhard Karls Universität Tübingen
Tübingen, Deutschland

ISSN 0937-7433   ISSN 2512-5214 (electronic)
Springer-Lehrbuch
ISBN 978-3-662-69491-6   ISBN 978-3-662-69492-3 (eBook)
https://doi.org/10.1007/978-3-662-69492-3

Die Deutsche Nationalbibliothek verzeichnet diese Publikation in der Deutschen Nationalbibliografie; detaillierte bibliografische Daten sind im Internet über https://portal.dnb.de abrufbar.

© Springer-Verlag GmbH Deutschland, ein Teil von Springer Nature 2005, 2007, 2010, 2012, 2015, 2021, 2024

Das Werk einschließlich aller seiner Teile ist urheberrechtlich geschützt. Jede Verwertung, die nicht ausdrücklich vom Urheberrechtsgesetz zugelassen ist, bedarf der vorherigen Zustimmung des Verlags. Das gilt insbesondere für Vervielfältigungen, Bearbeitungen, Übersetzungen, Mikroverfilmungen und die Einspeicherung und Verarbeitung in elektronischen Systemen.
Die Wiedergabe von allgemein beschreibenden Bezeichnungen, Marken, Unternehmensnamen etc. in diesem Werk bedeutet nicht, dass diese frei durch jedermann benutzt werden dürfen. Die Berechtigung zur Benutzung unterliegt, auch ohne gesonderten Hinweis hierzu, den Regeln des Markenrechts. Die Rechte des jeweiligen Zeicheninhabers sind zu beachten.
Der Verlag, die Autoren und die Herausgeber gehen davon aus, dass die Angaben und Informationen in diesem Werk zum Zeitpunkt der Veröffentlichung vollständig und korrekt sind. Weder der Verlag noch die Autoren oder die Herausgeber übernehmen, ausdrücklich oder implizit, Gewähr für den Inhalt des Werkes, etwaige Fehler oder Äußerungen. Der Verlag bleibt im Hinblick auf geografische Zuordnungen und Gebietsbezeichnungen in veröffentlichten Karten und Institutionsadressen neutral.

Springer ist ein Imprint der eingetragenen Gesellschaft Springer-Verlag GmbH, DE und ist ein Teil von Springer Nature.
Die Anschrift der Gesellschaft ist: Heidelberger Platz 3, 14197 Berlin, Germany

Wenn Sie dieses Produkt entsorgen, geben Sie das Papier bitte zum Recycling.

Vorwort zur 7. Aufl.

Sehr geehrte Leserinnen und Leser,

Auch mit der vorliegenden Neuauflage meines Lehrbuchs möchte ich Ihnen eine didaktisch ausgerichtete Gesamtdarstellung des Europäischen Strafrechts präsentieren, die den Rechtsstoff systematisch aufarbeitet, fachliche und methodische Grundkenntnisse des Rechtsgebiets vermittelt, praxisnahe Vertiefungsschwerpunkte setzt, zentrale Thesen und Erkenntnisse einprägsam zusammenfasst, wichtige Quellen aus Gesetzgebung, Literatur und Rechtsprechung nachweist, rechtsdogmatisches und kriminalpolitisches Problembewusstsein weckt und zum weiteren Forschen anregt.

Der europäische Gesetzgeber hat von den ihm durch den Vertrag von Lissabon zuerkannten Harmonisierungskompetenzen in erheblichem Umfang Gebrauch gemacht. Weite Bereiche des materiellen Strafrechts und des Strafverfahrensrechts wurden im Wege der Richtliniensetzung einer Mindestangleichung zugeführt. Von großer praktischer Relevanz sind auch die auf dem Grundsatz der gegenseitigen Anerkennung beruhenden Instrumente, insbesondere Europäischer Haftbefehl, Europäische Ermittlungsanordnung und transnationales Doppelbestrafungsverbot. Ein Novum ist die E-Evidence-VO, die den Strafverfolgungsbehörden in transnationalen Strafverfahren ab dem 18.08.2026 einen unmittelbaren Zugriff auf elektronische Beweismittel (z. B. Inhalte aus E-Mails, SMS und WhatsApp-Chatverläufen) in Form einer direkt gegen den jeweiligen Diensteanbieter gerichteten Europäischen Herausgabeanordnung ermöglicht.

Die Grund- und Menschenrechte haben durch die Rechtsprechung der Europäischen Gerichtshöfe (EGMR und EuGH) einen erheblichen Bedeutungszuwachs erfahren. Aus deutscher Sicht ist besonders bemerkenswert, dass das BVerfG mit seiner „Recht auf Vergessen"-Judikatur im Jahr 2019 einen Paradigmenwechsel eingeleitet hat, indem es nunmehr die in der GRCh verankerten Unionsgrundrechte ausschließlich oder zumindest ergänzend als verfassungsrechtlichen Prüfungsmaßstab heranzieht.

Ein Meilenstein in der Entwicklung des Europäischen Strafrechts ist schließlich die Errichtung der von derzeit 22 Mitgliedstaaten getragenen Europäischen Staatsanwaltschaft, die am 01.06.2021 ihre operative Tätigkeit aufgenommen hat.

Abschließend darf ich auf die 2022 im Springer-Verlag erschienene, gemeinsam mit meinem Münchner Kollegen *Mark A. Zöller* verfasste 3. Auflage der

„*Fallsammlung zum Europäischen und Internationalen Strafrecht*" verweisen, die sich als Ergänzung zu diesem Lehrbuch versteht.

Für tatkräftige Unterstützung danke ich meinem Lehrstuhlteam, namentlich Herrn *Privatdozent Dr. Maximilian Lenk*, Frau *Franziska Reuß*, Frau *Kira Scholler* und Herrn *Matthias Walcher*.

Rechtsprechung, Literatur und Gesetzesmaterialien befinden sich auf dem Stand von Mai 2024.

Tübingen, Deutschland Bernd Hecker
Mai 2024

Vorwort zur 1. Aufl.

Europäisches Strafrecht ist eine junge, in dynamischer Entwicklung begriffene Rechtsdisziplin. Der Zugang zu dieser Rechtsmaterie ist dadurch erschwert, dass der einschlägige Rechtsstoff supranationalen, völkerrechtlichen und innerstaatlichen Rechtsquellen verschiedener Hierarchien entstammt. Zu denken ist etwa an Gemeinschaftsprimärrecht, EG-Verordnungen, Richtlinien, völkerrechtliche Übereinkommen, Rahmenbeschlüsse sowie an nationale Gesetze und Rechtsverordnungen. Zwar existiert bereits eine recht stattliche Anzahl an Monografien, Zeitschriftenbeiträgen sowie Entscheidungen nationaler und europäischer Gerichte (EuGH und EGMR), die sich mit Fragen des Europäischen Strafrechts befassen. Diese sind jedoch regelmäßig auf die Erörterung bestimmter Themenausschnitte bzw. spezieller Einzelprobleme fokussiert. Auch ist die Lektüre tiefschürfender Dissertationen, Habilitationsschriften und sonstiger wissenschaftlicher Monografien eine recht „schwere Kost", die sich kaum für Leser eignet, die sich in ein für sie neues, noch weitgehend unbekanntes Rechtsgebiet einarbeiten wollen. Für diesen Kreis von Interessenten bietet sich das Studium von Lern- und Übersichtbeiträgen an, die – mit unterschiedlicher Problemgewichtung – in bestimmte Themen des Europäischen Strafrechts einführen. Schon aufgrund der in Zeitschriften üblichen Seitenbegrenzungen vermögen diese Aufsätze freilich keine primär didaktisch ausgerichtete Gesamtdarstellung des Europäischen Strafrechts zu ersetzen, die – im Idealfall – den Rechtsstoff vollständig und systematisch aufarbeitet, fachliche und methodische Grundkenntnisse des Rechtsgebietes vermittelt, praxisnahe Vertiefungsschwerpunkte setzt, Anleitungen für die Lösung konkreter Fälle gibt, zentrale Thesen und Erkenntnisse einprägsam zusammenfasst, wichtige Literaturbeiträge und aktuelle Rechtsprechung nachweist, dogmatisches und kriminalpolitisches Problembewusstsein weckt, zum Lernen und Weiterdenken anregt sowie – nicht zuletzt – einen Kanon „abfragbaren Wissens" präsentiert. Ob und wie gut dies dem vorliegenden Lehrbuch gelungen ist, mögen die Leser entscheiden. Für konstruktive Kritik und Verbesserungsvorschläge jeder Art ist der Verfasser offen und dankbar.

Das vorliegende Lehrbuch richtet sich in erster Linie an Studierende der Rechtswissenschaften sowie Absolventen von Polizeifachhochschulen, die sich in das Europäische Strafrecht einarbeiten, ihr Wissen festigen und erweitern oder auch nur Prüfungsstoff repetieren wollen. Insbesondere Studierenden, die Strafrecht oder

Europarecht als Vertiefungs- bzw. Schwerpunktfach gewählt haben, möge das Lehrbuch nützliche Dienste erweisen. Aber auch Rechtspraktikern, die z. B. als Richter, Staatsanwalt, Strafverteidiger oder Kriminalbeamter mit der Bearbeitung grenzüberschreitender oder europarechtsbezüglicher Strafrechtsfälle befasst sind, soll der „Einstieg" in die Materie erleichtert und ein rascher Zugang zu den breit verstreuten Rechtsbestimmungen sowie zu problemvertiefender Rechtsprechung und Literatur ermöglicht werden. Schließlich möge das Lehrbuch den in Wissenschaft und Lehre tätigen Kollegen Anregungen für Vorträge und Lehrveranstaltungen sowie Inspiration für die weitere Erforschung eines in rasanter Entwicklung befindlichen Rechtsgebietes bieten.

Eine gewinnbringende Nutzung dieses Lehrbuches setzt ein gewisses Maß an fachlichem Vorwissen auf Seiten des Lesers voraus. Dieser sollte über fortgeschrittene Kenntnisse des deutschen Straf- und Strafprozessrechts sowie zumindest über Basiswissen in den Bereichen Verfassungs-, Europa- und Völkerrecht verfügen. Studierende der Rechtswissenschaften oder Absolventen von Polizeifachhochschulen dürften diese Voraussetzungen spätestens ab dem 4. Studiensemester mitbringen. Es erscheint sinnvoll, dargebotene Beispielsfälle zunächst selbstständig zu durchdenken und sodann mit den Lösungshinweisen zu vergleichen. Zur Vertiefung bestimmter Einzelprobleme oder Themenkomplexe empfiehlt sich das Studium der angegebenen Literatur und Rechtsprechung. Dem eiligen oder um Vororientierung bemühten Leser sei die Lektüre der am Ende jedes Kapitels befindlichen Zusammenfassungen empfohlen. Auf den nachfolgend genannten Internetseiten findet der Leser Informationen über aktuelle europapolitische Themen und rechtliche Entwicklungen auf europäischer Ebene. Über **http://www.coe.int** gelangt man auf die Homepage des Europarates und über **http://www.europa.eu.int** auf die der Europäischen Union. Der Zugriff auf die Datenbank CELEX (Recht der EU) erfolgt über **http://europa.eu.int/celex**.

Für wertvolle Diskussionen, Anregungen, Fundstellenrecherchen und sonstige tatkräftige Unterstützung in der Entstehungsphase dieses Buches danke ich Herrn Richter Dr. *Lars Witteck* sowie meinen Mitarbeiterinnen und Mitarbeitern Herrn *Markus Benner*, Frau *Melanie Berkl*, Herrn *Dominique Dahlmanns*, Frau *Anja Dohmen* und Herrn *Andreas Glaser*.

Gießen, Deutschland   Bernd Hecker
Januar 2005

Literatur

Abgekürzt zitierte Literatur

Monografien

Bertrand, Christian, Aktuelle Betrachtung des Glücksspielstrafrechts, 2011 (zit.: *Bertrand*, Glücksspielstrafrecht)

Bisson, Frank, Die lebensgefährliche Verteidigung von Vermögenswerten, 2002 (zit.: *Bisson*, Verteidigung von Vermögenswerten)

Bochmann, Christian, Entwicklung eines europäischen Jugendstrafrechts, 2009 (zit.: *Bochmann*, Europäisches Jugendstrafrecht)

Böse, Martin, Strafen und Sanktionen im Europäischen Gemeinschaftsrecht, 1996 (zit.: *Böse*, Strafen und Sanktionen)

Böse, Martin, Der Grundsatz der Verfügbarkeit von Informationen in der strafrechtlichen Zusammenarbeit der EU, 2007 (zit.: *Böse*, Grds. der Verfügbarkeit)

Bogusch, Kerstin, Die Einbeziehung der Rechtsgüter von EU-Mitgliedstaaten in den Schutzbereich deutscher Straftatbestände, 2017 (zit.: *Bogusch*, Rechtsgüter von EU-Mitgliedstaaten)

Born, Patrick Viktor, Die Europäisierung von Strafmilderungsgründen – Eine Analyse am Beispiel der Ermittlungshilfe im Terrorismusbereich unter vergleichender Betrachtung der Rechtslage in Deutschland, Italien, Spanien und Frankreich, 2022 (zit.: *Born*, Europäisierung von Strafmilderungsgründen)

Braum, Stefan, Europäische Strafgesetzlichkeit, 2003 (zit.: *Braum*, Strafgesetzlichkeit)

Brechmann, Winfried, Die richtlinienkonforme Auslegung: zugleich ein Beitrag zur Dogmatik der EG-Richtlinie, 1994 (zit.: *Brechmann*, Richtlinienkonforme Auslegung)

Brodowski, Dominik, Die Evolution des Strafrechts – Strafverfassungsrechtliche, europastrafrechtliche und kriminalpolitische Wirkungen auf Strafgesetzgebung, 2023 (zit.: *Brodowski*, Evolution des Strafrechts)

Brons, Julia, Binnendissonanzen im AT – Die Vorfeld- und Beteiligungsstrafbarkeit nach dem StGB im Spannungsfeld zwischen europäischen Vorgaben und deutscher Strafrechtsdogmatik, 2014 (zit.: *Brons*, Binnendissonanzen)

Bülte, Jens, Vorgesetztenverantwortlichkeit im Strafrecht, 2015 (zit.: *Bülte*, Vorgesetztenverantwortlichkeit)
Cappel, Alexander, Auf dem Weg zu einem europäischen Untreuestrafrecht, 2009 (zit.: *Cappel*, Europäisches Untreuestrafrecht)
Deutscher, Jörg, Die Kompetenzen der Europäischen Gemeinschaften zur originären Strafgesetzgebung, 2000 (zit.: *Deutscher*, Kompetenzen)
Diehm, Dirk, Die Menschenrechte der EMRK und ihr Einfluss auf das deutsche Strafgesetzbuch, 2006 (zit.: *Diehm*, Menschenrechte)
Dorra, Fabian, Strafrechtliche Legislativkompetenzen der Europäischen Union, 2013 (zit.: *Dorra*, Legislativkompetenzen)
Enderle, Bettina, Blankettstrafgesetze – Verfassungs- und strafrechtliche Probleme von Wirtschaftsstraftatbeständen, 2000 (zit.: *Enderle*, Blankettstrafgesetze)
Esser, Robert, Auf dem Weg zu einem europäischen Strafverfahrensrecht, 2002 (zit.: *Esser*, Europäisches Strafverfahrensrecht)
Fromm, Ingo E., EG-Rechtssetzungsbefugnis im Kriminalstrafrecht, 2009 (zit.: *Fromm*, EG-Rechtssetzungsbefugnis)
Göhler, Johanna Maria, Strafprozessuale Rechte des Verletzten in der Europäischen Union, 2019 (zit.: *Göhler*, Rechte des Verletzten in der EU)
Gröblinghoff, Stefan, Die Verpflichtung des deutschen Strafgesetzgebers zum Schutz der Interessen der Europäischen Gemeinschaften, 1996 (zit.: *Gröblinghoff*, Verpflichtung des Strafgesetzgebers)
Grzywotz, Johanna, Virtuelle Kryptowährungen und Geldwäsche, 2019
Hecker, Bernd, Strafbare Produktwerbung im Lichte des Gemeinschaftsrechts, 2001 (zit.: *Hecker*, Produktwerbung)
Heger, Martin, Die Europäisierung des deutschen Umweltstrafrechts, 2009 (zit.: *Heger*, Europäisierung)
Heim, Cornelia, Die Vereinbarkeit der deutschen Betrugsstrafbarkeit (§ 263 StGB) mit unionsrechtlichen Grundsätzen und Regelungen zum Schutz der Verbraucher vor Irreführungen, 2013 (zit.: *Heim*, Schutz vor Irreführungen)
Heise, Friedrich Nicolaus, Europäisches Gemeinschaftsrecht und nationales Strafrecht, 1998 (zit.: *Heise*, Gemeinschaftsrecht und Strafrecht)
Heitzer, Anne, Punitive Sanktionen im Europäischen Gemeinschaftsrecht, 1997 (zit.: *Heitzer*, Punitive Sanktionen)
Herbst, Christoph, Grundprobleme des lebensmittelstrafrechtlichen Irreführungsverbots, 2000 (zit.: *Herbst*, Irreführungsverbot)
Hußung, Daniel, Der Tatbegriff im Art. 54 des Schengener Durchführungsübereinkommens, 2011 (zit.: *Hußung*, Tatbegriff d. Art. 54 SDÜ)
Huthmann, Lukas, Grundzüge eines EU-Strafverfassungsrechts – Ein konzeptioneller Ansatz für die europäische Integration des Straf- und Strafverfahrensrechts, 2023 (zit.: *Huthmann*, EU-Strafverfassungsrecht)
Jesse, Björn, Der Verbrechensbegriff des Römischen Statuts, 2009 (zit.: *Jesse*, Verbrechensbegriff)
Jokisch, Jens, Gemeinschaftsrecht und Strafverfahren, 2000 (zit.: *Jokisch*, Gemeinschaftsrecht und Strafverfahren)

Kert, Robert, Lebensmittelstrafrecht im Spannungsfeld des Gemeinschaftsrechts, 2004 (zit.: *Kert*, Lebensmittelstrafrecht)

Kisseler, Vanessa, Die Europäisierung des Abfallstrafrechts in Deutschland und England, 2021 (zit.: *Kisseler*, Europäisierung des Abfallstrafrechts)

Knaut, Silke, Die Europäisierung des Umweltstrafrechts – Von uneinhitlichen nationalen Regelungen über einheitliche europäische Mindeststandards hin zur Optimierung der Umweltstrafrechtsordnungen, 2005, (zit.: *Knaut*, Europäisierung)

Kniebühler, Roland Michael, Transnationales „ne bis in idem" – Zum Verbot der Mehrfachverfolgung in horizontaler und vertikaler Dimension, 2005 (zit.: *Kniebühler*, Ne bis in idem)

Knytel, Dagna, Die Europäische Ermittlungsanordnung und ihre Umsetzung in die deutsche und französische Rechtsordnung, 2020 (zit.: *Knytel*, Umsetzung der EEA in Deutschland und Frankreich)

Kreis, Florian, Die verbrechenssystematische Einordnung der EG-Grundfreiheiten, 2008 (zit.: *Kreis*, Grundfreiheiten)

Liebau, Tobias, „Ne bis in idem" in Europa – Zugleich ein Beitrag zum Kartellsanktionenrecht in der EU und zur Anrechung drittstaatlicher Kartellsanktionen, 2005 (zit.: *Liebau*, Ne bis in idem)

Lienert, Katharina, Die Europäische Verwaltungsakzessorietät des Umweltstrafrechts, 2022 (zit.: *Lienert*, Europäische Verwaltungsakzessorietät)

Lührmann, Olivia, Tötungsunrecht durch Eigentumsverteidigung?, 1999 (zit.: *Lührmann*, Eigentumsverteidigung)

Mansdörfer, Marco, Das Prinzip des ne bis in idem im europäischen Strafrecht, 2004 (zit.: *Mansdörfer*, Ne bis in idem)

Martin, Jörg, Strafbarkeit grenzüberschreitender Umweltbeeinträchtigungen, 1989 (zit.: *Martin*, Grenzüberschreitende Umweltbeeinträchtigungen)

Meyer, Frank, Demokratieprinzip und Europäisches Strafrecht, 2009 (zit.: *Meyer*, Demokratieprinzip)

Moll, Dietmar, Europäisches Strafrecht durch nationale Blankettstrafgesetzgebung, 1998 (zit.: *Moll*, Blankettstrafgesetzgebung)

Morgenstern, Christine, Die Untersuchungshaft – eine Untersuchung unter rechtsdogmatischen, kriminologischen, rechtsvergleichenden und europarechtlichen Aspekten, 2018 (zit.: *Morgenstern*, Untersuchungshaft)

Plump, Grazyna M., Europäisches Strafrecht nach dem Vertrag von Lissabon: Macht die Reform den Weg frei? – Eine Untersuchung der Grundlagen und Grenzen materieller Strafrechtskompetenzen der EU im Lichte des aktuellen Vertragsrechts, 2021 (zit.: *Plump*, Europäisches Strafrecht nach dem Vertrag von Lissabon)

Pohlmann, Sarah, Strafrechtliche Gleichstellungsklauseln für ausländische und Europäische Amtsträger – Reformbedürftigkeit des deutschen Amtsträgerbegriffs?, 2021 (zit.: *Pohlmann*, Gleichstellungsklauseln)

Post, Claudia, Kampf gegen den Menschenhandel im Kontext des europäischen Menschenrechtsschutzes, 2008 (zit.: *Post*, Menschenhandel)

Ruhs, Svenja, Strafbare Werbung – Die strafbare Werbung nach § 16 Abs. 1 UWG im Spiegel nationaler Reformbedürfnisse und europarechtlicher Einflüsse, 2006 (zit.: *Ruhs*, Strafbare Werbung)

Rung, Joachim, Grundrechtsschutz in der europäischen Strafrechtskooperation, 2019 (zit.: *Rung*, Grundrechtsschutz)

Satzger, Helmut, Die Europäisierung des Strafrechts, 2001 (zit.: *Satzger*, Europäisierung)

v. Schaumann-Werder, Hedda, Strafrechtliche Produkthaftung im Europäischen Binnenmarkt, 2008 (zit.: *v. Schaumann-Werder*, Produkthaftung)

Schaut, Andreas, Europäische Strafrechtsprinzipien – Ein Beitrag zur systematischen Fortentwicklung übergreifender Grundlagen, 2012 (zit.: *Schaut*, Europ. Strafrechtsprinzipien)

Schmidt, Carolin, Grenzen des Lockspitzeleinsatzes. Eine rechtsvergleichende Betrachtung am Maßstab der EMRK, 2016 (zit.: *Schmidt*, Lockspitzeleinsatz am Maßstab der EMRK)

Schreiber, Jörg, Strafrechtsharmonisierung durch europäische Rahmenbeschlüsse, 2008 (zit.: *Schreiber*, Strafrechtsharmonisierung)

Schröder, Christian, Europäische Richtlinien und deutsches Strafrecht, 2002 (zit.: *Schröder*, Richtlinien)

Schützendübel, Charleen, Die Bezugnahme auf EU-Verordnungen in Blankettstrafgesetzen, 2012 (zit.: *Schützendübel*, Blankettstrafgesetze)

Schuster, Frank Peter, Das Verhältnis von Strafnormen und Bezugsnormen aus anderen Rechtsgebieten, 2012 (zit.: *Schuster*, Bezugsnormen)

Stalberg, Johannes, Zum Anwendungsbereich des Art. 50 der Charta der Grundrechte der Europäischen Union (ne bis in idem), 2013 (zit.: *Stalberg*, Anwendungsbereich Art. 50 GRCh)

Stein, Sibyl, Zum europäischen ne bis in idem nach Art. 54 des Schengener Durchführungsübereinkommens – Zugleich ein Beitrag zur rechtsvergleichenden Auslegung zwischenstaatlich geltender Vorschriften, 2004 (zit.: *Stein*, Europäisches ne bis in idem)

Strobel, Stefan, Die Untersuchungen des Europäischen Amtes für Betrugsbekämpfung (OLAF), 2012 (zit.: *Strobel*, OLAF)

Thomas, Herbert, Das Recht auf Einmaligkeit der Strafverfolgung, 2002 (zit.: *Thomas*, Einmaligkeit der Strafverfolgung)

Thorhauer, Nathalie Isabelle, Jurisdiktionskonflikte im Rahmen transnationaler Kriminalität, 2019 (zit. *Thorhauer*, Jurisdiktionskonflikte)

Vergho, Raphael, Der Maßstab der Verbrauchererwartung im Verbraucherschutzstrafrecht, 2009 (zit.: *Vergho*, Verbraucherschutzstrafrecht)

Vogt, Magdalena, Die Europäisierung des Tatbestands der Marktmanipulation – Analyse und Kritik der Parallelität von Voll- und Mindestharmonisierung im europäischen Marktmissbrauchsrecht und die Auswirkungen auf das nationale Strafrecht, 2022 (zit.: *Vogt*, Marktmanipulation)

Vormbaum, Moritz, Schutz der Rechtsgüter von EU-Staaten durch das deutsche Strafrecht – Zur europarechtskonformen Gestaltung und Auslegung von deutschen Straftatbeständen, 2005 (zit.: *Vormbaum*, Schutz der Rechtsgüter)

Wallenta, Frank, Deutsche Staatsanwaltschaften zwischen Verfassungsrecht und europäischem Leitbild, 2021 (zit.: *Wallenta*, Deutsche Staatsanwaltschaften)
Weißer, Bettina, Täterschaft in Europa, 2011 (zit.: *Weißer*, Täterschaft in Europa)
Weitendorf, Stephanie, Die interne Betrugsbekämpfung in den Europäischen Gemeinschaften durch das Europäische Amt für Betrugsbekämpfung (OLAF), 2007 (zit.: *Weitendorf*, Interne Betrugsbekämpfung)
Wirth, Elias, Die Europäische Staatsanwaltschaft, 2022 (zit.: *Wirth*, EuStA)
Yolaçan, Merve, Verteidigung in grenzüberschreitenden Ermittlungen der Europäischen Staatsanwaltschaft, 2023 (zit.: *Yolaçan*, Verteidigung in grenzüberschreitenden Ermittlungen)
Ziegenhahn, Dominik, Der Schutz der Menschenrechte bei der grenzüberschreitenden Zusammenarbeit in Strafsachen, 2002 (zit.: *Ziegenhahn*, Menschenrechte)
Zimmermann, Sarah, Die Strafbarkeit des Menschenhandels im Lichte internationaler und europarechtlicher Rechtsakte, 2010 (zit.: *Zimmermann*, Menschenhandel)

Lehr- und Handbücher, Kommentare, Sammelbände

Ambos, Kai (Hrsg.), Europäisches Strafrecht post-Lissabon, 2011 (zit.: *Bearbeiter*, in: *Ambos* (Hrsg.), EuStR post-Lissabon)
Ambos, Kai, Internationales Strafrecht, 5. Aufl., 2018 (zit.: *Ambos*, IntStR)
Ambos, Kai/*König*, Stefan/*Rackow*, Peter (Hrsg.), Rechtshilferecht in Strafsachen, 2. Aufl., 2020 (zit.: *Bearbeiter*, in: *A/K/R*, Rechtshilfe)
Anwaltkommentar StGB, herausgegeben von *Leipold*, Klaus/*Tsambikakis*, Michael/*Zöller*, Mark A., 3. Aufl., 2020 (zit.: AnwK-StGB/*Bearbeiter*)
Baldus, Manfred, Polizeiliche Zusammenarbeit im Raum der Freiheit, der Sicherheit und des Rechts – Erscheinungsformen, Grundlagen, Grenzen, in: *Pache*, Eckhard (Hrsg.), Die Europäische Union – Ein Raum der Freiheit, der Sicherheit und des Rechts?, 2005, S. 34 (zit.: *Baldus*, Polizeiliche Zusammenarbeit)
Beck'scher Online-Kommentar StGB, herausgegeben von *v. Heintschel-Heinegg*, Bernd/*Kudlich*, Hans, 60. Ed., Stand: 01.02.2024 (zit.: BeckOK-StGB/*Bearbeiter*)
Beck'scher Online-Kommentar StPO, herausgegeben von *Graf*, Jürgen, 41. Ed., Stand: 01.04.2024 (zit.: BeckOK-StPO/*Bearbeiter*)
Beulke, Werner/*Swoboda*, Sabine, Strafprozessrecht, 16. Aufl., 2022 (zit.: *Beulke/Swoboda*, Strafprozessrecht)
Böse, Martin (Hrsg.), Europäisches Strafrecht, in: Enzyklopädie Europarecht (Band 11), 2. Aufl., 2021 (zit.: *Bearbeiter*, in: *Böse* (Hrsg.), EuStR)
Calliess, Christian/*Ruffert*, Matthias (Hrsg.), Das Verfassungsrecht der Europäischen Union mit Europäischer Grundrechtcharta, 6. Aufl., 2022 (zit.: *Bearbeiter*, in: *Calliess/Ruffert* (Hrsg.), EUV/AEUV)
Dannecker, Gerhard, Der unionsrechtliche Grundrechtsschutz im Wirtschaftsstrafrecht, in: *Ambos*, Kai/*Bock*, Stefanie (Hrsg.), Aktuelle und grundsätzliche Fragen des Wirtschaftsstrafrechts, 2019, S. 115 (zit.: *Dannecker*, Grundrechtsschutz im Wirtschaftsstrafrecht)

Dannecker, Gerhard/*Meyer*, Frank (Hrsg.), Unternehmenssanktionen in der Europäischen Union, 2023 (zit.: *Bearbeiter*, in: *Dannecker/Meyer* (Hrsg.), Unternehmenssanktionen)

Dörr, Oliver/*Grote*, Rainer/*Marauhn*, Thilo (Hrsg.), EMRK/GG Konkordanzkommentar zum europäischen und deutschen Grundrechtsschutz, 3. Aufl., 2022 (zit.: Dörr/Grote/Marauhn/*Bearbeiter*, EMRK/GG)

Ehlers, Dirk/*Germelmann*, Claas F. (Hrsg.), Europäische Grundrechte und Grundfreiheiten, 5. Aufl., 2023 (zit.: *Bearbeiter*, in: *Ehlers/Germelmann* (Hrsg.), Europ. Grundrechte)

Epiney, Astrid, Umweltrecht in der Europäischen Union, 4. Aufl., 2019 (zit.: *Epiney*, Umweltrecht in der EU)

Esser, Robert, Europäische Initiativen zur Begrenzung der Untersuchungshaft, in: *Joerden*, Jan C./*Szwarc*, Andrzej (Hrsg.), Europäisierung des Strafrechts in Polen und Deutschland – rechtsstaatliche Grundlagen, 2007, 233 (zit.: *Esser*, Untersuchungshaft)

Esser, Robert, Europäisches und Internationales Strafrecht, 3. Aufl., 2023 (zit.: *Esser*, EuStR)

Fischer, Thomas, Strafgesetzbuch und Nebengesetze, 71. Aufl., 2024 (zit.: *Fischer*)

Frankfurter Kommentar zu EUV, GRCh und AEUV, herausgegeben von *Pechstein*, Matthias/*Nowak*, Carsten/*Häde*, Ulrich, 2. Aufl., 2023 (zit.: *Bearbeiter*, Frankf. Komm.)

Gleß, Sabine, Internationales Strafrecht, 3. Aufl., 2021 (zit.: *Gleß*, IntStR)

Grabenwarter, Christoph/*Pabel*, Katharina, Europäische Menschenrechtskonvention, 7. Aufl., 2021 (zit.: *Grabenwarter/Pabel*, EMRK)

Grabitz, Eberhard/*Hilf*, Meinhard/*Nettesheim*, Martin, Das Recht der EU, 81. EL, 2024 (zit.: G/H/N-*Bearbeiter*)

v. d. Groeben, Hans/*Schwarze*, Jürgen/*Hatje*, Armin, Europäisches Unionsrecht, 7. Aufl., 2015 (zit.: *Bearbeiter*, in: *v. d. Groeben/Schwarze/Hatje*, EU-Recht)

Gropp, Walter/*Sinn*, Arndt (Hrsg.), Organisierte Kriminalität und kriminelle Organisationen, 2006 (zit.: *Bearbeiter*, in *Gropp/Sinn* (Hrsg.), OK)

Hagenmeyer, Moritz/*Teufer*, Tobias, C. 4. Lebensmittelrecht, in: *Dauses*, Manfred/*Ludwigs*, Markus (Hrsg.) Handbuch des EU-Wirtschaftsrechts, 59. EL, 2023 (zit.: *Hagenmeyer/Teufer*, Lebensmittelrecht)

Handbuch der Europäischen Grundrechte, herausgegeben von *Heselhaus*, Sebastian/*Nowak*, Carsten, 2. Aufl., 2020, (zit.: *Bearbeiter*, Hb. Europ. Grundrechte)

Handbuch Rechtsschutz in der Europäischen Union, herausgegeben von *Karpenstein*, Ulrich/*Kotzur*, Markus/*Vasel*, Justus, 4. Aufl., 2024 (zit.: *Bearbeiter*, in: *Karpenstein u. a.* (Hrsg.), Hb. Rechtsschutz in der EU)

Handbuch des Wirtschafts- und Steuerstrafrechts, herausgegeben von *Wabnitz*, Heinz-Bernd/*Janovsky*, Thomas/*Schmitt*, Lothar, 5. Aufl., 2020 (zit.: *Bearbeiter*, Hb. WiStR)

Hauck, Pierre, Funktionen und Grenzen des Einflusses der Strafrechtsvergleichung auf die Strafrechtsharmonisierung in der EU, in: *Beck*, Susanne u. a. (Hrsg.), Strafrechtsvergleichung als Problem und Lösung, 2011, S. 255 (zit.: *Hauck*, Strafrechtsvergleichung)

Hecker, Bernd/*Zöller*, Mark, Fallsammlung zum Europäischen und Internationalen Strafrecht, 3. Aufl., 2022 (zit.: *Hecker/Zöller*, Fallsammlung)

Heine, Günter, Modelle originärer (straf-)rechtlicher Verantwortlichkeit von Unternehmen, in: *Hettinger*, Michael (Hrsg.), Verbandsstrafe, Bd. 3, 2002 (zit.: *Heine*, Verantwortlichkeit von Unternehmen)

Herdegen, Matthias, Europarecht, 24. Aufl. 2023 (zit.: *Herdegen*, Europarecht)

Herrnfeld, Hans-Holger/*Esser*, Robert (Hrsg.), Europäische Staatsanwaltschaft – Handbuch, 2022 (zit.: *Bearbeiter*, in: *Herrnfeld/Esser* (Hrsg.), Hb. EUStA)

Hilgendorf, Eric, Tendenzen und Probleme einer Harmonisierung des Internetstrafrechts auf Europäischer Ebene, in: *Schwarzenegger*, Christian/*Arter*, Oliver/*Jörg*, Florian (Hrsg.), Internet-Recht und Strafrecht, 2005, S. 257 (zit.: *Hilgendorf*, Internetstrafrecht)

Hochmayr, Gudrun (Hrsg.), „Ne bis in idem" in Europa – Praxis, Probleme und Perspektiven des Doppelbestrafungsverbots, 2015 (zit.: *Bearbeiter*, in: *Hochmayr* (Hrsg.), Ne bis in idem)

Hoven, Elisa/*Kudlich*, Hans (Hrsg.), Digitalisierung und Strafverfahren, 2020 (zit.: *Bearbeiter*, in: *Hoven*/Kudlich (Hrsg.), Digitalisierung u. Strafverfahren)

Jarass, Hans, Charta der Grundrechte der EU, 4. Aufl., 2021 (zit.: *Jarass*, GRCh)

Joecks, Wolfgang/*Jäger*, Markus/*Randt*, Karsten (Hrsg.), Steuerstrafrecht, 9. Aufl., 2023 (zit.: *Bearbeiter*, in: *Joecks/Jäger/Randt* (Hrsg.), SteuerStR)

Karlsruher Kommentar zum Ordnungswidrigkeitengesetz, herausgegeben von *Mitsch*, Wolfgang, 5. Aufl., 2018 (zit.: KKOWiG/*Bearbeiter*)

Lackner, Karl/*Kühl*, Kristian/*Heger*, Martin, StGB, 30. Aufl., 2023 (zit.: Lackner/Kühl/*Heger*)

Leible, Stefan/*Terhechte*, Jörg Philipp (Hrsg.), Europäisches Rechtsschutz- und Verfahrensrecht, in: Enzyklopädie Europarecht (Band 3), 2. Aufl., 2021 (zit.: *Bearbeiter*, in: *Leible/Terhechte* (Hrsg.), Europ. Rechtsschutz)

Leipziger Kommentar zum Strafgesetzbuch, Bd. 1, herausgegeben von *Cirener*, Gabriele/*Radtke*, Henning/*Rissing-van Saan*, Ruth/*Rönnau*, Thomas/*Schluckebier*, Wilhelm, 13. Aufl., 2020 (zit.: LK-*Bearbeiter*)

Meyer, Jürgen/*Hölscheidt*, Sven (Hrsg.), Charta der Grundrechte der Europäischen Union, 5. Aufl., 2019 (zit.: *Bearbeiter*, in: *Meyer/Hölscheidt* (Hrsg.), GRCh)

Meyer-Goßner, Lutz/*Schmitt*, Bertram, StPO mit GVG und Nebengesetzen, 67. Aufl., 2024 (zit.: *Meyer-Goßner/Schmitt*, StPO)

Meyer-Ladewig, Jens/*Nettesheim*, Martin/*v. Raumer*, Stefan (Hrsg.), Europäische Menschenrechtskonvention, 5. Aufl., 2023 (zit.: *Bearbeiter*, in: *Meyer-Ladewig u. a.* (Hrsg.), EMRK)

Münchener Kommentar zum StGB, herausgegeben von *Erb*, Volker/*Schäfer*, Jürgen, Bd. 1, 4. Aufl., 2020; Bd. 3, 4. Aufl., 2021; Bd. 4, 4. Aufl., 2021; Bd. 5, 4. Aufl., 2022; Bd. 8, 4. Aufl., 2023; Bd. 9, 4. Aufl., 2022 (zit.: MüKoStGB/*Bearbeiter*)

Münchener Kommentar zur Strafprozessordnung, 2. Aufl., 2024, herausgegeben von *Knauer*, Christoph/*Kudlich*, Hans/*Schneider*, Hartmut (zit.: MüKoStPO/*Bearbeiter*)

Niedernhuber, Tanja (Hrsg.), Die neue Europäische Staatsanwaltschaft, 2023 (zit.: *Bearbeiter*, in: *Niedernhuber* (Hrsg.), EuStA)

Nomos-Kommentar zum StGB, herausgegeben von *Kindhäuser*, Urs/*Neumann*, Ulfried/*Paeffgen*, Hans-Ullrich/*Saliger*, Frank, 6. Aufl., 2023 (zit.: NK-*Bearbeiter*)

Perron, Walter, Strafrechtsvereinheitlichung in Europa, in: *Dörr*, Dieter/*Dreher*, Meinrad (Hrsg.), Europa als Rechtsgemeinschaft, 1997, S. 135 (zit.: *Perron*, Strafrechtsvereinheitlichung)

Petzsche, Annecke/*Heger*, Martin/*Metzler*, Gabriele (Hrsg.), Terrorismusbekämpfung in Europa im Spannungsfeld zwischen Freiheit und Sicherheit, 2019 (zit.: *Bearbeiter*, in: *Petzsche/Heger/Metzler*, Terrorismusbekämpfung in Europa).

Rengier, Rudolf, in: *Fezer*, Karl-Heinz/*Büscher*, Wolfgang/*Obergfell*, Eva Inés (Hrsg.), Lauterkeitsrecht – Kommentar zum Gesetz gegen den unlauteren Wettbewerb, Bd. 2, 3. Aufl., 2016 (zit.: *Rengier*, Lauterkeitsrecht)

Rengier, Rudolf, Strafrecht Allgemeiner Teil, 16. Aufl., 2024 (zit.: *Rengier*, AT)

Rengier, Rudolf, Strafrecht Besonderer Teil I, 26. Aufl., 2024 (zit.: *Rengier*, BT I)

Roxin, Claus/*Greco*, Luís, Strafrecht Allgemeiner Teil, Bd. 1, 5. Aufl., 2020 (zit.: *Roxin/Greco*, AT I)

Saliger, Frank, Umweltstrafrecht, 2. Aufl., 2020 (zit.: *Saliger*, Umweltstrafrecht)

Saliger, Frank/*Tsambikakis*, Michael, Neutralisiertes Strafrecht, 2017 (zit.: *Saliger/Tsambikakis*, Neutralisiertes Strafrecht)

Satzger, Helmut/*Schluckebier*, Wilhelm/*Werner*, Raik (Hrsg.), StGB, 6. Aufl., 2024 (zit.: SSW-*Bearbeiter*)

Satzger, Helmut, Internationales und Europäisches Strafrecht, 10. Aufl., 2022 (zit.: *Satzger*, IntStR)

Satzger, Helmut, Rechtspolitische Möglichkeiten zur Realisierung der Tatbestandsvorschläge der „Europa-Delikte", in: *Tiedemann*, Klaus (Hrsg.), Wirtschaftsstrafrecht in der Europäischen Union, 2002, S. 71 (zit.: *Satzger*, Europa-Delikte)

Schomburg, Wolfgang/*Lagodny* (Hrsg.), Internationale Rechtshilfe in Strafsachen, 6. Aufl., 2020 (zit.: *Bearbeiter*, in: *Schomburg/Lagodny* (Hrsg.), IRhSt)

Schönke, Adolf/*Schröder*, Horst, StGB, 30. Aufl., 2019 (zit.: S/S-*Bearbeiter*)

Schramm, Edward, Internationales Strafrecht, Strafanwendungsrecht, Völkerstrafrecht, Europäisches Strafrecht, 2. Aufl. 2018 (zit.: *Schramm*, IntStR)

Schulze, Reiner/*Janssen*, André/*Kadelbach*, Stefan (Hrsg.), Europarecht – Handbuch für die deutsche Rechtspraxis, 4. Aufl., 2020 (zit.: *Bearbeiter*, in: *Schulze u. a.* (Hrsg.), Europarecht)

Sieber, Ulrich (Hrsg.), Europäische Einigung und Europäisches Strafrecht, 1993 (zit.: *Bearbeiter*, in: *Sieber* (Hrsg.), Europäische Einigung)

Sieber, Ulrich/*Satzger*, Helmut/*v. Heintschel-Heinegg*, Bernd (Hrsg.), Europäisches Strafrecht, 2. Aufl., 2014 (zit.: *Bearbeiter*, in: *Sieber u. a.* (Hrsg.), EuStR)

Sinn, Arndt (Hrsg.), Jurisdiktionskonflikte bei grenzüberschreitender Kriminalität. Ein Rechtsvergleich zum Internationalen Strafrecht, 2012 (zit.: *Bearbeiter*, in: *Sinn* (Hrsg.), Jurisdiktionskonflikte)

Streinz, Rudolf (Hrsg.), Vertrag über die Europäische Union und Vertrag über die Arbeitsweise der Europäischen Union, 3. Aufl., 2018 (*Bearbeiter*, in: *Streinz*, EUV/AEUV)

Systematischer Kommentar zum StGB, herausgegeben von *Wolter*, Jürgen/*Hoyer*, Andreas, 10. Aufl., 2024 (zit.: SK-StGB/*Bearbeiter*)

Tiedemann, Klaus, Die Europäisierung des Strafrechts, in: *Kreuzer*, Karl F./*Scheuing*, Dieter H./*Sieber*, Ulrich (Hrsg.), Die Europäisierung der mitgliedstaatlichen Rechtsordnungen in der Europäischen Union, 1997, S. 134 (zit.: *Tiedemann*, Europäisierung)

Werle, Gerhard/*Jeßberger*, Florian, Völkerstrafrecht, 5. Aufl., 2020 (zit.: *Werle*/*Jeßberger*, Völkerstrafrecht)

Wessels, Johannes/*Beulke*, Werner/*Satzger*, Helmut, Strafrecht Allgemeiner Teil, 53. Aufl., 2023 (zit.: W/B/*Satzger*, AT)

Zöller, Mark A., Terrorismusstrafrecht, 2009 (zit.: *Zöller*, Terrorismusstrafrecht)

Beiträge in Fest- und Gedächtnisschriften

Anagnostopoulos, Ilias G., Ne bis in idem in der Europäischen Union: Offene Fragen, FS für Winfried Hassemer, 2010, S. 1121 (zit.: *Anagnostopoulos*, Hassemer-FS)

Beulke, Werner, Konfrontation und Strafprozessreform, FS für Peter Riess, 2002, S. 3 (zit.: *Beulke*, Riess-FS)

Böse, Martin, Die Europäisierung der Strafvorschriften gegen Kinderpornografie, FS für Friedrich-Christian Schroeder, 2006, S. 751 (zit.: *Böse*, Schroeder-FS)

Böse, Martin, Ausnahmen vom grenzüberschreitenden „Ne bis in idem"? – Zur Fortgeltung der Vorbehalte nach Art. 55 SDÜ, FS für Hans-Heiner Kühne, 2013, S. 519 (zit.: *Böse*, Kühne-FS)

Böse, Martin, Die Ermittlung der „besten" Strafgewalt im Spannungsfeld von Strafanwendungsrecht und internationaler Zuständigkeit, FS für Jürgen Wolter, 2013, S. 1311 (zit.: *Böse*, Wolter-FS)

Brodowski, Dominik, Europäische Kriminalpolitik seit dem Vertrag von Lissabon – ein Streifzug, FS für Alexander Ignor, 2023, S. 375 (zit.: *Brodowski*, Ignor-FS)

Bürger, Sebastian, Geltung des ne bis in idem-Prinzips nach verjährungsbedingter Verfahrenseinstellung, FS für Gerhard Dannecker, 2023, S. 389 (zit.: *Bürger*, Dannecker-FS)

Classen, Claus Dieter, Der Allgemeine Teil des Strafrechts im Zugriff des Unionsrechts, GS für Wolfgang Joecks, 2018, S. 9 (zit.: *Classen*, Joecks-GS)

Dannecker, Gerhard, Das Europäische Strafrecht in der Rechtsprechung des Bundesgerichtshofs in Strafsachen, 50 Jahre Bundesgerichtshof, FG aus der Wissenschaft, Bd. IV, 2000, S. 339 (zit.: *Dannecker*, BGH-FG)

Dannecker, Gerhard, Die Garantie des Grundsatzes „ne bis in idem" in Europa, FS für Günter Kohlmann, 2003, S. 593 (zit.: *Dannecker*, Kohlmann-FS)

Eisele, Jörg, Tatort Internet: Cyber-Grooming und der Europäische Rechtsrahmen, Festschrift für Wolfgang Heinz, 2013, S. 697 (zit.: *Eisele*, Heinz-FS)

Eser, Albin, Das „Internationale Strafrecht" in der Rechtsprechung des BGH, 50 Jahre Bundesgerichtshof, FG aus der Wissenschaft, Bd. IV, 2000, S. 3 (zit.: *Eser*, BGH-FG)

Eser, Albin, Zwangsandrohung zur Rettung aus konkreter Lebensgefahr – Gegenkritische Rückfragen zur sog. „Rettungsfolter", FS für Wienfried Hassemer, 2010, 713 (zit.: *Eser*, Hassemer-FS)

Esser, Robert, Initiativen der Europäischen Union zur Harmonisierung der Beschuldigtenrechte – Zugleich eine kritische Analyse der RL 2012/13/EU zum Recht auf Belehrung und Unterrichtung in Strafverfahren, FS für Jürgen Wolter, 2013, S. 1329 (zit.: *Esser*, Wolter-FS)

Gleß, Sabine, Das Recht auf Konfrontation eines Auslandsbelastungszeugen, FS für Jürgen Wolter, 2013, S. 1355 (zit.: *Gleß*, Wolter-FS)

Gössel, Karl Heinz, Enthält das deutsche Recht ausnahmslos geltende, „absolute" Folterverbote?, FS für Harro Otto, 2007, S. 41 (zit.: *Gössel*, Otto-FS)

Harms, Monika/*Heine*, Sonja, EG-Verordnung und Blankettgesetz, FS für Knut Amelung, 2009, S. 393 (zit.: *Harms/Heine*, Amelung-FS)

Harms, Monika/*Knauss*, Pamela, Das Prinzip der gegenseitigen Anerkennung in der strafrechtlichen Rechtsetzung der EU, FS für Claus Roxin, 2011, S. 1479 (zit.: *Harms/Knauss*, Roxin-FS)

Hecker, Bernd, Die Auslandsrechtsakzessorietät des deutschen Umweltstrafrechts (§ 330d Abs. 2 StGB), FS für Meinhard Schröder, 2012, S. 531 (zit.: *Hecker*, Schröder-FS)

Hecker, Bernd, Schließt Art. 54 SDÜ die Strafverfolgung in einem anderen Vertragsstaat aus, wenn die Verfahrenserledigung im Aburteilungsstaat nur eine beschränkte materielle Rechtskraft entfaltet?, FS für Bernd v. Heintschel-Heinegg, 2015, S. 173 (zit.: *Hecker*, Heintschel-Heinegg-FS)

Hecker, Bernd, Vermeidung anpassungsbedingter Sanktionslücken im unionsrechtsakzessorischen Blankettstrafrecht de lege ferenda, FS für Rudolf Rengier, 2018, S. 471 (zit.: *Hecker*, Rengier-FS)

Hecker, Bernd, Der Anwendungsvorrang des Unionsrechts im deutschen Strafrecht, FS für Gerhard Dannecker, 2023, S. 413 (zit.: *Hecker*, Dannecker-FS)

Heger, Martin, Zur Europarechtsakzessorietät des Strafrechts, insbesondere des deutschen Umweltstrafrechts, FS für Kristian Kühl, 2014, S. 669 (zit. *Heger*, Kühl-FS)

Heintschel-Heinegg, Bernd, Gemeinschaftsrechtskonforme Auslegung des Vereinigungsbegriffs in den §§ 129 ff. StGB, FS für Friedrich-Christian Schroeder 2006, S. 799 (zit.: *Heintschel-Heinegg*, Schroeder-FS)

Höpfel, Frank/*Kert*, Robert, Harmonisierung von Strafen in der EU und Verhältnismäßigkeitsgrundsatz, FS für Gerhard Dannecker, 2023, S. 425 (zit.: *Höpfel/Kert*, Dannecker-FS)

Hoffmann-Holland, Klaus, Vereinigungsbegriff im Wandel? – Begriffsprägende Systematik als Auslegungsgrenze, FS für Klaus Geppert, 2011, S. 245 (zit.: *Hoffmann-Holland*, Geppert-FS)

Jäger, Christian, Das Verbot der Folter als Ausdruck der Würde des Staates, FS für Rolf Herzberg, 2008, S. 539 (zit.: *Jäger*, Herzberg-FS)

Jescheck, Hans-Heinrich, Möglichkeiten und Probleme eines Europäischen Strafrechts, FS für Jhong-Won Kim, 1991, S. 947 (zit.: *Jescheck*, Jhong-Won Kim-FS)

Jescheck, Hans-Heinrich, Neuere Entwicklungen im nationalen, europäischen und internationalen Strafrecht: Perspektiven für eine Kriminalpolitik im 21. Jahrhundert?, FS für Albin Eser, 2005, S. 991 (zit.: *Jescheck*, Eser-FS)

Jung, Heike, Zur „Internationalisierung" des Grundsatzes „ne bis in idem", FS für Horst Schüler-Springorum, 1993, S. 493 (zit.: *Jung*, Schüler-Springorum-FS)

Kelker, Brigitte, Die Strafbarkeit juristischer Personen unter europäischem Konvergenzdruck, FS für Volker Krey, 2010, S. 221 (zit.: *Kelker*, Krey-FS)

Kerner, Hans-Jürgen/*Karnowski*, Philipp, Konkurrierende Strafgewalt und Schutz vor multipler Strafverfolgung bei grenzüberschreitenden Straftaten in Deutschland, der Europäischen Union und den Vereinigten Staaten von Amerika, FS für Kristian Kühl, 2014, S. 777 (zit.: *Kerner/Karnowski*, Kühl-FS)

Kreß, Claus/*Gazeas*, Nikolaos, Europäisierung des Vereinigungsbegriffs in den §§ 129 ff. StGB?, FS für Ingeborg Puppe, 2011, S. 1487 (zit.: *Creß/Gazeas*, Puppe-FS)

Kühl, Kristian, Der Beitrag der Strafrechtswissenschaft zur Europäisierung des Strafrechts, FS für Alfred Söllner, 2000, S. 613 (zit.: *Kühl*, Söllner-FS)

Lagodny, Otto, Viele Strafgewalten und nur ein transnationales ne-bis-in-idem?, FS für Stefan Trechsel, 2002, S. 253 (zit.: *Lagodny*, Trechsel-FS)

Papakyiakou, Theodoros, Die Anwendungsgrenzen des ne bis in idem-Grundsatzes auf transnationaler Ebene sowie innerhalb des Strafrechts im weiteren Sinne, FS für Gerhard Dannecker, 2023, S. 457 (zit.: *Papakyiakou*, Dannecker-FS)

Pauckstadt-Maihold, Ulrike, Der Grundsatz „ne bis in idem" auf EU-Ebene zur Entscheidung des EuGH Urt. v. 27.05.2014 – C-129/14 PPU – Spasic, FS für Bernd v. Heintschel-Heinegg, 2015, S. 355 (zit.: *Pauckstadt-Maihold*, Heintschel-Heinegg-FS)

Perron, Walter, Perspektiven der Europäischen Strafrechtsintegration, FS für Wilfried Küper, 2007, S. 429 (zit.: *Perron*, Küper-FS)

Petropoulos, Vasileios, Das europäische „ne bis in idem" und die Aufwertung des Opportunitätsprinzips auf Unionsebene, FS für Heinz Schöch, 2010, S. 857 (zit.: *Petropoulos*, Schöch-FS)

Roxin, Claus, Rettungsfolter?, FS für Kay Nehm, 2006, S. 205 (zit.: *Roxin*, Nehm-FS)

Ruhs, Svenja, Neue Wege für das Betrugsstrafrecht, FS für Ruth Rissing-van Saan, 2011, S. 567 (zit.: *Ruhs*, Rissing-v. Saan-FS)

Ruthig, Josef, Europol als Baustein eines Europäischen Polizeirechts: Gestaltungsmöglichkeiten bei der EuropolVO, FS für Jürgen Wolter, 2013, S. 1469 (zit.: *Ruthig*, Wolter-FS)

Satzger, Helmut, Auf dem Weg zu einer „europäischen" Rechtskraft, FS für Claus Roxin, 2011, S. 1515 (zit.: *Satzger*, Roxin-FS)

Satzger, Helmut, Der europarechtlich bedingte Bedeutungszuwachs der Meistbegünstigungsklausel (§ 2 Abs. 3 StGB), FS für Kristian Kühl, 2014, S. 407 (zit.: *Satzger*, Kühl-FS)

Satzger, Helmut, Es bleibt „keinerlei Raum für einen vernünftigen Zweifel", ... dass der BGH gegen seine Vorlagepflicht aus Art. 267 Abs. 3 AEUV verstößt!,

FS für Bernd v. Heintschel-Heinegg, 2015, S. 387 (zit.: *Satzger*, Heintschel-Heinegg-FS)

Satzger, Helmut/*Born*, Patrick, Die Europäisierung von Strafmilderungsgründen, FS für Gerhard Dannecker, 2023, S. 457 (zit.: *Satzger/Born*, Dannecker-FS)

Schröder, Christian, Perspektiven der Europäisierung des Strafrechts nach Lissabon, FS für Hans Achenbach, 2011, S. 491 (zit.: *Schröder*, Achenbach-FS)

Tiedemann, Klaus, EG und EU als Rechtsquellen des Strafrechts, FS für Claus Roxin, 2001, S. 1401 (zit.: *Tiedemann*, Roxin-FS)

Tiedemann, Klaus, Bemerkungen zur Zukunft des europäischen Strafprozesses, FS für Albin Eser, 2005, S. 889 (zit.: *Tiedemann*, Eser-FS)

Tiedemann, Klaus, Betrug und Korruption in der europäischen Rechtsangleichung, FS für Harro Otto, 2007, S. 1055 (zit.: *Tiedemann*, Otto-FS)

Tiedemann, Klaus, Kein Liebesverbot für Brüssel und Straßburg – oder Gedanken zur europarechtsfreundlichen Auslegung im Strafrecht, FS für Bernd Schünemann, 2014, S. 1107 (zit.: *Tiedemann*, Schünemann-FS)

Vogel, Joachim, Internationales und europäisches ne bis in idem, FS für Friedrich-Christian Schroeder 2006, S. 877 (zit.: *Vogel*, Schroeder-FS)

Vogel, Joachim, Kriminalpolitikwissenschaft und Europäische Kriminalpolitik, FS für Kristian Kühl, 2014, S. 635 (zit.: *Vogel*, Kühl-FS)

Weber, Ulrich, Das deutsche Umweltstrafrecht, FS für Kristian Kühl, 2014, S. 747 (zit. *Weber*, Kühl-FS)

Weigend, Thomas, „Das erledigt mein Anwalt für mich." – Hat der Angeklagte ein Recht darauf, sich in der Hauptverhandlung vertreten zu lassen?, FS für Kristian Kühl, 2014, S. 947 (zit.: *Weigend*, Kühl-FS)

Weißer, Bettina, Brauchen wir ein europäisches Strafgesetz?, FS für Rudolf Rengier, 2018, S. 481 (zit.: *Weißer*, Rengier-FS)

Werle, Gerhard/*Burghardt*, Boris, Täterschaft und Teilnahme im Statut des Internationalen Strafgerichtshofs, FS für Kristian Kühl, 2014, S. 851 (zit.: *Werle/Burghardt*, Kühl-FS)

Zöller, Mark A., Die transnationale Geltung des Grundsatzes ne bis in idem nach dem Vertrag von Lissabon, FS für Volker Krey, 2010, S. 501 (zit.: *Zöller*, Krey-FS)

Zöller, Mark A., Neue unionsrechtliche Strafgesetzgebungskompetenzen nach dem Vertrag von Lissabon, FS für Wolf-Rüdiger Schenke, 2011, S. 579 (zit.: *Zöller*, Schenke-FS)

Europäische Integration: Wichtige Daten und Ereignisse im Überblick

05.05.1949	Gründung des Europarates
04.11.1950	Europäische Menschenrechtskonvention (EMRK)
18.04.1951	Vertrag über die Gründung der Europäischen Gemeinschaft für Kohle und Stahl (EGKS/Montanunion). Gründungsmitglieder: Frankreich, BRD, Italien, Benelux-Staaten. Der Vertrag trat am 23.07.1952 in Kraft
25.03.1957	Römische Verträge über die Europäische Wirtschaftsgemeinschaft (EWG) und die Europäische Atomgemeinschaft (EAG bzw. Euratom). Gründungsmitglieder: Frankreich, BRD, Italien, Benelux-Staaten. Die römischen Verträge traten am 01.01.1958 in Kraft
08.04.1965	Fusionsvertrag trat am 01.07.1967 in Kraft: EGKS, EWG und EAG bilden zusammen die Europäischen Gemeinschaften mit gemeinsamen Organen
1970	EWG-Finanzreform (System der Eigenfinanzierung der EG)
1973	EWG-Erweiterung durch den Beitritt Großbritanniens, Dänemarks und Irlands
1979	Erste Direktwahlen zum Europäischen Parlament (EP)
1981	EWG-Erweiterung durch den Beitritt Griechenlands
14.06.1985	Schengen-Übereinkommen zwischen BRD, Frankreich und Benelux-Staaten über den schrittweisen Abbau der Kontrollen an den gemeinsamen Grenzen zum 01.01.1990 (Schengen I)
1986	EWG-Erweiterung durch den Beitritt Portugals und Spaniens
28.02.1986	Einheitliche Europäische Akte (EEA): Erweiterung der EWG-Kompetenzen. Festschreibung des Zieles, bis Ende 1992 den europäischen Binnenmarkt zu realisieren
19.06.1990	Übereinkommen zur Durchführung des Schengen-Übereinkommens über den völligen Abbau der Personenkontrollen an den gemeinsamen Binnengrenzen, deren Verlegung an die Außengrenzen und eine Reduzierung der Kontrollen im Warenverkehr ab 01.01.1993 – SDÜ – (Schengen II). Das SDÜ trat am 26.03.1995 in Kraft
07.02.1992	Vertrag von Maastricht über die Europäische Union (EUV), der am 01.11.1993 in Kraft trat: Gründung der EU mit dem Ziel weiterer politischer, sozialer und wirtschaftlicher Integration („Drei-Säulen-Architektur"). Er bildet die Grundlage für die Vollendung der Europäischen Wirtschafts- und Währungsunion bis 1999 sowie für weitere politische Integrationsschritte, insbesondere eine gemeinsame Außen- und Sicherheitspolitik (GASP) und eine Zusammenarbeit in den Bereichen Justiz und Inneres (ZBJI). Aus der EWG wird die EG

1995	EG/EU-Erweiterung durch den Beitritt Österreichs, Finnlands und Schwedens
26.07.1995	Europol-Übereinkommen: Errichtung eines europäischen Polizeiamtes in Den Haag, das am 01.07.1999 seine Arbeit aufgenommen hat
02.10.1997	Vertrag von Amsterdam, der am 01.05.1999 in Kraft trat: Er sieht u. a. neue Handlungsformen für die Polizeiliche und Justizielle Zusammenarbeit in Strafsachen (PJZS) vor. Der sog. Schengen-Besitzstand wird in die dritte Säule des EUV überführt
29.06.1998	Einrichtung eines Europäischen Justiziellen Netzes (EJN) auf der Grundlage einer Gemeinsamen Maßnahme des Europäischen Rates, die am 07.07.1998 in Kraft trat
14.12.2000	Einrichtung einer vorläufigen Stelle zur justiziellen Zusammenarbeit (Pro-Eurojust), die am 01.03.2001 ihre Arbeit in Brüssel aufgenommen hat
08.12.2001	Vertrag von Nizza, der am 01.02.2003 in Kraft trat. Außerhalb einer förmlichen Vertragsänderung wurde feierlich die Charta der Grundrechte der EU (GRCh) proklamiert
28.02.2002	Einrichtung der Koordinierungsstelle Eurojust mit Sitz in Den Haag
01.05.2004	Beitritt von zehn süd- und osteuropäischen Staaten zur EG/EU, die damit auf 25 Mitgliedstaaten anwächst. Beitrittsländer sind Malta, Zypern, Slowenien, Ungarn, Slowakei, Tschechien, Polen, Litauen, Lettland und Estland
29.10.2004	Unterzeichnung des Vertrags über eine Verfassung für Europa durch die Staats- und Regierungschefs der 25 EU-Mitgliedstaaten.
2005	Ablehnende Referenden in den Niederlanden und Frankreich bringen den Ratifizierungsprozess ins Stocken („EU-Verfassungskrise")
01.01.2007	EG/EU-Erweiterung auf 27 Mitgliedstaaten durch Beitritt von Rumänien und Bulgarien
13.12.2007	Unterzeichnung des Vertrags von Lissabon durch die Staats- und Regierungschefs der 27 EU-Mitgliedstaaten.
01.12.2009	Inkrafttreten des Vertrags von Lissabon. Auflösung der bisherigen Dreisäulenstruktur der EU. Die EU („Union") tritt an die Stelle der EG, deren Rechtsnachfolgerin sie ist, und erlangt Rechtspersönlichkeit. Die GRCh erlangt Rechtsverbindlichkeit (Art. 6 I EUV), jedoch mit Vorbehaltsbestimmungen für GB und Polen (Protokoll Nr. 30)
01.07.2013	EU-Erweiterung auf 28 Mitgliedstaaten durch Beitritt von Kroatien
23.06.2016	Referendum in Großbritannien: 51,9 % der Stimmberechtigten sprechen sich für EU-Austritt des Vereinigten Königreichs aus („Brexit")
20.11.2017	Inkrafttreten der VO (EU) Nr. 2017/1939 zur Errichtung der Europäischen Staatsanwaltschaft

31.01.2021	Großbritannien vollzieht nach 47 Jahren Mitgliedschaft in der europäischen Staatengemeinschaft den endgültigen Austritt aus der EU. Das Vereinigte Königreich gilt von diesem Zeitpunkt an als Drittstaat. Gegenstand des am 01.02.2021 in Kraft getretenen Austrittsabkommens (ABlEU 2019 Nr. C 348, S. 1) sind die Rechte der Bürger, Finanzbestimmungen, Protokolle zu Irland/Nordirland, Zypern und Gibraltar sowie Übergangs- und Trennungsbestimmungen
01.06.2021	Die Europäische Staatsanwaltschaft nimmt als erste supranationale Strafverfolgungsbehörde der EU ihre operative Arbeit auf. Sie wird im Rahmen der Verstärkten Zusammenarbeit von derzeit 22 Mitgliedstaaten getragen

Inhaltsverzeichnis

Teil I Einführung

1 Grundbegriffe und Grundfragen des Europäischen Strafrechts 3
   1.1 Einleitung 3
   1.2 Was ist „Europäisches Strafrecht"? 5
       1.2.1 Europäisches Strafrecht als strafrechtliche
            Rechtsmaterie sui generis 5
       1.2.2 Europäisches Strafrecht als rechtswissenschaftliche
            Querschnittsmaterie 7
       1.2.3 Praktische Bedeutung des Europäischen Strafrechts 11
       1.2.4 Strafrechtsausdehnende Europäisierungseffekte 15
   1.3 Zusammenfassung von Kap. 1 19
   Literatur 20

2 Strafrechtliche Spezialmaterien mit grenzüberschreitenden Bezügen 23
   2.1 Internationales Strafrecht 23
       2.1.1 Begriff und Funktion des Internationalen Strafrechts 23
       2.1.2 Schutzbereich deutscher Straftatbestände 25
       2.1.3 Völkerrechtliche Grundlagen des Internationalen
            Strafrechts 27
       2.1.4 Prinzipien des Internationalen Strafrechts 29
   2.2 Transnationales Strafrecht 49
       2.2.1 Begriff und Funktion des transnationalen Strafrechts 49
       2.2.2 Rechtshilfe in Strafsachen am Beispiel der Auslieferung ... 52
   2.3 Völkerstrafrecht 59
       2.3.1 Begriff und Funktion des Völkerstrafrechts 59
       2.3.2 Errichtung eines Internationalen Strafgerichtshofes
            (IStGH) 60
       2.3.3 Durchsetzung des Völkerstrafrechts 62
       2.3.4 Deutsches Völkerstrafgesetzbuch (VStGB) 63
   2.4 Zusammenfassung von Kap. 2 66
   Literatur 68

Teil II Träger des Europäischen Strafrechts und ihre Handlungsformen

3 Europarat 73
  3.1 Strukturen und Ziele des Europarates 73
    3.1.1 Rechtsnatur des Europarates 73
    3.1.2 Organe des Europarates 74
    3.1.3 Arbeitsprogramm des Europarates 75
  3.2 Strafrechtsrelevante Aktivitäten des Europarates 76
    3.2.1 European Committee on Crime Problems 76
    3.2.2 Strafrechtsrelevante Konventionen 76
    3.2.3 Praktische Bedeutung der Konventionen 78
    3.2.4 Europarat als Forum paneuropäischer Kooperation 79
  3.3 Bedeutung der EMRK für die europäische Strafrechtspflege 80
    3.3.1 System des Menschenrechtsschutzes 81
    3.3.2 Anwendungsbereiche strafrechtsrelevanter Konventionsrechte 88
    3.3.3 Verbot der Folter (Art. 3 EMRK) 95
    3.3.4 Strafprozessuale Verfahrensgarantien 96
    3.3.5 Einfluss der EMRK auf das materielle Strafrecht 104
    3.3.6 Bindung der EU an die EMRK 106
  3.4 Zusammenfassung von Kap. 3 108
  Literatur 109

4 Europäische Union 111
  4.1 Union als Rechtsnachfolgerin der EG 111
    4.1.1 Rechtsnatur der EU 111
    4.1.2 Organe der EU und ihre Funktionen 112
    4.1.3 Zuständigkeitsbereiche der Union 125
    4.1.4 Primäres Unionsrecht 126
    4.1.5 Grundfreiheiten des Unionsrechts 127
    4.1.6 Die Unionsgrundrechte 128
    4.1.7 Sekundäres Unionsrecht 137
  4.2 Kompetenzen der Union zur Strafgesetzgebung 139
    4.2.1 Der unionsrechtliche Begriff des Strafrechts 139
    4.2.2 Diskussion einer EU-Gesetzgebungskompetenz im Bereich des Kriminalstrafrechts 141
  4.3 Zusammenfassung von Kap. 4 147
  Literatur 148

5 EU-Mitgliedstaaten im Netzwerk globaler, europäischer oder bilateraler Kooperation in Strafsachen 151
  5.1 EU-Mitgliedstaaten als Träger des Europäischen Strafrechts 151
    5.1.1 Einführung 151
    5.1.2 Internationale Kriminalpolizeiliche Organisation (Interpol) ... 152
    5.1.3 Vereinte Nationen (UN) 153

		5.1.4	Organisation für wirtschaftliche Zusammenarbeit und Entwicklung (OECD) 155

        5.1.4   Organisation für wirtschaftliche Zusammenarbeit und Entwicklung (OECD) 155
        5.1.5   Gipfelkonferenz der G7-Staaten 156
        5.1.6   Zusammenarbeit im Europarat 156
  5.2   Zusammenarbeit in der EU 156
        5.2.1   Erster Entwicklungsschritt der PJZS – Informelle Kooperation 157
        5.2.2   Kooperation im Rahmen der Schengener Abkommen 158
        5.2.3   Das Schengener Informationssystem (SIS-II)........... 165
        5.2.4   Polizeiliche und Justizielle Zusammenarbeit in Strafsachen im einheitlichen Rahmen des Unionsrechts ... 167
  5.3   Polizei- und Strafverfolgungsinstitutionen der Union 169
        5.3.1   Europol 169
        5.3.2   Eurojust 171
        5.3.3   Europäisches Justizielles Netz (EJN) 174
  5.4   Bilaterale Zusammenarbeit 175
  5.5   Zusammenfassung von Kap. 5 175
  Literatur 176

6 Zusammenarbeit zwischen EuGH und nationaler Strafgerichtsbarkeit 177
  6.1   Integration des Vorabentscheidungsverfahrens in das Strafverfahren 177
        6.1.1   Funktion und Bedeutung des Vorabentscheidungsverfahrens 177
        6.1.2   Vorlagebefugnis und Vorlagepflicht 179
        6.1.3   Missachtung der Vorlagepflicht als Verletzung des Art. 101 I S. 2 GG 181
        6.1.4   Gegenstand des Vorabentscheidungsersuchens 184
        6.1.5   Wirkungen der Vorabentscheidung 185
  6.2   Vorabentscheidungsverfahren und strafprozessuale Maximen 185
        6.2.1   Vorabentscheidung im Haupt- und Zwischenverfahren 185
        6.2.2   Vorabentscheidung im Ermittlungsverfahren 187
        6.2.3   Auswirkung vorlagebedingter Verfahrensverzögerungen ... 189
  6.3   Zusammenfassung von Kap. 6 189
  Literatur 191

Teil III Strafrechtsrelevante Europäisierungsmechanismen

7 Assimilierungsprinzip 195
  7.1   Mitgliedstaatliches Strafrecht im Dienste der Union 195
  7.2   Assimilierung durch primärrechtliche Verweisungen 196
        7.2.1   Primärrechtliche Verweisung auf nationale Straftatbestände 197
        7.2.2   Sekundärrechtliche Verweisung auf nationale Straftatbestände 199

7.3 Assimilierung als Ausprägung der Schutzverpflichtung
aus Art. 4 III EUV 199
    7.3.1 Befugnis der Mitgliedstaaten zur Sanktionierung
von Verstößen gegen Unionsrecht 199
    7.3.2 Pflicht der Mitgliedstaaten zur Sanktionierung von
Verstößen gegen Unionsrecht 201
    7.3.3 Unionsrechtlicher Rahmen für Strafgesetze im Dienste
des Unionsrechts 207
7.4 Ausprägungen des Assimilierungsprinzips im deutschen
Strafrecht 214
    7.4.1 Schutzbereichsausdehnung durch Gleichstellungsbestimmungen 214
    7.4.2 Verweisung auf Unionsrecht durch Blankettstrafgesetze ... 217
7.5 Zusammenfassung von Kap. 7 228
Literatur 229

8 Harmonisierung des materiellen Strafrechts 231
8.1 Strafrechtliche Annexkompetenz 231
    8.1.1 Strafrechtliche Anweisungsbefugnis vor und nach
„Lissabon" 232
    8.1.2 Entwicklung der Harmonisierungspolitik 234
8.2 Strafrechtsangleichung in harmonisierten Politikbereichen 244
    8.2.1 Grundlagen der Strafrechtsangleichung nach Art. 83 II
AEUV 244
    8.2.2 Strafrechtsrelevante Politikbereiche der Union 245
    8.2.3 Grenzen der strafrechtlichen Annexkompetenz 247
    8.2.4 Verfahrensrechtliche Notbremse (Art. 83 III AEUV) 251
8.3 Originäre Kompetenz der EU zur Strafrechtsharmonisierung 253
8.4 Rechtlicher Rahmen der Strafrechtsangleichung 254
    8.4.1 Harmonisierungsfähige Kriminalitätsbereiche 254
    8.4.2 Gemeinsame Definitionen 255
    8.4.3 Festlegung von Strafen 256
    8.4.4 Grenzen der Strafrechtsangleichung 256
8.5 Felder der Strafrechtsangleichung in der Union 257
    8.5.1 Übersicht – Rechtsakte mit materiellstrafrechtlichem
Inhalt 257
    8.5.2 Terrorismus 259
    8.5.3 Menschenhandel und sexuelle Ausbeutung von Frauen
und Kindern 265
    8.5.4 Illegaler Drogenhandel 270
    8.5.5 Geldwäsche 274
    8.5.6 Korruption 281

		8.5.7	Fälschung von Zahlungsmitteln	284

		8.5.7 Fälschung von Zahlungsmitteln	284
		8.5.8 Computerkriminalität	288
		8.5.9 Organisierte Kriminalität	293
		8.5.10 Rassismus und Fremdenfeindlichkeit	297
	8.6	Zusammenfassung von Kap. 8	299
	Literatur		302
9	**Vorrang des Unionsrechts**		**303**
	9.1	Unionsrecht und nationales Recht	303
		9.1.1 Grundlagen	303
		9.1.2 Vorranggrundsatz	304
	9.2	Anwendungsvorrang und nationales Strafrecht	307
		9.2.1 Neutralisierung mitgliedstaatlicher Strafvorschriften	307
		9.2.2 Überlagerung strafverfahrensrechtlicher Bestimmungen	310
		9.2.3 Kollisionskonstellationen	311
		9.2.4 Fallbeispiele aus Praxis und Literatur	315
	9.3	Zusammenfassung von Kap. 9	331
	Literatur		332
10	**Unionsrechtskonforme Auslegung**		**335**
	10.1	Das Rechtsinstitut der unionsrechtskonformen Auslegung	335
		10.1.1 Bedeutung der unionsrechtskonformen Auslegung	335
		10.1.2 Begründung und Inhalt der Pflicht zur unionsrechtskonformen Auslegung	336
		10.1.3 Gegenstand der unionsrechtskonformen Auslegung	339
		10.1.4 Richtlinienkonforme Auslegung als mehrphasiger Interpretationsakt	346
		10.1.5 Verhältnis der unionsrechtskonformen Auslegung zu nationalen Auslegungsmethoden	347
		10.1.6 Beginn der Pflicht zur richtlinienkonformen Auslegung	348
		10.1.7 Grenzen des Gebots unionsrechtskonformer Auslegung	350
	10.2	Unionsrechtskonforme Auslegung im Strafrecht	352
		10.2.1 Aussagen des EuGH	352
		10.2.2 Aussagen des BGH	357
		10.2.3 „Strafbarkeitserweiternde" unionsrechtskonforme Auslegung	361
		10.2.4 Anwendungsfelder der unionsrechtskonformen Auslegung	362
		10.2.5 Rahmenbeschlusskonforme Auslegung nationalen Strafrechts	367
	10.3	Zusammenfassung von Kap. 10	369
	Literatur		369

11	**Europäisches Strafverfahrensrecht**		371
	11.1	Einführung	371
	11.2	Grundsatz der gegenseitigen Anerkennung	373
		11.2.1 Gegenseitige Anerkennung justizieller Entscheidungen als grundlegendes Strukturprinzip der JZS	373
		11.2.2 Übersicht – Rechtsakte auf Grundlage des Grundsatzes der gegenseitigen Anerkennung	375
		11.2.3 Europäischer Haftbefehl	376
		11.2.4 Gegenseitige Anerkennung von Sanktionen	386
		11.2.5 Gegenseitige Anerkennung der Wirkung von Verurteilungen	387
		11.2.6 Europäische Überwachungsanordnung – Überwachungsmaßnahmen als Alternative zur Untersuchungshaft	388
		11.2.7 Europäische Schutzanordnung	389
		11.2.8 Europäische Ermittlungsanordnung	391
		11.2.9 Grenzüberschreitender Zugriff auf elektronische Beweismittel (E-Evidence)	395
		11.2.10 Gegenseitige Anerkennung von Sicherstellungs- und Einziehungsentscheidungen	396
		11.2.11 Europäisches Strafregisterinformationssystem	398
	11.3	Harmonisierung des Strafverfahrensrechts	398
		11.3.1 Einführung	398
		11.3.2 Übersicht – Rechtsakte zur Angleichung strafprozessualer Verfahrensgarantien	399
		11.3.3 Recht auf Dolmetschleistungen und Übersetzungen	400
		11.3.4 Recht auf Belehrung und Unterrichtung	402
		11.3.5 Opferschutz	404
		11.3.6 Recht auf Zugang zu einem Rechtsbeistand	407
		11.3.7 Unschuldsvermutung und Recht auf Anwesenheit	409
		11.3.8 Verfahrensgarantien in Jugendstrafverfahren	412
		11.3.9 Prozesskostenhilfe	414
	11.4	Zusammenfassung von Kap. 11	415
	Literatur		416
12	**Transnationales Doppelbestrafungsverbot**		419
	12.1	Einführung	419
	12.2	Transnationales Doppelbestrafungsverbot des Art. 54 SDÜ	424
	12.3	Auslegung und Anwendungsbereich des Art. 54 SDÜ	427
		12.3.1 Vorabentscheidungskompetenz des EuGH	427
		12.3.2 Das Merkmal „rechtskräftige Aburteilung"	428
		12.3.3 Vollstreckungselemente des Art. 54 SDÜ	440
		12.3.4 Der Tatbegriff des Art. 54 SDÜ	447
		12.3.5 Reichweite der Erledigungswirkung	449

		12.3.6	Anwendbarkeit des Art. 54 SDÜ auf Entscheidungen im Bußgeldverfahren 452
		12.3.7	Vorbehaltserklärungen nach Art. 55 SDÜ 454
	12.4	Jurisdiktionskonflikte	458
		12.4.1	Bereichsspezifische Vorgaben zur Erzielung einer Verfahrenskonzentration 459
		12.4.2	Allgemeine Vorgaben zur Erzielung einer Verfahrenskonzentration 460
		12.4.3	Lösungsvorschläge aus der Wissenschaft 461
	12.5	Zusammenfassung von Kap. 12	462
	Literatur	....	463

Teil IV   Strafrechtlicher Schutz der EU-Finanzinteressen

13	**Strafrechtlicher Schutz der EU-Finanzinteressen**	467
	13.1 Unionsfinanzen als Angriffsfläche für kriminelle Praktiken 467	
	13.1.1 Einführung	468
	13.1.2 Unionsfinanzen	469
	13.1.3 Erscheinungsformen der EU-Betrügereien	471
	13.1.4 Präventionsstrategien	473
	13.2 Europäisches Amt für Betrugsbekämpfung (OLAF)	473
	13.2.1 Einführung	473
	13.2.2 Befugnisse des OLAF	475
	13.2.3 Kontrolle des OLAF	476
	13.3 Harmonisierung des materiellen Strafrechts	476
	13.3.1 PIF-Konvention	476
	13.3.2 PIF-Richtlinie	477
	13.3.3 Umsetzung der PIF-RL in Deutschland	483
	13.4 Die Europäische Staatsanwaltschaft	486
	13.4.1 Einführung	486
	13.4.2 Status, Aufbau und Organisation der EUStA	487
	13.4.3 Das Mandat der EuStA	489
	13.4.4 Strafverfolgungstätigkeit der EUStA	491
	13.4.5 Beschuldigtenrechte	496
	13.4.6 Justizielle Kontrolle	497
	13.4.7 Zwischenbilanz und Durchführungsmaßnahmen in Deutschland	498
	13.5 Zusammenfassung von Kap. 13	499
	Literatur	500

Stichwortverzeichnis 503

Abkürzungsverzeichnis

a.A.	anderer Ansicht
aaO	am angegebenen Ort
abl.	Ablehnend
ABlEU	Amtsblatt der Europäischen Union
Abs.	Absatz
AE	Alternativentwurf Europäische Strafverfolgung
AEUV	Vertrag über die Arbeitsweise der Europäischen Union
a.F.	alte assung
AG	Amtsgericht
AIDP	Association internationale de droit pénal
Alt.	Alternative
AMG	Arzneimittelgesetz
Anm.	Anmerkung
AO	Abgabenordnung
AöR	Archiv für öffentliches Recht
Art.	Artikel
AT	Allgemeiner Teil
ATS	Österreichische Schilling
Aufl.	Auflage
AuslG	Ausländergesetz
BAG	Bundesarbeitsgericht
BAGE	Entscheidungen des Bundesarbeitsgerichts
BayObLG	Bayerisches Oberstes Landesgericht
BayObLGSt	Entscheidungen des Bayerischen Obersten Landesgerichts in Strafsachen
BB	Betriebs-Berater
Bd.	Band
betr.	Betreffend
BeckRS	Beck-Rechtsprechung
BGB	Bürgerliches Gesetzbuch
BGBl.	Bundesgesetzblatt (Teil, Seite)
BGH	Bundesgerichtshof
BGHSt	Entscheidungen des Bundesgerichtshofs in Strafsachen

BGHStGrS	Entscheidungen des Großen Senats des Bundesgerichtshofes in Strafsachen
BGHZ	Entscheidungen des Bundesgerichtshofs in Zivilsachen
BKA	Bundeskriminalamt
BMJV	Bundesministerium für Justiz und Verbraucherschutz
BNatSchG	Bundesnaturschutzgesetz
BRD	Bundesrepublik Deutschland
BR-Drs.	Bundesratsdrucksache
BT	Besonderer Teil
BT-Drs.	Bundestags-Drucksache
BtMG	Betäubungsmittelgesetz
Buchst.	Buchstabe
BÜ	Basler Übereinkommen über die Kontrolle der grenzüberschreitenden Verbringung gefährlicher Abfälle und ihrer Entsorgung
BVerfG	Bundesverfassungsgericht
BVerfGE	Entscheidungen des Bundesverfassungsgerichts
BVerwG	Bundesverwaltungsgericht
bzw.	beziehungsweise
CDPC	European Commitee on Crime Problems
ChemG	Chemikaliengesetz
CELAD	Comité Européen de la Lutte Antidrogue
C.SIS	Central Schengen Information System
d.	der, des
ders.	Derselbe
DEStA	Delegierte/r Europäische/r Staatsanwalt/Staatsanwälte
d. h.	das heißt
dies.	Dieselben
Diss.	Dissertation
DM	Deutsche Mark
DÖV	Die Öffentliche Verwaltung
DRiZ	Deutsche Richter Zeitung
DVBl	Deutsches Verwaltungsblatt
EAG	Europäische Atomgemeinschaft
EAGV	Vertrag zur Gründung der Europäischen Atomgemeinschaft
EBA	Europäische Beweisanordnung
ECU	European Currency Unit
EDU	European Drug Unit
EEA	Europäische Ermittlungsanordnung
EG	Europäische Gemeinschaft
EGKS	Europäische Gemeinschaft für Kohle und Stahl
EGMR	Europäischer Gerichtshof für Menschenrechte
EGStGB	Einführungsgesetz zum Strafgesetzbuch
EGV	Vertrag zur Gründung der Europäischen Gemeinschaft
EuHb	Europäischer Haftbefehl

EJN	Europäisches Justizielles Netz
ELR	European Law Review
EKMR	Europäische Kommission für Menschenrechte
EMRK	Europäische Menschenrechtskonvention
endg.	endgültige Fassung
EP	Europäisches Parlament
ER	Europäischer Rat
ErwGr.	Erwägungsgrund
ETS	European Treaty Series
EU	Europäische Union
EuAlÜbk	Europäisches Auslieferungsübereinkommen
EUAÜ	Auslieferungsübereinkommen der Mitgliedstaaten der EU
EUBestG	EU-Bestechungsgesetz
EuG	Europäisches Gericht erster Instanz
EuGH	Europäischer Gerichtshof
EuGHE	Entscheidungen des Europäischen Gerichtshofs
EuHb	Europäischer Haftbefehl
EUR	Euro
EuR	Europarecht (Zeitschrift)
Euratom	siehe EAG
EuRhÜbk	Europäisches Übereinkommen über die Rechtshilfe in Strafsachen
EURÜ	Übereinkommen über die Rechtshilfe in Strafsachen zwischen den Mitgliedstaaten der EU
EUStA	Europäische Staatsanwaltschaft bzw. Europäischer Staatsanwalt
EUV	Vertrag über die Europäische Union
EuZ	Zeitschrift für Europarecht
EuZA	Europäische Zeitschrift für Arbeitsrecht
EuZW	Europäische Zeitschrift für Wirtschaftsrecht
evtl.	Eventuell
EWG	Europäische Wirtschaftsgemeinschaft
exempl.	exemplarisch
EZB	Europäische Zentralbank
f.	folgende(r)
FATF	Financial Action Task Force on Money Laundering
FCKW	Fluorchlorkohlenwasserstoff
ff.	fortfolgende
FG	Festgabe
FS	Festschrift
GA	Goltdammer's Archiv für Strafrecht
GASP	Gemeinsame Außen- und Sicherheitspolitik
GD	Generaldirektion(en)
gem.	Gemäß
GenStA	Generalstaatsanwalt(schaft)

GG	Grundgesetz für die Bundesrepublik Deutschland
GKG	Gerichtskostengesetz
GlüStV	Glücksspielstaatsvertrag
GM	Gemeinsame Maßnahme
GMBl.	Gemeinsames Ministerialblatt
GRCh	Charta der Grundrechte der EU
GRECO	Gruppe der Staaten gegen Korruption
GRUR	Gewerblicher Rechtsschutz und Urheberrecht
GS	Gedächtnisschrift
GwG	Geldwäschegesetz
h.A.	herrschende Ansicht
Hb.	Handbuch
h.L.	herrschende Lehre
h.M.	herrschende Meinung
HRRS	Online-Zeitschrift für Höchstrichterliche Rechtsprechung im Strafrecht
Hrsg.	Herausgeber
ICLQ	International and Comparative Law Quarterly
i. d. R.	in der Regel
i. d. F.	in der Fassung
i. e. S.	im engeren Sinn
IGH	Internationaler Gerichtshof
IKPK	Internationale Kriminalpolizeiliche Kommission
IMT	International Mitlitary Tribunal
IntBestG	Gesetz über die Bekämpfung des Bestechung ausländischer Amtsträger im internationalen Geschäftsverkehr
IPBPR	Internationaler Pakt über Bürgerliche und Politische Rechte
IPR	Internationales Privatrecht
IRG	Gesetz über die internationale Rechtshilfe in Strafsachen
IRhSt	Internationale Rechtshilfe in Strafsachen
i. S. d.	im Sinne der (s)
i. V. m.	in Verbindung mit
IWRZ	Zeitschrift für Internationales Wirtschaftsrecht
i. w. S.	im weiteren Sinn
JA	Juristische Arbeitsblätter
jew.	Jeweils
JI	Justiz und Inneres
JIT	Joint Investigation Teams
JR	Juristische Rundschau
JURA	Juristische Ausbildung
JuS	Juristische Schulung
JZ	Juristenzeitung
JZS	Justizielle Zusammenarbeit in Strafsachen
Kap.	Kapitel
KfZ	Kraftfahrzeug

KG	Kammergericht
Kg	Kilogramm
KK	Karlsruher Kommentar
KOM	Europäische Kommission
KorrBG	Korruptionsbekämpfungsgesetz
KriPoZ	Kriminalpolitische Zeitschrift
krit.	Kritisch
KritV	Kritische Vierteljahresschrift für Gesetzgebung und Rechtswissenschaft
KSZE	Konferenz für Sicherheit und Zusammenarbeit in Europa
LFGB	Lebensmittel- und Futtermittelgesetzbuch
LG	Landgericht
lit.	litera (Buchstabe)
LK	Leipziger Kommentar zum Strafgesetzbuch
LKA	Landeskriminalamt
LMBG	Lebensmittel- und Bedarfsgegenständegesetz
LMuR	Lebensmittel & Recht
LRE	Sammlung lebensmittelrechtlicher Entscheidungen
m.	Mit
MarkenG	Gesetz über den Schutz von Marken und sonstigen Kennzeichen
MDR	Monatsschrift für Deutsches Recht
MedR	Medizinrecht
MoU	Memorandum of Understanding
MüKoStGB	Münchner Kommentar zum Strafgesetzbuch
m. w. N.	mit weiteren Nachweisen
NATO	North Atlantic Treaty Organization
n. F.	neue Fassung
NJOZ	Neue Juristische Online Zeitschrift
NJW	Neue Juristische Wochenschrift
NK	Nomos-Kommentar zum Strafgesetzbuch
NL	Niederlande
NLG	Niederländische Gulden
NLMR	Newsletter Menschenrechte
Nr.	Nummer
N.SIS	National Schengen Information System
NStZ	Neue Zeitschrift für Strafrecht
NStZ-RR	NStZ Rechtsprechungsreport Strafrecht
NuR	Natur und Recht
NVwZ	Neue Zeitschrift für Verwaltungsrecht
NZV	Neue Zeitschrift für Verkehrsrecht
NZWiSt	Neue Zeitschrift für Wirtschafts-, Steuer- und Unternehmensstrafrecht
OECD	Organisation for Economic Cooperation and Development
OK	Organisierte Kriminalität

OLAF	Office européen de Lutte Anti-Fraude
ÖJZ	Österreichische Juristenzeitung
OLG	Oberlandesgericht
OrgKG	Gesetz zur Bekämpfung des illegalen Rauschgifthandels und anderer Erscheinungsformen der Organisierten Kriminalität
OWiG	Ordnungswidrigkeitengesetz
PIF	Protection des intérêts financiers
PJZS	Polizeiliche und Justizielle Zusammenarbeit in Strafsachen
PKK	Partiya Karkerên Kurdistan
Pkw	Personenkraftwagen
RabelsZ	Rabels Zeitschrift für ausländisches und internationales Privatrecht
RB	Rahmenbeschluss(es)
RDi	Recht Digital
RIDP	Revue Internationale de Droit Pénal
RiVASt	Richtlinien für den Verkehr mit dem Ausland in strafrechtlichen Angelegenheiten
RIW	Recht der internationalen Wirtschaft
RL	Richtlinie(n)
Rn.	Randnummer
Rs.	Rechtssache(n)
RW	Zeitschrift für rechtswissenschaftliche Forschung
Rspr.	Rechtsprechung
Rz.	Randziffer
s.	Siehe
S.	Satz, Seite
SchwZStrR	Schweizerische Zeitschrift für Strafrecht
SDÜ	Schengener Durchführungsübereinkommen
SIRENE	Supplementary Information Request at the National Entry
SIS	Schengener Informationssystem
SK	Systematischer Kommentar zum Strafgesetzbuch
sog.	sogenannte(r)
StA	Staatsanwaltschaft
StÄG	Strafrechtsänderungsgesetz
StGB	Strafgesetzbuch
StPO	Strafprozessordnung
str.	Streitig
StraFo	Strafverteidiger Forum
StudZR	Studentische Zeitschrift für Rechtswissenschaft Heidelberg
StV	Strafverteidiger
StVJ	Steuerliche Vierteljahreszeitschrift
UA	Unterabsatz
u. a.	unter anderem, und andere
ÜbK	Übereinkommen

UCLAF	Unité de Coordination de la Lutte Anti-Fraude
UKG	Gesetz zur Bekämpfung der Umweltkriminalität
UPR	Umwelt- und Planungsrecht
UN	United Nations
UN-TransKrimÜbK	Übereinkommen der Vereinten Nationen über die Bekämpfung transnationaler Kriminalität
USA	United States of America
usw.	und so weiter
u. U.	unter Umständen
UWG	Gesetz gegen den unlauteren Wettbewerb
v.	vom, von
v. a.	vor allem
VereinsG	Vereinsgesetz
VG	Verwaltungsgericht
vgl.	Vergleiche
VO	Verordnung
Vol. %	Volumenprozent
Vorbem.	Vorbemerkung
VRS	Verkehrsrechts-Sammlung
VStGB	Völkerstrafgesetzbuch
WiKG	Gesetz zur Bekämpfung der Wirtschaftskriminalität
WiStR	Handbuch des Wirtschafts- und Steuerstrafrechts
Wistra	Zeitschrift für Wirtschafts- und Steuerstrafrecht
WM	Wertpapiermitteilungen
WpHG	Wertpapierhandelsgesetz
WRP	Wettbewerb in Recht und Praxis
WuR	Wirtschaftsverwaltungs- und Umweltrecht
WuW	Wirtschaft und Wettbewerb
WVK	Wiener Vertragsrechtskonvention
ZaöRV	Zeitschrift für ausländisches öffentliches Recht und Völkerrecht
ZBJI	Zusammenarbeit in den Bereichen Justiz und Inneres
z. B.	zum Beispiel
ZeuS	Zeitschrift für europarechtliche Studien
ZfIStw	Zeitschrift für internationale Strafrechtswissenschaft
ZfRV	Zeitschrift für Rechtsvergleichung, internationales Privatrecht und Europarecht
ZfZ	Zeitschrift für Zölle und Verbrauchssteuern
ZHR	Zeitschrift für das gesamte Handelsrecht und Wirtschaftsrecht
ZIS	Zeitschrift für Internationale Strafrechtsdogmatik
ZJS	Zeitschrift für das Juristische Studium
ZLR	Zeitschrift für das gesamte Lebensmittelrecht
ZP	Zusatzprotokoll
ZRP	Zeitschrift für Rechtspolitik

ZStW	Zeitschrift für die gesamte Strafrechtswissenschaft
ZUM	Zeitschrift für Urheber- und Medienrecht
ZUR	Zeitschrift für Umweltrecht
zust.	zustimmend
zutr.	zutreffend

Teil I
Einführung

Grundbegriffe und Grundfragen des Europäischen Strafrechts

1.1 Einleitung

Die Strafrechtssysteme der EU-Mitgliedstaaten befinden sich in einem regelrechten „Europäisierungssog". Europäisches Strafrecht lässt sich nicht als statischer Rechtszustand, sondern vielmehr als dynamisch ablaufender Prozess der Europäisierung des Strafrechts und der Strafrechtspflege begreifen. Dabei wird die Strafrechtsentwicklung von komplexen Europäisierungsmechanismen geprägt, die mit dem Phänomen der unionsrechtlichen Überlagerung des Straf- und Strafverfahrensrechts keineswegs abschließend beschrieben sind. Man denke nur an den Einfluss der Europaratskonventionen (insbesondere der EMRK) oder an die polizeiliche und justizielle Zusammenarbeit, an der auch Nicht-EU-Mitgliedstaaten (assoziierte Schengen-Vertragsstaaten) beteiligt sind.

Vor diesem Hintergrund erklärt sich der Aufbau und das didaktische Konzept dieses Lehrbuches, das den Blick des Lesers nach einer Einführung in die **Grundlagen des Europäischen Strafrechts und sonstiger international ausgerichteter Strafrechtsdisziplinen (Teil I)** zunächst auf die **Träger des Europäischen Strafrechts** lenkt **(Teil II)**, die als institutionelle Akteure die rechtstatsächlichen Impulse für die Europäisierung der Strafrechtssysteme setzen und – in den ihnen jeweils eigenen Handlungsformen – entsprechende Maßnahmen treffen (z. B. Konventionen, Erlass von RL, Umsetzung europäischer Rechtsakte in nationales Strafrecht). Sodann werden die zentralen **Europäisierungsmechanismen** (Assimilierungsprinzip, Harmonisierung, Vorrangprinzip und unionsrechtskonforme Auslegung) im Einzelnen beleuchtet, insbesondere ihre rechtliche Ableitung, ihr Geltungsanspruch und ihre Wirkungsweise erläutert **(Teil III)**. Abschließend wird eine besonders praxisrelevante Spezialmaterie des Europäischen Strafrechts dargestellt – der **strafrechtliche Schutz der EU-Finanzinteressen (Teil IV)**. Mit der Errichtung der **Europäischen Staatsanwaltschaft** wurde ein neues Kapitel im Kampf gegen Finanzbetrug und Korruption auf europäischer Ebene eingeleitet.

3   Nach dem Scheitern des in den Jahren 2002/2003 erarbeiteten **Vertrags über eine Verfassung für Europa** infolge ablehnender Volksabstimmungen in Frankreich und den Niederlanden Mitte 2005 einigte sich der Europäische Rat am 23.06.2007 darauf, eine Regierungskonferenz zur Ausarbeitung eines EU-Reformvertrages einzuberufen, die schließlich am 23.07.2007 offiziell durch die Außenminister der EU eröffnet wurde. Noch am gleichen Tag legte die portugiesische Ratspräsidentschaft einen ersten Gesamtentwurf für einen neuen Reformvertrag vor. Am 05.10.2007 veröffentlichte dieselbe einen revidierten Vertragsentwurf, der Grundlage der Einigung der Staats- und Regierungschefs auf dem EU-Gipfel vom 18./19.10.2007 war. Der endgültige Vertragstext wurde am 13.12.2007 in Lissabon unterzeichnet. Bis Ende 2008 sollte der **Vertrag von Lissabon** durch alle EU-Mitgliedstaaten ratifiziert sein, sodass er am 01.01.2009 hätte in Kraft treten können. Jedoch geriet der Ratifizierungsprozess zunächst ins Stocken, nachdem die irische Bevölkerung den Reformvertrag am 12.06.2008 in einem Referendum abgelehnt hat. Im Dezember 2008 einigten sich die Staats- und Regierungschefs der EU darauf, dass das Vertragswerk bis Ende 2009 in Kraft treten soll. Bei einer in Irland am 03.10.2009 durchgeführten zweiten Volksabstimmung sprach sich eine deutliche Mehrheit für den Reformvertrag aus. In Deutschland waren Verfassungsklagen gegen die endgültige Ratifizierung des Vertrages anhängig, die den Bundespräsidenten dazu veranlasst haben, die Unterzeichnung der Ratifikationsurkunde bis zum Abschluss des Verfahrens aufzuschieben. Mit seinem – die Klagen zurückweisenden – Urteil v. 30.06.2009 machte das BVerfG schließlich den Weg für die Unterzeichnung des deutschen Zustimmungsgesetzes frei.[1] Am 13.11.2009 wurde mit der tschechischen Ratifikationsurkunde die letzte der 27 Urkunden bei der italienischen Regierung in Rom hinterlegt. **Der Vertrag von Lissabon trat am 01.12.2009 in Kraft.** Durch ihn gründen die Vertragsparteien untereinander eine Europäische Union („Union"), der die Mitgliedstaaten Zuständigkeiten zur Verwirklichung ihrer gemeinsamen Ziele übertragen. Die bisherige Drei-Säulen-Architektur der EU wurde aufgelöst. Die Union tritt an die Stelle der EG, deren Rechtsnachfolgerin sie ist (Art. 1 III S. 3 EUV). Die bisherige dritte Säule der EU (PJZS) wurde in den supranationalen Bereich überführt. Die Europäische Atomgemeinschaft (EAG) wurde aus dem ehemaligen Dachverband der EU ausgegliedert und besteht – abgesehen von einer institutionellen Verbundenheit mit der EU – als unabhängige internationale Organisation fort. Primärrechtliche Grundlage der Union sind der **Vertrag über die Europäische Union (EUV)** und der **Vertrag über die Arbeitsweise der Europäischen Union (AEUV)**, der den bisherigen EGV ersetzt.[2]

---

[1] BVerfG NJW 2009, 2267; vgl. hierzu *Böse*, ZIS 2010, 76 ff.
[2] Vgl. zu den hiermit einhergehenden Neuerungen *Plump*, Europäisches Strafrecht nach dem Vertrag von Lissabon, S. 44 ff., 243 ff.; *Satzger*, in: *Böse* (Hrsg.), EuStR, § 2 Rn. 7 ff.

1.2 Was ist „Europäisches Strafrecht"?

1.2.1 Europäisches Strafrecht als strafrechtliche Rechtsmaterie sui generis

1.2.1.1 Gemeinsames rechtskulturelles Erbe der europäischen Staaten

Die europäischen Staaten können durchaus auf ein gemeinsames rechtskulturelles 4
Erbe zurückblicken, das sich in ihren jeweiligen Strafrechtsordnungen widerspiegelt.[3] Dieses Erbe wurzelt im römischen Recht der Antike, in der Ethik-Lehre des Christentums, der Philosophie der Aufklärung und dem außerordentlich lebhaften Informations- und Erfahrungsaustausch auf dem Gebiet des Strafrechts und der Kriminalpolitik seit dem Ende des 19. Jahrhunderts.[4] Die internationale wissenschaftliche Diskussion war vor allem das Werk der großen strafrechtlichen Vereinigungen, zu denen die im Jahre 1889 gegründete Internationale Kriminalistische Vereinigung gehörte. Diese wurde im Jahre 1924 als Association Internationale de Droit Pénal (AIDP) in Paris wiedergegründet. Als gemeineuropäische Charakteristika auf dem Gebiet des Strafrechts sind das Rechtsstaatsprinzip (Gesetzlichkeitsprinzip, Schuldprinzip, „Fair trial") und das Humanitätsprinzip zu nennen, das vor allem für den Strafvollzug von Bedeutung ist.

1.2.1.2 Europäisches Strafrecht und Europäisierung des Strafrechts

Trotz ihres gemeinsamen europäischen Erbes sind die Strafrechtsordnungen der 5
Staaten Europas höchst unterschiedlich ausgestaltet. Von einem europäischen Rechtsraum, in dem die nationalen Strafrechtssysteme vereinheitlicht sind bzw. eine supranationale Strafgewalt mit eigenen Justizorganen aufgrund eines genuin europäischen Straf- und Strafverfahrensrechts tätig ist, sind wir derzeit noch weit entfernt, wenngleich mit der Errichtung der Europäischen Staatsanwaltschaft ein erster Schritt in diese Richtung unternommen wurde. Dennoch hat sich die Rede vom **Europäischen Strafrecht** inzwischen als allgemein anerkannter Sammelbegriff für einen eigenständigen strafrechtlichen Forschungsgegenstand durchgesetzt. Es handelt sich dabei um eine **Rechtsmaterie eigener Art, die sowohl strafrechtsrelevantes Unionsrecht, regionales Völkerrecht als auch das hiervon beeinflusste nationale Strafrecht umfasst**.[5] Im Blickfeld des Europäischen Strafrechts stehen somit zum einen alle das Straf- und Strafverfahrensrecht der europäischen Staaten (europäische Strafrechtspflege im weiteren Sinne) unmittelbar oder mittelbar betreffenden Normen des Unionsrechts (EUV, AEUV, GRCh), regionalen Völkerrechts (EMRK, Konventionen) und Sekundärrechts (RL, VO, RB, Übereinkommen) der supranationalen und internationalen Organisationen Europas (nament-

---

[3] *Sieber*, in: *Sieber u. a.* (Hrsg.), EuStR, Einführung Rn. 13 ff.; *Vogel*, GA 2010, S. 1, 4 ff.
[4] *Böse*, in: *Böse* (Hrsg.), EuStR, § 1 Rn. 2 ff.; *Jescheck*, Jhong–Won Kim-FS, S. 947, 949.
[5] *Ambos*, IntStR, § 9 Rn. 18; *Böse*, in: *Böse* (Hrsg.), EuStR, § 1 Rn. 12; *Esser*, EuStR, § 1 Rn. 1 ff.; *Gleß*, IntStR, Rn. 435; *Satzger*, IntStR, § 7 Rn. 2 f.; *Sieber*, in: *Sieber u. a.* (Hrsg.), EuStR, Einführung Rn. 2 ff.

lich EU, EAG, Europarat, OECD). Zum anderen umfasst das Europäische Strafrecht die durch Primär- und Sekundärrecht in vielfältiger Weise überlagerten Vorschriften des innerstaatlichen Strafrechts (europäisiertes Strafrecht).

6 Die nationalen Strafrechtssysteme der europäischen Staaten sind in einen dynamisch verlaufenden Prozess der Europäisierung eingebunden, der sich vor allem auf die Aktivitäten des Europarates und der EU, auf die grenzüberschreitende Zusammenarbeit der EU-Mitgliedstaaten sowie auf die Tätigkeit der europäischen Gerichtshöfe in Straßburg (EGMR) und Luxemburg (EuGH) zurückführen lässt. So werden die Strafrechtsordnungen durch die EMRK und die GRCh auf übernational verbindliche Grund- und Menschenrechtsstandards festgelegt (Kap. 3 Rn. 17 ff. u. Kap. 4 Rn. 35 ff.). Darüber hinaus sind die Strafrechtsordnungen der EU-Mitgliedstaaten vielfältigen Einflüssen der Unionspolitiken ausgesetzt. Bereits auf dem Boden der früheren Verträge (EGV und EUV) hat sich innerhalb der EU ein **integriertes System europäischer Strafrechtspflege** entwickelt, das im Wesentlichen von den Strukturelementen **Kooperation, Koordination, Assimilierung und Harmonisierung** geprägt ist. Der **Vertrag von Lissabon** (Rn. 3) schreibt diese Koordinaten fort und schafft die Grundlagen für eine kontinuierliche Fortentwicklung.[6]

7 Der Ausbau der **internationalen Zusammenarbeit** lässt die grenzüberschreitende Strafrechtspflege über den status quo der auf den Europaratskonventionen beruhenden Rechtshilfekooperationen hinauswachsen. Das **Assimilierungsprinzip** führt zu einer „Indienststellung" der mitgliedstaatlichen Strafrechtsordnungen zum Schutze supranationaler Rechtsgüter, auf welche die EU mangels eigener kriminalstrafrechtlicher Rechtsetzungskompetenz angewiesen ist (Kap. 7). So legt das aus Art. 4 III EUV abzuleitende unionsrechtliche Rahmensystem Unter- und Obergrenzen für mitgliedstaatliches Strafrecht im Dienste des Unionsrechts fest, die nicht unter- bzw. überschritten werden dürfen. Strafnormen oder Strafverfahrensbestimmungen dürfen nicht angewendet werden, soweit sie mit unionsrechtlich garantierten Grundfreiheiten oder mit Unionsgrundrechten kollidieren (Kap. 9). Eine **Neutralisierung mitgliedstaatlichen Straf- und Strafverfahrensrechts** ist allerdings immer nur die letzte Möglichkeit, Widersprüche zwischen nationalem Strafrecht und Unionsrecht aufzulösen. Kollisionen lassen sich zumeist schon durch eine **unionsrechtskonforme Auslegung** vermeiden (Kap. 10). Auf der Grundlage der durch den Lissabonner Vertrag in Art. 82, 83 AEUV festgeschriebenen **Harmonisierungsbefugnisse** hat der EU-Gesetzgeber im Wege der Richtliniensetzung weite Bereiche des Straf- und Strafverfahrensrechts einer Mindestangleichung zugeführt (Kap. 8). Ein erster Harmonisierungsschub wurde bereits „vor Lissabon" durch Richtlinienanweisungen der EG sowie durch intergouvernementale Maßnahmen der EU-Mitgliedstaaten (RB und Übereinkommen) ausgelöst. Der in den Abschnitt „Betrugsbekämpfung" eingefügte Art. 325 IV AEUV lässt sogar die Schaffung **unmittel-**

---

[6] NK-*Böse*, Vor § 3 Rn. 1 ff.; *Brodowski*, Ignor-FS, S. 375 ff.; *Hecker*, in: *Ambos* (Hrsg.), EuStR Post-Lissabon, S. 13 ff.; *Huthmann*, EU-Strafverfassungsrecht, S. 7 ff.

bar geltender europäischer Straftatbestände in Form einer VO zu (Kap. 4 Rn. 68 ff.). Das lange Zeit als „Reservat" bzw. als „letzte Bastion" staatlicher Souveränität geltende Strafrecht folgt – mit „genuiner Verspätung" der Europäisierung anderer Teilgebiete des Rechts.[7]

Die Entwicklung des Europäischen Strafrechts ist untrennbar mit der Geschichte des europäischen Integrationsprozesses verbunden, ja geradezu ein Indikator für dessen Fortschreiten.[8] Nachdem das Ziel der Schaffung eines europäischen Binnenmarkts erreicht und die Personenkontrollen an den Binnengrenzen im Zuge des Schengenprozesses abgeschafft wurden, wächst Europa politisch und rechtlich immer stärker zusammen, wenn auch die EU von einem Bundesstaat nach wie vor weit entfernt ist. Mit Inkrafttreten des Vertrags von Lissabon am 01.12.2009 hat die politische Integration Europas einen vorläufigen Höhepunkt erreicht. Die Schaffung eines **Raums der Freiheit, der Sicherheit und des Rechts** ohne Binnengrenzen bleibt erklärtes Ziel der Union (Art. 3 II EUV). Von besonderer Bedeutung für das Europäische Strafrecht ist, dass die **Charta der Grundrechte der Europäischen Union**[9] (GRCh) vom 07.12.2000 in der am 12.12.2007 in Straßburg angepassten Fassung nunmehr rechtsverbindlich ist (Art. 6 I EUV). Nach Art. 51 I S. 1 GRCh sind zunächst die Organe, Einrichtungen und sonstigen Stellen der Union Grundrechtsverpflichtete. Der Rat und das EP müssen daher bei ihrer Rechtsetzung die Gewährleistungen der GRCh ebenso beachten wie der EuGH bei seiner Rechtsprechung. Auch die Handlungen der im Bereich der transnationalen Strafverfolgung tätigen Einrichtungen Europol, Eurojust, OLAF und EuStA müssen mit den Vorgaben der GRCh im Einklang stehen. Für die mitgliedstaatlichen Gesetzgeber und Behörden ist die GRCh nur insoweit verbindlich, als diese Unionsrecht durchführen (Kap. 4 Rn. 35 ff.).

1.2.2 Europäisches Strafrecht als rechtswissenschaftliche Querschnittsmaterie

Als Wissenschaftsdisziplin stellt das Europäische Strafrecht eine **rechtswissenschaftliche Querschnittsmaterie** dar, die zahlreiche, sich teilweise überschneidende Fragen aus den Bereichen Kriminalpolitik, Strafrechtsdogmatik, Strafverfahrensrecht, Kriminologie, Europarecht sowie Verfassungs- und Völkerrecht – jeweils unter Einbeziehung rechtsvergleichender Forschung – aufwirft.[10] Nachfolgend sollen exemplarisch einige für das Europäische Strafrecht zentrale Themen aus diesen Wissenschaftsfeldern aufgeführt werden.

---

[7] So die treffende Formulierung von *Tiedemann*, Europäisierung, S. 134.
[8] *Böse*, in: *Böse* (Hrsg.), EuStR, § 1 Rn. 5 ff.; *Huthmann*, EU-Strafverfassungsrecht, S. 26 ff.
[9] ABlEU 2007 Nr. C 303, S. 1.
[10] *Böse*, in: *Böse* (Hrsg.), EuStR, § 1 Rn. 14 ff.; *Dannecker*, JZ 1996, 869 ff.; *Kisseler*, Europäisierung des Abfallstrafrechts, S. 374 ff.; *Vogel*, GA 2002, 517 ff.

1.2.2.1 Kriminalpolitik

10 **Europäische Kriminalpolitik** umfasst den Inbegriff der Aussagen darüber, was in Europa strafrechtlich gelten soll, also die **europäische lex criminalis desiderata**.[11] Sie fragt danach, ob und inwieweit es notwendig und sinnvoll ist, in bestimmten Bereichen strafrechtliche Instrumente einzusetzen. Zu denken ist etwa an die Bekämpfung von Terrorismus,[12] grenzüberschreitender bzw. organisierter Kriminalität (OK),[13] Geldwäsche[14] und Angriffen auf Rechtsgüter der EU,[15] aber auch an einen europäisch abgestimmten Umgang mit Jugenddelinquenz[16] und Fragen des Opferschutzes.[17] In strafprozessualer Hinsicht ist über die Entwicklung gemeinsamer Standards im Bereich der Verfahrensgarantien,[18] die Institutionalisierung europäischer Strafverteidigung[19] sowie über die Begrenzung der Untersuchungshaft[20] zu diskutieren. Weitere zentrale Fragen kreisen um die demokratische Legitimation des Europäischen Strafrechts.[21] – Wie erfolgt die justizielle Kontrolle seiner Akteure?[22] – Wie wirkt sich die fortschreitende Digitalisierung auf den Gegenstand der strafjustiziellen Zusammenarbeit aus?[23] – Welchen Mehrwert verspricht ein supranationales Strafrecht?[24] – Empfiehlt sich die europaweite Einführung kriminalstrafrechtlicher Verbandssanktionen[25] und wie soll die strafrechtliche Verantwortlichkeit von Entscheidungsträgern in Unternehmen ausgestaltet werden?[26] Wie lässt sich

---

[11] *Böse*, in: *Böse* (Hrsg.), EuStR, § 28 Rn. 10 ff.; *Perron*, Küper-FS, S. 429 ff.; *Satzger*, in: *Böse* (Hrsg.), EuStR, § 2 Rn. 20 ff.; *Vogel*, Kühl-FS, 635 ff.
[12] Vgl. die EU-Agenda zur Terrorismusbekämpfung v. 09.12.2020 (KOM [2020] 795 endg.) sowie die Beiträge in *Petzsche/Heger/Metzler* (Hrsg.), Terrorismusbekämpfung in Europa.
[13] *Hecker*, ZIS 2016, 467 ff. *Sieber*, ZStW 121 (2009), 1, 2 ff.; *Weißer*, in: *Böse* (Hrsg.), EuStR, § 9.
[14] Vgl. den Aktionsplan für eine umfassende Politik der Union zur Verhinderung von Geldwäsche und Terrorismusfinanzierung v. 07.05.2020 (KOM [2020] 2800 endg.).
[15] *Dannecker/Schröder*, in: *Böse* (Hrsg.), EuStR, § 8 Rn. 31 ff.; *Weißer*, in: Schulze u. a. (Hrsg.), Europarecht, § 16 Rn. 33.
[16] *Bochmann*, Europäisches Jugendstrafrecht, S. 71 ff.
[17] *Göhler*, Rechte des Verletzten in der EU, passim; *Hauck*, in: *Böse* (Hrsg.), EuStR, § 11 Rn. 70.
[18] *Gaede*, in: *Böse* (Hrsg.), EuStR, § 3 Rn. 61 ff.; *Hauck*, in: *Böse* (Hrsg.), EuStR, § 11 Rn. 12 ff.; *Safferling/Rückert*, NJW 2021, 287 ff.
[19] *Rackow*, in: *Böse* (Hrsg.), EuStR, § 24 Rn. 10 ff.
[20] *Esser*, Untersuchungshaft, S. 233, 244 ff.; *Morgenstern*, Untersuchungshaft, passim; *dies.*, in: *Böse* (Hrsg.), EuStR, § 15 Rn. 114 ff.
[21] *Böse*, in: *Böse* (Hrsg.), EuStR, § 28 Rn. 2 ff.; *Meyer*, in: *Böse* (Hrsg.), EuStR, § 26; *Sieber*, ZStW 121 (2009), 1, 50 ff.; *Vogel/Schneider*, in: *Böse* (Hrsg.), EuStR, § 7 Rn. 31 ff.
[22] *Meyer*, in: *Leible/Terhechte* (Hrsg.), Europ. Rechtsschutz, § 44; *ders.*, ZStW 128 (2016), 1089 ff.
[23] *Brodowski*, ZStW 135 (2023), 659 ff.; *Hoven/Kudlich* (Hrsg.), Digitalisierung u. Strafverfahren, passim.
[24] *Weißer*, GA 2014, 433, 440 ff.; *dies.*, Rengier-FS, S. 481 ff.
[25] *G. Dannecker/Ch. Dannecker*, NZWiSt 2016, 162 ff.; *Heine*, Verantwortlichkeit von Unternehmen, S. 121 ff.; *Kelker*, Krey-FS, S. 221 ff.; *Rönnau/Wegner*, ZRP 2014, 158 ff.
[26] *Bülte*, Vorgesetztenverantwortlichkeit, S. 459 ff.

eine Lieferkettenverantwortlichkeit von Unternehmen zum Schutz von Menschenrechten und Umwelt konstituieren?[27]

Die kriminalpolitische Frage, in welche Richtung die Entwicklung des Europäischen Strafrechts gehen soll, verdient mindestens ebensoviel Beachtung wie die strafrechtsdogmatische Analyse des bereits geltenden Rechtsbestands. Die Strafrechtswissenschaft ist dazu aufgerufen, ihren Sachverstand in diese Debatte einzubringen.[28] Beachtung verdienen u. a. die von Rechtswissenschaftlern ausgearbeiteten Studien zu den Strukturen eines AT des Europäischen Strafrechts,[29] das „Manifest zur Europäischen Kriminalpolitik",[30] das „Manifest zum Europäischen Strafverfahrensrecht"[31] und die Modellentwürfe zur Vermeidung von Jurisdiktionskonflikten in der EU (Kap. 12 Rn. 72 ff.).

1.2.2.2 Strafrechtsdogmatik

Europäische Strafrechtsdogmatik umfasst den Inbegriff der Aussagen darüber, was in Europa strafrechtlich gilt, also die **europäische lex criminalis lata**.[32] Deren Aufgabe ist es, den Inhalt der Strafrechtsnormen systematisch zu entwickeln und zu deuten. Allerdings ist die klassische Strafrechtsdogmatik national gebunden und erweist sich deshalb als zu eng. So werden vor allem die Bereiche der transnationalen Kriminalität sowie des Wirtschafts- und Umweltstrafrechts direkt oder indirekt von unionsrechtlichen Vorgaben beeinflusst. Bei der Auslegung derartiger „Europadelikte" werden also Erkenntnisse der Strafrechtsvergleichung, aber auch neue Interpretationsmethoden anzuwenden sein.[33] Es ist eine Aufgabe der Strafrechtsdogmatik, die europarechtlichen Einwirkungen aufzudecken[34] und für die Einhaltung des Kohärenzgebots Sorge zu tragen.[35]

Vorhaben, die auf eine Harmonisierung des Straf- und Strafverfahrensrechts abzielen, werden nur dann auf allgemeine politische Akzeptanz in den betroffenen Staaten stoßen und von dauerhaftem Erfolg gekrönt sein, wenn es gelingt, die

---

[27] *Hübner*, in: *Dannecker/Meyer* (Hrsg.), Unternehmenssanktionen, S. 75 ff.; *Ofterdinger/Schrage*, GA 2024, 199 ff.; *Schuhr*, in: *Dannecker/Meyer* (Hrsg.), Unternehmenssanktionen, S. 51 ff.
[28] *Vogel*, JZ 2012, 25 ff.
[29] *Bechtel*, ZStW 133 (2021), 1049 ff.; *Classen*, Joecks-GS, S. 9 ff.; *Grünewald*, JZ 2011, 972 ff.; *Jähnke*, JR 2021, 193 ff.; *Satzger*, in: *Böse* (Hrsg.), EuStR, § 2 Rn. 89 ff.; *Stuckenberg*, in: *Böse* (Hrsg.), EuStR, § 10; *Weißer*, Täterschaft in Europa, 2011, passim.
[30] Vgl. den Text des Manifestes mit Erläuterungen in ZIS 2009, 697; *Satzger*, in: *Böse* (Hrsg.), EuStR, § 2 Rn. 56 ff.
[31] Vgl. den Text des Manifestes mit Erläuterungen in ZIS 2013, 406, 412 ff.
[32] *Dannecker*, JZ 1996, 869, 870; *Kühne*, GA 2005, 195 ff.; *Vogel*, GA 2002, 517, 519 ff., 529 ff.
[33] Zur Problematik der unterschiedlichen Sprachfassungen von unionsrechtlichen Regelungstexten in nationalen Blankettnormen vgl. *Giannini/Köpferl*, GA 2022, 434 ff., 498 ff.; *Satzger*, IntStR, § 9 Rn. 77.
[34] *Satzger*, Europäisierung, passim; *Schröder*, Richtlinien, passim; *Schaut*, Europ. Strafrechtsprinzipien, passim.
[35] *Satzger*, in: *Böse* (Hrsg.), EuStR, § 2 Rn. 46 ff., 66; vgl. hierzu auch *Brons*, Binnendissonanzen im AT, passim, zur Vermeidung strafrechtsdogmatischer Brüche infolge Umsetzung unionsrechtlicher Vorgaben.

wesentlichen Wertungsfragen auf einer abstrakten Ebene in einer für alle Strafrechtssystem gültigen Weise zu formulieren.[36] Insoweit kommt der **Strafrechtsvergleichung** eine besondere Bedeutung zu.[37]

1.2.2.3 Strafverfahrensrecht

14 Auch jenseits der durch die EMRK festgelegten und durch die Judikatur des EGMR fortentwickelten Mindeststandards, die in den 46 Mitgliedstaaten des Europarates bereits ein **paneuropäisches Strafverfahrensrecht** begründet haben,[38] schreitet die Europäisierung des Strafverfahrensrechts voran. Art. 82 I AEUV schreibt die **gegenseitige Anerkennung** gerichtlicher Entscheidungen als grundlegendes Strukturprinzip der justiziellen Zusammenarbeit primärrechtlich fest. Auch werden der Union von Art. 82 II AEUV **Harmonisierungsbefugnisse** im Bereich des Strafverfahrensrechts übertragen. Vor diesem Hintergrund stellt sich für den strafprozessualen Zweig der Strafrechtswissenschaft zum einen die Aufgabe, die unionsrechtliche Instrumentalisierung des nationalen Strafprozessrechts und insbesondere das **Zusammenspiel zwischen nationaler und supranationaler Gerichtsbarkeit** zu beleuchten (Kap. 6). Zum anderen gilt es, die auf die Strafverfahrensordnungen der Mitgliedstaaten einwirkenden **unionsrechtlichen Einflussmechanismen** sichtbar zu machen, dogmatisch aufzuarbeiten und die Konsequenzen für die praktische Rechtsanwendung aufzuzeigen (Kap. 11). Von herausragender Bedeutung ist schließlich das **transnationale Doppelbestrafungsverbot**, das im Lichte der Rspr. des EuGH auszuformen ist (Kap. 12).

1.2.2.4 Kriminologie

15 Rationale Kriminalpolitik erfordert die Bereitstellung aussagekräftigen empirischen Materials. Die Kriminologie muss z. B. Aussagen treffen über typische Deliktsgestaltungen und Täterprofile etwa im Zusammenhang mit transnationaler OK und Angriffen auf den EU-Finanzhaushalt. Bei diesen Betrugs-, Korruptions-, Steuer- und Zolldelikten handelt es sich um besondere Erscheinungsformen der Wirtschaftskriminalität, deren Strukturen es aufzudecken gilt.[39] Gleiches gilt etwa für das transnationale Phänomen der Geldwäschekriminalität.[40]

1.2.2.5 Europarecht

16 Das Straf- und Strafverfahrenrecht ist in erheblichem Maße mit dem Europarecht verschränkt.[41] Zentrale Probleme des Europäischen Strafrechts sind an der Schnittstelle zwischen nationalem Strafrecht und supranationalem Unionsrecht angesiedelt. Das Zusammenspiel zweier getrennter, nebeneinander stehender, aber verflochtener

---

[36] *Vogel/Schneider*, in: *Böse* (Hrsg.), EuStR, § 7 Rn. 20 ff.
[37] *Hauck*, Strafrechtsvergleichung, S. 255 ff.; *Heger*, Europäisierung, S. 63 ff.; *Kubiciel*, JZ 2015, 64 ff.
[38] *Esser*, Europäisches Strafverfahrensrecht, passim.
[39] *Bannenberg*, Hb. WiStR, Kap. 13 Rn. 6 ff. (Korruptionsstrukturen).
[40] *Bussmann/Veljovic*, NZWiSt 2020, 417 ff.; *Schnabl*, Hb. WiStR, Kap. 6 Rn. 21 ff.
[41] *Böse*, in: *Böse* (Hrsg.), EuStR, § 4; *Hauck*, in: *Böse* (Hrsg.), EuStR, § 11.

Rechtsordnungen wirft neuartige Fragen auf, die im innerstaatlichen Rechtssystem keine Entsprechung finden. Aufgrund dieser Entwicklung versteht es sich von selbst, dass die Beschäftigung mit Europäischem Strafrecht spezifisch europarechtliches Wissen voraussetzt. Die Auseinandersetzung mit der Europäisierung des Strafrechts und der international-arbeitsteiligen Strafrechtspflege erfordert eine gründliche Durchdringung des europarechtlichen Normengeflechts unter besonderer Berücksichtigung der Rspr. der europäischen Gerichtshöfe in Straßburg (EGMR) und Luxemburg (EuGH). Die Europarechtswissenschaft ist daher eine zentrale Bezugswissenschaft für das Europäische Strafrecht. Das Gelingen der europäischen Integration auf dem Gebiet der Strafrechtspflege hängt in nicht unerheblichem Maße davon ab, inwieweit nationale Strafrechtspraktiker das Europarecht ebenso selbstverständlich und sicher anwenden wie die innerstaatlichen Rechtsnormen.

Im Hinblick auf die durch den **Vertrag von Lissabon** erfolgte Gründung einer mit Rechtspersönlichkeit ausgestatteten Union als Rechtsnachfolgerin der EG (Art. 1 EUV) kommt dem **Europäischen Verfassungsrecht** wachsende Bedeutung zu.[42] Aus Sicht des Europäischen Strafrechts sind vor allem diejenigen Verfassungsbestimmungen von unmittelbarem Interesse, die sich mit dem Raum der Freiheit, der Sicherheit und des Rechts (Art. 3 II EUV, Art. 67 ff. AEUV), den in der GRCh garantierten und maßstabsbildend von der EMRK geprägten Unionsgrundrechten, den im AEUV verankerten Grundfreiheiten, der PJZS (Art. 82 ff., 87 ff. AEUV) sowie mit den Harmonisierungskompetenzen der Union befassen (Art. 82, 83 AEUV).

1.2.2.6 Verfassungs- und Völkerrecht

Das nationale **Verfassungsrecht** normiert ebenso wie das **Völkerrecht** fundamentale Grund- und Menschenrechte sowie Verfahrensgarantien, die von den nationalen Gesetzgebern und Strafverfolgungsbehörden zu beachten sind. Es gilt, die **Bezüge zwischen den verfassungs- und völkerrechtlichen Prinzipien sowie dem Europäischen Strafrecht** herzustellen. Bei diesem Themenfeld ist die Gewährleistung des Grundrechtsschutzes im Spannungsfeld von GG, EMRK und GRCh angesiedelt.[43] Ein spezielles Problem ist die Frage, ob die vom deutschen Gesetzgeber verwendete Blankettgesetzgebungstechnik den verfassungsrechtlichen Anforderungen genügt (Kap. 7 Rn. 71 ff.).

1.2.3 Praktische Bedeutung des Europäischen Strafrechts

Nachdem die wissenschaftlichen Herausforderungen des Europäischen Strafrechts beleuchtet wurden, soll es im Folgenden darum gehen, anhand einiger Beispiele und Fragenkomplexe die Praxisrelevanz dieses Rechtsgebietes aufzuzeigen. Im materiel-

---

[42] *Gaede*, in: *Böse* (Hrsg.), EuStR, § 3; *Huthmann*, EU-Strafverfassungsrecht, S. 235 ff.
[43] *Ambos*, § 10 Rn. 1 ff.; *Gärditz*, in: *Böse* (Hrsg.), EuStR, § 6; *Ludwigs/Sikora*, JuS 2017, 385 ff.; *Safferling*, NJW 2021, 287 ff.; *Satzger*, IntStR, § 7 Rn. 9 ff.

len Strafrecht lassen sich sowohl **strafrechtsbegrenzende** als auch **strafrechtsausdehnende Europäisierungseffekte** nachweisen. Auch in strafprozessualer Hinsicht verläuft die Europäisierung in zwei Richtungen. Zum einen werden strafprozessuale Rechtspositionen von Beschuldigten und Opfern durch unionsrechtliche Vorgaben gestärkt. Zum anderen wird die international-arbeitsteilige Strafverfolgung vor dem Hintergrund transnationaler Kriminalitätsphänomene (Rn. 30) ausgebaut und intensiviert.

1.2.3.1 Strafrechtsbegrenzende Europäisierungseffekte

20 Kein Strafrechtspraktiker kann sich der europäischen Dimension seines Arbeitsgebietes mehr entziehen. Überholt sind heute Vorgänge, in denen sich die Praxis dem damaligen Gemeinschaftsrecht gegenüber zuweilen geradezu ignorant verhielt, wie jener steuerstrafrechtliche Fall, den ein deutsches LG Ende der 1980er-Jahre zu entscheiden hatte. Ein Steuerpflichtiger war vor diesem Gericht u. a. wegen Umsatzsteuerhinterziehung angeklagt worden, weil er keine monatlichen Umsatzsteuervoranmeldungen abgegeben hatte. Gegen diesen Vorwurf verteidigte sich der Angeklagte mit dem Einwand, dass zumindest seine Umsätze aus Kreditvermittlung aufgrund einer RL-Bestimmung nicht umsatzsteuerpflichtig gewesen seien. Das LG wischte diese Argumentation mit der Bemerkung vom Tisch: „**Die Kammer glaubt dem Angeklagten nicht, dass er bei seinen steuerlichen Fachkenntnissen auch nur im Entferntesten davon ausging, dass die deutsche Steuergesetzgebung durch europäische Richtlinien außer Kraft gesetzt wird.**" Der BGH hob dieses Urteil im Revisionsverfahren auf und stellte unter Hinweis auf die Rspr. des EuGH zutreffend fest, dass sich ein einzelner Marktbürger auf die Bestimmung einer nicht fristgerecht umgesetzten RL berufen darf, wenn diese so klar umrissen ist, dass sie auch ohne Durchführungsmaßnahmen des nationalen Gesetzgebers angewendet werden kann.[44]

21 Strafrechtsbegrenzende Effekte bewirkt insbesondere das mit Anwendungsvorrang (Kap. 9) ausgestattete EU-Primärrecht in Gestalt der unionsrechtlichen **Grundfreiheiten** und **Unionsgrundrechten**. Die Anwendung strafrechtlicher Rechtsvorschriften darf weder zu einer Diskriminierung von Personen führen, denen das Unionsrecht einen Anspruch auf Gleichbehandlung verleiht noch dürfen die vom Unionsrecht garantierten Grundfreiheiten missachtet werden (Kap. 4 Rn. 34 ff.).

22 Infolge des Anwendungsvorranges des Unionsrechts sind die nationalen Stellen daran gehindert, Strafnormen anzuwenden, soweit diese nicht im Einklang mit demselben stehen (Kap. 9 Rn. 10 ff.) oder unionsrechtskonform ausgelegt werden können (Kap. 10 Rn. 6 ff.). Neben dem Primärrecht entfaltet nicht selten auch das Sekundärrecht strafrechtsbegrenzende Wirkungen. Die Berufung auf eine RL schützte z. B. den vor einem französischen Gericht Angeklagten vor Bestrafung, der im Besitz eines italienischen, aber eben nicht eines französischen Diploms in Frankreich die Tätigkeit eines Tierarztes ausübte (Kap. 9 Rn. 24 f.). Gegen Drittstaatsangehörige dürfen wegen ihres illegalen Aufenthalts in einem EU-Mitgliedstaat keine freiheitsentziehenden Sanktionen verhängt und vollstreckt werden, weil diese geeignet sind, das in einer RL vorgeschriebene Rückführungsverfahren zu verzögern (Kap. 10 Rn. 55 ff.).

---

[44] BGHSt 37, 168 ff. = NJW 1991, 1622,1624; vgl. hierzu *Schröder*, Richtlinien, S. 13 f.

1.2.3.2 Stärkung strafprozessualer Rechtspositionen

Seit dem Jahre 2010 wurden zahlreiche **RL zur Stärkung der Verfahrensrechte von Verdächtigen oder Beschuldigten** verabschiedet, die einen harmonisierten **Mindeststandard strafprozessualer Beschuldigtenrechte innerhalb der EU** etablieren (Kap. 11 Rn. 41 ff.). Die praktische Bedeutung der Europäisierung des Strafverfahrensrechts lässt sich exempl. anhand der **RL 2012/13/EU des EP und des Rates über das Recht auf Belehrung und Unterrichtung in Strafverfahren**[45] v. 22.05.2012 (Kap. 11 Rn. 44–46) aufzeigen. Art. 6 III RL 2012/13/EU gibt den Mitgliedstaaten auf, sicherzustellen, dass dem Beschuldigten spätestens dann, wenn einem Gericht die Anklageschrift vorgelegt wird, detaillierte Informationen über den Tatvorwurf erteilt werden müssen. Auch die Zustellung eines Strafbefehls ist als eine Form der Unterrichtung des Beschuldigten über den Tatvorwurf anzusehen, sodass sie den Anforderungen dieser Bestimmung genügen muss.[46] In der deutschen Strafrechtspraxis ist es üblich, gegenüber ausländischen Beschuldigten ohne festen Wohnsitz im Inland anzuordnen, eine im Bezirk des zuständigen Gerichts wohnende Person zum Empfang von Zustellungen zu benennen (§ 132 I Nr. 2 StPO). Der EuGH erblickt hierin die Gefahr einer Benachteiligung von im EU-Ausland wohnenden Unionsbürgern. Denn bei dieser Zustellungsart sei das Risiko für den Beschuldigten, mangels tatsächlicher Kenntnisnahme nicht mehr fristgerecht Einspruch gegen einen Strafbefehl einlegen zu können (mit der Folge des Eintritts der Rechtskraft) weitaus größer sei als bei der für Inlandssachverhalte typischen Zustellung nach §§ 36 ff. StPO. Der Gerichtshof erachtet die Zustellung an einen inländischen Zustellungsbevollmächtigten nur unter der Bedingung für richtlinienkonform, dass dem beschuldigten Unionsbürger ab **dem Zeitpunkt der tatsächlichen Kenntnisnahme des Strafbefehls** die volle **zweiwöchige Einspruchsfrist** des § 410 I StPO zur Verfügung steht.[47] Vor diesem Hintergrund ist zu fordern, dass die Staatsanwaltschaften von ihrer bisher gängigen Praxis abrücken und mit Erlass entsprechender Strafbefehle zugleich deren Zustellung in das EU-Ausland beantragen. Ein Gesetzentwurf der Bundesregierung v. 20.01.2021 sah vor, den personellen Anwendungsbereich des verfahrenssichernden Rechtsinstituts des Zustellungsbevollmächtigten (§ 132 I Nr. 2 StPO) zu ändern.[48] Entsprechende Anordnungen der Strafverfolgungsbehörden oder Gerichte sollten danach nicht mehr zulässig sein, wenn der Beschuldigte einen festen Wohnsitz oder Aufenthalt im Schengen-Raum (Kap. 5 Rn. 17) hat. In dem am 01.07.2021 in Kraft getretenen Gesetz zur Fortentwicklung der Strafprozessordnung und zur Änderung weiterer Vorschriften[49] wurde § 132 StPO jedoch unter Hinweis auf die Bedürfnisse der Strafverfolgungspraxis in seiner bisherigen Fassung beibehalten.

23

---

[45] ABlEU 2012 Nr. L 142, 1.
[46] EuGH NJW 2016, 303, 306 (Rz. 61); vgl. hierzu *Esser*, EuStR, § 5 Rn. 45 ff.
[47] EuGH NJW 2020, 1873, 1875 (Rz. 49 ff.) mit Bespr. v. *Bollacher*, NZV 2021, 98; EuGH BeckRS 2017, 104323 (Rz. 40 ff.) mit Bespr. v. *Brodowski*, StV 2018, 69.
[48] BR-Drs. 15/21, 9, 35; *Bollacher*, NZV 2021, 98 f.
[49] BGBl. I 2021, 2099; vgl. hierzu BT-Drs 19/27654, S. 140.

24 In einer Vorabentscheidung, um die das AG Schleswig ersucht hatte, statuierte der EuGH ein unmittelbar aus einer **RL abgeleitetes Beweisverwertungsverbot**, welches der Berücksichtigung eines auf staatlich veranlassten Probenahmen beruhenden Analysegutachtens in einem nationalen Bußgeldverfahren entgegensteht.[50] Dem Verantwortlichen eines Lebensmittelunternehmens wurde vorgeworfen, unzutreffend deklarierte Wursterzeugnisse in den Verkehr gebracht zu haben. Die Lebensmittelbehörden hatten zuvor in mehreren Einzelhandelsgeschäften Proben von Erzeugnissen des Unternehmens genommen und von jeder Probe eine Zweitprobe zurückgelassen. Aus ungeklärten Gründen hatten weder der Betroffene noch das Unternehmen Kenntnis von den staatlich veranlassten Probenentnahmen erlangt, sodass sie nicht in der Lage waren, ein möglicherweise entlastendes Gegengutachten einzuholen. Der EuGH legte dar, dass sich ein Lebensmittelhersteller nach der einschlägigen RL über die amtliche Lebensmittelüberwachung auf ein **Recht zur Einholung eines Gegengutachtens** berufen kann, wenn die staatliche Behörde aufgrund einer Analyse der entnommenen Proben die Auffassung vertritt, dass seine Erzeugnisse nicht den lebensmittelrechtlichen Bestimmungen genügen. Analysegutachten, die auf nationaler Ebene entgegen diesen Richtlinienvorgaben erhoben worden sind und von der durch die Überwachung betroffenen Person nicht mehr unter Berücksichtigung der Grundsätze eines fairen, kontradiktorischen Verfahrens angegriffen werden können, unterliegen einem Beweisverwertungsverbot.

25 Auch die **primärrechtlichen Grundfreiheiten und Diskriminierungsverbote** vermögen strafprozessuale Rechtspositionen zu begründen (Kap. 9 Rn. 14 ff.).[51] In einem vor einem italienischen Gericht geführten Strafverfahren hat der EuGH das allgemeine Diskriminierungsverbot (Art. 18 I AEUV) ausdrücklich auf strafprozessuale Regelungen bezogen.[52] Personen, die sich in einer unionsrechtlich geregelten Situation in einem anderen Mitgliedstaat befinden, müssen vor dessen Gerichten genauso behandelt werden wie dessen Angehörige. Dies bedeutete im konkreten Fall, dass eine verfahrensrechtliche Regelung, die der Bevölkerung in Südtirol das Recht auf eine Gerichtsverhandlung in deutscher Sprache einräumt, auch zugunsten von Angeklagten deutscher und österreichischer Staatsangehörigkeit anzuwenden war.

26 In der Rs. „*Cowan*"[53] ging es um einen britischen Touristen, der bei einem Aufenthalt in Paris tätlich angegriffen und schwer verletzt wurde. Das französische Strafverfahrensrecht sah einen Entschädigungsanspruch des Opfers gegen den Staat nur unter der Voraussetzung vor, dass das Opfer französischer Staatsangehöriger, Inhaber einer Fremdenkarte oder Angehöriger eines Staates ist, der mit Frankreich ein Gegenseitigkeitsabkommen für die Anwendung der einschlägigen Vorschrift geschlossen hat. Diese Voraussetzungen lagen in dem konkreten Fall nicht vor. Der EuGH erblickte in der französischen Regelung eine unionsrechtswidrige Ungleichbehandlung.

---

[50] EuGHE 2003, 3735 m. Anm. v. *Schaller*, EuZW 2003, 671 f.; *Ambos*, IntStR, § 11 Rn. 47; *Esser*, StV 2004, 221 ff. Vgl. zur unionsgrundrechtlichen Relevanz *Bülte/Krell*, StV 2013, 713, 718 f.
[51] *Heger*, in: *Böse* (Hrsg.), EuStR, § 5 Rn. 98 ff.
[52] EuGH EuZW 1999, 82; vgl. hierzu *Ambos*, IntStR, § 11 Rn. 45; *Esser*, ZEuS 2004, 290, 296.
[53] EuGHE 1989, 195 ff.

1.2 Was ist „Europäisches Strafrecht"?

Die in der GRCh verankerten und mit primärrechtlichem Anwendungsvorrang 27 ausgestatteten **justiziellen Garantien (Unionsgrundrechte)** prägen zunehmend das Strafverfahrensrecht der Mitgliedstaaten (Kap. 4 Rn. 39 ff.). So kann bspw. die Vollstreckung eines Europäischen Haftbefehls von dem ersuchten Staat (Vollstreckungsstaat) verweigert werden, wenn Anhaltspunkte dafür bestehen, dass wegen systemischer oder allgemeiner Mängel in Bezug auf die Unabhängigkeit der Justiz des ersuchenden Staates (Ausstellungsmitgliedstaat) eine reale Gefahr der Verletzung des Grundrechts auf ein faires Verfahren nach Art. 47 II GRCh besteht (Kap. 11 Rn. 17). In Deutschland kann die Verletzung von Unionsgrundrechten mit der Verfassungsbeschwerde gerügt werden, nachdem neuerdings beide Senate des BVerfG im Anwendungsbereich vollharmonisierter Rechtsvorschriften allein die Unionsgrundrechte als Prüfungsmaßstab heranziehen (Kap. 9 Rn. 7). Auch außerhalb vollharmonisierter Regelungsmaterien werden die Unionsgrundrechte in die verfassungsgerichtliche Prüfung einbezogen, wenn konkrete und hinreichende Anhaltspunkte dafür vorliegen, dass die deutschen Grundrechte das Schutzniveau der GRCh ausnahmsweise nicht abdecken. Von erheblicher praktischer Bedeutung ist schließlich das in Art. 50 GRCh sowie Art. 54 SDÜ verankerte **grenzüberschreitende Doppelbestrafungsverbot** (Kap. 12).

Als überaus bedeutsamer, die Rechtsposition von Beschuldigten stärkender 28 Europäisierungsfaktor erweist sich nicht zuletzt der in der **EMRK** verbriefte und durch die reichhaltige Spruchpraxis des **EGMR** ausgeformte Menschenrechtsschutz. Die **strafrechtlich relevanten Garantien der EMRK** gehen zum Teil über die Gewährleistungen des nationalen Rechts der derzeit 46 Konventionsstaaten hinaus.[54] Dieser Befund sollte vor allem Strafverteidiger zu einer vertieften Beschäftigung mit der Konvention veranlassen.[55] Mit der **Individualbeschwerde** (Kap. 3 Rn. 25 ff.), die nach Ausschöpfung des nationalen Rechtsweges beim EGMR erhoben werden kann, steht dem strafrechtlich Verfolgten ein Rechtsinstrument zur Verfügung, mit dem z. B. Auslieferungshindernisse geltend gemacht, die Einhaltung bestimmter Verfahrensrechte eingefordert, der staatliche Einsatz von Lockspitzeln gerügt oder eine überlange Untersuchungshaft- oder Verfahrensdauer beanstandet werden können (Kap. 3 Rn. 31 ff.). Im Strafverfahrensrecht der an die GRCh gebundenen EU-Mitgliedstaaten verzeichnet die EMRK einen erheblichen Bedeutungszuwachs, weil sie aufgrund der Transferbestimmung des Art. 52 III S. 1 GRCh die **zentrale Rechtserkenntnisquelle für die Auslegung der Unionsgrundrechte** darstellt (Kap. 4 Rn. 38).

1.2.4 Strafrechtsausdehnende Europäisierungseffekte

Die nachfolgend zu behandelnden strafrechtsausdehnenden Europäisierungseffekte 29 sind vor dem Hintergrund der Kriminalitätsentwicklung in Europa zu betrachten.

---

[54] *Ambos*, IntStR, § 10 Rn. 16 ff.; *Esser*, EuStR, § 9 Rn. 125 ff.
[55] *Gleß*, StV 2013, 317 ff.; *Weigend*, StV 2000, 384 ff.

1.2.4.1 Europa als kriminalgeografischer Raum

30 Bis Ende der 1990er-Jahre spielte die Kriminalitätsbekämpfung im Vergleich zu anderen Politikfeldern der Gemeinschaft eine eher untergeordnete Rolle. Die europäische Integration sollte vor allem auf ökonomischem Gebiet vorangebracht werden, also in einem Bereich, in dem die Mitgliedstaaten am ehesten zu einem Verzicht auf nationale Souveränitätsvorbehalte bereit zu sein schienen. Dass das Strafrecht in der Folgezeit immer stärker in den Fokus der Unionspolitik geriet, hängt mit der besorgniserregenden Kriminalitätsentwicklung zusammen, die der ehemalige Präsident des BKA in folgendem Zitat auf den Punkt brachte: **„Europa ist kriminalgeographisch schon längst eine Einheit."**[56] Der gravierende Anstieg grenzüberschreitender Kriminalität ließ die Befürchtung zur Gewissheit werden, dass nicht nur unbescholtene Bürger vom Wegfall der Kontrollen an den Binnengrenzen und der Freizügigkeit des Personen-, Dienstleistungs- und Warenverkehrs profitieren. Die Zentren der Wohlstandsgesellschaften der EU-Mitgliedstaaten stellen begehrte Absatzmärkte für illegale Produkte und Dienstleistungen aller Art dar. Sie bilden eine Zielscheibe für kriminelle Angriffe auf geordnete Finanz-, Wirtschafts-, und Wettbewerbsabläufe. Auch dürfen die Augen nicht davor verschlossen werden, dass das gesamteuropäische Haus vom Virus der Korruption und mafioser Strukturen durchsetzt ist. Hinzu kommt die latente Bedrohung durch den internationalen Terrorismus. Die Globalisierung der Kriminalität und ihres vielfältigen Bedrohungspotenzials erzeugte einen massiven kriminalpolitischen Handlungsdruck, der nationale Souveränitätsvorbehalte immer stärker zurückdrängte, das Europäische Strafrecht zu einem bedeutenden Pfeiler europäischer Integrationspolitik aufwertete und die transnationale Strafverfolgung revolutionierte. Vor allem folgende Kriminalitätsphänomene stehen im Mittelpunkt transnationaler Kriminalität, die nicht selten einen hohen Organisationsgrad aufweist:

- Terrorismus
- Waffen- und Rauschgifthandel
- Schleuserkriminalität, Menschenhandel, Organhandel
- Kfz-Verschiebungen
- Illegaler Abfallexport („Mülltourismus")
- Verstöße gegen Lebensmittel- und Arzneimittelrecht
- Illegaler Technologietransfer
- Illegaler Handel mit radioaktiven und nuklearen Substanzen
- Produktpiraterie
- Artenschutzkriminalität
- Illegale Zuwanderung, illegale Arbeitnehmerbeschäftigung
- Computerkriminalität (Angriffe auf Informationssysteme)
- Geldwäsche
- Angriffe auf die Finanzinteressen der EU
- Angriffe auf die europäische Währung Euro (Falschgelddelikte)

---

[56] *Zachert*, in: *Sieber* (Hrsg.), Europäische Einigung, S. 61, 76. Vgl. hierzu auch *Dannecker/Bülte*, Hb. WiStR, Kap. 2 Rn. 36 m. w. N.

Begünstigt wird die transnationale Kriminalität dadurch, dass die Einfuhrkontrollen nach Öffnung der Binnengrenzen und Abschaffung der Personenkontrollen im Rahmen des Schengener Abkommens („Schengen I") nur noch an den Außengrenzen erfolgen, dort aber ausschließlich nach den Gesetzen des jeweils zuständigen Staates, der über Umfang und Intensität der Kontrollen entscheidet. Das nicht unbeträchtliche Entdeckungsrisiko, dem sich Straftäter früher beim Grenzübertritt ausgesetzt sahen, ist in Wegfall geraten. Der damit einhergehende Verlust an Sicherheit bot Anlass, im SDÜ („Schengen II") Ausgleichsmaßnahmen vorzusehen (Kap. 5 Rn. 16 ff.).

1.2.4.2 Europäisches Strafrecht als Antwort auf grenzüberschreitende Kriminalität

Die Globalisierung der OK stellt neue Herausforderungen für die PJZS in Europa dar. Es liegt im gemeinsamen Interesse aller Mitgliedstaaten, der transnationalen Kriminalität unter Wahrung rechtsstaatlicher Grundsätze möglichst wirkungsvoll entgegenzutreten. Gleiches gilt im Zusammenhang mit der Bekämpfung von Angriffen auf den EU-Finanzhaushalt durch betrügerisch agierende Marktteilnehmer oder korrupte Amtsträger. Fraglich ist, ob es hierzu supranationaler strafrechtlicher Konzeptionen (bis hin zur Schaffung eines europäischen Strafgesetzbuches) bedarf[57] oder ob schon ein auf Rechtsangleichung abzielender Ausbau der mitgliedstaatlichen Strafrechtssysteme sowie eine Verbesserung (Erleichterung, Intensivierung) der internationalen polizeilichen und justiziellen Zusammenarbeit ausreichen. Die Mitgliedstaaten als „Herren der Verträge" haben der Union keine generelle Ermächtigung zur Schaffung supranationaler Strafgesetze übertragen (Kap. 4 Rn. 58). Eine Ausnahme hiervon besteht nach in der deutschen Literatur überwiegend vertretenen Auffassung zwar im Bereich des EU-Finanzschutzes (Art. 325 IV AEUV; § 4 Rn. 68 ff.), jedoch hat der Unionsgesetzgeber diesen Weg bisher nicht beschritten.

Aus den in Art. 4 III EUV, 325 I, II AEUV verankerten **Loyalitätsgeboten** folgt eine **strafrechtliche Schutzverpflichtung** der Mitgliedstaaten gegenüber der Union (Kap. 7 Rn. 23 ff.). Verstöße gegen das Unionsrecht sind nach ähnlichen sachlichen und verfahrensrechtlichen Regeln zu verfolgen, wie nach Art und Schwere vergleichbare Zuwiderhandlungen gegen nationales Recht, wobei die angedrohten Sanktionen wirksam, verhältnismäßig und abschreckend sein müssen. Bei der Verfolgung solcher Straftaten ist das Einstellungsermessen der nationalen Strafverfolgungsbehörden (Opportunitätsprinzip) unionsrechtlich begrenzt und kann im Einzelfall sogar auf Null reduziert sein.[58] Im Übrigen wird der Grundsatz der verfahrensmäßigen Autonomie der Mitgliedstaaten durch den Vorranganspruch des Unionsrechts eingeschränkt. Bspw. entfällt die Vorlagepflicht nach § 121 II GVG, wenn ein OLG in Übernahme der EuGH-Judikatur von der Rspr. eines anderen OLG oder des BGH abweichen will.[59]

---

[57] Bejahend *Weißer*, GA 2014, 433, 440 ff.; *dies.*, Rengier-FS, S. 481 ff.
[58] *Jokisch*, Gemeinschaftsrecht und Strafverfahren, S. 149 ff.
[59] BGHSt 36, 92; *Meyer-Goßner/Schmitt*, StPO, § 121 GVG Rn. 5.

34 Während die kriminalpolitischen Bestrebungen der EU in den 1990er-Jahren noch in erster Linie darauf gerichtet war, die grenzüberschreitende PJZS der EU-Mitgliedstaaten zu verbessern, ist seit Beginn dieses Jahrhunderts die **Harmonisierung des materiellen Strafrechts** in den Fokus europäischer Kriminalpolitik gerückt.[60] In seinen bahnbrechenden Urteilen v. 13.09.2005[61] und v. 23.10.2007[62] erkannte der EuGH der damaligen EG die Befugnis für die Aufstellung strafrechtlicher Mindestvorgaben zu, soweit diese zur Erreichung der im EGV genannten Ziele als erforderlich angesehen werden. Der durch den Vertrag von Lissabon (Rn. 3) neu geschaffene Art. 83 II AEUV knüpft an diese **strafrechtliche Annexkompetenz** an (Kap. 8 Rn. 1 ff.). Bereits im Rahmen der ehemaligen 3. Säule der EU wurden auf der Grundlage der ex-Art. 29, 31 lit. e EUV zahlreiche Rechtsakte erlassen, die auf eine Mindestangleichung des materiellen Strafrechts der Mitgliedstaaten abzielten und ein breites Kriminalitätsspektrum betrafen. Diese Harmonisierungspolitik wird nach dem Inkrafttreten des Reformvertrags nach Maßgabe des Art. 83 I AEUV fortgesetzt, welcher der Union eine **originäre Strafrechtsangleichungskompetenz** verleiht (Kap. 8 Rn. 42 ff.).

35 Den Strafrechtsaktivitäten der Union haftet eine **expansive Tendenz** an, die in der Fachdiskussion mitunter auf dezidierte Ablehnung stößt.[63] Auch wenn man die teilweise nicht ganz frei von Polemik vorgetragene Fundamentalopposition gegen die EU-Kriminalpolitik nicht unterstützt, kann man sich einigen fachlichen Bedenken gegen eine unreflektierte Strafrechtsexpansion nicht verschließen. Dies gilt z. B. für die berechtigte Kritik an einer „flächendeckenden Pönalisierung", die den fragmentarischen Charakter des Strafrechts als ultima-ratio staatlichen Handelns ausblendet.[64] Die europäische Kriminalpolitik sollte darauf achten, dass die gewachsenen Strafrechtskulturen der Mitgliedstaaten nicht ohne Not zerschlagen oder zersetzt werden. Dem strafrechtsspezifischen Schonungsgebot ist bestmöglich Rechnung zu tragen, handelt es sich bei den nationalen Strafrechtsordnungen doch um hochkomplexe und dynamische Systeme, die durch ein breites Ensemble materiellrechtlicher und prozessualer Normen, dogmatischer Maximen und nationalspezifischer Praktiken der Rechtsdurchsetzung gekennzeichnet sind.[65] Auch ist mit einer Vereinheitlichung des materiellen Strafrechts noch nicht das Problem gelöst, dass in den EU-Mitgliedstaaten unterschiedliche Verfahrensordnungen und Strafverfolgungsintensitäten bestehen.[66]

---

[60] *Brodowski*, Evolution des Strafrechts, S. 182 ff., 755 ff.; *Vogel/Schneider*, in: *Böse* (Hrsg.), EuStR, § 7 Rn. 6 ff.
[61] EuGH JZ 2006, 307 ff. = ZIS 2006, 179 ff.
[62] EuGH NStZ 2008, 703.
[63] Vgl. hierzu exempl. *Albrecht*, ZRP 2004, 1; *Braum*, Strafgesetzlichkeit, passim; *Hassemer*, ZStW 116 (2004), 304; *Nestler*, ZStW 116 (2004), 332; *Schünemann/Roger*, ZIS 2010, 515 ff. (vgl. hierzu die zutr. Replik v. *Böse*, ZIS 2010, 607 ff.).
[64] *Satzger*, in: *Böse* (Hrsg.), EuStR, § 2 Rn. 23 ff., 27 ff.
[65] *Perron*, ZStW 109 (1997), 281, 288, 299; *Weigend*, ZStW 105 (1993), 774, 789.
[66] *Perron*, Strafrechtsvereinheitlichung, S. 135, 145.

Nichtsdestotrotz dürfen die Augen vor dem kriminalpolitischen Handlungsbedarf nicht verschlossen werden. Der „kriminalgeographische Raum Europa" stellt ein gemeinsames – alle EU-Mitgliedstaaten als solche und die EU als politische Organisation betreffendes – kriminalpolitisches Problem ersten Ranges dar. Da dieser Herausforderung nicht durch nationale Alleingänge einzelner Mitgliedstaaten, sondern nur durch eine möglichst effektiv aufeinander abgestimmte Strafverfolgungsarbeit aller Mitgliedstaaten begegnet werden kann, besteht keine sinnvolle Alternative zu einer an rechtsstaatlichen Prinzipien orientierten Weiterentwicklung des Europäischen Strafrechts. Der die nationalen Strafrechtsordnungen nach wie vor bestimmende Territorialbezug vermag den grenzübergreifenden Kriminalitätsformen nicht durchweg adäquat zu begegnen. Eine Effektivierung der zwischenstaatlichen Kooperationsformen erscheint unabdingbar, da sich das tradierte Rechtshilfesystem nach den Erfahrungen der Strafverfolgungspraxis vielfach als zu schwerfällig und ineffizient erwiesen hat.[67] Daher führt kein Weg an einer bereichsspezifischen Angleichung des materiellen und formellen Strafrechts und einer Verbesserung der institutionell-organisatorischen Rahmenbedingungen für eine grenzüberschreitende Strafverfolgung vorbei. Allerdings sollte der notwendige Ausbau der transnationalen Strafrechtspflege nicht nur einseitig an den Belangen der Strafverfolgungsseite orientiert sein, sondern bei allem berechtigten Streben nach Effektivität stets auch die rechtsstaatlich gebotene Wahrung der Bürgerrechte im Auge behalten. Es gehört zu den vornehmsten Aufgaben der Strafrechtswissenschaft, den Europäisierungsprozess unter den vorgenannten Aspekten konstruktivkritisch zu begleiten.[68]

1.3 Zusammenfassung von Kap. 1

Ein echtes Europastrafrecht – etwa in Gestalt eines europäischen Strafgesetzbuches oder einer europäischen Strafprozessordnung – existiert derzeit nicht. Dennoch hat sich die Rede vom **Europäischen Strafrecht** inzwischen als allgemein anerkannter Sammelbegriff für einen eigenständigen strafrechtlichen Forschungsgegenstand durchgesetzt. Er beschreibt eine **Rechtsmaterie eigener Art, die sowohl strafrechtsrelevantes Unionsrecht, regionales Völkerrecht als auch das hiervon beeinflusste nationale Strafrecht umfasst**. Als Wissenschaftsdisziplin stellt das Europäische Strafrecht eine rechtswissenschaftliche Querschnittsmaterie dar, die zahlreiche, sich teilweise überschneidende Probleme aus den Bereichen Kriminalpolitik, Strafrechtsdogmatik, Strafverfahrensrecht, Kriminologie, Europarecht sowie Verfassungs- und Völkerrecht – jeweils unter Einbeziehung rechtsvergleichender Forschung – aufwirft.

Die Globalisierung der Kriminalität und deren Hineinwirken in den **kriminalgeografischen Raum Europa** stellen die europäische Kriminalpolitik vor große

---
[67] KOM (2000) 495 endg., S. 2; *Wasmeier*, ZStW 116 (2004), 320 f.
[68] *Klip*, ZStW 117 (2005), 889; *Kühl*, Söllner-FS, S. 613; *Sieber*, in: *Sieber u. a.* (Hrsg.), EuStR, Einführung Rn. 239 ff.; *Vogel*, GA 2002, 517; *Zieschang*, ZStW 113 (2001), 255.

Herausforderungen. Der die nationalen Strafrechtsordnungen nach wie vor prägende Territorialbezug vermag den grenzübergreifenden Kriminalitätsformen nicht durchweg adäquat zu begegnen. Eine Effektivierung der polizeilichen und justiziellen Kooperationsformen erscheint unabdingbar, da sich das tradierte Rechtshilfesystem vielfach als zu schwerfällig und ineffizient erwiesen hat.

39 Die nationalen Strafrechtssysteme sind in einen dynamisch verlaufenden Prozess der Europäisierung eingebunden, der sich vor allem auf die Aktivitäten des Europarates, die grenzüberschreitende Zusammenarbeit der EU-Mitgliedstaaten sowie auf den Einfluss des Unionsrechts zurückführen lässt. Als zentrale **Europäisierungsmechanismen** erweisen sich die in der GRCh und EMRK verankerten strafrechtsrelevanten Garantien, die Grundfreiheiten des AEUV, die vom EuGH konkretisierten Prinzipien des Unionsrechts (Assimilierung, Vorrangprinzip, unionsrechtskonforme Auslegung) sowie die breit gefächerte Harmonisierungspolitik der Union auf den Gebieten des Straf- und Strafverfahrensrechts.

Literatur

Ambos, Internationales Strafrecht, 5. Aufl., 2018, § 9 (Begriff und Gegenstand des Europäischen Strafrechts)
Bechtel, Der Einfluss des Europarechts auf den Allgemeinen Teil des Strafrechts, ZStW 133 (2021), 1049
Brodowski, Europäische Kriminalpolitik seit dem Vertrag von Lissabon – ein Streifzug, Ignor-FS, 2023, S. 375
ders., Die Digitalisierung der strafjustiziellen Zusammenarbeit in der EU, ZStW 135 (2023), 659
Dannecker/Bülte/Schmitt, Die Entwicklung des Wirtschaftsstrafrechts unter dem Einfluss des Europarechts, in: *Wabnitz/Janovsky* (Hrsg.), Wirtschafts- und Steuerstrafrecht, 5. Aufl., 2020, 2. Kap.
Esser, Europäisches und Internationales Strafrecht, 3. Aufl., 2023, § 1 (Einführung)
Jähnke, Über einen Allgemeinen Teil des Europäischen Strafrechts, JR 2021, 193
Kubiciel, Einheitliches europäisches Strafrecht und vergleichende Darstellung seiner Grundlagen, JZ 2015, 64
Ludwigs/Sikora, Grundrechtsschutz im Spannungsfeld von GG, EMRK und GRCh, JuS 2017, 385
Rönnau/Wegner, Einwirkung des europäischen Rechts auf das nationale Strafrecht, GA 2013, 561
Safferling/Rückert, Europäische Grund- und Menschenrechte im Strafverfahren – ein Paradigmenwechsel?, NJW 2021, 287
Satzger, Internationales und Europäisches Strafrecht, 10. Aufl., 2022, § 7 (Grundlagen und Grundfragen)
ders., Die Zukunft des Allgemeinen Teils des Strafrechts vor dem Hintergrund der zunehmenden Europäisierung des Strafrechts, ZIS 2016, 771
Sieber, Die Zukunft des Europäischen Strafrechts, ZStW 121 (2009), 1
Vogel, Europäische Kriminalpolitik – europäische Strafrechtsdogmatik, GA 2002, 517
ders., Harmonisierung des Strafrechts in der EU, GA 2003, 314
ders., Transkulturelles Strafrecht, GA 2010, 1
ders., Strafrecht und Strafrechtswissenschaft im internationalen und europäischen Rechtsraum, JZ 2012, 25
ders., Kriminalpolitikwissenschaft und Europäische Kriminalpolitik, Kühl-FS, 2014, S. 635
Weißer, Brauchen wir ein europäisches Strafgesetz?, Rengier-FS, 2018, S. 481
Zöller, Europäische Strafgesetzgebung, ZIS 2009, 340

Rechtsprechungshinweise

EuGH ZIS 2006, 179 (Strafrechtliche Harmonisierungskompetenz der EG – Umweltpolitik)
EuGH NStZ 2008, 703 (Strafrechtliche Harmonisierungskompetenz der EG – Verkehrspolitik)
EuGH NJW 2020, 1873 (Deutsches Strafbefehlsverfahren und Richtlinienrecht)
BVerfGE 123, 267 = NJW 2009, 2267 (Vertrag von Lissabon)

Strafrechtliche Spezialmaterien mit grenzüberschreitenden Bezügen

2

Um strafrechtliche Spezialgebiete mit grenzüberschreitenden Bezügen handelt es sich beim **internationalen Strafrecht, transnationalen Strafrecht** und **Völkerstrafrecht**. Es geht hierbei um eigenständige Strafrechtsmaterien mit jeweils spezifischen Funktionen und Strukturprinzipien. Insbesondere das internationale und das transnationale Strafrecht werden in nicht unerheblichem Maße von Vorgaben des Unionsrechts beeinflusst.[1] Insoweit können die betroffenen Regelungskomplexe zugleich dem Besitzstand des Europäischen Strafrechts zugerechnet werden. Das Völkerstrafrecht als supranationales Strafrecht mit weltweitem Geltungsanspruch könnte Vorbild für die Weiterentwicklung des Europäischen Strafrechts zu einem echten Europastrafrecht sein.

1

2.1 Internationales Strafrecht

2.1.1 Begriff und Funktion des Internationalen Strafrechts

Die in der deutschen Rechtsterminologie gebräuchliche Bezeichnung „**Internationales Strafrecht**" ist insoweit irreführend, als sie suggeriert, es gehe hierbei um einen Katalog supranationaler Strafrechtsnormen mit weltweitem Geltungsanspruch. Dem ist freilich nicht so. Echtes supranationales Strafrecht ist nur das Völkerstrafrecht (Rn. 79 ff.). Bei den in §§ 3–7, 9 StGB normierten Bestimmungen des Internationalen Strafrechts handelt es sich indes schlicht um **innerstaatliches Strafanwendungs-, Strafgewalt- bzw. Geltungsbereichsrecht**.[2] Die Regelungen des Internationalen Strafrechts geben Auskunft darüber, ob auf einen bestimmten Lebenssachverhalt, der sich im Ausland abspielt oder an dem ausländische Täter

2

---

[1] LK-*Werle/Jeßberger*, Vor § 3 Rn. 51 ff.; AnwK-StGB/*Zöller*, Vor § 3 Rn. 8.
[2] *Ambos*, IntStR, § 1 Rn. 2 ff.; *Esser*, EuStR, § 16 Rn. 1 ff.

und/oder Opfer beteiligt sind, deutsche Strafnormen[3] Anwendung finden. Das Strafanwendungsrecht ist innerstaatliches Recht, durch das die Staaten den Umfang und die Grenzen ihrer nationalen Strafgewalt einseitig festlegen, ohne hierdurch einen etwa koexistierenden ausländischen Strafanspruch auszuschließen. Im Gegensatz zu den Kollisionsnormen des IPR, die sich mit der Koordinierung kollidierender Geltungsansprüche konkurrierender Rechtsordnungen befassen, indem sie festlegen, welches nationale (inländische oder ausländische) Recht bei der konkreten Sachentscheidung zugrunde zu legen ist, wenden **deutsche Strafverfolgungsbehörden** und **Strafgerichte** ausschließlich **deutsches Strafrecht** an.[4] Deutsches Strafrecht umfasst die Gesamtheit aller Normen des Rechts des Bundes und der Länder, die die tatbestandlichen Voraussetzungen und Rechtsfolgen rechtswidriger Taten i. S. d. § 11 I Nr. 5 StGB regeln. Dies schließt Rechtfertigungs-, Entschuldigungsgründe und sonstige Strafausschließungsgründe sowie Verfahrenshindernisse ein. Eine sog. **Fremdrechtsanwendung** im Sinne einer unmittelbaren Anwendung ausländischer Strafnormen ist im geltenden deutschen Strafanwendungsrecht nicht vorgesehen. Dementsprechend kann sich die Strafverfolgung durch deutsche Strafverfolgungsbehörden lediglich auf solche Taten beziehen, die nach innerstaatlichem Recht strafbar sind. Allerdings müssen sich die Rechtsanwender i. R. d. **Tatortklausel** des § 7 StGB (Rn. 45, 56) mit der Frage befassen, ob die in Rede stehende Tat nach ausländischem Strafrecht strafbar ist.[5] Auch kann die Auslegung von Blankettnormen, verwaltungsakzessorischen Straftatbeständen oder normativen Tatbestandsmerkmalen von nach ausländischem Recht zu beurteilenden Rechtsfragen abhängen.[6]

3   Die Regelungen der §§ 3–7, 9 StGB sind konstitutiver Bestandteil der primären Strafrechtsnormen, indem sie den Anwendungsbereich beschreiben, für den sich das deutsche Strafrecht einen Bewertungsanspruch zuerkennt. Die Anwendbarkeit deutschen Strafrechts ist freilich kein Tatbestandselement, sondern **objektive Bedingung der Strafbarkeit**, auf die sich der Vorsatz des Täters nicht erstrecken muss.[7] Lassen die Regelungen des Internationalen Strafrechts die Ausübung deutscher Strafgewalt im Einzelfall nicht zu, so stellt dies ein Prozesshindernis dar, das zur Einstellung des Verfahrens führt.[8] Die Erstreckung des innerstaatlichen Strafrechts auf Lebenssachverhalte mit Auslands- bzw. Ausländerbezug birgt die Gefahr in sich, dass ein Täter wegen derselben Tat von mehreren Staaten gleichzeitig oder

---

[3] Die §§ 3–7, 9 StGB finden gem. Art. 1 I EGStGB grundsätzlich auch auf die Tatbestände des Nebenstrafrechts Anwendung; vgl. hierzu *Popp*, wistra 2011, 169, 171 ff.
[4] *Ambos*, IntStR, § 1 Rn. 5; *Esser*, EuStR, § 16 Rn. 4; *Satzger*, IntStR, § 3 Rn. 4.
[5] BGH NStZ-RR 2016, 213; NStZ 2017, 146, 147; MüKoStGB/*Ambos*, § 7 Rn. 8; S/S-*Eser/Weißer*, § 7 Rn. 2 ff.; *Satzger*, IntStR, § 3 Rn. 6.
[6] *Hecker*, Schröder-FS, S. 531 ff.; *Walter*, JuS 2006, 870; LK-*Werle/Jeßberger*, Vor § 3 Rn. 333 ff.
[7] *Ambos*, IntStR, § 1 Rn. 9; S/S-*Eser/Weißer*, Vor §§ 3–9 Rn. 6, 85; *Fischer*, Vor §§ 3–7 Rn. 30; *Satzger*, Jura 2010, 108, 111; AnwK-StGB/*Zöller*, Vor § 3 Rn. 2; a.A. NK-*Böse*, Vor § 3 Rn. 54 f.; LK-*Werle/Jeßberger*, Vor § 3 Rn. 472 („Tatbestandsmerkmale").
[8] BGHSt 34, 1, 3 f.; BGH NJW 2017, 1043; StV 2019, 601; MüKoStGB/*Ambos*, Vor § 3 Rn. 4; NK-*Böse*, Vor § 3 Rn. 11; S/S-*Eser/Weißer*, Vor §§ 3–9 Rn. 9.

nacheinander verfolgt wird.⁹ Das Nebeneinander mehrerer nationaler Strafansprüche wirft die Frage auf, ob bzw. inwieweit der Täter vor einer **mehrfachen Verfolgung** und **Bestrafung** geschützt ist (Kap. 12).

2.1.2 Schutzbereich deutscher Straftatbestände

Bei Sachverhalten mit Auslands- bzw. Ausländerbezug stellt sich unabhängig von der Frage des Geltungsbereichs deutschen Strafrechts das jeweils gesondert zu erörternde Problem, ob der einschlägige deutsche Straftatbestand überhaupt den Schutz ausländischer Rechtsgüter und Interessen umfasst oder ob er eine **tatbestandsimmanente Beschränkung** auf einen **rein inländischen Rechtsgüterschutz** aufweist.¹⁰ Bei der Beantwortung dieser Frage kann nicht etwa auf die geografische Lage des Tatobjekts oder die Staatsangehörigkeit von Täter und Opfer, also gerade nicht auf internationalstrafrechtliche Kriterien abgestellt werden. Vielmehr ist durch eine umfassende Normauslegung die Reichweite des von ihr intendierten Rechtsgüterschutzes zu ermitteln.¹¹ 4

Bspw. bezwecken die **Staatsschutzdelikte** – abgesehen von §§ 80a, 102, 104 StGB – nur den Schutz der Bundesrepublik Deutschland vor Angriffen auf ihre innere und äußere Sicherheit. Es ist grundsätzlich nicht Aufgabe des deutschen Strafrechts, ausländische Staaten gegen Angriffe auf ihre Staatsgewalt und Souveränität zu schützen.¹² Ebenso ist eine **Widerstandshandlung**, die ein deutscher Hooligan gegenüber einem ausländischen Polizeibeamten im Ausland verübt, keine nach §§ 113 I, 114 I StGB strafbare Tat, da diese Bestimmungen nur der Durchsetzung innerstaatlicher Vollstreckungsakte zu dienen bestimmt sind und demgemäß nur Amtsträger geschützt werden, denen nach deutschem Recht eine bestimmte hoheitliche Funktion obliegt (vgl. auch § 11 I Nr. 2 lit. a–c StGB).¹³ Im Übrigen erschließt sich der Schutzbereich von Straftatbeständen im Hinblick auf die Einbeziehung nichtdeutscher Rechtsgüter bzw. Interessen nicht immer so eindeutig aus der tatbestandlichen Umschreibung wie bei den Staatsschutz- oder Widerstandsdelikten. So unterfällt bspw. die **Verletzung einer nach ausländischem Recht begründeten Unterhaltspflicht** durch einen im Inland lebenden Ausländer oder auch eines Deutschen gegenüber einem im Ausland lebenden Ausländer nicht dem Tatbestand des 5

---

⁹ *Satzger*, IntStR, § 3 Rn. 10; AnwK-StGB/*Zöller*, Vor § 3 Rn. 10 ff.

¹⁰ MüKoStGB/*Ambos*, Vor § 3 Rn. 81 ff.; NK-*Böse*, Vor § 3 Rn. 59; *Satzger*, IntStR, § 3 Rn. 12 f., § 6 Rn. 1 ff.; AnwK-StGB/*Zöller*, Vor § 3 Rn. 5 ff. Nach zutr. h. M. geht die Frage nach dem Schutzbereich der inländischen Strafnorm der Geltungsbereichsfrage „logisch" vor. Vgl. zu den aus rechtspraktischer Sicht bedeutungslosen Sichtweisen über die Prüfungsabfolge MüKoStGB/*Ambos*, Vor § 3 Rn. 90.

¹¹ Vgl. zu Aufbaufragen in der praktischen Fallbearbeitung *Esser*, EuStR, § 16 Rn. 74 ff.; *Satzger*, Jura 2010, 108, 111; *Rengier*, AT, § 6 Rn. 3 ff.; *Walter*, JuS 2006, 870 ff.

¹² BGH NStZ 2017, 146, 147; *Fischer*, Vor §§ 3–7 Rn. 9; SSW-*Satzger*, Vor §§ 3–7 Rn. 9.

¹³ MüKoStGB/*Ambos*, Vor § 3 Rn. 84; S/S-*Eser/Weißer*, Vor §§ 3–9 Rn. 50; *Satzger*, IntStR, § 3 Rn. 12.

§ 170 I StGB, da diese Bestimmung nicht den Schutz ausländischer Sozialbehörden vor ungerechtfertigter Inanspruchnahme bezweckt.[14] Ist dagegen ein im Ausland lebender Deutscher als Unterhaltsberechtigter betroffen, bleibt für § 170 I StGB Raum.[15] **Individualrechtsgüter** wie Leben, Gesundheit, Eigentum, Vermögen sowie Fortbewegungs- und Willensfreiheit werden auch dann von den einschlägigen deutschen Straftatbeständen geschützt, wenn der betroffene Rechtsgutsträger Ausländer ist.[16] Der von einem Deutschen im Ausland begangene **Landfriedensbruch** unterliegt gem. § 7 II Nr. 1 StGB der deutschen Strafgewalt, da es sich bei § 125 StGB um einen Tatbestand handelt, der besonders gefährliche, die öffentliche Sicherheit in hohem Maße beeinträchtigende Angriffe auf Individualrechtsgüter mit Strafe bedroht.[17] **Verkehrsdelikte** (§§ 315c, 315d, 316, 142 StGB, § 21 StVG), die von einem Deutschen im ausländischen Straßenverkehr begangen werden, sind gem. § 7 I, II Nr. 1 StGB nach deutschem Strafrecht verfolgbar, soweit diese Delikte auch dem Individualrechtsgüterschutz dienen.[18] Verkehrsverstöße, die als Ordnungswidrigkeiten geahndet werden, unterliegen dem Territorialitätsgrundsatz (§ 5 OWiG).

6   Der Schutzbereich deutscher Strafrechtsnormen kann auch durch **unionsrechtliche Faktoren**, namentlich durch das **Assimilierungsprinzip**, dergestalt überlagert sein, dass er sich auch auf **supranationale Rechtsgüter** bzw. **Unionsinteressen** erstreckt (Kap. 7 Rn. 30).[19] Typische Beispiele hierfür bilden zum einen der Tatbestand des Meineids (§ 154 StGB), der kraft einer primärrechtlichen Assimilierungsbestimmung auch auf Angriffe gegen die supranationale Gerichtsbarkeit des EuGH anzuwenden ist (Kap. 7 Rn. 9), zum anderen der **Subventionsbetrug** (§ 264 I StGB), der sich im Lichte des durch die „Mais-Judikatur" des EuGH konkretisierten Loyalitätsgebotes (Art. 4 III UA 2, 3 EUV) auf den Schutz des EU-Finanzhaushalts zu erstrecken hat (Kap. 7 Rn. 56). Wenn eine „Gleichstellungsklausel" nach dem Vorbild der §§ 108d, 162 I, 264 VIII Nr. 2, 330d II StGB fehlt, kann insbesondere die **unionsrechtskonforme Auslegung** zu einer Schutzbereichsausdehnung nationaler Straftatbestände auf supranationale Rechtsgüter führen (Kap. 10 Rn. 62 ff.).[20]

7   Ein höchst praxisrelevantes Diskussionsfeld für die Frage der Europäisierung des Schutzbereichs nationaler Straftatbestände bietet das Umweltstrafrecht im Zusammenhang mit **grenzüberschreitenden Umweltbeeinträchtigungen**.[21] In der

---

[14] BGHSt 29, 85, 89; S/S-*Eser/Weißer*, Vor §§ 3–9 Rn. 48; LK-*Werle/Jeßberger*, Vor § 3 Rn. 307.
[15] KG JR 1985, 516; S/S-*Bosch/Schittenhelm*, § 170 Rn. 1b.
[16] BGHSt 60, 15, 26; MüKoStGB/*Ambos*, Vor § 3 Rn. 86 f.; S/S-*Eser/Weißer*, Vor §§ 3–9 Rn. 42; LK-*Werle/Jeßberger*, Vor § 3 Rn. 274; AnwK-StGB/*Zöller*, Vor § 3 Rn. 5.
[17] OLG Celle NJW 2001, 2734, 2735; S/S-*Eser/Weißer*, Vor §§ 3–9 Rn. 44; *Fischer*, § 125 Rn. 2.
[18] OLG Karlsruhe NJW 1985, 2905; MüKoStGB/*Ambos*, Vor § 3 Rn. 91; S/S-*Eser/Weißer*, Vor §§ 3–9 Rn. 45; *Fischer*, Vor §§ 3–7 Rn. 11.
[19] SSW-*Satzger*, Vor §§ 3–7 Rn. 11; AnwK-StGB/*Zöller*, Vor § 3 Rn. 8.
[20] S/S-*Eser/Weißer*, Vor §§ 3–9 Rn. 54; *Satzger*, IntStR, § 9 Rn. 110 ff.; *Vormbaum*, Schutz der Rechtsgüter, S. 94 ff.; LK-*Werle/Jeßberger*, Vor § 3 Rn. 285.
[21] S/S-*Eser/Weißer*, Vor §§ 3–9 Rn. 54, 59; S/S-*Heine/Schittenhelm*, Vor §§ 324 ff. Rn. 7d ff.

Literatur wurde bereits vor Inkrafttreten des **45. StÄG zur Umsetzung der RL des EP und des Rates über den strafrechtlichen Schutz der Umwelt**[22] (Kap. 8 Rn. 21) vorgeschlagen, die deutschen Umweltdelikte, die auf eine Verletzung „verwaltungsrechtlicher Pflichten" abstellen (§§ 324a, 325, 325a StGB), im Lichte des Assimilierungsgebotes als unionsrechtsakzessorische Tatbestände zu interpretieren (Kap. 10 Rn. 68). Nach der vom 45. StÄG eingeführten Legaldefinition des neuen § 330d II Nr. 1 StGB stehen in Fällen, in denen die Tat in einem anderen Mitgliedstaat der EU begangen worden ist, einer „verwaltungsrechtlichen Pflicht" entsprechende Pflichten aufgrund einer Rechtsvorschrift des anderen Mitgliedstaats der EU oder aufgrund eines Hoheitsakts des anderen Mitgliedstaats der EU gleich, soweit damit Unionsrecht umgesetzt oder angewendet wird. Die früher allenfalls durch unionsrechtskonforme Auslegung der Umweltstrafgesetze gewonnene Schutzbereichsbestimmung wird nunmehr also von dem deutschen Gesetzgeber bestätigt.[23] Deutsches Umweltstrafrecht ist somit prinzipiell auch auf Fälle mit grenzüberschreitender Dimension anwendbar. Weitere Voraussetzung ist allerdings, dass die §§ 3–7, 9 StGB die Ausdehnung deutscher Strafgewalt im konkreten Einzelfall gestatten (Rn. 37 ff.).

Die Staaten können schließlich aufgrund von **völkerrechtlichen Vereinbarungen** verpflichtet sein, ihren Strafrechtsschutz auch fremd- oder überstaatlichen Kollektivrechtsgütern angedeihen zu lassen.[24] So hat die Bundesrepublik Deutschland den Schutzbereich bestimmter Strafvorschriften (§§ 93 ff., 109d ff., 113 ff., 132, 305a StGB) zugunsten der NATO-Vertragspartner erweitert.

8

2.1.3 Völkerrechtliche Grundlagen des Internationalen Strafrechts

Es besteht Einigkeit darüber, dass eine unbegrenzte Ausdehnung der nationalen Strafgewalt unzulässig ist.[25] In welchem Umfang ein Staat seine Strafgewalt in Anspruch nehmen und ausdehnen darf, wird durch das Völkerrecht bestimmt, das in allen Fällen mit Auslandsberührung die Geltendmachung eines **legitimierenden Anknüpfungspunkts** („genuine link") verlangt, der im Einzelfall einen unmittelbaren Bezug zur Strafverfolgung im Inland herstellt.[26] Aus dem Grundsatz der souveränen Gleichheit aller Staaten folgt, dass diese ihre Strafgewalt jedenfalls auf das eigene Territorium und die eigenen Staatsangehörigen erstrecken dürfen. Die Aus-

9

---

[22] BGBl. I 2011, 2557 (in Kraft getreten am 14.12.2011).
[23] BT-Drs. 17/5391, S. 20 f.; *Hecker*, Schröder-FS, S. 531 ff.; *Heger*, in: Böse (Hrsg.), EuStR, § 5 Rn. 53 f.
[24] MüKoStGB/*Ambos*, Vor § 3 Rn. 85; S/S-*Eser/Weißer*, Vor §§ 3–9 Rn. 52; LK-*Werle/Jeßberger*, Vor § 3 Rn. 51 ff.; AnwK-StGB/*Zöller*, Vor § 3 Rn. 7.
[25] Vgl. hierzu den berühmten Lotus-Fall des IGH v. 7.9.1927 (PCIJ Ser. A Nr. 10); MüKoStGB/*Ambos*, Vor § 3 Rn. 10; *Rath*, JA 2006, 435; LK-*Werle/Jeßberger*, Vor § 3 Rn. 19 ff.
[26] BVerfGE 92, 277, 320 f.; BGHSt 46, 212, 225; BGH NJW 2023, 2956, 2958; MüKoStGB/*Ambos*, Vor § 3 Rn. 18 ff.; NK-*Böse*, Vor § 3 Rn. 15 ff.; *Satzger*, IntStR, § 4 Rn. 4 ff., § 5 Rn. 70.

dehnung der Strafgewalt über das eigene Staatsgebiet darf nur erfolgen, wenn kein völkerrechtliches Verbot entgegensteht. Eine willkürliche Ausdehnung der staatlichen Strafgewalt, die einem „Strafrechtsimperialismus" gleichkäme, verstieße gegen das **völkerrechtliche Interventionsverbot** (Nichteinmischungsgebot).[27]

10 Bei der Prüfung, ob eine extraterritoriale Strafgewaltserstreckung mit dem völkerrechtlichen Interventionsverbot vereinbar ist, muss auf einer ersten Stufe festgestellt werden, ob der strafrechtsrelevante Lebenssachverhalt eine **besondere Nähebeziehung zu dem Staat** aufweist, der die Ausübung der Strafgewalt beansprucht. Wenn diese vorliegt, spricht eine Vermutung für die völkerrechtliche Unbedenklichkeit der Strafgewaltausdehnung. Auf einer zweiten Stufe ist sodann zu prüfen, ob der Ausübung extraterritorialer Strafgewalt im konkreten Fall gleichwohl ein völkerrechtliches Verbot entgegensteht, wobei insoweit nur das Willkür- und das Rechtsmissbrauchsverbot in Betracht kommen.[28] Im Rahmen dieser materiellvölkerrechtlichen Prüfung ist unter Abwägung der betroffenen Staaten- und Souveränitätsinteressen darüber zu befinden, ob der abstrakt-generelle Anknüpfungspunkt auch die konkrete Hoheitsausübung legitimiert. Dabei gilt die Maxime, dass jeder Staat seine Strafgewalt soweit als möglich, aber im Verhältnis zu anderen Staaten nur soweit als nötig ausdehnen darf, um deren Interessen nicht ungebührlich zu verletzen.[29]

11 Als völkerrechtlich legitimierende Anknüpfungspunkte kommen insbesondere der Begehungsort einer Tat (**Territorialitätsprinzip**),[30] die Staatsangehörigkeit des Täters bzw. Opfers (**aktives und passives Personalitätsprinzip**),[31] der Schutz bestimmter inländischer Rechtsgüter (**Schutzprinzip**)[32] bzw. von Interessen universellen Charakters (**Weltrechtsprinzip**),[33] das Prinzip der **stellvertretenden Strafrechtspflege**[34] sowie das **Kompetenzverteilungsprinzip**[35] in Betracht. Im deutschen Strafanwendungsrecht (§§ 3–7, 9 StGB) finden alle genannten Prinzipien – zumeist in kombinierter Form – ihren spezifischen Ausdruck, freilich mit unterschiedlicher Gewichtung. Aus völkerrechtlicher Sicht sind sie jedoch nur inso-

---

[27] MüKoStGB/*Ambos*, Vor § 3 Rn. 10 ff.; NK-*Böse*, Vor § 3 Rn. 12 ff.; S/S-*Eser/Weißer*, Vor §§ 3–9 Rn. 10 f.; *Esser*, EuStR, § 16 Rn. 7; AnwK-StGB/*Zöller*, Vor § 3 Rn. 9.
[28] MüKoStGB/*Ambos*, Vor § 3 Rn. 15 m. w. N.
[29] MüKoStGB/*Ambos*, Vor § 3 Rn. 16 m. w. N.
[30] MüKoStGB/*Ambos*, Vor § 3 Rn. 18 ff.; NK-*Böse*, Vor § 3 Rn. 16; S/S-*Eser/Weißer*, Vor §§ 3–9 Rn. 17 f.; *Esser*, EuStR, § 16 Rn. 9, 21 ff.; LK-*Werle/Jeßberger*, Vor § 3 Rn. 222 ff.
[31] MüKoStGB/*Ambos*, Vor § 3 Rn. 28 ff., 39 ff.; NK-*Böse*, Vor § 3 Rn. 18, 20; S/S-*Eser/Weißer*, Vor §§ 3–9 Rn. 20 ff.; LK-*Werle/Jeßberger*, Vor § 3 Rn. 228 ff., 232 ff.
[32] BGHSt 34, 334, 339; MüKoStGB/*Ambos*, Vor § 3 Rn. 35; NK-*Böse*, Vor § 3 Rn. 19; S/S-*Eser/Weißer*, Vor §§ 3–9 Rn. 21, 23; *Satzger*, IntStR, § 4 Rn. 10 ff., § 5 Rn. 68 ff.; LK-*Werle/Jeßberger*, Vor § 3 Rn. 225.
[33] MüKoStGB/*Ambos*, Vor § 3 Rn. 46 ff.; NK-*Böse*, Vor § 3 Rn. 21 ff.; S/S-*Eser/Weißer*, Vor §§ 3–9 Rn. 25; *Satzger*, IntStR, § 4 Rn. 13 ff., § 5 Rn. 77 ff.; LK-*Werle/Jeßberger*, Vor § 3 Rn. 237 ff.
[34] MüKoStGB/*Ambos*, Vor § 3 Rn. 57 ff.; NK-*Böse*, Vor § 3 Rn. 28 f.; S/S-*Eser/Weißer*, Vor §§ 3–9 Rn. 26; LK-*Werle/Jeßberger*, Vor § 3 Rn. 248 f.
[35] NK-*Böse*, Vor § 3 Rn. 30; S/S-*Eser/Weißer*, Vor §§ 3–9 Rn. 30; LK-*Werle/Jeßberger*, Vor § 3 Rn. 255 f.; krit. hierzu MüKoStGB/*Ambos*, Vor § 3 Rn. 61.

weit als verbindlich hinzunehmen, als sie mit dem **Interventionsverbot**, das als allgemeine Regel des Völkerrechts gem. Art. 25 GG den innerstaatlichen Gesetzen vorgeht, vereinbar sind.[36]

2.1.4 Prinzipien des Internationalen Strafrechts

2.1.4.1 Territorialitätsprinzip

2.1.4.1.1 Inlandsbegriff

Nach § 3 StGB gilt deutsches Strafrecht für alle im **Inland begangenen Taten**. Im Rahmen dieser Strafanwendungsbestimmung ist nach zutreffender Ansicht von einem **tatbestandsbezogenen (materiell-rechtlichen) Tatbegriff** auszugehen[37] (Ausnahme Rn. 53), der sowohl die täterschaftliche Begehung als auch die Teilnahme erfasst.[38] Die nunmehr vom 3. Strafsenat des BGH vertretene Auffassung, wonach eine Inlandstat i. S. d. §§ 3, 9 StGB die im Rahmen desselben Lebensvorgangs verwirklichten Delikte umfasse und lediglich im Anwendungsfeld der §§ 5, 6 StGB von einem tatbestandsbezogenen Tatbegriff auszugehen sei,[39] vermag nicht zu überzeugen. Sie steht in Widerspruch zum Wortlaut des § 9 I Var. 3 StGB („... *der zum Tatbestand gehörende Erfolg* ..."). Auch ist es in systematischer Hinsicht inkonsistent, den Begriff der Inlandstat im prozessualen Sinne auszulegen, dem damit komplementären Begriff der Auslandstat i. S. d. §§ 5, 6 StGB aber eine tatbestandsbezogene Deutung zu unterlegen. „Inland" ist das gesamte Hoheitsgebiet der Bundesrepublik Deutschland.[40] Seit dem Beitritt der DDR umfasst das Staatsgebiet der Bundesrepublik Deutschland die in der Präambel des GG genannten 16 Bundesländer (staatsrechtlicher Inlandsbegriff). Zum Inland gehören neben dem deutschen Landgebiet (einschließlich deutscher Exklaven, Zollgebiete und Freihäfen) auch die Eigengewässer, das Küstenmeer und der Luftraum über dem Staatsgebiet, nicht jedoch der Festlandsockel.[41] In welchem Raum ein Staat seine Strafgewalt ausüben darf, ist im Übrigen vielfach Gegenstand völkerrechtlicher Vereinbarungen.[42] Bsw. findet nach einem deutsch-schweizerischen Abkommen auf Straftaten, die bei einer vorgeschobenen deutschen Grenzabfertigungsstelle in der Schweiz aus Anlass der

12

---

[36] BGHSt 27, 30, 31 f.; MüKoStGB/*Ambos*, Vor § 3 Rn. 17; S/S-*Eser/Weißer*, Vor §§ 3–9 Rn. 12 ff.
[37] NK-*Böse*, Vor § 3 Rn. 57, § 3 Rn. 2; *Walther*, JuS 2012, 203, 204 ff.; AnwK-StGB/*Zöller*, § 3 Rn. 4; a.A. MüKoStGB/*Ambos*, § 3 Rn. 6; S/S-*Eser/Weißer*, § 3 Rn. 4; SSW-*Satzger*, § 3 Rn. 2 (prozessualer Tatbegriff).
[38] MüKoStGB/*Ambos*, § 3 Rn. 7; NK-*Böse*, Vor § 3 Rn. 57, § 3 Rn. 2; S/S-*Eser/Weißer*, § 3 Rn. 4a; SSW-*Satzger*, § 3 Rn. 2; LK-*Werle/Jeßberger*, Vor § 3 Rn. 320; AnwK-StGB/*Zöller*, § 3 Rn. 4.
[39] BGHSt 67, 177; zust. *Eisele*, JuS 2023, 977; *v. Heintschel-Heinegg*, NStZ 2023, 481 u. *Kudlich*, JA 2023, 255, der aber ein „Störgefühl" äußert; dagegen zutr. *Böse*, StV 2023, 663; *Lenk*, JZ 2024, 360.
[40] BGHSt 30, 1; 32, 297; MüKoStGB/*Ambos*, § 3 Rn. 8; S/S-*Eser/Weißer*, Vor §§ 3–9 Rn. 60.
[41] MüKoStGB/*Ambos*, § 3 Rn. 11 ff.; S/S-*Eser/Weißer*, Vor §§ 3–9 Rn. 61; SSW-*Satzger*, § 3 Rn. 6.
[42] NK-*Böse*, Vor § 3 Rn. 31; LK-*Werle/Jeßberger*, § 3 Rn. 26 ff.

Grenzkontrolle begangen werden (z. B. Trunkenheitsfahrt bei der beabsichtigten Einreise) deutsches Strafrecht Anwendung.[43]

> **Fall 1**
>
> 13 Die Botschaft eines ausländischen Staates in Berlin wird von Demonstranten besetzt. Bei einem Handgemenge im Eingangsbereich des Botschaftsgeländes löst sich durch Unachtsamkeit ein Schuss aus der Dienstwaffe des deutschen Polizeibeamten P, wodurch der Demonstrant D – ein ausländischer Staatsangehöriger – zu Tode kommt. Kann P wegen dieses Vorfalles in Deutschland strafrechtlich verfolgt werden?[44] ◄

Lösungshinweise Fall 1

14 P kann in Deutschland wegen fahrlässiger Tötung (§ 222 StGB) gem. §§ 3, 9 I, Var. 1 StGB strafrechtlich verfolgt werden, wenn der Eingangsbereich der ausländischen Botschaft zum deutschen Staatsgebiet gehört. Nach h. M. gelten auch die Dienst- und Wohngebäude diplomatischer und konsularischer Vertretungen als Inland.[45] Das Territorialitätsprinzip ermöglicht somit die Anwendbarkeit deutschen Strafrechts und legitimiert die Ausübung innerstaatlicher Strafgewalt. Nicht zum Inland gehören demgegenüber die im Ausland sitzenden deutschen Botschaften.[46]

15 Besondere Bedeutung hat das Territorialitätsprinzip im **Recht der Ordnungswidrigkeiten**, da die Regelungen des OWiG grundsätzlich nur auf **Inlandstaten** Anwendung finden (§§ 5, 7 OWiG). Als Inlandstaten gelten im Ordnungswidrigkeitenrecht auch Handlungen, die auf einem Schiff oder Luftfahrzeug begangen werden, das berechtigt ist, die Bundesflagge oder das Staatszugehörigkeitszeichen der Bundesrepublik Deutschland zu führen. § 5 OWiG lässt ferner eine Ausdehnung der Ahndungsgewalt auf Handlungen außerhalb des räumlichen Geltungbereichs des OWiG für den Fall zu, dass dies durch Gesetz bestimmt wird. Bei diesen sog. „Vorbehaltsklauseln" kann es sich um originäre innerstaatliche Bestimmungen oder um Regelungen aufgrund ratifizierter internationaler Abkommen handeln.[47]

2.1.4.1.2 Ubiquitätsprinzip

16 Das Territorialitätsprinzip wird ergänzt durch das in § 9 StGB normierte **Ubiquitätsprinzip**. Begangen ist die Tat demnach an jedem Ort, an dem der **Täter gehandelt** hat (§ 9 I, 1. Var. StGB) oder im Falle des Unterlassens **hätte handeln müssen** (§ 9 I, 2. Var. StGB) oder an dem der zum Tatbestand gehörende **Erfolg eingetreten ist** (§ 9 I, 3. Var. StGB) oder **nach der Vorstellung des Täters eintreten sollte** (§ 9 I, 4. Var. StGB). Bei der **versuchten Tat** kommt als Anknüpfungspunkt zum einen der Ort

---

[43] OLG Karlsruhe NStZ-RR 2006, 87; KKOWiG/*Rogall*, § 5 Rn. 35.
[44] *Werle/Jeßberger*, JuS 2001, 35, 38.
[45] OLG Köln NJW 1982, 2740; MüKoStGB/*Ambos*, § 3 Rn. 10; S/S-*Eser/Weißer*, Vor §§ 3–9 Rn. 62.
[46] OLG Köln NStZ 2000, 39; S/S-*Eser/Weißer*, Vor §§ 3–9 Rn. 62.
[47] KKOWiG/*Rogall*, § 5 Rn. 30, 34 ff.

des unmittelbaren Ansetzens (§ 22 StGB) in Betracht (§ 9 I, 1. Var. StGB), zum anderen der Ort, an dem der Erfolg nach der Tätervorstellung eintreten sollte (§ 9 I, 4. Var. StGB).[48] Bei einer **Verbrechensverabredung** gem. § 30 II StGB ist Tatort zum einen der Ort der Verabredung (§ 9 I, 1. Var. StGB),[49] zum anderen der Ort, an dem der Erfolg nach der Tätervorstellung eintreten sollte (§ 9 I, 4. Var. StGB).[50] Einen **tatortbegründenden Erfolg** i. S. d. §§ 9 I, 3. Var. StGB bewirkt auch der Eintritt der **schweren Folge eines erfolgsqualifizierten Delikts**[51] (z. B. Tod des Opfers im Rahmen der §§ 227 I, 251 StGB) bzw. der **objektiven Bedingung der Strafbarkeit**[52] (vgl. §§ 231 I, 283 I, 323a I StGB) im Inland. Sobald ein **Mittäter** (§ 25 II StGB) im Inland handelt, wird dies den anderen Mittätern zugerechnet, sodass auch deren Tatbeiträge als im Inland begangen betrachtet werden.[53] Ebenso wird dem **mittelbaren Täter** (§ 25 I S. 1, 2. Var. StGB) die Handlung seines Tatwerkzeugs zugerechnet. Handlungsort des mittelbaren Täters ist folglich der Ort, an dem er selbst oder sein Tatmittler eine tatbestandsmäßige Aktivität entfaltet hat.[54] Die **Teilnahme** (Anstiftung und Beihilfe) ist sowohl am **Begehungsort der Haupttat** (§ 9 II S. 1, 1. Var. StGB i. V. m. § 9 I StGB) als auch an jedem Ort begangen, an dem der **Teilnehmer gehandelt hat** (§ 9 II S. 1, 2. Var. StGB) oder im Falle des Unterlassens **hätte handeln müssen** (§ 9 II S. 1, 3. Var. StGB) oder an dem nach seiner Vorstellung **die Haupttat begangen werden sollte** (§ 9 II S. 1, 4. Var. StGB). Hat der Teilnehmer an einer Auslandstat im Inland gehandelt, so gilt für die Teilnahme das deutsche Strafrecht, auch wenn die Tat nach dem Recht des Tatorts nicht mit Strafe bedroht ist (§ 9 II S. 2 StGB).

2.1.4.1.2.1 Anwendungsbeispiele

(1) Täter handelt im Inland

T erschießt im Bereich des deutsch-schweizerischen Grenzüberganges von Konstanz (D) aus sein nur wenige hundert Meter entferntes, in Kreuzlingen (CH) stehendes Opfer O. Deutsches Strafrecht (§§ 212, 211 StGB) findet auf diesen Fall – unabhängig von einem nach Schweizer Recht begründeten Strafanspruch – gem. §§ 3, 9 I, 1. Var. StGB Anwendung. Maßgeblicher Anknüpfungspunkt hierfür ist der deutsche Handlungsort.

17

---

[48] BGHSt 34, 101, 106; 62, 114 ff. (zu § 5 OWiG); NK-*Böse*, § 9 Rn. 3, 20; S/S-*Eser/Weißer*, § 9 Rn. 4, 9.
[49] BGH BeckRS 2023, 19506; MüKoStGB/*Ambos*, § 9 Rn. 37; NK-*Böse*, § 9 Rn. 3.
[50] OLG Koblenz wistra 2012, 39 (Tatort bei Vorbereitung eines „Rip-Deals"); MüKoStGB/*Ambos*, § 9 Rn. 37; NK-*Böse*, § 9 Rn. 3, 5; S/S-*Eser/Weißer*, § 9 Rn. 9; AnwK-StGB/*Zöller*, § 9 Rn. 11.
[51] MüKoStGB/*Ambos*, § 9 Rn. 21; NK-*Böse*, § 9 Rn. 12; S/S-*Eser/Weißer*, § 9 Rn. 6c.
[52] BGHSt 42, 235, 242; BGH StV 1997, 23; MüKoStGB/*Ambos*, § 9 Rn. 21; NK-*Böse*, § 9 Rn. 12; S/S-*Eser/Weißer*, § 9 Rn. 6c; *Hecker*, ZIS 2011, 398; a.A. *Satzger*, IntStR, § 5 Rn. 31 ff.; AnwK-StGB/*Zöller*, § 9 Rn. 9. Vgl. hierzu *Hecker/Zöller*, Fallsammlung, Klausur 2.
[53] BGH StV 2019, 678; NStZ 2023, 51; MüKoStGB/*Ambos*, § 9 Rn. 10; NK-*Böse*, § 9 Rn. 5; S/S-*Eser/Weißer*, § 9 Rn. 10; *Rengier*, AT, § 6 Rn. 10; *Satzger*, IntStR, § 5 Rn. 21; a.A. SK/*Hoyer*, § 9 Rn. 5. Vgl. hierzu *Hecker/Zöller*, Fallsammlung, Klausur 5.
[54] BGH NStZ 2019, 742, 743; MüKoStGB/*Ambos*, § 9 Rn. 10; NK-*Böse*, § 9 Rn. 6; S/S-*Eser/Weißer*, § 9 Rn. 10; *Rengier*, AT, § 6 Rn. 10; *Satzger*, IntStR, § 5 Rn. 22; a.A. SK/*Hoyer*, § 9 Rn. 5.

(2) Eingetretener oder vorgestellter Erfolgsort im Inland

18   T schießt im Bereich des deutsch-schweizerischen Grenzüberganges von Kreuzlingen (CH) aus mit Tötungsvorsatz auf sein nur wenige hundert Meter entferntes, in Konstanz (D) stehendes Opfer O. In dieser Fallkonstellation ist deutsches Strafrecht im Hinblick auf den in Deutschland gelegenen Erfolgsort anwendbar, falls O verletzt oder getötet wird (§§ 3, 9 I, 3. Var. StGB). Verfehlt die Kugel den O, ist der Tötungsversuch nach deutschem Strafrecht verfolgbar, weil der tatbestandliche Erfolg nach der Vorstellung des T auf deutschem Territorium eintreten sollte (§§ 3, 9 I, 4. Var. StGB). **Fallvariante**: Angenommen, T schießt in Kreuzlingen auf O, der sich sodann schwer verletzt über die Grenze nach Konstanz retten kann, wo er später den Folgen der Schussverletzung erliegt, so findet auch auf diese Fallvariante wegen Erfolgseintritts in Deutschland das deutsche StGB Anwendung.[55] Falls die Konstanzer Ärzte das Leben des O retten können und das Tötungsdelikt des T damit im Versuchsstadium stecken bleibt, kann die Anwendbarkeit deutschen Strafrechts jedenfalls nicht auf das Territorialitätsprinzip gestützt werden. Denn T hat im Ausland gehandelt, der Erfolg des Körperverletzungsdelikts ist im Ausland eingetreten und der Erfolg des Tötungsdelikts sollte nach der Vorstellung des T ebenfalls im Ausland eintreten.

(3) Inländischer Handlungs- oder Erfolgsort bei Unterlassungsdelikt

19   Sachverhalt wie in den Beispielsfällen (1) und (2) jeweils mit dem Zusatz, dass der Bruder B des O neben T steht, als dieser sich gerade anschickt, auf O zu schießen. Obwohl B zutreffend erfasst, was T vorhat und dies verhindern könnte, bleibt er untätig, weil ihm der Tod des O aufgrund eigener Interessen gelegen kommt. In Beispielsfall (1) ist auf die Unterlassungstat des B (§§ 212 I, 13 StGB) deutsches Strafrecht anwendbar, weil er die Erfolgsabwendung in Konstanz – also auf deutschem Gebiet – hätte vornehmen müssen (§§ 3, 9 I, 2. Var. StGB).[56] In Beispielsfall (2) ergibt sich die Anwendbarkeit deutschen Strafrechts daraus, dass der zum Tatbestand (des unechten Unterlassungsdelikts) gehörende Erfolg in Deutschland eingetreten ist (§§ 3, 9 I, 3. Var. StGB) bzw. nach der Vorstellung des B in Deutschland eintreten sollte (§§ 3, 9 I, 4. Var. StGB).

(4) Teilnehmer an einer Inlandstat handelt im Ausland

20   Sachverhalt wie in den Beispielsfällen (1) und (2) jeweils mit dem Zusatz, dass A den T vom Ausland aus telefonisch zur Tötung des O bestimmt hat. In beiden Fallkonstellationen ist A wegen Anstiftung zum (versuchten) Tötungsdelikt gem. §§ 212 I (22), 26 StGB nach deutschem Strafrecht verfolgbar. Denn nach § 9 II S. 1, 1. Var. StGB ist die Teilnahme an dem Ort begangen, an dem die Haupttat begangen ist. Die Haupttat des T ist als Inlandstat zu werten, wobei entweder auf den Handlungs- oder den Erfolgsort abzustellen ist.[57]

---

[55] Vgl. hierzu die Parallelfälle von *Rath*, JA 2006, 435, 436 und *Werle/Jeßberger*, JuS 2001, 35, 39.
[56] MüKoStGB/*Ambos*, § 9 Rn. 14; NK-*Böse*, § 9 Rn. 9; S/S-*Eser/Weißer*, § 9 Rn. 5.
[57] MüKoStGB/*Ambos*, § 9 Rn. 36; NK-*Böse*, § 9 Rn. 22; S/S-*Eser/Weißer*, § 9 Rn. 11.

2.1 Internationales Strafrecht

(5) Teilnehmer an einer Auslandstat handelt im Inland
Gehilfe G übergibt T in Kenntnis und mit Billigung von dessen Tötungsvorhaben in Konstanz (D) die Waffe, mit welcher T kurze Zeit später in Kreuzlingen (CH) den O erschießt. Die Erstreckung deutscher Strafgewalt auf die in der Schweiz spielende Haupttat des T lässt sich nicht auf § 3 StGB stützen, da kein inländischer Handlungs- oder Erfolgsort vorliegt. Ob die Haupttat gem. § 7 I, II StGB nach deutschem Strafrecht aburteilbar ist, hängt u. a. von der Staatsangehörigkeit von Täter und Opfer ab. Dessen ungeachtet findet jedenfalls auf den in Deutschland erbrachten Tatbeitrag des G deutsches Strafrecht (§§ 212, 27 StGB) Anwendung, weil G im Inland gehandelt hat (§§ 3, 9 II S. 1, 2. Var. StGB).[58]

(6) Versuch der Beteiligung
A hat den Berufskiller T im Ausland mit der Ermordung des O in Deutschland beauftragt. Noch bevor der hierzu bereite T zur Tatdurchführung schreiten kann, wird er verhaftet. Sowohl die nach §§ 30 II, 211, 212 StGB strafbare Bereiterklärung des T, einen Mord zu begehen als auch die von A begangene versuchte Anstiftung zum Mord (§§ 30 I, 211, 212 StGB) sind nach deutschem Strafrecht verfolgbar, weil der tatbestandsmäßige Erfolg (Tod des O) nach der Vorstellung beider Beteiligten in Deutschland eintreten sollte (§ 9 II S. 1, 4. Var. StGB).[59] Im Übrigen gelangt deutsches Strafrecht auch zur Anwendung, wenn die Verbrechensverabredung im Inland getroffen wurde (§ 9 II S. 1, 2. Var. StGB).[60]

(7) Beteiligung im Inland an einer Auslandstat, die nach Tatortrecht nicht mit Strafe bedroht ist
Um diese Konstellation geht es insbesondere beim sog. **Abtreibungstourismus**, der im Folgenden etwas ausführlicher behandelt werden soll (Fall 2). Mit dem genannten Schlagwort werden Fälle umschrieben, in denen sich eine Schwangere ins Ausland begibt, um dort von einem Arzt einen nach Tatortrecht legalen Schwangerschaftsabbruch vornehmen zu lassen.

2.1.4.1.3 Abtreibungstourismus

> **Fall 2**
>
> In der 16. Woche ihrer Schwangerschaft entschließt sich S, in einer niederländischen Klinik einen Schwangerschaftsabbruch vornehmen zu lassen. Ihr Freund F, der nicht der Kindsvater ist, fährt die S in Kenntnis und mit Billigung ihres Vorhabens in eine niederländische Stadt, wo S bei dem dort praktizierenden Arzt A den Schwangerschaftsabbruch nach Maßgabe niederländischen Rechts legal durchführen lässt. Bei S und F handelt es sich um deutsche Staatsbürger, die ihren ständigen Wohnsitz in Deutschland haben. Strafbarkeit von S und F? ◄

---

[58] OLG Schleswig NStZ-RR 1998, 313; NK-*Böse*, § 9 Rn. 23; S/S-*Eser/Weißer*, § 9 Rn. 11.
[59] MüKoStGB/*Ambos*, § 9 Rn. 37; NK-*Böse*, § 9 Rn. 3, 5; AnwK-StGB/*Zöller*, § 9 Rn. 11.
[60] BGH BeckRS 2023, 19506; MüKoStGB/*Ambos*, § 9 Rn. 37; NK-*Böse*, § 9 Rn. 3.

Lösungshinweise Fall 2 (Strafbarkeit der S)

25 In Deutschland wurde das Abtreibungsstrafrecht zwar insofern liberalisiert, als das frühere Modell einer Indikationenlösung im Jahre 1995 durch ein Modell der Fristenlösung mit Beratungspflicht ersetzt wurde. Die Schwangere unterliegt indes der Strafandrohung des § 218 III StGB, wenn sie eine Abtreibung an sich vornehmen lässt, die nicht nach Maßgabe des § 218a StGB von der Strafbarkeit ausgenommen ist. So liegt der Fall hier. Der von S veranlasste und geduldete Schwangerschaftsabbruch in der 16. Woche ihrer Schwangerschaft erfüllt in objektiver und subjektiver Hinsicht § 218 I StGB. Die in § 218a I StGB normierten Voraussetzungen für einen straflosen Schwangerschaftsabbruch sind nicht gegeben, da der Eingriff außerhalb der Zwölfwochenfrist ohne die gesetzlich vorgeschriebene Pflichtberatung (§ 219 StGB) vorgenommen wurde. Eine den Schwangerschaftsabbruch rechtfertigende Indikation nach § 218a II bzw. III StGB liegt nicht vor. Auch der persönliche Strafausschließungsgrund des § 218a IV 1 StGB, der die Schwangere straflos stellt, wenn der Abbruch von einem Arzt vor Verstreichen der 22. Schwangerschaftswoche vorgenommen wird, greift nicht ein, da es an der vorgeschriebenen Beratung fehlte.[61]

26 Da der Schwangerschaftsabbruch im Ausland vorgenommen wurde, ist weiter zu prüfen, ob auf den in Rede stehenden Sachverhalt deutsches Strafrecht Anwendung findet. Im vorliegenden Fall ist § 5 Nr. 9 Buchst. b StGB einschlägig, der durch das Anknüpfen an die deutsche Staatsangehörigkeit des Täters dem **aktiven Personalitätsprinzip** (Rn. 43 f.) Ausdruck verleiht. Danach gilt deutsches Strafrecht für im Ausland begangene Taten i. S. d. § 218 I StGB, wenn der Täter zur Zeit der Tat Deutscher ist und seine Lebensgrundlage im Inland hat. Entgegen einer in der Bevölkerung verbreiteten Ansicht können sich demnach Schwangere deutscher Staatsangehörigkeit durch das Ausweichen in eine fremde Rechtsordnung, in der der Schwangerschaftsabbruch weitergehend straffrei gestellt ist als im Recht ihres Heimatstaates, dem deutschen Strafrecht nicht entziehen. Gegen S besteht mithin ein deutscher Strafanspruch gem. §§ 218 I, III, 5 Nr. 9 Buchst. b StGB (zur Vereinbarkeit mit Unionsrecht § 9 Rn. 37 ff.).

Lösungshinweise Fall 2 (Strafbarkeit des F)

27 Eine Strafbarkeit des F gem. §§ 218 I, 25 II StGB kann nicht bejaht werden, da seinem lediglich im Vorfeld des Eingriffs erbrachten Tatbeitrag nicht das für eine Mittäterschaft notwendige Gewicht zukommt. Das Ob und Wie der Tatbestandserfüllung lag objektiv und nach dem Willen des F vom Fahrtantritt bis zur Vornahme des Eingriffes stets in den Händen der S. Nach allen Täterlehren, also unabhängig davon, ob man maßgeblich auf die Tatherrschaft oder auf den Täterwillen abstellt, muss eine Mittäterschaft des F abgelehnt werden. Auch eine Unterlassungstäterschaft des F gem. §§ 218 I, 13 StGB scheidet aus. Da er nicht der leibliche Vater des Kindes der S ist, existiert keine Garantenstellung, aus der eine Pflicht zur Verhinde-

---

[61] S/S-*Eser/Weißer*, § 218a Rn. 71; *Fischer*, § 218a Rn. 35.

rung eines verbotenen Schwangerschaftsabbruches abgeleitet werden könnte.[62] F hat aber dadurch, dass er die S in Kenntnis und mit Billigung ihres Vorhabens zu der niederländischen Klinik fuhr, eine nach §§ 218 I, 27 StGB strafbare Beihilfe zu dem nach deutschem Recht strafbaren Schwangerschaftsabbruch der S begangen. Nach zutreffender h. L. lässt sich die Anwendbarkeit deutschen Strafrechts bei Gehilfentaten unter Zugrundelegung eines im konkreten Regelungszusammenhang weit zu verstehenden Täterbegriffs auf § 5 Nr. 9 Buchst. b StGB stützen, wenn der Gehilfe – wie F – zur Zeit der Tat deutscher Staatsangehöriger mit Wohnsitz im Inland ist.[63]

In den Standardfällen des Abtreibungstourismus, in denen der Teilnehmer seinen Tatbeitrag im Inland erbringt, folgt die Anwendbarkeit deutschen Strafrechts bereits aus dem **Territorialitätsprinzip** (§ 3 StGB). Zwar müsste nach allgemeinen Akzessorietätsgrundsätzen eine Strafbarkeit des im Inland handelnden Teilnehmers ausscheiden, wenn die im Ausland begangene Haupttat nach Tatortrecht nicht mit Strafe bedroht ist. Diese Konsequenz wendet jedoch die Vorschrift des § 9 II S. 2 StGB ab, indem sie die **Geltung deutschen Strafrechts für den im Inland handelnden Teilnehmer an einer Auslandstat auch für den Fall anordnet, dass diese Tat nach dem Recht des Tatorts nicht strafbar ist**.[64] Demnach wird die in §§ 26, 27 StGB vorgesehene Abhängigkeit der Teilnahme für den Bereich ausländischer Haupttaten gelockert. Die der S vor dem Grenzübertritt von F geleistete Hilfe zu dem in den Niederlanden vollzogenen Schwangerschaftsabbruch kann somit gem. §§ 3, 9 II S. 2 StGB nach deutschem Strafrecht (§§ 218 I, 27 StGB) abgeurteilt werden.

28

2.1.4.1.4 Distanzdelikte

2.1.4.1.4.1 Internetkriminalität
Besondere Schwierigkeiten bereitet die Tatortbestimmung bei sog. **Distanzdelikten**, die unter Nutzung des Internets begangen werden.[65]

29

Fall 3 (BGHSt 46, 212)

Neonazi A, ein australischer Staatsbürger, stellt auf seiner deutschsprachigen Homepage Artikel über die sog. „Auschwitzlüge" über einen australischen Server ins Netz. Darin wird behauptet, es sei wissenschaftlich erwiesen, dass der Holocaust nicht stattgefunden habe. Der Kripobeamte K liest diese Erklärungen auf seinem Computer in Deutschland. Besteht eine strafrechtliche Handhabe gegen A, falls dieser in den Zugriffsbereich deutscher Strafverfolgungsbehörden gelangt? ◄

---

[62] S/S-*Eser/Weißer*, § 218 Rn. 29, 54; *Fischer*, § 218 Rn. 7.
[63] AG Albstadt MedR 1988, 261, 262; NK-*Böse*, Vor § 3 Rn. 58; § 5 Rn. 41; S/S-*Eser/Weißer*, § 5 Rn. 21; *Satzger*, IntStR, § 5 Rn. 8 f., 74; *Walther*, JuS 2012, 203, 206 ff.; a.A. *Rath*, JA 2007, 26, 30.
[64] BGH NJW 2000, 1732, 1736; MüKoStGB/*Ambos*, § 9 Rn. 39; NK-*Böse*, § 9 Rn. 24 ff.
[65] *Morozinis*, GA 2011, 475 ff.; *Satzger*, IntStR, § 5 Rn. 43 ff.; AnwK-StGB/*Zöller*, § 9 Rn. 15 jew. m. w. N.

Lösungshinweise Fall 3

30   A erfüllt durch die Leugnung des Holocausts den Tatbestand der Volksverhetzung (§ 130 III StGB). Da diese Tat vom Ausland aus begangen wurde, stellt sich die Frage, ob A der deutschen Strafgewalt unterliegt. Zu prüfen ist, ob die Anwendung deutschen Strafrechts auf §§ 3, 9 I StGB gestützt werden kann. Nach § 9 I StGB ist eine Tat an dem Ort begangen, an dem der Täter gehandelt hat (Var. 1) oder an dem der zum Tatbestand gehörende Erfolg eingetreten ist (Var. 3). Einige Stimmen in der Literatur nehmen eine Inlandshandlung i. S. d. § 9 I, 1. Var. StGB an, wenn die Wirkung des Verhaltens – hier: das Leugnen des Holocausts – im Inland eingetreten ist („Tathandlungserfolg").[66] Mit **Handlungsort** meint das Gesetz indes den **Aufenthaltsort** des Täters bei Vornahme der tatbestandsmäßigen Handlung und dieser lag im vorliegenden Fall im Ausland.[67]

31   Möglicherweise ist aber der tatbestandsmäßige **Erfolg** der Tat in Deutschland eingetreten, sodass es sich gem. §§ 3, 9 I, 3. Var. StGB um eine in Deutschland verfolgbare Inlandstat handelt. Die Bestimmung der Rechtslage bereitet hier Schwierigkeiten, denn § 130 III StGB ist ein sog. potenzielles Gefährdungsdelikt (Spezialfall eines abstrakten Gefährdungsdelikts).[68] § 130 III StGB knüpft also nicht – wie etwa §§ 212 I, 223 I StGB – an die tatsächliche Schädigung eines Rechtsgutes an, sondern lässt es ausreichen, dass das geschützte Rechtsgut (hier: der öffentliche Friede in Deutschland) lediglich einer abstrakt-generellen Gefahr ausgesetzt wird („… **geeignet, den öffentlichen Frieden zu stören**"). Es wird daher von der inzwischen h. M. vertreten, deutsches Strafrecht könne hier schon deshalb nicht zur Anwendung gelangen, weil im Inland **kein „Außenwelterfolg"** im Sinne einer tatsächlichen Rechtsgutsschädigung oder konkreten Gefahr eingetreten sei (Rn. 37).[69]

32   Der BGH bejahte im Ausgangsfall die Anwendbarkeit deutschen Strafrechts.[70] Er interpretierte den Erfolgsbegriff des § 9 I, 3. Var. StGB weit und argumentierte, es reiche aus, dass durch die Aufrufbarkeit des volksverhetzenden Inhalts in Deutschland ein zum Tatbestand des § 130 III StGB gehörender **„Gefährdungserfolg"** eingetreten sei. Auf dieser Basis kann die von A verwirklichte Straftat als Inlandstat angesehen werden. Dabei ließ der BGH offen, ob der Erfolgsbegriff bei

---

[66] *Cornils*, JZ 1999, 394, 396; *Sieber*, NJW 1999, 2065; *Werle/Jeßberger*, JuS 2001, 35, 39.
[67] BGH NStZ 2015, 81, 82; MüKoStGB/*Ambos*, § 9 Rn. 8; NK-*Böse*, § 9 Rn. 3; S/S-*Eser/Weißer*, § 9 Rn. 4.
[68] BGH NJW 1999, 2129; *Fischer*, vor § 13 Rn. 19; *Rengier*, AT, § 10 Rn. 16.
[69] NK-*Böse*, § 9 Rn. 13 ff.; S/S-*Eser/Weißer*, § 9 Rn. 7a; *Esser*, EuStR, § 16 Rn. 34, 40 ff.; Lackner/Kühl/*Heger*, § 9 Rn. 2; *Satzger*, IntStR, § 5 Rn. 27 ff.; so auch BGH NStZ 2017, 146 (zu § 130 III StGB), NStZ 2015, 81 (zu § 86a I StGB) mit abl. Bespr. v. *Becker*, NStZ 2015, 83 ff. u. *Hecker*, JuS 2015, 274 ff.; OLG Hamm NStZ-RR 2018, 292.
[70] BGHSt 46, 212; zust. *Walter*, NStZ 2022, 718, 721; a.A. BGH NStZ 2017, 146; OLG Hamm NStZ-RR 2018, 292.

abstrakten Gefährdungsdelikten – wie von einem Teil der Literatur[71] vertreten wird – generell so zu verstehen ist, dass Erfolgsort auch jeder Ort sei, an dem sich die abstakte Gefahr realisiert (Rn. 38). Dieser Rspr. wird entgegengehalten, dass sie zu einer extrem weiten Ausdehnung der Anwendung deutschen Strafrechts führe, die an die Grenzen der völkerrechtlichen Legitimation deutschen Strafanwendungsrechts stoße.[72] So würden im Ausland begangene Äußerungshandlungen mit Strafe bedroht, deren Straflosigkeit dort verfassungsrechtlich verbürgt sei.

Den Kritikern der BGH-Entscheidung ist zuzugeben, dass eine uferlose Strafverfolgungszuständigkeit Deutschlands für alle im Internet begangenen Straftaten völkerrechtlich nicht zulässig ist und überdies unpraktikabel erscheint. Zu denken ist etwa an den Fall, dass ein amerikanischer Student eine Homepage erstellt, in der er seine Ex-Freundin in beleidigender Form verleumdet. Von der deutschen Staatsanwaltschaft kann nicht ernsthaft verlangt werden, in Fällen dieser Art Ermittlungsverfahren gegen ausländische Täter einzuleiten.[73] Einer zu weitgehenden Ausdehnung der deutschen Strafgewalt im Bereich der Internet-Kriminalität sollte daher durch eine teleologische Reduktion des Ubiquitätsprinzips begegnet werden, die eine **spezifische Inlandsbeziehung der Tathandlung** sicherstellt.[74] Nach hier vertretener Ansicht verdient die Entscheidung des BGH im konkreten Fall Zustimmung, da im Hinblick auf die offenkundige Adressierung des in deutscher Sprache verfassten Textes an Zielgruppen in Deutschland ein spezifischer Bezug der Tathandlung zu dem Staat besteht, in dem die Gefahr einer Störung des öffentlichen Friedens i. S. d. § 130 III StGB eingetreten ist.

Lösungsvorschlag Fall 3
A kann – entgegen der h. M. – in Deutschland strafrechtlich verfolgt werden.

2.1.4.1.4.2 Grenzüberschreitende Umweltdelikte
Umweltverschmutzung ist schon ihrem Wesen nach ein grenzüberschreitendes Phänomen. Ober- und unterirdische Gewässer, Luftströmungen, Schallwellen und Strahlungen bewegen sich nach den Eigengesetzlichkeiten der Natur und nehmen keine Rücksicht auf die Grenzen eines Staatsgebietes. Bei grenzüberschreitenden Umweltdelikten, die in deutsches Staatsgebiet hineinwirken (Distanzdelikte), stellt sich die Frage, ob ein tatortbegründender Erfolg i. S. d. § 9 I, 3. Var. StGB gegeben ist, der die Anwendung deutschen Umweltstrafrechts legitimiert. Da diese Frage

---

[71] Grundlegend *Martin*, Grenzüberschreitende Umweltbeeinträchtigungen, S. 17 ff., 48 ff., 79 ff.; ihm folgend *Hecker*, ZStW 115 (2003), 880, 885 ff.; *Heinrich*, GA 1999, 72, 77 ff.; SK/*Hoyer*, § 9 Rn. 7; *Rath*, JA 2006, 435, 438; *Rengier*, AT, § 6 Rn. 17 ff.; LK-*Werle/Jeßberger*, § 9 Rn. 33 ff., 89; AnwK-StGB/*Zöller*, § 9 Rn. 22.
[72] *Fischer*, § 9 Rn. 18, 24; *Schünemann*, GA 2003, 299, 304.
[73] Vgl. hierzu *Walter*, NStZ 2022, 718, 722, der zutr. auf die Möglichkeit einer Verfahrenseinstellung gem. § 153c III StPO verweist.
[74] *Cornils*, JZ 1999, 394 ff.; *Hörnle*, NStZ 2001, 310; *Koch*, GA 2002, 703 ff., *Rengier*, AT, § 6 Rn. 18; LK-*Werle/Jeßberger*, § 9 Rn. 99 ff.

Gelegenheit zu einer vertiefenden Klärung des internationalstrafrechtlichen Erfolgsbegriffs gibt, ist der nachfolgende Lösungsvorschlag bewusst etwas ausführlicher gestaltet.

Fall 4

35   Ein in Frankreich angesiedelter Industriebetrieb produziert im Dreiländereck ein Insektizid. Die bei der Herstellung anfallenden toxischen Nebenprodukte werden illegal auf offenen Halden innerhalb des Betriebsgeländes gelagert. Der Wind weht den giftigen Staub von Frankreich in die angrenzenden Gebiete Deutschlands, was zu einer Kontamination landwirtschaftlich genutzter Böden führt. Auf diese Weise gelangen gesundheitsschädliche Substanzen in die Milch der dort weidenden Kühe.[75] Lässt sich die Anwendbarkeit des § 325 I StGB auf §§ 3, 9 I, 3. Var. StGB stützen? ◄

Lösungshinweise Fall 4

36   A hat in objektiver und subjektiver Hinsicht den Tatbestand des § 325 I StGB erfüllt, da nach § 330d II Nr. 1 StGB eine **Verletzung verwaltungsrechtlicher Pflichten** aus dem **Verstoß gegen harmonisiertes französisches Umweltrecht** folgt (Kap. 10 Rn. 68).[76] Im Rahmen der hier untersuchten Fallgruppe grenzüberschreitender Luftverunreinigungen stellt sich die Frage, ob das in § 3 StGB verankerte Territorialitätsprinzip ein strafrechtliches Vorgehen gegen ausländische Störungsquellen gestattet. Da die tatgegenständliche Anlage in Frankreich betrieben wurde, vermag der Handlungsort (§ 9 I, 1. Var. StGB) die Anwendung deutschen Umweltstrafrechts nicht zu legitimieren. Es kommt daher entscheidend darauf an, ob die von § 325 I StGB geforderte Schädigungseignung als Erfolg i. S. d. § 9 I, 3. Var. StGB gewertet werden kann.

37   Nach h. M. weisen **potenzielle** und **rein abstrakte Gefährdungsdelikte** keinen **zum Tatbestand gehörenden Erfolg** auf, der bei Distanztaten einen inländischen Tatort begründen könnte. Als Hauptargument wird angeführt, im Rahmen des § 9 StGB meine der Begriff Erfolg eine von der tatbestandsmäßigen Handlung räumlich und/oder zeitlich abtrennbare Veränderung der Außenwelt in Form der Verletzung oder konkreten Gefährdung des geschützten Rechtsgutes. Bei den abstrakten Gefährdungsdelikten existiere ein derartiger **Außenwelterfolg** nicht, weil hier bereits der bloße Vollzug der tatbestandsmäßigen Handlung unrechtsbegründend wirke, ohne dass es auf den Eintritt einer gesondert festzustellenden Gefahrenlage ankomme. Auf der Basis dieser dogmatischen Prämisse ist § 325 I StGB auf einen im Ausland stattfindenden Anlagenbetrieb nicht anwendbar.[77] Da die genannte Strafbestimmung tatbestandlich nicht auf eine Schädigung oder konkrete Gefährdung von

---

[75] Vgl. hierzu *Hecker*, ZStW 115 (2003), 880 ff. sowie *Hecker/Zöller*, Fallsammlung, Klausur 11.
[76] *Hecker*, Schröder-FS, S. 531 ff.; *Lienert*, Europäische Verwaltungsakzessorietät, S. 66 ff., 345 ff.; BeckOK-StGB/*Witteck*, § 325 Rn. 52.
[77] *Heger*, Europäisierung, S. 256; *Lienert*, Europäische Verwaltungsakzessorietät, S. 442 ff.

Rechtsgütern abstellt, könne selbst dann nicht von dem Eintritt eines zum Tatbestand gehörenden Erfolgs gesprochen werden, wenn in tatsächlicher Hinsicht feststünde, dass der von der ausländischen Anlage produzierte Schadstoffausstoß eine Verletzung oder konkrete Gefährdung von Rechtsgütern auf deutschem Gebiet verursacht habe.[78]

Die h. M. vermag nicht zu überzeugen. Der Wortlaut des § 9 I, 3. Var. StGB lässt durchaus eine Auslegung des Erfolgsbegriffes zu, die den zum Tatbestand gehörenden Erfolg bereits in dem Hervorrufen einer von dem Tatbestand vorausgesetzten abstrakten Gefahrenlage sieht. Von dieser Sichtweise geprägt ist etwa das Verjährungsrecht. Der BGH und die h. L. erblicken den für die Feststellung des Verjährungsbeginns maßgeblichen Erfolg (§ 78a S. 2 StGB) bei abstrakten Gefährdungsdelikten in der mit der Tatbestandsverwirklichung einhergehenden Gefährdung der geschützten Rechtsgüter.[79] Eine weite Auslegung des Erfolgsbegriffes lässt sich des Weiteren auf Argumente aus der Dogmatik der abstrakten Gefährdungsdelikte und der unechten Unterlassungsdelikte stützen. So hält der überwiegende Teil der Literatur die Bestrafung aus einem abstrakten Gefährdungsdelikt für mit dem Schuldprinzip unvereinbar, wenn die zu beurteilende Tat trotz formeller Erfüllung des Tatbestandes im konkreten Fall offensichtlich ungefährlich und dies bei Vornahme der Handlung erkennbar gewesen sei.[80] Der BGH schließt eine Strafbarkeit nach § 306a I Nr. 1 StGB aus, wenn der Täter sich beim Inbrandsetzen kleiner überschaubarer Räumlichkeiten durch absolut zuverlässige lückenlose Maßnahmen vergewissert hat, dass die tatbestandlich vorausgesetzte Gefährdung mit Sicherheit nicht eintreten kann.[81] Diese Ansätze führen zu der Erkenntnis, dass das strafbare Unrecht bei den abstrakten Gefährdungsdelikten nicht schon allein in der formellen Erfüllung des Tatbestandes liegt. Notwendig ist stets auch die Schaffung eines rechtlich missbilligten Risikos der Verletzung des geschützten Rechtsgutes. Folglich kann in dem **Risiko eines Schadenseintrittes** der vom Handlungsvollzug abtrennbare Erfolg des abstrakten Gefährdungsdeliktes gesehen werden. Auf dieser Linie bewegt sich auch das OLG Koblenz, wenn es ausführt, dass der tatbestandsmäßige Erfolg i. S. d. § 9 I, 3. Var. StGB im Anwendungsbereich des § 164 I StGB an dem Ort eintritt, an dem die falsche Verdächtigung der zur Entgegennahme von Anzeigen zuständigen Behörde zugegangen ist.[82] Von der Existenz eines den abstrakten Gefährdungsdelikten immanenten tatbestandlichen Erfolges wird auch im Rahmen der unechten Unterlassungshaftung gem. § 13 StGB bzw. § 8 OWiG ausgegangen.[83]

In einer allgemeinen Formel lässt sich der von einem Garanten abzuwendende tatbestandsmäßige **Erfolg** auch treffend beschreiben als die **(Außenwelt)-Wirkung**,

---

[78] *Satzger*, NStZ 1998, 112, 114 ff.
[79] BGHSt 36, 255, 257; BGH NJW 2016, 1525, 1527; Lackner/Kühl/*Heger*, § 78a Rn. 3.
[80] Vgl. *Martin*, Grenzüberschreitende Umweltbeeinträchtigungen, S. 64 ff. und die zusammenfassende Darstellung bei *Roxin*, AT Teil 1, § 11 Rn. 153 ff.
[81] BGHSt 34, 115, 119.
[82] OLG Koblenz NStZ 2011, 95.
[83] BGHSt 46, 212, 222; KKOWiG/*Rengier*, § 8 Rn. 9 ff.; *ders.*, AT, § 49 Rn. 7.

die von dem tatbestandlichen Ereignis ausgeht.[84] Bildlich gesprochen sind alle Orte, die sich im räumlichen Gefahrenkreis der Anlage befinden, Erfolgsorte i. S. d. § 9 I, 3. Var. StGB. Der tatsächliche Eintritt einer konkreten Gefährdung oder gar Verletzung eines geschützten Rechtsgutes wirkt bei Taten i. S. d. § 325 I StGB zwar nicht erfolgsortbegründend, ist jedoch als gewichtiges Indiz dafür zu werten, dass die tatbestandlich vorausgesetzte abstrakte Gefährdung auch an diesem Ort bestanden hat bzw. noch fortbesteht.[85] Nach alledem ist zu konstatieren, dass die These von den angeblich „erfolglosen" Gefährdungsdelikten dogmatisch auf unsicherem Grund steht. Auch die kriminalpolitische Zielsetzung, die mit der Schaffung abstrakter Gefährdungsdelikte intendiert wird, sollte bei der Auslegung des internationalstrafrechtlichen Erfolgsbegriffes nicht unberücksichtigt bleiben. Durch die Vorverlagerung der Strafbarkeit sollen bestimmte Rechtsgüter einem erhöhten strafrechtlichen Schutz unterstellt werden. Die von der h. M. vertretene enge Auslegung des Erfolgsbegriffes führt jedoch bei grenzüberschreitenden Umweltdelikten zu dem geradezu paradoxen Ergebnis, dass diesen Rechtsgütern der vom Gesetzgeber zuerkannte erhöhte Schutz deshalb versagt bleibt, weil sie durch – angeblich „erfolglose" – abstrakte bzw. potenzielle Gefährdungsdelikte geschützt werden. Den Vorzug verdient nach alledem die weite Interpretation der Erfolgsortklausel des § 9 I, 3. Var. StGB. Sie fügt sich nicht nur harmonisch in die Dogmatik der abstrakten Gefährdungsdelikte und der unechten Unterlassungsdelikte ein, sondern überzeugt auch unter kriminalpolitischen Aspekten. Erfolgsort der in § 325 I StGB beschriebenen Tat ist also nicht nur der Ort, an dem die schadstoffausstoßende Anlage betrieben wird, sondern auch derjenige, an dem das tatbestandlich missbilligte Risiko einer Rechtsgutsverletzung eintritt.

Lösungsvorschlag Fall 4 Auf die in Frankreich begangene Tat nach § 325 I StGB findet deutsches Umweltstrafrecht Anwendung. Zur Anwendbarkeit des § 6 Nr. 9 StGB auf extraterritoriale Umweltstraftaten Rn. 50.

2.1.4.2 Flaggenprinzip

40 Eng verwandt mit dem Gebietsgrundsatz ist das **Flaggenprinzip** (§ 4 StGB). Es besagt, dass der Staat, dessen Flagge ein Schiff oder dessen Staatszugehörigkeitszeichen ein Luftfahrzeug zu führen berechtigt ist, seine Strafgewalt für alle Taten in Anspruch nehmen darf, die an Bord des Schiffes oder des Luftfahrzeugs begangen werden.[86]

2.1.4.3 Aktives Personalitätsprinzip

41 Nach dem **aktiven Personalitätsprinzip** darf ein Staat unabhängig vom Recht des Tatorts im Ausland begangene **Handlungen eigener Staatsangehöriger** seiner Strafgewalt unterwerfen (Rn. 11). Hierzu gehören gem. § 5 Nr. 3 Buchst. a–c StGB

---

[84] KKOWiG/*Rengier*, § 8 Rn. 10; *ders.*, AT, § 6 Rn. 16; vgl. hierzu auch *Hecker/Zöller*, Fallsammlung, Klausur 1 u. 11.
[85] *Heinrich*, GA 1999, 72, 81 f.
[86] MüKoStGB/*Ambos*, Vor § 3 Rn. 27; NK-*Böse*, Vor § 3 Rn. 17; *Satzger*, IntStR, § 5 Rn. 64 ff.

bestimmte **Staatsschutzdelikte** (§§ 86 I, II, 86a I Nr. 1, 89, 90a I, 90b StGB), gem. § 5 Nr. 5 Buchst. b StGB **Straftaten gegen die Landesverteidigung** (§§ 109a, 109 d, 109 h StGB) und gem. § 5a Buchst. a–b StGB **Straftaten gegen die öffentliche Ordnung** (§§ 111, 127 StGB). § 5a Buchst. c StGB ordnet die Anwendbarkeit deutschen Strafrechts auf eine im Ausland von einem deutschen Täter begangene **Volksverhetzung** (§ 130 II Nr. 1, auch i. V. m. § 130 VI StGB) an.[87] Deutsches Strafrecht findet gem. § 5 Nr. 6 Buchst. c StGB Anwendung auf eine im Ausland begangene **Zwangsverheiratung** (§ 237 StGB). Nach § 5 Nr. 8 StGB sind **Straftaten gegen die sexuelle Selbstbestimmung** (§§ 174 I, II, IV, 176–178, 182), z. B. der von deutschen Sextouristen im Ausland begangene sexuelle Missbrauch von Kindern oder Jugendlichen, nach deutschem Strafrecht verfolgbar.[88] Nach § 5 Nr. 9 Buchst. a StGB gilt deutsches Strafrecht für im Ausland von einem deutschen Staatsangehörigen vorgenommene **Zwangsabtreibungen** (§ 218 II S. 2 Nr. 1, IV S. 1 StGB).[89] Der sog. „Abtreibungstourismus", d. h. die Vornahme eines nach § 218 I StGB tatbestandsmäßigen Schwangerschaftsabbruchs im Ausland, ist nach § 5 Nr. 9 Buchst. b StGB strafrechtlich verfolgbar, wenn der Täter zur Zeit der Tat Deutscher ist und seine Lebensgrundlage im Inland hat (Rn. 26). Eine im Ausland begangene **Zwangssterilisation** (§ 226 I Nr. 1, II StGB), ist gem. § 5 Nr. 9a Buchst. a StGB verfolgbar.[90] Die in § 5 Nr. 9a Buchst. b StGB angeordnete Strafgewaltserstreckung auf Auslandstaten gem. § 226a StGB soll einem **Beschneidungstourismus** entgegenwirken, bei dem in Deutschland lebende Mädchen zur Durchführung von Genitalverstümmelungen ins Ausland verbracht werden.[91] § 5 Nr. 11a StGB erstreckt den Geltungsbereich des deutschen Strafrechts auf die **Verursachung einer Nuklearexplosion** (§ 328 II Nr. 3, 4, IV, V StGB, auch i. V. m. § 330 StGB) im Ausland. Auf Taten, die ein **deutscher Amtsträger** (§ 11 I Nr. 2 StGB) oder für den **öffentlichen Dienst besonders Verpflichteter** (§ 11 I Nr. 4 StGB) während eines dienstlichen Aufenthalts oder in Beziehung auf den Dienst im Ausland begeht, ist nach § 5 Nr. 12 StGB deutsches Strafrecht anwendbar. Diese Bestimmung ist nicht auf die Begehung von Amtsdelikten beschränkt. Strafrechtlich verfolgt werden kann z. B. auch die von einem deutschen Regierungsrat im Rahmen einer im Ausland stattfindenden Dienstkonferenz begangene Beleidigung (§ 185 StGB).[92] Die Vorschrift des § 5 Nr. 15 Buchst. a StGB erfasst die von deutschen Staatsangehörigen im Ausland begangenen **Korruptionsdelikte** nach §§ 331–337 StGB.[93] Nach § 5 Nr. 16 StGB ist die **Bestechlichkeit oder Bestechung von Mandatsträgern** (§ 108e StGB) unabhängig von der Tatortstrafbarkeit nach deutschem Strafrecht verfolgbar.[94] § 5 Nr. 17 StGB

---

[87] NK-*Böse*, § 5 Rn. 27; zu Recht krit. hierzu *Walter*, NStZ 2022, 718, 724 f.
[88] NK-*Böse*, § 5 Rn. 40; S/S-*Eser/Weißer*, § 5 Rn. 20.
[89] NK-*Böse*, § 5 Rn. 41; S/S-*Eser/Weißer*, § 5 Rn. 21.
[90] NK-*Böse*, § 5 Rn. 42; S/S-*Eser/Weißer*, § 5 Rn. 23.
[91] NK-*Böse*, § 5 Rn. 42; *Fischer*, § 5 Rn. 9a.
[92] NK-*Böse*, § 5 Rn. 19; *Satzger*, IntStR, § 5 Rn. 75 f.
[93] NK-*Böse*, § 5 Rn. 22 ff.; *Fischer*, § 5 Rn. 15a.
[94] NK-*Böse*, § 5 Rn. 26; S/S-*Eser/Weißer*, § 5 Rn. 36.

lässt die strafrechtliche Verfolgung des im Ausland stattfindenden **Organ- und Gewebehandels** zu, wenn er von einem Deutschen betrieben wird.[95]

42 § 7 II Nr. 1 StGB unterwirft eine im **Ausland begangene Tat** der deutschen Strafgewalt, wenn sie **am Tatort mit Strafe bedroht** ist (Rn. 54) oder – was höchst selten der Fall ist – **der Tatort keiner Strafgewalt unterliegt (failed state)**[96] und wenn der **Täter** zum Zeitpunkt der Tatbegehung **deutscher Staatsangehöriger** ist oder danach geworden ist.[97] Das Erfordernis der Strafbarkeit der Auslandstat nach Tatortrecht (doppelte Strafbarkeit) soll verhindern, dass die deutsche Strafgewalt auf Sachverhalte ausgedehnt wird, bei denen der Tatortstaat eine Strafsanktion nicht für geboten hält.[98] Beispielsweise ist ein in den Niederlanden wohnhafter deutscher Arzt, der in einer niederländischen Klinik nach Tatortrecht legale Schwangerschaftsabbrüche vornimmt, nicht nach deutschem Recht (§ 218 I StGB) strafbar. § 5 Nr. 9 Buchst. b StGB lässt eine Strafrechtsausdehnung nicht zu, weil dieser Arzt seine Lebensgrundlage nicht in Deutschland hat und § 7 II Nr. 1 StGB mangels Strafbarkeit des Schwangerschaftsabbruchs im Tatortstaat nicht zur Anwendung gelangt.

2.1.4.4 Passives Personalitätsprinzip

43 An das **passive Personalitätsprinzip** knüpfen diejenigen Bestimmungen des Internationalen Strafrechts an, die eine Auslandserstreckung deutschen Strafrechts auf im Ausland **gegen einen Deutschen** begangene Taten zulassen (Rn. 11). Die Anwendbarkeit deutschen Strafrechts setzt hierbei einen bestimmten oder jedenfalls bestimmbaren **deutschen Staatsangehörigen** voraus, der durch die Auslandstat in seinen individuellen Rechten verletzt ist. Der an sich wünschenswerten Erstreckung des Strafrechtsschutzes auf **juristische Personen mit Inlandssitz** steht der Wortlaut der Strafanwendungsnormen entgegen.[99] Auf die **deutsche Staatsangehörigkeit des Opfers einer Auslandstat** stellen namentlich ab § 5 Nr. 6 Buchst. a StGB in Fällen der **Verschleppung** (§ 234a StGB) und **politischen Verdächtigung** (§ 241a StGB) sowie § 7 I StGB, wenn **die Tat am Tatort mit Strafe bedroht ist** (Rn. 54) oder **der Tatort keiner Strafgewalt unterliegt**. Um eine Abwandlung des passiven Personalitätsprinzips handelt es sich bei dem **Domizilprinzip**, wonach für die Begründung der Strafgewalt der inländische Wohnsitz oder der gewöhnliche Aufenthaltsort des Opfers ausschließlich (§ 5 Nr. 6 Buchst. b und c; § 5 Nr. 9a Buchst. b StGB) oder kumulativ neben der deutschen Staatsangehörigkeit (§ 5 Nr. 6 Buchst. a StGB) maßgeblich ist.[100]

---

[95] NK-*Böse*, § 5 Rn. 43; S/S-*Eser/Weißer*, § 5 Rn. 37.
[96] MüKoStGB/*Ambos*, § 7 Rn. 17 f.; NK-*Böse*, § 7 Rn. 9; AnwK-StGB/*Zöller*, § 7 Rn. 9; vgl. hierzu BGH NStZ 2019, 460 (Zusammenbruch des Justizsystems in Somalia).
[97] Vgl. hierzu *Hecker/Zöller*, Fallsammlung, Klausur 4.
[98] MüKoStGB/*Ambos*, § 7 Rn. 5 ff.; NK-*Böse*, § 7 Rn. 6; S/S-*Eser/Weißer*, § 7 Rn. 2.
[99] BGH NJW 2018, 2742, 2743 = JuS 2018, 1244 (*Eisele*); MüKoStGB/*Ambos*, § 7 Rn. 23; S/S-*Eser/Weißer*, § 7 Rn. 11; a.A. NK-*Böse*, § 7 Rn. 4. Vgl. hierzu *Hecker/Zöller*, Fallsammlung, Klausur 3.
[100] MüKoStGB/*Ambos*, Vor § 3 Rn. 32; NK-*Böse*, § 5 Rn. 38 f., 41; S/S-*Eser/Weißer*, Vor §§ 3–7 Rn. 28.

2.1.4.5 Schutzprinzip

Das **Schutzprinzip** beruht auf einer engen sachlichen Bezogenheit des strafrechtlichen Schutzgegenstandes zu dem die Strafgewalt beanspruchenden Staat (Rn. 11). Demgemäß erstreckt sich die nationale Strafgewalt auch auf bestimmte Auslandstaten, die **inländische Rechtsgüter** verletzen oder gefährden. Eine spezielle Ausprägung des Schutzprinzips im **staatsschutzrechtlichen Sinne** ist das **Realprinzip**, dem die völkergewohnheitsrechtlich anerkannte Idee zugrunde liegt, dass es einem Staat nicht verwehrt werden darf, sich Angriffen auf seine politische und militärische Integrität mit strafrechtlichen Mitteln zu erwehren.[101] Beispielsweise ist ein englischer Hooligan, der während einer im Ausland stattfindenden Sportveranstaltung öffentlich eine deutsche Fahne verbrennt oder darauf uriniert („beschimpfenden Unfug daran verübt"; vgl. § 90a II StGB) gem. § 5 Nr. 3 Buchst. d StGB nach deutschem Strafrecht verfolgbar.[102] Die völkerrechtliche Legalität der in § 5 Nr. 2, 4, 5 Buchst. a StGB getroffenen Strafanwendungsregeln für die dort genannten **Staatsschutzdelikte** (§§ 81–83, 94–100a, 109, 109e–109g StGB) ergibt sich deshalb ohne weiteres aus dem Realprinzip.[103] Gleiches gilt für § 5 Nr. 10 StGB, der die deutsche Rechtspflege vor **Falschaussagedelikten** (§§ 153–156 StGB) schützt. Zu denken ist etwa an die von einem deutschen Gericht angeordnete Zeugenvernehmung im Ausland durch einen beauftragten Richter.[104] Ausdruck des Realprinzips ist auch § 5 Nr. 10a StGB, der die Anwendbarkeit deutschen Strafrechts beim **Sportwettbetrug** (§ 265c StGB) und bei **Manipulation berufssportlicher Wettbewerbe** (§ 265d StGB) unabhängig vom Recht des Tatorts anordnet, wenn sich die im Ausland begangene Tat auf einen Wettbewerb bezieht, der im Inland stattfindet.[105]

Eine **individualrechtliche** Ausprägung findet das Schutzprinzip in denjenigen Strafanwendungsvorschriften, die auf den Schutz **deutscher Tatopfer** oder **sonstiger inländischer Individualschutzgüter** abzielen. Zur letztgenannten Kategorie gehört die für die Bekämpfung der **Wirtschaftsspionage**[106] bedeutsame Bestimmung des § 5 Nr. 7 StGB, der die Anwendbarkeit deutschen Strafrechts bei Verletzung von Betriebs- oder Geschäftsgeheimnissen eines im Inland ansässigen Betriebes oder Unternehmens anordnet.[107]

2.1.4.6 Weltrechtsprinzip

Das **Weltrechtsprinzip** erlaubt die weltweite Verfolgung extraterritorialer Taten unabhängig vom Tatort und der Staatsangehörigkeit von Täter und Opfer (Rn. 11). Gegenstand der nach dem Weltrechtsprinzip verfolgbaren Taten sind Handlungen, die sich gegen **weltweit anerkannte (universelle) Kulturwerte** und **Rechtsgüter**

---

[101] MüKoStGB/*Ambos*, Vor § 3 Rn. 36; NK-*Böse*, Vor § 3 Rn. 19; S/S-*Eser/Weißer*, Vor §§ 3–7 Rn. 23.
[102] *Werle/Jeßberger*, JuS 2001, 141.
[103] NK-*Böse*, § 5 Rn. 9, 14 f.; S/S-*Eser/Weißer*, § 5 Rn. 12, 14 f.
[104] MüKoStGB/*Ambos*, § 5 Rn. 31; NK-*Böse*, § 5 Rn. 17; S/S-*Eser/Weißer*, § 5 Rn. 25.
[105] MüKoStGB/*Ambos*, NK-*Böse*, § 5 Rn. 34; § 5 Rn. 32; S/S-*Eser/Weißer*, § 5 Rn. 26.
[106] *Bär*, Hb. WiStR, 15. Kap. Rn. 171 ff.; *Möhrenschlager*, Hb. WiStR, 16. Kap. Rn. 27 ff.
[107] MüKoStGB/*Ambos*, § 5 Rn. 25; NK-*Böse*, § 5 Rn. 32; S/S-*Eser/Weißer*, § 5 Rn. 19.

richten, an deren Schutz ein **gemeinsames Interesse aller Staaten** besteht. Als typische Beispiele für Taten, für die jedem Staat die Befugnis zur strafrechtlichen Verfolgung zusteht, gelten die **See- und Luftpiraterie**,[108] **völkerrechtliche Kernverbrechen**[109] und Akte des **internationalen Terrorismus**.[110] § 6 StGB unterstellt dem Weltrechtsprinzip eine Reihe von Auslandstaten, die sich gegen **international geschützte Rechtsgüter** richten.

47 Die dem Weltrechtsprinzip zugeordnete Bestimmung des § 6 Nr. 1 StGB a.F. ermöglichte die Verurteilung eines bosnischen Serben für im Bosnien-Krieg begangene Völkerrechtsverbrechen durch ein deutsches Gericht.[111] Der früher in § 6 Nr. 1 StGB normierte Tatbestand des **Völkermordes** (§ 220a StGB a.F.) wurde inzwischen in das neu geschaffene deutsche Völkerstrafgesetzbuch (VStGB) eingestellt (Rn. 88 ff.).[112] Die Zuordnung der in § 6 Nr. 2 StGB erfassten **Kernenergie-, Sprengstoff- und Strahlungsverbrechen** (§§ 307, 308 I–IV, 309 II, 310 StGB) zum Weltrechtsprinzip lässt sich mit der Begründung rechtfertigen, dass sich diese Taten kaum auf ein bestimmtes Territorium begrenzen lassen und die Existenz ganzer Bevölkerungsgruppen gefährden können.[113] Dem Weltrechtsprinzip unterstellt sind ferner gem. § 6 Nr. 3 StGB bestimmte Formen der **See- und Luftpiraterie** (§ 316c StGB),[114] gem. § 6 Nr. 4 StGB der **Menschenhandel** (§§ 232 StGB),[115] gem. § 6 Nr. 5 StGB der **unbefugte Vertrieb von Betäubungsmitteln**,[116] gem. § 6 Nr. 6 StGB die **Verbreitung pornografischer Inhalte** (§§ 184a, 184b I–II, 184 c I–II StGB),[117] gem. § 6 Nr. 7 StGB die **Geld-, Wertpapier- und Zahlungskartenfälschung sowie deren Vorbereitung** (§§ 149, 151, 152, 152b V StGB)[118] und gem. § 6 Nr. 8 StGB der **Subventionsbetrug** (§ 264 StGB).[119] Eine Parallelvorschrift zu § 6 Nr. 8 StGB, findet sich – bezogen auf den **Schutz staatlicher Einnahmen** (Steuern und Abgaben) – in § 370 VII AO. Das deutsche Strafanwendungsrecht trägt damit einer aus Art. 325 AEUV abzuleitenden unionsrechtlichen Pflicht aller Mitgliedstaaten Rechnung, ihr nationales Strafrecht zum Schutze der EU-Finanzinteressen zu funktionalisieren (Kap. 7 Rn. 50, 56 f.). Insoweit besteht jedenfalls ein legitimierender völkerrechtlicher Anknüpfungspunkt für die Ausdehnung der deutschen Strafgewalt auf den Rechtsraum der EU.[120]

---

[108] MüKoStGB/*Ambos*, Vor § 3 Rn. 53; NK-*Böse*, Vor § 3 Rn. 24, § 6 Rn. 11; *Hecker*, JA 2009, 673 ff.
[109] MüKoStGB/*Ambos*, Vor § 3 Rn. 53; NK-*Böse*, Vor § 3 Rn. 23.
[110] MüKoStGB/*Ambos*, Vor § 3 Rn. 54; NK-*Böse*, Vor § 3 Rn. 24.
[111] BVerfG NStZ 2001, 240; BGHSt 45, 64 m. Anm. *Hilgendorf*, JR 2001, 82.
[112] MüKoStGB/*Ambos*, § 6 Rn. 7; *Weißer*, GA 2012, 416 ff.
[113] MüKoStGB/*Ambos*, § 6 Rn. 8; NK-*Böse*, § 6 Rn. 11; S/S-*Eser/Weißer*, § 6 Rn. 3.
[114] MüKoStGB/*Ambos*, § 6 Rn. 9; NK-*Böse*, § 6 Rn. 12; S/S-*Eser/Weißer*, § 6 Rn. 4.
[115] MüKoStGB/*Ambos*, § 6 Rn. 10; NK-*Böse*, § 6 Rn. 13; S/S-*Eser/Weißer*, § 6 Rn. 5.
[116] BGH NJW 2017, 1043; MüKoStGB/*Ambos*, § 6 Rn. 11 ff.; NK-*Böse*, § 6 Rn. 14; S/S-*Eser/Weißer*, § 6 Rn. 6 (nicht erfasst ist der Btm-Besitz).
[117] MüKoStGB/*Ambos*, § 6 Rn. 14; NK-*Böse*, § 6 Rn. 15; S/S-*Eser/Weißer*, § 6 Rn. 7.
[118] MüKoStGB/*Ambos*, § 6 Rn. 15; NK-*Böse*, § 6 Rn. 16; S/S-*Eser/Weißer*, § 6 Rn. 8.
[119] MüKoStGB/*Ambos*, § 6 Rn. 16; NK-*Böse*, § 6 Rn. 17; S/S-*Eser/Weißer*, § 6 Rn. 9.
[120] NK-*Böse*, § 6 Rn. 17; *Satzger*, IntStR, § 5 Rn. 79.

2.1 Internationales Strafrecht

§ 6 Nr. 9 StGB normiert eine blankettartige Generalklausel, nach der deutsches **48** Strafrecht auf Taten anzuwenden ist, die aufgrund eines für die Bundesrepublik Deutschland **verbindlichen zwischenstaatlichen Abkommens** auch dann zu verfolgen sind, wenn sie im Ausland begangen werden.[121] Der internationalstrafrechtliche Anknüpfungspunkt liegt hier in einer **völkervertraglich** festgelegten und für die Bundesrepublik Deutschland verbindlichen Verfolgungspflicht.[122] Die von § 6 Nr. 9 StGB angeordnete Ausdehnung der deutschen Strafgewalt lässt sich mit der Erwägung rechtfertigen, dass die Erfüllung der völkerrechtlichen Verpflichtung notwendig ist, um die universelle oder jedenfalls auf das Gebiet der Vertragsparteien bezogene Geltung der jeweiligen Verhaltensnorm zu bestätigen und um einen strafrechtlichen Schutz von Rechtsgütern internationaler Organisationen zu gewährleisten.

Wenn spezielle Strafanwendungsnormen zur Umsetzung unionsrechtlicher **49** Pönalisierungspflichten zugunsten von Unionsinteressen (wie z. B. § 6 Nr. 8 StGB) fehlen, gelangt § 6 Nr. 9 StGB zum Einsatz, da er mögliche Inkongruenzen zwischen dem unionsrechtlichen Schutzauftrag und nationalem Strafanwendungsrecht pauschal beseitigt.[123] Soweit das Unionsrecht (insb. Art. 4 III UA 2, 3 EUV, Art. 325 II AEUV; Art. 30 EuGH-Satzung) die Mitgliedstaaten dazu verpflichtet, supranationalen Rechtsgütern der EU den gleichen strafrechtlichen Schutz angedeihen zu lassen wie dies bei gleichartigen Angriffen auf nationale Rechtsgüter der Fall ist (Kap. 7 Rn. 25 ff.), muss auch das nationale Strafanwendungsrecht so ausgestaltet sein, dass es eine Verfolgung von Auslandstaten ermöglicht.[124] § 6 Nr. 9 StGB stellt als internationalstrafrechtliche „Auffangnorm" sicher, dass deutsches Strafrecht, welches dem Schutz von Unionsinteressen dient, auf extraterritoriale Taten anwendbar ist.[125] Ein Beispiel hierfür bildet die bereits vor Inkrafttreten des § 162 I StGB nach deutschem Strafrecht (§ 153 StGB) verfolgbare uneidliche falsche Zeugenaussage eines ausländischen Staatsbürgers, die vor dem EuGH an dessen Sitz in Luxemburg begangen wird.[126] Sofern man auch RL in den Anwendungsbereich des § 6 Nr. 9 StGB einbezieht,[127] besteht eine Pflicht zur Verfolgung eigener Staatsangehöriger.

In Fällen **grenzüberschreitender Umweltkriminalität** lässt sich die Anwen- **50** dung deutschen Umweltstrafrechts auf § 6 Nr. 9 StGB stützen, falls §§ 3, 9, 5 Nr. 11, 7 I, II StGB nicht eingreifen (Rn. 36 ff.). Da es sich bei den Umweltgütern um **supranationale Rechtsgüter** handelt, die von den Mitgliedstaaten gem. Art. 4 III

---

[121] MüKoStGB/*Ambos*, § 6 Rn. 17 ff.; S/S-*Eser/Weißer*, § 6 Rn. 10 f.; AnwK-StGB/*Zöller*, § 6 Rn. 10.
[122] BGHSt 46, 292, 307; MüKoStGB/*Ambos*, § 6 Rn. 18 ff.; NK-*Böse*, § 6 Rn. 19 ff.
[123] *Satzger*, Europäisierung, S. 389; *ders.*, IntStR, § 5 Rn. 80.
[124] Vgl. zu dem Unionsschutzprinzip NK-*Böse*, Vor § 3 Rn. 32, § 5 Rn. 23, § 6 Rn. 17; S/S-*Eser/Weißer*, Vor §§ 3–7 Rn. 54; *Satzger*, IntStR, § 4 Rn. 19; LK-*Werle/Jeßberger*, Vor § 3 Rn. 251 f.
[125] MüKoStGB/*Ambos*, Vor § 3 Rn. 9; *Esser*, EuStR, § 2 Rn. 46 f.
[126] NK-*Böse*, § 5 Rn. 17; restriktiver *Heger*, in: *Böse* (Hrsg.), EuStR, § 5 Rn. 51.
[127] So zutr. NK-*Böse*, § 6 Rn. 20, 23; a.A. MüKoStGB/*Ambos*, § 6 Rn. 17; SSW-*Satzger*, § 6 Rn. 15.

UA 2, 3 EUV strafrechtlich zu schützen sind (Kap. 7 Rn. 30), lassen sich die Umweltstraftatbestände als Strafrecht im Dienste der Durchsetzung von Unionsrecht begreifen.[128]

2.1.4.7 Prinzip der stellvertretenden Strafrechtspflege

51 Nach dem **Prinzip der stellvertretenden Strafrechtspflege** (§ 7 II Nr. 2 StGB) kann der im Inland betroffene ausländische Täter, der aus bestimmten Gründen nicht ausgeliefert wird, wegen einer im Ausland begangenen Tat nach deutschem Strafrecht verfolgt und abgeurteilt werden.[129] Die Strafverfolgung dient in diesem Fall der Durchsetzung des Strafverfolgungsinteresses des Tatortstaates und/oder des Heimatstaates des Täters, der mangels Auslieferung des Täters an der Durchführung eines Strafverfahrens gehindert ist. Aufgrund des Zusammenhangs des § 7 II Nr. 2 StGB mit dem Auslieferungsrecht ist ein **prozessualer Tatbegriff** zugrunde zu legen.[130]

52 Vom **Ausländerbegriff** erfasst sind nicht nur nicht-deutsche Staatsangehörige, sondern auch Staatenlose.[131] Die Anwendung des § 7 II Nr. 2 StGB setzt voraus, dass die **Auslieferung** des im Inland betroffenen Täters überhaupt **zulässig** wäre, jedoch nicht stattfindet, weil ein **Auslieferungsersuchen nicht gestellt** oder **abgelehnt** wird oder die Auslieferung – etwa wegen des schlechten Gesundheitszustandes des Täters – **undurchführbar** ist.[132] Nach h. M. soll es auf die Gründe, die den Tatort- oder Heimatstaat des Täters dazu bewegen, kein Auslieferungsersuchen zu stellen, nicht ankommen und damit der Verfolgungswille dieser Staaten unbeachtlich sein.[133] Diese Auffassung begegnet Bedenken, da sie einen etwa zum Ausdruck gebrachten Verfolgungsverzicht des ausländischen Staates konterkariert, obwohl doch die Strafverfolgung stellvertretend für diesen betrieben werden soll.[134]

Fall 5

53 Die türkischen Staatsbürger A und B, beide Funktionäre der Arbeiterpartei Kurdistans (PKK), töten nach einem Hinrichtungsprozess in einem Ausbildungslager der PKK im Libanon einen Parteigenossen P wegen „gruppenschädlichen Verhaltens". Einige Monate später werden A und B in Deutschland festgenommen. Weder die libanesische noch die türkische Regierung stellen einen Auslieferungsantrag. Im Mordprozess gegen A vor dem zuständigen deutschen Gericht macht die Verteidigung geltend, die Tat sei im Hinblick auf ein zwischenzeitlich erlassenes libanesisches Amnestiegesetz nicht mehr verfolgbar.

---

[128] *Hecker*, ZStW 115 (2003), 880, 894 ff.
[129] BGH NStZ 2019, 460; MüKoStGB/*Ambos*, Vor § 3 Rn. 57 ff.; S/S-*Eser/Weißer*, § 7 Rn. 14 ff.; NK-*Böse*, § 7 Rn. 11; *Satzger*, IntStR, § 4 Rn. 16, § 5 Rn. 91 ff.; AnwK-StGB/*Zöller*, § 7 Rn. 15 ff.
[130] NK-*Böse*, Vor § 3 Rn. 57, § 7 Rn. 13; *Walther*, JuS 2012, 203, 205.
[131] MüKoStGB/*Ambos*, § 7 Rn. 27; NK-*Böse*, § 5 Rn. 4; S/S-*Eser/Weißer*, § 7 Rn. 14.
[132] BGH NStZ 2019, 460; MüKoStGB/*Ambos*, § 7 Rn. 29; LK-*Werle/Jeßberger*, § 7 Rn. 117.
[133] OLG Düsseldorf, NStZ 1985, 268; *Scholten*, NStZ 1994, 266, 268.
[134] MüKoStGB/*Ambos*, § 7 Rn. 31.

Frage 1: Wie muss das deutsche Gericht verfahren, wenn der Sachvortrag der Verteidigung zutrifft?¹³⁵

Frage 2: Wie ist zu entscheiden, wenn es sich bei dem Tatopfer P um einen türkischstämmigen deutschen Staatsangehörigen handelt? ◄

Lösungshinweise Fall 5

Falls die Bestimmungen des Internationalen Strafrechts (hier: § 7 II Nr. 2 StGB) die Ausübung deutscher Strafgewalt im Hinblick auf das libanesische Straffreiheitsgesetz nicht zulassen, müsste das deutsche Gericht das Verfahren wegen Vorliegens eines Prozesshindernisses einstellen (Rn. 3). Die Anwendbarkeit deutschen Strafrechts (§ 211 StGB) hängt nach § 7 II Nr. 2 StGB davon ab, ob die Tat von A und B auch **am Tatort mit Strafe bedroht** ist. Nach h. M. erfordert dies die **materielle Strafbarkeit der Tat nach Tatortrecht**, wobei Rechtfertigungs-, Entschuldigungs- und sonstige Strafausschließungsgründe zu berücksichtigen sind,¹³⁶ soweit sie nicht gegen international anerkannte Rechtsgrundsätze (**internationaler ordre public**) verstoßen.¹³⁷ Unbeachtlich sollen nach der Rspr. dagegen etwaige am Tatort bestehende prozessuale Strafverfolgungshindernisse sein, weil es allein auf die sachlich-rechtliche Lage ankomme.¹³⁸ Nach dieser Ansicht ginge das Verteidigungsvorbringen von A und B ins Leere und das deutsche Gericht könnte sie wegen des im Libanon begangenen Mordes aburteilen. Mit überzeugenden Gründen vertritt die h. L. eine differenzierende Auslegung der Klausel „am Tatort mit Strafe bedroht ist". Sie unterscheidet danach, ob der deutsche Strafanspruch an die Staatsangehörigkeit des Täters bzw. Opfers (§ 7 I, II Nr. 1 StGB) oder an die Ausübung stellvertretender Strafrechtspflege (§ 7 II Nr. 2 StGB) anknüpft. Da es im Anwendungsfeld des Personalitätsgrundsatzes um den Schutz deutscher Staatsbürger im Ausland (§ 7 I StGB) und um die Verhinderung von Straflosigkeit deutscher Täter für im Ausland begangene Taten gehe (§ 7 II Nr. 1 StGB), bestehe ein originäres Strafverfolgungsinteresse Deutschlands, welches ungeachtet des Bestehens prozessualer Verfolgungshindernisse im Tatortstaat durchzusetzen sei. Demgegenüber verfolge Deutschland im Fall des § 7 II Nr. 2 StGB kein eigenes Strafverfolgungsinteresse, sondern handle lediglich in Vertretung des Tatortstaates. Würde der Ergreifungsstaat Verfolgungshindernisse des Tatortstaates – etwa eine Amnestie – ignorieren, so käme dies einer Missachtung der souveränen Entscheidung des Tatortstaates gleich und würde sich als unzulässige „Vertretung ohne Vertretungsmacht" darstellen.¹³⁹

---

¹³⁵ Vgl. hierzu BGH NJW 1992, 2775; *Werle/Jeßberger*, JuS 2001, 141, 143 f.
¹³⁶ BGHSt 42, 275, 277; OLG Celle, NJW 2001, 2734; MüKoStGB/*Ambos*, § 7 Rn. 10; *Esser*, EuStR, § 16 Rn. 56; *Satzger*, IntStR, § 5 Rn. 94 ff.
¹³⁷ BGHSt 42, 275, 279; MüKoStGB/*Ambos*, § 7 Rn. 15; NK-*Böse*, § 7 Rn. 15; *Satzger*, IntStR, § 5 Rn. 100.
¹³⁸ BGHSt 20, 22 (ausl. Strafverlangen); BGH NStZ-RR 2000, 361 (Verjährung); NStZ-RR 2011, 245 (Strafantrag); KG JR 1988, 345 (Amnestie); zust. *Fischer*, § 7 Rn. 7.
¹³⁹ MüKoStGB/*Ambos*, § 7 Rn. 13; NK-*Böse*, § 7 Rn. 15; *Esser*, EuStR, § 16 Rn. 57; S/S-*Eser/Weißer*, § 7 Rn. 7; Lackner/Kühl/*Heger*, § 7 Rn. 2; *Satzger*, IntStR, § 5 Rn. 102 ff.; LK-*Werle/Jeßberger*, § 7 Rn. 46; AnwK-StGB/*Zöller*, § 7 Rn. 8.

Das OLG Düsseldorf hat sich dieser Ansicht bezüglich einer Amnestie im Tatortstaat angeschlossen.[140] Der BGH hat dieses Urteil jedoch aufgehoben und die vorherrschende Ansicht bestätigt, wonach die Existenz prozessualer Verfolgungshindernisse im Tatortstaat die Ausübung deutscher Strafgewalt gem. § 7 II Nr. 2 StGB nicht hindere.[141]

Lösungsvorschlag Frage 1
Entgegen der vom BGH angeführten Ansicht liegen die Voraussetzungen des § 7 II Nr. 2 StGB im Hinblick auf das Amnestiegesetz des Tatortstaates nicht vor. Das in Deutschland geführte Verfahren gegen A und B ist einzustellen.

Lösungsvorschlag Frage 2
Wenn es sich bei dem Tatopfer um einen deutschen Staatsangehörigen handelt, ist gem. § 7 I StGB nach allen Ansichten deutsches Strafrecht anwendbar. Die Existenz eines prozessualen Verfolgungshindernisses im Tatortstaat ist im Anwendungsbereich des passiven Personalitätsprinzips unbeachtlich.

2.1.4.8 Kompetenzverteilungsprinzip

55 Neben den oben behandelten Prinzipien des Internationalen Strafrechts erlangt in jüngerer Zeit das **Kompetenzverteilungsprinzip** wachsende Bedeutung (Rn. 11). Nach dessen Grundidee wird durch **völkerrechtliche Vereinbarung** die **Zuständigkeit eines Verfolgungsstaates** festgelegt, um im Falle **konkurrierender Strafansprüche** mehrerer Staaten **Jurisdiktionskonflikte** (Kap. 12 Rn. 72 ff.) zu vermeiden.

56 **Beispiel** für einen Jurisdiktionskonflikt: Die israelische Botschaft in Berlin wird von türkischen Staatsangehörigen angegriffen. Dabei kommt ein deutscher Polizeibeamter durch den Schuss eines Angreifers ums Leben. In diesem Fall können drei staatliche Strafgewalten einen Verfolgungsanspruch geltend machen, wobei sich die Ausübung deutscher Strafgewalt auf das Territorialitätsprinzip (Tatort in Deutschland) und den passiven Personalitätsgrundsatz (Staatsangehörigkeit des Opfers), die israelische auf das Realprinzip (Staatsschutzgrundsatz) und die türkische auf das aktive Personalitätsprinzip (Staatsangehörigkeit des Täters) berufen kann.[142] Jurisdiktionskonflikte dieser Art lassen sich nur vermeiden, wenn es gelingt, durch völkerrechtliche Vereinbarungen eine Rangfolge (Hierarchie) der legitimierenden Anknüpfungspunkte zu fixieren und möglicherweise auf verfahrensrechtlicher Ebene eine Instanz zu schaffen, die im Konfliktfall über die Verfolgungszuständigkeit entscheidet. Dass eine solche Lösung möglich ist, zeigt die Regelung in **Art. 27 UN-Seerechts-Übk.**,[143] die der Strafgewalt des Flaggenstaates (Staat, unter dessen Flagge ein Schiff fährt) Vorrang vor der des Küstenstaates einräumt.[144]

---

[140] OLG Düsseldorf MDR 1992, 1161; zust. *Eser*, JZ 1993, 875.
[141] BGH NJW 1992, 2775 m. abl. Anm. *Lagodny/Pappas*, JR 1994, 162.
[142] Vgl. zu diesem Fall MüKoStGB/*Ambos*, Vor § 3 Rn. 62.
[143] BGBl. II 1994, 1799; 1995, 602.
[144] MüKoStGB/*Ambos*, Vor § 3 Rn. 27, 65, § 3 Rn. 13, § 4 Rn. 17.

Gewisse Fortschritte sind insoweit im Rechtsraum der EU zu verzeichnen.[145] Am 15.12.2009 ist der **RB zur Vermeidung und Beilegung von Kompetenzkonflikten in Strafverfahren**[146] in Kraft getreten, der direkte Konsultationen der betroffenen Strafverfolgungsbehörden vorschreibt, um eine „effiziente Lösung" herbeiführen zu können, bei der die nachteiligen Folgen von parallel geführten Verfahren vermieden werden (Kap. 12 Rn. 72 ff.). Das in Art. 54 SDÜ und Art. 50 GRCh normierte **transnationale Verbot der Doppelbestrafung** (Kap. 12 Rn. 11 ff.) steht der Durchführung **paralleler Strafverfahren** in mehreren Mitgliedstaaten gegen denselben Beschuldigten wegen derselben Tat nicht entgegen, solange im Erstverfolgerstaat keine Verfahrenserledigung erfolgt ist, die einen transnationalen Strafklageverbrauch bewirkt. Insoweit bietet das transnationale Doppelbestrafungsverbot für die Problematik der positiven Kompetenzkonflikte keine adäquate Lösung.

2.1.4.9 Prozessuale Aspekte der Verfolgung von Auslandstaten

Für die Verfolgung von Auslandstaten gilt generell das **Opportunitätsprinzip** (§ 153c StPO), d. h. die Staatsanwaltschaft kann ohne Zustimmung des Gerichts das Verfahren einstellen. Bei Taten i. S. d. § 5 Nr. 2–6 StGB kommt ein Absehen von der Verfolgung aus politischen Gründen in Betracht (§ 153d I StPO i. V. m. § 74a I Nr. 2–6 GVG sowie § 120 I Nr. 2–7 GVG). Zu beachten ist aber, dass das Einstellungsermessen der Staatsanwaltschaft erheblich oder sogar auf Null reduziert sein kann, wenn es um die Verfolgung von Auslandstaten geht, die sich gegen strafrechtlich zu schützende Interessen der EU richten.[147] So kann sich etwa die Einstellung eines wegen Verdachts eines im Ausland zum Nachteil der EU begangenen Subventionsbetruges (§§ 6 Nr. 8, 264 I, VIII Nr. 2 StGB) geführten Strafverfahrens als Verstoß gegen Art. 325 I AEUV darstellen und im Wege eines von der Kommission anzustrengenden Vertragsverletzungsverfahrens durch den EuGH festgestellt werden.

2.2 Transnationales Strafrecht

2.2.1 Begriff und Funktion des transnationalen Strafrechts

Das **transnationales Strafrecht** ist eine Rechtsmaterie, die sich im weitesten Sinne mit dem rechtlichen, institutionell-organisatorischen und verfahrenstechnischen Instrumentarium der (international-arbeitsteiligen) grenzüberschreitenden Zusammenarbeit in Strafsachen sowie damit zusammenhängender Rechtsschutzprobleme befasst. Funktional zielt das transnationale Strafrecht auf die Bewältigung strafrechtsrelevanter Lebenssachverhalte ab, die nicht ausschließlich auf nationale mate-

---

[145] MüKoStGB/*Ambos*, Vor § 3 Rn. 63; NK-*Böse*, Vor § 3 Rn. 5; LK-*Werle/Jeßberger*, Vor § 3 Rn. 48 ff.
[146] ABlEU 2009 Nr. L 328, S. 42; vgl. hierzu *Anagnostopoulos*, Hassemer-FS, S. 1121, 1137 ff.; *Hecker*, ZIS 2011, 60; krit. *Böse/Meyer*, ZIS 2011, 336.
[147] *Jokisch*, Gemeinschaftsrecht und Strafverfahren, S. 166 ff.

riell- und verfahrensrechtliche Problemlösungen gestützt werden können.[148] Vor dem Hintergrund einer zunehmenden Transnationalisierung der Verbrechensbegehung in einer ökonomisch, informationstechnisch und politisch immer enger verflochtenen Welt hat sich inzwischen die Einsicht durchgesetzt, dass den globalen Herausforderungen nur durch das Zusammenwirken der Staatengemeinschaft und durch eine international koordinierte Strafverfolgung begegnet werden kann. Namentlich der die innere Sicherheit der Staaten bedrohende internationale Terrorismus sowie bestimmte Erscheinungsformen der organisierten Kriminalität (u. a. Menschenhandel, Drogen- und Waffenhandel, illegaler Technologietransfer, Cybercrime, Umweltkriminalität) stellen Herausforderungen dar, die auf rein nationaler Ebene nicht angemessen zu bewältigen sind.

60 Ein Bereich, in dem die transnationale Zusammenarbeit eine lange Tradition besitzt, ist die **internationale Rechtshilfe in Strafsachen**.[149] Hierunter versteht man jedwede Unterstützung, die vom ersuchten Staat für ein ausländisches Strafverfahren (des ersuchenden Staates) gewährt wird. Traditionelle Bereiche der Rechtshilfe sind der zwischenstaatliche **Auslieferungsverkehr**, die Unterstützung bei der Vollstreckung strafrechtlicher Sanktionen (**Vollstreckungshilfe**) und die sog. **kleine oder sonstige Rechtshilfe**, bei der es um alle denkbaren Unterstützungshandlungen geht, die nach dem innerstaatlichen Verfahrensrecht des ersuchten Staates zulässig sind.[150] Hierzu gehören z. B. die Zustellung von Ladungen und Urteilen, die Vernehmung von Zeugen und Beschuldigten oder die Beschlagnahme und Herausgabe von Beweismitteln, aber auch die Anordnung zur Durchführung grenzüberschreitender operativer Maßnahmen wie Überwachung des Fernmeldeverkehrs, Einsatz von verdeckten Ermittlern sowie Observation oder sog. „kontrollierte Lieferungen" (polizeilich überwachte Geschäfte mit Drogen oder illegalen Waren; Kap. 5 Rn. 19, 47).

Beispielsfall

61 Die deutsche Staatsanwaltschaft ermittelt gegen den türkischen Staatsbürger A wegen des dringenden Verdachts, in Deutschland einen Auftragsmord begangen zu haben. Noch bevor A in Untersuchungshaft genommen werden kann, hat er sich nach Frankreich abgesetzt. Zwar kann A nach Abschluss der staatsanwaltlichen Ermittlungen auch dann in Deutschland angeklagt werden, wenn er abwesend ist. Die Hauptverhandlung vor einem deutschen Gericht kann aber nur in Anwesenheit des A stattfinden (§ 230 I StPO). Mit Rücksicht auf die völkerrechtliche Souveränität Frankreichs dürfen deutsche Staatsorgane nicht einfach nach Frankreich fahren und den mit internationalem Haftbefehl gesuchten A festnehmen, um ihn nach Deutschland zu verbringen. Vielmehr muss der Rechtshilfeweg beschritten werden. Die deutsche Regierung wird die französische darum ersuchen, den Aufenthaltsort des A in Frankreich zu ermitteln, ihn festzunehmen

---

[148] *Lagodny* in: *Sieber u. a.* (Hrsg.), EuStR, § 31 Rn. 39 ff.

[149] *Ambos*, IntStR, § 12 Rn. 9 ff.; *Weigend*, JuS 2000, 105 ff.

[150] *Ambos/Gronke*, in: A/K/R, Rechtshilfe, Kap. 1 Rn. 25 ff.

und an Deutschland auszuliefern. Die Auslieferung gestaltet sich ggf. so, dass A an der Grenze den deutschen Behörden übergeben wird. Innerhalb der EU wird anstelle des klassischen Auslieferungsverfahrens ein wesentlich vereinfachtes Übergabeverfahren praktiziert („Europäischer Haftbefehl"; § 11 Rn. 7 ff.), wenn es sich – wie hier – um eine sog. „Katalogtat" (umschrieben als „vorsätzliche Tötung") handelt. ◄

Die Pflege der internationalen Rechtshilfe in Strafsachen ist seit jeher ein zentrales Anliegen des Europarates, der mit derzeit 46 Mitgliedstaaten größten Staatenvereinigung Europas. Die **Europaratskonventionen im Bereich der Rechtshilfe** fungieren als **Mutterkonventionen** des europäischen Rechtshilfeverkehrs, auf denen zahlreiche bilaterale oder multilaterale Ergänzungsverträge sowie deliktsbezogene Übereinkommen aufbauen. Zu einer Erleichterung der Rechtshilfekooperation innerhalb der EU führen die Art. 48 ff. SDÜ, die als sog. **Schengenbesitzstand** in die frühere 3. Säule der EU überführt wurden (Kap. 5 Rn. 41). Innerhalb der Union erlangen neuartige Formen der zwischenstaatlichen Zusammenarbeit in Strafsachen wachsende Bedeutung, die sich von den Mechanismen der klassischen Rechtshilfe lösen.[151] So handelt es sich in bestimmten Fällen der **Schengen-Kooperation**, namentlich bei der grenzüberschreitenden Observation und Nacheile (Art. 40, 41 SDÜ) nicht mehr um Rechtshilfe im engeren Sinne, weil den observierenden bzw. nacheilenden Polizeibeamten eine – freilich eng umgrenzte – Mitnahme von originärer Hoheitsgewalt ihres Entsendestaats in den angrenzenden Vertragsstaat zugestanden wird (Kap. 5 Rn. 21, 29). In Eilfällen wird sogar auf ein zuvor gestelltes Ersuchen verzichtet. Auch erfolgt die gesamte **Europol-Kooperation** außerhalb des klassischen Rechtshilfeverkehrs (Kap. 5 Rn. 45 ff.). Schließlich markieren die auf dem **Prinzip der gegenseitigen Anerkennung** basierenden neuen Instrumente der **Beweisrechtshilfe** (EEA und E-Evidence-VO; Kap. 11 Rn. 33–38) und des **Auslieferungsrechts** (EuHb; Kap. 11 Rn. 7–25) einen grundlegenden Paradigmenwechsel im Rechtshilfeverkehr zwischen den EU-Mitgliedstaaten.

62

Der Ausbau und die Effektivierung der PJZS stellen herausragende Ziele auf dem Weg zu einem **Raum der Freiheit, der Sicherheit und des Rechts** (Art. 3 II EUV, 67 I AEUV) dar, zu deren Verwirklichung alle Mitgliedstaaten der EU verpflichtet sind. Die Errichtung des Schengener Informationssystems (SIS), Europäischen Polizeiamtes (Europol), Europäischen Justiziellen Netzes (EJN), der supranationalen Clearingstelle Eurojust und der Europäischen Staatsanwaltschaft sowie zahlreiche Rechtsakte im Rahmen der JZS (Kap. 11 Rn. 6, 42) zeugen von der fortschreitenden Europäisierung der international-arbeitsteiligen Verbrechensbekämpfung.

63

Begleitet werden die von Europarat und EU ausgehenden Aktivitäten zur Verbesserung der zwischenstaatlichen Kooperation von zahlreichen Initiativen auf globa-

64

---

[151] *Ambos*, IntStR, § 12 Rn. 9 ff.; *Wasmeier*, in: *Sieber u. a.* (Hrsg.), EuStR, § 32 Rn. 1 ff.

ler Ebene, die zur Erarbeitung völkerrechtlicher Übereinkommen im Rahmen der UN (Kap. 5 Rn. 5 ff.), zur Schaffung weltweiter Netze des Informationsaustauschs sowie zur Ausweitung der Zusammenarbeit im Kampf gegen internationale Kriminalität beitragen.

2.2.2 Rechtshilfe in Strafsachen am Beispiel der Auslieferung

65 Ein wegen seiner völkerrechtlichen und politischen Aspekte mitunter höchst brisanter Teilbereich der internationalen Zusammenarbeit in Strafsachen ist die Auslieferung. Zu denken ist in diesem Zusammenhang etwa an das in England geführte Auslieferungsverfahren gegen den chilenischen Ex-Diktator *Pinochet*,[152] an die vertrackte Situation nach der Festnahme des von Deutschland und der Türkei mit Haftbefehlen gesuchten Kurdenführers *Öcalan* in Italien[153] oder den Fall des in Spanien wegen „Rebellion" und „Veruntreuung öffentlicher Gelder" angeklagten katalonischen Politikers *Puigdemont*.[154] Nachfolgend sollen am Beispiel der Auslieferung die wesentlichen Grundlagen des **klassischen Rechtshilfeverkehrs**[155] in Europa dargestellt werden.

2.2.2.1 Rechtliche Grundlagen des Auslieferungsverkehrs

66 Das europäische Auslieferungsrecht beruht auf drei Rechtsschichten: **Europaratskonventionen**, **EU-Recht** und **nationales Recht**.[156] Innerhalb Europas und im Verhältnis zu Israel bildet das **Europäische Auslieferungsübk. v. 13.12.1957 (EuAlÜbk.)** des Europarates als **Mutterkonvention** das zentrale Regelungswerk für den vertraglichen Auslieferungsverkehr. Dieses wird durch mehrere **ZP** sowie durch **bilaterale Auslieferungsverträge** und **deliktsspezifische Europaratsübk.** ergänzt. Hinzu treten ergänzend die im Rahmen der früheren 3. Säule der EU entwickelten Instrumente, namentlich das **Übk. v. 27.09.1996 über die Auslieferung zwischen den Mitgliedstaaten der EU**, das **Übk. v. 10.03.1995 über das vereinfachte Auslieferungsverfahren zwischen den Mitgliedstaaten der EU** sowie der **RB über den Europäischen Haftbefehl und die Übergabeverfahren zwischen den Mitgliedstaaten (RB-EuHb)**. Den auf nationaler Ebene erlassenen Rechtshilfegesetzen – in Deutschland handelt es sich um das **Ges. über die Internationale Rechtshilfe in Strafsachen (IRG)** – kommt im Wesentlichen die Bedeutung zu, die Grundsätze festzulegen, die im Auslieferungs- und Rechtshilfeverkehr mit solchen Staaten anzuwenden sind, mit denen keine Verträge abgeschlossen worden sind (vertragsloser Rechtshilfeverkehr). Außerdem enthalten die nationalen Gesetze

---
[152] Vgl. hierzu *Weigend*, JuS 2000, 105, 107.
[153] Vgl. hierzu *Kühne*, JZ 2003, 670 ff.; *Wassermann*, NJW 1999, 760 ff.
[154] Vgl. hierzu OLG Schleswig NJW 2018, 1699; *Gazeas*, NJW 2018, 1703 f.; *Heger*, ZIS 2018, 184 ff.
[155] *Esser*, EuStR, § 24 Rn. 36 ff.; *Hüttemann*, in: *Böse* (Hrsg.), EuStR, § 13 Rn. 5 ff.
[156] *Ambos*, IntStR, § 12 Rn. 21 f., 29 ff.; *Burchard*, in: *Böse* (Hrsg.), EuStR, § 14 Rn. 5; *Esser*, EuStR, § 24 Rn. 38.

2.2 Transnationales Strafrecht

Bestimmungen über das innerstaatliche Auslieferungsverfahren. § 1 III IRG stellt klar, dass völkerrechtliche Vereinbarungen, soweit sie unmittelbar anwendbares innerstaatliches Recht geworden sind, den Vorschriften des IRG vorgehen. Für die Praxis bedeutet dies, dass in jedem Einzelfall geprüft werden muss, ob eine solche vorrangige Regelung existiert.[157] Nach dem mit Ablauf des 31.01.2021 erfolgten **Austritt von GB aus der EU („Brexit")** gründen die Auslieferungsbeziehungen zwischen dem Vereinigten Königreich und den EU-Mitgliedstaaten nicht länger auf Unionsrecht.[158] Insbesondere nimmt GB nicht mehr an dem System des Europäischen Haftbefehls (Kap. 11 Rn. 7–25) teil. Somit richtet sich der Auslieferungsverkehr zwischen GB und den EU-Mitgliedstaaten wieder nach den Maßgaben des klassischen Auslieferungsrechts, insbesondere des EuAlÜbk.

2.2.2.2 Grundprinzipien und allgemeine Voraussetzungen der Auslieferung

2.2.2.2.1 Grundsatz der Gegenseitigkeit

Rechtshilfe wird nur unter der Voraussetzung geleistet, dass der ersuchende Staat dem ersuchten Staat im vergleichbaren umgekehrten Fall ebenfalls Rechtshilfe leistet (**Grundsatz der Gegenseitigkeit**).[159] Auf vertragsloser Grundlage ist die Auslieferung einer verfolgten Person nur zulässig, wenn die Gegenseitigkeit generell oder aufgrund einer Zusicherung im Einzelfall verbürgt ist (§ 5 IRG). Im Vertragsbereich stellt dagegen bereits das Übereinkommen im Umfang seines Regelungsgehalts die Gegenseitigkeit her.

67

2.2.2.2.2 Beiderseitige Straf- und Verfolgbarkeit

Grundsätzlich hängt die Auslieferungsfähigkeit des Verfolgten davon ab, ob dessen **Tat auch nach dem Recht des ersuchten Staates strafbar und verfolgbar** ist (§§ 2, 3 I IRG; Art. 2 I EuAlÜbk).[160] Deutschland müsste daher bspw. das Auslieferungsersuchen eines islamisch geprägten Staates ablehnen, der gegen seinen Staatsangehörigen wegen eines nach islamischem Recht strafbaren Ehebruchs ein Strafverfahren durchführen will.[161] Im Übrigen erfolgt eine Auslieferung nach § 3 II IRG und Art. 2 I EuAlÜbk nur wegen Straftaten, die im Höchstmaß mit Freiheitsentziehung von mindestens einem Jahr bedroht sind. Im **vertraglich geregelten Auslieferungsverkehr** gilt regelmäßig ein **streng formeller Prüfungsmaßstab**, d. h., der ersuchte Staat prüft nicht selbst den Tatverdacht, sondern unterstellt diesen nach Maßgabe des ausländischen Haftbefehls oder Urteils.[162] Zu einer Prüfung des

68

---

[157] *Ambos*, IntStR, § 12 Rn. 22; *Esser*, EuStR, § 24 Rn. 21 ff.
[158] Vgl. hierzu *Burchard*, in: *Böse* (Hrsg.), EuStR, § 14 Rn. 44.
[159] *Hüttemann*, in: *Böse* (Hrsg.), EuStR, § 13 Rn. 7.
[160] *Hüttemann*, in: *Böse* (Hrsg.), EuStR, § 13 Rn. 8 f.
[161] *Weigend*, JuS 2000, 105, 107.
[162] OLG Schleswig NJW 2018, 1699, 1700 f. (*„Puigdemont"*); OLG Zweibrücken BeckRS 2022, 398 (Rz. 4); *Esser*, EuStR, § 24 Rn. 32.

Tatverdachts kommt es nur dann, wenn besondere Umstände dies im Einzelfall nahe legen, z. B. weil Anhaltspunkte für eine missbräuchliche Nutzung des Auslieferungsanspruchs bestehen oder die Tat bereits in dem ersuchten oder einem dritten Staat Gegenstand eines mit Freispruch oder Einstellung abgeschlossenen Verfahrens war.[163] Im **vertragslosen Auslieferungsverkehr** erstreckt sich die Prüfung hingegen regelmäßig darauf, ob **hinreichender Tatverdacht** vorliegt (§ 10 II IRG).[164]

69 Im **Auslieferungsverkehr zwischen den EU-Mitgliedstaaten** wird im Umfang der Positivliste des Art. 2 II RB-EuHb auf das Erfordernis der beiderseitigen Straf- und Verfolgbarkeit verzichtet, sofern die Mindesthöchststrafe für die Katalogtat im Ausstellungsstaat drei Jahre beträgt (Kap. 11 Rn. 12). Nach Art. 1 II RB-EuHb sind die Mitgliedstaaten verpflichtet, jeden EuHb gemäß den Bestimmungen des RB zu vollstrecken. Ausnahmen hiervon sind eng begrenzt (Art. 3, 4 RB-EuHb).

2.2.2.2.3 Grundsatz der Spezialität

70 Ein weiteres tragendes Prinzip des traditionellen Auslieferungsverkehrs ist der **Grundsatz der Spezialität** (§ 11 IRG, Art. 14 I EuAlÜbk). Er soll sicherstellen, dass eine ausgelieferte Person im ersuchenden Staat speziell **nur wegen der Tat** verfolgt wird, **deretwegen die Auslieferung bewilligt** worden ist.[165] Beispielsweise kann der ersuchte Staat von dem ersuchenden Staat verbindliche Zusicherungen dafür verlangen, dass der Betroffene ausschließlich wegen der Delikte verfolgt wird, die der Auslieferungsbewilligung zugrunde liegen und dass dieser auch nicht ohne ausdrückliche Zustimmung des ersuchten Staates an einen dritten Staat ausgeliefert oder abgeschoben wird. Die Auslieferung ist abzulehnen, wenn nicht gesichert ist, dass die Einhaltung des Spezialitätsgrundsatzes durch den ersuchenden Staat beachtet wird.[166] Im vertraglichen Auslieferungsverkehr tritt der Spezialitätsschutz automatisch im vertraglich festgelegen Umfang ein. Dem Ausgelieferten muss ferner nach Abschluss des Strafverfahrens und einer etwaigen Strafvollstreckung eine Frist eingeräumt werden, innerhalb derer er den ersuchenden Staat verlassen kann, ohne den Schutz des Spezialitätsgrundsatzes zu verlieren. Andere, vor der Auslieferung begangene Straftaten des Ausgelieferten sind dadurch der Verfolgungs- und Vollstreckungsgewalt des ersuchenden Staates entzogen. Für in Deutschland eingehende Auslieferungsersuchen bestimmt § 72 IRG die Verbindlichkeit ausländischer Bedingungen für deutsche Strafverfolgungsorgane. Spezialitätsvorbehalte, mit denen ein ausländischer Staat die Auslieferung des Verfolgten verbunden hat, sind daher von deutschen Behörden und Gerichten zu beachten. Der Spezialitätsgrundsatz dient damit dem Ausgleich zwischen dem Interesse des ersuchenden Staates an umfassender Strafverfolgung einerseits und dem Schutz des Verfolgten vor übermäßiger Beeinträchtigung andererseits.

---

[163] BGHSt 32, 314; OLG Brandenburg BeckRS 2022, 34196 (Rz. 14).
[164] OLG Frankfurt a. M. NStZ-RR 2006, 343; *Ambos*, IntStR, § 12 Rn. 23.
[165] BGH NJW 2023, 3028; BeckRS 2023, 2194; *Ambos*, IntStR, § 12 Rn. 23; *Esser*, EuStR, § 24 Rn. 35, 67.
[166] BVerfG NStZ-RR 2017, 226; OLG Hamburg NJW 2024, 159 m. Anm. *Trüg*.

2.2.2.2.4 Auslieferungshindernisse

Auch wenn alle oben genannten Voraussetzungen gegeben sind, kann Deutschland eine Auslieferung ablehnen, wenn diese aufgrund Grund der besonderen Umstände des Einzelfalles wesentlichen Grundsätzen des Völkerrechts oder der deutschen Rechtsordnung widersprechen würde (Vorbehalt des **Ordre public**; § 73 IRG).[167] Zu nennen sind hier folgende zentralen **Auslieferungshindernisse**:

- **Grundsatz der Nichtauslieferung eigener Staatsangehöriger** (Art. 16 II S. 1 GG). Inzwischen ermöglicht allerdings eine Grundgesetzänderung prinzipiell die Auslieferung Deutscher an internationale Strafgerichtshöfe und die Mitgliedstaaten der EU;
- **Drohende Todesstrafe** im ersuchenden Staat[168] (Art. 102 GG; § 8 IRG);
- **Drohende übermäßig harte Bestrafung, Folter** oder **unmenschliche Behandlung** im ersuchenden Staat, die sich als **Verstoß gegen Art. 3 EMRK** darstellen (Kap. 3 Rn. 40 ff.);
- **Drohende rechtsstaatswidrige Verfolgung** im ersuchenden Staat. Eine Auslieferung ist unzulässig, wenn ernstliche Gründe für die Annahme bestehen, dass die verfolgte Person im Falle ihrer Auslieferung wegen ihrer Rasse, Religion, Staatsangehörigkeit, Zugehörigkeit zu einer bestimmten sozialen Gruppe oder ihrer politischen Anschauungen verfolgt, bestraft oder benachteiligt werden würde (§ 6 II IRG; Art. 3 II EuAlÜbk);
- **Grundsatz der Nichtauslieferung bei politischen und militärischen Delikten** (§§ 6 I, 7 I IRG; Art. 3 I, 4 EuAlÜbk). Diese Vorbehalte werden indes durch moderne Instrumente der grenzüberschreitenden Zusammenarbeit in der EU eingeschränkt (EuHb Kap. 11 Rn. 7–25);
- **Grundsatz der Nichtauslieferung bei fiskalischen Taten**. Schon das 2. ZP zum EuAlÜbk sowie Art. 63 SDÜ haben die in Art. 5 EuAlÜbk enthaltene fakultative Klausel der Verweigerung von Rechtshilfemaßnahmen wegen der steuer- und zollrechtlichen Natur der Straftat so weit eingeschränkt, dass dieser Vorbehalt kaum noch praktische Bedeutung hat;
- **Verjährung oder Amnestie**. Die Auslieferung ist nach § 9 Nr. 2 IRG unzulässig, wenn die Verfolgung oder Vollstreckung der Tat, deretwegen um Auslieferung ersucht wird und für die (zumindest auch) die deutsche Gerichtsbarkeit begründet ist, nach deutschem Recht verjährt oder aufgrund eines deutschen Straffreiheitsgesetzes ausgeschlossen ist.[169] Nach Art. 10 EuAlÜbk wird die Auslieferung nicht bewilligt, wenn die Verfolgung oder Vollstreckung der Tat nach den Vor-

---

[167] BVerfG wistra 2015, 96 (Rz. 26); OLG Bremen NStZ-RR 2022, 126; OLG Karlsruhe BeckRS 2024, 4127 (Rz. 15 ff.); *Esser*, EuStR, § 24 Rn. 69; *Hüttemann*, in: *Böse* (Hrsg.), EuStR, § 13 Rn. 46 f.

[168] In den 46 Europaratsstaaten wird die Todesstrafe in Friedenszeiten weder verhängt noch vollstreckt, da sie das 6. ZP der EMRK ratifiziert haben.

[169] BVerfG EuGRZ 2009, 686; BGH NStZ 2010, 177; BGHSt 52, 191 m. krit. Anm. *Böse*, NStZ 2008, 636; OLG Brandenburg BeckRS 2023, 31586; OLG Karlsruhe NStZ 2013, 602; KG BeckRS 2022, 25305.

schriften des ersuchenden oder ersuchten Staates verjährt ist. Im Anwendungsbereich des Art. 62 I SDÜ richtet sich die Frage der Unterbrechung der Verjährung jedoch allein nach dem Recht des ersuchenden Staates;[170]
- **Rechtskräftige Aburteilung derselben Tat im ersuchten Staat** (§ 9 Nr. 1 IRG; § 9 EuAlÜbk) in Form eines Gerichtsurteils oder einer sonstigen materielle Rechtskraft entfaltenden qualifizierten Verfahrensbeendigung (ne bis in idem).[171] Das in Art. 54 SDÜ normierte transnationale Doppelbestrafungsverbot bewirkt, dass die rechtskräftige Aburteilung in einem Schengen-Staat innerhalb des Rechtsraumes dieser Vertragsstaaten zu einem Auslieferungshindernis führt.[172] Die rechtskräftige Aburteilung durch einen Schengen-Staat sperrt auch die Auslieferung an Drittstaaten (Kap. 12 Rn. 19).

2.2.2.3 Auslieferungsverfahren

2.2.2.3.1 Verfahrensweise nach einem Fahndungserfolg in Deutschland

72 Wie sich das Auslieferungsverfahren mit einem Drittstaat nach einem Fahndungserfolg in Deutschland praktisch gestaltet, lässt sich an dem folgenden **Beispielsfall** demonstrieren:

> „Bei einer Verkehrskontrolle in Stuttgart wird der albanische Staatsbürger H angehalten. Eine Überprüfung seiner Personalien ergibt, dass er von der Staatsanwaltschaft Zürich im Schengener Informationssystem zur Fahndung ausgeschrieben ist.[173] Der Ausschreibung liegt eine Verurteilung wegen Vergewaltigung zu einer Freiheitsstrafe von 8 Jahren zugrunde, der sich H durch Flucht entzogen hat."

73 Das im Jahre 1995 als SIS eröffnete, im Jahre 2013 als **SIS-II** technisch weiterentwickelte und mittlerweile in ganz Westeuropa etablierte **Schengener Informationssystem** ist ein staatenübergreifendes, computergestütztes polizeiliches Fahndungssystem, das den teilnehmenden Staaten (**Fahndungsunion**) den Online-Zugriff auf polizeiliche Fahndungsdaten ermöglicht[174] (Kap. 5 Rn. 36 ff.). Das BKA als deutsche **SIRENE** (**S**upplementary **I**nformation **Re**quest at the **N**ational **E**ntry) erhält automatisch aufgrund der Abfrage im nationalen Fahndungssystem eine Treffermeldung, die über den SIS-Zentralrechner in Straßburg auch das schweizerische SIRENE-Büro bei der Einsatzzentrale fedpol erreicht. Dieses gibt die Information an das schweizerische Bundesamt für Justiz weiter, welches nunmehr die Auslieferung gegen H betreibt. Das BKA informiert das zuständige LKA, das seinerseits die nach §§ 13 II, 14 I IRG sachlich und örtlich zuständige GenStA (Stuttgart)

---

[170] Zur Frage der Gleichstellung einer auf einem Ruhen bzw. einer Hemmung beruhenden Verjährungsverlängerung mit einer Unterbrechung der Verjährung vgl. BGH NStZ 2002, 661 m. Anm. *Hecker*, NStZ 2002, 663; OLG Stuttgart NStZ-RR 2001, 345.
[171] OLG Hamm NStZ-RR 2010, 338; *Weigend*, JuS 2000, 105, 108.
[172] OLG München NJW 2007, 788, OLG Hamm BeckRS 2014, 02240 (§ 83 I Nr. 1 IRG); *Schomburg*, Eser-FS, S. 829, 837; *Schomburg/Suominen-Picht*, NJW 2012, 1190, 1192.
[173] Das SDÜ wird von der Schweiz seit 12.12.2008 angewendet Kap. 5 Rn. 17.
[174] Vgl. hierzu *Ambos*, IntStR, § 12 Rn. 26; *Esser*, EuStR, § 4 Rn. 30 ff.

unterrichtet. Die Ausschreibung von H im SIS-II beruht auf Art. 95 SDÜ, erfolgte also mit dem Ziel der Festnahme zum Zwecke der anschließenden Auslieferung in die Schweiz. Eine in das SIS-II eingegebene Ausschreibung steht einem Ersuchen um vorläufige Festnahme i. S. d. Art. 16 EuAlÜbk gleich.[175] Die Polizei wird H daher nach § 19 IRG vorläufig festnehmen. Nach § 22 IRG ist H unverzüglich, spätestens am Tage nach seiner Festnahme, dem zuständigen Haftrichter am Amtsgericht vorzuführen und von diesem zu vernehmen. Dabei wird H darüber belehrt, dass er sich der Unterstützung eines Rechtsbeistandes (§ 40 IRG) bedienen kann und es ihm freisteht, sich zum Tatvorwurf zu äußern. Außerdem erhält er Gelegenheit, zu seiner vorläufigen Festnahme Stellung zu nehmen und Einwendungen gegen seine Auslieferung zu erheben. Erhebt er keine Einwendungen, ist er über die Möglichkeit und Rechtsfolgen des **vereinfachten Auslieferungsverfahrens**[176] (§ 41 IRG) zu belehren. Wenn der Haftrichter sich von der Identität des H und davon überzeugt hat, dass sich die Ausschreibung auf ihn bezieht, ordnet er an, dass H bis zur Entscheidung des zuständigen OLG (Stuttgart) über die Anordnung der **vorläufigen Auslieferungshaft**[177] (§ 16 IRG) festzuhalten ist (§ 22 III S. 2 IRG). Für H ist diese Entscheidung unanfechtbar (§ 22 III S. 3 i. V. m. § 21 VII S. 1 IRG). Von der Festnahmeentscheidung ist die schweizerische Seite zu unterrichten, was die GenStA – sinnvollerweise über das BKA und die schweizerische SIRENE – sicherstellt.

2.2.2.3.2 Förmliches Auslieferungsverfahren in Deutschland

Das förmliche Auslieferungsverfahren beginnt, wenn der die Übergabe einer verfolgten Person begehrende (ersuchende) Staat mit einem schriftlichen Auslieferungsersuchen an die zuständige deutsche Stelle (ersuchter Staat) herantritt. Nach Art. 12 I EuAlÜbk sind Auslieferungsersuche grundsätzlich auf dem diplomatischen Weg zu übermitteln. Artikel 2 des 2. ZP zum EuAlÜbk erlaubt jedoch die Übersendung unmittelbar an das BMJV. Im obigen Beispielsfall (Rn. 72) kann das schweizerische Bundesamt für Justiz das Auslieferungsersuchen direkt an das zuständige Landesjustizministerium richten.

Der weitere Verfahrensgang richtet sich im vertraglichen wie vertragslosen Auslieferungsverkehr nach den Bestimmungen der §§ 10 ff. IRG.[178] Das Auslieferungsverfahren ist **zweistufig** ausgestaltet. Einem justiziellen **Zulässigkeitsverfahren** schließt sich ein ministerialbehördliches **Bewilligungsverfahren** an.[179] In dieser Zweistufigkeit gelangt zum einen die rechtliche und politische Dimension der Auslieferung zum Ausdruck. Zum anderen ist sie durch die Aufgabenverteilung zwischen Bund und Ländern bedingt. Die Strafrechtspflege obliegt den Ländern (Art. 74 I Nr. 1 GG), während die Pflege der auswärtigen Beziehungen nach Art. 32 I GG eine Bundesangelegenheit darstellt.

---

[175] Vgl. Art. 31 II Beschl. 2007/533/JI (ersetzt Art. 64 SDÜ); vgl. hierzu *Ambos*, IntStR, § 12 Rn. 28; *Heger/Wolter*, in: A/K/R, Rechtshilfe, Kap. 2 Rn. 610.
[176] Vgl. hierzu *Ambos*, IntStR, § 12 Rn. 32; *Esser*, EuStR, § 24 Rn. 61.
[177] *Ambos*, IntStR, § 12 Rn. 24; *Esser*, EuStR, § 24 Rn. 58.
[178] *Esser*, EuStR, § 24 Rn. 43.
[179] *Ambos*, IntStR, § 12 Rn. 18; *Esser*, EuStR, § 24 Rn. 51.

76 Zunächst überprüft das OLG, in dessen Bezirk der Verfolgte ergriffen oder ermittelt worden ist (§§ 13 I, 14 I IRG) die rechtliche Zulässigkeit der Auslieferung. Das **Zulässigkeitsverfahren** dient der Prüfung, ob die unabdingbaren Rechtshilfevoraussetzungen erfüllt sind und keine Auslieferungshindernisse bestehen. Vorbereitet und durchgeführt werden die Entscheidungen des OLG von der GenStA (§ 13 II IRG). Vor der Entscheidung des OLG erhält der Verfolgte rechtliches Gehör vor dem Amtsgericht, in dessen Bezirk er sich aufhält (§ 28 IRG). Eine Vernehmung zum Gegenstand der Beschuldigung entfällt, wenn er dem vereinfachten Auslieferungsverfahren (§ 41 IRG) zugestimmt hat. Das OLG entscheidet nach mündlicher Verhandlung durch Beschluss (§§ 31, 32 I IRG). Erklärt es die Auslieferung für unzulässig, so ist die Bewilligungsbehörde hieran gebunden (§ 13 I S. 2 IRG). Auch im umgekehrten Fall ist die Entscheidung nach der ausdrücklichen Bestimmung des § 13 I S. 2 IRG unanfechtbar. Der Verfolgte kann sich nur noch im Wege einer Verfassungsbeschwerde wehren, indem er vor dem BVerfG geltend macht, die Entscheidung des OLG verletze ihn in seinen Grundrechten. Das OLG kann jedoch erneut entscheiden, wenn nach seiner Entscheidung Umstände eingetreten sind, die Anlass zu einer abweichenden Beurteilung geben könnten (§ 33 IRG). Nach Erschöpfung des innerstaatlichen Rechtsweges kann der Verfolgte Individualbeschwerde beim EGMR einlegen.

77 Liegt nach Abschluss des Zulässigkeitsverfahrens ein Beschluss des OLG vor, der die Auslieferung des Verfolgen für zulässig erklärt, so erstattet die GenStA dem Landesjustizministerium hierüber Bericht und fügt den Gerichtsbeschluss bei. Damit beginnt das **Bewilligungsverfahren**.[180] Da das BMJV die Ausübung seiner Bewilligungskompetenz durch eine Zuständigkeitsvereinbarung auf die Landesjustizverwaltungen übertragen hat, soweit Auslieferungsersuchen auf eine völkerrechtliche Vereinbarung gestützt werden, fungieren im vertraglichen Rechtshilfeverkehr die Landesjustizministerien als Bewilligungsbehörden. Das zuständige Landesjustizministerium oder eine von ihm beauftragte Behörde (GenStA) trifft eine endgültige Entscheidung über die Auslieferung, wobei ihm mit Rücksicht auf außen- und allgemeinpolitische Erwägungen ein weiter Beurteilungs- und Ermessensspielraum zusteht.[181] Auch die Bewilligungsbehörde ist verpflichtet, die Zulässigkeit der Auslieferung selbstständig zu prüfen und darf sich nicht ohne weiteres auf das Ergebnis der gerichtlichen Prüfung verlassen. Die Ablehnung des Auslieferungsersuchens beendet das Verfahren und verbraucht das Ersuchen, was allerdings ein erneutes Gesuch in gleicher Sache nicht hindert.[182] Nach zutreffender Ansicht ist die Entscheidung der Bewilligungsbehörde im Lichte des Art. 19 IV GG auch im Auslieferungsverfahren mit Drittstaaten entsprechend § 79 II, III IRG unter den dort genannten engen Voraussetzungen einer Überprüfung durch das OLG zugänglich.[183]

---

[180] *Esser*, EuStR, § 24 Rn. 53.
[181] *Esser*, EuStR, § 24 Rn. 54.
[182] BVerfGE 50, 244, 250; *Esser*, EuStR, § 24 Rn. 53.
[183] *Esser*, EuStR, § 24 Rn. 54 unter Hinweis auf BVerfGE 113, 273 = NJW 2005, 2289.

Im räumlichen Anwendungsbereich des **Europäischen Haftbefehls** wird das Übergabeverfahren direkt zwischen den beteiligten Justizbehörden abgewickelt (Kap. 11 Rn. 10). Der deutsche Gesetzgeber hat sich jedoch sowohl in dem ersten und – nach Nichtigerklärung desselben durch das BVerfG[184] – auch in dem zweiten Umsetzungsgesetz für die Beibehaltung eines zweistufig strukturierten Auslieferungsverfahrens entschieden (Kap. 11 Rn. 18).[185]

78

2.3 Völkerstrafrecht

Vom Europäischen Strafrecht abzugrenzen ist das **Völkerstrafrecht**. Im Gegensatz zum Völkerstrafrecht hat das Europäische Strafrecht noch nicht die Entwicklungsstufe eines echten **supranationalen** Strafrechts („International Criminal Law", „Droit pénal international") erreicht.[186] Die dem Europäischen Strafrecht zuzuordnenden Tatbestände (Kap. 8 Rn. 50 ff.) vermögen ohne Umsetzung in das nationale Recht der EU-Mitgliedstaaten keine unmittelbare strafrechtliche Verantwortlichkeit zu begründen.

79

2.3.1 Begriff und Funktion des Völkerstrafrechts

Seitdem auch natürlichen Personen (und nicht nur Staaten) grundsätzlich die Fähigkeit zuerkannt wird, unmittelbare Träger völkerrechtlicher Rechte und Pflichten zu sein, ist die Entwicklung eines Völkerstrafrechts möglich.[187] Dem **Völkerstrafrecht** zuzuordnen sind alle **universell geltenden Normen**, die eine **unmittelbare strafrechtliche Verantwortung von Individuen durch Völkerrecht** konstituieren.[188] Synonym werden auch die Begriffe „völkerrechtliches Strafrecht", „materielles internationales Strafrecht" oder „Verbrechen gegen das Völkerrecht" verwendet. Mit völkerstrafrechtlichen Tatbeständen haben wir es also zu tun, wenn diese der Völkerrechtsordnung entstammen, individuell vorwerfbares Unrecht beschreiben und als Rechtsfolge eine Strafe androhen, wobei die Strafbarkeit ihren Geltungsgrund im Völkerrecht selbst findet, also unabhängig von der Transformation des Tatbestandes in die staatliche Rechtsordnung besteht. Das Völkerstrafrecht schützt den „Frieden, die Sicherheit und das Wohl der Welt" als die höchsten Güter der Völkergemeinschaft.[189] Anerkannte Völkerrechtsverbrechen sind die **Kriegsverbrechen**, **Verbrechen gegen die Menschlichkeit**, **Völkermord** und das **Aggressionsver-**

80

---

[184] BVerfGE 113, 273 = NJW 2005, 2289; *Sachs*, JuS 2005, 931; *Satzger*, IntStR, § 10 Rn. 41.
[185] Vgl. hierzu krit. *Ambos*, IntStR, § 12 Rn. 56; *Heger*, ZIS 2007, 221, 224.
[186] MüKoStGB/*Ambos*, Vor § 3 Rn. 5; *Satzger*, IntStR, § 7 Rn. 2.
[187] *Ahlbrecht*, Völkerrechtliche Strafgerichtsbarkeit, S. 19 ff.; *Triffterer*, ZStW 114 (2002), 321, 327 ff.
[188] *Ambos*, IntStR, § 5 Rn. 1; *Satzger*, IntStR, § 12 Rn. 1; *Werle/Jeßberger*, Völkerstrafrecht, Rn. 96.
[189] Siehe Präambel Abs. 3 IStGH-Statut; vgl. hierzu *Werle/Jeßberger*, Völkerstrafrecht, Rn. 105 ff.

brechen (Kernverbrechen bzw. international crimes).¹⁹⁰ Der Angriff auf fundamentale Interessen der Völkergemeinschaft rückt diese Straftaten in eine globale Dimension und macht sie zu Völkerrechtsverbrechen. Streitig diskutiert wird, ob über die genannten Kernverbrechen hinaus weitere Delikte, wie z. B. internationaler Rauschgifthandel oder Terrorakte, nach Völkerrecht strafbar sind.¹⁹¹ Das Völkerstrafrecht berücksichtigt, dass sich jede Völkerrechtsverletzung letztlich auf das Verhalten von Individuen zurückführen lässt und zielt darauf ab, zu verhindern, dass diese sich – wenn sie als staatliche Organe oder im Auftrag eines Staates gehandelt haben – hinter dem Schutzschild der Immunität bzw. staatlicher Souveränität verbergen können. Die völkerrechtliche Pönalisierung bestimmter, besonders schwerer Menschenrechtsverletzungen verstärkt die auf internationaler Ebene bestehenden, nicht-strafrechtlichen Schutzmechanismen und dient damit dem **Schutz der Menschenrechte**.¹⁹²

81   Solange die Völkergemeinschaft nicht über eine eigene Strafgerichtsbarkeit verfügte, erfolgte die Durchsetzung des Völkerstrafrechts durch die Organe der Staaten, die ihre Zuständigkeit zur Strafverfolgung erklärt haben **(Indirect Enforcement Model)**. Eine Strafverfolgung durch **internationale Organe (Direct Enforcement Model)** fand bislang nur in historischen Ausnahmesituationen statt. Zu denken ist etwa an die **Internationalen Kriegsverbrechertribunale** von **Nürnberg** und **Tokio** (International Military Tribunals – IMT)¹⁹³ oder an die Einrichtung von **Internationalen Ad-hoc-Strafgerichtshöfen** zur Verfolgung schwerer Kriegsverbrechen im **ehemaligen Jugoslawien** (1993)¹⁹⁴ bzw. in **Ruanda** (1995).¹⁹⁵ Diese internationalen Strafgerichte urteilen auf der Grundlage von Straftatbeständen, die in ihren jeweiligen Statuten geregelt und demgemäß dem Völkerrecht zugeordnet sind.

2.3.2 Errichtung eines Internationalen Strafgerichtshofes (IStGH)

82   Mussten für die Bewältigung der Verbrechen und Massaker in Ruanda und dem ehemaligen Jugoslawien noch Ad-hoc-Gerichte auf der Grundlage von Kap. VII der UN-Charta als Maßnahme „zur Wahrung des Weltfriedens und der internationalen Sicherheit" etabliert werden, so bietet das **IStGH-Statut (Statut von Rom)**, durch

---

¹⁹⁰ *Ambos*, IntStR, § 5 Rn. 2, § 7 Rn. 117 ff.; *Satzger*, IntStR, § 12 Rn. 3; *Werle/Jeßberger*, Völkerstrafrecht, Rn. 99.
¹⁹¹ *Werle/Jeßberger*, Völkerstrafrecht, Rn. 102, 166 ff.
¹⁹² *Werle/Jeßberger*, Völkerstrafrecht, Rn. 105 ff.
¹⁹³ *Ahlbrecht*, Völkerrechtliche Strafgerichtsbarkeit, S. 124 ff.; *Esser*, EuStR, § 17 Rn. 11 ff.; *Satzger*, IntStR, § 12 Rn. 9, § 13 Rn. 5 ff., 13 ff.; *Werle/Jeßberger*, Völkerstrafrecht, Rn. 15 ff.
¹⁹⁴ *Ambos*, IntStR, § 6 Rn. 15 ff.; *Esser*, EuStR, § 19 Rn. 1 ff.; *Satzger*, IntStR, § 13 Rn. 18 ff.; *Werle/Jeßberger*, Völkerstrafrecht, Rn. 49 ff.
¹⁹⁵ *Ambos*, IntStR, § 6 Rn. 18 ff.; *Esser*, EuStR, § 20 Rn. 1 ff.; *Satzger*, IntStR, § 13 Rn. 29 ff.; *Werle/Jeßberger*, Völkerstrafrecht, Rn. 55 ff.

2.3 Völkerstrafrecht

welches die 120 Unterzeichnerstaaten am 17.07.1998 die Errichtung eines **Internationalen Strafgerichtshofes (IStGH; Weltstrafgerichtshof)** mit **Sitz in Den Haag** beschlossen haben, eine bislang beispiellose, zukunftsweisende Möglichkeit zur Aburteilung von Völkerrechtsverbrechen.[196] Nur sieben Staaten, namentlich die USA, China, Israel, Irak, Libyen, Jemen und Katar, lehnten das Statut ab. 21 Staaten enthielten sich der Stimme. Mit Hinterlegung der 60. Ratifikationsurkunde ist das IStGH-Statut am 01.07.2002 in Kraft getreten und damit der Weltstrafgerichtshof am gleichen Tag errichtet worden. Als 124. Mitgliedstaat trat Armenien am 14.11.2023 dem IStGH-Statut bei.

Die Errichtung eines **Weltstrafgerichtshofes**, der am 11.03.2003 seine Arbeit in den Haag aufgenommen hat, bedeutet einen Quantensprung in der Entwicklung einer Völkerstrafgerichtsbarkeit. Die Zuständigkeit des IStGH erstreckt sich auf die Aburteilung von Völkermord, Verbrechen gegen die Menschlichkeit, Kriegsverbrechen und Aggression, die seit dem 01.07.2002 auf dem Territorium eines Vertragsstaates oder durch Angehörige eines Vertragsstaates begangen worden sind. Mit dem Inkrafttreten des IStGH-Statuts haben die länger als ein Jahrhundert währenden Bemühungen um eine ständige internationale Strafgerichtsbarkeit einen historischen Höhepunkt erreicht. Das Statut umfasst im Ganzen 13 Teile mit insgesamt 131 Artikeln. Geregelt werden Gerichtsorganisation, Straftatbestände, allgemeine Strafrechtsprinzipien, Strafverfahrensrecht sowie die Zusammenarbeit der Staaten mit dem IStGH bei Strafverfahren und Strafvollstreckung.[197] Die Hauptfunktion des Weltstrafgerichtshofes ist es, Individuen für solche Verbrechen verantwortlich zu machen, die nicht nur die unmittelbaren Opfer selbst, sondern die internationale Staatengemeinschaft als solche berühren, weil diese Verbrechen die Grundlagen eines friedlichen und menschenwürdigen Zusammenlebens der Menschen innerhalb ihrer jeweiligen Volksgemeinschaft sowie der Völker untereinander untergraben. Das Statut ist dementsprechend auf die Wahrung des Weltfriedens zugeschnitten und normiert in Art. 5 die vier Kerntatbestände des Völkerstrafrechts. Entgegen der bisherigen Tradition der Völkerstrafgerichtsbarkeit werden die Völkerstraftaten nicht lediglich durch Zuständigkeitstitel angedeutet, die der Ausfüllung durch das Völkergewohnheitsrecht bedürfen. Vielmehr werden die einzelnen Tatbestände in den Art. 6–8 in fast 70 Untertatbestände aufgegliedert und ausformuliert.[198] Damit macht das Völkerstrafrecht einen gewichtigen Schritt in die Richtung kontinentaler Bestimmtheitsanforderungen. Dieser Entwicklungsschritt wird in Art. 22 I IStGH-Statut gewissermaßen förmlich besiegelt, indem der IStGH darauf festgelegt wird, nur auf der Grundlage der im Statut niedergelegten Tatbestände zu judizieren (spezielles nullum crimen sine lege-Prinzip).[199] Besonders innovativ ist ferner die Weiterentwicklung der general principles des Völkerstrafrechts, die einem Allgemeinen Teil nahekommen.[200]

83

---

[196] *Esser*, EuStR, § 21 Rn. 1 ff.; *Werle/Jeßberger*, Völkerstrafrecht, Rn. 57 ff.
[197] *Ambos*, IntStR, § 6 Rn. 24; *Satzger*, IntStR, § 14 Rn. 4.
[198] Vgl. hierzu die Strukturanalyse von *Jesse*, Verbrechensbegriff, passim.
[199] *Ambos*, IntStR, § 7 Rn. 8; *Satzger*, IntStR, § 15 Rn. 13.
[200] *Ambos*, IntStR, § 7 Rn. 1 ff.; *Werle/Burghardt*, Kühl-FS, S. 851 ff.; *Werle/Jeßberger*, Völkerstrafrecht, Rn. 498 ff.

84 Die Zuständigkeit des IStGH **ratione personae**, also die Frage, welche Personen der Strafgewalt des Weltstrafgerichtshofes unterliegen, war die umstrittenste Frage der Verhandlungen. Das von Deutschland favorisierte Modell automatischer und universeller Zuständigkeit des IStGH vermochte sich ebenso wenig durchzusetzen wie das restriktive Modell, jedes einzelne Strafverfahren von der Zustimmung des betroffenen Staates (Heimatstaat des Beschuldigten; Tatortstaat) abhängig zu machen. Der gefundene Kompromiss, von dem das Statut ausgeht, sieht vor, dass der IStGH zuständig ist, sofern der **Tatortstaat** oder der **Heimatstaat** des Täters das Statut ratifiziert haben (Art. 5 i. V. m. Art. 12 IStGH-Statut).[201] Folglich unterfallen auch Staatsangehörige von Nichtvertragsstaaten unter das Zuständigkeitsregime des IStGH, wenn sie eine Völkerstraftat auf dem Gebiet eines Vertragsstaates begangen haben. Das allgemeine Zuständigkeitsregime wird durch die **sicherheitsratsgestützte Zuständigkeit** nach Art. 12, 13 IStGH-Statut überlagert und erweitert.[202] Im Falle einer Verfahrensauslösung durch den Sicherheitsrat der Vereinten Nationen im Rahmen von Kap. VII der UN-Charta besteht demnach keine Schranke für die Ausübung der IStGH-Zuständigkeit. Der Sicherheitsrat hat es somit in der Hand, die Zuständigkeit des IStGH für die Verfolgung von Nichtvertragsstaatsangehörigen zu begründen, die im Verdacht stehen, in einem Nichtvertragsstaat Völkerrechtsverbrechen begangen zu haben.[203]

2.3.3 Durchsetzung des Völkerstrafrechts

85 Das IStGH-Statut geht von einer **zweifachen Durchsetzungsmöglichkeit des Völkerstrafrechts** aus – einer **direkten** und einer **indirekten**. Zum einen eröffnet es den Weg für eine Aburteilung völkerstrafrechtlicher Delikte auf internationaler Ebene durch den IStGH. Zum anderen lässt es den Weg offen für eine Durchsetzung des Völkerstrafrechts durch die Vertragsstaaten. Der IStGH soll die nationale Strafgerichtsbarkeit also nicht ersetzen, sondern ergänzen. Erreicht wird dies durch die Festschreibung des Grundsatzes der **Komplementarität**, wonach die nationale Strafgerichtsbarkeit Vorrang vor der des Weltstrafgerichtshofes genießt (Art. 17–19 IStGH-Statut).[204] Der IStGH darf seine Gerichtsbarkeit erst ausüben, wenn ein Vertragsstaat **nicht fähig** oder **willens ist, die Strafverfolgung ernsthaft zu betreiben** (Art. 17 IStGH-Statut). Unwillig ist ein Staat, wenn die Strafverfolgung nur zum Schein erfolgt, wenn das Verfahren nicht unabhängig und unparteiisch geführt wird und sich mit dem wirklichen Willen der Strafverfolgung nicht vereinbaren lässt.

---

[201] *Ambos*, IntStR, § 8 Rn. 6; *Esser*, EuStR, § 21 Rn. 8; *Satzger*, IntStR, § 14 Rn. 9; *Werle/Jeßberger*, Völkerstrafrecht, Rn. 319.

[202] *Ambos*, IntStR, § 8 Rn. 8; *Esser*, EuStR, § 21 Rn. 20 f.; *Satzger*, IntStR, § 14 Rn. 16; *Werle/Jeßberger*, Völkerstrafrecht, Rn. 320.

[203] Zu der Überweisung der Situation in Darfur (Sudan) bzw. in Libyen an den IStGH vgl. *Ambos*, IntStR, § 8 Rn. 79; *Satzger*, IntStR, § 14 Rn. 16; *Werle/Jeßberger*, Völkerstrafrecht, Rn. 321, 348 ff.

[204] *Ambos*, IntStR, § 8 Rn. 10; *Esser*, EuStR, § 21 Rn. 22 ff.; *Satzger*, IntStR, § 14 Rn. 17 ff.; *Werle/Jeßberger*, Völkerstrafrecht, Rn. 312 ff.

2.3 Völkerstrafrecht

Unfähigkeit zur Strafverfolgung liegt vor, wenn das nationale Justizsystem ganz oder teilweise zusammengebrochen ist bzw. nicht zur Verfügung steht und daher eine ordnungsgemäße Strafverfolgung nicht möglich ist. Dabei liegt die Entscheidung darüber, ob der jeweilige Staat ernsthaft verfolgen kann oder will, beim IStGH.[205] Die Hauptlast der Durchsetzung des Völkerstrafrechts wird im Lichte des Komplementaritätsprinzips nicht beim IStGH und wohl auch nicht bei den Tatortstaaten, sondern bei verfolgungsbereiten Drittstaaten liegen. Das System konkurrierender Zuständigkeit zwischen IStGH und Verfolgungsstaaten wird in Art. 20 I StGH-Statut durch eine Ne bis in idem-Regelung vervollständigt.[206]

Bekanntlich nehmen die USA eine ablehnende Haltung gegenüber dem IStGH ein.[207] Im Kern haben die USA ihre Nein-Stimme von Rom mit der Möglichkeit begründet, dass der Weltstrafgerichtshof unter Umständen seine Zuständigkeit auch auf amerikanische Soldaten ausüben könne. Die USA halten dies für unvereinbar mit ihrer übergeordneten Aufgabe als Zentralmacht internationaler Friedenssicherung und -durchsetzung. Diesen, in dem Selbstverständnis als Weltfriedensmacht wurzelnden Bedenken der USA, ist freilich entgegenzuhalten, dass die Furcht vor dem IStGH schon deshalb unbegründet ist, weil das im Statut verankerte Komplementaritätsprinzip (Rn. 85) jedem Staat die Möglichkeit einräumt, die Verfolgung von Völkerrechtsverbrechen eigener Staatsangehöriger selbst in die Hand zu nehmen und damit ein Verfahren vor dem IStGH auszuschließen.[208]

86

Deutschland hat die Entwicklung, die zum Abschluss des IStGH-Statuts führte, auf internationalem Parkett mit großem Engagement gefördert.[209] Mit Erlass des zur Ratifikation erforderlichen IStGH-Statutsgesetzes sowie mit der Änderung des Art. 16 II GG (wodurch gewährleistet wird, dass auch deutsche Staatsangehörige an den IStGH überstellt werden können), hat der deutsche Gesetzgeber wesentliche Schritte zur Ermöglichung der Arbeitsaufnahme des Weltstrafgerichtshofes unternommen. Zeitgleich mit dem IStGH-Statut ist am 01.07.2002 schließlich das Ausführungsgesetz (RSAG) in Kraft getreten, welches die Zusammenarbeit Deutschlands mit dem IStGH regelt.[210]

87

2.3.4 Deutsches Völkerstrafgesetzbuch (VStGB)

Am 30.06.2002, einen Tag vor dem IStGH-Statut, ist das **Völkerstrafgesetzbuch (VStGB)** in Kraft getreten.[211] Mit dieser Kodifikation wird das materielle Strafrecht Deutschlands an die Bestimmungen des IStGH-Statuts angepasst und damit zu-

88

---

[205] *Werle/Jeßberger*, Völkerstrafrecht, Rn. 313.
[206] *Ambos*, IntStR, § 7 Rn. 7; *Esser*, EuStR, § 21 Rn. 27; *Werle/Jeßberger*, Völkerstrafrecht, Rn. 849.
[207] *Werle/Jeßberger*, Völkerstrafrecht, Rn. 75.
[208] *Kreß*, NStZ 2000, 617, 618.
[209] *Werle/Jeßberger*, Völkerstrafrecht, Rn. 61 ff.
[210] *Satzger*, IntStR, § 17 Rn. 5.
[211] *Satzger*, IntStR, § 17 Rn. 6 ff.; *Werle/Jeßberger*, Völkerstrafrecht, Rn. 471 ff.

gleich ein „deutsches Völkerstrafrecht" begründet. Das IStGH-Statut verpflichtet die Vertragsstaaten nicht zur Aufnahme von Völkerstraftatbeständen in ihr nationales Recht. Die Implementierung von Völkerstraftaten in deutsches Strafrecht soll jedoch nach dem erklärten Willen des deutschen Gesetzgebers vor dem Hintergrund des Komplementaritätsprinzips (Rn. 85) sicherstellen, dass Deutschland stets in der Lage ist, die in die Zuständigkeit des IStGH fallenden Verbrechen selbst verfolgen zu können.[212] Das spezifische Unrecht der Verbrechen gegen das Völkerrecht soll erfasst und Deckungslücken zwischen deutschem Strafrecht und Völkerstrafrecht vermindert werden.[213] Da das im deutschen Verfassungsrecht verankerte Gesetzlichkeitsprinzip (Art. 103 II GG) eine deutsche Strafverfolgung der völkergewohnheitsrechtlich anerkannten Tatbestände des IStGH-Statuts ausschließt, solange diese nicht in einem förmlichen Gesetz geregelt sind, stand der Gesetzgeber nur vor der Wahl, das bestehende StGB durch Einfügung neuer Straftatbestände zu erweitern oder eine einheitliche Kodifikation zu schaffen. Aus überzeugenden Gründen hat er sich für die letztgenannte Lösung entschieden. Zum einen kommt durch ein eigenständiges Gesetzeswerk der besondere Stellenwert der Rechtsmaterie zum Ausdruck, zum anderen kann ihren Eigenarten besser Rechnung getragen werden. Für eine eigenständige Kodifikation spricht nicht zuletzt auch die bessere Übersichtlichkeit und praktische Handhabbarkeit des komplexen Rechtsstoffes. Das VStGB kodifiziert die völkergewohnheitsrechtlich geltenden Völkerstraftatbestände in enger Anlehnung an das IStGH-Statut, wobei § 220a StGB a. F. (Völkermord) mit marginalen Änderungen in das neue Gesetzeswerk übernommen wurde.

2.3.4.1 Strafanwendungsrecht des VStGB

89 Die wohl bedeutsamste Einzelfrage des VStGB betrifft seinen internationalen Anwendungsbereich. Nach § 1 VStGB gilt dieses Gesetz für alle in ihm bezeichneten Straftaten gegen das Völkerrecht, für Taten nach den §§ 6 bis 12 VStGB auch dann, wenn die Tat im Ausland begangen wurde und keinen Bezug zum Inland aufweist **(Weltrechtsprinzip)**. Auf die genannten Völkerrechtsverbrechen ist demnach deutsches Strafrecht stets anwendbar, gleichgültig, wo, von wem oder gegen wen die Taten begangen worden sind.[214] Nur für Agressionsverbrechen (§ 13 VStGB), die im Ausland begangen wurden, ist ein spezifischer Inlandsbezug erforderlich. Insoweit gilt das VStGB gem. § 1 S. 2 VStGB unabhängig vom Recht des Tatorts nur, wenn der Täter Deutscher ist oder die Tat sich gegen die Bundesrepublik Deutschland richtet.[215] § 1 VStGB wird durch § 153 f StPO flankiert, der eine Einstellungsmöglichkeit für deutsche Strafverfolgungsorgane vorsieht, wenn der Inlandsbezug fehlt oder wenn vorrangige Gerichtsbarkeiten bestehen.[216]

---

[212] Zur Strafverfolgung geflüchteter Kriegsverbrecher, die unter dem Vorwand humanitärer Gründe in die Bundesrepublik Deutschland eingereist sind vgl. *Safferling/Petrossian*, JA 2019, 401 ff.

[213] Vollständige Deckungsgleichheit wird jedoch nicht erreicht; vgl. *Satzger*, NStZ 2002, 125, 127 ff.

[214] *Satzger*, IntStR, § 17 Rn. 38; *Weißer*, GA 2012, 416 ff.; *Werle/Jeßberger*, Völkerstrafrecht, Rn. 482.

[215] *Satzger*, IntStR, § 17 Rn. 40; *Werle/Jeßberger*, Völkerstrafrecht, Rn. 482, 1628.

[216] *Gierhake*, ZStW 120 (2008), 375 ff.; *Werle/Jeßberger*, Völkerstrafrecht, Rn. 483.

2.3 Völkerstrafrecht

Die Anordnung des uneingeschränkten Weltrechtsprinzips auf alle in §§ 6–12 VStGB normierten Verbrechen wirkt sich auch begrenzend auf die Zuständigkeit der deutschen Strafgewalt aus. Das Weltrechtsprinzip legitimiert die Anwendung des VStGB auf Auslandstaten ohne Inlandsbezug nämlich nur insoweit, als es sich bei den dort definierten Verbrechen zugleich um völkerrechtlich anerkannte Verbrechen handelt. Würde der deutsche Gesetzgeber nicht nur **völkerrechtskonkretisierend**, sondern **völkerrechtsfortbildend** tätig werden, so wäre die Anwendung des Weltrechtsprinzips nicht mehr zu rechfertigen und ein inländischer Anknüpfungspunkt erforderlich, da ansonsten gegen das völkerrechtliche Nichteinmischungsgebot (Rn. 9) verstoßen würde.[217]

90

2.3.4.2 Allgemeiner Teil des VStGB

Der AT umfasst nur wenige Vorschriften (§§ 1–5 VStGB). § 2 VStGB erklärt als **zentrale Umschaltnorm**[218] die Bestimmungen des allgemeinen Strafrechts für anwendbar, wenn das VStGB keine Sonderregelung trifft. Die Sonderregelungen betreffen das Strafanwendungsrecht (§ 1 VStGB), das Handeln auf Befehl (§ 3 VStGB), die Verantwortlichkeit militärischer Befehlshaber und sonstiger Vorgesetzter (§ 4 VStGB) sowie die Verjährung (§ 5 VStGB sieht die Unverjährbarkeit der Verfolgung von nach diesem Gesetz begangenen Verbrechen vor). Fragen zu Vorsatz, Irrtum, Notwehr, Notstand, Täterschaft und Teilnahme sowie Unterlassen sind anhand des StGB zu beantworten.

91

2.3.4.3 Besonderer Teil des VStGB

In §§ 6–14 VStGB werden die einzelnen Völkerstraftaten in einem Besonderen Teil normiert. Dem IStGH-Statut entsprechend enthält der Besondere Teil in § 6 VStGB den Tatbestand des **Völkermords**, der früher in § 220a StGB verankert war. Zu beachten ist, dass sich der Begriff des Völkermordes zum Teil weit von dem des Mordes entfernt, den der deutsche Rechtsanwender aus § 211 StGB kennt.[219] **Verbrechen gegen die Menschlichkeit** werden in § 7 VStGB erfasst. Dabei wird ein Katalog von Einzeltaten (Tötung eines Menschen, Versklavung, Vertreibung, Folter, Vergewaltigung, Nötigung zur Prostitution usw.) unter Strafe gestellt, wenn diese Taten im Rahmen eines ausgedehnten oder systematischen Angriffs gegen eine Zivilbevölkerung begangen werden.[220] In den §§ 8–12 VStGB sind **Kriegs- und Bürgerkriegsverbrechen** normiert, also Straftaten, die im Zusammenhang mit einem internationalen oder nichtinternationalen bewaffneten Konflikt begangen werden.[221] Im Jahre 2017 fand mit § 13 VStGB das **Aggressionsverbrechen** Ein-

92

---

[217] *Satzger*, IntStR, § 17 Rn. 39.
[218] *Werle/Jeßberger*, Völkerstrafrecht, Rn. 481.
[219] MüKoStGB/*Kreß*, § 6 VStGB Rn. 48 ff.; *Werle/Jeßberger*, Völkerstrafrecht, Rn. 954 ff.; vgl. hierzu OLG Frankfurt a. M. BeckRS 2021, 53700 (Rz. 485 ff.).
[220] MüKoStGB/*Werle/Jeßberger*, § 7 VStGB Rn. 23 ff., 46 ff.; vgl. hierzu OLG Düsseldorf BeckRS 2021, 40036 (Rz. 551 ff.).
[221] MüKoStGB/*Ambos*, Vor § 8 VStGB Rn. 20 ff.; *Lenk*, JuS 2022, 1089 ff.; *Werle/Jeßberger*, Völkerstrafrecht, Rn. 1556 ff.; vgl. hierzu OLG Düsseldorf BeckRS 2021, 53132 (Rz. 214 ff.).

gang in das Gesetz.²²² Die §§ 14–15 VStGB enthalten Sondervorschriften über die strafrechtliche Verantwortlichkeit von militärischen Befehlshabern (Sonderdelikte) wegen Verletzung der Aufsichtspflicht bzw. Unterlassen der Meldung einer Straftat (auch durch einen zivilen Vorgesetzten). Ausländische Armeeangehörige, die in Ausübung hoheitlicher Tätigkeit Kriegsverbrechen begehen, sind nicht durch funktionale Immunität vor Strafverfolgung nach dem VStGB geschützt.²²³

2.3.4.4 Zusammenfassende Bewertung – Vorbildcharakter des VStGB

93 Das VStGB versetzt Deutschland in die Lage, adäquat auf Völkerrechtsverbrechen zu reagieren. Zwar wird der Idealzustand, die im IStGH-Statut normierten Völkerstraftaten möglichst vollständig der deutschen Gerichtsbarkeit zu unterwerfen, nicht vollständig erreicht. Die verbleibenden Deckungslücken werden aber nur in seltenen Ausnahmefällen zu einer Übernahme von Verfahren durch den IStGH führen und erscheinen daher hinnehmbar. Das VStGB ist in vorbildlicher Weise um eine klare und systematische Ausgestaltung des deutschen Völkerstrafrechts bemüht und mag insoweit anderen Staaten wertvolle Anregungen für die Anpassung ihrer Rechtsordnung an das IStGH-Statut liefern.

94 Möglicherweise kann der Vorbildcharakter des VStGB sogar das künftige Europäische Strafrecht beeinflussen. In der Literatur ist mit gewichtigen Gründen der Vorschlag unterbreitet worden, die Schaffung eines EU-Finanzstrafgesetzbuches nach dem Vorbild des VStGB anzustreben.²²⁴ Hier wie dort bietet die Existenz einer gesonderten Kodifikation folgende Vorteile: Kompakte Zusammenführung und Präzisierung des komplexen und teilweise unübersichtlichen Rechtsstoffes, größere Rechtsklarheit, bessere Handhabbarkeit, Vergleichbarkeit nationaler und internationaler Rspr. bei gleichzeitiger Internationalisierung der Debatte, erhöhter Symbolwert einer Kodifikation.

2.4 Zusammenfassung von Kap. 2

95 In diesem Kapitel werden drei strafrechtliche Spezialgebiete mit grenzüberschreitenden Bezügen vorgestellt, die teilweise enge Berührungs- bzw. Überschneidungspunkte mit dem Europäischen Strafrecht aufweisen: Internationales Strafrecht, transnationales Strafrecht und Völkerstrafrecht.

96 Bei den in §§ 3–7, 9 StGB normierten Bestimmungen des **Internationalen Strafrechts** handelt es sich um **innerstaatliches Strafanwendungs-**, **Strafgewalt-** bzw. **Geltungsbereichsrecht**. Die Regeln des Internationalen Strafrechts geben Auskunft darüber, ob auf einen bestimmten Lebenssachverhalt, der sich im Ausland

---

²²² MüKoStGB/*Farthofer*, § 13 VStGB Rn. 17; *Werle/Jeßberger*, Völkerstrafrecht, Rn. 1623 ff.
²²³ BGHSt 65, 286 = JuS 2021, 991 (*Payandeh*); zust. *Ambos*, StV 2021, 549 ff.; *Frank/Barthe*, ZStW 133 (2021), 235 ff.; *Kreß*, NJW 2021, 1335; *Werle*, JZ 2021, 732 ff.
²²⁴ *Weißer*, GA 2014, 433, 440 ff.; *dies.*, Rengier-FS, S. 481 ff.

2.4 Zusammenfassung von Kap. 2

abspielt oder an dem ausländische Täter und/oder Opfer beteiligt sind, deutsche Strafnormen Anwendung finden. Falls die Auslegung der Strafnorm ergibt, dass sich ihr Schutzbereich auch auf ausländische oder supranationale Schutzgüter erstreckt, ist anhand der Bestimmungen des Internationalen Strafrechts zu prüfen, ob eine Ausdehnung der nationalen Strafgewalt zulässig ist. In welchem Umfang ein Staat seine Strafgewalt in Anspruch nehmen und ausdehnen darf, wird durch das Völkerrecht bestimmt, das in allen Fällen mit Auslandsberührung die Geltendmachung eines legitimierenden Anknüpfungspunkts verlangt, der im Einzelfall einen unmittelbaren Bezug zur Strafverfolgung im Inland herstellt. Als **völkerrechtlich legitimierende Anknüpfungspunkte** kommen insbesondere der Begehungsort einer Tat (**Territorialitätsprinzip**), die Staatsangehörigkeit des Täters oder des Opfers (**aktives** bzw. **passives Personalitätsprinzip**), der Schutz bestimmter inländischer Rechtsgüter (**Schutzprinzip**) bzw. von Interessen universellen Charakters (**Weltrechtsprinzip**), das **Prinzip der stellvertretenden Strafrechtspflege** sowie das **Kompetenzverteilungsprinzip** in Betracht. Alle genannten Prinzipien finden im deutschen Strafanwendungsrecht – zumeist in kombinierter Form – ihren spezifischen Ausdruck. In der Praxis wirft insbesondere die Auslegung des durch den **Ubiquitätsgrundsatz** konkretisierten Territorialitätsprinzips (§§ 3, 9 StGB) Probleme auf, namentlich wenn es um sog. **Distanzdelikte** (z. B. Äußerungsdelikte im Internet, grenzüberschreitende Umweltdelikte) geht.

Transnationales Strafrecht ist eine Rechtsmaterie, die sich im weitesten Sinne mit dem rechtlichen, institutionell-organisatorischen und verfahrenstechnischen Instrumentarium der **grenzüberschreitenden Zusammenarbeit in Strafsachen** sowie damit zusammenhängender Rechtsschutzprobleme befasst. Ein Bereich, in dem die transnationale Kooperation in Strafsachen schon eine lange Tradition besitzt, ist die **internationale Rechtshilfe in Strafsachen**. Hierunter versteht man jede Unterstützung, die vom ersuchten Staat für ein ausländisches Strafverfahren gewährt wird. Traditionelle Bereiche der Rechtshilfe sind der **Auslieferungsverkehr**, die Unterstützung bei der Vollstreckung strafrechtlicher Sanktionen (**Vollstreckungshilfe**) und die **sonstige Rechtshilfe**.

Pflege und Entwicklung der internationalen Rechtshilfe in Strafsachen sind seit jeher ein zentrales Anliegen des Europarates. Die von den Mitgliedstaaten ratifizierten **Rechtshilfekonventionen des Europarates** fungieren als **Mutterkonventionen** des europäischen Rechtshilfeverkehrs, auf denen zahlreiche bilaterale oder multilaterale Ergänzungsverträge sowie deliktsbezogene Übereinkommen aufbauen. Innerhalb der EU erlangen neuartige Formen der zwischenstaatlichen Zusammenarbeit in Strafsachen wachsende Bedeutung, die sich von den Mechanismen der klassischen Rechtshilfe lösen. Zu einem grundlegenden Paradigmenwechsel im Auslieferungsverkehr zwischen den EU-Mitgliedstaaten führt das neue Instrumentarium des **Europäischen Haftbefehls**.

Um echtes supranationales Strafrecht handelt es sich beim **Völkerstrafrecht**. Nach einer pragmatischen Definition sind dem Völkerstrafrecht alle universell geltenden Normen zuzuordnen, die eine unmittelbare strafrechtliche Verantwortung von Individuen durch Völkerrecht konstituieren. Anerkannte Völkerrechtsverbrechen sind die **Kriegsverbrechen**, **Verbrechen gegen die Menschlichkeit**,

Völkermord und das **Aggressionsverbrechen**. Solange die Völkergemeinschaft nicht über eine eigene Strafgerichtsbarkeit verfügte, erfolgte die Durchsetzung des Völkerstrafrechts im Wesentlichen durch die nationalen Organe der Staaten, die ihre Zuständigkeit zur Strafverfolgung durch Annahme eines entsprechenden innerstaatlichen Rechtsakts erklärt haben. Eine Strafverfolgung durch internationale Organe fand bislang nur in historischen Ausnahmesituationen statt. Zu denken ist etwa an die **Internationalen Kriegsverbrechertribunale** von **Nürnberg** und **Tokio** (International Military Tribunals) oder an die Einrichtung von **Internationalen Ad-hoc-Strafgerichtshöfen** zur Verfolgung schwerer Kriegsverbrechen im **ehemaligen Jugoslawien** (1993) bzw. in **Ruanda** (1995). Die Errichtung eines **Internationalen Strafgerichtshofes** (IStGH) mit Sitz in Den Haag, der am 11.03.2003 seine Arbeit aufgenommen hat, bedeutet einen Quantensprung in der Entwicklung einer Völkerstrafgerichtsbarkeit. Der IStGH ist als **Weltstrafgerichtshof** zuständig für die Aburteilung von Verbrechen des Völkermordes, Verbrechen gegen die Menschlichkeit, Kriegsverbrechen und Aggression, die seit dem 01.07.2002 auf dem Gebiet eines Vertragsstaates oder durch Angehörige eines Vertragsstaates begangen worden sind. Das IStGH-Statut weist dem IStGH die Aburteilungskompetenz zu, sofern der **Tatortstaat** oder der **Heimatstaat** des Täters das Statut ratifiziert haben. Folglich unterfallen auch Staatsangehörige von Nichtvertragsstaaten unter das Zuständigkeitsregime des IStGH, wenn sie eine Völkerstraftat auf dem Gebiet eines Vertragsstaates begangen haben. Das allgemeine Zuständigkeitsregime wird durch die sicherheitsratsgestützte Zuständigkeit erweitert.

100 Das IStGH-Statut geht von einer zweifachen Durchsetzungsmöglichkeit des Völkerstrafrechts aus. Zum einen eröffnet es den Weg für eine Aburteilung völkerstrafrechtlicher Verbrechen auf internationaler Ebene durch den IStGH. Zum anderen gestattet es die Durchsetzung des Völkerstrafrechts durch die Vertragsstaaten. Erreicht wird dies durch die Festschreibung des **Grundsatzes der Komplementarität**, wonach die nationale Strafgerichtsbarkeit Vorrang vor der des IStGH genießt. Der IStGH darf seine Gerichtsbarkeit erst ausüben, wenn ein Vertragsstaat nicht fähig oder willens ist, die Strafverfolgung ernsthaft zu betreiben. Mit dem am 30.06.2002 in Kraft getretenen **Völkerstrafgesetzbuch (VStGB)** wurde das nationale Strafrecht an die Bestimmungen des IStGH-Statuts angepasst und damit zugleich ein „deutsches Völkerstrafrecht" begründet. Die Implementierung von Völkerstraftaten in deutsches Strafrecht versetzt Deutschland in die Lage, die in die Zuständigkeit des IStGH fallenden Verbrechen selbst verfolgen zu können.

Literatur

Ambos, Internationales Strafrecht, 5. Aufl., 2018, §§ 1–4 (Strafanwendungsrecht), §§ 5–8 (Völkerstrafrecht)
Esser, Europäisches und Internationales Strafrecht, 3. Aufl., 2023, § 16 (Strafanwendungsrecht), §§ 17–23 (Völkerstrafrecht), § 24 (Rechtshilfe in Strafsachen)
Frank/Barthe, Immunitätsschutz fremdstaatlicher Funktionsträger vor nationalen Gerichten, ZStW 133 (2021), 235
Hüttemann, in: *Böse* (Hrsg.), Europäisches Strafrecht, 2. Aufl., 2021, § 13 (Prinzipien der klassischen Rechtshilfe)

Lenk, Strafbarkeit und Verfolgbarkeit von Kriegshandlungen, JuS 2022, 1089
ders., Zum Tatbegriff im Rahmen der §§ 3, 9 I StGB, JZ 2024, 360
Safferling/Petrossian, Kriegsverbrecher unter den Flüchtlingen – Der Umgang der deutschen Justiz mit verdeckt nach Deutschland einreisenden Völkerrechtsverbrechern, JA 2019, 401
Satzger, Internationales und Europäisches Strafrecht, 10. Aufl., 2022, §§ 3–6 (Strafanwendungsrecht), §§ 12–17 (Völkerstrafrecht)
Walter, Wie im Internationalen Strafrecht schlechte Rechtsprechung zu schlechter Gesetzgebung geführt hat, NStZ 2022, 718
Walther, „Tat" und „Täter" im transnationalen Strafanwendungsrecht des StGB, JuS 2012, 203
Weißer, Das Prinzip der Weltrechtspflege in Theorie und Praxis, GA 2012, 416
Werle/Jeßberger, Völkerstrafrecht, 5. Aufl., 2020

Rechtsprechungshinweise

BVerfGE 92, 277 (legitimierender Anknüpfungspunkt)
BVerfGE 96, 100 (gerichtliche Überprüfbarkeit der Bewilligungsentscheidung)
BVerfGE 113, 273 (Nichtigerklärung des EuHbG v. 21.07.2004)
BGHSt 42, 279 (Erfordernis der Tatortstrafbarkeit)
BGHSt 46, 212 (§ 130 III StGB – Erfolgsbegriff des § 9 I Var. 3 StGB)
BGHSt 46, 292 (Weltrechtsprinzip bei der Verfolgung internationaler Verbrechen)
BGH NStZ 2015, 81 (§ 86a StGB umschreibt keinen Erfolg i. S. d. § 9 I Var. 3 StGB)
BGH NStZ 2017, 146 (§ 130 III StGB umschreibt keinen Erfolg i. S. d. § 9 I Var. 3 StGB)
BGH NJW 2018, 2742 (§ 261 StGB umschreibt keinen Erfolg i. S. d. § 9 I Var. 3 StGB)
BGH NStZ 2019, 460 (Prinzip der stellvertretenden Strafrechtspflege)
BGHSt 65, 286 (Ausländische Armeeangehörige sind nicht vor Strafverfolgung nach dem VStGB geschützt)
BGHSt 67, 177 (Tatbegriff der §§ 3, 9 StGB)
BGH BeckRS 2023, 19506 (Verbrechensverabredung i. S. d. § 30 II StGB als Tathandlungsort i. S. d. § 9 I Var. 1 StGB)
BGH NJW 2023, 3028 (EuHb und Gesamtstrafe – Spezialitätsgrundsatz)
OLG München NJW 2007, 788 (Transnationales Doppelbestrafungsverbot als Auslieferungshindernis)
OLG Hamm NStZ-RR 2018, 292 (§ 130 I StGB umschreibt keinen Erfolg i. S. d. § 9 I Var. 3 StGB)
OLG Schleswig NJW 2018, 1699 („*Puigdemont*" – Beiderseitige Strafbarkeit)
OLG Bremen NStZ-RR 2022, 126 (Verstoß gegen Ordre public als Auslieferungshindernis)
OLG Karlsruhe BeckRS 2024, 4127 (Verstoß gegen Ordre public als Auslieferungshindernis)

Teil II

Träger des Europäischen Strafrechts und ihre Handlungsformen

Europarat 3

3.1 Strukturen und Ziele des Europarates

Betrachtet man die Entwicklung des Europäischen Strafrechts im Spiegel internationaler Organisationen und Institutionen, so fällt der Blick zunächst auf den Europarat. Von ihm gehen schon seit Jahrzehnten die verschiedensten Initiativen in den Bereichen Strafrecht, Kriminalpolitik, Verfassungsrecht und Menschenrechtsschutz mit dem Ziel der Rechtsvereinheitlichung und der Förderung der zwischenstaatlichen Zusammenarbeit aus.

3.1.1 Rechtsnatur des Europarates

Der Europarat ist eine am 05.05.1949 gegründete **internationale Organisation** „klassischen Zuschnitts" mit Sitz in Straßburg (Europa-Palais).[1] Seine Aufgabe ist es, eine engere Verbindung zwischen seinen Mitgliedern zum Schutze und zur Förderung der Ideale und Grundsätze, die ihr gemeinsames Erbe bilden, herzustellen und ihren wirtschaftlichen und sozialen Fortschritt zu fördern (vgl. Art. 1 lit. a Europaratssatzung). Erfüllt werden soll diese Aufgabe durch Beratung von Fragen von gemeinsamen Interesse, durch den Abschluss von Abkommen, durch gemeinschaftliches Vorgehen sowohl auf wirtschaftlichem, sozialem, kulturellem und wissenschaftlichem Gebiet als auch in den Bereichen des Rechts und der Verwaltung sowie durch den Schutz und die Fortentwicklung der Menschenrechte und Grundfreiheiten (vgl. Art. 1 lit. b Europaratssatzung). Seit dem Ausschluss Russlands am 16.03.2022 gehören dem Europarat 46 Staaten an, darunter auch alle 27 EU-Mitgliedstaaten.

---

[1] *Esser*, EuStR, § 8; *Herdegen*, Europarecht, § 2.

3 **Übersicht: Die 46 Mitgliedstaaten des Europarates (Beitrittsdaten)**

Albanien (13.07.1995)	Andorra (10.11.1994)
Armenien (25.01.2001)	Aserbaidschan (25.01.2001)
Belgien (05.05.1949)	Bosnien und Herzegowina (24.04.2002)
Bulgarien (07.05.1992)	Dänemark (05.05.1949)
Deutschland (13.07.1950)	Estland (14.05.1993)
Finnland (05.05.1989)	Frankreich (05.05.1949)
Georgien (27.04.1999)	Griechenland (09.08.1949)
Irland (05.05.1949)	Island (09.03.1950)
Italien (05.05.1949)	Kroatien (06.11.1996)
Lettland (10.02.1995)	Liechtenstein (23.11.1978)
Litauen (14.05.1993)	Luxemburg (05.05.1949)
Malta (29.04.1965)	Ehem. Jugosl. Rep. Mazedonien (09.11.1995)
Moldawien (13.07.1995)	Monaco (05.10.2004)
Montenegro (11.05.2007)	Niederlande (05.05.1949)
Norwegen (05.05.1949)	Österreich (16.04.1956)
Polen (29.11.1991)	Portugal (22.09.1976)
Rumänien (07.10.1993)	San Marino (16.11.1988)
Schweden (05.05.1949)	Schweiz (06.05.1963)
Serbien (03.04.2003)	Slowakei (30.06.1993)
Slowenien (14.05.1993)	Spanien (24.11.1977)
Tschechische Republik (30.06.1993)	Türkei (13.04.1950)
Ukraine (09.11.1995)	Ungarn (06.11.1990)
Vereinigtes Königreich (05.05.1949)	Zypern (24.05.1961)

Beobachterstatus im Ministerkomitee: Kanada (29.05.1996) – Heiliger Stuhl (07.03.1970) – Japan (20.11.1996) – Mexiko (01.12.1999) – USA (10.01.1996); **Beobachterstatus bei der Parlamentarischen Versammlung**: Kanada (28.05.1997) – Israel (02.12.1957) – Mexiko (04.11.1999).

4 Der Europarat ist die umfassendste Staatenvereinigung Europas. Ihr gemeinsames Band ist die Verpflichtung zur Rechtsstaatlichkeit. Alle Mitgliedstaaten bekennen sich zum Grundsatz der Vorherrschaft des Rechts sowie zur Anerkennung von Menschenrechten und Grundfreiheiten (Art. 3 S. 1 Europaratssatzung). Dieses Prinzip ist vorrangig inkorporiert in der **Europäischen Konvention zum Schutz der Menschenrechte und Grundfreiheiten (EMRK)** v. 04.11.1950 und ihren Zusatzprotokollen. Bei schwerwiegender Missachtung dieser Grundsätze kann das entscheidende Organ des Europarats, das Ministerkomitee, einem Mitgliedstaat das Recht auf Vertretung vorläufig entziehen und ihn zum Austritt auffordern. Als schärfstes Mittel kann das Komitee den Ausschluss des Mitgliedstaates beschließen.

3.1.2 Organe des Europarates

5 **Organe des Europarates** sind das **Ministerkomitee**, die **Parlamentarische Versammlung** sowie der **Kongress der Gemeinden und Regionen Europas**.[2] Das

---

[2] *Esser*, EuStR, § 8 Rn. 4 ff.; *Satzger*, InStR, § 11 Rn. 3 ff.

3.1 Strukturen und Ziele des Europarates

Ministerkomitee ist das Entscheidungsorgan des Europarates. Es setzt sich aus den Außenministern der Mitgliedstaaten bzw. ihren Ständigen Vertretern zusammen. Die Parlamentarische Versammlung ist das beratende Organ, das sich aus 306 Mitgliedern und 306 Stellvertretern zusammensetzt, die von den 46 nationalen Parlamenten benannt werden. Die Zahl der Vertreter, die von den nationalen Parlamenten entsandt werden, ist für jeden Staat genau festgelegt (zwischen 2 und 18). Ebenfalls ein beratendes Organ ist der Kongress der Gemeinden und Regionen Europas, der die Interessen der Regional- und Kommunalbehörden vertritt. Die Aktivitäten des Europarates werden von einem **Generalsekretär** geleitet und koordiniert, der von der Parlamentarischen Versammlung gewählt wird. Im **Sekretariat** des Europarats arbeiten unter der Leitung des Generalsekretärs ca. 2500 Fachkräfte aus allen Mitgliedstaaten.

Der **Europäische Gerichtshof für Menschenrechte (EGMR)** und das **Anti-Folter-Komitee** sind keine Organe des Europarats, sondern Organe der sie tragenden Konventionen (EMRK bzw. Anti-Folter-Konvention).

3.1.3 Arbeitsprogramm des Europarates

Zentrale Themen des Europarats sind die Bereiche „Demokratie und Menschenrechte", „Sozialer Zusammenhalt", „Sicherheit der Bürger" sowie „Demokratische Werte und kulturelle Vielfalt". Der Europarat organisiert regelmäßig Fachministerkonferenzen (für Justiz, Bildung, Familienangelegenheiten, Gesundheit, Umwelt, kommunale Verwaltung, Migration, Gleichstellung von Mann und Frau, Arbeit, Massenmedien, Kultur, Sport, Jugend usw.), auf denen die aktuellen Probleme in diesen Bereichen analysiert und diskutiert werden. Amtssprachen des Europarates sind Englisch und Französisch, doch werden auch Deutsch, Italienisch und Russisch von der Parlamentarischen Versammlung als Arbeitssprachen eingesetzt.

Die Arbeit des Europarats findet Ausdruck in themenzentrierten **Empfehlungen** sowie in **Konventionen** und **Abkommen**, die den Mitgliedstaaten zu Beitritt und Ratifikation angeboten werden.[3] Diese können den Anstoß geben und die Grundlage bilden für die Änderung bzw. Harmonisierung des nationalen Rechts in den Mitgliedstaaten. Der Europarat verabschiedet auch Teilabkommen, die eine Art der Zusammenarbeit „mit variabler Geometrie" darstellen und jeweils interessierten Mitgliedstaaten die Möglichkeit geben, mit Zustimmung der anderen Mitglieder spezifische Arbeiten von allgemeinem Interesse durchzuführen.

Als völkerrechtlicher Zusammenschluss souveräner Staaten kann der Europarat selbst keine Rechtsvorschriften erlassen, die in den Einzelstaaten unmittelbare Geltung beanspruchen. Es bleibt stets der souveränen Entscheidung der Mitgliedstaaten überlassen, ob sie einer Konvention des Europarats beitreten und diese durch Ratifikation in innerstaatliches Recht transformieren.

---

[3] *Esser*, EuStR, § 8 Rn. 15 ff.; *Schramm*, IntStR, Kap. 3 Rn. 6 ff.

3.2 Strafrechtsrelevante Aktivitäten des Europarates

3.2.1 European Committee on Crime Problems

10 Bereits im Jahre 1957 hat das Ministerkomitee den Europäischen Ausschuss für Strafrechtsprobleme (ECCP[4] bzw. CDPC[5]) mit dem Ziel gegründet, die Arbeiten auf strafrechtlichem Gebiet zu intensivieren.[6] Dem ECCP kommt dabei die Aufgabe zu, die Arbeiten an Fragen des Straf- und Strafverfahrensrechts, der internationalen Zusammenarbeit in Strafsachen ebenso wie der Strafvollstreckung, des Strafvollzugs, der Kriminologie und der Kriminalpolitik zu koordinieren. Innerhalb des ECCP bestehen Unterausschüsse, deren Mitglieder aufgrund ihrer besonderen Fachkenntnisse mit der Untersuchung bestimmter Spezialprobleme betraut werden. Das ECCP betreibt strafrechtsrelevante Grundlagenforschung und erstellt Vorarbeiten für völkerrechtliche Vereinbarungen. Zu denken ist etwa an rechtsvergleichende Studien über ausgewählte strafrechtliche Problemfelder, wie z. B. Terrorismusbekämpfung, Umweltschutz, Verbraucherschutz, Opferschutz. Bisher wurden über 100 strafrechtsrelevante Resolutionen und Empfehlungen verabschiedet.

3.2.2 Strafrechtsrelevante Konventionen

3.2.2.1 Übersicht

11 Von den über 50 strafrechtsrelevanten Konventionen,[7] die der Europarat initiiert und ausgearbeitet hat, werden folgende exemplarisch aufgeführt:

- Europ. Menschenrechtskonvention (EMRK) v. 04.11.1950 (ETS Nr. 005)
- Europ. Auslieferungsübk. v. 13.12.1957 (ETS Nr. 24) mit vier ZP v. 15.10.1975 (ETS Nr. 86), 17.03.1978 (ETS Nr. 98), 10.11.2010 (ETS Nr. 209) und 20.09.2012 (ETS Nr. 212)
- Europ. Übk. über die Rechtshilfe in Strafsachen v. 20.04.1959 (ETS Nr. 30) mit zwei ZP v. 17.03.1978 (ETS Nr. 99) und 08.11.2001 (ETS Nr. 182)
- Europ. Übk. zur Bekämpfung des Terrorismus v. 27.01.1977 (ETS Nr. 90) und Protokoll zur Änderung dieses Übk. v. 15.05.2003 (ETS Nr. 190)
- ZP Nr. 6 zur EMRK über die Abschaffung der Todesstrafe v. 28.04.1983 (ETS Nr. 114)
- Europ. Übk. zur Verhütung von Folter und unmenschlicher oder erniedrigender Behandlung oder Strafe v. 26.11.1987 (ETS Nr. 126) mit zwei ZP v. 04.11.1993 (ETS Nr. 151, 152)

---

[4] European Committee on Crime Problems (engl.).
[5] Comité Européen pour les Problèmes Criminels (franz.).
[6] *Esser*, EuStR, § 8 Rn. 20; *Satzger*, IntStR, § 11 Rn. 6.
[7] Diese können abgerufen werden unter www.conventions.coe.int.

- Europ. Übk. über Geldwäsche sowie Ermittlung, Beschlagnahme und Einziehung von Erträgen aus Straftaten v. 08.11.1990 (ETS Nr. 141)[8]
- Europ. Übk. über den Schutz der Umwelt durch Strafrecht v. 04.11.1998 (ETS Nr. 172)[9]
- Strafrechtliches Anti-Korruptionsübk. v. 27.01.1999 (ETS Nr. 173)[10] mit ZP v. 15.05.2003 (ETS Nr. 191)
- Europ. Übk. zur Datennetzkriminalität („Cybercrime-Konvention") v. 23.11.2001 (ETS Nr. 185)[11] mit 1. ZP zur Kriminalisierung von Handlungen rassistischer und fremdenfeindlicher Art begangen durch Computersysteme v. 28.01.2003 (ETS Nr. 189) und 2. ZP betreffend die Verstärkung der Zusammenarbeit und der Weitergabe von elektronischem Beweismaterial v. 12.05.2022 (ETS Nr. 224)
- ZP Nr. 13 zur EMRK über die Abschaffung der Todesstrafe unter allen Umständen v. 03.05.2002 (ETS Nr. 187)[12]
- Europ. Übk. zur Terrorismusprävention v. 16.05.2005 (ETS Nr. 196)[13]
- Europ. Übk. gegen Menschenhandel v. 16.05.2005 (ETS Nr. 197)[14]
- Europ. Übk. über Geldwäsche, Terrorismusfinanzierung sowie Ermittlung, Beschlagnahme und Einziehung von Erträgen aus Straftaten v. 16.05.2005 (ETS Nr. 198)[15]
- Übk. des Europarates zum Schutz von Kindern vor sexueller Ausbeutung und sexuellem Missbrauch („Lanzarote-Konvention") v. 25.10.2007 (ETS Nr. 201)[16]
- Übk. zur Verhütung und Bekämpfung von Gewalt gegen Frauen und häuslicher Gewalt („Istanbul-Konvention") v. 11.05.2011 (ETS Nr. 210)[17]
- Konvention über die Fälschung von Arzneimittelprodukten und ähnliche Verbrechen („Medicrime-Konvention") v. 28.10.2011 (ETS Nr. 211)[18]
- Übk. über die Manipulation von Sportwettbewerben v. 18.09.2014 (ETS Nr. 215)[19]
- Konvention des Europarates gegen den Handel mit menschlichen Organen v. 25.03.2015 (ETS Nr. 216)
- Übk. des Europarates über Straftaten im Zusammenhang mit Kulturgut v. 19.05.2017 (ETS Nr. 221)

---

[8] *Ambos*, IntStR, § 11 Rn. 3; *Dannecker/Schröder*, in: *Böse* (Hrsg.), EuStR, § 8 Rn. 153.
[9] *Knaut*, Europäisierung, S. 243 ff.
[10] *Dannecker/Bülte*, Hb. WiStR, 2. Kap. Rn. 52; *Kubiciel*, ZStW 120 (2008), S. 429 ff.
[11] *Ambos*, IntStR, § 11 Rn. 4; *Dannecker/Bülte*, Hb. WiStR, 2. Kap. Rn. 53 ff.
[12] *Rosenau*, ZIS 2006, 338, 339 f.
[13] *Dannecker/Bülte*, Hb. WiStR, 2. Kap. Rn. 48 f.; *Zöller*, Terrorismusstrafrecht, passim.
[14] Vgl. hierzu *Post* und *Zimmermann*, Menschenhandel, passim.
[15] *Dannecker/Bülte*, Hb. WiStR, 2. Kap. Rn. 50.
[16] S/S-*Eisele*, § 184b Rn. 1.
[17] MüKoStGB/*Renzikowski*, Vor § 174 Rn. 123.
[18] *Dannecker/Bülte*, Hb. WiStR, 2. Kap. Rn. 54a.
[19] *Dannecker/Bülte*, Hb. WiStR, 2. Kap. Rn. 54b.

3.2.3 Praktische Bedeutung der Konventionen

12   Die mit Abstand größte praktische Bedeutung kommt der EMRK zu. Sie etabliert als objektive Wertordnung einen gemeineuropäischen Grundrechtsstandard und begründet Abwehrrechte des Einzelnen gegenüber den Konventionsstaaten (Rn. 17 ff.). Auf Europaratskonventionen fußt die grenzüberschreitende Zusammenarbeit in Strafsachen. Außerdem beeinflussen die Übereinkommen die Kriminalpolitik und Strafgesetzgebung auf Unionsebene sowie in den Konventionsstaaten.[20]

13   Das **EuAlÜbk** v. 13.12.1957 (ETS Nr. 24) und das **EuRhÜbk** v. 20.04.1959 (ETS Nr. 30) konstituieren als sog. **Mutterkonventionen** des europäischen Rechtshilfeverkehrs einen rechtlichen Rahmen, auf dem zahlreiche bi- und multilaterale Übk. sowie EU-Maßnahmen aufbauen (Kap. 2 Rn. 62 ff.). Die Vollstreckungshilfe wird bis heute maßgeblich von dem **Überstellungsübk.** v. 21.03.1983 (ETS Nr. 112) geprägt. Nach seinem Art. 2 II hat jede verurteilte Person das Recht, dem Urteils- oder Vollstreckungsstaat gegenüber den Wunsch zu äußern, nach Maßgabe dieses Übk. überstellt zu werden. Die Vollstreckungshilfe stellt ein wesentliches Element der grenzüberschreitenden Strafrechtspflege dar, zumal die Auslieferung eines in seinen Heimatstaat zurückgekehrten verurteilten Straftäters an den Urteilsstaat vielfach an rechtlichen Hindernissen scheitert. Im Übrigen verspricht eine Strafvollstreckung im Heimatstaat des Straftäters bessere Resozialisierungschancen.

14   Die Arbeit mit multilateralen Übk. erfordert oft die Kenntnis des Straf- und Strafverfahrensrechts der Partnerstaaten (z. B. beiderseitige Strafbarkeit als Auslieferungsvoraussetzung). Daher kommt dem Austausch von Informationen über das ausländische Recht praktische Bedeutung zu. In dem **ZP v. 15.03.1978 zu dem Europ. Übk. v. 07.06.1968 betreffend Auskünfte über ausländisches Recht** (ETS Nr. 97) wird den Vertragsparteien ein Anspruch auf die gegenseitige Erteilung von Rechtsauskünften in Strafsachen, namentlich über ihr materielles Strafrecht, Strafverfahrensrecht und ihre Gerichtsverfassung gewährt. Der BGH hat von diesem Auskunftsanspruch z. B. Gebrauch gemacht, als er darüber zu entscheiden hatte, ob einem nach belgischem Recht abgeschlossenen Vergleich („transactie") zwischen einer belgischen Finanzbehörde und einem Abgabenhinterzieher gem. Art. 54 SDÜ strafklageverbrauchende Wirkung auch in Deutschland zukommt (Kap. 12 Rn. 20 ff.). Um diese Frage entscheiden zu können, verlangte er authentische Informationen über bestimmte Rechtsfragen, die das belgische Justizministerium konventionsgetreu übermittelt hat.[21]

15   Bei der Ausarbeitung nationaler oder europäischer Rechtsakte bieten die Europaratskonventionen ausgefeilte Regelungsmodelle an. Vor allem aber ermöglichen sie eine Rechtsangleichung durch Entwicklung gemeinsamer Definitionen. So beeinflusste z. B. das am 01.09.1993 in Kraft getretene **Übk. des Europarates über das Waschen, das Aufspüren, die Beschlagnahme und die Einziehung der Erträge aus Straftaten** v. 08.11.1990 (ETS Nr. 141) legislative Maßnahmen gegen Geld-

---

[20] *Dannecker/Bülte*, Hb. WiStR, 2. Kap. Rn. 44 ff.
[21] BGH NStZ 1998, 149; BGH NStZ 1999, 250; *Schomburg*, StV 1999, 244, 246.

wäsche auf mitgliedstaatlicher und EU-Ebene. Das Übk. zielt darauf ab, den Vortatenkatalog der nationalen Geldwäschetatbestände über den Bereich der Betäubungsmitteldelikte auf alle Straftaten auszudehnen. Darüber hinaus enthält es detaillierte Rechtshilferegelungen für die Phasen Ermittlung, vorläufige Sicherung und Einziehung von Tatwerkzeugen sowie illegal erlangter Erträge und Vermögensgegenstände. Seine Vorgaben sind in die inzwischen sechs **Geldwäsche-RL** der EG/EU eingeflossen, die ihrerseits das Geldwäschestrafrecht der EU-Mitgliedstaaten harmonisieren (Kap. 8 Rn. 10, 82 ff.).[22] Weitere praxisrelevante Beispiele bilden die völkerrechtlichen Verpflichtungen, die sich aus dem **Europ. Übk. gegen Menschenhandel** v. 16.05.2005 (ETS Nr. 197),[23] dem **Übk. des Europarates zum Schutz von Kindern vor sexueller Ausbeutung und sexuellem Missbrauch** („Lanzarote-Konvention") v. 25.10.2007 (ETS Nr. 201)[24] und dem **Übk. zur Verhütung und Bekämpfung von Gewalt gegen Frauen und häuslicher Gewalt** („Istanbul-Konvention") v. 11.05.2011 (ETS Nr. 210)[25] für die nationale Strafgesetzgebung ergeben.

3.2.4 Europarat als Forum paneuropäischer Kooperation

Es hat sich gezeigt, dass dem Streben nach Rechtsvereinheitlichung selbst im Kreis der durch die EMRK verbundenen Staaten Grenzen gesetzt sind. Die meisten Konventionen des Europarates sind mangels der erforderlichen Zahl von Ratifikationen in den Mitgliedstaaten nicht in Kraft getreten. Schrittmacher der europäischen Strafrechtsentwicklung ist derzeit nicht der Europarat, sondern die EU. Diese verfügt seit dem Inkrafttreten des Lissabonner Reformvertrags über weitreichende Harmonisierungsbefugnisse im Bereich des Straf- und Strafverfahrensrechts (Kap. 8 und 11). Nichtsdestotrotz spielt der Europarat weiterhin eine bedeutende Rolle als Forum paneuropäischer Zusammenarbeit auf dem Gebiet der Strafrechtspflege. Die Berichte, Konferenzen und Kolloquien sind aus der Entwicklung der europäischen Kriminalpolitik nicht mehr hinwegzudenken. Neben der politischen Erfahrung, die der Europarat durch die Ausarbeitung und den Abschluss zahlreicher Konventionen auf dem Gebiet der Kriminalitätsbekämpfung und der internationalen Strafrechtspflege erlangt hat, prädestinieren ihn vor allem seine im Verhältnis zur EU größere Zahl an Mitgliedern und die dadurch bedingte kriminalgeografische Abdeckung als geeignete Institution für eine Abstimmung der nationalen Kriminalpolitiken. Gerade die postkommunistischen Staaten können bei der notwendigen Umgestaltung ihres Strafrechts aus dem auf Europaratsebene gebündelten Sachverstand Nutzen ziehen. Letzteres ist von zentraler Bedeutung, weil sich Ost-, Mittel- und Westeuropa mittlerweile zu einem zusammenhängenden **kriminalgeografischen Aktionsraum** entwickelt haben.[26]

16

---

[22] *Dannecker/Schröder*, in: *Böse* (Hrsg.), EuStR, § 8 Rn. 156; S/S-*Hecker*, § 261 Rn. 1.
[23] S/S-*Eisele*, § 232 Rn. 2 ff.
[24] S/S-*Eisele*, § 184b Rn. 1.
[25] *Hörnle*, NStZ 2017, 13 ff.; MüKoStGB/*Renzikowski*, Vor § 174 Rn. 123.
[26] *Kohl*, Transnationale Kriminalität, S. 30 ff.; *Zachert*, in: Sieber (Hrsg.), Europäische Einigung, S. 61, 76.

3.3 Bedeutung der EMRK für die europäische Strafrechtspflege

17 Entsprechend ihrer Ausrichtung am Schutz der Menschenrechte erstrecken sich die einzelnen Garantien der EMRK auf alle Rechtsbereiche einschließlich und namentlich des Straf- und Strafverfahrensrechts. Wie die folgende Übersicht zeigt, stehen die menschenrechtlichen Garantien in weiten Teilen in einem spezifisch strafrechtlichen oder zumindest strafrechtsrelevanten Kontext.

18 **Übersicht: Strafrechtsrelevante Garantien der EMRK und ihrer Zusatzprotokolle**

Art. 2 I	Recht auf Leben
Art. 3	Verbot von Folter, unmenschlicher oder erniedrigender Strafe oder Behandlung
Art. 4 I–III	Verbot der Sklaverei und Zwangsarbeit
Art. 5 I	Recht auf Freiheit und Sicherheit
Art. 5 II–V	Rechte von Festgenommenen
Art. 6 I	Recht auf ein faires Verfahren
Art. 6 II	Unschuldsvermutung
Art. 6 III	Rechte von Angeklagten, insbesondere Recht auf Verteidigerbeistand und Konfrontation mit Belastungszeugen
Art. 7 I	Keine Strafe ohne Gesetz
Art. 8 I	Achtung des Privat- und Familienlebens, der Wohnung und Korrespondenz
Art. 9 I	Gedanken-, Gewissens- und Religionsfreiheit
Art. 10 I	Freiheit der Meinungsäußerung
Art. 11 I	Versammlungs- und Vereinigungsfreiheit
Art. 13	Recht auf wirksame Beschwerde
Art. 14	Diskriminierungsverbot
Art. 34	Individualbeschwerderecht
Art. 1 6. ZP	Abschaffung der Todesstrafe
Art. 2 I 7. ZP	Rechtsmittel in Strafsachen
Art. 3 7. ZP	Recht auf Entschädigung bei Fehlurteilen
Art. 4 I 7. ZP	Ne bis in idem
Art. 1, 2 13. ZP	Abschaffung der Todesstrafe unter allen Umständen

19 Von allen Konventionen des Europarates hat die EMRK die nachhaltigste und prägendste Wirkung auf die Strafrechtspflege der Konventionsstaaten entfaltet. Als **gemeineuropäisches Grundgesetz** gewährleistet sie einen bei jeder Strafverfolgung zu wahrenden Grundrechtsstandard. Mit der **Individualbeschwerde** (Art. 34 EMRK), die beim EGMR zu erheben ist, stellt sie ein bedeutsames völkerrechtliches Instrument zur effektiven Durchsetzung dieser Garantien zur Verfügung. Die reiche Spruchpraxis des EGMR formt die europäischen Grundfreiheiten nicht selten bis hin zu äußerst konkreten Gewährleistungen aus. Dadurch werden die Strafrechtssysteme der Konventionsstaaten „von außen her" auf übernational gültige Maßstäbe der Fairness und Rechtsstaatlichkeit verpflichtet. Das von der EMRK und ihren Zusatzprotokollen etablierte System des Menschenrechtsschutzes wird deshalb zu Recht als eine der „Triebfedern" bzw. als „Katalysator" der Europäisierung

des Strafrechts bezeichnet.[27] Die in ihr enthaltenen Verfahrensgarantien gehen zum Teil über die Gewährleistungen des nationalen Rechts (Verfassungs- und Strafprozessrecht) hinaus. Zu den Hauptproblemfeldern, mit denen sich der EGMR in den letzten Jahrzehnten zu befassen hatte, gehören die nach der EMRK zu wahrenden Grenzen bei der Bekämpfung von Terrorismus und Separatismus, die rechtsstaatliche Bewältigung des Übergangs von der Diktatur zur Demokratie, Justizdefizite in den Konventionsstaaten, Folterverbot sowie Pressefreiheit und Schutz der Privatsphäre.

3.3.1 System des Menschenrechtsschutzes

In erster Linie muss der Schutz der Menschenrechte durch das innerstaatliche Recht der Konventionsstaaten gesichert werden. Alle Mitgliedstaaten des Europarates (Rn. 3) sind Vertragsstaaten der EMRK. Als solche sind sie völkervertragsrechtlich verpflichtet, die Einhaltung aller in der EMRK verbrieften Rechte zu gewährleisten. Alle Konventionsstaaten haben die EMRK in ihr innerstaatliches Recht inkorporiert.[28] In **Deutschland** wurde die EMRK durch das **Gesetz über die Konvention zum Schutze der Menschenrechte und Grundfreiheiten** v. 07.08.1952 ratifiziert und gilt seit dem 03.09.1953 als **einfaches Bundesgesetz**. Die Bundesrepublik Deutschland ist daher an die EMRK und deren Auslegung durch den EGMR über den gem. Art. 59 II GG erfolgten innerstaatlichen Zustimmungsakt gebunden.[29] In Österreich gilt die EMRK mit Verfassungsrang.[30] In den meisten Mitgliedstaaten steht die EMRK im Rang über den einfachen Gesetzen, aber unter dem Verfassungsrecht.[31] So behandelt bspw. das Schweizerische Bundesgericht Beschwerden wegen Verletzung der EMRK wie eine Verfassungsbeschwerde, obwohl die EMRK in der Schweiz nur im Rang eines Bundesgesetzes steht.[32] Da alle Mitgliedstaaten des Europarates die EMRK in ihre innerstaatliche Rechtsordnung integriert haben, müssen deren staatlichen Organe die umfangreiche Rspr. (das sog. „Case Law") des EGMR beachten. Jeder Bürger kann sich vor den nationalen Behörden und Gerichten auf die Garantien der Konvention berufen, wobei der Kreis der Grundrechtsberechtigten nicht auf Staatsangehörige der Konventionsstaaten beschränkt ist.[33]

Da die EMRK im innerstaatlichen Recht der Bundesrepublik Deutschland nicht mit Verfassungsrang ausgestattet ist, kann eine Verfassungsbeschwerde **nicht**

---

[27] *Esser*, Europäisches Strafverfahrensrecht, S. 45; *Jung*, JuS 2000, 417, 418 ff.; *Kühne*, StV 2001, 73, 75; *Satzger*, JA 2005, 656, 658; *Tiedemann*, Europäisierung, S. 140.
[28] *Ehlers/Germelmann*, in: *Ehlers/Germelmann* (Hrsg.), Europ. Grundrechte, § 2.1 Rn. 12.
[29] BVerfG NJW 2018, 2695, 2699; NJW 2019, 41, 42; BGH NStZ 2011, 149 f.; *Braasch*, JuS 2013, 602, 603, 605; *Esser*, EuStR, § 9 Rn. 2; *Satzger*, IntStR, § 11 Rn. 13.
[30] *Grabenwarter/Pabel*, EMRK, § 3 Rn. 2; *Satzger*, IntStR, § 11 Rn. 12.
[31] *Grabenwarter/Pabel*, EMRK, § 3 Rn. 3; *Satzger*, IntStR, § 11 Rn. 12.
[32] *Grabenwarter/Pabel*, EMRK, § 3 Rn. 3 m. w. N.
[33] *Grabenwarter/Pabel*, EMRK, § 17 Rn. 2, 6.

unmittelbar auf eine Konventionsverletzung gestützt werden.[34] Jedoch misst das BVerfG der Konvention große Bedeutung für die **Konkretisierung verfassungsrechtlicher Standards** zu, was sich u. a. darin zeigt, dass die Judikatur des EGMR als Auslegungshilfe für die Bestimmung von Inhalt und Reichweite von Grundrechten und rechtsstaatlichen Grundsätzen herangezogen wird (konventionsfreundliche Auslegung).[35] Ein Verstoß gegen die EMRK kann demnach mit einer auf das korrespondierende Grundrecht des GG i. V. m. dem entsprechenden Menschenrecht der EMRK gestützten Verfassungsbeschwerde geltend gemacht und vom BVerfG an diesem Maßstab geprüft werden. Es ist also durchaus möglich, mit einer Verfassungsbeschwerde zu rügen, staatliche Organe hätten eine Entscheidung des EGMR missachtet oder nicht berücksichtigt.[36] Auch die obersten deutschen Fachgerichte erkennen eine Pflicht zur Beachtung einer gefestigten Auslegungspraxis des EGMR an.[37]

22   Sollte der Schutz durch nationale Gerichte versagen und ist der innerstaatliche Rechtsweg ausgeschöpft, kann jeder Betroffene **Individualbeschwerde** gem. Art. 34 EMRK beim EGMR in Straßburg erheben. Ebenso können auch **Staaten** gegen andere Staaten Beschwerde erheben (Art. 33 EMRK), was in der Praxis allerdings sehr selten vorkommt.[38] In Mitgliedstaaten, in denen eine verfassungsgerichtliche Kontrolle von Gesetzen fehlt oder nur schwach ausgeprägt ist (wie z. B. in Frankreich, wo der Verfassungsrat Gesetze nur vor ihrer Verkündung überprüfen darf), kommt dem Rechtsschutz durch den EGMR die Funktion einer Art **Ersatz-Verfassungsgerichtsbarkeit** zu.

3.3.1.1 Konventionsorgane

23   Ursprünglich wurden zwei voneinander unabhängige Organe zur Überwachung der Anwendung der EMRK gegründet: Die **Europäische Kommission für Menschenrechte – EKMR –** (1954) und der **Europäische Gerichtshof für Menschenrechte** (1959). Um die ständig steigende Anzahl von Fällen effektiver bewältigen und insbesondere die Verfahrensdauer abkürzen zu können, beschloss man 1993 die Errichtung eines **neuen Europäischen Gerichtshofs für Menschenrechte (EGMR)** als Nachfolger des zweigleisigen alten Systems. Durch das 11. ZP zur EMRK (ETS Nr. 155) wurde das Rechtsschutzsystem der Konvention grundlegend umgestaltet. Die EKMR wurde aufgelöst und der neue ständige Europäische Gerichtshof für Menschenrechte (EGMR) nahm am 01.11.1998 seine Tätigkeit auf. Vor dem Hintergrund der stark anwachsenden Zahl anhängiger Beschwerden mussten die Kontrollsysteme und die Struktur des EGMR erneut reformiert werden. Mit dem 14. ZP zur EMRK (ETS Nr. 194), das 2010 in Kraft trat, wurde das Rechtsschutzsystem der

---

[34] BVerfGE 111, 307, 317; *Grabenwarter/Pabel*, EMRK, § 3 Rn. 8.
[35] BVerfG NJW 2021, 1222, 1225; NJW 2023, 2632, 2634; *Satzger*, IntStR, § 11 Rn. 14.
[36] BVerfG NJW 2004, 3407, 3411; *Brunozzi*, in: *Meyer-Ladewig u. a.* (Hrsg.), EMRK, Art. 46 Rn. 36; *Grabenwarter/Pabel*, EMRK, § 3 Rn. 10.
[37] BVerwGE 110, 203, 211; BGH (Z) BeckRS 2017, 119215 (Rz. 15); BGHSt 64, 135, 144; *Dannecker*, BGH-FG, S. 339, 342 ff.; *Haug*, NJW 2018, 2674 ff.
[38] *Grabenwarter/Pabel*, EMRK, § 10 Rn. 2; *Satzger*, IntStR, § 11 Rn. 122.

EMRK erneut grundlegend umgestaltet. Die Änderungen zielen in erster Linie auf eine Entlastung des Gerichtshofs ab, insbesondere durch die Schaffung einer Einzelrichterzuständigkeit, Erweiterung der Zuständigkeit der Dreier-Ausschüsse und Neufassung der Unzulässigkeitsgründe.[39] Am 01.08. 2021 trat das 15. ZP zur EMRK (ETS Nr. 213) in Kraft, das u. a. eine Verkürzung der Frist für die Beschwerdeinlegung von sechs auf vier Monate vorsieht. Die 46 hauptamtlichen Richter, die von der Beratenden Versammlung des Europarates gewählt werden, sind vollkommen unabhängig. Das neue System kennt vier verschiedene Spruchkörper: den **Einzelrichter** bzw. **Ausschüsse** mit drei Richtern zur Vorprüfung von Individualbeschwerden, **Kammern** mit sieben Richtern, denen die Regelzuständigkeit für substanzhaltige Individualbeschwerden zukommt und die **Große Kammer** mit siebzehn Richtern, welche für die Entscheidung besonders wichtiger Rechtsfragen zuständig ist. Die Zusammensetzung der Kammern und Ausschüsse beruht auf einer Einteilung der Richter in (derzeit fünf) verschiedene **Sektionen**. Das **Plenum** des Gerichtshofs nimmt rein administrative Aufgaben wahr.[40]

Neben dem EGMR besteht weiterhin das **Ministerkomitee** des Europarates als **Konventionsorgan mit politischem Einschlag**. Das Ministerkomitee kann beim Gerichtshof die Erstattung eines Rechtsgutachtens zu Konventionsfragen beantragen (Art. 47 EMRK) und wacht über die Durchführung endgültiger Urteile des EGMR (Art. 46 II EMRK).

3.3.1.2 Verfahrensgang nach Einlegung einer Individualbeschwerde

Jede natürliche Person, nicht-staatliche Organisation oder Personenvereinigung kann die angebliche Verletzung eines in der EMRK verbrieften Rechts durch einen Konventionsstaat mittels Individualbeschwerde beim EGMR rügen (Art. 34 EMRK). Das Verfahren vor dem Gerichtshof ist kostenfrei. Die Amtssprachen des Gerichtshofs sind Englisch und Französisch. Die Beschwerde und alle Schriftsätze können jedoch bis zur Zulässigkeitserklärung in der Sprache eines Konventionsstaates abgefasst sein. Etwas vereinfacht dargestellt, gestaltet sich der Verfahrensgang[41] nach Einlegung einer Individualbeschwerde[42] wie folgt:

Nach Eingang der Beschwerde prüft ein Ausschuss des Gerichtshofs bzw. ein Einzelrichter zunächst deren Zulässigkeit (Art. 28 EMRK). Dies bedeutet, dass die Beschwerde bestimmte in der EMRK festgelegte Anforderungen erfüllen muss. Hierzu gehören vor allem die vorherige Beschreitung und Ausschöpfung des innerstaatlichen Rechtsweges[43] sowie die Einhaltung der Vier-Monats-Frist nach Erlass der endgültigen

---

[39] *Esser*, EuStR, § 9 Rn. 4 ff.; *Grabenwarter/Pabel*, EMRK, § 6 Rn. 1 ff.
[40] *Esser*, EuStR, § 9 Rn. 10; *Grabenwarter/Pabel*, EMRK, § 8 Rn. 1.
[41] *Esser*, EuStR, § 9 Rn. 20 ff.; *v. Raumer*, in: *Meyer-Ladewig u. a.* (Hrsg.), EMRK, Einl. Rn. 47–59.
[42] Prüfschema bei *Esser*, EuStR, § 9 Rn. 40, 127; *Hecker/Zöller*, Fallsammlung, Anhang 9; ausführl. Erläuterung v. *Ehlers/Germelmann*, in: *Ehlers/Germelmann* (Hrsg.), Europ. Grundrechte, § 2.1 Rn. 108 ff.
[43] Dies erfordert in Deutschland – falls zulässig – auch die Anrufung des BVerfG; vgl. hierzu *Böse*, in: *Sieber u. a.* (Hrsg.), EuStR, § 52 Rn. 7; *Grabenwarter/Pabel*, EMRK, § 13 Rn. 32.

innerstaatlichen Entscheidung (Art. 35 I EMRK). In Fällen der Untersuchungshaft ist der Anforderung der Ausschöpfung des innerstaatlichen Rechtsweges Genüge getan, wenn der Beschwerdeführer alle nach nationalem Recht vorgesehenen Rechtsbehelfe gegen die Haftentscheidung ergriffen hat. Er muss also nicht etwa den rechtskräftigen Abschluss des Hauptsacheverfahrens der letzten Instanz abwarten.[44] Über anonyme Beschwerden entscheidet der Gerichtshof nicht (Art. 35 II lit. a EMRK). Auch darf die Beschwerde nicht mit einer vom Gerichtshof bereits geprüften Beschwerde übereinstimmen oder bereits einer anderen internationalen Untersuchungs- oder Vergleichsinstanz vorgelegt worden sein, ohne dass neue Tatsachen vorgetragen werden (Art. 35 II lit. a, b EMRK). Als unzulässig werden auch offensichtlich unbegründete oder missbräuchliche Beschwerden verworfen (Art. 35 III EMRK). Ein einstimmiger Verwerfungsbeschluss ist endgültig (Art. 28 II EMRK).

27   Wenn eine Beschwerde für zulässig erklärt wurde, entscheidet in der Regel eine Kammer (Art. 29 EMRK), welcher der nationale Richter des als Partei beteiligten Staates angehören muss (Art. 26 IV S. 1 EMRK). Diese strebt zunächst eine gütliche Einigung zwischen den Parteien (Beschwerdeführer und beklagter Staat) an. Eine einvernehmliche Lösung kann z. B. in der Zahlung einer Entschädigung durch den Staat oder einer Gesetzesänderung bei gleichzeitiger Rücknahme der Beschwerde bestehen. Die Große Kammer kann auf zwei Wegen mit der Frage der Zulässigkeit und Begründetheit einer Beschwerde befasst werden: Zum einen kann die Kammer in Fällen von grundsätzlicher Bedeutung die Sache nach Art. 30 EMRK an die Große Kammer abgeben, wenn keine Partei widerspricht. Zum anderen ist gegen Urteile der Kammer eine Art „Berufung" zur Großen Kammer möglich. Nach Art. 43 EMRK können die Parteien binnen drei Monaten nach dem Urteil der Kammer die Verweisung an die Große Kammer beantragen.[45] Über diesen Antrag entscheidet ein Ausschuss mit fünf Richtern, der prüft, ob die erforderliche besondere Bedeutung der Sache vorliegt. Gibt er dem Antrag statt, verhandelt und entscheidet die Große Kammer über die Sache noch einmal. Urteile der Großen Kammer werden mit ihrer Verkündung sofort rechtskräftig.

3.3.1.3 Wirkung rechtskräftiger Urteile des Gerichtshofs

28   Rechtskräftige Urteile des Gerichtshofes sind **völkerrechtlich verbindlich** (Art. 46 I EMRK). Sie stellen allerdings nur einen etwaigen Verstoß des beklagten Staates gegen die EMRK fest. Der Gerichtshof kann also nicht etwa ein nationales Gerichtsurteil kassieren.[46] Er ist keine „Superrevisionsinstanz". Wenn der EGMR eine Verletzung der Konvention festgestellt hat, beinhaltet das Urteil für den betroffenen Staat die Verpflichtung, den festgestellten Rechtsverstoß – soweit dieser fortdauert – unverzüglich abzustellen sowie in Zukunft vergleichbare Verstöße gegen die EMRK zu unterlassen.[47] Außerdem kann der Gerichtshof dem in seinen Rechten verletzten

---

[44] *Kühne/Esser*, StV 2002, 383, 384 m. w. N.
[45] *Böse*, in: *Sieber u. a.* (Hrsg.), EuStR, § 52 Rn. 11; *Grabenwarter/Pabel*, EMRK, § 13 Rn. 77.
[46] *Ambos*, IntStR, § 10 Rn. 14; *Satzger*, IntStR, § 11 Rn. 123.
[47] *Brunozzi*, in: *Meyer-Ladewig u. a.* (Hrsg.), EMRK, Art. 46 Rn. 3, 22; *Grabenwarter/Pabel*, EMRK, § 16 Rn. 2 ff.

Beschwerdeführer eine „gerechte Entschädigung" als Wiedergutmachung für erlittene materielle und immaterielle Schäden zuerkennen, die der betroffene Staat zu zahlen hat (Art. 41 EMRK).

Die **Bindungswirkung** (materielle Rechtskraft) eines Urteils des EGMR bezieht sich nur auf die am konkreten Verfahren vor dem Gerichtshof beteiligten Parteien (Beschwerdeführer und Konventionsstaat).[48] Nationales Recht vermag weder von den Konventionsgarantien noch von Urteilen des EGMR unmittelbar verdrängt zu werden. Die Behörden und Gerichte nicht verfahrensbeteiligter Konventionsstaaten sind daher an die in einer Entscheidung des EGMR festgestellte Rechtslage nicht gebunden, solange der nationale Gesetzgeber durch Erlass oder Änderung entgegenstehender Vorschriften keine neue (konventionskonforme) Rechtslage hergestellt hat.[49] Davon unberührt bleibt freilich die Pflicht aller innerstaatlichen Stellen zu einer konventionskonformen Auslegung und Anwendung nationaler Rechtsvorschriften,[50] sofern diese einen entsprechenden Interpretationsspielraum zulassen. Insoweit kann von einer **faktischen Orientierungswirkung** bzw. Appellfunktion für alle Konventionsstaaten gesprochen werden.[51] In **derselben Sache** dürfen die nationalen Entscheidungsträger des verurteilten Konventionsstaates von der rechtlichen Würdigung der EMRK durch den Gerichtshof nicht abweichen. Für deutsche Gerichte folgt diese völkerrechtliche Pflicht aus dem Rechtsgedanken des § 359 Nr. 6 StPO.[52]

3.3.1.4 Innerstaatliche Umsetzung von Urteilen des Gerichtshofs

Für die Überwachung der innerstaatlichen Umsetzung von Urteilen des EGMR ist das Ministerkomitee zuständig (Art. 46 II EMRK). Dieses hat dafür zu sorgen, dass der Beschwerdeführer die ihm vom Gerichtshof zuerkannte Entschädigung auch wirklich erhält und dass weitere Maßnahmen zur Wiedergutmachung getroffen werden. Es kann sich dabei z. B. um die Wiederaufnahme eines Gerichtsverfahrens (§ 359 Nr. 6 StPO),[53] Aufhebung einer Beschlagnahme oder Streichung einer Vorstrafe aus dem Strafregister handeln. Diese Wiedergutmachungsmaßnahmen beziehen sich aber nur auf das konkrete, dem Urteil des Gerichtshofs zugrunde liegende Verfahren. Darüber hinaus stellt das Ministerkomitee sicher, dass die Staaten jene Maßnahmen treffen, die zur künftigen Vermeidung von Konventionsverletzungen notwendig sind. Dies kann eine Änderung der Gesetze (z. B. in Form einer

---

[48] BVerfGE 111, 307, 316; *Esser*, EuStR, § 9 Rn. 113; *Brunozzi*, in: *Meyer-Ladewig u. a.* (Hrsg.), EMRK, Art. 46 Rn. 13 ff.; *Grabenwarter/Pabel*, EMRK, § 16 Rn. 2.

[49] *Brunozzi*, in: *Meyer-Ladewig u. a.* (Hrsg.), EMRK, Art. 46 Rn. 32; *Eisele*, JA 2005, 390, 392.

[50] BVerfG 111, 307 ff.; BGHSt 46, 93, 97 ff.; *Ambos*, ZStW 115 (2003), S. 583, 590 ff.; *Brunozzi*, in: *Meyer-Ladewig u. a.* (Hrsg.), EMRK, Art. 46 Rn. 18; *Esser*, StV 2005, 348, 352 ff.

[51] *Ambos*, IntStR, § 10 Rn. 14; *Böse*, in: *Sieber u. a.* (Hrsg.), EuStR, § 52 Rn. 14; *Grabenwarter/Pabel*, EMRK, § 16 Rn. 8; *Gleß*, IntStR, Rn. 50; *Schramm*, IntStR, Kap. 3 Rn. 72.

[52] BVerfGE 111, 307, 326; *Ambos*, IntStR, § 10 Rn. 15; *Esser*, EuStR, § 9 Rn. 120 ff.; *Grabenwarter/Pabel*, EMRK, § 16 Rn. 13.

[53] *Ambos*, IntStR, § 10 Rn. 15; *Esser*, EuStR, § 9 Rn. 120; *Satzger*, IntStR, § 11 Rn. 127; *Schramm*, IntStR, Kap. 3 Rn. 69; vgl. hierzu OLG Frankfurt a. M. NStZ-RR 2023, 118.

Pönalisierungspflicht Rn. 31, 32), der Rechtsprechungs-, Behörden- und Strafverfolgungspraxis (Rn. 33, 34) oder der Strafvollzugsbedingungen[54] erfordern, aber auch den Bau modernerer Gefängnisse oder den Einsatz zusätzlichen Justizpersonals mit sich bringen.

> **Beispielsfall: (1) Sexuelle Selbstbestimmung – Schutz- und Pönalisierungspflicht**

31   In einem gegen die NL geführten Beschwerdeverfahren hatte der EGMR einen Fall zu beurteilen, in dem bestimmte Lücken der niederländischen Strafgesetzgebung zutage getreten waren.[55] Ein Täter, der eine geistig behinderte Minderjährige zwang, sich zu entkleiden und mit ihm sexuell zu verkehren, konnte nach den damals einschlägigen Bestimmungen des niederländischen Strafrechts für diese Tat nicht belangt werden. Der Vater des Tatopfers und dieses selbst erhoben Beschwerde bei der (damals zuständigen) Kommission für Menschenrechte. Der Gerichtshof stellte im Ergebnis fest, dass die NL ihre Schutzpflicht aus Art. 8 EMRK (Schutz des Privatlebens) verletzt hat und sprach der Beschwerdeführerin die Zahlung einer Entschädigung zu. Aus der genannten Konventionsgarantie leitete der EGMR eine staatliche Pflicht ab, geistig behinderte Minderjährige vor Angriffen gegen ihr Recht auf sexuelle Selbstbestimmung mit strafrechtlichen Mitteln zu schützen. Zivilrechtliche Vorschriften allein gewährleisten keinen ausreichenden Schutz. Der Gesetzgeber muss daher für eine Anpassung des nationalen Strafrechts an die vom EGMR konkretisierten Konventionsgarantien sorgen. ◄

> **Beispielsfall: (2) Menschenhandel – Pönalisierungs-, Verfolgungs- und Kooperationspflicht**

32   Die Konventionsstaaten sind gem. Art. 4 EMRK verpflichtet, jede Handlung, die darauf abzielt, eine Person in Sklaverei, Leibeigenschaft oder Zwangsarbeit zu halten, unter Strafe zu stellen und wirksam strafrechtlich zu verfolgen.[56] Die Staaten müssen einen rechtlichen Rahmen schaffen, um das Verbot des Menschenhandels wirksam durchzusetzen. Wenn Behörden von Umständen Kenntnis haben, die den Verdacht glaubhaft begründen, dass eine Person in akuter Gefahr ist, Opfer von Menschenhandel oder sexueller Ausbeutung zu sein, müssen sie alle ihnen möglichen Maßnahmen treffen, um die Person aus dieser Lage zu befreien. Wie aus Art. 2 und 3 EMRK ergibt sich auch aus Art. 4 EMRK die verfahrensrechtliche Pflicht der Konventionsstaaten, die Umstände bei einem Verdacht auf Menschenhandel von Amts wegen zu ermitteln und bei der Strafverfolgung mit anderen beteiligten Staaten zusammenzuarbeiten. ◄

---

[54] *Pohlreich*, NStZ 2011, 560 ff.
[55] EGMR EuGRZ 1985, 297.
[56] EGMR NJW 2007, 41; NJW 2010, 3003; vgl. hierzu *Pati*, NJW 2011, 128 ff.

Beispielsfall: (3) Wirksamer staatlicher Schutz vor häuslicher Gewalt

Der EGMR hat die völlig unzureichende Reaktion staatlicher Behörden auf häusliche Gewalt gegen Frauen als Verletzung des Art. 3 EMRK eingestuft.[57] Die Staaten trifft eine positive Verpflichtung, einen angemessenen rechtlichen Rahmen einzurichten, um alle Formen von häuslicher Gewalt zu bestrafen und Opfer wirksam vor entsprechenden Übergriffen zu schützen. Dazu gehört insbesondere, dass eine behördliche Untersuchung solcher Taten vorgesehen wird. Um Frauen wirksam vor häuslicher Gewalt zu schützen, dürfen die Behörden kein Klima tolerieren, in dem diese begünstigt wird. Dem entsprechen sie nicht, wenn sie sich trotz glaubwürdiger Hinweise auf die Existenz häuslicher Gewalt beharrlich weigern, eine strafrechtliche Untersuchung gegen den mutmaßlichen Täter einzuleiten. ◂

33

Beispielsfall: (4) Whistleblowing im Schutzbereich der Meinungsfreiheit

Der EGMR urteilte (mit 12:5-Mehrheit) im Kontext des LuxLeaks-Skandals, dass die Weitergabe von 14 Steuererklärungen multinationaler Unternehmen, die dem Beschwerdeführer im Rahmen seiner Beschäftigung bei PricewaterhouseCoopers (PwC) zugänglich waren, an Journalisten für international und allgemein zugängliche Reportagen trotz der Verletzung von Steuergeheimnis und arbeitsrechtlicher Loyalitätspflicht den Schutz der Meinungsfreiheit gem. Art. 10 EMRK genießt.[58] Im LuxLeaks-Skandal waren vertrauliche Steuervereinbarungen zwischen der Regierung Luxemburgs und 343 multinationalen Unternehmen an die Öffentlichkeit gelangt. Die geleakten Dokumente offenbarten, wie derartige Vereinbarungen zur aggressiven Steueroptimierung genutzt wurden und zu milliardenschweren Steuererleichterungen für einige der weltweit ertragsstärksten Unternehmen führten. Sie zielten primär darauf ab, Gewinne nach Luxemburg zu verschieben, was erhebliche Steuerausfälle in anderen Staaten zur Folge hatte. Der Beschwerdeführer wurde wegen der Weitergabe dieser Dokumente an einen Fachjournalisten 2017 in Luxemburg in zweiter Instanz wegen Verletzung von Geschäftsgeheimnissen seines Arbeitgebers zu einer Geldstrafe von 1000 € verurteilt. Die Große Kammer des EGMR befand, dass der effektive Schutz der Meinungsfreiheit wegen der Wichtigkeit der verfolgten Gemeinschaftsinteressen gegenläufige Drittinteressen überwiege und jeglicher Sanktionierung entgegenstehe. Sie sprach dem Beschwerdeführer eine Entschädigung von 15.000 € sowie weitere 40.000 € zur Erstattung seiner Anwaltskosten zu. ◂

34

---

[57] EGMR NLMR 2019, 319 (*Kieber*).
[58] EGMR NJW 2023, 1793 (*Halet*/Luxemburg); vgl. hierzu *Meyer*, JZ 2023, 261 ff.

3.3.2 Anwendungsbereiche strafrechtsrelevanter Konventionsrechte

35 Die menschenrechtlichen Garantien lassen sich in **Freiheitsrechte** (Art. 2–4, 8, 9, 12 EMRK; Art. 1–2 des 1. ZP), **Gleichheitsrechte** (Art. 14 EMRK; Art. 5 des 7. ZP sowie das 12. ZP), **politische Rechte** (Art. 10, 11 EMRK; Art. 3 des 1. ZP) und **justizbezogene** Rechte (Art. 5–7 EMRK) einteilen.[59] Die Prüfung von Abwehrrechten ist dreistufig angelegt.[60] Der **Erörterung des Schutzbereichs** des in Betracht kommenden Abwehrrechts schließt sich in einem zweiten Schritt die Frage an, ob eine dem Konventionsstaat zuzurechnende **Maßnahme** (z. B. Legislativakt, Judikatur oder sonstiges staatliches Handeln) in den **Schutzbereich eingreift**. Ggf. ist in einem dritten Schritt zu prüfen, ob dieser **Eingriff gerechtfertigt** ist. Eine Rechtfertigung kann sich daraus ergeben, dass der Eingriff allgemeine (Art. 15–17 EMRK), spezielle (Art. 8–11, jew. Abs. 2) oder immanente Schranken (legitimes Ziel und Verhältnismäßigkeit) des Abwehrrechts konkretisiert. Die folgende Darstellung soll einen kursorischen Überblick über die Anwendungsbereiche strafrechtsrelevanter Konventionsrechte bieten.[61]

3.3.2.1 Autonome Auslegung der Konventionsrechte

Fall 1

36 In einem im Jahre 1984 laufenden Verfahren verhängte das AG Heilbronn gegen einen türkischen Staatsangehörigen eine Geldbuße wegen einer Verkehrsordnungswidrigkeit. Nach seinem Einspruch gegen den Bußgeldbescheid vernahm das AG den Betroffenen sowie mehrere Zeugen unter Hinzuziehung eines Dolmetschers. Sodann nahm der Betroffene seinen Einspruch zurück. Das AG verurteilte den Betroffenen in seiner Nebenentscheidung zur Zahlung der Gerichtskosten. Die Gerichtskasse bürdete daraufhin dem Betroffenen auch die Kosten für die Zuziehung des Dolmetschers auf. Diese Kostenentscheidung wurde vom LG bestätigt. Hiergegen erhob der Betroffene Beschwerde bei der (damals zuständigen) Kommission für Menschenrechte, mit der er die Verletzung seines Rechts auf unentgeltliche Beiziehung eines Dolmetschers aus Art. 6 III lit. e EMRK rügte.[62] ◄

Lösungshinweise zu Fall 1

37 Die Beschwerde hatte Erfolg. Zwar bezieht sich Art. 6 III lit. e EMRK nur auf „angeklagte Personen", d. h. solche, die „einer Straftat angeklagt" sind (Art. 6 II EMRK). Der EGMR vermochte sich aber nicht der Auffassung der deutschen

---

[59] *Ambos*, IntStR, § 10 Rn. 16; *Esser*, EuStR, § 9 Rn. 125; *Satzger*, IntStR, § 11 Rn. 27.
[60] *Esser*, EuStR, § 9 Rn. 127; *Grabenwarter/Pabel*, EMRK, § 18 Rn. 1 ff.; *Satzger*, IntStR, § 11 Rn. 29.
[61] Eine umfassende Darstellung findet sich bei Dörr/Grote/Marauhn/*Dörr*, EMRK/GG.
[62] EGMR (*Öztürk*/Deutschland) NJW 1985, 1273; vgl. hierzu *Schramm*, IntStR, Kap. 3 Rn. 48.

Bundesregierung anzuschließen, welche argumentiert hatte, die Konvention finde schon deshalb keine Anwendung, weil die Kosten dem Betroffenen nicht in einem Straf-, sondern in einem Bußgeldverfahren auferlegt worden seien. Im Hinblick auf den repressiven Charakter des Bußgeldverfahrens und der Sanktionierungswirkung eines Bußgelds seien die nach deutschem Recht verhängten Ordnungswidrigkeiten als Straftaten i. S. d. der EMRK zu werten. Dabei betonte der Gerichthof das Prinzip einer von der nationalen Begrifflichkeit (hier: „Anklage") unabhängigen **autonomen Auslegung der Konventionsrechte**.[63] Da im Ergebnis festgestellt wurde, dass die Bundesrepublik Deutschland gegen Art. 6 III lit. e EMRK verstoßen hat, musste sie das einschlägige innerstaatliche Recht (Gerichtskostengesetz – GKG) ändern.

Das Recht auf unentgeltliche Beiziehung eines Dolmetschers war bereits Gegenstand eines Urteils des EGMR aus dem Jahre 1978.[64] Entgegen einer damals in der deutschen Justiz weit verbreiteten Praxis des Gerichtskostenrechts stellte der Gerichtshof fest, dass ein der Gerichtssprache nicht mächtiger Angeklagter auch im Falle seiner Verurteilung nicht die Kosten zu tragen habe, die durch die Beiziehung eines Dolmetschers entstehen. Die besondere Bedeutung der Konventionsgarantie des Art. 6 III lit. e EMRK für ein faires und rechtsstaatliches Verfahren hob auch der BGH in seinem Urteil v. 26.10.2000 hervor.[65] Ein der Gerichtsprache nicht kundiger Angeklagter hat demnach unabhängig von seiner finanziellen Lage für das gesamte Strafverfahren und damit auch für das vorbereitende Gespräch mit einem Verteidiger einen Anspruch auf unentgeltliche Zuziehung eines Dolmetschers, auch wenn kein Fall einer notwendigen Verteidigung gegeben ist. 38

Die vom EGMR praktizierte autonome Auslegung der Konventionsrechte ist auch in dem Bereich der **Sicherungsverwahrung** relevant. So hat der Gerichtshof in seinem Urt. v. 17.12.2009 festgestellt, dass die vom deutschen Gesetzgeber im Jahre 1998 vorgenommene rückwirkende Streichung der in § 67d I StGB a. F. enthaltenen zwingenden Höchstfrist (zehn Jahre) für die erste Unterbringung in der Sicherungsverwahrung durch § 67d III StGB i. V. m. Art. 1a III EGStGB eine nachträglich auferlegte „Strafe" darstellt und deshalb gegen Art. 7 I EMRK verstößt.[66] Der Gerichtshof übernimmt also im Rahmen seiner Auslegung des Art. 7 I EMRK ausdrücklich nicht die im zweispurig angelegten Reaktionssystem Deutschlands übliche und verfassungsrechtlich relevante Unterscheidung zwischen Maßregeln der Besserung und Sicherung (§ 61 StGB) einerseits und Strafen andererseits. Aus der Sicht des deutschen Rechtssystems geht es bei den Maßregeln nicht um Schuldausgleich, sondern um präventive Gefahrenabwehr, für welche die jeweils zweck- 39

---

[63] *Esser*, Europäisches Strafverfahrensrecht, S. 51 ff.; MüKoStPO/*Gaede*, Art. 6 EMRK Rn. 6, 55; *Gleß*, IntStR, Rn. 51; *Grabenwarter/Pabel*, EMRK, § 5 Rn. 9.
[64] EGMR NJW 1979, 1091 mit Anm. *Vogler*, EuGRZ 1979, 640.
[65] BGHSt 46, 178 = NJW 2001, 309.
[66] EGMR NJW 2010, 2495; vgl. hierzu *Ambos*, IntStR, § 10 Rn. 132 ff.; *Esser*, EuStR, § 9 Rn. 288; *Satzger*, IntStR, § 11 Rn. 101; *Schramm*, IntStR, Kap. 3 Rn. 33 ff. sowie *Hecker/Zöller*, Fallsammlung, Klausur 17.

mäßigsten Maßnahmen möglich sein sollen. Das BVerfG hat unter dem Eindruck der Entscheidung des EGMR in Abkehr von seiner früheren Judikatur[67] am 04.05.2011 entschieden, dass die Vorschriften zur Verlängerung der Sicherungsverwahrung über die frühere Zehn-Jahres-Höchstfrist hinaus und zur nachträglichen Anordnung der Sicherungsverwahrung im Erwachsenen- und Jugendstrafrecht verfassungswidrig und damit nichtig sind.[68] Das Recht der Sicherungsverwahrung wurde sodann durch das Ges. zur bundesrechtlichen Umsetzung des Abstandsgebotes im Recht der Sicherungsverwahrung v. 05.12.2012 erneut reformiert.[69]

3.3.2.2 Konventionsgarantien als Auslieferungshindernis

40 Eine herausragende Rolle spielen die menschenrechtlichen Garantien im Bereich der grenzüberscheitenden Zusammenarbeit in Strafsachen.[70] Der um Auslieferung ersuchte Staat befindet sich regelmäßig in einer gewissen „Konfliktsituation". Diese ist dadurch gekennzeichnet, dass neben völkervertragsrechtlichen Kooperationsverpflichtungen sowohl völkerrechtlich als auch innerstaatlich (namentlich durch Verfassungsrecht) begründete Individualrechtspositionen des Verfolgten (Auszuliefernden) zu beachten sind.[71] Einerseits wird der ersuchte Staat schon im eigenen politischen Interesse darauf bedacht sein, seinen bestehenden Rechtshilfeverpflichtungen nachzukommen, andererseits darf er dabei seine Bindungen an Grund- und Menschenrechte nicht missachten. Es ist grundsätzlich anerkannt, dass Konventionsrechte einen Staat dazu verpflichten können, die Auslieferung einer strafrechtlich verfolgten oder rechtskräftig verurteilten Person zu unterlassen, selbst wenn der ersuchte Staat durch einen (bilateralen, regionalen oder multinationalen) Vertrag dem ersuchenden Staat gegenüber zur Auslieferung verpflichtet ist (Kap. 2 Rn. 71).

3.3.2.2.1 Drohende Todesstrafe und unmenschliche Behandlung

Fall 2

41 Der deutsche Staatsangehörige S, der im Verdacht stand, in Virginia (USA) die Eltern seiner Freundin getötet zu haben, war nach GB geflohen. Die USA stellten ein Auslieferungsgesuch, dem GB aufgrund des bestehenden Auslieferungsvertrags stattgab. Gegen diese Entscheidung legte S Beschwerde bei der (damals

---

[67] BVerfGE 109, 133, 167 ff.
[68] BVerfGE 128, 326, 372 ff.; vgl. hierzu *Dessecker*, ZIS 2011, 706 ff.; *Hörnle*, NStZ 2011, 488 ff.; *Kreuzer/Bartsch*, StV 2011, 472; *Sachs*, JuS 2011, 854.
[69] Vgl. zu dieser vom EGMR grundsätzlich als konventionskonform eingestuften Neuregelung EGMR NJW 2017, 1007; *Dörr*, JuS 2016, 1144; *Köhne*, NJW 2017, 1013; *Satzger*, IntStR, § 11 Rn. 105; *Schramm*, IntStR, Kap. 3 Rn. 40b; bestätigend EGMR BeckRS 2017, 161594 (Rz. 41 f.).
[70] *Gleß*, IntStR, Rn. 55 ff.; *Lorz/Sauer*, EuGRZ 2010, 389 ff.
[71] *Esser*, Europäisches Strafverfahrensrecht, S. 199 ff., 374 ff.; *ders.*, EuStR, § 24 Rn. 69 ff.; *Ziegenhahn*, Menschenrechte, S. 274 ff., 470 ff.; vgl. exempl. OLG Hamm BeckRS 2022, 25310 (Rz. 49 ff.); OLG Karlsruhe BeckRS 2023, 20285 (Rz. 20 ff.); OLG Zweibrücken NStZ-RR 2023, 124.

zuständigen) Kommission für Menschenrechte ein, welche den Gerichtshof zur endgültigen Entscheidung anrief. Im Falle einer Verurteilung in den USA drohte S die Todesstrafe. GB hatte das 6. ZP zur EMRK (Verbot der Todesstrafe) zu diesem Zeitpunkt (Ende der 1980er-Jahre) noch nicht ratifiziert.[72] **Frage 1**: Hat GB durch seine Auslieferungsentscheidung gegen Art. 2 I, 3 I EMRK verstoßen? **Frage 2**: Wie stellt sich die Rechtslage in Deutschland dar, wenn dem Auszuliefernden im ersuchenden Staat die Todesstrafe droht? ◄

Lösungshinweise zu Fall 2 (Frage 1)
Der Auslieferung des S könnte ein aus Art. 2 I S. 1 EMRK (Recht auf Leben) abzuleitendes Auslieferungshindernis entgegenstehen. Gerade die für die internationale Rechtshilfe in Strafsachen so bedeutsamen Fälle der Auslieferung bei drohender Verhängung bzw. Vollstreckung eines Todesurteils unterfallen jedoch nicht dem Schutzbereich dieser Garantie. Denn nach Art. 2 I S. 2 EMRK ist die von einem Gericht verhängte Todesstrafe nicht konventionswidrig. Folglich steht Art. 2 I S. 1 EMRK der Auslieferung des S an einen Staat, in dem ihm die Verhängung oder Vollstreckung der Todesstrafe droht, nicht entgegen.[73]

42

Die von Art. 2 I S. 2 EMRK noch uneingeschränkt als Ausnahme zum Recht auf Leben zugelassene Todesstrafe wurde erst durch Art. 1 des 6. ZP zur EMRK v. 28.04.1983 (ETS Nr. 114) verboten. Die Formulierung des Verbots **„Die Todesstrafe ist abgeschafft. Niemand darf zu dieser Strafe verurteilt oder hingerichtet werden"** macht deutlich, dass hier nicht nur eine objektive Verpflichtung der Konventionsstaaten, sondern ein subjektives Recht der Strafverfolgten statuiert wird. Der EGMR hat inzwischen mehrfach entschieden, dass ein Konventionsstaat gegen Art. 1 des 6. ZP zur EMRK verstößt, wenn ein Flüchtiger in einen Staat ausgeliefert wird, in dem er ernsthaft Gefahr läuft, zum Tode verurteilt oder hingerichtet zu werden.[74]

43

In **Fall 2** gelangte das 6. ZP jedoch nicht zur Anwendung, da es von GB seinerzeit noch nicht ratifiziert worden war. Für den EGMR stellte sich daher die Frage, ob die Auslieferung in einen Staat, in welchem dem Auszuliefernden ein Todesurteil droht, gegen Art. 3 EMRK verstößt. Da der Gerichtshof diese Garantie im Einklang mit Art. 2 I S. 2 EMRK auslegen musste, welcher die Vollstreckung der von einem Gericht verhängten Todesstrafe ausdrücklich zulässt, konnte er die Todesstrafe als solche nicht als „unmenschliche oder erniedrigende Strafe oder Behandlung" werten. Der Gerichtshof prüfte daher, ob die einem Todeskandidaten in den USA drohenden Haftbedingungen eine Verletzung des Art. 3 EMRK begründen können.

44

---

[72] EGMR (*Soering*/GB) EuGRZ 1989, 314 = NJW 1990, 2183.
[73] Bestätigt von EGMR („*Öcalan*/Türkei") NVwZ 2006, 1267, 1270 f. (Rz. 162), aber zugleich mit dem Hinweis, dass es vor dem Hintergrund gewandelter Auffassungen in den Europaratsstaaten nicht ausgeschlossen ist, jedenfalls die Verhängung der Todesstrafe in einem unfairen Prozess als Verstoß gegen Art. 2 I S. 1 EMRK zu bewerten (Rz. 166); vgl. hierzu *Harrendorf/König/Voigt* (Hrsg.), in: *Meyer-Ladewig u. a.*, EMRK, Prot. Nr. 6 Rn. 3.
[74] Nachweise bei *Harrendorf/König/Voigt* (Hrsg.), in: *Meyer-Ladewig u. a.*, EMRK, Prot. Nr. 6 Rn. 4.

Nach ständiger Rspr. wird die „unmenschliche Behandlung" definiert als eine Behandlung, die absichtlich schwere psychische und physische Leiden verursacht. Hierbei sind z. B. die Art der Behandlung oder der Bestrafung und der Zusammenhang, in dem sie erfolgt, die Modalität ihrer Vollstreckung, ihre Dauer, ihre physischen und geistigen Wirkungen sowie Geschlecht, Alter und Gesundheitszustand des Betroffenen zu berücksichtigen.[75] Auf der Grundlage dieser Definition und unter Abwägung aller konkreten Umstände des Einzelfalles entschied der EGMR, dass die Auslieferung des S an die USA im Hinblick auf das jahrelange Warten in der Todeszelle und das dadurch verursachte **„Todeszellensyndrom"** (Ungewissheit über den Zeitpunkt der Hinrichtung) mit dem Verbot unmenschlicher Behandlung (Art. 3 EMRK) unvereinbar ist.[76] Der Gerichtshof betonte, dass die Verantwortlichkeit eines zur Auslieferung ersuchten Staates auch Beeinträchtigungen umfasse, die außerhalb seines Hoheitsbereichs eintreten und die er durch schlichtes Nichtausliefern verhindern kann.

45   Bahnbrechend war diese Entscheidung vor allem deshalb, weil sie die völkerrechtliche Verantwortlichkeit der Konventionsstaaten für die Wahrung der von der EMRK gewährleisteten Menschenrechte auch außerhalb ihres eigenen Hoheitsbereiches bzw. in Nicht-Konventionsstaaten begründete und somit die **mittelbare territoriale Anwendbarkeit der Konvention** maßgeblich erweitert hat.[77] Dies hat für den internationalen Rechtshilfeverkehr zur Folge, dass den Konventionsstaaten eine Auslieferung an Staaten, in welchen dem Auszuliefernden die Anwendung von Folter oder unmenschlicher Behandlung droht, von Art. 3 EMRK untersagt wird.[78] Bestehende (bilaterale) Auslieferungsverträge zwischen Konventionsstaaten und sonstigen Staaten müssen konventionskonform ausgelegt werden.

Lösungshinweise zu Fall 2 (Frage 2)

46   Auch die Bundesrepublik Deutschland ist als Konventionsstaat durch Art. 3 EMRK daran gehindert, in Fallkonstellationen wie dieser einem Auslieferungsersuchen stattzugeben. Da die deutsche Verfassung der Auslieferung von Verfolgten bei konkret drohender Todesstrafe entgegensteht (Art. 102, 1 I, 2 II 1 GG),[79] ist diese durch § 8 IRG für den vertragslosen Auslieferungsverkehr und durch entsprechende Erklärungen zu fast allen von Deutschland unterzeichneten Auslieferungsverträgen auch einfachrechtlich deklaratorisch ausgeschlossen worden.[80]

---

[75] EGMR EuGRZ 1979, 149, 153; EuGRZ 1979, 162; NVwZ 2006, 1267, 1271.
[76] EGMR (*Soering*/GB) EuGRZ 1989, 314 = NJW 1990, 2183.
[77] Vgl. zum territorialen Anwendungsbereich der EMRK EGMR NJW 2012, 283, 285 ff. m. w. N.
[78] EGMR NVwZ 2008, 761 ff.; NVwZ 2008, 1330 ff.; NVwZ 2012, 681 ff.; NVwZ 2020, 535 ff.; NVwZ-RR 2020, 457 ff.; NJOZ 2016, 389 ff.; *Meyer-Ladewig/Lehnert*, in: *Meyer-Ladewig u. a.*, EMRK, Art. 3 Rn. 66.
[79] Vgl. zu den verfassungsunmittelbaren Auslieferungsverboten BVerfGE 75, 1 ff.; BVerfG NJW 1994, 2883 ff.; NVwZ 2003, 1499 ff.; *Wolff*, StV 2004, 154, 158 sowie OLG Koblenz StV 2002, 87 ff.
[80] *Kubiciel*, in: *A/K/R*, Rechtshilfe, § 8 IRG Rn. 80.

3.3.2.2.2 Rechtschutzdefizit und „drakonische" Strafe

Fall 3

Mit Verbalnote v. 18.12.2000 ersuchten die USA die Republik Österreich um Auslieferung des amerikanischen und israelischen Staatsangehörigen W zur Vollstreckung einer Freiheitsstrafe von 845 Jahren aus einem Urteil des Bezirksgerichts Orlando/Florida. Der Verurteilung des W lagen verschiedene im Rahmen von Schwindelfirmen begangene Betrugs- und Untreuehandlungen mit einem Gesamtschaden von mehreren Millionen US-Dollar zugrunde. W war während einer Verhandlungspause, die der Beratung der Geschworenen vorausging, geflüchtet. So ergingen der Schuldspruch und die Festsetzung des Strafmaßes in Abwesenheit des W. Die hiergegen gerichtete Berufung des W wurde auf der Grundlage des Prinzips des Berechtigungsverlustes verworfen. Diesem steht nach amerikanischem Recht kein Rechtsmittel mehr gegen seine Verurteilung zu.[81] **Frage 1**: Besteht ein von Österreich zu beachtendes Auslieferungshindernis? **Frage 2**: Wie wäre der Fall zu beurteilen, wenn ein entsprechendes Auslieferungsgesuch an Deutschland gerichtet würde? ◄

Lösungshinweise zu Fall 3 (Frage 1)

Zwischen der Republik Österreich und den USA besteht ein Auslieferungsvertrag, der in Art. 9 bestimmt, dass der ersuchte Staat die Auslieferung ablehnen kann, sofern der ersuchende Staat nicht solche Informationen oder Zusicherungen abgibt, die der ersuchte Staat als ausreichend erachtet, um klarzustellen, dass die Person eine angemessene Möglichkeit hatte, ihre Verteidigungsrechte zu wahren, oder dass ihr nach der Übergabe angemessene Rechtsmittel oder zusätzliche Verfahren offen stehen. Dem Vertragswortlaut nach könnte man zu der Auffassung gelangen, W habe in dem Verfahren vor dem Bezirksgericht Orlando/Florida bereits ausreichend Gelegenheit gehabt, seine Verteidigungsrechte zu wahren. Dass ihm nunmehr im Falle einer Auslieferung an die USA nach dem Prinzip des Berechtigungsverlustes keine weiteren Rechtsmittel mehr zur Verfügung stünden, habe er selbst zu verantworten, da er sich dem Verfahren vor dem Geschworenengericht durch Flucht ins Ausland entzogen habe. Fraglich ist, ob diese Auslegung den Anforderungen der EMRK genügt, die im innerstaatlichen Recht Österreichs Verfassungsrang genießt.

Ein menschenrechtlich fundiertes Auslieferungshindernis könnte sich daraus ergeben, dass für W im ersuchenden Staat (USA) keine Möglichkeit mehr besteht, gegen das Urteil des Bezirksgerichts Rechtsmittel einzulegen. Nach Auffassung des OLG Wien würde die Auslieferung des W ohne vorherige Zusicherung, dass seine Verurteilung von einem übergeordneten Gericht überprüft wird, eine Verletzung des **Art. 2 des 7. ZP zur EMRK** (ETS Nr. 117) beinhalten. Dieser lautet:

> „Wer von einem Gericht wegen einer strafbaren Handlung verurteilt worden ist, hat das Recht, das Urteil von einem übergeordneten Gericht nachprüfen zu lassen."

---
[81] OLG Wien NStZ 2002, 669 m. Anm. *Böse*, NStZ 2002, 670 ff.

Der Senat bedient sich hierbei methodisch des Instruments der verfassungskonformen Auslegung des zwischen den USA und der Republik Österreich geschlossenen Auslieferungsvertrages. Im Lichte der Rechtschutzgarantie des 7. ZP ist der in Art. 9 des bilateralen Auslieferungsvertrages geregelte Ablehnungsgrund des Fehlens angemessener Rechtsmittel gegeben. Dass sich W durch Flucht dem Strafverfahren in den USA entzogen und dadurch nach amerikanischem Recht seine Berechtigung zum Einlegen von Rechtsmitteln verwirkt hat, darf ihm in Österreich nicht entgegengehalten werden. Zwar ist eine Auslieferung zur Vollstreckung eines Abwesenheitsurteils nicht schlechthin unzulässig, sofern der Verfolgte von dem Strafverfahren in Kenntnis gesetzt worden ist, sich diesem Verfahren aber durch Flucht entzogen hat und er im Strafverfahren von einem ordnungsgemäß bestellten Verteidiger unter Beachtung rechtsstaatlicher Mindestanforderungen verteidigt werden konnte.[82] Jedoch darf – worauf der EGMR in seiner vom OLG Wien zitierten Entscheidung hinweist – der Verfolgte nicht durch Vorenthaltung seiner Verfahrensrechte dazu gezwungen werden, sich dem Strafverfahren zu stellen.[83] Der EGMR hat es deshalb als „offensichtlich unverhältnismäßig" angesehen, das Fernbleiben des Verfolgten mit einem weitgehenden Verbot der Verteidigung zu sanktionieren. Das vom OLG Wien unter direkter Heranziehung des Art. 2 des 7. ZP zur EMRK angenommene Auslieferungshindernis kann sich somit auf die Judikatur des EGMR stützen.[84]

Lösungshinweise zu Fall 3 (Frage 2)

50 Der vom OLG Wien vorgezeichnete Weg, ein Auslieferungshindernis unmittelbar aus Art. 2 des 7. ZP zur EMRK abzuleiten, ist für die Bundesrepublik Deutschland nicht gangbar, da sie zu den wenigen Staaten gehört, die das 7. ZP zwar gezeichnet, aber noch nicht ratifiziert haben. Freilich ist die Bundesrepublik – unabhängig von der innerstaatlichen Geltung der Konventionsrechte – völkerrechtlich zu deren Einhaltung verpflichtet. Nach gefestigter Rechtsauffassung sind die Konventionsgarantien der EMRK bei der Auslegung des GG zu berücksichtigen (Rn. 21). Ein Auslieferungshindernis kann im vorliegenden Fall jedenfalls nicht auf Art. 19 IV GG gestützt werden, da diese Bestimmung zwar gerichtlichen Rechtsschutz gegen Akte der öffentlichen Gewalt, aber nach herrschendem Verfassungsverständnis gerade keine Rechtsmittel gegen gerichtliche Entscheidungen garantiert („Rechtsschutz durch den Richter, nicht gegen ihn").[85]

51 Nach deutschem Verfassungsrecht müsste jedoch im Hinblick auf die in den USA gegen W verhängte Strafe von 845 Jahren ein Auslieferungshindernis angenommen werden.[86] Dies folgt aus dem Gebot der Achtung der Menschenwürde

---

[82] BVerfG NJW 1987, 830 mit Verweis auf EGMR EuGRZ 1985, 631; BGH JZ 2002, 464.
[83] EGMR (*Krombach*/Frankreich) NJW 2001, 2387, 2391.
[84] *Böse*, NStZ 2000, 670, 671.
[85] BVerfGE 11, 263, 265; 103, 142, 156; *Enders*, BeckOK-GG, Art. 19 Rn. 55 m. w. N.
[86] *Böse*, NStZ 2002, 670, 671 f.

3.3 Bedeutung der EMRK für die europäische Strafrechtspflege

(Art. 1 GG), dem das Verbot erniedrigender und unmenschlicher Bestrafung immanent ist. Die Menschenwürde wird in ihrem unantastbaren Kern betroffen, wenn der Verurteilte ungeachtet der weiteren Entwicklung seiner Persönlichkeit jegliche Hoffnung aufgeben muss, seine Freiheit jemals wieder zu erlangen.[87] Die Verhängung einer faktisch lebenslangen Freiheitsstrafe, die weder de jure noch de facto reduziert werden kann, stellt eine Verletzung des Art. 3 EMRK[88] dar. W ist wegen diverser Vermögensdelikte verurteilt worden, für die in den entsprechenden Straftatbeständen des deutschen StGB Höchststrafen von zehn Jahren vorgesehen sind (§§ 263 III, 266 II StGB). Die gegen W verhängte Freiheitsstrafe von 845 Jahren, die den Verurteilten jeder Hoffnung beraubt, seine Freiheit jemals wieder zu erlangen, erscheint – gemessen an dem der Verurteilung zu Grunde liegende Tatvorwurf – unerträglich hart und unangemessen.[89] Zugleich ist hierin auch eine Verletzung des Art. 49 III GRCh zu erblicken (Kap. 4 Rn. 43).

3.3.3 Verbot der Folter (Art. 3 EMRK)

Art. 3 EMRK statuiert – selbst in Fällen öffentlichen Notstands (Art. 15 II EMRK) – ein **absolutes Verbot von Folter** sowie **unmenschlicher oder erniedrigender Behandlung** und stellt somit zwingendes, d. h. nicht relativierbares Völkerrecht dar.[90] Erniedrigende oder auf den Körper einwirkende Strafen wie z. B. Prügel- und Prangerstrafe, Brandmarken, Verstümmeln, Steinigen, Auspeitschen oder Kastrieren sind ausnahmslos untersagt.[91] Dem absoluten Verbot des Art. 3 EMRK unterfallen alle Formen physischer oder psychischer Misshandlungen eines Beschuldigten, z. B. durch Aufhängen an den Armen, Zwang, sich während eines Verhörs in angespannter Körperhaltung mit den Fingern an der Wand abzustützen („Wallstanding"), Vergewaltigung, vorgetäuschte Exekutionen („Waterboarding"), Elektroschocks, Schläge, Nahrungsmittel- oder Schlafentzug, Androhen schwerer Verletzungen, zwangsweises Abnehmen einer Urinprobe mittels Katheters[92] oder Verabreichen von Brechmitteln.[93] Ebenfalls unzulässig ist die erniedrigende Bloßstellung des Beschuldigten, z. B. durch Verhör mit heruntergelassenen Hosen, Verweigerung des Toilettenganges, Wegnahme der Sehhilfe oder das Einsperren in einen Metall-bzw. Glaskäfig[94] während der mündlichen Verhandlung. Das nicht ein-

52

---

[87] BVerfGE 45, 187, 228 f., 245; 65, 261, 281; 72, 105, 116 f.
[88] EGMR NJOZ 2016, 389, 391 (Rz. 113).
[89] *Böse*, NStZ 2002, 670, 672; vgl. auch OLG Zweibrücken NStZ-RR 2021, 223 (Auslieferungshindernis bei drohender Vollstreckung einer Haftstrafe von 20 Jahren für ein Schleuserdelikt).
[90] EGMR NJW 2010, 3145; NJOZ 2017, 703, 705; *Germelmann*, in: *Ehlers/Germelmann* (Hrsg.), Europ. Grundrechte, § 4.1.1 Rn. 37; *Grabenwarter/Pabel*, EMRK, § 20 Rn. 52; *Schramm*, IntStR, Kap. 3 Rn. 37a.
[91] EGMR NLMR 2020, 183 ff. (*Steurer*); NVwZ-RR 2020, 457, 459.
[92] EGMR NLMR 2019, 300 ff. (*Schöpfer*).
[93] EGMR NJW 2006, 3117 ff.
[94] EGMR NJW 2015, 3423, 3425 f.; NJOZ 2020, 50, 52.

schränkbare Folterverbot schließt auch die Anwendung der sog. **Rettungsfolter** durch staatliche Organe als Verteidigungsmittel i. R. d. §§ 32, 34 StGB nach zutreffender h. M. kategorisch aus,[95] selbst wenn das Androhen oder Zufügen von Schmerzen durch Polizeibeamte im konkreten Fall das einzige noch zur Verfügung stehende Mittel darstellt, um etwa einen Kindesentführer zur Preisgabe des Opferverstecks[96] oder einen Terroristengehilfen zur Offenbarung von Anschlagplänen[97] zu bewegen.

3.3.4 Strafprozessuale Verfahrensgarantien

53 Die Verfahrensgarantien des Art. 6 EMRK zählen neben den in Art. 3 EMRK normierten Individualrechten zu den praktisch bedeutsamsten menschenrechtlichen Gewährleistungen der Konvention.[98] Bei den in Art. 6 I–III EMRK formulierten Rechten handelt es sich um Mindestgarantien, die in jedem rechtsstaatlichen Strafverfahren zu beachten sind. Hierzu gehören namentlich der **Grundsatz des fairen Verfahrens (Art. 6 I EMRK)**, die **Unschuldsvermutung (Art. 6 II EMRK)** und bestimmte **Verteidigungsrechte des Angeklagten (Art. 6 III lit. a–e EMRK)**. Letztere stellen nicht abschließend aufgeführte Ausprägungen des Rechts auf ein faires Verfahren dar, welches das Kernstück sämtlicher Verfahrensgarantien des Art. 6 EMRK bildet.

3.3.4.1 Akteneinsichtsrecht des Beschuldigten

54 Der EGMR stellte fest, dass Frankreich gegen das in Art. 6 I EMRK verankerte „Fair-Trial-Prinzip" verstoßen habe, weil ein französisches Gericht einem **nichtverteidigten Beschuldigten** im Rahmen des Strafverfahrens kein eigenes **Akteneinsichtsrecht** gewährte.[99] Die bis zur Änderung der StPO im Jahre 1999 geltende deutsche Gesetzeslage, die lediglich dem Verteidiger, nicht aber dem Angeklagten einen eigenen Anspruch auf Akteneinsicht zubilligte, war somit im Lichte der EMRK höchst problematisch. Mit der Schaffung des § 147 VII StPO a.F. (aktuell: § 147 IV StPO), der dem nichtverteidigten Beschuldigten das Recht zugesteht, Abschriften aus den Akten zu verlangen, reagierte der deutsche Gesetzgeber auf die Vorgaben der Straßburger Richter. In neueren Urteilen zum Akteneinsichtsrecht betont der EGMR, dass das **Fair-Trial-Prinzip** verletzt werde, wenn der Verteidigung

---

[95] S/S-*Hecker*, § 340 Rn. 10; S/S-*Perron/Eisele*, § 32 Rn. 62a; *Rengier*, AT, § 18 Rn. 97; *Roxin*, Nehm-FS, S. 205, 213; *Satzger*, IntStR, § 11 Rn. 41; W/B/*Satzger*, AT, Rn. 438; *Meyer-Goßner/Schmitt*, StPO, Art. 3 EMRK Rn. 2a; a.A. *Eser*, Hassemer-FS, S. 713 ff.; *Erb*, Jura 2005, 24, 26 ff.; *Gössel*, Otto-FS, S. 41, 60; Lackner/Kühl/*Heger*, § 32 Rn. 17a.
[96] EGMR NStZ 2008, 699; NJW 2010, 3145; LG Frankfurt a. M. NJW 2005, 692; vgl. hierzu *Hecker/Zöller*, Fallsammlung, Klausur 18.
[97] Vgl. hierzu *Erb*, Jura 2005, 24 ff.; *Jäger*, Herzberg-FS, S. 539, 548.
[98] *Ambos*, IntStR, § 10 Rn. 25 ff.; *Esser*, EuStR, § 9 Rn. 202 ff.; *Gleß*, IntStR, Rn. 69 ff.; *Kreicker*, in: *Sieber u. a.* (Hrsg.), EuStR, § 51 Rn. 14; *Satzger*, IntStR, § 11 Rn. 68.
[99] EGMR NStZ 1998, 429 m. zust. Anm. *Deumeland*.

der Zugang zu denjenigen Dokumenten verweigert werde, die wesentlich sind, um die Rechtmäßigkeit der Untersuchungshaft ihres Mandanten angreifen zu können.[100] Zwar sei die Notwendigkeit effektiver polizeilicher Ermittlungen, einschließlich der Geheimhaltung bestimmter Informationen, anzuerkennen. Dieser legitime Zweck könne jedoch nicht dazu führen, dass Rechte der Verteidigung substanziell beschnitten werden. Damit ist die Konventionswidrigkeit einer staatsanwaltlichen Praxis klargestellt, die allzu leichtfertig unter Hinweis auf eine Gefährdung des Untersuchungszwecks (§ 147 II StPO) Akteneinsicht verweigert.[101]

3.3.4.2 Tatprovokation durch polizeiliche Lockspitzel

Problematisch ist aus menschenrechtlicher Sicht die frühere höchstrichterliche Rspr. in Deutschland, die die **Tatprovokation** durch **polizeiliche Lockspitzel** zur Überführung von Straftätern – etwa im Bereich der Bekämpfung des illegalen Drogenhandels – lediglich als Strafmilderungsgrund berücksichtigt hat.[102] Der EGMR entschied in mehreren Verfahren, dass unbescholtene und bislang unverdächtige Bürger nicht durch staatliche Agenten in Straftaten hineingezogen werden dürfen.[103] Wenn der Gerichtshof in diesem Zusammenhang darauf hinweist, dass das öffentliche Interesse nicht den Gebrauch von Beweismitteln rechtfertigen kann, die als Ergebnis polizeilicher Tatprovokation gewonnen wurden, so liegt dem die Auffassung zugrunde, dass das Recht auf ein faires Verfahren einen so herausragenden Rang einnimmt, dass es Zweckmäßigkeitsüberlegungen nicht geopfert werden darf.[104] Folglich muss in einschlägigen Fällen im Hinblick auf den Verstoß gegen Art. 6 I EMRK regelmäßig von einem Beweisverwertungsverbot, wenn nicht sogar von einer Verwirkung des staatlichen Strafanspruches ausgegangen werden.[105] Nach Auffassung des Gerichtshofs dürfen die Strafverfolgungsbehörden im Kampf gegen organisierte Kriminalität und Korruption zwar auch auf Ermittlungsmethoden wie den Einsatz von verdeckten Ermittlern und Informanten zurückgreifen. Diese müssen sich jedoch im Rahmen klarer Grenzen bewegen und von ausreichenden Sicherungen gegen Missbrauch begleitet sein. Insbesondere ist ein eindeutiges und vorhersehbares Verfahren erforderlich, um die fraglichen Ermittlungsverfahren zu genehmigen, durchzuführen und zu überwachen. Nach durchaus fragwürdiger Auffassung des BVerfG bleibt im

55

---

[100] EGMR NStZ 2009, 164; NJW 2020, 3019, 3020.
[101] *Ambos*, ZStW 115 (2003), S. 583, 628; *Schlothauer*, StV 2001, 192 ff.
[102] BGH NStZ 2014, 277 mit krit. Anm. v. *Jahn*, JuS 2014, 371. Vgl. zum agent provocateur *Rönnau*, JuS 2015, 19; *Schmidt*, Lockspitzeleinsatz am Maßstab der EMRK, passim sowie *Hecker/Zöller*, Fallsammlung, Klausur 19 und die Schwerpunktbereichsklausur von *Schramm/Antoni/Berle/Müller*, JuS 2020, 541 ff.
[103] EGMR NStZ 1999, 47 ff.; NJW 2009, 3565 ff.; NJW 2021, 3515 (*Akbay ua*/Deutschland).
[104] *Ambos*, NStZ 2002, 628, 632; *Esser*, EuStR, § 9 Rn. 233; *Dannecker*, BGH-Festgabe, S. 339, 344.
[105] EGMR (*Furcht*/Deutschland) NJW 2015, 3631 ff.; NJW 2021, 3515 (*Akbay ua*/Deutschland) = JuS 2021, 185 (*Payandeh*) mBespr. *Petzsche* JR 2021, 368; *Ambos*, IntStR, § 10 Rn. 33; *Esser*, EuStR, § 9 Rn. 232; *Meyer-Goßner/Schmitt*, StPO, Art. 6 EMRK Rn. 4a f.; *Satzger*, IntStR, § 11 Rn. 92.

Fall einer rechtsstaatswidrigen Tatprovokation eine Verurteilung wegen der provozierten Tat auch unter Berücksichtigung der Rspr. des EGMR grundsätzlich möglich, wenn eine ausreichende Kompensation im gerichtlichen Verfahren erfolgt.[106] Zu begrüßen ist, dass der 2. Strafsenat des BGH unter dem Eindruck der EGMR-Judikatur eine Neubewertung der Tatprovokation vorgenommen hat, die ihn zu einer Abkehr von der Strafzumessungslösung und regelmäßigen Annahme eines Verfahrenshindernisses veranlasst.[107] Inzwischen nimmt auch der 1. Strafsenat des BGH ein Verfahrenshindernis wegen rechtsstaatswidriger Tatprovokation an, wenn der eingesetzte Lockspitzel auf die Person, auf die er angesetzt ist, so massiv stimulierend einwirkt, dass diese eine Straftat begeht, die sie sonst nicht begangen hätte.[108] Ein am 13.03.2024 in den Bundestag eingebrachter Gesetzentwurf der Bundesregierung sieht vor, die Vorgaben des EGMR dahingehend umzusetzen, dass eine rechtsstaatswidrige Tatprovokation immer zu einem Verfahrenshindernis führen soll.[109]

3.3.4.3 Widerruf der Bewährung und Unschuldsvermutung

56 Nach Art. 6 II EMRK gilt jede Person, die einer Straftat angeklagt ist, bis zum gesetzlichen Beweis ihrer Schuld als unschuldig. Die **Unschuldsvermutung** wird nach der Rspr. des EGMR verletzt, wenn eine gerichtliche Entscheidung oder Äußerung eines Amtsträgers über einen Angeklagten die Auffassung erkennen lässt, er sei schuldig, bevor der gesetzliche Nachweis seiner Schuld erbracht worden ist.[110] Art. 6 II EMRK steht damit der früheren Rechtspraxis in Deutschland entgegen, nach der ein Widerruf der Strafaussetzung wegen Begehung einer in der Bewährungszeit begangenen Straftat (vgl. § 56f I Nr. 1 StGB bzw. § 26 I Nr. 1 JGG) auch aufgrund eigener Ermittlungen des Widerrufsgerichts erfolgen konnte, solange dieses nur von der Begehung der neuen Tat („Anlasstat") überzeugt war, ohne dass diese bereits abgeurteilt sein musste.[111] Unter dem Eindruck der Rspr. des EGMR gehen einige deutsche Obergerichte mit Billigung des BVerfG[112] davon aus, dass der Widerruf der Strafaussetzung zur Bewährung eine rechtskräftige Verurteilung des Betroffenen wegen der Anlasstat voraussetzt.[113] Eine Ausnahme hiervon soll nur gelten, wenn der Betroffene die neue Tat vor einem Richter glaubhaft gestanden hat.[114] In der Literatur ist zu Recht gesetzgeberischer Handlungsbedarf angemeldet

---

[106] BVerfG NJW 2015, 1083 mit Anm. v. *Jäger*, JA 2015, 473 ff. u. *Jahn*, JuS 2015, 659 ff.
[107] BGH NJW 2016, 91 ff. mit Anm. v. *Jäger*, JA 2016, 308 ff. u. *Mitsch*, NStZ 2016, 57 f.; vgl. zu einer möglichen legislativen Lösung *Greco*, GA 2021, 672 ff. u. *Lenk*, GA 2023, 141, 154 ff.
[108] BGH NStZ 2023, 243 ff. mit Anm. v. *Jäger*, JA 2022, 609 ff. sowie ausführl. Bespr. v. *Schneider*, NStZ 2023, 325 ff. u. *Zeyer*, NZWiSt 2022, 197 ff.; anders noch BGH NStZ 2015, 541, 543.
[109] BR-Drs. 125/24; vgl. hierzu *Duttge*, KriPoZ 2024, 189 ff.
[110] EGMR NJW 2016, 3225, 3226; NJW 2016, 3645 ff.; BGH NJW 2021, 395, 399 f.; *Ambos*, IntStR, § 10 Rn. 38; *Esser*, EuStR, § 9 Rn. 270 ff.; *Schramm*, IntStR, Kap. 3 Rn. 46.
[111] Vgl. hierzu die Nachweise bei *Fischer*, § 56f. Rn. 5.
[112] BVerfG NStZ 2005, 204.
[113] Vgl. hierzu die Nachweise bei *Fischer*, § 56f. Rn. 6.
[114] Vgl. aber OLG Koblenz BeckRS 2022, 27575 (glaubhaftes Geständnis gegenüber Polizei genügt).

worden, da der Text des § 56f I Nr. 1 StGB bzw. § 26 I Nr. 1 JGG einen – wie gezeigt konventionswidrigen – Widerruf der Strafaussetzung aufgrund eigener Ermittlungen des Widerrufsgerichts vor Aburteilung der Anlasstat nicht ausschließt.[115] Es bietet sich an, in einer Neufassung klarzustellen, dass der Widerruf eine rechtskräftig festgestellte neue Straftat erfordert oder durch eine Änderung der §§ 453 I, 462a II StPO dafür zu sorgen, dass das für die Aburteilung der Anlasstat zuständige Tatgericht zugleich auch über den Bewährungswiderruf entscheidet.[116]

3.3.4.4 Frage- und Konfrontationsrecht des Beschuldigten

Artikel 6 III lit. d EMRK garantiert dem Beschuldigten das Recht, Fragen an Belastungszeugen zu stellen oder stellen zu lassen sowie die Ladung und Vernehmung der Entlastungszeugen unter denselben Bedingungen wie die der Belastungszeugen zu erwirken. Der EGMR erblickte einen Verstoß gegen diese Konventionsgarantie u. a. darin, dass ein österreichisches Gericht die strafrechtliche Verurteilung des Beschwerdeführers im Wesentlichen auf die Verlesung polizeilicher Vernehmungsprotokolle stützte, die im zuvor geführten Ermittlungsverfahren ohne Anwesenheit des Beschwerdeführers oder seines Verteidigers erstellt wurden.[117] In der Hauptverhandlung hatten sich die Hauptbelastungszeugen auf ihr Zeugnisverweigerungsrecht berufen. Der Gerichtshof führte aus, dass die Verlesung von Zeugenaussagen durch die Konvention zwar nicht generell verboten sei. Doch stelle es eine Konventionsverletzung dar, wenn dem Beschwerdeführer zu keinem Zeitpunkt im Verfahren Gelegenheit gegeben worden sei, die an seiner Verurteilung maßgeblich beteiligten Zeugen direkt oder über seinen Verteidiger zu befragen.

Nach der Rspr. des EGMR müssen grundsätzlich alle Beweise in Gegenwart des Angeklagten in öffentlicher Verhandlung in Blickrichtung auf eine kontradiktorische Argumentation erhoben werden.[118] Die Verwendung von im Vorverfahren erlangten Beweismitteln ist aber nicht unvereinbar mit Art. 6 III lit. d EMRK, wenn der Angeklagte eine angemessene und geeignete Gelegenheit hatte, die Glaubwürdigkeit der Zeugen durch eigene oder Verteidigerbefragung zu überprüfen. Diese Konventionsgarantie kann auch verletzt sein, wenn die Anonymität eines Belastungszeugen in einem Umfang gewahrt wird, dass es weder dem Angeklagten noch dessen Verteidiger ermöglicht wird, die Aussagemotivation dieses Zeugen selbst zu hinterfragen.[119] Der BGH setzt den Ansatz des EGMR, die hinreichende Gewährleistung der Verfahrensfairniss auf der Grundlage einer Gesamtbetrachtung zu beurteilen, in seiner Rechtsprechung um.[120]

---

[115] *Esser*, NStZ 2016, 697, 704; *Fischer*, § 56f. Rn. 7.
[116] Lackner/Kühl/*Heger*, § 56f Rn. 3a; *Neubacher*, GA 2004, 402, 417; *Peglau*, ZRP 2003, 242, 243.
[117] EGMR EuGRZ 1987, 147; vgl. hierzu *Beulke*, Riess-FS, S. 3, 9 ff.
[118] EGMR NJOZ 2017, 544 ff.; *Ambos*, IntStR, § 10 Rn. 50 ff.; *Esser*, EuStR, § 9 Rn. 260 ff.; *Gaede*, StV 2006, 599, 602 ff.; *Gleß*, Wolter-FS, S. 1355, 1356 ff.; Grote/Marauhn/*Grabenwarter*/Pabel, EMRK/GG, Kap. 14 Rn. 145 ff.
[119] EGMR StV 1990, 481; vgl. aber auch EGMR NJOZ 2008, 3605, 3610 zur konventionskonformen Ablehnung von Beweisanträgen.
[120] BGH NStZ 2017, 602 ff.; *Beulke/Swoboda*, Strafprozessrecht, Rn. 648; *Esser*, NStZ 2017, 605 ff.

Fall 4

59 Der Angeklagte wurde vom LG wegen Sexualdelikten zum Nachteil seiner Tochter zu einer Gesamtfreiheitsstrafe von fünf Jahren verurteilt. Das Urteil stützt sich im Wesentlichen auf die Aussage des als Zeuge vernommenen Ermittlungsrichters, nachdem die Geschädigte in der Hauptverhandlung von ihrem Zeugnisverweigerungsrecht (§ 52 I Nr. 3 StPO) Gebrauch gemacht hatte. Bei der ermittlungsrichterlichen Vernehmung der Geschädigten war der Angeklagte nicht zugegen, da er wegen Gefährdung des Untersuchungserfolgs von der Anwesenheit bei der Befragung ausgeschlossen wurde (§ 168c III StPO). Auch wurde kein Verteidiger bestellt, sodass im Ergebnis weder eine unmittelbare Befragung durch den Angeklagten noch durch einen Verteidiger ermöglicht wurde.[121] **Frage**: Wie ist die unterlassene Verteidigerbestellung im Lichte des Art. 6 III lit. d EMRK zu beurteilen? ◄

Lösungshinweise zu Fall 4

60 Der Angeklagte durfte gem. § 168c III StPO wegen Gefährdung des Untersuchungszwecks von der ermittlungsrichterlichen Vernehmung der Geschädigten ausgeschlossen werden. Dieser Ausschluss stellt als solcher noch keine Verletzung des Art. 6 III lit. d EMRK dar, da bei bestimmten Konstellationen auf eine Konfrontation des Zeugen mit dem Angeklagten verzichtet werden darf, etwa aus Gründen des Zeugenschutzes oder wenn zu befürchten ist, dass der Zeuge in Anwesenheit des Angeklagten nicht die Wahrheit sagen werde. Allerdings wäre es ohne weiteres möglich gewesen, gem. § 141 II StPO einen Verteidiger zu bestellen und diesen zu dem ermittlungsrichterlichen Vernehmungstermin zu laden. Auf diese Weise hätte wenigstens der Verteidiger Gelegenheit gehabt, unmittelbar Fragen an die Geschädigte zu richten. Die konventionskonforme Auslegung des § 141 II StPO gebietet, dass in Fällen der vorliegenden Art dem noch nicht verteidigten Beschuldigten vor der ermittlungsrichterlichen Vernehmung eines wichtigen Belastungszeugen ein Verteidiger bestellt wird. Das Ermessen der deutschen Strafverfolgungsbehörden bei der Frage der Verteidigerbestellung reduziert sich unter den gegebenen Umständen im Lichte des Art. 6 III lit. d EMRK auf Null. Folglich verletzt die unterlassene Verteidigerbestellung das von der Konvention garantierte Recht des Angeklagten, Fragen an den Zeugen stellen zu lassen.[122]

3.3.4.5 Überlange Verfahrensdauer

61 Immer komplexer werdende Strafverfahren und rigorose Sparmaßnahmen der öffentlichen Hand haben dazu beigetragen, dass Verzögerungen bei der Erledigung von Strafverfahren leider nichts Ungewöhnliches mehr sind.[123] Beschwerden wegen

---

[121] Fall nach BGHSt 46, 93.

[122] Zu den revisionsrechtlichen Folgen vgl. BGHSt 46, 93, 103 ff. (Beweiswürdigungslösung); krit. hierzu *Kunert*, NStZ 2001, 217 f., der für ein Beweisverwertungsverbot plädiert.

[123] *Krehl*, StV 2006, 408; *Krehl/Eidam*, NStZ 2006, 1 ff.

überlanger Dauer der Strafverfahren bilden daher den Großteil der ansteigenden Klageflut vor dem EGMR[124] und betreffen auffallend häufig die deutsche Justiz.[125] In seinem Urteil v. 31.05.2001 stellte der Gerichtshof fest, dass die Bundesrepublik Deutschland wegen wesentlicher Überschreitung einer angemessenen Verfahrensdauer gegen Art. 6 I S. 1 EMRK verstoßen hat, wonach jede Person ein Recht darauf hat, dass über eine gegen sie erhobene strafrechtliche Anklage **innerhalb angemessener Frist** verhandelt wird.[126] Der Zeitraum, der im Hinblick auf Art. 6 I S. 1 EMRK berücksichtigt werden muss, beginnt, sobald eine Person formell angeschuldigt wird oder der gegen sie gerichtete Verdacht aufgrund behördlicher Strafverfolgungsmaßnahmen ernsthafte Auswirkungen auf ihre Situation hat. Von der ersten Information des Beschwerdeführers, dass gegen ihn ein Strafverfahren wegen eines Umweltdelikts eingeleitet wurde, bis zur letztinstanzlichen Entscheidung waren mehr als neun Jahre vergangen. Der BGH vertrat die Auffassung, dass der überlangen Verfahrensdauer auf der Strafzumessungsseite (Strafmilderungsgrund) ausreichend Rechnung getragen werden könne.[127] Demgegenüber rief der EGMR seine ständige Rspr. in Erinnerung, wonach die Konventionsstaaten dazu verpflichtet sind, ihre Justizsysteme so zu organisieren, dass die Instanzgerichte ihre Verfahren in angemessener Zeit abschließen können.[128] Als besonders schwerwiegende Verzögerungen stufte der Gerichtshof die Dauer von 15 Monaten zwischen Abschluss der polizeilichen Ermittlungen und Anklageerhebung ein, aber auch den Umstand, dass es zwei Jahre und drei Monate bis zur Aufhebung des landgerichtlichen Urteils durch den BGH dauerte, weil das LG das Urteil nicht in der gesetzlich geforderten Frist weitergeleitet hatte.

Die Möglichkeit, wegen rechtsstaatswidriger Verfahrensverzögerung ein Verfahrenshindernis anzunehmen, wird von der höchstrichterlichen Rspr. bislang nur in ganz außergewöhnlichen Einzelfällen anerkannt.[129] Nach der Rspr. des EGMR vermag die Milderung einer Strafe wegen überlanger Verfahrensdauer die Opfereigenschaft des Betroffenen nur zu beseitigen, wenn das Gericht die Konventionsverletzung anerkennt und angemessene Wiedergutmachung leistet.[130] Die **Strafzumessungslösung** (Rn. 61) versagt daher, wenn das Gesetz – wie bei § 211 StGB – keine Möglichkeit eröffnet, das Tatunrecht und die darin zum Ausdruck kommende Schuld des Täters zu relativieren. So kann bei einem Schuldspruch wegen Mordes von der Verhängung einer lebenslangen Freiheitsstrafe nicht deswe-

---

[124] *Ambos*, IntStR, § 10 Rn. 29; *Gleß*, IntStR, Rn. 76 ff.; *Meyer-Ladewig/Harrendorf/König*, in: *Meyer-Ladewig u. a.*, EMRK, Art. 6 Rn. 1.

[125] Vgl. hierzu EGMR NJW 2010, 3355 (Überlange Dauer von Gerichtsverfahren in Deutschland als strukturelles Problem).

[126] EGMR NJW 2002, 2856; vgl. auch EGMR EuGRZ 1983, 371 (Verfahrensdauer von 17 bzw. 10 Jahren).

[127] BGH NStZ 1997, 189.

[128] Vgl. hierzu *Ambos*, IntStR, § 10 Rn. 30; *Esser*, EuStR, § 9 Rn. 234 ff.; *Liebhart*, NStZ 2017, 254 ff.; *Satzger*, IntStR, § 11 Rn. 74.

[129] BGH BeckRS 2024, 7989 (Rz. 7) m. w. N.

[130] EGMR NVwZ-RR 2006, 513, 515 ff.; NJW 2006, 2389, 2394.

gen abgesehen werden, weil die Beendigung des Strafverfahrens von den Strafverfolgungsorganen in einer Weise verzögert wurde, die beim Ausspruch von zeitiger Freiheitsstrafe oder von Geldstrafe eine Kompensation zugunsten des Angeklagten auf der Rechtsfolgenseite gebieten würde.[131] Auch darf im Hinblick auf die Gesetzesbindung der Gerichte (Art. 20 III GG) kein Strafabschlag gewährt werden, durch den die gesetzlich vorgesehene Mindeststrafe unterschritten würde. Vor diesem Hintergrund vollzog der Große Senat des BGH in seinem Grundsatzentscheid v. 17.01.2008[132] einen Systemwechsel von der Strafzumessungslösung zur **Vollstreckungslösung**: Ist der Abschluss eines Strafverfahrens rechtsstaatswidrig derart verzögert worden, dass dies bei der Durchsetzung des staatlichen Strafanspruchs unter näherer Bestimmung des Ausmaßes berücksichtigt werden muss, so ist der Angeklagte gleichwohl zu der nach § 46 StGB angemessenen Strafe zu verurteilen. Zugleich ist in der Urteilsformel auszusprechen, dass zur Entschädigung für die überlange Verfahrensdauer ein bezifferter Teil der verhängten Strafe als vollstreckt gilt.[133] Auch im Jugendstrafrecht kann der Ausgleich für eine überlange Verfahrensdauer jedenfalls bei einer auf die Schwere der Schuld gestützten Verhängung von Jugendstrafe in Anwendung der Vollstreckungslösung vorgenommen werden.[134]

63 Durch das am 03.12.2011 in Kraft getretene Gesetz über den Rechtsschutz bei überlangen Gerichtsverfahren und strafrechtlichen Ermittlungsverfahren wurden mit der Verzögerungsbeschwerde in § 97a BVerfGG sowie der in § 198 III GVG normierten Verzögerungsrüge und der darauf aufbauenden Entschädigungsklage nach § 198 I GVG, die gem. § 199 GVG auch für das Strafverfahren gilt, neue Rechtsbehelfe geschaffen. Die Vollstreckungslösung (Rn. 62) bleibt davon unberührt.[135]

3.3.4.6 Freiheitsrechte und Untersuchungshaft

64 Artikel 5 I EMRK garantiert das Recht der persönlichen Freiheit. Er schützt die Bürger vor willkürlicher Inhaftierung, indem er abschließend die Voraussetzungen aufzählt, unter denen die nationalen Gesetze eine Freiheitsentziehung anordnen dürfen.[136] In Art. 5 II–IV EMRK sind spezifische Verfahrensgarantien des Inhaftierten festgeschrieben, wie z. B. seine Rechte, unverzüglich in einer ihm verständlichen Sprache über die Gründe seiner Festnahme informiert sowie unverzüglich einem Richter zum Zwecke der Haftkontrolle vorgeführt zu werden. Den Garantien des Art. 5 EMRK kommt eine zentrale Bedeutung für das strafprozessuale Institut der Untersuchungshaft zu, welches darauf abzielt, die Durchführung eines Strafver-

---

[131] BGH NJW 2006, 1529 m. krit. Anm. *Hoffmann-Holland*, ZIS 2006, 539 ff. und *Krehl*, StV 2006, 408 ff.; nicht beanstandet von BVerfG NStZ 2006, 680. Der EGMR wertet dies als Verstoß gegen Art. 6 I S. 1 und Art. 13 EMRK (StV 2009, 561 ff.).
[132] BGHGrSSt 52, 124; vgl. hierzu *Ambos*, IntStR, § 10 Rn. 31; *Satzger*, IntStR, § 11 Rn. 76.
[133] BGH BeckRS 2024, 7989 (Rz. 6 f.) m. w. N.
[134] BGH BeckRS 2024, 1982 (Rz. 5) m. w. N.
[135] *Gerckel/Heinisch*, NStZ 2012, 300, 303 ff.; S/S-*Kinzig*, § 46 Rn. 57b.
[136] EGMR NLMR 2019, 488 (*Schöpfer*); NLMR 2019, 491 (*Kieber*); NLMR 2020, 453 (*Czech*); *Ambos*, IntStR, § 10 Rn. 63 ff.; *Esser*, EuStR, § 9 Rn. 165 ff., 191 ff.

3.3 Bedeutung der EMRK für die europäische Strafrechtspflege

fahrens zu sichern. Die besondere Problematik der Untersuchungshaft liegt zum einen darin, dass auch für einen Untersuchungsgefangenen bis zum gesetzlichen Nachweis seiner Schuld die Unschuldsvermutung (Art. 6 II EMRK) gilt. Er ist lediglich einer Straftat verdächtig. Zum anderen ist er in der Untersuchungshaft stärkeren Einschränkungen (z. B. Kontaktsperren, Einzelhaft, Reglementierungen des Brief- und Fernmeldeverkehrs) ausgesetzt als im Regelstrafvollzug und muss im Gegensatz zu Strafgefangenen das zusätzliche Leid der Ungewissheit der ihn erwartenden Haftdauer ertragen.

Die EMRK trägt der besonderen Interessenlage des Untersuchungsgefangenen Rechnung, indem sie in Art. 5 III S. 1 EMRK einen Anspruch auf gerichtliche Aburteilung innerhalb einer angemessenen Frist oder auf Haftentlassung während des Verfahrens normiert. Bestimmungen des nationalen Strafprozessrechts, die bei bestimmten Tatvorwürfen die Möglichkeit einer Haftverschonung bzw. die Aussetzung der Untersuchungshaft gegen eine Sicherheitsleistung generell ausschließen, sind mit Art. 5 III S. 1 EMRK ebenso wenig vereinbar wie eine Regelung, die für bestimmte Taten oder im Hinblick auf eine zu erwartende Strafhöhe zwingend die Anordnung von Untersuchungshaft vorschreibt.[137] Ebenfalls konventionswidrig ist die Ausstellung von zeitlich unbefristeten Haftbefehlen.[138] Nach der Rspr. des EGMR ist es in erster Linie Aufgabe der staatlichen Gerichte, sicherzustellen, dass die Untersuchungshaft eines Beschuldigten eine angemessene Dauer nicht überschreitet. Dabei müssen die Gerichte unter gebührender Beachtung des Grundsatzes der Unschuldsvermutung alle Umstände prüfen, die für und gegen das Bestehen eines zwingenden öffentlichen Interesses an der Fortdauer der Untersuchungshaft sprechen. Nach einer Untersuchungshaftdauer von zwei Jahren ist das Recht des Beschuldigten auf Aburteilung innerhalb angemessener Frist in der Regel verletzt, wenn die Justizbehörden nicht besondere Sorgfalt beim Betreiben des Verfahrens angewendet haben.[139] Jedoch kann unter Berücksichtigung der Besonderheiten des konkreten Einzelfalls sogar eine Haftdauer von fünf Jahren und acht Monaten als konventionskonform eingestuft werden, wenn die Gerichte die Haftgründe sorgfältig geprüft haben.[140]

Fall 5

Der türkische Staatsangehörige E wurde in Deutschland festgenommen, da er im Verdacht stand, Mitglied der terroristischen Vereinigung PKK zu sein. Die gegen ihn angeordnete und vollzogene Untersuchungshaft dauerte insgesamt fünf Jahre und elf Monate. Sie wurde in sieben Haftprüfungsentscheidungen wiederholt mit der Schwere des Tatvorwurfes, der Höhe der zu erwartenden Strafe und mit Fluchtgefahr begründet, da E in Deutschland über keinen Wohnsitz und keine persönlichen Bindungen verfügte. E wurde schließlich wegen Mitgliedschaft in

---

[137] *Kühne/Esser*, StV 2002, 383, 388.
[138] EGMR NJW 2014, 283, 287.
[139] EGMR NJW 2005, 3125, 3126 ff.; NVwZ 2005, 303, 305; NVwZ-RR 2006, 513, 515.
[140] EGMR NJW 2015, 3773 ff.

einer terroristischen Vereinigung (§ 129a StGB) zu einer Freiheitsstrafe von sechs Jahren verurteilt. **Frage:** Hat Deutschland gegen Art. 5 III S. 1 EMRK verstoßen? ◄

Lösungshinweise Fall 5

67 Bereits aus Art. 6 I S. 1 EMRK lässt sich ein Beschleunigungsgebot als allgemeine Verfahrensgarantie ableiten. Im Hinblick auf die besondere Interessenlage von Untersuchungsgefangenen statuiert Art. 5 III S. 1 EMRK jedoch ausdrücklich einen Anspruch des Festgenommenen auf Aburteilung innerhalb einer angemessenen Frist. Das in Deutschland durchgeführte Verfahren gegen E ist somit an Art. 5 III S. 1 EMRK zu messen. Der EGMR bejahte eine Konventionsverletzung durch die Bundesrepublik Deutschland wegen **überlanger Untersuchungshaft**.[141] Zwar bestanden Tatverdacht und Fluchtgefahr (§ 112 I II Nr. 2 StPO) während der gesamten Haftzeit fort, doch reichen diese Gründe nach Auffassung des Gerichtshofs nach einer Haftdauer von fünf Jahren und elf Monaten nicht mehr aus, um letztlich eine Untersuchungshaftdauer zu rechtfertigen, die praktisch identisch mit der später verhängten Freiheitsstrafe war. Der EGMR verlangt von den nationalen Behörden, dass sie Fortgang und Abschluss des Verfahrens besonders fördern, damit sich die gegenüber der normalen Strafhaft mit besonderen Belastungen verbundene Untersuchungshaft nicht unnötig lange hinzieht. Es reicht nach Auffassung des EGMR nicht aus, die Haftfortdauer durch fast gleichlautende Standardformulierungen anzuordnen. Das Urteil ist von erheblicher Bedeutung, weil es unverhohlen Kritik an der – leider verbreiteten – Praxis übt, die Haftfortdauer gem. §§ 121, 122 StPO gleichsam automatisch und mit standardisierter Begründung anzuordnen. Es stellt klar, dass sich die Begründungslast der Justizbehörden mit zunehmender Haftdauer vergrößert und jeder Haftfortdauerbeschluss neu begründet werden muss.[142]

3.3.5 Einfluss der EMRK auf das materielle Strafrecht

68 Die Relevanz der EMRK für das materielle Strafrecht[143] wird in Deutschland seit langem anhand der Frage diskutiert, ob sich Art. 2 II lit. a EMRK auf die Auslegung des Notwehrrechts (§ 32 StGB) auswirkt. **Artikel 2 II lit. a EMRK (Recht auf Leben)** lautet:

> „Die Tötung wird nicht als Verletzung dieses Artikels betrachtet, wenn sie sich aus einer unbedingt erforderlichen Gewaltanwendung ergibt, um die Verteidigung eines Menschen gegenüber rechtswidriger Gewaltanwendung sicherzustellen."

---

[141] EGMR (*Erdem*/D) EuGRZ 2001, 391; vgl. hierzu *Ambos*, NStZ 2003, 14, 15.

[142] Vgl. hierzu auch BVerfG BeckRS 2020, 5355 (Rz. 58 ff.); *Meyer-Goßner/Schmitt*, StPO, § 121 Rn. 1.

[143] Zu dem (relativ begrenzten) Einfluss der EMRK auf das deutsche materielle Strafrecht vgl. *Diehm*, Menschenrechte, 135 ff., 325 ff., 345 ff.; *Kühl*, ZStW 100 (1988), S. 601, 624 ff.; Vgl. zu Art. 2 EMRK *Hecker/Zöller*, Fallsammlung, Klausur 16.

Fall 6

Dieb D flieht mit den von ihm erbeuteten wertvollen Schmuckstücken aus dem Juweliergeschäft des J. Die einzige erfolgversprechende Möglichkeit, den Schmuck zu retten, besteht für J darin, den D durch einen gezielten Schuss in die Beine niederzustrecken. So geschieht es. D wird dabei so schwer getroffen, dass er – was J zur Rettung seiner Schmuckstücke auch billigend in Kauf genommen hat – an den Folgen der erlittenen Schussverletzung stirbt.
Frage: Wie ist die Rechtslage im Lichte des Art. 2 II lit. a EMRK zu beurteilen? ◄

69

Lösungshinweise zu Fall 6

J ist nicht wegen eines Tötungsdelikts (§ 212 I StGB) strafbar, wenn sein Handeln durch Notwehr (§ 32 StGB) gerechtfertigt ist. Der Schuss auf die Beine des D war nach Lage der Dinge erforderlich, um einen gegenwärtigen rechtswidrigen Angriff auf das Eigentum des J zu beenden.[144] Die Höherrangigkeit des durch die Verteidigungshandlung verletzten Rechtsgutes (Leben des D) gegenüber dem angegriffenen Rechtsgut (Eigentum des J) begründet nach ganz h. M. keine Einschränkung des Notwehrrechts. Eine Notwehrbeschränkung wird nur in Fällen krasser Disproportionalität zwischen Angriff und Abwehrmaßnahme bejaht.[145]

70

Von einer im Vordringen befindlichen Lehre wird nun aber die These vertreten, Art. 2 II lit. a EMRK, der die Tötung von Menschen nur **zur Verteidigung eines Menschen gegenüber rechtswidriger Gewaltanwendung** gestattet, wirke unmittelbar unter den Staatsbürgern und beschränke daher ihr Notwehrrecht.[146] Nach dieser Auffassung ist die Tötung eines Menschen zur Verteidigung von Sachgütern schlechthin verboten. Die Bundesrepublik Deutschland sei demnach verpflichtet, dass in § 32 StGB geregelte Notwehrrecht durch eine engere Auslegung oder durch eine Gesetzesänderung den Vorgaben des Art. 2 II lit. a EMRK anzupassen.

71

Andere Stimmen teilen zwar im Ausgangspunkt die These, dass Art. 2 II lit. a EMRK zumindest eine mittelbare Wirkung auch unter Privaten entfalte. Das in § 32 StGB normierte Notwehrrecht und seine sozialethisch orientierte Auslegung stünde aber in völligem Einklang mit den Vorgaben der EMRK. Diese verbiete nur absichtliche, nicht aber ungewollte oder bedingt vorsätzliche Tötungshandlungen, die zur Abwendung von Angriffen auf das Eigentum vorgenommen werden.[147] Damit verliere das aufgeworfene Problem seine praktische Bedeutung, da eine mit direktem

72

---

[144] BGH NStZ 2016, 333; *Eisele*, JuS 2016, 366; *Rengier*, AT, § 18 Rn. 45.
[145] S/S-*Perron/Eisele*, § 32 Rn. 50; *Rengier*, AT, § 18 Rn. 57 ff.; W/B/*Satzger*, AT, Rn. 526.
[146] *Bisson*, Verteidigung von Vermögenswerten, S. 149 ff., 210; *Esser*, EuStR, § 9 Rn. 142; *Kreicker*, in: Sieber u. a. (Hrsg.), EuStR, § 51 Rn. 68; *Lührmann*, Eigentumsverteidigung, S. 281 f.; S/S-*Perron/Eisele*, § 32 Rn. 62; *Schramm*, IntStR, Kap. 3 Rn. 29.
[147] *Roxin/Greco*, AT I, § 15 Rn. 88; *Satzger*, IntStR, § 11 Rn. 34; W/B/*Satzger*, AT, Rn. 530; *Zieschang*, GA 2006, 415, 418 f.

73 Die überzeugende h. L. steht auf dem Standpunkt, dass § 32 StGB durch die EMRK nicht modifiziert werde, weil diese nicht die Rechtsbeziehungen der Bürger untereinander betreffe, sondern nur Übergriffe des Staates in die Rechtssphäre des Einzelnen verhindern wolle.[148] Aus ihrer Sicht besteht daher keine aus Art. 2 II lit. a EMRK abzuleitende Pflicht, durch eine Neuinterpretation des § 32 StGB oder eine Gesetzesänderung dafür zu sorgen, dass Tötungshandlungen zur Abwehr von Angriffen auf Sachwerte dem Anwendungsbereich des Notwehrrechts entzogen werden. Der Staat sei für den Schutz der Bürger vor Drittbeeinträchtigungen nur zuständig, soweit es um Übergriffe gehe, gegen die sich der Einzelne ohne Hilfe der Obrigkeit nicht problemlos selbst zu schützen vermag. Die im vorliegenden Zusammenhang einschlägige Gefahr, Opfer von Notwehrmaßnahmen zu werden, könne der Betroffene aber ebenso leicht vermeiden wie andere selbst gewählte Risiken – indem er seinen eigenen rechtswidrigen Angriff unterlasse.[149] Bereits die kursorische Darstellung des Meinungsstands macht deutlich, dass eine Einschränkung des Notwehrrechts im Lichte des Art. 2 II lit. a EMRK immerhin diskutabel ist. Nach derzeit herrschendem Rechtsverständnis lässt die Konventionsgarantie die bestehende Auslegung und Ausgestaltung des § 32 StGB jedoch unberührt.[150] **Lösungsvorschlag zu Fall 6**: Da J in Notwehr handelte, hat er sich nicht gem. § 212 I StGB strafbar gemacht.

3.3.6 Bindung der EU an die EMRK

74 Der EuGH hat bei der Entwicklung eines ungeschriebenen Grundrechtsstandards als Teil der allgemeinen Rechtgrundsätze des Gemeinschaftsrechts immer wieder auf die EMRK sowie die gemeinsamen Verfassungsüberlieferungen der Mitgliedstaaten zurückgegriffen (Kap. 4 Rn. 33). Er hat einen beachtlichen, umfassenden Katalog von Unionsgrundrechten entwickelt, der neben wirtschaftlichen Freiheitsrechten auch etwa die Unverletzlichkeit der Wohnung, Meinungs- und Informationsfreiheit, Vereinigungs- und Religionsfreiheit oder die Achtung des Familienlebens sowie Verfahrensrechte wie den Anspruch auf rechtliches Gehör und effektiven Rechtsschutz umfasst. Die Geltung dieser Grundrechte wurde bereits vor dem Inkrafttreten des Vertrages von Lissabon ausdrücklich anerkannt (ex- Art. 6 II EUV). Nach Art. 6 III EUV sind die Grundrechte, wie sie in der EMRK gewährleistet sind und wie sie sich aus den gemeinsamen Verfassungsüberlieferungen der Mitgliedstaaten ergeben, als allgemeine Grundsätze Teil des Unionsrechts.[151]

---

[148] *Ambos*, IntStR, § 10 Rn. 113; *Fischer*, § 32 Rn. 40; *Rengier*, AT, § 18 Rn. 60; *Rönnau*, JuS 2012, 404, 406; SSW-*Rosenau*, § 32 Rn. 37.
[149] MüKoStGB/*Erb*, § 32 Rn. 24.
[150] Zum finalen Rettungsschuss durch staatliche Organe vgl. *Ambos*, IntStR, § 10 Rn. 114, 139; *Grabenwarter/Pabel*, EMRK, § 20 Rn. 14 ff.
[151] *Ambos*, IntStR, § 10 Rn. 6; *Esser*, EuStR, § 6 Rn. 24 ff.; *Satzger*, IntStR, § 11 Rn. 16.

Eine **unmittelbare Bindung der EU an die EMRK** besteht nach derzeitiger 75
Verfassungslage aber (noch) nicht. Ein **Beitritt der Union zur EMRK** würde die
Handlungen der Organe der EU den Kontrollmechanismen der EMRK und des
EGMR unterwerfen. Er hätte damit erhebliche Auswirkungen auf das unionsrechtliche Rechtsschutzsystem. In seinem Gutachten v. 28.03.1996 stellte der EuGH fest,
dass ein Beitritt der (damaligen) EG zur EMRK eine vorherige Änderung des EGV
erfordert.[152] Eine der zentralen Innovationen des Vertrags von Lissabon besteht nun
genau darin, dass er in Art. 6 II S. 1 EUV die primärrechtliche Grundlage für einen
Beitritt der Union zur EMRK bereitstellt.[153] Zugleich betont Art. 6 II S. 2 EUV aber
auch, dass durch einen Beitritt nicht die vertraglich festgelegten Zuständigkeiten
der Union verändert werden. Die für einen Beitritt der Union erforderlichen Anpassungen der EMRK sind bereits durch das inzwischen von allen Europaratsstaaten ratifizierte 14. ZP zur EMRK (ETS Nr. 194) vorbereitet, das in einem neuen
Art. 59 II EMRK ausdrücklich eine Beitrittsmöglichkeit für die EU vorsieht. Jedoch
müssen auch nach dem Inkrafttreten des 14. ZP noch weitere Voraussetzungen erfüllt werden, bevor der EU-Beitritt zur EMRK vollzogen werden kann.[154] Die entweder im Rahmen eines weiteren Zusatzprotokolls zur EMRK oder eines auszuhandelnden Beitrittsvertrages der Union mit den Konventionsstaaten zu regelnden
Punkte betreffen insbesondere die Art der Einbeziehung des EuGH in das Rechtsschutzsystem der EMRK, Repräsentation und Stimmrecht der EU im Ministerkomitee des Europarates und die Zulässigkeit von Staatenbeschwerden der EU-Mitgliedstaaten untereinander bzw. gegenüber der EU. Auch müssen die hohen verfahrensrechtlichen Hürden überwunden werden, die der Lissabonner Vertrag für
den EU-Beitritt zur EMRK vorsieht.[155] Im Frühjahr 2013 kam es im Rahmen der
Beitrittsverhandlungen zu einer Einigung über den **Vertragsentwurf der Übereinkunft über den Beitritt der EU zur EMRK**. Der EuGH stellte jedoch in seinem
von der Kommission gem. 218 XI AEUV eingeholten **Gutachten** v. 18.12.2014
fest, dass der vorgelegte **Vertragsentwurf in seiner aktuellen Fassung nicht mit
EU-Recht vereinbar** ist.[156] Die EU dürfe sich nicht wie ein Mitgliedstaat der externen Kontrolle des EGMR unterwerfen. Das Monopol des EuGH für die Auslegung von Unionsrecht – und damit auch der GRCh – müsse erhalten bleiben.[157]

Solange die Union nicht der EMRK beigetreten ist, können Rechtsakte der EU 76
bzw. Entscheidungen des EuGH nicht vor dem EGMR angegriffen werden. Denkbar ist aber, dass ein nationaler Ausführungsakt eines EU-Mitgliedstaates (z. B. Verwaltungsakt, Gerichtsentscheidung), durch den sekundäres Unionsrecht (VO, RL)

---

[152] EuGHE 1996, 1759, 1789 (Rz. 35) = EuZW 1996, 307, 309.
[153] Art. 6 II S. 1 EUV begründet eine Beitrittsermächtigung und -verpflichtung der EU; vgl. *Obwexer*, EuR 2012, 115, 116 ff.
[154] *Pache/Rösch*, EuR 2009, 769, 781 ff. m. w. N.
[155] *Brodowski*, ZIS 2011, 940 ff.; *Callewaert*, StV 2014, 504 ff.; *Obwexer*, EuR 2012, 115 ff.
[156] EuGH DÖV 2016, 36 ff.; vgl. hierzu *Ambos*, IntStR, § 10 Rn. 9 f.; *Brodowski*, ZIS 2016, 106 ff.; *Satzger*, IntStR, § 11 Rn. 15; *Schmahl*, JZ 2016, 921 ff.; *Streinz*, JuS 2015, 567 ff.
[157] Zu den Bemühungen, den Verhandlungsprozess neu anzustoßen vgl. *Brodowski*, ZIS 2020, 285, 286.

vollzogen wird („gebundener Vollzug von Unionsrecht"), wegen angeblicher Verletzung der EMRK im Wege einer Individualbeschwerde beim EGMR gerügt wird.[158]

3.4 Zusammenfassung von Kap. 3

77 Im Mittelpunkt dieses Kapitels steht der **Europarat**, der die Entwicklung des Strafrechts in Europa maßgeblich mitgeprägt und beeinflusst hat. Der Europarat ist eine am 05.05.1949 gegründete internationale Organisation „klassischen Zuschnitts" mit Sitz in Straßburg (F), die das Ziel verfolgt, eine engere Verbindung zwischen ihren Mitgliedstaaten zum Schutze und zur Förderung der Ideale und Grundsätze, die ihr gemeinsames Erbe bilden, herzustellen und ihren wirtschaftlichen und sozialen Fortschritt zu fördern. Derzeit gehören ihm 46 Mitgliedstaaten an, darunter auch alle EU-Mitgliedstaaten. Alle Mitgliedstaaten bekennen sich zum Grundsatz der Vorherrschaft des Rechts sowie zu den Menschenrechten und Grundfreiheiten, die in der EMRK inkorporiert sind. Vom Europarat gehen schon seit Jahrzehnten die verschiedensten Initiativen in den Bereichen Strafrecht, Kriminalpolitik, Verfassungsrecht und Menschenrechtsschutz mit dem Ziel der Rechtsvereinheitlichung und der Förderung der zwischenstaatlichen Zusammenarbeit aus. Unter seinem Dach wurden über 50 strafrechtsrelevante Konventionen ausgearbeitet, denen die Mitgliedstaaten beitreten und die sie durch Ratifikation in innerstaatliches Recht transformieren können.

78 Von allen strafrechtsrelevanten Konventionen des Europarates hat die EMRK die nachhaltigste Wirkung auf die Strafrechtspflege der Konventionsstaaten entfaltet. Als **gemeineuropäisches Grundgesetz** gewährleistet sie einen bei jeder Strafverfolgung zu wahrenden Grundrechtsstandard. Durch die reichhaltige Spruchpraxis des EGMR werden die europäischen Grundfreiheiten nicht selten zu äußerst konkreten Gewährleistungen geformt und die Strafrechtssysteme der Konventionsstaaten „von außen her" auf übernational gültige Maßstäbe der Fairness und Rechtsstaatlichkeit verpflichtet. Die Mitgliedstaaten des Europarates sind völkervertragsrechtlich verpflichtet, die Einhaltung aller in der EMRK verbrieften Rechte zu gewährleisten. In Deutschland wurde die EMRK durch das **Gesetz über die Konvention zum Schutze der Menschenrechte und Grundfreiheiten** v. 07.08.1952 ratifiziert und gilt seit dem 03.09.1953 als Bundesgesetz.

79 Sollte der Schutz durch nationale Gerichte versagen und ist der innerstaatliche Rechtsweg ausgeschöpft, kann jeder Betroffene **Individualbeschwerde** gem. Art. 34 EMRK beim EGMR erheben. Rechtskräftige Urteile des Gerichtshofes sind völkerrechtlich verbindlich (Art. 46 I EMRK). Wenn der EGMR eine Verletzung der Konvention festgestellt hat, beinhaltet das Urteil für den betroffenen Staat die Verpflichtung, den festgestellten Rechtsverstoß unverzüglich abzustellen sowie in Zukunft vergleichbare Verstöße gegen die EMRK zu unterlassen. Außerdem kann der Gerichtshof dem in seinen Rechten verletzten Beschwerdeführer eine gerechte Ent-

---

[158] EGMR NJW 2006, 197 ff.; NLMR 2019, 296 ff. (*Kieber*); *Satzger*, IntStR, § 11 Rn. 18 f.

schädigung als Wiedergutmachung für erlittene materielle und immaterielle Schäden zuerkennen, die der betroffene Staat zu zahlen hat.

Der Gerichtshof befleißigt sich einer von den nationalen Begrifflichkeiten unabhängigen **autonomen Auslegung der Konventionsrechte**. Große Bedeutung haben die Konventionsgarantien vor allem im internationalen Rechtshilfe- und Auslieferungsverkehr und in der Strafverfahrenspraxis erlangt. Im Bereich des materiellen Strafrechts ist der Einfluss der EMRK bisher eher gering geblieben. Dass aber auch hier ein menschenrechtliches Einflusspotenzial besteht, zeigen die Diskussionen zur Einschränkung des Notwehrrechts und „Rettungsfolter".

Eine unmittelbare Bindung der Union an die EMRK besteht nach derzeitiger Verfassungslage nicht. Eine zentrale Innovation des Vertrags von Lissabon besteht aber darin, dass er in Art. 6 II S. 1 EUV die primärrechtliche Grundlage für einen **Beitritt der Union zur EMRK** bereitstellt. Jedoch sind auch nach dem Inkrafttreten des 14. ZP zur EMRK noch nicht alle von Seiten der EMRK und des Unionsrechts vorgegebenen Bedingungen für den Vollzug des EU-Beitritts zur EMRK erfüllt. Sekundärrechtsakte der EU bzw. Entscheidungen des EuGH können daher nicht vor dem EGMR angegriffen werden. Denkbar ist aber, dass ein Unionsrecht umsetzender nationaler Ausführungsakt im Wege einer Individualbeschwerde beim EGMR gerügt wird.

Literatur

Ambos, Internationales Strafrecht, 5. Aufl., 2018, § 10 B. (Europarat/EMRK)

Böse, in: *Sieber u. a.* (Hrsg.), Europäisches Strafrecht, 2. Aufl., 2014, § 52 Rechtsschutz durch den EGMR

Braasch, Einführung in die EMRK, JuS 2013, 602

Ehlers/Germelmann, in: *Ehlers/Germelmann* (Hrsg.), Europ. Grundrechte und Grundfreiheiten, 5. Aufl., 2023, § 2.1 (EMRK)

Esser, Europäisches und Internationales Strafrecht, 3. Aufl., 2023, §§ 8–9 (Europarat und EMRK)

Grabenwarter/Pabel, Europäische Menschenrechtskonvention, 7. Aufl., 2021

Gleß, Internationales Strafrecht, 3. Aufl., 2021, Rn. 37–114 (Europarat und EMRK – Bezüge zur Schweiz)

Haug, Die Pflicht deutscher Gerichte zur Berücksichtigung der Rechtsprechung des EGMR, NJW 2018, 2674

Herdegen, Europarecht, 24. Aufl., 2023, §§ 2–3 (Europarat/EMRK)

Kreicker, in: *Sieber u. a.* (Hrsg.), Europäisches Strafrecht, 2. Aufl., 2014, § 51 Strafrechtliche Garantien der EMRK

Lenk, Zur Einordnung außerstrafrechtlicher Zwecksetzungen unions- und völkerrechtlichen Ursprungs in die nationale Strafrechtsdogmatik, GA 2023, 141

Liebhart, Das Beschleunigungsgebot in Strafsachen – Grundlagen und Auswirkungen, NStZ 2017, 254

Meyer, LuxLeaks, Cum-Ex & Co – Neue Leitlinien des EGMR für Whistleblowing in transnationalen Kontexten und gesetzgeberischer Handlungsbedarf, JZ 2023, 261 ff.

Pohlreich, Die Rechtsprechung des EGMR zum Vollzug von Straf- und Untersuchungshaft, NStZ 2011, 560

Satzger, Internationales und Europäisches Strafrecht, 10. Aufl., 2022, § 11 (Europarat/EMRK)

Schneider, Voraussetzungen und Folgen einer rechtsstaatswidrigen Tatprovokation, NStZ 2023, 325

Schramm, Internationales Strafrecht, Strafanwendungsrecht, Völkerstrafrecht, Europäisches Strafrecht, 2. Aufl. 2018, Kap. 3 (Europarat/EMRK/EGMR)

Zeyer, Das Verfahrenshindernis als strafprozessuale Folge einer rechtsstaatswidrigen Tatprovokation und seine Konsequenzen, NZWiSt 2022, 197

Rechtsprechungshinweise

EGMR EuGRZ 1989, 314 = NJW 1990, 2183 („Todeszellensyndrom")
EGMR NStZ 1998, 429 (Akteneinsichtsrecht des Beschuldigten)
EGMR NJW 2001, 2387 (Rechtsschutzgarantien des Auszuliefernden)
EGMR StV 2001, 489 (überlange Verfahrensdauer)
EGMR NJW 2001, 2694 (überlange Dauer der Untersuchungshaft)
EGMR StV 2003, 82 = NJW 2004, 43 (Unschuldsvermutung und Widerruf der Strafaussetzung)
EGMR StV 2006, 617 (Zwangsweise Verabreichung von Brechmitteln)
EGMR NJW 2006, 197 (Gebundener Vollzug von Gemeinschaftsrecht auf dem Prüfstand der EMRK)
EGMR NStZ 2008, 699 („Rettungsfolter" im Ermittlungsverfahren)
EGMR NJW 2010, 2495 (rückwirkende Streichung der Höchstfrist für die erste Unterbringung in der Sicherungsverwahrung)
EGMR NJW 2010, 3003 (Strafverfolgungspflicht bei Menschenhandel)
EGMR NStZ 2013, 350 (Verletzung des Art. 6 III lit. c EMRK durch Verwerfung der Berufung eines Angeklagten gem. § 329 I StPO)
EGMR NJW 2015, 3631 (Unzulässige Tatprovokation durch Lockspitzel)
EGMR DÖV 2016, 36 (Gutachten zum Entwurf eines Übereinkommens über den Beitritt der EU zur EMRK)
EGMR NJW 2016, 3225 (Äußerung des Schuldverdachts im freisprechenden Urteil als Verstoß gegen Art. 6 II EMRK)
EGMR NJW 2016, 3645 (Unschuldsvermutung und Widerruf der Strafaussetzung)
EGMR NJOZ 2017, 544 (Frage- und Konfrontationsrecht gem. Art. 6 III lit. d EMRK)
EGMR NJW 2017, 1007 (Reform der Sicherungsverwahrung in Deutschland)
EGMR NLMR 2019, 300 (Zwangsweise Abnahme einer Urinprobe mittels Katheters)
EGMR NJW 2021, 3515 (Unzulässige Tatprovokation durch Lockspitzel)
EGMR NJW 2023, 1793 (Whistleblowing im Schutzbereich der Meinungsfreiheit)
BVerfG NJW 2019, 41 (Heranziehung der EMRK als Auslegungshilfe für die Grundrechte des GG)
BGHSt 46, 93 (Unterlassene Verteidigerbeiordnung und Art. 6 III lit. d EMRK)
BGHSt 46, 178 (Anspruch auf unentgeltliche Zuziehung eines Dolmetschers)
BGHGSSt 52, 124 („Vollstreckungslösung" bei rechtsstaatswidriger Verfahrensverzögerung)
BGH NJW 2016, 91 (polizeiliche Tatprovokation als Verfahrenshindernis)
BGH NStZ 2017, 602 (Frage- und Konfrontationsrecht gem. Art. 6 III lit. d EMRK)
BGH NJW 2018, 1698 (Recht auf Verteidigung durch den gewählten Verteidiger gem. Art. 6 III lit. c EMRK)
BGH NJW 2021, 395 (Art. 6 II EMRK – Unschuldsvermutung und Verbot der Verdachtsstrafe)
BGH NStZ 2023, 243 (polizeiliche Tatprovokation als Verfahrenshindernis)
BGH BeckRS 2024, 7989 („Vollstreckungslösung" bei rechtsstaatswidriger Verfahrensverzögerung)
OLG Zweibrücken NStZ-RR 2021, 223 (Auslieferungsverbot bei drohender Vollstreckung einer unerträglich hohen Strafe)
OLG Karlsruhe BeckRS 2023, 20285 (Auslieferungshindernis bei fehlender Garantie, dass die Haftbedingungen im ersuchenden Staat den Mindestanforderungen des Art. 3 EMRK entsprechen)

Europäische Union 4

4.1 Union als Rechtsnachfolgerin der EG

4.1.1 Rechtsnatur der EU

Vor Inkrafttreten des Vertrags von Lissabon bildete das Gemeinschaftsrecht die 1
erste Säule der EU. Daneben traten als zweite Säule die Gemeinsame Außen- und Sicherheitspolitik (GASP; ex-Art. 11–28 EUV) sowie als dritte Säule die Polizeiliche und Justizielle Zusammenarbeit in Strafsachen (PJZS; ex-Art. 29–42 EUV). Nach überkommener Verfassungslage war die ehemalige EU kein von den Mitgliedstaaten unabhängiges Rechtssubjekt, sondern ein Forum zur Bündelung der Willensbildung und -betätigung der Mitgliedstaaten und ein Dach für die rechtsfähigen Europäischen Gemeinschaften. Durch den am 01.12.2009 in Kraft getretenen Lissabonner Reformvertrag wurde die bisherige Drei-Säulen-Architektur der EU aufgelöst. An die Stelle der EG ist die EU („Union") als deren Rechtsnachfolgerin getreten (Art. 1 III S. 3 EUV). Als **internationale Organisation mit eigener Rechtspersönlichkeit** (Art. 47 EUV) ist die Union **Völkerrechtssubjekt** und damit Trägerin eigener Rechte und Pflichten. Sie handelt durch eigene Organe (Rn. 2 ff.), die einen von den Mitgliedstaaten unabhängigen Willen bilden. Ihre Völkerrechtssubjektivität äußert sich namentlich in dem Abschluss völkerrechtlicher Verträge mit Staaten oder anderen internationalen Organisationen. Im Hinblick darauf, dass die Mitgliedstaaten in bestimmten Bereichen Hoheitsrechte auf die Union übertragen haben und angesichts des hohen Grades verselbstständigter Willensbildung erscheint es korrekt, die EU nicht nur als internationale, sondern als **supranationale (überstaatliche) Organisation** zu charakterisieren.[1] Die EU ist jedoch kein Staat oder auch nur ein staatsähnliches Gebilde. Das BVerfG beschreibt die EU mit dem neuartigen Begriff des

---

[1] *Herdegen*, Europarecht, § 5 Rn. 9; *Satzger*, in: *Sieber u. a.* (Hrsg.), EuStR, § 1 Rn. 4 ff.

Staatenverbunds, um die Eigenheiten des Unionssystems erfassen zu können, welches der EU eine zwischen einem Staatenbund und einem Bundesstaat anzusiedelnde Stellung zuweist.[2]

4.1.2 Organe der EU und ihre Funktionen

2   Unter dem Titel III „Bestimmungen über die Organe" regeln Art. 13–19 EUV den institutionellen Rahmen der Union. Die früheren Hauptorgane der EG (EP, Rat, Kommission, Gerichtshof, Rechnungshof, Zentralbank) sind nunmehr Organe der EU (Art. 13 I UA 2 EUV). Der in ex-Art. 4 EUV genannte „Europäische Rat", in dem die Staats- und Regierungschefs der Mitgliedstaaten sowie der Präsident der Kommission zusammenkamen, bildete nach früherer Verfassungslage kein Organ der EU, sondern nur ein Forum für die Abstimmung unter den Mitgliedstaaten unter Einbeziehung des Kommissionspräsidenten. Der Auflösung der bisherigen Säulenstruktur entsprechend wurde der Europäische Rat (Rn. 3) nunmehr als neues Unionsorgan eingeführt (Art. 15 EUV). Er darf nicht mit dem „Rat der EU" (Rn. 4) oder gar mit dem Europarat (Kap. 3 Rn. 2) verwechselt werden.[3]

4.1.2.1 Europäischer Rat

3   Der **Europäische Rat** (**ER**; Art. 15 EUV, 235–236 AEUV) ist ein von den Staats- und Regierungschefs der EU-Mitgliedstaaten, dem Präsidenten des ER und dem Präsidenten der Kommission gebildetes Leitungsorgan, das sich mindestens zweimal pro Halbjahr zu einem Treffen („EU-Gipfel") versammelt.[4] Er wird nicht gesetzgeberisch tätig, sondern soll die für die Entwicklung der Union notwendigen Impulse geben und die hierfür erforderlichen politischen Zielvorstellungen und Prioritäten festlegen. Soweit in den Verträgen nichts anderes bestimmt ist, entscheidet der ER im Konsens. Als Vorsitzender der Gipfeltreffen wird auf jeweils zweieinhalb Jahre ein Präsident des ER gewählt, der kein nationales politisches Amt innehaben darf. Ihm obliegt es, die Kontinuität in der Arbeit des ER zu gewährleisten und bei Konflikten zu vermitteln bzw. Kompromissvorschläge zu unterbreiten. Auch der Hohe Vertreter der Union für Außen- und Sicherheitspolitik nimmt an den Arbeiten des ER teil. An den Abstimmungen des ER sind jedoch ausschließlich die Staats- und Regierungschefs der Mitgliedstaaten beteiligt. Die (nicht rechtsverbindlichen) Ergebnisse der Tagungen des ER werden in den „Schlussfolgerungen des Vorsitzes" festgehalten.

---

[2] BVerfG NJW 2009, 2267, 2271, 2279; NStZ-RR 2021, 86, 87; *Herdegen*, Europarecht, § 5 Rn. 15 ff.
[3] Zu den terminologischen Tücken im Europarecht vgl. *Diehm*, JuS 2007, 209 ff.
[4] *Ruffert/Grischek/Schramm*, JuS 2019, 974, 977; *Satzger*, in: Sieber u. a. (Hrsg.), EuStR, § 1 Rn. 21 f.

4.1.2.2 Rat der Europäischen Union

4.1.2.2.1 Allgemeines
Der **Rat der Europäischen Union ("Rat")** ist das **politische Entscheidungs- und Rechtsetzungsorgan** der Union.[5] Seine Aufgaben, Organisation und Willensbildung sind in Art. 16 EUV, 237–243 AEUV geregelt. Sitz des Rates ist Brüssel, wo in der Regel auch die Ministertagungen stattfinden. In den Monaten April, Juni und Oktober tagt er jedoch in Luxemburg. Der Rat wird von einem Generalsekretariat und einem aus Ständigen Vertretern der Regierungen der Mitgliedstaaten gebildeten Ausschuss unterstützt (Art. 240 I, II AEUV). Jeder Mitgliedstaat entsendet einen Vertreter auf Ministerebene in den Rat, der befugt ist, für seine Regierung verbindlich zu handeln. Die Teilnahme von Staatssekretären an Beschlussfassungen des Rates entspricht ständig geübter Praxis und dürfte inzwischen durch Gewohnheitsrecht gedeckt sein. Formell gibt es zwar nur einen Rat, jedoch wechseln die Minister je nach dem Fachressort, in dessen Zuständigkeit die auf der Tagesordnung stehende Frage fällt, namentlich in den Formationen „Landwirtschaft und Fischerei", „Wirtschaft und Finanzen", „Wettbewerbsfähigkeit", „Umwelt", „Justiz und Inneres", „Beschäftigung, Sozialpolitik, Gesundheit und Verbraucherschutz", „Verkehr, Telekommunikation und Energie", „Bildung, Jugend und Kultur" sowie „Auswärtige Angelegenheiten". Als Rat „Allgemeine Angelegenheiten" sorgt er für die Kohärenz der Arbeiten des Rates in seinen verschiedenen Zusammensetzungen (Art. 16 VI UA 2 EUV). Als Rat „Auswärtige Angelegenheiten" gestaltet er das auswärtige Handeln der Union entsprechend den strategischen Vorgaben des ER (Rn. 3). Die Präsidentschaft des Rates wird abwechselnd für die Dauer von jeweils sechs Monaten von einem Mitgliedstaat übernommen. Eine Ausnahme bildet der Rat für Auswärtige Angelegenheiten, in dem der auf fünf Jahre gewählte Hohe Vertreter der Union für Außen- und Sicherheitspolitik den Vorsitz führt (Art. 16 IX EUV).

Im institutionellen Gefüge der Unionsorgane ist der Rat dasjenige mit der größten Kompetenzfülle. Bei der Rechtsetzung hat der Rat immer noch das größte Gewicht, obwohl die Stellung des EP gegenüber dem Rat durch den Vertrag von Lissabon deutlich aufgewertet worden ist. Der Rat vertritt die Mitgliedstaaten und ist das Hauptentscheidungsgremium der Union. Als Bindeglied zwischen der EU und den Mitgliedstaaten kommt dem Rat eine wichtige „Scharnierfunktion" zu.

4.1.2.2.2 Aufgaben des Rates
Die wesentlichen Aufgaben des Rates sind folgende:

- Festlegung der Unionspolitiken und deren Koordinierung
- Gesetzgebung der Union (gemeinsam mit dem EP)
- Ausübung der Haushaltspolitik (gemeinsam mit dem EP)

---

[5] *Ruffert/Grischek/Schramm*, JuS 2019, 974, 977 f.; *Satzger*, in: *Sieber u. a.* (Hrsg.), EuStR, § 1 Rn. 23 ff.

- Mitwirkung beim Abschluss völkerrechtlicher Verträge
- Ernennung der Mitglieder des Rechnungshofes, des Wirtschafts- und Sozialausschusses sowie des Ausschusses der Regionen

7 Aus der Perspektive des Europäischen Strafrechts ist die Rechtsetzungstätigkeit des Rates von besonderem Interesse. In der Regel – so auch im Bereich der JZS (Art. 67 III, 82–86 AEUV) – wird das sekundäre Unionsrecht von Rat und EP gemäß dem **ordentlichen Gesetzgebungsverfahren (sog. Mitentscheidungsverfahren)** auf Vorschlag der Kommission erlassen (Art. 289 I, 294 AEUV). Soweit in den Verträgen nichts anderes bestimmt ist, beschließt der Rat mit **qualifizierter Mehrheit** (Art. 16 III EUV). Seit dem 01.11.2014 erfordert eine qualifizierte Mehrheit die Zustimmung von 55 % aller Mitglieder des Rates, gebildet aus mindestens 15 Mitgliedern, die zusammen mindestens 65 % Bevölkerung der Union repräsentieren müssen (Art. 16 IV UA 1 EUV). Für eine Sperrminorität sind mindestens vier Mitglieder des Rates erforderlich, andernfalls gilt die qualifizierte Mehrheit als erreicht (Art. 16 IV UA 2 EUV).

4.1.2.2.3 Strafrechtsrelevante Aktivitäten des Rates

8 Als zentraler Faktor der Europäisierung der internationalen Strafrechtspflege innerhalb der EU erwies sich bereits vor Inkrafttreten des Lissabonner Vertrages das gemeinsame Vorgehen der Mitgliedstaaten im Bereich der ehemaligen 3. Säule (PJZS) nach ex-Art. 29–42 EUV. Der Rat hat insbesondere von dem durch den Vertrag von Amsterdam geschaffenen Instrument des RB (ex-Art. 34 II lit. b EUV) rege Gebrauch gemacht und Rechtsakte erlassen, die auf eine Angleichung des materiellen Strafrechts und eine Effektivierung der PJZS abzielten.[6] Durch den Vertrag von Lissabon wurde die JZS (Art. 67 III, 82–86 AEUV) in den Zuständigkeitsbereich der Union (Art. 4 II lit. j AEUV) überführt.[7] Auf der Grundlage der in Art. 82, 83 AEUV normierten Rechtsangleichungskompetenzen der EU wurden inzwischen weite Bereiche des materiellen Strafrechts harmonisiert (Kap. 8 Rn. 10 ff., 45 ff.) und ein gemeinsamer Mindeststandard an Verfahrensrechten etabliert (Kap. 11 Rn. 41 ff.).

4.1.2.3 Kommission der Europäischen Union

4.1.2.3.1 Allgemeines

9 Die Kommission ist das **Exekutivorgan** der EU.[8] Bestimmungen über ihre Aufgaben, Organisation und Willensbildung finden sich in Art. 17 EUV, 244–250 AEUV. Sitz der Kommission ist Brüssel. Sie besteht aus einem Kollegium von (nach dem „Brexit" nur noch) 27 Mitgliedern – je ein Kommissar aus jedem Mitgliedstaat (Art. 17 IV EUV), dem die Verantwortung für ein bestimmtes politisches

---

[6] *Hecker*, JA 2007, 561 ff.; *Schreiber*, Strafrechtsharmonisierung, S. 13 ff.

[7] *Dannecker/Bülte*, Hb. WiStR, 2. Kap. Rn. 18 ff.; *Heger*, ZIS 2009, 406 ff.; *Satzger*, in: *Böse* (Hrsg.), EuStR, § 2 Rn. 7 ff.; *Schramm*, IntStR, Kap. 4 Rn. 5; *Zöller*, ZIS 2009, 340 ff.

[8] *Ruffert/Grischek/Schramm*, JuS 2019, 974, 978; *Satzger*, in: *Sieber u. a.* (Hrsg.), EuStR, § 1 Rn. 26 ff.

Ressort übertragen wird. Der Präsident, die beiden Vizepräsidenten und die übrigen Mitglieder der Kommission werden aufgrund ihrer allgemeinen Befähigung ausgewählt und müssen die volle Gewähr für ihre Unabhängigkeit bieten (Art. 17 III UA 2 EUV). Bei den Kommissaren handelt es sich um Persönlichkeiten, die zuvor in ihrem Herkunftsland ein hohes politisches Amt ausgeübt haben. Die Neubesetzung der Kommission erfolgt alle fünf Jahre in den sechs Monaten nach der Wahl des EP. So hat das neu gewählte Parlament genügend Zeit, dem vom ER mit qualifizierter Mehrheit vorgeschlagenen Kommissionspräsidenten durch Wahl sein Vertrauen auszusprechen (Art. 17 VII UA 1 EUV). Der ER (Rn. 3) ernennt mit qualifizierter Mehrheit und mit Zustimmung des Kommissionspräsidenten den Hohen Vertreter der Union für Außen- und Sicherheitspolitik (Art. 18 I EUV); dieser ist zugleich einer der Vizepräsidenten der Kommission. Im Einvernehmen mit dem gewählten Präsidenten nimmt der ER die Liste der Kandidaten an, die er als Mitglieder der Kommission vorschlägt (Art. 17 VII UA 2 EUV). Nach der Nominierung befragt das neu gewählte EP die Kandidaten ausführlich und gibt eine Stellungnahme ab, bei der es die Kommission als Ganze (nicht jedoch einzelne Kommissare) annehmen oder ablehnen kann (Art. 17 VII UA 3 EUV). Nach einem zustimmenden Votum des EP wird die Kommission vom ER mit qualifizierter Mehrheit ernannt. Die Kommission ist dasjenige EU-Organ, dessen Willensbildung ganz von den Interessen der Mitgliedstaaten gelöst ist. Neben dem Gerichtshof verkörpert sie die reinste Ausprägung eines supranationalen Organs im Unionssystem. Sie ist dem EP gegenüber politisch verantwortlich, das ihr jederzeit das Misstrauen aussprechen und sie durch ein mit Zweidrittelmehrheit getroffenes Misstrauensvotum zum Rücktritt zwingen kann (Art. 234 AEUV). Des Weiteren muss jeder Kommissar zurücktreten, wenn er vom Kommissionspräsidenten dazu aufgefordert wird (Art. 17 VI UA 2 EUV).

4.1.2.3.2 Aufgaben der Kommission
Die Europäische Kommission hat im Wesentlichen folgende Aufgaben: **10**

- Unterbreitung von Vorschlägen für neue EU-Rechtsakte (Art. 17 II EUV)
- Durchführung der Unionspolitiken
- Ausübung von Koordinierungs-, Exekutiv- und Verwaltungsfunktionen
- Überwachung der Einhaltung des Unionsrechts („Hüterin der Verträge")
- Vertretung der Union nach außen
- Aushandlung völkerrechtliche Verträge

Als Exekutivorgan vollzieht die Kommission Maßnahmen auf allen Gebieten des **11** Unionsrechts. Ferner führt die Kommission unter der Kontrolle des Rechnungshofs den Haushaltsplan aus und verwaltet die Programme. Beide Organe verfolgen dabei das Ziel, eine wirtschaftliche Haushaltsführung zu gewährleisten. Auf der Grundlage des Jahresberichts des Rechnungshofs stimmt das EP über die Entlastung der Kommission für die Durchführung des Haushaltsplans ab. Die Kommission wacht als **Hüterin der Verträge** über die ordnungsgemäße Anwendung des Unionsrechts in den Mitgliedstaaten. Wird aus ihrer Sicht gegen Unionsrecht verstoßen, so ergreift sie die vom AEUV vorgesehenen Maßnahmen. Beispielsweise geht sie gegen einen Mitgliedstaat vor, der eine RL nicht umgesetzt oder gegen Pflichten aus den Unionsverträgen verstoßen hat (Art. 258 AEUV). Wird der Verstoß auch im Verlauf des Prüfungsverfahrens durch die Kommission nicht abgestellt, so kann diese den Gerichtshof anrufen, der letztlich für die Auslegung und Durchsetzung des Unionsrechts zuständig ist. So erhielt auch das Europäische Strafrecht durch ein von der Kommission gegen die Griechische Republik geführtes Vertragsverletzungsverfahren wichtige Impulse. Deren Beamte waren gegen eine zum Nachteil des EG-Finanzhaushaltes begangene Abgabenhinterziehung nicht eingeschritten. Die Kommission sah hierin eine Verletzung der den Mitgliedstaaten gegenüber der damaligen EG obliegenden Pflicht zu gemeinschaftstreuem Verhalten. Das Verfahren mündete in das berühmte „Mais-Urteil" des EuGH (Kap. 7 Rn. 23 ff.). Von besonderer praktischer Bedeutung ist auch die Aufgabe der Kommission, die Einhaltung der in Art. 101–105 AEUV verankerten Wettbewerbsregeln zu überwachen und diese ggf. durch Einleitung eines Kartellverfahrens durchzusetzen. Dieses Verfahren kann in der Verhängung eines Bußgelds gegen Unternehmen münden, die sich eines Verstoßes gegen Europäisches Kartellrecht schuldig gemacht haben.[9]

4.1.2.3.3 Strafrechtsrelevante Aktivitäten der Kommission

12 Im Mittelpunkt der strafrechtsrelevanten Aktivitäten der Kommission steht seit jeher der **Schutz der finanziellen Interessen der EU** – nach Art. 325 I AEUV (ex-Art. 280 I EGV) ein zentrales Feld der Unionspolitik (Kap. 13). Bereits in dem **Grünbuch zum strafrechtlichen Schutz der finanziellen Interessen der EG und zur Schaffung einer Europäischen Staatsanwaltschaft**[10] entwickelte die Kommission eine neue kriminalpolitische Konzeption zur strafrechtlichen Bekämpfung von Betrügereien zu Lasten des Gemeinschaftshaushaltes. Die Kommission sorgt nicht nur dafür, dass die vorhandenen Handlungsinstrumente zum strafrechtlichen Schutz von Unionsinteressen und zur Durchsetzung der Unionspolitiken konsequent genutzt werden (Kap. 8 Rn. 1, 15 ff.). Darüber hinaus arbeitet sie in den letzten Jahren verstärkt an der **Entwicklung gemeinsamer straf- und strafprozessualer Standards** innerhalb des europäischen Rechtsraums (Kap. 8 Rn. 42 ff.; Kap. 11 Rn. 41 ff.). Die konzeptionelle Arbeit der Kommission äußert sich in Strategiepapieren, Aktionsplänen und konkreten Vorschlägen für den Erlass von Rechtsakten, die auf eine effektivere **Bekämpfung der transnationalen Kriminalität,** eine **Angleichung strafprozessualer Rechte von Beschuldigten und Verbesserung des Opferschutzes** abzielen. Beispiele für kriminalpolitisch relevante Impulse setzende Initiativen der Kommission aus neuerer Zeit bilden:

- EU-Strategie für die Rechte von Opfern (2020–2025) v. 24.06.2020[11]
- EU-Strategie für eine Sicherheitsunion v. 24.07.2020[12]

---

[9] *Dannecker/Müller*, Hb. WiStR, 19. Kap. Rn. 193 ff.
[10] KOM (2001) 715 endg.; vgl. hierzu KOM (2011) 293 endg.
[11] KOM (2020) 258 endg.; vgl. hierzu *Göhler*, Rechte des Verletzten, passim.
[12] KOM (2020) 605 endg.

- EU-Agenda zur Drogenbekämpfung und Aktionsplan (2021–2025) v. 24.07.2020[13]
- EU-Strategie für eine wirksamere Bekämpfung des sexuellen Missbrauchs von Kindern v. 24.07.2020[14]
- EU-Agenda für Terrorismusbekämpfung v. 09.12.2020[15]
- Cybersicherheitsstrategie der EU für die digitale Dekade v. 16.12.2020[16]
- EU-Kinderrechtsstrategie v. 24.03.2021[17]
- EU-Strategie zur Bekämpfung des Menschenhandels (2021–2025) v. 14.04.2021[18]
- Vorschlag für eine RL zur Änderung der RL 2011/36/EU zur Verhütung und Bekämpfung des Menschenhandels und zum Schutz seiner Opfer v. 19.10.2022[19]
- Vorschlag für eine RL zur Bekämpfung der Korruption v. 03.05.2023[20]
- Vorschlag für eine RL zur Bekämpfung des sexuellen Missbrauchs von Kindern sowie von Darstellungen sexuellen Missbrauchs von Kindern v. 06.02.2024[21]

4.1.2.4 Europäisches Parlament

4.1.2.4.1 Allgemeines

Das Europäische Parlament (EP) fungiert als **demokratisches Repräsentativorgan** (Art. 14 EUV, 223–234 AEUV).[22] Seine Ursprünge reichen in die 1950er-Jahre zurück, jedoch wurde das EP erst 1979 erstmals von allen Bürgern der Mitgliedstaaten in allgemeiner Wahl gewählt. Im Zuge einiger Reformen wurde der Aufgabenkreis des EP als Organ der demokratischen Kontrolle auf Unionsebene sukzessive erweitert. Das EP tagt in allen drei „europäischen Hauptstädten" – Straßburg, Brüssel und Luxemburg. Jedoch finden die Plenartagungen, zu denen alle Abgeordneten zusammenkommen, in Straßburg – dem Sitz des Parlaments – statt. Die parlamentarischen Ausschüsse tagen in Brüssel, während das Generalsekretariat in Luxemburg angesiedelt ist. Dieser aufwändige „Wanderzirkus" ist weniger dem EP anzulasten als den beteiligten Mitgliedstaaten, die darum ringen, möglichst viel Präsenz der Unionsorgane auf ihrem Staatsgebiet zu erhaschen. Art. 14 II UA 2 EUV sieht eine Höchstzahl von 751 Abgeordneten einchließlich des Präsidenten mit einer „degressiv proportionalen" Sitzverteilung vor, wobei auf jeden Mitgliedstaat mindestens sechs und höchstens 96 Sitze entfallen sollen. Das EP wird alle fünf Jahre

13

---

[13] KOM (2020) 606 endg.
[14] KOM (2020) 607 endg.
[15] KOM (2020) 795 endg.
[16] JOIN (2020) 18 endg.
[17] KOM (2021) 142 endg., S. 12 ff.
[18] KOM (2021) 171 endg.
[19] KOM (2022) 732 endg.
[20] KOM (2023) 234 endg.
[21] KOM (2024), 60 endg.
[22] *Ruffert/Grischek/Schramm*, JuS 2019, 974, 977; *Satzger*, in: Sieber u. a. (Hrsg.), EuStR, § 1 Rn. 18 ff.

gewählt und besteht in der Wahlperiode 2024–2029 aus 720 Abgeordneten, die sich zu länderübergreifenden Fraktionen zusammengeschlossen haben.

4.1.2.4.2 Aufgaben des Europäischen Parlaments

14   Das EP hat im Wesentlichen die folgenden Aufgaben:

- Ausübung demokratischer Kontrolle über die Unionsorgane
- Ausübung von (mit dem Rat geteilter) gesetzgebender Gewalt
- Mitwirkung bei der Verabschiedung des Haushalts
- Zustimmung bei bestimmten völkerrechtlichen Verträgen
- Zustimmung zur Aufnahme neuer Mitgliedstaaten
- Zustimmung zur Benennung neuer Kommissionsmitglieder

15   Das EP übt durch sein Zustimmungsvotum eine demokratische Kontrolle über die Kommission, die Ernennung des Präsidenten und der Kommissionsmitglieder aus. Auch nach ihrem Amtsantritt ist die Kommission dem EP gegenüber politisch verantwortlich, das ihr das Misstrauen aussprechen und sie so zum Rücktritt zwingen kann (Art. 234 AEUV). Die parlamentarische Kontrolle erstreckt sich auch auf den Rat. Auf den Gebieten der GASP, PJZS und in Bereichen von gemeinsamem Interesse – z. B. Asylpolitik, Einwanderung, Eindämmung der Drogensucht sowie Bekämpfung der transnationalen Kriminalität – hat sich eine enge Zusammenarbeit zwischen EP und Rat entwickelt. Zu diesen Fragen wird das EP regelmäßig vom Ratspräsidenten informiert. Schließlich wird der Präsident des EP zur Eröffnung jeder Tagung des Rates eingeladen, wo er die Standpunkte und Anliegen des Parlaments in Bezug auf aktuelle Themen zur Sprache bringen kann. Die Prüfung der von Bürgern eingereichten Petitionen und die Einsetzung nichtständiger Untersuchungsausschüsse bilden weitere Kontrollmöglichkeiten des EP.

16   Das EP ist mit dem Rat an der **Ausarbeitung und Annahme der Rechtsvorschriften** beteiligt, die von der Kommission vorgeschlagen werden. Am häufigsten – so auch im Bereich der JZS (Art. 67 III, 82–86 AEUV) – gelangt das **ordentliche Gesetzgebungsverfahren** (Art. 289, 294 AEUV) zur Anwendung, in dem gemeinsame Rechtsakte des Rates und des EP im **Mitentscheidungsverfahren** erlassen werden (Rn. 7). Können sich die beiden Organe nicht einigen, wird ein Vermittlungsausschuss einberufen, der einen Kompromissvorschlag ausarbeitet. Billigt der Vermittlungsausschuss keine gemeinsamen Entwurf, so gilt der vorgeschlagene Rechtsakt als nicht erlassen (Art. 294 XII AEUV). Die Zustimmung des EP ist auch unerlässlich, wenn es um besonders wichtige politische oder institutionelle Fragen geht, z. B. Beitritt neuer Mitgliedstaaten, Abschluss von Assoziierungsabkommen mit Drittstaaten oder von internationalen Übereinkommen, Verfahren der Wahlen zum EP, Aufenthaltsrecht der Unionsbürger sowie Aufgaben und Befugnisse der EZB.

17   Mit der Einführung des **Mitentscheidungsverfahrens** (Rn. 7) durch den **Vertrag von Maastricht** (1992) und dessen Ausweitung durch die **Verträge von Amsterdam** (1997) und **Lissabon** (2009) wurde das Gewicht des EP im Rahmen

der unionsrechtlichen Gesetzgebung zweifellos gestärkt.[23] Gleichwohl ist das EP nicht im gleichen Umfang wie die mitgliedstaatlichen Parlamente in der Lage, demokratische Legitimation zu vermitteln. Das Hauptrechtsetzungsorgan der Union ist nach wie vor der Rat, welcher der Exekutive zuzurechnen ist. Insbesondere fehlt dem EP das Initiativrecht und somit die konstruktive Gestaltungsmöglichkeit auf dem Gebiet der Gesetzgebung. Dieses Initiativrecht hat auf EU-Ebene nur die Kommission, die aber immerhin vom EP zu dessen Ausübung aufgefordert werden kann (Art. 225 AEUV). Im ordentlichen Gesetzgebungsverfahren kann das EP den Erlass eines Rechtsaktes zwar verhindern, aber nicht erzwingen. Soweit lediglich das Anhörungs-, Zusammenarbeits- oder Zustimmungsverfahren vorgesehen ist, verfügt das EP nicht einmal über diese „destruktive" Gestaltungsmacht. Dass somit der Rat in einigen Bereichen ohne das EP, das EP aber niemals ohne den Rat Recht setzen kann, bestätigt das nach wie vor bestehende **Demokratiedefizit** auf Unionsebene.[24] Auch nach Inkrafttreten des Vertrages von Lissabon hat die Union noch keine Ausgestaltung erfahren, die dem Legitimationsniveau einer staatlich verfassten Demokratie entspricht.[25] Damit stoßen auch etwaige Pläne für die Schaffung **supranationaler Strafgesetze** auf unionsverfassungsrechtliche Grenzen. Solange das EP nicht zu einem echten Legislativorgan ausgebaut ist, bestehen Zweifel an der Existenz einer für die supranationale Strafgesetzgebung ausreichenden demokratischen Legitimation.[26] Die Klärung dieses Grundsatzproblems hängt freilich von der diffizilen Vorfrage ab, wie man das Demokratieprinzip und insbesondere den Satz „nullum crimen sine lege parlamentaria" materiell ausfüllt.[27] Bemerkenswert ist vor diesem Hintergrund die Entschließung des EP v. 22.03.2024, in der u. a. die Forderung erhoben wird, durch eine Vertragsänderung dem EP als einzigem direkt gewählten Organ der EU das Recht auf gesetzgeberische Initiative zuzuerkennen.[28]

4.1.2.4.3 Strafrechtsrelevante Aktivitäten des Europäischen Parlaments

Mangels Initiativrechts im Bereich der Unionsrechtsetzung ist es dem EP nicht möglich, selbst strafrechtsrelevante Rechtsakte in das europäische Rechtsetzungsverfahren einzubringen. Jedoch hat das EP als Gesetzgebungsorgan auf der Grundlage der in Art. 82, 83 AEUV verankerten Harmonisierungsbefugnisse gemeinsam mit dem Rat zahlreiche RL verabschiedet, die weite Bereiche des materiellen Strafrechts einer Mindestangleichung zuführen (Kap. 8 Rn. 10 ff., 45 ff.) sowie einen unionsweiten Mindeststandard an strafprozessualen Verfahrensrechten schaffen (Kap. 11 Rn. 41 ff.). Im Übrigen bringt das EP seine politischen Willensäußerungen vor allem

18

---

[23] *Bauer*, Politikfeld Inneres und Justiz, S. 111 ff.; *Huber*, in: *Streinz*, EUV/AEUV, Art. 14 EUV Rn. 2 ff.; *Sieber*, ZStW 121 (2009), 1, 57 f.; *Suhr*, ZEuS 2009, 687, 692 ff.
[24] *Meyer*, in: *Böse* (Hrsg.), EuStR, § 26 Rn. 40.
[25] BVerfG NJW 2009, 2267, 2277.
[26] *Lüderssen*, GA 2003, 71, 84; *Vogel*, GA 2002, 517, 525; *Weigend*, StV 2001, 63, 67.
[27] *Böse*, GA 2006, 211, 216 ff.; *Gärditz*, in: *Böse* (Hrsg.), EuStR, § 6 Rn. 7 ff.; *Meyer*, in: *Böse* (Hrsg.), EuStR, § 26 Rn. 8 ff.
[28] ABlEU C/2024/1769.

durch Entschließungen zum Ausdruck, die auch kriminalpolitische Themen betreffen. Exemplarisch sind hierzu aufzuführen die **Entschließungen des EP** v.

- 24.03.2009 Bekämpfung der Genitalverstümmelung bei Frauen in der EU[29]
- 10.02.2010 Verhütung des Menschenhandels[30]
- 19.04.2012 Forderung nach konkreten Maßnahmen zur Bekämpfung von Steuerbetrug und Steuerhinterziehung[31]
- 25.10.2016 Bekämpfung von Korruption[32]
- 26.10.2017 Bekämpfung von sexueller Belästigung und sexuellem Missbrauch in der EU[33]
- 04.10.2018 Bekämpfung von Zollbetrug und Schutz der Eigenmittel der EU[34]
- 29.11.2018 Der Cum-Ex-Skandal: Finanzkriminalität und die Schlupflöcher im geltenden Rechtsrahmen[35]
- 10.07.2020 Politik der Union zur Verhinderung von Geldwäsche und Terrorismusfinanzierung[36]

4.1.2.5 Gerichtshof der Europäischen Union

4.1.2.5.1 Allgemeines

19   Der Gerichtshof der Europäischen Union (Art. 19 EUV, 251–281 AEUV) umfasst den Gerichtshof (EuGH), das Gericht (bisher: EuG) und Fachgerichte (bisher: gerichtliche Kammern).[37] Seine Aufgabe ist es, die Wahrung des Rechts bei der Auslegung und Anwendung der Verträge zu sichern. Um die seit seiner Gründung im Jahre 1952 stetig wachsende Prozessflut besser bewältigen und gleichzeitig den Rechtsschutz für die Bürger verbessern zu können, wurde ihm durch Ratsbeschluss von 1988 das Gericht erster Instanz (EuG) beigeordnet. Dieses entscheidet in erster Instanz über bestimmte Rechtsstreitigkeiten, insbesondere über die Klagen von Einzelpersonen und in Wettbewerbssachen. Sitz des Gerichtshofes ist Luxemburg. Aufgrund eines Ratsbeschlusses aus dem Jahre 1999 und einer Änderung der Verfahrensordnung des Gerichts erster Instanz können bestimmte Fälle ohne besondere Komplexität auch einem Einzelrichter übertragen werden.

20   Dem EuGH gehört je Mitgliedstaat ein Richter an (Art. 19 II S. 1 EUV). Ihm stehen elf Generalanwälte zur Seite, deren Aufgabe es ist, in voller Unparteilichkeit und Unabhängigkeit öffentlich Schlussanträge zu den Rechtssachen zu stellen und

---

[29] Sitzungsdokument A6-0054/2009.
[30] Sitzungsdokument B7-0029/2010.
[31] Sitzungsdokument P7_TA(2012)0137.
[32] Sitzungsdokument P8_TA(2016)0403.
[33] Sitzungsdokument P8_TA(2017)0417.
[34] Sitzungsdokument P8_TA(2018)0384.
[35] Sitzungsdokument P8_TA(2018)0475.
[36] Sitzungsdokument P9_TA(2020)0204.
[37] *Ruffert/Grischek/Schramm*, JuS 2019, 974, 978; *Satzger*, in: Sieber u. a. (Hrsg.), EuStR, § 1 Rn. 32.

zu begründen (Art. 252 AEUV).[38] Die Richter und Generalanwälte werden von den Regierungen der Mitgliedstaaten in gegenseitigem Einvernehmen auf sechs Jahre ernannt (Art. 253 I AEUV). Eine Wiederernennung ist zulässig. Alle drei Jahre findet eine teilweise Neubesetzung der Richterämter satt. Der Gerichtshof und das Gericht wählen jeweils aus ihrer Mitte einen Präsidenten für die Dauer von drei Jahren.

4.1.2.5.2 Aufgaben des Gerichtshofes

Die zentralen Aufgaben des EuGH lassen sich wie folgt zusammenfassen: 21

- Auslegung und Fortbildung des Unionsrechts
- Kontrolle der Unionsrechtsakte auf ihre Vereinbarkeit mit höherrangigem Unionsrecht
- Kontrolle des Verhaltens der Mitgliedstaaten am Maßstab des Unionsrechts
- Gutachtenverfahren im Hinblick auf den Abschluss internationaler Übereinkünfte durch die EU

Damit der Gerichtshof seinen Auftrag, die Wahrung des Rechts bei der Auslegung 22 und Anwendung der Verträge zu sichern, erfüllen kann, wurde er mit bestimmten Rechtsprechungsbefugnissen ausgestattet, die sowohl eine Reihe von Klagearten als auch das Verfahren für den Erlass von Vorabentscheidungen betreffen:

4.1.2.5.3 Klage- und Verfahrensarten

4.1.2.5.3.1 Vorabentscheidungsverfahren (Art. 267 AEUV)

Das in der Praxis wohl wichtigste Verfahren vor dem Gerichtshof ist in Art. 267 23 AEUV geregelt (Kap. 6).[39] Danach entscheidet der EuGH im Wege der Vorabentscheidung über die Auslegung der Verträge (Primärrecht), über die Gültigkeit und die Auslegung der Handlungen der Organe, Einrichtungen oder sonstigen Stellen der Union (Sekundärrecht). Wird eine derartige Frage dem Gericht eines Mitgliedstaates gestellt und hält dieses Gericht eine Entscheidung darüber zum Erlass seines Urteils für erforderlich, so kann es diese Frage dem Gerichtshof zur Entscheidung vorlegen (Art. 267 II AEUV). Gerichte, deren Entscheidungen nicht mehr mit Rechtsmitteln des innerstaatlichen Rechts angefochten werden können, sind zur Anrufung des Gerichtshofs verpflichtet (Art. 267 III AEUV). Die nationalen Gerichte müssen also prüfen, ob die Auslegung des Unionsrechts für die konkrete Urteilsfindung entscheidungsrelevant ist. Der Gerichtshof entscheidet unmittelbar nur über die Auslegung oder die Gültigkeit von Unionsrecht. Daher ist die Frage nach der Vereinbarkeit nationalen Rechts mit Unionsrecht kein tauglicher Vorlagegegenstand. Es ist allein Sache der nationalen Gerichte, aus der Vorabentscheidung des Gerichtshofs die rechtlichen Schlussfolgerungen zur Unionsrechtskonformität des nationalen Rechts zu ziehen (Kap. 6 Rn. 11 f.).

---

[38] *Mächtle*, JuS 2014, 508, 511.
[39] *Hustus*, in: *Karpenstein u. a.* (Hrsg.), Hb. Rechtsschutz in der EU, § 34 Rn. 50 ff.; *Ruffert/Grischek/Schramm*, JuS 2022, 814, 817 f.

4.1.2.5.3.2 Vertragsverletzungsklagen (Art. 258, 259 AEUV)

24 Diese Klageart ermöglicht es dem Gerichtshof zu prüfen, ob die Mitgliedstaaten ihren unionsrechtlichen Verpflichtungen nachgekommen sind.[40] Die Klage kann entweder von der Kommission – in der Praxis der Hauptanwendungsfall – oder von einem Mitgliedstaat erhoben werden. Jeder Mitgliedstaat muss sich dabei die Verstöße seiner Organe zurechnen lassen, sodass sich die Klage immer gegen den Mitgliedstaat als solchen und nicht etwa gegen die nationale Behörde oder das Gericht richtet, dem eine Verletzung des Unionsrechts angelastet wird. Im Zusammenhang mit strafrechtlichen Fragen kommt ein Vertragsverletzungsverfahren vor allem in Betracht, wenn es ein Mitgliedstaat versäumt hat, die erforderlichen Sanktionsgesetze zum Schutze der Rechtsgüter und Interessen der EU zu erlassen.[41] Anlass für die Erhebung einer Vertragsverletzungsklage kann aber auch die nicht im Einklang mit Unionsrecht stehende Auslegung oder Anwendung von innerstaatlichen Normen des Straf- und Strafverfahrensrechts sein. Dem Hauptverfahren vor dem EuGH ist ein obligatorisches Vorverfahren vorgeschaltet, an dessen Ende eine begründete Stellungnahme der Kommission steht, in welcher der Mitgliedstaat unter Fristsetzung zur Beseitigung der Unionsrechtsverletzung aufgefordert wird. Kommt der Mitgliedstaat dieser Aufforderung nicht nach, kann die Kommission nach Art. 258 II AEUV Klage erheben, wobei ihr Ermessensspielraum nach h. M. dergestalt beschränkt ist, dass von einer Klageerhebung nur bei Bagatellfällen oder aus Gründen wichtiger Unionsopportunität abgesehen werden darf.[42] Am Ende des Hauptverfahrens steht ein Feststellungsurteil, mit welchem der EuGH ausspricht, ob die gerügte Verletzung von Unionsrecht vorliegt oder nicht. Stellt der Gerichtshof die behauptete Vertragsverletzung fest, so ist der betroffene Staat nach Art. 260 I AEUV verpflichtet, sie unverzüglich abzustellen. Ergreift der Staat die sich aus dem Urteil des EuGH ergebenden Maßnahmen nicht, so kann die Kommission erneut den Gerichtshof anrufen, welcher gem. Art. 260 II UA 2 AEUV ein Zwangsgeld gegen den säumigen Staat verhängen kann.[43]

4.1.2.5.3.3 Nichtigkeitsklagen (Art. 263, 264 AEUV)

25 Mit diesen Klagen können Mitgliedstaaten, Rat, Kommission und EP die Nichtigerklärung von Rechtsakten der Union oder von Teilen dieser Rechtsakte beantragen.[44]

---

[40] *Nowak*, in: *Leible/Terhechte* (Hrsg.), Europ. Rechtsschutz, § 10 Rn. 12 ff.; *Ruffert/Grischek/Schramm*, JuS 2022, 814, 816 f.

[41] Vgl. hierzu exempl. EuGHE 1989, 2965 ff. = EuZW 1990, 99 („Griechischer Mais"); EuGH BeckRS 2020, 16100 (Defizitäre Umsetzung der GeldwäscheRL in Irland); *Hustus*, in: *Karpenstein u. a.* (Hrsg.), Hb. Rechtsschutz in der EU, § 34 Rn. 37 ff.

[42] *Krönke*, in: *Karpenstein u. a.* (Hrsg.), Hb. Rechtsschutz in der EU, § 6 Rn. 25; *Nowak*, in: *Leible/Terhechte* (Hrsg.), Europ. Rechtsschutz, § 10 Rn. 18 ff.

[43] Vgl. hierzu exempl. EuGH BeckRS 2020, 16100; BeckRS 2021, 68; BeckRS 2021, 2522.

[44] *Dittert*, in: *Karpenstein u. a.* (Hrsg.), Hb. Rechtsschutz in der EU, § 7 Rn. 1 ff., 13 ff.; *Ruffert/Grischek/Schramm*, JuS 2022, 814, 815 f.; *Thiele*, in: *Leible/Terhechte* (Hrsg.), Europ. Rechtsschutz, § 9 Rn. 1 ff.

Natürliche oder juristische Personen können die Nichtigerklärung von Rechtsakten fordern, die sie unmittelbar und individuell betreffen.[45] Der Gerichtshof kann auf diese Weise die Rechtmäßigkeit der Handlungen der Unionsorgane überprüfen. Ist die Klage begründet, so wird die angefochtene Handlung für nichtig erklärt.

4.1.2.5.3.4 Untätigkeitsklagen (Art. 265 AEUV)

In Ergänzung zu den Nichtigkeitsklagen betreffen die Untätigkeitsklagen nach Art. 265 AEUV einen Unterfall der Vertragsverletzung durch die Unionsorgane.[46] Ein Fall der Untätigkeit liegt vor, wenn das EP, der Rat, die Kommission oder die EZB vertragswidrig keinen Beschluss fassen. Dann können die Mitgliedstaaten, die anderen Unionsorgane und unter bestimmten Umständen auch natürliche oder juristische Personen den Gerichtshof anrufen, um die Unrechtmäßigkeit dieses Nichthandelns feststellen zu lassen. Die Organe, Einrichtungen oder sonstigen Stellen, deren Untätigkeit als vertragswidrig erklärt worden ist, haben die sich aus dem Urteil des Gerichtshofs ergebenden Maßnahmen zu ergreifen (Art. 266 I AEUV).

26

4.1.2.5.4 Strafrechtsrelevante Aktivitäten des EuGH

Der EuGH hat als Motor des europäischen Integrationsprozesses auch das Europäische Strafrecht maßgeblich mitgestaltet. Schon seit jeher befleißigt er sich einer autonomen (von den Begrifflichkeiten der nationalen Rechtsordnungen gelösten) und dynamischen – am Wirksamkeitsprinzip („effet utile") und der „implied powers"-Doktrin ausgerichteten – Vertragsauslegung. Die zentralen europastrafrechtlichen Strukturprinzipien wurden von ihm in maßstabsbildender Weise konkretisiert. Aus dem Loyalitätsgebot (Art. 4 III EUV, 325 I AEUV) leitete der Gerichtshof das Assimilierungsprinzip ab, das zu einer Indienststellung des mitgliedstaatlichen Strafrechts zugunsten von Unionsinteressen führt (Kap. 7 Rn. 23 ff.). Die nunmehr in Art. 83 II AEUV festgeschriebene strafrechtliche Annexkompetenz der EU knüpft an die bereits vor Inkrafttreten des Lissabonner Reformvertrags ergangene Judikatur des Gerichtshofs an (Kap. 8 Rn. 2 ff., 16 ff.). Auch legte der EuGH den Grundstein für die Überlagerung des nationalen Strafrechts nach dem Prinzip des Anwendungsvorrangs (Kap. 9 Rn. 9 ff.) und formte das von ihm statuierte Gebot zur richtlinienkonformen Auslegung nationaler Strafbestimmungen detailliert aus (Kap. 10 Rn. 9 ff.). In zahlreichen Urteilen fordert der EuGH von den Mitgliedstaaten eine unionsrechtskonforme Ausgestaltung ihrer Strafverfahrenspraxis ein.[47] Hervorzuheben ist seine Rolle bei der Ausformung des höchst praxisrelevanten transnationalen Doppelbestrafungsverbots, das in Art. 50 GRCh und Art. 54 SDÜ verankert ist (Kap. 12 Rn. 11 ff.). In jüngster Zeit profiliert sich der EuGH als Hüter

27

---

[45] *Dittert*, in: *Karpenstein u. a.* (Hrsg.), Hb. Rechtsschutz in der EU, § 7 Rn. 52 ff.; *Mächtle*, JuS 2015, 28 ff.

[46] *Ruffert/Grischek/Schramm*, JuS 2022, 814, 819; *Thiele*, in: *Leible/Terhechte* (Hrsg.), Europ. Rechtsschutz, § 11 Rn. 1 ff.

[47] Vgl. nur EuGH NJW 2018, 142, 143; BeckRS 2018, 10157 (Rz. 69 ff.); BeckRS 2019, 21519 (Rz. 35 ff.); BeckRS 2020, 1130 (Rz. 29 ff.); BeckRS 2020, 3317 (Rz. 30 ff.).

der europäischen Grundrechte (Rn. 35 ff.).[48] Auf die Bedeutung und Funktion des Zusammenspiels zwischen EuGH und nationalen Gerichten im Rahmen des Vorabentscheidungsverfahrens (Art. 267 AEUV) wird noch ausführlicher einzugehen sein (Kap. 6).

4.1.2.6 Europäischer Rechnungshof

4.1.2.6.1 Allgemeines

28   Der Rechnungshof (Art. 285–287 AEUV) nimmt die Rechnungsprüfung der Union wahr. Er wurde im Jahre 1975 im Zuge der Überarbeitung der haushaltsrechtlichen Vertragsbestimmungen geschaffen und war seit dem Inkrafttreten des Vertrages von Maastricht (1993) ein vollwertiges Organ der früheren EG. In der Folge des Vertrages von Amsterdam wurden im Jahre 1999 die Kontroll- und Untersuchungsbefugnisse des Rechnungshofs ausgedehnt, um eine wirksamere Bekämpfung von Betrügereien und Unregelmäßigkeiten zum Nachteil des Gemeinschaftshaushalts zu ermöglichen. Sitz des Rechnungshofs ist Luxemburg. Der Rechnungshof besteht derzeit aus 27 Mitgliedern, die vom Rat nach Anhörung des EP einstimmig auf sechs Jahre ernannt werden.

4.1.2.6.2 Aufgaben des Rechnungshofs

29   Die Hauptaufgabe des Rechnungshofes besteht darin, die wirtschaftliche Ausführung des Haushaltsplans der Union zu kontrollieren, also die Rechtmäßigkeit und Ordnungsmäßigkeit der Einnahmen und Ausgaben zu prüfen. Er gewährleistet ferner die Wirtschaftlichkeit der Haushaltsführung und trägt damit zur Wirksamkeit und Transparenz des Unionssystems bei. Der Rechnungshof unterstützt die Haushaltsbehörden (EP und Rat) durch Vorlage eines jährlichen Berichts, in dem er zum abgeschlossenen Haushaltsjahr Stellung nimmt. Dieser Bericht stellt eine entscheidende Grundlage für den Beschluss des EP über die der Kommission zu erteilende Entlastung für ihre Haushaltsführung dar.

4.1.2.6.3 Strafrechtsrelevante Aktivitäten des Rechnungshofs

30   Die Prüfer des Rechnungshofs kontrollieren die Belege der Rechnungsvorgänge und können auch Prüfbesuche vor Ort bei den verwaltenden Stellen und den Begünstigten der Unionshilfen durchführen. Im Allgemeinen dauern diese Prüfbesuche in den Mitgliedstaaten ein bis zwei Wochen und werden gemeinsam mit den nationalen Rechnungsprüfungsorganen oder den zuständigen Behörden durchgeführt. Der Kontrollbericht muss sämtliche Informationen beinhalten, die aus den Überprüfungen hervorgegangen sind. Er muss insbesondere die in dem geprüften nationalen oder lokalen System entdeckten Schwachstellen benennen, die festgestellten Fehler, Unregelmäßigkeiten und Betrugsdelikte aufzeigen und Vorschläge

---

[48] Vgl. nur EuGH NJW 2014, 2169 ff.; NJW 2016, 1709, 1712 f.; NJW 2018, 3161, 3163 ff.; *Kühling*, NVwZ 2014, 681 („Aufstieg des EuGH zum Grundrechtsgericht"); *Satzger*, IntStR, § 7 Rn. 16 ff., 28 ff.; *ders.*, NStZ 2016, 514 ff.

für das weitere Vorgehen enthalten. Der Rechnungshof besitzt keine eigenen Exekutivbefugnisse. Entdecken die Prüfer Hinweise auf Betrugsfälle bzw. decken sie tatsächliche Betrügereien oder Unregelmäßigkeiten auf, werden die zuständigen Unionsorgane (OLAF und EuStA Kap. 13 Rn. 14 ff., 39 ff.) hiervon so rasch wie möglich in Kenntnis gesetzt, damit diese die geeigneten Maßnahmen ergreifen können.

4.1.3 Zuständigkeitsbereiche der Union

Die Unionsrechtsordnung beruht zwar auf einer völkervertragsrechtlichen Grundlage, hat sich aber zu einer **autonomen Rechtsordnung** entwickelt.[49] Entscheidend ist, dass die Mitgliedstaaten der Union Hoheitsrechte zugewiesen und den Unionsorganen die **Befugnis zu eigenständiger Rechtsetzung** übertragen haben. Die Union verfügt aber nicht über eine souveräne Staatlichkeit mit unbegrenzter Rechtsetzungsgewalt. Vielmehr erfolgt die Kompetenzaufteilung zwischen Union und Mitgliedstaaten nach dem **Prinzip der begrenzten Einzelermächtigung** (Art. 5 I, II EUV).[50] Danach wird die Union nur innerhalb der Grenzen der ihr zugewiesenen Befugnisse und gesetzten Ziele tätig. Alle der Union nicht übertragenen Zuständigkeiten verbleiben bei den Mitgliedstaaten. Die Unionsorgane benötigen für jeden Rechtsakt eine ausdrückliche oder zumindest im Wege der Vertragsauslegung nachweisbare Ermächtigungsgrundlage im Primärrecht (Rn. 33).

31

Die **Zuständigkeitsbereiche der Union** sind in Art. 3, 6 AEUV (ausschließliche Zuständigkeit) und Art. 4–5 AEUV (geteilte Zuständigkeit) im Einzelnen festgeschrieben. Im **ausschließlichen Zuständigkeitsbereich** der Union kann nur die Union gesetzgeberisch tätig werden und verbindliche Rechtsakte erlassen (Art. 2 I AEUV). Art. 3 I AEUV zählt namentlich die folgenden Bereiche auf:

32

- Zollunion (lit. a)
- Wettbewerbsregeln für den Binnenmarkt (lit. b)
- Währungspolitik (lit. c)
- Erhaltung der biologischen Meeresschätze (lit. d)
- Handelspolitik (lit. e)
- Abschluss internationaler Übereinkünfte (Art. 3 II AEUV)
- Durchführungsmaßnahmen (Art. 6 AEUV)

Die Union teilt ihre Zuständigkeit mit den Mitgliedstaaten, wenn ihr die Verträge außerhalb der in Art. 3, 6 AEUV genannten Bereichen eine Zuständigkeit übertragen (Art. 4 I AEUV). In den Bereichen der **geteilten Zuständigkeit** nehmen die Mitgliedstaaten ihre Zuständigkeit wahr, sofern und soweit die Union ihre Zustän-

---

[49] EuGHE 1964, 1251, 1269; BVerfG NJW 2009, 2267, 2271 ff.; G/H/N-*Nettesheim*, Art. 288 AEUV Rn. 34 ff.
[50] *Ruffert/Grischek/Schramm*, JuS 2019, 974, 976.

digkeit nicht ausgeübt hat (Art. 2 II S. 2 AEUV). Die derart geteilte Zuständigkeit erstreckt sich nach Art. 4 II AEUV auf die Bereiche:

- Binnenmarkt (lit. a)
- Sozialpolitik (lit. b)
- wirtschaftlicher, sozialer und territorialer Zusammenhalt (lit. c)
- Landwirtschaft und Fischerei (lit. d)
- Umwelt (lit. e)
- Verbraucherschutz (lit. f)
- Verkehr (lit. g)
- transeuropäische Netze (lit. h)
- Energie (lit. i)
- Raum der Freiheit, der Sicherheit und des Rechts (lit. j)
- gemeinsame Sicherheitsanliegen im Bereich der öffentlichen Gesundheit (lit. k)
- Koordinierung der Wirtschafts-, Beschäftigungs- und Sozialpolitik innerhalb der Union (Art. 5 AEUV)

Den Unionsorganen steht ein umfassendes, aus einzelnen Vertragsnormen bestehendes Kompetenzmosaik zur Verfügung, wobei sich Gesetzgebungskompetenzen nicht selten aus relativ weit gefassten Vorgaben zur Aufgabenerfüllung bzw. zur Erreichung bestimmter Ziele (sog. finale Kompetenzzuweisungen) ergeben. Eine sog. **Kompetenz-Kompetenz**, also die Befugnis, die eigene Kompetenz zu erweitern, besitzt die Union aber nicht.[51] Die Rechtsquellen der Unionsrechtsordnung unterteilt man in **primäres** und **sekundäres Unionsrecht**.

4.1.4 Primäres Unionsrecht

33 An der Spitze der Normenhierarchie steht das **primäre Unionsrecht**, das die **Verträge (EUV/AEUV) einschließlich ihrer Protokolle, Anhänge und Erklärungen**, die **GRCh** sowie **Rechtsquellen gleichen Ranges** umfasst.[52] Alle primärrechtlichen Rechtsakte stehen auf derselben hierarchischen Ebene. Für ihr Verhältnis untereinander gilt der Vorrang der lex posterior und der lex specialis. Das Primärrecht (Grundfreiheiten und Unionsgrundrechte) gilt in allen Mitgliedstaaten unmittelbar und genießt im Kollisionsfall gegenüber dem nationalen Recht **Anwendungsvorrang** (Kap. 9 Rn. 7 ff.). Das geschriebene Primärrecht wird ergänzt durch ungeschriebenes Unionsrecht in Form **allgemeiner Rechtsgrundsätze**, die im Dienste eines unionsrechtlichen Grundrechtsstandards durch den EuGH ausgeformt wurden.[53] Zentrale justizielle Garantien wie der Grundsatz des fairen Verfahrens, das nemo-tenetur-Prinzip (keine Pflicht zur Selbstbelastung),

---

[51] BVerfGE NJW 2009, 2267, 2272; *Herdegen*, Europarecht, § 5 Rn. 16.
[52] G/H/N-*Nettesheim*, Art. 288 AEUV Rn. 27 ff.; *Ruffert/Grischek/Schramm*, JuS 2020, 413.
[53] *Esser*, EuStR, § 6 Rn. 26 ff.; *Walter*, in: *Ehlers/Germelmann* (Hrsg.), Europ. Grundrechte, § 1 Rn. 25 ff.

das Recht auf einen wirksamen Rechtsbehelf und auf rechtliches Gehör, die Unschuldsvermutung, die Vertraulichkeit der Kommunikation zwischen Rechtsanwalt und Mandant, der Schutz der Wohnung sowie das Verbot der Mehrfachverfolgung derselben Tat haben auf diese Weise Einzug in das Primärrecht gehalten.[54] Diese Garantien haben gem. Art. 6 III EUV neben den in der GRCh festgeschriebenen Unionsgrundrechten (Rn. 39 ff.) Bestand.[55] Somit existiert innerhalb der EU neben der GRCh und EMRK eine dritte Rechtsquelle für europäische Grundrechte.[56] Die als allgemeine Rechtsgrundsätze anerkannten Grundrechte binden die Unionsorgane unmittelbar und die Mitgliedstaaten insoweit, als diese Unionsrecht durchführen (Rn. 35 ff.).[57]

4.1.5 Grundfreiheiten des Unionsrechts

Bei **grenzüberschreitenden Sachverhalten** sind die im Rang von Primärrecht stehenden Grundfreiheiten, namentlich die **Freizügigkeit** (Art. 21 AEUV), **Warenverkehrsfreiheit** (Art. 28 ff. AEUV), **Arbeitnehmerfreizügigkeit** (Art. 45 ff. AEUV), **Niederlassungsfreiheit** (Art. 49 ff. AEUV) und **Dienstleistungsfreiheit** (Art. 56 ff. AEUV) sowie der **freie Kapital- und Zahlungsverkehr** (Art. 63 ff. AEUV) sowie das **allgemeine Diskriminierungsverbot** (Art. 18 AEUV) zu beachten.[58] Die Grundfreiheiten enthalten nicht nur **bereichsspezifische Diskriminierungsverbote**, sondern fungieren darüber hinaus auch als **Beschränkungsverbote** (Kap. 9 Rn. 40). Nach st. Rspr. des EuGH sind nationale Maßnahmen, die die Ausübung der Grundfreiheiten behindern oder auch nur weniger attraktiv machen können, nur zulässig, wenn sie in nichtdiskriminierender Weise angewandt werden, aus zwingenden Gründen des Allgemeininteresses erforderlich sind und den Anforderungen des Verhältnismäßigkeitsprinzips genügen.[59] Nicht nur das materielle Strafrecht, sondern auch das Strafverfahrensrecht muss den Gewährleistungen der Grundfreiheiten Rechnung tragen. Den Strafverfolgungsbehörden und Gerichten der Mitgliedstaaten ist es daher verwehrt, nach Maßgabe strafprozessualer Bestimmungen zu verfahren, deren Anwendung zu einer unzulässigen Beeinträchtigung einer von den Grundfreiheiten begründeten Rechtsposition führen würde.[60]

34

---

[54] *Esser*, EuStR, § 6 Rn. 30 m.w.N.
[55] EuGH NJW 2017, 457, 460; BeckRS 2018, 23557 (Rz. 40, 59); *Satzger*, IntStR, § 7 Rn. 10.
[56] *Dannecker*, Grundrechtsschutz im Wirtschaftsstrafrecht, S. 115, 117 ff.; *Gaede*, in: *Böse* (Hrsg.), EuStR, § 3 Rn. 34.
[57] EuGH BeckRS 2022, 3587 (Rz. 31).
[58] Zum Schutzbereich und zur Rechtfertigung von Einschränkungen vgl. *Herdegen*, Europarecht, § 14 Rn. 3 ff.; *Ruffert/Grischek/Schramm*, JuS 2021, 407 ff.; *Sauer*, JuS 2017, 310 ff.
[59] EuGH NJW 2018, 1529, 1531; BeckRS 2019, 20748 (Rz. 35); BeckRS 2020, 31283 (Rz. 30 ff.); BeckRS 2020, 31297 (Rz. 83 ff.); BeckRS 2022, 9279 (Rz. 20 ff.); *Böse*, in: *Dannecker/Meyer* (Hrsg.), Unternehmenssanktionen, S. 29 ff.
[60] EuGH NJW 2020, 1873, 1875 mit Bespr. v. *Bollacher*, NZV 2021, 98.

4.1.6 Die Unionsgrundrechte

4.1.6.1 Bindungswirkung der GRCh

35 Der Grundrechtekatalog der von Art. 6 I EUV für rechtsverbindlich erklärten **Charta der Grundrechte der Europäischen Union (GRCh)**[61] bildet die zentrale primärrechtliche Grundlage des Grundrechtsschutzes in der EU.[62] Er ist thematisch umfassend angelegt und statuiert Garantien, die für das Strafverfahrensrecht der Mitgliedstaaten von besonderer Bedeutung sind. Daraus folgt jedoch nicht, dass die Grundrechtecharta jedem Individuum ohne weitere Voraussetzungen in jedem Strafverfahren universelle Rechte verleiht. Nach **Art. 51 I S. 1 GRCh** sind zunächst die **Organe, Einrichtungen** und **sonstigen Stellen der Union** grundrechtsverpflichtet. Der Rat und das EP müssen daher bei ihrer Rechtsetzung die Gewährleistungen der GRCh ebenso beachten wie der EuGH bei seiner Rechtsprechung. Aber auch die Handlungen der im Bereich der transnationalen Strafverfolgung bzw. Betrugsbekämpfung tätigen Institutionen Europol, Eurojust, OLAF und Europäische Staatsanwaltschaft müssen mit den Vorgaben der GRCh im Einklang stehen. Für die **mitgliedstaatlichen Gesetzgeber, Behörden und Gerichte** ist die **GRCh** gem. Art. 51 I S. 1 GRCh nur **insoweit verbindlich**, als diese **Unionsrecht durchführen**. In einem Strafverfahren, in dem keine unionsrechtlich determinierten materiell- oder verfahrensrechtlichen Vorschriften zur Anwendung gelangen bzw. mit dem keine unionsrechtliche Funktion erfüllt wird, gilt die GRCh nicht.[63] Von einer „**Durchführung des Rechts der Union**" i. S. d. Art. 51 I S. 1 GRCh und einer damit einhergehenden Bindung der Mitgliedstaaten an die GRCh ist demnach auszugehen, wenn die nationalen Stellen **unmittelbar anwendbares Unionsrecht** oder **harmonisiertes**, d. h. nach den Vorgaben einer RL transformiertes und richtlinienkonform auszulegendes **nationales Recht** vollziehen.[64] Zu denken ist etwa an die unionsrechtlich überformten Sanktionsnormen im Bereich des Wirtschafts-, Verbraucherschutz- und Umweltstrafrechts (Kap. 8 Rn. 10 ff.) sowie an die harmonisierten Strafbestimmungen zur Bekämpfung transnationaler Kriminalität (Kap. 8 Rn. 45 ff.).

36 Das in Art. 51 I S. 1 GRCh vorgegebene Kriterium der **Durchführung des Rechts der Union** wurde vom EuGH in der **Rs. „Fransson"** sehr **extensiv** interpretiert.[65] Es soll nicht nur erfüllt sein, wenn die Mitgliedstaaten unmittelbar anwendbares Unionsrecht oder harmonisiertes nationales (Straf-)Recht umsetzen, sondern bereits dann, wenn sie ein Strafverfahren durchführen, das zumindest auch dem

---

[61] AB1EU 2010 Nr. C 83, S. 313; vgl. zu den Vorbehaltserklärungen von Polen, Irland und Tschechien EuGH NVwZ 2019, 1109, 1110; *Jarass*, GRCh, Art. 51 Rn. 44 f.

[62] *Ehlers/Germelmann*, in: *Ehlers/Germelmann* (Hrsg.), Europ. Grundrechte, § 2.2 Rn. 16 ff.; *Gaede*, in: *Böse* (Hrsg.), EuStR, § 3 Rn. 23, *Knoth/Seyer*, JuS 2021, 928 ff.; *Voßkuhle/Wischmeyer*, JuS 2017, 1171 ff.

[63] *Gaede*, in: *Böse* (Hrsg.), EuStR, § 3 Rn. 26.

[64] *Ehlers/Germelmann*, in: *Ehlers/Germelmann* (Hrsg.), Europ. Grundrechte, § 2.2 Rn. 89.

[65] EuGH NJW 2013, 1415 ff.; vgl. hierzu *Ambos*, IntStR, § 10 Rn. 157; *Gaede*, in: *Böse* (Hrsg.), EuStR, § 3 Rn. 25 ff.; *Rönnau/Wegner*, GA 2013, 561, 569 ff.; *Satzger*, IntStR, § 7 Rn. 20 f.; *Streinz*, JuS 2013, 568 ff.

Schutz von Unionsinteressen dient. Im konkreten Fall hatte sich der Angeklagte wegen Umsatzsteuerhinterziehung vor einem schwedischen Gericht zu verantworten. Für dieselben Erhebungszeiträume, die dieses Strafverfahren zum Gegenstand hatte, waren ihm zuvor im Rahmen eines Verwaltungsverfahrens schon Steuerzuschläge auferlegt worden. Das Gericht legte dem EuGH die Frage zur Vorabentscheidung vor, ob eine Bestrafung wegen Steuerhinterziehung angesichts der verwaltungsrechtlichen Sanktion mit dem Doppelbestrafungsverbot des Art. 50 GRCh (Rn. 44) vereinbar ist. Der Gerichtshof befand, dass der Anwendungsbereich der GRCh in einem wegen unrichtiger Angaben zur Umsatzsteuer geführten Steuerstrafverfahren eröffnet ist, obwohl die einschlägigen nationalen Rechtsvorschriften nicht in Umsetzung von Unionsrecht eingeführt wurden. Da die den EU-Haushalt speisenden Umsatzsteuereinnahmen wirksam zu erheben und die Mitgliedstaaten zum strafrechtlichen Schutz der EU-Finanzinteressen verpflichtet sind, erblickte der EuGH in der Anwendung nationaler Strafnormen zur Sanktionierung von Umsatzsteuerhinterziehungen letztlich eine Durchführung des Art. 325 AEUV, ohne dass es hierbei auf einen Umsetzungswillen des nationalen Gesetzgebers ankommt. In der Sache entschied der EuGH, dass Art. 50 GRCh einen Mitgliedstaat nicht daran hindert, die Nichtbeachtung von steuerrechtlichen Erklärungspflichten sowohl steuerrechtlich als auch strafrechtlich zu sanktionieren, sofern die erste Sanktion keinen strafrechtlichen Charakter hat, was vom nationalen Gericht zu prüfen ist.

Die extensive Auslegung des in Art. 51 I S. 1 GRCh genannten Kriteriums **37** „**Durchführung von Unionsrecht**" wurde in der Literatur vielfach kritisiert, da sie sich so verstehen lässt, dass nunmehr bereits rein abstrakte Bezüge von mitgliedstaatlichen Regelungen zum Unionsrecht oder bloß mittelbar-faktische Auswirkungen genügen, um den Anwendungsbereich der GRCh zu eröffnen.[66] Auch das BVerfG sah sich in seiner Entscheidung „Antiterrordatei" veranlasst, in einem obiter dictum eine restriktive Auslegung des Fransson-Urteils anzumahnen.[67] Die Karlsruher Richter sahen die Gefahr, dass eine derart weitgefasste Bindungswirkung der Mitgliedstaaten an die GRCh die pluralistische Grundrechtsarchitektur sprengen würde. Der EuGH hat seine Judikatur in nachfolgenden Entscheidungen präzisiert und klargestellt, dass die Unionsgrundrechte nicht zur Anwendung gelangen, wenn die unionsrechtlichen Vorschriften in dem betreffenden Sachbereich keine bestimmten Verpflichtungen der Mitgliedstaaten im Hinblick auf den im Ausgangsverfahren fraglichen Sachverhalt schaffen.[68] Die Durchführung des Unionsrechts setzt demnach das Vorliegen eines Zusammenhangs zwischen einem Unionsrechtsakt und der fraglichen nationalen Maßnahme voraus, der darüber hinausgeht, dass die fraglichen Sachbereiche benachbart sind oder der eine von ihnen mittelbare Auswirkungen auf den anderen haben kann. **Maßgebend für die Eröffnung des Anwendungsbereichs der GRCh** ist, ob die **mitgliedstaatliche Regelung eine**

---

[66] *Eckstein*, ZIS 2013, 220, 223 f.; *Safferling*, NStZ 2014, 545, 547 f.; *Thym*, NVwZ 2013, 889 ff.
[67] BVerfGE 133, 277, 313 ff.; vgl. hierzu *Satzger*, IntStR, § 7 Rn. 22 ff.; *Swoboda*, ZIS 2018, 276, 284 ff.; *Voßkuhle/Wischmeyer*, JuS 2017, 1171, 1173.
[68] EuGH BeckRS 2019, 22822 (Rz. 39 ff.); EuGH NJW 2020, 35, 37 (Rz. 53); *Honer*, JuS 2017, 409, 413.

Durchführung des Unionsrechts bezweckt und ob es eine **Vorschrift des Unionsrechts gibt, die für diesen Bereich spezifisch ist oder ihn beeinflussen kann**.[69] Der EuGH bejaht diese Voraussetzungen und somit die Geltung der GRCh namentlich im strafrechtlichen Kontext des Mehrwertsteuerbetrugs[70] sowie der Marktmanipulation[71] und Markenfälschung.[72] Wenn die GRCh anwendbar ist, können sich die von ihr Begünstigten vor innerstaatlichen Strafgerichten unmittelbar auf die von ihr gewährten Rechte berufen. Eine direkte Anrufung des EuGH in Form einer allgemeinen Grundrechtsbeschwerde – vergleichbar mit der Verfassungsbeschwerde zum BVerfG oder der Individualbeschwerde zum EGMR – sieht das Unionsrecht jedoch nicht vor.

4.1.6.2 Auslegung der GRCh

38 Art. 6 I UA 3 EUV bestimmt, dass die in der Charta niedergelegten Rechte, Freiheiten und Grundsätze gemäß den allgemeinen Bestimmungen des Titels VII der Charta, der ihre Auslegung und Anwendung regelt, und unter gebührender Berücksichtigung der in der Charta angeführten Erläuterungen, in denen die Quellen dieser Bestimmungen angegeben sind, ausgelegt werden. Nach Art. 53 GRCh ist keine Bestimmung der Charta als eine Einschränkung oder Verletzung der Menschenrechte und Grundfreiheiten auszulegen, die in dem jeweiligen Anwendungsbereich durch das Recht der Union und das Völkerrecht sowie durch die internationalen Übereinkommen, bei denen die Union, die Gemeinschaft oder alle Mitgliedstaaten Vertragsparteien sind, darunter insbesondere die EMRK, sowie durch die Verfassungen der Mitgliedstaaten anerkannt werden. Um die Kohärenz zwischen der GRCh und der EMRK herzustellen, bestimmt die **Transferbestimmung des Art. 52 III S. 1 GRCh**, dass die in der Charta festgeschriebenen Rechte, soweit sie den durch die EMRK garantierten Rechten entsprechen, grundsätzlich die gleiche Bedeutung und Tragweite haben, wie sie ihnen in der EMRK verliehen wird. Die durch die reichhaltige Spruchpraxis des EGMR ausgeformte **EMRK** stellt somit die **zentrale Rechtserkenntnisquelle für die Auslegung der Unionsgrundrechte** dar.[73]

4.1.6.3 Justizielle Garantien der GRCh

39 Aus strafrechtlicher Sicht sind die in **Art. 47–50 GRCh** normierten **justiziellen Rechte** von besonderer Bedeutung:

- Recht auf einen **wirksamen Rechtsbehelf** (Art. 47 I GRCh)
- Recht darauf, dass die Rechtssache von einem **unabhängigen, unparteiischen** und zuvor **durch Gesetz errichteten Gericht** in einem **fairen Verfahren, öffentlich** und **innerhalb angemessener Frist verhandelt** wird (Art. 47 II S. 1 GRCh)

---

[69] EuGH BeckRS 2017, 128185 (Rz. 20); EuGH (Große Kammer), NJW 2020, 35, 37 (Rz. 50); *Jarass*, GRCh, Art. 51 Rn. 23 ff.; *Schwerdtfeger*, in: *Meyer/Hölscheidt* (Hrsg.), GRCh, Art. 51 Rn. 46 ff.
[70] EuGH wistra 2018, 391 (Rz. 18 ff.).
[71] EuGH NJW 2018, 1233 ff. (Rz. 21 ff., 64 ff.).
[72] EuGH GRUR 2023, 1624, 1625.
[73] EuGH NJW 2023, 667, 668 (Rz. 26); BeckRS 2021, 863 (Rz. 36); EuZW 2020, 155, 161 (Rz. 117 ff.); BVerfG NJW NJW 2020, 314, 318 (Rz. 55); *Ehlers/Germelmann*, in: *Ehlers/Germelmann* (Hrsg.), Europ. Grundrechte, § 2.2 Rn. 36, 109; *Gaede*, in: *Böse* (Hrsg.), EuStR, § 3 Rn. 29.

- Recht jeder Person, sich **beraten, verteidigen** und **vertreten** zu lassen (Art. 47 II S. 2 GRCh)
- Recht auf **Prozesskostenhilfe** (Art. 47 III GRCh)
- **Unschuldsvermutung** (Art. 48 I GRCh)
- **Achtung der Verteidigungsrechte** (Art. 48 II GRCh)
- **Gesetzlichkeitsprinzip – Nullum crimen (nulla poena) sine lege** (Art. 49 I S. 1, 2 GRCh)
- **Lex-mitior-Prinzip** (Art. 49 I S. 3 GRCh)
- **Verhältnismäßigkeit des Strafmaßes** (Art. 49 III GRCh)
- **Verbot erneuter Strafverfolgung wegen derselben in der Union rechtskräftig abgeurteilten Tat** (Art. 50 GRCh)

4.1.6.3.1 Faires Verfahren – Beratung und Verteidigung – Gesetzlicher Richter – Prozesskostenhilfe

Die in Art. 47–50 GRCh normierten Justizgrundrechte gewährleisten mindestens die aus Art. 6 EMRK abgeleiteten Teilrechte.[74] Sie umfassen gem. **Art. 47 I GRCh** zunächst das Recht auf einen **wirksamen Rechtsbehelf**,[75] mithin auf **effektiven Rechtsschutz**.[76] Mit dieser Gewährleistung geht die GRCh über die sich mit einer nur behördlichen Überprüfung begnügenden Mindestgarantie des Art. 13 EMRK hinaus. Ergänzend statuiert **Art. 47 II S. 1 GRCh die Garantie des gesetzlichen Richters**.[77] Art. 47 II S. 1 GRCh bestimmt die Anforderungen an das entscheidende Gericht, welche zuletzt im Kontext der unionsrechtswidrigen Justizreformen in Polen besondere Relevanz erlangt haben.[78] Gewährleistet ist eine Entscheidung durch ein „zuvor" durch Gesetz errichtetes, unabhängiges und unparteiisches Gericht. **Unabhängigkeit** setzt voraus, dass die richterlichen Funktionen in völliger Autonomie ausgeübt werden können und vor Interventionen oder Repression von außen geschützt sind. Das Erfordernis der Unparteilichkeit verlangt, dass den Parteien und ihren jeweiligen Interessen mit gleichem Abstand begegnet wird. Die Rechtssachen müssen in einem **fairen Verfahren, öffentlich** und **innerhalb angemessener Frist** verhandelt werden.[79] Strafverfahren sind daher entsprechend den vom EGMR entwickelten Grundsätzen ohne vermeidbare Verzögerungen durchzuführen (Kap. 3 Rn. 61).[80] Jede Person hat das Recht, sich **beraten, verteidigen** und **vertreten** zu lassen (**Art. 47 II S. 2 GRCh**).[81] Außerdem ist jedem, der

---

[74] *Ambos*, IntStR, § 10 Rn. 159; *Gaede*, in: *Böse* (Hrsg.), EuStR, § 3 Rn. 74 f.
[75] EuGH BeckRS 2021, 1731 (Rz. 21); *Eser/Kubiciel*, in: *Meyer/Hölscheidt* (Hrsg.), GRCh, Art. 47 Rn. 2, 11 ff.; *Gaede*, in: *Böse* (Hrsg.), EuStR, § 3 Rn. 87; *Knoth/Seyer*, JuS 2021, 1018, 1022.
[76] EuGH NVwZ 2019, 1109, 1111; EuZW 2020, 155, 161; *Rademacher*, JuS 2018, 337 ff.
[77] *Eser/Kubiciel*, in: *Meyer/Hölscheidt* (Hrsg.), GRCh, Art. 47 Rn. 31 ff.; *Gaede*, in: *Böse* (Hrsg.), EuStR, § 3 Rn. 77; *Jarass*, GRCh, Art. 47 Rn. 22 ff.
[78] EuGH BeckRS 2021, 3004 = JuS 2021, 566 (*Streinz*); vgl. hierzu *Payandeh*, JuS 2021, 481 ff.
[79] *Eser/Kubiciel*, in: *Meyer/Hölscheidt* (Hrsg.), GRCh, Art. 47 Rn. 38; *Jarass*, GRCh, Art. 47 Rn. 50 ff.
[80] EGMR, NJW 2015, 3773; NVwZ-RR 2006, 513; *Gaede*, in: *Böse* (Hrsg.), EuStR, § 3 Rn. 85 ff.; *Jarass*, GRCh, Art. 47 Rn. 52 ff.
[81] *Eser/Kubiciel*, in: *Meyer/Hölscheidt* (Hrsg.), GRCh, Art. 47 Rn. 40; *Jarass*, GRCh, Art. 47 Rn. 56.

nicht über ausreichende Mittel verfügt, **Prozesskostenhilfe** zu bewilligen, soweit diese Hilfe erforderlich ist, um den Zugang zu den Gerichten wirksam zu gewährleisten (**Art. 47 III GRCh**).[82] Der Unionsgesetzgeber hat diesen Anspruch durch die **RL (EU) 2016/1919** v. 26.10.2016 über Prozesskostenhilfe für Verdächtige und beschuldigte Personen in Strafverfahren sowie für gesuchte Personen in Verfahren zur Vollstreckung des Europäischen Haftbefehls konkretisiert (Kap. 11 Rn. 61–62). Der Verstoß gegen das **Gebot der Verfahrensfairness** aufgrund rechtswidriger Erlangung von Beweismitteln kann nach der Rechtsprechung des EGMR in der gebotenen Gesamtbetrachtung zu einer Verletzung der Verfahrensfairness (Art. 6 I EMRK) beitragen, die im Lichte des Art. 47 II S. 1 GRCh zur Begründung eines **Beweisverwertungsverbots** bzw. **Verfahrenshindernisses kraft Unionsrechts** führen kann.[83] Exemplarisch ist auf die Fallgruppe der unzulässigen Tatprovokation durch Angehörige von Strafverfolgungsbehörden oder von ihnen gelenkte Dritte hinzuweisen (Kap. 3 Rn. 55).

4.1.6.3.2 Unschuldsvermutung

41 Wenn **Art. 48 I GRCh** auf den **Angeklagten** als Adressaten der **Unschuldsvermutung** abstellt, so ist dies nicht etwa dahingehend zu verstehen, dass diese Garantie vom Vorliegen einer förmlichen Anklage abhängt. Der persönliche und sachliche Anwendungsbereich des Art. 48 I GRCh ist in Anlehnung an die im Rahmen des Art. 6 I EMRK entwickelten Kriterien eröffnet, wenn eine für die Verfolgung von Straftaten zuständige Stelle den Betroffenen offiziell darüber informiert, dass ihm die Begehung einer mit repressiven Sanktionen bedrohten Handlung vorgeworfen wird.[84] Neben klassischen Straftaten fallen auch Verwaltungssanktionen (Ordnungswidrigkeiten) oder Disziplinarmaßnahmen unter den unionsrechtlichen Begriff der Anklage. Art. 48 I GRCh gebietet in Anlehnung an die Judikatur des EGMR zu Art. 6 II EMRK, den Tatverdächtigen nicht vor Gewährung eines fairen Verfahrens, das den **gesetzlichen Beweis des Tatvorwurfs** erbringt und in dem die Verteidigungsrechte beachtet worden sind, ausdrücklich oder konkludent als der Tatbegehung schuldig zu betrachten.[85] Selbst im Falle eines Freispruchs kommt eine Verletzung der Unschuldsvermutung in Betracht, wenn die Urteilsbegründung über eine reine Beschreibung verbleibender Verdachtsmomente hinausgeht und einer Schuldfeststellung gleichkommt.[86] Im Übrigen gewährleistet Art. 48 I GRCh die Geltung der Entscheidungsregel **in dubio pro reo** und des Grundsatzes, dass die **Strafverfolgungsorgane die Beweislast für die Überführung einer beschuldigten**

---

[82] *Eser/Kubiciel*, in: *Meyer/Hölscheidt* (Hrsg.), GRCh, Art. 47 Rn. 44.

[83] *Heger*, in *Böse* (Hrsg.), EuStR, § 5 Rn. 101.

[84] EGMR EuGRZ 1976, 221 ff.; *Eser/Kubiciel*, in: *Meyer/Hölscheidt* (Hrsg.), GRCh, Art. 48 Rn. 13 ff.; *Esser*, EuStR, § 9 Rn. 209; *Jarass*, GRCh, Art. 48 Rn. 8.

[85] EGMR NJW 2011, 1789, 1790; *Eser/Kubiciel*, in: *Meyer/Hölscheidt* (Hrsg.), GRCh, Art. 48 Rn. 5 ff.; *Esser*, EuStR, § 9 Rn. 270 ff.; *Gaede*, in: *Böse* (Hrsg.), EuStR, § 3 Rn. 78; *Jarass*, GRCh, Art. 48 Rn. 19.

[86] EGMR NJW 2016, 3225, 3226; *Penkuhn/Brill*, JuS 2016, 682, 683 f.; *Rostalski*, HRRS 2015, 315 ff.

Person tragen.[87] Nach der Judikatur des EGMR ist aber nicht jegliche Beweislastumkehr ausgeschlossen, sofern diese auf erwiesene Tatsachen gestützt ist und dem Betroffenen die Möglichkeit der Widerlegung eingeräumt bleibt.[88] Kehrseite der Unschuldsvermutung ist das **Recht zu schweigen** und **sich nicht selbst belasten zu müssen (nemo tenetur se ipsum accusare)**. Denn wer als unschuldig zu gelten hat, muss auch nicht zum Beweis des Gegenteils beitragen.[89] Sekundärrechtlich legt die **RL (EU) 2016/343** v. 09.03.2016 über die Stärkung bestimmter Aspekte der Unschuldsvermutung und des Rechts auf Anwesenheit in der Verhandlung in Strafverfahren (Kap. 11 Rn. 54–57) gemeinsame Mindestvorschriften fest.

4.1.6.3.3 Verteidigungsrechte

Art. 48 II GRCh gebietet die **Achtung der Verteidigungsrechte**. Mit Blick auf die Transferbestimmung des Art. 52 III S. 1 GRCh (Rn. 38) werden durch Art. 48 II GRCh die in Art. 6 III EMRK ausformulierten Mindestgarantien eines fairen Verfahrens i. S. d. Art. 6 I EMRK als EU-Justizgrundrechte anerkannt.[90] Der nach Art. 6 III lit. a EMRK vorgesehene **Unterrichtungsanspruch** soll dem Beschuldigten **ausreichend Zeit und Gelegenheit zur Vorbereitung seiner Verteidigung** (Art. 6 III lit. b EMRK),[91] die in Form der **Selbstverteidigung und/oder der Wahlverteidigung** sowie – falls ihm die nötigen Mittel fehlen – in der **unentgeltlichen Zuordnung eines Pflichtverteidigers** bestehen kann (Art. 6 III lit. c EMRK).[92] Vorbehaltlich spezifisch begründeter Einschränkungen gilt das Recht auf Verteidigerbeistand bereits im Ermittlungsverfahren während der ersten polizeilichen Vernehmung.[93] Durch die **RL 2012/13/EU** v. 22.05.2012 über das Recht auf Belehrung und Unterrichtung in Strafverfahren (Kap. 11 Rn. 44–46), die **RL 2013/48/EU** v. 22.10.2013 über das Recht auf Zugang zu einem Rechtsbeistand in Strafverfahren (Kap. 11 Rn. 51–53) und die **RL (EU) 2016/800** v. 11.05.2016 über Verfahrensgarantien in Strafverfahren für Kinder (Kap. 11 Rn. 58–60) werden diese Garantien bereichsspezifisch ausgeformt. Das in Art. 6 III lit. d EMRK garantierte **Recht zur Benennung und Befragung von Zeugen** (Konfrontations- und Fragerecht) dient der Wahrung der **„Waffengleichheit"**.[94] Auch in der nach Art. 6 III lit. e EMRK erforderlichenfalls **unentgeltlich zu gewährenden Unterstützung durch**

42

---

[87] EGMR NJW 2015, 2095, 2099; NJOZ 2014, 1834, 1835; *Eser/Kubiciel*, in: *Meyer/Hölscheidt* (Hrsg.), GRCh, Art. 48 Rn. 15; *Gaede*, in: *Böse* (Hrsg.), EuStR, § 3 Rn. 78; *Jarass*, GRCh, Art. 48 Rn. 19.
[88] EGMR NJW 2011, 201, 202.
[89] EGMR, NJW 2006, 3117, 3123; EuGH BeckRS 2021, 863 (Rz. 45); *Ambos*, IntStR, § 10 Rn. 37; *Jarass*, GRCh, Art. 48 Rn. 27; *Meyer*, NZWiSt 2022, 99 (102 ff.).
[90] EuGH BeckRS 2021, 863 (Rz. 37); *Eser/Kubiciel*, in: *Meyer/Hölscheidt* (Hrsg.), GRCh, Art. 48 Rn. 28 ff.; *Gaede*, in: *Böse* (Hrsg.), EuStR, § 3 Rn. 79; *Jarass*, GRCh, Art. 48 Rn. 15.
[91] EGMR NJOZ 2012, 2000, 2003.
[92] EuGH BeckRS 2018, 10157 (Rz. 105); *Eser/Kubiciel*, in: *Meyer/Hölscheidt* (Hrsg.), GRCh, Art. 48 Rn. 32; *Gaede*, in: *Böse* (Hrsg.), EuStR, § 3 Rn. 80; *Jarass*, GRCh, Art. 48 Rn. 25.
[93] EGMR NJW 2009, 3707, 3708.
[94] *Eser/Kubiciel*, in: *Meyer/Hölscheidt* (Hrsg.), GRCh, Art. 48 Rn. 33; *Gaede*, in: *Böse* (Hrsg.), EuStR, § 3 Rn. 81 f.; *Jarass*, GRCh, Art. 48 Rn. 23.

einen Dolmetscher gelangt der Fair-Trial-Grundsatz zum Ausdruck.[95] Sekundärrechtlich garantiert die **RL 2010/64/EU** v. 20.10.2010 (Kap. 11 Rn. 43) jedem Beschuldigten und Angeklagten das Recht auf Dolmetschleistung im Strafverfahren sowie auf Übersetzung wesentlicher Verfahrensunterlagen und der Anklageschrift. Die Verteidigungsrechte des Art. 48 II GRCh dürfen nur nach Maßgabe des Art. 52 I GRCh eingeschränkt werden. Unerlässlich ist gem. Art. 52 I GRCh eine gesetzliche Grundlage, die ausreichend bestimmt ist und dem Verhältnismäßigkeitsgrundsatz Rechnung trägt.[96] Auch der EGMR lässt Einschränkungen des Art. 6 III EMRK zu, verlangt allerdings einen hinreichenden Ausgleich.[97]

4.1.6.3.4 Gesetzlichkeitsprinzip – Lex-mitior-Prinzip – Verbot unverhältnismäßiger Bestrafung

43 Der EuGH hat das nunmehr in den europäischen Grundrechtekatalog aufgenommene **Gesetzlichkeitsprinzip** bereits als allgemeinen Rechtsgrundsatz des Unionsrechts (Rn. 33) entwickelt.[98] Der im Lichte des Art. 7 I EMRK auszulegende **Art. 49 I S. 1 GRCh** verlangt, dass das Gesetz die Straftaten und die für sie angedrohten Strafen klar definieren muss. Diese Voraussetzung ist nur erfüllt, wenn der Rechtsunterworfene anhand des Wortlauts der einschlägigen Rechtsgrundlage und nötigenfalls mit Hilfe ihrer Auslegung durch die Gerichte erkennen kann, welche Handlungen und Unterlassungen seine strafrechtliche Verantwortlichkeit begründen.[99] Dem Gesetzlichkeitsprinzip lassen sich vier Einzelprinzipien entnehmen, aus deren Zusammenwirken sich die **Garantiefunktion des Strafrechts** ergibt, nämlich das Erfordernis einer **Rechtsgrundlage für das strafrechtliche Verbot**, das **Bestimmtheitsgebot**, **Analogieverbot** und **Rückwirkungsverbot**.[100] Untersagt ist die Bestrafung einer Tat, die zum Zeitpunkt ihrer Begehung nicht nach nationalem oder internationalem Recht mit Strafe bedroht war.[101] Bemerkenswert ist, dass dem **Lex-mitior-Prinzip** (Anwendung des milderen Gesetzes bei der Urteilsfindung, wenn ein solches nach der Tatbegehung eingeführt wird) nach **Art. 49 I S. 3 GRCh** Verfassungsrang zukommt.[102] Ob das deutsche Recht vor diesem Hintergrund an der einfachrechtlichen Disponibilität des in § 2 III StGB normierten Meistbegünstigungs-

---

[95] *Eser/Kubiciel*, in: *Meyer/Hölscheidt* (Hrsg.), GRCh, Art. 48 Rn. 34; *Gaede*, in: *Böse* (Hrsg.), EuStR, § 3 Rn. 81; *Jarass*, GRCh, Art. 48 Rn. 26.
[96] EuGH NJW 2014, 3007, 3008 ff.; *Eser/Kubiciel*, in: *Meyer/Hölscheidt* (Hrsg.), GRCh, Art. 48 Rn. 35; *Jarass*, GRCh, Art. 48 Rn. 17 f.
[97] EGMR NJW 2003, 2893, 2894.
[98] EuGHE 1987, 2545 ff.; *Gaede*, in: *Böse* (Hrsg.), EuStR, § 3 Rn. 89; *Satzger*, JuS 2004, 943, 947; *Schaut*, Europ. Strafrechtsprinzipien, S. 137 ff.
[99] EuGH GRUR 2023, 1624, 1627; BeckRS 2022, 9553 (Rz. 38).
[100] *Gaede*, in: *Böse* (Hrsg.), EuStR, § 3 Rn. 90; *Eser/Kubiciel*, in: *Meyer/Hölscheidt* (Hrsg.), GRCh, Art. 49 Rn. 11; *Esser*, EuStR, § 9 Rn. 283 ff.; *Jarass*, GRCh, Art. 49 Rn. 10 ff.
[101] *Eser/Kubiciel*, in: *Meyer/Hölscheidt* (Hrsg.), GRCh, Art. 49 Rn. 29 ff.; *Jarass*, GRCh, Art. 49 Rn. 14 ff.
[102] *Gaede*, in: *Böse* (Hrsg.), EuStR, § 3 Rn. 91; *Eser/Kubiciel*, in: *Meyer/Hölscheidt* (Hrsg.), GRCh, Art. 49 Rn. 36 f.; *Jarass*, GRCh, Art. 49 Rn. 16.

grundsatzes festhalten darf, wird in der Literatur in Frage gestellt.[103] Das in **Art. 49 III GRCh** erstmals explizit normierte **Verbot unverhältnismäßiger Bestrafung** geht über Art. 4 GRCh hinaus, der lediglich eine unmenschliche und erniedrigende Bestrafung untersagt.[104] Mit Art. 49 III GRCh nicht vereinbar ist bspw. eine Strafbestimmung, die für eine Markenfälschung im Wiederholungsfall zwingend die Verhängung einer Mindestfreiheitsstrafe von fünf Jahren vorsieht.[105]

4.1.6.3.5 Verbot der Doppelbestrafung in der Union

Das in **Art. 50 GRCh** verankerte Justizgrundrecht (ne bis in idem) normiert ein **innerstaatlich** (rechtsordnungsintern), **horizontal-transnational** (zwischen den EU-Mitgliedstaaten) und **vertikal-transnational** (zwischen der Union und ihren Mitgliedstaaten) wirkendes **Verbot der erneuten Verfolgung oder Bestrafung wegen einer Straftat, derentwegen eine Person bereits in der Union nach dem Gesetz rechtskräftig verurteilt oder freigesprochen worden ist.**[106] In der sekundärrechtlichen Bestimmung des **Art. 54 SDÜ** wird das horizontal-transnationale Doppelbestrafungsverbot, an das die EU-Mitgliedstaaten sowie vier weitere assoziierte Staaten gebunden sind, konkretisierend ausgeformt (Kap. 12 Rn. 11 ff.).

44

4.1.6.4 Materiell-rechtliche Garantien der GRCh

Die auf das **materielle Recht bezogenen Gewährleistungen der GRCh** lehnen sich wie die Justizgrundrechte eng an die EMRK an.[107] Aus strafrechtlicher Sicht sind folgende Garantien hervorzuheben:

45

- Recht auf Leben und Verbot der Todesstrafe (Art. 2 GRCh)
- Recht auf körperliche und geistige Unversehrtheit (Art. 3 GRCh)
- Verbot der Folter und unmenschlicher oder erniedrigender Strafe oder Behandlung (Art. 4 GRCh)
- Verbot der Sklaverei, Zwangsarbeit und des Menschenhandels (Art. 5 GRCh)
- Recht auf Freiheit und Sicherheit (Art. 6 GRCh)
- Achtung des Privat- und Familienlebens (Art. 7 GRCh)
- Schutz personenbezogener Daten (Art. 8 GRCh)

---

[103] So *Bergmann/Vogt*, wistra 2016, 347, 352; *Gaede*, wistra 2011, 365 ff., *Satzger*, Kühl-FS, S. 407, 416; *ders.*, IntStR, § 9 Rn. 86; dagg. *Schützendübel*, Blankettstrafgesetze, S. 112 ff., die den Schutzbereich des Art. 49 I S. 3 GRCh enger zieht (Lex mitior-Garantie nur bei absichtsvollen Gesetzesänderungen) und ihr folgend *Hecker*, Rengier-FS, S. 471, 477 ff.

[104] *Böse*, in: *Dannecker/Meyer* (Hrsg.), Unternehmenssanktionen, S. 24 ff.; *Eser/Kubiciel*, in: *Meyer/Hölscheidt* (Hrsg.), GRCh, Art. 49 Rn. 38 ff.; *Gaede*, in: *Böse* (Hrsg.), EuStR, § 3 Rn. 92 f.; *Höpfel/Kert*, Dannecker-FS, S. 425 ff.; *Jarass*, GRCh, Art. 49 Rn. 17 ff.

[105] EuGH GRUR 2023, 1624.

[106] *Eser/Kubiciel*, in: *Meyer/Hölscheidt* (Hrsg.), GRCh, Art. 50 Rn. 7, 12, 18; *Hochmayr*, Frankf. Komm., Art. 50 GRCh Rn. 7; *Jarass*, GRCh, Art. 50 Rn. 10; *Radtke*, in: *Böse* (Hrsg.), EuStR, § 12 Rn. 1.

[107] Prüfschema bei *Ehlers/Germelmann*, in: *Ehlers/Germelmann* (Hrsg.), Europ. Grundrechte, § 2.2 Rn. 143.

46 Das **Verbot der Todesstrafe (Art. 2 II GRCh)**[108] ist in allen EU-Mitgliedstaaten bereits geltendes Recht, da sie das 6. ZP zur EMRK v. 28.04.1983 (ETS Nr. 114) ratifiziert haben (Kap. 3 Rn. 43). **Art. 4 GRCh** greift das in Art. 3 EMRK enthaltene **Verbot der Folter** und **unmenschlicher oder erniedrigender Strafe oder Behandlung** auf.[109] Im Fall der Erlangung von Beweisen mittels einer gegen Art. 3 EMRK verstoßenden **Rettungsfolter** (Kap. 3 Rn. 52) kann aufgrund der Garantie des Art. 4 GRCh ein mit Anwendungsvorrang ausgestattetes **Beweisverwertungsverbot kraft Unionsrechts** zur Entstehung gelangen.[110] Die in **Art. 5 I GRCh** angeordnete **Ächtung der Sklaverei und Leibeigenschaft** begründet in Anlehnung an das inhaltgleiche Verbot des Art. 4 I EMRK die Verpflichtung für die Mitgliedstaaten, adäquate Strafvorschriften zu schaffen sowie den Einzelnen wirksam gegen verbotene Praktiken zu schützen (Kap. 3 Rn. 32). Das in **Art. 5 II GRCh** statuierte **Verbot der Zwangs- oder Pflichtarbeit** ist in Übereinstimmung mit Art. 4 III EMRK einschränkbar mit der Folge, dass z. B. eine Arbeitsauflage im Rahmen einer Bewährungsentscheidung zulässig ist.[111] Die Mitgliedstaaten müssen dem in **Art. 5 III GRCh** verankerten **Verbot des Menschenhandels** Rechnung tragen, indem sie Opfer von Menschenhandel sofort befreien, für die Sicherung ihrer Verfahrensrechte sorgen, bei einem Verdacht auf Menschenhandel von Amts wegen Ermittlungen aufnehmen und bei der Strafverfolgung mit anderen beteiligten Staaten kooperieren (Kap. 3 Rn. 32). Darüber hinaus führt Art. 5 III GRCh zu einem Gesetzgebungsauftrag,[112] dem der EU-Gesetzgeber durch die **RL 2011/36/EU v. 05.04.2011** zur Verhütung und Bekämpfung des Menschenhandels und zum Schutz seiner Opfer (Kap. 8 Rn. 61 ff.) nachgekommen ist. **Art. 6 GRCh** garantiert – in inhaltlicher Übereinstimmung mit dem wesentlich ausdifferenzierteren Art. 5 EMRK (Kap. 3 Rn. 64 ff.) – das **Recht auf Freiheit und Sicherheit**.[113] Der Schutzbereich des in **Art. 7 GRCh** normierten **Rechts jeder Person auf Achtung ihres Privat- und Familienlebens, ihrer Wohnung sowie ihrer Kommunikation** ist in Anlehnung an Art. 8 EMRK auszulegen.[114] Demnach sind z. B. die Entnahme von Blut- und Speichelproben,[115] die Speicherung von Fingerabdrücken und DNA-Profilen,[116] Telekommunikationsüberwachungen[117] oder sonstige

---

[108] *Borowsky*, in: *Meyer/Hölscheidt* (Hrsg.), GRCh, Art. 2 Rn. 42 ff.; *Jarass*, GRCh, Art. 2 Rn. 1 ff.
[109] EuGH NJW 2016, 1709, 1712 (Rz. 87 ff.); BVerfGE 156, 182 m. Anm. v. *Penkuhn* JR 2022, 368 ff.; *Borowsky*, in: *Meyer/Hölscheidt* (Hrsg.), GRCh, Art. 4 Rn. 13 ff.; *Gaede*, in: *Böse* (Hrsg.), EuStR, § 3 Rn. 63; *Jarass*, GRCh, Art. 4 Rn. 6 ff.
[110] *Gaede*, in: *Böse* (Hrsg.), EuStR, § 3 Rn. 63, 84; *Heger*, in: *Böse* (Hrsg.), EuStR, § 5 Rn. 101.
[111] *Borowsky*, in: *Meyer/Hölscheidt* (Hrsg.), GRCh, Art. 5 Rn. 37; *Gaede*, in: *Böse* (Hrsg.), EuStR, § 3 Rn. 65.
[112] *Borowsky*, in: *Meyer/Hölscheidt* (Hrsg.), GRCh, Art. 5 Rn. 37.
[113] EuGH BeckRS 2019, 21519 (Rz. 42 ff.); *Bernsdorff*, in: *Meyer/Hölscheidt* (Hrsg.), GRCh, Art. 6 Rn. 10 ff.; *Gaede*, in: *Böse* (Hrsg.), EuStR, § 3 Rn. 66 ff.; *Jarass*, GRCh, Art. 6 Rn. 6 ff.
[114] *Bernsdorff*, in: *Meyer/Hölscheidt* (Hrsg.), GRCh, Art. 7 Rn. 11 ff.; *Gaede*, in: *Böse* (Hrsg.), EuStR, § 3 Rn. 69; *Jarass*, GRCh, Art. 7 Rn. 13 ff., 20 ff., 25 f.
[115] EGMR BeckRS 2008, 06617.
[116] EGMR EuGRZ 2009, 299 ff.
[117] EuGH BeckRS 2015, 82013 (Rz. 70 ff.); BeckRS 2019, 103 (Rz. 36); EGMR NJW 2007, 1433 ff.; NJW 2010, 2111 ff.

technik- bzw. personengestützte heimliche Überwachungsmaßnahmen[118] rechtfertigungsbedürftige Eingriffe, die nur auf einer gesetzlichen Grundlage und nach Maßgabe des Verhältnismäßigkeitsgrundsatzes zulässig sind. Auch die staatliche Unterstützung einer privaten Hörfalle unterliegt einem Gesetzesvorbehalt.[119] Ergänzend verbürgt **Art. 8 GRCh** den **Schutz personenbezogener Daten**.[120]

4.1.7 Sekundäres Unionsrecht

Das Sekundärrecht umfasst die Rechtsakte der Unionsorgane, die aufgrund und nach Maßgabe der Unionsverträge erlassen worden sind. In Art. 288 II–V AEUV sind die nachfolgend erläuterten Handlungsformen aufgeführt.

47

4.1.7.1 Verordnungen (Art. 288 II AEUV)

VO sind unmittelbar gültig und in allen Mitgliedstaaten rechtlich verbindlich, ohne dass es hierzu nationaler Umsetzungsmaßnahmen bedarf.[121] Damit ist die sog. **Durchgriffswirkung der VO** und ihre unmittelbare Anwendbarkeit in den Mitgliedstaaten primärrechtlich festgeschrieben. Aufgrund ihrer abstrakt-generellen Regelungswirkung kommt der VO Rechtssatzqualität zu, weswegen sie auch als **Europäisches Gesetz** bezeichnet wird. Die Mitgliedstaaten dürfen die unmittelbare Geltung, die einer VO innewohnt, nicht durch den Erlass innerstaatlicher Vorschriften vereiteln.[122] Nach h. M. besteht keine Befugnis der Union, kriminalstrafrechtliche Regelungen im Wege einer VO zu erlassen. Eine (streitige) Ausnahme bildet die aus Art. 325 IV AEUV abzuleitende Kompetenz zur Schaffung echten Unionsstrafrechts zum Schutz der EU-Finanzinteressen (Rn. 68 ff.).

48

4.1.7.2 Richtlinien (Art. 288 III AEUV)

RL binden die Mitgliedstaaten im Hinblick auf die innerhalb einer bestimmten Frist zu erreichenden Ziele, überlassen den innerstaatlichen Stellen jedoch die Wahl der Form und Mittel, mit denen diese Ziele erreicht werden sollen.[123] Sie müssen entsprechend den einzelstaatlichen Verfahren in nationales Recht umgesetzt werden. Art. 288 III AEUV geht somit von einem zweistufigen Verfahren aus. Durch den Erlass der RL wird zunächst ein direktes Pflichtverhältnis zwischen der Union und dem Mitgliedstaat als RL-Adressat hergestellt. In einem zweiten Schritt müssen die Mitgliedstaaten durch nationale Maßnahmen dafür sorgen, dass die inhaltlichen Zielvorgaben der RL effektiv umgesetzt werden.[124] Die

49

---

[118] EGMR NJW 2016, 2013 ff.; NJW 2021, 531, 536 ff.
[119] EGMR StV 2004, 1, 36 ff. m. Bespr. v. *Gaede*, StV 2004, 46 ff.
[120] EuGH NJW 2014, 2169 ff.; NJW 2021, 531 ff.; *Bernsdorff*, in: *Meyer/Hölscheidt* (Hrsg.), GRCh, Art. 8 Rn. 20 ff.
[121] G/H/N-*Nettesheim*, Art. 288 AEUV Rn. 99; *Ruffert/Grischek/Schramm*, JuS 2020, 413, 415.
[122] EuGH NJW 2024, 343, 346; G/H/N-*Nettesheim*, Art. 288 AEUV Rn. 101.
[123] G/H/N-*Nettesheim*, Art. 288 AEUV Rn. 112; *Ruffert/Grischek/Schramm*, JuS 2020, 413, 415 f.
[124] EuGH BeckRS 2019, 12042 (Rz. 55); G/H/N-*Nettesheim*, Art. 288 AEUV Rn. 119 ff.

Umsetzung der RL-Vorgabe kann in Form eines nationalen Legislativaktes (Gesetz, Rechtsverordnung), aber auch im Wege einer **richtlinienkonformen Interpretation** bestehender innerstaatlicher Rechtsvorschriften erfolgen, soweit dies Rechtsdogmatik und nationales Verfassungsrecht zulassen (Kap. 10 Rn. 33 ff.). Auch schon vor Ablauf der Umsetzungsfrist vermag die RL ab dem Zeitpunkt ihres Inkrafttretens (Art. 297 II UA 2 AEUV) gewisse Rechtswirkungen zu entfalten. Die Mitgliedstaaten dürfen während der laufenden Umsetzungsfrist keine nationalen Vorschriften erlassen, die geeignet sind, die Erreichung des in der RL vorgegebenen Ziels in Frage zu stellen.[125]

50 Unter engen Voraussetzungen hat der EuGH eine sog. **Durchgriffswirkung auch bei RL** anerkannt.[126] Danach kann eine den Bürger **begünstigende** Richtlinienbestimmung ausnahmsweise dann **unmittelbar anwendbar** sein, wenn sie trotz **Fristablaufes** nicht oder nur unzulänglich in innerstaatliches Recht umgesetzt wurde und von ihrem Inhalt her **unbedingte** und hinreichend **bestimmte Vorgaben** trifft, um im Einzelfall angewendet zu werden. Inhaltlich unbedingt ist die RL dann, wenn sie weder mit einem Vorbehalt noch mit einer Bedingung versehen ist. Hinreichend bestimmt ist die RL, wenn sie allgemein und unzweideutig bestimmte Vorgaben zum sachlichen Regelungsgehalt, zum geschützten Personenkreis und zu den durch die Regelungen verpflichteten Einrichtungen trifft. Der EuGH begründet diese ausnahmsweise anzunehmende direkte Wirkung der RL mit dem Anliegen, den Normen des Unionsrechts Geltung zu verschaffen („effet utile"). Außerdem soll verhindert werden, dass der Mitgliedstaat aus seiner Säumnis gegenüber dem von der RL Begünstigten Vorteile zieht (Kap. 9 Rn. 23 ff.).

4.1.7.3 Beschlüsse (Art. 288 IV AEUV)

51 Beschlüsse sind als konkret-individuelle Regelungen – vergleichbar einem deutschen Verwaltungsakt bzw. einer Allgemeinverfügung – für die Empfänger rechtlich verbindlich.[127] Sie bedürfen daher keiner Umsetzung durch nationale Rechtsakte. Anders als die bisherigen Entscheidungen (ex-Art. 249 IV EGV) können Beschlüsse jedoch auch allgemeine Geltung beanspruchen (Art. 297 II AEUV). Im Gegensatz zu den an Adressaten gerichteten Beschlüssen binden sog. adressatenlose Beschlüsse nur die Union und ihre Einrichtungen.

4.1.7.4 Empfehlungen und Stellungnahmen (Art. 288 V AEUV)

52 Empfehlungen und Stellungnahmen sind zwar gem. Art. 288 V AEUV nicht verbindlich. Sie entfalten aber eine mittelbare Rechtswirkung insofern, als sie bei der Auslegung von Unionsrecht durch nationale Gerichte und Behörden zu beachten sind.[128]

---

[125] EuGH NJW 2006, 2465, 2468; G/H/N-*Nettesheim*, Art. 288 AEUV Rn. 118; *Ruffert/Grischek/Schramm*, JuS 2020, 413, 416.
[126] EuGH NJW 2014, 527; EuGH NJW 2004, 3547, 3548 = JuS 2005, 357 (*Streinz*); BeckRS 2022, 3578 (Rz. 17 ff.); *Herrmann/Michl*, JuS 2009, 1065; G/H/N-*Nettesheim*, Art. 288 AEUV Rn. 142 ff. Die Rspr. des EuGH wird von BVerfGE 75, 223 ff. als zulässige Rechtsfortbildung gebilligt.
[127] G/H/N-*Nettesheim*, Art. 288 AEUV Rn. 181 ff.; *Ruffert/Grischek/Schramm*, JuS 2020, 413, 416.
[128] EuGH EuZW 1990, 95; G/H/N-*Nettesheim*, Art. 288 AEUV Rn. 205 ff.

Empfehlungen können der Rat, die Kommission und in besonderen Fällen auch die EZB abgeben (Art. 292 AEUV). Sie dienen vor allem der Kommission häufig dazu, ihrer Kontroll- und Steuerungsfunktion hinsichtlich der Einhaltung des Unionsrechts nachzukommen. Stellungnahmen können alle Unionsorgane abgeben.

4.1.7.5 Sonstige Rechtsakte

Als sog. **ungekennzeichnete Rechtshandlungen** oder **Akte sui generis** bezeichnet man solche Handlungsformen der Unionsorgane, die außerhalb des in Art. 288 AEUV normierten Handlungskanons liegen. Zu denken ist insbesondere an Entschließungen, Aktionen oder Programme. Es handelt sich dabei im Wesentlichen um nach außen unverbindliche Organisations- und Gestaltungsakte, Absichts- oder Selbstverpflichtungserklärungen.

53

4.2 Kompetenzen der Union zur Strafgesetzgebung

4.2.1 Der unionsrechtliche Begriff des Strafrechts

4.2.1.1 Kriminalstrafrecht

Im Kontext der Kompetenzdiskussion ist zu beachten, dass es sich bei dem Begriff des **Strafrechts** um einen **autonom und bereichsspezifisch zu bestimmenden Terminus des Unionsrechts** handelt, der jedoch im Unionsrecht nicht legaldefiniert wird. Wenn in Art. 67 III, 83 I UA 1, II S. 1 AEUV von der Angleichung der „strafrechtlichen Rechtsvorschriften" bzw. von „Straftaten und Strafen" die Rede ist, so ist damit – wie sich insbesondere aus dem Katalog der in Art. 83 I UA 2 AEUV aufgeführten Kriminalitätsbereiche sowie aus der Notbremsenregelung des Art. 83 III UA 1 AEUV schließen lässt – das **Kriminalstrafrecht** gemeint.[129] Für Rechtsvorschriften, die dem Kriminalstrafrecht zuzuordnen sind, ist charakteristisch, dass sie ein rechtswidriges und vorwerfbares Verhalten mit einem sozialethischen Unwerturteil belegen und eine von einem Gericht zu verhängende Freiheitsstrafe oder finanzielle Sanktion anordnen, die in eine Ersatzfreiheitsstrafe umwandelbar ist.[130]

54

4.2.1.2 Punitive Sanktionen

Vom Kriminalstrafrecht zu unterscheiden sind die **punitiven Sanktionen**, die dem Strafrecht im weiteren Sinne (i. w. S.) zugeordnet werden können.[131] Bei der im **europäischen Kartellrecht** (Art. 103 II lit. a AEUV) vorgesehen **Geldbuße**, die der Vergeltung für vorwerfbar begangenes Unrecht dient, handelt es sich aufgrund ihrer repressiven Zwecksetzung um ein Instrument, das dem Strafrecht i. w. S. zuzuordnen ist.[132] Ihrer materiellen Rechtsnatur als punitive Sanktion steht nicht ent-

55

---

[129] *Böse*, in: *Böse* (Hrsg.), EuStR, § 4 Rn. 5; G/H/N-*Vogel/Eisele*, Art. 83 AEUV Rn. 34, 37.
[130] BVerfG NJW 2009, 2267, 2287; *Ambos*, EuStR, § 9 Rn. 21; *Satzger*, IntStR, § 9 Rn. 7.
[131] *Deutscher*, Kompetenzen, S. 165 ff., 174 ff.; *Satzger*, Europäisierung, S. 58 ff., 64 ff., 72 ff.
[132] *Dannecker*, NZWiSt 2022, 85 ff.; *Satzger*, IntStR, § 8 Rn. 2, 6.

gegen, dass Art. 23 V VO (EG) 1/2003[133] den Bußgeldmaßnahmen „keinen strafrechtlichen Charakter" beimisst. Folglich müssen die besonderen rechtsstaatlichen Garantien des Straf- und Strafverfahrensrechts auch für unionsrechtliche Geldbußen angewendet werden.[134] Entsprechendes gilt für Geldbußen, welche die EZB nach Art. 132 III AEUV gegen Unternehmen festsetzen sowie für Geldbußen, die der EuGH gem. Art. 27 der Satzung des EuGH[135] gegen ausbleibende Zeugen verhängen kann.

4.2.1.3 Sanktionen eigener Art

56 Das **Zwangsgeld**, das sowohl in Art. 103 II lit. a AEUV als auch in Art. 132 III AEUV neben dem Bußgeld als mögliche Sanktion aufgezählt wird, zielt nicht darauf ab, einen in der Vergangenheit liegenden Rechtsverstoß zu ahnden. Vielmehr handelt es sich hierbei um eine **verwaltungsrechtliche Beugemaßnahme**.[136] Das Zwangsgeld kann allerdings **im Einzelfall** als „verdeckte Strafsanktion" dem Strafrecht i. w. S. zugeordnet werden, wenn seine Höhe – gemessen an dem zugrunde liegenden Verstoß – unverhältnismäßig erscheint und auf eine faktisch repressive Zwecksetzung schließen lässt.[137] Aus der unterschiedlichen Rechtsnatur der Geldbuße einerseits und des Zwangsgelds andererseits folgt, dass beide Maßnahmen nebeneinander wegen derselben Tat festgesetzt werden können, ohne dass damit gegen den Rechtsgrundsatz „ne bis in idem" verstoßen würde.

57 Eine ganze Palette von Sanktionen eigener Art stellt das Unionsrecht im Bereich des **Agrar- und Fischereirechts** zur Verfügung. Bei unberechtigter Inanspruchnahme von Subventionen kommen **Subventionskürzungen** sowie **Subventionssperren**, **Strafzuschläge** und **Kautionsverfall** in Betracht.[138] Obwohl einiges für die Einordnung dieser Maßnahmen als punitive Sanktion spricht (Rn. 54), ist ihre Rechtsnatur umstritten. In einer älteren Entscheidung erblickte der EuGH in der Anordnung des Kautionsverfalls[139] lediglich eine verwaltungsrechtliche Sanktion.[140] Auch die Subventionssperre[141] und den Ausschluss von der Gewährung der Beihilfe bei unrichtiger Flächenangabe[142] ordnet er dem Verwaltungsrecht zu.

---

[133] ABlEG 2002 Nr. L 1, S. 1.
[134] *Dannecker/Bülte*, Hb. WiStR, 2. Kap. Rn. 168a.
[135] Protokoll Nr. 3 über die Satzung des EuGH (ABlEU 2008 Nr. C 215, S. 210).
[136] G/H/N-*Ludwigs*, Art. 103 AEUV Rn. 21.
[137] *Satzger*, Europäisierung, S. 81.
[138] *Dannecker/Bülte*, Hb. WiStR, 2. Kap. Rn. 175 ff.
[139] *Deutscher*, Kompetenzen, S. 108 ff.; *Heitzer*, Punitive Sanktionen, S. 47 ff.
[140] EuGHE 1970, 1125 ff. = NJW 1971, 343 ff.; ebenso *Deutscher*, Kompetenzen, S. 108; vgl. jedoch den Sanktionscharakter des Kautionsverfalls bejahend EuGH BeckRS 2004, 76611 (Rz. 65).
[141] EuGHE 1992, 5383; a.A. Deutscher, Kompetenzen, S. 102 ff.
[142] EuGH EuZW 2012, 543; NVwZ 2013, 134, 136; zust. *Dannecker/Bülte*, Hb. WiStR, 2. Kap. Rn. 182; krit. *Zeder*, in: *Hochmayr* (Hrsg.), Ne bis in idem, S. 145, 160 f.

4.2.2 Diskussion einer EU-Gesetzgebungskompetenz im Bereich des Kriminalstrafrechts

4.2.2.1 Keine generelle Ermächtigung zu kriminalstrafrechtlicher Rechtsetzung

Die Existenz einer EU-Gesetzgebungskompetenz auf dem Gebiet des Kriminalstrafrechts (Rn. 54) würde bedeuten, dass die Union im Wege des Erlasses von Verordnungen (Art. 288 II AEUV) unmittelbar in allen Mitgliedstaaten geltende Straftatbestände erlassen könnte. Jedoch führte die Auflösung der früheren Tempelarchitektur der EU durch den Reformvertrag von Lissabon (2009) und die damit einhergehende Überführung der früheren 3. Säule in den einheitlichen Rahmen des Unionsrechts zu keiner Änderung der Kompetenzverteilung im Bereich der Strafgesetzgebung. Die europäischen Verträge verleihen dem EU-Gesetzgeber **keine generelle Befugnis zur Schaffung supranationaler Strafgesetze**. Vielmehr besteht gem. Art. 83 I, II AEUV lediglich eine von der Strafrechtsetzung streng zu unterscheidende Harmonisierungskompetenz in Form der Mindestangleichung von Straftaten und Strafen durch RL (Kap. 8). Bis in die jüngste Gegenwart bringt der EuGH diesen „vor und nach Lissabon" geltenden Befund mit der – mehr oder weniger gleichlautenden – Formulierung zum Ausdruck: „„... *ist daran zu erinnern, dass zwar das* **Strafrecht und das Strafprozessrecht grundsätzlich in die Zuständigkeit der Mitgliedstaaten fallen**, *dass aber das Unionsrecht dieser Zuständigkeit nach ständiger Rechtsprechung Schranken setzt.*"[143]

In seinem „Lissabon-Urteil" mahnt das BVerfG mit deutlichen Worten eine verfassungskonforme restriktive Handhabung der strafrechtlichen Harmonisierungskompetenzen der Union an.[144] Hieraus lässt sich schließen, dass die Karlsruher Richter erst recht keine EU-Kompetenz zur Schaffung supranationaler Straftatbestände akzeptieren.

Auch in der Literatur wird eine generelle EU-Rechtsetzungskompetenz auf dem Gebiet des Kriminalstrafrechts einhellig abgelehnt.[145] Die zentrale und zutreffende Begründung hierfür lautet, dass sich eine solche Befugnis nach dem **Prinzip der begrenzten Einzelermächtigung** (Rn. 31) unmittelbar aus dem Primärrecht ergeben müsste. In den europäischen Verträgen sind aber nur Kompetenzen zur Schaffung punitiver Sanktionen (Rn. 55) und zur Mindestangleichung von Straftaten und Strafen (Kap. 8) vorgesehen.

Die Literatur sieht ihre Rechtsauffassung darin bestätigt, dass das Kriminalstrafrecht vor Inkrafttreten des Vertrags von Lissabon der sog. dritten Säule der EU

58

59

60

61

---
[143] EuGH BeckRS 2019, 2087 (Rz. 57); BeckRS 2020, 31283 (Rz. 27); so auch bereits vor Inkrafttreten des Vertrags von Lissabon EuGHE 2005, 7879 (Rz. 47) = JZ 2006, 307, 308; EuGHE 2007, 9097 (Rz. 66) = NStZ 2008, 703, 704 – Hervorhebung durch den *Verfasser*.
[144] BVerfG NJW 2009, 2267, 2287 ff.; vgl. hierzu *Ambos/Rackow*, ZIS 2009, 397, 401 ff.; *Böse*, ZIS 2010, 76, 85 ff.; *Gärditz*, in: *Böse* (Hrsg.), EuStR, § 6 Rn. 13 ff., 26 ff.; *Zimmermann*, Jura 2009, 844, 849 ff.
[145] *Ambos*, IntStR, § 9 Rn. 19 ff.; *Böse*, in: *Böse* (Hrsg.), EuStR, § 4 Rn. 24 f.; *Dannecker/Bülte*, Hb. WiStR, 2. Kap. Rn. 133 ff.; *Esser*, EuStR, § 2 Rn. 128; *Satzger*, IntStR, § 8 Rn. 26; *Zöller*, Schenke-FS, S. 579, 584 f.

(intergouvernementalen Zusammenarbeit) zugewiesen war, was den damaligen Willen der Mitgliedstaaten als „Herren der Verträge" zum Ausdruck brachte, der EG keinerlei Kompetenzen zur Setzung kriminalstrafrechtlicher Vorschriften einzuräumen. Die Überführung der JZS in den einheitlichen Rahmen des Unionsrechts durch den Reformvertrag von Lissabon habe hieran nichts geändert.[146] Schließlich wird seit jeher das auf europäischer Ebene bestehende Demokratiedefizit (Rn. 17) als weiterer Einwand gegen eine strafrechtliche Rechtsetzungsbefugnis der EU angeführt.[147]

4.2.2.2 Bereichsspezifische Ermächtigung zu kriminalstrafrechtlicher Rechtsetzung

4.2.2.2.1 Wortlaut potenzieller Ermächtigungsnormen und systematische Aspekte

62 Der an den Begriff **Maßnahmen** anknüpfende Wortlaut potenzieller Ermächtigungsnormen des Primärrechts, namentlich Art. 33 AEUV (Schutz des Zollwesens), Art. 79 II lit. c AEUV (illegale Einwanderung), Art. 79 II lit. d AEUV (Bekämpfung des Menschenhandels), Art. 91 I lit. c AEUV (Verbesserung der Verkehrssicherheit) und Art. 325 IV AEUV (Bekämpfung von Betrügereien, die gegen die finanziellen Interessen der Union gerichtet sind), ist für die Zuerkennung einer **bereichsspezifischen Befugnis** der Union offen, supranationales Kriminalstrafrecht zu schaffen.[148] Jedoch lässt sich aufgrund einer bloßen Wortlautauslegung kein abschließendes Urteil darüber bilden, ob die von den Ermächtigungsnormen jeweils funktional umschriebenen Unionsbefugnisse auch die Verabschiedung von Strafgesetzen einschließen.

4.2.2.2.2 Kompetenzproblem und Legitimationsfrage

63 Der entscheidende Punkt in der Kompetenzdiskussion ist nicht, ob eine etwaige EU-Strafgesetzgebung beim derzeitigen Stand der Unionsverfassung in hinreichender Weise demokratisch legitimiert wäre,[149] sondern die Frage, ob die Mitgliedstaaten der Union die Befugnis zur Setzung kriminalstrafrechtlicher Normen übertragen haben. Wie *Schröder* überzeugend aufgezeigt hat, vermag es schon aus systematischen Gründen nicht zu überzeugen, das Kompetenzproblem allein anhand des Legitimationskriteriums lösen zu wollen.[150] Dies kann in dem von *Schrö-*

---

[146] *Zöller*, ZIS 2009, 340, 343.
[147] *Braum*, GA 2005, 681, 688 ff.; *Deutscher*, Kompetenzen, S. 335 ff.; *Eisele*, JA 2000, 896, 897; *Lüderssen*, GA 2003, 71 (84); *Rosenau*, ZIS 2008, 9, 14 ff.; *Sieber*, ZStW 103 (1991), 957, 970; *Vogel*, GA 2002, 517, 525; *Weigend*, StV 2001, 63, 67; ausführl. hierzu *Meyer*, Demokratieprinzip, S. 113 ff. und passim.
[148] *Fromm*, EG-Rechtsetzungsbefugnis, S. 64 ff.; *Esser*, EuStR, § 2 Rn. 125 ff.; *Satzger*, IntStR, § 8 Rn. 19, 21 ff.; *Schramm*, IntStR, Kap. 4 Rn. 16, 19, 20; *Schröder*, Richtlinien, S. 118 ff.
[149] Grds. bejahend *Gärditz*, in: *Böse* (Hrsg.), EuStR, § 6 Rn. 10, 32; *Meyer*, in: *Böse* (Hrsg.), EuStR, § 26 Rn. 39.
[150] *Schröder*, Richtlinien, S. 132 ff.

4.2 Kompetenzen der Union zur Strafgesetzgebung

der gebildeten Gedankenexperiment demonstriert werden, bei dem unterstellt wird, das EP erhielte aufgrund einer Änderung der Verträge Legislativbefugnisse, die denen der nationalen Parlamente entsprechen. Wollte man die Strafgesetzgebungsbefugnis rein demokratietheoretisch diskutieren und an dem Grundsatz „nulla poena sine lege parlamentaria" ausrichten, müsste das Kompetenzproblem erledigt sein. Dies ist aber nicht der Fall. Denn auch wenn das EP zu einem echten Legislativorgan ausgebaut worden ist, bleibt nach wie vor klärungsbedürftig, ob die Mitgliedstaaten die Rechtsetzungszuständigkeit auf dem Gebiet des Kriminalstrafrechts auf den Unionsgesetzgeber übertragen haben. Wenn eine Analyse des Primärrechts ergibt, dass dies nicht geschehen ist, dann springt die Rechtsetzungsbefugnis auch nicht etwa als Folge des Ausbaus des EP zu einem echten Legislativorgan auf dieses über. Somit kommt der im Lichte des Prinzips der begrenzten Einzelermächtigung zu diskutierenden Frage einer etwaigen **Kompetenzübertragung** die ausschlaggebende Bedeutung für die Lösung der Kompetenzfrage zu.

4.2.2.2.3 Systematische Aspekte

Wenn es zutreffen sollte, dass der Union mit der Zuweisung einer bestimmten Sachkompetenz immer zugleich auch eine Befugnis zur Setzung kriminalstrafrechtlicher Sanktionsnormen übertragen wurde („implied powers"), dann scheint die in Art. 103 II lit. a AEUV verankerte Bußgeldkompetenz auf dem Gebiet des europäischen Kartellrechts (Rn. 55) keinen rechten Sinn zu ergeben. Denn es fragt sich, warum der Vertrag eine im Vergleich mit dem Kriminalstrafrecht weniger gewichtige Sanktionskompetenz ausdrücklich regelt, wenn derartige Rechtsetzungsbefugnisse ohnehin aus der bereichsspezifischen Sachkompetenz folgen sollen. Der Sinn der dort getroffenen Kompetenzzuweisung erschließt sich möglicherweise nur vor dem Hintergrund bestehender Kompetenzvorbehalte auf dem Gebiet des Kriminalstrafrechts.[151]

64

Ein weiteres Argument, das gegen die Übertragung kriminalstrafrechtlicher Rechtsetzungsbefugnisse auf die Union angeführt werden könnte, ergibt sich aus einer wertenden Betrachtung derjenigen Teilbereiche des Primärrechts, in denen von Anfang an nicht auf kriminalstrafrechtliche Regelungen verzichtet werden konnte. So verweist das primäre Unionsrecht in Art. 30 EuGH-Satzung[152] für den Fall einer Eidesverletzung von Zeugen und Sachverständigen auf das Strafrecht der Mitgliedstaaten. Danach behandelt jeder Mitgliedstaat die Eidesverletzungen eines Zeugen oder Sachverständigen wie eine vor seinen eigenen in Zivilsachen zuständigen Gerichten begangene Straftat. Auf Anzeige des Gerichtshofs hat der Mitgliedstaat den Täter vor seinen zuständigen Gerichten zu verfolgen. Die Verweisung des Primärrechts auf das nationale Strafrecht ist Ausdruck des sog. **Assimilierungsprinzips** (Kap. 7 Rn. 9 ff.). Mit seiner Hilfe wird der für notwendig erachtete Schutz eines bestimmten Unionsinteresses gewährleistet, ohne die Rechtsetzungs- und Verfolgungszuständigkeit der Mitgliedstaaten anzutasten. Es könnte gegen eine Übertragung kriminalstrafrechtlicher Rechtsetzungsbefugnisse auf die Union sprechen,

65

---

[151] *Schröder*, Richtlinien, S. 120 ff.
[152] Prot. Nr. 3 über die Satzung des Gerichtshofes der EU (ABlEU 2008 Nr. C 215, S. 210).

dass die genannte Bestimmung nicht etwa den EU-Organen, sondern allein den Mitgliedstaaten die Aufgabe zuweist, die europäische Rechtspflege mit dem für notwendig erachteten Strafrechtsschutz zu versehen. Letztlich ist dieser Aspekt aber ebenso wie der oben (Rn. 64) behandelte Punkt kein durchgreifendes Argument gegen eine EU-Strafgesetzgebungskompetenz, da beide lediglich als Ausdruck der unsystematischen Behandlung des Strafrechts im AEUV verstanden werden[153] und daher nicht diskussionsentscheidend sein können.

66 Der Vertrag von Lissabon überträgt der Union in **Art. 83 I AEUV** eine **originäre Strafrechtsangleichungsbefugnis** in Form einer **Richtlinienkompetenz** für die **Schaffung von Mindeststandards bei Straftaten und Strafen in Fällen besonders schwerer Kriminalität mit grenzüberschreitender Dimension**, wodurch die PJZS auf supranationale Rechtsetzungsverfahren und Handlungsformen umgestellt wird (Kap. 8 Rn. 42 ff.). Außerdem stattet er den EU-Gesetzgeber in **Art. 83 II AEUV** mit einer **strafrechtlichen Annexkompetenz in harmonisierten Politikbereichen** aus (Kap. 8 Rn. 1 ff.). Vor diesem Hintergrund wird argumentiert, dass diese lediglich auf eine Mindestangleichung des materiellen Strafrechts abzielenden Kompetenzgrundlagen eine **Sperrwirkung** entfalten, die den Erlass supranationaler Strafvorschriften ausschließe.[154] Zustimmung verdient dieses systematische Argument nur, soweit der Vertrag bestimmte Kriminalitätsbereiche ausdrücklich dem Anwendungsbereich des **Art. 83 I AEUV** zuweist, der im Gefüge der primärrechtlichen Kompetenznormen als **lex specialis** fungiert. Dies trifft auf den Bereich des Menschenhandels zu mit der Folge, dass auf der Grundlage des Art. 79 II lit. d AEUV kein supranationaler Straftatbestand geschaffen werden kann.[155] Auch die Schleuserkriminalität, die den in Art. 79 II lit. c AEUV genannten Politikbereich der illegalen Einwanderung betrifft, ist keiner supranationalen Strafgesetzgebung zugänglich, da sie als typische Erscheinungsform der OK (Kap. 8 Rn. 126 ff.) der spezielleren Kompetenzgrundlage des Art. 83 I UA 1, 2 AEUV unterfällt.[156]

67 Demgegenüber **schließt die strafrechtliche Annexkompetenz des Art. 83 II AEUV**, die der effektiven Durchsetzung der Unionspolitiken dient (Kap. 8 Rn. 3, 27), **eine supranationale Strafrechtsetzung nicht von vornherein aus**, wenn sich in den Verträgen eine dahingehend auslegbare **Kompetenzgrundlage** findet.[157] Ebenso wie die Richtliniensetzung nach Art. 83 II AEUV muss ein in Form einer Verordnung verabschiedetes Strafgesetz akzessorisch an eine aus dem Vertrag abzuleitende Regelungsbefugnis („implied power") anknüpfen. Die Wahl der Handlungsform liegt im pflichtgemäßen Ermessen des EU-Gesetzgebers. Zwar wird man im Bereich der harmonisierten EU-Politikfelder der Wahrung nationaler Souveränitätsinteressen grundsätzlich ein geringeres Gewicht beizumessen haben als in den

---

[153] *Satzger*, IntStR, § 8 Rn. 23.

[154] *Böse*, in: *Böse* (Hrsg.), EuStR, § 4 Rn. 23 ff.; *Sturies*, HRRS 2012, 273, 278 ff.

[155] *Esser*; EuStR, § 2 Rn. 129; *Krüger*, HRRS 2012, 311, 312 f.; *Plump*, Europäisches Strafrecht nach dem Vertrag von Lissabon, S. 448 f.; *Zöller*, in: Schenke-FS, S. 579, 586; a.A. *Satzger*, IntStR, § 8 Rn. 23; *Schramm*, IntStR, Kap. 4 Rn. 20.

[156] *Ambos*, IntStR, § 9 Rn. 23.

[157] *Satzger*, IntStR, § 9 Rn. 59.

stark von kriminalpolitischen Wertentscheidungen der Mitgliedstaaten geprägten Kriminalitätsbereichen des Art. 83 I UA 2 AEUV. Jedoch setzen das **Subsidiaritätsprinzip** (Art. 5 III EUV) und der **Verhältnismäßigkeitsgrundsatz** (Art. 5 IV EUV) strikt einzuhaltende Grenzen (Kap. 8 Rn. 31 ff.),[158] was etwa der Einführung supranationaler Straßenverkehrsdelikte gegen Trunkenheitsfahrer auf der Grundlage des Art. 91 I lit. c AEUV entgegensteht (Kap. 8 Rn. 34).

4.2.2.2.4 Art. 325 IV AEUV als Ermächtigung zu supranationaler Strafrechtsetzung

Art. 325 IV AEUV bestimmt, dass das EP und der Rat zur Gewährleistung eines effektiven und gleichwertigen Schutzes in den Mitgliedstaaten sowie in den Organen der Union **die erforderlichen Maßnahmen zur Verhütung und Bekämpfung von Betrügereien, die sich gegen die finanziellen Interessen der Union richten**, beschließen. Bereits unter der Geltung seiner Vorläuferbestimmung – ex-Art. 280 IV S. 1 EGV – wurde streitig darüber diskutiert, ob sich hieraus eine Befugnis zu supranationaler Strafrechtsetzung ableiten lässt. Ein Teil der Literatur stellte sich auf den Standpunkt, ex-Art. 280 IV S. 1 EGV scheide als taugliche Ermächtigungsgrundlage für die Schaffung supranationalen Strafrechts bzw. auch nur für eine Harmonisierung kriminalstrafrechtlicher Tatbestände schlechthin aus.[159] Zur Begründung wurde maßgeblich auf die Vorbehaltsklausel des ex-Art. 280 IV S. 2 EGV hingewiesen, in der es hieß: *„Die Anwendung des Strafrechts der Mitgliedstaaten und ihre Strafrechtspflege bleiben von diesen Maßnahmen unberührt."* Demgegenüber begriff eine entgegengesetzte Literaturansicht ex-Art. 280 IV S. 1 EGV als Kompetenzgrundlage für eine bereichsspezifische (auf den Schutz der EG-Finanzinteressen beschränkte) EG-Strafrechtsetzungsbefugnis.[160]

Gegen eine Reduzierung ihres sachlichen Gehalts auf bloße Präventivmaßnahmen spricht bereits der Wortlaut der in Art. 325 IV AEUV getroffenen Regelung (**„Bekämpfung von Betrügereien"** im Gegensatz zu **„Verhütung"**). Noch stärker fällt ihr systematischer Zusammenhang mit den in Art. 325 I–III AEUV enthaltenen Bestimmungen ins Gewicht.[161] Diese stellen nichts anderes als eine deklaratorische Ausprägung des im Fall „Griechischer Mais"[162] konkretisierten Assimilierungsprinzips (Kap. 7 Rn. 29) dar, das eine Instrumentalisierung des Kriminalstrafrechts zum Schutze von Unionsinteressen beinhaltet. Ein systematisch und teleologisch argumentierender Interpretationsansatz führt mithin zu der Erkenntnis, dass das strafrechtliche Instrumentarium nicht aus dem Maßnahmenkatalog des Art. 325 IV

---

[158] *Ambos*, IntStR, § 9 Rn. 19; *Satzger*, IntStR, § 8 Rn. 25.
[159] *Griese*, EuR 1998, 476; *Musil*, NStZ 2000, 68 ff.; *Satzger*, ZRP 2001, 549 ff.; *Schwarzburg/Hamdorf*, NStZ 2002, 617, 620; *Schröder*, Richtlinien, S. 154 ff. Auch die deutsche Bundesregierung sah in ex-Art. 280 IV S. 1 EGV lediglich eine Kompetenzgrundlage zur Angleichung präventiver Vorschriften unter Ausschluss des Strafrechts (vgl. BT-Drs. 13/9339, S. 159).
[160] *Hedtmann*, EuR 2002, 122, 133 f.; *Moll*, Blankettstrafgesetzgebung, S. 11, 212; *Tiedemann*, Roxin-FS, S. 1401, 1406 ff.; *Zieschang*, ZStW 113 (2001), 255, 259 ff.
[161] *Fromm*, EG-Rechtsetzungsbefugnis, S. 67.
[162] EuGHE 1989, 2965 ff.

AEUV ausgeschlossen werden darf. Auf der Basis dieses Vorverständnisses stellt diese Vorschrift jedenfalls eine **bereichsspezifische Kompetenzgrundlage** für die **Angleichung mitgliedstaatlichen Kriminalstrafrechts** dar.[163] Das Urteil des EuGH v. 13.09.2005[164] (Kap. 8 Rn. 16) bestätigt diesen Befund. Wenn dem in ex-Art. 280 IV S. 2 EGV enthaltenen Vorbehalt kein Harmonisierungsverbot im Bereich des Umweltstrafrechts zu entnehmen war, so musste dies auch und erst recht für den strafrechtlichen Schutz der EG-Finanzinteressen gelten. In der durch den Reformvertrag von Lissabon geschaffenen Fassung des Art. 325 IV AEUV findet sich die in ex-Art. 280 IV S. 2 EGV enthaltene Vorbehaltsklausel nicht mehr. Damit steht fest, dass im Bereich des EU-Finanzschutzes jedenfalls eine **Strafrechtsharmonisierung durch RL** möglich ist.[165] Die am 05.07.2017 verabschiedete **PIF-RL** (Kap. 13 Rn. 22 ff.) ist Ausdruck dieser in Art. 325 IV AEUV angelegten Harmonisierungsbefugnis, auch wenn die RL in ihrem Einleitungssatz nur auf Art. 83 II AEUV als Kompetenzgrundlage verweist (Kap. 8 Rn. 30).

70   Der Wegfall des in ex-Art. 280 IV S. 2 EGV enthaltenen Vorbehalts und die Offenheit des Art. 325 IV AEUV für die Wahl der Handlungsform (RL oder VO) lässt darüber hinaus die Auslegung zu, dass auf seiner Grundlage auch **supranationale Straftatbestände** zur Bekämpfung des EU-Betrugs erlassen werden dürfen.[166] Die speziellere Kompetenzgrundlage des Art. 83 I AEUV (Rn. 66) entfaltet keine Sperrwirkung gegenüber einer aus Art. 325 IV AEUV abzuleitenden kriminalstrafrechtlichen EU-Rechtsetzungskompetenz, da die gegen die Finanzinteressen der Union gerichteten Betrügereien in dem abschließenden Katalog des Art. 83 I UA 2 AEUV nicht aufgeführt sind.[167] Auch steht die Annahme einer bereichsspezifischen supranationalen Gesetzgebungskompetenz nach Art. 325 IV AEUV in keinem systematischen Widerspruch zu Art. 83 II AEUV (Rn. 67).[168] Damit wächst der EU erstmalig eine **originäre supranationale Strafrechtsetzungskompetenz** zu. Die in Art. 83 III AEUV normierte verfahrensrechtliche „**Notbremse**" (Kap. 8 Rn. 39 ff.) findet insoweit – als logische Konsequenz der Koexistenz zweier autonomer Rechtsordnungen – **keine analoge Anwendung**.[169] Im Gegensatz zu einer An-

---

[163] *Deutscher*, Kompetenzen, S. 345; *Eisele*, JZ 2001, 1157, 1160; *Rosenau*, ZIS 2008, 9, 15.
[164] EuGH 2005, 7879 = JZ 2006, 307 = ZIS 2006, 179.
[165] *Grünewald*, JR 2015, 245, 251; *Satzger*, IntStR, § 9 Rn. 59; *Vogel*, in: *Ambos* (Hrsg.), EuStR post-Lissabon, S. 48; vgl. hierzu den auf Art. 325 IV AEUV gestützten Vorschlag der Kommission für eine PIF-RL in KOM (2012) 363 endg.; a.A. *Bechtel*, ZStW 133 (2021), 1049, 1059.
[166] *Ambos*, IntStR, § 9 Rn. 22; *Dannecker/Bülte*, Hb. WiStR, 2. Kap. Rn. 136; *Fromm*, EG-Rechtsetzungsbefugnis, S. 61 ff., 73; *Grünewald*, JZ 2011, 972, 973; *Noltenius*, ZStW 122 (2010), 604, 618; *Plump*, Europäisches Strafrecht nach dem Vertrag von Lissabon, S. 413 ff., 434; *Satzger*, IntStR, § 8 Rn. 21 ff.; *Sieber*, ZStW 121 (2009), 1, 59; *Weißer*, GA 2014, 433, 439; *Zimmermann*, Jura 2009, 844, 845 f.; a.A. *Bechtel*, ZStW 133 (2021), 1049, 1051 ff.; *Böse*, in: *Böse* (Hrsg.), EuStR, § 4 Rn. 23 f.; *Dorra*, Legislativkompetenzen, S. 278 ff.; *Schröder*, Achenbach-FS, S. 491, 496 f.; *Schützendübel*, Blankettstrafgesetze, S. 28 ff.; *Sturies*, HRRS 2012, 273, 276 ff.; *Zöller*, Schenke-FS, S. 579, 582 ff.
[167] *Esser*, EuStR, § 2 Rn. 129.
[168] *Meyer*, in: *v. d. Groeben/Schwarze/Hatje* (Hrsg.), EU-Recht, Art. 83 AEUV Rn. 52.
[169] *Ambos*, IntStR, § 11 Rn. 11; *Satzger*, IntStR, § 9 Rn. 61; a.A. *Heger*, in: *Böse* (Hrsg.), § 5 Rn. 39.

weisung der EU zur Schaffung nationalen Strafrechts (wie in der PIF-RL) greift ein supranationaler Straftatbestand nicht in die gesetzgeberische Gestaltungsfreiheit der Mitgliedstaaten ein.

4.3 Zusammenfassung von Kap. 4

In diesem Kapitel werden die Rolle der EU als Trägerin (Akteurin) des Europäischen Strafrechts, ihre Handlungsformen und ihre strafrechtsrelevanten Rechtsetzungsbefugnisse beleuchtet. Bei der EU handelt es sich um eine **supranationale Organisation mit eigener Rechtspersönlichkeit** (Art. 47 EUV). Sie handelt durch ihre Organe ER, EP, Rat, Kommission, Gerichtshof und Rechnungshof. An der Spitze der Normenhierarchie steht das primäre Unionsrecht, das die Verträge (EUV/AEUV) einschließlich ihrer Protokolle, Anhänge und Erklärungen, die GRCh sowie Rechtsquellen gleichen Ranges umfasst. Im Rang von Sekundärrecht stehen die aus den primärrechtlichen Ermächtigungsgrundlagen abgeleiteten VO und RL (Art. 288 AEUV). Bei grenzüberschreitenden Sachverhalten sind die **Grundfreiheiten** (Warenverkehrsfreiheit usw.) zu beachten. Diese enthalten nicht nur bereichsspezifische **Diskriminierungsverbote**, sondern fungieren darüber hinaus auch als **Beschränkungsverbote**. Das materielle Strafrecht und das Strafverfahrensrecht müssen den mit Anwendungsvorrang ausgestatteten Gewährleistungen der Grundfreiheiten Rechnung tragen.

Der **Grundrechtekatalog** der von Art. 6 I EUV für **rechtsverbindlich erklärten GRCh** bildet die zentrale primärrechtliche Grundlage des Grundrechtsschutzes in der EU. Für die mitgliedstaatlichen Gesetzgeber, Behörden und Gerichte ist die GRCh gem. Art. 51 I S. 1 GRCh nur insoweit verbindlich, als diese Unionsrecht durchführen. Maßgebend für die Eröffnung des Anwendungsbereichs der GRCh ist demnach, ob die mitgliedstaatliche Regelung eine Durchführung des Unionsrechts bezweckt und ob es eine Vorschrift des Unionsrechts gibt, die für diesen Bereich spezifisch ist oder ihn beeinflussen kann. Von einer Bindung der Mitgliedstaaten an die GRCh ist jedenfalls immer auszugehen, wenn die nationalen Stellen unmittelbar anwendbares Unionsrecht oder harmonisiertes Recht vollziehen. Zu denken ist etwa an die unionsrechtlich überformten Sanktionsnormen im Bereich des Wirtschafts-, Verbraucherschutz- und Umweltstrafrechts sowie an die harmonisierten Strafbestimmungen zur Bekämpfung transnationaler Kriminalität. Um die **Kohärenz zwischen der GRCh und der EMRK** herzustellen, bestimmt die **Transferbestimmung des Art. 52 III S. 1 GRCh**, dass die in der Charta festgeschriebenen Rechte, soweit sie den durch die EMRK garantierten Rechten entsprechen, grundsätzlich die gleiche Bedeutung und Tragweite haben, wie sie ihnen in der EMRK verliehen wird. Die durch die reichhaltige Spruchpraxis des EGMR ausgeformte EMRK stellt somit die zentrale Rechtserkenntnisquelle für die Auslegung der Unionsgrundrechte dar. Wenn die GRCh anwendbar ist, können sich die von ihr Begünstigten vor innerstaatlichen Strafgerichten unmittelbar auf die von ihr gewährten Rechte berufen. Eine direkte Anrufung des EuGH in Form einer allgemeinen Grundrechtsbeschwerde sieht das Unionsrecht jedoch nicht vor.

73 Die Union ist befugt, **punitive Sanktionen** (z. B. in Form von Verwaltungssanktionen) zu schaffen, soweit vertragliche Ermächtigungsgrundlagen (z. B. Art. 103 II lit. a AEUV) diese Möglichkeit vorsehen. Die europäischen Verträge weisen der Union **keine generelle Gesetzgebungskompetenz im Bereich des Kriminalstrafrechts** zu. Eine (streitig diskutierte) **Ausnahme** von diesem Grundsatz besteht nach **Art. 325 IV AEUV für den Bereich der EU-Betrugsbekämpfung**. Der Wegfall des in ex-Art. 280 IV S. 2 EGV enthaltenen Vorbehalts und die Offenheit des Art. 325 IV AEUV für die Wahl der Handlungsform (RL oder VO) lässt die Auslegung zu, dass auf seiner Grundlage auch **supranationale Straftatbestände** zur Bekämpfung des EU-Betrugs erlassen werden dürfen. Der EU-Gesetzgeber hat von dieser Befugnis bisher keinen Gebrauch gemacht. Stattdessen hat er am 05.07.2017 die **PIF-RL** verabschiedet.

Literatur

Ambos, Internationales Strafrecht, 5. Aufl., 2018, § 10 (Grundrechtsschutz in Europa)
Bechtel, Der Einfluss des Europarechts auf den Allgemeinen Teil des Strafrechts, ZStW 133 (2021), 1049
Bülte/Krell, Grundrechtsschutz bei der Durchführung von Unionsrecht durch Strafrecht, StV 2013, 713
Dannecker, Zur bußgeldrechtlichen Verantwortung der Unternehmen in der EU, NZWiSt 2022, 85
Ehlers/Germelmann, in: *Ehlers/Germelmann* (Hrsg.), Europ. Grundrechte und Grundfreiheiten, 5. Aufl., 2023, § 2.2 (Grundrechte der EU)
Esser, Europäisches und Internationales Strafrecht, 3. Aufl., 2023, § 2 (Zusammenspiel von Unionsrecht und nationalem Strafrecht)
Honer, Die Geltung der EU-Grundrechte für die Mitgliedstaaten nach Art. 51 I S. 1 GRCh, JuS 2017, 409
Jarass, Strafrechtliche Grundrechte im Unionsrecht, NStZ 2012, 611
Knoth/Seyer, Grundfälle zur Grundrechtecharta, JuS 2021, 928 (Teil 1), 1018 (Teil 2)
Mächtle, Die Gerichtsbarkeit der Europäischen Union, JuS 2014, 508
dies., Individualrechtsschutz in der Europäischen Union, Jus 2015, 28
Meyer, Unternehmenssanktionsverfahren und nemo tenetur-Schutz nach der GRCh, NZWiSt 2022, 99
Plump, Europäisches Strafrecht nach dem Vertrag von Lissabon, 2021, S. 413–434 (EU-Strafrechtsetzungskompetenz nach Art. 325 IV AEUV)
Ruffert/Grischek/Schramm, Rechtsquellen und Rechtsetzung im Unionsrecht, JuS 2020, 413
Ruffert/Grischek/Schramm, Die Grundfreiheiten, JuS 2021, 407
Ruffert/Grischek/Schramm, Rechtsschutz vor den europäischen Gerichten, JuS 2022, 814
Satzger, Internationales Strafrecht, 10. Aufl., 2022, § 8 (Supranationales Europäisches Strafrecht)
Voßkuhle/Wischmeyer, Grundrechte im Unionsrecht, JuS 2017, 1171
Weißer, Strafgesetzgebung durch die EU: Nicht nur ein Recht, sondern auch eine Pflicht?, GA 2014, 434
Zöller, Europäische Strafgesetzgebung, ZIS 2009, 340

Rechtsprechungshinweise

EuGHE 1991, 6079 (Rechtsnatur der EG)
EuGHE 2005, 7879 = JZ 2006, 307 (Strafrechtliche Harmonisierungskompetenz der EG)
EuGHE 2007, 9097 = NStZ 2008, 703 (Strafrechtliche Harmonisierungskompetenz der EG)

EuGH EuZW 2012, 543 (Ausschluss von Beihilfezahlung und Beihilfekürzung keine Strafmaßnahme)
EuGH NJW 2013, 1415 („*Fransson*" – Anwendungsbereich der GRCh)
EuGH NJW 2014, 527 (Unmittelbare Anwendung einer verspätet und unzulänglich umgesetzten RL)
EuGH NJW 2014, 2014, 2169 (Ungültigkeit der RL über Vorratsdatenspeicherung)
EuGH BeckRS 2022, 3578 (Unmittelbare Anwendung einer verspätet und unzulänglich umgesetzten RL)
EuGH GRUR 2023, 1624 (Unverhältnismäßigkeit einer gesetzlichen Strafandrohung für Markenfälschung)
BVerfGE 22, 293; 51, 222; 89, 155 (Rechtsnatur der EG)
BVerfGE 37, 271 (Autonomie der Gemeinschaftsrechtsordnung)
BVerfG NJW 2009, 2267 (Rechtsnatur der Union nach dem Vertrag von Lissabon)
BGHSt 41, 127 (Zuständigkeit der Mitgliedstaaten im Bereich der Kriminalstrafgesetzgebung)

5 EU-Mitgliedstaaten im Netzwerk globaler, europäischer oder bilateraler Kooperation in Strafsachen

5.1 EU-Mitgliedstaaten als Träger des Europäischen Strafrechts

Als **Träger des Europäischen Strafrechts** treten die EU-Mitgliedstaaten in Erscheinung, wenn sie

- als Mitglieder des Europäischen Rates die kriminalpolitischen Zielvorstellungen und Prioritäten für die Entwicklung der Union festlegen (Kap. 4 Rn. 3);
- als Mitglieder des Rates der EU an der europäischen Strafgesetzgebung (insbesondere Richtliniensetzung) mitwirken (Kap. 4 Rn. 4 ff.);
- ihre innerstaatliche Strafgesetzgebung und Strafrechtspflege im Einklang mit den europäischen Grundrechten (EMRK und GRCh) und Grundfreiheiten unionsrechtskonform gestalten (Kap. 4 Rn. 34 ff.; Kap. 9 und 10);
- als Akteure der international-arbeitsteilig operierenden Strafverfolgung im europäischen Rechtsraum tätig sind;
- die durch das Schengener Informationssystem (SIS-II) ermöglichte „europäische Fahndungsunion" verwirklichen;
- mit OLAF (Kap. 13 Rn. 14 ff.), Europol (Rn. 43 ff.), Eurojust (Rn. 48 ff.) und der Europäischen Staatsanwaltschaft (Kap. 13 Rn. 39 ff.) zusammenarbeiten.

1

5.1.1 Einführung

Die EU-Mitgliedstaaten sind in ein komplexes Netzwerk weltweiter, europäischer und zwischenstaatlicher Kooperationssysteme eingebunden, die sich die internationale Zusammenarbeit in Strafsachen zu einem Teil ihrer Aufgabengebiete gemacht haben.[1] Diese Kooperationsformen können auf rein informeller politischer

2

---

[1] *Meyer*, in: *v. d. Groeben/Schwarze/Hatje* (Hrsg.), EU-Recht, Vor Art. 82 ff AEUV Rn. 4 ff.

Zusammenarbeit der beteiligten Staaten beruhen, auf völkerrechtlich nicht verpflichtenden Zusammenschlüssen nationaler Behörden, aber auch auf völkerrechtlichen Abkommen, die zur Gründung internationaler Organisationen geführt haben. Zu den Institutionen, die im Bereich der internationalen Kriminalitätsbekämpfung und Strafrechtspflege global tätig werden, gehören die **Internationale Kriminalpolizeiliche Organisation (Interpol)**, die **Vereinten Nationen (UN)**, die **Organisation für Wirtschaftliche Entwicklung und Zusammenarbeit (OECD)** und die Gipfeltreffen der **G7-Staaten**. Auf europäischer Ebene ist die Strafrechtsentwicklung maßgeblich durch die Aktivitäten des **Europarates** geprägt worden. Daneben spielen auch die **Nordische Passunion** und die **Konferenz für Sicherheit und Zusammenarbeit in Europa (KSZE)** eine gewisse Rolle.[2] Die intensivste Form internationaler Zusammenarbeit in Strafsachen findet unter dem Dach der **Europäischen Union** statt, nachdem deren ehemalige 3. Säule (PJZS) durch den Reformvertrag von Lissabon in den einheitlichen Rahmen des Unionsrechts überführt worden ist (Rn. 41). Zum Netzwerk justizieller und polizeilicher Zusammenarbeit in Strafsachen gehören aber nicht zuletzt auch **bilaterale Kooperationsformen** zwischen den EU-Mitgliedstaaten untereinander und mit Drittstaaten.[3]

5.1.2 Internationale Kriminalpolizeiliche Organisation (Interpol)

3   Ein erster Schritt auf dem Weg zu einer internationalen Kooperation im Bereich der Kriminalitätsbekämpfung war die Gründung der Internationalen Kriminalpolizeilichen Kommission (IKPK) im Jahre 1923, die nach Ende des zweiten Weltkrieges weiter fortentwickelt und im Jahre 1956 in **Internationale Kriminalpolizeiliche Organisation (Interpol)** mit Sitz in Paris (seit 1989 in Lyon) umbenannt wurde. Interpol hat sich mit seinen derzeit 196 Mitgliedstaaten[4] zum wichtigsten Instrument für die weltweite polizeiliche Zusammenarbeit entwickelt. Die Mitgliedschaft bei Interpol ist allein nationalen Polizeibehörden vorbehalten, was diese Einrichtung maßgeblich von anderen Formen institutionalisierter Kooperation unterscheidet.[5] Im Zentrum der Arbeit von Interpol stehen die nationalen Verbindungsbüros (in Deutschland: BKA), die in über 80 % der Fälle unmittelbar – also nicht etwa auf dem umständlichen Weg über Botschaften und Außenministerien – untereinander Informationen und Daten austauschen.[6] Die größte Bedeutung von Interpol liegt nach wie vor im Bereich der internationalen Fahndung.

---

[2] *Ziegenhahn*, Menschenrechte, S. 108 ff.
[3] *Kugelmann*, in: *Böse* (Hrsg.), EuStR, § 17 Rn. 132 ff.
[4] Stand: 05/2024 http://www.interpol.int.
[5] *Esser*, EuStR, § 15 Rn. 7 ff.
[6] *Esser*, EuStR, § 15 Rn. 17 ff.

Gesuchte Personen können zur Festnahme, Aufenthaltsermittlung oder verdeckten Beobachtung ausgeschrieben werden. Für die nationalen Verbindungsbüros besteht freilich keine Pflicht zur Beteiligung an Interpol-Fahndungsmaßnahmen. Die Erledigung von Gesuchen und die Durchführung operativer Maßnahmen obliegen den jeweils zuständigen nationalen Polizeibehörden, die sich dabei ausschließlich an den für sie geltenden **innerstaatlichen Rechtsvorschriften** orientieren. Interpol ist ein Instrument, dessen sich die Mitglieder nach eigenem Ermessen bedienen können. Der Souveränitätsanspruch der Staaten bleibt im Rahmen der Interpol-Zusammenarbeit völlig unberührt.

Zwischen 31 Staaten (27 EU-Mitgliedstaaten und vier assoziierten Staaten) wird die polizeiliche Zusammenarbeit im Bereich der Fahndung nicht mehr über Interpol, sondern über das **Schengener Informationssystem (SIS-II)** koordiniert (Rn. 36 ff.). Eine Interpol-Fahndung kommt für die EU-Mitgliedstaaten also nur noch in Betracht, wenn Drittstaaten zu beteiligen sind. Trotz des Vorranges des SIS ist Interpol für die EU-Mitgliedstaaten weiterhin von Bedeutung, da es sich um die einzige **weltumspannende Kooperationsform** im Bereich der internationalen polizeilichen Zusammenarbeit handelt.

4

5.1.3 Vereinte Nationen (UN)

Während es sich bei Interpol um eine Zusammenarbeit nationaler Polizeibehörden handelt, stellen die **Vereinten Nationen (UN)** als Zusammenschluss von Staaten – ebenso wie der Europarat – eine klassische internationale Organisation dar.[7] Eine der fundamentalen Aufgaben der UN war und ist es, jedenfalls den Mindeststandard der Menschenrechte und Grundfreiheiten zu definieren und durchzusetzen. Zur Achtung und Verwirklichung dieses Mindeststandards sind alle UN-Mitgliedstaaten verpflichtet. Die UN haben durch ihre Organe – vor allem Generalversammlung, Sicherheitsrat und Internationaler Gerichtshof – und durch die mit ihnen verbundenen Sonderorganisationen mehrfach die Bedeutung der Menschenrechte und Grundfreiheiten für den Strafprozess und den Strafvollzug hervorgehoben. Programmatischer Ausgangspunkt hierfür war die **Allgemeine Erklärung der Menschenrechte** v. 10.12.1948, die neben allgemeinen Verfahrensgrundrechten insbesondere die Garantie des fairen Verfahrens, die Unschuldsvermutung sowie das Prinzip „nulla poena sine lege" postulierte. Diese Garantien wurden neben anderen klassischen Justizgrundrechten in dem **Internationalen Pakt über bürgerliche und politische Rechte** (IPBPR) v. 16.12.1966 kodifiziert. 174 Staaten haben diesen Pakt ratifiziert.[8] Da der IPBPR jedoch kein individuelles Beschwerdeverfahren, sondern lediglich eine eingeschränkte Möglichkeit der Staatenbeschwerde vorsieht, vermochte er niemals eine solche Bedeutung wie die EMRK

5

---

[7] Ständiger Sitz der UN ist New York. Ihr Gründungsstatut ist die mittlerweile mehrfach geänderte Charter of the United Nations (UN-Charta).
[8] Stand: 05/2024 United Nations Treaty Collection.

zu erlangen.⁹ Neben dem IPBPR kann das **Übereinkommen gegen Folter und andere grausame, unmenschliche oder erniedrigende Behandlung oder Strafe** v. 10.12.1984 (UN-Anti-Folter-Konvention) zu den herausragenden strafrechtsrelevanten UN-Konventionen gezählt werden.¹⁰

6   Seit ihrer Gründung im Jahre 1945 haben die UN eine breite Palette an internationalen Standards, Richtlinien, Resolutionen und Modellverträgen entwickelt, um eine an rechtsstaatlichen Grundsätzen orientierte Strafverfolgungspraxis in den Mitgliedstaaten voranzutreiben.¹¹ Der breit gefächerte Katalog strafrechtsrelevanter Bereiche, derer sich die UN angenommen haben, umfasst neben dem Völkerstrafrecht (Kap. 2 Rn. 79 ff.) und der Rechtshilfe in Strafsachen (Kap. 2 Rn. 60 ff.) Themen wie Behandlung von Gefangenen, Anwendung von Gewalt und Schusswaffengebrauch durch Strafverfolgungsbehörden, Opferschutz, Unabhängigkeit der Justiz sowie die Rolle von Anwälten und Staatsanwälten. Das erwünschte Verhalten von Strafverfolgungsbehörden bzw. öffentlichen Amtsinhabern und Beamten wurde in Verhaltenscodices zusammengefasst.

7   Zur Verwirklichung ihrer Hauptziele, den Weltfrieden und die internationale Sicherheit zu wahren, betätigen sich die UN seit vielen Jahren auch auf dem Feld der Kriminalitätsbekämpfung.¹² Während es sich aufgrund fehlender Rechtsetzungsbefugnisse bei den Resolutionen der Generalversammlung nur um politische Willensbekenntnisse der Mitgliedstaaten handelt, können die von den UN ausgearbeiteten Übereinkommen durch innerstaatliche Ratifikation eine völkerrechtliche Verbindlichkeit für die Vertragsstaaten entfalten. Exemplarisch hierfür stehen folgende Konventionen, durch die die Mitgliedstaaten verpflichtet werden, bereichsspezifische Straftatbestände zu schaffen, ihre Gerichtsbarkeit zu begründen und ihre Rechtshilfekooperation auszubauen:

- Übk. v. 20.12.1988 gegen den unerlaubten Verkehr mit Suchtstoffen und psychotropen Stoffen¹³
- Int. Übk. v. 09.12.1999 zur Bekämpfung der Finanzierung des Terrorismus¹⁴
- Übk. v.15.11.2000 über die Bekämpfung der transnationalen Kriminalität¹⁵
- Übk. v. 31.10.2003 gegen Korruption¹⁶
- Int. Übk. v. 13.04.2005 zur Bekämpfung nuklearterroristischer Handlungen¹⁷

---

⁹ In Deutschland gilt der IPBPR seit 15.11.1973 im Rang von Bundesrecht.
¹⁰ In Deutschland gilt die UN-Anti-Folter-Konvention seit 31.10.1990 im Rang von Bundesrecht.
¹¹ *Ziegenhahn*, Menschenrechte, S. 53 ff.
¹² *Esser*, EuStR, § 10 Rn. 2 ff.
¹³ BGBl. 1993 II, 1137; vgl. hierzu *Esser*, EuStR, § 10 Rn. 3; *Weißer*, in: *Böse* (Hrsg.), EuStR, § 9 Rn. 29.
¹⁴ BGBl. 2003 II, 1923; vgl. hierzu *Esser*, EuStR, § 10 Rn. 6; *Weißer*, in: *Böse* (Hrsg.), EuStR, § 9 Rn. 83.
¹⁵ BGBl. 2005 II, 956; vgl. hierzu *Esser*, EuStR, § 10 Rn. 4; *Plachta*, ZStW 110 (1998), 819 ff.
¹⁶ BGBl. 2014 II, 762; vgl. hierzu *Esser*, EuStR, § 10 Rn. 8.
¹⁷ BGBl. 2007 II, 1586; vgl. hierzu *Esser*, EuStR, § 10 Rn. 7.

5.1.4 Organisation für wirtschaftliche Zusammenarbeit und Entwicklung (OECD)

Die Organisation für Europäische Wirtschaftliche Zusammenarbeit (OEEC) wurde im Jahre 1948 gegründet und mutierte im Jahre 1961 zur **Organisation für wirtschaftliche Zusammenarbeit und Entwicklung (OECD)**. Während die OECD zu Beginn ihrer Tätigkeit eine rein westeuropäische Vereinigung der Industriestaaten gewesen ist, hat sie sich nach dem Beitritt Australiens, Japans, Kanadas und der USA sowie anderer außereuropäischer Mitgliedstaaten zu einem Forum der wirtschaftlichen Zusammenarbeit der 38 wichtigsten Industrieländer der Welt entwickelt.[18] Als internationale Organisation, die sich die Förderung der wirtschaftlichen Zusammenarbeit zwischen ihren Mitgliedstaaten zum Ziel gesetzt hat, beschäftigt sich die OECD auch mit kriminalpolitischen Problemen des internationalen Geschäftsverkehrs.[19] Zur Durchsetzung ihrer Ziele im Bereich des Wirtschaftsstrafrechts bedient sich die OECD wie die UN überwiegend des sog. „soft law". Damit sind Instrumente wie Modellkonventionen, Empfehlungen und Verhaltenscodices gemeint, die nicht auf eine Rechtsharmonisierung im Sinne eines „Gleichklangs" der Normen abzielen, sondern auf eine funktionale Annäherung der Strafrechtssysteme.[20] Diese Methode hat den Vorteil, dass sie die Durchsetzung gewisser strafrechtlicher Standards in grundverschiedenen Rechtssystemen wie dem angelsächsischen, kontinental-europäischen und asiatischen ermöglicht, ohne dass tradierte Prinzipien und Regelungstechniken aufgegeben werden müssen.

Als strafrechtliche Hauptbetätigungsfelder der OECD haben sich die Bekämpfung der Korruption im internationalen Geschäftsverkehr sowie der Geldwäsche herauskristallisiert. Am 27.12.1997 unterzeichneten die Mitgliedstaaten der OECD sowie Argentinien, Brasilien, Bulgarien, Chile und die Slowakische Republik die **OECD-Konvention zur Bekämpfung der Korruption**.[21] Dieses Übereinkommen ist inzwischen von fast allen beigetretenen Staaten ratifiziert und in nationales Recht umgesetzt worden. Die Aktivitäten der OECD im Kampf gegen **Geldwäsche** werden vor allem von der bei der OECD angesiedelten **FATF** (Financial Action Task Force on Money Laundering) koordiniert und vorangetrieben.[22] Bei der FATF handelt es sich um ein ursprünglich von den Staats- und Regierungschefs der G7-Staaten und dem Vorsitzenden der EU-Kommission im Juni 1989 eingesetztes zwischenstaatliches Expertengremium, dessen zentrale Aufgabe darin besteht, die internationale Zusammenarbeit bei der Bekämpfung der Geldwäsche zu entwickeln und zu fördern. Die jährlichen Berichte der FATF, in welchen die Defizite im Kampf gegen die Geldwäsche nicht nur in den Mitgliedstaaten, sondern gerade auch in den

---

[18] Stand: 05/2024 (www.oecd.org).
[19] *Ziegenhahn*, Menschenrechte, S. 60 ff.
[20] *Pieth*, ZStW 109 (1997), 756, 770 f.
[21] *Dannecker/Schröder*, in: *Böse* (Hrsg.), EuStR, § 8 Rn. 98 ff.
[22] *Dannecker/Schröder*, in: *Böse* (Hrsg.), EuStR, § 8 Rn. 150; *Weißer*, in: *Böse* (Hrsg.), EuStR, § 9 Rn. 104.

nicht kooperierenden Staaten aufgezeigt werden, sind durchaus geeignet, politischen Druck auf die Staaten auszuüben.[23]

5.1.5 Gipfelkonferenz der G7-Staaten

10 Seit 1975 treffen sich die Staats- und Regierungschefs von sieben Industriestaaten mit dem weltwirtschaftlich größten Gewicht (G7-Staaten: Deutschland, Frankreich, Großbritannien, Italien, Japan, Kanada und USA) zu einer jährlichen Gipfelkonferenz, um sich über wirtschaftliche und politische Fragen auszutauschen. Diese Institution bildet eine Plattform für eine informelle politische Zusammenarbeit der beteiligten Staaten ohne feste Strukturen oder eigene Organe. Zu den von den G7-Staaten behandelten Themen gehören auch kriminalpolitische Fragen, insbesondere die Bekämpfung von Terrorismus, OK, Geldwäsche und Cybercrime. Die auf den Gipfelkonferenzen gefassten Beschlüsse und Empfehlungen entfalten keine rechtliche Bindungswirkung, sind jedoch von nicht zu unterschätzender politischer Bedeutung.

5.1.6 Zusammenarbeit im Europarat

11 Im Europarat arbeiten derzeit 46 Staaten – darunter alle EU-Mitgliedstaaten – zusammen, die sich zur Wahrung und Beachtung der in der EMRK niedergelegten Grundfreiheiten verpflichtet haben. Der reichhaltigen Spruchpraxis des EGMR ist es zu verdanken, dass sich innerhalb der letzten Jahrzehnte ein gemeineuropäischer Grundrechtsstandard herausbilden konnte, der die Strafrechtsordnungen der Konventionsstaaten erheblich beeinflusst (Kap. 3 Rn. 17 ff.). Der Europarat setzt als Forum paneuropäischer Kooperation im Bereich der Kriminalitätsbekämpfung auf die Instrumente des „soft law" (Modellgesetze, Stellungnahmen, Empfehlungen, Verhaltenscodices) sowie auf die zumindest faktische Wirkmacht völkerrechtlicher Übereinkommen (Kap. 3 Rn. 11 ff.).

5.2 Zusammenarbeit in der EU

12 Im Europa der **Europäischen Union** findet die PJZS der nach dem Ausscheiden des Vereinigten Königreichs („Brexit")[24] verbliebenen 27 Mitgliedstaaten in dem einheitlichen Rahmen des Unionsrechts statt. Die nachfolgend in ihren wesentlichen Entwicklungsphasen darzustellende Kooperation der EU-Mitgliedstaaten im Bereich der inneren Sicherheit hat sich seit den 1970er-Jahren im Hinblick auf nationale Souveränitätsvorbehalte nur in kleinen Schritten, aber stetig ausgeweitet. Nach

---

[23] Zur Funktion und Arbeitsweise der FATF vgl. *Weißer*, ZStW 129 (2017), 961, 968 ff.
[24] Zu den Post-Brexit-Perspektiven vgl. *Ambos*, JZ 2017, 707, 710 ff.

5.2.1 Erster Entwicklungsschritt der PJZS – Informelle Kooperation

5.2.1.1 TREVI-Arbeitsgruppen

Das Aufkommen des politisch motivierten Terrorismus in den 1970er-Jahren und die hierdurch entstandene neue Bedrohungslage war der äußere Anlass für die ehemaligen EG-Mitgliedstaaten, zu einer engeren transnationalen Zusammenarbeit im Bereich der Strafverfolgung zu gelangen. Im Hinblick darauf, dass die EG zu diesem Zeitpunkt noch keine Kompetenz für innen- und rechtspolitische Angelegenheiten hatte, bediente man sich zunächst einer rein informellen Kooperationsform. Der Europäische Rat von Rom reagierte im Jahre 1975 auf die damaligen Terroranschläge durch die Einführung einer regelmäßigen informellen Zusammenarbeit der nationalen Behörden in Konsultations- und Arbeitsgruppen. Diese sollten Informationen und Erfahrungen auf dem Gebiet der Terrorismusbekämpfung austauschen und gemeinsame polizeiliche Strategien erarbeiten. Die Zusammenarbeit in den hieraus erwachsenen, regelmäßig tagenden **TREVI-Konsultationsgruppen**[25] reichte aber schon bald über das von **TREVI I** behandelte Thema Terrorismusbekämpfung hinaus.

Mit der Bildung der Arbeitsgruppe **TREVI II** reagierten die Mitgliedstaaten auf die Ereignisse im Brüsseler Heysel-Stadion am 29.05.1985, bei denen 39 Menschen getötet und mehr als 400 Personen verletzt wurden. Diese Arbeitsgruppe hatte die Aufgabe, Informationen über schwerwiegende Störungen der öffentlichen Ordnung insbesondere im Zusammenhang mit Fußballrowdytum auszutauschen. Der Arbeitsschwerpunkt der im Jahre 1985 gegründeten Arbeitsgruppe **TREVI III** lag bei der Bekämpfung der internationalen OK, insbesondere des illegalen Rauschgifthandels. Die **Ad-hoc-Arbeitsgruppe Europol** befasste sich im Anschluss an den EG-Gipfel in Luxemburg (1991) mit der Bildung einer eurokriminalpolizeilichen Zentralstelle. In der **Ad-hoc-Arbeitsgruppe TREVI'92** wurden Ausgleichsmaßnahmen für den aus der Umsetzung des Schengener Übereinkommens (Rn. 16) resultierenden Wegfall der Kontrollen an den Binnengrenzen und den damit einhergehenden Sicherheitsverlusten beraten. Da die TREVI-Zusammenarbeit keine rechtliche Grundlage im Gemeinschaftsrecht hatte, war sie nicht in den institutionellen Rahmen der EG eingegliedert. Eine gewisse Anbindung an die Organisationsstruktur der EG ergab sich nur daraus, dass der Vorsitz in den Arbeitsgruppen durch den Mitgliedstaat aus-

---

[25] Der Ursprung des Kürzels ist unklar: Während manche Autoren TREVI als Kürzel für die Begriffe „**T**errorisme, **R**adicalisme **e**t **V**iolence **I**nternationale" sehen, führen andere ihn auf den Namen des ersten Tagungsortes der Arbeitsgruppe bei der „Fontana di Trevi" in Rom zurück; vgl. *Gleß/Lüke*, JURA 1998, 70, 71, dort Fn. 25; *Meyer*, in: *v. d. Groeben/Schwarze/Hatje* (Hrsg.), EU-Recht, Vor Art. 82 ff. AEUV Rn. 7.

geübt wurde, der turnusgemäß den Vorsitz im Rat führte. Im Rahmen von TREVI wurden keine rechtlich verbindlichen Vereinbarungen erarbeitet, sondern Ministerempfehlungen, deren Umsetzung von dem politischen Willen der einzelnen Mitgliedstaaten abhängig war. Durch die in den TREVI-Arbeitsgruppen praktizierte Zusammenarbeit auf dem Gebiet der Kriminalitätsbekämpfung wurde jedoch der Grundstein für die später infolge der Verträge von Maastricht (1992) und Amsterdam (1997) institutionalisierte PJZS im Rahmen der 3. Säule der EU gelegt (Rn. 40 f.).[26]

5.2.1.2 CELAD/Horizontale Gruppe „Drogen"

15 In den 1980er-Jahren wurde die Drogenbekämpfung in vielen Mitgliedstaaten zum beherrschenden Thema der kriminalpolitischen Agenda. Im Jahre 1989 setzte der Europäische Rat **CELAD** (Comité Européen de la Lutte Antidrogue) ein – ein Ausschuss nationaler Vertreter mit der Aufgabe, Maßnahmen der Mitgliedstaaten und der EG zur Bekämpfung der Drogensucht und der Drogenkriminalität zu koordinieren. Im Jahre 1997 wurde CELAD durch die auch heute noch aktive **Horizontale Gruppe „Drogen"** abgelöst, die federführend für die Arbeiten des Rates in der europäischen Drogenpolitik zuständig ist. Ihre zentrale Aufgabe besteht in der Ausarbeitung von Drogenbekämpfungsstrategien und EU-Aktionsplänen.

5.2.2 Kooperation im Rahmen der Schengener Abkommen

5.2.2.1 Schengen I und Schengen II (SDÜ)

16 Das **Europa der zwei Geschwindigkeiten** äußerte sich in der Zusammenarbeit einer Gruppe von zunächst fünf EG-Mitgliedstaaten, die eine weitergehende politische Integration Europas anstrebten. Ausgehend von einem Beschluss des Europäischen Rates aus dem Jahre 1984 forcierte die Gemeinschaft das Projekt „Europa der Bürger", das spürbare Auswirkungen auf das Alltagsleben der Bürger entfalten sollte. Hierzu gehörte vor allem die Abschaffung der Personenkontrollen an den Binnengrenzen. Am 14.06.1985 unterzeichneten Deutschland, Frankreich, Belgien, Luxemburg und die Niederlande das **Abkommen von Schengen** (Luxemburg) über den schrittweisen Abbau der Personenkontrollen an den gemeinsamen Grenzen zwischen den Vertragsparteien (**Schengen I**).[27] Die durch den Wegfall der Binnengrenzkontrollen befürchtete Einbuße an innerer Sicherheit sollte ein weiterer völkerrechtlicher Vertrag, das **Schengener Durchführungsübereinkommen (Schengen II – SDÜ)** v. 19.06.1990[28] ausgleichen.

---

[26] *Dannecker/Bülte*, Hb. WiStR, 2. Kap. Rn. 343 ff.; *Nelles*, ZStW 109 (1997), 727, 734.

[27] Übk. zwischen den Regierungen der Staaten der Benelux-Wirtschaftsunion, der BRD und der Französischen Republik betreffend den schrittweisen Abbau der Kontrollen an den gemeinsamen Grenzen v. 14.06.1985.

[28] Übk. zur Durchführung des Übk. von Schengen vom 14.06.1985 zwischen den Regierungen der Staaten der Benelux-Wirtschaftsunion, der BRD und der Französischen Republik betreffend den schrittweisen Abbau der Kontrollen an den gemeinsamen Grenzen v. 19.06.1990 – SDÜ – (BGBl. II 1993, 1013 ff.); vgl. hierzu *Ambos*, IntStR, § 9 Rn. 34; *Esser*, EuStR, § 4 Rn. 3.

5.2 Zusammenarbeit in der EU

Das SDÜ trat am 01.09.1993 in Kraft. Die praktische Anwendung seiner Einzelbestimmungen und der von Schengen I beschlossene Wegfall der Personenkontrollen an den Binnengrenzen erfolgte jedoch erst nach Schaffung der erforderlichen technischen und rechtlichen Voraussetzungen am 26.03.1995 (sog. „Inkraftsetzung"), zunächst zwischen den fünf Partnern des Schengener Abkommens sowie Spanien und Portugal. Seit 1995 traten Italien, Griechenland, Österreich, Dänemark, Finnland und Schweden dem SDÜ bei. Die Nicht-EU-Mitgliedstaaten Norwegen und Island wenden das Schengen-Regelwerk seit dem 25.03.2001, die Schweiz[29] seit dem 12.12.2008 und Liechtenstein seit dem 19.12.2011 vollumfänglich an. Die neuen EU-Mitgliedstaaten Estland, Lettland, Litauen, Malta, Polen, Slowakei, Slowenien, Tschechien und Ungarn sind seit dem 21.12.2007, Kroatien seit dem 01.01.2023, Bulgarien und Rumänien seit dem 31.03.2024 in den Schengenraum eingebunden. Der ehemalige EU-Mitgliedstaat GB war und der EU-Mitgliedstaat Irland ist keine Partei des Schengener Abkommens, jedoch kann Irland Regelungen des SDÜ mit Billigung der Union ganz oder teilweise übernehmen und sich an seiner Weiterentwicklung beteiligen. Dänemark entscheidet von Fall zu Fall, ob es sich an der Weiterentwicklung des Schengen-Besitzstands (Rn. 41) anschließt. Zypern wendet das SDÜ derzeit nur teilweise an.

17

Das SDÜ regelt in 142 Artikeln die grundlegenden operativen Bestimmungen des Schengen-Systems. Neben Maßnahmen zur Abschaffung der Grenzkontrollen und zum freien Personenverkehr führte es eine Reihe von Maßnahmen zum Ausgleich möglicher Sicherheitsdefizite ein. Hierzu gehören namentlich die Vereinbarung einheitlicher Kontrollstandards an den Außengrenzen, die Anwendung gemeinsamer Grundsätze für die Einreise und den Aufenthalt von Drittausländern, die Definition einer einheitlichen Visumpolitik und -praxis, die Regelung der Zuständigkeit für die Behandlung von Asylgesuchen sowie die Annahme gemeinsamer Grundsätze für die PJZS. Das durch die **VO (EU) 2018/1862 des EP und des Rates v. 28.11.2018 (SIS-VO)**[30] ausgeweite **Schengener Informationssystem (SIS-II)** ermöglicht als technisches Kernstück der grenzüberschreitenden Zusammenarbeit allen Teilnehmern den Zugriff auf Europas größte Polizeidatenbank (Rn. 36 ff.).

18

5.2.2.2 Polizeiliche Zusammenarbeit auf der Basis des SDÜ

5.2.2.2.1 Überblick

Der im SDÜ normierte Katalog für eine engere polizeiliche Zusammenarbeit, die der vorbeugenden Bekämpfung und der Aufklärung von strafbaren Handlungen dient, umfasst folgende Maßnahmen:

19

- Polizeilicher Informationsaustausch (Art. 39 SDÜ)
- Grenzüberschreitende Observation (Art. 40 SDÜ)
- Grenzüberschreitende Nacheile (Art. 41 SDÜ)

---

[29] *Gleß*, IntStR, Kap. F (Schengen-Zusammenarbeit der Schweiz).
[30] ABlEU 2018 Nr. L 312, S. 56.

- Gleichstellung der Beamten (Art. 42 SDÜ)
- Direkte Kommunikation (Art. 44 SDÜ)
- Präventive Spontaninformationen (Art. 46 SDÜ)
- Entsendung von Verbindungsbeamten (Art. 47 SDÜ),
- Bildung gemeinsamer Arbeitsgruppen zur Bekämpfung der Betäubungsmittelkriminalität (Art. 70 SDÜ)
- Kontrollierte Lieferung bei dem unerlaubten Handel mit Betäubungsmitteln im Einzelfall auf der Grundlage der Vorwegbewilligung der betroffenen Vertragsparteien (Art. 73 SDÜ)

5.2.2.2.2 Polizeilicher Informationsaustausch (Art. 39 SDÜ)

20 Art. 39 SDÜ legt den zwischenstaatlichen Rahmen für den polizeilichen Informationsaustausch fest, der sowohl der vorbeugenden Bekämpfung als auch der Aufklärung von Straftaten dient. Zu beachten ist jedoch, dass Art. 39 SDÜ bereits durch die Regelungen des RB 2006/960/JI v. 18.12.2006[31] weitgehend verdrängt wurde. Am 11.06.2023 ist die **RL (EU) 2023/977 des EP und des Rates v. 10.05.2023 über den Informationsaustausch zwischen den Strafverfolgungsbehörden der Mitgliedstaaten und zur Aufhebung des RB 2006/960/JI** in Kraft getreten.[32] Diese RL bezweckt, den bestehenden Rechtsrahmen zu modernisieren und den Informationsaustausch innerhalb des Schengenraums zu vereinheitlichen. Sie enthält Bestimmungen über den Austausch von Informationen zwischen den Strafverfolgungsbehörden zum Zwecke der Verhütung, Aufdeckung oder Untersuchung von Straftaten. Zur Erledigung transnationaler Informationsersuchen verfügt jeder Schengenstaat über eine zentrale Kontaktstelle, die mit einem Fallbearbeitungssystem ausgestattet ist und Zugang zu den ersuchten Informationen hat.

5.2.2.2.3 Grenzüberschreitende Observation (Art. 40 SDÜ)

21 Nach Art. 40 I UA 1 SDÜ sind Beamte einer Vertragspartei, die im Rahmen eines Ermittlungsverfahrens in ihrem Land eine Person wegen des Verdachts der Beteiligung an einer auslieferungsfähigen Straftat observieren, befugt, die **Observation auf dem Hoheitsgebiet eines anderen Vertragsstaates fortzusetzen**, wenn dieser der grenzüberschreitenden Observation auf der Grundlage eines zuvor gestellten Rechtshilfeersuchens zugestimmt hat.[33] Unter Observation versteht man eine länger andauernde heimliche Beobachtung von Personen durch Polizeibehörden, wobei ein Kontakt zwischen der observierten Person und dem observierenden Beamten grundsätzlich nicht beabsichtigt ist. Vor Inkrafttreten des SDÜ durften deutsche Beamte grundsätzlich nur auf deutschem Hoheitsgebiet tätig werden. Die „klassische" Rechtshilfe sah demgemäß lediglich vor, dass die Observation an der Grenze an die Beamten des ersuchten Staates übergeben wird. In Art. 40 I SDÜ gelangt ebenso wie in Art. 41 SDÜ (Rn. 25 ff.) ein neues Konzept der transnationalen Straf-

---

[31] ABlEU 2006 Nr. L 386, S. 89.
[32] ABlEU 2023 Nr. L 134, S. 1.
[33] *Esser*, EuStR, § 4 Rn. 10; *Kubiciel*, in: *A/K/R*, Rechtshilfe, Kap. 4 Rn. 226 ff.

verfolgung zum Ausdruck, nämlich die **Befugnis der Beamten eines Schengenstaates, unter Mitnahme von eigener Hoheitsgewalt auf dem Territorium des benachbarten Staates tätig zu werden** (Rn. 29). Nach Art. 40 I UA 2 SDÜ ist jedoch die Observation auf Verlangen der ersuchten Vertragspartei an die Beamten der Vertragspartei, auf deren Hoheitsgebiet die Observation stattfindet, zu übergeben.

Die **grenzüberschreitende Observation** ist gem. Art. 40 I UA 1 SDÜ an folgende **Voraussetzungen** gebunden, welche **kumulativ** vorliegen müssen: 22

- ein eingeleitetes Ermittlungsverfahren im Ausgangsstaat
- wegen einer auslieferungsfähigen Straftat (richtet sich nach der Gesamtheit der auslieferungsrechtlichen Vereinbarungen zwischen den beteiligten Staaten)
- gegen eine bereits observierte Person („Zielperson") in dem (um grenzüberschreitende Observation) ersuchenden Ausgangsstaat sowie
- die Zustimmung des ersuchten Staates („Zielstaates") auf der Grundlage eines zuvor gestellten Rechtshilfeersuchens.

Ausnahmsweise kann bei **besonderer Dringlichkeit auch ohne vorherige Zustimmung** eine grenzüberschreitende Observation erfolgen. Dann gelten aber die in Art. 40 II SDÜ niedergelegten besonderen Bestimmungen: 23

- Voraussetzungen des Art. 40 I SDÜ (Rn. 22)
- eine besondere Dringlichkeit, die es nicht erlaubt, im Wege eines Rechtshilfeersuchens die vorherige Zustimmung des Zielstaates einzuholen
- die observierte Person steht im Verdacht der Beteiligung an einer in Art. 40 VII SDÜ (Straftatenkatalog) aufgeführten Straftat
- der Grenzübertritt ist noch während der Observation unverzüglich der in Art. 40 V SDÜ bezeichneten Behörde mitzuteilen
- ein Rechtshilfeersuchen nach Art. 40 I SDÜ ist unverzüglich nachzureichen, wobei die Gründe, die einen Grenzübertritt ohne vorherige Zustimmung rechtfertigen, mitzuteilen sind
- die Observation ist einzustellen, sobald die Vertragspartei, auf deren Hoheitsgebiet die Observation stattfindet, dies verlangt oder wenn die Zustimmung nicht fünf Stunden nach Grenzübertritt vorliegt (Art. 40 II UA 2 SDÜ)

Die Praktikabilität der in Art. 40 II SDÜ für Eilfälle getroffenen Regelung kann durchaus bezweifelt werden. Es steht zu befürchten, dass das Klammern an Souveränitätsgedanken zu neuen rechtlichen Grauzonen führen wird. Unbefriedigend ist auch, dass die mit der Observation des Tatverdächtigen einhergehende Beobachtung von Kontaktpersonen ungeregelt geblieben ist. In Art. 40 III lit. a-h SDÜ sind weitere allgemeine Zulässigkeitsvoraussetzungen für eine grenzüberschreitende Observation nach Art. 40 I bzw. II SDÜ normiert. Nach der Grenzüberschreitung sind die observierenden Beamten an das Recht des Staates gebunden, auf dessen Hoheitsgebiet sie operieren. Sie dürfen ihre Dienstwaffe mit sich führen, es sei denn, die ersuchte Vertragspartei hat dem ausdrücklich widersprochen. Der Schusswaffengebrauch ist mit Ausnahme eines Notwehrfalles nicht zulässig. Die   24 observierenden Beamten sind nicht befugt, Wohnungen und öffentlich nicht zugängliche Grundstücke zu betreten. Auch dürfen sie die zu observierende Person nicht anhalten oder festnehmen.

5.2.2.2.4 Grenzüberschreitende Nacheile (Art. 41 SDÜ)

25   Grenzüberschreitende Nacheile bedeutet Fortsetzung der polizeilichen Verfolgung von flüchtigen Personen auf dem Hoheitsgebiet eines anderen Staates.[34] Diese über die Grenzen des eigenen Staatsgebietes hinausreichende polizeiliche Maßnahme ist gem. Art. 41 I SDÜ zulässig, wenn eine Person auf frischer Tat betroffen wurde oder aus Untersuchungs- oder Strafhaft geflohen ist und die Behörden des Staates, auf dessen Hoheitsgebiet nachgeeilt wird, nicht rechtzeitig informiert werden und deshalb die Verfolgung nicht selbst an der Grenze aufnehmen können. Die Nacheilebefugnis hängt gem. Art. 41 I SDÜ von folgenden Voraussetzungen ab:

- Verfolgung einer Person, die auf frischer Tat bei der Begehung oder der Teilnahme an einer Straftat nach Art. 41 IV SDÜ (Option: Katalogtat oder auslieferungsfähige Tat) betroffen wird oder die aus Untersuchungs- oder Strafhaft geflohen ist
- Eilbedürftigkeit (besondere Dringlichkeit der Angelegenheit)
- Kontaktaufnahme der nacheilenden Beamten mit der zuständigen Behörde des Gebietsstaates spätestens bei Grenzübertritt,
- Einhaltung der in einer Erklärung gem. Art. 41 IX SDÜ festgelegten Erklärung zu den konkreten räumlichen, zeitlichen und sachlichen Nacheilemodalitäten

26   Deutschland hat durch Erklärungen gem. Art. 41 IX SDÜ den Beamten Belgiens, Frankreichs, Luxemburgs, der Niederlande und Österreichs das Recht der Nacheile ohne räumliche und zeitliche Begrenzung, für alle auslieferungsfähigen Straftaten und unter Einräumung eines Festhalterechts gewährt. Demgegenüber sind die Nacheilemodalitäten, an welche die deutschen Beamten gebunden sind, in den Nachbarstaaten Deutschlands jeweils unterschiedlich geregelt und stellen durch eine sachlich nicht nachvollziehbare rigide Begrenzung eine effektive Nutzung der Nacheile als Instrument der Strafverfolgung in Frage.

27   In der Literatur wird zu Recht eine Harmonisierung der Nacheilemodalitäten gefordert mit dem Ziel, ein unbeschränktes Nacheile- und Festhalterecht im Nachbarterritorium zu erreichen.[35] Ungeklärt ist, welche Konsequenzen es für die Gerichtsverwertbarkeit von Beweismitteln hat, die unter Verletzung der Observations- oder Nacheilebestimmungen erlangt wurden. Man denke z. B. an den Fall, dass ein Tatverdächtiger in Luxemburg von nacheilenden deutschen Beamten an einem Ort festgehalten wurde, der elf Kilometer im Landesinneren liegt (nach einer Erklärung

---

[34] *Esser*, EuStR, § 4 Rn. 11 ff.; *Kubiciel*, in: *A/K/R*, Rechtshilfe, Kap. 4 Rn. 231 ff.; *Soiné*, ZIS 2016, 319, 320 ff.

[35] *v. Bubnoff*, ZRP 2000, 60 ff.; *Schomburg*, in: *Schomburg/Lagodny* (Hrsg.), IRhSt, Art. 41 SDÜ Rn. 6.

5.2 Zusammenarbeit in der EU

Luxemburgs gem. Art. 41 IX SDÜ gilt eine Zehn-Kilometer-Begrenzung).[36] Das OLG Koblenz nimmt ein **Beweisverwertungsverbot** an, wenn ein deutscher Polizeibeamter anlässlich der Verfolgung einer Verkehrsordnungswidrigkeit eine Beweiserhebungsmaßnahme auf ausländischem Staatsgebiet vornimmt, ohne dass dies durch eine völkerrechtliche Vereinbarung oder eine einzelfallbezogene Zustimmung des betroffenen Staates erlaubt ist.[37]

Die Frage des **Rechtsschutzes** der von grenzüberschreitende Polizeitätigkeit betroffenen Personen lässt sich anhand des folgenden Falles studieren. 28

Fallbeispiel

Der deutsche Autofahrer B wird im bayerisch-österreichischen Grenzgebiet von einer Streifenbesatzung der deutschen Autobahnpolizei dabei beobachtet, wie er bei einem verbotenen Überholmanöver einen anderen Wagen seitlich rammt und sodann – ohne anzuhalten – seine Fahrt mit hoher Geschwindigkeit fortsetzt. Die Zivilstreife verfolgt den B über die deutsche Staatsgrenze hinweg bis zu einem in Österreich gelegenen Parkplatz. Die Beamten zwingen B unter Anwendung des „Polizeigriffes", in ihren Wagen einzusteigen, um mit ihnen zu einer auf der deutschen Seite gelegenen Polizeidienststelle zu fahren. Ein Mitglied der Streifenbesatzung überführt den Wagen des B nach Deutschland. Ist die Rechtmäßigkeit dieser Maßnahmen von einem deutschen Gericht überprüfbar? ◄

Lösungshinweise
Das SDÜ enthält keine Bestimmungen über den Rechtsschutz. Jedoch hat B nach 29 Art. 19 IV GG einen verfassungsrechtlich verbürgten Anspruch auf die Eröffnung eines Rechtsweges zu einem deutschen Gericht, wenn er geltend machen kann, durch die **deutsche öffentliche Gewalt** in seinen Rechten verletzt worden zu sein. Fraglich ist, ob dieser Voraussetzung entgegensteht, dass die im Rahmen der grenzüberschreitenden Nacheile (Art. 41 SDÜ) ergriffenen polizeilichen Maßnahmen nicht auf deutschem Hoheitsgebiet vollzogen worden sind. Die teleologische Auslegung des SDÜ ergibt, dass die grenzüberschreitend tätig werdenden Beamten keine Hoheitsgewalt des Zielstaates wahrnehmen, sondern vielmehr im Zielstaat **Hoheitsgewalt ihres Entsendestaates** ausüben.[38] Die Vertragsparteien haben die Möglichkeit grenzüberschreitender polizeilicher Zusammenarbeit geschaffen, um den mit dem Wegfall der Kontrollen an den Binnengrenzen befürchteten Sicherheitsverlust auszugleichen. Es sollte verhindert werden, dass Personen, die im Verdacht stehen, eine Straftat begangen zu haben, sich durch eine ungehinderte Flucht über die offene Grenze den gegen sie gerichteten Ermittlungsmaßnahmen entziehen können. Durch das SDÜ soll der „nationale Souveränitätspanzer" aufgebrochen

---

[36] Für die Annahme eines Beweisverwertungsverbotes wegen Verletzung der souveränen Rechte des Gebietsstaates *Böse*, ZStW 114 (2002), 148, 177.
[37] OLG Koblenz, NStZ 2017, 108 f.; zu Recht krit. hierzu *Kubiciel*, in: *A/K/R*, Rechtshilfe, Kap. 4 Rn. 225, 231; *Radtke*, NStZ 2017, 108 f.
[38] *Ambos*, IntStR, § 12 Rn. 6; *Baldus*, Polizeiliche Zusammenarbeit, S. 34, 44; *Soiné*, ZIS 2016, 319.

werden und die Ausübung originärer Hoheitsgewalt des Entsendestaates auch auf dem Hoheitsgebiet des angrenzenden Vertragsstaates ermöglicht werden. Demzufolge haben die deutschen Beamten auf dem Territorium Österreichs deutsche Hoheitsgewalt ausgeübt, als sie dem in Deutschland auf frischer Tat (vgl. §§ 315c I Nr. 2 b, 142 I Nr. 1, 2 StGB) betroffenen B über die Grenze hinweg nacheilten. B kann daher mit der Behauptung, die Beamten hätten ihn in seinen Rechten verletzt, ein deutsches Gericht anrufen, um die Rechtmäßigkeit der getroffenen Maßnahmen überprüfen zu lassen.

5.2.2.2.5 Gleichstellung der Beamten (Art. 42 SDÜ) und Schadensersatz (Art. 43 SDÜ)

30 Während eines Einschreitens nach Maßgabe der Art. 40 und 41 SDÜ werden die Beamten, die im Hoheitsgebiet einer anderen Vertragspartei eine Aufgabe erfüllen, den Beamten dieser Vertragspartei in Bezug auf die Straftaten gleichgestellt, denen diese Beamten zum Opfer fallen oder die sie begehen würden (Art. 42 SDÜ). Aufgrund dieser **im Rang eines deutschen Bundesgesetzes**[39] stehenden **Gleichstellungsbestimmung** müssen die Straftatbestände, die gegen deutsche Amtsträger oder von deutschen Amtsträgern (§ 11 I Nr. 2 StGB) in der von Art. 40 und 41 SDÜ geregelten Situation begangen werden, auch auf ausländische Amtsträger angewendet werden, die Angehörige eines Vertragsstaates sind. Die ausländischen Amtsträger dürfen nicht mit den „Europäischen Amtsträgern" i. S. d. § 11 I Nr. 2a StGB verwechselt werden.

Fallbeispiel

31 Ein aus französischer Strafhaft entflohener Häftling H leistet auf deutschem Staatsgebiet mit Gewalt Widerstand gegen seine Festnahme durch französische Beamte, die ihm über die Grenze hinweg nach Deutschland nachgeeilt sind. Strafbarkeit des H gem. § 113 I StGB? ◄

Lösungshinweise

32 Da die französischen Beamten gem. Art. 42 SDÜ den deutschen Amtsträgern gleichgestellt werden, muss sich H gem. § 113 I StGB strafrechtlich verantworten.[40] In dieser Erweiterung des Schutzbereichs des § 113 I StGB liegt kein Verstoß gegen Art. 103 II GG,[41] da die Gleichstellung ausländischer Amtsträger mit deutschen Amtsträgern nicht etwa auf einer analogen Heranziehung des § 11 I Nr. 2 StGB, sondern auf der in Deutschland unmittelbar anwendbaren Gleichstellungsvorschrift des Art. 42 SDÜ beruht. Diese bewirkt auch, dass sich die ausländischen Amtsträger

---

[39] Vgl. hierzu das deutsche Zustimmungsgesetz zum SDÜ v. 15.07.1993 (BGBl II 1993, 1010).
[40] *Fischer*, § 113 Rn. 3; *Gleß*, in: *Schomburg/Lagodny* (Hrsg.), IRhSt, Art. 42 SDÜ Rn. 1; *Lenk*, GA 2019, 455, 465; *Pohlmann*, Gleichstellungsklauseln, S. 225 ff., 239; *Möhrenschlager*, Hb. WiStR, Kap. 3 Rn. 19; krit. hierzu MüKoStGB/*Bosch*, § 113 Rn. 8.
[41] So aber *Heger*, in: *Böse* (Hrsg.), EuStR, § 5 Rn. 41; LK-*Rosenau*, § 113 Rn. 13.

ihrerseits gem. § 340 I StGB strafbar machen, wenn sie während ihres Einsatzes die Grenzen zulässiger Gewaltanwendung überschreiten.

Art. 43 I SDÜ normiert eine **zwischenstaatliche Schadensersatzregelung**. 33
Demnach haftet die erste Vertragspartei nach Maßgabe ihres nationalen Rechts für einen Schaden, den ihre Beamten im Rahmen einer nach Art. 40 und 41 SDÜ vorgenommenen Diensthandlung auf dem Hoheitsgebiet einer anderen Vertragspartei verursacht haben. Art. 43 II SDÜ stellt keine eigenständige Anspruchsgrundlage für den konkret betroffenen Geschädigten dar, sondern verweist auf das nationale Amtshaftungsrecht.[42] Die Vertragspartei, auf deren Hoheitsgebiet der Schaden verursacht wird, hat diesen so zu ersetzen, wie sie ihn ersetzen müsste, wenn ihre eigenen Beamten ihn verursacht hätten. In Art. 43 III SDÜ wird eine zwischenstaatliche Regresspflicht statuiert.

> **Fallbeispiel**
>
> Eine Zivilstreife der französischen Polizei entdeckt kurz vor dem Grenzübergang 34
> Straßburg/Kehl den aus französischer Untersuchungshaft entflohenen H. Die Polizeibeamten eilen H über die Rheinbrücke hinweg nach bis zu einem auf deutschem Territorium gelegenen Rastplatz. Dort zwingen sie ihn, mit erhobenen Händen auszusteigen, legen ihm Handfesseln an und durchsuchen seinen Wagen. Bei der Durchsuchung wird durch grobe Unachtsamkeit eines Beamten der Pkw des H beschädigt. ◄

Nach Art. 43 II SDÜ muss die Bundesrepublik den materiellen Schaden so ersetzen, wie sie es müsste, wenn deutsche Beamte ihn verursacht hätten. H kann also einen Schadensersatzanspruch (aus Amtshaftung gem. § 839 BGB i. V. m. Art. 34 GG) gegen Deutschland geltend machen und erforderlichenfalls auch vor einem deutschen Gericht einklagen. Falls Deutschland dem H Schadensersatz leistet, ist Frankreich der Bundesrepublik gegenüber gem. Art. 43 III SDÜ zur Erstattung verpflichtet.

5.2.3 Das Schengener Informationssystem (SIS-II)

Neben der grenzüberschreitenden polizeilichen Zusammenarbeit stellt das **Schen-** 36
gener Informationssystem (SIS) die zweite wesentliche Neuerung der transnationalen Kriminalitätsbekämpfung in Europa dar. Das im Jahre 1995 eröffnete, im Jahre 2013 als **SIS-II** technisch weiterentwickelte und mittlerweile in 31 Staaten[43] etablierte Schengener Informationssystem ist ein computergestütztes polizeiliches Fahndungssystem, das den teilnehmenden Staaten den Online-Zugriff auf

---

[42] *Kubiciel*, in: *A/K/R*, Rechtshilfe, Kap. 4 Rn. 236.
[43] Alle 27 EU-Mitgliedstaaten sowie Island, Norwegen, die Schweiz und Liechtenstein (Stand: 05/2024).

polizeiliche Fahndungsdaten ermöglicht.[44] Durch das SIS-II werden Ausschreibungen, die der Suche nach Personen oder Sachen dienen, zum Abruf im automatisierten Verfahren bereitgehalten. Im Gegensatz zur Interpol-Fahndung (Rn. 3) sind die Teilnehmer des SIS-II verpflichtet, dem Fahndungsersuchen eines Vertragsstaates zu entsprechen. Mit der **VO (EU) 2018/1862 des EP und des Rates v. 28.11.2018 (SIS-VO)**[45] wurde Europas größte Polizeidatenbank durch Einführung neuer Datenkategorien (Fingerabdruckidentifizierungssystem) und Auschreibungsziele (Ermittlungsanfrage gem. Art. 36 SIS-VO) ausgeweitet.[46] Außerdem wurde die Zugriffsberechtigung auf Europol (Art. 48 SIS-VO), Eurojust (Art. 49 SIS-VO) und FRONTEX (Art. 50 SIS-VO) ausgedehnt, die nunmehr unter den jeweils genannten Voraussetzungen auf Daten aus dem SIS zugreifen können. Man kann daher von einer europäischen „Fahndungsunion" sprechen.

37 Das von der Union betriebene **SIS-II** gliedert sich in einen **Zentralrechner in Straßburg (C.SIS** = Central Schengen Information System) und in **nationale Systeme der Anwenderstaaten (N.SIS** = National Schengen Information System).[47] Von den N.SIS werden die Daten an das C.SIS übermittelt, das durch Steuerung der Abfrage- und Eingabedialoge und Betreiben einer Referenzdatenbank für die Synchronität der Daten sorgt und von dort die Daten an alle N.SIS verteilt, sodass nahezu ohne zeitliche Verzögerung nach Dateneingabe im N.SIS die Daten gleichzeitig allen zugriffsberechtigten Teilnehmern zur Verfügung stehen. Jeder am SIS teilnehmende Staat hat die Verpflichtung, eine Stelle zu bestimmen, die für den nationalen Teil des SIS-II zuständig ist. Diese Stellen werden **SIRENE** (**S**upplementary **I**nformation **Re**quest at the **N**ational **E**ntry) genannt. Die deutsche SIRENE befindet sich beim BKA in Wiesbaden.

38 In der SIS-VO werden folgende **Fahndungskategorien** unterschieden und die jeweiligen Ausschreibungsziele und -bedingungen geregelt: Ausschreibung zur Fahndung nach

- Personen, nach denen zum Zwecke der Übergabe- oder Auslieferungshaft gesucht wird (Art. 26 SIS-VO)
- vermissten oder schutzbedürftigen Personen zwecks Gefahrenabwehr (Art. 32 SIS-VO)
- Personen, die im Hinblick auf ihre Teilnahme an einem Gerichtsverfahren gesucht werden, insbesondere Angeklagte, Empfänger gerichtlicher Ladungen und Zeugen (Art. 34 SIS-VO)
- Personen und Sachen für verdeckte Kontrollen, Ermittlungsanfragen oder gezielte Kontrollen (Art. 36 SIS-VO)
- Sachen, die zur Sicherstellung oder zur Beweissicherung in Strafverfahren gesucht werden (Art. 38 SIS-VO)

---

[44] *Ambos*, IntStR, § 12 Rn. 26; *Dannecker/Bülte*, Hb. WiStR, Kap. 2 Rn. 350; *Esser*, EuStR, § 4 Rn. 19 ff.
[45] ABlEU 2018 Nr. L 312, S. 56.
[46] *Esser*, in: *Böse* (Hrsg.), EuStR, § 19 Rn. 131.
[47] *Ambos*, IntStR, § 12 Rn. 26 (Schaubild 30); *Esser*, in: *Böse* (Hrsg.), EuStR, § 19 Rn. 130.

- unbekannten gesuchten Personen zwecks Identifizierung anhand daktyloskopischen Daten (Fingerabdruck- oder Handflächenabdrucksätze, die an Tatorten terroristischer oder sonstiger schwerer Straftaten, wegen derer ermittelt wird, vorgefunden wurden) nach Maßgabe nationalen Rechts (Art. 40 SIS-VO)

Bereits die Art. 109 ff. SDÜ gewährten der von einer Fahndungsausschreibung betroffenen Person **Auskunfts-, Berichtigungs-, Löschungs- und Schadensersatzansprüche** sowie einen **schengenweiten Rechtsschutz vor dem Gericht seiner Wahl**, wenn es um **vom SIS berührte Datenschutzrechte** ging.[48] Diese Rechte werden nunmehr in Art. 67 und 68 der **VO (EU) 2018/1862 des EP und des Rates v. 28.11.2018 (SIS-VO)** fortgeschrieben.[49] Die datenschutzrechtliche Kontrolle des SIS wird nunmehr durch den Europäischen Datenschutzbeauftragten sowie die nationalen Datenschutzbehörden ausgeübt (Art. 71 SIS-VO).

39

5.2.4 Polizeiliche und Justizielle Zusammenarbeit in Strafsachen im einheitlichen Rahmen des Unionsrechts

Erst mit dem Abschluss des am 01.11.1993 in Kraft getretenen **Vertrags von Maastricht** wurden in der dadurch geschaffenen 3. Säule der EU gemeinsame Strukturen für eine staatenübergreifende Zusammenarbeit in Angelegenheiten von gemeinsamem Interesse geschaffen, ohne dass jedoch die Schengener Verträge in das institutionelle System der EU integriert worden wären. Durch die Überführung der **Zusammenarbeit in den Bereichen Justiz und Inneres (ZBJI)** in den Rahmen des EUV wurde das Procedere für eine Kooperation aller EU-Mitgliedstaaten abschließend festgelegt.[50] Zu den in Art. K.1 EUV i. d. F. des Maastrichter Vertrags aufgeführten Politikbereichen, die von den Mitgliedstaaten als **Angelegenheiten von gemeinsamem Interesse** angesehen wurden, gehörte die justizielle Zusammenarbeit in Straf- und Zivilsachen, die Kooperation im Zollwesen sowie die polizeiliche Zusammenarbeit zur Verhütung und Bekämpfung schwerer Formen der internationalen Kriminalität wie Terrorismus und Drogenhandel. Als Ziel der ZBJI wurde auch der Aufbau eines unionsweiten Systems zum Austausch von Informationen im Rahmen eines Europäischen Polizeiamtes (Europol) genannt. Der Maastrichter Vertrag hat aber im Wesentlichen nur den Status quo der bis zu diesem Zeitpunkt völker- und europarechtlich nicht geregelten, jedoch in Gestalt einer Vielzahl von Arbeitsgruppen praktizierten intergouvernementalen Zusammenarbeit auf eine völkervertragsrechtliche Grundlage gestellt und damit von einer informellen in eine institutionalisierte Kooperationsform überführt. Die TREVI-Arbeitsgruppen (Rn. 13 f.) sind nach Inkrafttreten des EUV im „Rat für Inneres und Justiz" aufgegangen.

40

---

[48] *Baldus*, Polizeiliche Zusammenarbeit, S. 34, 51 ff.; *Esser*, in: *Böse* (Hrsg.), EuStR, § 19 Rn. 128; *Gleß/Lüke*, JURA 2000, 400, 404; *Wahl*, Datenschutz, S. 79, 92 ff., 119 ff.
[49] *Esser*, in: *Böse* (Hrsg.), EuStR, § 19 Rn. 133.
[50] *Meyer*, in: *v. d. Groeben/Schwarze/Hatje* (Hrsg.), EU-Recht, Vor Art. 82 ff. AEUV Rn. 8.

41 Mit dem am 01.05.1999 in Kraft getretenen **Vertrag von Amsterdam** wurden die Grundlagen für das neue Unionsziel der Schaffung eines **Raumes der Freiheit, der Sicherheit und des Rechts** festgelegt (ex-Art. 29 EUV). Der sog. **Schengen-Acquis**[51] wurde in den Rahmen der 3. Säule der EU überführt.[52] Die ZBJI (Rn. 40) wurde umstrukturiert und als **Polizeiliche und Justizielle Zusammenarbeit in Strafsachen (PJZS)** in die ex-Art. 29–42 EUV eingefügt, wodurch die seit 1992 (Vertrag von Maastricht) praktizierte Kooperation der Mitgliedstaaten erweitert und auf eine höhere Integrationsstufe gehoben wurde. Der Rat wurde gem. ex-Art. 34 II lit. b EUV ermächtigt, auf Vorschlag der Kommission oder eines Mitgliedstaates **einstimmig Rahmenbeschlüsse (RB) zur Angleichung der Rechts- und Verwaltungsvorschriften der Mitgliedstaaten** anzunehmen.[53] Auf dieser Grundlage erließ der Rat eine Vielzahl von RB, namentlich in den Bereichen Terrorismus, OK, Geldfälschung, Drogenkriminalität, Geldwäsche, Menschenhandel, Cybercrime sowie Rechtshilfe (EuHb). Einige dieser RB sind noch immer Bestandteil des geltenden EU-Sekundärrechts (Kap. 8 Rn. 50 u. Kap. 11 Rn. 6).

42 Der am 01.12.2009 in Kraft getretene **Vertrag von Lissabon** überführt die **PJZS** in den **einheitlichen Rahmen des Unionsrechts** (Art. 67, 82–86, 87–89 AEUV).[54] Anstelle der einstimmigen Entscheidungen im Rat gem. ex-Art. 34 II EUV, bei der die Mitwirkung des EP auf eine bloße Anhörung beschränkt war (ex-Art. 39 I EUV), findet auf den Erlass von Rechtsakten der PJZS nunmehr das ordentliche Gesetzgebungsverfahren des Art. 294 AEUV Anwendung. Hierdurch wird die demokratische Legitimation der europäischen Justiz- und Innenpolitik deutlich verstärkt,[55] namentlich in den Bereichen Strafprozessrecht (Art. 82 II AEUV), materielles Strafrecht (Art. 83 I, II AEUV), Kriminalprävention (Art. 84 AEUV), Eurojust (Art. 85 II AEUV), Europol (Art. 88 II AEUV) und polizeiliche Zusammenarbeit (Art. 87 II AEUV). Das Prinzip der gegenseitige Anerkennung justizieller Entscheidungen (Kap. 11 Rn. 2 ff.) wird erstmals im Primärrecht (Art. 82 I AEUV) verankert.[56] Während nach ex-Art. 34 II EUV ein Initiativrecht der Kommission und eines Mitgliedstaates bestand, bestimmt Art. 76 AEUV, dass Rechtsakte auf Vorschlag der Kommission oder auf Initiative eines Viertels der Mitgliedstaaten erlassen werden. An die Stelle des RB als ehemals wichtigstem Instrument zur Harmonisierung des Straf- und Strafverfahrensrecht tritt die RL (Kap. 8 Rn. 42 ff. und Kap. 11 Rn. 41 ff.).

---

[51] Der Schengen-Besitzstand wird konstituiert durch die Schengener Abkommen v. 14.06.1985 und v. 19.06.1990 (SDÜ), die späteren Beitrittsprotokolle und -übereinkommen weiterer EG-Mitgliedstaten hierzu, die Beschlüsse und Erklärungen des aufgrund des SDÜ eingesetzten Exekutivausschusses sowie die Rechtsakte zur Durchführung des Übereinkommens; vgl. hierzu *Ambos*, IntStR, § 9 Rn. 34.

[52] Vgl. Protokoll zur Einbeziehung des Schengen-Besitzstands in den Rahmen der EU (ABlEG 1997 Nr. C 340, S. 93).

[53] Vgl. zu diesem Instrument *Gärditz/Gusy*, GA 2006, 225, 228 ff.

[54] *Meyer*, in: *v. d. Groeben/Schwarze/Hatje* (Hrsg.), EU-Recht, Vor Art. 82 ff. AEUV Rn. 21.

[55] *Suhr*, in: *Calliess/Ruffert* (Hrsg.), EUV/AEUV, Art. 67 AEUV Rn. 46 ff.

[56] *Suhr*, in: *Calliess/Ruffert* (Hrsg.), EUV/AEUV, Art. 82 AEUV Rn. 5 ff.

5.3 Polizei- und Strafverfolgungsinstitutionen der Union

5.3.1 Europol

5.3.1.1 Errichtung und organisatorische Strukturen von Europol

Durch das **Europol-Übereinkommen** (EuropolÜbk.) v. 26.07.1995 wurde das **43** **Europäische Polizeiamt (Europol)**[57] als internationale Organisation mit Sitz in Den Haag errichtet. Nach Abschluss der mit Verzögerungen behafteten Ratifikationen in den Mitgliedstaaten hat Europol am 01.07.1999 seine Arbeit aufgenommen. Mit Wirkung ab 01.01.2010 wurde das EuropolÜbk. durch den auf der Grundlage der ex-Art. 30 I lit. b, 34 II lit. c EUV angenommenen **Beschluss des Rates v. 06.04.2009 zur Errichtung des Europäischen Polizeiamtes**[58] ersetzt. Anlass für die Schaffung dieser neuen Rechtsgrundlage war vor allem das Bestreben, künftige Neufassungen nicht mehr im Wege einer zeitraubenden Ratifizierung von Änderungsprotokollen durch die Mitgliedstaaten vornehmen zu müssen. War Europol bisher eine auf der Grundlage eines völkerrechtlichen Vertrags geschaffene internationale Organisation, so handelt es sich bei dem Amt seit Inkrafttreten des Ratsbeschlusses um eine mit eigener Rechtspersönlichkeit ausgestatteten **Agentur der Union**, die dem Personalstatut für EU-Institutionen unterworfen ist und aus dem Gesamtbudget der Union finanziert wird.[59] Auf der Grundlage des Vertrags von Lissabon sind die Rechtsgrundlagen über Aufbau, Arbeitsweise und Aufgaben von Europol gemäß dem ordentlichen Gesetzgebungsverfahren durch **Verordnung** festzulegen (Art. 88 II AEUV). Mit der am 01.05.2017 in Kraft getretenen **VO (EU) 2016/794 v. 11.05.2016 über die Agentur der EU für die Zusammenarbeit auf dem Gebiet der Strafverfolgung (Europol-VO)**[60] hat der Unionsgesetzgeber einen neuen Rechtsrahmen für Europol geschaffen.[61] Für die Agentur, die sich zur zentralen Schaltstelle bei der Verbrechensbekämpfung in Europa entwickelt hat, sind ca. 1400 Bedienstete, davon 264 von den nationalen Behörden abgeordnete Verbindungsbeamte aus über 30 Staaten tätig.

Als Behördenleiter und gesetzlicher Vertreter von Europol fungiert der **Exekutiv- 44 direktor**, der für die laufende Verwaltung zuständig ist, die Aufsicht über die Europol-Bediensteten führt und für die Durchführung der Europol zugewiesenen Aufgaben verantwortlich ist (Art. 16 Europol-VO).[62] Grundsatzfragen werden von dem Hauptorgan von Europol, dem **Verwaltungsrat**, entschieden, der sich aus einem

---

[57] Übk. aufgrund von Art. K.3 des Vertrages über die Europäische Union über die Einrichtung eines Europäischen Polizeiamtes (Europol-Konvention); AblEG 1995 Nr. C 316, S. 1, 2 ff.(BGBl. II 1997, 2154); in Kraft getreten am 01.10.1998.
[58] AblEU 2009 Nr. L 121, S. 37; vgl. hierzu *Ruthig/Böse*, in: *Böse* (Hrsg.), EuStR, § 20 Rn. 7 ff.
[59] *Ruthig/Böse*, in: *Böse* (Hrsg.), EuStR, § 20 Rn. 17 ff.
[60] AblEU 2016 Nr. L 135, S. 53; siehe hierzu auch das in Deutschland erlassene Europol-Gesetz v. 16.12.1997 (BGBl. 1997 II, 2150), zuletzt geändert durch Art. 8 G. v. 25.06.2021 (BGBl. I 2021, 2083).
[61] *Ruthig/Böse*, in: *Böse* (Hrsg.), EuStR, § 20 Rn. 2; *Satzger*, IntStR, § 10 Rn. 4 ff.
[62] *Ruthig/Böse*, in: *Böse* (Hrsg.), EuStR, § 20 Rn. 21.

Vertreter pro Mitgliedstaat zusammensetzt (Art. 10, 11 Europol-VO). Der Verwaltungsrat hat auch über die mehrjährige Programmplanung, das jährliche Arbeitsprogramm und den Haushaltsplan zu beschließen und die Amtsführung des Exekutivdirektors zu überwachen.

5.3.1.2 Aufgaben von Europol

45 Europol soll die Tätigkeit der zuständigen Behörden der Mitgliedstaaten sowie deren Zusammenarbeit bei der **Prävention und Bekämpfung von schwerer Kriminalität und Terrorismus** unterstützen und verstärken, wenn **zwei oder mehr Mitgliedstaaten betroffen** sind (Art. 3 Europol-VO). Die genannten Kriminalitätsbereiche werden durch die umfangreiche Aufzählung einzelner Deliktskategorien in Anhang I katalogartig konkretisiert (u. a. Terrorismus, OK, Geldwäsche, Drogenhandel, Schleuserkriminalität, Menschenhandel, Cybercrime und Korruption). Art. 4 Europol-VO regelt – ausgehend von der Beschreibung des Europol-Auftrags in Art. 88 I AEUV – die vielfältigen Aufgaben von Europol. Der Schwerpunkt seiner Tätigkeit liegt im Sammeln, Speichern, Verarbeiten, Analysieren und Austauschen von Informationen und Erkenntnissen, Erstellen von Bedrohungsanalysen und Lageberichten sowie in der Unterrichtung und Unterstützung der zuständigen Behörden der Mitgliedstaaten („Intelligence-Arbeit").[63] Mit Hilfe von Europol sollen Spezialkenntnisse der nationalen Ermittlungsbehörden vertieft, Beratungen angeboten und strategische Erkenntnisse übermittelt werden.

46 Zur Erfüllung seiner Aufgaben unterhält Europol ein **Informationsverarbeitungssystem (EIS)**, in das die Daten von den mitgliedstaatlichen Stellen, Verbindungsbeamten und Europolbediensteten eingegeben und aus dem die Daten abgerufen werden (Art. 17 ff. Europol-VO).[64] Die automatisierte Informationssammlung des EIS besteht aus einem Informationssystem, Analysedateien und einer Indexfunktion („Suchmaschine"). Während das SIS-II eine reine Fahndungsdatei ist (Rn. 36 ff.), ermöglicht das EIS gezielte polizeiliche Recherchen. So lassen sich bspw. mit Hilfe von Analysedateien, die personenbezogene Daten über tatverdächtige Personen und Kontaktpersonen enthalten, Lagebilder erstellen. Auch Fingerabdrücke und DNA-Profile können in das EIS aufgenommen werden. Jeder Betroffene kann **Beschwerde beim Europäischen Datenschutzbeauftragten** einreichen, wenn er der Ansicht ist, dass Europol bei der Verarbeitung seiner personenbezogenen Daten gegen das Datenschutzregime der Art. 28–46 Europol-VO verstößt (Art. 47 I Europol-VO).[65]

47 Europol besitzt **keine eigenen Exekutiv- oder Ermittlungsbefugnisse**. Nach Art. 88 III AEUV darf Europol „operative Maßnahmen" nur in Verbindung und in Absprache mit den Behörden der betroffenen Mitgliedstaaten ergreifen.[66] Die Anwendung von Zwangsmaßnahmen bleibt ausschließlich den zuständigen einzel-

---

[63] *Esser*, EuStR, § 3 Rn. 35 ff.
[64] *Esser*, EuStR, § 3 Rn. 41 ff.; *Ruthig/Böse*, in: *Böse* (Hrsg.), EuStR, § 20 Rn. 40 ff.
[65] *Esser*, EuStR, § 3 Rn. 49 ff.; *Ruthig/Böse*, in: *Böse* (Hrsg.), EuStR, § 20 Rn. 68.
[66] *Esser*, EuStR, § 3 Rn. 37 ff.; *Ruthig/Böse*, in: *Böse* (Hrsg.), EuStR, § 20 Rn. 43 ff.

staatlichen Behörden vorbehalten. Faktisch ist Europol häufig an operativen Einsätzen nationaler Ermittlungsbehörden beteiligt.[67] An der gezielten Bekämpfung schwerer und organisierter Kriminalität und deren Infrastruktur im Rahmen der 2014 von Europol koordinierten „Operation Archimedes" waren mehr als 20.000 Polizisten und Sicherheitskräfte aus 34 Ländern beteiligt. Die sog. „EncroChat"-Ermittlungen (Kap. 11 Rn. 34) wurden durch eine im April 2020 gebildete Gemeinsame Ermittlungsgruppe aus französischen und niederländischen Ermittlern sowie Eurojust und Europol geführt.[68] Mit Unterstützung von Europol wurden in Neapel im Januar 2023 von italienischen und französischen Ermittlern 63 Personen festgenommen, denen die Herstellung falscher Euro-Banknoten im Wert von über 6 Mio. € angelastet wird. Im Rahmen der „Operation Pandora" (2024) wurde ein international agierendes Telefonbetrügernetz durch eine von Europol koordinierte Aktion ausgehoben. Die unterstützende Teilnahme von Europol-Bediensteten an sog. **Joint Investigation Teams**[69] (Gemeinsame Ermittlungsgruppen), ist in Art. 4 lit.d., 5 Europol-VO geregelt. Die Zuständigkeit des EuGH für den **gerichtlichen Rechtsschutz** richtet sich seit dem Inkrafttreten der Europol-VO nach den Art. 258 ff. AEUV.[70]

5.3.2 Eurojust

5.3.2.1 Errichtung und organisatorische Strukturen von Eurojust

Bereits im Jahre 1999 haben die Staats- und Regierungschefs auf dem EU-Sondergipfel in Tampere (Finnland) das Ziel vorgegeben, eine **Auskunfts-, Dokumentations- und Clearingstelle (Eurojust)** als justizielles Pendant zu Europol zu schaffen.[71] Mit Beschluss des Rates v. 14.12.2000 wurde zunächst eine vorläufige Stelle zur justiziellen Zusammenarbeit eingerichtet (Pro-Eurojust), die am 01.03.2001 ihre Arbeit in Brüssel aufgenommen hat.[72] Die grenzüberschreitende justizielle Zusammenarbeit wurde schließlich durch die mit **Ratsbeschluss 2002/187/JI** vom 28.02.2002 errichtete **Koordinierungsstelle Eurojust**[73] mit Sitz in Den Haag verstärkt, deren Aufgabe vor allem darin bestand, juristische Informationen zwischen den Strafverfolgungsbehörden der Mitgliedstaaten auszutauschen sowie transnationale Ermittlungsverfahren zu koordinieren.[74] Der nachfolgende **Ratsbeschluss 2009/426/JI** v. 16.12.2008[75] führte lediglich zu einigen punktuellen

48

---

[67] https://www.europol.europa.eu/operations-services-and-innovation/operations.
[68] *F. Zimmermann*, ZfIStw 2022, 173, 174.
[69] *Krüßmann*, in: *Böse* (Hrsg.), EuStR, § 18 Rn. 6 ff.; *Ruthig/Böse*, in: *Böse* (Hrsg.), EuStR, § 20 Rn. 47.
[70] *Esser*, EuStR, § 3 Rn. 57; *Ruthig/Böse*, in: *Böse* (Hrsg.), EuStR, § 20 Rn. 69.
[71] *Zöller/Bock*, in: *Böse* (Hrsg.), EuStR, § 21 Rn. 3.
[72] *Esser*, EuStR, § 3 Rn. 62.
[73] ABlEG 2002 Nr. L 63, S. 1.
[74] *Zöller/Bock*, in: *Böse* (Hrsg.), EuStR, § 21 Rn. 2.
[75] ABlEU 2009 Nr. L 138, S. 14.

Änderungen, ohne sachlich die durch den Vertrag von Lissabon neu gefasste Ermächtigungsgrundlage (Art. 85 AEUV) auszuschöpfen.[76]

49   Durch Art. 85 I UA 1 AEUV wurde das Aufgabenprofil von Eurojust geschärft und erweitert.[77] Der Aufbau, die Arbeitsweise, der Tätigkeitsbereich und die Aufgaben von Eurojust sind gem. Art. 85 I UA 2 AEUV im ordentlichen Gesetzgebungsverfahren durch Verordnung festzulegen. Diesem Auftrag ist der europäische Gesetzgeber schließlich durch die Verabschiedung der **VO (EU) 2018/1727 des EP und des Rates v. 14.11.2018 betreffend die Agentur der Europäischen Union für justizielle Zusammenarbeit in Strafsachen (Eurojust) und zur Ersetzung und Aufhebung des Beschlusses 2002/187/JI des Rates (Eurojust-VO)** nachgekommen.[78] Eurojust tritt als Rechtsnachfolgerin an die Stelle ihrer namengleichen Vorgängerinstitution und ist wie diese eine mit eigener **Rechtspersönlichkeit** ausgestattete weisungsunabhängige Agentur der EU (Art. 1 II, III Eurojust-VO). Sie umfasst die von jedem Mitgliedstaat zu entsendenden **nationalen Mitglieder** (Art. 7 Eurojust-VO), das **Kollegium** (Art. 10 I Eurojust-VO), den **Verwaltungsrat** (Art. 16 Eurojust-VO) und den **Verwaltungsdirektor** (Art. 17 Eurojust-VO).[79]

5.3.2.2 Aufgaben von Eurojust

50   Nach Art. 2 I Eurojust-VO unterstützt und verstärkt Eurojust die Koordinierung und Zusammenarbeit zwischen den nationalen Strafverfolgungsbehörden bei der Ermittlung und Verfolgung von schwerer Kriminalität, die in den Zuständigkeitsbereich von Eurojust fällt, wenn zwei oder mehr Mitgliedstaaten betroffen sind oder die Strafverfolgung ein gemeinsame Grundlage erfordert, wobei sich Eurojust dabei auf die von den Behörden der Mitgliedstaaten, von Europol (Rn. 43 ff.), der EuStA (Kap. 13 Rn. 39 ff.) und von OLAF (Kap. 13 Rn. 14 ff.) durchgeführten Operationen und gelieferten Informationen stützt. In Anhang I wird durch die umfangreiche Auflistung einzelner Deliktskategorien katalogartig konkretisiert, für welche Kriminalitätsbereiche Eurojust zuständig ist. Damit die Agentur ihre Aufgaben erfüllen kann, wird sie in Art. 4 II Eurojust-VO mit speziellen Befugnissen ausgestattet. Zu den **operativen Kernaufgaben**, die im Einzelnen in Art. 4 I Eurojust-VO beschrieben sind, gehört vor allem die

- Unterrichtung der zuständigen Behörden der Mitgliedstaaten über Ermittlungen und Strafverfolgungsmaßnahmen, wenn diese Auswirkungen auf Ebene der Union haben oder andere als die unmittelbar betroffenen Mitgliedstaaten berühren könnten
- Unterstützung der zuständigen Behörden der Mitgliedstaaten bei der Gewährleistung einer optimalen Koordinierung der Ermittlungen und Strafverfolgungsmaßnahmen

---

[76] *Esser*, EuStR, § 3 Rn. 64.
[77] *Zöller/Bock*, in: *Böse* (Hrsg.), EuStR, § 21 Rn. 6 f.
[78] ABlEU 2018 Nr. L 295, S. 138, berichtigt durch ABlEU 2019 Nr. L 215, S. 3; siehe hierzu auch das in Deutschland erlassene Eurojust-Gesetz v. 09.12.2019 (BGBl. I 2019, 2010).
[79] *Zöller/Bock*, in: *Böse* (Hrsg.), EuStR, § 21 Rn. 8 ff.

- Unterstützung der Verbesserung der Zusammenarbeit zwischen den zuständigen Behörden der Mitgliedstaaten, insbesondere auf der Grundlage der von Europol vorgenommenen Analysen (Rn. 45)
- Zusammenarbeit mit der EuStA (Kap. 13 Rn. 39 ff.)
- operative, technische und finanzielle Unterstützung bei grenzübergreifenden Maßnahmen und Untersuchungen der Mitgliedstaaten einschließlich gemeinsamer Ermittlungsgruppen
- Unterstützung der von Europol und anderen Organen, Einrichtungen und sonstigen Stellen der Union entwickelten spezialisierten Zentren der Union
- Unterstützung der Maßnahmen der Mitgliedstaaten zur Bekämpfung der in Anhang I aufgeführten Formen schwerer Kriminalität

Eurojust erledigt seine Aufgaben durch eines oder mehrere seiner nationalen Mitglieder oder als Kollegium. Zentrale Akteure für die Wahrnehmung der operativen Aufgaben sind die **nationalen Mitglieder** (Staatsanwälte, Richter oder Vertreter einer Justizbehörde), deren Rolle durch die Eurojust-VO deutlich gestärkt wurde (Art. 5 I, 8 Eurojust-VO).[80] Das Kollegium handelt nur in den von Art. 5 II Eurojust-VO geregelten Ausnahmefällen. Die nationalen Mitglieder sind befugt, mit den zuständigen Behörden der Mitgliedstaaten, Unionseinrichtungen einschließlich der EuStA sowie internationalen Behörden in direkten Kontakt zu treten und Informationen auszutauschen (Art. 8 I lit. b, c Eurojust-VO). Sie dürfen sich an gemeinsamen Ermittlungsgruppen beteiligen (Art. 8 I lit. d Eurojust-VO). Außerdem können sie die Ausstellung von Rechtshilfeersuchen unterstützen (Art. 8 I lit. a Eurojust-VO), mit Zustimmung der nationalen Behörden Rechtshilfemaßnahmen erledigen (Art. 8 III lit. a Eurojust-VO) oder Ermittlungsmaßnahmen auf der Grundlage der EEA (Kap. 11 Rn. 33–37) anordnen, darum ersuchen oder erledigen (Art. 8 III lit. b Eurojust-VO).[81] Sie haben nach Art. 9 Eurojust-VO gemäß ihrem nationalen Recht Zugang zu den nationalen (Straf-)Registern. Das **Kollegium** kann bei den zuständigen Behörden eines Mitgliedstaates anregen, zur Aufklärung eines strafrechtlich relevanten Sachverhaltes bestimmte Ermittlungen zu führen, die Strafverfolgung aufzunehmen bzw. der Übernahme der erforderlichen Ermittlungen oder Strafverfolgung durch einen anderen Mitgliedstaat zuzustimmen (Art. 4 II lit. a, b, Art. 5 II lit. a ii) Eurojust-VO). Können die mitgliedstaatlichen Behörden im Falle eines Jurisdiktionskonflikts (Kap. 12 Rn. 72 ff.) keine Einigung darüber erzielen, wer die Strafverfolgung übernimmt, gibt das Kollegium eine schriftliche Stellungnahme ab (Art. 4 IV, 5 II lit. b Eurojust-VO).

Zur Verbesserung der Informationsübermittlung und Verstärkung der Zusammenarbeit betreibt Eurojust ein **Fallbearbeitungssystem**, das aus befristet geführten Arbeitsdateien und einem Index mit personen- und nicht personenbezogenen Daten besteht (Art. 23 I Eurojust-VO i. V. m. Anhang II).[82] Zentrales Organ zur Überwachung der Nutzung und Verarbeitung des Datenschutzregimes der Eurojust-VO ist

---

[80] *Zöller/Bock*, in: *Böse* (Hrsg.), EuStR, § 21 Rn. 22 ff.
[81] *Zöller/Bock*, in: *Böse* (Hrsg.), EuStR, § 21 Rn. 24.
[82] *Zöller/Bock*, in: *Böse* (Hrsg.), EuStR, § 21 Rn. 30 ff.

der Datenschutzbeauftragte (Art. 36 ff. Eurojust-VO), der wiederum der Kontrolle des Europäischen Datenschutzbeauftragten unterworfen ist (Art. 40 Eurojust-VO). Jede Person, die von der Datenverarbeitung betroffen ist, hat ein **Auskunftsrecht** gegenüber Eurojust und der nationalen Kontrollbehörde und kann verlangen, dass unrichtige oder unvollständige Daten berichtigt, vervollständigt, gelöscht oder in der Verarbeitung eingeschränkt werden (Art. 31 Eurojust-VO).[83] Wird der Antrag auf Auskunft abgelehnt, kann der Betroffene Beschwerde beim Europäischen Datenschutzbeauftragten einlegen (Art. 43 Eurojust-VO). Gegen dessen Entscheidung kann der Gerichtshof angerufen werden (Art. 44 Eurojust-VO).

5.3.3 Europäisches Justizielles Netz (EJN)

53 Das **Europäische Justizielle Netz (EJN)** wurde zunächst auf der Grundlage der Gemeinsamen Maßnahme 98/428/JI des Rates v. 29.06.1998[84] errichtet und später durch den Beschluss 2008/976/JI des Rates v. 16.12.2008[85] ersetzt. Im Gegensatz zu Eurojust ist das EJN dezentral organisiert. Das EJN hat die Aufgabe, als Vermittler für die Herstellung möglichst zweckdienlicher Direktkontakte bei der justiziellen Zusammenarbeit der Mitgliedstaaten in Fällen schwerer Kriminalität zu fungieren. Darüber hinaus sollen Informationen über die örtlich zuständigen Justizbehörden vorgehalten werden, um die Vorbereitung von Rechtshilfeersuchen möglichst effizient zu gestalten.[86] Das EJN eröffnet keine neuen Rechtshilfewege, sondern soll lediglich die Nutzung der bestehenden Rechtshilfeinstrumente erleichtern. Zu diesem Zweck richtet das EJN ein Telekommunikationsnetz ein, welches eine unkomplizierte Kommunikation und den direkten Informationsaustausch der nationalen Kontaktstellen ermöglicht. Bei den mitgliedstaatlichen Kontaktstellen sind Verbindungsrichter bzw. Verbindungsstaatsanwälte als Vertreter der nationalen Strafverfolgungsbehörden mit besonderen Sprachkenntnissen tätig. In Deutschland sind diese Kontaktstellen beim Bundesamt der Justiz sowie bei den Generalstaatsanwaltschaften und beim Generalbundesanwalt angesiedelt. Alle Strafverfolgungsbehörden und Gerichte können sich bei Fragen „alltäglicher" justizieller Zusammenarbeit an ihre jeweils zuständige Kontaktstelle wenden, die sodann unmittelbar Verbindung zu der Kontaktstelle des anderen Staates aufnimmt. Die Kontaktstellen haben ständig Zugang zu folgenden Informationen:[87]

- vollständige Angaben über alle mitgliedstaatlichen Kontaktstellen und deren Zuständigkeit
- Liste der Justizbehörden und Verzeichnis der örtlichen Behörden jedes Mitgliedstaates

---

[83] *Zöller/Bock*, in: *Böse* (Hrsg.), EuStR, § 21 Rn. 34.
[84] ABlEG 1998 Nr. L 191, S. 4.
[85] ABlEU 2008 Nr. L 348, S. 130.
[86] *Esser*, EuStR, § 3 Rn. 96 ff.; *Zöller/Bock*, in: *Böse* (Hrsg.), EuStR, § 21 Rn. 51 ff.
[87] www.ejn-crimjust.europa.eu.

- kurz gefasste Informationen über das Gerichtswesen und die Verfahrenspraxis in den Mitgliedstaaten
- Texte der einschlägigen Rechtsinstrumente

5.4 Bilaterale Zusammenarbeit

Zu dem europäischen Netzwerk, in das die EU-Mitgliedstaaten im Bereich der grenzüberschreitenden Strafverfolgung eingebunden sind, gehören nicht zuletzt bilaterale Kooperationsformen mit Nicht-EU-Staaten (Drittstaaten). Exemplarisch hierfür steht der **deutsch-schweizerische Polizeivertrag**,[88] dessen **revidierte Fassung** am 01.05.2024 in Kraft getreten ist.[89] Bereits der frühere Polizeivertrag gestattete den grenzüberschreitend tätigen Beamten im Rahmen einer grenzüberschreitenden Nacheile oder Observation die „Mitnahme" und Ausübung hoheitlicher Befugnisse im Nachbarstaat.[90] Durch den reformierten Polizeivertrag wird die Grundlage für eine noch intensivere Zusammenarbeit der Polizei- und Zollbehörden beider Länder geschaffen, die enger ausgestaltet ist als im Schengen-Rahmen. Die Vertragsstaaten haben vereinbart, ihre Zusammenarbeit zur Gefahrenabwehr und Kriminalitätsbekämpfung zu verstärken und Fahndungsmaßnahmen abzustimmen. Exemplarisch hervorzuheben sind die folgenden neuen Regelungen:

- Polizeibeamte dürfen die Landesgrenze zur Abwehr einer unmittelbaren Gefahr für Leib und Leben übertreten;
- Personen, die sich im Gewahrsam oder Strafvollzug befindet, können (nach Bewilligung) durch, aus oder in das Hoheitsgebiet des anderen Vertragsstaates befördert werden, etwa zur Zeugenvernehmung;
- Intensivere grenzüberschreitende Zusammenarbeit durch die Errichtung grenzpolizeilicher Verbindungsbüros, Zusammenarbeit in gemeinsam besetzten operativen Dienststellen und Entsendung von Verbindungsbeamten;
- Grenzüberschreitende Vollstreckung der im jeweils anderen Land wegen Straßenverkehrsverstößen verhängten Bußgeldbescheide.

5.5 Zusammenfassung von Kap. 5

Die EU-Mitgliedstaaten sind in ein komplexes Netzwerk weltweiter, europäischer und zwischenstaatlicher Kooperationsformen eingebunden, die sich die internationale Zusammenarbeit in Strafsachen zu einem Teil ihrer Aufgabengebiete gemacht haben. Zu

---

[88] Vertrag zwischen der BRD und der Schweizerischen Eidgenossenschaft über die polizeiliche und justizielle Zusammenarbeit v. 27.04.1999 (BGBl. II 2001, 946); vgl. hierzu *Cremer*, ZaöRV 2000, 103 ff.
[89] Vertrag zwischen der BRD und der Schweizerischen Eidgenossenschaft über die grenzüberschreitende polizeiliche und justizielle Zusammenarbeit v. 05.04. 2022 (BGBl. II 2023 Nr. 339).
[90] *Cremer*, ZaöRV 2000, 103, 127, 136 ff.; *Gleß*, IntStR, Rn. 659 ff.

den Institutionen, die im Bereich der internationalen Kriminalitätsbekämpfung und Strafrechtspflege global tätig werden, gehören die Internationale Kriminalpolizeiliche Organisation (Interpol), die Vereinten Nationen (UN), die Organisation für Wirtschaftliche Entwicklung und Zusammenarbeit (OECD) und die Gipfeltreffen der G7-Staaten. Auf europäischer Ebene ist die Strafrechtsentwicklung durch die Aktivitäten des Europarates geprägt worden, der bei seiner Arbeit im Bereich der Kriminalitätsbekämpfung zum einen auf die Instrumente des „soft law", aber auch auf die zumindest faktische Wirkmacht völkerrechtlicher Übereinkommen setzt. In diesem Zusammenhang ist auf die Maßnahmen des Europarates zur Bekämpfung von Geldwäsche, Drogenkriminalität, Korruption und Cyber-Kriminalität hinzuweisen, durch welche entsprechende Aktivitäten der OECD, UN bzw. G7-Staaten ergänzt werden.

56 Die europäische Strafrechtsentwicklung wird heute maßgeblich von der polizeilichen und justiziellen Zusammenarbeit (PJZS) der EU-Mitgliedstaaten geprägt, die durch den Reformvertrag von Lissabon in den einheitlichen Rahmen des Unionsrechts überführt wurde (Art. 67, 82–86, 87–89 AEUV). In Kap. 5 werden die wesentlichen Entwicklungsschritte der anfänglich nur informellen Kooperation hin zu einer durch den Vertrag von Maastricht (1992) institutionalisierten, durch Schengen I (1990) und II (1995) sowie den Vertrag von Amsterdam (1999) vertieften grenzüberschreitenden Justiz- und Innenpolitik nachgezeichnet, die seit Inkrafttreten des Reformvertrags (01.12.2009) supranationale Züge trägt. Auf den Erlass von Rechtsakten der PJZS findet nunmehr das ordentliche Gesetzgebungsverfahren des Art. 294 AEUV Anwendung, wodurch die demokratische Legitimation der europäischen Justiz- und Innenpolitik deutlich verstärkt wird.

57 Die Polizeibehörden aller 27 EU-Mitgliedstaaten sowie von Island, Norwegen, Liechtenstein und der Schweiz bilden inzwischen eine europäische „Fahndungsunion". Das durch die VO (EU) 2018/1862 des EP und des Rates v. 28.11.2018 (SIS-VO) ausgeweite Schengener Informationssystem (SIS-II) ermöglicht als technisches Kernstück der grenzüberschreitenden Zusammenarbeit allen Teilnehmern den Zugriff auf Europas größte Polizeidatenbank. Die nationalen Strafverfolgungsbehörden werden bei der Verfolgung schwerer grenzüberschreitender Straftaten durch die EU-Agenturen Europol und Eurojust unterstützt.

Literatur

Ambos, IntStR, 5. Aufl., 2018, § 12 (PJZS), § 13 (Institutionalisierung)
Esser, Europäisches und Internationales Strafrecht, 3. Aufl., 2023, § 3 (Polizei- und Strafverfolgungsinstitutionen der EU), § 4 (Schengen-Besitzstand)
ders. in: *Böse* (Hrsg.), Europäisches Strafrecht, 2. Aufl., 2021, § 19 (Daten- und Informationsaustausch in Strafsachen in der EU)
Gleß, Internationales Strafrecht, 3. Aufl., 2021, Kap. F (Schengen-Zusammenarbeit der Schweiz)
Lenk, Der Widerstand gegen Vollstreckungsbeamte im grenzüberschreitenden Kontext, GA 2019, 455
Ruthig/Böse, in: *Böse* (Hrsg.), Europäisches Strafrecht, 2. Aufl., 2021, § 20 (Europol)
Satzger, IntStR, 10. Aufl., 2022, § 10 (Strafverfolgung in Europa)
Zöller/Bock, in: *Böse* (Hrsg.), Europäisches Strafrecht, 2. Aufl., 2021, § 21 (Eurojust und EJN)

Zusammenarbeit zwischen EuGH und nationaler Strafgerichtsbarkeit 6

6.1 Integration des Vorabentscheidungsverfahrens in das Strafverfahren

Die Judikatur des EuGH ist für die Entwicklung des Europäischen Strafrechts von herausragender Bedeutung. Strafrechtliche Relevanz kann grundsätzlich jeder Entscheidung des Gerichtshofes zukommen, unabhängig davon, in welcher Verfahrensart (Kap. 4 Rn. 23 ff.) sie getroffen wurde. Das Zusammenwirken von supranationaler und nationaler Gerichtsbarkeit lässt sich daher als **institutioneller Faktor der Europäisierung des Strafrechts** begreifen, der den materiell- und prozessrechtlichen Europäisierungsmechanismen (Teil III) nicht selten erst zur praktischen Durchsetzung und Wirksamkeit verhilft. Am intensivsten gestaltet sich das **Kooperationsverhältnis** zwischen dem EuGH und den mitgliedstaatlichen Strafgerichten im Rahmen des **Vorabentscheidungsverfahrens** (Art. 267 AEUV), denn dieses ist als **Inzidentverfahren Teil des nationalen Strafverfahrens**.

6.1.1 Funktion und Bedeutung des Vorabentscheidungsverfahrens

6.1.1.1 Sicherung des Auslegungs- und Verwerfungsmonopols des EuGH

Dem in Art. 267 AEUV institutionalisierten Vorabentscheidungsverfahren kommt von allen supranationalen Verfahrensarten die größte praktische Bedeutung zu.[1] Die Notwendigkeit dieses Verfahrens ergibt sich aus dem im Unionsrechtssystem angelegten Nebeneinander zwischen mitgliedstaatlicher und supranationaler

---

[1] *Hustus*, in: *Karpenstein u. a.* (Hrsg.), Hb. Rechtsschutz in der EU, § 34 Rn. 50; *Mächtle*, JuS 2015, 314; *Ruffert/Grischek/Schramm*, JuS 2022, 814, 817 f.

Gerichtsbarkeit. Einerseits haben die nationalen Gerichte in vielfältiger Weise primäres und sekundäres Unionsrecht anzuwenden, andererseits fehlt dem EuGH die Befugnis, innerstaatliche Gerichtsentscheidungen auf ihre Vereinbarkeit mit Unionsrecht zu überprüfen. Da es infolge divergierender Auslegung und Anwendung von Unionsrecht durch die mitgliedstaatlichen Gerichte zu Rechtsunsicherheiten, Wettbewerbsverzerrungen, Diskriminierungen und letztlich zu einer Beeinträchtigung des supranationalen Geltungsanspruchs des Unionsrechts kommen könnte, weist Art. 19 I UA 1 S. 2, III lit. b EUV aus guten Gründen dem EuGH das Monopol zur letztverbindlichen Auslegung des gesamten Unionsrechts und zur Überprüfung der Gültigkeit von Sekundärrechtsakten zu.[2] Dieses **Auslegungs- und Verwerfungsmonopol** des Gerichtshofs wird durch das in Art. 267 AEUV verankerte Kooperationsmodell gesichert. Das Vorabentscheidungsverfahren stellt das **prozessuale Bindeglied** zwischen den nationalen Gerichten und dem EuGH dar.[3]

6.1.1.2 Individualschutzfunktion

3   Neben der Funktion der Wahrung der Rechtseinheit tritt bei dem Vorabentscheidungsverfahren zunehmend auch die **Individualschutzfunktion** in den Vordergrund.[4] Die Bürger sind auf den innerstaatlich gewährten Rechtsschutz angewiesen, wenn es um die Durchsetzung ihrer aus dem Unionsrecht abgeleiteten subjektiv-öffentlichen Rechte geht. Das Vorabentscheidungsverfahren bietet ihnen somit die einzige Möglichkeit, sich gegen unionsrechtswidriges Verhalten ihres Mitgliedstaates zu wehren. Zu beachten ist jedoch, dass das von Art. 267 AEUV vorgeschriebene Procedere nicht als selbstständiger kontradiktorischer Prozess, sondern als **objektives Zwischenverfahren** konzipiert ist, das als eine Art **Kooperationsverfahren** im Rahmen eines vor dem nationalen Gericht geführten Ausgangsprozesses durchgeführt wird. Sein Ablauf weist gewisse Parallelen zum Verfahren der konkreten Normenkontrolle gem. Art. 100 I GG auf. Art. 267 AEUV gewährt den Prozessbeteiligten daher **keinen Anspruch auf Einholung einer Vorabentscheidung**. Der Einzelne – ob als Partei im Zivil- bzw. Verwaltungsprozess oder als Angeklagter im Strafverfahren – kann dementsprechend vor dem nationalen Gericht ein Vorlageverfahren immer nur anregen oder beantragen, aber nicht erzwingen. Über die vorläufige Aussetzung des nationalen Verfahrens zum Zwecke der Einholung einer Vorabentscheidung durch den EuGH entscheidet allein und von Amts wegen das nationale Gericht.[5] Ein Beschluss, der die Vorlage an den EuGH ablehnt, kann nicht gem. § 305 StPO mit der Beschwerde angefochten werden.[6]

---

[2] EuGH NJW 2022, 2093, 2096 f.; BeckRS 2021, 39200 (Rz. 49).
[3] *Kottmann*, in: *Karpenstein u. a.* (Hrsg.), Hb. Rechtsschutz in der EU, § 10 Rn. 5 ff.; *Voßkuhle/Schemmel*, in: *Leible/Terhechte* (Hrsg.), Hb. Europ. Rechtsschutz, § 6 Rn. 10.
[4] *Kottmann*, in: *Karpenstein u. a.* (Hrsg.), Hb. Rechtsschutz in der EU, § 10 Rn. 9 ff., 13 f.; *Wegener*, in: *Calliess/Ruffert* (Hrsg.), EUV/AEUV, Art. 267 AEUV Rn. 1.
[5] *Kottmann*, in: *Karpenstein u. a.* (Hrsg.), Hb. Rechtsschutz in der EU, § 10 Rn. 50; *Mächtle*, JuS 2015, 314, 315; *Wegener*, in: *Calliess/Ruffert* (Hrsg.), EUV/AEUV, Art. 267 AEUV Rn. 22.
[6] *Hustus*, in: *Karpenstein u. a.* (Hrsg.), Hb. Rechtsschutz in der EU, § 34 Rn. 74.

6.1.2 Vorlagebefugnis und Vorlagepflicht

Im Rahmen eines Straf- oder Bußgeldverfahrens kann sich die Frage der Auslegung oder Gültigkeit von Unionsrecht insbesondere dann stellen, wenn eine **unionsrechtskonforme (richtlinienkonforme) Auslegung entscheidungserheblicher innerstaatlicher Vorschriften des materiellen Rechts**[7] bzw. des **Verfahrensrechts**[8] in Betracht kommt. In diesen Fällen sind die nationalen Gerichte gem. Art. 267 II AEUV befugt, die entsprechende Frage dem EuGH zur Vorabentscheidung vorzulegen **(fakultative Vorabentscheidung)**. Es liegt allein im Verantwortungsbereich des nationalen Gerichts, sowohl die Erforderlichkeit einer Vorabentscheidung zum Erlass seines Urteils als auch die Erheblichkeit der dem EuGH vorgelegten Fragen zu beurteilen.[9] Das BVerfG betont die Pflicht der Strafgerichte, in **jedem Stadium des Verfahrens** mit besonderer Sorgfalt zu prüfen, ob eine Vorlage an den EuGH veranlasst ist.[10] Will ein deutsches Gericht eine Vorabentscheidung herbeiführen, so setzt es das Strafverfahren durch Beschluss analog § 262 II StPO[11] aus, der unanfechtbar ist.[12] Aussetzung und Vorlage ergehen in einem einheitlichen Beschluss, der – ähnlich wie ein Vorlagebeschluss nach Art. 100 GG – einer Begründung bedarf. Insbesondere muss schlüssig dargelegt werden, weshalb die in Betracht gezogene Auslegung des Unionsrechts im konkreten Fall entscheidungserheblich ist.[13] Der EuGH verweigert die Beantwortung von rein hypothetischen Fragen, die in keinem unmittelbaren Zusammenhang mit dem konkreten Gegenstand des Ausgangsverfahrens stehen (Rn. 12).[14]

Art. 267 III AEUV sieht eine **Pflicht zur Vorlage (obligatorische Vorabentscheidung)** vor, wenn die Entscheidungen des erkennenden Gerichts nicht mehr mit Rechtsmitteln angefochten werden können. Nach ständiger Rechtsprechung des EuGH muss ein nationales letztinstanzliches Gericht seiner Vorlagepflicht nachkommen, wenn sich in einem bei ihm schwebenden Verfahren eine Frage des Unionsrechts stellt, es sei denn, das Gericht hat festgestellt, dass die gestellte Frage nicht entscheidungserheblich ist, dass die betreffende unionsrechtliche Bestimmung bereits Gegenstand einer Auslegung durch den Gerichtshof war **(acte éclairé)** oder dass die richtige Anwendung des Unionsrechts derart offenkundig ist, dass für einen

---

[7] Vgl. hierzu exempl. EuGH BeckRS 2020, 31283 (Kap. 9 Rn. 51 ff.; Kap. 10 Rn. 17).
[8] Vgl. hierzu exempl. EuGH NJW 2020, 1873 (Kap. 1 Rn. 23).
[9] EuGH BeckRS 2024, 8796 (Rz. 64); BeckRS 2020, 31283 (Rz. 21); *Karpenstein*, in: *Leible/Terhechte* (Hrsg.), Europ. Rechtsschutz, § 8 Rn. 30.
[10] BVerfG NJW 1989, 2464.
[11] Für die Annahme eines Aussetzungsgrundes „sui generis" plädiert *Hustus*, in: *Karpenstein u. a.* (Hrsg.), Hb. Rechtsschutz in der EU, § 34 Rn. 62.
[12] *Hustus*, in: *Karpenstein u. a.* (Hrsg.), Hb. Rechtsschutz in der EU, § 34 Rn. 74.
[13] EuGH BeckRS 2017, 103302 (Rz. 72 ff.); BeckRS 2019, 31229 (Rz. 25); BeckRS 2020, 37666 (Rz. 24 ff.); *Karpenstein*, in: *Leible/Terhechte* (Hrsg.), Europ. Rechtsschutz, § 8 Rn. 30 ff.
[14] EuGH NJW 2018, 142, 143; BeckRS 2019, 31229 (Rz. 24); BeckRS 2021, 10502 (Rz. 50); NJW 2024, 1165 (1167).

vernünftigen Zweifel keinerlei Raum bleibt (**acte clair**).[15] Davon darf das innerstaatliche Gericht aber nur ausgehen, wenn es überzeugt ist, dass auch für die Gerichte der übrigen Mitgliedstaaten und für den EuGH die gleiche Gewissheit bestünde. Nur dann darf das Gericht von einer Vorlage absehen und die Frage in eigener Verantwortung lösen. **Letztinstanzliches Strafgericht** ist nicht etwa nur das formell an der Spitze der nationalen Gerichtshierarchie stehende Gericht, sondern jedes Gericht, dessen Entscheidung im **konkreten Fall** nicht mehr mit Rechtsmitteln angefochten werden kann.[16] Verfassungsbeschwerde und Wiederaufnahmeklage werden nicht als Rechtsmittel i. S. d. Art. 267 III AEUV angesehen. Folglich ist ein deutsches Amtsgericht, gegen dessen Entscheidung in einer Bußgeldsache z. B. wegen Unterschreitung der in § 79 I Nr. 1 OWiG festgelegten Wertgrenze des angedrohten Bußgelds (weniger als € 250,-) keine Rechtsbeschwerde eingelegt werden kann, nach Art. 267 III AEUV zur Vorlage an den EuGH verpflichtet, wenn es für die zu treffende Sachentscheidung auf die Auslegung oder Gültigkeit von Unionsrecht ankommt.

6   Grundsätzlich besteht nach Art. 267 II AEUV für **nicht letztinstanzliche Gerichte** nur eine Vorlagebefugnis. Diese kann sich jedoch zu einer **Vorlagepflicht verdichten**, wenn diese Gerichte eine **Sekundärrechtsnorm für ungültig halten** und deshalb nicht anwenden wollen.[17] Mit Blick auf das Verwerfungsmonopol des EuGH (Rn. 2) dürfen sie keinesfalls selbst die Ungültigkeit einer RL oder VO feststellen. Die **Staatsanwaltschaften** können nach der Judikatur des Gerichtshofs nicht den Gerichten[18] gleichgestellt werden und sind daher **generell nicht vorlageberechtigt**.[19] Wenn die Staatsanwaltschaft die Auslegung oder Gültigkeit von Unionsrecht in dem konkreten Strafverfahren für entscheidungserheblich hält, muss sie dies dem zuständigen Gericht mitteilen, damit dieses – falls es die Auffassung der Staatsanwaltschaft teilt – ein entsprechendes Vorabentscheidungsersuchen an den EuGH richten kann. Ebenfalls nicht vorlageberechtigt sind die für den Erlass von Bußgeldbescheiden zuständigen Verwaltungsbehörden.[20]

---

[15] EuGH NJW 2021, 3303, 3305; BGH NStZ-RR 2022, 376, 377; *Karpenstein*, in: *Leible/Terhechte* (Hrsg.), Europ. Rechtsschutz, § 8 Rn. 62 f.; *Satzger*, Heintschel-Heinegg-FS, S. 387, 390 ff.; *Wegener*, in: *Calliess/Ruffert* (Hrsg.), EUV/AEUV, Art. 267 AEUV Rn. 33.

[16] EuGH EuZW 2002, 476, 477 (Rz. 15); *Hustus*, in: *Karpenstein u. a.* (Hrsg.), Hb. Rechtsschutz in der EU, § 34 Rn. 56; *Karpenstein*, in: *Leible/Terhechte* (Hrsg.), Europ. Rechtsschutz, § 8 Rn. 57 f.

[17] EuGHE 1987, 4199; *Hustus*, in: *Karpenstein u. a.* (Hrsg.), Hb. Rechtsschutz in der EU, § 34 Rn. 56; *Wegener*, in: *Calliess/Ruffert* (Hrsg.), EUV/AEUV, Art. 267 AEUV Rn. 29.

[18] Zum Begriff „Gericht" i. S. d. Art. 267 AEUV vgl. EuGH GRUR-RS 2020, 22881 (Rz. 36).

[19] EuGHE 1996, 6609; *Hustus*, in: *Karpenstein u. a.* (Hrsg.), Hb. Rechtsschutz in der EU, § 34 Rn. 55.

[20] *Hustus*, in: *Karpenstein u. a.* (Hrsg.), Hb. Rechtsschutz in der EU, § 34 Rn. 55.

6.1.3 Missachtung der Vorlagepflicht als Verletzung des Art. 101 I S. 2 GG

Zwar kann die **Missachtung der Vorlagepflicht** (Rn. 5) für die Kommission Anlass 7 bieten, eine Vertragsverletzungsklage (Art. 258 AEUV) gegen den Mitgliedstaat zu erheben, dessen Gericht den Verstoß gegen Art. 267 III AEUV zu verantworten hat (Kap. 4 Rn. 11, 24).[21] Das Vertragsverletzungsverfahren vermag jedoch keine Aufhebung innerstaatlicher Urteile zu bewirken. Immerhin besteht in Deutschland aber die Möglichkeit, die unterbliebene Vorlage zum EuGH als Verletzung des grundrechtsgleichen **Rechts auf den gesetzlichen Richter (Art. 101 I S. 2 GG)** im Wege der **Verfassungsbeschwerde** (Art. 93 I Nr. 4a GG, § 13 Nr. 8a BVerfGG) zu rügen.[22] Das BVerfG bejaht einen Grundrechtsverstoß nach Maßgabe des von ihm zugrunde gelegten **Willkürmaßstabs** aber nur, wenn die Rechtsanwendung des Fachgerichts **„bei verständiger Würdigung nicht mehr verständlich erscheint und offensichtlich unhaltbar ist"**.[23] Für die verfassungsrechtliche Prüfung ist hierbei nicht die Vertretbarkeit der fachgerichtlichen Auslegung des für den Streitfall maßgeblichen materiellen Unionsrechts ausschlaggebend, sondern die Vertretbarkeit der Handhabung der Vorlagepflicht nach Art. 267 III AEUV. Das BVerfG hat **drei Fallgruppen**[24] entwickelt, in denen es Art. 101 I S. 2 GG als verletzt ansieht.

6.1.3.1 1. Fallgruppe: Grundsätzliche Verkennung der Vorlagepflicht

Die Vorlagepflicht nach Art. 267 III AEUV wird offensichtlich unhaltbar und daher 8 in verfassungswidriger Weise gehandhabt in Fällen, in denen ein letztinstanzliches Hauptsachegericht eine Vorlage trotz der seiner Auffassung nach bestehenden Entscheidungserheblichkeit der unionsrechtlichen Frage überhaupt nicht in Erwägung zieht, obwohl es selbst Zweifel hinsichtlich der richtigen Beantwortung der Frage hegt **(Grundsätzliche Verkennung der Vorlagepflicht)**.[25]

> **Beispielsfall**
>
> Der in einer niederländischen Klinik tätige Arzt A, ein in Deutschland wohnhafter deutscher Staatsangehöriger, wurde vom AG wegen einer Tat nach § 218 I StGB i. V. m. § 5 Nr. 9 Buchst. b StGB zu einer hohen Geldstrafe verurteilt, weil er bei der deutschen Staatsbürgerin S einen Schwangerschaftsabbruch vorgenommen hat, ohne dass die Voraussetzungen des § 218a I Nr. 1, 3 StGB gegeben

---

[21] *Hustus*, in: *Karpenstein u. a.* (Hrsg.), Hb. Rechtsschutz in der EU, § 34 Rn. 99; *Karpenstein*, in: *Leible/Terhechte* (Hrsg.), Hb. Europ. Rechtsschutz, § 8 Rn. 78.
[22] *Hustus*, in: *Karpenstein u. a.* (Hrsg.), Hb. Rechtsschutz in der EU, § 34 Rn. 100.
[23] BVerfG NJW 2021, 1005, 1006; NStZ-RR 2022, 225, 226; BeckRS 2023, 36206 (Rz. 66); *Hustus*, in: *Karpenstein u. a.* (Hrsg.), Hb. Rechtsschutz in der EU, § 34 Rn. 100; *Mächtle*, JuS 2015, 314, 316 ff.
[24] BVerfG NJW 2021, 1005, 1007 („nicht abschließend aufgeführte Beispiele").
[25] BVerfG NJW 2021, 1005, 1006; BeckRS 2021, 5960 (Rz. 54) m. w. N.

waren (Kap. 9 Rn. 35, 45 ff.). Im Revisionsverfahren trägt die Verteidigung in der Sache zutreffend vor, dass der Schwangerschaftsabbruch nach Maßgabe niederländischen Rechts legal durchgeführt worden ist. Das letztinstanzlich zuständige OLG verwirft die auf die Sachrüge gestützte Revision des A als unbegründet. Die Einholung einer Vorabentscheidung des EuGH zur Reichweite der Niederlassungsfreiheit (Art. 49 ff. AEUV) lehnt das OLG mit der Begründung ab, dass sich diese Frage bereits deshalb nicht stelle, weil das Abtreibungsstrafrecht der Mitgliedstaaten dem Einfluss von Unionsrecht generell entzogen sei. In diesem Fall beruht die Verletzung des Art. 101 I S. 2 GG auf einer grundsätzlichen Verkennung der sich aus Art. 267 III AEUV ergebenden Vorlagepflicht, da das OLG eine eigene rechtliche Lösung entwickelt hat, die sich nicht auf eine bestehende Rechtsprechung des EuGH zurückführen lässt und auch nicht einer eindeutigen Rechtslage entspricht. ◄

6.1.3.2 2. Fallgruppe: Bewusstes Abweichen ohne Vorlagebereitschaft

9   Von einer Verletzung des Art. 101 I S. 2 GG ist auch auszugehen, wenn das letztinstanzliche Hauptsachegericht in seiner Entscheidung bewusst von der Judikatur des EuGH zu entscheidungserheblichen Fragen abweicht und gleichwohl nicht oder nicht neuerlich vorlegt (Bewusstes Abweichen ohne Vorlagebereitschaft).[26]

Beispielsfall

In einem Ordnungswidrigkeitenverfahren wurde A wegen Verstoßes gegen ein lebensmittelrechtliches Kennzeichnungsgebot vom AG zur Zahlung einer Geldbuße verurteilt. Im Beschwerdeverfahren trägt die Verteidigung in der Sache zutreffend vor, dass die von A vorgenommene Kennzeichnung den Anforderungen einer RL genügt, die von Deutschland bisher trotz Ablaufs der Umsetzungsfrist nicht in nationales Recht umgesetzt worden ist. Das OLG hält diesen Einwand ungeachtet der von ihm zur Kenntnis genommenen EuGH-Judikatur zur „Durchgriffswirkung" von RL (Kap. 9 Rn. 25 ff.) für rechtlich unerheblich und verwirft die Beschwerde mit der Begründung, die von A begangene Zuwiderhandlung gegen das nationale Kennzeichnungsgebot ergebe sich aus dem eindeutigen Wortlaut der Bußgeldvorschrift. Außerdem entspreche die Ahndung derartiger Verstöße dem Willen des Gesetzgebers. In diesem Fall ist das OLG bewusst von der Rspr. des EuGH abgewichen und hat die aufgeworfene Frage ohne Auseinandersetzung mit Unionsrecht allein nach nationalen Maßstäben beantwortet. Die bewusste Nichtvorlage nach Art. 267 III AEUV trotz Kenntnis der im konkreten Fall entscheidungserheblichen EuGH-Judikatur verletzt A in seinem grundrechtsgleichen Recht auf den gesetzlichen Richter. ◄

---

[26] BVerfG NJW 2021, 1005, 1006; BeckRS 2021, 5960 (Rz. 54) m. w. N.

6.1.3.3　3. Fallgruppe: Unvollständigkeit der Rechtsprechung

Liegt zu einer entscheidungserheblichen Frage des Unionsrechts einschlägige Judikatur des EuGH noch nicht vor bzw. hat dieser die entscheidungserhebliche Frage noch nicht erschöpfend beantwortet, so wird Art. 101 I S. 2 GG verletzt, wenn das letztinstanzliche Hauptsachegericht den ihm in solchen Fällen zukommenden Beurteilungsrahmen in unvertretbarer Weise überschreitet (**Unvollständigkeit der Rechtsprechung**). Entsprechendes gilt, wenn die Fortentwicklung der Rechtsprechung des Gerichtshofs nicht nur als entfernte Möglichkeit erscheint. Dem Fachgericht obliegt es, sich hinsichtlich des materiellen Unionsrechts hinreichend kundig zu machen und insbesondere einschlägige Rechtsprechung des Gerichtshofs auszuwerten. Auf dieser Grundlage muss es die vertretbare Überzeugung bilden, dass die Rechtslage entweder von vornherein eindeutig (acte clair) oder durch die Rechtsprechung des EuGH in einer Weise geklärt ist, die keinen vernünftigen Zweifel offenlässt (acte éclairé).[27] Hat es dies nicht getan, verkennt es regelmäßig die Bedingungen für die Vorlagepflicht. Zudem hat das Fachgericht Gründe anzugeben, die dem BVerfG eine Kontrolle am Maßstab des Art. 101 I S. 2 GG ermöglichen.[28]

10

Beispielsfall[29]

Die GenStA betreibt die Auslieferung des Beschwerdeführers (B) nach Rumänien. B wendet sich dagegen unter Hinweis auf die dort bestehenden, aus seiner Sicht menschenunwürdigen Haftbedingungen. Das zuständige OLG erklärt die Auslieferung für zulässig. In seiner Begründung führt das OLG aus, dass die Mitgliedstaaten grundsätzlich zur Vollstreckung eines Europäischen Haftbefehls verpflichtet seien. Eine Ausnahme hiervon sei nur unter außergewöhnlichen Umständen anzunehmen. Zwar erkenne der Senat substanziierte Anhaltspunkte für das Vorliegen von systemischen Mängeln im rumänischen Strafvollzug. Allerdings sei auch zu berücksichtigen, dass die zum Teil insuffizienten Platzverhältnisse in der Zelle durch sehr weitgehende Aufschlusszeiten erheblich abgemildert würden. Ferner seien – neben der Verbesserung der baulichen Anlagen im Hinblick auf Heizung, sanitäre Anlagen und Hygiene – die Möglichkeiten für Hafturlaube, den Empfang von Besuch, das Waschen privater Wäsche und den Einkauf persönlicher Dinge verbessert worden. Diese Entscheidung des OLG verletzt das grundrechtsgleiche Recht des B auf den gesetzlichen Richter (Art. 101 I S. 2 GG), denn der Senat hat angesichts einer unvollständigen Rspr. des EuGH mit der unterbliebenen Vorlage seinen Beurteilungsrahmen in unvertretbarer Weise überschritten. Eine Vorlage nach Art. 267 III AEUV war zwingend geboten, da der EuGH den Schutzumfang des Art. 4 GRCh (Verbot der Folter und unmenschlicher oder erniedrigender Strafe) noch nicht abschließend geklärt hat und insbesondere klärungsbedürftig ist, inwieweit Art. 4 GRCh unter Rückgriff auf die Rspr. des EGMR zu Art. 3 EMRK auszulegen ist und welche Mindestanforderungen an Haftbedingungen aus Art. 4 GRCh konkret abzuleiten sind. ◄

---

[27] BVerfG NStZ-RR 2022, 225, 226; BeckRS 2023, 36206 (Rz. 67 ff.).
[28] BVerfGE 147, 364, 380 f.; BVerfG NJW 2021, 1005, 1007.
[29] Vgl. hierzu BVerfGE 147, 364; 156, 182 m. Anm. v. *Penkuhn* JR 2022, 368 ff.

6.1.4 Gegenstand des Vorabentscheidungsersuchens

11 Die vielfältigen Einflüsse des Unionsrechts auf das nationale Straf- und Strafverfahrensrecht werfen nicht selten Auslegungs- und Gültigkeitsfragen beim Strafrichter auf, die einer Klärung durch den EuGH bedürfen. So kann sich etwa bei der Verhandlung eines Anklagevorwurfes, der auf die Verletzung eines Blankettstrafgesetzes gestützt ist, welches auf eine EU-VO verweist (Kap. 7 Rn. 59 ff.), die Frage nach deren Gültigkeit bzw. Auslegung stellen. Die Auslegung von Primär- oder Sekundärrecht wird auch relevant, wenn zu beurteilen ist, ob ein Strafgesetz oder eine Verfahrensvorschrift etwa aufgrund einer Kollision mit unmittelbar anwendbarem Unionsrecht unanwendbar (Kap. 9 Rn. 9 ff.) bzw. unionsrechtskonform zu interpretieren (Kap. 10 Rn. 18 ff., 52, 61 ff.) ist.

12 Bei der Formulierung der Vorlagefragen müssen die nationalen Gerichte beachten, dass dem EuGH nicht die Kompetenz zusteht, über die Geltung und Interpretation innerstaatlicher Rechtsnormen, deren Vereinbarkeit mit Unionsrecht oder über Tatsachenfragen zu entscheiden. Möglicher Gegenstand der Vorlage ist allein die im Ersuchen des Gerichts **abstrakt zu formulierende** Rechtsfrage nach der **Gültigkeit oder Auslegung von Unionsrecht**,[30] wie z. B. in dem mustergültig verfassten Vorlagebeschlusses des AG Heilbronn:[31]

> *„Steht die Auslegung des Art. 21 AEUV der Anwendung einer nationalen Strafnorm entgegen, durch die das Vorenthalten eines Kindes vor seinem Pfleger im Ausland sanktioniert werden soll, wenn die Vorschrift nicht danach differenziert, ob es sich um Staaten der Europäischen Union oder Drittstaaten handelt?"* (Kap. 9 Rn. 50 ff.; Kap. 10 Rn. 16 f.)

In der Praxis verfährt der EuGH jedoch recht großzügig und formuliert ggf. unzulässige Fragestellungen um.[32] Jedenfalls aber muss das vorlegende Gericht mit der erforderlichen Genauigkeit und Klarheit darlegen, aus welchen Gründen die beantragte Auslegung des Unionsrechts seiner Ansicht nach für die Entscheidung des Ausgangsverfahrens erforderlich oder sachdienlich ist und es dem Gerichtshof ermöglichen, ihm eine sachliche Antwort zu geben sowie den Regierungen der Mitgliedstaaten und anderen Beteiligten ermöglichen, Erklärungen abzugeben.[33] Nicht ausgeschlossen ist, dass der EuGH unionsrechtliche Vorschriften berücksichtigt, die das nationale Gericht in seiner Frage nicht angeführt hat.[34]

---

[30] EuGH NJW 2018, 142, 143; NStZ 2020, 686, 687; BeckRS 2020, 11912 (Rz. 18); 2020, 31283 (Rz. 21); BeckRS 2020, 34340 (Rz. 35); *Karpenstein*, in: *Leible/Terhechte* (Hrsg.), Hb. Europ. Rechtsschutz, § 8 Rn. 40; *Wegener*, in: *Calliess/Ruffert* (Hrsg.), EUV/AEUV, Art. 267 AEUV Rn. 6.
[31] AG Heilbronn BeckRS 2019, 15986; vgl. hierzu EuGH BeckRS 2020, 31283.
[32] EuGH BeckRS 2019, 11265 (Rz. 39); NJW 2023, 2707 (2708); NJW 2024, 949 (950); *Wegener*, in: *Calliess/Ruffert*, EUV/AEUV (Hrsg.), Art. 267 AEUV Rn. 6.
[33] EuGH BeckRS 2019, 909 (Rz. 27 f.).
[34] EuGH BeckRS 2021, 18433 (Rz. 31).

6.1.5 Wirkungen der Vorabentscheidung

Urteile, in denen der Gerichtshof „für Recht erkennt", werden nach Art. 91 VerfO-EuGH mit dem Tag ihrer Verkündung rechtskräftig. Sie binden nach Maßgabe ihres im Lichte der Entscheidungsgründe zu interpretierenden Tenors.[35] Die Funktion des Vorabentscheidungsverfahrens, die Einheitlichkeit der Auslegung und Anwendung des Unionsrechts zu sichern, erfordert die **Bindung des vorlegenden nationalen Gerichts** und **aller mit der Sache befassten Instanzgerichte des Ausgangsverfahrens** an die Entscheidung des EuGH.[36] Darüber hinaus entfaltet die Vorabentscheidung eine **faktische Präjudizwirkung**, indem jedes mit der gleichen Frage befasste Gericht dieser Entscheidung Folge leisten oder – falls es hiervon abweichen will – erneut vorlegen muss. Hat der EuGH einen Sekundärrechtsakt für ungültig erklärt, so stellt dies für jedes mitgliedstaatliche Gericht einen ausreichenden Grund dar, diesen ebenfalls als ungültig anzusehen (faktische erga-omnes-Wirkung).[37] Eine entsprechende Vorabentscheidung des EuGH kommt daher in ihrer Wirkung einer Nichtigerklärung nach Art. 264 AEUV nahe.

13

6.2 Vorabentscheidungsverfahren und strafprozessuale Maximen

Wenn die Voraussetzungen zur Einholung einer fakultativen oder obligatorischen Vorabentscheidung vorliegen, spielt das Verfahrensstadium, in dem sich das innerstaatliche Strafverfahren befindet, keine Rolle. Vorabentscheidungsverfahren kommen daher im Ermittlungs-, Zwischen- und Hauptverfahren in Betracht.[38] Die primärrechtlich gebotene Integration des Vorabentscheidungsverfahrens in das Strafverfahren kann jedoch in allen Verfahrensstadien in ein lösungsbedürftiges **Spannungsverhältnis zu strafprozessualen Maximen** geraten.

14

6.2.1 Vorabentscheidung im Haupt- und Zwischenverfahren

6.2.1.1 Zulässigkeit des Vorabentscheidungsverfahrens
Im **strafprozessualen Hauptverfahren** (§§ 213–295 StPO) und insbesondere im Rahmen seines Kernstücks – der Hauptverhandlung – ist die Einholung einer

15

---

[35] *Karpenstein*, in: *Leible/Terhechte* (Hrsg.), Hb. Europ. Rechtsschutz, § 8 Rn. 111; *Wegener*, in: *Calliess/Ruffert* (Hrsg.), EUV/AEUV, Art. 267 AEUV Rn. 49.

[36] *Karpenstein*, in: *Leible/Terhechte* (Hrsg.), Hb. Europ. Rechtsschutz, § 8 Rn. 111; *Kottmann*, in: *Karpenstein u. a.* (Hrsg.), Hb. Rechtsschutz in der EU, § 10 Rn. 127; *Wegener*, in: *Calliess/Ruffert*, EUV/AEUV (Hrsg.), Art. 267 AEUV Rn. 50.

[37] *Karpenstein*, in: *Leible/Terhechte* (Hrsg.), Hb. Europ. Rechtsschutz, § 8 Rn. 113; *Kottmann*, in: *Karpenstein u. a.* (Hrsg.), Hb. Rechtsschutz in der EU, § 10 Rn. 130; *Wegener*, in: *Calliess/Ruffert* (Hrsg.), EUV/AEUV, Art. 267 AEUV Rn. 51.

[38] EuGHE 1991, 3277; *Hustus*, in: *Karpenstein u. a.* (Hrsg.), Hb. Rechtsschutz in der EU, § 34 Rn. 57 ff.; *Jokisch*, Gemeinschaftsrecht und Strafverfahren, S. 178, 184 ff.

Vorabentscheidung durch das erkennende Gericht jederzeit möglich, da das Hauptverfahren keine prozessualen Besonderheiten gegenüber anderen nationalen Prozessarten aufweist. Dass eine Vorlage auch im **Zwischenverfahren** (§§ 199–211 StPO) möglich sein muss, wird durch eine Entscheidung des BVerfG bestätigt, wonach die Strafgerichte **in jedem Stadium des Strafverfahrens** mit besonderer Sorgfalt zu prüfen haben, ob bei der Auslegung einer entscheidungserheblichen Frage des Unionsrechts Zweifel bestehen und die Vorlage an den EuGH erforderlich ist.[39] Das Gericht ist bei der Entscheidung, in welchem Verfahrensabschnitt es die Frage vorlegen will, grundsätzlich frei. Daher kann die Vorlage zum EuGH auch nach Erlass des Eröffnungsbeschlusses erfolgen.[40] Da dem EuGH nur abstrakt formulierte Rechtsfragen über die Gültigkeit oder Auslegung von Unionsrecht vorgelegt werden dürfen (Rn. 12), ist es nicht erforderlich, dass der zum Gegenstand einer Anklage gemachte Sachverhalt bereits abschließend geklärt ist.[41] Aus Gründen der Prozessökonomie erscheint es freilich sachgerecht, das nationale Verfahren zunächst so weit zu fördern, dass eine hinreichend konkretisierte Vorlagefrage formuliert und deren Entscheidungsrelevanz aufgezeigt werden kann. Rein innerstaatliche Rechtsfragen sollten vor Stellung eines Vorabentscheidungsersuchens geklärt werden.[42]

6.2.1.2 Vorlageermessen und Ermittlungsgrundsatz

16 Das den nicht letztinstanzlichen Gerichten von Art. 267 II AEUV eingeräumte **Vorlageermessen** kann in **Konflikt mit dem strafprozessualen Ermittlungsgrundsatz** geraten, der in den §§ 155 II, 160 II, 244 II StPO seinen gesetzlichen Niederschlag findet. Danach haben die Strafverfolgungsorgane den Sachverhalt von Amts wegen vollständig zu erforschen und aufzuklären. Das hieraus abzuleitende Aufklärungsgebot der Strafgerichte erstreckt sich auch auf die Frage, ob das Verhalten des Angeklagten überhaupt mit Strafe bedroht ist, was zweifelhaft sein kann, wenn seine Strafbarkeit im konkreten Fall von der Gültigkeit oder einer bestimmten Auslegung des Unionsrechts abhängt. Aber auch die Art und Höhe einer im konkreten Fall in Betracht kommenden strafrechtlichen Sanktion kann vom Unionsrecht beeinflusst sein, sodass sich in dieser Hinsicht ebenfalls ein gerichtlicher Aufklärungsbedarf ergibt. Das Spannungsverhältnis zwischen der innerstaatlichen Prozessmaxime und dem unionsrechtlichen Vorlageermessen lässt sich wegen des **Vorrangs des Unionsrechts** nicht einfach dadurch lösen, dass man von einer Überlagerung des Vorlageermessens durch den Aufklärungsgrundsatz ausgeht mit der Folge, dass die in Art. 267 II AEUV eingeräumte Vorlagebefugnis in eine Vorlagepflicht umgedeutet wird.[43] Nationales Recht kann Unionsrecht nicht verdrängen.

---

[39] BVerfG NJW 1989, 2464.
[40] *Hustus*, in: *Karpenstein u. a.* (Hrsg.), Hb. Rechtsschutz in der EU, § 34 Rn. 58.
[41] EuGHE 1981, 735; *Hustus*, in: *Karpenstein u. a.* (Hrsg.), Hb. Rechtsschutz in der EU, § 34 Rn. 59.
[42] EuGHE 1992, 4871, 4933; *Hustus*, in: *Karpenstein u. a.* (Hrsg.), Hb. Rechtsschutz in der EU, § 34 Rn. 59.
[43] *Jokisch*, Gemeinschaftsrecht und Strafverfahren, S. 183.

6.2 Vorabentscheidungsverfahren und strafprozessuale Maximen

Daher kann nur an die Gerichte appelliert werden, sich bei der Ausübung des ihnen eingeräumten Vorlageermessens von dem Ermittlungsgrundsatz leiten zu lassen. Die Klärung entscheidungsrelevanter Rechtsfragen, die sich aus dem Unionsrechtsbezug des Verfahrengegenstandes ergeben, sollte schon aus prozessökonomischen Gründen (Beschleunigungsgebot) möglichst frühzeitig erfolgen und nicht erst dem gem. Art. 267 III AEUV zur Vorlage verpflichteten letztinstanzlichen Gericht überlassen werden.

6.2.2 Vorabentscheidung im Ermittlungsverfahren

6.2.2.1 Zulässigkeit des Vorabentscheidungsverfahrens

Das **Ermittlungsverfahren** (§§ 160–170 StPO) wird von der Staatsanwaltschaft geleitet, die als weisungsgebundene Behörde kein Gericht i. S. d. Art. 267 AEUV und daher nicht zur Einholung einer Vorabentscheidung berechtigt ist (Rn. 6). Die Möglichkeit der Vorlage besteht jedoch für Gerichte, die im Ermittlungsverfahren Entscheidungen zu treffen haben, die von unionsrechtlichen Vorgaben beeinflusst sein können. Es handelt sich bei diesen Entscheidungen – z. B. betreffend Durchsuchung (§§ 102 ff. StPO), Beschlagnahme (§§ 94 ff. StPO), Überwachungsmaßnahmen (§§ 100a ff. StPO) und Untersuchungshaft (§§ 112 ff. StPO) – stets nur um die Genehmigung oder Verlängerung von Grundrechtseingriffen, die nach deutschem Recht dem Richtervorbehalt unterliegen. Dass diese richterlichen Beschlüsse nicht in einem kontradiktorischen Verfahren ergehen, steht der Einholung einer Vorabentscheidung nicht entgegen, da nach der Judikatur des EuGH **jedes Gericht unabhängig von der Verfahrensart zur Vorlage berechtigt** ist.[44]

17

6.2.2.2 Konflikt zwischen Vorlage und Funktion des Ermittlungsverfahrens

Das **Spannungsverhältnis zwischen Vorlageverfahren und innerstaatlichen Prozessmaximen** tritt im Ermittlungsverfahren noch deutlicher zutage als in den anderen Verfahrensabschnitten. Aufgrund der **besonderen Eilbedürftigkeit** ermittlungsrichterlicher Entscheidungen gerät die unionsrechtliche Vorlagebefugnis bzw. Vorlagepflicht zwangsläufig mit dem aus dem Rechtsstaatsprinzip abzuleitenden **Beschleunigungsgebot** in Konflikt.[45] Ermittlungsrichterlich anzuordnende Maßnahmen dulden in der Regel keinen Aufschub. Man denke nur an Hausdurchsuchung, Beschlagnahme wichtigen Beweismaterials, Telefonüberwachung oder Inhaftierung eines dringend Tatverdächtigen wegen Fluchtgefahr. Wenn diese Maßnahmen ihre spezifische Funktion erfüllen sollen, können sie nicht einfach solange aufgeschoben werden, bis der EuGH über die ihm vorgelegte(n)

18

---

[44] EuGH NJW 2005, 2839, 2840; NJW 2022, 2093 (2096); *Hustus*, in: *Karpenstein u. a.* (Hrsg.), Hb. Rechtsschutz in der EU, § 34 Rn. 55.
[45] *Hustus*, in: *Karpenstein u. a.* (Hrsg.), Hb. Rechtsschutz in der EU, § 34 Rn. 60 f.; *Wolter*, Vorabentscheidungsverfahren, S. 74 ff.

Rechtsfrage(n) entschieden hat. Die Problemlage ist unter dem Gesichtspunkt der Eilbedürftigkeit vergleichbar mit der Situation anderer innerstaatlicher Verfahrensarten im Bereich des vorläufigen Rechtsschutzes.

19 Früher wurde der Standpunkt vertreten, die Aussetzung von Eilverfahren sei aufgrund ihrer Wesensart schlechthin unzulässig.[46] Inzwischen hat sich jedoch die zutreffende Auffassung durchgesetzt, dass weder die Dringlichkeit noch der vorläufige Charakter eines Verfahrens die Befugnis der nationalen Gerichte zur Anrufung des EuGH in Frage stellen können, wenn die Gültigkeit oder Auslegung des Unionsrechts entscheidungserheblich ist.[47] Diesem Grundsatz ist auch für das strafprozessuale Ermittlungsverfahren beizupflichten. Eine generelle Ablehnung der ermittlungsrichterlichen Vorlagebefugnis hätte zur Folge, dass zentrale Rechtsbereiche, die – wie z. B. das Haftrecht – im Hauptverfahren keine Rolle mehr spielen, vollständig aus dem Vorabentscheidungsverfahren ausgegliedert würden und damit nie auf ihre Vereinbarkeit mit Unionsrecht überprüft werden könnten. Eine derartig weitreichende Beschränkung der Vorlagebefugnis stünde nicht in Einklang mit den Zielen des Vorabentscheidungsverfahrens, dessen Integration in das nationale Strafverfahren primärrechtlich geboten ist. Nur diese Beurteilung steht in Einklang mit Art. 267 IV AEUV, der bestimmt: „Wird eine derartige Frage in einem schwebenden Verfahren, das eine inhaftierte Person betrifft, bei einem einzelstaatlichen Gericht gestellt, so entscheidet der Gerichtshof innerhalb kürzester Zeit."

20 Da nun einerseits die richterliche Vorlagebefugnis im Ermittlungsverfahren nicht ausgeschlossen werden darf und andererseits ein Abwarten der Entscheidung des EuGH aufgrund der besonderen Eilbedürftigkeit der in diesem Verfahrensstadium zu treffenden Maßnahmen regelmäßig nicht möglich ist, muss ein Kompromiss gefunden werden, der sowohl den Erfordernissen des Unionsrechts als auch den Verfahrenszielen des Ermittlungsverfahrens Rechnung trägt. Zustimmung verdient in diesem Zusammenhang der in jeder Hinsicht **sachgerechte Lösungsvorschlag**, wonach **das nationale Gericht bei der Entscheidungsfindung zunächst seiner eigenen Auslegung des Unionsrechts folgen und ggf. die beantragte Zwangsmaßnahme anordnen bzw. bestätigen darf, ohne die Beantwortung der Vorlagefrage durch den EuGH abzuwarten.**[48] Falls eine nachträgliche Berücksichtigung der Entscheidung des EuGH im Rahmen des Ermittlungsverfahrens nicht mehr möglich ist, muss das nachfolgende Hauptverfahren solange ausgesetzt werden, bis der EuGH über die Vorlagefrage(n) entschieden hat. Sollte sich aus der abzuwartenden Entscheidung des Gerichtshofs ergeben, dass die ermittlungsrichterliche Maßnahme gegen Unionsrecht verstößt, muss das für die Durchführung der Hauptverhandlung zuständige Gericht prüfen, welche Konsequenzen hieraus zu ziehen sind. Zu denken ist insbesondere an die Annahme eines Beweisverwertungsverbotes,

---

[46] OLG Frankfurt NJW 1985, 2901, 2903.

[47] *Hustus*, in: *Karpenstein u. a.* (Hrsg.), Hb. Rechtsschutz in der EU, § 34 Rn. 68; *Jokisch*, Gemeinschaftsrecht und Strafverfahren, S. 186; *Wolter*, Vorabentscheidungsverfahren, S. 228.

[48] *Jokisch*, Gemeinschaftsrecht und Strafverfahren, S. 188 ff.; zust. *Hustus*, in: *Karpenstein u. a.* (Hrsg.), Hb. Rechtsschutz in der EU, § 34 Rn. 68; *Wolter*, Vorabentscheidungsverfahren, S. 227 ff.

wenn das Verfahren zur Erlangung des Beweisstücks nicht unionsrechtskonform erfolgte.[49] Kann eine im Ermittlungsverfahren getroffene Zwangsmaßnahme, die sich im Nachhinein wegen Verstoßes gegen Unionsrecht als unzulässig erweist, nicht mehr rückgängig gemacht werden, kommt immerhin die Gewährung einer finanziellen Entschädigung für Strafverfolgungsmaßnahmen nach §§ 2, 4 StrEG oder nach den Regeln der Staatshaftung in Betracht. Auch kann der Betroffene sein Rehabilitationsinteresse durchsetzen, indem er gem. § 304 StPO nachträglich die Rechtswidrigkeit des abgeschlossenen Grundrechtseingriffs – auch wenn dieser richterlich angeordnet wurde – gerichtlich feststellen lässt bzw. in analoger Anwendung des § 98 II S. 2 StPO die Art und Weise der Durchführung rügt.[50] Das dafür erforderliche besondere Rechtsschutzinteresse folgt in diesen Fällen unmittelbar aus dem Unionsrecht.

6.2.3 Auswirkung vorlagebedingter Verfahrensverzögerungen

Die durchschnittliche Dauer eines Vorabentscheidungsverfahrens betrug im Jahre 2020 15,8 Monate.[51] Immerhin hat das im Jahre 2008 eingeführte **Eilvorabentscheidungsverfahren** (Art. 107 ff. VerfO-EuGH)[52] zu einer gewissen Entspannung beigetragen. In diesem beschleunigten Verfahren kann durchschnittlich mit der Erledigung eines Vorabentscheidungsersuchens innerhalb von 3,9 Monaten gerechnet werden.[53] Trotz des fortbestehenden Konflikts der durch die Einschaltung des EuGH bedingten Verfahrensverzögerung mit der strafprozessualen Beschleunigungsmaxime darf die Vorlagebefugnis bzw. -pflicht der Gerichte durch innerstaatliches Verfahrensrecht keinesfalls ausgeschlossen werden. Da das Vorabentscheidungsverfahren als Inzidentverfahren Teil des nationalen Strafverfahrens ist, muss das nationale Gericht in Fällen überlanger Verfahrensdauer die hieraus folgenden Konsequenzen ziehen (Kap. 3 Rn. 61 ff.; Kap. 4 Rn. 40).

21

6.3 Zusammenfassung von Kap. 6

Gegenstand dieses Kapitels ist das im **Vorabentscheidungsverfahren** des Art. 267 AEUV angelegte Kooperationsverhältnis zwischen den mitgliedstaatlichen Strafgerichten und dem EuGH. Die vielfältigen Einflüsse des Unionsrechts auf das

22

---

[49] Vgl. hierzu EuGHE 2003, 3735 mit ausführl. Bespr. von *Esser*, StV 2004, 221; vgl. auch die grundsätzlichen Ausführungen von *Jokisch*, Gemeinschaftsrecht und Strafverfahren, S. 247 f.
[50] BVerfGE 96, 27, 41; *Jokisch*, Gemeinschaftsrecht und Strafverfahren, S. 189.
[51] *Kottmann*, in: Karpenstein u. a. (Hrsg.), Hb. Rechtsschutz in der EU, § 10 Rn. 17.
[52] *Karpenstein*, in: *Leible/Terhechte* (Hrsg.), Hb. Europ. Rechtsschutz, § 8 Rn. 97 ff.; *Wolter*, Vorabentscheidungsverfahren, S. 104 ff.
[53] *Kottmann*, in: Karpenstein u. a. (Hrsg.), Hb. Rechtsschutz in der EU, § 10 Rn. 17.

mitgliedstaatliche Straf- und Strafverfahrensrecht werfen bei den Strafrichtern nicht selten Auslegungs- und Gültigkeitsfragen auf, die einer Klärung durch den EuGH bedürfen. Das Vorabentscheidungsverfahren sichert das **Monopol des EuGH**, über die Auslegung und Gültigkeit von Unionsrecht letztverbindlich zu entscheiden. Daneben ist auch die **Individualschutzfunktion** des Vorabentscheidungsverfahrens von Bedeutung, wenn es um die Durchsetzung von aus dem Unionsrecht abgeleiteten subjektiv-öffentlichen Rechten geht. Der Einzelne kann jedoch ein Vorlageverfahren immer nur anregen oder beantragen, niemals erzwingen. Über die vorläufige Aussetzung des nationalen Verfahrens zum Zwecke der Einholung einer Vorabentscheidung durch den EuGH entscheidet allein das nationale Gericht. Die unterbliebene Vorlage zum EuGH kann als Verletzung des grundrechtsgleichen **Rechts auf den gesetzlichen Richter (Art. 101 I S. 2 GG)** im Wege der **Verfassungsbeschwerde** gerügt werden. Das BVerfG bejaht eine Grundrechtsverletzung allerdings nur, wenn die Rechtsanwendung des Fachgerichts bei verständiger Würdigung nicht mehr verständlich erscheint und offensichtlich unhaltbar ist.

23   Die Einholung einer Vorabentscheidung des EuGH ist in **jedem Stadium des Strafverfahrens** möglich. Letztinstanzliche Gerichte sind nach Art. 267 III AEUV zur Vorlage verpflichtet. Möglicher Gegenstand der Vorlage ist allein die im Ersuchen des Gerichts abstrakt zu formulierende Frage nach der Gültigkeit oder Auslegung von Unionsrecht. Es ist Sache der mitgliedstaatlichen Gerichte, die aus der Vorabentscheidung resultierenden Konsequenzen für die Interpretation und Anwendung des nationalen Rechts zu ziehen. Aus der Funktion des Vorlageverfahrens, die Einheitlichkeit des Unionsrechts zu sichern, folgt die **Bindung des vorlegenden nationalen Gerichts** und aller mit der Sache befassten **Instanzgerichte des Ausgangsverfahrens** an die Entscheidung des EuGH. Darüber hinaus entfaltet die Vorabentscheidung eine **faktische Präjudizwirkung**, indem jedes mit der gleichen Frage befasste Gericht eines Mitgliedstaates der Vorabentscheidung Folge leisten oder – falls es hiervon abweichen will – erneut vorlegen muss.

24   Die Integration des Vorabentscheidungsverfahrens in das nationale Strafverfahren kann in allen Verfahrensstadien – besonders im Ermittlungsverfahren – in **Konflikt mit strafprozessualen Maximen und Verfahrenszielen** geraten. Da ein vollständiger Ausschluss der richterlichen Vorlagebefugnis im Ermittlungsverfahren nicht zulässig ist, muss das Zusammenwirken zwischen nationalem Gericht und EuGH in einer Weise gestaltet werden, die sowohl den Erfordernissen des Unionsrechts als auch den strafprozessualen Verfahrenszielen Rechnung trägt. Als sachgerechte Kompromisslösung bietet es sich an, dem nationalen Ermittlungsrichter zuzugestehen, dass er trotz Einholung einer Vorabentscheidung zunächst seiner eigenen Auslegung des Unionsrechts folgen und ggf. die beantragte Zwangsmaßnahme anordnen bzw. bestätigen darf, ohne die Beantwortung der Vorlagefrage durch den EuGH abzuwarten. Im nachfolgenden Hauptverfahren muss dann aber das Verfahren ausgesetzt und die Antwort des EuGH abgewartet werden. Falls im Lichte der Vorabentscheidung festgestellt wird, dass eine im Ermittlungsverfahren angeordnete Maßnahme gegen Unionsrecht verstößt, muss das für die Durchführung der Hauptverhandlung zuständige Gericht prüfen, welche Konsequenzen hieraus zu ziehen sind. In Betracht kommen die Annahme eines Beweisverwertungs-

verbots, die Gewährung einer Entschädigung oder die Feststellung der Rechtswidrigkeit des ermittlungsrichterlichen Handelns.

Literatur

Hustus, in: *Karpenstein u. a.* (Hrsg.), Hb. Rechtsschutz in der EU, 4. Aufl., 2024, § 34 (Strafgerichtsbarkeit)
Karpenstein, in: *Leible/Terhechte* (Hrsg.), Europäisches Rechtsschutz- und Verfahrensrecht, 2. Aufl., 2021, § 8 (Vorabentscheidungsverfahren)
Kottmann, in: *Karpenstein u. a.* (Hrsg.), Hb. Rechtsschutz in der EU, 4. Aufl., 2024, § 10 (Vorabentscheidungsverfahren)
Latzel/Streinz, Das richtige Vorabentscheidungsersuchen, NJOZ 2013, 97
Mächtle, Das Vorabentscheidungsverfahren, JuS 2015, 314
Ruffert/Grischek/Schramm, Europarecht im Examen – Rechtsschutz vor den europäischen Gerichten, JuS 2022, 814
Satzger, Helmut, Es bleibt „keinerlei Raum für einen vernünftigen Zweifel", ... dass der BGH gegen seine Vorlagepflicht aus Art. 267 Abs. 3 AEUV verstößt!, FS für Bernd v. Heintschel-Heinegg, 2015, S. 387
Voßkuhle/Schemmel, in: *Leible/Terhechte* (Hrsg.), Europäisches Rechtsschutz- und Verfahrensrecht, 2. Auflage, 2021, § 6 (Funktionen nationaler Gerichte im Europarecht)

Rechtsprechungshinweise

EuGHE 1982, 3415 („acte-clair-Doktrin")
EuGHE 1987, 4199 (Vorlagepflicht nicht letztinstanzlicher Gerichte)
EuGHE 1991, 3277 (Zulässigkeit einer Vorlage in allen Verfahrensstadien)
EuGHE 1996, 6609 (Keine Vorlageberechtigung der Staatsanwaltschaft)
EuGH NJW 2021, 3303 (Umfang der Vorlagepflicht letztinstanzlicher Gerichte)
EuGH NJW 2022, 2093 (Verbindliche Auslegung von EU-Recht nur durch den EuGH)
BVerfG NJW 1989, 2464 (Vorlage von Fragen an den EuGH im Strafverfahren)
BVerfG NJW 2021, 1005 (Verfassungsgerichtliche Kontrolle der Vorlagepflicht nach Art. 267 AEUV)
BVerfG BeckRS 2023, 36206 (Verfassungsgerichtliche Kontrolle der Vorlagepflicht nach Art. 267 AEUV)

Teil III

Strafrechtsrelevante Europäisierungsmechanismen

Assimilierungsprinzip 7

7.1 Mitgliedstaatliches Strafrecht im Dienste der Union

Die Union besitzt – von dem Bereich der EU-Betrugsbekämpfung (Art. 325 IV AEUV) abgesehen (Kap. 4 Rn. 68 ff.) – keine originären Rechtsetzungsbefugnisse auf dem Gebiet des Kriminalstrafrechts (Kap. 4 Rn. 58). Insoweit ist sie nicht in der Lage, durch den Erlass supranationaler Strafgesetze selbst für den strafrechtlichen Schutz ihrer Rechtsgüter und Interessen zu sorgen. Folglich ist die Union darauf angewiesen, dass die Mitgliedstaaten durch die Ausgestaltung und Anwendung ihres Kriminalstrafrechts dafür Sorge tragen, strafwürdige Angriffe auf Unionsinteressen wirksam zu bekämpfen.[1] Die Einbeziehung unionsrechtlicher Schutzgüter in den Anwendungsbereich nationaler Straftatbestände (**Assimilierung**) ist indes keine Selbstverständlichkeit und nicht ohne weiteres gewährleistet. Denn eine solche Strafgesetzgebung deckt sich nicht notwendigerweise mit nationalen Interessen.[2] Es kann z. B. gerade zur erklärten Politik eines Staates gehören, sich durch eine auf weitreichende und einschneidende Strafbestimmungen verzichtende Gesetzgebung als besonders wirtschaftsfreundlicher Standort zu empfehlen. 1

Die Union muss sich jedoch im Hinblick auf die Indienststellung des strafrechtlichen Instrumentariums zum Schutze ihrer Rechtsgüter und Interessen nicht allein auf den guten Willen der Mitgliedstaaten verlassen. Eine **Schutzverpflichtung** der Mitgliedstaaten gegenüber der Union ergibt sich nämlich aus dem **Grundsatz der Unionstreue (Loyalitätsgebot) des Art. 4 III UA 2, 3 EUV** (Rn. 23 ff.): 2

> „Die Mitgliedstaaten ergreifen alle geeigneten Maßnahmen allgemeiner oder besonderer Art zur Erfüllung der Verpflichtungen, die sich aus den Verträgen oder den Handlungen der Organe der Union ergeben.

---

[1] *Esser*, EuStR, § 2 Rn. 34; *Heger*, in: *Böse* (Hrsg.), EuStR, § 5 Rn. 12; *Satzger*, IntStR, § 9 Rn. 26.
[2] *Heger*, in: *Böse* (Hrsg.), EuStR, § 5 Rn. 13.

> Die Mitgliedstaaten unterstützen die Union bei der Erfüllung ihrer Aufgaben und unterlassen alle Maßnahmen, die die Verwirklichung der Ziele der Union gefährden könnten."

3 Eine spezielle Ausprägung des Loyalitätsgebots ist in **Art. 325 II AEUV** normiert, wonach die Mitgliedstaaten verpflichtet sind, zum Schutz des EU-Haushalts strafrechtliche Maßnahmen zu ergreifen (Rn. 29):

> „Zur Bekämpfung von Betrügereien, die sich gegen die finanziellen Interessen der Union richten, ergreifen die Mitgliedstaaten die gleichen Maßnahmen, die sie auch zur Bekämpfung von Betrügereien ergreifen, die sich gegen ihre eigenen finanziellen Interessen richten."

4 Zu einer „automatischen" Anwendbarkeit nationaler Strafbestimmungen auf unionsrechtswidriges Verhalten führt das Loyalitätsgebot freilich nicht, da dies gegen den auch im Unionsrecht geltenden Grundsatz nulla poena sine lege (Art. 49 I S. 1 GRCh) verstoßen würde. Es bleibt vielmehr Aufgabe und Pflicht der Mitgliedstaaten – sei es durch eigens dafür geschaffene Legislativakte oder durch unionsrechtskonforme Auslegung bestehender Strafvorschriften (Kap. 10) – ihrer Schutzverpflichtung in gehöriger Weise nachzukommen. Notfalls können sie hierzu durch ein von der Kommission anzustrengendes Vertragsverletzungsverfahren gezwungen werden (Kap. 4 Rn. 24).

5 Ungeachtet der fehlenden Strafrechtsetzungskompetenz der Union existieren einige wenige unionsrechtliche Spezialregelungen, die den Schutzbereich der nationalen Strafgesetze unmittelbar erweitern. Diese Verweisungsnormen zielen darauf ab, bestimmte supranationale Rechtsgüter mit entsprechenden nationalen Schutzgütern gleichzustellen und ihnen auf diesem Weg einen vergleichbaren strafrechtlichen Schutz angedeihen zu lassen (**Assimilierungsprinzip**).[3]

7.2 Assimilierung durch primärrechtliche Verweisungen

6 Durch derartige **primärrechtliche Assimilierungsbestimmungen** entstehen abgeleitete Strafrechtsnormen, die nach h. L. **genuines Unionsstrafrecht** (supranationales Kriminalstrafrecht) konstituieren und insoweit eine Ausnahme von dem Grundsatz der fehlenden Strafrechtsetzungsgewalt der Union (Kap. 4 Rn. 58) darstellen. Die in allen Mitgliedstaaten unmittelbar anwendbaren Verweisungsnormen bilden zusammen mit dem nationalen Tatbestand, auf den sie verweisen, einen **supranationalen Gesamttatbestand**.[4]

---

[3] *Ambos*, IntStR, § 11 Rn. 22 ff.; *Esser*, EuStR, § 2 Rn. 51 ff.; *Heger*, in: *Böse* (Hrsg.), EuStR, § 5 Rn. 15 ff.; *Satzger*, IntStR, § 8 Rn. 11 ff., § 9 Rn. 26 ff.; *Schramm*, IntStR, Kap. 4 Rn. 57 ff.

[4] *Ambos*, IntStR, § 11 Rn. 24; *Böse*, Strafen und Sanktionen, S. 107 ff.; *Dannecker*, BGH-FG, S. 339, 349 ff.; *ders./Bülte*, Hb. WiStR, 2. Kap. Rn. 196; *Deutscher*, Kompetenzen, S. 384 ff.; *Heger*, in: *Böse* (Hrsg.), EuStR, § 5 Rn. 20 ff.; a.A. *Esser*, EuStR, § 2 Rn. 45; *Satzger*, IntStR, § 8 Rn. 14 ff.

7.2.1 Primärrechtliche Verweisung auf nationale Straftatbestände

Die bestehenden primärrechtlichen Verweisungen auf nationales Strafrecht betreffen zum einen den Bereich der **europäischen Rechtspflege**, zum anderen die **Wahrung von Geheimhaltungspflichten** durch Bedienstete der EAG:

7.2.1.1 Aussagedelikte

Fall 1

Der vom EuGH nach Luxemburg geladene Zeuge Z, ein Staatsbürger der USA mit ständigem Wohnsitz in Deutschland, sagt in einer Verhandlung vor dem EuGH vorsätzlich falsch aus und bekräftigt nach ordnungsgemäßer Belehrung seine Falschaussage durch Ableistung eines Eides. Kann Z in Deutschland wegen Meineids (§ 154 StGB) strafrechtlich verfolgt und von einem deutschen Gericht abgeurteilt werden? ◄

Wenngleich die Vernehmung von Zeugen und Sachverständigen vor dem EuGH in der Praxis keine große Rolle spielt, besteht auch für die supranationale Gerichtsbarkeit ein Bedürfnis, Falschaussagen durch die präventive Wirkung einer Strafandrohung zu verhindern und auf diese Weise die Funktionsfähigkeit der Rechtspflege auf Unionsebene sicherzustellen. Das Unionsrecht trägt diesem Schutzbedürfnis – jedenfalls soweit es um die Strafandrohung für Meineide geht – durch die auf primärrechtlicher Ebene angesiedelte Assimilierungsbestimmung des **Art. 30 EuGH-Satzung**[5] Rechnung, welche bestimmt:

> „Jeder Mitgliedstaat behandelt die Eidesverletzung eines Zeugen oder Sachverständigen wie eine vor seinen eigenen in Zivilsachen zuständigen Gerichten begangene Straftat. Auf Anzeige des Gerichtshofs verfolgt er den Täter vor seinen zuständigen Gerichten."

Lösungshinweise zu Fall 1
Grundsätzlich schützen die §§ 153 ff. StGB nur die innerstaatliche Rechtspflege.[6] Der deutsche Gesetzgeber hat jedoch 2008 den Schutzbereich der Aussagedelikte (§§ 153–161 StGB) durch Schaffung des § 162 I StGB ausdrücklich auf falsche Angaben in einem Verfahren vor einem internationalen Gericht ausgedehnt, das durch einen für die Bundesrepublik Deutschland verbindlichen Rechtsakt errichtet worden ist. Damit ist nun klargestellt, dass auch die supranationale europäische Rechtspflege durch die Aussagedelikte geschützt wird.[7] Dass der EuGH ein „Gericht" i. S. d. § 154 StGB ist, ließ sich bisher nur im Wege einer unionsrechtskonformen Auslegung des § 154 StGB begründen, die Art. 30 EuGH-Satzung Rechnung trägt.

---

[5] Prot. Nr. 3 über die Satzung des Gerichtshofes der EU v. 26.02.2001 (ABlEU 2001 Nr. C 80, S. 53).
[6] *Fischer*, Vor § 153 Rn. 2 m. w. N.
[7] *Esser*, EuStR, § 2 Rn. 44; *Sinn*, NJW 2008, 3526, 3527; SK-*Zöller*, § 162 Rn. 5, 9.

11   Die von § 162 I StGB angeordnete Schutzbereichserweiterung vermag aber noch nicht ohne weiteres die Anwendbarkeit deutschen Strafrechts auf im Ausland spielende Sachverhalte herzustellen. Bejaht man mit der zutreffenden h. M. die unmittelbare Anwendbarkeit des § 154 StGB auf den von Art. 30 EuGH-Satzung erfassten Fall, so kommt es auf die Aussagen der §§ 3–7, 9 StGB nicht mehr an – ein Effekt des **„self-executing" des Unionsrechts**. Allein das Primärrecht bestimmt demnach, unter welchen Voraussetzungen der unionsstrafrechtliche Gesamttatbestand (Rn. 6) zur Anwendung gelangt. Dies hat zur Folge, dass Z – ein US-Amerikaner, der vor dem EuGH unter Eid falsch ausgesagt hat – kraft der Bestimmung des Art. 30 EuGH-Satzung in jedem EU-Mitgliedstaat nach den dort bestehenden Vorschriften strafrechtlich verfolgt werden kann, ohne dass weitere Voraussetzungen – wie etwa die der § 5 Nr. 10 StGB, § 6 Nr. 9 StGB oder § 7 II Nr. 2 StGB – erfüllt sein müssen.[8] Z kann daher von einem deutschen Gericht wegen Meineides abgeurteilt werden. Zum gleichen Ergebnis gelangen die Stimmen in der Literatur, die eine unmittelbare Anwendbarkeit des Art. 30 EuGH-Satzung ablehnen und die Erstreckung der deutschen Strafgewalt auf im Ausland zu Lasten der europäischen Rechtspflege begangene Meineide auf § 6 Nr. 9 StGB (Kap. 2 Rn. 49) stützen.[9]

7.2.1.2   Verletzung von Geheimhaltungspflichten

12   Der zweite Anwendungsfall der Assimilierung mittels primärrechtlicher Verweisungsnorm ist im Bereich der EAG (Kap. 1 Rn. 3) angesiedelt.[10] Für das Funktionieren der EAG ist es unerlässlich, dass deren Bedienstete und Mitglieder zur Geheimhaltung ihres Wissens über interne Vorgänge sowie aller Informationen, Kenntnisse, Unterlagen oder sonstiger Gegenstände, die im Zusammenhang mit der Tätigkeit der EAG stehen, verpflichtet sind. Entsprechende Geheimhaltungspflichten sind in Art. 194 I 1 EAGV normiert und werden in dem nachfolgend zitierten **Art. 194 I UA 2 EAGV** auch strafrechtlich abgesichert:

> „Jeder Mitgliedstaat behandelt eine Verletzung dieser Verpflichtung als einen Verstoß gegen seine Geheimhaltungsvorschriften; er wendet dabei hinsichtlich des sachlichen Rechts und der Zuständigkeit seine Rechtsvorschriften über die Verletzung der Staatssicherheit oder die Preisgabe von Berufsgeheimnissen an. Er verfolgt jeden seiner Gerichtsbarkeit unterstehenden Urheber einer derartigen Verletzung auf Antrag eines beteiligten Mitgliedstaates oder der Kommission."

13   Durch Art. 194 I UA 2 EAGV wird der strafrechtliche Schutz von Staats- und Berufsgeheimnissen (vgl. §§ 93 ff., 203, 353b StGB) unter Erweiterung des Täterkreises (Bedienstete der EAG) auf Geheimnisse der EAG erstreckt.[11] Als supra-

---

[8] *Ambos*, IntStR, § 11 Rn. 23 f.; *Heger*, in: *Böse* (Hrsg.), EuStR, § 5 Rn. 21 ff.; SK-*Zöller*, § 162 Rn. 12. Vgl. hierzu auch *Hecker/Zöller*, Fallsammlung, Klausur 7.
[9] *Esser*, EuStR, § 2 Rn. 45; *Rosenau*, ZIS 2008, 9; *Satzger*, IntStR, § 8 Rn. 13 ff.
[10] *Ambos*, IntStR, § 11 Rn. 23; *Satzger*, IntStR, § 8 Rn. 16.
[11] BGHSt 17, 121; *Dannecker/Schröder*, in: *Böse* (Hrsg.), EuStR, § 8 Rn. 6; *Heger*, in: *Böse* (Hrsg.), EuStR, § 5 Rn. 25; *Tiedemann*, ZStW 116 (2004), 945, 950; a.A. *Satzger*, IntStR, § 8 Rn. 16. Zu den dadurch aufgeworfenen Auslegungsproblemen vgl. *Ambos*, IntStR, § 11 Rn. 25.

nationale Gesamttatbestände (Rn. 6) sind die genannten Strafvorschriften unabhängig von den innerstaatlichen Vorgaben der §§ 3–7, 9 StGB unmittelbar anwendbar, d. h. entsprechende Taten, die im Ausland von ausländischen Staatsbürgern begangen werden, sind unabhängig von der Tatortstrafbarkeit in Deutschland verfolgbar.

7.2.2 Sekundärrechtliche Verweisung auf nationale Straftatbestände

Eine Assimilierung nationaler Strafrechtsnormen zum Schutze von EU-Interessen kann sich prinzipiell auch aus einer VO ergeben.[12] Aufgrund der von den Mitgliedstaaten erhobenen Bedenken, im Wege sekundärrechtlicher Assimilierungsbestimmungen unmittelbar geltende Straftatbestände zu schaffen, hat bereits die frühere EG vom Erlass solcher VO abgesehen. Die wenigen noch bestehenden Assimilierungsverordnungen[13] sind mit Blick auf die fehlende EU-Gesetzgebungskompetenz im Bereich des Kriminalstrafrechts (Kap. 4 Rn. 58) dahingehend auszulegen, dass sie lediglich eine Verpflichtung der Mitgliedstaaten begründen, den Unionsinteressen den gleichen strafrechtlich Schutz angedeihen zu lassen wie den entsprechenden nationalen Interessen (insbes. im Wege einer unionsrechtskonformen Auslegung einschlägiger Strafbestimmungen).[14]

14

7.3 Assimilierung als Ausprägung der Schutzverpflichtung aus Art. 4 III EUV

7.3.1 Befugnis der Mitgliedstaaten zur Sanktionierung von Verstößen gegen Unionsrecht

Auf das Dilemma der Union, mangels eigener Strafgesetzgebungskompetenz nicht selbst für den strafrechtlichen Schutz ihrer Interessen sorgen zu können, wurde bereits hingewiesen (Rn. 1). Die EU ist auf die Bereitschaft der Mitgliedstaaten angewiesen, ihr nationales Strafrecht zum Schutze unionsrechtlicher Interessen zu funktionalisieren. Dass die Mitgliedstaaten hierzu jedenfalls **berechtigt** sind, steht nach inzwischen gefestigter Auffassung außer Frage.[15] Dem insoweit richtungsweisenden Urteil des EuGH im Fall „*Amsterdam Bulb*"[16] lag folgender Sachverhalt zugrunde:

15

---

[12] *Dannecker/Bülte*, Hb. WiStR, 2. Kap. Rn. 198; *Heger*, in: *Böse* (Hrsg.), EuStR, § 5 Rn. 33.
[13] *Ambos*, IntStR, § 11 Rn. 27.
[14] Vgl. aber *Heger*, in: *Böse* (Hrsg.), EuStR, § 5 Rn. 39, der Verweisungen in Sekundärrechtsakten wegen fehlender Kompetenzgrundlage i. S. d. Art. 5 EUV als unwirksam einstuft.
[15] EuGHE 1996, 4345; *Gröblinghoff*, Verpflichtung des Strafgesetzgebers, S. 9 ff.; *Satzger*, Europäisierung, S. 210 ff., 331 ff.
[16] EuGHE 1977, 137.

Fall 2

16 Die Niederlande haben eine nationale Ausführungsverordnung erlassen, in welcher Übertretungen gegen die in verschiedenen VO normierten Bestimmungen über die gemeinsame Marktorganisation für lebende Pflanzen und Waren des Blumenhandels mit Strafe bedroht werden. Im Vorabentscheidungsverfahren vor dem EuGH stellte sich die zentrale Frage, ob die Mitgliedstaaten auch ohne besondere Ermächtigung durch eine VO berechtigt sind, Strafnormen zu erlassen, um die Anwendung von Gemeinschafts- bzw. nationalem Ausführungsrecht zu sichern. Die Klägerin des Ausgangsverfahrens, die Fa. *Amsterdam Bulb*, bestritt dies. Sie stellte sich auf den Standpunkt, mit der Strafbewehrung würde der Regelungsgehalt der VO in unzulässiger Weise erweitert und entgegen ihrem Harmonisierungsziel eine Ungleichheit der Rechtsanwendung in den Mitgliedstaaten gefördert. ◄

Lösungshinweise zu Fall 2

17 Generalanwalt *Capotorti* führte demgegenüber aus, dass die nationale Strafandrohung die Tragweite einer VO nicht ändere.[17] Etwas anderes könne nur gelten, wenn der materiellrechtliche Inhalt der VO durch nationales Recht abgeändert und damit verfälscht würde. Die Gefahr, dass Gemeinschaftsregelungen in den Mitgliedstaaten unterschiedlich streng angewandt würden, weil einige Mitgliedstaaten Strafnormen einführten, andere nicht, sei hinzunehmen, da Art. 5 EGV (aktuell: Art. 4 III EUV) es den Mitgliedstaaten überlasse, diejenigen Maßnahmen zu ergreifen, die sie für sinnvoll erachteten, um die Anwendung des Gemeinschaftsrechts sicherzustellen. Der EuGH schloss sich dieser Argumentation an: „*Art. 5 EGV … überlässt dem einzelnen Staat auch die Wahl der – auch strafrechtlichen – Sanktionen. Dem vorlegenden Gericht ist daher zu antworten, dass die* **Mitgliedstaaten** *dann, wenn die Gemeinschaftsregelung keine Vorschrift enthält, die für den Fall ihrer Verletzung durch den einzelnen bestimmte Sanktionen vorsieht,* **befugt sind, die Sanktionen zu wählen, die ihnen sachgerecht erscheinen.**"[18]

18 Der Leitgedanke dieser auch heute noch maßgeblichen Rspr. lässt sich dahingehend zusammenfassen, dass die Befugnis der Mitgliedstaaten zur Strafbewehrung unionsrechtlicher Ver- und Gebote nur dann begrenzt ist, wenn die unionsrechtliche Regelung **abschließenden** Charakter hat.[19] Ob dies der Fall ist, muss jeweils durch Auslegung des einschlägigen Unionsrechtsaktes ermittelt werden. Regelmäßig wird – im Lichte des Loyalitätsprinzips (Art. 4 III UA 2, 3 EUV) – davon auszugehen sein, dass den Mitgliedstaaten die Befugnis zum Erlass von Strafbestimmungen selbst dann zusteht, wenn bereits der Unionsrechtsakt bestimmte Sanktionen (Kap. 4

---

[17] Generalanwalt *Capotorti*, EuGHE 1977, 137, 152, 155.
[18] EuGHE 1977, 137, 150 – Hervorhebung durch den *Verfasser*.
[19] Vgl. hierzu EuGHE 1999, 4883 ff.; *Gröblinghoff*, Verpflichtung des Strafgesetzgebers, S. 21; *Satzger*, Europäisierung, S. 212.

Rn. 55 ff.) vorsieht. So steht bspw. eine VO, die das Erschleichen von Subventionen mit einer Subventionssperre belegt, dem Erlass und der Anwendung nationaler Sanktionsnormen nicht entgegen, die dieses Verhalten mit Kriminalstrafe bedrohen. Die Befugnis der Mitgliedstaaten zur Sanktionierung von Verstößen gegen Unionsrecht besteht im Übrigen auch insoweit, als es um die Strafbewehrung von Ver- und Geboten geht, die aus RL abzuleiten sind.[20]

7.3.2 Pflicht der Mitgliedstaaten zur Sanktionierung von Verstößen gegen Unionsrecht

7.3.2.1 Mindestanforderungen an Sanktionsnormen im Dienste des Unionsrechts

Während in der Rechtssache *„Amsterdam Bulb"* (Rn. 16) die **mitgliedstaatliche Befugnis** zur Sanktionierung von Verstößen gegen Gemeinschaftsrecht im Vordergrund stand und die **Wahlfreiheit** der Mitgliedstaaten in Bezug auf Erlass und Ausgestaltung nationaler Sanktionsbestimmungen betont wurde, stellte der EuGH in der Folgezeit klar, dass die Mitgliedstaaten nicht nur befugt, sondern sogar **verpflichtet** sein können, die Durchsetzung von Sekundärrechtsakten (straf)rechtlich abzusichern. Am Ausgangspunkt dieser Judikatur steht das Urteil des Gerichtshofs in der Rechtssache *„von Colson und Kamann"*,[21] in dem es allerdings nur um Sanktionen zivilrechtlicher Natur ging: 19

Fall 3

Im Rahmen eines Vorabentscheidungsverfahrens stellte sich die Frage, ob das deutsche Recht mit der damals geltenden RL 76/207/EWG zur Verwirklichung des Grundsatzes der Gleichbehandlung von Männern und Frauen hinsichtlich des Zugangs zur Beschäftigung zur Berufsbildung und zum beruflichen Aufstieg sowie in Bezug auf Arbeitsbedingungen in Einklang steht. Die Klägerinnen des Ausgangsverfahrens waren wegen ihres Geschlechts bei der Besetzung von Sozialarbeiterstellen von einem öffentlichen Arbeitgeber richtlinienwidrig nicht berücksichtigt worden. Sie klagten deshalb vor dem zuständigen Arbeitsgericht auf Einstellung, hilfsweise Schadensersatz. Nach der damaligen Fassung des § 611a II BGB konnte im Fall von Diskriminierung bei der Einstellung nur der Vertrauensschaden, also nur die Fahrt- und Bewerbungskosten der Klägerinnen, ersetzt werden. ◄ 20

Lösungshinweise zu Fall 3
Dem Vorbringen der Bundesregierung, dass die Bestimmung und Ausgestaltung von Sanktionen im freien Ermessen der Mitgliedstaaten stehe, vermochte sich der EuGH nicht uneingeschränkt anzuschließen. Wie im Fall *„Amsterdam Bulb"* 21

---

[20] EuGHE 1977, 1495; Satzger, Europäisierung, S. 332.
[21] EuGHE 1984, 1891; bestätigt durch EuGHE 1984, 1921; 1990, 3941; 1993, 4367; 1997, 2195.

(Rn. 16) bestätigte der Gerichtshof zwar im Grundsatz ein legislatives Wahl- und Ausgestaltungsermessen der Mitgliedstaaten, wenn es um den Erlass von Sanktionsnormen im Dienste des Gemeinschaftsrechts geht. Jedoch stellte er – freilich recht weite – Kriterien auf, denen diese Sanktionsnormen genügen müssen. Zwar überlasse es die hier in Rede stehende RL den Mitgliedstaaten, unter den gegebenen Möglichkeiten die Sanktion für einen Verstoß gegen das Diskriminierungsverbot auszuwählen, die zur Verwirklichung der Ziele der RL geeignet sind. Entscheide sich ein Mitgliedstaat jedoch dafür, als Sanktion für einen Verstoß gegen dieses Verbot eine Entschädigung zu gewähren, so müsse diese jedenfalls über einen rein symbolischen Schadensersatz hinausgehen. Das deutsche Recht genüge den an eine hinreichend wirksame und abschreckende Sanktion zu stellenden Mindestanforderungen nicht (Kap. 10 Rn. 3 ff.).

22 Die Judikatur des EuGH ist dahingehend zu interpretieren, dass der Freiraum der Mitgliedstaaten bei der Wahl und Ausgestaltung der Sanktionsnormen zwar groß, aber keineswegs unbegrenzt ist. Zwar steht den Mitgliedstaaten ein breiter Beurteilungsspielraum zu, mit welchen rechtlichen Maßnahmen ein bestimmtes unionsrechtliches Interesse – wie der Schutz der Bewerber vor Diskriminierung – durchzusetzen ist. Sanktionsnormen, welche die Einhaltung unionsrechtlicher Ge- und Verbote sicherstellen sollen, müssen aber jedenfalls – unabhängig davon, ob sie zivil-, verwaltungs- oder strafrechtlicher Natur sind – eine **hinreichende Abschreckungswirkung** entfalten.[22]

7.3.2.2 Gleichstellungsgebot und Mindesttrias

7.3.2.2.1 Der Fall „Griechischer Mais" – ein leading case des Europäischen Strafrechts

23 In einer für die Entwicklung des Europäischen Strafrechts richtungsweisenden Entscheidung im Fall „*Griechischer Mais*"[23] leitete der EuGH aus dem in ex-Art. 5 EWGV (heute Art. 4 III EUV) verankerten **Loyalitätsgebot** weitere wichtige und prägende Grundsätze über die **Verpflichtung der Mitgliedstaaten** ab, ihr **nationales Strafrecht in den Dienst der effektiven Durchsetzung gemeinschaftsrechtlicher Interessen** zu stellen. Zum Sachverhalt:

Fall 4

24 Die Kommission deckte Ende 1986 auf, dass zwei Schiffsladungen Mais, die im Mai 1986 durch die Fa ITCO über die griechischen Häfen Saloniki und Kavala nach Belgien ausgeführt und von den griechischen Behörden offiziell als

---

[22] *Böse*, in: *Dannecker/Meyer* (Hrsg.), Unternehmenssanktionen, S. 17 ff.; *Gröblinghoff*, Verpflichtung des Strafgesetzgebers, S. 11.
[23] EuGHE 1989, 2965 = NJW 1990, 2245 mit Anm. v. *Bleckmann*, WuR 1991, 285 und *Tiedemann*, EuZW 1990, 100; vgl. hierzu *Ambos*, IntStR, § 11 Rn. 39 ff.; *Esser*, EuStR, § 2 Rn. 48 ff.; *Heger*, in: *Böse* (Hrsg.), EuStR, § 5 Rn. 19; *Satzger*, IntStR, § 9 Rn. 26 ff.; *Schramm*, IntStR, Kap. 4 Rn. 62 ff.

7.3 Assimilierung als Ausprägung der Schutzverpflichtung aus Art. 4 III EUV

„griechischer Mais" bezeichnet wurden, in Wirklichkeit aus dem Drittstaat Jugoslawien eingeführt worden waren. Aufgrund der offiziellen Angaben der griechischen Behörden, welche die Echtheit und Richtigkeit der amtlichen Urkunden bestätigten, wurden von den belgischen Behörden keine Agrarabschöpfungen auf den „Nicht-EG-Mais" erhoben und der Mais in den freien Verkehr überführt. Nach Erkenntnissen der Kommission war diese Abgabenhinterziehung unter Mitwirkung von griechischen Beamten begangen und später von mehreren hohen Beamten durch falsche Urkunden und Erklärungen zu verschleiern versucht worden. Die Kommission ersuchte die griechische Regierung, die Agrarabschöpfungen für die Einführung von jugoslawischem Mais mit Verzugszinsen zu zahlen, die unterschlagenen Summen bei den betreffenden Tätern einzuziehen sowie Straf- und Disziplinarverfahren gegen alle Beteiligten einzuleiten. Da dies ohne Erfolg blieb, leitete die Kommission im Jahre 1987 ein Vertragsverletzungsverfahren ein. ◄

Lösungshinweise zu Fall 4
Der EuGH stellte mit Urteil v. 21.09.1989 fest, dass die Griechische Republik gegen   25
das **Loyalitätsgebot** verstoßen hat, weil sie keine straf- oder disziplinarrechtlichen Verfahren gegen die Personen eingeleitet hatte, die an der Durchführung und Verschleierung der Abschöpfungshinterziehung beteiligt gewesen waren. Die Mitgliedstaaten haben nach Ansicht des EuGH Verstöße gegen das Gemeinschaftsrecht nach ähnlichen sachlichen und verfahrensrechtlichen Regeln zu verfolgen wie nach Art und Schwere vergleichbare Zuwiderhandlungen gegen nationales Recht (**Gleichstellungsgebot**). Zwar verbleibe den Mitgliedstaaten die Wahl der Sanktionen. Die nationalen Stellen müssten aber bei Verstößen gegen das Gemeinschaftsrecht mit derselben Sorgfalt vorgehen, die sie bei der Anwendung der entsprechenden nationalen Vorschriften walten ließen. Darüber hinaus müssten die angedrohten Sanktionen jedenfalls **wirksam, verhältnismäßig** und **abschreckend** (**Mindesttrias**) sein. Diesen Anforderungen habe die Griechische Republik nicht Genüge getan, da die Verantwortlichen von den griechischen Behörden weder straf- noch disziplinarrechtlich verfolgt worden seien.

7.3.2.2.2 Bedeutung des „Mais-Urteils"

Das „Mais-Urteil" stellt eine bedeutende Weiterentwicklung der EuGH-Rspr. zum   26
strafrechtlichen Schutz der Interessen der früheren EG (heute: EU) dar. In der Rechtssache „*Amsterdam Bulb*" (Rn. 16) hatte der Gerichtshof den Mitgliedstaaten noch ein uneingeschränktes Ermessen bei der Wahl der sachgerechten Maßnahmen zur Durchsetzung des Gemeinschaftsrechts eingeräumt. Auch das in der Sache „*von Colson und Kamann*" (Rn. 20) aufgestellte Erfordernis der abschreckenden Wirkung von Sanktionsnormen im Dienste des Gemeinschaftsrechts überließ es dem Auswahlermessen der nationalen Gesetzgeber, ob sie sich hierbei zivil-, verwaltungs- oder strafrechtlicher Instrumente bedienen. Demgegenüber wandelt sich die in der vorangegangenen Judikatur betonte Befugnis der Mitgliedstaaten, Sanktionen für Gemeinschaftsrechtsverletzungen vorzusehen, mit dem „Mais-Urteil" in eine **Verpflichtung zur Durchsetzung des Gemeinschaftsrechts durch Ahndung**

von Verstößen hiergegen, wobei der verbleibende Ausgestaltungsspielraum für legislative Maßnahmen durch die aufgestellten Mindestanforderungen (justiziable Kriterien) deutlich eingegrenzt wird. Der EuGH leitet aus dem Loyalitätsgebot eine **Garantenstellung der Mitgliedstaaten** ab, aus der sich die Pflicht ergibt, ihr nationales Strafrecht zum Schutze der Gemeinschaftsinteressen und zur Durchsetzung gemeinschaftsrechtlicher Politiken einzusetzen.

27 Innovativ ist zum einen die bis heute fortgeltende Forderung, dass Verstöße gegen Unionsrecht nach ähnlichen sachlichen und verfahrensrechtlichen Regeln geahndet werden müssen wie nach Art und Schwere vergleichbare Verstöße gegen nationales Recht. Das Gleichstellungsgebot ist Ausdruck des Assimilierungsprinzips, denn es zielt darauf ab, den strafrechtlichen Schutz, den die mitgliedstaatlichen Rechtsordnungen für nationale Schutzgüter vorsehen, auf vergleichbare Schutzgüter der Union zu erstrecken.[24] Neu ist des Weiteren die Ausweitung der Erfordernisse der Wirksamkeit, Verhältnismäßigkeit und abschreckenden Wirkung auf jede Sanktionsnorm, die Verstöße gegen Unionsrecht ahnden soll. Dies bedeutet zum einen, dass sich bestehende Strafvorschriften an diesen Beurteilungskriterien messen lassen müssen. Zum anderen können sich die vom EuGH konkretisierten Vorgaben im Einzelfall zu einer Pflicht zum Tätigwerden der nationalen Strafgesetzgeber, also zu einem **Pönalisierungsgebot**, verdichten.[25] Die Einschätzungsfreiheit der mitgliedstaatlichen Gesetzgeber, ob überhaupt eine strafrechtliche Regelung in den Dienst des Unionsrechts gestellt werden soll und wie diese ggf. inhaltlich auszugestalten ist, wird damit eingeschränkt.

28 Das über das Gleichbehandlungserfordernis funktionalisierte Assimilierungsprinzip ermöglicht es den Mitgliedstaaten, neu zu schaffende Tatbestände zum Schutze des Unionsrechts harmonisch in die innerstaatliche Strafrechtsordnung einzufügen bzw. bestehende Tatbestände im Einklang mit der nationalen Dogmatik unionsrechtskonform zu interpretieren. Die Strafrechtssysteme werden auf diese Weise – ganz im Sinne des **strafrechtsspezifischen Schonungsgebotes** (Kap. 8 Rn. 38) – vor Fremdkörpern bzw. Systembrüchen bewahrt. Freilich bewirkt die Assimilierung noch keine wirkliche Harmonisierung, sondern lediglich eine Europäisierung der mitgliedstaatlichen Strafrechtsordnungen.[26] Denn die Assimilierung kann lediglich dazu beizutragen, das strafrechtliche Schutzgefälle zwischen innerstaatlichen und vergleichbaren unionsrechtlichen Interessen abzubauen, nicht aber einen unionsweit einheitlichen Strafrechtsschutz hervorbringen. Immerhin entfaltet die das Gleichstellungsgebot ergänzende Forderung nach wirksamen, angemessenen und abschreckenden Sanktionen aber einen gewissen Druck auf die Mitgliedstaaten, einen bestimmten strafrechtlichen Mindeststandard zum Schutze unionsrechtlicher Interessen zu etablieren. Eine weitergehende Harmonisierung des materiellen Strafrechts lässt sich nur auf der Grundlage der in Art. 83 I, II AEUV normierten Rechtsangleichungskompetenzen erzielen (Kap. 8).

---

[24] *Tiedemann*, NJW 1993, 23, 25; *ders.*, Roxin-FS, S. 1401, 1405.
[25] *Bleckmann*, WuR 1991, 285; *Gröblinghoff*, Verpflichtung des Strafgesetzgebers, S. 14; *Satzger*, Europäisierung, S. 336; *Tiedemann*, EuZW 1990, 100; *Zuleeg*, JZ 1992, 761, 767.
[26] *Heger*, in: *Böse* (Hrsg.), EuStR, § 5 Rn. 17.

7.3.2.3 Gegenstand der strafrechtlichen Schutzverpflichtung

Die Judikatur des EuGH im Fall „*Griechischer Mais*" (Rn. 23 ff.) schlägt sich in der Bestimmung des Art. 325 AEUV (ex-Art. 280 IV EGV) über die Bekämpfung von Betrügereien und sonstigen gegen die finanziellen Interessen der Union gerichteten rechtswidrigen Handlungen nieder.[27] Das Effizienzgebot gelangt in Art. 325 I, III, IV AEUV, das Gleichstellungsgebot in Art. 325 II AEUV zum Ausdruck. Sämtliche Vorgaben der EuGH-Rspr. zu ex-Art. 10 EGV lassen sich auf Art. 325 EGV übertragen, was namentlich bei der Herleitung einer bereichsspezifischen strafrechtlichen Harmonisierungskompetenz der Union Bedeutung erlangt (Kap. 4 Rn. 68 ff.). 29

Die Bedeutung der „Mais-Judikatur" liegt nicht zuletzt in der darin zum Ausdruck gelangenden Anerkennung der **strafrechtlichen Schutzbedürftigkeit** und **Schutzwürdigkeit unionsrechtlicher Interessen**, dem die Mitgliedstaaten Rechnung tragen müssen. Nach zutreffender h. L. ist die Aufgabe und Pflicht der Mitgliedstaaten, ihr nationales Strafrecht in den Dienst der Union zu stellen, nicht auf den Bereich der EU-Finanzinteressen beschränkt.[28] Die aus dem Grundsatz der Unionstreue (Art. 4 III UA 2, 3 EUV) abzuleitende Schutzverpflichtung der Mitgliedstaaten erstreckt sich vielmehr auf **alle Rechtsgüter und rechtlich geschützten Interessen der Union, die für ihre Existenz und Funktionsfähigkeit sowie für die Durchsetzung ihrer Politiken von Bedeutung sind**. Als Schutzgüter der Union kommen neben dem Finanzhaushalt vor allem die Unbestechlichkeit ihrer Beamten, Wahrung von Dienstgeheimnissen, europäische Rechtspflege und Realisierung der Grundfreiheiten (Rn. 31, 33), aber auch die Durchsetzung der Unionspolitiken etwa auf den Gebieten Marktorganisation, Wettbewerb, Verbraucherschutz und Umweltschutz in Betracht.[29] Man kann insoweit von **supranationalen europäischen Schutzgütern** sprechen. 30

In dem Fall „*Französische Landwirte*"[30] bestätigte der EuGH diese weit gezogene strafrechtliche Schutzverpflichtung der Mitgliedstaaten. Dem gegen die Französische Republik geführten Vertragsverletzungsverfahren lag folgender Sachverhalt zugrunde: 31

Fall 5

Seit dem Jahre 1985 kam es in Frankreich immer wieder zu gewalttätigen Protestaktionen französischer Landwirte gegen die Einfuhr landwirtschaftlicher Erzeugnisse aus anderen EG-Mitgliedstaaten. So wurden z. B. Lastwagenfahrer, die solche Güter transportierten, am Weiterfahren gehindert, bedroht oder sogar tätlich angegriffen. Teilweise wurde ihre Ladungen zerstört oder beschädigt.

---

[27] EuGH NJW 2013, 1415 (1416); NZWiSt 2015, 390, 394; NJW 2018, 217, 219; *Dannecker/Schröder*, in: *Böse* (Hrsg.), EuStR, § 8 Rn. 26 ff.; *Esser*, EuStR, § 2 Rn. 59; *Satzger*, IntStR, § 9 Rn. 30.
[28] *Ambos*, IntStR, § 11 Rn. 40; *Dannecker*, JURA 2006, 95, 99 ff.; *Gröblinghoff*, Verpflichtung des Strafgesetzgebers, S. 38 ff.; *Heger*, in: *Böse* (Hrsg.), EuStR, § 5 Rn. 19; *Satzger*, IntStR, § 9 Rn. 26 ff.
[29] EuGH BeckRS 2021, 1430 (Rz. 29) – Gemeinsame Fischereipolitik; EuGH EuZW 2021, 164, 166 (Rz. 47 ff.) – Wettbewerbspolitik; EuGH BeckRS 2016, 81154 (Rz. 27) – Gemeinsame Verkehrspolitik.
[30] EuGHE 1997, 6959.

Auch wurden Drohungen ausgesprochen gegen französische Supermarktketten, die in ihrem Sortiment Obst und Gemüse aus anderen Mitgliedstaaten anboten. Wegen dieser Aktionen gingen zahlreiche Beschwerden bei der Kommission ein, mit denen die Untätigkeit der französischen Behörden bzw. deren unzulängliches Vorgehen gerügt wurden. Von Seiten der Kommission wurden die französischen Polizei- und Justizorgane mehrfach aufgefordert, die erforderlichen präventiven und repressiven Maßnahmen zu ergreifen, um gegen Gewaltakte und Vandalismus vorzugehen. Da diese Aktionen aber trotz entsprechender Zusagen der französischen Regierung, alle erforderlichen Maßnahmen zu ergreifen, fortdauerten, erhob die Kommission im Jahre 1995 Klage gegen die Französische Republik. Die französische Regierung machte geltend, dass alle polizeilichen und justiziellen Möglichkeiten ausgeschöpft worden seien. Es sei nicht möglich, jegliches Risiko von Gewaltanwendungen auszuschließen. Es müsse den Polizeikräften im Einzelfall überlassen bleiben, darüber zu entscheiden, ob ein polizeiliches Eingreifen erforderlich sei oder nicht. Die französische Regierung wies ferner darauf hin, dass der Unmut der französischen Bauern vor allem auf den Umstand zurückzuführen sei, dass verstärkt spanische Erzeugnisse zu Dumpingpreisen auf dem französischem Markt angeboten würden. ◄

Lösungshinweise zu Fall 5

32   Der EuGH stellte durch Urteil v. 09.12.1997 fest, dass die Französische Republik gegen die ihr obliegenden gemeinschaftsrechtlichen Pflichten verstoßen habe. Es seien nicht alle erforderlichen und angemessenen Maßnahmen ergriffen worden, um sicherzustellen, dass der freie Warenverkehr nicht durch Handlungen Privater im Rahmen von Agrarblockaden behindert wird. In seiner Urteilsbegründung führte der EuGH aus, dass ex-Art. 28 EGV (Art. 34 AEUV) den Mitgliedstaaten nicht nur die Vornahme eigener (hoheitlicher) Handlungen (etwa durch einen Akt der Gesetzgebung oder der Verwaltung) verbietet, die zu einem Handelshemmnis führen können, sondern sie in Verbindung mit dem Loyalitätsgebot (Art. 4 III UA 2 EUV) auch dazu verpflichtet, alle erforderlichen und geeigneten Maßnahmen zu ergreifen, um auf ihrem Gebiet die Beachtung der Warenverkehrsfreiheit sicherzustellen. Zwar räumt der EuGH den Mitgliedstaaten ein weites Ermessen bei der Entscheidung darüber ein, welche Maßnahmen sie zu diesem Zweck zu ergreifen haben. Es sei jedoch Sache des Gerichtshofes, unter Berücksichtigung dieses Ermessens zu prüfen, ob ein Mitgliedstaat die zur Sicherstellung des ungehinderten grenzüberschreitenden Warenverkehrs geeigneten und erforderlichen Maßnahmen ergriffen habe. Im Ausgangsfall gelangte der EuGH zu dem Resultat, dass die Maßnahmen der französischen Behörden angesichts der Häufigkeit und Schwere der von der Kommission aufgeführten Vorfälle offenkundig nicht ausreichen, um den freien innergemeinschaftlichen Handelsverkehr mit landwirtschaftlichen Erzeugnissen in ihrem Gebiet dadurch zu gewährleisten, dass sie die Urheber der Zuwiderhandlungen wirksam an deren Begehung und Wiederholung hinderten. Der Gerichtshof zog damit die Konsequenzen aus dem Befund, dass die von französischen Landwirten ausgehenden gewalttätigen Aktionen sich schon seit mehr als zehn Jahren fortsetzten und aus der Feststellung, dass die französische Polizei in einer Vielzahl von Fällen nicht zur Stelle war oder gegen

gewaltsame Protestaktionen nicht eingeschritten ist. Obwohl einige Aktivisten den Justizbehörden namentlich bekannt waren, fand keine Strafverfolgung statt.

In einer weiteren Entscheidung v. 12.06.2003,[31] in der es um die Frage ging, ob die Republik Österreich gegen die Grundfreiheit des freien Warenverkehrs verstoßen habe, weil sie eine 30-stündige Brennerblockade durch Umweltaktivisten nicht untersagt und damit Spediteure an der Überquerung der Alpen gehindert habe, bekräftigte der EuGH die aus dem Loyalitätsgebot abzuleitende Pflicht der Mitgliedstaaten, alle erforderlichen und geeigneten Maßnahmen für die Durchsetzung der Grundfreiheiten zu ergreifen. Er führte aus, dass das Nichteinschreiten gegen Private eine staatliche Maßnahme gleicher Wirkung wie eine mengenmäßige Ein- und Ausfuhrbeschränkung (Art. 34 AEUV) darstellen kann. Im Ergebnis wurde jedoch eine Vertragsverletzung der Republik Österreich verneint, weil der Eingriff in die Warenverkehrsfreiheit durch zwingende Gründe des Allgemeininteresses – die Grundrechte der Demonstranten – gerechtfertigt war.

7.3.3 Unionsrechtlicher Rahmen für Strafgesetze im Dienste des Unionsrechts

7.3.3.1 Unionsrechtlich festgelegte Untergrenze

Das zum Schutze von Unionsinteressen instrumentalisierte Strafrecht der Mitgliedstaaten ist in einen unionsrechtlichen Rahmen eingebunden. Solange sich die mitgliedstaatliche Strafgesetzgebung und Judikatur innerhalb dieses Rahmens bewegt, ist sie hinsichtlich der Setzung, inhaltlichen Ausgestaltung und Anwendung strafrechtlicher Normen frei und nur den innerstaatlichen Vorgaben des Verfassungsrechts und der Strafrechtsdogmatik unterworfen. Die Untergrenze dieses Rahmensystems ergibt sich aus den in der „Mais-Judikatur" (Rn. 23 ff.) entwickelten Mindestvorgaben (Gleichstellungsgebot und Mindesttrias), die für die mitgliedstaatlichen Strafgesetzgeber bei der Einführung und Ausgestaltung von Sanktionsnormen im Dienste des Unionsrechts sowie für die nationalen Gerichte bei der Auslegung einschlägiger Tatbestände verbindlich sind und nicht unterschritten werden dürfen. Nach der Rspr. des EuGH ist die **Festlegung angemessener Verjährungsfristen** für die Festsetzung von Sanktionen im Interesse der Rechtssicherheit mit Art. 4 III EUV bzw. Art. 325 I, II AEUV vereinbar, wenn sie die Durchsetzung des Unionsrechts nicht praktisch unmöglich macht oder übermäßig erschwert.[32]

7.3.3.2 Präzisierung der Untergrenze der Sanktionierungspflicht

Zu einer Präzisierung der Reichweite der gesetzgeberischen Ermessensbindung im Sinne einer unionsrechtlich vorgegebenen **Untergrenze der Sanktionierungspflicht** führte das Urteil des EuGH in der Rechtssache „Strafverfahren gegen *Paul Vandevenne* u. a."[33]

---

[31] EuGH NJW 2003, 3185 = EuZW 2003, 592.
[32] EuGH NJW 2018, 217, 219; EuZW 2021, 164, 166 (Rz. 48).
[33] EuGHE 1991, 4371 = BeckRS 2004, 77713.

Fall 6

Der LKW-Fahrer *Vandevenne* wurde überführt, die in einer VO vorgeschriebenen Lenk- und Ruhezeiten nicht eingehalten zu haben. Nach belgischem Recht konnten nur der Fahrer und im Betrieb verantwortliche Personen strafrechtlich haften, nicht jedoch das Unternehmen, in dessen Auftrag der dort angestellte LKW-Fahrer fährt. Denn die belgische Rechtsordnung kennt (wie die deutsche) keine strafrechtliche Verantwortlichkeit juristischer Personen. In der einschlägigen VO war bestimmt, dass „die Unternehmen" für die Einhaltung der vorgeschriebenen Lenk- und Ruhezeiten zu sorgen haben. Das belgische Gericht legte dem EuGH die Frage vor, ob sich aus der Lenkzeit-VO eine Verpflichtung zur Einführung der Strafbarkeit juristischer Personen oder zu einer (verschuldensunabhängigen) objektiven strafrechtlichen Verantwortlichkeit ergebe. ◄

Lösungshinweise zu Fall 6

36   Die Union ist auf der Grundlage des Art. 91 I lit. c AEUV ermächtigt, im Wege einer VO unionsweit einheitliche Lenk- und Ruhezeiten für Lkw-Fahrer festzulegen. Es handelt sich hierbei um eine Maßnahme im Bereich der gemeinsamen Verkehrspolitik, die der Verbesserung der Verkehrssicherheit dient. Aus dem Loyalitätsgebot des Art. 4 III UA 2, 3 AEUV folgt die Pflicht der Mitgliedstaaten, dem mit der Lenkzeit-VO angestrebten Ziel auch mit dem Mittel des Sanktionenrechts zur effektiven Durchsetzung zu verhelfen. Hieran anknüpfend bekräftigt der EuGH, dass Verstöße gegen die VO mit wirksamen, verhältnismäßigen und abschreckenden Sanktionen zu bedrohen sind. Hieraus folgt aber keine Pflicht der Mitgliedstaaten, die Strafbarkeit juristischer Personen oder eine objektive strafrechtliche Verantwortlichkeit einzuführen.[34] Damit stellt der EuGH – ganz im Sinne des **strafrechtsspezifischen Schonungsgebotes** (Rn. 28) – klar, dass die Union Rücksicht zu nehmen hat auf die identitätsprägenden Besonderheiten der mitgliedstaatlichen Strafrechtsordnungen, wie sie in den gewachsenen Rechtsstrukturen zum Ausdruck gelangen.

7.3.3.3 Unionsrechtlich festgelegte Obergrenze

37   Die **Obergrenze** des unionsrechtlichen Rahmensystems wird durch die **allgemeinen Rechtsgrundsätze des Unionsrechts** (Kap. 4 Rn. 33), die **Grundfreiheiten** (Kap. 4 Rn. 34) und die **Unionsgrundrechte** (Kap. 4 Rn. 35) abgesteckt.[35] Nationales Strafrecht darf die Unionsbürger nicht an der Ausübung ihrer primärrechtlich gewährleisteten Garantien hindern (Kap. 9 Rn. 7). Etwaige Einschränkungen ihrer Rechte müssen sich an dem Verhältnismäßigkeitsgrundsatz und dem Gleichbehandlungsgebot messen lassen.[36]

38   Die strafbarkeitsbegrenzende Wirkung des Primärrechts lässt sich exemplarisch anhand der Rechtssache „*Skanavi*"[37] verdeutlichen. Eine griechische Staatsbürgerin

---

[34] EuGHE 1991, 4371 = BeckRS 2004, 77713 (Rz. 11 ff.); vgl. auch EuGH DAR 2018, 73, 75.
[35] *Satzger*, IntStR, § 9 Rn. 11 ff.
[36] EuGH BeckRS 2020, 31283 (Rz. 27).
[37] EuGHE 1996, 929 = NZV 1996, 242; vgl. hierzu *Satzger*, IntStR, § 9 Rn. 11, 18 ff.

wurde wegen Fahrens ohne Fahrerlaubnis (§ 21 I Nr. 1 StVG) strafrechtlich verfolgt, weil sie auf öffentlichen Straßen ein Fahrzeug geführt hat, ohne im Besitz eines deutschen Führerscheins gewesen zu sein. Die Angeklagte hatte es versäumt, ihren in Griechenland ausgestellten Führerschein in der vom innerstaatlichen Recht vorgesehenen Frist in einen deutschen umzutauschen. Der EuGH entschied, dass die Umtauschpflicht lediglich verwaltungstechnischen Erfordernissen entspreche und **keine konstitutive Wirkung** bezüglich der Berechtigung zum Führen eines Kraftfahrzeugs entfalte. Die gemeinschaftsweite Anerkennung der in einem Mitgliedstaat rechtmäßig erworbenen Fahrerlaubnis folge bereits aus den Vorschriften über die Freizügigkeit. Die Inhaberin einer in Griechenland erteilten Fahrerlaubnis, die lediglich ihrer Umtauschpflicht nicht nachgekommen und daher nicht im Besitz eines deutschen Führerscheins ist, dürfe mithin in Deutschland nicht wegen Fahrens ohne Fahrerlaubnis strafrechtlich verfolgt werden.

7.3.3.4 Präzisierung der Obergrenze strafrechtlicher Sanktionen

Zu einer weiteren Präzisierung der vom Unionsrecht abgesteckten Obergrenze für mitgliedstaatliche Sanktionsbestimmungen trägt das Urteil des EuGH in der Rechtssache „*Hansen*"[38] bei:

> **Fall 7**
>
> Die dänische Fa. *Hansen* wurde von nationalen Behörden mit einer Geldbuße belegt, weil einer ihrer Fahrer die durch eine VO festgelegte tägliche Lenkzeit überschritten hatte. Dem Arbeitgeber fiel nach den getroffenen Feststellungen weder Vorsatz noch Fahrlässigkeit zur Last. Jedoch haftete er nach den einschlägigen dänischen Sanktionsbestimmungen verschuldensunabhängig. Die Fa. *Hansen* machte zum einen geltend, die nationale Regelung würde die VO erweitern (also inhaltlich abändern). Zum anderen würden durch die innerstaatlichen Sanktionsbestimmungen in Dänemark angesiedelte Unternehmen in höherem Maße der Gefahr einer Bestrafung ausgesetzt als in anderen Mitgliedstaaten angesiedelte Konkurrenten, da nur Dänemark eine objektive Strafhaftung eingeführt habe. Dies führe zu einer Verzerrung des freien Wettbewerbs innerhalb des Gemeinsamen Marktes, was den Zielen der einschlägigen VO zuwiderlaufe. Das zuständige Gericht legte dem EuGH die Frage vor, ob die im dänischen Recht vorgesehene objektive strafrechtliche Verantwortlichkeit gegen Gemeinschaftsrecht verstößt. ◀

Lösungshinweise zu Fall 7
Mit ihrem Vorbringen, die dänischen Sanktionsbestimmungen würden den Inhalt der Lenkzeit-VO in unzulässiger Weise erweitern, vermochte die Firma *Hansen* beim EuGH nicht durchzudringen. Bereits in der Sache „*Amsterdam Bulb*" (Rn. 16) hatte der Gerichtshof entschieden, dass den nationalen Gesetzgebern die Befugnis zusteht, Sanktionsbestimmungen zu erlassen, um die Durchsetzung des Gemein-

---

[38] EuGHE 1990, 2911 = BeckRS 2004, 70816.

schaftsrechts zu sichern. Auch die weiteren Argumente, mit denen der EuGH davon überzeugt werden sollte, dass die dänischen Bestimmungen zu streng seien und damit gleichsam eine gemeinschaftsrechtliche Höchstgrenze für Sanktionsnormen im Dienste des Gemeinschaftsrechts überschritten worden sei, teilte der Gerichtshof nicht. Die Einführung einer verschuldensunabhängigen Strafbarkeit stelle nicht ohne weiteres eine gemeinschaftsrechtswidrige Verzerrung der Wettbewerbsbedingungen dar. Der EuGH griff jedoch das **Verhältnismäßigkeitskriterium als Obergrenze** auf, indem er ausführte: „*Außerdem liegt die Verkehrssicherheit, die ... eines der Ziele der Verordnung ist, im Interesse der Allgemeinheit, das die Festsetzung einer objektiven strafrechtlichen Verantwortlichkeit rechtfertigen kann. Eine solche Sanktion, die der in Art. 5 EGV verankerten Pflicht zur loyalen Zusammenarbeit entspricht, ist deshalb gegenüber dem angestrebten Ziel nicht unverhältnismäßig.*"[39] Damit folgte der Gerichtshof im Ergebnis dem Schlussantrag von Generalanwalt *van Gerven*, welcher – noch deutlicher als der EuGH – dargelegt hatte, dass der Grundsatz „nulla poena sine culpa" (keine Strafe ohne Schuld) im Gemeinschaftsrecht keine absolute Geltung beanspruchen, sondern unter Beachtung des Verhältnismäßigkeitsprinzips eingeschränkt werden könne (hier: Durchsetzung wichtiger Interessen des Allgemeinwohls und keine Androhung außergewöhnlich hoher Strafen).

7.3.3.5 Inhaltsbestimmung der unionsrechtlichen Rahmenbegriffe

7.3.3.5.1 Konkretisierungsspielraum der Mitgliedstaaten

41 Die Zusammenschau der Rechtssachen „*Vandevenne*" (Rn. 35 f.) zur Untergrenze und „*Hansen*" (Rn. 39 f.) zur Obergrenze der mitgliedstaatlichen Schutzverpflichtung macht Folgendes deutlich: Einerseits sind die Mitgliedstaaten nicht zur Einführung einer Strafbarkeit juristischer Personen oder zur Schaffung einer verschuldensunabhängigen (objektiven) strafrechtlichen Verantwortlichkeit verpflichtet. Andererseits steht es ihnen frei, auf nationaler Ebene gerade diese strafrechtlichen Maßnahmen zu ergreifen. Der unionsrechtliche Rahmen, in den das nationale Strafrecht eingebunden ist, belässt den Mitgliedstaaten also einen relativ breiten Spielraum für die inhaltliche Ausgestaltung von Sanktionsnormen im Dienste des Unionsrechts.

42 Bei den das unionsrechtliche Rahmensystem nach unten und oben eingrenzenden Schrankenbestimmungen handelt es sich um Termini des Unionsrechts, die der **autonomen Interpretation** des EuGH unterliegen.[40] Die Zuständigkeit des EuGH stellt sicher, dass es nicht zu einer völlig uneinheitlichen Handhabung der Mindesterfordernisse und Obergrenzenkriterien in den Mitgliedstaaten kommt – eine Gefahr, die vorprogrammiert wäre, wenn jeder Mitgliedstaat nach eigenem Belieben den Rahmen für seine legislative Tätigkeit zum Schutze des Unionsrechts festlegen

---

[39] EuGHE 1990, 2911 (Rz. 19); bestätigt von EuGH BeckRS 2016, 82519 (Rz. 31).
[40] *Satzger*, Europäisierung, S. 361 ff., 373 ff.

könnte. Andererseits betont der Gerichtshof, dass den Mitgliedstaaten grundsätzlich die Wahl der Sanktionen zusteht.[41] Den mitgliedstaatlichen Strafgesetzgebern und Gerichten verbleibt mithin bei der Auslegung und Anwendung der unionsrechtlichen Rahmenkriterien ein gewisser **Konkretisierungsspielraum**, dessen unionsrechtskonforme Ausübung jedoch einer **Vertretbarkeitskontrolle** durch den EuGH unterliegt.

7.3.3.5.2 Gleichstellungsgebot

Die Mitgliedstaaten sind aufgrund des Loyalitätsgebotes (Art. 4 III UA 2, 3 EUV; Art. 325 II AEUV) verpflichtet, Verstöße gegen das Unionsrecht (Angriffe auf Unionsinteressen) durch ihr innerstaatliches Recht nach ähnlichen sachlichen und verfahrensrechtlichen Regeln zu ahnden wie nach **Art und Schwere gleichartige Verstöße gegen nationale Schutzgüter** (Rn. 25). Das **Gleichstellungsgebot** legt die Strafrechtsordnungen der Mitgliedstaaten mithin auf die Gewährleistung eines gleichwertigen Schutzstandards für Unionsinteressen und funktional vergleichbare nationale Schutzgüter fest. In sachlicher Hinsicht betrifft das Gleichstellungsgebot sowohl das **materielle Sanktionenrecht** als auch das zu seiner praktischen Durchsetzung bestimmte **Prozessrecht**. In die Pflicht genommen sind zum einen die mitgliedstaatlichen Stellen (Staatsanwaltschaften, Bußgeldbehörden und Gerichte), die bei der Verfolgung von Verstößen gegen Unionsrecht denselben Sorgfaltsanforderungen genügen müssen, die ihnen auf nationaler Ebene bei der Verfolgung vergleichbarer Angriffe gegen innerstaatlich geschützte Rechtsgüter auferlegt sind. Zum anderen sind auch die Gesetzgeber der Mitgliedstaaten Adressaten des Gleichstellungsgebots. Sie müssen durch legislative Maßnahmen sicherstellen, dass der Schutzbereich nationaler Sanktionsbestimmungen auf EU-Schutzgüter (Rn. 30) ausgedehnt wird, falls die bestehenden Rechtsvorschriften keiner unionsrechtskonformen Auslegung zugänglich sind oder die Konformauslegung aus Gründen der Rechtssicherheit zumindest deklaratorisch festgeschrieben werden muss (Rn. 53 ff.).

43

„Gleicher Art" sind Verstöße gegen Unionsrecht und nationales Recht dann, wenn sie sich als Angriff auf identische oder zumindest vergleichbare rechtlich geschützte Interessen darstellen.[42] Dies ist der Fall, wenn eine Norm des Unionsrechts verletzt wird, die **dasselbe** oder ein **funktionell gleichwertiges** Rechtsgut wie eine nationale Strafnorm schützt. Zu denken ist etwa an einen Verstoß gegen das unionsrechtliche Luftreinhalterecht, durch den das gleiche Rechtsgut (Reinheit der Luft in ihrer Funktion als natürliche Lebensgrundlage des Menschen) angegriffen wird, das auch der deutschen Strafbestimmung des § 325 StGB zugrunde liegt.[43] Als weitere Beispiele für Taten, die sich aus der Perspektive des Unionsrechts und des nationalen Strafrechts gegen vergleichbare Rechtsgüter richten, sind Angriffe auf den EU-Finanzhaushalt (z. B. in Form des Subventionsbetruges oder der Abgabenhinterziehung) sowie auf die Lauterkeit der Amtsführung von EU-Bediensteten (Korruptionsdelikte) zu nennen.

44

---

[41] EuGH EuZW 2010, 227 (Rz. 71); NJW 2014, 1941, 1943 (Rz. 44); DAR 2018, 73, 75 (Rz. 55).
[42] *Gröblinghoff*, Verpflichtung des Strafgesetzgebers, S. 23; *Satzger*, Europäisierung, S. 365.
[43] *Hecker*, ZStW 115 (2003), 800, 895 ff.

45 Von „**gleicher Schwere**" sind Verstöße gegen Unionsrecht, wenn der darin liegende Angriff auf das einschlägige Unionsinteresse eine **Intensität** aufweist, die vom nationalen Recht – unterstellt, es läge ein Angriff auf ein vergleichbares nationales Rechtsgut vor – als strafbare (oder mit sonstigen repressiven Sanktionen belegbare) Handlung erfasst wird.[44] Der nationale Gesetzgeber hat bei der Ausgestaltung des Rechtsgüterschutzes einen breiten Ausgestaltungsspielraum. Er kann Kriminalstrafrecht oder sonstiges Sanktionenrecht (Bußgeldrecht, Verwaltungssanktionen) einsetzen. Die Schutzintensität des nationalen Rechts wird des Weiteren dadurch bestimmt, ob nur die Schädigung (Erfolgsdelikte) oder bereits die Gefährdung des Rechtsgutes strafbar ist (konkrete und abstrakte Gefährdungsdelikte). Weitere Faktoren bilden Qualifikationen, Strafzumessungsregeln (besonders schwere Fälle) sowie Schuldkomponenten (Vorsatz, Fahrlässigkeit, objektive strafrechtliche Verantwortlichkeit). Schließlich hängt der strafrechtliche Schutzstandard auch davon ab, ob bereits der Versuch oder bestimmte Vorbereitungshandlungen mit Strafe bedroht sind.

46 Das Gleichstellungsgebot wäre z. B. verletzt, wenn das nationale Recht einen Verstoß gegen Unionsrecht lediglich im Falle der Schädigung des supranationalen Rechtsgutes oder bei vorsätzlichem Handeln mit Strafe bedroht, während das gleichartige nationale Schutzgut bereits vor einer bloßen Gefährdung oder vor fahrlässigem Handeln strafrechtlich geschützt wird. Unionsrechtswidrig wäre es auch, den Versuch der Bestechung nationaler Amtsträger im innerstaatlichen Recht unter Strafe zu stellen, bezüglich der Bestechung von EU-Amtsträgern eine Strafandrohung aber nur für die vollendete Tat vorzusehen.

7.3.3.5.3 Wirksamkeits- und Abschreckungserfordernis

47 Die aus dem Gleichstellungsgebot abzuleitende Pflicht der Mitgliedstaaten, Unionsinteressen im Wesentlichen den gleichen strafrechtlichen Schutz angedeihen zu lassen wie vergleichbaren nationalen Rechtsgütern, liefe gleichsam „ins Leere", wenn sich für ein schutzwürdiges Unionsinteresse kein nationales Äquivalent ausmachen oder in der innerstaatlichen Rechtsordnung kein vergleichbar schwerer Angriff feststellen ließe. Denkbar ist auch, dass ein Mitgliedstaat ein bestimmtes Rechtsgut strafrechtlich nicht oder nur schwach schützt. In diesen Fällen übernimmt die Mindesttrias als Substitut für das unanwendbare Gleichbehandlungsgebot die Funktion der unionsrechtlichen Untergrenze der strafrechtlichen Sanktionierungsverpflichtung und stellt sicher, dass das supranationale Rechtsgut in dem betreffenden Mitgliedstaat nicht (weitgehend) schutzlos gestellt ist. Die Bedeutung der Mindesttrias erschöpft sich aber nicht in dieser Auffangfunktion. Denn die vom EuGH aufgestellten Mindesterfordernisse einer wirksamen, verhältnismäßigen und abschreckenden Sanktion sind generell, d. h. unabhängig davon zu gewährleisten, ob ein dem Unionsinteresse vergleichbares nationales Schutzgut existiert und ob sich ein gleichartiger Verstoß gegen nationales Recht ermitteln lässt.

---

[44] *Gröblinghoff*, Verpflichtung des Strafgesetzgebers, S. 24; *Satzger*, Europäisierung, S. 366.

Die Bedeutung des **Wirksamkeitskriteriums** erschließt sich durch einen Blick auf die Funktion der Sanktionen im Dienste des Unionsrechts. Diese sollen die Geltungskraft und effektive Durchsetzung des Unionsrechts gewährleisten. Wirksam ist eine Sanktion also nur dann, wenn sie tatsächlich dazu beiträgt, das Unionsinteresse zu schützen bzw. die Ziele der unionsrechtlichen Regelung zu verwirklichen. Sie muss daher geeignet sein, die Allgemeinheit von Verstößen abzuhalten (negative Generalprävention) und den Täter von weiteren Verstößen abzuschrecken (negative Spezialprävention).[45] Zugleich muss sie dazu beitragen können, das Vertrauen der Allgemeinheit in die Geltungskraft des Unionsrechts bzw. des nationalen Ausführungsrechts zu bekräftigen (positive Generalprävention). An dieser Stelle wird deutlich, dass sich das Wirksamkeitskriterium mit dem Erfordernis der Abschreckung inhaltlich überschneidet. 48

Bei der Beurteilung der Frage, ob eine Sanktionsnorm **wirksam und abschreckend** ist, bedarf es einer umfassenden Würdigung ihrer **Präventionswirkung**, die sich nicht nur aus der Reichweite ihres Tatbestandes bzw. aus der abstrakten Höhe der angedrohten Strafe ergibt, sondern auch aus Faktoren der „gelebten Rechtsordnung", wie Häufigkeit und Intensität von Kontrollen, Verfolgungspraxis sowie Art und Weise des Vollzugs. Den nationalen Gesetzgebern ist ein breiter, dem strafrechtsspezifischen Schonungsgebot (Rn. 28) Rechnung tragender Beurteilungs- und Konkretisierungsspielraum zu belassen. Verletzt ist das als unionsrechtliche Untergrenze der mitgliedstaatlichen Sanktionierungspflicht fungierende Wirksamkeits- und Abschreckungskriterium jedoch, wenn das nationale Recht für einen mit hoher krimineller Energie geführten Angriff auf Unionsinteressen oder für eine Tat, die zu einer gravierenden Schädigung eines supranationalen Rechtsgutes geführt hat, lediglich eine Bagatellsanktion androht. Zu denken ist etwa an das Extrembeispiel, dass das mitgliedstaatliche Recht für den Fall eines organisierten Subventionsbetruges großen Ausmaßes lediglich die Verhängung eines Bußgelds oder einer Verwaltungssanktion vorsieht. Offensichtlich ineffektive Maßnahmen oder lediglich „symbolische" Strafen genügen dem Gebot wirksamer und abschreckender Sanktionen ebenfalls nicht. 49

Die Mitgliedstaaten müssen dem Wirksamkeitserfordernis nicht zuletzt durch eine **effektive Ausgestaltung ihres Strafanwendungsrechts** (Kap. 2) Rechnung tragen (**Unionsschutzprinzip**).[46] Es muss sichergestellt werden, dass die vom Territorium eines Mitgliedstaates aus begangenen Angriffe auf EU-Rechtsgüter von den Strafgerichten jedes Mitgliedstaates nach dessen innerstaatlichem Recht abgeurteilt werden können (zu dem daraus resultierenden Problem konkurrierender nationaler Strafansprüche Kap. 12 Rn. 72 ff.). Diesem Gebot tragen § 6 Nr. 8 StGB (Rn. 56 f.) und § 370 VII AO Rechnung, die den Anwendungsbereich der Tatbestände des Subventionsbetrugs (§ 264 StGB) und der Steuerhinterziehung (§ 370 AO) auf Taten erstrecken, die außerhalb der Bundesrepublik Deutschland begangen werden. 50

---

[45] *Esser*, EuStR, § 2 Rn. 57; *Satzger*, IntStR, § 9 Rn. 27.
[46] NK-*Böse*, Vor § 3 Rn. 32; *Esser*, EuStR, § 16 Rn. 17; *Satzger*, IntStR, § 4 Rn. 19.

7.3.3.5.4 Verhältnismäßigkeit (Angemessenheit) der Sanktion

51 Der unionsrechtliche Grundsatz der Verhältnismäßigkeit bildet – wie gezeigt – eine Obergrenze für mitgliedstaatliche Sanktionen (Rn. 37 ff.). Wenn jedoch in der „Mais-Judikatur" des EuGH das **Erfordernis verhältnismäßiger Sanktionen** aufgestellt wird, so ist damit die **Verhältnismäßigkeit als Mindesterfordernis** und somit als **Untergrenze der Sanktionierungspflicht** gemeint. Das Verhältnismäßigkeitserfordernis bzw. – konkreter formuliert – das **Gebot der Androhung angemessener Sanktionen** – fordert den Mitgliedstaaten ab, diejenigen Maßnahmen zu treffen, die der Schwere und Intensität des Verstoßes gegen Unionsrecht entsprechen. Art (Strafnorm, Bußgeldnorm, zivilrechtliche Schadensausgleichsnorm) und inhaltliche Ausgestaltung der nationalen Sanktion (Tatbestand und Rechtsfolge) müssen dem Gewicht des Verstoßes gegen ein Unionsinteresse angemessen Rechnung tragen. Der den Mitgliedstaaten diesbezüglich eingeräumte Beurteilungsspielraum ist nicht unionsrechtskonform wahrgenommen, wenn der nationale Gesetzgeber die Bedeutung des zu schützenden Unionsinteresses oder eines Unionsrechtsverstoßes verkennt (Vertretbarkeitskontrolle durch den EuGH Rn. 42).

52 Der Fall einer – die Untergrenze der mitgliedstaatlichen Sanktionierungspflicht unterschreitenden – unangemessen Sanktion ist z. B. gegeben, wenn ein Mitgliedstaat die Beeinträchtigung eines gewichtigen Unionsinteresses (Finanzhaushalt, Lauterkeit der Amtsführung von EU-Bediensteten, Umweltschutz, Verbraucherschutz, Lebensmittelsicherheit usw.) wie eine bloße Verletzung von Ordnungsvorschriften ahndet. Dabei muss sich der Mitgliedstaat auch daran messen lassen, wie er vergleichbare Verstöße gegen nationale Schutzgüter sanktioniert. Unangemessen ist der Strafrechtsschutz bereits dann, wenn er für einen gleichartigen und gleichschweren Verstoß gegen ein Unionsinteresse systemfremd und ohne sachlichen Grund nach unten abweicht.[47]

7.4 Ausprägungen des Assimilierungsprinzips im deutschen Strafrecht

7.4.1 Schutzbereichsausdehnung durch Gleichstellungsbestimmungen

53 Dem aus dem Loyalitätsgebot des Art. 4 III UA 1, 2 EUV und – bezogen auf den Schutz der EU-Finanzinteressen – aus Art. 325 II AEUV – abzuleitenden Assimilierungserfordernis kann prinzipiell auf zwei Wegen Rechnung getragen werden: zum einen durch **unionsrechtskonforme Auslegung** nationaler Strafrechtsnormen, soweit dies innerstaatliches Verfassungsrecht und Strafrechtsdogmatik zulassen (Kap. 10) und zum anderen durch **legislative Maßnahmen**, die eine **Ausdehnung des nationalen Strafrechtsschutzes auf Unionsinteressen** bewirken. Eine in der deutschen Gesetzgebungspraxis übliche Technik ist die Einfügung von

---

[47] *Satzger*, Europäisierung, S. 373.

7.4 Ausprägungen des Assimilierungsprinzips im deutschen Strafrecht

Gleichstellungsbestimmungen zugunsten von EU-Rechtsgütern.[48] So stellt die Bestimmung des **§ 108d StGB** sicher, dass die den Schutz der Unverfälschtheit von Wahlen bezweckenden Straftatbestände der §§ 107 bis 108c StGB auch auf die Wahl der Abgeordneten des EP Anwendung finden. Nach **§ 108e III Nr. 4 StGB** wird die Bestechlichkeit und Bestechung von Abgeordneten des EP ebenso unter Strafe gestellt wie die Bestechlichkeit und Bestechung von Mitgliedern nationaler Volksvertretungen (§ 108e I, II StGB). Auf Falschaussagen vor dem EuGH sind gem. **§ 162 I StGB** die §§ 153 bis 161 StGB anwendbar (Rn. 10). Besonders praxisrelevante Anwendungsfälle für die Indienststellung deutscher Strafbestimmungen zum Schutze von Unionsinteressen finden sich im Korruptions- und Betrugsstrafrecht (Rn. 54 ff.).

7.4.1.1 Europäische Amtsträger (§ 11 I Nr. 2a StGB)

Zur Verbesserung der strafrechtlichen Bekämpfung der Korruption hatte der deutsche Gesetzgeber zunächst außerhalb des StGB – in Art. 2 § 1 I Nr. 2 Buchst. b EU-BestG[49] – dafür gesorgt, dass die einschlägigen nationalen Strafvorschriften auch auf Gemeinschaftsbeamte Anwendung finden. Er erfüllte damit seine Verpflichtung aus dem 1. ZP zum Übk. über den Schutz der finanziellen Interessen der Europäischen Gemeinschaften zur Bekämpfung der Korruption[50] und dem Übk. über die Bekämpfung der Bestechung, an der Beamte der Europäischen Gemeinschaften oder der Mitgliedstaaten der EU beteiligt sind.[51] Durch das am 26.11.2015 in Kraft getretene **Ges. zur Bekämpfung der Korruption**[52] wurde Art. 2 EU-BestG aufgehoben und in **§ 11 I Nr. 2a StGB** der neue Begriff „**Europäischer Amtsträger**"[53] eingeführt. Die Legaldefinition des § 11 I Nr. 2a StGB ist bei der Anwendung der mit gleichem Gesetz geänderten §§ 263 III S. 2 Nr. 4, 264 II S. 2 Nr. 2, 267 III S. 2 Nr. 4, 331 bis 334 StGB und § 370 III S. 2 Nr. 2, 3 AO zugrunde zu legen.[54]

54

7.4.1.2 Gleichstellungsbestimmung des § 264 VIII Nr. 2 StGB

Fall 8

Der italienische „Import-Export"-Geschäftsmann G bietet dem bei der Kommission tätigen EU-Beamten B, einem deutscher Staatsangehörigen, bei einem Treffen in Brüssel die Zahlung von € 25.000,- an, um mit dessen Hilfe ungerechtfertigt in den Genuss einer EU-Subvention zu gelangen. Der dienstlich mit der Vorprüfung des Subventionsantrags des G betraute B nimmt das Geld an und sorgt

55

---

[48] *Heger*, in: *Böse* (Hrsg.), EuStR, § 5 Rn. 49.
[49] BGBl. II 1998, 2340; vgl. hierzu *Dannecker/Schröder*, in: *Böse* (Hrsg.), EuStR, § 8 Rn. 127 f.
[50] ABlEG 1996 Nr. C 313, S. 1.
[51] ABlEG 1997 Nr. C 195, S. 1; vgl. hierzu *Dannecker/Bülte*, Hb. WiStR, 2. Kap. Rn. 95.
[52] BGBl. I 2015, 2025.
[53] S/S-*Hecker*, § 11 Rn. 36 ff.; *Pohlmann*, Gleichstellungsklauseln, S. 187 ff.; MüKoStGB/*Radtke*, § 11 Rn. 105 ff.
[54] S/S-*Hecker*, § 11 Rn. 35; *Isfen*, JZ 2016, 228 f.; MüKoStGB/*Radtke*, § 11 Rn. 104.

durch die Weiterleitung manipulierter Daten an seine für die Vergabeentscheidung zuständige Dienststellenleiterin D dafür, dass ihr die unzutreffenden und für G vorteilhaften Angaben in den Antragsunterlagen des G nicht auffallen. Strafbarkeit von G und B?[55] ◄

Lösungshinweise zu Fall 8

56 (1) G ist wegen Subventionsbetruges in einem besonders schweren Fall gem. § 264 I Nr. 1, II S. 2 Nr. 3 StGB strafbar, weil er gegenüber dem Subventionsgeber (EU – vertreten durch D) – unrichtige, für ihn vorteilhafte Angaben über subventionserhebliche Tatsachen gemacht und dabei die Mithilfe eines Europäischen Amtsträgers (§ 11 I Nr. 2a Buchst. b StGB; Rn. 54) ausgenutzt hat, der seine Stellung missbraucht. Ob es letztlich zu einer Auszahlung der Subvention an G kommt, ist unerheblich, da die Erfüllung des § 264 I Nr. 1 StGB nicht vom Vorliegen eines Vermögensschadens abhängt. Dass der Finanzhaushalt der EU von § 264 I StGB geschützt wird, ergibt sich aus der **Gleichstellungsbestimmung des § 264 VIII Nr. 2 StGB**. Danach unterfällt dem Subventionsbegriff auch

> „eine Leistung aus öffentlichen Mitteln nach dem Recht der Europäischen Union, die wenigstens zum Teil ohne marktmäßige Gegenleistung gewährt wird."

Würde diese Legaldefinition nicht existieren, ließe sich eine Erstreckung des Schutzbereiches des § 264 I StGB auf EU-Subventionen auch im Wege einer **unionsrechtskonformen Auslegung des Begriffs „Subvention"** erzielen, die den Vorgaben des Art. 325 II AEUV Rechnung trägt. Demgegenüber könnte – wenn § 264 II S. 2 Nr. 3 StGB den in § 11 I Nr. 2a StGB legal definierten Begriff des „Europäischen Amtsträgers" nicht enthielte – die Annahme eines besonders schweren Falls des Subventionsbetrugs nicht auf eine unionsrechtskonforme Neuinterpretation des Amtsträgerbegriffs des § 11 I Nr. 2 StGB gestützt werden. Dem stünde die Wortlautgrenze des § 11 Nr. 2 StGB („Amtsträger: wer nach **deutschem** Recht ...") entgegen, die keinesfalls überschritten werden darf (Kap. 10 Rn. 34). Die Anwendbarkeit deutschen Strafrechts ergibt sich aus § 6 Nr. 8 StGB (Kap. 2 Rn. 47).

57 (2) B hat sich durch die Weiterleitung manipulierter Daten an die für die Vergabe der Subvention zuständige Dienststellenleiterin wegen Subventionsbetruges in einem besonders schweren Fall gem. § 264 I Nr. 1, II S. 2 Nr. 2 StGB strafbar gemacht, da er seine Stellung als Europäischer Amtsträger (§ 11 I Nr. 2a Buchst. b StGB; Rn. 54) missbraucht hat. Dass B keinen unmittelbaren Nutzen aus der ungerechtfertigten Subventionsgewährung zieht und ziehen will, steht der Tatbestandsverwirklichung nicht entgegen, denn § 264 I Nr. 1 StGB setzt objektiv keine Vorteilserlangung und subjektiv keine Bereicherungsabsicht voraus. Die Ausdehnung des Schutzbereichs des § 264 I Nr. 1 StGB auf EU-Subventionen folgt aus der Gleichstellungsbestimmung des § 264 VIII Nr. 2 StGB (Rn. 56). Deutsches Strafrecht findet gem. § 6 Nr. 8 StGB Anwendung (Kap. 2 Rn. 47).

---

[55] Vgl. auch *Hecker/Zöller*, Fallsammlung, Klausur 6 u. 8.

(3) G hat sich wegen der Zahlung von € 25.000,- an den Europäischen Amtsträger B mit dem Ziel, diesen zur Vornahme einer Diensthandlung zu veranlassen, durch welche B seine Dienstpflichten verletzen würde, der Bestechung gem. § 334 I StGB schuldig gemacht. Die Anwendbarkeit deutschen Strafrechts folgt aus § 5 Nr. 15 Buchst. d StGB, der an die – im konreten Fall gegebene – deutsche Staatsangehörigkeit des Vorteilsempfängers anknüpft.

(4) B hat sich durch die Annahme eines Vorteils als Gegenleistung für die Vornahme einer pflichtwidrigen Diensthandlung wegen Bestechlichkeit gem. § 332 I StGB strafbar gemacht. Deutsches Strafrechts ist gem. § 5 Nr. 15 Buchst. a StGB anwendbar.

58

7.4.2 Verweisung auf Unionsrecht durch Blankettstrafgesetze

7.4.2.1 Unionsrechtsakzessorisches Blankettstrafrecht

Eine weitere Möglichkeit, der aus dem Loyalitätsgebot abzuleitenden Verpflichtung der Mitgliedstaaten zur Gewährleistung einer gleichartigen und gleichwertigen Straf- und Bußgeldbewehrung von unmittelbar geltenden Rechtsakten der EG nachzukommen, besteht in der Setzung **unionsrechtsakzessorischer Blankettgesetze**.[56] Diese vor allem im Nebenstraf- und Ordnungswidrigkeitenrecht vielfach genutzte Gesetzgebungstechnik ermöglicht eine Sanktionierung vorsätzlich oder fahrlässig begangener **Zuwiderhandlungen gegen unmittelbar geltendes Unionsrecht**.[57] Der Blanketttatbestand beschränkt sich auf eine Beschreibung der wesentlichen Strafbarkeits- bzw. Ahndungsvoraussetzungen (benennt z. B. Art und Weise der Zuwiderhandlung) und ordnet eine bestimmte Rechtsfolge (Sanktion) an. Im Übrigen verweist er auf eine blankettausfüllende EU-VO (fortgeltende EG-VO sind gem. Art. 1 III S. 3 EUV der Union zuzurechnen). Der vollständige Straftatbestand ergibt sich somit erst durch ein **Zusammenlesen des Strafblanketts** und der **außerstrafrechtlichen Ausfüllungsnorm**. Durch die Verknüpfung der tatbestandsmäßigen Handlung mit der in Bezug genommenen VO entsteht ein **unionsrechtsakzessorischer Tatbestand**.

59

Der das Blankettstrafgesetz ausfüllende Rechtsakt muss nicht notwendig von derselben rechtsetzenden Instanz erlassen werden.[58] Soweit nationale Blankettstrafgesetze ausschließlich auf Zuwiderhandlungen gegen nationales Recht (Gesetze, Rechtsverordnungen) verweisen, handelt es sich um **Binnenverweisungen**. Demgegenüber besteht die tatbestandsmäßige Handlung bei den hier interessierenden unionsrechtsakzessorischen Blankettgesetzen in einem Verstoß gegen

60

---

[56] *Ambos*, IntStR, § 11 Rn. 28 ff.; *Bülte*, JuS 2015, 769 ff.; *Enderle*, Blankettstrafgesetze, S. 54 ff., 198 ff., 265 ff.; *Esser*; EuStR, § 2 Rn. 101 ff.; *Heger*, in: Böse (Hrsg.), EuStR, § 5 Rn. 55 ff.; *Satzger*, IntStR, § 9 Rn. 65 ff.; *Schützendübel*, Blankettstrafgesetze, S. 68 ff.

[57] Zur Problematik der Verweisung auf Richtlinienrecht und hieraus resultierende Folgeprobleme vgl. BGH NJW 2014, 1029 m. krit. Bespr. v. *Cornelius*, NZWiSt 2014, 173 und *Hecker*, JuS 2014, 458.

[58] BVerfGE 153, 310, 343 (Rz. 80); 143, 38, 56 (Rz. 44).

unmittelbar geltendes Unionsrecht. Folglich haben wir es hier im Hinblick auf den supranationalen Ursprung des Verweisungsobjekts mit **Außenverweisungen** zu tun. In der Literatur werden die unionsrechtsakzessorischen Straf- und Bußgeldblankette plastisch als **„janusköpfige"** Normen beschrieben, weil eine Tatbestandsseite in das Unionsrecht hineinreicht, während die andere ausschließlich vom nationalen Recht geprägt ist.[59] Für den Normanwender bedeutet dies, dass er das von dem Blankett in Bezug genommene Verweisungsobjekt anhand unionsrechtlicher Auslegungsgrundsätze unter besonderer Berücksichtigung einschlägiger EuGH-Rspr. zu interpretieren hat.[60] Neben der Unterscheidung der Blankettgesetze nach dem Normgeber des Verweisungsobjekts lässt sich mit dem Begriffspaar **statische** und **dynamische Verweisung** noch eine weitere Differenzierung treffen, die vor allem für die Diskussion ihrer Verfassungskonformität eine wichtige Rolle spielt.

7.4.2.1.1 Statische Verweisungen auf Unionsrechtsakte

61 Von einer **statischen Verweisung** ist die Rede, wenn das Blankett auf einen **exakt bezeichneten EU-Rechtsakt in einer bestimmten Fassung** verweist.[61] Unionsrechtsakzessorische Blanketttatbestände dieser Kategorie entsprechen dem Muster des **§ 59 II Nr. 1a Buchst. a LFGB**,[62] nach dem bestraft wird, wer

> „… gegen die VO (EG) Nr. 178/2002 verstößt, indem er entgegen Art. 14 I i. V. m. Art. 14 II Buchst. b ein Lebensmittel in den Verkehr bringt."

Der Inhalt des strafbewehrten Verbots kann sich auch erst aus einer **Verweisungskette** ergeben, bei der das Blankett statisch auf einen bestimmten EU-Rechtsakt Bezug nimmt, der seinerseits statisch auf einen oder mehrere EU-Rechtsakte verweist. So macht sich z. B. nach **§ 96 Nr. 20 AMG**[63] strafbar, wer

> „… entgegen Art. 6 I S. 1 VO (EG) Nr. 726/2004 des EP und des Rates v. 31.03.2004 zur Festlegung von Gemeinschaftsverfahren für die Genehmigung und Überwachung von Human- und Tierarzneimitteln und zur Errichtung einer Europäischen Arzneimittel-Agentur (ABl. L 136 v. 30.04.2004, S. 1), die zuletzt durch die VO (EU) Nr. 2019/5 (ABl. L 4 v. 07.01.2019, S. 24) geändert worden ist, i. V. m. Art. 8 III UA 1 Buchst. c, ca S. 1, Buchst. d, e, h bis iaa oder Buchst. ib der RL 2001/83/EG des EP und des Rates vom 06.11.2001 zur Schaffung eines Gemeinschaftskodexes für Humanarzneimittel (ABl. L 311 v. 28.11.2001, S. 67; L 239 v. 12.8.2014, S. 81), die zuletzt durch die VO (EU) 2019/1243 (ABl. L 198 vom 25.07.2019, S. 241) geändert worden ist, eine Angabe oder eine Unterlage nicht richtig oder nicht vollständig beifügt"

---

[59] *Ambos*, IntStR, § 11 Rn. 30; *Satzger*, in: *Sieber u. a.* (Hrsg.), EuStR, § 9 Rn. 23.
[60] *Ambos*, IntStR, § 11 Rn. 31; *Satzger*, IntStR, § 9 Rn. 72 f.; *Heger*, in: *Böse* (Hrsg.), EuStR, § 5 Rn. 59.
[61] *Esser*, EuStR, § 2 Rn. 103; *Heger*, in: *Böse* (Hrsg.), EuStR, § 5 Rn. 56; *Satzger*, IntStR, § 9 Rn. 69, 78.
[62] Lebensmittel- und Futtermittelgesetzbuch i. d. F. der Bek. v. 3.6.2013 (BGBl. I 2013, 1426).
[63] Arzneimittelgesetz i. d. F. der Bek. v. 12.12.2005 (BGBl. I 2005, 3394).

7.4 Ausprägungen des Assimilierungsprinzips im deutschen Strafrecht 219

Dieser Blankettstraftatbestand erfasst Zuwiderhandlungen gegen das in Art. 6 I S. 1 VO (EG) Nr. 726/2004 statuierte Gebot, jedem Antrag auf Genehmigung eines Humanarzneimittels bestimmte Angaben und Unterlagen richtig und vollständig beizufügen. Erst durch die Lektüre des Art. 8 III UA 1 Buchst. c bis e, h bis iaa oder Buchst. ib der RL 2001/83/EG lässt sich erschließen, auf welche konreten Angaben oder Unterlagen sich das strafbewehrte unionsrechtliche Gebot bezieht.

Unionsrechtsakzessorische Blankettstrafgesetze müssen sich in allen ihren Bestandteilen am Maßstab des deutschen Verfassungsrechts messen lassen. Dies gilt auch für den von dem Strafblankett in Bezug genommenen EU-Rechtsakt in seiner Funktion als blankettausfüllendes Verweisungsobjekt.[64] Denn durch die Inkorporation einer EU-VO in ein innerstaatliches Blankettstrafgesetz wird sie formal zu deutschem Bundesrecht. Sollte sich ein blankettausfüllender Rechtsakt der Union z. B. als mit dem Bestimmtheitsgrundsatz (Art. 103 II GG) unvereinbar erweisen, zöge dieser Befund lediglich die Verfassungswidrigkeit und Nichtigkeit des Blankettgesetzes nach sich. Davon unberührt bliebe der EU-Rechtsakt in seinem originären Anwendungsbereich als Bestandteil des materiellen Unionsrechts. Mit Art. 103 II, 104 I S. 1 GG sind unionsrechtsakzessorische Blankettstrafgesetze nur vereinbar, wenn der nationale Gesetzgeber (Parlamentsvorbehalt) die wesentlichen Voraussetzungen der Straf- bzw. Ahndbarkeit hinreichend genau festgelegt hat (Bestimmtheitsgrundsatz) und dem europäischen Verordnungsgeber lediglich die nähere Spezifizierung des Tatbestandes überlassen bleibt.[65] Der Gesetzgeber muss demnach den Tatbestand nicht stets vollständig im dem Strafgesetz umschreiben, sondern darf auf andere Vorschriften – auch auf Normen und Begriffe des EU-Rechts – verweisen. Solche Verweisungen sind als vielfach übliche und notwendige gesetzestechnische Methode anerkannt, sofern die Verweisungsnorm hinreichend klar erkennen lässt, welche Vorschriften im Einzelnen gelten sollen, und wenn diese Vorschriften dem Normadressaten durch eine frühere ordnungsgemäße Veröffentlichung zugänglich sind. Um eine „apokryphe Delegation" von Gesetzgebungsbefugnissen zu vermeiden und eine ausdrückliche Aufnahme des Verweisungsobjekts in den gesetzgeberischen Regelungswillen zu gewährleisten, wird von Teilen der Rspr. und Literatur zu Recht gefordert, dass die jeweils in Bezug genommene EU-VO mit präziser Fundstelle zitiert wird.[66]

Unionsrechtsakzessorische Blankettbestimmungen, die sich der statischen Verweisungstechnik bedienen (Rn. 61) sind im Hinblick auf Art. 103 II, 104 I S. 1 GG verfassungsrechtlich unbedenklich, da sie die in Bezug genommene VO genau bezeichnen und die Art des Verstoßes hinreichend deutlich beschreiben.[67] Dies gilt

62

63

---

[64] BVerfGE 153, 310, 337 ff. (Rz. 65 ff.); 143, 38, 51 (Rz. 31 ff.); *Ambos*, IntStR, § 11 Rn. 31; *Heger*, in: *Böse* (Hrsg.), EuStR, § 5 Rn. 61 ff.; *Moll*, Blankettstrafgesetzgebung, S. 61 ff., 75 ff.; *Satzger*, IntStR, § 9 Rn. 74; *Schützendübel*, Blankettstrafgesetze, S. 256 ff.; a.A. *Enderle*, Blankettstrafgesetze, S. 199.

[65] Diese Anforderungen entsprechen denjenigen, die auch für Blankettverweisungen auf nationale Verweisungsobjekte gelten; vgl. BVerfGE 153, 310, 342 (Rz. 78); 143, 38, 55 (Rz. 42).

[66] OLG Stuttgart NJW 1990, 657 f.; *Ambos*, IntStR, § 11 Rn. 32; *Satzger*, IntStR, § 9 Rn. 78; weniger streng bei „Expertenstrafrecht" *Heger*, in: *Böse* (Hrsg.), EuStR, § 5 Rn. 64.

[67] BVerfGE 153, 310, 342 f. (Rz. 79); 143, 38, 56 (Rz. 42); *Enderle*, Blankettstrafgesetze, S. 270 ff.; *Satzger/Langheld*, HRRS 2011, 460, 463.

grundsätzlich auch für Blanketttatbestände, bei denen sich der konkrete Inhalt des straf- oder bußgeldrechtlich bewehrten Verbots erst aus dem Zusammenlesen einer Verweisungskette ergibt. Voraussetzung hierfür ist allerdings, dass jedes einzelne Verweisungsobjekt innerhalb dieser Kette als solches hinreichend bestimmt ist.[68] Unter dem Gesichtspunkt des Demokratieprinzips (Parlamentsvorbehalts) macht es keinen Unterschied, ob die Ausfüllung des Blanketts durch nationales oder unmittelbar geltendes Unionsrecht erfolgt, da der nationale Gesetzgeber die Grundentscheidung getroffen hat, welche Verhaltensweisen (hier: die im Blankettgesetz beschriebene Zuwiderhandlung gegen ein bestimmtes Ge- oder Verbot einer genau bezeichneten VO) straf- bzw. bußgeldrechtlich relevant sein sollen. Unter dem Aspekt des aus Art. 103 II GG abzuleitenden Gebots der Normenklarheit erweisen sich jedoch solche Blankettbestimmungen als problematisch, die sich einer **extensionalen Verweisungstechnik** bedienen und nicht ausschließlich an Normadressaten richten, die bezüglich der geregelten Materie über eine besondere fachliche Expertise verfügen. Art. 103 II GG verlangt, dass der Normadressat im Regelfall bereits anhand des Wortlauts der gesetzlichen Vorschrift voraussehen kann, ob ein Verhalten strafbar ist oder nicht.[69]

64 Lehrreiches Anschauungsmaterial für die verfassungsrechtliche Diskussion bieten vor allem die Blankettbestimmungen des Naturschutzstrafrechts nach dem Muster des **§ 69 IV Nr. 3 BNatSchG**.[70] Dieser bestimmt:

> „Ordnungswidrig handelt, wer gegen die VO (EG) Nr. 338/97 des Rates vom 9.12.1996 über den Schutz von Exemplaren wildlebender Tier- und Pflanzenarten durch Überwachung des Handels (ABl. L 61 v. 3.3.1997, S. 1, L 100 v. 17.4.1997, S. 72, L 298 v. 1.11.1997, S. 70, L 113 v. 27.4.2006, S. 26), die zuletzt durch die VO (EG) Nr. 318/2008 (ABl. L 95 vom 8.4.2008, S. 3) geändert worden ist, verstößt, indem er vorsätzlich oder fahrlässig entgegen Art. 8 I, auch in Verbindung mit Art. 8 V, ein Exemplar einer dort genannten Art kauft, zum Kauf anbietet,… oder befördert."

65 § 69 IV Nr. 3 BNatSchG knüpft an die Zuwiderhandlung gegen Art. 8 I VO (EG) Nr. 338/97 (ArtenschutzVO) an. Der Geltungsbereich dieser VO ergibt sich aus Art. 3, welcher auf vier Anhänge (A bis D) verweist. In Anhang A sind rund 1000 vom Aussterben bedrohte Tier- und Pflanzenarten aufgelistet, in Anhang B ca. 24.000 Tier- und Pflanzenarten. Die ArtenschutzVO wird ergänzt durch die DurchführungsVO EG Nr. 865/2006 der Kommission v. 04.05.2006. Diese enthält u. a. Konkretisierungen der ArtenschutzVO sowie Ausnahmen vom Vermarktungsverbot. Falls etwa ein Tourist ermitteln will, ob er sich gem. § 69 IV Nr. 3 BNatSchG ahndbar macht, wenn er ein bestimmtes „Souvenir" nach Deutschland einführt, so muss er eine lange Kette von Verweisungen im deutschen und europäischen Recht (VO/RL) nebst Anhängen sowie Ausnahmebestimmungen nachvollziehen. Es darf bezweifelt werden, ob ein juristisch nicht geschulter Normadressat hierzu in der Lage

---

[68] *Ambos*, IntStR, § 11 Rn. 32; *Heger*, in: *Böse* (Hrsg.), EuStR, § 5 Rn. 63; *Satzger*, IntStR, § 9 Rn. 75.
[69] BVerfGE 153, 310, 340 (Rz. 74); 143, 38, 53 (Rz. 38).
[70] Bundesnaturschutzgesetz v. 29.7.2009 (BGBl. I 2009, 2542).

ist. Das Artenschutz- und Naturschutzstrafrecht wendet sich schließlich nicht nur an mit besonderem Fachwissen ausgestattete Experten. Nach Auffassung des BGH[71] führt jedoch allein das Bestehen einer langen Verweisungskette, die eine Mehrzahl von Einzelvorschriften zusammenfasst, noch nicht zur Unbestimmtheit der Norm.

7.4.2.1.2 Dynamische Verweisungen auf Unionsrechtsakte

Eine **dynamische Verweisung** auf Unionsrechtsakte liegt vor, wenn der Blankett- 66 tatbestand auf eine VO **in ihrer jeweils geltenden Fassung** verweist und sich damit flexibel an etwaige Änderungen des Verweisungsobjekts anpasst.[72] Das BVerfG hält dynamische Verweisungen mit Blick auf die Wahrung des Parlamentsvorbehalt trotz geäußerter Bedenken zwar nicht für schlechthin ausgeschlossen, weist aber darauf hin, dass das Rechtsstaats- und Demokratiegebot den gesetzgeberischen Rahmen für den Erlass derartiger Strafvorschriften einengen können.[73] In einigen Blankettgesetzen lassen sich dynamische Verweisungen auch in „verdeckter" Form ausmachen (**verdeckte dynamische Verweisung**). Dies ist der Fall, wenn das Blankett zwar auf einen genau bezeichneten EU-Rechtsakt verweist, dieser aber auf weitere Rechtsvorschriften **in ihrer jeweils gültigen Fassung** verweist.[74] So macht sich nach § 19 I Nr. 1 GÜG[75] strafbar, wer

> „entgegen § 3 einen **Grundstoff** besitzt, herstellt, mit ihm Handel treibt, ihn, ohne Handel zu treiben, einführt, ausführt, durch den oder im Geltungsbereich dieses Gesetzes befördert, veräußert, abgibt oder in sonstiger Weise einem anderen die Möglichkeit eröffnet, die tatsächliche Verfügung über ihn zu erlangen, erwirbt oder sich in sonstiger Weise verschafft."

Was unter einem **„Grundstoff"** zu verstehen ist, ergibt sich aus der Legaldefinition des § 1 Nr. 1 GÜG:

> „... ein erfasster Stoff i. S. d Art. 2 Buchst. a i. V. m. Anhang I VO (EG) Nr. 273/2004 des EP und des Rates vom 11.02.2004 betreffend Drogenausgangsstoffe (ABl. EU Nr. L 47 S. 1) **in ihrer jeweils geltenden Fassung** und des Art. 2 Buchst. a i. V. m. dem Anhang der VO (EG) Nr. 111/2005 des Rates vom 22.12.2004 zur Festlegung von Vorschriften für die Überwachung des Handels mit Drogenausgangsstoffen zwischen der Gemeinschaft und Drittländern (ABl. EU 2005 Nr. L 22 S. 1, 2006 Nr. L 61 S. 23) **in ihrer jeweils geltenden Fassung.**"

Bei § 19 I Nr. 1 GÜG handelte es sich bis zu einer erstmalig im Jahre 2008 er- 67 folgten Gesetzesänderung um ein Blankettstrafgesetz mit dynamischer Verweisung, weil die in § 1 Nr. 1 GÜG enthaltene Definition des „Grundstoffs" durch die jeweils geltende Fassung der genannten EU-VO bestimmt wurde. Erst durch die Einfügung

---

[71] BGHSt 42, 219, 222; ebenso OLG Stuttgart NStZ-RR 1999, 379; *Stegmann*, Artenschutz-Strafrecht, S. 112 ff.; 119 ff.; krit. *Hammer*, DVBl 1997 401, 404.
[72] *Bülte*, JuS 2015, 769, 772; *Heger*, in: *Böse* (Hrsg.), EuStR, § 5 Rn. 56; *Satzger*, IntStR, § 9 Rn. 78.
[73] BVerfGE 153, 310, 342 (Rz. 79); 143, 38, 56 (Rz. 43).
[74] *Heger*, in: *Böse* (Hrsg.), EuStR, § 5 Rn. 57; *Satzger*, IntStR, § 9 Rn. 78; *Schützendübel*, Blankettstrafgesetze, S. 60 f.
[75] Grundstoffüberwachungsgesetz vom 11.03.2008 (BGBl. I 2008, 306).

des neuen § 19 V GÜG wurde die für die strafrechtliche Beurteilung maßgebliche dynamische Verweisung durch eine statische ersetzt. Die aktuelle Fassung des **§ 19 V GÜG** lautet:

> „Soweit auf die VO (EG) Nr. 273/2004 oder die VO (EG) Nr. 111/2005 Bezug genommen wird, ist jeweils die am 20.02.2023 geltende Fassung maßgeblich."

Infolge der Umwandlung des § 19 I Nr. 1 GÜG in eine Blankettbestimmungen mit statischer Verweisung auf eine exakt bezeichnete VO genügt die Vorschrift nunmehr den Vorgaben der Art. 103 II, 104 I S. 1 GG (Rn. 63). Aus der Sicht des BGH bestanden aber auch schon vor der Einfügung des § 19 V GÜG keine durchgreifenden verfassungsrechtlichen Bedenken gegen die in § 19 I Nr. 1 GÜG a.F. enthaltenen Verweisungen auf EU-Rechtsakte in ihrer jeweils geltenden Fassung, weil diese während des Tatzeitraums nicht geändert wurden und sich daher über das europäische Recht durchgehend eine eindeutige Verbotskette ergeben hätte.[76] Diese Ansicht vermag nicht zu überzeugen. Die Wahrung des verfassungsrechtlichen Gebots der Normenklarheit hängt nicht von dem zufälligen Ereignis ab, ob das Verweisungsobjekt zum Tatzeitpunkt noch in seiner ursprünglichen Fassung galt.[77] Art. 103 II GG fordert, dass die Normadressaten das ihnen auferlegte strafbewehrte Ge- oder Verbot auch tatsächlich voraussehen und nicht bloß vermuten können. Selbst wenn es ihnen durch selbstständige Recherche gelänge, von einer Fassung des Verweisungsobjekts Kenntnis zu nehmen, oder wenn sie durch die Angabe der Fundstelle zur ursprünglichen Fassung geleitet würden, blieben sie dennoch mit der Unsicherheit über deren Maßgeblichkeit belastet. Sie müssten in weiteren Schritten ermitteln, ob diese Version nicht zwischenzeitlich geändert worden ist. Dynamische Außenverweisungen auf Unionsrechtsakte in ihrer jeweils geltenden Fassung sind mit dem Gebot der Normenklarheit jedenfalls dann nicht vereinbar und daher unzulässig, wenn es sich bei den Normadressaten nicht ausschließlich um Experten handelt.[78]

7.4.2.2 Strafbarkeitslücken durch Wegfall des Verweisungsobjekts

68 Blankettgesetze, die in ihrem objektiven Tatbestand statisch auf eine bestimmte EU-VO verweisen (Rn. 61), laufen stets Gefahr, im Falle einer Aufhebung und/oder Ersetzung des Verweisungsobjekts im wahrsten Sinne des Wortes „ins Leere" zu laufen.[79] Strafbarkeits- und Ahndungslücken drohen immer dann aufzubrechen,

---

[76] BGH HRRS 2011 Nr. 572 m. krit. Bespr. v. *Satzger/Langheld*, HRRS 2011, 460 ff.
[77] *Ambos*, IntStR, § 11 Rn. 33; *Satzger/Langheld*, HRRS 2011, 460, 464.
[78] *Satzger*, IntStR, § 9 Rn. 79; *ders./Langheld*, HRRS 2011, 460, 464.
[79] Die Entscheidungen BVerfGE 81, 132; BGHSt 27, 181; OLG Hamburg NZV 2007, 372; OLG Koblenz NJW 2007, 2344; OLG Stuttgart NStZ-RR 1999, 379; LG Bad Keuznach ZLR 2001, 899; AG Itzehoe NZV 2007, 373 vermitteln einen repräsentativen Überblick über die Problemlage; vgl. hierzu *Esser*, EuStR, § 2 Rn. 109 ff.; *Heger*, in: *Böse* (Hrsg.), EuStR, § 5 Rn. 68 ff.; *Moll*, Blankettstrafgesetzgebung, S. 159 ff.; *Satzger*, IntStR, § 9 Rn. 82 ff.; *Schützendübel*, Blankettstrafgesetze, S. 77 ff.

7.4 Ausprägungen des Assimilierungsprinzips im deutschen Strafrecht

wenn ein Straf- bzw. Bußgeldblankett auf einen bestimmten EU-Rechtsakt verweist, dieser vom EU-Gesetzgeber aufgehoben und/oder ersetzt wird und es dem deutschen Strafgesetzgeber nicht gelingt, das hiervon betroffene Blankettgesetz rechtzeitig an den neuen EU-Rechtsakt anzupassen. Die Problematik der vom Gesetzgeber nicht intendierten Sanktionslosigkeit verschärft sich vor dem Hintergrund des **Lex-mitior-Grundsatzes** des § 2 III StGB (§ 4 III OWiG), welcher folgendes besagt:

> „Wird das Gesetz, dass bei Beendigung der Tat gilt, vor der Entscheidung geändert, so ist das mildeste Gesetz anzuwenden."

Die mildeste aller Rechtslagen ist die Straflosigkeit.[80] War eine Tat im Zeitraum zwischen ihrer Begehung und gerichtlicher Aburteilung auch nur für eine logische Sekunde nicht mit Strafe (Bußgeld) bedroht, so ist diese Zwischenregelung der Straf- und Ahnungslosigkeit als „mildestes Gesetz" i. S. d. §§ 2 III StGB bzw. § 4 III OWiG anzusehen und eine Sanktionierung der Tat unzulässig.[81]

Nicht zur Schließung von Strafbarkeitslücken infolge fehlender Blankettanpassung geeignet sind die in EU-Verordnungen häufig enthaltenen Klauseln, wonach Verweisungen auf die Vorgängervorschrift – also auch die im nationalen Blankettstrafgesetz enthaltene Verweisung – als Verweisung auf die Nachfolgeregelung zu verstehen sind. Da die EU über keine Rechtsetzungskompetenz im Bereich des Kriminalstrafrechts verfügt (Kap. 4 Rn. 58), vermögen solche Überleitungsbestimmungen keine verbindliche Anordnung über die Anwendbarkeit eines deutschen Blankettstrafgesetzes zu treffen. Es ist also denkbar, dass ein sowohl zum Tatzeitpunkt als auch zum Urteilszeitpunkt mit Strafe bedrohter Verstoß gegen Unionsrecht nur deshalb straflos bleiben muss, weil es zwischenzeitlich infolge einer nicht rechtzeitig vorgenommenen Anpassung des nationalen Strafgesetzes an das geänderte Verweisungsobjekt (EU-VO) eine Ahndungslücke gab.[82]

Selbst wenn die Mitgliedstaaten Kenntnis von einer bevorstehenden Änderung strafrechtsrelevanter EU-Rechtsakte haben, ist es ihnen nicht immer möglich, mit dem relativ zeitaufwendigen parlamentarischen Gesetzgebungsverfahren rechtzeitig zu reagieren. Unbeabsichtigte Strafbarkeitslücken dieser Art sind wegen des verfassungsrechtlichen Rückwirkungsverbots (Art. 103 II GG) irreparabel, soweit es um Taten geht, die im Zeitraum zwischen der Aufhebung der früheren EU-VO und dem Inkrafttreten eines auf die neue EU-VO verweisenden Blankettstrafgesetzes begangen worden sind. Lediglich für Taten, die noch vor dem Eintritt des Straflosigkeitszustands begangen wurden („Altfälle"), kann durch ein nachträgliches

---

[80] BGH NStZ 1992, 535, 536; S/S-*Hecker*, § 2 Rn. 27. Vgl. hierzu *Hecker/Zöller*, Fallsammlung, Klausur 13.

[81] Eine Ausnahme hiervon schreibt § 2 IV S. 1 StGB (§ 4 IV S. 1 OWiG) für Zeitgesetze vor; vgl. hierzu BGH wistra 2011, 143; S/S-*Hecker*, § 2 Rn. 34 ff.

[82] Nicht gefolgt werden kann dem von *Harms/Heine*, Amelung-FS, S. 293, 398, 401 ff. unterbreiteten Vorschlag, unionsrechtsakzessorische Blankettstrafgesetze generell als Zeitgesetze (§ 2 IV StGB) zu begreifen, um auch bei deren nicht rechtzeitiger Anpassung an eine neue Ausfüllungsnorm unerwünschte Strafbarkeitslücken zu vermeiden; vgl. hierzu S/S-*Hecker*, § 2 Rn. 35 m. w. N.

Änderungsgesetz die einfachgesetzliche Regelung des § 2 III StGB (§ 4 III OWiG) derogiert und die Anwendung des Tatzeitrechts angeordnet werden. Exemplarisch hierfür steht § 8 III FPersG,[83] der bestimmt:

> „Ordnungswidrigkeiten nach § 8 I Nr. 1 Buchst. b, Nr. 2 Buchst. b oder Nr. 4 Buchst. b, die bis zum 01.03.2016 unter Geltung der VO (EWG) Nr. 3821/85 begangen wurden, können **abweichend von § 4 III OWiG nach den zum Zeitpunkt der Tat geltenden Bestimmungen geahndet** werden."

Eine derartige Derogation ist nach h. M. verfassungsrechtlich unbedenklich, solange sie nicht als willkürlich einzustufen ist.[84] Ob das deutsche Recht an der Disponibilität des Meistbegünstigungsgrundsatzes festhalten darf, wird in der Literatur unter Hinweis auf die Gewährleistung des Art. 49 I S. 3 GRCh mit gewichtigen, aber noch klärungsbedürftigen Argumenten in Frage gestellt (Kap. 4 Rn. 43). De lege ferenda sollte eine Lösung angestrebt werden, die eine lückenlose Kontinuität der Straf- und Bußgeldbewehrung unionsrechtlicher Ge- und Verbote sicherstellt, ohne dass auf das Instrument einer lediglich einzelfallbezogenen „Reparaturgesetzgebung" nach dem Muster des § 8 III FPersG zurückgegriffen werden muss.[85]

7.4.2.3 Strafbewehrung von Unionsrechtsakten durch Festlegungen des deutschen Verordnungsgebers

71 Vor dem Hintergrund des Aufbrechens unbeabsichtigter Sanktionslücken lässt sich nachvollziehen, warum sich der deutsche Gesetzgeber beim Erlass von Blankettgesetzen häufig der **Rückverweisungsmethode** bedient. Mit dieser Regelungstechnik delegiert er seine Aufgabe, Normen des aktuell maßgeblichen und sanktionsrechtlich zu bewehrenden Unionsrechts zu bezeichnen, an den innerstaatlichen Verordnungsgeber. Indem ein Bundesministerium dazu ermächtigt wird, durch Rückverweisung in einer nationalen Rechtsverordnung („Durchsetzungsverordnung") die Normen des Unionsrechts auszuwählen und zu bezeichnen, die straf- oder bußgeldrechtlich zu bewehren sind, soll ohne Durchführung eines zeitaufwendigen Gesetzgebungsverfahrens eine zeitgleiche Anpassung des Blankettgesetzes an die jeweils in Bezug genommene EU-Verordnung ermöglicht werden. Exemplarisch hierfür steht die vom BVerfG[86] mit Beschluss v. 21.09.2016 für **nichtig erklärte Strafbestimmung des § 10 I RiFlEtikettG.**[87]

---

[83] Fahrpersonalgesetz (BGBl. I 1987, 640), zuletzt geändert durch Ges. v. 02.03.2023 (BGBl. 2023 I Nr. 56).

[84] BVerfG NJW 2008, 3769; OLG Bamberg DAR 2008, 100; OLG Dresden DAR 2008, 153; OLG Düsseldorf NJW 2008, 930, 931; OLG Koblenz NZV 2008, 311, 312; OLG Stuttgart NStZ-RR 1999, 380; S/S-*Hecker*, § 2 Rn. 14; a. A. *Harms/Heine*, Amelung-FS, S. 393, 401 (Bedenken im Hinblick auf Art. 3 I GG) sowie *Heger*, in: *Böse* (Hrsg.), EuStR, § 5 Rn. 73; *Satzger*, IntStR, § 9 Rn. 85 (Vertrauensschutz).

[85] Vgl. hierzu den Regelungsvorschlag von *Hecker*, Rengier-FS, S. 471, 473 ff.

[86] BVerfGE 143, 38.

[87] Rindfleischetikettierungsgesetz v. 26.02.1998 (BGBl. I 1998, 380).

7.4 Ausprägungen des Assimilierungsprinzips im deutschen Strafrecht

§ 10 I RiFlEtikettG bestimmte folgendes:

„Mit Freiheitsstrafe bis zu einem Jahr oder mit Geldstrafe wird bestraft, wer einer **unmittelbar geltenden Vorschrift in Rechtsakten** ... **der Europäischen Union** im Anwendungsbereich des § 1 I zuwiderhandelt, **soweit eine Rechtsverordnung nach § 10 III für einen bestimmten Tatbestand auf diese Strafvorschrift verweist.**"

Ergänzt wurde die Strafbestimmung durch **§ 10 III RiFlEtikettG**:

„Das **Bundesministerium wird ermächtigt**, soweit es zur Durchsetzung der Rechtsakte der ... Europäischen Union erforderlich ist, **durch Rechtsverordnung** ohne Zustimmung des Bundesrates **die Tatbestände zu bezeichnen**, die als Straftat nach § 10 I zu ahnden sind."

Von dieser Ermächtigung hatte der Verordnungsgeber (Bundesministerium für Verbraucherschutz, Ernährung und Landwirtschaft) in der in der **RiFlEtikettStrV**[88] Gebrauch gemacht. In §§ 1, 2, 2a RiFlEtikettStrV wurden bestimmte vorsätzlich begangene Verstöße gegen dort bezeichnete Unionsrechtsakte dem Straftatbestand des § 10 I RiFlEtikettG unterstellt.

Das LG Berlin[89] hat die von der Literatur schon seit vielen Jahren vorgetragenen Bedenken gegen unionsrechtsakzessorische Blankettstrafgesetze nach dem Muster des § 10 I i. V. m III RiFlEtikettG aufgegriffen und die genannte Strafbestimmung im Wege einer Vorlage nach Art. 100 I GG auf den verfassungsrechtlichen Prüfstand gestellt. Mit seinem Beschluss v. 21.09.2016 verhalf das BVerfG diesen begründeten Einwänden zum Durchbruch.[90] Legt die Blankettstrafnorm nicht vollständig selbst oder durch Verweis auf ein anderes Gesetz fest, welches Verhalten durch sie bewehrt werden soll, sondern erfolgt dies erst durch eine nationale Rechtsverordnung, auf die verwiesen wird, müssen nach Art. 103 II GG und – soweit Freiheitsstrafe angedroht wird – i. V. m. Art. 104 I S. 1 GG die Voraussetzungen der Strafbarkeit und die Art der Strafe für den Bürger schon aufgrund des Gesetzes und nicht erst aufgrund der hierauf gestützten Rechtsverordnung vorhersehbar sein.[91] Art. 80 I S. 2 GG verlangt, dass Gesetze, die zum Erlass von Rechtsverordnungen ermächtigen, Inhalt, Zweck und Ausmaß der erteilten Ermächtigung bestimmen. Um den Grundsatz der Gewaltenteilung zu wahren, darf dem Verordnungsgeber lediglich die Konkretisierung des Straftatbestands eingeräumt werden, nicht aber die Entscheidung darüber, welches Verhalten als Straftat geahndet werden soll. Diesen verfassungsrechtlichen Maßstäben wurden § 10 I und III RiFlEtikettG nicht gerecht. Anstatt selbst oder durch Verweis auf ein anderes Gesetz festzulegen, welches Verhalten mit Strafe bewehrt werden soll, überließ § 10 I RiFlEtikettG es der Exekutive, durch Rechtsverordnung nach § 10 III RiFlEtikettG die Tatbestände zu bezeichnen, die als

---
[88] Rindfleischetikettierungs-Strafverordnung v. 5. März 2001 (BGBl. I 2001, 339).
[89] LG Berlin NZWiSt 2016, 112 m. Anm. *Bülte*, NZWiSt 2016, 117.
[90] *Bülte*, BB 2016, 3075 ff.; *Cornelius*, NStZ 2017, 682 ff.; *Hecker*, NJW 2016, 3653; *Heger*, in: Böse (Hrsg.), EuStR, § 5 Rn. 80; *Hoven*, NStZ 2016, 377 ff.; *Satzger*, IntStR, § 9 Rn. 81.
[91] Vgl. hierzu und zum Nachfolgenden BVerfGE 143, 38, 57 f. (Rz. 47).

Straftat nach § 10 I RiFlEtikettG zu ahnden waren. Da mithin der Verordnungsgeber darüber zu entscheiden hatte, welches Verhalten strafbar sein soll, ließen sich die möglichen Fälle der Strafbarkeit nicht schon aufgrund des Gesetzes, sondern erst aufgrund der RiFlEtikettStrV voraussehen. Bei § 10 I i. V. m. III RiFlEtikettG handelte es sich daher um eine unzulässige **pauschale Blankoermächtigung** zur Schaffung von Straftatbeständen bei Verstößen gegen gemeinschaftsrechtliche Regelungen zur Rindfleischetikettierung durch den Verordnungsgeber.[92] Das BVerfG bestätigte mit seiner Entscheidung eine bereits im Jahre 1998 von *Moll* ausgearbeitete Analyse der Rückverweisungstechnik, die in einer etwas zugespitzten Formulierung die glatte Aushebelung des Parlamentsvorbehalts deutlich werden lässt: *„Strafbar bzw. ahndbar ist, wer gegen eine Vorschrift in unmittelbar geltenden Rechtsakten der Union verstößt, die nach Ansicht eines Verordnungsgebers straf- bzw. bußgeldbewehrt sein soll."*[93]

74 In der Literatur wurde dem Beschluss des BVerfG v. 21.09.2016 eine Bedeutung beigemessen, die weit über das Schicksal der im konkreten Fall für nichtig erklärten Strafvorschrift des RiFlEtikettG hinausreicht.[94] Denn im Wirtschafts-, Lebensmittel-, Umwelt- und Arbeitsstrafrecht finden sich zahlreiche Blankettgesetze, die dem Regelungsmuster der §§ 10 I, III RiFlEtikettG gleichen. Verfassungsrechtliche Einwände gegen einschlägige Blankettbestimmungen veranlassten das AG Potsdam[95] und das KG[96] zu Vorlagen nach Art. 100 I GG, die jedoch an den Zulässigkeitshürden des Normenkontrollverfahrens scheiterten.[97] Eine zulässige Vorlage gelang dem LG Stade, das dem BVerfG mit Beschluss v. 15.03.2017 die Entscheidung darüber aufgab, ob § 58 III Nr. 2 LGFB mit Art. 103 II, 104 I S. 1 GG und Art. 80 I S. 2 GG vereinbar ist.[98] Es handelt sich hierbei um eine unionsrechtsakzessorische Blankettstrafnorm, deren Verfassungskonformität von vielen Stimmen bezweifelt wird.[99]

§ 58 III Nr. 2 LFGB:

> „Ebenso (Mit Freiheitsstrafe bis zu drei Jahren oder mit Geldstrafe) wird bestraft, wer einer anderen als in Abs. 2 genannten unmittelbar geltenden Vorschrift in Rechtsakten der Europäischen Union zuwiderhandelt, die inhaltlich einer Regelung entspricht, zu der die in Abs 1 Nr. 18 genannten Vorschriften ermächtigen, soweit eine Rechtsverordnung nach § 62 I Nr. 1 für einen bestimmten Straftatbestand auf diese Vorschrift verweist."

---

[92] BVerfGE 143, 38, 59, 63 f. (Rz. 51, 64).
[93] *Moll*, Blankettstrafgesetzgebung, S. 149.
[94] *Bülte*, BB 2016, 3075 ff.; *Hecker*, NJW 2016, 3653; *Hennecke*, NZWiSt 2017, 369 ff.; *Schmitz*, wistra 2017, 455, 456.
[95] AG Potsdam BeckRS 2017, 119329.
[96] KG BeckRS 2017, 136822.
[97] BVerfG BeckRS 2017, 119328 (zu AG Potsdam); BeckRS 2017, 136817 (zu KG).
[98] LG Stade NZWiSt 2017, 320 ff.
[99] *Dannecker*, ZIS 2016, 723 ff.; *Enderle*, Blankettstrafgesetze, S. 265 ff.; *Honstetter*, NZWiSt 2017, 325, 327; *Satzger*, IntStR, § 9 Rn. 81; MüKoStGB/*Schmitz*, § 1 Rn. 66; a.A. *Boch*, ZLR 2017, 317, 321 ff.; *Schröder*, ZLR 2004, 265, 270 ff.; *Schützendübel*, Blankettstrafgesetze, S. 336 ff.

§ 62 I LFGB:

„Das Bundesministerium wird ermächtigt, soweit dies zur Durchsetzung der Rechtsakte der Europäischen Union erforderlich ist, durch Rechtsverordnung ohne Zustimmung des Bundesrates die Tatbestände zu bezeichnen, die
    1. als Straftat nach § 58 III ... zu ahnden sind ..."

Das LG Stade erblickte einen Verstoß gegen den von Art. 103 II, 104 I S. 1 GG geforderten Parlamentsvorbehalt darin, dass § 58 III Nr. 2 LFGB es allein dem Verordnungsgeber, d. h. der Exekutive überlässt, durch Rechtsverordnung nach § 62 I Nr. 1 LFGB diejenigen Tatbestände zu bezeichnen, die als Straftat nach § 58 III Nr. 2 LFGB zu ahnden sind. Diese gesetzliche Regelung gleiche trotz der Entsprechungsklausel („... *die inhaltlich einer Regelung entspricht, ...*") im Ergebnis jener des vom BVerfG für nichtig erklärten § 10 I, III RiFlEtikettG. Außerdem genüge die Konkretisierung durch die Entsprechungsklausel nicht dem Gebot des Art. 103 II GG, den Normadressaten in die Lage zu versetzen, anhand des Gesetzes selbst zu ersehen, welche Zuwiderhandlungen im Einzelnen strafbewehrt sind.

Das BVerfG hat mit Beschluss v. 11.03.2020 entschieden, dass § 58 III Nr. 2 LFGB den verfassungsrechtlichen Anforderungen **„noch"** genügt.[100] Aufgrund der Entsprechungsklausel des § 58 I Nr. 18 LFGB und der nach § 62 I Nr. 1 LFGB zu erlassenden Rechtsverordnung würden die strafbewehrten Verhaltensvorschriften hinreichend konkretisiert. Hierin liege ein Unterschied zu § 10 I RiFlEtikettG, der die strafbewehrten Verbotsvorschriften des Unionsrechts „lediglich abstrakt skizziert" habe. Dem Verordnungsgeber verbleibe bei der Ausübung der ihm nach § 62 I Nr. 1 LFGB eingeräumten Befugnisse, d. h. bei der Vervollständigung des in § 58 III Nr. 2 LFGB enthaltenen Strafblanketts, kein substanzieller Ausgestaltungsspielraum, während § 10 I RiFlEtikettG dem Verordnungsgeber ein „vorbehaltloses Bezeichnungsrecht" zugestanden habe. Der Exekutive obliege letztlich nicht mehr als die Dokumentation ihres durch die Entsprechungsklausel vorgezeichneten Prüfungsergebnisses. Die Grundentscheidung über die Frage des „Ob" der Strafbarkeit treffe der Gesetzgeber, der durch die über § 58 I Nr. 18 auf § 13 I Nr. 1 und 2 LFGB verweisende Entsprechungsklausel hinreichend festlege, dass Verstöße gegen unionsrechtliche Verhaltensvorschriften bei der Herstellung oder Behandlung von Lebensmitteln zu sanktionieren sind. Auch genüge § 58 III Nr. 2 LFGB mit Blick darauf, dass es sich bei den Normadressaten typischerweise um Personen mit besonderen Sach- und Fachkenntnissen im Bereich des Lebensmittelverkehrs handle, den Anforderungen der freiheitssichernden Komponente des Bestimmtheitsgebots. Der gesetzliche Regelungsgehalt erschließe sich ihnen durch das Zusammenlesen der Einzelnormen aus der Kette der §§ 58 III Nr. 2, 58 I Nr. 18 LFGB und § 13 I Nr. 1 und 2 LFGB. Zwar sei der Aufwand bei der Normlektüre und der gedanklichen Umsetzung der – vom Wortlaut her klaren – Verweisungen damit deutlich erhöht, führe vorliegend aber „noch" nicht dazu, dass der gesetzliche Regelungsgehalt nicht mehr erkennbar wäre.

---

[100] BVerfGE 153, 310, 339, 345 ff.; zust. *Herz*, NZWiSt 2020, 253; krit. *Bülte*, wistra 2020, 251 f.; *Pohlreich*, HRRS 2020, 481, 487.

77 Einerseits bringt das BVerfG in seinem Beschluss v. 11.03.2020 subtil, aber doch wahrnehmbar zum Ausdruck, dass § 58 III Nr. 2 LFGB nur knapp dem Verdikt der Verfassungswidrigkeit entgangen ist. Andererseits stellt das BVerfG klar, dass Rückverweisungsklauseln in Blankettstrafgesetzen nicht generell unzulässig sind. Es steht zu erwarten, dass in der Zukunft noch weitere Blankettbestimmungen auf den verfassungsrechtlichen Prüfstand gestellt werden und zu klären ist, ob diese den vom BVerfG angelegten Maßstäben für die Wahrung des Parlamentsvorbehalts und des Bestimmtheitsgebots genügen.

7.5 Zusammenfassung von Kap. 7

78 Die Union ist mangels einer generellen Rechtsetzungsbefugnis auf dem Gebiet des Kriminalstrafrechts nicht in der Lage, durch die Verabschiedung supranationaler Strafgesetze selbst für den strafrechtlichen Schutz ihrer Rechtsgüter zu sorgen. Sie ist daher darauf angewiesen, dass die Mitgliedstaaten durch die Ausgestaltung und Anwendung ihres Strafrechts dafür Sorge tragen, strafwürdige Verstöße gegen Unionsrecht wirksam zu bekämpfen. Die Indienststellung nationaler Straf- und Bußgeldnormen zum Schutze von Unionsinteressen bzw. zur Durchsetzung unionsrechtlicher Ge- und Verbote bezeichnet man als **Assimilierung**. In ständiger Rspr. („Mais-Judikatur"), die auf ein bahnbrechendes Vertragsverletzungsverfahren der Kommission gegen die Griechische Republik zurückgeht, postuliert der EuGH eine aus **Art. 4 III UA 2, 3 EUV (Loyalitätsgebot)** abzuleitende Pflicht der Mitgliedstaaten, Verstöße gegen Unionsrecht nach ähnlichen sachlichen und verfahrensrechtlichen Regeln zu verfolgen wie nach Art und Schwere vergleichbare Zuwiderhandlungen gegen nationales Recht (**Gleichstellungsgebot**). Zwar verbleibt den Mitgliedstaaten die Wahl der Sanktionen. Die innerstaatlichen Stellen müssen aber bei Verstößen gegen Unionsrecht mit derselben Sorgfalt vorgehen, die sie bei der Anwendung der entsprechenden nationalen Vorschriften walten ließen. Darüber hinaus müssen die angedrohten Sanktionen **wirksam, verhältnismäßig** und **abschreckend (Mindesttrias)** sein. Als strafrechtlich zu schützende Unionsinteressen kommen neben dem EU-Finanzhaushalt vor allem die Unbestechlichkeit ihrer Beamten, die Wahrung von Dienstgeheimnissen, die europäische Rechtspflege und die Realisierung der Grundfreiheiten, aber auch die Durchsetzung der Unionspolitiken etwa auf den Gebieten Marktorganisation, Wettbewerb, Verbraucherschutz und Umweltschutz in Betracht. Das Assimilierungsgebot bewirkt zwar noch keine Harmonisierung der mitgliedstaatlichen Strafrechtsordnungen. Es trägt aber dazu bei, das strafrechtliche Schutzgefälle zwischen innerstaatlichen und vergleichbaren unionsrechtlichen Interessen abzubauen.

79 Das vom EuGH ausgeformte **unionsrechtliche Rahmensystem** für mitgliedstaatliches Strafrecht im Dienste des Unionsrechts legt zum einen **Untergrenzen** für Sanktionierungspflichten fest, die nicht unterschritten werden dürfen. Mitgliedstaatliches Strafrecht darf zum anderen aber auch bestimmte **Obergrenzen**, die sich aus dem Primärrecht (Grundfreiheiten und Unionsgrundrechte) ergeben, nicht überschreiten. Der unionsrechtliche Rahmen, in den das Strafrecht eingebunden ist, be-

lässt den Mitgliedstaaten jedoch einen relativ breiten Spielraum für die inhaltliche Ausgestaltung dieser Sanktionsnormen. Einerseits sind die Mitgliedstaaten nicht zur Einführung einer Strafbarkeit juristischer Personen oder zur Schaffung einer verschuldensunabhängigen (objektiven) strafrechtlichen Verantwortlichkeit verpflichtet. Andererseits steht es ihnen frei, auf nationaler Ebene genau diese strafrechtlichen Maßnahmen zu ergreifen.

Dem aus Art. 4 III UA 2, 3 EUV und – bezogen auf den Schutz der EU-Finanzinteressen – aus Art. 325 II AEUV abzuleitenden Assimilierungserfordernis kann zum einen durch eine unionsrechtskonforme Auslegung nationaler Strafrechtsnormen Rechnung getragen werden, soweit dies das innerstaatliche Verfassungsrecht und die nationale Strafrechtsdogmatik zulassen. Eine weitere Methode, die zu einer Ausdehnung des Schutzbereiches deutscher Strafgesetze führt, ist die Schaffung von **Gleichstellungsbestimmungen** (z. B. §§ 11 I Nr. 2a, 108d, 162 I, 264 VIII Nr. 2 StGB) sowie von **unionsrechtsakzessorischen Straf- und Bußgeldblanketten**. Diese Blanketttatbestände zeichnen sich dadurch aus, dass sie die Zuwiderhandlung gegen eine blankettausfüllende EU-VO, auf die sie verweisen, mit Strafe oder Bußgeld bedrohen. Verfassungsrechtlich unbedenklich sind mit Blick auf das Bestimmtheitsgebot des Art. 103 II GG jedoch nur statische Verweisungen auf exakt bezeichnete EU-Rechtsakte. Statisch konstruierte Blankettgesetze laufen jedoch Gefahr, infolge einer Aufhebung und/oder Ersetzung ihres Verweisungsobjekts ins Leere zu laufen mit der Folge, dass unerwünschte Ahndungslücken (vgl. § 2 III StGB und § 4 III OWiG) entstehen. Die in der deutschen Gesetzgebungspraxis verbreitete Rückverweisungsmethode, bei der die Bezeichnung des strafbewehrten Verweisungsobjekts dem nationalen Verordnungsgeber überlassen wird, kann in Konflikt mit den Vorgaben der Art. 80 I S. 2, 103 II, 104 I S. 1 GG geraten. Ob derartige Blankettgesetze verfassungsrechtlichen Maßstäben genügen, bedarf jedoch der Prüfung im konkreten Einzelfall, da die Rückverweisungsmethode nach der Rspr. des BVerfG nicht generell unzulässig ist.

80

Literatur

Ambos, IntStR, 5. Aufl., 2018, § 11 Rn. 22–34 (Assimilierung), Rn. 39–43 (Loyalitätsgebot)

Bülte, Blankette und normative Tatbestandsmerkmale: Zur Bedeutung von Verweisungen in Strafgesetzen, JuS 2015, 769

Cornelius, Verweisungsfehler bei Bezugnahme nationaler Strafnormen auf europäische Richtlinien, NZWiSt 2014, 173

Dannecker, Anforderungen des nationalen Strafverfassungsrechts an die Inbezugnahme EU-rechtlicher Verhaltensnormen und an Rückverweisungsklauseln in nationalen Rechtsverordnungen, ZIS 2016, 723

Esser, Europäisches und Internationales Strafrecht, 3. Aufl., 2023, § 2 Rn. 34–63a (Assimilierungsprinzip)

Hecker, Vermeidung anpassungsbedingter Sanktionslücken im unionsrechtsakzessorischen Blankettstrafrecht de lege ferenda, Rengier-FS, 2018, S. 471

Heger, in: *Böse* (Hrsg.), Europäisches Strafrecht, 2. Aufl., 2021, § 5 Rn. 8–82 (Assimilierungsprinzip)

Pohlmann, Strafrechtliche Gleichstellungsklauseln für ausländische und Europäische Amtsträger – Reformbedürftigkeit des deutschen Amtsträgerbegriffs?, 2021

Satzger, Internationales und Europäisches Strafrecht, 10. Aufl., 2022, § 9 Rn. 25–34 (Assimilierungsprinzip)

ders., Der europarechtlich bedingte Bedeutungszuwachs der Meistbegünstigungsklausel (§ 2 Abs. 3 StGB), Kühl-FS, 2014, 407

ders., Die Internationalisierung des Strafrechts als Herausforderung für den strafrechtlichen Bestimmtheitsgrundsatz, JuS 2014, 943

Schützendübel, Die Bezugnahme auf EU-Verordnungen in Blankettstrafgesetzen, 2012

Rechtsprechungshinweise

EuGHE 1977, 137 („*Amsterdam Bulb*" – Befugnis zur Sanktionierung von EG-Rechtsverstößen)

EuGHE 1984, 1891 („*von Colson und Kamann*" – Diskriminierungsverbot)

EuGHE 1989, 2965 ff. = NJW 1990, 2245 („*Griechischer Mais*" – Gleichstellungsgebot und „Mindesttrias")

EuGHE 1990, 2911 („*Hansen*" – verschuldensunabhängige Strafbarkeit)

EuGHE 1991, 4371 („*Strafverfahren gegen Paul Vandevenne* u. a." – keine Pflicht zur Einführung einer strafrechtlichen Verbandshaftung)

EuGHE 1997, 6959 („*Französische Landwirte*" – strafrechtliche Schutzverpflichtung der Mitgliedstaaten)

EuGH NJW 2003, 3185 = EuZW 2003, 592 („*Brennerblockade*" – strafrechtliche Schutzverpflichtung der Mitgliedstaaten)

EuGH EuZW 2010, 227 (Auslegung der RL über Insidergeschäfte – „Mindesttrias")

BVerfG NJW 2008, 3769 (Verfassungskonformität einer Derogation des § 4 III OWiG)

BVerfGE 143, 38 (Verfassungswidriges Blankettstrafgesetz im Rindfleischetikettierungsgesetz)

BVerfGE 153, 310 (Verfassungskonformität eines unionsrechtsakzessorischen Blankettstrafgesetzes)

BGHSt 42, 219 (Verfassungskonformität von Blankettbestimmungen des BNatSchG)

BGH NJW 2014, 1029 (Straftatbestandliche Verweisung auf ungültige Richtlinie)

Harmonisierung des materiellen Strafrechts 8

8.1 Strafrechtliche Annexkompetenz

Wenn von einer **Harmonisierung des materiellen Strafrechts** gesprochen wird, so ist damit die inhaltliche **Angleichung der mitgliedstaatlichen Strafrechtsnormen auf der Tatbestands- und Rechtsfolgenseite auf der Grundlage unionsrechtlich definierter und verbindlicher Standards** gemeint.[1] Bereits in den 1990er-Jahren unternahm die Europäische Kommission zahlreiche Anläufe, den Mitgliedstaaten im Wege der Richtliniensetzung die Verpflichtung aufzuerlegen, nationale Strafbestimmungen zum flankierenden Schutz bestimmter Gemeinschaftspolitiken zu erlassen.[2] Anweisungen dieser Art wirkten sich auf einen Gesetzgebungsbereich aus, der bis heute in den Zuständigkeitsbereich der Mitgliedstaaten fällt (Kap. 4 Rn. 58). Damit stellte sich die vielfach diskutierte Grundsatzfrage, ob der früheren EG eine sog. „Anweisungskompetenz" auf dem Gebiet des Kriminalstrafrechts zustand und wie weit diese ggf. reichte. Vereinzelt wurde der EG eine strafrechtliche Anweisungsbefugnis vor allem unter Hinweis auf die nationale Souveränität im Bereich der Kriminalstrafgesetzgebung schlechthin abgesprochen.[3] Es wurde die Gefahr beschworen, dass der demokratisch legitimierte nationale Gesetzgeber die auf europäischer Ebene getroffenen strafrechtlichen Zielbestimmungen nur noch exekutiere. Daran war richtig, dass die fehlende Rechtsetzungskompetenz der EG auf dem Gebiet des Kriminalstrafrechts nicht umgangen werden durfte, indem solche Harmonisierungsmaßnahmen zugelassen werden, die denselben Effekt wie die Setzung von Kriminalstrafrecht hätten.

1

---

[1] *Vogel/Schneider*, in: *Böse* (Hrsg.), EuStR, § 7 Rn. 10.
[2] *Dannecker*, Jura 2006, 95, 97 f.; *Hecker*, JA 2007, 561 ff.
[3] *Braum*, KritV 1998, 460, 471 f.; *Moll*, Blankettstrafgesetzgebung S. 207 ff., 215 ff., 224.

8.1.1 Strafrechtliche Anweisungsbefugnis vor und nach „Lissabon"

2   Bereits vor Inkrafttreten des Lissaboner Reformvertrags (01.12.2009) war nach ganz überwiegend vertretener und zutreffender Auffassung im Schrifttum eine strafrechtliche Anweisungsbefugnis der EG im Grundsatz anzuerkennen. Meinungsunterschiede bestanden nicht in der Frage des „Ob" einer solchen Befugnis, sondern lediglich im Hinblick auf ihre Reichweite.[4] Durch den Vertrag von Lissabon wird die Befugnis der EU zur strafrechtlichen Flankierung ihrer Politiken auf eine klare primärrechtliche Rechtsgrundlage gestellt. **Art. 83 II AEUV** normiert eine **strafrechtliche Annexkompetenz der EU in harmonisierten Politikbereichen**:

> „Erweist sich die Angleichung der strafrechtlichen Rechtsvorschriften der Mitgliedstaaten als unerlässlich für die wirksame Durchführung der Politik der Union auf einem Gebiet, auf dem Harmonisierungsmaßnahmen erfolgt sind, so können durch Richtlinien Mindestvorschriften für die Festlegung von Straftaten und Strafen auf dem betreffenden Gebiet festgelegt werden. Diese Richtlinien werden unbeschadet des Art. 76 gemäß dem gleichen ordentlichen oder besonderen Gesetzgebungsverfahren wie die betreffenden Harmonisierungsmaßnahmen erlassen."

3   Richtlinien, die Unionspolitikbereiche außerhalb der justiziellen Zusammenarbeit in Strafsachen regeln und auf diesbezügliche Kompetenzgrundlagen gestützt sind, können unter den Voraussetzungen des Art. 83 II AEUV **Mindestvorschriften für die Festlegung von Straftaten und Strafen** enthalten. Zentrale Voraussetzung für die Begründung einer strafrechtlichen Annexkompetenz und einer damit korrelierenden Umsetzungsverpflichtung der Mitgliedstaaten ist – ausgehend von dem **Prinzip der begrenzten Einzelermächtigung** (Art. 5 I, II EUV) – der Nachweis einer entsprechenden Rechtsgrundlage im Primärrecht. Dieses Erfordernis besteht auch nach Schaffung des **Art. 83 II AEUV** fort, da eine **Annex**kompetenz zur Strafrechtsangleichung nur angenommen werden kann, wenn sie bereits in einer den betreffenden Politikbereich regelnden Vertragsbestimmung als **„implied power"** enthalten ist. Art. 83 II AEUV knüpft akzessorisch an diese Harmonisierungsbefugnisse der Union an und formt diese konkret aus. Die aus der strafrechtlichen Annexkompetenz resultierende Anweisungsbefugnis beruht somit – anders als die originäre Strafrechtsangleichungskompetenz nach Art. 83 I AEUV (Rn. 342 ff.) – nicht allein auf Art. 83 II AEUV, sondern auf einer zusätzlichen Kompetenzgrundlage im Primärrecht (Rn. 29).[5] So ist z. B. eine RL zur Harmonisierung des Umweltstrafrechts auf Art. 83 II AEUV i. V. m. Art. 192 I AEUV zu stützen.[6] Über die in

---

[4] *Dannecker*, JURA 2006, 95, 97 f.; *Eisele*, JZ 2001, 1157, 1160 ff.; *Hecker*, JA 2007, 561, 563 ff.; *Satzger*, Europäisierung, S. 403 ff.

[5] *Ambos*, IntStR, § 11 Rn. 10; *Böse*, in: *Böse* (Hrsg.), EuStR, § 4 Rn. 16, 18; *Suhr*, in: *Calliess/Ruffert* (Hrsg.), EUV/AEUV, Art. 83 AEUV Rn. 23; a. A. *Meyer*, in: *v. d. Groeben/Schwarze/Hatje*, EU-Recht, Art. 83 Rn. 48 ff.; *Plump*, Europäisches Strafrecht nach dem Vertrag von Lissabon, S. 331 f.; *Satzger*, in: *Streinz*, EUV/AEUV, Art. 83 Rn. 29; G/H/N-*Vogel/Eisele*, Art. 83 AEUV Rn. 76 (Art. 83 II AEUV als abschließende Rechtsgrundlage).

[6] *Ambos*, IntStR, § 11 Rn. 10; *Ruhs*, ZIS 2011, 13, 16.

Bezug genommene Kompetenzgrundlage erfolgt eine Rückbindung an das Prinzip der begrenzten Einzelermächtigung (Kap. 4 Rn. 31).[7] Aus dem Anwendungsbereich des Art. 83 II AEUV scheiden diejenigen Politikbereiche aus, in denen die EU keine Harmonisierungsbefugnis, sondern nur eine Unterstützungs-, Förderungs- und Koordinierungskompetenz i. S. d. Art. 2 V AEUV besitzt.[8] Aufgrund des akzessorischen Charakters der strafrechtlichen Annexkompetenz setzt ihre Ausübung (in Gestalt der Richtliniensetzung) voraus, dass sie einen **bereits zumindest partiell harmonisierten Politikbereich** betrifft. Dies folgt bereits aus dem Wortlaut des Art. 83 II AEUV („… Harmonisierungsmaßnahmen **erfolgt** sind …"), aber auch aus der Funktion der strafrechtlichen Annexkompetenz, den Unionspolitiken zur effektiven Durchsetzung zu verhelfen.[9] Im Übrigen ist die strafrechtliche Annexkompetenz streng von der **Strafrechtsetzungskompetenz** zu unterscheiden, welche der Union gerade nicht eingeräumt wurde (Kap. 4 Rn. 58 ff.). Eine Anweisung erzeugt kein unmittelbar geltendes (supranationales) Strafrecht, sondern beinhaltet lediglich eine an die Mitgliedstaaten adressierte gesetzgeberische Handlungspflicht. Den Gesetzgebern wird also nur im Ziel verbindlich vorgeschrieben, ihr nationales Strafrecht nach den Vorgaben der RL zu gestalten.

Das typische Instrument der Anweisung ist – wie sich auch explizit aus Art. 83 II AEUV ergibt – die **RL** (Art. 288 III AEUV Kap. 4 Rn. 49). Die Anweisung, Strafgesetze zu schaffen, kann aber auch in einer unmittelbar in allen Mitgliedstaaten geltenden VO (Art. 288 II AEUV Kap. 4 Rn. 48) enthalten sein, wenn diese vorschreibt, dass der Verstoß gegen ein Verordnungsgebot oder -verbot mit strafrechtlichen Mitteln zu sanktionieren ist.[10] Eine solche VO beinhaltet dann hinsichtlich der Sanktionierungsverpflichtung materiell eine **richtliniengleiche** – und insoweit mit Art. 83 II AEUV vereinbare – Anweisung an die mitgliedstaatlichen Gesetzgeber, sodass insoweit ausnahmsweise eine Umsetzung der VO durch einen nationalen Legislativakt erforderlich und zulässig ist. 4

Unmittelbar anwendbares Strafrecht vermag allein der nationale Gesetzgeber zu schaffen. Die Strafbarkeit des Einzelnen folgt also stets aus dem nationalen Strafgesetz, nicht etwa aus einer RL. Wenn eine Anweisung so detaillierte Vorgaben über Tatbestandsmerkmale und Rechtsfolgen enthält, dass dem nationalen Gesetzgeber praktisch kein eigener inhaltlicher Ausgestaltungsspielraum mehr verbleibt, nähert sie sich bedenklich stark einem kompetenzrechtlich unzulässigen Rechtsetzungsakt an (→ Rn. 38). 5

> **Beispiel**
>
> Von einer Umgehung der fehlenden Strafrechtsetzungskompetenz der EU wäre auszugehen, wenn EP und Rat eine RL erlassen würden, die bestimmt: „In den 6

---

[7] *Böse*, in: *Böse* (Hrsg.), EuStR, § 4 Rn. 16; *Kisseler*, Europäisierung des Abfallstrafrechts, S. 60 ff.
[8] *Böse*, in: *Böse* (Hrsg.), EuStR, § 4 Rn. 18; G/H/N-*Vogel/Eisele*, Art. 83 AEUV Rn. 80.
[9] *Esser*, EuStR, § 2 Rn. 144 ff.; *Plump*, Europäisches Strafrecht nach dem Vertrag von Lissabon, S. 334; *Satzger*, IntStR, § 9 Rn. 45; *Zöller*, Schenke-FS, S. 579, 591.
[10] *Schützendübel*, Blankettstrafgesetze, S. 55 ff.

Mitgliedstaaten ist das Nachmachen von Geld in der Absicht, es als echt in Verkehr zu bringen, mit Freiheitsstrafe nicht unter zwei Jahren zu bedrohen. ◄

7   Die Bedeutung der in Art. 83 II AEUV verankerten strafrechtlichen Annexkompetenz und der hieraus folgenden Anweisungsbefugnis der EU erschließt sich nur, wenn man die historische Entwicklung der EG-Harmonisierungspolitik nachvollzieht. Diese war geprägt von dem anfänglichen Widerstand der Mitgliedstaaten gegen alle Versuche der Kommission, kriminalstrafrechtliche Anweisungen in RL festzuschreiben. Einen einschneidenden Wendepunkt für die Strafrechtsharmonisierung im Rahmen der früheren 1. Säule der EU markieren die beiden Grundsatzurteile des EuGH aus den Jahren 2005 und 2007 (Rn. 16–17). Die bahnbrechenden Entwicklungsschritte lassen sich besonders deutlich anhand des Geldwäsche- und Umweltstrafrechts aufzeigen (Rn. 10–26).

8.1.2 Entwicklung der Harmonisierungspolitik

8   Während Kommission und EP schon seit jeher den Standpunkt vertraten, dass die Gemeinschaft befugt sei, durch den Erlass von RL auf die mitgliedstaatlichen Strafrechtssysteme Einfluss zu nehmen, standen die nationalen Regierungen einer solchen Anweisungskompetenz grundsätzlich ablehnend gegenüber. Auch die deutsche Bundesregierung pochte auf das Recht der Mitgliedstaaten, über die Setzung und Ausgestaltung strafrechtlicher Normen nach eigenem Ermessen zu bestimmen.[11] Dies bedeutete aber nicht, dass die Mitgliedstaaten nicht bereit gewesen wären, Strafvorschriften zum Schutze von Gemeinschaftsinteressen zu erlassen. Jedoch resultierten solche Rechtsetzungsakte aus ihrer Sicht nicht aus einer sekundärrechtlich begründeten Umsetzungsverpflichtung, sondern blieben Ausdruck einer souveränen staatlichen Entscheidung.

9   Bestrebungen der Kommission, die Mitgliedstaaten auf die Ergreifung kriminalstrafrechtlicher Maßnahmen zum Schutz von Gemeinschaftsinteressen festzulegen, waren angesichts der mitgliedstaatlichen Souveränitätsvorbehalte anfänglich nur von bescheidenem Erfolg gekrönt. Kompetenzrechtlich unstreitig waren sekundärrechtliche Anweisungen nur, soweit sie eine bereits aus dem Loyalitätsgebot (ex-Art. 10 EGV) abzuleitende Sanktionierungspflicht (Kap. 7 Rn. 23 ff.) deklaratorisch wiedergaben bzw. konkretisierten.[12] Charakteristisch für die frühere Sekundärrechtspraxis waren daher Anweisungen, die lediglich eine allgemein formulierte Forderung nach abschreckenden, wirksamen und verhältnismäßigen Sanktionen enthielten, ohne deren Art und inhaltliche Ausgestaltung im Einzelnen festzulegen. Insbesondere wurde in einschlägigen Rechtsakten die zurückhaltende Formulierung gewählt, die Mitgliedstaaten hätten **„geeignete"** oder **„erforderliche"** Maßnahmen zu treffen.[13] RL dieser Ausprägung überließen es den nationa-

---

[11] *Satzger*, Europäisierung, S. 400 ff.; vgl. exempl. BT-Drs. 14/4991, S. 9.
[12] *Eisele*, JZ 2001, 1157, 1158; *Satzger*, Europäisierung, S. 395, 459.
[13] *Dannecker/Bülte*, Hb. WiStR, 2. Kap. Rn. 192 m. w. N.

len Gesetzgebern, nach eigenem Ermessen zu beurteilen, ob der angestrebte Schutz überhaupt den Einsatz strafrechtlicher Instrumente erfordert und wie diese ggf. auszugestalten sind.

8.1.2.1 Geldwäschestrafrecht

Die im Jahre 1991 erlassene erste GeldwRL[14] wird häufig als praktischer Anwendungsfall für Richtlinienanweisungen der früheren EG genannt, die zu einer strafrechtlichen Regelung auf nationaler Ebene geführt haben.[15] Sie schrieb den Mitgliedstaaten vor, Geldwäsche zu untersagen und durch „geeignete Maßnahmen" festzulegen, „wie Verstöße gegen die aufgrund dieser RL erlassenen Vorschriften zu ahnden sind". Mit dem Terminus **„Geldwäsche"** werden gemeinhin **Vorgänge bezeichnet, die darauf abzielen, die illegale Existenz, Quelle oder Verwendung von Vermögensgegenständen zu verbergen bzw. so zu bemänteln, dass sie aus einer legalen Herkunft herzurühren scheinen.**[16] Dies geschieht regelmäßig in der Weise, dass durch kriminelle Aktivitäten erlangte Vermögenswerte in den legalen Finanzkreislauf eingeschleust werden. Es liegt auf der Hand, dass die liberalisierten Wirtschafts- und Finanzstrukturen des zusammenwachsenden Europas kriminellen Akteuren vielfältige Möglichkeiten eröffnen, „schmutzige" (d. h. aus illegalen Geschäften wie z. B. Betäubungsmittelhandel herrührende) Gelder in den legalen Wirtschaftskreislauf des Binnenmarktes einzuschleusen, zu verwerten oder zu erneuten illegalen Aktivitäten zu nutzen. Das Phänomen „Geldwäsche" tritt daher in hohem Maße grenzüberschreitend auf. Von der Überzeugung ausgehend, dass der transnational operierenden OK nur dann wirksam entgegengetreten werden kann, wenn es gelingt, die Einschleusung von Straftatgewinnen in den legalen Wirtschaftsverkehr zu unterbinden, wurden seit Ende der 1980er-Jahre auf internationaler und europäischer Ebene Maßnahmen ergriffen, die darauf abzielen, Straftaterträge verkehrsunfähig zu machen. In Deutschland wurde durch das OrgKG[17] vom 15.07.1992 erstmalig ein (danach vielfach geänderter) Straftatbestand gegen Geldwäsche (§ 261 StGB) geschaffen (Rn. 91). Der deutsche Gesetzgeber erfüllt damit seine Verpflichtungen aus dem UN-SuchtstoffÜbK vom 20.12.1988 (Kap. 5 Rn. 7), dem GeldwÜbK des Europarates vom 08.11.1990 (Kap. 3 Rn. 15) und der ersten GeldwRL.[18] Die Strafbestimmung des § 261 StGB ist somit zwar auch, aber eben nicht ausschließlich auf eine Gemeinschaftsinitiative zurückzuführen. Es erscheint daher verfehlt, § 261 StGB als Beispiel für gemeinschaftsrechtsgezeugtes Strafrecht anzuführen. In der ersten GeldwRL gelangte allenfalls eine politische Empfehlung

10

---

[14] RL 91/308/EWG des Rates v. 10.6.1991 zur Verhinderung der Nutzung des Finanzsystems zum Zwecke der Geldwäsche (ABlEG 1991 Nr. L 166, S. 77).

[15] *Ambos*, ZStW 114 (2002), 236, 242 ff.; *Dannecker/Schröder*, in: *Böse* (Hrsg.), EuStR, § 8 Rn. 163 ff.; *Vogel*, ZStW 109 (1997), 335 ff.

[16] *Dannecker/Schröder*, in: *Böse* (Hrsg.), EuStR, § 8 Rn. 148; S/S-*Hecker*, § 261 Rn. 1; *Schindler*, NZWiSt 2020, 457 f.

[17] Ges. z. Bek. des illegalen Rauschgifthandels und anderer Erscheinungsformen der Organisierten Kriminalität (BGBl I 1992, S. 1302); vgl. hierzu *Kreß*, wistra 1998, 121 ff.

[18] *Böse/Jansen*, JZ 2019, 591 f.; *Schindler*, NZWiSt 2020, 457, 460 f. („Geldwäsche als Musterbeispiel der Internationalisierung des Strafrechts").

zum Ausdruck, kriminalstrafrechtliche Maßnahmen zur Geldwäschebekämpfung zu ergreifen. Eine ggf. im Wege eines Vertragsverletzungsverfahrens durchsetzbare Verpflichtung zur Schaffung bestimmter Straftatbestände begründete sie nicht. Die erste GeldwRL gab jedoch den Impuls für die Herausbildung eines **unionsrechtlichen Mindeststandards der Geldwäschestrafbarkeit**, der mittlerweile von fünf GeldwRL und seit 2018 auch durch eine originär strafrechtliche GeldwRL vorgegeben wird (Rn. 82 ff.).

8.1.2.2 Umweltstrafrecht

11 Vor dem Hintergrund regionaler und globaler Umweltprobleme hat sich in vielen Staaten der Welt die Erkenntnis durchgesetzt, dass die Umwelt nicht allein durch den Einsatz des Privat- und Verwaltungsrechts, sondern auch mit dem Instrument **strafrechtlicher Repression** zu schützen ist.[19] Wie die rechtsvergleichende Forschung lehrt, gibt es heute in Europa keine Rechtsordnung mehr, die auf das Strafrecht als Mittel des Umweltschutzes gänzlich verzichtet.[20] Angesichts der erheblichen juristischen und praktischen Probleme, vor die sich die Strafverfolger vor allem in Fällen **grenzüberschreitender Umweltkriminalität** gestellt sehen,[21] erscheint die Forderung unabweisbar, **einheitliche umweltstrafrechtliche Standards** in den europäischen Staaten zu schaffen.[22] Nur ein vereinheitlichtes europäisches Umweltstrafrecht vermag der Einsicht Rechnung zu tragen, dass die Bewahrung einer intakten Umwelt im Sinne der Erhaltung und des Schutzes der natürlichen Lebensgrundlagen schon per se ein universelles und nicht nur ein nationales Interesse darstellt. Hinzu kommt, dass divergierende umweltstrafrechtliche Standards in den Mitgliedstaaten ein Strafrechtsgefälle schaffen, dass zu Wettbewerbsverzerrungen führen kann und damit das Binnenmarktziel konterkariert.[23]

8.1.2.2.1 Konvention des Europarates zum Schutz der Umwelt durch Strafrecht

12 Das Ziel der Harmonisierung des Umweltstrafrechts in Europa wird bereits von der **Konvention des Europarates zum Schutz der Umwelt durch Strafrecht v. 04.11.1998** (Kap. 3 Rn. 11) verfolgt.[24] In diesem – bisher nur von Estland ratifizierten – Übereinkommen werden umweltstrafrechtliche Tatbestände formuliert, in denen vorsätzlich oder fahrlässig begangene Handlungen mit Strafe bedroht werden sollen, sofern diese bleibende Schäden an der Qualität der Luft, des Bodens oder des Wassers oder an Tieren und Pflanzen verursacht haben oder zu verursachen geeignet sind. Die Konvention legt den Begriff der strafrechtlichen Verantwortlichkeit von natürlichen und juristischen Personen fest und enthält Vorgaben für die von

---

[19] *Hecker*, in: *Sieber u. a.* (Hrsg.), EuStR, § 28; *Heine*, ZStW 101 (1989), 722, 724 ff.
[20] *Knaut*, Europäisierung des Umweltstrafrechts, S. 145–238.
[21] *Hecker*, ZStW 115 (2003), 880 ff. m. w. N.
[22] *Fromm*, ZfW 2009, 157.
[23] *Knaut*, Europäisierung des Umweltstrafrechts, S. 306; krit. hierzu *Heger*, Europäisierung, S. 93 ff.
[24] Vgl. hierzu *Knaut*, Europäisierung des Umweltstrafrechts, S. 243–295.

den Konventionsstaaten zu ergreifenden behördlichen Maßnahmen und die internationale Zusammenarbeit. Bisher ist jedoch noch nicht einmal die für das Inkrafttreten der Konvention erforderliche Mindestzahl von 3 Ratifikationen zustande gekommen.

8.1.2.2.2 Richtlinienvorschlag der Kommission v. 13.03.2001

Die Kommission legte am 13.03.2001 einen auf ex-Art. 175 EGV gestützten **Richtlinienvorschlag über den strafrechtlichen Schutz der Umwelt** vor.[25] Nach Auffassung der Kommission reichten die bestehenden Sanktionen der Mitgliedstaaten nicht aus, um die vollständige Einhaltung des gemeinschaftlichen Umweltrechts zu gewährleisten. Art. 3 RL-Vorschlag sah deshalb eine Verpflichtung der Mitgliedstaaten vor, die erforderlichen Maßnahmen zu treffen, um bestimmte Tätigkeiten unter Strafandrohung zu stellen, wenn sie vorsätzlich oder grob fahrlässig begangen werden und die im einzelnen aufgelisteten Umweltschutzvorschriften der Gemeinschaft und/oder Vorschriften der Mitgliedstaaten zur Umsetzung solcher Vorschriften verletzen. Genauere Vorgaben zur Ausgestaltung des Allgemeinen und des Besonderen Teils des Umweltstrafrechts sowie zur Rechtsfolgenseite enthielt der Richtlinienvorschlag nicht.

13

8.1.2.2.3 Rahmenbeschluss über den strafrechtlichen Schutz der Umwelt

Auch die im Rat vertretenen Mitgliedstaaten erblickten in der Bekämpfung der Umweltkriminalität eine staatenübergreifende Angelegenheit, die abgestimmte strafrechtliche Maßnahmen erfordert. Aufgrund bestehender Kompetenzvorbehalte lehnten sie jedoch mit überwältigender Mehrheit die Annahme der von der Kommission vorgeschlagenen RL ab. Stattdessen aktivierten sie nach langen Verhandlungen das Instrumentarium der PJZS (Kap. 5 Rn. 41). Am 27.01.2003 verabschiedete der Rat den **RB 2003/80/JI über den Schutz der Umwelt durch das Strafrecht (RB UmwStR)**.[26] Dieser stellte einen Katalog umweltkrimineller Handlungen auf, die mit wirksamen, angemessenen und abschreckenden Strafen zu bedrohen sind. Inhaltlich lehnte sich der RB weitgehend an das Übereinkommen des Europarates (Rn. 12) an.

14

Die Kommission stellte sich indes auf den Standpunkt, dass ein gemeinschaftsrechtlicher Besitzstand bei Umweltkriminalität nur durch das Gemeinschaftsrecht festgelegt werden könne und müsse. Dies gelte insbesondere für die Definition der umweltbelastenden Tätigkeiten, die strafbar sein sollen und die Verpflichtung der Mitgliedstaaten, strafrechtliche Sanktionen vorzusehen. Die Kommission reichte daher eine **Klage auf Nichtigerklärung des RB UmwStR** beim EuGH ein. Damit bestand für den EuGH Gelegenheit, erstmalig über die Frage der Existenz einer kriminalstrafrechtlichen Anweisungskompetenz zu entscheiden. Eine aus ex-Art. 29, 47 EUV abzuleitende Befugnis des Rates zum Erlass eines RB kam nur in

15

---

[25] KOM (2001) 139 endg.
[26] ABlEG 2003 Nr. L 29, S. 55; vgl. hierzu *Knaut*, Europäisierung des Umweltstrafrechts, S. 340 ff.; *Lienert*, Europäische Verwaltungsakzessorietät, S. 102 ff.

Betracht, wenn hierdurch keine Gemeinschaftskompetenz – hier in Form einer strafrechtlichen Anweisungsbefugnis – beschnitten wird.[27]

8.1.2.2.4 Urteile des EuGH zur strafrechtlichen Anweisungskompetenz der EG

16 Mit Urteil v. 13.09.2005 erklärte der EuGH den **RB UmwStR für nichtig**.[28] Der Umweltschutz sei eines der wesentlichen Ziele der Gemeinschaft. In ex-Art. 2 EGV (Art. 3 III UA 1 EUV) werde die Aufgabe beschrieben, ein hohes Maß an Umweltschutz und Verbesserung der Umweltqualität zu fördern und ex-Art. 3 I lit. l EGV (Art. 4 II lit. e AEUV) sehe zu diesem Zweck eine Politik auf dem Gebiet der Umwelt vor. Darüber hinaus müssten nach ex-Art. 6 EGV (Art. 11 AEUV) die Erfordernisse des Umweltschutzes bei der Festlegung und Durchführung der Gemeinschaftspolitiken und -maßnahmen einbezogen werden, was den Querschnittscharakter und die grundlegende Bedeutung dieses Zieles verdeutliche. Die ex-Art. 174–176 EGV (Art. 191–193 AEUV) stellten grundsätzlich den Rahmen dar, in dem die gemeinschaftliche Umweltpolitik durchzuführen sei. **Grundsätzlich falle das Strafrecht ebenso wie das Strafprozessrecht zwar nicht in die Zuständigkeit der Gemeinschaft. Dies könne den Gemeinschaftsgesetzgeber jedoch nicht daran hindern, Maßnahmen in Bezug auf das Strafrecht der Mitgliedstaaten** zu ergreifen, die **erforderlich** sind, um die **volle Wirksamkeit der von ihm zum Schutz der Umwelt erlassenen Rechtsnormen zu gewährleisten,** wenn die **Anwendung wirksamer, verhältnismäßiger und abschreckender Sanktionen** durch die zuständigen nationalen Behörden eine zur **Bekämpfung schwerer Beeinträchtigungen der Umwelt unerlässliche Maßnahme** darstellt. Nach diesen Darlegungen des EuGH stand fest, dass der RB über den Schutz der Umwelt die strafrechtliche Anweisungskompetenz der EG auf dem Gebiet des Umweltschutzes missachtete und daher für nichtig zu erklären war.

17 Dass sich das Strafrecht nicht etwa in einer gemeinschaftsrechtlichen Tabuzone befindet, bestätigte der EuGH mit seinem weiteren Urteil v. 23.10.2007, mit dem der **RB des Rates vom 12.07.2005 zur Verstärkung des strafrechtlichen Rahmens zur Bekämpfung der Verschmutzung durch Schiffe**[29] für **nichtig** erklärt wurde.[30] Mit Recht verwies der EuGH auf die Gemeinschaftskompetenz im Bereich der Verkehrspolitik (ex-Art. 70 ff. EGV; Art. 90 ff. AEUV). Bei beiden Urteilen handelt es sich um Grundsatzentscheidungen, die nicht nur auf die konkret behandelten Politikbereiche, sondern darüber hinaus auch auf alle sonstigen Gemeinschafts-

---

[27] *Heger*, Europäisierung, S. 118 ff.; *Hugger*, Strafrechtliche Anweisungen, S. 92 f.
[28] EuGHE 2005, 7879 = JZ 2006, 307; vgl. hierzu *Kisseler*, Europäisierung des Abfallstrafrechts, S. 53 ff.; *Lienert*, Europäische Verwaltungsakzessorietät, S. 92 ff.; *Plump*, Europäisches Strafrecht nach dem Vertrag von Lissabon, S. 227 ff.
[29] ABlEU 2005 Nr. L 255, S. 164.
[30] EuGHE 2007, 9097 = NStZ 2008, 703; vgl. hierzu *Eisele*, JZ 2008, 248 ff.; *Kubiciel*, NStZ 2007, 136 ff.; *Satzger*, KritV 2008, 17, 22 ff.; *Zimmermann*, NStZ 2008, 662 ff.; *Zöller*, ZIS 2009, 340, 345 f.

politiken ausstrahlen. Die nicht ganz frei von Polemik geäußerte Befürchtung, hiermit werde der Weg für eine „Totalharmonisierung des Strafrechts" geebnet und der nationale Gesetzgeber zum „Brüsseler Lakaien" degradiert,[31] geht an der Rechtswirklichkeit vorbei und übersieht die Grenzen, die der Angleichung mitgliedstaatlichen Strafrechts bereits in der früheren 1. Säule gesetzt waren und die nach Inkrafttreten des Lissabonner Reformvertrags sogar in verstärktem Maße fortgelten (Rn. 31 ff., 39 ff.).

8.1.2.2.5 UmwStR-RL 2008

Unter dem Eindruck des Urteils des EuGH v. 13.09.2005 zog die Kommission ihren ursprünglichen RL-Vorschlag (Rn. 13) zurück und legte am 09.02.2007 einen neuen **Vorschlag für eine RL über den strafrechtlichen Schutz der Umwelt** vor.[32] Nach jahrelangen Kompetenzstreitigkeiten trat schließlich am 26.12.2008 die **RL 2008/99/EG des EP und des Rates v. 19.11.2008 über den strafrechtlichen Schutz der Umwelt**[33] (UmwStR-RL 2008) in Kraft, die mit Recht als „Prototyp einer Europäisierung des Wirtschafts- und Umweltstrafrechts" bezeichnet werden kann.[34] Wegen ihrer prägenden Bedeutung für das Europäische Umweltstrafrecht soll sie – ungeachtet ihrer Ersetzung durch die UmwStR-RL 2024 (→ Rn. 23) – näher betrachtet werden. Die auf ex-Art. 175 I EGV (Art. 191 AEUV) gestützte RL verpflichtet die Mitgliedstaaten, strafrechtliche Sanktionen für schwere Verstöße gegen das gemeinschaftliche Umweltschutzrecht vorzusehen. Zu diesem Zweck listet **Art. 3** UmwStR-RL 2008 **rechtswidrige** (Rn. 19) Handlungen auf, die unter Strafandrohung zu stellen sind, wenn sie **vorsätzlich oder grob fahrlässig** begangen werden:

18

(a) die Einleitung, Abgabe oder Einbringung einer Menge von Stoffen oder ionisierender Strahlung in die Luft, den Boden oder das Wasser, die den Tod oder eine schwere Körperverletzung von Personen oder erhebliche Schäden hinsichtlich der Luft-, Boden- oder Wasserqualität oder an Tieren oder Pflanzen verursacht oder verursachen kann;

(b) die Sammlung, Beförderung, Verwertung und Beseitigung von Abfällen, einschließlich der betrieblichen Überwachung dieser Verfahren und der Nachsorge von Beseitigungsanlagen sowie der Handlungen, die von Händlern oder Maklern übernommen werden (Bewirtschaftung von Abfall), die den Tod oder eine schwere Körperverletzung von Personen oder erhebliche Schäden hinsichtlich der Luft-, Boden- oder Wasserqualität oder an Tieren oder Pflanzen verursacht oder verursachen kann;

(c) die Verbringung von Abfällen, sofern diese Tätigkeit unter Art. 2 Nr. 35 der Verordnung (EG) Nr. 1013/2006 des EP und des Rates vom 14.6.2006 über die Verbringung von Abfällen fällt und in nicht unerheblicher Menge erfolgt, unabhän-

---

[31] *Hefendehl*, ZIS 2006, 161, 167 im Anschluss an *Schünemann*, StV 2003, 531.
[32] KOM (2007), 51 endg.; vgl. hierzu *Heger*, Harmonisierung, S. 275 ff.
[33] ABlEU 2008 Nr. L 328, S. 28; vgl. hierzu *Kisseler*, Europäisierung des Abfallstrafrechts, S. 66 ff.; *Lienert*, Europäische Verwaltungsakzessorietät, S. 92 ff.
[34] *Heger*, HRRS 2012, 211, 212.

gig davon, ob es sich bei der Verbringung um eine einzige Verbringung oder um mehrere, offensichtlich zusammenhängende Verbringungen handelt;
(d) der Betrieb einer Anlage, in der eine gefährliche Tätigkeit ausgeübt wird oder in der gefährliche Stoffe oder Zubereitungen gelagert oder verwendet werden, wodurch außerhalb dieser Anlage der Tod oder eine schwere Körperverletzung von Personen oder erhebliche Schäden hinsichtlich der Luft-, Boden- oder Wasserqualität oder an Tieren oder Pflanzen verursacht werden oder verursacht werden können;
(e) – (h)...;
(i) die Produktion, Einfuhr, Ausfuhr, das Inverkehrbringen oder die Verwendung von Stoffen, die zum Abbau der Ozonschicht beitragen.

19 Als „**rechtswidrig**" definiert Art. 2 lit. a UmwStR-RL 2008

„Verstöße gegen die in Anhang A aufgeführten Rechtsakte der Gemeinschaft[35] oder gegen nationale Gesetze, verwaltungsrechtliche Vorschriften oder Entscheidungen einer zuständigen Behörde eines Mitgliedstaats, die der Umsetzung der vorgenannten Rechtsakte dienen."

Die RL bringt damit die **unionsrechtsakzessorische Tatbestandsstruktur** des europäischen Umweltstrafrechts zum Ausdruck.[36]

20 Nach Art. 4 UmwStR-RL 2008 ist die **Teilnahme** an den in Art. 3 genannten Handlungen unter Strafandrohung zu stellen. Art. 5 UmwStR-RL 2008 verlangt die Einführung **wirksamer, angemessener und abschreckender Sanktionen**. Anordnungen über die **Haftung juristischer Personen** ergeben sich aus Art. 6 und 7 UmwStR-RL 2008, wobei auch die Androhung nichtkriminalstrafrechtlicher Sanktionen als ausreichend erachtet wird.

21 Der deutsche Gesetzgeber hat die UmwStR-RL 2008 durch das am 14.12.2011 in Kraft getretene **45. StÄG**[37] in nationales Recht umgesetzt.[38] Die neu eingefügte Legaldefinition des § 330d II StGB bestätigt die früher allenfalls durch unionsrechtskonforme Auslegung der Umweltstrafgesetze herzuleitende transnationale Schutzbereichsbestimmung der deutschen Umweltdelikte (Kap. 2 Rn. 7).[39]

8.1.2.2.6 UmwStR-RL 2024

22 Eine im März 2019 von der Kommission initiierte Evaluierung des Europäischen Umweltstrafrechts[40] mündete in eine Empfehlung vom 28.10.2020, die UmwStR-RL

---

[35] Diese betreffen die Bereiche Gewässer-, Luft- und Bodenreinhaltung, Abfallbeseitigung, Artenschutz, Schutz der Ozonschicht und Anlagenbetrieb (ABlEU 2008 Nr. L 328, S. 32 ff.).
[36] *Hecker*, Schröder-FS, S. 531, 543 f.; *Lienert*, Europäische Verwaltungsakzessorietät, S. 92 ff.; BeckOK-StGB/*Witteck*, § 330d Rn. 15.
[37] BGBl. I 2011, 2557.
[38] *Heger*, HRRS 2012, 211 ff.; *Kisseler*, Europäisierung des Abfallstrafrechts, S. 95 ff.; *Lienert*, Europäische Verwaltungsakzessorietät, S. 31 ff.; *Saliger*, Umweltstrafrecht, Rn. 23.
[39] *Kisseler*, Europäisierung des Abfallstrafrechts, S. 148 ff.; *Lienert*, Europäische Verwaltungsakzessorietät, S. 313 ff., 345 ff.; krit. hierzu *Heger*, Kühl-FS, 669, 678 ff.
[40] *Schnichels/Seyderhelm*, EuZW 2020, 829, 832.

2008 zu überarbeiten und u. a. die Gesichtspunkte der Angleichung von Sanktionen in den Mitgliedstaaten, einer stärkeren Anbindung des Sanktionsniveaus an die finanzielle Situation juristischer Personen sowie Aspekte grenzüberschreitender und organisierter Kriminalität stärker in den Blick zu nehmen. Am 15.12.2021 hat die Kommission auf der Basis dieser Empfehlung einen **Vorschlag für eine RL des EP und des Rates über den strafrechtlichen Schutz der Umwelt und zur Ersetzung der RL 2008/99/EG** vorgelegt, die gleichzeitig Teil des europäischen Klimaplans des „Green Deal" sein soll.[41] Der Vorschlag zielt darauf ab, die Effizienz der strafrechtlichen Bekämpfung von Umweltkriminalität zu steigern durch

- Aktualisierung des Anwendungsbereichs der RL
- Präzisierung oder Streichung vager Begriffe in den Definitionen für Umweltkriminalität
- Verschärfung der Strafen für schwere Umweltkriminalität
- Förderung grenzüberschreitender Ermittlungen und Strafverfolgung
- Fundiertere Entscheidungsfindung über Umweltkriminalität mittels verbesserter Datenerhebung
- Verbesserung der operativen Wirksamkeit nationaler Durchsetzungsketten

Am 20.05.2024 ist die auf Art. 83 II AEUV gestützte **RL (EU) 2024/1203 des EP und des Rates v. 11.04.2024 über den strafrechtlichen Schutz der Umwelt und zur Ersetzung der RL 2008/99/EG und 2009/123/EG (UmwStR-RL 2024)** in Kraft getreten.[42] Durch diese RL werden den bereits von der UmwStR-RL 2008 festgelegten kriminellen Handlungen (→ Rn. 18) zahlreiche weitere hinzugefügt.[43] Künftig sollen z. B. der illegale Holzhandel (Art. 3 II lit. p UmwStR-RL 2024), das illegale Recycling umweltschädlicher Schiffsteile („Beaching"; Art. 3 II lit. h UmwStR-RL 2024)[44] und schwerwiegende Verstöße gegen die Rechtsvorschriften über Chemikalien (Art. 3 II lit. s, t UmwStR-RL 2024) pönalisiert werden.[45] Vorsätzlich begangene Taten sind als **qualifizierte Fälle** mit erhöhter Strafe zu bedrohen, wenn sie zu Zerstörung, irreversiblem, großflächigem und erheblichem Schaden oder dauerhaftem, großflächigem und erheblichem Schaden eines Ökosystems von erheblicher Größe oder erheblichem ökologischem Wert, eines Lebensraums innerhalb eines geschützten Gebiets oder der Luft-, Boden- oder Wasserqualität geführt haben (Art. 3 III UmwStR-RL 2024). In Art. 5 II lit. a–e UmwStR-RL 2024 sind – nach der jeweiligen Straftat differenzierend – bestimmte **Mindesthöchststrafen** (→ Rn. 28) zwischen 3 und 10 Jahren festgelegt. Auch werden **neue Sanktionen für juristische Personen** eingeführt, die von einem Ausschluss von

23

---

[41] KOM (2021) 851 endg.; vgl. hierzu *Burgert/Veljovic*, ZUR 2023, 156 ff.; *Heghmanns*, ZfIStw 2024, 256 ff.
[42] ABlEU 2024 Nr. L v. 30.04.2024.
[43] Vgl. hierzu *Heghmanns*, ZfIStw 2024, 256, 259 ff.
[44] Vgl. hierzu de lege lata *Altenburg/Kremer*, wistra 2023, 133 ff.; *Elsner*, NStZ 2023, 135 ff.; *Saliger*, NStZ 2023, 585 ff.
[45] *Hecker/Lorenz*, NStZ-RR 2024, 33.

öffentlichen Finanzierungen oder Ausschreibungen bis hin zu der Entziehung von Genehmigungen und der Pflicht zur Etablierung von Compliance-Management-Systemen reichen (Art. 6–7 UmwStR-RL 2024).[46]

24 Nachfolgend sollen exemplarisch einige **rechtswidrige** (→ Rn. 26) Handlungen aufgeführt werden, die von den Mitgliedstaaten nach dem Katalog des **Art. 3 II lit. a–t UmwStR-RL 2024** unter Strafandrohung zu stellen sind, wenn sie **vorsätzlich oder zumindest grob fahrlässig** (Art. 3 IV UmwStR-RL 2024) begangen werden:

(a) die Einleitung, Abgabe oder Einbringung einer Menge von Materialien oder Stoffen, Energie oder ionisierender Strahlung in die Luft, den Boden oder das Wasser, die den Tod oder eine schwere Körperverletzung von Personen oder erhebliche Schäden hinsichtlich der Luft-, Boden- oder Wasserqualität oder erhebliche Schäden an einem Ökosystem, Tieren oder Pflanzen verursacht oder dazu geeignet ist, dies zu verursachen;

(b) – (e);

(f) die Sammlung, Beförderung und Behandlung von Abfällen, die betriebliche Überwachung dieser Verfahren und die Nachsorge von Beseitigungsanlagen, einschließlich der Handlungen, die von Händlern oder Maklern übernommen werden, wenn eine solche Handlung
  i. gefährliche Abfälle gemäß der Definition in Art. 3 II der RL 2008/98/EG des EP und des Rates und eine nicht unerhebliche Menge dieser Abfälle betrifft oder
  ii. andere als die in Ziff. i) genannten Abfälle betrifft und den Tod oder eine schwere Körperverletzung von Personen oder erhebliche Schäden hinsichtlich der Luft-, Boden- oder Wasserqualität oder erhebliche Schäden an einem Ökosystem, Tieren oder Pflanzen verursacht oder dazu geeignet ist, dies zu verursachen;

(g) die Verbringung von Abfällen im Sinne von Art. 2 Nr. 26 der VO (EU) 2024/1157 des EP und des Rates, wenn eine solche Handlung eine nicht unerhebliche Menge betrifft, unabhängig davon, ob es sich bei der Verbringung um eine einzige Verbringung oder um mehrere, offensichtlich zusammenhängende Verbringungen handelt;

(h) das Recycling von Schiffen im Rahmen des Anwendungsbereichs der VO (EU) Nr. 1257/2013, wenn eine solche Handlung den in Art. 6 II lit. a der genannten VO aufgeführten Anforderungen nicht entspricht;

(i) die von Schiffen ausgehende Einleitung von Schadstoffen, die in den Anwendungsbereich des Art. 3 der RL 2005/35/EG fällt, in ein in Art. 3 I der genannten RL genanntes Gebiet, es sei denn, diese von Schiffen ausgehende Einleitung erfüllt die Anforderungen einer Ausnahme gemäß Art. 5 der genannten RL, die eine Verschlechterung der Wasserqualität oder Schäden an der Meeresumwelt verursacht oder dazu geeignet ist, dies zu verursachen;

(j) …;

(k) der Bau, der Betrieb und der Abbau einer Anlage, wenn eine solche Handlung und eine solche Anlage in den Anwendungsbereich der RL 2013/30/EU des EP

---

[46] *Burgert/Veljovic*, ZUR 2023, 156, 161.

8.1 Strafrechtliche Annexkompetenz

und des Rates fallen und eine solche Handlung den Tod oder eine schwere Verletzung einer Person oder erhebliche Schäden hinsichtlich der Luft-, Boden- oder Wasserqualität oder erhebliche Schäden an einem Ökosystem, Tieren oder Pflanzen verursacht oder dazu geeignet ist, dies zu verursachen;

(l) – (o)...;
(p) das Inverkehrbringen oder die Bereitstellung auf dem Unionsmarkt oder die Ausfuhr aus dem Unionsmarkt von relevanten Rohstoffen oder relevanten Erzeugnissen, die unter Verstoß gegen das Verbot gemäß Art. 3 der VO (EU) 2023/1115, mit Ausnahme der Fälle, in denen die Handlung eine unerhebliche Menge betrifft;
(q) ...;
(r) ...;
(s) die Herstellung, das Inverkehrbringen, die Einfuhr, die Ausfuhr, die Verwendung oder die Freisetzung von ozonabbauenden Stoffen allein oder als Gemische im Sinne von Art. 2 lit.a der VO (EU) 2024/590 des EP und des Rates oder die Herstellung, das Inverkehrbringen, die Einfuhr, die Ausfuhr oder die Verwendung von Erzeugnissen und Einrichtungen, einschließlich ihrer Bestandteile, die ozonabbauende Stoffe enthalten oder zu ihrem Funktionieren im Sinne von Art. 2 lit. b der genannten VO benötigen;
(t) die Herstellung, das Inverkehrbringen, die Einfuhr, die Ausfuhr, die Verwendung oder die Freisetzung fluorierter Treibhausgase im Sinne von Art. 2 lit. a der VO (EU) 2024/573 des EP und des Rates oder die Herstellung, das Inverkehrbringen, die Einfuhr, die Ausfuhr oder die Verwendung von Erzeugnissen und Einrichtungen und Teilen davon, die fluorierte Treibhausgase enthalten oder zu ihrem Funktionieren im Sinne von Art. 2 lit. b der genannten VO benötigen, oder die Inbetriebnahme solcher Erzeugnisse und Einrichtungen.

Art. 4 I UmwStR-RL 2024 ordnet an, dass auch die **Anstiftung und Beihilfe** zu den in Art. 3 II–III genannten Handlungen unter Strafandrohung zu stellen sind. Für bestimmte Taten ist vorzusehen, dass ihr **Versuch** strafbar ist (Art. 4 II UmwStR-RL 2024). 25

Eine Handlung ist nach Art. 3 I UmwStR-RL 2024 „**rechtswidrig**", wenn sie 26

(a) gegen Rechtsvorschriften der Union verstößt, mit denen ein Beitrag zur Verfolgung der Ziele der Umweltpolitik der Union gemäß Art. 191 I AEUV geleistet wird, oder
(b) gegen nationale Rechts- oder Verwaltungsvorschriften eines Mitgliedstaats oder eine Entscheidung einer zuständigen Behörde eines Mitgliedstaats, verstößt, die der Umsetzung des unter Buchst. a genannten Unionsrechts dienen.

Eine solche Handlung ist selbst dann rechtswidrig, wenn sie im Rahmen einer von einer zuständigen Behörde eines Mitgliedstaats ausgestellten Genehmigung begangen wird, wenn diese Genehmigung auf betrügerische Weise oder durch Korruption, Erpressung oder Zwang erlangt wurde oder wenn diese Genehmigung offensichtlich gegen die einschlägigen materiellrechtlichen Anforderungen verstößt.

Die UmwStR-RL 2024 knüpft damit an die bereits von der UmwStR-RL 2008 implementierte **unionsrechtsakzessorische Tatbestandsstruktur** des Europäischen Umweltstrafrechts an (→ Rn. 19).

8.2 Strafrechtsangleichung in harmonisierten Politikbereichen

8.2.1 Grundlagen der Strafrechtsangleichung nach Art. 83 II AEUV

27 Der Strafrechtsangleichung nach Art. 83 II AEUV kommt zentrale Bedeutung für einen gleichmäßigen **Schutz der Rechtsgüter der Union** und eine **effektive Durchsetzung der Unionspolitiken** in den Mitgliedstaaten zu (Rn. 3). Unterschiede zwischen den nationalen Strafrechtsordnungen – zu denken ist etwa an das Wirtschafts-, Wettbewerbs-, Verbraucherschutz- und Umweltstrafrecht – können nachteilige Auswirkungen auf den Binnenmarkt entfalten.[47] Werden gleichartige Wettbewerbshandlungen in einem Mitgliedstaat mit Kriminalstrafe bedroht, in einem anderen als bloßes Ordnungsunrecht eingestuft und im dritten als nicht sanktionierbare Tätigkeit gewertet, so entsteht hierdurch ein Strafrechtsgefälle, das territorial unterschiedliche Zugangsbedingungen für die Marktteilnehmer schafft. Hieraus können sich dysfunktionale Folgen für die internationale Wettbewerbssituation ergeben, die das Unionsziel der Herstellung eines einheitlichen Binnenmarktes (Art. 26 AEUV) konterkarieren.[48] Die Befugnis zur Strafrechtsangleichung im Bereich der 1. Säule der EU war bereits vor Inkrafttreten des Vertrags von Lissabon aus den allgemeinen oder speziellen Harmonisierungsgrundlagen abzuleiten, die nunmehr im AEUV enthalten sind. Der neu geschaffene Art. 83 II AEUV knüpft an die strafrechtliche Annexkompetenz an, die diesen Harmonisierungsgrundlagen immanent ist, wobei er als zwingende Voraussetzung für ihre Ausübung festlegt, dass sich die Angleichung strafrechtlicher Rechtsvorschriften als **unerlässlich**[49] für die wirksame Durchführung der Unionspolitik auf einem Gebiet erweist, auf dem Harmonisierungsmaßnahmen erfolgt sind (Rn. 29). Hervorzuheben ist, dass nach Art. 83 II AEUV nicht nur die **Strafbarkeitsvoraussetzungen**, sondern auch die **Strafen** einer **Mindestangleichung zugänglich** sind.[50] Die früher im Bereich der

---

[47] *Böse*, Strafen und Sanktionen, S. 71; *Gröblinghoff*, Verpflichtung des Strafgesetzgebers, S. 99 ff.; *Hecker*, Produktwerbung, S. 424; *Zöller*, Schenke-FS, S. 579, 591.

[48] *Dannecker*, Jura 2006, 95, 97; G/H/N-*Vogel/Eisele*, Art. 83 AEUV Rn. 11; *Sieber*, JZ 1997, 369, 374.

[49] BVerfG NJW 2009, 2267, 2288; *Suhr*, in: *Calliess/Ruffert* (Hrsg.), EUV/AEUV, Art. 83 AEUV Rn. 24 sowie Mitt. der Kommission „Auf dem Weg zu einer europäischen Strafrechtspolitik: Gewährleistung der wirksamen Durchführung der EU-Politik durch das Strafrecht" v. 20.09.2011 (KOM [2011] 573 endg., S. 8).

[50] Anders noch EuGH NStZ 2008, 703 hins. der Anweisungskompetenz der EG; vgl. hierzu *Heger*, ZIS 2009, 406, 413; *Zimmermann*, NStZ 2008, 662, 665 sowie *Hecker/Zöller*, Fallsammlung, Klausur 11.

Strafrechtsangleichung praktizierte „doppelgleisige" Gesetzgebung (RL der EG plus RB des Rates) gehört damit der Vergangenheit an.

Zu den Maßnahmen, die auf eine Angleichung des materiellen Strafrechts in harmonisierten Politikbereichen abzielen, gehört der Erlass von **Mindestvorschriften** zur Ausgestaltung der einschlägigen **Tatbestände des Besonderen Teils**. Diese können in einer **gemeinsamen Definition** enthalten sein, in welcher die zentralen Merkmale der zu inkriminierenden Handlung beschrieben werden und durch die detailliertere oder weitergehende Begriffsbestimmungen des nationalen Rechts nicht ausgeschlossen werden. Den Mitgliedstaaten steht es demnach frei, darüber hinaus auch weitere Verhaltensweisen unter Strafandrohung zu stellen. Es ist ihnen jedoch verwehrt, die Mindestvorschriften der in einer RL definierten strafbaren Handlung zu unterschreiten, indem sie zusätzliche Strafbarkeitsvoraussetzungen aufstellen. Die strafrechtliche Annexkompetenz umfasst auch Maßnahmen, die sich auf den **Allgemeinen Teil** beziehen, soweit dies für eine wirksame Bekämpfung der jeweiligen Kriminalitätsbereiche erforderlich ist und hierdurch nicht in die Grundstruktur der nationalen Strafrechtssysteme eingegriffen wird.[51] Zulässig sind z. B. bereichsspezifische Vorgaben, durch die sichergestellt werden soll, dass der Versuch und die Teilnahme (Anstiftung, Beihilfe) mit Strafe bedroht werden. Nicht gestattet sind jedoch **über die Festlegung von Mindestvorschriften hinausgehende** Definitionen des Versuchs, der Täterschaft und Teilnahme oder sonstiger Elemente des Allgemeinen Teils. Regelungsvorgaben zur Verantwortlichkeit juristischer Personen sind nur zulässig, wenn den Mitgliedstaaten ein weiter Umsetzungsspielraum belassen wird, der auch die Möglichkeit einer Beschränkung auf nichtstrafrechtliche Sanktionen zulässt. Einer Mindestangleichung zugänglich sind schließlich die **Strafen**, die insbesondere in Form von sog. **Mindesthöchststrafen** vorgegeben werden können. Letztere legen das Mindestmaß einer im nationalen Strafrecht vorzusehenden Höchststrafandrohung fest. Zu beachten ist, dass hierdurch lediglich die nach den Rechtsvorschriften der Mitgliedstaaten anwendbaren Strafen einander angeglichen werden, nicht aber die tatsächlich zu verhängenden Strafen. Insoweit sind der Rechtsangleichung durch das Prinzip der Tat- und Schuldangemessenheit der Strafe und aufgrund der Unabhängigkeit der Gerichte Grenzen gesetzt. Auch Regelungsvorgaben über **erschwerende** bzw. **strafmildernde Umstände** lassen sich auf Art. 83 II AEUV stützen.

8.2.2 Strafrechtsrelevante Politikbereiche der Union

8.2.2.1 Kompetenzgrundlagen

Art. 83 II AEUV normiert die Voraussetzungen und die Reichweite der in den Kompetenzgrundlagen des AEUV angelegten Befugnis der Union zur Angleichung mitgliedstaatlichen Strafrechts, soweit dieses sich als Annex zu einem bereits harmonisierten Politikbereich darstellt (Rn. 3). Die Tätigkeitsbereiche der Union sind

---

[51] *Brodowski*, Evolution des Strafrechts, S. 118 ff.; *Jähnke*, JR 2021, 193, 195; *Plump*, Europäisches Strafrecht nach dem Vertrag von Lissabon, S. 360 ff.; *Satzger*, ZIS 2016, 771, 773 ff.

in Art. 3, 6 AEUV (ausschließliche Zuständigkeit) und Art. 4, 5 AEUV (geteilte Zuständigkeit) im Einzelnen festgeschrieben. Zur Verwirklichung ihrer Aufgaben und Ziele weist der AEUV der Union Kompetenzen zu, die unter den Voraussetzungen des Art. 83 II AEUV eine auch das Strafrecht der Mitgliedstaaten einschließende bereichsspezifische Rechtsangleichung ermöglichen.[52] Hierzu gehören namentlich die folgenden Politikbereiche:

- Antidiskriminierungsmaßnahmen (Art. 19 AEUV)
- Zollwesen (Art. 33 AEUV)
- Gemeinsame Agrarpolitik (Art. 43 AEUV)
- Einwanderung (Art. 79 AEUV)
- Verkehr (Art. 90 AEUV)
- Wettbewerb (Art. 101 ff. AEUV)
- Indirekte Steuern (Art. 113 AEUV)
- Errichtung und Funktionieren des Binnenmarkts (Art. 114 AEUV)
- Schutz des geistigen Eigentums (Art. 118 AEUV)
- Gesundheitsschutz im Zusammenhang mit Arzneimitteln u. Medizinprodukten (Art. 168 IV AEUV)
- Verbraucherschutz (Art. 169 AEUV)
- Umweltschutz (Art. 191 ff. AEUV)
- Schutz der finanziellen Interessen der Union (Art. 325 IV AEUV)

8.2.2.2 Schutz der EU-Finanzinteressen (Art. 325 IV AEUV)

30 In Art. 325 IV AEUV ist die Befugnis der EU verankert, die erforderlichen Maßnahmen zur Verhütung und Bekämpfung von gegen die finanziellen Interessen der EU gerichteten Betrügereien zu beschließen. Der Begriff **Betrügereien** ist in diesem Zusammenhang nicht nur als Betrug im „klassischen" Sinne (Angriff auf Vermögenswerte der EU mittels Täuschung) zu verstehen. Die Kompetenzgrundlage ermöglicht darüber hinaus auch die Schaffung von sonstigen Tatbeständen, die in vermögensrelevantem Kontext Handlungen mit einem Manipulations- oder Täuschungskern mit Strafe bedrohen.[53] Nach Auffassung der Kommission beeinträchtigt die divergierende Ausgestaltung des materiellen Strafrechts der Mitgliedstaaten die Wirksamkeit der EU-Politik zum Schutz ihrer finanziellen Interessen. Von einer Angleichung der Straftatbestände verspricht sie sich eine Effektivierung der Strafverfolgung und eine Verstärkung des Abschreckungseffekts. Insbesondere würde sich für potenzielle Täter der Anreiz verringern, ihre kriminellen Machenschaften in Länder mit einem geringeren Strafverfolgungsdruck zu verlagern. Die Kommission hat daher nach einer ersten erfolglosen Initiative im Jahre 2002[54] am 11.07.2012 einen auf Art. 325 IV AEUV gestützten RL-Vorschlag[55] unterbreitet, der

---

[52] *Böse*, in: *Böse* (Hrsg.), EuStR, § 4 Rn. 18; *Meyer*, in: *v. d. Groeben/Schwarze/Hatje*, EU-Recht, Art. 83 AEUV Rn. 46; G/H/N-*Vogel/Eisele*, Art. 83 AEUV Rn. 81.
[53] *Satzger*, in: *Streinz*, EUV/AEUV, Art. 325 AEUV Rn. 28.
[54] Vgl. hierzu *Dannecker/Schröder*, in: *Böse* (Hrsg.), EuStR, § 8 Rn. 44.
[55] KOM (2012), 363 endg.; vgl. hierzu *Brodowski*, ZIS 2013, 455, 464.

8.2 Strafrechtsangleichung in harmonisierten Politikbereichen

den rechtlichen Rahmen für die Verfolgung und Ahndung von gegen den EU-Haushalt gerichteten Straftaten vereinheitlichen soll. Am 05.07.2017 wurde auf der Grundlage dieses Vorschlags die **RL (EU) 2017/1371 des EP und des Rates v. 05.07.2017 über die strafrechtliche Bekämpfung von gegen die finanziellen Interessen der Union gerichtetem Betrug**[56] **(PIF-RL)** verabschiedet (Kap. 13 Rn. 22–33). Dass die PIF-RL in ihrem Einleitungssatz nur Art. 83 II AEUV als Kompetenzgrundlage zitiert, ändert nichts daran, dass mit diesem Rechtsakt eine bereits dem Art. 325 IV AEUV immanente strafrechtliche Annexkompetenz der EU wahrgenommen wird, an die Art. 83 II AEUV akzessorisch anknüpft (Rn. 3). Daher müssen – wie in allen Fällen der Ausübung einer strafrechtlichen Annexkompetenz – die vom Unionsrecht abgesteckten Harmonisierungsgrenzen (Subsidiaritäts- und Verhältnismäßigkeitsgrundsatz) beachtet werden (Rn. 31–38). Auch kommt die Heranziehung der verfahrensrechtlichen „Notbremse" des Art. 83 III AEUV (Rn. 39) in Betracht. Zwar hält die Kommission weiterhin an ihrer Auffassung fest, dass die PIF-RL ausschließlich auf Art. 325 IV AEUV als der spezielleren und daher vorrangigen Rechtsgrundlage hätte gegründet werden müssen.[57] Doch selbst wenn man dieser Ansicht folgt, ist der Notbremsenmechanismus nicht ausgeschlossen.[58] Richtigerweise kann dieser aufgrund einer analogen Anwendung des Art. 83 III AEUV zum Einsatz gelangen, da durch strafrechtliche Anweisungen der EU in die gesetzgeberische Gestaltungsfreiheit der Mitgliedstaaten eingegriffen wird und daher grundlegende Aspekte ihrer Strafrechtsordnung berührt sein können.[59]

8.2.3 Grenzen der strafrechtlichen Annexkompetenz

Die Kompetenzausübungsbefugnis der Union wird durch die Grundsätze der **Subsidiarität** (Art. 5 I S. 2, III UA 1 EUV) und **Verhältnismäßigkeit** (Art. 5 I S. 2, IV UA 1 EUV) begrenzt. Art. 83 II AEUV bestimmt, dass die Union von ihrer auf Annexkompetenz beruhenden strafrechtlichen Anweisungsbefugnis nur Gebrauch machen darf, wenn sich die Angleichung strafrechtlicher Rechtsvorschriften für die wirksame Durchführung der Unionspolitik in einem harmonisierten Bereich als **unerlässlich** erweist. Dieses der Judikatur des EuGH zur strafrechtlichen Anweisungskompetenz der EG (Rn. 16–17) entstammende Kriterium ist als **Ausprägung des Subsidiaritätsgrundsatzes** (Rn. 32) zu begreifen. Problematisch erscheint die Annahme, nach der das Unerlässlichkeitserfordernis den Beurteilungsspielraum des Unionsgesetzgebers dahingehend einschränke, dass eine Strafrechtsangleichung

31

---

[56] ABlEU 2017 Nr. L 198, S. 29; vgl. hierzu *Dannecker/Schröder*, in: *Böse* (Hrsg.), EuStR, § 8 Rn. 57 ff.
[57] KOM (2017), 246 endg.; zust. *Satzger*, IntStR, § 9 Rn. 59; G/H/N-*Vogel/Eisele*, Art. 83 AEUV Rn. 91; a. A. *Böse*, in: *Böse* (Hrsg.), EuStR, § 4 Rn. 24, der zutr. Art. 83 II AEUV i. V. m. Art. 325 IV heranzieht.
[58] So aber G/H/N-*Magiera*, Art. 325 AEUV Rn. 89.
[59] *Ambos*, IntStR, § 11 Rn. 11; *Dannecker/Schröder*, in: *Böse* (Hrsg.), EuStR, § 8 Rn. 29; *Satzger*, IntStR, § 9 Rn. 62; *Schramm*, IntStR, Kap. 4 Rn. 55; G/H/N-*Vogel/Eisele*, Art. 83 AEUV Rn. 98.

erstens nur bei empirischem Nachweis eines gravierenden Vollzugsdefizits erfolgen dürfe, welches zweitens nur durch Strafandrohung beseitigt werden könne.[60] Dem Unionsgesetzgeber kann nicht abverlangt werden, was auch auf nationaler Ebene kaum jemals zu leisten ist.[61] Schon wegen des Vorrangs des Unionsrechts (Kap. 9 Rn. 2) können sich die rechtlichen Grenzen, die der Strafrechtsangleichung gesetzt sind, nur aus dem Unionsrecht selbst ergeben. Aus unionsrechtlicher Sicht dient die an harmonisierte Politikbereiche anknüpfende strafrechtliche Annexkompetenz dem Schutz von Unionsinteressen und der effektiven Durchsetzung des Unionsrechts (Rn. 3, 28). Dieser aus dem Prinzip der Unionstreue (Art. 4 III UA 2 EUV) abzuleitende Schutzauftrag (Kap. 7 Rn. 2, 23 ff.) darf – ungeachtet der Anerkennung eines strafrechtlichen Schonungsgebotes (Rn. 38) – nicht durch die Errichtung einer zu restriktiven Kompetenzausübungsschranke konterkariert werden.[62] Bei funktionaler Betrachtung ist den nationalen Souveränitätsinteressen im Anwendungsfeld der Strafrechtsharmonisierung aufgrund Annexkompetenz grundsätzlich ein geringeres Gewicht beizumessen als bei der originären Strafrechtsangleichung nach Art. 83 I AEUV (Rn. 42 ff.), zumal die Harmonisierung i. R. d. Art. 83 II AEUV Bereiche betrifft, die regelmäßig weniger stark von nationalen Wertvorstellungen geprägt sind.[63] Verfehlt ist daher auch der Vorschlag, die strafrechtliche Annexkompetenz in Analogie zu Art. 83 I AEUV auf den Bereich schwerer Kriminalität zu beschränken.[64]

8.2.3.1 Subsidiaritätsprinzip

32 Eine Kompetenzausübungsschranke ergibt sich zunächst aus dem in Art. 5 I S. 2, III UA 1 EUV verankerten **Subsidiaritätsprinzip**, wonach die Union in den Bereichen, die **nicht in ihre ausschließliche Zuständigkeit** fallen, nur tätig werden darf, sofern und soweit die Ziele der in Betracht gezogenen Maßnahmen von den Mitgliedstaaten weder auf zentraler noch auf regionaler oder lokaler Ebene ausreichend verwirklicht werden können, sondern vielmehr wegen ihres Umfangs oder ihrer Wirkungen auf Unionsebene besser zu verwirklichen sind. Das Subsidiaritätsprinzip soll einer ausufernden Inanspruchnahme der unionsrechtlichen Regelungsgewalt entgegenwirken. Es handelt sich dabei nicht um einen bloßen Programmsatz, sondern um eine rechtlich verbindliche und justiziable Kompetenzausübungsregel. Nach Art. 3 AEUV gehören zur ausschließlichen Zuständigkeit der Union lediglich die Politikbereiche Zollunion, Festlegung der für das Funktionieren des Binnenmarkts erforderlichen Wettbewerbsregeln, Währungspolitik in der Eurozone, Erhaltung der biologischen Meeresschätze und Handelspolitik. Im Regelfall besteht also

---

[60] So aber BVerfG NJW 2009, 2267, 2288; zust. *Satzger*, IntStR, § 9 Rn. 45; *Schützendübel*, Blankettstrafgesetze, S. 40, 48; *Zimmermann*, Jura 2009, 844, 850. Vgl. hierzu ausführl. *Meyer*, in: *v. d. Groeben/Schwarze/Hatje*, EU-Recht, Art. 83 AEUV Rn. 55 ff.

[61] *Kubiciel*, GA 2010, 99, 105; krit. auch *Reiling/Reschke*, wistra 2010, 47, 50 f.

[62] *Mansdörfer*, HRRS 2010, 11, 18.

[63] *Böse*, ZIS 2010, 76, 87.

[64] So *Bacigalupo*, ZStW 116 (2004), 326, 329; *Walter*, ZStW 117 (2005), 912, 929; dagg. zutr. *Böse*, in: *Böse* (Hrsg.), EuStR, § 4 Rn. 17; *Meyer*, in: *v. d. Groeben/Schwarze/Hatje*, EU-Recht, Art. 83 AEUV Rn. 45.

lediglich eine mit den Mitgliedstaaten geteilte Zuständigkeit der Union (Art. 4 II AEUV) mit der Folge, dass strafrechtliche Harmonisierungsmaßnahmen nur unter strikter Wahrung des Subsidiaritätsprinzips zulässig sind.[65]

Die Bedeutung des Subsidiaritätsprinzips liegt vor allem darin, dass es den an der Rechtsetzung auf Unionsebene beteiligten Organen besondere Rechtfertigungs- und Begründungslasten auferlegt, die vor dem Ergreifen von Maßnahmen zu prüfen sind. Die Organe der Union wenden das Subsidiaritätsprinzip nach dem **Protokoll über die Anwendung der Grundsätze der Subsidiarität und der Verhältnismäßigkeit** an (Art. 5 III UA 2 S. 1 EUV), in dem die aus Art. 5 III UA 1 EUV abzuleitenden Kriterien der Subsidiaritätsprüfung konkretisiert werden. Mit dem Subsidiaritätsprinzip vereinbar sind im Ergebnis nur Maßnahmen, die das Erforderlichkeits- und das Effizienzkriterium erfüllen. Die Erforderlichkeit ist zu bejahen, wenn ein Unionsziel nur durch das Tätigwerden der Union erreicht werden kann. Kann dieses Ziel bereits durch Maßnahmen der Mitgliedstaaten in ausreichender Weise verwirklicht werden, so steht dieser Befund der Erforderlichkeit einer Unionsmaßnahme entgegen. Bei der Prognose, ob die Mitgliedstaaten in der Lage sind, das Ziel bereits durch Maßnahmen auf nationaler Ebene in ausreichender Weise zu erreichen, sind deren wirtschaftliche und organisatorische Leistungsfähigkeit sowie deren rechtliche Handlungsmöglichkeiten einer Gesamtbewertung zu unterziehen. Die Erforderlichkeit von Harmonisierungsmaßnahmen wird am ehesten in **grenzüberschreitenden Bereichen** der gemeinsamen Politiken (z. B. Umwelt, Verbraucherschutz, Wettbewerb) zu bejahen sein, in denen die Verwirklichung der Unionsziele die **Überwindung divergierender nationaler Schutzstandards und Wettbewerbsbedingungen** erfordert. Erst recht ist ein Tätigwerden der Union erforderlich, wenn zumindest ein Mitgliedstaat „von sich aus" voraussichtlich keine hinreichenden Aktivitäten zur Erreichung des Unionsziels entfalten wird.[66]

Nach alledem dürfte das **Subsidiaritätsprinzip** der **Ausübung strafrechtlicher Harmonisierungsbefugnisse** auf den Gebieten der Gemeinsamen Politiken **in weiten Bereichen entgegenstehen**, da die Mitgliedstaaten regelmäßig in der Lage sind, hinreichende strafrechtliche Maßnahmen zu ergreifen, um die Realisierung der gemeinsamen Politiken zu gewährleisten. Dies trifft exemplarisch auf das **Verkehrsstrafrecht** zu. Das Unionsziel der Verkehrssicherheit (Art. 91 I lit. c AEUV) erfordert zwar effektive Sanktionen gegen gravierende Verkehrsverstöße wie z. B. Trunkenheitsfahrten. Diese Maßnahmen können jedoch bereits auf mitgliedstaatlicher Ebene wirkungsvoll ergriffen werden. Anders ist im Bereich des **Umweltstrafrechts** zu entscheiden. Nach zutreffender und auch vom EuGH (Rn. 16) bestätigter Auffassung ist die Erforderlichkeit der Schaffung eines umweltstrafrechtlichen Mindeststandards zu bejahen, weil nur so das Phänomen der **grenzüberschreitenden Umweltkriminalität** wirksam bekämpft und das Unionsziel eines effektiven Umweltschutzes realisiert werden kann.[67] Das Subsidiaritätsprinzip steht auch strafrechtlichen Anweisungen nach Art. 325 IV AEUV i. V. m.

---

[65] *Ambos*, IntStR, § 9 Rn. 19, § 11 Rn. 10; *Böse*, in: *Böse* (Hrsg.), EuStR, § 4 Rn. 3; *Esser*, EuStR, § 2 Rn. 153; *Satzger*, IntStR, § 8 Rn. 25.

[66] *Esser*, EuStR, § 2 Rn. 153 f.; *Satzger*, Europäisierung, S. 447.

[67] *Hecker*, ZStW 115 (2003), 880, 901 ff.; *Knaut*, Europäisierung des Umweltstrafrechts, S. 320 ff.

Art. 83 II AEUV, die auf den **Schutz der EU-Finanzinteressen** abzielen (Rn. 30), nicht entgegen, da sich gerade die Uneinheitlichkeit der mitgliedstaatlichen Strafbestimmungen als Hindernis für eine wirksame Bekämpfung von Betrügereien zu Lasten des EU-Haushalts erweist.

8.2.3.2 Verhältnismäßigkeitsgrundsatz

35   Flankiert wird das Subsidiaritätsprinzip von dem **Grundsatz der Verhältnismäßigkeit**, der durch Art. 5 IV UA 1 EUV auf das **Verhältnis der Union zu den Mitgliedstaaten** ausgedehnt wird.[68] Die Mitgliedstaaten werden im Kontext dieser Norm wie belastete Einzelne betrachtet, denen gegenüber eine Maßnahme nur dann als rechtmäßig erscheint, wenn sie zur Erreichung des mit ihr angestrebten Unionsziels **geeignet, erforderlich** und **angemessen** ist. Als denkbare Belastungen für die Mitgliedstaaten können sich z. B. die in der Maßnahme vorgesehene Regelungsdichte, ihre finanziellen Auswirkungen, die von ihr erzwungene Abkehr von eingespielten Verfahren oder die systemwidrige Durchbrechung nationaler Rechtsstrukturen erweisen. Die Organe der Union wenden den Grundsatz der Verhältnismäßigkeit nach dem **Protokoll über die Anwendung der Grundsätze der Subsidiarität und der Verhältnismäßigkeit** an (Art. 5 IV UA 2 EUV).

> **Beispiel für eine unverhältnismäßige Anweisung**
>
> 36   Würde den Mitgliedstaaten von einer RL vorgeschrieben, den Kapitalanlagebetrug mit einer erhöhten Mindeststrafe zu bedrohen, so führte dies zu erheblichen Friktionen mit bestehenden Strafbestimmungen, die den Kapitalanlagebetrug als Vorfeldtatbestand gegenüber dem „klassischen" Betrug ausgestaltet haben. So entstünde bei einer Umsetzung dieser Vorgabe in deutsches Recht ein systemimmanenter Wertungswiderspruch, weil § 264a StGB als gegenüber § 263 StGB subsidiärer Tatbestand eine höhere Mindeststrafe aufweisen würde als für eine Tat nach § 263 StGB vorgesehen ist. Die gleichzeitige Anhebung des Mindeststrafrahmens beim Betrugstatbestand würde zwar den Wertungswiderspruch zwischen § 263 StGB und § 264a StGB beseitigen, jedoch neue Friktionen mit § 242 StGB hervorrufen, welcher bislang denselben Strafrahmen aufweist wie § 263 StGB.[69] ◄

37   Von mehreren für die Zielerreichung geeigneten Unionsmaßnahmen muss die für die Mitgliedstaaten am wenigsten belastende gewählt werden. Ferner müssen die auferlegten Belastungen in einem angemessenen Verhältnis zu den angestrebten Zielen stehen. Art. 5 IV UA 1 EUV betrifft im Gegensatz zu Art. 5 III UA 1 EUV nicht das „Ob", sondern das „Wie" der Kompetenzausübung der Union und gilt auch für Maßnahmen, die in deren ausschließlichen Zuständigkeitsbereich fallen. Der Verhältnismäßigkeitsgrundsatz bewirkt, dass die Unionsmaßnahme nicht über das zur **Zielerreichung notwendige Interventionsminimum** hinausgeht.

---

[68] *Ambos*, IntStR, § 9 Rn. 19; *Esser*, EuStR, § 2 Rn. 159 ff.; *Zöller*, Schenke-FS, S. 579, 597.
[69] *Eisele*, JZ 2001, 1157, 1163.

8.2.3.3 Reichweite der strafrechtlichen Anweisungsbefugnis der EU

In der Zusammenschau der nach Art. 4 II EUV zu achtenden nationalen Identität der Mitgliedstaaten sowie der in Art. 5 EUV verankerten Kompetenzausübungsschranken lässt sich ein – auch vom BVerfG[70] anerkanntes – **strafrechtsspezifisches Schonungsgebot**[71] postulieren. Für die Harmonisierungsbefugnisse der Union gelten folgende Grundsätze: 38

(1) Die Union darf keine unmittelbar anwendbaren Strafnormen – auch nicht im Gewande einer Harmonisierungsmaßnahme – erlassen.
(2) RL dürfen die von den Mitgliedstaaten zu erlassende(n) Sanktionsnorm(en) weder auf der Tatbestands- noch auf der Rechtsfolgenseite detailliert vorgeben. Es ist also unzulässig, in einer RL den Erlass konkret ausformulierter Straftatbestände vorzuschreiben.
(3) Die RL muss den Mitgliedstaaten so viel Umsetzungsspielraum belassen, dass es diesen möglich ist, die zu schaffende(n) Sanktionsnorm(en) unter **Wahrung der Kohärenz** ihres Sanktionensystems in die nationale Rechtsordnung zu integrieren.[72] Dem nationalen Gesetzgeber muss deshalb eine Auswahlmöglichkeit zwischen mehreren annähernd gleichwertigen Umsetzungsmaßnahmen eingeräumt werden.

8.2.4 Verfahrensrechtliche Notbremse (Art. 83 III AEUV)

Der Reformvertrag hat eine verfahrensrechtliche „**Notbremse**" eingeführt, die – wenn der ein Veto einlegende Mitgliedstaat nicht umgestimmt werden kann – einer Angleichung strafrechtlicher Rechtsvorschriften nach Art. 83 I oder II AEUV entgegensteht.[73] Art. 83 III AEUV bestimmt: 39

[1] Ist ein Mitglied des Rates der Auffassung, dass der Entwurf einer Richtlinie nach den Abs. 1 oder 2 grundlegende Aspekte seiner Strafrechtsordnung berühren würde, so kann es beantragen, dass der Europäische Rat befasst wird. In diesem Fall wird das ordentliche Gesetzgebungsverfahren ausgesetzt. Nach einer Aussprache verweist der Europäische Rat im Falle eines Einvernehmens den Entwurf binnen vier Monaten nach Aussetzung des Verfahrens an den Rat zurück, wodurch die Aussetzung des ordentlichen Gesetzgebungsverfahrens beendet wird.
[2] Sofern kein Einvernehmen erzielt wird, mindestens neun Mitgliedstaaten aber eine Verstärkte Zusammenarbeit auf der Grundlage des betreffenden Entwurfs

---

[70] BVerfG NJW 2009, 2267, 2274, 2280.
[71] *Ambos*, IntStR, § 11 Rn. 38; *Böse*, ZIS 2010, 76, 85; *Esser*, EuStR, § 2 Rn. 157; *Satzger*, IntStR, § 9 Rn. 9; *Zöller*, Schenke-FS, S. 579, 597.
[72] *Satzger*, in: *Böse* (Hrsg.), EuStR, § 2 Rn. 49, 66. Auch die Kommission hebt das Kohärenzgebot als zentrales Element der Strafrechtspolitik der Union hervor (KOM [2005] 583 endg., S. 5). Zur Gefahr strafrechtsdogmatischer Brüche im AT vgl. *Brons*, Binnendissonanzen, S. 172 ff.
[73] *Ambos*, IntStR, § 11 Rn. 11; *Esser*, EuStR, § 2 Rn. 148 ff.; *Satzger*, IntStR, § 9 Rn. 55; *Suhr*, in: *Calliess/Ruffert* (Hrsg.), EUV/AEUV, Art. 83 AEUV Rn. 31 ff.

einer Richtlinie begründen möchten, teilen diese Mitgliedstaaten dies binnen derselben Frist dem Europäischen Parlament, dem Rat und der Kommission mit. In diesem Fall gilt die Ermächtigung zu einer Verstärkten Zusammenarbeit nach Art. 20 Abs. 2 EUV und Art. 329 Abs. 1 dieses Vertrags als erteilt, und die Bestimmungen über die Verstärkte Zusammenarbeit finden Anwendung.

40   Ein Mitgliedstaat, der durch den Entwurf einer RL grundlegende Aspekte seiner Strafrechtsordnung berührt sieht, kann nach Art. 83 III AEUV das ordentliche Gesetzgebungsverfahren (Kap. 4 Rn. 7) blockieren und sich einer Rechtsangleichung entziehen. Die übrigen Mitgliedstaaten können die RL jedoch im Wege einer **Verstärkten Zusammenarbeit** erlassen, sodass sie nur ihnen gegenüber Wirkung entfaltet.[74] **„Grundlegende Aspekte der Strafrechtsordnung"**, die nicht nur aus deutscher Sicht gegen den Erlass einer RL geltend gemacht werden könnten, sind insbesondere in folgenden verfassungsrechtlichen, strafrechtsdogmatischen und kriminalpolitischen Zusammenhängen denkbar:[75]

- Rechtsgutsprinzip
- Schuldprinzip
- Rückwirkungsverbot
- Bestimmtheitsgebot (Wortlautschranke)
- Ultima-Ratio-Prinzip
- Strafbarkeit juristischer Personen
- Fahrlässigkeitshaftung bei Eigentums- und Vermögensdelikten
- Kohärenz der Strafrahmen und Strafzumessungskonzepte
- Bereichsspezifische AT-Vorgaben zum Umwelt- und Wirtschaftsstrafrecht
- Täterschaft und Teilnahme, Vorsatzkonzeptionen, Rücktritt, tätige Reue
- Verwaltungsakzessorietät im Umweltstrafrecht
- Abgrenzung von Verwaltungssanktionen und Kriminalstrafrecht
- Drogenpolitik, Sterbehilfe, Schwangerschaftsabbruch

41   Nach § 9 I, II IntVG[76] muss der **deutsche Vertreter im Rat** ein Veto einlegen, wenn der Bundestag oder Bundesrat ihn hierzu durch Beschluss angewiesen hat. Wird keine ausdrückliche Vetoanweisung erteilt, liegt die Entscheidung über die Ausübung des Vetorechts im Ermessen der Bundesregierung bzw. des Ratsvertreters. Dass andere Mitgliedstaaten oder Unionsorgane die Auffassung des das Veto einlegenden Staates teilen, ist nicht erforderlich. Art. 83 III AEUV gesteht diesem eine nicht überprüfbare **Einschätzungsprärogative** zu. Auch ein ohne nachvollziehbare Begründung eingelegtes Veto bringt daher grundsätzlich einen von der erforderlichen Mehrheit im Rat getragenen Rechtsakt auf dem Gebiet des Straf-

---

[74] Vgl. zu dieser Form der „abgestuften Integration" *Streinz*, JuS 2013, 892 ff.
[75] *Esser*, EuStR, § 2 Rn. 150; *Heger*, ZIS 2009, 406, 414 f.; *Satzger*, KritV 2008, 17, 34 ff.; *Zöller*, Schenke-FS, S. 579, 594 f. Vgl. hierzu auch das von der Wissenschaftlergruppe „European Criminal Policy Initiative" erarbeitete Manifest zur Europäischen Kriminalpolitik, ZIS 2009, 697 ff.
[76] Integrationsverantwortungsgesetz v. 22.09.2009 (BGBl I 2009, S. 3022).

rechts zu Fall. Etwas anderes gilt nur, wenn der betreffende Staat sein **Vetorecht missbräuchlich**, z. B. als politisches Druckmittel oder Blockadeinstrument, einlegt.[77] Da hierin eine Verletzung der unionsrechtlichen Treuepflicht (Art. 4 III EUV) zu sehen ist, steht zu erwarten, dass die Kommission das **Vertragsverletzungsverfahren** (Kap. 4 Rn. 24) als **Instrument der Missbrauchskontrolle** nutzen wird.

8.3 Originäre Kompetenz der EU zur Strafrechtsharmonisierung

Das **gemeinsame Vorgehen der EU-Mitgliedstaaten** erwies sich bereits vor Inkrafttreten des Vertrags von Lissabon (01.12.2009) als zentraler und herausragender Faktor der Europäisierung der international-arbeitsteiligen Strafrechtspflege (Kap. 5 Rn. 41). Die damalige PJZS (3. Säule der EU) war als **Kooperation souveräner Staaten** konzipiert, in welcher die Instrumentarien des Gemeinschaftsrechts keine Anwendung fanden. Vielmehr erfolgte die Zusammenarbeit der Mitgliedstaaten nach den in ex-Art. 34 II lit. a-d EUV abschließend aufgeführten Handlungsformen. Nach ex-Art. 29 I EUV sollte das Unionsziel der Schaffung eines **Raumes der Freiheit, der Sicherheit und des Rechts** durch eine engere Polizei-, Zoll- und Justizzusammenarbeit, aber auch durch eine Annäherung des mitgliedstaatlichen Strafrechts erreicht werden. Der **Vertrag von Lissabon** stellt dieses Ziel fast an die Spitze des Vertragstextes (Art. 3 II EUV). Er verspricht die Schaffung eines Raumes der Freiheit, der Sicherheit und des Rechts ohne Binnengrenzen, in dem – in Verbindung mit geeigneten Maßnahmen in Bezug auf die Kontrollen an den Außengrenzen, das Asyl, die Einwanderung sowie die Verhütung und Bekämpfung der Kriminalität – der freie Personenverkehr gewährleistet ist. Diese Zielsetzung wird in Art. 67 I AEUV noch einmal mit dem Zusatz bekräftigt, dass die Grundrechte und die verschiedenen Rechtsordnungen und -traditionen der Mitgliedstaaten geachtet werden. Näher konkretisiert wird die Politik der inneren Sicherheit durch die in Art. 67 III AEUV niedergelegte Programmatik: Die Union wirkt darauf hin, durch Maßnahmen zur Verhütung und Bekämpfung von Kriminalität, Koordinierung und Zusammenarbeit von Organen der Strafrechtspflege, gegenseitigen Anerkennung strafrechtlicher Entscheidungen und **erforderlichenfalls durch die Angleichung der strafrechtlichen Rechtsvorschriften** ein hohes Maß an Sicherheit zu gewährleisten.

Bereits auf der Grundlage des ex-Art. 31 I lit. e EUV war eine schrittweise Annahme von Maßnahmen zur Festlegung von Mindestvorschriften über die Tatbestandsmerkmale strafbarer Handlungen und die Strafen vorgesehen, allerdings dem Wortlaut nach begrenzt auf die Bereiche OK, Terrorismus und illegaler Drogenhandel. Zentrales Handlungsinstrument der Rechtsangleichung in der früheren 3. Säule der EU war der dem Einstimmigkeitsprinzip unterfallende **Rahmenbeschluss** (ex-Art. 34 II lit. b S. 1 EUV).[78] Mit der **Auflösung der Dreisäulen-**

---

[77] *Böse*, in: *Böse* (Hrsg.), EuStR, § 4 Rn. 22; *Esser*, EuStR, § 2 Rn. 149; *Satzger*, IntStR, § 9 Rn. 57.
[78] *Gärditz/Gusy*, GA 2006, 225, 228 ff.; *Plump*, Europäisches Strafrecht nach dem Vertrag von Lissabon, S. 221 ff.; *Schreiber*, Strafrechtsharmonisierung, passim.

struktur der EU durch den Lissabonner Reformvertrag ist dieses auf eine intergouvernementale Zusammenarbeit der Mitgliedstaaten zugeschnittene Instrument obsolet geworden. **Art. 83 I AEUV** überträgt der Union nunmehr eine **originäre Kompetenz zur Angleichung des materiellen Strafrechts**. Der EU-Gesetzgeber wird ermächtigt, im Wege der Richtliniensetzung **strafrechtliche Mindeststandards in Bereichen besonders schwerer Kriminalität mit grenzüberschreitender Dimension** festzulegen, wodurch die PJZS auf supranationale Rechtsetzungsverfahren und Handlungsformen umgestellt wird.[79] Diese RL werden von Rat und EP gemäß dem **ordentlichen Gesetzgebungsverfahren** auf Vorschlag der Kommission erlassen (Art. 289 I, 294 AEUV). Die hiermit eröffnete Mitentscheidung des EP führt zu einer Stärkung der demokratischen Legitimation im Bereich des EU-Strafrechts (Kap. 4 Rn. 17). Der Kommission wird die Aufgabe zugewiesen, im Bereich der EU-Kriminalpolitik über die gehörige Umsetzung erlassener RL zu wachen und ggf. von dem Vertragsverletzungsverfahren Gebrauch zu machen.[80]

44   Art. 83 I AEUV bestimmt:

[1] Das Europäische Parlament und der Rat können gemäß dem ordentlichen Gesetzgebungsverfahren durch Richtlinien Mindestvorschriften zur Festlegung von Straftaten und Strafen in Bereichen besonders schwerer Kriminalität festlegen, die aufgrund der Art oder der Auswirkungen der Straftaten oder aufgrund einer besonderen Notwendigkeit, sie auf einer gemeinsamen Grundlage zu bekämpfen, eine grenzüberschreitende Dimension haben.

[2] Derartige Kriminalitätsbereiche sind: Terrorismus, Menschenhandel und sexuelle Ausbeutung von Frauen und Kindern, illegaler Drogenhandel, illegaler Waffenhandel, Geldwäsche, Korruption, Fälschung von Zahlungsmitteln, Computerkriminalität und organisierte Kriminalität.

[3] Je nach Entwicklung der Kriminalität kann der Rat einen Beschluss erlassen, in dem andere Kriminalitätsbereiche bestimmt werden, die die Kriterien dieses Absatzes erfüllen. Er beschließt einstimmig nach Zustimmung des Europäischen Parlaments.

8.4 Rechtlicher Rahmen der Strafrechtsangleichung

8.4.1 Harmonisierungsfähige Kriminalitätsbereiche

45   Die in Art. 83 I AEUV verankerte **originäre Strafrechtsangleichungskompetenz** der Union ist auf die **Festlegung von Mindestvorschriften über die Straftaten und Strafen** in **bestimmten Kriminalitätsbereichen** beschränkt. Einer Mindestangleichung zugänglich sind nur Delikte, die der **besonders schweren Kriminali-**

---

[79] *Heger*, ZIS 2009, 406, 411 f.; *Suhr*, in: *Calliess/Ruffert* (Hrsg.), EUV/AEUV, Art. 67 AEUV Rn. 41 ff.; *Weiß/Satzger*, in: *Streinz*, EUV/AEUV, Art. 67 AEUV Rn. 15 ff.; *Zöller*, ZIS 2009, 340, 343.
[80] *Müller-Graff*, EuR 2009, 105, 120; *Zimmermann*, Jura 2009, 844.

8.4 Rechtlicher Rahmen der Strafrechtsangleichung

tät zuzuordnen sind und die eine **grenzüberschreitende Dimension** aufweisen. Der Katalog des Art. 83 I UA 2 AEUV benennt **abschließend** diejenigen Kriminalitätsbereiche, die diese Anforderungen erfüllen (Rn. 44).[81] Dies ergibt sich daraus, dass seine Erweiterung nach Art. 83 I UA 3 AEUV nur durch einstimmigen Beschluss des Rates nach Zustimmung des EP erfolgen darf. Der von ex-Art. 29 II EUV noch explizit genannte Betrug findet sich nicht mehr in Art. 83 I AEUV, da für die strafrechtliche Bekämpfung des EU-Betrugs eine aus Art. 325 IV AEUV i. V. m. Art. 83 II AEUV abzuleitende Annexkompetenz zur Verfügung steht (Rn. 30). Demgegenüber ist der früher ausschließlich im Rahmen der strafrechtlichen Annexkompetenz harmonisierte Bereich der **Geldwäsche** (Rn. 10) nunmehr auch Gegenstand der originären Strafrechtsangleichungskompetenz der Union (Rn. 82 ff.). Da der Kriminalitätsbereich **Rassismus und Fremdenfeindlichkeit** in Art. 83 I UA 2 AEUV nicht aufgeführt wird, könnte man zu der Auffassung gelangen, dass der auf ex-Art. 31 I lit. e EUV gestützte **RB 2008/913/JI des Rates zur strafrechtlichen Bekämpfung bestimmter Formen und Ausdrucksweisen von Rassismus und Fremdenfeindlichkeit** v. 28.11.2008[82] (Rn. 130 ff.) nach dem Inkrafttreten des Lissabonner Vertrages keine primärrechtliche Grundlage mehr hätte.[83] Dagegen spricht aber, dass es nach Art. 67 III AEUV zu den Aufgaben der Union gehört, Maßnahmen zur Verhütung und Bekämpfung von Rassismus und Fremdenfeindlichkeit, und zwar **„erforderlichenfalls durch die Angleichung der strafrechtlichen Rechtsvorschriften"** zu treffen. Aus dieser Aufgabenzuschreibung lässt sich eine originäre Harmonisierungskompetenz der Union in dem betreffenden Kriminalitätsbereich ableiten.[84] Denkbar ist auch die Inanspruchnahme einer strafrechtlichen Annexkompetenz gem. Art. 83 II AEUV i. V. m. Art. 19 AEUV (Rn. 29).[85] Eine Änderung des RB 2008/913/JI ist somit im Wege der Richtliniensetzung zulässig.

8.4.2 Gemeinsame Definitionen

Zu den Maßnahmen, die auf eine Angleichung des materiellen Strafrechts der Mitgliedstaaten in den von Art. 83 I AEUV erfassten Kriminalitätsbereichen abzielen, gehört zunächst der Erlass von **Mindestvorschriften** zur Ausgestaltung der einschlägigen Tatbestände des **Besonderen Teils**. Diese können z. B. in einer **gemeinsamen Definition** enthalten sein, in welcher die zentralen objektiven und subjektiven Merkmale der zu inkriminierenden Handlung beschrieben werden und

46

---

[81] *Böse*, in: *Böse* (Hrsg.), EuStR, § 4 Rn. 10; *Esser*, EuStR, § 2 Rn. 135; *Satzger*, IntStR, § 9 Rn. 39.
[82] ABlEU 2008 Nr. L 328, S. 55; vgl. hierzu *Zimmermann*, ZIS 2009, 1, 6 ff.
[83] *Böse*, ZIS 2010, 76, 82; *Satzger*, IntStR, § 9 Rn. 38; *Suhr*, in: *Calliess/Ruffert* (Hrsg.), EUV/AEUV, Art. 67 AEUV Rn. 60.
[84] Zust. *Ambos*, IntStR, § 11 Rn. 12 Fn. 108 sowie *Weiß*, in: *Sieber u. a.* (Hrsg.), EuStR, § 25 Rn. 31, der eine korrigierende Auslegung des Art. 83 I AEUV befürwortet.
[85] Vgl. zum Verhältnis der beiden Strafrechtskompetenzen *Meyer*, in: *v. d. Groeben/Schwarze/Hatje*, EU-Recht, Art. 83 AEUV Rn. 75 m. w. N.

durch die detailliertere oder weitergehende Begriffsbestimmungen des nationalen Rechts nicht ausgeschlossen werden.[86] Die Mitgliedstaaten bleiben demnach frei, darüber hinaus auch weitere Verhaltensweisen unter Strafandrohung zu stellen. Es ist ihnen jedoch verwehrt, die Mindestvorschriften der in einem Rechtsakt definierten strafbaren Handlung zu unterschreiten, indem sie zusätzliche Strafbarkeitsvoraussetzungen aufstellen. Von der Harmonisierungskompetenz des Art. 83 I AEUV nicht gedeckt ist eine isolierte oder vollständige Harmonisierung des **Allgemeinen Teils**. Gestattet sind aber **bereichsspezifische Vorgaben**, durch die sichergestellt werden soll, dass die **Vorbereitung** bzw. der **Versuch** einer bestimmten Straftat und die **Teilnahme** (Anstiftung, Beihilfe) mit Strafe bedroht werden.[87] Vorgaben zur **Verantwortlichkeit juristischer Personen** sind nur zulässig, wenn den Mitgliedstaaten ein weiter Umsetzungsspielraum belassen wird, der auch eine Beschränkung auf nichtstrafrechtliche Sanktionen zulässt.

8.4.3 Festlegung von Strafen

47 Einer Mindestangleichung zugänglich sind auch die **Strafen** in den einschlägigen Kriminalitätsbereichen, welche z. B. in Form der Vorgabe sog. **Mindesthöchststrafen** erfolgen kann.[88] Diese legen das Mindestmaß einer im nationalen Strafrecht vorzusehenden Höchststrafandrohung fest. Zwar sind der Rechtsangleichung durch das Prinzip der tat- und schuldangemessenen Strafe und aufgrund der Unabhängigkeit der Gerichte von vornherein Grenzen gesetzt. Freilich steht zu erwarten, dass sich aus der Angleichung der gesetzlichen Sanktionsvorgaben mittelbar auch gewisse Angleichungseffekte in der mitgliedstaatlichen Sanktionspraxis ergeben. Auch bereichsspezifische Vorgaben über **erschwerende** oder **strafmildernde Umstände**[89] sowie über das **Strafanwendungsrecht** („Internationales Strafrecht") können auf Art. 83 I AEUV gestützt werden.[90]

8.4.4 Grenzen der Strafrechtsangleichung

48 Auch im Anwendungsfeld des Art. 83 I AEUV wird die Kompetenzausübungsbefugnis der Union mit Blick auf ihre mit den Mitgliedstaaten geteilte Zuständigkeit im Bereich der JZS (Art. 4 II lit. j AEUV) durch die Grundsätze der **Subsidiarität** (Art. 5 I S. 2, III UA 1 EUV) und **Verhältnismäßigkeit** (Art. 5 I S. 2, IV UA

---

[86] *Böse*, in: *Böse* (Hrsg.), EuStR, § 4 Rn. 14; *Esser*, EuStR, § 2 Rn. 140; *Satzger*, IntStR, § 9 Rn. 48 ff.; G/H/N-*Vogel/Eisele*, Art. 83 AEUV Rn. 35; *Vogel/Schneider*, in: *Böse* (Hrsg.), EuStR, § 7 Rn. 11.
[87] *Jähnke*, JR 2021, 193 ff.; *Meyer*, in: v. d. Groeben/Schwarze/Hatje, EU-Recht, Art. 83 AEUV Rn. 21; *Satzger*, ZIS 2016, 771, 773 ff.; G/H/N-*Vogel/Eisele*, Art. 83 AEUV Rn. 36.
[88] *Böse*, in: *Böse* (Hrsg.), EuStR, § 4 Rn. 15; *Satzger*, IntStR, § 9 Rn. 51 ff.; G/H/N-*Vogel/Eisele*, Art. 83 AEUV Rn. 37 ff.
[89] *Satzger/Born*, Dannecker-FS, S. 457 ff.
[90] *Eisele*, ZStW 125 (2013), 1, 12 ff.

1 EUV) begrenzt.⁹¹ Insoweit kann auf die entsprechend heranzuziehenden Ausführungen zu den Grenzen der strafrechtlichen Annexkompetenz der Union verwiesen werden (Rn. 31–38). Die genannten Kompetenzausübungsschranken gelangen auch in der Formulierung des Art. 67 III AEUV zum Ausdruck, wonach von dem Mittel der Strafrechtsangleichung nur „erforderlichenfalls" Gebrauch zu machen ist. Praktische Bedeutung entfalten die Kompetenzausübungsschranken bereits im Diskussions- und Planungsstadium von strafrechtlichen Harmonisierungsmaßnahmen, da sie die beteiligten Akteure (Kommission, EP, Rat) zu einer inhaltlichen Auseinandersetzung über die zur Zielerreichung erforderlichen Schritte und ggf. zu einer gewissen Abstimmung ihrer Politiken zwingen. In seinem „Lissabon-Urteil" fordert das BVerfG eine restriktive Handhabung der strafrechtlichen Harmonisierungskompetenzen, die von den im Rat tätigen deutschen Regierungsvertretern zu beachten ist.⁹²

Falls ein Mitglied des Rates der Auffassung ist, dass der Entwurf einer RL nach Art. 83 I AEUV grundlegende Aspekte seiner Strafrechtsordnung berühren würde, kann von der durch den Lissabonner Reformvertrag eingeführten **verfahrensrechtliche „Notbremse"** (Art. 83 III AEUV) Gebrauch gemacht werden (Rn. 39 ff.). Dieses Instrument steht der Angleichung strafrechtlicher Rechtsvorschriften entgegen, wenn der ein Veto einlegende Mitgliedstaat nicht umgestimmt werden kann. Die übrigen Mitgliedstaaten können die RL jedoch im Wege einer **Verstärkten Zusammenarbeit** erlassen, sodass sie nur ihnen gegenüber Wirkung entfaltet (Art. 83 III UA 2 AEUV).

49

8.5 Felder der Strafrechtsangleichung in der Union

8.5.1 Übersicht – Rechtsakte mit materiellstrafrechtlichem Inhalt

Bereits die bloße Lektüre der auf den jeweiligen Regelungsbereich verweisenden Titel der nachfolgend aufgeführten Rechtsakte macht deutlich, wie weit die Harmonisierung des materiellen Strafrechts in der Union bereits fortgeschritten ist. Die im Rahmen des Titels VI EUV a. F. angenommenen RB gelten gem. Art. 9 des Protokolls über die Übergangsbestimmungen⁹³ fort, bis sie aufgehoben werden. Als prominente **Rechtsakte, die auf der Grundlage einer originären Kompetenz der Union zur Harmonisierung des materiellen Strafrechts erlassen wurden**, sind hervorzuheben:

50

---

⁹¹ *Meyer*, in: *v. d. Groeben/Schwarze/Hatje*, EU-Recht, Art. 83 AEUV Rn. 34; *Satzger*, IntStR, § 9 Rn. 64.
⁹² BVerfG NJW 2009, 2267, 2287 ff.; vgl. hierzu *Ambos/Rackow*, ZIS 2009, 397, 401 ff.; *Böse*, ZIS 2010, 76, 85 ff.; *Zimmermann*, Jura 2009, 844, 849 ff.
⁹³ ABlEU 2008 Nr. C 115, S. 322.

- RB 2002/946/JI des Rates v. 28.11.2002 betreffend die Verstärkung des strafrechtlichen Rahmens für die Bekämpfung der Beihilfe zur unerlaubten Ein- und Durchreise und zum unerlaubten Aufenthalt (Rn. 126 ff.)[94]
- RB 2003/568/JI des Rates v. 22.7.2003 zur Bekämpfung der Bestechung im privaten Sektor (Rn. 95 ff.)[95]
- RB 2004/757/JI des Rates v. 25.10.2004 zur Festlegung von Mindestvorschriften über die Tatbestandsmerkmale strafbarer Handlungen und die Strafen im Bereich des illegalen Drogenhandels (Rn. 75 ff.)[96]
- RB 2008/841/JI des Rates v. 24.10.2008 zur Bekämpfung der organisierten Kriminalität (Rn. 121 ff.)[97]
- RB 2008/913/JI des Rates v. 28.11.2008 zur strafrechtlichen Bekämpfung bestimmter Formen und Ausdrucksweisen von Rassismus und Fremdenfeindlichkeit (Rn. 45, 130 ff.)[98]
- RL 2011/36/EU des EP und des Rates v. 05.04.2011 zur Verhütung und Bekämpfung des Menschenhandels und zum Schutz seiner Opfer (Rn. 61 ff.)[99]
- RL 2011/93/EU des EP und des Rates v. 13.12.2011 zur Bekämpfung des sexuellen Missbrauchs und der sexuellen Ausbeutung von Kindern sowie der Kinderpornografie sowie zur Ersetzung des RB 2004/68/JI des Rates (Rn. 68 ff.)[100]
- RL 2013/40/EU des EP und des Rates v. 12.08.2013 über Angriffe auf Informationssysteme und zur Ersetzung des RB 2005/222/JI (Rn. 113 ff.)[101]
- RL 2014/62/EU des EP und des Rates v. 15.05.2014 zum strafrechtlichen Schutz des Euro und anderer Währungen gegen Geldfälschung und zur Ersetzung des RB 2000/383/JI (Rn. 102 ff.)[102]
- RL (EU) 2017/541 des EP und des Rates v. 15.03.2017 zur Terrorismusbekämpfung und zur Ersetzung des RB 2005/671/JI (Rn. 51 ff.)[103]
- RL (EU) 2017/2103 des EP und des Rates v. 15.11.2017 zur Änderung des RB 2004/757/JI des Rates zur Aufnahme neuer psychoaktiver Substanzen in die Drogendefinition und zur Aufhebung des Beschlusses 2005/387/JI des Rates (Rn. 74)[104]
- RL (EU) 2018/1673 des EP und des Rates v. 23.10.2018 über die strafrechtliche Bekämpfung der Geldwäsche (Rn. 82 ff.)[105]

---

[94] ABlEG 2002 Nr. L 328, S. 1.
[95] ABlEU 2003 Nr. L 192, S. 54.
[96] ABlEU 2004 Nr. L 335, S. 8; erweitert durch RL (EU) 2017/2103 v. 15.11. 2017 (ABlEU 2017 Nr. L 305, S. 12).
[97] ABlEU 2008 Nr. L 300, S. 42.
[98] ABlEU 2008 Nr. L 328, S. 55.
[99] ABlEU 2011 Nr. L 101, S. 1.
[100] ABlEU 2011 Nr. L 335, S. 1; berichtigt ABlEU 2012 Nr. L 18, S. 7.
[101] ABlEU 2013 Nr. L 218, S. 8.
[102] ABlEU 2014 Nr. L 151, S. 1.
[103] ABlEU 2017 Nr. L 88, S. 6.
[104] ABlEG 2017 Nr. L 305, S. 12.
[105] ABlEU 2018 Nr. L 284, S. 22.

- RL (EU) 2019/713 des EP und des Rates vom 17.4.2019 zur Bekämpfung von Betrug und Fälschung im Zusammenhang mit unbaren Zahlungsmitteln und zur Ersetzung des RB 2001/413/JI (Rn. 107 ff.)[106]

8.5.2 Terrorismus

8.5.2.1 Anwendungsbereich

Art. 83 I UA 2 AEUV benennt als angleichungsfähigen Kriminalitätsbereich an erster Stelle den **Terrorismus**. Eine präzise Definition dieses Terminus erweist sich schon deshalb als schwierig, weil sich in den Mitgliedstaaten bislang kein einheitliches Begriffsverständnis herausgebildet hat und nur wenige Rechtsordnungen speziell auf Terrorismus zugeschnittene Straftatbestände kennen.[107] Unter dem Eindruck der Terroranschläge auf das World Trade Center in New York am 11.09.2001 erhielt die Terrorismusbekämpfung in den EU-Mitgliedstaaten eine neue Dynamik.[108] Es bestand Einigkeit darüber, dass der massiven Bedrohung der internationalen Gemeinschaft durch stärker aufeinander abgestimmte strafrechtliche Maßnahmen entgegenzuwirken sei. Im Dezember 2001 nahm der Rat einen gemeinsamen Standpunkt über die Bekämpfung des Terrorismus[109] an und einigte sich auf die Verabschiedung eines Rechtsakts, der auch Definitionsansätze des Völkerrechts berücksichtigte. Der auf ex-Art. 31 lit. e EUV gestützte **RB zur Terrorismusbekämpfung** v. 13.06.2002[110] bildete in der durch den RB v. 28.11.2008[111] geänderten Fassung (RB TB 2008) die zentrale Grundlage der EU-Politik zur Bekämpfung des Terrorismus,[112] bis er durch die **RL TB 2017** v. 15.03.2017 (Rn. 52 ff.) ersetzt wurde.

51

8.5.2.2 Richtlinie zur Bekämpfung des Terrorismus

8.5.2.2.1 Regelungsgegenstand und Ziel der RL TB 2017

Die am 20.04.2017 in Kraft getretene **RL (EU) 2017/541 des EP und des Rates v. 15.03.2017 zur Terrorismusbekämpfung**[113] (RL TB 2017) zielt auf eine Harmonisierung der mitgliedstaatlichen Strafrechtsordnungen im Bereich der Terrorismusbekämpfung ab, die die Bildung „sicherer Häfen" für Terroristen und terroristische

52

---

[106] ABlEU 2019 Nr. L 123, S. 18.
[107] Vgl. hierzu KOM (2001) 5121 endg., S. 6 ff. sowie *Zöller*, JZ 2007, 763 ff.
[108] *v. Bubnoff*, NJW 2002, 2672 ff.; *Gusy*, GA 2005, 215 ff.
[109] ABlEG 2001 Nr. L 344, S. 90.
[110] ABlEU 2002 Nr. L 164, S. 3.
[111] ABlEU 2008 Nr. L 330, S. 21; vgl. hierzu *Kreß/Gazeas*, in: Sieber u. a. (Hrsg.), EuStR, § 19 Rn. 13 ff.; *Weber*, Europäische Terrorismusbekämpfung, 2008, passim; *Zimmermann*, ZIS 2009, 1 ff.; *Zöller*, Terrorismusstrafrecht, 2009, passim.
[112] Vgl. hierzu die Mitteilung der Kommission „Politik der EU zur Terrorismusbekämpfung: wichtigste Errungenschaften und künftige Herausforderungen" v. 20.7.2010, KOM (2010) 386 endg.
[113] ABlEU 2017 Nr. L 88, S. 6.

Vereinigungen ausschließt. Ergänzt wird die RL durch mittlerweile sechs GeldwRL (Rn. 10, 82 ff.), die Vorgaben zur Bekämpfung der Terrorismusfinanzierung enthalten. Zu den zentralen Zielsetzungen der RL gehört die strafrechtliche Bekämpfung terroristischer Aktivitäten von ausreisenden und in die EU-Mitgliedstaaten einreisenden Kämpfern sowie der Nutzung des Internets zu terroristischen Zwecken (z. B. Anschlagsplanung).[114] Die RL TB 2017 enthält in Art. 3–12 eine abschließende Auflistung von schweren Straftaten, die als vorsätzliche Handlungen für eine Einstufung als terroristische Straftaten infrage kommen, sofern sie mit einer konkreten terroristischen Zielsetzung begangen werden, nämlich die Bevölkerung auf schwerwiegende Weise einzuschüchtern, öffentliche Stellen oder eine internationale Organisation rechtswidrig zu nötigen oder die politischen, verfassungsrechtlichen, wirtschaftlichen oder sozialen Grundstrukturen eines Landes oder einer internationalen Organisation ernsthaft zu destabilisieren oder zu zerstören. Auch die Drohung, solche vorsätzlichen Handlungen zu begehen, soll als terroristische Straftat gelten, wenn sich feststellen lässt, dass diese Drohung mit einer derartigen terroristischen Zielrichtung erfolgte.[115]

8.5.2.2.2 Wesentlicher Inhalt der RL TB 2017

53 Nach Art. 3 I müssen die folgenden vorsätzlichen Handlungen entsprechend ihrer Definition als Straftaten nach den nationalen Rechtsvorschriften, die durch die Art ihrer Begehung oder den jeweiligen Kontext ein Land oder eine internationale Organisation ernsthaft schädigen können, als **terroristische Straftaten** eingestuft werden, **wenn sie mit einem der in Art. 3 II aufgeführten Ziele begangen werden**, nämlich (a) die Bevölkerung auf schwerwiegende Weise einzuschüchtern, (b) öffentliche Stellen oder eine internationale Organisation rechtswidrig zu einem Tun oder Unterlassen zu zwingen oder (c) die politischen, verfassungsrechtlichen, wirtschaftlichen oder sozialen Grundstrukturen eines Landes oder einer internationalen Organisation ernsthaft zu destabilisieren oder zu zerstören:[116]

a. Angriffe auf das Leben einer Person, die zum Tode führen können;
b. Angriffe auf die körperliche Unversehrtheit einer Person;
c. Entführung oder Geiselnahme;
d. schwerwiegende Zerstörungen an einer Regierungseinrichtung oder einer öffentlichen Einrichtung, einem Verkehrsmittel, einer Infrastruktur einschließlich eines Informatiksystems, an einer festen Plattform, die sich auf dem Festlandsockel befindet, einem allgemein zugänglichen Ort oder einem Privateigentum, die Menschenleben gefährden oder zu erheblichen wirtschaftlichen Verlusten führen können;
e. Kapern von Luft- und Wasserfahrzeugen oder von anderen öffentlichen Verkehrsmitteln oder Gütertransportmitteln;
f. Herstellung, Besitz, Erwerb, Beförderung, Bereitstellung oder Verwendung von Sprengstoffen oder Waffen, einschließlich chemischer, biologischer, radio-

---

[114] Vgl. Erwgr. 4, 6, 22 und 23.
[115] Vgl. Erwgr. 8.
[116] Vgl. hierzu und zu Nachfolgendem *Weißer*, in: *Böse* (Hrsg.), EuStR, § 9 Rn. 88 ff.

logischer oder atomarer Waffen sowie die Forschung und Entwicklung im Zusammenhang mit chemischen, biologischen, radiologischen oder atomaren Waffen;

g. Freisetzung gefährlicher Stoffe oder Herbeiführen von Bränden, Überschwemmungen oder Explosionen, wenn dadurch das Leben von Menschen gefährdet wird;

h. Störung oder Unterbrechung der Versorgung mit Wasser, Strom oder anderen lebenswichtigen natürlichen Ressourcen, wenn dadurch das Leben von Menschen gefährdet wird;

i. rechtswidrige Systemeingriffe im Sinne des Art. 4 der RL 2013/40/EU[117] in den Fällen, in denen Art. 9 III oder Art. 9 IV lit. b oder c der genannten RL Anwendung findet, und rechtswidrige Eingriffe in Daten i. S. d. Art. 5 der genannten RL in den Fällen, in denen Art. 9 IV lit. c der genannten RL Anwendung findet;

j. Drohung, eine unter den Buchst. a bis i genannte Handlung zu begehen.

Die RL TB 2017 verlangt (wie bereits der RB TB 2008) von den Mitgliedstaaten die Schaffung von **Organisationsdelikten**. Unter einer **terroristische Vereinigung** versteht Art. 2 Nr. 3

> „einen auf längere Dauer angelegten organisierten Zusammenschluss von mehr als zwei Personen, die zusammenwirken, um terroristische Straftaten zu begehen, wobei der Begriff **„organisierter Zusammenschluss"** ein solcher ist, der nicht nur zufällig zur unmittelbaren Begehung einer strafbaren Handlung gebildet wird und der nicht notwendigerweise förmlich festgelegte Rollen für seine Mitglieder, eine kontinuierliche Zusammensetzung oder eine ausgeprägte Struktur hat."

Nach Art. 4 muss jeder Mitgliedstaat die folgenden vorsätzlichen Handlungen unter Strafe stellen:

a. Anführen einer terroristischen Vereinigung,
b. Beteiligung an den Handlungen einer terroristischen Vereinigung einschließlich Bereitstellung von Informationen oder materiellen Mitteln oder durch jegliche Art der Finanzierung ihrer Tätigkeit in dem Wissen, dass diese Beteiligung zu den strafbaren Handlungen der terroristischen Vereinigung beiträgt.

In Art. 5–12 sind **Vorbereitungs- und Unterstützungshandlungen** aufgeführt, die im Zusammenhang mit terroristischen Aktivitäten stehen. Die Pönalisierung der **öffentlichen Aufforderung** zur Begehung einer terroristischen Straftat (Art. 5) sowie der **Anwerbung** (Art. 6) und **Durchführung einer Ausbildung** (Unterweisung) für terroristische Zwecke (Art. 7) war bereits durch den RB TB 2008 eingeführt worden. Neu hinzugetreten ist die Kriminalisierung des terroristischen Zwecken dienenden **Absolvierens einer Ausbildung** (Erhalt einer Unterweisung gem. Art. 8) sowie **Reisens** (Ausreisen von einem Mitgliedstaat in ein anderes Land gem. Art. 9 I und Einreisen von einem anderen Land in einen Mitgliedstaat gem.

---

[117] ABlEU 2013 Nr. L 218, S. 8.

Art. 9 II lit. a sowie diesbezügliche Vorbereitungshandlungen nach Art. 9 II lit. b) einschließlich der **Organisation oder sonstigen Erleichterung derartiger Reisen** (Art. 10). Nach Art. 11 ist die **Finanzierung sämtlicher terroristischer Aktivitäten** der Art. 3–10 unter Strafandrohung zu stellen. Nach der Vorgabe des Art. 12 ist außerdem die Strafbarkeit von schwerem Diebstahl und Erpressung zwecks Verwirklichung von Delikten nach Art. 3 sowie die Ausstellung gefälschter Verwaltungsdokumente zwecks Verwirklichung von Delikten nach Art. 3 lit. a-i, Art. 4 lit. b oder Art. 9 sicherzustellen.

56   Art. 14 I verlangt, dass die **Beihilfe** zu Straftaten nach den Art. 3 bis 8, 11 und 12 strafbar ist. Die Ausklammerung der terroristischen Zwecken dienenden Reisen (Art. 9 I, II lit. a) und der Organisation derartiger Reisen (Art. 10) ist allein dem Umstand geschuldet, dass Art. 10 die Beihilfe zur Reisetätigkeit bereits als täterschaftliche Straftat hochgestuft hat. Außerdem haben die Mitgliedstaaten gem. Art. 14 II sicherzustellen, dass die **Anstiftung** zu Straftaten nach den Art. 3 bis 12 strafbar ist, was zu einer weitreichenden Vorfeldkriminalisierung führt. Schließlich schreibt Art. 14 III vor, dass der **Versuch** einer Straftat nach den Art. 3, 6, 7, 9 I, II lit. a sowie Art. 11 und 12, mit Ausnahme des Besitzes von Waffen (Art. 3 I lit. f) und der Androhung einer terroristischen Straftat (Art. 3 I lit. j), unter Strafandrohung gestellt wird. Auch diese Vorgabe führt in Anbetracht der Tatsache, dass die in Bezug genommenen Delikte bis auf diejenigen nach Art. 3 allesamt bereits ihrerseits Vorfelddelikte der eigentlichen terroristischen Straftaten sind, zu einer extrem weiten Vorverlagerung der Strafbarkeit. So müssen die Mitgliedstaaten bspw. gem. Art. 14 III i. V. m. Art. 9 I, II lit. a den Versuch einer terroristisch motivierten Ein- oder Ausreise unter Strafe stellen (Rn. 59).

57   Nach Art. 15 I haben die Mitgliedstaaten sicherzustellen, dass die Straftaten nach den Art. 3 bis 12 und 14 mit **wirksamen, angemessenen und abschreckenden Strafen** bedroht sind, die zu einer Übergabe oder Auslieferung führen können. Terroristische Straftaten i. S. d. Art. 3 und 14 müssen nach Art. 15 II mit höheren Freiheitsstrafen bestraft werden können, als nach dem innerstaatlichen Recht für solche Straftaten ohne den nach Art. 3 erforderlichen besonderen Vorsatz vorgesehen sind, es sei denn, die vorgesehenen Strafen stellen bereits die nach innerstaatlichem Recht möglichen Höchststrafen dar. Für **Organisationsdelikte** nach Art. 4 lit. a (Anführen einer terroristischen Vereinigung) ordnet Art. 15 III eine **Mindesthöchststrafe von 15 Jahren** an und für solche nach Art. 4 lit. b (Beteiligung an oder Unterstützung einer terroristischen Vereinigung) eine **Mindesthöchststrafe von 8 Jahren**. Neu ist die Vorgabe des Art. 15 IV, nach der es **strafschärfend** zu berücksichtigen ist, wenn das **Anwerben** nach Art. 6 oder die **Unterweisung** nach Art. 7 **auf ein Kind ausgerichtet** ist. Die Mitgliedstaaten können gem. Art. 16 bestimmte Umstände als **strafmildernde Gründe** einstufen, z. B. wenn der Täter sich von terroristischen Aktivitäten lossagt und Aufklärungshilfe leistet.[118] Nach Art. 17–18 müssen auch **juristische Personen** für eine Straftat nach den Art. 3 bis 12 und 14 verantwortlich gemacht werden können. Im Übrigen haben die Mitgliedstaaten gem. Art. 20 II dafür Sorge zu tragen, dass **Erträge aus terroristischen Straftaten** im Einklang mit der **RL 2014/42/EU** des EP und des Rates v. 03.04.2014 über die

---

[118] Vgl. hierzu umfassend *Born*, Europäisierung von Strafmilderungsgründen, S. 77 ff.

Sicherstellung und Einziehung von Tatwerkzeugen und Erträgen aus Straftaten in der EU[119] (Rn. 89 f.) **sichergestellt** und **eingezogen** werden können.

Spezielle Vorgaben zur **Gerichtsbarkeit** und **Strafverfolgung** sind in Art. 19 enthalten. Die Mitgliedstaaten werden verpflichtet, ihre gerichtliche Zuständigkeit im Zusammenhang mit terroristischen Straftaten zu begründen. Auf die **Vermeidung von Jurisdiktionskonflikten** (Kap. 12 Rn. 72 ff.) zielt die Kooperationspflicht nach Art. 19 III ab. Im Falle einer Mehrfachzuständigkeit ist auf der Grundlage einer einvernehmlich getroffenen Absprache anzustreben, dass die Strafverfolgung von einem Mitgliedstaat übernommen wird (Verfahrenskonzentration). Hierbei können die Mitgliedstaaten die Unterstützung von **Eurojust** in Anspruch nehmen (Kap. 5 Rn. 48 ff.).

8.5.2.2.3 Deutsches Strafrecht

Die deutsche Strafrechtsordnung kennt zahlreiche nicht spezifisch terrorismusbezogene Straftatbestände, die auch auf terroristische Handlungen i. S. d. Art. 3 lit. a-j RL TB 2017 Anwendung finden können. Zu denken ist vor allem an Völkermord und Verbrechen gegen die Menschlichkeit (Art. 6, 7 VStGB), Kriegs- und Aggressionsverbrechen (Art. 8–13 VStGB),[120] Tötungs- und Körperverletzungsdelikte (16. und 17. Abschnitt des StGB), Freiheitsdelikte (18. Abschnitt des StGB), gemeingefährliche Delikte (28. Abschnitt des StGB), Verstöße gegen das Kriegswaffenkontrollgesetz (§§ 19–20a KrWaffG) sowie gegen das Waffen- und Sprengstoffrecht (§§ 51–52 WaffG, §§ 40, 42 SprengG). Mit dem **Gesetz zur Verfolgung der Vorbereitung von schweren staatsgefährdenden Gewalttaten** v. 30.07.2009 (GVVG)[121] erfuhr das deutsche Terrorismusstrafrecht eine erste massive Erweiterung, indem mit §§ 89a, 89b, 91 StGB neue Staatsschutzdelikte geschaffen wurden, die die Vorbereitung schwerer staatsgefährdender Gewalttaten, die Kontaktaufnahme zwecks Unterweisung in der Begehung derartiger Gewalttaten sowie die Verbreitung von entsprechenden Anleitungen erfassen. Durch das **GVVG-ÄndG** v. 12.06.2015[122] wurde der Deliktskatalog des § 89a StGB auf terroristisch motivierte Ausreisen (§ 89a IIa StGB) erweitert. In der Literatur wird die Legitimität der extrem weiten Vorfeldstrafbarkeit mit Blick auf den Bestimmtheitsgrundsatz sowie das Schuld- und ultima-ratio-Prinzip in Frage gestellt. Insbesondere § 89a II Nr. 3 StGB (Verwahren oder Sichverschaffen von Gegenständen, die für die Herstellung von Waffen wesentlich sind)[123] und § 89a IIa StGB (Unternehmen der Ausreise, d. h. gem. § 11 I Nr. 6 StGB deren Versuch und Voll-

---

[119] ABlEU 2014 Nr. L 127, S. 39.
[120] BGH NJW 2019, 2552, 2555 (zu § 9 VStGB).
[121] BGBl. I 2009, 2437; vgl. hierzu *Bader*, NJW 2009, 2853 ff.; *Heinrich*, ZStW 121 (2009), 94 ff.; *Sieber*, NStZ 2009, 353 ff.; *Weißer*, ZStW 121 (2009), 131 ff.
[122] BGBl. I 2015, 926.
[123] Vgl. hierzu *Mitsch*, 2015, 209, 211 mit der zutr. Feststellung, dass § 89 a II Nr. 3 StGB den Versuch der Beihilfe zu einer Vorbereitungstat nach § 89a I StGB als täterschaftliche Handlung erfasst.

endung)[124] pönalisieren Handlungen als Vorbereitung der eigentlichen Vorbereitungshandlungen, was letztlich auf ein Gesinnungsstrafecht hinausläuft.[125] Der BGH räumt zwar ein, dass die Tatbestände des § 89a I, II Nr. 3 StGB im Grenzbereich des verfassungsrechtlich Zulässigen liegen, vermag aber in der Gesamtschau keinen Verfassungsverstoß zu erkennen, wenn diese restriktiv (dolus directus bzgl. der späteren Tatbegehung) ausgelegt werden.[126] Mit § 89c StGB wird die strafbare **Terrorismusfinanzierung** einer umfassenden Regelung zugeführt.[127] Die Anleitung zur Begehung einer schweren staatsgefährdenden Gewalttat wird in § 91 StGB unter Strafandrohung gestellt. Ein am 08.04.2024 von der Bundesregierung beschlossener und dem Bundesrat zugeleiteter Gesetzentwurf sieht u. a. vor, die von Art. 9 II lit. a RL TB 2017 geforderte Pönalisierung der terroristisch motivierten Einreise[128] in deutsches Recht umzusetzen.

60 Der von Art. 4 RL TB 2017 geforderten Schaffung von **Organisationsdelikten** trägt das deutsche Recht durch §§ 129a, 129b StGB vollumfänglich Rechnung. Bereits durch das **Ges. zur Umsetzung des RB des Rates v. 13.06.2002 zur Terrorismusbekämpfung** v. 22.12.2003[129] (Rn. 51) wurde § 129a StGB neu gefasst, erweitert und mit rahmenbeschlusskonformen (angehobenen) Strafandrohungen versehen. Durch das **54. StÄG** v. 17.07.2017[130] wurde in § 129 II StGB eine auch für § 129a StGB geltende neue Legaldefinition des Begriffs „Vereinigung" eingeführt, die im Einklang mit Art. 1 I Nr. 1, 2 RB TB 2008 (Rn. 51) und Art. 2 Nr. 3 RL TB 2017 (Rn. 54) steht. Damit wurde die zuvor bestehende Diskrepanz zwischen der Auslegung des Vereinigungsbegriffs durch den BGH[131] und unionsrechtlichen Vorgaben beseitigt.[132] Für terroristische Vereinigungen, die zumindest eine Teilorganisation innerhalb eines EU-Mitgliedstaates aufweisen, gilt § 129a StGB gem. § 129b I S. 1 StGB uneingeschränkt. Auf Vereinigungen außerhalb der EU ist § 129a StGB nur dann anzuwenden, wenn die Beteiligungstat entweder im Inland begangen wird, wenn der Täter oder das Opfer Deutscher ist oder sich Täter oder Opfer im Inland befinden (§ 129b I S. 2 StGB).[133]

---

[124] Vgl. hierzu NK-*Paeffgen*, § 89a Rn. 4 mit der zutr. Feststellung, dass § 89a II a StGB die Vorbereitung der Vorbereitung einer Vorbereitung als täterschaftliche Handlung erfasst.
[125] *Ambos*, JR 2017, 655 ff.; AnwKomm-StGB/*Gazeas*, § 89a Rn. 6 ff.; NK-*Paeffgen*, § 89a Rn. 1 ff.; *Puschke*, KriPoZ 2018, 101 ff.; S/S-*Sternberg-Lieben*, § 89a Rn. 1c ff.; *Weißer*, in: *Böse* (Hrsg.), EuStR, § 9 Rn. 119; *Zöller*, GA 2016, 90 ff.
[126] BGHSt 62, 102 = NJW 2014, 3459.
[127] S/S-*Sternberg-Lieben*, § 89a Rn. 1; *Weißer*, in: *Böse* (Hrsg.), EuStR, § 9 Rn. 121 ff.
[128] *Weißer*, in: *Böse* (Hrsg.), EuStR, § 9 Rn. 119.
[129] BGBl. I 2003, 2836.
[130] BGBl. I 2017, 2440.
[131] BGHSt 54, 216, 228 f. (zu § 129 StGB); vgl. hierzu BGH NJW 2019, 2552, 2554; BeckOK-StGB/*v. Heintschel-Heinegg*, § 129 Rn. 4 ff.; *Zöller*, KriPoZ 2017, 26 ff.
[132] *Weißer*, in: *Böse* (Hrsg.), EuStR, § 9 Rn. 114; krit. hierzu *Seel*, GA 2024, 216, 218 ff.
[133] OLG Düsseldorf BeckRS 2021, 46266 (Rz. 114).

8.5.3 Menschenhandel und sexuelle Ausbeutung von Frauen und Kindern

8.5.3.1 Anwendungsbereich

Phänomenologisch lässt sich der vom Menschenschmuggel („Schleuser- bzw. Schlepperkriminalität") abzugrenzende Menschenhandel als das Verbringen einer Person gegen ihren Willen unter Anwendung von Gewalt oder Drohung, Ausnutzen eines Abhängigkeitsverhältnisses oder Täuschung umschreiben.[134] Als besonders praxisrelevante Erscheinungsformen des Menschenhandels sind der Prostitutionstourismus, organisierte Heiratshandel, Organhandel und Adoptionskinderhandel zu nennen. Kriminologische Studien benennen als Hauptursachen für den Menschenhandel das Wohlstandsgefälle zwischen den Herkunfts- und Zielstaaten, die Feminisierung der Migration, mitunter sogar die Einwanderungspolitik der Zielstaaten sowie die von der OK ausgenutzte Nachfrage der Sexindustrie. Wichtigste internationale Grundlage der strafrechtlichen Bekämpfung des Menschenhandels ist das **ZP zur Verhütung, Bekämpfung und Bestrafung des Menschenhandels, insbesondere des Frauen- und Kinderhandels, zum Übk. der UN gegen die grenzüberschreitende organisierte Kriminalität** v. 15.11.2000.[135] Weitere internationale Verpflichtungen sind im **Fakultativprotokoll vom 25.05.2000 zum UN-Übk. v. 20.11.1989 über die Rechte des Kindes betreffend den Verkauf von Kindern, die Kinderprostitution und die Kinderpornografie** enthalten. Auf der Ebene des Europarates zielt das **Übk. gegen Menschenhandel v. 16.05.2005** (ETS Nr. 197)[136] auf eine effektive Strafverfolgung ab. Am 15.04.2011 ist die **RL 2011/36/EU des EP und des Rates v. 05.04.2011 zur Verhütung und Bekämpfung des Menschenhandels und zum Schutz seiner Opfer**[137] in Kraft getreten (Rn. 62 ff.). Es steht zu erwarten, dass diese RL auf der Grundlage des Kommissionsvorschlags v. 19.10.2022[138] zeitnah aktualisiert wird.

61

8.5.3.2 Richtlinie zur Bekämpfung des Menschenhandels

8.5.3.2.1 Regelungsgegenstand und Ziel der RL MH 2011

Menschenhandel verletzt die Menschenwürde der Opfer. Die Union hält es daher für erforderlich, dem Menschenhandel durch ein umfassendes Konzept zu begegnen, in dem die Definition der allen Mitgliedstaaten gemeinsamen Grundelemente des Strafrechts, darunter wirksame, angemessene und abschreckende Sanktionen, einen festen Bestandteil bildet. Um neueren Kriminalitätsentwickelungen Rechnung zu tragen, erfasst die RL MH 2011 auch Formen der Ausbeutung wie namentlich Betteltätigkeiten als eine Form der Zwangsarbeit oder erzwungenen Dienstleis-

62

---
[134] MüKoStGB/*Renzikowski*, § 232 Rn. 10 ff.; *Weißer*, in: *Böse* (Hrsg.), EuStR, § 9 Rn. 46 ff.
[135] BT-Drs. 15/5150 (Anlage 1); vgl. hierzu S/S-*Eisele*, § 232 Rn. 3 m. w. N.
[136] Vgl. hierzu *Post* und *Zimmermann*, Menschenhandel, passim.
[137] ABlEU 2011 Nr. L 101, S. 1; vgl. hierzu *Weißer*, in: *Böse* (Hrsg.), EuStR, § 9 Rn. 49 ff.
[138] KOM (2022) 732 endg.

tung. Ebenfalls erfasst sind der Menschenhandel zum Zwecke der Organentnahme sowie andere Verhaltensweisen wie illegale Adoption oder Zwangsheirat, soweit diese die Tatbestandsmerkmale des Menschenhandels erfüllen. Die RL sieht ein integriertes und menschenrechtsbasiertes Vorgehen bei der Bekämpfung des Menschenhandels vor, bei welchem dem Opferschutz eine besondere Bedeutung zukommt.

8.5.3.2.2 Wesentlicher Inhalt der RL MH 2011

63 Jeder Mitgliedstaat trifft nach Art. 2 I die erforderlichen Maßnahmen, um sicherzustellen, dass folgende vorsätzliche Handlungen einschließlich Anstiftung, Beihilfe und Versuch (Art. 3) unter Strafe gestellt werden: Die Anwerbung, Beförderung, Verbringung, Beherbergung oder Aufnahme von Personen, einschließlich der Übergabe oder Übernahme der Kontrolle über diese Personen, durch die Androhung oder Anwendung von Gewalt oder anderer Formen der Nötigung, durch Entführung, Betrug, Täuschung, Missbrauch von Macht oder Ausnutzung besonderer Schutzbedürftigkeit oder durch Gewährung oder Entgegennahme von Zahlungen oder Vorteilen zur Erlangung des Einverständnisses einer Person, die die Kontrolle über eine andere Person hat, zum Zwecke der Ausbeutung.[139] Eine **besondere Schutzbedürftigkeit** liegt vor, wenn die betreffende Person keine wirkliche oder für sie annehmbare andere Möglichkeit hat, als sich dem Missbrauch zu beugen (Art. 2 II). **Ausbeutung** umfasst mindestens die Ausnutzung der Prostitution anderer oder andere Formen sexueller Ausbeutung, Zwangsarbeit oder erzwungene Dienstleistungen, einschließlich Betteltätigkeiten, Sklaverei oder sklavereiähnliche Praktiken, Leibeigenschaft oder die Ausnutzung strafbarer Handlungen oder die Organentnahme (Art. 2 III). Das **Einverständnis** eines Opfers von Menschenhandel zur beabsichtigten oder tatsächlich vorliegenden Ausbeutung ist **unerheblich**, wenn eines der in Abs. 1 aufgeführten Mittel vorliegt (Art. 2 IV). Betrifft die Handlung nach Abs. 1 ein **Kind** (Person unter 18 Jahre),[140] so ist sie auch dann als Menschenhandel unter Strafe zu stellen, wenn keines der in Art. 2 I aufgeführten Mittel vorliegt (Art. 2 V).

64 Die Mitgliedstaaten sind nach Art. 4 zur **Festlegung bestimmter Sanktionen** verpflichtet. **Taten nach Art. 2** sind mit **Freiheitsstrafen im Höchstmaß von mindestens fünf Jahren** zu bedrohen (Art. 4 I). Nach Art. 4 II ist eine **Mindesthöchststrafe von zehn Jahren** anzudrohen, wenn die Tat nach Art. 2 unter den in Art. 4 II lit. a-d genannten Voraussetzungen begangen wurde. Art. 5 und 6 verlangt, dass eine **juristische Person** für eine Straftat nach Art. 2 und 3 verantwortlich gemacht werden kann, die zu ihren Gunsten von einer Person begangen wurde, die entweder allein oder als Teil eines Organs gehandelt hat und die eine Führungsposition innerhalb der juristischen Person innehat.

65 Art. 10 bestimmt, dass jeder Mitgliedstaat die erforderlichen Maßnahmen ergreift, um seine **Gerichtsbarkeit** in Bezug auf eine Straftat nach den Art. 2 und 3 in

---
[139] Vgl. hierzu und im Nachfolgenden *Weißer*, in: *Böse* (Hrsg.), EuStR, § 9 Rn. 53 ff.
[140] Erwgr. 22.

den Fällen zu begründen, in denen die Straftat ganz oder teilweise in seinem Hoheitsgebiet begangen wurde, es sich bei dem Täter um einen seiner Staatsangehörigen handelt oder die Straftat zugunsten einer im Hoheitsgebiet des betreffenden Mitgliedstaats niedergelassenen juristischen Person begangen wurde.

Die RL MH 2011 misst dem **Opferschutz** (Art. 11–17)[141] und der **Prävention** (Art. 18) besondere Bedeutung bei. Die Opfer des Menschenhandels sollen in die Lage versetzt werden, ihre Rechte wirksam in Anspruch zu nehmen. Daher soll ihnen vor, während und für einen angemessenen Zeitraum nach dem Strafverfahren Unterstützung und Betreuung zur Verfügung stehen. Die den Opfern gewährte Unterstützung und Betreuung soll ein Mindestpaket von Maßnahmen umfassen, die notwendig sind, damit das Opfer sich erholen und dem Einfluss der Menschenhändler entziehen kann. Die Opfer von Menschenhandel sollen vor strafrechtlicher Verfolgung wegen strafbarer Handlungen wie der Verwendung falscher Dokumente oder Verstößen gegen die Prostitutions- oder Einwanderungsgesetze geschützt werden, zu denen sie als unmittelbare Folge dessen gezwungen wurden, dass sie dem Menschenhandel ausgesetzt waren (Art. 8). Nach Art. 18 IV sollen die Mitgliedstaaten erwägen, ob sie eine **Freierstrafbarkeit** wegen Inanspruchnahme von Diensten einführen, die Gegenstand einer Ausbeutung i. S. d. Art. 2 sind.

8.5.3.2.3 Deutsches Strafrecht

In §§ 232–233a StGB i. d. F. des Ges. v. 11.10.2016[142] finden sich einschlägige Strafbestimmungen, durch welche die von der RL MH 2011 beschriebenen Handlungen (einschließlich Anstiftung, Beihilfe und Versuch) erfasst werden.[143] § 232a VI S. 1 StGB enthält erstmals eine Strafdrohung gegen Freier von Zwangsprostituierten, die die Zwangslage des Opfers ausnutzen.[144] Des Weiteren werden bestimmte Formen des Menschenhandels von § 7 I Nr. 3, 4, 7 Buchst. a, 9 VStGB als Verbrechen gegen die Menschlichkeit unter Strafe gestellt. Gegen juristische Personen kann nach § 30 I OWiG eine Geldbuße verhängt werden, was nach Art. 6 der RL MH 2011 ausreicht. Falls festgestellt wird, dass für die Begehung des Menschenhandels die Einrichtung eines Vereins genutzt wird, erfolgt nach § 3 VereinsG eine Verbots- und Auflösungsverfügung durch die zuständige Behörde.

8.5.3.3 Richtlinie zur Bekämpfung des sexuellen Missbrauchs von Kindern

Am 17.12.2011 ist die **RL 2011/93/EU des EP und des Rates v. 13.12.2011 zur Bekämpfung des sexuellen Missbrauchs und der sexuellen Ausbeutung von**

---

[141] Erwgr. 14–25.
[142] BGBl. I 2016, 2226.
[143] Zur Umsetzung der internationalen u. europarechtlichen Vorgaben vgl. BGH NJW 2023, 2501 (2507 f.); NK-*Eidam*, § 232 Rn. 1; S/S-*Eisele*, § 232 Rn. 2 ff.; *Weißer*, in: *Böse* (Hrsg.), EuStR, § 9 Rn. 62 ff.
[144] S/S-*Eisele*, § 232a Rn. 38 ff.; MüKoStGB/*Renzikowski*, § 232a Rn. 51 ff.

Kindern sowie der Kinderpornografie (RL SM 2011)[145] in Kraft getreten, der den **RB 2004/68/JI des Rates**[146] ersetzt. Sexueller Missbrauch und sexuelle Ausbeutung von Kindern, einschließlich Kinderpornografie, stellen schwere Verstöße gegen die im Übereinkommen der UN von 1989 über die Rechte des Kindes und in der GRCh festgelegten Rechte des Kindes auf Schutz und Fürsorge dar.[147] Schweren Straftaten wie der sexuellen Ausbeutung von Kindern und der Kinderpornografie soll durch ein Gesamtkonzept begegnet werden, das die Strafverfolgung, den Opferschutz und die Prävention umfasst. Ein Vorschlag der Kommission für eine RL zur Bekämpfung des sexuellen Missbrauchs und der sexuellen Ausbeutung von Kindern sowie von Darstellungen sexuellen Missbrauchs von Kindern v. 06.02.2024[148] befindet sich im laufenden Gesetzgebungsverfahren.

8.5.3.3.1 Regelungsgegenstand und Ziel der RL SM 2011

69 Die RL SM 2011 verpflichtet die Mitgliedstaaten zum Erlass strafrechtlicher Bestimmungen zur Bekämpfung der sexuellen Ausbeutung von Kindern und der Kinderpornografie und legt zu diesem Zweck gemeinsame Definitionen, Tatbestandsmerkmale und Sanktionen fest. Sexueller Missbrauch und sexuelle Ausbeutung von Kindern sollen mit wirkungsvollen, verhältnismäßigen und abschreckenden Strafen bedroht sein. Unter Strafe gestellt werden sollen insbesondere auch Begehungsweisen, die durch Informations- und Kommunikationstechnologien erleichtert werden, z. B. Kontaktaufnahme zu Kindern im Internet für sexuelle Zwecke über die Websites sozialer Netzwerke und Chatrooms. Der wissentliche Zugriff auf Kinderpornografie mittels Informations- und Kommunikationstechnologie soll pönalisiert werden. Die Bestimmungen über die gerichtliche Zuständigkeit sollen so gefasst werden, dass Straftäter aus der EU – sowohl Staatsangehörige eines Mitgliedstaats als auch Personen mit gewöhnlichem Wohnsitz in einem Mitgliedstaat – auch dann verfolgt werden können, wenn sie die im Rahmen des sog. Kinder-Sex-Tourismus begangene Straftat außerhalb der EU begehen. Den Opfern von einschlägigen Straftaten soll zu einem erleichterten Zugang zu Rechtsbehelfen verholfen werden. Des Weiteren verlangt die RL die Unterstützung, Betreuung und den Schutz von Opfern bei strafrechtlichen Verfahren.

8.5.3.3.2 Wesentlicher Inhalt der RL SM 2011

70 Art. 2 lit. a-f definiert die **zentralen Begriffe der RL** wie „Kind", „Alter der sexuellen Mündigkeit", „Kinderpornografie", „Kinderprostitution" und „pornografische Darbietung". Art. 3 legt den Mitgliedstaaten die Pflicht auf, Straftatbestände gegen den **sexuellen Missbrauch von Kindern** zu schaffen.[149] Bestimmte Handlungen,

---

[145] ABlEU 2011 Nr. L 335, S. 1 sowie BerichtigungsRL in ABlEU 2012 Nr. L 18, S. 7; vgl. hierzu *Huber*, in: *Sieber u. a.* (Hrsg.), EuStR, § 23 Rn. 41 ff.; *Weißer*, in: *Böse* (Hrsg.), EuStR, § 9 Rn. 70 ff.
[146] ABlEG 2004 Nr. L 13, S. 44; vgl. hierzu *Böse*, Schroeder-FS, S. 751 ff.
[147] Vgl. zum Kinderrechtsschutz im Völker- und Unionsrecht *Steindorff-Classen*, EuR 2011, 19 ff.
[148] KOM (2024), 60 endg.
[149] Vgl. hierzu *Weißer*, in: *Böse* (Hrsg.), EuStR, § 9 Rn. 70 ff.

die im Zusammenhang mit **sexueller Ausbeutung von Kindern** stehen (insb. Veranlassen, Anwerben oder Nötigen zur Mitwirkung von Kindern an pornografischen Darbietungen), sind gem. Art. 4 unter Strafandrohung zu stellen. Nach Art. 5 sind Straftatbestände gegen **Kinderpornografie** (insb. Herstellung, Erwerb, Besitz, Vertrieb, Anbieten, Liefern und sonstiges Zugänglichmachen) einzuführen. Bereits der bewusste Zugriff auf Kinderpornografie mittels Informations- und Kommunikationstechnologie soll strafbar sein (Art. 5 III). Bestimmte Formen der **Kontaktaufnahme zu Kindern für sexuelle Zwecke** (auch durch Nutzung des Internets) sind gem. Art. 6 als strafbare Handlungen einzustufen. Art. 7 I, II betreffen die **Teilnahme- und Versuchsstrafbarkeit**.

In Art. 3–6 werden **deliktsspezifische Sanktionsverpflichtungen** in Form bestimmter **Mindesthöchststrafen** vorgegeben. So soll z. B. die Vornahme sexueller Handlungen mit einem Kind mit Freiheitsstrafe im Höchstmaß von mindestens fünf Jahren bedroht werden (Art. 3 IV). Wer ein Kind unter Anwendung von Zwang, Gewalt oder Drohungen zu sexuellen Handlungen mit sich oder Dritten veranlasst, soll mit Freiheitsstrafe im Höchstmaß von mindestens zehn Jahren strafbar sein (Art. 3 V iii, VI). Für Straftaten im Zusammenhang mit Kinderpornografie (Zugriff, Besitz, Vertrieb, Herstellen) sind Mindesthöchststrafen zwischen einem und drei Jahren vorzusehen (Art. 5 II–VI). Art. 9 lit. a-g normiert einen umfangreichen Katalog **erschwerender Umstände**. Die **Verantwortlichkeit juristischer Personen** für die in Art. 3–7 genannten Straftaten ist nach Maßgabe der Art. 12, 13 sicherzustellen.

Art. 15 enthält Bestimmungen über **Ermittlungen und Strafverfolgung**. Es muss sichergestellt werden, dass Strafverfolgungsmaßnahmen in Bezug auf Taten nach Art. 3–7 nicht von der Anzeige durch das Opfer abhängig gemacht werden und auch dann fortgesetzt werden können, wenn das Opfer seine Aussage zurückgezogen hat (Art. 15 I). Auch muss die Möglichkeit der Strafverfolgung nach Art. 15 II für einen hinlänglich langen Zeitraum nach Erreichen der Volljährigkeit des Opfers gewährleistet sein. Jeder Mitgliedstaat muss nach Art. 17 die erforderlichen Maßnahmen ergreifen, um seine **Gerichtsbarkeit** in Bezug auf die in Art. 3–7 genannten Straftaten zu begründen, wenn diese ganz oder teilweise in seinem Hoheitsgebiet oder von einem seiner Staatsangehörigen begangen wurden. Art. 14, 18–20 behandeln den erforderlichen **Schutz** und die **Unterstützung der Opfer**. Art. 21–25 betreffen den präventiven Bereich, wie z. B. Maßnahmen gegen die Werbung für Gelegenheiten zum Missbrauch und Kindersextourismus.

8.5.3.3.3 Deutsches Strafrecht

Bereits mit dem **Ges. zur Umsetzung des RB des Rates der EU zur Bekämpfung der sexuellen Ausbeutung von Kindern und der Kinderpornografie** v. 31.10.2008 wurden unionsrechtliche Pönalisierungsverpflichtungen in deutsches Recht transferiert.[150] Durch das am 27.01.2015 in Kraft getretene 49. StÄG v. 21.01.2015 wur-

---

[150] BGBl. I 2008, 2149. Vgl. hierzu BT-Drs. 16/3439; S/S-*Eisele*, Vor §§ 174 ff. Rn. 11.

den die Vorgaben der RL SM 2011 (→ Rn. 70) in deutsches Recht umgesetzt.[151] Zuletzt führte das Ges. zur Bekämpfung sexualisierter Gewalt gegen Kinder v. 16.06.2021[152] zu einer weiteren Ausweitung und Verschärfung des Sexualstrafrechts. Obwohl sich die in §§ 176–176e StGB erfassten Taten nur auf Personen unter 14 Jahren beziehen (§ 176 I Nr. 1 StGB), setzt das deutsche Strafrecht die nach Art. 2 lit. a RL SM 2011 gebotene Erstreckung des Schutzes der sexuellen Selbstbestimmung auf jede Person unter 18 Jahren in adäquater Weise um. Denn zum einen stellen weitere einschlägige Tatbestände nicht auf das Alter des Opfers ab (§§ 174a–174c, 177–178 StGB). Zum anderen greifen für den Schutz von Minderjährigen unter 18 bzw. 16 Jahren die §§ 174, 180, 180a II Nr. 1, 182 StGB ein. Auf im Ausland von Deutschen im Rahmen des sog. **Sex-Tourismus** begangene Straftaten gem. §§ 176–178 StGB und § 182 StGB findet deutsches Strafrecht Anwendung (§ 5 Nr. 8 StGB). Eine im Internet erfolgende **Verabredung des (schweren) sexuellen Missbrauchs eines Kindes** ist gem. § 176 I Nr. 1, 2 StGB bzw. § 176c StGB jew. i. V. m. § 30 II StGB strafbar.[153] Bestimmungen gegen **Verbreitung, Erwerb und Besitz kinder- bzw. jugendpornografischer Inhalte** sind in den umfangreichen Tatbestandskatalogen der §§ 184b I Nr. 1 Buchst. a, Nr. 2–4, 184c I Nr. 1 Buchst. a, Nr. 2–4 StGB enthalten. Auch das sog. **Posing** ist gem. §§ 184b I Nr. 1 Buchst. b-c, 184c I Nr. 1 Buchst. b-c StGB mit Strafe bedroht.[154] Gegen bestimmte Formen des sog. **Cybergrooming** (gezielte Kontaktaufnahme zu Kindern im Internet mit dem Ziel der Anbahnung sexueller Kontakte)[155] richtet sich § 176b I StGB.[156]

8.5.4 Illegaler Drogenhandel

8.5.4.1 Anwendungsbereich

74 Die strafrechtliche Bekämpfung des **illegalen Drogenhandels** gehört seit jeher zu den zentralen Zielen der Union. Erste Ansätze zu einer Angleichung der mitgliedstaatlichen Rechtsvorschriften zur Bekämpfung der Drogenabhängigkeit und zur Verhütung und Bekämpfung des illegalen Drogenhandels waren bereits in der GM 96/750/JI[157] enthalten. In ex-Art. 29 EUV wurde die Verhütung und Bekämpfung des illegalen Drogenhandels als zentrales Unionsziel hervorgehoben. Nach ex-Art. 31 lit. e EUV umfasste das gemeinsame Vorgehen der Mitgliedstaaten im Bereich der PJZS auch die schrittweise Annahme von Maßnahmen zur Festlegung von Mindestvorschriften über die Tatbestandsmerkmale strafbarer Handlungen und die Strafen in dem Bereich des illegalen Drogenhandels. Demgemäß hat der Rat am 25.10.2004 **den RB 2004/757/JI zur Festlegung von Mindestvorschriften über die Tatbestandsmerkmale strafbarer Handlungen und die Strafen im Bereich des il-

---

[151] BGBl. I 2015, 10. Vgl. hierzu BT-Drs. 18/2601; S/S-*Eisele*, Vor §§ 174 ff. Rn. 12; *Weißer*, in: *Böse* (Hrsg.), EuStR, § 9 Rn. 77.
[152] BGBl. I 2021, 1810. Vgl. hierzu BT-Drs. 19/23707; *Fischer*, § 176 Rn. 1.
[153] BeckOK-StGB/*Ziegler*, § 176 Rn. 17.
[154] BGH NStZ 2021, 41; MüKoStGB/*Hörnle*, § 184b Rn 18 ff.
[155] *Eisele*, Heinz-FS, S. 697 ff.
[156] *Fischer*, § 176b Rn. 2.
[157] ABlEG 1996 Nr. L 342, S. 6.

8.5 Felder der Strafrechtsangleichung in der Union

legalen Drogenhandels (RB DH 2004)[158] angenommen. Dort findet sich eine konsensfähige Bestimmung des Begriffs „illegaler Drogenhandel", die wesentliche Elemente der in dem UN-SuchtstoffÜbK (Kap. 5 Rn. 7) und in einzelstaatlichen Vorschriften enthaltenen Begriffsbestimmungen aufnimmt. Ergänzt wird der RB DH durch die **RL (EU) 2017/2103 des EP und des Rates v. 15.11.2017 zur Änderung des RB 2004/757/JI des Rates zur Aufnahme neuer psychoaktiver Substanzen in die Drogendefinition und zur Aufhebung des Beschlusses 2005/387/JI des Rates.**[159] Seit dem Jahr 2000 wurden auf EU-Ebene bereits mehrere **Aktionspläne zur Drogenbekämpfung** erlassen,[160] die das Konzept eines multidisziplinär ausgerichteten und koordinierten Vorgehens zur Drogenbekämpfung verfolgen und sich auf folgende Grundpfeiler stützen: Nachfragereduzierung, Verringerung des Angebots, Bekämpfung des illegalen Handels, internationale Zusammenarbeit.

8.5.4.2 Rahmenbeschluss zur Bekämpfung des illegalen Drogenhandels

8.5.4.2.1 Regelungsgegenstand und Ziel des RB DH 2004

Der RB DH 2004 beinhaltet Mindestvorschriften über die Tatbestandsmerkmale strafbarer Handlungen im Bereich des illegalen Handels mit Drogen und Grundstoffen, um einen gemeinsamen Ansatz der strafrechtlichen Bekämpfung auf EU-Ebene zu ermöglichen.[161] Dem **Kriminalitätsbereich** des **illegalen Drogenhandels** sind gem. Art. 2 I RB DH 2004 folgende vorsätzliche und ohne Berechtigung vorgenommene Handlungen zuzuordnen:

75

- Gewinnen, Herstellen, Ausziehen, Zubereiten, Anbieten, Feilhalten, Verteilen, Verkaufen, Liefern – gleich zu welchen Bedingungen –, Vermitteln, Versenden – auch im Transit –, Befördern, Einführen oder Ausführen von Drogen (lit. a);
- Anbauen des Opiummohns, des Kokastrauchs oder der Cannabispflanze (lit. b);
- Besitz oder Kauf von Drogen mit dem Ziel, eine der unter lit. a aufgeführten Handlungen vorzunehmen (lit. c);
- Das Herstellen, Befördern oder Verteilen von Grundstoffen in der Kenntnis, dass sie der illegalen Erzeugung oder Herstellung von Drogen dienen (lit. d).

8.5.4.2.2 Wesentlicher Inhalt des RB DH 2004

In Art. 1 RB DH 2004 werden die Zentralbegriffe des RB („Drogen", „Grundstoffe", „juristische Person") definiert. Diese Begriffsbestimmungen schließen detailliertere Definitionen in den einzelstaatlichen Rechtsvorschriften nicht aus. Die Kommission hatte vorgeschlagen, dass der RB keine Anwendung finden sollte auf einen Konsumenten, der Drogen zum persönlichen Gebrauch illegal produziert, erwirbt oder besitzt und den Konsumenten, der Drogen ohne Gewinnerzielungs-

76

---

[158] ABlEG 2004 Nr. L 335, S. 8; vgl. hierzu *Weißer*, in: *Böse* (Hrsg.), EuStR, § 9 Rn. 32 ff.
[159] ABlEG 2017 Nr. L 305, S. 12.
[160] KOM (2020) 606 endg.: EU-Agenda zur Drogenbekämpfung und Aktionsplan für den Zeitraum 2021–2025 v. 24.7.2020; *Weißer*, in: *Böse* (Hrsg.), EuStR, § 9 Rn. 31.
[161] *Böse*, in: *Sieber u. a.* (Hrsg.), EuStR, § 20 Rn. 19 ff.; *Weißer*, in: *Böse* (Hrsg.), EuStR, § 9 Rn. 38.

absicht weitergibt.[162] Der RB folgt diesem Vorschlag nur insoweit, als er in Art. 2 II bestimmt, dass Handlungen nach Art. 2 I lit. a (Rn. 75) nicht in den Anwendungsbereich des RB fallen, wenn die Täter sie ausschließlich für ihren persönlichen Konsum im Sinne des nationalen Rechts begangen haben. Dies stellt aber – wie in Erwgr. 4 ausgeführt wird – keine Leitlinie des Rates dafür dar, wie die Mitgliedstaaten solche Fälle regeln sollen (Rn. 79).[163] Des Weiteren wird der lokale Drogenhändler erfasst, der über ein Netz von vor Ort agierenden Dealern verfügt oder an Personen verkauft, welche auf eigene Rechnung weiterverkaufen. Der RB bezieht insbesondere den grenzüberschreitenden Drogenhandel einschließlich des über neue Kommunikationstechniken (Internet) laufenden Handels ein.

77 Die Mitgliedstaaten sind verpflichtet, die in Art. 2 lit. a-d beschriebenen Handlungen (Rn. 75) einschließlich Anstiftung und Beihilfe hierzu sowie den Versuch unter Strafe zu stellen (Art. 3 I). Von einer Pönalisierung des Versuchs des Anbietens, Zubereitens sowie des Erwerbs von Drogen können die Mitgliedstaaten nach eigenem Ermessen absehen (Art. 3 II). Nach Art. 4 I ist sicherzustellen, dass die in den Art. 2 und 3 genannten Straftaten mit **wirksamen, verhältnismäßigen und abschreckenden strafrechtlichen Sanktionen** bedroht sind. Straftaten i. S. d. Art. 2 sind mit **Mindesthöchststrafen von einem bis drei Jahren** zu ahnden. Für Straftaten i. S. d. Art. 2, die eine große Menge von Drogen oder die gesundheitsschädlichsten Drogen betreffen oder bei mehreren Personen zu schweren Gesundheitsschäden geführt haben, müssen im nationalen Recht **Mindesthöchststrafen von fünf bis zehn Jahren** angedroht werden (Art. 4 II). Ferner muss die **Einziehung** der Substanzen, die Gegenstand des illegalen Drogenhandels waren, der Tatwerkzeuge und Vermögensgegenstände sowie der durch den Handel erzielten Erträge oder Vorteile ermöglicht werden (Art. 4 V). Nach Art. 5 wird es in das gesetzgeberische Ermessen der Mitgliedstaaten gestellt, Vorschriften zu **tätiger Reue** zu erlassen und eine **Kronzeugenregelung** einzuführen (Rn. 81). Die **Verantwortlichkeit juristischer Personen** für die in Art. 2 und 3 genannten Straftaten ist nach Maßgabe der Art. 6 und 7 sicherzustellen.

78 Jeder Mitgliedstaat hat nach Art. 8 I die erforderlichen Maßnahmen zu ergreifen, um seine **Gerichtsbarkeit** in Bezug auf die in Art. 2 und 3 genannten Straftaten zu begründen, wenn diese ganz oder teilweise in seinem Hoheitsgebiet, von einem seiner Staatsangehörigen oder zugunsten einer in seinem Hoheitsgebiet niedergelassenen juristischen Person begangen wurden.

8.5.4.2.3 Deutsches Strafrecht

79 Den in Art. 2–4 RB DH 2004 enthaltenen Vorgaben wird das geltende deutsche Strafrecht vollumfänglich gerecht.[164] Der umfangreiche Tatkatalog der §§ 29–30a BtMG[165] ermöglicht eine flächendeckende und lückenlose Erfassung der verschiedensten Tatbegehungsweisen. So wird in § 29 I Nr. 1 BtMG – dem Grund-

---

[162] ABlEG 2001 Nr. C 304, S. 172 ff.
[163] *Weißer*, in: *Böse* (Hrsg.), EuStR, § 9 Rn. 45.
[164] Vgl. hierzu KOM (2009) 669 endg., 3 ff.; *Weißer*, in: *Böse* (Hrsg.), EuStR, § 9 Rn. 43 ff.
[165] Betäubungsmittelgesetz i. d. F. v. 01.03.1994 (BGBl. I 1994, 358), zuletzt geändert durch Art. 3 Cannabisgesetz v. 27.03.2024 (BGBl. I 2024 Nr. 109).

tatbestand des deutschen Betäubungsmittelstrafrechts – der unerlaubte Verkauf und Handel mit Drogen unter Strafandrohung gestellt. Qualifikationen (Verbrechenstatbestände) sind in §§ 29a I, 30 I, 30a I, II BtMG normiert. Anbau, Produktion, Herstellung, Einfuhr, Ausfuhr, Verteilung, Anbieten und Verbringung von Drogen ohne Genehmigung werden von § 29 I Nr. 1 BtMG, besonders schwere Fälle dieser Tathandlungen von § 29 III Nr. 1, 2 BtMG erfasst. Ebenfalls strafbar gem. § 29 I Nr. 1 BtMG sind der ungenehmigte Empfang oder Kauf von Betäubungsmitteln („Erwerben" oder „Sichverschaffen in sonstiger Weise"). Der Besitz von Betäubungsmitteln stellt – ohne dass eine Absicht zur Gewinnerzielung oder Weitergabe vorliegen muss – gem. § 29 I Nr. 3 BtMG eine Straftat dar, wenn der Besitzer über keine schriftliche Erlaubnis für den Erwerb von Betäubungsmitteln verfügt. Der Versuch von Taten gem. § 29 I Nr. 1, 2, 5 oder 6 Buchstabe b BtMG ist gem. § 29 II BtMG strafbar. Die Vorschriften des § 29 I Nr. 1 BtMG sind, soweit sie das Handeltreiben, Abgeben oder Veräußern betreffen, auch anzuwenden, wenn sich die Handlung auf Stoffe oder Zubereitungen bezieht, die nicht Betäubungsmittel sind, aber als solche ausgegeben werden (§ 29 VI BtMG). Die im Katalog des § 29 I Nr. 1–14 BtMG geregelten Handlungen sind mit rahmenbeschlusskonformer Freiheitsstrafe bis zu fünf Jahren oder Geldstrafe bedroht. Nach § 29 V BtMG kann das Gericht von einer Bestrafung nach § 29 I, II und IV BtMG absehen, wenn der Täter die Betäubungsmittel lediglich zum Eigenverbrauch in geringer Menge anbaut, herstellt, einführt, ausführt, durchführt, erwirbt, sich in sonstiger Weise verschafft oder besitzt (vgl. auch § 31a I BtMG bzgl. des Absehens von strafrechtlicher Verfolgung durch die Staatsanwaltschaft). Die Straftatbestände des BtMG erfassen nach der am 01.04.2024 in Kraft getretenen gesetzlichen Neuregelung durch das Cannabisgesetz[166] nicht mehr den Umgang mit Cannabis.[167]

Auch den in Art. 4 II–IV aufgeführten **erschwerenden Umständen**, die mit einer erhöhten Mindesthöchststrafe von fünf bis zehn Jahre Freiheitsstrafe zu bedrohen sind, trägt das deutsche Strafrecht Rechnung. Fälle, in denen ein Bezug zur OK besteht, werden von §§ 30 I Nr. 1, 30a I BtMG erfasst. Ergänzend ist auf § 129 StGB i. V. m. § 30b BtMG hinzuweisen. Wenn die Straftat unter Anwendung von Gewalt begangen wurde, liegt ein unbenannter besonders schwerer Fall gem. § 29 III S. 1 BtMG vor (vgl. auch § 29 III S. 2 Nr. 2 BtMG). Bei Einsatz von Schusswaffen oder gefährlichen Gegenständen greift § 30a II Nr. 2 BtMG ein. 80

§ 31 Nr. 1 BtMG regelt die zu einer Strafmilderung oder einem Absehen von Strafe führende **Aufklärungshilfe**, durch die der Täter freiwillig sein Wissen über Tatgeschehen der Vergangenheit offenbart und dadurch zur Aufklärung von Lebensvorgängen über seinen eigenen Tatbeitrag hinaus beiträgt. Nach § 33 BtMG können Gegenstände, auf die sich eine Straftat nach den §§ 29 bis 30a BtMG bezieht (insb. Gewinne, die im Rahmen der Betäubungsmittelkriminalität erzielt wurden), eingezogen werden. Die bußgeldrechtliche Haftung juristischer Personen folgt aus § 30 OWiG. 81

---

[166] Gesetz zum kontrollierten Umgang mit Cannabis und zur Änderung weiterer Vorschriften v. 27.03.2024 (BGBl. I 2024 Nr. 109).
[167] KG BeckRS 2024, 9370. Vgl. zu den neuen Straf- u. Bußgeldbestimmungen (§§ 34–36 KCanG) *Sobota*, NJW 2024, 1217, 1218 ff.

8.5.5 Geldwäsche

8.5.5.1 Anwendungsbereich

82 Art. 83 I AEUV weist der Union eine originäre Strafrechtsangleichungskompetenz in dem Bereich der Geldwäschekriminalität zu. Diese tritt neben die strafrechtliche Annexkompetenz (Art. 83 II AEUV i. V. m. Art. 114 AEUV), von der die Union durch den Erlass von inzwischen fünf GeldwRL Gebrauch gemacht hat (Rn. 10). Durch Einschleusung inkriminierter Vermögenswerte in den Finanzkreislauf der Mitgliedstaaten könnten kriminelle Vereinigungen wirtschaftliche Einflussmacht und Kontrolle über Finanzinstitute und deren Geschäftspolitik gewinnen. Eine wirkungsvolle Bekämpfung des grenzüberschreitenden Phänomens Geldwäsche erfordert nicht nur eine unionsweite Koordinierung der Geldwäschebekämpfung, sondern auch gemeinsame strafrechtliche Mindeststandards. Divergierende einzelstaatliche Regelungen zur Geldwäschebekämpfung begründen die Gefahr von Wettbewerbsverzerrungen und gefährden damit die Funktionsfähigkeit des Binnenmarkts (Art. 114 AEUV). Nach Auffassung des EP und des Rates stellen Geldwäsche und die damit verbundene Terrorismusfinanzierung und OK nach wie vor bedeutende Probleme dar, die der Integrität, der Stabilität und dem Ansehen des Finanzsektors schaden und den Binnenmarkt und die innere Sicherheit der Union gefährden. Um diese Probleme zu bewältigen und die Anwendung der fünften GeldwRL[168] zu ergänzen und zu stärken, wurde die **RL (EU) 2018/1673 des EP und des Rates v. 23.10.2018 über die strafrechtliche Bekämpfung der Geldwäsche** (GeldwRL-StR)[169] verabschiedet, die am 02.12.2018 in Kraft getreten ist.[170]

8.5.5.2 Richtlinie zur strafrechtlichen Bekämpfung der Geldwäsche

8.5.5.2.1 Regelungsgegenstand und Ziel der GeldwRL-StR

83 Nach der Überzeugung des EU-Gesetzgebers kann eine effektive Bekämpfung der Geldwäsche wegen ihrer grenzüberschreitenden Dimension nur im Wege der justiziellen Zusammenarbeit zwischen den Mitgliedstaaten erreicht werden. Erforderlich sei daher die Verbesserung der grenzüberschreitenden Zusammenarbeit und des Informationsaustauschs. Nur durch ein Handeln auf Unionsebene könne verhindert werden, dass Mitgliedstaaten, deren Rechtsrahmen bestimmte kriminelle Tätigkeiten nicht oder nur teilweise abdeckt, für Geldwäscher besonders attraktiv sind und sich Kriminelle die Unterschiede zwischen den nationalen Rechtsordnungen zunutze machen. Die GeldwRL-StR legt daher **Mindestvorgaben** zur **Definition von Straftatbeständen** zur Geldwäschebekämpfung, zur **Vereinheitlichung der Vortatenkataloge** und zur **Angleichung der Sanktionshöhen** fest.

---

[168] ABlEU 2015 Nr. L 141, S. 73.
[169] ABlEU 2018 Nr. L 284, S. 22.
[170] Vgl. hierzu *Dannecker/Schröder*, in: *Böse* (Hrsg.), § 8 Rn. 194.

8.5.5.2.2 Wesentlicher Inhalt der GeldwRL-StR

Die GeldwRL-StR definiert in Art. 3 I sich teilweise überschneidende **Straftatbe-** 84
stände der Geldwäsche,[171] die in den Mitgliedstaaten unter Strafe gestellt werden müssen:

- Umtausch oder Transfer von Vermögensgegenständen in Kenntnis der Tatsache, dass diese Gegenstände aus einer kriminellen Tätigkeit stammen, zum Zwecke der Verheimlichung oder Verschleierung des illegalen Ursprungs der Vermögensgegenstände oder der Unterstützung einer Person, die an einer kriminellen Tätigkeit beteiligt ist, damit diese den Rechtsfolgen ihrer Tat entgeht (Art. 3 I lit. a);
- Verheimlichung oder Verschleierung der wahren Natur, Herkunft, Lage, Verfügung oder Bewegung von Vermögensgegenständen oder von Rechten oder Eigentum an Vermögensgegenständen in Kenntnis der Tatsache, dass diese Gegenstände aus einer kriminellen Tätigkeit stammen (Art. 3 I lit. b);
- Erwerb, Besitz oder Verwendung von Vermögensgegenständen, in Kenntnis – bei der Übernahme dieser Vermögensgegenstände – der Tatsache, dass sie aus einer kriminellen Tätigkeit stammen (Art. 3 I lit. c).

Bei den vorgenannten Geldwäschehandlungen handelt es sich um **vorsatzgetragene Handlungen**, die in Kenntnis der Tatsache begangen werden, dass das Tatobjekt aus einer kriminellen Tätigkeit stammt. Jedoch hebt Art. 3 II die Möglichkeit hervor, eine Geldwäschehandlung auch dann unter Strafe zu stellen, „wenn der Täter den Verdacht hatte oder ihm bekannt hätte sein müssen, dass die Vermögensgegenstände aus einer kriminellen Tätigkeit stammen". Diese Formulierung bekräftigt das den Mitgliedstaaten schon bisher eröffnete gesetzgeberische Ermessen, die Geldwäschestrafbarkeit auch bei lediglich **fahrlässigem Verkennen der illegalen Herkunft** des Vortatobjekts vorzusehen. Art. 3 V sieht auch eine **Strafbarkeit der Selbstgeldwäsche** vor.[172] Die Mitgliedstaaten müssen sicherstellen, dass eine Handlung nach Art. 3 I lit. a und b unter Strafe gestellt wird, wenn sie von Personen verübt wird, die an der kriminellen Tätigkeit, aus der die Vermögensgegenstände stammen, als Täter oder in anderer Weise beteiligt waren. Die Richtlinienvorgabe ist somit auf Fälle beschränkt, in denen der Vortäter die inkriminierten Gegenstände in den Verkehr bringt und dabei deren illegale Herkunft verschleiert. Bloßes Besitzen oder Verwenden (Art. 3 I lit. c) genügt nicht.

Art. 2 Nr. 2 GeldwRL-StR definiert den Begriff des **Vermögensgegenstandes**. 85
Danach sind taugliche Tatobjekte der Geldwäsche Vermögenswerte aller Art, ob körperlich oder nichtkörperlich, beweglich oder unbeweglich, materiell oder immateriell, und Rechtstitel oder Urkunden in jeder – einschließlich elektronischer oder digitaler – Form, die das Eigentumsrecht oder Rechte an solchen Vermögenswerten

---
[171] Vgl. hierzu *Schröder/Blaue*, NZWiSt 2019, 161, 164.
[172] Vgl. hierzu *Schröder/Blaue*, NZWiSt 2019, 161, 165, sowie EuGH BeckRS 2021, 24499 (Rz. 54 ff.).

belegen.¹⁷³ Die in Art. 3 normierten Geldwäschehandlungen beziehen sich auf Gegenstände, die aus einer **kriminellen Tätigkeit** stammen. Nach Art. 2 Nr. 1 S. 1 ist unter krimineller Tätigkeit jede Form der kriminellen Beteiligung an Straftaten zu verstehen, die gemäß dem nationalen Recht mit einer Freiheitsstrafe oder mit Freiheitsentzug im Höchstmaß von mehr als einem Jahr oder – in Mitgliedstaaten, deren Rechtssystem ein Mindestmaß für Straftaten vorsieht (wie in Deutschland; vgl. § 38 II StGB) – mit einer Freiheitsstrafe oder einer die Freiheit beschränkenden Maßnahme im Mindestmaß von mehr als sechs Monaten geahndet werden können. Desweiteren müssen nach dem umfangreichen Katalog des Art. 2 Nr. 1 S. 2 jedenfalls solche Straftaten, die zu den durch EU-Rechtsakte harmonisierten Deliktskategorien gehören – namentlich aus den Bereichen OK, Terrorismus, Menschenhandel, sexuelle Ausbeutung, illegaler Drogen- und Waffenhandel, Korruption, Geld- und Produktfälschung, Umweltkriminalität, Piraterie, Marktmanipulation sowie Cyberkriminalität – als geldwäschetaugliche Vortaten eingestuft werden. Darüber hinaus sollen aber u. a. auch bereits Delikte wie einfacher Diebstahl, Betrug, Steuerstraftaten und Erpressung (Art. 2 Nr. 1 S. 2 lit. i, o, q und lit. r) erfasst werden.¹⁷⁴ Geldwäschetaten nach Art. 3 I und II, die sich auf einen aus einer **Auslandsvortat stammenden Vermögensgegenstand** beziehen, müssen gem. Art. 3 III lit. c mit Strafe bedroht werden, wenn die Auslandsvortat auch im Inland eine strafbare Handlung ist. Nur für die Fälle, dass es sich bei der im Ausland begangenen Handlung nicht um Straftaten aus Art. 2 I lit. a-e und lit. h und gemäß geltendem Unionsrecht handelt, „können die Mitgliedstaaten verlangen, dass die betreffende Handlung nach dem nationalen Recht des anderen Mitgliedstaates oder des Drittstaates, in dem diese Handlung begangen wurde, eine Straftat darstellt" (Art. 3 IV). Diese Vorgabe stößt auf Bedenken, da sie dazu führen kann, dass Transaktionen auch dann unter Strafe gestellt werden, wenn der Vermögensgegenstand in einem Drittland legal erworben wurde.¹⁷⁵ Hinsichtlich des **Nachweises einer Geldwäschevortat** sieht Art. 3 III lit. b vor, dass eine Verurteilung wegen Geldwäsche auch bereits dann möglich sein muss, „wenn festgestellt wird, dass die Vermögensgegenstände aus einer kriminellen Tätigkeit stammen, ohne dass es erforderlich wäre, alle Sachverhaltselemente bzw. alle Umstände im Zusammenhang mit dieser Tätigkeit festzustellen, darunter auch die Identität des Täters".¹⁷⁶

86 Art. 6 I GeldwRL-StR verpflichtet die Mitgliedstaaten dazu, die folgenden **erschwerenden Umstände** strafschärfend zu berücksichtigen:

- die Straftat wurde im Rahmen einer kriminellen Vereinigung i. S. d. RB 2008/841/JI begangen (Art. 6 I lit. a);

---

¹⁷³ Paysafe-Codes (BGH NStZ-RR 2019, 112, 113), Bitcoins und Kryptowährungen sind taugliche Geldwäschegegenstände; vgl. hierzu *Grzywotz*, Virtuelle Kryptowährungen und Geldwäsche, passim; *Herzog/Hoch* StV 2019, 412 ff.; *Schröder/Blaue*, NZWiSt 2019, 161, 164.
¹⁷⁴ *Bösel/Jansen*, JZ 2019, 591, 592 f.; *Schröder/Blaue*, NZWiSt 2019, 161, 163.
¹⁷⁵ Krit. hierzu *Bösel/Jansen*, JZ 2019, 591, 595 f.; *Schindler*, NZWiSt 2020, 457, 463; *Schröder/Blaue*, NZWiSt 2019, 161, 163 f.
¹⁷⁶ *Schröder/Blaue*, NZWiSt 2019, 161, 166.

- der Täter ist Verpflichteter i. S. d. Art. 2 RL (EU) 2015/849 (z. B. Wirtschaftsprüfer, Notare, Immobilienmakler bzw. für Kredit- und Finanzinstitute tätige Personen) und hat die Straftat in Ausübung seiner beruflichen Tätigkeit begangen (Art. 6 I lit. b).

Nach Art. 6 II können auch dann erschwerende Umstände angenommen werden, wenn die gewaschenen Vermögensgegenstände einen beträchtlichen Wert haben oder aus Vortaten nach Art. 2 I lit. a bis lit. c und lit. h stammen. Zur **Vereinheitlichung der Sanktionshöhe** sieht Art. 5 II für die vorsätzlich begangene Geldwäsche eine **Mindesthöchststrafe von vier Jahren Freiheitsstrafe** vor. Die **Verantwortlichkeit juristischer Personen** ist nach Maßgabe der Art. 7 und 8 sicherzustellen, wobei auch nichtstrafrechtliche Sanktionen ausreichen. Art. 9 sieht vor, dass die **Erträge** aus den genannten Geldwäschetaten und die **Tatwerkzeuge**, die bei der Tatbegehung oder bei einer Beihilfe zu deren Begehung verwendet wurden oder verwendet werden sollten, gem. der **RL 2014/42/EU** (Rn. 89 f.) **sichergestellt** oder **eingezogen** werden können.

Nach Art. 10 GeldwRL-StR sind die Mitgliedstaaten verpflichtet, ihre **gerichtliche Zuständigkeit** zu begründen, wenn die in den Art. 3 und 4 genannten Taten ganz oder teilweise in ihrem Hoheitsgebiet begangen wurden bzw. wenn es sich bei dem Täter um einen ihrer Staatsangehörigen handelt. Beachtenswert ist die in Art. 10 III eingefügte Regelung zur **Vermeidung von Jurisdiktionskonflikten** (Kap. 12 Rn. 72 ff.), die vergleichbar mit Art. 19 III RL TB 2017 (Rn. 58) eine **Verfahrenskonzentration** vorsieht und vier zur **Zuständigkeitskoordinierung** heranzuziehende Kriterien benennt (Tatort, Staatsangehörigkeit oder Wohnsitz der Täter bzw. Opfer, Ergreifungsort).

8.5.5.3 Sicherstellung und Einziehung von Tatwerkzeugen und Erträgen aus Straftaten in der EU

Seit Jahrzehnten verfolgt die Unionspolitik das Ziel, dem organisierten Verbrechen seinen größten Anreiz, die Erzielung von Erträgen, zu nehmen. Vor allem die Geldwäsche als „Herzstück" der OK soll von den Mitgliedstaaten mit aller Entschlossenheit bekämpft werden. Bereits die **GM v. 03.12.1998 über Geldwäsche, die Ermittlung, das Einfrieren, die Beschlagnahme und die Einziehung von Tatwerkzeugen und Erträgen aus Straftaten**[177] beschränkte die Möglichkeit der Mitgliedstaaten, Vorbehalte zu bestimmten Vorschriften des Geldwäscheübk. des Europarats[178] (Kap. 3 Rn. 11) geltend zu machen. Auch das am 16.10.2001 verabschiedete **Protokoll zum EU-Übk. über die Rechtshilfe in Strafsachen v. 29.05.2000**[179] enthält spezifische Regelungen zur Erleichterung der Rechtshilfe bei der Bekämpfung der Geldwäschekriminalität. Durch den **RB 2001/500/JI des Rates v. 26.06.2001 über Geldwäsche sowie Ermittlung, Einfrieren, Beschlagnahme und Einziehung von Tatwerkzeugen und Erträgen**

---
[177] ABlEG 1998 Nr. L 333, S. 1.
[178] *Dannecker/Schröder*, in: *Böse* (Hrsg.), § 8 Rn. 153.
[179] ABlEG 2001 Nr. C 326, S. 1.

aus Straftaten[180] wurde die GM reformiert und effektiviert. Im Jahre 2005 wurde das Instrumentarium mit dem **RB des Rates v. 24.02.2005 über die Einziehung von Erträgen, Tatwerkzeugen und Vermögensgegenständen aus Straftaten**[181] um die erweiterte Einziehung ergänzt, die mindestens für ein bestimmtes Spektrum schwerer Straftaten zur Verfügung stehen muss.[182] Mit der am 19.05.2014 in Kraft getretenen **RL 2014/42/EU des EP und des Rates v. 03.04.2014 über die Sicherstellung und Einziehung von Tatwerkzeugen und Erträgen aus Straftaten in der EU**[183] wurde das europäische Gewinnabschöpfungsrecht erneut umgestaltet.[184] Eine weitere Reform bahnt sich auf der Grundlage des Vorschlags der Kommission v. 25.05.2022 zum Erlass einer RL über die Abschöpfung und Einziehung von Vermögenswerten an.[185]

8.5.5.3.1 Regelungsgegenstand und Ziel der RL 2014/42/EU

89 Nach Auffassung von Rat und EP gehören das effiziente Aufspüren sowie die Sicherstellung und Einziehung von Tatwerkzeugen und Erträgen aus Straftaten zu den wirksamsten Maßnahmen zur Bekämpfung der OK. Da sich die bestehenden Regelungen für die erweiterte Einziehung und die gegenseitige Anerkennung von Sicherstellungs- und Einziehungsentscheidungen nur als eingeschränkt wirksam erwiesen haben, sollen die Regelungen der Mitgliedstaaten zur Sicherstellung und Einziehung durch die Annahme von Mindestvorschriften einander angenähert werden (Art. 1).

8.5.5.3.2 Wesentlicher Inhalt der RL 2014/42/EU

90 Art. 2 Nr. 2 enthält eine weit gefasste **Definition der Vermögensgegenstände**, die sichergestellt und eingezogen werden können. Erfasst werden auch rechtserhebliche Schriftstücke oder Urkunden, die das Recht auf solche Vermögensgegenstände oder Rechte daran belegen. Bei diesen Schriftstücken oder Urkunden kann es sich bspw. um Finanzinstrumente oder Schriftstücke handeln, die Ansprüche von Gläubigern begründen können und sich in der Regel im Besitz der von den einschlägigen Verfahren betroffenen Person befinden. Zur effektiven Bekämpfung der OK sollen nach einer strafrechtlichen Verurteilung nicht nur Vermögensgegenstände eingezogen werden können, die mit einer bestimmten Straftat in Zusammenhang stehen, sondern darüber hinaus auch weitere Vermögensgegenstände, die das Gericht als Erträge aus anderen Straftaten ansieht („erweiterte Einziehung"; Art. 5 I).[186] Die RL 2014/42/EU sieht eine umfassende Möglichkeit der Einziehung von Vermögensgegenständen und Sicherstellung von Tatwerkzeugen vor. Geregelt werden insofern die **Einziehung** (Art. 4), die **erweiterte Ein-**

---

[180] AblEG 2001 Nr. L 182, S. 1; *Dannecker/Bülte*, Hb. WiStR, Kap. 2 Rn. 105.

[181] AblEG 2005 Nr. L 68, S. 49; *Dannecker/Bülte*, Hb. WiStR, Kap. 2 Rn. 106 f.

[182] *Kilchling*, in: Sieber u. a. (Hrsg.), EuStR, § 16 Rn. 13.

[183] AblEU 2014 Nr. L 127, S. 39.

[184] *Dannecker/Bülte*, Hb. WiStR, Kap. 2 Rn. 107b; *Kilchling*, in: Sieber u. a. (Hrsg.), EuStR, § 16 Rn. 21.

[185] KOM (2022) 245 endg.

[186] Krit. hierzu im Hinblick auf die von der RL intendierte Absenkung des Beweisstandards *Kilchling*, in: Sieber u. a. (Hrsg.), EuStR, § 16 Rn. 21.

ziehung (Art. 5), die **Dritteinziehung** (Art. 6) und die **Sicherstellung** (Art. 7). Darüber hinaus gibt Art. 8 vor, welche **Verfahrensgarantien** für die von der Einziehung, aber auch von der Straftat betroffenen Personen gelten. Das Konzept der „Erträge aus Straftaten" soll dergestalt präzisiert werden, dass es nicht nur die unmittelbar aus einer kriminellen Tätigkeit erlangten Erträge umfasst, sondern auch alle mittelbaren Vorteile einschließlich der aus einer späteren Reinvestition oder Umwandlung direkter Erträge erlangten Vorteile (Art. 2 Nr. 1; 3 Buchst. a-k). Somit können Erträge alle Vermögensgegenstände umfassen, einschließlich solcher, die ganz oder teilweise in andere Vermögensgegenstände umgeformt oder umgewandelt wurden, oder solcher, die mit aus rechtmäßigen Quellen erworbenen Vermögensgegenständen vermischt wurden, bis zur Höhe des Schätzwerts der Erträge, die vermischt wurden. Sie können auch Einkommen oder andere Gewinne umfassen, die aus Erträgen aus Straftaten oder aus Vermögensgegenständen stammen, in die bzw. mit denen diese Erträge aus Straftaten umgeformt, umgewandelt oder vermischt wurden. Die gegenseitige Anerkennung von in den Mitgliedstaaten getroffenen Sicherstellungs- und Einziehungsentscheidungen folgt seit dem 19.12.2020 unmittelbar aus der **VO (EU) 2018/1805 des EP und des Rates v. 14.11.2018 über die gegenseitige Anerkennung von Sicherstellungs- und Einziehungsentscheidungen**[187] (Kap. 11 Rn. 39).

8.5.5.3.3 Deutsches Strafrecht

In Erfüllung der von Deutschland übernommenen Verpflichtungen aus dem UN-SuchtstoffÜbK (Kap. 5 Rn. 7), dem GeldwÜbK des Europarats (Kap. 3 Rn. 15) und der 1. GeldwRL (Rn. 10) schuf der deutsche Gesetzgeber durch das **OrgKG** v. 15.07.1992[188] den Straftatbestand der Geldwäsche (§ 261 StGB). Seitdem wurde der Tatbestand – im Wesentlichen bedingt durch die unionsrechtlich vorgegebene Erweiterung des Vortatenkatalogs als auch durch dessen Anpassung an geänderte Bezugsstraftatbestände – sehr häufig geändert.[189] § 261 StGB zielte ursprünglich darauf ab, das Einschleusen von Vermögensgegenständen aus OK und verwandten Erscheinungsformen in den legalen Finanz- und Wirtschaftskreislauf zum Zwecke der Tarnung zu verhindern.[190] Die Strafverfolgungsbehörden sollen in die Lage versetzt werden, die „Geld- bzw. Papierspur" (papertrail) illegaler Finanzströme aufnehmen, in die Strukturen der OK eindringen und deren Nerv durch Entziehung ihrer Gewinne treffen zu können. Obwohl die OK-Bekämpfung Anlass zur Schaffung des Geldwäschetatbestandes war, reichte bereits der in § 261 I S. 2 StGB in der bis zum 17.03.2021 geltenden Fassung enthaltene Vortatenkatalog weit über die Straftaten hinaus, die der OK zuzurechnen sind. Mit Wirkung v. 18.03.2021 wurde § 261 StGB durch das **Ges. zur Ver-**

91

---

[187] ABlEU 2018 Nr. L 303, S. 1.
[188] Ges. zur Bekämpfung des illegalen Rauschgifthandels und anderer Erscheinungsformen der Organisierten Kriminalität (BGBl I 1992, S. 1302); vgl. hierzu *Kreß*, wistra 1998, 121 ff.
[189] S/S-*Hecker*, § 261 Rn. 1; SSW-*Jahn*, § 261 Rn. 5 ff.; MüKoStGB/*Neuheuser*, § 261 Rn. 21 ff.
[190] BT-Drs. 12/989, 26; BGHSt 50, 347, 354; S/S-*Hecker*, § 261 Rn. 2.

besserung der strafrechtlichen Bekämpfung der Geldwäsche[191] fundamental umgestaltet.[192]

92   Der deutsche Gesetzgeber hat die gebotene Umsetzung der GeldwRL-StR zum Anlass genommen, den Anwendungsbereich des § 261 StGB massiv auszuweiten.[193] Von § 261 I Nr. 1–4, II StGB werden alle in Art. 3 GeldwRL-StR (Rn. 84) vorgegebenen Tathandlungen abgedeckt. Die elementarste Änderung ist die Abkehr von der abschließenden Aufzählung tauglicher Geldwäschevortaten (§ 261 I S. 2 StGB a. F.). Mit der nunmehr vorgesehenen **Erstreckung des Tatbestands auf alle Straftaten** (sog. „all-crimes-approach") geht der neue § 261 StGB über die Vorgaben der GeldwRL-StR hinaus.[194] Trotz der erheblichen Ausweitung des objektiven Tatbestands hält der Gesetzgeber an einer Strafbarkeit wegen **Leichtfertigkeit** (§ 261 VI S. 1 StGB) fest.[195] Die von § 261 I StGB a. F. angedrohte Mindeststrafe von drei Monaten Freiheitsstrafe ist entfallen, sodass nunmehr auch eine Geldstrafe verhängt werden kann. Die übrigen Strafrahmen für Fälle leichtfertiger Geldwäsche und besonders schwere Fälle sind unverändert geblieben. In Umsetzung des Art. 6 I lit. b GeldwRL-StR (Rn. 86) sieht § 261 IV StGB nunmehr in einem **Qualifikationstatbestand** eine erhöhte Strafandrohung von drei Monaten bis zu fünf Jahren Freiheitsstrafe vor, wenn der Täter als **Verpflichteter i. S. d § 2 GwG** handelt. Die bereits in § 261 IX S. 2 und 3 StGB a. F. enthaltene Bestimmung zur **Selbstgeldwäsche** wird in § 261 VII StGB inhaltlich unverändert beibehalten.[196] Wie bereits bisher können im **Ausland begangene Taten** taugliche Vortaten einer strafbaren Geldwäsche sein (§ 261 IX Nr. 1 StGB). Die im früheren Recht statuierte Voraussetzung, dass die Vortat auch am ausländischen Tatort mit Strafe bedroht sein muss, wird nunmehr entsprechend der Vorgabe des Art. 3 IV GeldwRL-StR (Rn. 85) für einen Katalog an Straftaten aus insgesamt acht EU-Rechtsakten durchbrochen (§ 261 IX Nr. 2 Buchst. a-h StGB).[197] Das sog. **Strafverteidigerprivileg**[198] wird in § 261 I S. 3 und VI S. 2 StGB kodifiziert. Eine Strafbarkeit des Strafverteidigers wegen Geldwäsche durch Entgegennahme eines Honorars für seine Tätigkeit kommt danach nur dann in Betracht, wenn er zum Zeitpunkt der Annahme sichere

---

[191] BGBl. I 2021, 327; vgl. hierzu BT-Drs. 19/24180.

[192] *Gazeas*, NJW 2021, 1041, 1042; *Gercke/Jahn/Paul*, StV 2021, 330 („Paradigmenwechsel").

[193] Zu den Verwerfungen, die sich aus den weitreichenden Überschneidungen des § 261 StGB mit den übrigen Anschlussdelikten (§§ 257, 259 StGB) ergeben vgl. *Altenhain/Fleckenstein*, JZ 2020, 1045 ff.; *El-Ghazi/Laustetter*, NZWiSt 2023, 121 ff.

[194] Zu Recht krit. hierzu *Altenhain/Fleckenstein*, JZ 2020, 1045 f.; *Bülte*, in: *Joecks/Jäger/Randt* (Hrsg.), SteuerStR, Anh. IV, § 261 Rn. 19 f.; *Gazeas*, NJW 2021, 1041, 1044; *Gercke/Jahn/Paul*, StV 2021, 330, 331, 333 ff.; *Schindler*, NZWiSt 2020, 457, 462 f.

[195] Zu Recht krit. hierzu *Altenhain/Fleckenstein*, JZ 2020, 1045, 1050; *Gazeas*, NJW 2021, 1041, 1044; *Gercke/Jahn/Paul*, StV 2021, 330, 339; *Travers/Michaelis*, NZWiSt 2021, 125 (131); vgl. auch *Bülte*, in: *Joecks/Jäger/Randt* (Hrsg.), SteuerStR, Anh. IV, § 261 Rn. 165, der § 261 VI StGB für verfassungswidrig hält.

[196] *Altenhain/Fleckenstein*, JZ 2020, 1045, 1051; *Gercke/Jahn/Paul*, StV 2021, 330, 339; Mü-KoStGB/*Neuheuser*, § 261 Rn. 132 ff.

[197] BT-Drs. 19/24180, 35; *Böhme/Busch*, wistra 2021, 169, 171; *Böse/Jansen* JZ 2019, 591, 597; krit. zu dieser statischen Verweisung mit Blick auf Art. 103 II GG *Bülte*, in: *Joecks/Jäger/Randt* (Hrsg.), SteuerStR, Anh. IV, § 261 Rn. 49.

[198] BVerfGE 110, 226 ff.; BVerfG NJW 2015, 2952 ff.; *Altenhain/Fleckenstein*, JZ 2020, 1045, 1050; *Gercke/Jahn/Paul*, StV 2021, 330, 338; S/S-*Hecker*, § 261 Rn. 24.

Kenntnis von dessen rechtswidriger Herkunft hatte. In der Literatur wird zu Recht kritisiert, dass die nahezu uferlose Anwendungsbreite des § 261 StGB, durch die massenhaft Fälle bloßer Bagatellkriminalität in den Einzugsbereich invasiver Mechanismen der Strafverfolgung gelangen, mit dem ultima-ratio-Prinzip kollidiert und zu einer erheblichen Mehrbelastung der Strafjustiz führt.[199]

Der Umsetzung der RL 2014/42/EU (Rn. 89 f.) dient das am 01.07.2017 in Kraft getretene **Ges. zur Reform der strafrechtlichen Vermögensabschöpfung**,[200] das eine umfassende Neuausrichtung dieser Rechtsmaterie beinhaltet.[201] Die Regelungen in §§ 73 ff. StGB sowie die strafverfahrensrechtlichen Vorschriften über die Sicherstellung in §§ 111b ff. StPO, das Verfahren in §§ 421 ff. StPO und die Vollstreckung in §§ 459g ff. StPO wurden vollständig neu gefasst. Die im früheren Recht vorgenommene Unterscheidung zwischen „Verfall" und „Einziehung" wird entsprechend der im Unionsrecht verwendeten Terminologie durch den einheitlichen Begriff der „Einziehung" ersetzt (§ 73 StGB). Der frühere „Verfall von Wertersatz" trägt nunmehr die Bezeichnung „Einziehung des Wertes von Taterträgen" (§ 73c StGB). Das Institut der „erweiterten Einziehung" ist nicht mehr katalogartig beschränkt, sondern aufgrund jeder Straftat möglich (§ 73a StGB). Gegenstände, auf die sich die Geldwäschetat bezieht, können **eingezogen** werden (§ 261 X S. 1 StGB). In Fällen, in denen der Gegenstand nicht nach § 73 StGB eingezogen werden kann – etwa dann, wenn der Beschuldigte diesen zunächst gutgläubig erlangt hat und erst nach Eintritt der Bösgläubigkeit Geldwäschehandlungen vornimmt –, ist dessen Einziehung jedenfalls nach § 74 StGB bzw. § 74a StGB möglich. Daneben ist die Einziehung nach § 261 X S. 3 i. V. m. §§ 73 ff. StGB insoweit – und für Tatobjekte mit Vorrang gegenüber § 74 II StGB – möglich, als aus der Geldwäschetat selbst etwas erlangt wurde.[202] § 76a IV StGB ermöglicht die **Abschöpfung verdächtig erlangter Vermögenswerte** im selbstständigen Verfahren unabhängig vom Nachweis einer konkreten Erwerbstat.[203] Die selbstständige Einziehung nach § 76a IV StGB kann insbesondere dann in Betracht kommen, wenn eine Verurteilung wegen Geldwäsche lediglich daran scheitert, dass der erforderliche Vorsatz nicht festgestellt werden kann oder der Betroffene zwar in kriminelle Aktivitäten verstrickt sein könnte, ihm jedoch die Beteiligung an einer konkreten Straftat nicht nachzuweisen ist.[204]

8.5.6 Korruption

8.5.6.1 Anwendungsbereich

Aktivitäten zur Korruptionsbekämpfung stehen bereits seit vielen Jahren auf der Agenda internationaler Organisationen (Kap. 5 Rn. 7, 9). In Anlehnung an die Begriffsbestimmungen des vom Europarat ausgearbeiteten Anti-Korruptionsübk.

---

[199] *Gazeas*, NJW 2021, 1041, 1046; *Gercke/Jahn/Paul*, StV 2021, 330, 334, 340.
[200] BGBl. I 2017, 872.
[201] *Köhler/Burkhard*, NStZ 2017, 665 ff.; *Korte*, NZWiSt 2018, 231 ff.; *Trüg*, NJW 2017, 1913 ff.
[202] *Gercke/Jahn/Paul*, StV 2021, 330, 332.
[203] S/S-*Eser/Schuster*, § 76a Rn. 10 ff.
[204] *Gercke/Jahn/Paul*, StV 2021, 330, 331 f.

v. 27.01.1999 (ETS Nr. 173)[205] mit ZP v. 15.05.2003 (ETS Nr. 191) umfasst das Kriminalitätsphänomen **„Korruption"** folgende **vorsätzliche Handlungen**, die zur Konkretisierung der in Art. 83 I AEUV enthaltenen Strafrechtsangleichungskompetenz herangezogen werden können:

(1) **Amtsträgerbestechung**: das Versprechen, Anbieten oder Gewähren eines ungerechtfertigten Vorteils an einen in- oder ausländischen Amtsträger (einschließlich „internationaler Beamter") für diesen selbst oder für einen Dritten als Gegenleistung dafür, dass er bei der Wahrnehmung seiner Aufgaben eine Handlung vornimmt oder unterlässt;
(2) **Amtsträgerbestechlichkeit**: das Fordern oder Annehmen eines ungerechtfertigten Vorteils oder das Annehmen des Angebots oder Versprechens eines solchen Vorteils durch einen in- oder ausländischen Amtsträger (einschließlich „internationaler Beamter") für ihn selbst oder einen Dritten als Gegenleistung dafür, dass er bei der Wahrnehmung seiner Aufgaben eine Handlung vornimmt oder unterlässt;
(3) **Bestechung im privaten Sektor**: das im Rahmen einer Geschäftstätigkeit erfolgende Versprechen, Anbieten oder Gewähren eines ungerechtfertigten Vorteils an eine Person, die ein Unternehmen im privaten Sektor leitet oder für ein solches tätig ist, für diese selbst oder für einen Dritten als Gegenleistung dafür, dass sie unter Verletzung ihrer Pflichten eine Handlung vornimmt oder unterlässt;
(4) **Bestechlichkeit im privaten Sektor**: Das im Rahmen einer Geschäftstätigkeit erfolgende Fordern oder Annehmen eines ungerechtfertigten Vorteils oder das Annehmen des Angebots oder Versprechens eines solchen Vorteils durch eine Person, die ein Unternehmen im privaten Sektor leitet oder für ein solches tätig ist, für sie selbst oder einen Dritten als Gegenleistung dafür, dass sie unter Verletzung ihrer Pflichten eine Handlung vornimmt oder unterlässt.

8.5.6.2 Rahmenbeschluss zur Bekämpfung der Bestechung im privaten Sektor

95   Ex-Art. 29 EUV erklärte die Verhütung und Bekämpfung von Bestechung und Bestechlichkeit ausdrücklich zu einem Ziel der EU. Durch den am 31.07.2003 in Kraft getretenen **RB 2003/568/JI des Rates v. 22.07.2003 zur Bekämpfung der Bestechung im privaten Sektor**[206] wurden die bisher auf internationaler Ebene eingesetzten Instrumente ergänzt. Mit Blick auf einen Vorschlag der Kommission v. 03.05.2023[207] steht zu erwarten, dass der RB zeitnah durch eine RL zur Bekämpfung der Korruption ersetzt wird.

8.5.6.2.1   Regelungsgegenstand und Ziel des RB 2003/568/JI

96   Nach Auffassung des Rates gefährdet die Bestechung im öffentlichen und privaten Bereich die Rechtstreue der Gesellschaft, verzerrt den Wettbewerb im Zusammenhang mit der Beschaffung von Waren oder gewerblichen Leistungen und hemmt eine

---

[205] *Dannecker/Bülte*, Hb. WiStR, 2. Kap. Rn. 52.
[206] ABlEG 2003 Nr. L 192, S. 54; vgl. hierzu *Dannecker/Schröder*, in: *Böse* (Hrsg.), EuStR, § 8 Rn. 116 ff.
[207] KOM (2023) 234 endg.

8.5 Felder der Strafrechtsangleichung in der Union

gesunde wirtschaftliche Entwicklung. Mit dem RB soll insbesondere sichergestellt werden, dass die Korruption im privaten Sektor in allen Mitgliedstaaten unter Strafe gestellt wird, juristische Personen für diese Straftaten haftbar gemacht werden können und die zu verhängenden Strafen wirksam, verhältnismäßig und abschreckend sind.

8.5.6.2.2 Wesentlicher Inhalt des RB 2003/568/JI

Art. 1 RB 2003/568/JI definiert den Begriff der „Pflichtverletzung". In Art. 2 und 3 werden den Mitgliedstaaten Pönalisierungspflichten auferlegt. Jeder Mitgliedstaat muss folgende vorsätzliche Handlungen (einschließlich Beihilfe und Anstiftung) mit Strafe bedrohen, wenn sie im Rahmen von Geschäftsvorgängen ausgeführt werden: 97

a) Handlungen, bei denen jemand unmittelbar oder über einen Mittelsmann einer Person, die für ein Unternehmen im privaten Sektor in leitender oder sonstiger Stellung tätig ist, einen unbilligen Vorteil für diese Person selbst oder für einen Dritten verspricht, anbietet oder gewährt, damit diese Person unter Verletzung ihrer Pflichten eine Handlung vornimmt oder unterlässt (Bestechung im privaten Sektor),
b) Handlungen, bei denen jemand, der in einem Unternehmen im privaten Sektor in leitender oder sonstiger Stellung tätig ist, unmittelbar oder über einen Mittelsmann für sich oder einen Dritten einen unbilligen Vorteil als Gegenleistung dafür fordert, annimmt oder sich versprechen lässt, dass er unter Verletzung seiner Pflichten eine Handlung vornimmt oder unterlässt (Bestechlichkeit im privaten Sektor).

Nach Art. 4 I RB 2003/568/JI muss jeder Mitgliedstaat gewährleisten, dass die in Art. 2 und 3 genannten Handlungen mit **wirksamen, angemessenen** und **abschreckenden Strafen** geahndet werden. Die in Art. 2 genannten Handlungen sind mit einer **Mindesthöchststrafe zwischen einem Jahr und drei Jahren Freiheitsstrafe** zu bedrohen (Art. 4 II). Des Weiteren hat nach Art. 4 III jeder Mitgliedstaat die erforderlichen Maßnahmen zu treffen, um sicherzustellen, dass einer natürlichen Person, die im Zusammenhang mit einer bestimmten Geschäftstätigkeit wegen der in Art. 2 genannten Handlungen verurteilt worden ist, die weitere Ausübung dieser oder einer vergleichbaren Geschäftstätigkeit in einer ähnlichen Position oder Eigenschaft vorübergehend untersagt werden kann, wenn der festgestellte Sachverhalt eindeutig auf das Risiko schließen lässt, dass die betreffende Person ihre Position oder Tätigkeit für Bestechung oder Bestechlichkeit missbrauchen könnte. Die **Verantwortlichkeit juristischer Personen** und ihre Sanktionierung richten sich nach Art. 5 und 6. Jeder Mitgliedstaat muss nach Art. 7 seine **gerichtliche Zuständigkeit** für die strafbaren Handlungen nach den Art. 2 und 3 in den Fällen begründen, in denen die Straftat ganz oder teilweise in seinem Hoheitsgebiet, von einem seiner Staatsangehörigen oder zugunsten einer juristischen Person begangen wurde, die ihren Sitz im Hoheitsgebiet dieses Mitgliedstaats hat. 98

8.5.6.2.3 Deutsches Strafrecht

Bereits durch Art. 1 Nr. 3 des KorrBG[208] wurde mit § 299 StGB eine Strafbestimmung geschaffen, die die **Bestechlichkeit und Bestechung im geschäftlichen** 99

---
[208] Ges. zur Bekämpfung der Korruption (KorrBG) v. 13.8.1997 (BGBl. I 1997, 2038).

Verkehr erfasst. Eine Erweiterung ihres tatbestandlichen Anwendungsbereiches auf Handlungen im **ausländischen Wettbewerb** erfolgte durch Ges. v. 22.08.2002 zur Ausführung der GM betreffend die Bestechung im privaten Sektor v. 22.12.1998.[209] Am 26.11.2015 ist das **Ges. zur Bekämpfung der Korruption**[210] in Kraft getreten, das – entsprechend der Vorgabe des Art. 2 I RB 2003/568/JI – in § 299 I Nr. 2, II Nr. 2 StGB die Pflichtverletzung des Angestellten oder Beauftragten gegenüber dem Unternehmen beim Bezug von Waren oder Dienstleistungen unter Strafe stellt (sog. „Geschäftsherrenmodell").[211]

100   Durch das **Ges. z. Bekämpfung der Korruption** (Rn. 99) sind die bisher nach Art. 2 § 1 I Nr. 2 Buchst. b, c und § 1 II EU-BestG v. 10.09.1998[212] den deutschen Amtsträgern für die Anwendung der dort genannten Straftatbestände gleichgestellten Personen als sog. **Europäische Amtsträger**[213] in den Katalog des § 11 I Nr. 2a StGB aufgenommen worden. Ebenfalls als Europäische Amtsträger eingestuft werden nunmehr die früher nach Art. 2 § 1 I Nr. 1 Buchst. b EUBestG den deutschen Richtern gleichgestellten **Mitglieder eines Gerichts der EU**. Die Legaldefinition des § 11 I Nr. 2a StGB ist bei der Anwendung der mit gleichem Ges. geänderten §§ 263 III S. 2 Nr. 4, 264 II S. 2 Nr. 2, 267 III S. 2 Nr. 4, 331–334 StGB und § 370 III S. 2 Nr. 2, 3 AO zugrunde zu legen.[214] Das Ges. bezieht nach § 335a StGB auch **ausländische Amtsträger, Richter und Bedienstete** einer internationalen Organisation in den Anwendungsbereich der Korruptionsdelikte ein und ersetzt insoweit das IntBestG v. 10.09.1998.[215] Auf EU-Ebene wird derzeit über den Vorschlag der Kommission v. 03.05.2023 für den Erlass eine RL zur Bekämpfung der Korruption beraten, durch welche der Antikorruptions-Rechtsrahmen – mit weitreichenden Auswirkungen auf das deutsche Recht – umfassend novelliert werden soll.[216]

8.5.7 Fälschung von Zahlungsmitteln

8.5.7.1 Anwendungsbereich

101   Gegenstand möglicher Harmonisierungsmaßnahmen ist nach Art. 83 I AEUV der mit **„Fälschung von Zahlungsmitteln"** umschriebene Kriminalitätsbereich. Erfasst sind somit insbesondere betrügerische Angriffe auf den Zahlungsverkehr (zu den unbaren Zahlungsmitteln Rn. 102 ff.). **Geld** ist im Lichte des **Genfer Abkommens zur Bekämpfung der Falschmünzerei v. 20.04.1929** jedes vom Staat oder einer von ihm ermächtigten Stelle als Wertträger beglaubigte und zum Umlauf im öffentlichen Verkehr bestimmte Zahlungsmittel (Banknoten und Münzen), ohne Rücksicht auf einen allgemeinen Annahmezwang. **Sonstige Zahlungsinstrumente**

---

[209] BGBl. I 2002, 3387; *Lenk*, wistra 2014, 50.
[210] BGBl. I 2015, 2025.
[211] BT-Drs. 18/4350, S. 20 ff.; *Dann*, NJW 2016, 203, 204 f.; NK-*Dannecker/Schröder*, § 299 Rn. 6.
[212] BGBl. II 1998, 2340; *Dannecker/Schröder*, in: *Böse* (Hrsg.), EuStR, § 8 Rn. 127 f.
[213] S/S-*Hecker*, § 11 Rn. 36 ff.; MüKoStGB/*Radtke*, § 11 Rn. 104 ff.
[214] S/S-*Hecker*, § 11 Rn. 35; *Isfen*, JZ 2016, 228 f.; MüKoStGB/*Radtke*, § 11 Rn. 104.
[215] BGBl. II 1998, 2327; *Dannecker/Schröder*, in: *Böse* (Hrsg.), EuStR, § 8 Rn. 124 ff.
[216] KOM (2023) 234 endg.; *El-Ghazi/Wegner/Zimmermann*, wistra 2023, 353 ff.; *Jansen*, wistra 2024, 1 ff.

sind solche, die aufgrund ihrer besonderen Beschaffenheit allein oder in Verbindung mit einem anderen Zahlungsinstrument den Inhaber/Benutzer in die Lage versetzen, Geld oder einen monetären Wert zu übertragen. Bereits durch den **RB 2000/383/JI v. 29.05.2000 über die Verstärkung des mit strafrechtlichen und anderen Sanktionen bewehrten Schutzes gegen Geldfälschung im Hinblick auf die Einführung des Euro**[217] wurden die Mitgliedstaaten verpflichtet, alle Fälschungshandlungen einschließlich des (grenzüberschreitenden) Inverkehrbringens strafrechtlich zu erfassen.[218] Am 22.05.2014 ist die auf der Grundlage des Art. 83 I AEUV erlassene **RL 2014/62/EU des EP und des Rates v. 15.05.2014 zum strafrechtlichen Schutz des Euro und anderer Währungen gegen Geldfälschung und zur Ersetzung des RB 2000/383/JI des Rates**[219] in Kraft getreten.

8.5.7.2 Richtlinie zum strafrechtlichen Schutz des Euro

8.5.7.2.1 Regelungsgegenstand und Ziel der RL 2014/62/EU

Geldfälschung wird in den Mitgliedstaaten seit jeher mit strengen strafrechtlichen Sanktionen geahndet. Grund dafür ist die Tatsache, dass Geldfälschung eine schwerwiegende Handlung mit negativen Folgen für die Bürger und Unternehmen ist. Die Union hält es daher für dringend erforderlich, das Vertrauen der Bürger und Unternehmen in die Echtheit des Euro und anderer Währungen zu schützen. Dies gilt besonders für den Euro als einheitliche Währung von über 330 Mio. Menschen im Euro-Währungsgebiet und als zweitwichtigste internationale Währung. Die RL 2014/62/EU baut auf dem RB 2000/383/JI des Rates auf und aktualisiert ihn. Durch eine Angleichung der mitgliedstaatlichen Straftatbestände soll gewährleistet werden, dass der Euro und andere Währungen in allen Mitgliedstaaten (auch in denjenigen, in denen der Euro nicht eingeführt wurde) wirksam geschützt wird. Außerdem enthält die RL Bestimmungen für eine verbesserte Zusammenarbeit bei der Bekämpfung der Geldfälschung.

102

8.5.7.2.2 Wesentlicher Inhalt der RL 2014/62/EU

Nach Art. 3 RL 2014/62/EU sind folgenden Verhaltensweisen mit Strafe zu bedrohen, wenn sie vorsätzlich begangen werden:

103

a) betrügerische Fälschung oder Verfälschung von Geld, gleichviel auf welche Weise;
b) betrügerisches Inumlaufbringen von falschem oder verfälschtem Geld;
c) Einführen, Ausführen, Transportieren, Annehmen oder Sichverschaffen vonfalschem oder verfälschtem Geld in Kenntnis der Fälschung und in der Absicht, es in Umlauf zu bringen;
d) betrügerisches Anfertigen, Annehmen, Sichverschaffen oder Besitzen von Gerätschaften, Gegenständen, Computerprogrammen und -daten und anderen Mitteln, die ihrer Beschaffenheit nach zur Fälschung oder Verfälschung von Geld besonders geeignet sind bzw. von Sicherheitsmerkmalen wie Hologrammen, Wasser-

---
[217] ABlEG 2000 Nr. L 140, S. 1.
[218] *Dannecker/Schröder*, in: *Böse* (Hrsg.), EuStR, § 8 Rn. 12 ff.
[219] ABlEU 2014 Nr. L 151, S. 1; *Kuhl*, in: *Sieber* u. a. (Hrsg.), EuStR, § 14 Rn. 3 ff.

zeichen oder anderen der Sicherung gegen Fälschung dienenden Bestandteilen von Geld.

104 **Teilnahme** und **Versuch** sind unter Strafe zu stellen (Art. 4 I, II). Die Geldfälschungsdelikte sind nach Art. 5 I mit **wirksamen, angemessenen** und **abschreckenden strafrechtlichen Sanktionen** zu bedrohen, die auch Freiheitsstrafen umfassen (Art. 5 II). Das **betrügerische Fälschen oder Verfälschen von Geld** i. S. d. Art. 3 I lit. a ist mit Freiheitsstrafe zu bedrohen, die im **Höchstmaß mindestens acht Jahre** beträgt (Art. 5 III). Das **betrügerische Inumlaufbringen oder Sichverschaffen von Falschgeld** i. S. d. Art. 3 I lit. b und c ist mit Freiheitsstrafe zu bedrohen, die im **Höchstmaß mindestens fünf Jahre** beträgt (Art. 5 IV). Die **Verantwortlichkeit juristischer Personen** und die vorzusehenden Sanktionen sind in Art. 6 und 7 geregelt.[220]

105 Nach den in Art. 8 enthaltenen Regelungen zur **Gerichtsbarkeit** und **Strafverfolgung** sind die Mitgliedstaaten verpflichtet, die erforderlichen Maßnahmen zu ergreifen, um ihre gerichtliche Zuständigkeit zu begründen, wenn die Falschgelddelikte ganz oder teilweise in ihrem Hoheitsgebiet begangen wurden bzw. wenn es sich bei dem Straftäter um einen ihrer Staatsangehörigen handelt. Zumindest die Mitgliedstaaten, in denen der Euro eingeführt worden ist, treffen geeignete Maßnahmen, um sicherzustellen, dass zumindest die Fälschung des Euro unabhängig von der Staatsangehörigkeit des Straftäters und vom Tatort verfolgt werden kann.

8.5.7.2.3 Deutsches Strafrecht

106 Die deutsche Rechtsordnung trägt den Vorgaben der RL 2014/62/EU durch die §§ 146, 147, 149 StGB vollumfänglich Rechnung.[221] Deutsches Strafrecht gilt gem. § 6 Nr. 7 StGB für im Ausland begangene Geldfälschung unabhängig von Tatort, Tatortrecht und Staatsangehörigkeit des Täters.

8.5.7.3 Richtlinie zum strafrechtlichen Schutz bargeldloser Zahlungsmittel

107 Am 30.05.2019 ist die **RL (EU) 2019/713 des EP und des Rates v. 17.04.2019 zur Bekämpfung von Betrug und Fälschung im Zusammenhang mit unbaren Zahlungsmitteln und zur Ersetzung des RB 2001/413/JI**[222] in Kraft getreten. Der EU-Gesetzgeber erblickt in Betrug und Fälschung im Zusammenhang mit unbaren Zahlungsmitteln eine Bedrohung für die Sicherheit, da dieses – zunehmend durch eine digitale Komponente geprägte – Kriminalitätsphänomen Einnahmen für die international operierende OK generiert und somit anderen kriminellen Aktivitäten wie Terrorismus, Drogenhandel und Menschenhandel Vorschub leistet. Darüber hinaus stellen derartige Taten Angriffe auf den digitalen Binnenmarkt dar, die das Vertrauen der Verbraucher untergraben und wirtschaftliche Verluste verursachen. Der Zahlungsverkehr passt sich immer wieder an technologische Entwicklungen an

---

[220] Vgl. zu möglichen Auslegungsproblemen *Rönnau/Wegner*, ZRP 2014, 158, 160 f.
[221] NK-*Puppe/Schumann*, Vor §§ 146 Rn. 12 m. w. N.
[222] ABlEU 2019 Nr. L 123, S. 18; *Dannecker/Schröder*, in: Böse (Hrsg.), EuStR, § 8 Rn. 20.

und wird so vor neue Herausforderungen gestellt. Im RB 2001/413/JI[223] finden virtuelle Währungen und mobile Zahlungen nur unzulänglich Berücksichtigung. Durch die RL (EU) 2019/713 soll der RB 2001/413/JI aktualisiert und durch die Aufnahme zusätzlicher Vorschriften zu Straftaten (insbes. in Bezug auf computerbezogenen Betrug) und zur Prävention, Unterstützung für Opfer sowie grenzüberschreitenden Zusammenarbeit ergänzt werden.

8.5.7.3.1 Regelungsgegenstand und Ziel der RL (EU) 2019/713

Die RL 2019/713 legt den Rahmen für die Schaffung effizienter strafrechtlicher Maßnahmen zum Schutz unbarer Zahlungsinstrumente gegen Betrug und Fälschung fest.[224] **Unbare Zahlungsinstrumente** sind nach Art. 2 lit. a

108

„nichtkörperliche oder körperliche geschützte Vorrichtungen, geschützte Gegenstände oder geschützte Aufzeichnungen oder deren Kombination, ausgenommen gesetzliche Zahlungsmittel, die bzw. der für sich oder in Verbindung mit einem oder mehreren Verfahren dem Inhaber oder Nutzer ermöglicht, Geld oder monetäre Werte zu übertragen, auch mittels digitaler Tauschmittel."

Handlungen wie das Sammeln und der Besitz von Zahlungsinstrumenten in betrügerischer Absicht[225] (etwa durch Phishing oder Skimming) oder die (Um)Lenkung von Zahlungsdienstnutzern auf nachgeahmte Websites (Pharming) und deren Verbreitung (bspw. durch den Verkauf von Kreditkarteninformationen im Internet) sollen als eigener Straftatbestand gefasst werden, ohne dass eine tatsächliche betrügerische Verwendung von unbaren Zahlungsmitteln gegeben sein muss. Die RL bezieht sich zum einen auf „klassische" Taten wie Betrug, Fälschung, Diebstahl und widerrechtliche Aneignung. Da zum anderen aber auch nichtkörperliche Zahlungsinstrumente in den Geltungsbereich der RL aufgenommen werden, müssen entsprechende Tathandlungen im digitalen Raum festgelegt und insoweit die in der RL 2013/40/EU (Rn. 113 ff.) vorgesehenen Maßnahmen ergänzt und verstärkt werden.

8.5.7.3.2 Wesentlicher Inhalt der RL (EU) 2019/713

Die RL (EU) 2019/713 normiert in Art. 3–7 umfangreiche Kataloge von vorsätzlich begangenen Handlungen, die – einschließlich Versuch und Teilnahme (Art. 8) – in allen Mitgliedstaaten als Straftaten geahndet werden müssen. Hierbei handelt es sich um Fälle der **betrügerischen Verwendung von unbaren Zahlungsinstrumenten** (Art. 3), von **Straftaten, die im Zusammenhang mit der betrügerischen Verwendung körperlicher bzw. nichtkörperlicher unbarer Zahlungsinstrumente** begangen werden (Art. 4–5), des **Computerbetrugs** (Art. 6) sowie bestimmter **Vorbereitungshandlungen** zu den vorgenannten Tathandlungen (Art. 7). Art. 9 I–VI gibt einen deliktsspezifisch abgestuften Strafrahmen für die von natürlichen Personen begangenen Taten vor. Die **Verantwortlichkeit juristischer Personen** sind in Art. 10 und 11 geregelt.

109

---

[223] ABlEG 2001 Nr. L 149, S. 1; *Dannecker/Schröder*, in: *Böse* (Hrsg.), EuStR, § 8 Rn. 16 ff.
[224] Erwggr. 8, 10–13.
[225] *Bär*, Hb WiStR, Kap. 15 Rn. 32 f.

8.5.7.3.3 Deutsches Strafrecht

110 Die wenigen noch erforderlichen Anpassungen des deutschen Strafrechts an die Vorgaben der RL (EU) 2019/713 wurden durch das am 18.03.2021 in Kaft getretene **61. StÄG**[226] vorgenommen. So wurden zum einen die Straftatbestände der Fälschung von Zahlungskarten, Schecks und Wechseln (§ 152a I StGB) sowie des Computerbetrugs (§ 263a III StGB) erweitert. Zum anderen wurde mit § 152c StGB ein neuer Straftatbestand der Vorbereitung des Diebstahls und der Unterschlagung von Zahlungskarten, Schecks, Wechseln und anderen körperlichen unbaren Zahlungsinstrumenten geschaffen. Für im Ausland begangene Taten nach § 152b I–IV StGB (Fälschung von Zahlungskarten mit Garantiefunktion) sowie deren Vorbereitung (§§ 149, 151, 152 und 152b V StGB) gilt gem. § 6 Nr. 7 StGB deutsches Strafrecht unabhängig von Tatort, Tatortrecht und Staatsangehörigkeit des Täters. Gegen juristische Personen kann mit dem Instrumentarium der §§ 30, 130 OWiG vorgegangen werden.

8.5.8 Computerkriminalität

8.5.8.1 Anwendungsbereich

111 Die Entwicklung der Computer- und Informationstechnologie hat in den letzten Jahrzehnten zu grundlegenden Veränderungen in Wirtschaft, Verwaltung, Wissenschaft und im privaten Bereich geführt.[227] Elektronische Kommunikationsnetze und Informationssysteme sind mittlerweile ein fester Bestandteil des Alltags der Bürger und zudem von grundlegender Bedeutung für den nationalen und internationalen Geschäftsverkehr. Neben zahlreichen Vorteilen bieten die eingesetzten Informationssysteme zugleich eine vielfältige und breite Angriffsfläche für Manipulationen und schädliche Einwirkungen aller Art. Zur Computerkriminalität (Cyber Crime) gehören alle Kriminalitätsphänomene, die unmittelbar oder mittelbar im Zusammenhang mit der elektronischen Datenverarbeitung stehen und unter Einbeziehung einer EDV-Anlage (als Tatmittel und/oder Tatobjekt) begangen werden.[228] Hierzu zählen insbesondere folgende Erscheinungsformen[229]:

- Computerspionage: unberechtigtes Eindringen in fremde Rechner und Ausforschung fremder Daten („Hacking")
- Computersabotage: Beschädigung oder Vernichtung von Daten
- Computermanipulation: Datenveränderung mit dem Ziel, das Ergebnis eines Datenverarbeitungsvorganges zu beeinflussen
- Unberechtigte Nutzung von Computern, Programmen, Datenübertragungseinrichtungen und unbefugte Verwertung von Programmen

---

[226] BGBl. I 2021, 333; vgl. hierzu BT-Drs. 19/25631, S. 8 ff., 15 ff.
[227] *Bär*, Hb. WiStR, 15. Kap. Rn. 1.
[228] *Bär*, Hb. WiStR, 15. Kap. Rn. 4 ff.; *Sieber*, in: *Sieber u. a.* (Hrsg.), EuStR, § 24 Rn. 1 ff.
[229] Ausführlich BeckOK-StGB/*Weidemann*, Lexikon des Strafrechts (Computerkriminalität), Rn. 3–18.

Da elektronische Informationen in Sekundenbruchteilen jederzeit von einem Ort der Welt an einen beliebigen anderen übertragen werden können, ist die Schaffung eines international einheitlichen Mindeststandards zum Schutz der offenen Informationsgesellschaft unverzichtbar. Unterschiedliche nationale Gesetzgebungen zur Bekämpfung der Computerkriminalität führen unweigerlich zur Bildung „sicherer Häfen", von denen aus kriminelle Praktiken ohne Strafbarkeitsrisiko begangen werden können. Bestrebungen einer internationalen Harmonisierung des Informationsrechts gibt es bereits auf der Ebene der UN, G8-Staaten, OECD und des Europarats.[230] So listet die **Cyber-Crime-Konvention des Europarats** v. 23.11.2001 (ETS Nr. 185)[231] einige Tathandlungen auf, die innerstaatlich unter Strafe gestellt werden sollen und regelt zugleich einige strafprozessuale Aspekte.

112

8.5.8.2 Richtlinie über Angriffe auf Informationssysteme

Nach Auffassung des EU-Gesetzgebers bedrohen Angriffe auf Informationssysteme das Ziel des Aufbaus einer sichereren Informationsgesellschaft und eines Raumes der Freiheit, der Sicherheit und des Rechts. Es fänden nachweislich – insbesondere im Rahmen der OK – Angriffe auf Informationssysteme statt und es wachse die Furcht vor Terroranschlägen auf Informationssysteme, die Teil der kritischen Infrastruktur der Mitgliedstaaten sind. Die Bekämpfung der OK und des Terrorismus würden durch beträchtliche Unterschiede und Diskrepanzen zwischen den einschlägigen Rechtsvorschriften der Mitgliedstaaten behindert, was eine wirksame polizeiliche und justizielle Zusammenarbeit erschwere. Da Angriffe auf Informationssysteme häufig eine grenzüberschreitende Dimension annehmen würden, bestehe ein dringender Bedarf an Maßnahmen zur Angleichung der einschlägigen Strafrechtsvorschriften. Der Rat hat vor dem Hintergrund dieser Lageeinschätzung am 24.02.2005 den **RB 2005/222/JI über Angriffe auf Informationssysteme**[232] angenommen, der in weiten Teilen über die Konvention des Europarats (Rn. 112) hinausgeht. Dieser RB zielte vor allem darauf ab, die von internationalen Organisationen und insbesondere vom Europarat geleisteten Arbeiten zur Angleichung des Strafrechts sowie die Arbeiten der G8-Staaten zum Thema grenzüberschreitende Zusammenarbeit im Bereich der High-Tech-Kriminalität durch einen gemeinsamen Ansatz der EU für diesen Bereich zu ergänzen. Am 12.08.2013 verabschiedete der EU-Gesetzgeber schließlich auf der Grundlage des Art. 83 I AEUV die **RL 2013/40/EU des EP und des Rates über Angriffe auf Informationssysteme und zur Ersetzung des Rahmenbeschlusses 2005/222/JI des Rates.**[233] Diese RL ersetzt den in den Mitgliedstaaten im Wesentlichen umgesetzten RB und ergänzt diesen angesichts aktueller Bedrohungspotenziale (insbes. durch groß angelegte Cyber-Attacken) um weitere Delikte und Handlungsinstrumente.

113

---

[230] *Sieber*, in: *Sieber u. a.* (Hrsg.), EuStR, § 24 Rn. 15, 19 ff.
[231] *Ambos*, IntStR, § 11 Rn. 4; *Hilgendorf*, Internetstrafrecht, S. 257, 268 ff.
[232] ABlEU 2005 Nr. L 69, S. 67.
[233] ABlEU 2013 Nr. L 218, S. 8; *Sieber*, in: *Sieber u. a.* (Hrsg.), EuStR, § 24 Rn. 70 ff.; *Weißer*, in: *Böse* (Hrsg.), EuStR, Kap. 9 Rn. 79.

8.5.8.2.1 Regelungsgegenstand und Ziel der RL 2013/40/EU

114 Die RL 2013/40/EU zielt darauf ab, das Strafrecht der Mitgliedstaaten im Bereich Angriffe auf Informationssysteme anzugleichen, indem Mindestvorschriften zur Festlegung von Straftaten und einschlägigen Strafen festgelegt werden (Art. 1). Außerdem bezweckt sie die Verbesserung der Zusammenarbeit zwischen den zuständigen Behörden einschließlich der Polizei und anderen spezialisierten Strafverfolgungsbehörden der Mitgliedstaaten sowie der zuständigen Agenturen und Einrichtungen der Union wie Eurojust, Europol und dessen Europäisches Zentrum zur Bekämpfung der Cyberkriminalität und der Europäischen Agentur für Netz- und Informationssicherheit (ENISA). Durch eine Mindestangleichung des materiellen Rechts im Bereich der Computerkriminalität soll sichergestellt werden, dass alle Formen schwerwiegender Angriffe auf Informationssysteme mit Hilfe der nach dem Strafrecht verfügbaren Techniken und Methoden aufgeklärt, verfolgt und geahndet werden können. Auf diese Weise soll eine hohe Abschreckungswirkung erzielt und die für die internationale Rechtshilfe erforderliche beiderseitige Straf- und Verfolgbarkeit gewährleistet werden.[234]

8.5.8.2.2 Wesentlicher Inhalt

115 Art. 2 RL 2013/40/EU enthält Legaldefinitionen, wobei die Bestimmung der Begriffe **Informationssystem** (lit. a), **Computerdaten** (lit. b) und **unbefugtes Verhalten** (lit. d) von besonderer Bedeutung sind. Um dem Zusammenwachsen der elektronischen Netze und der unterschiedlichen über sie verbundenen Systeme Rechnung zu tragen, wird der Terminus **Informationssystem** sehr weit gefasst. Art. 2 bestimmt:

Im Sinne dieser Richtlinie bezeichnet der Ausdruck

a) „Informationssystem" eine Vorrichtung oder eine Gruppe miteinander verbundener oder zusammenhängender Vorrichtungen, die einzeln oder zu mehreren auf der Grundlage eines Programms die automatische Verarbeitung von Computerdaten durchführen, sowie die von ihr oder ihnen zum Zwecke des Betriebs, der Nutzung, des Schutzes und der Pflege gespeicherten, verarbeiteten, abgerufenen oder übertragenen Computerdaten;

b) „Computerdaten" jede Darstellung von Tatsachen, Informationen oder Konzepten in einer für die Verarbeitung in einem Informationssystem geeigneten Form, einschließlich eines Programms, das die Ausführung einer Funktion durch ein Informationssystem auslösen kann;

c) „juristische Person" jedes Rechtssubjekt, das den Status der juristischen Person nach dem anwendbaren Recht besitzt, mit Ausnahme von Staaten oder anderen Körperschaften des öffentlichen Rechts in der Ausübung hoheitlicher Rechte und von öffentlich-rechtlichen internationalen Organisationen;

d) „unbefugt" ein in dieser Richtlinie genanntes Verhalten, einschließlich Zugang, Eingriff oder Abfangen, das vom Eigentümer oder einem anderen Rechtsinhaber des Systems oder eines Teils des Systems nicht gestattet wurde oder das nach den einzelstaatlichen Rechtsvorschriften nicht zulässig ist.

---

[234] Vgl. hierzu bereits *Hilgendorf*, Internetstrafrecht, S. 257, 271 ff.

Die RL (EU) 2013/40/EU normiert in Art. 3–7 umfangreiche Kataloge von vor- 116
sätzlich begangenen Handlungen, die – einschließlich Versuch und Teilnahme
(Art. 8) – in allen Mitgliedstaaten als Straftaten geahndet werden müssen. Gemäß
der „Hacking-Bestimmung" des **Art. 3 (Rechtswidriger Zugang zu Informationssystemen)** muss der unbefugte Zugang zu einem Informationssystem als Ganzem
oder zu einem Teil davon, wenn dieser Zugang durch eine Verletzung von Sicherheitsmaßnahmen erfolgt, zumindest dann unter Strafe gestellt werden, wenn kein
leichter Fall vorliegt.[235] „Hacking" kann auf unterschiedliche Art und Weise erfolgen, z. B. durch bloßes Ausnutzen von Insider-Informationen oder Abfangen von
Passwörtern. Häufig geschieht dies in der böswilligen Absicht, Daten zu kopieren,
zu verändern oder zu zerstören. Der unbefugte Zugriff kann auch darauf abzielen,
Webseiten zu korrumpieren oder sich unentgeltlich Zugang zu zugangskontrollierten
Diensten zu verschaffen. Zuweilen geht es Hackern aber auch nur darum, durch bloßes „Knacken" eines Codes ihre technischen Fertigkeiten unter Beweis zu stellen,
ohne weitergehende Ziele (unbefugte Datenverwendung) zu verfolgen.

Nach Art. 4 **(Rechtswidriger Systemeingriff)** sind die erforderlichen Maß- 117
nahmen zu treffen, um sicherzustellen, dass die vorsätzliche und unbefugte schwere
Behinderung oder Störung des Betriebs eines Informationssystems durch Eingeben
von Computerdaten, durch Übermitteln, Beschädigen, Löschen, Beeinträchtigen,
Verändern und Unterdrücken von Computerdaten und durch Unzugänglichmachen
von Computerdaten zumindest dann unter Strafe gestellt wird, wenn kein leichter
Fall vorliegt. Die Möglichkeiten, Informationssysteme durch böswillige Angriffe zu
stören, sind äußerst vielfältig. Eine der bekanntesten Möglichkeiten, die im Internet
angebotenen Dienste zu blockieren oder anzugreifen, ist der „Denial of Service"-
Angriff, mit dem versucht wird, den Web-Server oder Anbieter von Internetdiensten
mit automatisch erzeugten Nachrichten zu überlasten. Andere Angriffsformen sind
beispielsweise die Störung von Servern, die das System der Bereichsnamen (DNS)
betreiben, und Angriffe auf Router. Eine weit verbreitete Form der Computersabotage ist der Einsatz von Software, die Daten verändert oder zerstört (Computerviren bzw. Computerwürmer). Einige Programme (häufig als „logische Bomben"
bezeichnet) schlummern so lange, bis sie durch ein Ereignis (wie etwa ein bestimmtes Datum) aktiviert werden und dann Daten verändern oder löschen. Andere,
auf den ersten Blick gutartige Programme lösen bei Aufruf bösartige Angriffe aus
(daher die Bezeichnung „Trojanische Pferde"). Eine weitere Variante sind (häufig
als Würmer bezeichnete) Programme, die im Gegensatz zu einem Virus nicht andere
Programme infizieren, sondern sich selbst kopieren. Die Kopien kopieren sich
immer weiter und überschwemmen so letztendlich das gesamte Informationssystem
mit nicht selten schwerwiegenden wirtschaftlichen Folgeschäden für die hiervon
betroffenen Betreiber.

Nach Art. 5 **(Rechtswidriger Eingriff in Daten)** ist das vorsätzliche und unbe- 118
fugte Löschen, Beschädigen, Beeinträchtigen, Verändern, Unterdrücken von
Computerdaten eines Informationssystems und das Unzugänglichmachen solcher
Daten zumindest dann unter Strafe zu stellen, wenn kein leichter Fall vorliegt. Art. 6

---

[235] *Sieber*, in: *Sieber u. a.* (Hrsg.), EuStR, § 24 Rn. 74.

(**Rechtswidriges Abfangen von Daten**) führt eine im früheren RB nicht enthaltene Pönalisierungsvorgabe ein, nämlich das vorsätzliche und unbefugte, mit technischen Hilfsmitteln bewirkte Abfangen nichtöffentlicher Computerdatenübermittlungen an ein Informationssystem, aus einem Informationssystem oder innerhalb eines Informationssystems einschließlich elektromagnetischer Abstrahlungen aus einem Informationssystem, das Träger solcher Computerdaten ist, zumindest wenn kein leichter Fall vorliegt. Während der in Art. 3 normierte unbefugte Zugang zu Informationssystemen alle in einem Computersystem gespeicherten (und ggf. besonders gesicherten) Daten erfasst, schützt Art. 6 die Daten nur während der Übermittlung.[236] Eine weitere gegenüber dem früheren RB neue Sanktionsvorgabe enthält der Vorfeldtatbestand des Art. 7 (**Tatwerkzeuge**), der das Herstellen und Verfügbarmachen typischer Dual use-Produkte erfasst.[237]

119 Die Mitgliedstaaten sind nach Art. 9 I RL (EU) 2013/40/EU verpflichtet, die erforderlichen Maßnahmen zu treffen, um die in Art. 3 bis 8 beschriebenen Straftaten mit **wirksamen, verhältnismäßigen** und **abschreckenden Strafen** bedrohen zu können. Für Straftaten i. S. d. Art. 3 bis 7 sind gem. Art. 9 II Freiheitsstrafen im **Höchstmaß von mindestens zwei Jahren** vorzusehen, wenn kein leichter Fall vorliegt. Eine **Höchststrafe von mindestens 3 Jahren** muss für Fälle vorgesehen werden, in denen die Schädigungsdelikte der Art. 4 und 5 vorsätzlich begangen werden und unter Verwendung eines in Art. 7 genannten Instruments eine beträchtliche Anzahl von Informationssystemen beeinträchtigt wird (Art. 9 III). Wenn Handlungen i. S. d. Art. 4 und 5 im Rahmen einer kriminellen Vereinigung begangen wurden, einen schweren Schaden verursachen oder gegen ein Informationssystem einer kritischen Infrastruktur verübt wurden, ist gem. Art. 9 IV eine **Mindesthöchststrafe von fünf Jahren** anzudrohen. Art. 10 und 11 regeln die **Verantwortlichkeit und Sanktionierung von juristischen Personen**. Jeder Mitgliedstaat muss nach Art. 12 I dafür sorgen, dass seine **Verfolgungszuständigkeit** für strafbare Handlungen nach den Art. 3 bis 8 begründet ist, sofern diese ganz oder teilweise in seinem Hoheitsgebiet oder von einem seiner eigenen Staatsangehörigen oder zugunsten einer juristischen Personen, deren Hauptsitz sich im Hoheitsgebiet dieses Mitgliedstaates befindet, begangen wurden.

8.5.8.2.3 Deutsches Strafrecht

120 Spezielle Straftatbestände zur Bekämpfung der Computerkriminalität wurden in Deutschland erstmalig durch das **2. WiKG**[238] geschaffen (insbes. §§ 202a, 263 a, 269, 270, 271, 303a, 303b, 348 StGB). Durch das **41. StrÄG**[239] wurde der dem Bereich der Computerkriminalität zuzuordnende Deliktsbereich reformiert, sodass die deutsche Strafrechtsordnung den von der RL (EU) 2013/40/EU aufgestellten Pönalisierungsvorgaben weitestgehend Rechnung trägt. Die ein-

---

[236] *Sieber*, in: *Sieber u. a.* (Hrsg.), EuStR, § 24 Rn. 76.
[237] *Sieber*, in: *Sieber u. a.* (Hrsg.), EuStR, § 24 Rn. 81.
[238] Zweites Ges. zur Bekämpfung der Wirtschaftskriminalität v. 15.05.1986 (BGBl. I 1986, 721).
[239] 41. StrÄG zur Bekämpfung der Computerkriminalität v. 07.08.2007 (BGBl. I 2007, 1786).

schlägigen Strafnormen können nach ihrem jeweiligen Schutzbereichen geordnet werden:[240]

- Schutz der Datenintimität (§§ 202a–§ 202c StGB)
- Schutz der Datenintegrität (§§ 303a–§ 303b StGB)
- Schutz vermögensrelevanter und rechtserheblicher Vorgänge mit Daten (§§ 263a, 269, 270, 274 StGB)
- Schutz vor Missbrauch illegal erlangter Daten (§ 202d StGB)
- Schutz öffentlicher TK-Netze und Datenübertragungssysteme (§ 265a StGB)
- Schutz von Geschäfts- und Betriebsgeheimnissen (Computerspionage – § 17 UWG)
- Schutz von urheberrechtlich geschützten Computerprogrammen (§§ 106 ff. UrhG)
- Schutz des bargeldlosen Zahlungsverkehrs (§§ 152a, 152b StGB)

8.5.9 Organisierte Kriminalität

8.5.9.1 Anwendungsbereich

Als Gegenstand einer möglichen Strafrechtsangleichung benennt Art. 83 I UA 2 AEUV wie bereits ex-Art. 31 lit. e EUV explizit die **Organisierte Kriminalität (OK)**, die in ihren vielfältigen Erscheinungsformen schon seit jeher eine der größten Herausforderungen für die europäische Kriminalpolitik darstellt.[241] Zwar fehlt es bislang an einer allseits anerkannten Definition dieses Begriffes. Gewisse Konturen erhält er jedoch dadurch, dass es sich bei den der OK zuzurechnenden Taten jedenfalls um solche handeln muss, die typischerweise planvoll und arbeitsteilig von mehreren organisatorisch verbundenen Personen auf längere Dauer angelegt in Gewinnerzielungsabsicht begangen werden.[242] Als Interpretationshilfe für die Bestimmung des Organisationsgrades kann die **GM betreffend die Strafbarkeit der kriminellen Vereinigung** v. 21.12.1998[243] herangezogen werden, an dem sich auch der am 11.11.2008 in Kraft getretene **RB 2008/841/JI des Rates zur Bekämpfung der organisierten Kriminalität** v. 24.10.2008 (RB OK 2008)[244] (Rn. 122) orientiert. Zu den nach Art. 83 I AEUV unter dem Aspekt der Zugehörigkeit zur OK angleichungsfähigen Delikten gehören neben den Organisations- und Bandendelikten im engeren Sinne auch solche Strafbestimmungen, bei denen ein organisiertes Zusammenwirken mehrerer Täter zwar kein Tatbestandsmerkmal ist, die jedoch typischerweise in organisierter Form begangen werden. **Beispiele** hierfür sind das **Herstellen und Inverkehrbringen von Falschgeld**, der **Menschenhandel**, die

121

---

[240] *Bär*, Hb. WiStR, 15. Kap. Rn. 8.
[241] *Hecker*, ZIS 2016, 467 ff.; *Weißer*, in: *Böse* (Hrsg.), Kap. 9 Rn. 2 ff.
[242] *Kreß/Gazeas*, in: *Sieber u. a.* (Hrsg.), EuStR, § 18 Rn. 2; *Sinn*, in: *Gropp/Sinn* (Hrsg.), OK, S. 503, 507.
[243] ABlEG 1998 Nr. L 351, S. 1.
[244] ABlEU 2008 Nr. L 300, S. 42.

Geldwäsche sowie die **Schleuserkriminalität** – alles Straftaten, die in der Regel unter Einsatz technischer, logistischer, finanzieller und personeller Mittel im Rahmen einer arbeitsteilig agierenden Organisation begangen werden. In den drei erstgenannten Kriminalitätsbereichen besteht, da sie in Art. 83 I UA 2 AEUV explizit aufgeführt werden, ohnehin eine originäre Strafrechtsangleichungskompetenz der Union.

8.5.9.2 Rahmenbeschluss zur Bekämpfung der organisierten Kriminalität

8.5.9.2.1 Regelungsgegenstand und Ziel des RB OK 2008

122 Der RB OK 2008 zielt auf eine **Angleichung der Definitionen der Straftaten** ab, die im Zusammenhang mit der **Beteiligung an einer kriminellen Vereinigung** begangen werden. Hierdurch soll die gegenseitige Anerkennung von Urteilen und gerichtlichen Entscheidungen sowie die polizeiliche und justizielle Zusammenarbeit erleichtert werden. Nach der Legaldefinition des Art. 1 Nr. 1 RB OK 2008 ist eine **kriminelle Vereinigung**

> „ein auf längere Dauer angelegter organisierter Zusammenschluss von mehr als zwei Personen, die, um sich unmittelbar oder mittelbar einen finanziellen oder sonstigen materiellen Vorteil zu verschaffen, in Verabredung handeln, um Straftaten zu begehen, die mit einer Freiheitsstrafe oder einer freiheitsentziehenden Maßregel der Besserung und Sicherung im Höchstmaß von mindestens von vier Jahren Freiheitsstrafe oder einer schwereren Strafe bedroht sind."

Unter einem **organisierten Zusammenschluss** ist nach Art. 1 Nr. 2 RB OK 2008 zu verstehen

> „ein Zusammenschluss, der nicht zufällig zur unmittelbaren Begehung eines Verbrechens gebildet wird und der auch nicht notwendigerweise förmlich festgelegte Rollen für seine Mitglieder, eine kontinuierliche Mitgliedschaft oder eine ausgeprägte Struktur hat."

8.5.9.2.2 Wesentlicher Inhalt des RB OK 2008

123 Art. 2 RB OK 2008 stellt es den Mitgliedstaat frei, eine oder beide der folgenden Verhaltensweisen im Zusammenhang mit einer kriminellen Vereinigung als **Straftat** zu bewerten:

a) das Verhalten einer Person, die sich vorsätzlich und in Kenntnis entweder des Ziels und der allgemeinen Tätigkeit der kriminellen Vereinigung oder der Absicht der Vereinigung, die betreffenden Straftaten zu begehen, aktiv an den kriminellen Tätigkeiten der Vereinigung beteiligt, einschließlich durch Bereitstellung von Informationen oder materiellen Mitteln, Anwerbung neuer Mitglieder oder durch jegliche Art der Finanzierung der Tätigkeiten der Vereinigung, und sich bewusst ist, dass diese Beteiligung zur Durchführung der kriminellen Tätigkeiten der Vereinigung beiträgt (sog. **Organisationsmodell**);[245]

---

[245] *Kreß/Gazeas*, in: *Sieber u. a.* (Hrsg.), EuStR, § 18 Rn. 10; *Weißer*, in: *Böse* (Hrsg.), EuStR, § 9 Rn. 7 f.

b) das Verhalten einer Person, das darin besteht, mit einer oder mehreren Personen eine Vereinbarung über die Ausübung einer Tätigkeit zu treffen, die, falls durchgeführt, der Begehung von in Art. 1 genannten Straftaten gleichkäme – auch wenn diese Person nicht an der tatsächlichen Durchführung der Tätigkeit beteiligt ist (sog. **Verschwörungsmodell**).[246]

Art. 3 I RB OK 2008 fordert, dass die in Art. 2 genannten Straftaten mit einer **Freiheitsstrafe im Höchstmaß von mindestens zwei bis fünf Jahren** bedroht werden. Nach Art. 3 II ist sicherzustellen, dass die Tatsache, dass die von diesem Mitgliedstaat festgelegten Straftaten nach Art. 2 im Rahmen einer **kriminellen Vereinigung** begangen wurden, als **erschwerender Umstand** betrachtet werden kann. Art. 5 und 6 regeln die **Verantwortlichkeit juristischer Personen**. Bestimmungen zur **Gerichtszuständigkeit** und **Koordinierung der Strafverfolgung** finden sich in Art. 7 I–IV.

8.5.9.2.3 Deutsches Strafrecht

Die Gründung einer kriminellen Vereinigung und die mitgliedschaftliche Beteiligung an ihren kriminellen Aktivitäten (Straftaten, die im Höchstmaß mit Freiheitsstrafe von mindestens zwei Jahren bedroht sind) wird in § 129 I StGB unter Strafe gestellt. Durch das **54. StÄG** v. 17.07.2017[247] wurde in § 129 II StGB eine neue Legaldefinition des Begriffs **Vereinigung** eingeführt, die im Einklang mit Art. 1 I Nr. 1, 2 RB OK 2008 (Rn. 122) steht. Damit wurde die zuvor bestehende Diskrepanz zwischen der Auslegung des Vereinigungsbegriffs in der früheren Judikatur des BGH[248] und der RB-Vorgabe beseitigt.[249]

8.5.9.3 Rahmenbeschluss zur Bekämpfung der Schleuserkriminalität

Der am 06.12.2002 in Kraft getretene **RB 2002/946/JI v. 28.11.2002 betreffend die Verstärkung des strafrechtlichen Rahmens für die Bekämpfung der Beihilfe zur unerlaubten Ein- und Durchreise und zum unerlaubten Aufenthalt**[250] füllt die in der RL 2002/90/EG des Rates v. 28.11.2002 zur Definition der Beihilfe zur unerlaubten Ein- und Durchreise und zum unerlaubten Aufenthalt[251] enthaltenen Vorgaben zur Sanktionierung der dort näher beschriebenen Erscheinungsformen des Schleuserwesens aus. Nach Art. 1 I S. 3 RL 2002/90/EG hat jeder Mitgliedstaat wirksame, angemessene und abschreckende Sanktionen für Täter festzulegen, die

---

[246] *Kreß/Gazeas*, in: Sieber u. a. (Hrsg.), EuStR, § 18 Rn. 16; *Weißer*, in: *Böse* (Hrsg.), EuStR, § 9 Rn. 9 f.
[247] BGBl. I 2017, 2440; vgl. hierzu BT-Drs. 18/11275.
[248] BGHSt 54, 216, 228 f.
[249] BGHSt 66, 137; BGH NStZ 2022, 159; OLG München BeckRS 2022, 31775 (Rz. 13); *Weißer*, in: *Böse* (Hrsg.), EuStR, § 9 Rn. 20 ff.
[250] ABlEG 2002 Nr. L 328, S. 1.
[251] ABlEG 2002 Nr. L 328, S. 17.

a) einer Person, die nicht Angehörige eines Mitgliedstaates ist, vorsätzlich dabei helfen, in das Hoheitsgebiet eines Mitgliedstaates unter Verletzung der Rechtsvorschriften des betreffenden Staates über die Einreise oder die Durchreise von Ausländern einzureisen oder durch dessen Hoheitsgebiet zu reisen;
b) einer Person, die nicht Angehörige eines Mitgliedstaats ist, zu Gewinnzwecken vorsätzlich dabei helfen, sich im Hoheitsgebiet eines Mitgliedstaats unter Verletzung der Rechtsvorschriften des betreffenden Staates über den Aufenthalt von Ausländern aufzuhalten.

Auch die Teilnahme an diesen Taten sowie der Versuch sind unter Strafandrohung zu stellen (Art. 2). Jeder Mitgliedstaat kann beschließen, wegen der in Art. 1 I lit. a beschriebenen Handlungen keine Sanktionen zu verhängen, wenn das Ziel der Handlungen die humanitäre Unterstützung der betroffenen Person ist (Art. 1 II).

8.5.9.3.1 Regelungsgegenstand und Ziel des RB 2002/946/JI

127   Der RB 2002/946/JI legt die Mitgliedstaaten darauf fest, die in Art. 1 I S. 2 RL 2002/90/EG definierten Formen der Schleuserkriminalität (Beihilfe zur illegalen Einwanderung) mit kriminalstrafrechtlichen Mitteln zu bekämpfen, wenn diese den unerlaubten Grenzübertritt im engeren Sinne betrifft oder wenn ein Netzwerk zur Ausbeutung von Menschen unterhalten wird.

8.5.9.3.2 Wesentlicher Inhalt des RB 2002/946/JI

128   Nach Art. 1 I RB 2002/946/JI müssen die in Art. 1 und 2 RL 2002/90/EG beschriebenen Handlungen mit **wirksamen, angemessenen** und **abschreckenden Strafen** bedroht werden, die zu einer Auslieferung führen können. Jeder Mitgliedstaat muss nach Art. 1 III darüber hinaus gewährleisten, dass die Handlungen nach Art. 1 lit. a RL 2002/90/EG, sofern sie zu **Gewinnzwecken** begangen werden, mit **Freiheitsstrafen im Höchstmaß von mindestens acht Jahren** bedroht sind, wenn sie im Rahmen einer kriminellen Vereinigung begangen werden oder bei der Begehung der strafbaren Handlung das Leben der Personen gefährdet wird, auf die sich die strafbare Handlung bezieht. Bestimmungen über die **Verantwortlichkeit juristischer Personen** sind in Art. 2 und 3 enthalten. Die Mitgliedstaaten müssen nach Art. 4 I ihre **Gerichtsbarkeit** in Bezug auf die Handlungen nach Art. 1 I begründen, wenn diese ganz oder teilweise in ihrem Hoheitsgebiet, von einem ihrer Staatsangehörigen oder zugunsten einer in ihrem Hoheitsgebiet niedergelassenen juristischen Person begangen wurden.

8.5.9.3.3 Deutsches Strafrecht

129   Das AufenthG[252] enthält einschlägige Straftatbestände, die den Vorgaben des RB 2002/946/JI entsprechen.[253] Nach § 96 I AufenthG wird das Einschleusen von Ausländern – hierzu gehören auch die Anstiftung und das Hilfeleisten zu einer illegalen

---

[252] Ges. über den Aufenthalt, die Erwerbstätigkeit und die Integration von Ausländern im Bundesgebiet i. d. F. v. 25.02.2008 (BGBl. I 2008, 162 ff.).
[253] Vgl. zur strafrechtlichen Relevanz ausländerrechtlicher Erlaubnisse BGHSt 50, 105 = JuS 2005, 1055 (*Kudlich*); EuGH NJW 2012, 1641 (Unbeachtlichkeit eines durch arglistige Täuschung erlangten Visums).

8.5 Felder der Strafrechtsangleichung in der Union

Einreise – mit Geldstrafe oder Freiheitsstrafe bis zu fünf Jahren bestraft, wenn der Täter dafür einen Vermögensvorteil erhält oder sich versprechen lässt bzw. wenn er wiederholt oder zugunsten von mehreren Ausländern handelt. Der Strafrahmen erhöht sich nach § 96 II AufenthG auf eine Freiheitsstrafe von sechs Monaten bis zehn Jahren, wenn der Täter gewerbsmäßig oder als Mitglied einer Bande handelt, die sich zur fortgesetzten Begehung solcher Taten verbunden hat. Der Versuch ist strafbar (§ 96 III AufenthG). Als mit Freiheitsstrafe nicht unter drei Jahren bedrohtes Verbrechen wird das gewerbs- und bandenmäßige Einschleusen von Ausländern eingestuft (§ 97 II AufenthG).

8.5.10 Rassismus und Fremdenfeindlichkeit

8.5.10.1 Anwendungsbereich

Wie bereits dargelegt ist der mit den Begriffen **Rassismus und Fremdenfeindlichkeit** beschriebene Kriminalitätsbereich einer Rechtsangleichung zugänglich (Rn. 45). Harmonisierungsfähig sind mithin rassistisch oder fremdenfeindlich motivierte Verhaltensweisen, bei denen Personen bzw. Personengruppen etwa wegen ihrer Hautfarbe, Abstammung, ethnischen Herkunft oder Religionszugehörigkeit Zielobjekt bestimmter Angriffe sind. Bereits in der **GM v. 15.07.1996**[254] wurden die Mitgliedstaaten aufgefordert, einige näher bezeichnete Handlungen unter Strafandrohung zu stellen. Die GM wurde durch den am 06.12.2008 in Kraft getretenen **RB 2008/913/JI des Rates zur Bekämpfung bestimmter Formen und Ausdrucksweisen von Rassismus und Fremdenfeindlichkeit** v. 28.11.2008[255] ersetzt.

130

8.5.10.2 Rahmenbeschluss zur Bekämpfung bestimmter Formen und Ausdrucksweisen von Rassismus und Fremdenfeindlichkeit

8.5.10.2.1 Regelungsgegenstand und Ziel des RB 2008/913/JI

Der RB 2008/913/JI soll gewährleisten, dass rassistisch oder fremdenfeindlich motivierte Straftaten in allen Mitgliedstaaten mit wirksamen, angemessenen und abschreckenden Strafen geahndet werden, die eine Auslieferung oder Übergabe nach sich ziehen können. Insbesondere soll die Verbreitung rassistischer und fremdenfeindlicher Inhalte im Internet in allen Mitgliedstaaten strafbar sein.

131

8.5.10.2.2 Wesentlicher Inhalt des RB 2008/913/JI

Der RB RB 2008/913/JI statuiert in Art. 1 I lit. a–d eine an die Mitgliedstaaten adressierte Verpflichtung, die nachfolgend aufgeführten vorsätzlichen Handlungen unter Strafandrohung zu stellen:

132

---

[254] ABlEG 1996 Nr. L 185, S. 5; *Weiß*, in: *Sieber u. a.* (Hrsg.), EuStR, § 25 Rn. 18.
[255] ABlEU 2008 Nr. L 328, S. 55.

a) die öffentliche Aufstachelung zu Gewalt oder Hass gegen eine nach den Kriterien der Rasse, Hautfarbe, Religion, Abstammung oder nationale oder ethnische Herkunft definierte Gruppe von Personen oder gegen ein Mitglied einer solchen Gruppe;

b) die Begehung einer der in Buchstabe a genannten Handlungen durch öffentliche Verbreitung oder Verteilung von Schriften, Bild- oder sonstigem Material;

c) das öffentliche Billigen, Leugnen oder gröbliche Verharmlosen von Völkermord, Verbrechen gegen die Menschlichkeit und Kriegsverbrechen im Sinne der Art. 6, 7 und 8 des Statuts des Internationalen Strafgerichtshofs, das gegen eine Gruppe von Personen oder gegen ein Mitglied einer solchen Gruppe gerichtet ist, die nach den Kriterien der Rasse, Hautfarbe, Religion, Abstammung oder nationale oder ethnische Herkunft definiert werden, wenn die Handlung in einer Weise begangen wird, die wahrscheinlich zu Gewalt oder Hass gegen solch eine Gruppe oder gegen ein Mitglied solch einer Gruppe aufstachelt;

d) das öffentliche Billigen, Leugnen oder gröbliche Verharmlosen von Verbrechen nach Art. 6 der Charta des Internationalen Militärgerichtshofs im Anhang zum Londoner Abkommen vom 8.8.1945 gegenüber einer Gruppe von Personen oder einem Mitglied einer solchen Gruppe, die nach den Kriterien der Rasse, Hautfarbe, Religion, Abstammung oder nationale oder ethnische Herkunft definiert werden, wenn die Handlung in einer Weise begangen wird, die wahrscheinlich zu Gewalt oder Hass gegen solch eine Gruppe oder gegen ein Mitglied solch einer Gruppe aufstachelt.

133   Den Mitgliedstaaten steht es frei, nur Handlungen unter Strafe zu stellen, die geeignet sind, die öffentliche Ordnung zu stören, oder die Drohungen, Beschimpfungen oder Beleidigungen darstellen (Art. 1 II). Der Verweis auf Religion soll mindestens Handlungsweisen erfassen, die als Vorwand für die Begehung von Handlungen gegen eine nach Rasse, Hautfarbe, Abstammung oder nationale oder ethnische Herkunft definierte Gruppe oder ein Mitglied einer solchen Gruppe dienen (Art. 1 III). Die **Anstiftung** zu den in Art. 1 I lit. c und d genannten Handlungen (Art. 2 I) und die **Beihilfe** zur Begehung der in Art. 1 genannten Handlungen müssen mit Strafe bedroht werden (Art. 2 II).

134   Für die in Art. 1 RB 2008/913/JI genannten Handlungen sind **Mindesthöchststrafen zwischen einem und drei Jahren Freiheitsstrafe** vorzusehen (Art. 3 II). Nach Art. 4 haben die Mitgliedstaaten dafür Sorge zu tragen, dass rassistische oder fremdenfeindliche Beweggründe auch bei anderen als in den Art. 1 und 2 genannten Straftaten – zu denken ist etwa an Tötungs- oder Körperverletzungsdelikte – als **erschwerender Umstand** gewertet werden können. Die **Verantwortlichkeit juristischer Personen** ist nach Maßgabe der Art. 5–6 zu gewährleisten. Regelungen über die **strafrechtliche Verfolgung** und **gerichtliche Zuständigkeit** sind in Art. 8–9 enthalten.

8.5.10.2.3 Deutsches Strafrecht

Der Tatbestand der Volksverhetzung (§ 130 StGB) wurde durch das **Ges. v. 16.03.2011**[256] sowie durch das **49. StÄG** v. 21.01.2015[257] und das Ges. v. 04.12.2022[258] an die Vorgaben des RB 2008/913/JI angepasst. Durch das **60. StÄG** v. 30.11.2020[259] ist der bisher in § 130 II Nr. 1 StGB enthaltene Begriff der **Schriften** durch den Begriff **Inhalte** (§ 11 III StGB) ersetzt worden. Der neue Inhaltebegriff setzt keine Verkörperung mehr voraus, sondern erfasst sämtliche technischen Methoden der Informationsübertragung (z. B. via Instant-Messaging-Diensten oder Echtzeit-Übertragungen im Internet).[260] Nach §§ 74, 74b–76a StGB besteht die Möglichkeit der Einziehung von Tatmitteln. Außer § 130 StGB können auch §§ 111, 140, 185–189 StGB sowie die gegen den Gedanken der Völkerverständigung gerichteten Vereinigungs- und Propagandadelikte gem. §§ 85–86a StGB einschlägig sein.[261] Nach § 46 II S. 2 StGB sind die Beweggründe des Täters strafzumessungsrelevant, wobei das Gesetz rassistische, fremdenfeindliche, antisemitische oder sonstige menschenverachtende Motive besonders hervorhebt.

8.6 Zusammenfassung von Kap. 8

Die Bedeutung der in **Art. 83 II AEUV** verankerten **strafrechtlichen Annexkompetenz der Union in harmonisierten Politikbereichen** erschließt sich nur vor dem Hintergrund der historischen Entwicklung der EG-Harmonisierungspolitik auf dem Gebiet des Strafrechts. Diese war – wie am Beispiel des Geldwäsche- und Umweltstrafrechts aufgezeigt werden kann – zunächst geprägt von dem Widerstand der im Rat versammelten Regierungsvertreter gegen alle Versuche der Kommission, spezifisch kriminalstrafrechtliche Anweisungen sekundärrechtlich festzuschreiben. Einen einschneidenden Wendepunkt für die Strafrechtsharmonisierung im Rahmen der früheren 1. Säule der EU markieren die beiden Grundsatzurteile des EuGH aus den Jahren 2005 (Umweltstrafrecht) und 2007 (strafrechtlicher Schutz des Meeres vor Verschmutzung durch Schiffe).

136

Durch **Art. 83 II AEUV** wird die vom EuGH anerkannte Kompetenz der Union, die Mitgliedstaaten durch RL zum Erlass oder zur Änderung von Strafvorschriften anzuweisen, auf eine eindeutige Rechtsgrundlage gestellt. Die zentrale **Funktion der strafrechtlichen Annexkompetenz** besteht darin, den **Unionspolitiken zur ef-**

137

135

---

[256] BGBl. I 2011, 418; vgl. hierzu *Hellmann/Gärtner*, NJW 2011, 961 ff.; *Weiß*, in: Sieber u. a. (Hrsg.), EuStR, § 25 Rn. 42 ff.
[257] BGBl. I 2015, 10 (Neustrukturierung des § 130 II StGB und Einfügung des § 130 VI StGB); vgl. hierzu S/S-*Sternberg-Lieben/Schittenhelm*, § 130 Rn. 1 m. w. N.
[258] BGBl. I 2022, 2146 (Einfügung eines neuen § 130 V StGB); vgl. hierzu *Rebmann/Schlicksupp*, ZStW (135) 2023, 84 ff.
[259] BGBl. I 2020, 2600.
[260] BT-Drs. 19/19859, S. 26; BeckOK-StGB/*Valerius*, § 11 Rn. 70 ff.
[261] *Stegbauer*, NStZ 2023, 400 ff.

fektiven Durchsetzung zu verhelfen. Aufgrund des akzessorischen Charakters der strafrechtlichen Annexkompetenz setzt ihre Wahrnehmung voraus, dass sie einen **bereits zumindest partiell harmonisierten Politikbereich** betrifft. Potenzielle Felder für strafrechtliche Rechtsangleichungsmaßnahmen sind demnach die Bereiche Binnenmarkt, Verbraucherschutz, Umweltschutz, Verkehr, Lebensmittelsicherheit sowie Schutz der EU-Finanzinteressen. **Angleichungsfähig** sind sowohl die **Straftaten** als auch die **Strafen**. Art. 83 II AEUV bestimmt, dass die Union von ihrer Annexkompetenz nur Gebrauch machen darf, wenn sich die Angleichung strafrechtlicher Rechtsvorschriften für die wirksame Durchführung der Unionspolitik in einem harmonisierten Bereich als **unerlässlich** erweist. Das als Kompetenzausübungsschranke wirkende **Subsidiaritätsprinzip** bestimmt, dass die Union in den **nicht in ihre ausschließliche Zuständigkeit** fallenden Bereichen nur tätig werden darf, sofern und soweit die Ziele der in Betracht gezogenen Maßnahmen von den Mitgliedstaaten weder auf zentraler noch auf regionaler Ebene ausreichend verwirklicht werden können, sondern vielmehr wegen ihres Umfangs oder ihrer Wirkungen auf Unionsebene besser zu verwirklichen sind. Die Organe der Union wenden das Subsidiaritätsprinzip nach dem **Protokoll über die Anwendung der Grundsätze der Subsidiarität und der Verhältnismäßigkeit** an (Art. 5 III UA 2 S. 1 EUV), in dem die aus Art. 5 III UA 1 EUV abzuleitenden Kriterien der Subsidiaritätsprüfung konkretisiert werden.

138   Flankiert wird das Subsidiaritätsprinzip von dem Grundsatz der **Verhältnismäßigkeit**, der durch Art. 5 IV UA 1 EUV auf das **Verhältnis der Union zu den Mitgliedstaaten** ausgedehnt wird. Die Mitgliedstaaten werden im Kontext dieser Vertragsbestimmung wie belastete Einzelne betrachtet, denen gegenüber eine Maßnahme nur dann als rechtmäßig erscheint, wenn sie zur Erreichung des mit ihr angestrebten Unionsziels **geeignet**, **erforderlich** und **angemessen** ist. Als denkbare Belastungen für die Mitgliedstaaten können sich z. B. die in der Maßnahme vorgesehene Regelungsdichte, ihre finanziellen Auswirkungen, die von ihr erzwungene Abkehr von eingespielten Verfahren oder die systemwidrige Durchbrechung nationaler Rechtsstrukturen erweisen. Die Organe der Union wenden den Grundsatz der Verhältnismäßigkeit nach dem **Protokoll über die Anwendung der Grundsätze der Subsidiarität und der Verhältnismäßigkeit** an (Art. 5 IV UA 2 EUV). In den Fällen, in denen nicht bereits das Subsidiaritätsprinzip der Ausübung einer strafrechtlichen Harmonisierungskompetenz der EU entgegensteht, bewirkt der Verhältnismäßigkeitsgrundsatz, dass die Unionsmaßnahme nicht über das zur **Zielerreichung notwendige Interventionsminimum** hinausgeht. In der Zusammenschau der nach Art. 4 II EUV zu achtenden nationalen Identität der Mitgliedstaaten sowie der in Art. 5 EUV verankerten Kompetenzausübungsschranken lässt sich ein **strafrechtsspezifisches Schonungsgebot** postulieren, das die Harmonisierungsbefugnisse der Union beschränkt.

139   Bereits vor Inkrafttreten des Lissabonner Reformvertrages erwies sich das gemeinsame Vorgehen der EU-Mitgliedstaaten im Bereich der früheren PJZS als zentraler und herausragender Faktor der Europäisierung der international-arbeitsteiligen

Strafrechtspflege. Mit der Auflösung der Dreisäulenstruktur der EU sind die auf eine intergouvernementale Zusammenarbeit der Mitgliedstaaten zugeschnittenen Instrumente obsolet geworden. **Art. 83 I AEUV** überträgt der Union nunmehr eine **originäre Strafrechtsangleichungsbefugnis** in Form einer **Richtlinienkompetenz** für die **Schaffung von Mindeststandards bei Straftaten und Strafen in Fällen besonders schwerer Kriminalität mit grenzüberschreitender Dimension**, wodurch die PJZS auf supranationale Rechtsetzungsverfahren und Handlungsformen umgestellt wird. Harmonisierungsfähig sind ausweislich des **abschließenden Katalogs des Art. 83 I UA 2 AEUV** die Bereiche Terrorismus, Menschenhandel und sexuelle Ausbeutung von Frauen und Kindern, illegaler Drogenhandel, illegaler Waffenhandel, Geldwäsche, Korruption, Fälschung von Zahlungsmitteln, Computerkriminalität und organisierte Kriminalität.

Zu den Maßnahmen, die auf eine Angleichung des materiellen Strafrechts in den von Art. 83 I AEUV erfassten Kriminalitätsbereichen abzielen, gehört zunächst der Erlass von **Mindestvorschriften** zur Ausgestaltung der einschlägigen **Tatbestände des Besonderen Teils**. Diese können z. B. in einer **gemeinsamen Definition** enthalten sein, in welcher die zentralen objektiven und subjektiven Merkmale der zu inkriminierenden Handlung beschrieben und durch die weitergehende Begriffsbestimmungen des nationalen Rechts nicht ausgeschlossen werden. Die Mitgliedstaaten bleiben frei, darüber hinaus auch weitere Verhaltensweisen unter Strafandrohung zu stellen. Es ist ihnen jedoch verwehrt, die Mindestvorschriften der in einem Rechtsakt definierten strafbaren Handlung zu unterschreiten, indem sie zusätzliche Strafbarkeitsvoraussetzungen aufstellen. Auch bereichsspezifische Vorgaben zur Angleichung des **Allgemeinen Teils** sind zulässig, soweit hierdurch nicht in die Grundstruktur der nationalen Strafrechtssysteme eingegriffen wird. Vorgaben zur **Verantwortlichkeit juristischer Personen** sind nur zulässig, wenn den Mitgliedstaaten ein weiter Umsetzungsspielraum belassen wird, der auch eine Beschränkung auf nichtstrafrechtliche Sanktionen zulässt. Einer Mindestangleichung zugänglich sind auch die **Strafen** in den von Art. 83 I AEUV genannten Kriminalitätsbereichen, die z. B. in Form der Vorgabe sog. **Mindesthöchststrafen** erfolgen kann. Bereichsspezifische Vorgaben über **erschwerende** oder **strafmildernde Umstände** sowie über das **Strafanwendungsrecht** („Internationales Strafrecht") können ebenfalls auf Art. 83 I AEUV gestützt werden. Auch im Anwendungsfeld des Art. 83 I AEUV wird die Kompetenzausübungsbefugnis der Union durch die Grundsätze der **Subsidiarität** (Art. 5 I S. 2, III UA 1 EUV) und **Verhältnismäßigkeit** (Art. 5 I S. 2, IV UA 1 EUV) begrenzt.

In **Art. 83 III AEUV** ist eine **verfahrensrechtliche „Notbremse"** vorgesehen, die einer Strafrechtsangleichung nach Art. 83 I oder II AEUV entgegensteht. Ein Mitgliedstaat, der grundlegende Aspekte seiner Strafrechtsordnung berührt sieht, kann das ordentliche Gesetzgebungsverfahren blockieren. Die übrigen Mitgliedstaaten können die RL jedoch im Wege einer Verstärkten Zusammenarbeit erlassen, sodass sie nur ihnen gegenüber Wirkung entfaltet. Falls ein Staat sein Veto **missbräuchlich** einlegt, kann die Kommission die hierin liegende Verletzung des Art. 4 III EUV im Rahmen eines Vertragsverletzungsverfahrens rügen.

Literatur

Ambos, Internationales Strafrecht, 5. Aufl., 2018, § 11 Rn. 5–14, 35–38 (Harmonisierung)
Böse, in: *Böse* (Hrsg.), Europäisches Strafrecht, 2. Aufl., 2021, § 4 Kompetenzen der Union auf dem Gebiet des Straf- und Strafverfahrensrechts
Born, Die Europäisierung von Strafmilderungsgründen, 2022
El-Ghazi/Wegner/Zimmermann, Auswirkungen der EU-Vorschläge für einen neuen Antikorruptions-Rechtsrahmen auf das deutsche Strafrecht, wistra 2023, 353
Esser, Europäisches und Internationales Strafrecht, 3. Aufl., 2023, § 2 Rn. 130–161 (Harmonisierung)
Dannecker/Schröder, in: *Böse* (Hrsg.), Europäisches Strafrecht, 2. Aufl., 2021, § 8 Tatbestände mit supranationaler Schutzrichtung (Europadelikte)
Hecker, Die Bekämpfung der transnationalen organisierten Kriminalität in der EU, ZIS 2016, 467
Heger, Zur Europarechtsakzessorietät des Strafrechts, insbesondere des deutschen Umweltstrafrechts, Kühl-FS, 2014, S. 669
Heghmanns, Die neue EU-Richtlinie über den strafrechtlichen Schutz der Umwelt v. 11. April 2024, ZfIStw 2024, 256
Jähnke, Über einen Allgemeinen Teil des Europäischen Strafrechts, JR 2021, 193
Lienert, Die Europäische Verwaltungsakzessorietät des Umweltstrafrechts, 2022
Plump, Europäisches Strafrecht nach dem Vertrag von Lissabon, 2021
Rebmann/Schlicksupp, Der neue § 130 V StGB – zugleich ein Beitrag zur europarechtlichen Determinierung des Umgangs mit sog. Hasskriminalität, ZStW (135) 2023, 84
Satzger, Internationales und Europäisches Strafrecht, 10. Aufl., 2022, § 9 Rn. 35–62 (Harmonisierung)
ders., Die Zukunft des Allgemeinen Teils des Strafrechts vor dem Hintergrund der zunehmenden Europäisierung des Strafrechts, ZIS 2016, 771
ders, in: *Böse* (Hrsg.), Europäisches Strafrecht, 2. Aufl., 2021, § 2 Grundsätze eines europäischen Strafrechts
Schröder/Blaue, Die erste Richtlinie über die strafrechtliche Bekämpfung der Geldwäsche – Auswirkungen in Deutschland, NZWiSt 2019, 161
Vogel/Schneider, in: *Böse* (Hrsg.), Europäisches Strafrecht, 2. Aufl., 2021, § 7 Begriff und Ziele der Harmonisierung
Weißer, in: *Böse* (Hrsg.), Europäisches Strafrecht, 2. Aufl., 2021, § 9 Angleichung von Strafvorschriften zur grenzüberschreitenden (organisierten) Kriminalität

Rechtsprechungshinweise

EuGHE 2005, 7879 = JZ 2006, 307 (Anweisungskompetenz der EG auf dem Gebiet des Umweltstrafrechts)
EuGHE 2007, 9097 = NStZ 2008, 703 (Anweisungskompetenz der EG auf dem Gebiet des Verkehrsstrafrechts – Meeresverschmutzung durch Schiffsverkehr)
EuGH BeckRS 2021, 24499 (Strafbarkeit der Selbstgeldwäsche)
BVerfG NJW 2009, 2267 (Strafrechtliche Harmonisierungskompetenzen der EU)
BGHSt 62, 102 = NJW 2014, 3459 (Verfassungskonformität der §§ 89a I, II Nr. 3 StGB)
BGHSt 66, 137 = NJW 2021, 2813 (Begriff der „kriminellen Vereinigung" i. S. d. § 129 II StGB)

Vorrang des Unionsrechts 9

9.1 Unionsrecht und nationales Recht

9.1.1 Grundlagen

Das Verhältnis des Unionsrechts zum nationalen Recht der Mitgliedstaaten ist auch für das Europäische Strafrecht von zentraler Bedeutung. Der EuGH stellte in seiner grundlegenden Entscheidung in der Rs. „*Costa/ENEL*"[1] klar, dass mit der Unterzeichnung und Ratifikation der römischen Verträge eine **supranationale Organisation** mit einer **eigenständigen Rechtsordnung** entstanden ist, gegen die die Mitgliedstaaten nachträglich keine einseitigen – die Geltung des Gemeinschaftsrechts in Frage stellenden – Maßnahmen treffen dürften. Das heutige Unionsrecht bildet wie das frühere Gemeinschaftsrecht eine **autonome Rechtsordnung**, die kraft ihrer Eigenständigkeit Geltung beansprucht. Aufgrund der in den europäischen Verträgen (EUV/AEUV) getroffenen Kompetenzabgrenzung steht sie neben den mitgliedstaatlichen Rechtsordnungen, wobei jeder Rechtskreis seinen eigenen Anwendungsbereich hat. Verletzt daher ein Mitgliedstaat die ihm durch Sekundärrecht auferlegte Umsetzungspflicht, indem er z. B. eine RL nicht, nicht gehörig oder nicht rechtzeitig in nationales Recht transformiert, so verstößt er zwar gegen seine vertraglichen Pflichten und setzt sich dem Risiko eines Vertragsverletzungsverfahrens aus (Kap. 4 Rn. 24). Die innerstaatliche Rechtslage bleibt hiervon aber bis zur erfolgten Umsetzung unberührt (Ausnahme „Durchgriffswirkung"; Kap. 4 Rn. 50). 1

Die Situation ändert sich jedoch grundlegend, wenn das Unionsrecht **unmittelbare Geltung** in den Mitgliedstaaten beansprucht, wie dies bei primärem Unionsrecht (Kap. 4 Rn. 33), VO (Kap. 4 Rn. 48) und unter bestimmten Voraussetzungen sogar bei RL (Kap. 4 Rn. 50) der Fall ist. Sofern unmittelbar geltendes Unionsrecht 2

---

[1] EuGHE 1964, 1251, 1269 ff. u. bestätigend EuGH NJW 2022, 2093 (2095); vgl. hierzu G/H/N-*Nettesheim*, Art. 288 AEUV Rn. 34 ff.

und nationales Recht denselben Lebenssachverhalt unterschiedlich regeln, kommt es zu einem Konflikt zwischen zwei nebeneinander stehenden Rechtsordnungen. Die Lösung dieses Kollisionsfalles muss dem Geltungsanspruch beider Rechtsordnungen Rechnung tragen, d. h. sie muss einerseits sicherstellen, dass dem unmittelbar anwendbaren Unionsrecht zur Durchsetzung verholfen wird, ohne andererseits das nationale Rechtssystem über das erforderliche Maß hinaus zu beeinträchtigen. Im Grundsatz ist unbestritten, dass bei derartigen Kollisionslagen von einem **Vorrang des Unionsrechts** gegenüber dem nationalen Recht auszugehen ist (Rn. 7).

9.1.2 Vorranggrundsatz

9.1.2.1 EuGH – Unbeschränkter Vorrang des Unionsrechts

3 Nach ständiger Rspr. des EuGH setzt sich unmittelbar geltendes Unionsrecht uneingeschränkt gegen entgegenstehendes nationales Recht, sogar gegen Verfassungsrecht, durch.[2] Dieser Vorranggrundsatz besteht nach Inkrafttreten des Vertrags von Lissabon fort und ist demgemäß auf das Verhältnis des Unionsrechts zum nationalen Recht übertragbar.[3] Das **Primat des Unionsrechts** resultiert aus dem Befund, dass durch die europäischen Verträge eine **eigenständige supranationale Rechtsordnung** geschaffen wurde und die Mitgliedstaaten durch **Übertragung von Hoheitsrechten** auf die Union ihre Souveränität beschränkt haben. Hinzu kommt, dass Art. 4 III UA 2, 3 EUV die Mitgliedstaaten zu unionstreuem Verhalten und somit zur **loyalen Mitwirkung** bei der **Durchsetzung des Unionsrechts** verpflichtet (Kap. 7 Rn. 23 ff.). Der Geltungsanspruch des Unionsrechts würde konterkariert, wenn sich ein Mitgliedstaat außerhalb einer besonderen vertraglichen Ermächtigung auf abweichendes nationales Recht berufen könnte. Auch stehen die unionsrechtlichen Pflichten der Mitgliedstaaten unter keinem Vorbehalt zugunsten der nationalen Rechtsordnungen.

9.1.2.2 BVerfG – Differenzierende Position

4 Das BVerfG hat sich bereits im Jahre 1971 für den **uneingeschränkten Vorrang** des Gemeinschaftsrechts gegenüber dem **einfachen Gesetzesrecht** ausgesprochen und dies in ständiger Rspr. bestätigt.[4] Indessen erkannte das BVerfG dem Gemeinschaftsrecht lediglich einen **begrenzten Vorrang** zu, wenn dessen Vereinbarkeit mit **deutschem Verfassungsrecht** in Frage stand. In seinem sog. „**Solange I-Beschluss**"[5] bejahte das BVerfG die verfassungsgerichtliche Überprüfbarkeit von unmittelbar in allen Mitgliedstaaten geltendem Gemeinschaftsrecht am Maßstab der deutschen Grundrechte im Rahmen eines Normenkontrollverfahrens nach Art. 100

---

[2] EuGH NJW 2022, 2093, 2096; NJW 2022, 601, 604.
[3] EuGH BeckRS 2020, 31283 (Rz. 27); NJW 2021, 531, 546; NJW 2023, 349, 353.
[4] BVerfGE 31, 145, 173 ff.; BVerfG NJW 2010, 3422, 3423.
[5] BVerfGE 37, 271.

GG, indem es EG-VO nachkonstitutionellen Gesetzen gleichstellte. **Solange** der Integrationsprozess der Gemeinschaft nicht so weit fortgeschritten sei, dass das Gemeinschaftsrecht auch einen vom Parlament beschlossenen und in Geltung stehenden formulierten Katalog von Grundrechten enthalte, der dem Grundrechtskatalog des GG adäquat sei, sei eine Überprüfung des Gemeinschaftsrechts auf seine Vereinbarkeit mit den Grundrechten des Grundgesetzes möglich. In seinem **„Solange II-Beschluss"**[6] gelangte das BVerfG schließlich zu einer Umkehrung der „Solange I-Formel" bei gleichzeitiger Abschwächung ihrer Voraussetzungen. Wenn der verfassungsgerichtliche Rechtsschutz hinsichtlich der Hoheitsgewalt einer zwischenstaatlichen Einrichtung entfallen solle, so müsse statt dessen eine Grundrechtsgeltung gewährleistet sein, die nach Inhalt und Wirksamkeit dem unabdingbaren Grundrechtsschutz des GG im Wesentlichen gleichkomme. Diese (gegenüber „Solange-I") verminderten Voraussetzungen sah das BVerfG mittlerweile als erfüllt an: „... *solange die Europäischen Gemeinschaften, insbesondere die Rechtsprechung des Gerichtshofes der Gemeinschaften einen wirksamen Schutz der Grundrechte gegenüber der Hoheitsgewalt der Gemeinschaften generell gewährleisten, der dem vom Grundgesetz als unabdingbar gebotenen Grundrechtsschutz im Wesentlichen gleich zu achten ist, zumal den Wesensgehalt der Grundrechte generell verbürgt, wird das BVerfG seine Gerichtsbarkeit über die Anwendbarkeit von abgeleitetem Gemeinschaftsrecht nicht mehr ausüben und dieses Recht mithin nicht mehr am Maßstab der Grundrechte des Grundgesetzes überprüfen; entsprechende Vorlagen nach Art. 100 I GG sind somit unzulässig."*[7]

Das BVerfG zieht sich somit auf eine „generelle Gewährleistung des unabdingbaren Grundrechtsstandards" zurück und akzeptiert ein **Kooperationsverhältnis** zum EuGH, dem vorrangig die Aufgabe zukommt, den Grundrechtsschutz für das gesamte Gebiet der EU zu garantieren. Die Position des BVerfG zur Vorrangfrage lässt sich zusammenfassend dahingehend charakterisieren, dass ein beschränkter, nach den obigen Grundsätzen relativierter Vorrang des Unionsrechts gegenüber nationalem Verfassungsrecht anerkannt wird.[8] Den unionsrechtlich gewährleisteten Grundrechtsschutz erachtet das BVerfG in ständiger Rspr. als im Wesentlichen gleichwertig mit den vom Grundgesetz als unabdingbar gebotenen Grundrechtsverbürgungen.[9] Jedoch behält sich das BVerfG weiterhin vor, Unionsrechtsakte am Maßstab des nach Art. 23 I S. 3 GG i. V. m. Art. 79 III GG unantastbaren Kernbereichs des Grundgesetzes (**Identitätkontrolle**) sowie unter den Aspekten der Einhaltung des Subsidiaritätsprinzips (**Subsidiaritätskontrolle**) und des Grundsatzes der begrenzten Einzelermächtigung (**Ultra-vires-Kontrolle**) zu prüfen.[10]

Beide Senate des BVerfG haben inzwischen ihre Position neu justiert und dargelegt, dass im **Anwendungsbereich vollharmonisierter Rechtsvorschriften**

---
[6] BVerfGE 73, 223, 339; bestätigend BVerfG NJW 2020, 2699, 2703.
[7] BVerfGE 73, 339, 387.
[8] BVerfG NJW 2009, 2267, 2285; *Honer*, JA 2021, 219, 221 f.; *Satzger*, IntStR, § 7 Rn. 19.
[9] BVerfG NJW 2020, 314, 317 (Rz. 48) m. w. N.
[10] BVerfG BeckRS 2024, 2988 (Rz. 85 ff.); *Gärditz*, in: *Böse* (Hrsg.), EuStR, § 25 Rn. 43 ff.; *Voßkuhle/Schemmel*, in: *Leible/Terhechte* (Hrsg.), Hb. Europ. Rechtsschutz, § 6 Rn. 30 ff. jew. m. w. N.

grundsätzlich nicht die deutschen Grundrechte, sondern **allein** die **Unionsgrundrechte als Prüfungsmaßstab** heranzuziehen sind.[11] Soweit die deutschen Grundrechte durch den Anwendungsvorrang des Unionsrechts (Rn. 7 f.) verdrängt werden, kontrolliert das BVerfG dessen Anwendung durch deutsche Stellen nunmehr am Maßstab der in der GRCh verankerten Unionsgrundrechte.[12] Infolgedessen kann jedermann – wie vor einem Fachgericht, das die Unionsgrundrechte ohnehin von Amts wegen zu prüfen hat – gegen vollständig durch Unionsrecht determinierte innerstaatliche Hoheitsakte Verfassungsbeschwerde erheben und die Verletzung von Unionsgrundrechten rügen.[13] Die Unionsgrundrechte sollen auch **außerhalb vollharmonisierter Regelungsmaterien** in die verfassungsgerichtliche Prüfung einbezogen werden, wenn konkrete und hinreichende Anhaltspunkte dafür vorliegen, dass die deutschen Grundrechte das Schutzniveau der GRCh ausnahmsweise nicht abdecken.[14] Die Zuständigkeit des EuGH für die letztverbindliche Auslegung und Anwendung der GRCh (Kap. 4 Rn. 35 ff.) soll durch die nunmehr vom BVerfG beanspruchte Erweiterung seiner Prüfungskompetenz nicht in Frage gestellt werden. Das Karlsruher Gericht verspricht, seine am Maßstab der Unionsgrundrechte ausgerichtete Kontrollfunktion in enger Kooperation mit dem EuGH auszuüben und ggf. von dem Vorlageverfahren gem. Art. 267 III AEUV Gebrauch zu machen.[15]

9.1.2.3 Anwendungs- versus Geltungsvorrang

7 Die radikalste Schlussfolgerung, die aus dem Vorrang des Unionsrechts gegenüber dem mitgliedstaatlichen Recht gezogen werden könnte, wäre das Brechen des nationalen Rechts im föderalen Sinne (vgl. Art. 31 GG) mit der Folge der Nichtigkeit des nachrangigen Rechts.[16] Der Gerichtshof hat sich indessen für einen behutsameren Umgang mit dem nationalen Recht entschieden. Nach ständiger Rspr. des EuGH[17] sowie der deutschen Rspr.,[18] die in der Sache mit der h. L.[19] übereinstimmt, genießt das Unionsrecht gegenüber dem nationalen Recht **keinen Geltungsvorrang**,

---

[11] BVerfG (1. Senat) NJW 2020, 314, 316 m. Bespr. v. *Kämmerer/Kotzur*, NVwZ 2020, 177 ff., *Kühling*, NJW 2020, 275 ff., *Neumann/Eichberger*, JuS 2020, 502 ff. u. *Ruffert/Grischek/Schramm*, JuS 2020, 1022 ff.; BVerfG (2. Senat) NJW 2021, 1518, 1519 m. Bespr. v. *Ruffert*, JuS 2021, 374 ff. u. *Safferling/Rückert*, NJW 2021, 287 ff.; BVerfG (2. Senat) NVwZ 2021, 1211, 1212 m. Bespr. v. *Ruffert*, JuS 2022, 180 ff.

[12] BVerfG NJW 2020, 314, 318 m. Bespr. v. *Hoffmann*, NVwZ 2020, 33 ff. u. *Muckel*, JA 2020, 237 ff.; BVerfG NJW 2021, 1518, 1519; NVwZ 2021, 1211, 1212; BeckRS 2022, 17795 (Rz. 38 ff.).

[13] *Gärditz*, in: *Böse* (Hrsg.), EuStR, § 25 Rn. 41; *Lehner*, JA 2022, 177, 178, 183; *Wendel*, JZ 2020, 157 ff.

[14] BVerfG NJW 2020, 300, 303 f.; NJW 2020, 314, 319 m. Bespr. v. *Heger/Huthmann*, ZStW (133) 2021, 777 ff. u. *Sachs*, JuS 2020, 282 ff.

[15] BVerfG NJW 2020, 314, 318, 320; NJW 2021, 1518, 1520; NVwZ 2021, 1211, 1217.

[16] So noch *Grabitz*, Gemeinschaftsrecht bricht nationales Recht, 1966, S. 98 ff., 113 ff.

[17] EuGH EuZW 2014, 950, 952; BeckRS 2020, 31283 (Rz. 27); NVwZ 2021, 1049, 1053.

[18] BVerfG NJW 2009, 2267, 2284 f.; NJW 2020, 314, 318; BGH NJW 2013, 93, 96; NJW 2020, 2282, 2286.

sondern lediglich einen **Anwendungsvorrang**. Unmissverständlich formuliert der EuGH: „... *Nationale Strafrechtsnormen dürfen weder zu einer Diskriminierung von Personen führen, denen das Unionsrecht einen Anspruch auf Gleichbehandlung verleiht, noch die vom Unionsrecht garantierten Grundfreiheiten beschränken ... Ist eine solche **Norm mit dem Grundsatz der Gleichbehandlung oder einer der unionsrechtlich verbürgten Grundfreiheiten unvereinbar**, muss das vorlegende Gericht, das im Rahmen seiner Zuständigkeit die Bestimmungen des Unionsrechts anzuwenden und deren volle Wirksamkeit zu gewährleisten hat, sie **unangewendet** lassen.*"[20]

Dem mit Unionsrecht kollidierenden nationalen Recht wird also nicht die Wirksamkeit abgesprochen – es ist lediglich unanwendbar. Demgegenüber würde bei Annahme der Geltungsvorrangregel jede Kollision des nationalen Rechts mit entgegenstehendem Unionsrecht automatisch zur Nichtigkeit der betroffenen Rechtsvorschrift führen. Die Gründe, die für eine Kollisionsregel sprechen, welche lediglich die Unanwendbarkeit unionsrechtswidriger Rechtsvorschriften vorsieht, sind überzeugend. Neben dem rechtspolitischen Argument der Rücksichtnahme auf nationale Empfindlichkeiten sind es vor allem kompetenzrechtliche Erwägungen, die gegen die Geltungsvorrangthese sprechen.[21] Durch die Anordnung der Nichtigkeitsfolge würde die Union die ihr von den europäischen Verträgen zugeschriebenen Kompetenzen überschreiten, soweit hierdurch die Normgeltung in rein innerstaatlichen Regelungszusammenhängen berührt würde. Im Übrigen ist die Annahme eines Geltungsvorranges auch gar nicht erforderlich, um dem Unionsrecht gegenüber kollidierendem nationalen Recht zur Durchsetzung zu verhelfen. Dem Primat des Unionsrechts wird bereits dadurch Genüge getan, dass kollidierende nationale Rechtsvorschriften schlicht unangewendet bleiben, ohne deren Geltung (Wirksamkeit) im rein innerstaatlichen Bereich in Frage zu stellen.

9.2 Anwendungsvorrang und nationales Strafrecht

9.2.1 Neutralisierung mitgliedstaatlicher Strafvorschriften

Das Strafrecht kann keine Sonderrolle für sich in Anspruch nehmen, die eine Durchbrechung der allgemeinen Grundsätze zum Verhältnis zwischen Unionsrecht und nationalem Recht rechtfertigen könnte. Kollisionskonstellationen können sich ergeben, wenn Verhaltensweisen unter Strafandrohung gestellt werden, die vom Primärrecht (Kap. 4 Rn. 33 ff.), einer VO (Kap. 4 Rn. 48) oder einer RL gestattet sind, soweit letztere (ausnahmsweise) unmittelbare Wirkung entfaltet (Kap. 4 Rn. 50). Im Falle einer echten Kollision zwischen mitgliedstaatlichem Strafrecht

---

[19] *Ambos*, IntStR, § 11 Rn. 44; *Dannecker/Bülte*, Hb. WiStR, 2. Kap. Rn. 203 ff.; *Esser*, EuStR, § 2 Rn. 8 ff.; *Heger*, in: *Böse* (Hrsg.), EuStR, § 5 Rn. 83 ff.; *Satzger*, IntStR, § 9 Rn. 93.
[20] EuGH BeckRS 2020, 31283 (Rz. 27) – Hervorhebung durch den *Verfasser*.
[21] BVerfG NJW 2009, 2267, 2284 f.; NJW 2010, 3422, 3423 f.; NJW 2020, 314, 318.

und unmittelbar geltendem Unionsrecht bewirkt die Vorrangregel eine **Neutralisierung** der Sanktionsvorschrift.[22] Vermeiden lässt sich dieser Effekt nur durch eine vorrangig in Betracht zu ziehende **unionsrechtskonforme Auslegung** des nationalen Straftatbestands (Kap. 10).[23] Unanwendbar ist eine nationale Strafbestimmung nur, wenn eine unionsrechtskonforme Auslegung nicht möglich ist.[24]

10 Infolge der sich aus der Vorrangregel ergebenden Neutralisierungswirkung sind die nationalen Strafverfolgungsorgane daran gehindert, eine Strafrechtsnorm anzuwenden, die ein vom Unionsrecht erlaubtes Verhalten pönalisiert. Wie der vom Unionsrecht geforderte Anwendungsvorrang erreicht wird, bestimmt das nationale Recht. Fraglich ist, mit welcher dogmatischen Rechtsfigur die Unanwendbarkeit einer deutschen Strafnorm begründet werden kann. Diese Frage ist relativ einfach zu beantworten bei **Blankettstrafgesetzen**, die an eine **innerstaatliche** Ausfüllungsnorm anknüpfen, indem sie auf die Zuwiderhandlung gegen ein außerstrafrechtliches Ge- oder Verbot abstellen (Kap. 7 Rn. 59 ff.). Aufgrund dieser besonderen Tatbestandskonstruktion ist bereits eine **Tatbestandserfüllung** ausgeschlossen, wenn das vom Strafblankett in Bezug genommene Ge- oder Verbot infolge des Anwendungsvorranges des Unionsrechts unanwendbar ist.[25] Nach zutreffender Ansicht bewirkt der Neutralisierungseffekt der Vorrangregel aber auch bei einem **vollständigen Strafgesetz** den **Ausschluss des objektiven Tatbestandes**.[26] Begründen lässt sich dies damit, dass jedem Strafgesetz eine (geschriebene oder ungeschriebene) Verhaltensnorm in Form eines Ge- oder Verbots zugrunde liegt.[27] Ein Verstoß gegen diese Verhaltensnorm ist mithin unabdingbare Voraussetzung der Strafbarkeit. Kollidiert die Verhaltensnorm mit Unionsrecht, so darf sie im konkreten Fall nicht angewandt werden. Damit steht zugleich fest, dass das im objektiven Tatbestand des jeweiligen Strafgesetzes vertypte materielle Unrecht nicht verwirklicht werden kann.[28] Diesem Befund ist in dem von Art. 103 II GG abgesteckten Rahmen durch eine **unionsrechtskonforme Auslegung** der ihrem Wortlaut nach erfüllten Strafnorm – bis hin zu einer fallgruppenspezifischen **Tatbestandsreduktion** (Kap. 10 Rn. 17) – Rechnung zu tragen. In bestimmten Ausnahmefällen kann der Vorrangregel auch bereits durch bloße Zuerkennung eines **persönlichen Strafaufhebungsgrundes** oder eine **strafprozessuale Lösung** entsprochen werden, nämlich dann, wenn das Unionsrecht die Rechtswidrigkeit eines

---

[22] BGH NJW 2020, 2282, 2286; OLG München NJW 2008, 3151 f.; *Ambos*, IntStR, § 11 Rn. 44 ff.; *Dannecker*, JURA 2006, 173 f.; *Esser*, EuStR, § 2 Rn. 13 ff.; *Satzger*, IntStR, § 9 Rn. 93.
[23] BGH NJW 2018, 480, 482; *Ambos*, IntStR, § 11 Rn. 49; *Brand/Blatter*, JuS 2016, 983, 984.
[24] EuGH BeckRS 2019, 12042 (Rz. 58); BeckRS 2022, 3578 (Rz. 37); NJW 2023, 349, 353; *Esser*, EuStR, § 2 Rn. 19, 68; *Satzger*, IntStR, § 9 Rn. 103.
[25] *Heger*, in: *Böse* (Hrsg.), EuStR, § 5 Rn. 87; *Kert*, Lebensmittelstrafrecht, S. 274.
[26] *Esser*, EuStR, § 2 Rn. 16; *Satzger*, IntStR, § 9 Rn. 93; *Schröder*, Richtlinien, S. 287. Vgl. zu der damit zusammenhängenden Behandlung von Irrtumsfragen *Hecker*, Dannecker-FS, S. 413, 422 ff.
[27] *Satzger*, Europäisierung, S. 220 ff., 489 ff. m. w. N.
[28] Eine Lösung auf der Schuldebene oder eine bloße Straffreistellung scheiden daher aus; vgl. hierzu *Heger*, in: *Böse* (Hrsg.), EuStR, § 5 Rn. 85; *Schröder*, Richtlinien, S. 281 f.

9.2 Anwendungsvorrang und nationales Strafrecht

Verhaltens (z. B. illegaler Aufenthalt i. S. d. § 95 I Nr. 2 AufenthG) unberührt lässt, aber der Verhängung einer Strafe entgegensteht (Kap. 10 Rn. 56 f.).

Ein Teil der Literatur zieht die Möglichkeit in Betracht, aus unmittelbar anwendbaren Rechtssätzen des Unionsrechts strafrechtliche **Rechtfertigungsgründe** abzuleiten.[29] Gegen die Bildung unionsrechtsgezeugter Rechtfertigungsgründe spricht aber, dass jedenfalls nach deutscher Strafrechtsdogmatik jeder Rechtfertigungsgrund ein subjektives Rechtfertigungselement voraussetzt, um seine rechtfertigende Wirkung voll entfalten zu können.[30] Damit hinge die Straflosigkeit eines Täters, dessen Verhalten durch ein vom Unionsrecht gewährtes subjektives Recht gebilligt wird, davon ab, dass er in Kenntnis und unter bewusster Inanspruchnahme dieses Rechts handelte. Dies aber wäre mit dem Vorranganspruch des Unionsrechts nicht vereinbar, das sich unabhängig vom Willen des Einzelnen in jedem Fall einer Kollision durchsetzen muss.

Reichhaltiges Anschauungsmaterial für die Neutralisierung von Strafnormen findet sich im Lebensmittelstrafrecht. Ein (nicht gesundheitsschädliches)[31] Lebensmittel, das in einem Mitgliedstaat rechtmäßig hergestellt wurde, darf im Lichte der Rspr. des EuGH zur Warenverkehrsfreiheit (Art. 34 AEUV) auch in jedem anderen Mitgliedstaat in Verkehr gebracht werden, selbst wenn es in seiner stofflichen Zusammensetzung oder äußeren Darbietung nicht den innerstaatlichen Bestimmungen des Lebensmittelrechts (und damit der nationalen Verbrauchererwartung) entspricht.[32] Es gilt also das **Prinzip der gegenseitigen Anerkennung**. So darf z. B. bei entsprechender Kennzeichnung in Deutschland Bier in Verkehr gebracht werden, das nicht nach dem deutschen Reinheitsgebot gebraut wurde.[33] Das gleiche gilt für Saucen, die nicht den deutschen Rezepturen entsprechen.[34] Der italienische Gesetzgeber darf nicht die Vermarktung von Essig untersagen, der innerstaatlichen Rezeptur- bzw. Bezeichnungsvorstellungen nicht entspricht.[35] Eine deutsche weinrechtliche Vorschrift, die die Verwendung der Bocksbeutelflasche nur Qualitätsweinen aus bestimmten deutschen Anbaugebieten vorbehält, darf nicht der Einfuhr von Weinen mit Ursprung in einem anderen Mitgliedstaat entgegengehalten werden, die dort nach herkömmlicher Übung in Flaschen identischer oder ähnlicher Form abgefüllt sind. Auch hier weist der EuGH darauf hin, dass Verwechslungen im Hinblick auf die Herkunft des Weines bereits durch eine angemessene Etikettierung vermieden werden können.[36] In allen oben genannten Fällen würde die straf- und

---

[29] *Heger*, in: *Böse* (Hrsg.), EuStR, § 5 Rn. 90 ff.; *Kreis*, Grundfreiheiten, S. 170 ff.
[30] S/S-*Sternberg-Lieben*, Vor §§ 32 Rn. 13 ff.; *Rengier*, AT, § 17 Rn. 9 ff.
[31] Zu den an die Feststellung der Gesundheitsgefahr zu stellenden Anforderungen, um eine Beschränkung der Warenverkehrsfreiheit zu rechtfertigen vgl. EuGH EuZW 2017, 576 ff.; LMuR 2021, 21, 25.
[32] Ständige Rspr. seit EuGHE 1979, 649, 664 („Cassis de Dijon"); *Hagenmeyer/Teufer*, Lebensmittelrecht, C. 4 Rn. 20 ff., 57 ff., 96 ff.; *Schütz*, Jura 1998, 631 ff.
[33] EuGHE 1987, 1227, 1262 ff.
[34] EuGHE 1995, 3599, 3617 ff.
[35] EuGHE 1980, 2071; EuGHE 1981, 3019.
[36] EuGHE 1984, 1299, 1322 ff.

bußgeldrechtliche Sanktionierung der Lebensmittelvermarktung gegen die primärrechtliche Garantie der Warenverkehrsfreiheit verstoßen.

9.2.2 Überlagerung strafverfahrensrechtlicher Bestimmungen

13   Der Judikatur des EuGH ist zu entnehmen, dass auch das **Strafprozessrecht** der Mitgliedstaaten **unionsrechtlichen Begrenzungen** unterliegt. Den mitgliedstaatlichen Strafverfolgungsbehörden und Gerichten ist es daher verwehrt, nach Maßgabe einer strafprozessualen Bestimmung zu verfahren, deren Anwendung zu einer unzulässigen Beschränkung einer primärrechtlichen Grundfreiheit[37] (Kap. 4 Rn. 34) oder eines Unionsgrundrechts[38] (Kap. 4 Rn. 39 ff.) führen würde.[39] Auch wurde bereits entschieden, dass der Verstoß gegen eine unmittelbar anwendbare RL (Kap. 4 Rn. 50) ein Beweisverwertungsverbot nach sich ziehen kann.[40] Besondere Bedeutung kommt dem auch im Strafverfahren zu beachtenden Diskriminierungsverbot zu, soweit es dem personalen Anwendungsbereich des Unionsrechts unterfällt.[41] EU-Ausländer dürfen deshalb in keinem mitgliedstaatlichen Strafprozess allein aufgrund ihrer Staatsangehörigkeit ohne sachlich vertretbaren Grund anders behandelt werden als Inländer. Exemplarisch sei auf das vor einem italienischen Gericht geführte Strafverfahren gegen *Bickel und Franz* hingewiesen.[42] Der EuGH stellte im Vorabentscheidungsverfahren klar, dass sich Strafverfahrensregelungen des nationalen Rechts am Diskriminierungsverbot des Art. 18 AEUV messen lassen müssen, wenn es um die Verfolgung von Personen geht, die sich in einer unionsrechtlich geregelten Situation in einem anderen Mitgliedstaat befinden. Im konkreten Fall bedeutete dies, dass eine Regelung, die an sich nur der deutschsprachigen Bevölkerung in Bozen das Recht auf eine Gerichtsverhandlung in deutscher Sprache einräumte, auch zugunsten von Angeklagten deutscher und österreichischer Staatsangehörigkeit anzuwenden war. Es steht zu erwarten, dass dem Vorrang des Unionsrechts gegenüber dem Strafverfahrensrecht der Mitgliedstaaten im Anwendungsbereich der GRCh (Kap. 4 Rn. 35 ff.) eine wachsende Bedeutung zukommt. Zu denken ist etwa an ein aus Art. 4 GRCh (Folterverbot) oder Art. 47 II S. 1 GRCh (Fair trial) abzuleitendes **Beweisverwertungsverbot oder Verfahrenshindernis kraft Unionsrechts** (Kap. 4 Rn. 40, 46).[43]

---

[37] EuGH NJW 2020, 1873, 1875.
[38] EuGH BeckRS 2021, 863 (Rz. 45).
[39] *Safferling/Rückert*, NJW 2021, 287 ff.
[40] EuGHE 2003, 3735 mit ausführlicher Bespr. von *Esser*, StV 2004, 221 ff.
[41] EuGHE 1989, 195; 1996, 161; *Heger*, in: *Böse* (Hrsg.), EuStR, § 5 Rn. 97.
[42] EuGH EuZW 1999, 82.
[43] *Heger*, in *Böse* (Hrsg.), EuStR, § 5 Rn. 101.

9.2.3 Kollisionskonstellationen

9.2.3.1 Echte und unechte (scheinbare) Kollision

Zu einer die Neutralisierungswirkung auslösenden Kollision zwischen nationaler Strafnorm und Unionsrecht kann es nur kommen, wenn die Anwendung der Strafnorm im konkreten Einzelfall zwangsläufig gegen unmittelbar geltendes Unionsrecht verstößt (**echter Kollisionsfall**). Dies setzt auf der Seite des Unionsrechts die Existenz einer hinreichend klaren und abschließenden Regelungsalternative voraus, die den Mitgliedstaaten keinerlei Gestaltungs- und Konkretisierungsspielraum belässt (Rn. 18). Nur ein **scheinbarer Kollisionsfall** liegt demgegenüber vor, wenn nationales Strafrecht den Zielvorgaben einer nicht unmittelbar anwendbaren RL zuwiderläuft.[44] Da das Unionsrecht für diese Fallkonstellation keine Kollisionsregel bereithält, kommt eine Neutralisierung der Strafnorm nicht in Betracht. Zwar ist in diesen Fällen zu prüfen, ob eine Pflicht zur richtlinienkonformen Auslegung der nationalen Strafnorm besteht (Kap. 10 Rn. 6 ff.). Doch ändert dies nichts daran, dass für die rechtliche Würdigung des in Rede stehenden Sachverhalts ausschließlich das innerstaatliche Recht heranzuziehen ist, solange die RL nicht in nationales Recht umgesetzt ist. Die praktische Bedeutung der **Abgrenzung zwischen echter und scheinbarer Kollision** kann anhand des folgenden Falles studiert werden, der Gegenstand eines Vorabentscheidungsverfahrens war:

Fall 1 (EuGHE 2005, 3565)

Im Rahmen der gegen den ehemaligen italienischen Ministerpräsidenten *Berlusconi* und weitere Angeklagte wegen des Vorwurfs der Bilanzfälschung geführten Strafverfahren beriefen sich die Angeklagten auf ein nach (mutmaßlicher) Tatbegehung erlassenes Strafgesetz (decretro legislativo), dessen Anwendung zur Folge hätte, dass die nach früherem Recht als Verbrechen geahndeten Taten nicht mehr strafrechtlich verfolgt werden könnten. Die vorlegenden Gerichte wiesen darauf hin, dass die einschlägigen Straftatbestände durch Einfügung von zusätzlichen Tatbestandsmerkmalen, Geringfügigkeitsklauseln, Strafantragserfordernissen sowie Verkürzung der Verjährungsfristen wesentlich entschärft worden seien, sodass bei Anwendung des neuen (milderen) Rechts keine Strafbarkeit mehr gegeben sei oder zumindest Verjährung eintreten würde. Allerdings hatten die vorlegenden Gerichte Zweifel, ob die entschärften Strafvorschriften noch mit den einschlägigen Richtlinienbestimmungen zum Gesellschaftsrecht im Einklang stehen, wonach die Mitgliedstaaten „geeignete Sanktionen" für den Fall androhen müssen, dass die vorgeschriebene Offenlegung der Bilanz und der Gewinn- und Verlustrechnung unterbleibt. Zweifel an der Vereinbarkeit der neuen italienischen Strafbestimmungen ergaben sich nach Auffassung der vorlegenden Gerichte ferner im Hinblick auf das Loyalitätsgebot, demzufolge das

---

[44] EuGH BeckRS 2019, 12042 (Rn. 62); *Satzger*, IntStR, § 9 Rn. 101; *Schröder*, Richtlinien, S. 89 ff.

nationale Recht bei Verstößen gegen Gemeinschaftsrecht wirksame, abschreckende und verhältnismäßige Sanktionen vorzusehen habe. Vor diesem Hintergrund stellte sich insbesondere die Frage, ob der Grundsatz der rückwirkenden Anwendung des milderen Strafgesetzes auch dann gilt, wenn dieses gegen Gemeinschaftsrecht verstößt. ◄

16 **Lösungshinweise zu Fall 1**
Nach Auffassung von Generalanwältin *Kokott* laufen die neuen (milderen) italienischen Strafbestimmungen den Vorgaben des Gemeinschaftsrechts zuwider. Daher gelangt sie in ihren Schlussanträgen zu dem Ergebnis, dass aufgrund des Anwendungsvorranges des Gemeinschaftsrechts weiterhin die frühere strafrechtliche Regelung anwendbar sei. Der **Lex-mitior-Grundsatz**, demzufolge bei einer Gesetzesänderung nach Tatbegehung nur das mildere Strafgesetz Anwendung findet, komme nicht zum Tragen, wenn dieses den gemeinschaftsrechtlichen Anforderungen an eine „geeignete Sanktion" nicht genüge. Ein nachträglich erlassenes gemeinschaftsrechtswidriges Strafgesetz stelle mithin kein anwendbares Strafgesetz dar. Nach Auffassung der Generalanwältin folgt aus der Unanwendbarkeit des neuen (milderen) Strafgesetzes, dass auch dessen derogierende (das alte Strafgesetz außer Kraft setzende) Wirkung entfällt (Rn. 19). Daher sei für die Aburteilung der Angeklagten die zum Tatzeitpunkt geltende Strafbestimmung heranzuziehen.

17 Der EuGH gelangt zu einem entgegengesetzten Ergebnis. Der **Grundsatz der rückwirkenden Anwendung des milderen Strafgesetzes** sei als **Bestandteil der allgemeinen Rechtsgrundsätze des Gemeinschaftsrechts** anzusehen, die der nationale Richter zu beachten habe, wenn er das zur Durchführung des Gemeinschaftsrechts erlassene nationale Recht anwende.[45] Dabei stelle sich allerdings die Frage, ob der Lex-mitior-Grundsatz auch gelte, wenn das mildere Strafgesetz gegen Gemeinschaftsrecht verstoße. Der EuGH lässt die von ihm selbst gestellte Frage jedoch unbeantwortet, weil die hier interessierende Gemeinschaftsregel in einer RL enthalten sei. Er sieht offenkundig die Gefahr, dass die vorlegenden Gerichte das nicht richtlinienkonforme mildere Strafgesetz unangewendet lassen und stattdessen das zum Tatzeitpunkt geltende schärfere Strafgesetz heranziehen könnten. Dies aber würde dem vom Gerichtshof in ständiger Rspr. vertretenen Grundsatz widersprechen, wonach eine RL nicht dazu führen dürfe, die strafrechtliche Verantwortlichkeit von Angeklagten festzulegen oder zu verschärfen. Folgt man der Urteilsbegründung des EuGH, ist eine Aburteilung der Angeklagten nach der zum Tatzeitpunkt geltenden (schärferen) Strafbestimmung ausgeschlossen.

18 Die von Generalanwältin *Kokott* und vom EuGH entwickelten Lösungswege sind in der Literatur[46] auf berechtigte Kritik gestoßen. Beide verstricken sich in den widerstreitenden Prinzipien des früheren Gemeinschafts- bzw. heutigen Unionsrechts

---

[45] EuGHE 2005, 3565 = JZ 2005, 997 (Rz. 69 ff.).
[46] *Dannecker*, ZIS 2006, 309, 311 ff.; *Gross*, EuZW 2005, 371 ff.; *Satzger*, IntStR, § 9 Rn. 101.

(Vorrangprinzip, Lex-mitior-Grundsatz und Verbot strafbegründender bzw. -schärfender Wirkung von RL) und erreichen einen Ausgleich nur unter völliger Preisgabe eines der Prinzipien. Die Überzeugungskraft beider Argumentationsstränge leidet bereits daran, dass sie übereinstimmend von einer unzutreffenden Grundannahme, nämlich der Anwendbarkeit des Vorrangprinzips, ausgehen. Damit wird verkannt, dass die eine Neutralisierungswirkung auslösende Vorrangregel nur dann zum Zuge kommt, wenn eine **echte Kollisionslage** zwischen nationalem Recht und Unionsrecht vorliegt. Dies aber setzt voraus, dass sich verbindliche Regelungen aus der nationalen Rechtsordnung und der Unionsrechtsordnung widerstreitend gegenüberstehen, was immer nur dann denkbar ist, wenn das in Rede stehende Unionsrecht unmittelbar anwendbar ist.[47] Weder die hier einschlägige Richtlinienbestimmung, die sich in der Zielvorgabe der Androhung „geeigneter Sanktionen" erschöpft, noch das aus Art. 4 UA 2, 3 EUV abzuleitende Gebot, für Verstöße gegen Unionsrecht wirksame, abschreckende und verhältnismäßige Sanktionen vorzusehen (Kap. 7 Rn. 23 ff.), stellen eine hinreichend präzise bzw. abschließende Regelungsalternative zum nationalen Recht dar. Eine echte Kollision liegt nur dann vor, wenn das nationale Recht eine Sanktionierung von Verstößen gegen Unionsrecht **gänzlich** ausschließen würde, was auf die hier interessierenden Bestimmungen des italienischen Strafrechts nicht zutrifft. Mangels Vorliegens einer echten Kollisionslage zwischen nationalem Recht und Unionsrecht stellte sich somit das von Generalanwältin und EuGH erörterte Problem der strafbarkeitsbegründenden Wirkung der RL bzw. der Anwendbarkeit des Lex-mitior-Grundsatzes gar nicht. Die italienischen Gerichte müssen daher die für die Angeklagten günstigeren Neuregelungen anwenden. Sollten bei der Anwendung der neuen Vorschriften Auslegungsspielräume bestehen, sind diese unionsrechtskonform auszufüllen (Kap. 10 Rn. 35 ff.).

Weiterführende Hinweise 19
Die Ausführungen von Generalanwältin *Kokott* zu dem ihrer Auffassung nach möglichen Wiederaufleben der zum Tatzeitpunkt geltenden Strafbestimmungen des italienischen Rechts werfen die Grundsatzfrage nach der **Reichweite des Vorrangprinzips** auf. Die Generalanwältin misst diesem eine zweifache Wirkung zu. Das unionsrechtswidrige (mildere) Strafgesetz soll unanwendbar sein und das ursprüngliche (schärfere) Strafgesetz fortgelten.[48] Damit wird der Union gleichsam die Befugnis zuerkannt, die Fortgeltung aufgehobener Strafgesetze für unionsrechtlich relevante Fälle anzuordnen. Dies aber käme einer kriminalstrafrechtlichen EU-Gesetzgebungskompetenz gleich, die nach geltendem Unionsverfassungsrecht nicht besteht (Kap. 4 Rn. 58). Die Erstreckung des Vorrangprinzips auf die derogierende Funktion eines Strafgesetzes wäre allenfalls auf der Basis der Anerkennung eines Geltungsvorrangs des Unionsrechts begründbar. Eine so weitreichende Wirkung des Unionsrechts hat der EuGH jedoch stets abgelehnt. Das Prinzip des Anwendungsvorranges ist von vornherein nicht darauf gerichtet, die durch Unanwend-

---
[47] *Satzger*, JZ 2005, 998, 1000; ihm folgend *Dannecker*, ZIS 2006, 309, 312.
[48] Insoweit der Linie der Generalanwältin folgend *Gross*, EuZW 2005, 371, 373.

barkeit nationalen Rechts entstehende Lücke durch hinzugedachtes nationales Recht zu füllen. Abschließend bleibt daher festzuhalten, dass auch eine echte Kollision zwischen nationaler Strafnorm und unmittelbar anwendbarem Unionsrecht niemals zum Ausschluss des Derogationseffekts führt. Ein Wiederaufleben des (unionsrechtswidrig) ersatzlos aufgehobenen oder durch ein milderes Gesetz ersetzten nationalen Strafgesetzes ist daher ausgeschlossen.

9.2.3.2 Direkte und indirekte Kollision

20 Echte Kollisionen sind wiederum möglich im Rahmen einer **direkten** oder einer **indirekten Kollisionskonstellation**: Von einer **direkten Kollision** zwischen mitgliedstaatlichem Strafrecht und Unionsrecht spricht man, wenn die nationale Sanktionsvorschrift und die unmittelbar geltende unionsrechtliche Norm dieselbe Materie inhaltlich unterschiedlich regeln. Charakteristisch für diese Kollisionskonstellation ist, dass der Rechtsanwender sich in einer Situation befindet, in der er zwischen zwei inhaltlich divergierenden Regelungsalternativen auswählen muss, wobei eine dem nationalen Recht, die andere dem Unionsrecht entstammt. Ein typischer Fall der direkten (echten) Kollision liegt vor, wenn das nationale Strafrecht ein Verhalten verbietet, das vom Unionsrecht gestattet wird. Beispielhaft hierfür stehen die oben aufgeführten Fälle der Kollision deutschen Lebensmittelstrafrechts mit der primärrechtlichen Garantie der Warenverkehrsfreiheit (Rn. 12).

21 Eine echte Kollision kann aber auch eintreten, wenn eine nationale Vorschrift und eine Unionsrechtsnorm zwar unterschiedliche Regelungsziele verfolgen, jedoch durch die Anwendung der innerstaatlichen Bestimmung die Durchsetzung und praktische Wirksamkeit des Unionsrechts mittelbar beeinträchtigt würde. Man kann insoweit von einer **indirekten Kollision** sprechen.[49] Die Ursache für die Entstehung indirekter Kollisionslagen ist in der kompetenzbedingten Unvollständigkeit der Unionsrechtsordnung zu suchen. Die vom Prinzip der begrenzten Einzelermächtigung (Art. 5 I S. 1, II EUV) geprägte Kompetenzverteilung führt dazu, dass die Unionsrechtsordnung und die nationale Rechtsordnung nicht dergestalt nebeneinander stehen, dass bestimmte Sachverhalte vollständig nach Unionsrecht, andere vollständig nach nationalem Recht geregelt werden können. Das Unionsrecht bleibt vielmehr dort, wo sein Zuständigkeitsbereich endet, auf eine Kooperation mit dem innerstaatlichen Recht angewiesen. Besonders deutlich wird dies in Regelungszusammenhängen, in denen es um den Vollzug materiellen Unionsrechts durch nationales Verfahrensrecht geht. Die mitgliedstaatlichen Behörden und Gerichte verfahren nach innerstaatlichem Verfahrensrecht, das nicht immer speziell auf unionsrechtliche Belange zugeschnitten ist. Zu denken ist beispielsweise an eine Bestimmung des Verwaltungsverfahrensrechts, die eine Ausschlussfrist für die Geltendmachung eines unionsrechtlich begründeten Rückerstattungsanspruchs wegen zu Unrecht erhobener Einfuhrgebühren vorsieht. Ist die vom nationalen Recht gesetzte Frist verstrichen, so ist der Rückerstattungs-

---

[49] *Satzger*, Europäisierung, S. 499 ff.

anspruch nicht mehr durchsetzbar, was in Widerspruch zu dem Effektivitäts- und Vollzugsanspruch des Unionsrechts geraten kann.

Indirekte Kollisionskonstellationen können aber auch im Verhältnis zwischen Strafrecht und Unionsrecht auftreten. Es wurde bereits dargelegt, dass die Mitgliedstaaten aufgrund des Loyalitätsgebots verpflichtet sind, ihr Strafrecht in den Dienst des Schutzes unionsrechtlicher Interessen zu stellen (Kap. 7 Rn. 23 ff.). Zu einer mittelbaren Beeinträchtigung unionsrechtlicher Regelungsziele kann es kommen, wenn eine der Durchsetzung des Unionsrechts dienende Strafbestimmung letztlich nicht zur Anwendung gelangt, weil z. B. ein Rechtfertigungsgrund eingreift oder die Strafverfolgungsbehörde von ihrer Möglichkeit Gebrauch macht, das Strafverfahren aus Opportunitätsgründen einzustellen (§§ 153 ff. StPO).[50] Die Lösung dieser indirekten Kollisionskonstellationen gestaltet sich schwieriger als dies beim Aufeinandertreffen direkt kollidierender Regelungen des innerstaatlichen und des supranationalen Rechts der Fall ist. Eine automatische Anwendung der Vorrangregel mit der Folge der Unanwendbarkeit des innerstaatlichen Rechts kommt jedenfalls schon mit Rücksicht auf die nationale Rechtsgestaltungsautonomie nicht in Betracht. Vielmehr ist eine einzelfallbezogene Lösung geboten, welche die widerstreitenden Rechtspositionen in Ausgleich bringt. Insoweit bietet sich eine unionsrechtskonforme Auslegung der nationalen Bestimmungen an (Kap. 10).

9.2.4 Fallbeispiele aus Praxis und Literatur

9.2.4.1 Unbefugte Ausübung einer veterinärmedizinischen Tätigkeit („Auer")

Fall 2 (EuGHE 1983, 2727)

Der französische Staatsangehörige *Auer* absolvierte in Italien sein Examen im Fach Veterinärmedizin. Anschließend wollte er sich als Tierarzt im Elsass niederlassen. Wegen des fehlenden französischen Diploms wurde ihm jedoch von der zuständigen Tierärztekammer die Approbation verweigert. *Auer* ließ sich dennoch nieder und übte den Beruf des Tierarztes aus. Die französische Anklagebehörde warf ihm vor, den Straftatbestand der unbefugten Ausübung der Tiermedizin erfüllt zu haben. Eine zum Tatzeitpunkt trotz Ablaufs der Umsetzungsfrist noch nicht in französisches Recht transformierte RL ordnete die gegenseitige Anerkennung der in den Mitgliedstaaten erworbenen tierärztlichen Diplome an. ◄

Lösungshinweise zu Fall 2

Im Hinblick auf eine denkbare Kollision des einschlägigen französischen Straftatbestandes mit der primärrechtlichen Garantie der Niederlassungsfreiheit (Art. 49 ff. AEUV; ex-Art. 43 ff. EGV) machte das französische Strafgericht von der Möglich-

---

[50] *Jokisch*, Gemeinschaftsrecht und Strafverfahren, S. 50 ff., 154 ff.

keit der Einholung einer Vorabentscheidung durch den EuGH Gebrauch (Kap. 6). Die Besonderheit des Falles lag darin, dass eine zum Tatzeitpunkt trotz Ablaufs der Umsetzungsfrist noch nicht in französisches Recht transformierte RL die Gleichwertigkeit und gegenseitige Anerkennung der in den Mitgliedstaaten erworbenen tierärztlichen Diplome vorsah. Der EuGH sah in der Ablehnung des Aufnahmeantrags durch die zuständige Veterinärkammer einen Verstoß gegen die Niederlassungsfreiheit und eine einschlägige RL.[51] Letztere enthielt für jeden Mitgliedstaat klare, vollständige, genaue und unbedingte Verpflichtungen, die für eine Ermessensausübung keinen Raum lassen. Unter diesen Voraussetzungen könne sich ein Einzelner nach Ablauf der Umsetzungsfrist gegenüber den Gerichten und Behörden des Mitgliedstaats **unmittelbar** auf die nicht umgesetzte RL berufen („Durchgriffswirkung"; Kap. 4 Rn. 50). Die französische Veterinärkammer hätte demnach die Aufnahme des Tierarztes *Auer* jedenfalls nicht wegen fehlender Gleichwertigkeit des in Italien erworbenen Diploms ablehnen dürfen. Rechtsvorschriften, die Straf- und Verwaltungsmaßnahmen gegen einen Tierarzt vorsehen, der seinen Beruf ausübt, ohne Mitglied der berufsständischen Kammer zu sein, seien insoweit mit Gemeinschaftsrecht unvereinbar, als die Aufnahme des Betroffenen in die Kammer unter Verletzung des Gleichbehandlungsgebots abgelehnt worden sei. Nach Auffassung des EuGH ist daher der Umstand, dass *Auer* zum Tatzeitpunkt keiner nationalen Tierärztekammer angehörte, nicht geeignet, ein Strafverfahren wegen unzulässiger Berufsausübung zu rechtfertigen. Das französische Gericht wird diese Vorabentscheidung zum Anlass nehmen müssen, den einschlägigen Straftatbestand unangewendet zu lassen und *Auer* von dem Tatvorwurf freizusprechen.

9.2.4.2 Verstoß gegen nationale Kennzeichnungsvorschriften („Ratti")

25 Fall 3 (EuGHE 1979, 1629)

Herrn *Ratti*, dem Leiter eines Unternehmens, das Lösungsmittel und Lacke herstellte und in Verkehr brachte, wurde von einem italienischen Strafgericht vorgeworfen, gegen strafbewehrte Vorschriften über die Etikettierung von Lösemitteln verstoßen zu haben. Bei isolierter Betrachtung des italienischen Rechts hat *Ratti* den Straftatbestand erfüllt. Er wies aber zutreffend darauf hin, dass er die hinreichend klaren Kennzeichnungsvorschriften einer zum Tatzeitpunkt geltenden RL vollumfänglich beachtet hatte. Nach deren Bestimmungen war es erlaubt, die Produkte entsprechend der von ihm veranlassten Kennzeichnung zu vermarkten. Die RL war jedoch trotz Ablaufs der Umsetzungsfrist weder zum Tatzeitpunkt noch zum Urteilszeitpunkt in nationales Recht umgesetzt worden. **Fallvariante**: Der Angeklagte hat Lösemittel und Lacke in den Verkehr gebracht, deren Kennzeichnung weder den italienischen Vorschriften noch den Bestimmungen der RL entsprechen. ◄

---

[51] EuGHE 1983, 2727 ff.

9.2 Anwendungsvorrang und nationales Strafrecht

Lösungshinweise zu Fall 3 26

Der italienische Straftatbestand knüpft an die Verletzung einer innerstaatlichen Kennzeichnungsvorschrift an, die dem Rechtsadressaten strengere Pflichten auferlegt als die mit dem gleichen sachlichen Regelungsziel erlassene RL. Da *Ratti* die Vorgaben der RL eingehalten hat, kommt es für die strafrechtliche Lösung des Falles entscheidend darauf an, ob er sich im konkreten Fall auf die ihn begünstigende, aber noch nicht umgesetzte RL berufen darf. Der EuGH führte hierzu aus: „*... Sonach ist auf die erste Frage zu antworten, dass ein Mitgliedstaat nach dem Ablauf der für die Durchführung einer Richtlinie gesetzten Frist sein dieser Richtlinie noch nicht angepasstes innerstaatliches Recht – auch wenn es Strafsanktionen enthält – **nicht auf eine Person anwenden kann, die den Vorschriften der Richtlinie nachgekommen ist**".*[52]

Der EuGH legte dar, dass es mit der den RL zuerkannten verbindlichen Wirkung unvereinbar wäre, grundsätzlich auszuschließen, dass sich betroffene Personen auf die durch die RL auferlegte Verpflichtung berufen können. Insbesondere in den Fällen, in denen die RL die Mitgliedstaaten zu einem bestimmten Verhalten verpflichten, würde die praktische Wirksamkeit der RL abgeschwächt, wenn die Einzelnen sich hierauf nicht berufen und die staatlichen Gerichte sie nicht berücksichtigen könnten. Daher kann ein Mitgliedstaat, der die in der RL vorgeschriebenen Durchführungsmaßnahmen nicht fristgerecht erlassen hat, den Einzelnen nicht entgegenhalten, dass er – der Staat – die aus der RL erwachsene Verpflichtung nicht erfüllt hat. 27

Da sich *Ratti* somit auf die **unmittelbar anwendbare RL** berufen kann, deren Vorschriften er eingehalten hat, wird das entgegenstehende (strengere) innerstaatliche Kennzeichnungsrecht verdrängt mit der Folge, dass der hieran anknüpfende Straftatbestand neutralisiert wird („Durchgriffswirkung"; Kap. 4 Rn. 50). Das nationale Gericht kann aus dieser Rechtslage nur die Konsequenz ziehen, den Angeklagten vom Vorwurf eines strafbaren Kennzeichnungsverstoßes freizusprechen. 28

Lösungshinweise zu Fall 3 (Variante) 29

Die Feststellung, dass die einschlägige Kennzeichnungsrichtlinie nach Ablauf der Umsetzungsfrist unmittelbare Wirkung entfaltet, könnte zu der Annahme führen, dass das hiermit kollidierende nationale Recht nunmehr schlechthin unanwendbar, also auch die das italienische Kennzeichnungsgebot bewehrende Strafnorm generell gesperrt sei.[53] Dies hätte zur Folge, dass der Angeklagte straflos bleibt, obwohl er Produkte in den Verkehr gebracht hat, die weder den Kennzeichnungsvorschriften des innerstaatlichen Rechts noch des Unionsrechts entsprechen. Über den konkreten Einzelfall hinaus würde dieser Rechtsstandpunkt, der von einer generellen Unanwendbarkeit der innerstaatlichen Strafnorm ausgeht, ein Rechtsvakuum entstehen lassen. Verstöße gegen nationales Kennzeichnungs- und Richtlinienrecht blieben

---

[52] EuGHE 1979, 1629, 1642 – Hervorhebung durch den *Verfasser*.
[53] So die Auffassung von *Satzger*, Europäisierung, S. 491 f.

solange straflos, bis der nationale Gesetzgeber die RL in nationales Recht umgesetzt und eine neue Strafnorm geschaffen hat. Nach der Rspr. des EuGH verlangt das aus Art. 4 UA 2, 3 EUV abzuleitende Gebot der effektiven Durchsetzung des Unionsrechts jedoch keine derart weitreichende Verdrängung des nationalen Strafrechts. Wie die oben (Rn. 26) zitierte Passage aus der Urteilsbegründung belegt, macht der EuGH die unmittelbare Anwendung der nicht fristgerecht umgesetzten RL von der Bedingung abhängig, dass sich derjenige, der sich auf sie beruft, auch **richtliniengetreu** verhalten hat.[54] Folglich bleibt ein Verhalten, das weder mit innerstaatlichem noch mit unmittelbar anwendbarem Richtlinienrecht in Einklang steht, weiterhin aus dem nicht verdrängten nationalen Straftatbestand strafbar. Der Täter kann also nicht etwa abstrakt vorhandene Inkongruenzen zwischen nationalem Recht und RL für sich reklamieren, wenn er sich selbst nicht an die nach beiden Rechtsquellen einschlägigen Bestimmungen gehalten hat.

9.2.4.3 Grenzüberschreitende Veranstaltung einer Lotterie oder Werbung hierfür

Fall 4

Anbieter A wirbt grenzüberschreitend für die Teilnahme an seiner in den Niederlanden behördlich lizensierten Lotterieveranstaltung, indem er Werbeprospekte und Lose an deutsche Verbraucher übersendet. Da er die nach § 4 I GlüStV erforderliche behördliche Erlaubnis nicht besitzt, könnte er gem. § 287 I, II StGB strafbar sein. ◄

Lösungshinweise zu Fall 4

Die Veranstaltung einer grenzüberschreitenden Lotterie und die Werbung hierfür unterfallen grundsätzlich dem Schutzbereich der Dienstleistungsfreiheit gem. Art. 56 AEUV.[55] Insoweit genießt die Tätigkeit des Veranstalters nicht nur Schutz vor Diskriminierung, sondern auch vor einer unverhältnismäßigen Beschränkung durch mitgliedstaatliches Recht. Der EuGH beanstandet das strafrechtlich geschützte **staatliche Glücksspielmonopol** nicht, wenn es durch **zwingende Gründe des Allgemeininteresses** gerechtfertigt ist. Er erkennt an, dass die Mitgliedstaaten eine Reihe achtenswerter Gründe und Erwägungen sittlicher, religiöser, kultureller, sozialer und verbraucherschutzpolitischer Art anführen können, die gegen eine völlige Liberalisierung des Glücksspiels ins Feld geführt werden können. Zu denken ist insbesondere an die schädlichen wirtschaftlichen und sozialen Folgen, die dem Glücksspiel verfallene Verbraucher zu gewärtigen haben. Deshalb gesteht der Gerichtshof den Mitgliedstaaten ein Ermessen bei der Beurteilung und Reglementierung von Lotterieveranstaltungen zu, was auch nichtdiskriminierende Beschränkungen, bis hin zu einem grundsätzlichen Verbot, rechtfertigen könne. Übertragen auf die deutsche Rechtslage bedeutet dies, dass der durch §§ 284, 287 StGB

---

[54] Zutr. gesehen und begründet von *Schröder*, Richtlinien, S. 275 ff.
[55] EuGH NVwZ 2021, 1049, 1051 = JuS 2022, 85 (*Streinz*); BeckRS 2022, 9279 (Rz. 19 ff.).

9.2 Anwendungsvorrang und nationales Strafrecht

strafrechtlich bewehrte Erlaubnisvorbehalt jedenfalls dann nicht gegen die Garantie des freien Dienstleistungsverkehrs verstößt, wenn er diskriminierungsfrei gehandhabt wird.[56] In seinem Urteil in der Rs. „*Gambelli*" gab der EuGH allerdings zu bedenken, dass die Berufung eines Mitgliedstaates auf „zwingende Gründe des Allgemeininteresses" zweifelhaft sei, wenn die staatliche Politik auf eine starke Ausweitung des Spielens und Wettens zum Zweck der Einnahmeerzielung aus genehmigten Glücksspielen ausgerichtet sei.[57] In einer Aufsehen erregenden Entscheidung v. 08.09.2010 stufte der EuGH das in Deutschland bestehende **Glücksspielmonopol** für die staatlichen Lotterieunternehmen schließlich als **unionsrechtswidrig** ein, weil es nicht dazu beitrage, die Wettaktivitäten in kohärenter und systematischer Weise zu begrenzen und daher gegen die Niederlassungs- und Dienstleistungsfreiheit verstoße.[58] Bis zur Schaffung einer unionsrechtskonformen Neuregelung des deutschen Glücksspielrechts werden die §§ 284, 287 StGB aufgrund des Anwendungsvorranges der primärrechtlichen Grundfreiheiten neutralisiert.[59] Der Entscheidung des EuGH in der Rs. „*Ince*/Deutschland" v. 04.02.2016 lässt sich entnehmen, dass das unionsrechtswidrige Glücksspielmonopol in Deutschland faktisch fortbesteht mit der Folge, dass der Anwendungsvorrang des Unionsrechts eine Strafbewehrung verhindert.[60] A hat sich demnach nicht gem. § 287 I, II StGB strafbar gemacht.[61]

9.2.4.4 Übertreibende Produktanpreisung in grenzüberschreitender Werbekampagne

Fall 5 32

Der von Österreich aus agierende P verbreitet im Rahmen einer internationalen Werbekampagne eine bestimmte Werbebotschaft, durch die er in anderen Mitgliedstaaten – darunter auch in Deutschland – seine Produkte in einem Prospekt mit folgenden Versprechungen anpreist: „… Unser neuartiges und weltweit einzigartiges Produkt „Haarverdicker-Doppelhaar" verdoppelt das Haar bereits nach einer Anwendung binnen zehn Minuten mit 100 %iger Garantie …".[62]

---

[56] EuGH NJW 2009, 3221; NVwZ-RR 2019, 221; *Bertrand*, Glücksspielstrafrecht, S. 231 ff.
[57] EuGH NJW 2004, 139; bestätigt von EuGH EuZW 2014, 597 = JuS 2014, 662 (*Ruffert*) und EuGH NVwZ 2021, 1049, 1051 = JuS 2022, 85 (*Streinz*). Entsprechende Erwägungen prägen auch die Entscheidung BVerfGE 115, 276 = NJW 2006, 1261 (Sportwettenmonopol und Art. 12 GG).
[58] EuGH NVwZ 2010, 1419.
[59] OLG Frankfurt a. M., NStZ-RR 2008, 372; OLG Hamburg, wistra 2007, 397; OLG München NJW 2006, 3588; OLG München NJW 2008, 3151 (jew. zu § 284 StGB); vgl. hierzu *Satzger*, IntStR, § 9 Rn. 96 f.; *Saliger/Tsambikakis*, Neutralisiertes Strafrecht, S. 33, 40 ff.
[60] EuGH NVwZ 2016, 369 ff. (Sportwetten) = JuS 2016, 568 (*Streinz*); vgl. hierzu *Esser*, EuStR, § 2 Rn. 27a; *Weidemann*, NVwZ 2016, 374 f.
[61] Vgl. aber BGH BeckRS 2020, 10600 (Rz. 38 ff.), der – obwohl im konkreten Fall nicht entscheidungsrelevant – darlegt, dass er die aktuelle Ausgestaltung des staatlichen Glücksspielmonopols (Erlaubnisvorbehalt) für unionsrechtskonform hält; krit. hierzu *Berberich*, NStZ-RR 2020, 248, 249. Hinweis: am 01.07.2021 ist in Deutschland ein neuer GlüStV in Kraft getreten.
[62] Vgl. hierzu *Hecker*, Produktwerbung, S. 284 ff. sowie *Hecker/Zöller*, Fallsammlung, Klausur 9.

Nach den von BGH und h. L. entwickelten Grundsätzen erfüllt P durch die Verbreitung dieser Werbebotschaft zumindest den Straftatbestand des § 16 I UWG und – falls ein Vermögensschaden eintritt – des § 263 I StGB.[63] ◄

33 Lösungshinweise zu Fall 5
Der Rechtsanwender hat bei der strafrechtlichen Würdigung solcher Fallkonstellationen zu beachten, dass die nach deutschem Wettbewerbs- oder Betrugsstrafrecht tatbestandsmäßige Verhaltensweise – das Verbreiten einer produktbezogenen Werbebotschaft – in den Schutzbereich der Warenverkehrsfreiheit einbezogen ist.[64] Aus der Sicht des Unionsrechts handelt es sich bei den Werbeverboten des nationalen Wirtschaftsstrafrechts um „Maßnahmen gleicher Wirkung wie mengenmäßige Beschränkungen" i. S. d. Art. 34, 35 AEUV. Sie müssen sich daher an den im Rahmen der „Cassis-Rspr." (Rn. 12) des EuGH entwickelten Vorgaben der Warenverkehrsfreiheit messen lassen, wenn ihre Anwendung auf eine grenzüberschreitende Produktvermarktung in Betracht kommt.[65] Freilich erkennt auch das Unionsrecht den Schutz der Verbraucher vor Täuschung prinzipiell als schutzwürdiges Interesse an, indem der Verbraucherschutz zu den „zwingenden Erfordernissen" gerechnet wird, die als immanente Schranken die Warenverkehrsfreiheit begrenzen. Bei der Beurteilung der Täuschungsgefahr stellt der EuGH auf das **Leitbild eines aufmerksamen und verständigen Verbrauchers** ab, der willens und in der Lage ist, Informationen zur Kenntnis zu nehmen (Kap. 10 Rn. 15, 19). Es ist somit zu prüfen, ob die tatgegenständliche Werbebotschaft überhaupt geeignet ist, einen diesem Verbraucherleitbild entsprechenden Werbeadressaten in die Irre zu führen. Da dies im vorliegenden Fall zu verneinen ist, genießt die Werbekampagne den Schutz der primärrechtlichen Warenverkehrsfreiheit und darf nicht durch die Anwendung nationaler Strafrechtsbestimmungen untersagt werden. Das Prinzip des Anwendungsvorranges des Unionsrechts führt somit zur Unanwendbarkeit der §§ 16 I UWG, 263 I StGB. Die Neutralisierung lässt nur durch eine unionsrechtskonforme Auslegung der einschlägigen Strafbestimmungen vermeiden (Rn. 34 sowie Kap. 10).

34 Während im Bereich des Wettbewerbsstrafrechts spätestens nach der UWG-Reform im Jahre 2004 anerkannt wird, dass das Irreführungsmerkmal des § 16 I UWG nunmehr auch in **rein inländischen** Fallkonstellationen anhand des europäischen Verbraucherleitbildes zu bestimmen ist,[66] stellt sich im Bereich des Betrugstrafrechts weiterhin die Frage, ob eine Zweispurigkeit des strafrechtlichen Schutzes vermieden werden sollte, indem das europäische Verbraucherleitbild auch in rein

---

[63] BGHSt 34, 199 („Haarverdicker").
[64] EuGHE 1974, 837; EuGH NJW 1995, 3243; G/H/N-*Leible/Streinz*, Art. 34 AEUV Rn. 95 m. w. N.
[65] *Hecker*, Produktwerbung, S. 61 ff.; *Ruffert/Grischek/Schramm*, JuS 2021, 407, 410 ff.; *Satzger*, IntStR, § 9 Rn. 119; *Sauer*, JuS 2017, 310, 313 ff.
[66] *Dannecker*, ZStW 117 (2005), 697, 710 ff.; MüKoStGB/*Hohmann*, § 16 UWG Rn. 29; *Rengier*, Lauterkeitsrecht, § 16 Rn. 77; *Ruhs*, Strafbare Werbung, S. 161 ff.; *Sosnitza*, WRP 2008, 1014, 1028.

nationalen Fällen angewandt wird. Denkbar wäre, das unionsrechtlich etablierte Täuschungsschutzniveau im Wege einer Neubestimmung des Irrtumsmerkmals in den objektiven Tatbestand des § 263 I StGB zu implementieren. Hierfür würde insbesondere die Herstellung einer Wertungskongruenz zwischen Betrugsstrafrecht und (europäisiertem) Wettbewerbsstrafrecht und die Vermeidung einer Inländerdiskriminierung sprechen. Diese resultiert daraus, dass ein und dasselbe Verhalten bei grenzüberschreitender Begehung wegen des Anwendungsvorranges des Unionsrechts straflos bleibt, während es im innerstaatlichen Bereich als Straftat gewertet wird.[67] Im Hinblick auf die durch die **RL 2005/29/EG**[68] **(UGP-RL)** erzielte Vollharmonisierung des Täuschungsschutzstandards gegen unlautere Geschäftspraktiken verdient der Vorschlag Zustimmung, durch eine Anpassung des Betrugstatbestandes an das europäische Verbraucherleitbild eine **generelle Korrektur des betrugsstrafrechtlichen Täuschungsschutzes** zu erzielen.[69] Der BGH hat jedoch in seinem Urteil v. 05.03.2014 die richtigerweise zu bejahende Ausstrahlungswirkung der UGP-RL für das nationale Betrugsstrafrecht in Abrede gestellt,[70] ohne hierzu die nach Art. 267 III AEUV gebotene Vorabentscheidung des EuGH einzuholen (Kap. 10 Rn. 19).[71]

9.2.4.5 Abtreibungstourismus

Fall 6

In der 16. Woche ihrer Schwangerschaft entschließt sich S, ohne vorherige Inanspruchnahme einer Beratung (§ 219 StGB) in einer niederländischen Klinik einen Schwangerschaftsabbruch vornehmen zu lassen. Arzt A nimmt den Eingriff nach Maßgabe niederländischen Rechts legal vor. Bei A und S handelt es sich um deutsche Staatsbürger, die ihren ständigen Wohnsitz in Deutschland haben. A pendelt jeden Tag über die Grenze, um in der niederländischen Klinik einer selbstständigen Tätigkeit als Arzt nachzugehen. Nach deutschem Recht haben sich, da die in § 218a StGB normierten Voraussetzungen nicht gegeben sind, sowohl A (§ 218 I StGB) als auch S (§ 218 I, III StGB) strafbar gemacht. Die Anwendbarkeit deutschen Strafrechts folgt aus § 5 Nr. 9 Buchst. b StGB (Kap. 2 Rn. 24 ff.).[72] ◄

---

[67] *Dannecker*, ZStW 117 (2005), 697, 712; *Hecker*, Produktwerbung, S. 335 f.

[68] RL 2005/29/EG über unlautere Geschäftspraktiken im binnenmarktinternen Geschäftsverkehr zwischen Unternehmern und Verbrauchern und zur Änderung der Richtlinien 84/450/EWG und 98/27/EG (ABlEG 2005 Nr. L 149, S. 22).

[69] *Cornelius*, NStZ 2015, 310, 312 ff.; AnwK-StGB/*Gaede*, § 263 Rn. 6, 23; *Hecker*, JuS 2014, 385, 390; *Rönnau/Wegner*, GA 2013, S. 561, 564 ff.; *Ruhs*, Rissing-v. Saan-FS, 567, 576 ff.; SSW-*Satzger*, § 263 Rn. 119 ff.; *Scheinfeld*, wistra 2008, 167, 172; *Soyka*, wistra 2007, 127, 132 f.; *Tiedemann*, Schünemann-FS, S. 1107, 1111 ff.; a.A. *Heim*, Schutz vor Irreführungen, S. 182 ff., 209.

[70] BGH NJW 2014, 2595 m. krit. Bespr. v. *Hecker*, JuS 2014, 1043, *Hecker/Müller*, ZWH 2014, 329; *Heger*, HRRS 2014, 467; *Krack*, ZIS 2014, 536; zust. *Brand/Blatter*, JuS 2016, 983, 986; MüKoStGB/*Hefendehl*, § 263 Rn. 76; *Majer/Buchmann*, NJW 2014, 3342.

[71] Vgl. hierzu die berechtigte Kritik von *Heger*, HRRS 2014, 467, 471 ff.; *Satzger*, Heintschel-Heinegg-FS, S. 387, 389 ff., 394.

[72] Vgl. hierzu auch *Hecker/Zöller*, Fallsammlung, Klausur 12.

9.2.4.5.1 Unionsrechtsbezug des Falles

36 **Lösungshinweise zu Fall 6**
Angesichts des – freilich nicht ohne weiteres auf den ersten Blick erkennbaren – Unionsrechtsbezugs dieser Fallkonstellation besteht Anlass, die einschlägigen deutschen Strafrechtsbestimmungen auf ihre Vereinbarkeit mit Unionsrecht zu überprüfen. Die in Art. 56 AEUV garantierte Grundfreiheit beinhaltet in ihrer Ausprägung als **passive Dienstleistungsfreiheit** das Recht der Unionsbürger, in einem anderen Mitgliedstaat als ihrem Heimatstaat Dienstleistungen in Empfang zu nehmen, ohne durch Beschränkungen daran gehindert zu werden.[73] Wie der EuGH in der Rs. „*Society for the protection of unborn children/Grogan u. a.*" ausgeführt hat, stellt auch der **ärztliche Schwangerschaftsabbruch**, der im Einklang mit dem Recht des Staates steht, in dem er vorgenommen wird, eine **unionsrechtlich geschützte Dienstleistung** dar.[74] Etwaige moralische Bedenken, die im Hinblick auf die Vernichtung menschlichen Lebens erhoben werden könnten, müssen nach Auffassung des EuGH bei der Vertragsauslegung außer Betracht bleiben, da es nicht Sache des Gerichtshofes sei, die Beurteilung der Mitgliedstaaten durch seine eigene zu ersetzen.

37 Ein deutscher Arzt mit Wohnsitz in einer deutsch-niederländischen Grenzregion, der seinen persönlichen bzw. familiären Lebensmittelpunkt im Inland behält, jedoch täglich in die benachbarten Niederlande pendelt, um dort einer dauerhaft angelegten Berufstätigkeit in einer Klinik nachzugehen, kann sich auf die Garantie der **Niederlassungsfreiheit** (Art. 49 ff. AEUV) berufen. Diese Garantie stellt sicher, dass die grenzüberschreitende Erbringung einer Dienstleistung in einem Mitgliedstaat unter den gleichen Voraussetzungen ermöglicht wird, welche dieser Staat für seine eigenen Angehörigen vorschreibt (Art. 49 II AEUV).[75]

38 Zunächst ist festzustellen, dass das deutsche Strafrecht in unionsrechtlich gewährleistete Grundfreiheiten eingreift, indem es bestimmte, im Zusammenhang mit dem Abtreibungstourismus stehende Handlungen deutscher Staatsbürger bei Strafe verbietet. Die auf § 218 I, III StGB i. V. m. § 5 Nr. 9 Buchst. b StGB beruhende Strafandrohung ist geeignet, deutsche Patientinnen davon abzuhalten, einen Schwangerschaftsabbruch im Ausland durchführen zu lassen. Der nationale Strafanspruch behindert auf diese Weise die grenzüberschreitende Inanspruchnahme einer in einem anderen Mitgliedstaat legal angebotenen medizinischen Dienstleistung und stört damit den freien Dienstleistungsverkehr innerhalb des europäischen Binnenmarktes. Soweit das deutsche Strafrecht den im Ausland praktizierenden deutschen Arzt gem. § 218 I StGB i. V. m. § 5 Nr. 9 Buchst. b StGB mit Strafe bedroht, berührt dies seine Niederlassungsfreiheit. Er wird in der Ausübung

---

[73] EuGHE NJW 2009, 3221, 3223 = JuS 2010, 460 (*Streinz*); BeckRS 2019, 20748 (Rz. 30 ff.); *Müller-Graff*, in: *Streinz*, EUV/AEUV, Art. 56 AEUV Rn. 53 ff.
[74] EuGHE 1991, 4685, 4733, 4739.
[75] EuGHE 1995, 4165; *Müller-Graff*, in: *Streinz*, EUV/AEUV, Art. 49 AEUV Rn. 12 ff., 39 ff.

seiner selbstständigen Erwerbstätigkeit behindert, weil er bei der Erbringung einer medizinischen Dienstleistung in einem anderen Mitgliedstaat nicht nur die dort geltenden Bestimmungen, sondern auch die deutschen Strafvorschriften einhalten muss.

9.2.4.5.2 Grundfreiheiten als Diskriminierungsverbote

Die Vertragsbestimmungen über die Niederlassungs- und Dienstleistungsfreiheit enthalten zunächst ein das allgemeine **Diskriminierungsverbot** des Art. 18 AEUV konkretisierendes Verbot ungleicher Behandlung aufgrund der Staatsangehörigkeit.[76] Die von § 5 Nr. 9 Buchst. b StGB angeordnete Unterwerfung deutscher Staatsbürger unter den Geltungsbereich des deutschen Strafrechts stellt indes keine unionsrechtlich verbotene Diskriminierung aus Gründen der Staatsangehörigkeit dar. Zwar bewirkt § 5 Nr. 9 Buchst. b StGB in den Fällen des Abtreibungstourismus, dass deutsche Staatsangehörige nicht im gleichen Umfang wie Ausländer eine medizinische Dienstleistung erbringen bzw. empfangen dürfen. Diese faktische Schlechterstellung von Inländern gegenüber Ausländern resultiert aber letztlich daraus, dass das Abtreibungsstrafrecht zu den nicht harmonisierten Regelungsmaterien der nationalen Rechtsordnungen gehört mit der Folge, dass der strafrechtliche Schutz des ungeborenen Lebens in den Mitgliedstaaten zwangsläufig unterschiedlich ausgestaltet ist. Auf Unterschiede dieser Art, die sich als Resultat eines Gefälles autonomer Rechtsordnungen darstellen, sind die unionsrechtlichen Diskriminierungsverbote nicht anwendbar.[77]

39

9.2.4.5.3 Grundfreiheiten als Beschränkungsverbote

Die Gewährleistung der Dienstleistungs- und Niederlassungsfreiheit beinhaltet auch ein **Beschränkungsverbot**.[78] Nach ständiger Rspr. des EuGH dürfen die Grundfreiheiten nur beschränkt werden durch Regelungen, die aus **zwingenden Gründen des Allgemeininteresses** gerechtfertigt sind. Diese Regelungen müssen ferner **verhältnismäßig**, d. h. geeignet sein, die Verwirklichung des mit ihnen verfolgten Zieles zu gewährleisten, und sie dürfen nicht über das hinausgehen, was zur Erreichung dieses Zieles erforderlich ist.[79] Der EuGH hatte bislang keine Gelegenheit, sich zu der Frage zu äußern, ob die Grundfreiheiten nationalen Vorschriften entgegenstehen, die den von einem inländischen Staatsangehörigen im Ausland legal vorgenommenen Schwangerschaftsabbruch mit Strafe bedrohen. Deutsche Gerichte, deren Entscheidung nicht mehr mit Rechtsmitteln angefochten werden können, müssen deshalb in einschlägigen Fällen eine Vorabentscheidung durch den EuGH herbeiführen (Kap. 6 Rn. 5).

40

---

[76] EuGH BeckRS 2016, 80464 (Rz. 98); *Müller-Graff*, in: *Streinz*, EUV/AEUV, Art. 49 AEUV Rn. 40 ff., Art. 56 AEUV Rn. 71 ff.

[77] *Müller-Graff*, in: *Streinz*, EUV/AEUV, Art. 49 AEUV Rn. 63, Art. 56 AEUV Rn. 72.

[78] EuGH NJW 2021, 755, 757; NJW 2007, 1663, 1664; BeckRS 2016, 80464 (Rz. 98); *Müller-Graff*, in: *Streinz*, EUV/AEUV, Art. 49 AEUV Rn. 39, Art. 56 AEUV Rn. 70 ff.

[79] EuGH NVwZ 2018, 1545, 1548; BeckRS 2020, 31283 (Rz. 36); BeckRS 2022, 9279 (Rz. 20 ff.); *Müller-Graff*, in: *Streinz*, EUV/AEUV, Art. 49 AEUV Rn. 85 ff., 93 ff., Art. 56 AEUV Rn. 106 ff.

41 In der Rs. „*Society for the protection of unborn children/Grogan u. a.*"[80] ging es lediglich um die Frage, ob eine unzulässige Beschränkung der Dienstleistungsfreiheit darin zu sehen ist, dass ein Mitgliedstaat (hier: Irland) einer Studentenvereinigung verbietet, im Inland Informationen über Kliniken eines anderen Mitgliedstaates (hier: Großbritannien) zu verbreiten, in denen Schwangerschaftsabbrüche legal praktiziert werden. Den Ausführungen des Generalanwaltes,[81] der aus den Vertragsbestimmungen über die Freiheit des Dienstleistungsverkehrs auch das Recht ableitet, im eigenen Mitgliedstaat ungehindert Informationen über die in einem anderen Mitgliedstaat niedergelassenen Erbringer von Dienstleistungen zu verbreiten, vermochte sich der EuGH nicht anzuschließen. Da die Informationen nicht im Auftrag eines in einem anderen Mitgliedstaat niedergelassenen Wirtschaftsteilnehmers verbreitet worden seien, könne in dem Informationsverbot schon keine Beschränkung der Dienstleistungsfreiheit gesehen werden. Folglich musste der EuGH auch nicht darüber entscheiden, ob das Informationsverbot möglicherweise aus zwingenden Gründen des Allgemeininteresses verhängt werden durfte.

9.2.4.5.4 Schutz des ungeborenen Lebens als zwingender Grund des Allgemeininteresses

42 Im Ausgangspunkt steht außer Frage, dass die den Abtreibungstourismus mit Strafe bedrohenden Bestimmungen des deutschen Rechts einem zwingenden Grund des Allgemeininteresses zu dienen bestimmt sind – dem Schutz des ungeborenen Lebens, der in der deutschen Rechtsordnung mit Verfassungsrang ausgestattet ist.[82] Aber auch die zur Wahrung eines zwingenden Grundes des Allgemeininteresses bestimmten Regelungen müssen sich an den Kriterien des unionsrechtlichen Verhältnismäßigkeitsgrundsatzes messen lassen.

9.2.4.5.5 Strafbarkeit der Schwangeren und Verhältnismäßigkeitsgrundsatz

43 In diesem Zusammenhang sind die Ausführungen des Generalanwaltes äußerst interessant. Er legte zunächst dar, dass eine nationale Regelung, die es verbietet, Informationen über ausländische Kliniken zu verbreiten, in denen ein legaler Schwangerschaftsabbruch vorgenommen werden kann, im Hinblick auf das hohe Schutzgut des ungeborenen Lebens nicht unverhältnismäßig erscheine. Als unverhältnismäßige Behinderung des Dienstleistungsverkehrs benennt er indes „*das an schwangere Frauen gerichtete Verbot, sich ins Ausland zu begeben oder eine Regelung, nach der sie sich bei ihrer Rückkehr aus dem Ausland unerwünschten Untersuchungen unterziehen müssten.*"[83]

44 Überträgt man die soeben dargelegte Wertung des Generalanwaltes auf die hier interessierende Fallkonstellation des Abtreibungstourismus, so könnte man zu der

---

[80] EuGHE 1991, 4685, 4733 ff.
[81] Vgl. den Schlussantrag des Generalanwaltes *van Gerven* EuGHE 1991, 4685, 4712 f.
[82] BVerfGE 88, 203, 258.
[83] EuGHE 1991, 4685, 4721.

Ansicht gelangen, dass die deutschen Strafbestimmungen (§§ 218 I, III, 5 Nr. 9 Buchst. b StGB) schon deshalb als mit dem unionsrechtlichen Verhältnismäßigkeitsgrundsatz unvereinbar eingestuft werden müssten, weil sie die betroffenen Frauen dem Risiko einer Strafverfolgung aussetzen. Die hierdurch geschaffene Barriere für die Inanspruchnahme einer im Ausland legal angebotenen medizinischen Dienstleistung wirke sich faktisch wie ein Verbot aus, sich zum Zwecke eines Schwangerschaftsabbruches ins Ausland zu begeben. Letztlich hängt die Entscheidung, ob die genannten Strafvorschriften den Anforderungen des Verhältnismäßigkeitsgrundsatzes ausreichend Rechnung tragen, von einer Abwägung der Auswirkungen dieser Regelungen auf die Binnenmarktordnung einerseits und den Interessen des Mitgliedstaates an der Ausdehnung seiner Strafgewalt andererseits ab. Unverhältnismäßig wäre es demnach, wenn deutschen Staatsangehörigen **schlechthin** untersagt würde, sich zum Zwecke eines Schwangerschaftsabbruches in einen Mitgliedstaat zu begeben, in dem dieser Eingriff als legale ärztliche Dienstleistung angeboten wird. Denn von der passiven Dienstleistungsfreiheit der Schwangeren bliebe dann nichts übrig. Der im deutschen Recht vorgesehene strafrechtliche Schutz des ungeborenen Lebens beinhaltet indes gerade **kein absolutes Verbot**, im Ausland einen Schwangerschaftsabbruch durchführen zu lassen. Für die Schwangere bleibt der innerhalb der 22. Woche seit der Empfängnis durch einen Arzt vorgenommene Schwangerschaftsabbruch – falls nicht ohnehin bereits die Voraussetzungen der § 218a I, II StGB vorliegen – gem. § 218a IV S. 1 StGB straflos, wenn sie zuvor eine Beratung durch eine anerkannte Beratungsstelle (§ 219 StGB) in Anspruch genommen hat. Die genannten Strafbestimmungen tragen auf diese Weise dem legitimen Interesse der deutschen Rechtsordnung Rechnung, einen mit Verfassungsrang ausgestatteten Grundwert zu schützen, ohne hierdurch die unionsrechtlich garantierte Dienstleistungsfreiheit abtreibungswilliger Frauen vollständig auszuhöhlen. Es erscheint nicht unverhältnismäßig, wenn ein Staat seinen Angehörigen, die ihre Lebensgrundlage im Inland haben, zumutet, dass sie die im Inland geltenden Bestimmungen zum Schutze des ungeborenen Lebens auch im Ausland beachten, sofern ihnen noch ein ausreichender Raum für die Wahrnehmung ihrer Grundfreiheiten verbleibt. Im Ergebnis stehen somit die deutschen Regelungen zur Strafbarkeit des Abtreibungstourismus von Schwangeren (§§ 218 I, III StGB i. V. m. § 5 Nr. 9 Buchst. b StGB) im Einklang mit Unionsrecht.[84]

9.2.4.5.6 Strafbarkeit des Arztes und Verhältnismäßigkeitsgrundsatz

Anders zu beurteilen ist hingegen die in § 218 I StGB i. V. m. § 5 Nr. 9 Buchst. b StGB vorgesehenen Strafandrohung gegenüber einem in einem anderen Mitgliedstaat niedergelassenen oder vorübergehend tätigen deutschen Arzt, der im Rahmen seiner gewöhnlichen Berufstätigkeit Schwangerschaftsabbrüche vornimmt. Zunächst muss man sehen, dass seine Niederlassungs- bzw. aktive Dienstleistungsfreiheit hierdurch in wesentlich intensiverem Maße beschränkt wird als die passive Dienstleistungsfreiheit der Schwangeren. Diese begibt sich schließlich nur in einer

---

[84] So auch *Kreis*, Grundfreiheiten, S. 72; a.A. *Brand/Blatter*, JuS 2016, 983, 987.

singulären Ausnahmesituation ins Ausland, um dort als Dienstleistungsempfängerin einen Schwangerschaftsabbruch vornehmen zu lassen. Demgegenüber stellt die Durchführung solcher medizinischer Eingriffe für den in einer Klinik praktizierenden Arzt eine hauptberufliche Tätigkeit dar, aus der er sein regelmäßiges Erwerbseinkommen bezieht. Die deutschen Strafbestimmungen zwingen ihn, bei jedem Eingriff – gleich, ob es sich bei seiner Patientin um eine deutsche oder um eine ausländische Staatsangehörige handelt – das StGB zu beachten.[85] Gerade von nichtdeutschen Patientinnen wird man nun aber schwerlich erwarten dürfen, dass sie die in § 218a StGB statuierten Verfahrens- und Fristbestimmungen einhalten. Dies aber bedeutet für den Arzt, dass er eine Vielzahl von Einriffen nicht durchführen darf, sei es, weil die Zwölfwochenfrist (§ 218a I Nr. 3 StGB) verstrichen ist oder weil seine Patientin keine Beratung bei einer nach deutschem Recht anerkannten Beratungsstelle in Anspruch genommen hat.

46 Die von § 5 Nr. 9 Buchst. b StGB angeordnete Unterwerfung des im Ausland praktizierenden deutschen Arztes unter deutsches Strafrecht stellt eine unverhältnismäßige Beschränkung seiner Niederlassungsfreiheit dar.[86] Zwar sind die den Arzt betreffenden Strafbestimmungen geeignet, den Schutz des ungeborenen Lebens – ein zwingender Grund des Allgemeininteresses – zu sichern. Sie sind jedoch nicht erforderlich, weil diesem Ziel bereits die den medizinischen Dienstleistungsbereich reglementierenden **Vorschriften des Niederlassungsstaates**, in dem der Arzt praktiziert, Rechnung tragen. Im Bereich der medizinischen Berufe ist die Unionsrechtssetzung bereits sehr weit fortgeschritten. In zahlreichen RL wird etwa die Anerkennung der im Heimatstaat erworbenen Abschlüsse und Befähigungsnachweise geregelt, um die grenzüberschreitende Mobilität der betroffenen Berufsgruppen zu fördern und den Übergang von einem Mitgliedstaat zum anderen zu erleichtern.[87] Das in diesen RL zum Ausdruck kommende **Prinzip der gegenseitigen Anerkennung** muss deshalb zum Tragen kommen, wenn es um nationale Reglementierungen medizinischer Dienstleistungen geht. Angesichts des in diesem Regelungsbereich erzielten Harmonisierungsgrades muss das in einem Mitgliedstaat bestehende Schutzniveau von den anderen Mitgliedstaaten prinzipiell als ausreichend betrachtet werden. Das deutsche Recht konterkariert hingegen mit seiner Strafandrohung gegenüber dem Arzt, der in einem anderen Mitgliedstaat legal einen Schwangerschaftsabbruch durchführt, die von der Unionsrechtsordnung intendierte Liberalisierung des Niederlassungs- und Dienstleistungsverkehrs im Bereich der medizinischen Berufe.

47 Folgt man der hier getroffenen Wertung, so verstößt das deutsche Recht insoweit gegen Unionsrecht, als es gem. § 218 I StGB i. V. m. § 5 Nr. 9 Buchst. b StGB einen Arzt mit Strafe bedroht, der im Ausland einen legalen Schwangerschaftsabbruch

---

[85] Dies wird verkannt von *Kreis*, Grundfreiheiten, S. 73, dessen Lösungsvorschlag (Strafandrohung gegenüber A ist unionsrechtskonform) daher nicht zu überzeugen vermag.
[86] *Ambos*, IntStR, § 3 Rn. 59; NK-*Böse*, § 5 Rn. 41; *Dannecker*, ZStW 117 (2005), 697, 716, S/S-*Eser/Weißer*, § 5 Rn. 22; AnwK-StGB/*Zöller*, § 5 Rn. 13; a.A. *Kreis*, Grundfreiheiten, S. 72 f.
[87] *Kluth*, in: *Calliess/Ruffert* (Hrsg.), EUV/AEUV, Art. 59 AEUV Rn. 34 ff. m. w. N.

9.2.4.6 Lebenslange Ausweisung als strafrechtliche Nebenfolge ("Calfa")

Fall 7 (EuGHE 1999, 11)

Frau *Calfa*, eine italienische Staatsangehörige, wurde während ihres Urlaubes in Griechenland im Besitz von Betäubungsmitteln aufgegriffen. Ein griechisches Gericht verurteilte sie deshalb zu einer Freiheitsstrafe von drei Monaten und verfügte als strafrechtliche Nebenfolge – wie dies die einschlägigen Bestimmungen des griechischen Rechts vorsahen – ihre lebenslange Ausweisung aus Griechenland. Gegen diese Ausweisungsverfügung richtete sich das Rechtsmittel der Angeklagten. ◄

Lösungshinweise zu Fall 7

Es bestehen Zweifel, ob die lebenslange Ausweisung der Bürgerin eines Mitgliedstaates, die sich als Touristin in einem anderen Mitgliedstaat aufhält, mit der Garantie der (passiven) Dienstleistungsfreiheit (Art. 56 AEUV) vereinbar ist. Das für die strafrechtliche Aburteilung der Angeklagten zuständige griechische Gericht setzte das Verfahren aus und legte dem EuGH die Frage vor, ob Unionsrecht der Anwendung einer nationale Vorschrift entgegensteht, die dem Gericht im Falle eines Schuldspruches wegen eines Betäubungsmitteldelikts die lebenslange Ausweisung des Verurteilten vorschreibt. Der EuGH bejahte dies mit Recht. Die Vorschriften über den Dienstleistungsverkehr schließen auch die Freiheit jedes Unionsbürgers ein, sich als Tourist zur Inanspruchnahme einer Dienstleistung in einen anderen Mitgliedstaat zu begeben, ohne durch Beschränkungen daran gehindert zu werden.[88] Zwar können die Freizügigkeitsrechte durch die Mitgliedstaaten aus Gründen der öffentlichen Ordnung unter Beachtung des Verhältnismäßigkeitsprinzips beschränkt werden (Ordre-public-Vorbehalt). Da Frau *Calfa* die Drogen aber lediglich zum Eigenkonsum und nicht zum illegalen Handeltreiben besessen hat, liegt hierin keine so schwerwiegende Gefährdung der Gesellschaft, dass ihre lebenslange Ausweisung aus Gründen der öffentlichen Ordnung ausnahmsweise gerechtfertigt erscheint. Da der EuGH nur über die Auslegung des Unionsrechts entscheidet (Kap. 6 Rn. 10), bleibt es dem nationalen Gericht überlassen, die sich aus der Vorabentscheidung für das nationale Strafverfahren ergebenden Konsequenzen zu ziehen. Im Lichte der Vorrangregel kann dies im vorliegenden Fall nur darauf hinauslaufen, die innerstaatliche Bestimmung, auf welche die lebenslange Ausweisung der Angeklagten gestützt wurde, unangewendet zu lassen. Ihrem Rechtsmittel kann somit der Erfolg nicht versagt bleiben.

---

[88] EuGHE 1999, 11, 28; EuGH NJW 2009, 3221, 3223; *Kluth*, in: *Caliess/Ruffert*, EUV/AEUV, Art. 56 AEUV Rn. 30; *Satzger*, IntStR, § 9 Rn. 24.

9.2.4.7 Strafbare Kindesentziehung und Freizügigkeitsrecht

50 | **Fall 8 (EuGH BeckRS 2020, 31283)**

Die rumänische Staatsangehörige A ist die Mutter von K, einem in Rumänien geborenen minderjährigen Kind. A ist vom Vater des K getrennt, der in Rumänien lebt. Nach rumänischem Recht sind beide Eltern gemeinsam für K sorgeberechtigt. Im Jahr 2009 zog A nach Deutschland. K folgte ihr später nach. Im März 2013 wurde K aufgrund von Verhaltensauffälligkeiten mit Zustimmung seiner Eltern in einer Jugendhilfeeinrichtung untergebracht. Das AG entzog den Eltern des K das Aufenthaltsbestimmungsrecht für ihr Kind und übertrug dieses Recht im Rahmen einer Ergänzungspflegschaft auf einen Pfleger. Im Dezember 2017 wurde K, nachdem seine Unterbringung in verschiedenen Jugendhilfeeinrichtungen gescheitert und er deswegen wieder in den Haushalt der A zurückgekehrt war, von seinem Vater mit Zustimmung der A nach Rumänien verbracht. Hierüber wurde der Pfleger des K nicht informiert. Die Staatsanwaltschaft erhob Anklage gegen A wegen gemeinschaftlicher Entziehung Minderjähriger gem. §§ 235 II Nr. 2, 25 II StGB. Das für die Eröffnung des Hauptverfahrens zuständige deutsche AG hatte jedoch Zweifel an der Vereinbarkeit des § 235 II Nr. 2 StGB mit Unionsrecht, namentlich dem Freizügigkeitsrecht (Art. 21 AEUV) und dem Diskriminierungsverbot (Art. 18 AEUV).[89] ◄

51 **Lösungshinweise zu Fall 8**
A hat den Tatbestand der gemeinschaftlichen Kindesentziehung (§§ 235 II Nr. 2, 25 II StGB) erfüllt, indem sie daran mitwirkte, dass K unter Verletzung des dem Pfleger zustehenden Aufenthaltsbestimmungsrechts von seinem Vater nach Rumänien verbracht und dort dem Pfleger als Schutzperson des K vorenthalten wurde.[90] Deutsches Strafrecht gelangt gem. §§ 3, 9 I Var. 3 StGB[91] sowie gem. § 5 Nr. 6 Buchst. b StGB[92] zur Anwendung. Nach § 235 II Nr. 2 StGB ist die internationale Entziehung Minderjähriger unabhängig davon unter Strafe gestellt, ob das Kind seiner Schutzperson in einem anderen EU-Mitgliedstaat oder in einem Drittstaat vorenthalten wird. Wird die Kindesentziehung dagegen von einem Angehörigen des Kindes ausschließlich im Inland begangen, ist sie nach § 235 I Nr. 1 StGB nur strafbar, wenn das Kind seiner Schutzperson mit Gewalt, durch Drohung mit einem empfindlichen Übel oder durch List entzogen oder vorenthalten wird. Vor diesem Hintergrund setzte das AG das Verfahren aus und legte dem EuGH gem. Art. 267 I AEUV die Frage vor, ob Unionsrecht der Anwendung einer nationalen Strafnorm entgegensteht, durch die das von einem Elternteil begangene Vorenthalten seines Kindes vor

---

[89] AG Heilbronn BeckRS 2019, 15986.
[90] S/S-*Eisele* § 235 Rn. 15.
[91] Der zum Tatbestand der Kindesentziehung gehörende Erfolg tritt an dem Ort ein, an dem die Schutzperson ihren Wohnsitz oder gewöhnlichen Aufenthalt hat; vgl. hierzu BGH BeckRS 2015, 06206 (Rz. 22 ff.).
[92] S/S-*Eser/Weißer*, § 5 Rn. 17.

seinem Pfleger im Ausland sanktioniert werden soll, wenn die Vorschrift nicht danach differenziert, ob es sich um EU-Mitgliedstaaten oder Drittstaaten handelt.

Der EuGH folgte dem überzeugend begründeten Schlussantrag des Generalanwalts[93] und entschied, dass das in der RL 2004/38/EG[94] konkretisierte Freizügigkeitsrecht des Art. 21 I AEUV – hier in seiner Funktion als Diskriminierungsverbot – der Anwendung einer Gesetzesbestimmung eines Mitgliedstaats entgegensteht, nach der es strafbar ist, wenn ein Elternteil sein Kind dem bestellten Pfleger in einem anderen Mitgliedstaat schlicht vorenthält, während ein entsprechendes Vorenthalten im Hoheitsgebiet des ersten Mitgliedstaats nur dann strafbar ist, wenn dies mit Gewalt, durch Drohung mit einem empfindlichen Übel oder durch List geschieht.[95] Die in § 235 I Nr. 1 StGB und § 235 II Nr. 2 StGB getroffene Unterscheidung beruhe allein darauf, dass das Kind aus dem deutschen Hoheitsgebiet in das Hoheitsgebiet eines anderen Mitgliedstaats der Union verbracht wird. Soweit aber die Strafbarkeit in § 235 II Nr. 2 StGB den Fall eines Kindes betrifft, das in einem anderen Mitgliedstaat als der Bundesrepublik Deutschland vorenthalten wird, könne sie sich de facto hauptsächlich auf Unionsbürger auswirken, die Staatsangehörige anderer Mitgliedstaaten sind und von ihrer Freizügigkeit bzw. Aufenthaltsfreiheit Gebrauch gemacht haben und in Deutschland wohnen. Der Gerichtshof erinnert an seine ständige Rspr., nach der nationale Strafrechtsnormen weder zu einer Diskriminierung von Personen, denen das Unionsrecht einen Anspruch auf Gleichbehandlung verleiht noch die vom Unionsrecht garantierten Grundfreiheiten beschränken dürfen. Zwar diene die strafrechtliche Ahndung der internationalen Kindesentführung dem Schutz von Kindern und stelle insofern ein berechtigtes Interesse dar, das grundsätzlich geeignet ist, eine Beschränkung des Freizügigkeitsrechts zu rechtfertigen. Die auf internationale Kindesentführungen zugeschnittene Bestimmung des § 235 II Nr. 2 StGB lasse sich jedoch nicht mit dem Argument rechtfertigen, dass in diesen Fällen die Rückführung des Kindes in besonderer Weise erschwert sei.[96] Eine solche strafrechtliche Bewertung liefe nämlich darauf hinaus, die Mitgliedstaaten mit Drittstaaten gleichzusetzen und stünde im Widerspruch zu den Grundgedanken der Brüssel IIa-VO.[97] Diese sei auf den für die Schaffung eines echten Rechtsraums unabdingbaren Grundsatz der gegenseitigen Anerkennung gerichtlicher Entscheidungen sowie auf den Grundsatz des gegenseitigen Vertrauens gestützt. Letzterer verlange von jedem Mitgliedstaat, dass er, abgesehen von außergewöhnlichen Umständen, davon ausgeht, dass alle anderen Mitgliedstaaten das Unionsrecht und insbesondere die dort anerkannten Grundrechte beachten.

---

[93] Schlussantrag des Generalanwalts *Hogan* v. 04.06.2020, BeckRS 2020, 11025.
[94] RL 2004/38/EG des EP und des Rates vom 29.04.2004 über das Recht der Unionsbürger und ihrer Familienangehörigen, sich im Hoheitsgebiet der Mitgliedstaaten frei zu bewegen und aufzuhalten (ABlEU 2004 Nr. L 158, S. 77).
[95] EuGH, BeckRS 2020, 31283 = JuS 2021, 467 (*Hecker*); krit. hierzu *Zeder*, NZWiSt 2022, 227, 230.
[96] Siehe hierzu die Begründung in BT-Drs. 13/8587, 39.
[97] ABlEU 2004 Nr. L 229, S. 35. Die Brüssel IIa-VO regelt das Verfahren zwischen den EU-Mitgliedstaaten, wenn Eltern oder ein Elternteil ein Kind von einem EU-Land in ein anderes entführt.

53 Da der EuGH nur über die Auslegung des Unionsrechts entscheidet (Kap. 6 Rn. 10), bleibt es dem nationalen Gericht überlassen, die sich aus der Vorabentscheidung des Gerichtshofs für das nationale Strafrecht ergebenden Konsequenzen zu ziehen. Für das in Deutschland anhängige Strafverfahren bedeutet diese Vorabentscheidung, dass das vorlegende Gericht § 235 II Nr. 2 StGB jedenfalls unangewendet lassen muss. Das AG wird daher das Zwischenverfahren durch Erlass eines Nichteröffnungsbeschlusses (§ 204 I StPO) beenden. Das Urteil des EuGH gibt Anlass für eine **unionsrechtskonforme Auslegung des § 235 II Nr. 2 StGB** in Form einer **Tatbestandsreduktion**, um eine Kollision mit dem Freizügigkeitsrecht des Art. 21 I AEUV zu vermeiden (Kap. 10 Rn. 17).

9.2.4.8 Widerstand gegen eine verdachtsunabhängige Identitätskonktrolle

54 **Fall 9 (EuGH BeckRS 2017, 113667)**

A reiste als Fußgänger über den Grenzübergang Europabrücke von Straßburg (F) kommend nach Kehl (D) ein und begab sich unmittelbar zum ca. 500 m entfernten Bahnhof der Deutschen Bahn AG. Er wurde dabei von zwei Beamten der Bundespolizei vom Vorplatz des Bahnhofs aus beobachtet. Sie entschlossen sich, den A auf der Grundlage des § 23 I Nr. 3 BPolG einer verdachtsunabhängigen Identitätskontrolle zu unterziehen. Am Bahnhof angekommen wurde A im Bahnhofsgebäude von den Beamten angehalten und aufgefordert, sich auszuweisen. A händigte daraufhin seinen Personalausweis aus. Als ein Beamter gerade damit begann, telefonisch zu überprüfen, ob A in den polizeilichen Datenbanken verzeichnet war, versuchte A, dem Beamten den Ausweis wieder zu entreißen und gleichzeitig zu flüchten, um die Maßnahme zu vereiteln. A traf den Beamten mit einem Schlag an der Hand, wodurch der Ausweis zu Boden fiel. Er rannte davon, ohne dass es ihm gelungen war, sich des Ausweises zu bemächtigen. Nach wenigen Metern wurde er von den Beamten eingeholt und mit unmittelbarem Zwang zu Boden gebracht. Am Boden wurde A mittels eines Schlagstocks fixiert, wogegen er sich erfolglos zur Wehr setzte, indem er mit den Ellenbogen und den Händen um sich schlug. Die Staatsanwaltschaft klagte A wegen Widerstands gegen Vollstreckungsbeamte gem. § 113 I StGB an. Das für die Eröffnung des Hauptverfahrens zuständige deutsche AG legte dem EuGH gem. Art. 267 I AEUV die Frage vor, ob Art. 67 II AEUV sowie die in der einschlägigen VO normierten Bestimmungen für das Überschreiten der Grenzen durch Personen (Schengener Grenzkodex) so auszulegen sind, dass sie der Vornahme einer Identitätskontrolle von Personen unabhängig von deren Verhalten und vom Vorliegen besonderer Umstände entgenstehen.[98] ◄

---

[98] AG Kehl BeckRS 2016, 00237.

Lösungshinweise zu Fall 9 55

Die Beamten der Bundespolizei sind Amtsträger (§ 11 I Nr. 2 Buchst. a StGB), die in Ausführung des BPolG tätig geworden sind. Sie waren zum Tatzeitpunkt im Begriff, auf der Grundlage des § 23 I Nr. 3 BPolG die Identität des A festzustellen. Dieser hat den Tatbestand des § 113 I StGB erfüllt, indem er sich dieser Diensthandlung mit Gewalt widersetzte. Nach § 113 III StGB ist die Tat des A nicht strafbar, wenn die Diensthandlung der Bundespolizisten nicht rechtmäßig war. Die verdachtsunabhängige Kontrolle der Identität des A ist vom Wortlaut der einschlägigen polizeirechtlichen Ermächtigungsgrundlage gedeckt. Nach § 23 I Nr. 3 BPolG kann die Bundespolizei die Identität einer Person im Grenzgebiet bis zu einer Tiefe von dreißig Kilometern zur Verhinderung oder Unterbindung unerlaubter Einreise in das Bundesgebiet oder zur Verhütung von Straftaten i. S. d. § 12 I Nr. 1 bis 4 BPolG feststellen. Fraglich ist, ob diese Bestimmung mit Art. 67 II AEUV vereinbar ist, wonach die Union sicherstellt, dass Personen an den Binnengrenzen nicht kontrolliert werden und eine gemeinsame Politik in den Bereichen Asyl, Einwanderung und Kontrollen an den Außengrenzen entwickelt, die sich auf die Solidarität der Mitgliedstaaten gründet und gegenüber Drittstaatsangehörigen angemessen ist. Der EuGH gelangte in seiner Vorabentscheidung zu dem Ergebnis, dass Art. 67 II AEUV sowie die einschlägigen Bestimmungen im Schengener Grenzkodex dahin auszulegen sind, dass sie einer nationalen Regelung wie der im Ausgangsverfahren in Rede stehenden, die den Polizeibehörden des betreffenden Mitgliedstaats die Befugnis einräumt, die Identität jeder Person unabhängig von deren Verhalten und vom Vorliegen besonderer Umstände zu kontrollieren, entgegenstehen.[99] Da der Gerichtshof nur über die Auslegung des Unionsrechts entscheidet (Kap. 6 Rn. 10), bleibt es dem nationalen Gericht überlassen, die sich aus der Vorabentscheidung für das nationale Strafrecht ergebenden Konsequenzen zu ziehen. § 23 I Nr. 3 BPolG ist wegen des Vorrangs des Unionsrechts auf den hier in Rede stehenden Fall der verdachtslosen Identitätskontrolle des A unanwendbar. Da die Vollstreckungshandlung der Polizeibeamten somit ohne Rechtsgrundlage erfolgte und damit rechtswidrig war, ist die Widerstandshandlung des A gem. § 113 III StGB nicht strafbar. Das AG wird daher das Zwischenverfahren durch Erlass eines Nichteröffnungsbeschlusses (§ 204 I StPO) beenden.

9.3 Zusammenfassung von Kap. 9

Dem unmittelbar anwendbaren Unionsrecht kommt gegenüber dem nationalen 56
Recht kein **Geltungsvorrang**, sondern lediglich ein **Anwendungsvorrang** zu. Das mit Unionsrecht kollidierende nationale Recht ist also nicht etwa unwirksam, sondern darf lediglich im konkreten Fall nicht angewendet werden. Bei einer direkten Kollision zwischen Strafrecht und Unionsrecht bewirkt diese Vorrangregel eine **Neutralisierung** der betroffenen Sanktionsvorschrift. Die Neutralisierungswirkung

---

[99] EuGH BeckRS 2017, 113667; vgl. hierzu *Groh*, NVwZ 2017, 1608.

schlägt sich strafrechtsdogmatisch in einem **Tatbestandsausschluss** nieder. Nicht möglich ist das Wiederaufleben eines nationalen Strafgesetzes, welches durch ein an seine Stelle tretendes milderes – gegen Unionsrecht verstoßendes – Gesetz aufgehoben wurde. Das Vorrangprinzip ist nämlich von vornherein nicht darauf gerichtet, die durch Unanwendbarkeit nationalen Rechts entstehende Lücke durch hinzugedachtes nationales Recht zu füllen. Auch eine nicht fristgerecht umgesetzte, den Einzelnen begünstigende RL kann strafbarkeitsbegrenzende Wirkung entfalten, wenn sie bereits aus sich heraus vollständige, genaue und unbedingte Regelungen enthält (Fall 2). Nach der Rspr. des EuGH besteht aber kein unionsrechtliches Gebot, nach dem unmittelbar wirkende Richtlinieninhalte die Anwendung eines Strafgesetzes generell sperren. Wie Fall 3 lehrt, kann sich ein Angeklagter nur dann auf ihn begünstigendes Richtlinienrecht berufen (mit der Folge der Unanwendbarkeit der Strafnorm), wenn er sich selbst richtliniengetreu verhalten hat.

57 Nationale Strafrechtsnormen dürfen weder zu einer Diskriminierung von Personen, denen das Unionsrecht einen Anspruch auf Gleichbehandlung verleiht noch die vom Unionsrecht garantierten Grundfreiheiten beschränken. Anhand der Fälle 4–9 wurde aufgezeigt, ob und inwieweit nationale Strafbestimmungen wegen Verstoßes gegen Primärrecht unangewendet bleiben müssen. Die Entscheidung des EuGH in der Rs. „*Calfa*" (Fall 7) macht deutlich, dass auch strafrechtliche Sanktionen auf dem Prüfstand des Unionsrechts stehen.

58 Das BVerfG bestätigt den uneingeschränkten Vorrang des Unionsrechts gegenüber deutschem Gesetzesrecht, relativiert das Vorrangprinzip jedoch, wenn die **Vereinbarkeit von sekundärem Unionsrecht mit nationalem Verfassungsrecht** in Frage steht (BVerfGE 73, 339). An dieser Grundposition hält das BVerfG weiterhin fest (NJW 2009, 2267; NJW 2020, 314). Beide Senate des BVerfG haben ihre Position inzwischen neu justiert, indem sie im Anwendungsbereich vollharmonisierter Rechtsbereiche grundsätzlich nicht die deutschen Grundrechte, sondern die Unionsgrundrechte als Prüfungsmaßstab heranziehen (BVerfG NJW 2020, 314; NJW 2021, 1518).

Literatur

Ambos, Internationales Strafrecht, 5. Aufl., 2018, § 11 Rn. 44–48 (Anwendungsvorrang des Unionsrechts)
Brand/Blatter, Europarecht in der strafrechtlichen Fallbearbeitung, JuS 2016, 983
Esser, Europäisches und Internationales Strafrecht, 3. Aufl., 2023, § 2 Rn. 6–33 (Neutralisierung des nationalen Strafrechts durch die Grundfreiheiten)
Hecker, Der Anwendungsvorrang des Unionsrechts im deutschen Strafrecht, Dannecker-FS, 2023, S. 413
Heger, in: *Böse* (Hrsg.), Europäisches Strafrecht, 2. Aufl., 2021, § 5 Rn. 83–102 (Anwendungsvorrang des Unionsrechts)
ders./Huthmann, „Grundrechtsvielfalt" in Europa: Wegmarken hin zu einem europäisierten deutschen Strafverfassungsrecht?, ZStW (133) 2021, 777
Honer, Die Grundrechte der EU-Grundrechtecharta, JA 2021, 219
Lehner, Deutscher und europäischer Grundrechtsschutz nach den Entscheidungen zum „Recht auf Vergessen", JA 2022, 177

Ludwigs/Sikora, Grundrechtsschutz im Spannungsfeld von Grundgesetz, EMRK und Grundrechtecharta, JuS 2017, 385
Neumann/Eichberger, Die Unionsgrundrechte vor dem Bundesverfassungsgericht, JuS 2020, 502
Rönnau/Wegner, Grund und Grenzen der Einwirkung des europäischen Rechts auf das nationale Strafrecht, GA 2013, 561
Ruffert/Grischek/Schramm:, Europarecht im Examen: Die Grundfreiheiten, JuS 2021, 407
Safferling/Rückert, Europäische Grund- und Menschenrechte im Strafverfahren – ein Paradigmenwechsel?, NJW 2021, 287
Satzger, Internationales und Europäisches Strafrecht, 10. Aufl., 2022, § 9 Rn. 91–101 (Anwendungsvorrang des Unionsrechts)
Sauer, Die Grundfreiheiten des Unionsrechts, JuS 2017, 310
Wendel, Das Bundesverfassungsgericht als Garant der Unionsgrundrechte, JZ 2020, 157

Rechtsprechungshinweise

EuGHE 1964, 1251 („*Costa/ENEL*" – Verhältnis der Gemeinschaftsrechtsordnung zu den mitgliedstaatlichen Rechtsordnungen)
EuGHE 1979, 1629 (Strafv. gegen *Ratti* – Vorrang einer unmittelbar anwendbaren RL)
EuGHE 1983, 2727 (Strafv. gegen *Auer* – Vorrang einer unmittelbar anwendbaren RL)
EuGHE 1991, 4685 („*Society for the protection of unborn children/Grogan u. a.*" – legaler ärztlicher Schwangerschaftsabbruch und Dienstleistungsfreiheit)
EuGHE 1999, 11 (Strafverf. gegen *Calfa* – lebenslange Ausweisung als Verstoß gegen passive Dienstleistungsfreiheit)
EuGH EuZW 1999, 82 (Strafverf. gegen *Bickel und Franz* – Diskriminierungsverbot im Strafverfahren)
EuGHE 2003, 3735 (Bußgeldverf. gegen *Steffensen* – Beweisverwertungsverbot)
EuGHE 2005, 3565 = JZ 2005, 997 = EuZW 2005, 369 (Strafverf. gegen *Berlusconi u. a.* – Konflikt zwischen rückwirkender Anwendung eines milderen Strafgesetzes und Gemeinschaftsrecht)
EuGH NVwZ 2010, 1419 (Unionsrechtswidrigkeit des deutschen Glücksspielmonopols)
EuGH EuZW 2014, 597 (Unionsrechtskonformität mitgliedstaatlicher Konzessionsregelungen zur Aufstellung von Glücksspielautomaten)
EuGH EuZW 2014, 950 (Unanwendbarkeit einer gegen Art. 47 GRCh verstoßenden Norm)
EuGH NZWiSt 2015, 390 (Anwendungsvorrang und nationales Verjährungsrecht – „*Taricco I*")
EuGH NVwZ 2016, 369 (Unionsrechtswidrigkeit des deutschen Glücksspielmonopols im Bereich der Sportwetten)
EuGH BeckRS 2017, 113667 (Widerstand gegen eine verdachtsunabhängige Identitätskontrolle)
EuGH NJW 2018, 217 (Anwendungsvorrang und nationales Verjährungsrecht unter Berücksichtigung des Gesetzlichkeitsprinzips – „*Taricco II*")
EuGH BeckRS 2020, 31283 (Unanwendbarkeit des § 235 II Nr. 2 StGB bei Verstoß gegen Art. 21 AEUV)
EuGH NVwZ 2021, 1049 (Anwendungsvorrang des Unionsrechts – Glücksspielmonopol)
EuGH NJW 2023, 349 (Anwendungsvorrang des Unionsrechts – Auslieferung von Drittstaatsangehörigen)
BVerfGE 123, 267 = NJW 2009, 2267 („Vertrag von Lissabon" – Festhalten an den Grundsätzen zur verfassungsgerichtlichen Prüfungskompetenz)
BVerfGE 152, 152 = NJW 2020, 300 („Recht auf Vergessen I" – Deutsche Grundrechte und ausnahmsweise auch Unionsgrundrechte als Prüfungsmaßstab in nicht vollständig harmonisierten Regelungsbereichen)
BVerfGE 152, 216 = NJW 2020, 314 („Recht auf Vergessen II" – Unionsgrundrechte als ausschließlicher Prüfungsmaßstab in vollharmonisierten Regelungsbereichen)

BVerfGE 156, 182 = NJW 2021, 1518 (Europäischer Haftbefehl – Haftbedingungen im Vollstreckungsstaat – Unionsgrundrechte als ausschließlicher Prüfungsmaßstab in vollharmonisierten Regelungsbereichen)
BVerfG NVwZ 2021, 1211 (Bestimmung der maßgeblichen Grundrechtsverbürgungen und maßgebliche Kriterien für die unionsrechtlich vollständige Determinierung der Rechtsfrage)
BGHSt 37, 168 (Steuerstrafrecht – Vorrang einer unmittelbar anwendbaren RL)
BGH NJW 2020, 2282 (Strafbarkeit gem. § 284 StGB und Anwendungsvorrang des Unionsrechts)
OLG München NJW 2008, 3151 (Strafbarkeit gem. § 284 StGB und Anwendungsvorrang des Unionsrechts)

Unionsrechtskonforme Auslegung 10

10.1 Das Rechtsinstitut der unionsrechtskonformen Auslegung

10.1.1 Bedeutung der unionsrechtskonformen Auslegung

Das Institut der **unionsrechtskonformen Auslegung** nationaler Rechtsnormen erweist sich nicht nur auf dem Gebiet des Strafrechts als bedeutsamer Europäisierungsmechanismus.[1] Es sorgt für eine Anpassung der innerstaatlichen Rechtsanwendung an die normativen Vorgaben des Unionsrechts und sichert dessen Geltungsanspruch. Der unionsrechtskonformen Auslegung kommt schon deshalb eine besondere Bedeutung für die Rechtspraxis zu, weil sie es ermöglicht, auch nicht unmittelbar in allen Mitgliedstaaten anwendbaren supranationalen Rechtsakten, insbesondere RL, zu innerstaatlicher Beachtlichkeit zu verhelfen. Durch die Rezeption unionsrechtlicher Wertungsvorgaben lösen sich einzelstaatliche Normen nicht selten von dem Inhalt, der ihrer bisherigen, unter Umständen schon lange zurückreichenden nationalen Auslegungstradition entspricht. Dies mag mitunter – je nach rechtspolitischem Standpunkt – als erwünschter oder unerwünschter Eingriff in die nationale Rechtskultur empfunden werden. Auf der anderen Seite trägt das Institut aber auch zur Schonung der nationalen Rechtsordnung bei, wenn sich bereits durch eine den unionsrechtlichen Wertungen Rechnung tragende Rechtsinterpretation Kollisionen mit unmittelbar geltendem Unionsrecht und damit die Unanwendbarkeit innerstaatlicher Rechtsvorschriften vermeiden lassen.[2]

1

---

[1] *Ambos*, IntStR, § 11 Rn. 49 ff.; *Esser*, EuStR, § 2 Rn. 67 ff.; *Hecker*, JuS 2014, 385 ff.; *Heger*, in: *Böse* (Hrsg.), EuStR, § 5 Rn. 103; *Holterhus/Mittwoch/El-Ghazi*, JuS 2018, 313, 323 ff.; KKO-WiG/*Mitsch*, Einl. Rn. 248; *Satzger*, IntStR, § 9 Rn. 102 ff.
[2] BGH NJW 2020, 2816, 2818; *Ambos*, IntStR, § 11 Rn. 49; *Brand/Blatter*, JuS 2016, 983, 984; *Esser*, EuStR, § 2 Rn. 68; *Satzger*, IntStR, § 9 Rn. 103.

2   Im Zusammenhang mit der Frage, ob und wie das Unionsrecht bei der Interpretation nationaler Vorschriften zu berücksichtigen ist, wird zumeist von **richtlinienkonformer Auslegung** gesprochen. Dies mag mit der überragenden praktischen Bedeutung der RL als Instrument zur Harmonisierung nationaler Rechtsvorschriften auf nahezu allen Tätigkeitsfeldern der EU zusammenhängen, ändert aber nichts daran, dass es sich bei der richtlinienkonformen Auslegung nur um einen – freilich sehr bedeutsamen – **Unterfall der unionsrechtskonformen Auslegung** handelt. Im Übrigen ist zu beachten, dass sich die richtlinienkonforme Auslegung als **mehrphasiger Interpretationsakt**[3] darstellt, der sich nicht nur auf eine reine Richtlinienexegese beschränken darf, sondern auch das vorrangige Primärrecht zu berücksichtigen hat (Rn. 20). Bei der praktischen Rechtsanwendung tritt die RL regelmäßig insoweit in den Hintergrund, als innerstaatliches Recht die Ziele der RL umfassend verwirklicht. Sie bleibt aber Orientierungsmaßstab für die ihr konforme Auslegung nationalen Rechts, kann Anlass zur Einleitung eines Vorabentscheidungsverfahrens geben oder wird möglicherweise selbst zum unmittelbar anwendbaren, entscheidungserheblichen Rechtssatz („Durchgriffswirkung" der RL; Kap. 4 Rn. 50; Kap. 9 Rn. 24, 27).

10.1.2 Begründung und Inhalt der Pflicht zur unionsrechtskonformen Auslegung

10.1.2.1 Leitentscheidungen des EuGH

3   Als wegweisend für die Begründung einer Pflicht zur unionsrechtskonformen (seinerzeit „gemeinschaftsrechtskonformen") Auslegung gelten die Entscheidungen des EuGH in den Fällen „*von Colson und Kamann*"[4] (Kap. 7 Rn. 20 ff.) und „*Harz*".[5] Hintergrund beider Entscheidungen war die Frage, ob das deutsche Recht mit den Vorgaben der damals geltenden GleichbehandlungsRL in Einklang steht. Nach § 611a II BGB a. F. stand dem von einem Arbeitgeber richtlinienwidrig diskriminierten Bewerber nur der Ersatz des Vertrauensschadens zu, also die Erstattung der Fahrt- und Bewerbungskosten. Eine Sanktionierung des richtlinienwidrigen Verhaltens in Form einer lediglich symbolischen Entschädigung trägt nach Auffassung des EuGH dem Erfordernis einer wirksamen Umsetzung der RL nicht ausreichend Rechnung. Das Problem des Falles bestand darin, dass einerseits die Beschränkung des nationalen Rechts auf bloßen Ersatz der Bewerbungskosten nicht als gemeinschaftsrechtskonform eingestuft werden konnte, andererseits die RL keinerlei konkrete Inhalte hinsichtlich der an einen Verstoß zu knüpfenden Rechtsfolgen vorsah. Sie konnte folglich gegenüber einem Arbeitgeber des öffentlichen Dienstes nicht unmittelbar angewendet werden. Die Bundesregierung äußerte im Verlauf des Vorabentscheidungsverfahrens die Auffassung, die Gewährung von

---

[3] *Schröder*, Richtlinien, S. 408 ff., 451 ff.
[4] EuGHE 1984, 1891.
[5] EuGHE 1984, 1921.

Schadensersatz sei auf der Grundlage des § 611a II BGB a. F. bzw. § 823 II i. V. m. § 611a II BGB a. F. nicht ausgeschlossen. Diese Stellungnahme diente dem Gerichtshof als Anknüpfungspunkt, um eine gemeinschaftsrechtsfreundliche Lösung zu präsentieren.[6]

Zwar war es dem EuGH verwehrt, selbst eine richtlinienkonforme Auslegung des § 611a II BGB a. F. vorzunehmen, denn die Auslegung des nationalen Rechts ist ausschließlich Aufgabe der vorlegenden Gerichte (Kap. 6 Rn. 10). Der Gerichtshof stellte jedoch klar, dass alle innerstaatlichen Stellen verpflichtet sind, die zur Verwirklichung des Richtlinienziels erforderlichen Maßnahmen allgemeiner oder besonderer Art zu ergreifen. Daraus folgt, dass die Gerichte **insbesondere ein speziell zur Umsetzung einer RL erlassenes Gesetz im Lichte ihres Wortlautes und Zwecks auszulegen** haben, um das von der RL verfolgte Ziel zu erreichen. Den nationalen Gerichten obliegt mithin die Pflicht, das zur Durchführung einer RL erlassene Gesetz **unter voller Ausschöpfung des ihnen vom nationalen Recht eingeräumten Beurteilungsspielraums** in Übereinstimmung mit den Anforderungen des Gemeinschaftsrechts auszulegen und anzuwenden.[7]

4

Wie weit die Entscheidung des EuGH in den Rs. „*von Colsen und Kamann*" und „*Harz*" fortwirkte, zeigen die Reaktionen des BAG. Dieses befand zunächst, § 611a II BGB a. F. könne auch im Wege einer richtlinienkonformen Auslegung nicht über seinen Wortlaut hinaus und gegen den Willen des Gesetzgebers als Grundlage eines den Vertrauensschaden übersteigenden Anspruchs auf Schadensersatz herangezogen werden.[8] Jedoch stufte das BAG die **geschlechtsspezifische Diskriminierung** beim Zugang zum Beruf als **allgemeine Persönlichkeitsrechtsverletzung** ein, die grundsätzlich einen auf § 823 I BGB gestützten Schadensersatzanspruch in Höhe eines Monatsgehalts begründen könne. Im Lichte der GleichbehandlungsRL sei bei einem Verstoß gegen das Benachteiligungsverbot eine Sanktion zu verlangen, die über einen rein symbolischen Schadensersatz hinausgehe. Die Problematik dieser Rspr. bestand darin, dass sie mit der tradierten deliktsrechtlichen Dogmatik brach. Nach § 253 I BGB setzt ein Anspruch auf Schadensersatz für immaterielle Schäden eine gesetzliche Anordnung voraus, an der es gerade fehlte. Ein Schadensersatzanspruch konnte nach der bis dahin maßgebenden Rechtsentwicklung nur bei **schweren Persönlichkeitsrechtsverletzungen** bejaht werden. Demgegenüber bejahte das BAG einen Schadensersatzanspruch bereits für den Regelfall der Benachteiligung im Einstellungsverfahren, was die enorme Sprengkraft des Prinzips der richtlinienkonformen Auslegung aufzeigt.

5

10.1.2.2 Unionsrechtliche Grundlagen des Auslegungsgebotes

Der Gerichtshof setzt bis heute seine in den vorgenannten Entscheidungen begründete Judikatur fort und verlangt unter Berufung auf das **Loyalitätsgebot** des Art. 4 III UA 2, 3 EUV und die **Umsetzungsverpflichtung** des Art. 288 III AEUV

6

---

[6] *Schröder*, Richtlinien, S. 332 f. m. w. N.
[7] EuGHE 1984, 1891, 1909 (Rz. 27 f.); 1984, 1921, 1942 (Rz. 27 f.).
[8] BAGE 61, 219, 222 ff. = NJW 1990, 65 ff.

eine richtlinienkonforme Auslegung desjenigen nationalen Rechts, welches der Umsetzung einer RL dient.[9] In der Literatur[10] und höchstrichterlichen Rspr.[11] stößt dieser Begründungsansatz auf breite Zustimmung. Nur vereinzelt wird die Annahme einer Pflicht zur unionsrechtskonformen Auslegung prinzipiell abgelehnt.[12] Einige Stimmen in der Literatur führen – bei grundsätzlicher Akzeptanz eines **im Unionsrecht wurzelnden Interpretationsgebotes** – teilweise abweichende oder ergänzende Begründungselemente an. Für manche Autoren folgt die Pflicht zur richtlinienkonformen Auslegung allein schon aus der Zielverbindlichkeit der umzusetzenden RL. Daher sei das Gebot primär auf die gegenüber Art. 4 III UA 2, 3 EUV speziellere Vorschrift des Art. 288 III AEUV zu stützen.[13] Es wird jedoch auch genau umgekehrt argumentiert und die Auffassung vertreten, Art. 288 III AEUV könne zwar den Rechtsakten der Union bestimmte Wirkungen zuschreiben, nicht aber den Umgang mit kollidierendem nationalen Recht regeln. Da Fragen der Auslegungsregeln bzw. der Methodenwahl jenseits des Regelungsbereichs des Art. 288 III AEUV lägen, finde auch das Gebot der **richtlinienkonformen** Auslegung seine unionsrechtliche Grundlage nur in Art. 4 III UA 2, 3 EUV.[14]

7 Die Mitgliedstaaten sind zur Durchsetzung des Unionsrechts verpflichtet und müssen alle Maßnahmen unterlassen, welche die Verwirklichung der Ziele der Union gefährden könnten (Art. 4 III UA 2, 3 EUV Kap. 7 Rn. 23 ff.). Vor diesem Hintergrund ist es im Ansatz überzeugend, das Interpretationsgebot als Konkretisierung des allgemeinen Loyalitätsgebots zu begreifen. Aber auch die Berufung auf Art. 288 III AEUV überzeugt, denn die Inpflichtnahme der in dieser Bestimmung ausdrücklich genannten „innerstaatlichen Stellen", also auch der zur **Rechtsanwendung** berufenen Organe, ist notwendiger Bestandteil der Umsetzungsverpflichtung. Würde sich diese nur auf die Verpflichtung zur Setzung richtlinienkonformer Rechtsvorschriften beschränken, also nur den **Gesetzgeber** binden, bestünde die Gefahr, dass bei der konkret-individuellen Rechtsanwendung (Gerichtsurteile, Verwaltungsakte) auseinanderdivergiert, was durch einen abstrakt-generellen Rechtssatz harmonisiert worden ist.[15] **Zusammenfassend** lässt sich damit feststellen, dass eine Pflicht zur unionsrechtskonformen Auslegung des nationalen Rechts aus Art. 4 III UA 2, 3 EUV und – wenn es um die Umsetzung von RL geht – zusätzlich aus

---

[9] EuGH BeckRS 2018, 23557 (Rz. 58); BeckRS 2019, 12042 (Rz. 55); NJW 2020, 1873, 1876; EuZW 2021, 164, 165. Vgl. zur begrifflichen Unionsrechtsakzessorietät von Tatbestandsmerkmalen am Beispiel des Arzneimittelbegriffs EuGH NStZ 2014, 461 ff. und hierzu *Satzger*, IntStR, § 9 Rn. 117 ff.
[10] *Ambos*, IntStR, § 11 Rn. 50; *Esser*, EuStR, § 2 Rn. 70; *Hecker*, JuS 2014, 385, 386; *Heger*, in: *Böse* (Hrsg.), EuStR, § 5 Rn. 108; *Satzger*, IntStR, § 9 Rn. 104.
[11] BVerfGE 147, 364, 378 ff.; BGH NJW 2014, 2595; NJW 2016, 3459, 3260; NJW 2020, 2816, 2818; OLG Celle NZWiSt 2021, 83, 84.
[12] *Di Fabio*, NJW 1990, 947, 953; restriktiv auch *Scherzberg*, JURA 1993, 225, 232; vgl. hierzu die zutr. Gegenargumentation von *Schröder*, Richtlinien, S. 336 ff.
[13] *Brechmann*, Richtlinienkonforme Auslegung, S. 265 ff.; *Böse*, Strafen und Sanktionen, S. 426.
[14] *Nettesheim*, AöR 119 (1994), S. 261, 268.
[15] *Brechmann*, Richtlinienkonforme Auslegung, S. 256; *Schröder*, Richtlinien, S. 339 f.

10.1 Das Rechtsinstitut der unionsrechtskonformen Auslegung

Art. 288 III AEUV abzuleiten ist. Gebunden sind durch dieses Interpretationsgebot alle Träger öffentlicher Gewalt (Gerichte, Staatsanwaltschaften und Verwaltungsbehörden).

10.1.2.3 Nationale Rechtsgrundlagen einer unionsrechtsfreundlichen Auslegung

Allgemein anerkannt ist, dass das Unionsrecht bereits im Rahmen der **klassischen nationalen Auslegungskriterien** Berücksichtigung finden kann.[16] Dient eine nationale Vorschrift der Umsetzung einer RL, so führen bereits der historische und teleologische Interpretationsansatz zur Implementierung der unionsrechtlichen Wertungsvorgaben. Übernimmt das nationale Gesetz Begriffe aus der RL, so sprechen auch die grammatikalische und systematische Interpretation für eine richtlinienkonforme Auslegung. Die **unionsrechtliche Fundierung** des Instituts der unionsrechtskonformen Auslegung ist jedoch schon deshalb unverzichtbar, weil nur auf ihrer Grundlage ein für die innerstaatlichen Stellen **verbindliches Interpretationsgebot** begründet werden kann. Beruhte die unionsrechtskonforme Auslegung nur auf nationalen Interpretationsmaximen, so wäre eine solche Auslegung stets nur zulässig, aber nicht geboten. Auch ist zumindest zweifelhaft, ob sich eine unionsrechtskonforme Auslegung der **zeitlich vor** einer RL erlassenen oder **nicht der Umsetzung** einer RL dienenden nationalen Vorschriften auf der Basis rein innerstaatlicher Interpretationsmaximen überhaupt begründen lässt.

8

10.1.3 Gegenstand der unionsrechtskonformen Auslegung

10.1.3.1 Umsetzungsrecht und sonstiges nationales Recht („Marleasing")

Die Pflicht zur richtlinienkonformen Auslegung erstreckt sich zunächst auf das nationale **Umsetzungsrecht**, das von den Mitgliedstaaten speziell zur Durchführung einer RL erlassen worden ist. Darüber hinaus ist jedoch nach zutr. h. M. auch das **sonstige nationale Recht** selbst dann richtlinienkonform auszulegen, wenn es sich um Vorschriften handelt, die vor oder unabhängig vom Erlass der RL ergangen sind.[17] Bereits in den Urteilen „*von Colson und Kamann*" und „*Harz*" klingt durch die einleitende Wendung „insbesondere" (Rn. 4) an, dass der EuGH das nationale Umsetzungsrecht zwar hervorheben, jedoch darüber hinaus den **gesamten innerstaatlichen Rechtsbestand** als **Gegenstand einer richtlinienkonformen Auslegung** in Betracht ziehen will. Ausdrücklich bestätigt wird diese Rechtskonzeption in der vielfach zitierten Entscheidung des Gerichtshofs im Fall „*Marleasing*".[18]

9

---

[16] *Satzger*, IntStR, § 9 Rn. 104; *Schröder*, Richtlinien, S. 338; exempl. BGH NStZ-RR 2019, 49, 51.
[17] *Dannecker/Bülte*, Hb. WiStR, 2. Kap. Rn. 287a; *Esser*, EuStR, § 2 Rn. 72; *Heger*, in: *Böse* (Hrsg.), EuStR, § 5 Rn. 113; *Rönnau/Wegner*, GA 2013, S. 561, 562; *Schröder*, Richtlinien, S. 339 f.
[18] EuGHE 1990, 4135.

10   In dem Ausgangsverfahren vor einem spanischen Zivilgericht ging es um die Klage einer spanischen Gesellschaft („*Marleasing SA*"), die das Ziel verfolgte, den Gesellschaftsvertrag einer anderen Gesellschaft für nichtig zu erklären. Die Klägerin trug vor, dass diese Gesellschaft nur gegründet worden sei, um ihr – der Klägerin – den Zugriff auf das Vermögen einer weiteren Gesellschaft zu entziehen. Sie stützte ihren Antrag auf Vorschriften des spanischen Rechts, wonach Verträge ohne rechtlichen Grund oder mit einem unerlaubten Grund unwirksam sind. Zum Zeitpunkt der Klageerhebung hatte Spanien die RL 68/151/EWG zur Koordinierung der Schutzbestimmungen für Gesellschafter und Gläubiger noch nicht umgesetzt. Deren Art. 11 zählte die Nichtigkeitsgründe abschließend auf, ohne die von der Klägerin vorgetragenen Gründe explizit zu nennen. Die im Vorlageverfahren von dem spanischen Gericht gestellte Frage nach der unmittelbaren Wirkung des Art. 11 verneinte der EuGH unter Hinweis auf seine ständige Rspr., nach der eine RL nicht selbst Verpflichtungen für den Einzelnen begründen könne. Er stellte jedoch klar, dass ein nationales Gericht die Auslegung des innerstaatlichen Rechts – **unabhängig vom Zeitpunkt seines Erlasses – so weit wie möglich** am Wortlaut und Zweck der RL ausrichten müsse, um das mit ihr verfolgte Ziel zu erreichen.[19] Das Erfordernis der richtlinienkonformen Rechtsanwendung schließe es aus, die Nichtigkeit einer Aktiengesellschaft aus anderen als den in Art. 11 der RL abschließend aufgezählten Gründen auszusprechen. Die Entscheidung bestätigt, dass das **gesamte nationale Recht**, unabhängig davon, ob es der Umsetzung einer RL dient und gleichgültig, ob es zeitlich vor oder nach der RL erlassen wurde, **richtlinienkonform auszulegen** ist.[20]

10.1.3.2 Richtlinienkonforme Auslegung nationalen Rechts ohne vorangegangene Transformationsgesetzgebung

10.1.3.2.1 Richtlinie und nationales Recht

11   RL sind gem. Art. 288 III AEUV an die Mitgliedstaaten gerichtet. Um ihre rechtstatsächliche Wirkung zu entfalten, bedürfen sie prinzipiell der Umsetzung in das nationale Recht der Mitgliedstaaten. Die Mitgliedstaaten müssen dabei jene Formen und Mittel wählen, die sich zur Gewährleistung der praktischen Wirksamkeit (sog. „effet utile") der RL unter Berücksichtigung des mit ihr verfolgten Zwecks am besten eignen.[21] Die Verpflichtung zu einer den Zielsetzungen der RL entsprechenden Ausgestaltung bzw. Anpassung des nationalen Rechts führt regelmäßig zu besonderen Legislativakten der Mitgliedstaaten in Form eines Gesetzes[22] oder einer

---

[19] EuGHE 1990, 4135, 4159.
[20] EuGH NJW 2017, 457, 460; EuZW 2021, 164, 165; BeckRS 2022, 3578 (Rz. 35); NJW 2022, 927, 928; NJW 2024, 949, 953; BeckRS 2024, 2368 (Rz. 130).
[21] EuGH NJW 2019, 36, 40; NVwZ 2020, 1177, 1181; BeckRS 2019, 5509 (Rz. 43); *Ruffert*, in: *Calliess/Ruffert* (Hrsg.), EUV/AEUV, Art. 288 AEUV Rn. 27.
[22] Siehe exempl. §§ 89a, b, 90, 91 StGB, die der Umsetzung der RL 2017/541/EU des EP und des Rates v. 15.03.2017 zur Terrorismusbekämpfung (AblEU 2017 Nr. L 88, S. 6) dienen; vgl. hierzu *Böse*, ZjS 2019, 1, 9; *Holterhus/Mittwoch/El-Ghazi*, JuS 2018, 313, 324.

10.1 Das Rechtsinstitut der unionsrechtskonformen Auslegung

Rechtsverordnung. Inhalt und Ausmaß der erforderlichen Rechtsumgestaltung hängen davon ab, inwieweit das nationale Recht bereits den inhaltlichen Vorgaben der RL entspricht.

Damit die Umsetzungsnorm ihre spezifische Funktion, dem materiellen Regelungsgehalt der RL innerstaatliche Geltung zu verschaffen, erfüllen kann, muss zum einen ihre tatbestandliche Fassung **richtlinienkongruent** ausgestaltet sein. Dies geschieht entweder durch eine wörtliche Übernahme der in der RL enthaltenen Rechtssätze oder zumindest durch Verwendung einer dem Sinngehalt der RL entsprechenden Formulierung. Nach ständiger Rspr. des EuGH erfordert die Umsetzung einer RL nicht notwendigerweise, dass ihre Bestimmungen förmlich oder wörtlich in die nationale Rechtsordnung übernommen werden, jedoch muss die vollständige Anwendung der Richtlinie hinreichend klar und bestimmt gewährleistet werden.[23]

12

Die Notwendigkeit einer speziellen Transformationsgesetzgebung entfällt, soweit die nationale Rechtsordnung bereits ein dem sachlichen Regelungsziel der RL entsprechendes Rechtsinstrumentarium bereithält. In diesem Fall kommt der richtlinienkonformen Auslegung die Funktion zu, eine schon vor Inkrafttreten der RL existierende mitgliedstaatliche Norm, die durch eine möglicherweise schon lange während Rechtspraxis geprägt wurde, in den unionsrechtlichen Kontext zu stellen und anhand der sich hieraus ergebenden Vorgaben neu zu interpretieren. Auf diese Weise wird **ohne Zutun des Gesetzgebers** – durch bloße Interpretationsakte – **europäisiertes nationales (Straf)Recht** in den Mitgliedstaaten erzeugt. Ein inzwischen durch die aktuelle Rechtsentwicklung überholtes, gleichwohl anschauliches Beispiel hierfür bietet das **lebensmittelrechtliche Irreführungsverbot** des § 11 I LFGB a. F.

13

§ 11 I LFGB a. F.[24] statuierte das straf- und bußgeldrechtlich bewehrte Verbot, Lebensmittel unter irreführender Aufmachung in den Verkehr zu bringen bzw. mit irreführenden Aussagen für Lebensmittel zu werben. Das lebensmittelrechtliche Irreführungsverbot existierte als zentraler Pfeiler des deutschen Lebensmittel(straf)rechts schon lange vor dem Inkrafttreten der am 18.12.1978 erlassenen **RL 79/112/EWG zur Angleichung der Rechtsvorschriften der Mitgliedstaaten über die Etikettierung und Aufmachung von Lebensmitteln sowie die Werbung hierfür (EtikettierungsRL)**.[25] Diese schrieb den Mitgliedstaaten u. a. vor, den Schutz der Verbraucher vor irreführender Darbietung von Lebensmitteln sicherzustellen. Da die EtikettierungsRL und die nationale Verbotsnorm das gleiche Regelungsziel (Schutz der Verbraucher vor Täuschung) verfolgten, war § 11 I LFGB a. F. als eine Vorschrift zu behandeln, die der Umsetzung der EtikettierungsRL in deutsches Recht dient, auch wenn das nationale Irreführungsverbot bereits lange vor Erlass

14

---

[23] EuGH BeckRS 2005, 70813 (Rz. 21); BeckRS 2013, 81793 (Rz. 37); BeckRS 2018, 1649 (Rz. 120).
[24] Lebensmittel- und Futtermittelgesetzbuch i. d. F. v. 03.06.2013 (BGBl. I 2013, S. 1426).
[25] ABlEG 1978 Nr. L 33, S. 1; konsolidiert durch RL 2000/13/EG (ABlEG 2000 Nr. L 109, S. 29).

der RL bestand. Zu Recht wurde daher von der h. M. erkannt, dass das Irreführungsverbot richtlinienkonform auszulegen ist.[26]

15   Der lebensmittelrechtliche Zentralbegriff der Irreführung unterlag somit der **Definitionsmacht des EuGH** und nicht (mehr) den unterschiedlichen Vorstellungen der mitgliedstaatlichen Gerichte. Folglich waren bei der Auslegung des § 11 I LFBG a. F. die vom Gerichtshof entwickelten Maßstäbe zugrunde zu legen. Bei der täuschungsrechtlichen Beurteilung einer bestimmten Lebensmitteldarbietung musste fortan von dem Leitbild eines **verständigen, informierten und an Informationen interessierten Verbrauchers** ausgegangen werden.[27] Demgegenüber unterfiel der dem traditionellen Leitbild des deutschen Lebensmittel(straf)rechts zugrunde liegende Irreführungsmaßstab des „flüchtigen Verbrauchers", der Angaben auf der Verpackung allenfalls oberflächlich liest, eventuellen Risiken des beworbenen Produkts eher unkritisch gegenübersteht und nur allzu leicht an die ihm durch die Werbung suggerierten Eigenschaften bzw. Wirkungen eines Produkts glaubt, nicht mehr dem Schutzbereich der Verbotsnorm.[28] Nach der EtikettierungsRL reichte ein inhaltlich korrektes und vollständiges Zutatenverzeichnis grundsätzlich aus, um die Verbraucher vor Täuschung zu schützen. In seiner aktuellen Fassung ist das in §§ 59 I Nr. 7, 60 I Nr. 2 LFGB straf- und bußgeldbewehrte lebensmittelrechtliche **Irreführungsverbot** des § 11 I Nr. 1–3 LFGB **unionsrechtsakzessorisch** ausgestaltet.[29] Lebensmittelunternehmern oder -importeuren ist es demnach u. a. untersagt, Lebensmittel mit Informationen in den Verkehr zu bringen, die den Anforderungen des **Art. 7 I VO (EU) Nr. 1169/2011 (LMIV)**[30] nicht entsprechen. Das unmittelbar in allen Mitgliedstaaten anwendbare **europäische Irreführungsverbot** des Art. 7 I LMIV, das die RL 2000/13/EG und die nationalen Umsetzungsgesetze (§ 11 I LFGB a. F.) ablöst, fußt weiterhin auf dem vom EuGH ausgeformten europäischen Verbraucherleitbild als Irreführungsmaßstab. Es erweitert jedoch die an die Lauterkeit der Lebensmittel-Informationspraxis zu stellenden Anforderungen. So wird beispielsweise im Lichte des Art. 7 I Buchst. b LMIV die Irreführungseignung der Bezeichnung „*Felix Himbeer-Vanille Abenteuer*" für einen Früchtetee, der überhaupt keine Bestandteile oder Aromen von Vanille oder Himbeere enthält, auch durch eine korrekte Zutatenliste nicht ausgeschlossen.[31]

---

[26] BVerwGE 89, 320 ff.; BVerwG LRE 40, 166; *Hecker*, JuS 2014, 385, 388; *Herbst*, Irreführungsverbot, S. 43 ff., 171 ff.; *Vergho*, Verbraucherschutzstrafrecht, S. 220 ff.
[27] EuGHE 1999, 513; 2000, 117; 2000, 2297; vgl. hierzu *Dannecker*, JURA 2006, 173, 174; *Hecker*, Produktwerbung, S. 50 ff.; *Vergho*, Verbraucherschutzstrafrecht, S. 226 ff.
[28] So aber noch OLG Koblenz LRE 20, 277 ff. („Nostalgiewerbung"); vgl. demgegenüber OLG Zweibrücken BeckRS 2011, 21715, das zutr. vom europäischen Verbraucherleitbild ausgeht.
[29] Lebensmittel- und Futtermittelgesetzbuch in der Neufassung v. 15.09.2021 (BGBl. I 2021, S. 4253).
[30] Lebensmittelinformations-Verordnung – LMIV (ABlEU 2011 Nr. L 304, S. 18).
[31] So bereits EuGH GRUR 2015, 701 auf der Grundlage der RL 2000/13/EG; *Streinz*, JuS 2015, 852.

10.1.3.2.2 Fallbeispiel Transnationale Kindesentführung innerhalb der EU

Fall 1 (EuGH BeckRS 2020, 31283)

Die rumänische Staatsangehörige A ist die Mutter von K, einem in Rumänien geborenen minderjährigen Kind. A ist vom Vater des K getrennt, der in Rumänien lebt. Nach rumänischem Recht sind beide Eltern gemeinsam für K sorgeberechtigt. Im Jahr 2009 zog A nach Deutschland. K folgte ihr später nach. Im März 2013 wurde K aufgrund von Verhaltensauffälligkeiten mit Zustimmung seiner Eltern in einer Jugendhilfeeinrichtung untergebracht. Das AG entzog den Eltern des K das Aufenthaltsbestimmungsrecht für ihr Kind und übertrug dieses Recht im Rahmen einer Ergänzungspflegschaft auf einen Pfleger. Im Dezember 2017 wurde K, nachdem seine Unterbringung in verschiedenen Jugendhilfeeinrichtungen gescheitert und er deswegen wieder in den Haushalt der A zurückgekehrt war, von seinem Vater mit Zustimmung der A nach Rumänien verbracht. Hierüber wurde der Pfleger des K nicht informiert. Hat sich A gem. §§ 235 II Nr. 2, 25 II StGB strafbar gemacht? (Kap. 9 Rn. 50 ff.) ◄

Lösungshinweise zu Fall 1

A hat den Tatbestand der gemeinschaftlichen Kindesentziehung (§§ 235 II Nr. 2, 25 II StGB) erfüllt, indem sie daran mitwirkte, dass K unter Verletzung des dem Pfleger zustehenden Aufenthaltsbestimmungsrechts von seinem Vater nach Rumänien verbracht und dort dem Pfleger als Schutzperson des K vorenthalten wurde. Jedoch steht nach überzeugend begründeter Auffassung des EuGH das in der RL 2004/38/EG[32] konkretisierte Freizügigkeitsrecht des Art. 21 I AEUV in seiner Funktion als Diskriminierungsverbot der Anwendung einer Gesetzesbestimmung entgegen, nach der es strafbar ist, wenn ein Elternteil sein Kind dem bestellten Pfleger in einem anderen Mitgliedstaat schlicht vorenthält, während ein entsprechendes Vorenthalten im Hoheitsgebiet des ersten Mitgliedstaats nur dann strafbar ist, wenn dies mit Gewalt, durch Drohung mit einem empfindlichen Übel oder durch List geschieht (Kap. 9 Rn. 52).[33] Der EuGH folgt implizit der Rechtsauffassung des Generalanwalts, wonach der mit § 235 II Nr. 2 StGB verbundene Eingriff in das Freizügigkeitsrecht nicht gem. Art. 27 RL 2004/38/EG aus Gründen der öffentlichen Ordnung gerechtfertigt werden kann.[34] Der Anwendungsvorrang des Unionsrechts gibt Anlass für eine **unionsrechtskonforme Auslegung des § 235 II Nr. 2 StGB** in Form einer **Tatbestandsreduktion**, um eine Kollision mit dem in der RL 2004/38/

---

[32] RL 2004/38/EG des EP und des Rates vom 29.4.2004 über das Recht der Unionsbürger und ihrer Familienangehörigen, sich im Hoheitsgebiet der Mitgliedstaaten frei zu bewegen und aufzuhalten (ABlEU 2004 Nr. L 158, S. 77).
[33] EuGH, BeckRS 2020, 31283 = JuS 2021, 467 (*Hecker*).
[34] Schlussantrag des Generalanwalts *Hogan* v. 4.6.2020; EuGH, BeckRS 2020, 11025 (Rz. 28 ff.).

EG ausgeformten Freizügigkeitsrecht des Art. 21 I AEUV zu vermeiden.[35] Demnach unterfällt die Fallgruppe der „schlichten" (gewaltlosen usw.) Kindesvorenthaltung innerhalb der EU durch Unionsbürger (Art. 20 I S. 2 AEUV; Art. 2 Nr. 1 RL 2004/38/EG), die Angehörige des entzogenen Kindes sind, nicht mehr § 235 II Nr. 2 StGB. Nichts anderes kann für den Entziehungstatbestand des § 235 II Nr. 1 StGB gelten. Von Angehörigen des Kindes begangene transnationale Kindesentführungen in das EU-Ausland sind demnach nur noch strafbar, wenn sie mit Gewalt, durch Drohung mit einem empfindlichen Übel oder durch List vollzogen werden (§ 235 I Nr. 1 StGB). Unberührt bleibt – unabhängig von der Staatsangehörigkeit und Angehörigeneigenschaft des Täters – die Strafbarkeit nach § 235 II Nr. 1 StGB wegen Entziehens eines Kindes, um es in einen Drittstaat zu verbringen bzw. gem. § 235 II Nr. 2 StGB wegen Vorenthaltens eines Kindes in einem Drittstaat. **Lösungsvorschlag**: Auf dem Boden der hier vorgeschlagenen unionsrechtskonformen (richtlinien- und primärrechtskonformen) Auslegung des § 235 II Nr. 2 StGB bleibt A straflos.

10.1.3.2.3 Fallbeispiel „Abofalle" im Internet

18 **Fall 2 (BGH NJW 2014, 2595)**

A betrieb verschiedene kostenpflichtige Internetseiten, die jeweils ein nahezu identisches Erscheinungsbild aufwiesen, unter anderem einen Routenplaner. Die Inanspruchnahme des Routenplaners setzte voraus, dass der Nutzer zuvor seinen Vor- und Zunamen nebst Anschrift und E-Mail-Adresse sowie sein Geburtsdatum eingab. Aufgrund der von A gezielt mit dieser Absicht vorgenommenen Gestaltung der Seite war für den Nutzer nur schwer erkennbar, dass es sich um ein kostenpflichtiges Angebot handelte. Die Betätigung der Schaltfläche „Route berechnen" führte nach einem am unteren Seitenrand am Ende eines mehrzeiligen Textes klein abgedruckten Hinweis zum Abschluss eines kostenpflichtigen Abonnements, das dem Nutzer zum Preis von 59,95 € eine dreimonatige Zugangsmöglichkeit zu dem Routenplaner gewährte. Dieser Fußnotentext konnte in Abhängigkeit von der Größe des Monitors und der verwendeten Bildschirmauflösung erst nach vorherigem „Scrollen" wahrgenommen werden. Strafbarkeit des A gem. § 263 I, III S. 2 Nr. 1 StGB? ◂

19 **Lösungshinweise zu Fall 2**
Während das LG Frankfurt a. M.[36] derartige Kostenfallen im Internet noch als sozialethisch fragwürdiges und verbraucherfeindliches, jedoch strafloses Verhalten bewertete, stuft der BGH[37] – wie zuvor bereits das OLG Frankfurt a. M.[38] – die

---

[35] *Hecker*, JuS 2021, 467, 469.
[36] LG Frankfurt a. M. BeckRS 2010, 17751.
[37] BGH NJW 2014, 2595.
[38] OLG Frankfurt a. M. NJW 2011, 398; zust. *Hecker*, JuS 2011, 470.

10.1 Das Rechtsinstitut der unionsrechtskonformen Auslegung

„Abzocke" von Internetnutzern durch Abofallen im Ergebnis zu Recht, wenngleich mit unzureichender Begründung, als gewerbsmäßigen Betrug (§ 263 I, III S. 2 Nr. 1 StGB) ein. Die konkrete Gestaltung der tatgegenständlichen Internetseite beinhaltet eine konkludente Täuschung über die Kostenpflichtigkeit der angebotenen Leistung. Der Bejahung eines Irrtums auf Seiten der Nutzer steht nicht entgegen, dass der Hinweis auf die Entgeltlichkeit bei sorgfältiger, vollständiger und kritischer Prüfung erkennbar war. Entgegen einer in der Literatur verbreiteten Auffassung lehnt der BGH eine an der **RL 2005/29/EG (UGP-RL)**[39] orientierte richtlinienkonforme Auslegung des Betrugstatbestands mit nicht überzeugender Begründung ab (Kap. 9 Rn. 34).[40] Damit entzieht er das Betrugsstrafrecht unter Missachtung seiner Pflicht zur Einholung einer Vorabentscheidung[41] (Art. 267 III AEUV) den Wertungsvorgaben der UGP-RL. Die UGP-RL legt einen **unionsrechtlichen Täuschungsschutzstandard** fest, der sich grundsätzlich an dem **Leitbild eines durchschnittlich informierten, aufmerksamen und verständigen Verbrauchers** orientiert, aber auch Bestimmungen zur Vermeidung der Ausnutzung von Verbrauchern enthält, die für unlautere Geschäftspraktiken besonders anfällig sind. Im Hinblick auf die **vollharmonisierende Wirkung** des in Art. 5 IV lit. a, 6 I UGP-RL statuierten Verbots irreführender Geschäftspraktiken darf der unionsrechtlich vorgegebene Täuschungsschutzstandard weder über- noch unterschritten werden. Geschäftspraktiken, die nach den Vorgaben der UGP-RL nicht als irreführend einzustufen sind, dürfen daher vom innerstaatlichen Recht nicht untersagt werden. Die von der UGP-RL angestrebte Harmonisierung gilt auch für strafrechtliche Täuschungsverbote. Denn wenn bei Strafe verboten werden könnte, was lauterkeitsrechtlich erlaubt ist, würde der von der UGP-RL intendierte Gleichklang zwischen europäischem Lauterkeitsrecht und nationalem Täuschungsschutzrecht konterkariert. Auch lässt sich nur durch richtlinienkonforme Auslegung des § 263 I StGB eine Inländerdiskriminierung abwenden, die daraus resultiert, dass eine von der Warenverkehrs- oder Dienstleistungsfreiheit geschützte grenzüberscheitende Geschäftspraxis wegen des Anwendungsvorrangs des Unionsrechts straflos bleibt, während sie im innerstaatlichen Bereich als strafbarer Betrug gewertet wird (Kap. 9 Rn. 34). Der von der UGP-RL vorgegebene Irreführungsmaßstab steht der Betrugsstrafbarkeit unseriöser Dienstleistungsanbieter nicht entgegen, da auch ein durchschnittlich informierter, situationsadäquat aufmerksamer und verständiger Verbraucher nicht ohne Weiteres damit rechnen muss, dass die auf einer Webseite angebotenen Leistungen kostenpflichtig sind. Der Verbraucher, der einmalig einen kostenlosen Routenplanerservice in Anspruch nehmen will, erleidet einen Vermögensschaden, wenn die vertragliche Gegenleistung unter Beachtung der persön-

---

[39] RL 2005/29/EG über unlautere Geschäftspraktiken im binnenmarktinternen Geschäftsverkehr zwischen Unternehmern und Verbrauchern und zur Änderung der RL 84/450/EWG und 98/27/EG (ABlEG 2005 Nr. L 149, S. 22).
[40] Dagegen zutr. SSW-*Satzger*, § 263 Rn. 119 ff.
[41] Vgl. hierzu die berechtigte Kritik von *Heger*, HRRS 2014, 467, 471 ff.; *Satzger*, Heintschel-Heinegg-FS, S. 387, 389 ff., 394.

lichen Bedürfnisse für ihn im Hinblick auf die jederzeitige Verfügbarkeit kostenloser Routenplaner wertlos ist.

Lösungsvorschlag
A ist strafbar gem. § 263 I, III S. 2 Nr. 1 StGB.

10.1.4 Richtlinienkonforme Auslegung als mehrphasiger Interpretationsakt

20 Die Lösungshinweise zu **Fall 1 und 2** machen deutlich, dass es sich bei der richtlinienkonformen Auslegung regelmäßig um einen **mehrphasigen Interpretationsakt** handelt.[42] Zumeist kann es mit der isolierten Analyse des Richtlinientextes nicht sein Bewenden haben. Denn das primäre Unionsrecht, namentlich die Grundfreiheiten, Grundrechte der GRCh und allgemeinen Rechtsgrundsätze, überlagern das nationale Recht und das Sekundärrecht. Der gesamte Auslegungsvorgang, also die **Interpretation der nationalen Vorschrift und der RL** muss den **primärrechtlichen Hintergrund** reflektieren, weil andernfalls nicht in jedem Fall die Unionsrechtskonformität des Auslegungsergebnisses gewährleistet wird.[43]

21 Die Notwendigkeit einer mehrphasigen Prüfung zeigt sich insbesondere in den Fällen, in denen eine RL ausdrücklich strengere nationale Vorschriften zulässt, jedoch der höhere nationale Schutzstandard seinerseits eine Begrenzung in den Grundfreiheiten des AEUV findet. Ein Beispiel hierfür bietet das deutsche Wettbewerbsstrafrecht, das in § 16 I UWG u. a. an die Eignung der unwahren Angabe zur Irreführung anknüpft.[44] Die **RL 2006/114/EG über irreführende und vergleichende Werbung** v. 12.12.2006[45] verpflichtet die Mitgliedstaaten u. a. zum Erlass geeigneter und wirksamer Rechtsvorschriften zur Bekämpfung irreführender Werbung. Art. 3 lit. a–c führt in einem nicht abschließenden Katalog einige zentrale Kriterien auf, die bei der Beurteilung der Frage zu beachten ist, ob eine Werbung irreführend i. S. d. RL. Nach Art. 8 I steht es den Mitgliedstaaten jedoch frei, innerstaatliche Bestimmungen aufrechtzuerhalten oder zu erlassen, die einen weiter reichenden Schutz vor irreführender Produktwerbung gewährleisten. Das nationale Wettbewerbsstrafrecht scheint somit keine Begrenzung durch das Unionsrecht zu erfahren. Doch dieser Schein trügt, denn die Anwendung des nationalen Verschärfungsvorbehalts wird durch die primärrechtlichen Vorgaben des Art. 34 AEUV begrenzt. Bei grenzüberschreitenden Werbekampagnen ist mithin der (liberalere) Irreführungsmaßstab anzulegen, der vom EuGH anhand der Warenverkehrsfreiheit entwickelt wurde.[46]

---

[42] *Schröder*, Richtlinien, S. 408 ff., 451 ff.
[43] EuGH NJW 2023, 2707, 2709; BeckRS 2021, 863 (Rz. 50).
[44] MüKoStGB/*Hohmann*, § 16 UWG Rn. 29.
[45] ABlEG 2006 Nr. L 376, S. 21.
[46] *Hecker*, Produktwerbung, S. 298 ff.; *Rönnau/Wegner*, GA 2013, S. 561, 565; *Schröder*, Richtlinien, S. 414 f.

10.1.5 Verhältnis der unionsrechtskonformen Auslegung zu nationalen Auslegungsmethoden

Im Grundsatz wird die Pflicht zu unionsrechtskonformer Auslegung des nationalen Rechts zwar allgemein anerkannt. Das Verhältnis dieses Interpretationsgebotes zu den Kriterien der nationalen Auslegungsmethoden ist jedoch von einer „überbordenden Vorrangdiskussion"[47] geprägt. Dabei dreht sich der Hauptstreitpunkt um die Frage, ob der unionsrechtskonformen Auslegung gegenüber der grammatischen, teleologischen, historischen und systematischen Interpretation ein **absoluter Vorrang** zukommt (**Vorrangigkeitsthese**)[48] oder ob sie nur – wenngleich als primus inter pares – als ein Topos neben mehreren **gleichrangigen Auslegungskriterien** zu berücksichtigen ist (**Gleichrangigkeitsthese**).[49]

Die Vertreter der **Vorrangigkeitsthese** stufen das Gebot der unionsrechtskonformen Auslegung als „ranghöchstes Normauslegungsprinzip" ein. Nach ihrer Auffassung beansprucht das Resultat einer unionsrechtskonformen Auslegung daher uneingeschränkten Vorrang vor den nach der tradierten Interpretationsmethode gewonnenen Auslegungsergebnissen. Folgerichtig müssten nach dieser Lehre auch Auslegungsresultate akzeptiert werden, welche unter Zugrundelegung der nationalen Interpretationskriterien unvertretbar erscheinen. Um einer nicht unmittelbar geltenden RL zu innerstaatlicher Durchsetzung gegenüber nationalen Vorschriften zu verhelfen, ist nach einer Ansicht[50] sogar eine Rechtsfortbildung contra legem in Kauf zu nehmen. Aus spezifisch strafrechtlicher Sicht wird jedoch zu Recht geltend gemacht, dass – selbst bei grundsätzlicher Anerkennung der Vorrangigkeitsthese – die Pflicht zu unionsrechtskonformer Auslegung von Straf- und Bußgeldnormen auf unionsrechtliche Grenzen stößt.[51] Fundamentale Strafrechtsprinzipien wie das Rückwirkungs- und Analogieverbot dürfen keinesfalls verletzt werden (Rn. 33 ff.).

Der Vorrangigkeitsthese kann nicht gefolgt werden. Soweit sich diese Lehre auf den **Anwendungsvorrang** des Unionsrechts gegenüber dem nationalen Recht beruft, wird verkannt, dass es sich hierbei um eine **Kollisionsregel** handelt, die nur im Falle eines Widerspruchs zwischen **unmittelbar geltendem Unionsrecht und nationalem Recht** zum Zuge kommt (Kap. 9 Rn. 14). Außerhalb dieser Konstellation lässt sich aus dieser Kollisionsregel kein „methodenbrechendes", andere Auslegungskriterien überspielendes Interpretationsgebot ableiten.[52] Die These vom absoluten Vorrang des Gebotes unionsrechtskonformer Auslegung findet auch in der

---

[47] *Brechmann*, Richtlinienkonforme Auslegung, S. 131 ff.
[48] Im Grundsatz vertreten von *Böse*, Strafen und Sanktionen, S. 425 ff.; *Franzheim/Kreß*, JR 1991, 402, 403; *Götz*, NJW 1992, 1849, 1854; *Heise*, Gemeinschaftsrecht und Strafrecht, S. 100; *Lutter*, JZ 1992, 593, 604.
[49] Im Grundsatz vertreten von *Ambos*, IntStR, § 11 Rn. 54; *Brechmann*, Richtlinienkonforme Auslegung, S. 213 ff., 247 ff.; *Satzger*, Europäisierung, S. 531 f.; *Schröder*, Richtlinien, S. 351 ff.
[50] *Lutter*, JZ 1992, 593, 607.
[51] *Böse*, Strafen und Sanktionen, S. 431 ff.; *Heise*, Gemeinschaftsrecht und Strafrecht, S. 106 ff.
[52] *Brechmann*, Richtlinienkonforme Auslegung, S. 147 ff., 247 ff.

Rspr. des EuGH keine Grundlage. Der Gerichtshof verlangt lediglich, dass die nationalen Gerichte das in Rede stehende Interpretationsgebot **im Rahmen des ihnen durch das innerstaatliche Recht eingeräumten Beurteilungsspielraumes** anwenden.[53] Die Pflicht zu unionsrechtskonformer Auslegung wird demnach durch die Auslegungsregeln der innerstaatlichen Dogmatik und den verfassungsrechtlich abgesteckten Rahmen begrenzt. Nach den Darlegungen des EuGH kommt eine unionsrechtskonforme Auslegung nur insoweit in Betracht, als das nationale Recht dem Gesetzesanwender einen Spielraum einräumt. Indem der Gerichthof von der Auslegungsfähigkeit und -bedürftigkeit innerstaatlicher Rechtsvorschriften ausgeht und die nationalen Gerichte als hierfür allein zuständige Interpretationsinstanzen anerkennt, stellt er zugleich sicher, dass bedenkliche Kompetenzübergriffe der Judikative in den Bereich der Legislative im Zuge der unionsrechtskonformen Auslegung vermieden werden.

25 Die Ablehnung der Vorrangigkeitsthese bedeutet nicht, dass der unionsrechtskonformen Auslegung keine hervorgehobene Stellung innerhalb des nationalen Auslegungskanons zukommen könnte. Vergleichbar der verfassungskonformen Auslegung ist dem Gebot der unionsrechtskonformen Auslegung Genüge getan, wenn von mehreren nach innerstaatlicher Strafrechtsdogmatik vertretbaren Auslegungsergebnissen dasjenige gewählt wird, welches der – etwa in einer RL zum Ausdruck gelangenden – unionsrechtlichen Wertungsvorgabe am besten entspricht. Damit nimmt die unionsrechtskonforme Interpretation zwar nur den gleichen Rang wie die klassischen Auslegungskriterien ein. Jedoch genießt sie innerhalb dieses Auslegungskanons als „primus inter pares" einen **relativen Vorrang**, den man treffend mit dem Begriff einer **Vorzugsregel** beschreiben kann.[54]

10.1.6 Beginn der Pflicht zur richtlinienkonformen Auslegung

26 Vor dem Hintergrund, dass RL den Mitgliedstaaten regelmäßig eine Frist zur Umsetzung einräumen, stellt sich die Frage, ab welchem Zeitpunkt die innerstaatlichen Stellen verpflichtet sind, nationales Recht richtlinienkonform auszulegen. Einigkeit besteht darüber, dass die RL jedenfalls bei der Interpretation solcher Vorschriften zu berücksichtigen ist, die vor Ablauf der Umsetzungsfrist zu dem Zweck erlassen worden sind, die Vorgaben der RL in nationales Recht zu transferieren. Die Beachtlichkeit der RL für die Auslegung des Umsetzungsrechts folgt hier bereits aus den Auslegungsregeln des nationalen Rechts (historische und teleologische Interpretation), da davon auszugehen ist, dass der Gesetzgeber die RL korrekt umsetzen wollte (Rn. 8).

27 Ob auch ohne vorangegangene Transformationsgesetzgebung bereits vor Ablauf der Umsetzungsfrist eine Pflicht zur richtlinienkonformen Auslegung besteht, wird

---

[53] EuGH NJW 2017, 457, 460; BeckRS 2019, 12042 (Rz. 55); EuZW 2021, 164, 167; NJW 2024, 949, 954.
[54] *Satzger*, Europäisierung, S. 532; *Schröder*, Richtlinien, S. 353 f.; *Wietfeld*, JZ 2020, 485, 491 f.

streitig diskutiert. In der Rs. „*Kolpinghuis Nijmegen*" (Rn. 36 ff.) scheint der EuGH der Ansicht zuzuneigen, dass die innerstaatlichen Gerichte und Behörden bereits **ab dem Zeitpunkt des Inkrafttretens der RL** (Art. 297 I UA 3 AEUV) eine Pflicht zur richtlinienkonformen Auslegung treffe. Ein Teil der Literatur[55] stimmt dieser Auffassung zu und beruft sich zur Untermauerung dieser These auf ein weiteres Urteil, in dem der EuGH von den Mitgliedstaaten forderte, vor Ablauf der Umsetzungsfrist keine Vorschriften zu erlassen, die geeignet sind, die Erreichung des in der RL vorgeschriebenen Zieles ernstlich in Frage zu stellen.[56]

Aus der hiernach bestehenden Vorwirkung einer erlassenen, aber noch nicht umgesetzten RL lässt sich jedoch keine Pflicht zur richtlinienkonformen Auslegung des nationalen Rechts vor Ablauf der Umsetzungsfrist ableiten. Der Sache nach postuliert der EuGH nicht mehr als ein **Vereitelungs-** oder **Frustrationsverbot,** wie es auch im Recht der völkerrechtlichen Verträge bekannt ist, während die richtlinienkonforme Auslegung (positiv) auf die materielle Verwirklichung der Richtlinienvorgaben gerichtet ist. Ein dahingehendes Interpretationsgebot vermag aber – wie die h. L. zutreffend erkennt – erst mit **Ablauf der Umsetzungsfrist** zur Entstehung gelangen.[57] Der EuGH hat sich dieser Ansicht inzwischen ausdrücklich angeschlossen.[58] Da die Pflicht zur richtlinienkonformen Auslegung u. a. aus der Umsetzungsverpflichtung des Art. 288 III AEUV abzuleiten ist (Rn. 6 ff.), kann eine Bindung der innerstaatlichen Stellen an dieses Interpretationsgebot auch erst mit dem Ablauf der Umsetzungsfrist in Betracht kommen. Erst ab diesem Zeitpunkt will das Unionsrecht einen der jeweiligen RL entsprechenden Rechtszustand gesichert wissen. Auch würde es nicht überzeugen, durch eine vor Fristablauf einsetzende Inpflichtnahme der nationalen Gerichte in den legislativen Entscheidungsspielraum des mitgliedstaatlichen Gesetzgebers über Form und Mittel der Umsetzung einzugreifen. Da das Richtlinienrecht grundsätzlich ein innerstaatliches Gesetzgebungsverfahren durchlaufen muss, bei dem erhebliche Ermessensspielräume gegeben sein können, dürfen die Gerichte vor Ablauf der Umsetzungsfrist nicht in die Rolle eines „Ersatzgesetzgebers" gedrängt werden. Erst dann, wenn der Mitgliedstaat seinen Umsetzungsauftrag nicht fristgerecht erfüllt, besteht Anlass, dem Richtlinienrecht mittels richtlinienkonformer Auslegung des nationalen Rechts oder durch Anerkennung einer unmittelbaren Wirkung der RL zum Durchbruch zu verhelfen. 28

Die Verwerfung einer Pflicht zur richtlinienkonformen Auslegung vor Ablauf der Umsetzungsfrist steht jedoch der Zuerkennung einer entsprechenden **Interpretationsbefugnis** der Gerichte nicht entgegen, soweit Rechtsdogmatik und Verfassungsrecht eine richtlinienkonforme Auslegung innerstaatlicher Vorschriften 29

---

[55] *Lenz*, DVBl 1990, 903, 908; *Schilling*, ZaöRV 48 (1988), S. 637, 648; *Satzger*, in: Sieber u. a. (Hrsg.), EuStR, § 9 Rn. 54.
[56] EuGHE 1997, 7411, 7450 f. (Rz. 50); ebenso EuGH NJW 2006, 2465, 2468.
[57] *Ambos*, IntStR, § 11 Rn. 52; *Hecker*, JuS 2014, 385, 386; *Heger*, in: Böse (Hrsg.), EuStR, § 5 Rn. 114; G/H/N-*Nettesheim*, Art. 288 AEUV Rn. 133; *Schröder*, Richtlinien, S. 461 ff.
[58] EuGH NJW 2006, 2465, 2468; NJW 2017, 457, 460; BeckRS 2024, 10390 (Rz. 37).

zulassen. So hat der BGH seine frühere Rspr., die von einem grundsätzlichen Verbot der vergleichenden Werbung ausging, noch vor Umsetzung der RL 97/55/EG (ÄnderungsRL) geändert, indem er die große Generalklausel des § 1 UWG a. F. richtlinienkonform interpretierte.[59] Obwohl sich der BGH vor Ablauf der Umsetzungsfrist nicht zu einer richtlinienkonformen Auslegung verpflichtet sah, scheute er mit feinem Gespür davor zurück, ein richtliniengemäßes Verhalten von Wettbewerbsteilnehmern bis zum Ablauf der Umsetzungsfrist als sittenwidrig i. S. d. § 1 UWG a. F. zu beanstanden, um es nach Fristablauf als rechtskonform zu bewerten. Ein unzulässiger Übergriff der Judikative in den legislativen Entscheidungsspielraum des Gesetzgebers war hierin nicht zu erblicken, da die wettbewerbsrechtliche Generalklausel gerade dazu dient, eine rasche Anpassung des nationalen Wettbewerbsrechts an aktuelle Entwicklungen zu ermöglichen.

30   Zusammenfassend lässt sich festhalten: **Eine Pflicht zur richtlinienkonformen Auslegung besteht erst nach Ablauf der in einer RL vorgesehenen Umsetzungsfrist**. Zuvor besteht jedoch eine Befugnis der mitgliedstaatlichen Gerichte, bestehende Interpretationsspielräume des innerstaatlichen Rechts nach Maßgabe der nationalen Rechtsdogmatik und innerhalb der verfassungsrechtlichen Grenzen richtlinienkonform auszufüllen.[60]

10.1.7 Grenzen des Gebots unionsrechtskonformer Auslegung

31   Die Vielfalt der Lebenssachverhalte und der rechtstatsächliche Wandel werfen immer wieder die Frage auf, ob ein konkretes Geschehen noch unter den abstrakt formulierten Rechtssatz subsumiert werden kann. Nach deutschem Methoden- und Verfassungsverständnis ist davon auszugehen, dass für die Auslegung einer Gesetzesbestimmung der in der Norm zum Ausdruck gelangende **Wille des Gesetzgebers** maßgeblich ist, wie er sich aus dem **Wortlaut** und dem **Sinnzusammenhang** ergibt, in den die Norm hineingestellt ist.[61] Im Straf- und Ordnungswidrigkeitenrecht kommt der grammatikalischen Auslegung eine besondere Bedeutung zu, weil der mögliche Wortsinn einer Vorschrift der Auslegung mit Blick auf das in Art. 103 II GG verankerte **Analogieverbot** eine äußerste Grenze setzt.[62] Nach der Judikatur des BVerfG dürfen einzelne Tatbestandsmerkmale sogar innerhalb ihres natürlichen Wortsinns nicht so weit ausgelegt werden, dass sie vollständig in anderen Tatbestandsmerkmalen aufgehen, also zwangsläufig mit diesen mitverwirklicht werden und damit ihre eingrenzende Wirkung verlieren.[63] Eine unionsrechtskonforme Auslegung stößt daher auch innerhalb der Wortlautgrenze auf

---

[59] BGHZ 138, 55, 64; BGH NJW 1998, 3561 ff.
[60] Dies gilt auch für die verordnungskonforme Tatbestandsauslegung; vgl. BGH NJW 2017, 966, 968.
[61] BVerfGE 105, 135, 157; BVerfG NJW 2004, 1305, 1306; BGH NJW 2018, 2655, 2656; NJW 2021, 561, 563; *Rengier*, AT, § 5 Rn. 5 ff.; *Schäfers*, JuS 2015, 875 ff.

eine verfassungsrechtliche Schranke, wenn sie zu einer sog. „Verschleifung" von Tatbestandsmerkmalen führt.[64]

Würde das Gebot zur unionsrechtskonformen Auslegung unbegrenzt gelten, so folgte hieraus eine Pflicht der innerstaatlichen Stellen, den Anwendungsbereich einer Strafbestimmung erforderlichenfalls auch über ihren äußersten möglichen Wortsinn hinaus auszudehnen, wenn nur auf diese Weise dem Unionsrecht zur Durchsetzung verholfen werden könnte. Dies aber käme der Schaffung neuen Strafrechts, mithin der Anmaßung einer Strafrechtssetzungskompetenz der Union gleich.[65] Die Pflicht zur unionsrechtskonformen Auslegung findet jedoch ihre Grenzen sowohl im nationalen Recht als auch im Unionsrecht. Ein Konflikt zwischen diesen kumulativ nebeneinander stehenden Schranken ist von vornherein ausgeschlossen, da die **unionsrechtskonforme Interpretation** innerstaatlicher Vorschriften nach der Rspr. des EuGH ohnehin **nur im Rahmen des nach nationalem Recht bestehenden Auslegungsspielraumes** vorzunehmen ist (Rn. 24). Folglich stellen insbesondere die im nationalen Verfassungsrecht verankerten Bindungen eine auch vom Unionsrecht akzeptierte Auslegungsgrenze dar.[66] 32

Bereits in seiner Entscheidung im Fall „*Telecom Italia*" zitierte der EuGH explizit das in Art. 7 I EMRK normierte **Gesetzlichkeitsprinzip** (Rn. 47 u. Kap. 4 Rn. 43), um darzulegen, dass sich die Einleitung einer Strafverfolgung wegen eines Verhaltens verbiete, dessen Strafbarkeit sich nicht eindeutig aus dem Gesetz ergebe. Mit dieser Schranke zieht der EuGH die logische Konsequenz aus der Verankerung des Interpretationsgebotes im Primärrecht (Rn. 6 ff.). Denn auch die allgemeinen Rechtsgrundsätze gehören dem primärrechtlichen Unionsrecht an, sodass die einander gegenüberstehenden, gleichrangigen Prinzipien im Wege der praktischen Konkordanz zum Ausgleich gebracht werden müssen.[67] **Zusammenfassend** kann festgehalten werden, dass die **Pflicht zur unionsrechtskonformen Auslegung des nationalen Strafrechts** ihre **Grenzen** sowohl im **nationalen Verfassungsrecht** als auch in den **allgemeinen Rechtsgrundsätzen** des Unionsrechts findet. Die unionsrechtskonforme Auslegung darf **nicht zu einer Auslegung contra legem** des nationalen Rechts führen.[68] 33

---

[62] BVerfGE 126, 170, 197; BVerfG NJW 2019, 2837, 2838; S/S-*Hecker*, § 1 Rn. 25 ff.; KK-OWiG/*Rogall*, § 3 Rn. 51 ff.

[63] BVerfG NJW 2010, 3209, 3211; NJW 2012, 907, 915; NJW 2013, 365, 366; NJW 2015, 2949, 2954.

[64] *Begemeier*, HRRS 2013, 179, 182.

[65] *Gröblinghoff*, Verpflichtung des Strafgesetzgebers, S. 64 ff.; unzutr. *Thomas*, NJW 1991, 2233, 2237, wonach die verfassungsrechtlichen Auslegungsgrenzen durch Gemeinschaftsrecht gesprengt werden können.

[66] *Dannecker*, JURA 2006, 173, 176; *Esser*, EuStR, § 2 Rn. 98 ff.; *Hecker*, JuS 2014, 385, 388 f.; *Jarass*, Grundfragen, S. 93 ff.; *Satzger*, IntStR, § 9 Rn. 105; *Schröder*, Richtlinien, S. 355 ff.

[67] *Satzger*, Europäisierung, S. 535; *Schröder*, Richtlinien, S. 360 ff.

[68] EuGH NJW 2017, 457, 460 (Rz. 63); BeckRS 2018, 23557 (Rz. 59); BeckRS 2024, 2368 (Rz. 132).

34 Ein praktisches Beispiel, in dem die Grenzen der unionsrechtskonformen Auslegung sichtbar werden, bildet der Straftatbestand der Falschbeurkundung im Amt (§ 348 I StGB). Das Assimilierungsprinzip (Kap. 7 Rn. 23 ff., 30) fordert, dass Falschbeurkundungen von EU-Beamten ebenso mit Strafe bedroht werden wie gleich gelagerte Handlungen deutscher Amtsträger (Gleichstellungserfordernis). Nach dem eindeutigen Wortlaut des § 348 I StGB sind taugliche Täter einer Falschbeurkundung im Amt aber nur **deutsche Amtsträger** (vgl. § 11 I Nr. 2 StGB). Folglich ist dieser Tatbestand keiner Auslegung zugänglich, die Falschbeurkundungen von EU-Beamten erfasst. Eine gegen Art. 103 II GG verstoßende Interpretation contra legem wird – wie bereits dargelegt – auch vom Unionsrecht nicht gefordert. Hier liegt somit ein Versäumnis des nationalen Gesetzgebers vor, das durch eine unionsrechtskonforme Auslegung nicht ausgeglichen werden kann. Der Gesetzgeber ist aufgefordert, durch eine Gleichstellungsbestimmung – etwa nach dem Vorbild der §§ 331 I, 332 I StGB – sicher zu stellen, dass auch Falschbeurkundungen von **Europäischen Amtsträgern** (§ 11 I Nr. 2a StGB) nach deutschem Recht strafbar sind (Kap. 7 Rn. 54).

10.2 Unionsrechtskonforme Auslegung im Strafrecht

10.2.1 Aussagen des EuGH

35 Die Pflicht zur unionsrechtskonformen Auslegung erstreckt sich auf alle Rechtsbereiche einschließlich des Strafrechts und bezieht sowohl das Umsetzungsrecht als auch das vor oder unabhängig vom Erlass einer RL ergangene nationale Recht ein. In den nachfolgend behandelten Leitentscheidungen des EuGH – allesamt „leading cases" des Europäischen Strafrechts – finden sich zentrale Aussagen zur unionsrechtskonformen Auslegung im Strafrecht, deren Quintessenz lautet, dass jedenfalls im strafrechtlichen Kontext ein **restriktiver Umgang** mit diesem Interpretationsgebot zu fordern ist.[69]

10.2.1.1 Strafrechtliche Verantwortlichkeit und Richtlinienrecht im Falle einer zum Tatzeitpunkt nicht umgesetzten Richtlinie („Kolpinghuis Nijmegen")

36 Die Entscheidung des EuGH in der Rs. „*Kolpinghuis Nijmegen*" (Fall 3) ist für die unionsrechtskonforme Auslegung im Strafrecht von grundlegender Bedeutung, da sie nahezu alle Stellungnahmen zu diesem Problemkreis prägt.[70] Ihr liegt folgender Sachverhalt zugrunde:

---

[69] *Schröder*, Richtlinien, S. 380, 388.
[70] Vgl. nur *Satzger*, Europäisierung, S. 538 ff.; *Schröder*, Richtlinien, S. 16 ff., 380 ff.

10.2 Unionsrechtskonforme Auslegung im Strafrecht

Fall 3 (EuGHE 1987, 3969) 37

Gegen die *Kolpinghuis Nijmegen BV* wurde in den Niederlanden Anklage erhoben, weil sie im August 1984 ein Getränk – mit Kohlensäure versetztes Leitungswasser – unter der Bezeichnung „Mineralwasser" zum Verkauf anbot. Laut Anklage verstieß die Angeklagte damit gegen eine niederländische Verordnung, welche es verbietet, für den menschlichen Genuss bestimmte Waren, die aufgrund ihrer Zusammensetzung fehlerhaft sind, zum Verkauf und zur Lieferung vorrätig zu halten, wobei der Begriff „fehlerhaft" nicht näher definiert ist. Der unionsrechtliche Hintergrund des Falles ergibt sich aus einer RL v. 15.07.1980, die festlegt, unter welchen Voraussetzungen ein Getränk als „Mineralwasser" vertrieben werden darf. Nach der RL muss Mineralwasser aus einer Quelle gewonnen werden und darf bis auf den Entzug oder die Zufügung von Kohlensäure nicht weiter behandelt worden sein. Der zum Gegenstand der Anklage gemachte Sachverhalt spielte sich nach Ablauf der Umsetzungsfrist, aber noch vor Umsetzung der RL in niederländisches Recht ab. In dem Vorabentscheidungsverfahren stellte sich somit die Frage, ob die RL nach Ablauf der Umsetzungsfrist unmittelbar anwendbar ist und sich die Anklagebehörde ggf. zu Lasten der Angeklagten auf die Richtlinienbestimmung des Art. 4 berufen können. Des Weiteren war zu klären, ob der im niederländischen Recht enthaltene, aber nicht näher definierte Begriff der „Fehlerhaftigkeit" der Ware im Lichte der RL ausgelegt werden kann. ◄

Lösungshinweise zu Fall 3 38
Im Hinblick auf eine unmittelbare Wirkung der nicht fristgerecht umgesetzten RL bestätigte der EuGH seine Rspr., wonach eine RL nicht aus sich heraus, also ohne Umsetzung in nationales Recht, Verpflichtungen für den Einzelnen begründen kann. Eine innerstaatliche Behörde darf sich nicht zu Lasten des Einzelnen auf eine RL berufen, deren erforderliche Umsetzung in nationales Recht noch nicht erfolgt ist.[71]

Die dritte Vorlegungsfrage führt vor Augen, dass eine belastende Wirkung der RL auch in Form einer richtlinienkonformen Auslegung eintreten kann, da der in der niederländischen Strafbestimmung enthaltene Begriff der Fehlerhaftigkeit der Ware mittels der Richtlinienwertung ausgefüllt werden könnte. Der EuGH bestätigt zunächst, dass das Gebot zur richtlinienkonformen Auslegung auch für den Bereich des Strafrechts bedeutsam ist. Sodann verweist er jedoch darauf, dass dieses Interpretationsgebot durch die **allgemeinen Rechtsgrundsätze** des Unionsrechts, insbesondere durch den Grundsatz der **Rechtssicherheit** und des **Rückwirkungsverbots** begrenzt wird.[72] 39

---

[71] EuGHE 1987, 3969, 3985; bestätigend EuGH BeckRS 2019, 12042 (Rz. 67); NJW 2022, 927, 929; NJW 2024, 949, 954.
[72] EuGHE 1987, 3969, 3986 (Rz. 13).

40 Wie Generalanwalt *Mischo* überzeugend ausführte, darf ein nationales Gericht auch die nicht umgesetzte RL berücksichtigen, um eine Auslegung des nationalen Rechts zu **bestätigen**.[73] Gemeint ist damit, dass bei Vorliegen mehrerer nach nationalem Recht vertretbarer Auslegungsmöglichkeiten die Richtlinienvorgabe ausschlaggebende Bedeutung erlangen kann. Auch der EuGH postulierte kein grundsätzliches Verbot, nicht umgesetzte RL bei der Auslegung von Strafbestimmungen in den Interpretationsvorgang einfließen zu lassen. Durch seinen Hinweis auf die unionsrechtlichen Grenzen des Interpretationsgebotes stellte er jedoch klar, dass es sich verbietet, die strafrechtliche Verantwortlichkeit des Einzelnen auf einen unbestimmten Tatbestand zu stützen, der erst durch die Heranziehung von Richtlinienbestimmungen eine hinreichend bestimmte Beschreibung der Verbotsmaterie erlangt. Dies käme in der Tat einer „verkappten" unmittelbaren Wirkung der RL zu Lasten des Einzelnen gleich, die nach ständiger Rspr. des EuGH unzulässig ist. Der Gerichtshof hat somit dem Versuch der niederländischen Anklagebehörde eine Absage erteilt, die nicht umgesetzte Richtlinienbestimmung als „Einfallstor" für die Konkretisierung eines unbestimmten Strafgesetzes zu funktionalisieren.[74]

10.2.1.2 Strafrechtliche Verantwortlichkeit und Richtlinienrecht im Falle einer zum Tatzeitpunkt fehlerhaft umgesetzten Richtlinie („Arcaro")

41 In der Rs. „*Arcaro*" (Fall 4) ging es um die unmittelbare Wirkung von **fehlerhaft umgesetzten RL** sowie um die Grenzen der richtlinienkonformen Auslegung des nationalen Umweltstrafrechts.

42 Fall 4 (EuGHE 1996, 4705)

Italien hatte umweltrelevante RL fehlerhaft umgesetzt. Im nationalen Recht fehlte eine von den RL geforderte Genehmigungspflicht zur Ableitung von Cadmium, die ihrerseits strafrechtlich relevant war. Gegenstand des Strafverfahrens war eine zum Tatzeitpunkt nicht genehmigte und damit richtlinienwidrige Ableitung von Cadmium durch den von Herrn *Arcaro* geleiteten Betrieb. **Frage**: Kommt eine unmittelbare Anwendung der RL oder eine richtlinienkonforme Auslegung des nationalen Rechts zu Lasten des Angeklagten in Betracht? ◄

43 **Lösungshinweise zu Fall 4**
Rechtstheoretisch ließe sich argumentieren, bei einer **lediglich fehlerhaften Transformation** einer RL sei im Gegensatz zu dem Fall einer **fehlenden Umsetzung** eine unmittelbare Wirkung zu Lasten des Einzelnen zuzulassen, da aus der Umsetzungsaktivität des Mitgliedstaates regelmäßig ein Wille zur Herbeiführung eines unionsrechtskonformen Rechtszustandes herzuleiten sei. Etwaige Umsetzungsdefizite könnten durch Heranziehung der entsprechenden Richtlinieninhalte geheilt

---

[73] EuGHE 1987, 3969, 3979 – Hervorhebung im Original.
[74] *Satzger*, Europäisierung, S. 541; *Schröder*, Richtlinien, S. 19, 382.

10.2 Unionsrechtskonforme Auslegung im Strafrecht

werden.[75] Der Umstand, dass im vorliegenden Fall – anders als in dem Fall „*Kolpinghuis Nijmegen*" (Rn. 36 ff.) – nationale Umsetzungsnormen ergangen waren, veranlasste den Gerichtshof aber nicht zu einer abweichenden Gesamtwürdigung. Der EuGH prüfte nicht einmal, ob die Voraussetzungen der unmittelbaren Wirkung der einschlägigen RL gegeben sind, sondern verwies auf seine Rspr., nach der die RL selbst Verpflichtungen des Einzelnen nicht begründen und auch eine strafrechtliche Verantwortung nicht festlegen oder verschärfen kann. Was die Pflicht zu einer richtlinienkonformen Auslegung des nationalen Rechts anbelangt, wiederholte der EuGH zunächst seine „so weit wie möglich"-Formel aus dem Urteil „*Marleasing*" (Rn. 10). Sodann umschrieb er die Grenzen dieses Interpretationsgebots noch wesentlich prägnanter als dies in seiner Entscheidung im Fall „*Kolpinghuis Nijmegen*" geschehen war: „*... Diese* **Verpflichtung** *des nationalen Gerichts,* **bei der Auslegung** *der einschlägigen Bestimmungen seines nationalen Rechts* **auf den Inhalt der Richtlinie abzustellen, findet jedoch ihre Grenzen**, *wenn eine solche Auslegung dazu führt, dass einem Einzelnen eine in einer nicht umgesetzten Richtlinie vorgesehene Verpflichtung entgegengehalten wird, und erst recht dann,* **wenn sie dazu führt, dass auf der Grundlage der Richtlinie** *und in Ermangelung eines zu ihrer Umsetzung erlassenen Gesetzes* **die strafrechtliche Verantwortlichkeit** *derjenigen* **verschärft wird**, *die gegen die Richtlinienbestimmungen verstoßen.*"[76]

Für die konkrete Falllösung hätte es der Gerichtshof bei dem Hinweis belassen können, dass dem Einzelnen jedenfalls keine Verpflichtungen aus einer nicht umgesetzten RL entgegengehalten werden können. Mit seiner „erst recht"-Formel bringt der EuGH jedoch seine Zurückhaltung gegenüber einer strafrechtlichen Belastung durch das Richtlinienrecht sowohl in Gestalt der unmittelbaren Wirkung als auch im Wege der richtlinienkonformen Auslegung zum Ausdruck.[77]

10.2.1.3 Erfordernis der Bestimmtheit von Richtlinie und Strafgesetz („Telecom Italia")

Was in der Entscheidung der Rs. „*Arcaro*" (Rn. 41 ff.) zu Umfang und Grenzen der richtlinienkonformen Auslegung im Strafrecht mit der „Erst recht"-Formel bereits anklang, wird in der Rs. „*Telecom Italia*" noch weiter präzisiert:

Fall 5 (EuGHE 1996, 6609)

Ausgangspunkt war ein in Italien geführtes Strafverfahren gegen Unbekannt. Italien hatte die EG-BildschirmRL durch ein Dekret umgesetzt, das die Einhaltung des nationalen Umsetzungsrechts mit Strafnormen flankierte. Der Ermittlungsrichter hatte auf Antrag der Staatsanwaltschaft über die Einholung eines Sachverständigengutachtens zu entscheiden, welches Aufschluss darüber geben

---

[75] *Schröder*, Richtlinien, S. 20.
[76] EuGHE 1996, 4705, 4730 – Hervorhebung durch den Verfasser.
[77] *Satzger*, Europäisierung, S. 543; *Schröder*, Richtlinien, S. 383 ff.

sollte, ob die Arbeitsbedingungen bei der *Telecom Italia* den Arbeitsschutzvorschriften entsprechen. Um diesen Antrag bescheiden zu können, stellten sich dem Ermittlungsrichter Auslegungsfragen, die er dem EuGH zur Vorabentscheidung vorlegte. Das italienische Umsetzungsrecht hatte zwar die Vorgaben der EG-BildschirmRL konkretisiert, doch aus Sicht des vorlegenden Richters ergab sich aus dem einschlägigen Dekret nicht eindeutig, welche Arbeitnehmer den Schutzvorschriften unterfallen. Nach der RL war darauf abzustellen, ob der Arbeitnehmer *„gewöhnlich bei einem nicht unwesentlichen Teil seiner normalen Arbeit ein Bildschirmgerät benutzt"*. ◄

47 Lösungshinweise zu Fall 5
Der EuGH nahm dieses Verfahren zum Anlass, seine Rspr. zur richtlinienkonformen Auslegung im Strafrecht weiter zu vertiefen. Zunächst rief er seine bereits bekannten Leitsätze zu den Grenzen des unionsrechtlichen Interpretationsgebots in Erinnerung. Hierauf folgen Ausführungen, die in ihrer Aussagekraft über seine Judikatur in den Rs. „*Kolpinghuis Nijmegen*" (Rn. 36 ff.) und „*Arcaro*" (Rn. 41 ff.) hinausreichen und deshalb der wörtlichen Wiedergabe bedürfen: *„… Insbesondere in Bezug auf einen Fall wie den des Ausgangsverfahrens, in dem es um den Umfang der strafrechtlichen Verantwortlichkeit geht, die sich speziell zur Durchführung einer Richtlinie erlassenen Rechtsvorschriften ergibt, ist festzustellen, dass der **Grundsatz**, wonach **ein Strafgesetz nicht zum Nachteil des Betroffenen extensiv angewandt werden darf**, … es verbietet, die Strafverfolgung wegen eines Verhaltens einzuleiten, dessen Strafbarkeit sich nicht eindeutig aus dem Gesetz ergibt. … Daher ist es Aufgabe des vorlegenden Gerichts, bei der Auslegung des zur Durchführung der Richtlinie erlassenen nationalen Rechts unter Berücksichtigung des Wortlauts und des Zwecks der Richtlinie für die Einhaltung dieses Grundsatzes zu sorgen."*[78]

48 Das Erfordernis der **gesetzlichen Bestimmtheit von Strafnormen** ist damit vom EuGH **als allgemeiner Rechtsgrundsatz des Unionsrechts** eingestuft worden.[79] Als wegweisend muss das nun folgende Vorgehen des Gerichtshofs eingestuft werden. Er verweigerte unter Berufung auf den Bestimmtheitsgrundsatz dem vorlegenden Gericht kurzerhand die Beantwortung der Vorlagefrage, die auf eine konkretisierende Ausdeutung des Arbeitnehmerbegriffes der EG-BildschirmRL abzielte. Grundlegend formulierte der Gerichtshof wie folgt: *„… In Anbetracht des vagen Charakters des fraglichen Ausdrucks ist den Mitgliedstaaten beim Erlass dieser Umsetzungsmaßnahmen ein weites Ermessen zuzuerkennen, das im Hinblick auf den oben … genannten Grundsatz der gesetzlichen Bestimmtheit von strafbaren Handlungen und Strafen die zuständigen nationalen Behörden jedenfalls daran hindert, auf die einschlägigen Bestimmungen der Richtlinie Bezug zu nehmen, wenn sie*

---

[78] EuGHE 1996, 6609, 6637 – Hervorhebung durch den Verfasser.
[79] *Hammer-Strnad*, Bestimmtheitsgebot, S. 71 f.; *Schröder*, Richtlinien, S. 33, 386.

10.2 Unionsrechtskonforme Auslegung im Strafrecht

auf dem von der Richtlinie erfassten Gebiet Strafverfahren einleiten wollen. Unter diesen Umständen braucht diese Frage nicht beantwortet zu werden."[80]

Der Gerichtshof bekräftigt damit, dass er den Grundsatz **nulla poena sine lege** auch im Rahmen der unionsrechtskonformen Auslegung nationalen Umsetzungsrechts gewahrt wissen will. Darüber hinaus versagt er den Mitgliedstaaten die Berufung auf unbestimmte Formulierungen einer RL jedenfalls dann, wenn die Auslegung unter strafrechtlichen Gesichtspunkten erfolgt. Er stellt damit eine für die Zulässigkeit der richtlinienkonfomen Auslegung im Strafrecht geltende Voraussetzung auf. **Die RL darf nur dann zur Auslegung eines nationalen Strafgesetzes herangezogen werden, wenn sie ihrerseits hinreichend bestimmt ist.** Da demnach einer unbestimmten RL für das Strafverfahren keine Bedeutung zukommt, war es nur konsequent, dass der EuGH im Fall „*Telecom Italia*" von einer Auslegung der EG-BildschirmRL absah und die Vorlagefrage des Gerichts unbeantwortet ließ.

Zusammenfassend kann festgehalten werden, dass der EuGH zum einen die **strikte Beachtung des Bestimmtheitsgrundsatzes** bei der Interpretation nationaler Strafrechtsnormen einfordert und zum anderen die Grenzen der richtlinienkonformen Auslegung für das Strafrecht enger zieht, indem er verlangt, dass die zur Auslegung nationaler Strafbestimmungen herangezogene **RL ihrerseits hinreichend bestimmt** sein muss.

Hinzuweisen ist an dieser Stelle auf das Phänomen der sog. **richtlinienbedingten Normspaltung.**[81] Durch eine rechtsgebietsspezifisch unterschiedliche Auslegung von Strafvorschriften und außerstrafrechtlichen Normen kann sich die Situation ergeben, dass ein der Umsetzung einer RL dienendes Ge- oder Verbot, welches von einer Blankettstrafbestimmung (Kap. 7 Rn. 59) in Bezug genommen wird, im **strafrechtlichen Kontext** – unter Beachtung des Bestimmtheitsgrundsatzes – **enger ausgelegt** werden muss als im rein außerstrafrechtlichen Zusammenhang. Es mag auf den ersten Blick befremdlich wirken, wenn ein und dieselbe Norm unterschiedlich ausgelegt wird, je nachdem, ob sie in einem Straf- oder einem Zivil- bzw. Verwaltungsverfahren zur Anwendung gelangt. Jedoch führt die Normspaltung jedenfalls nicht zu rechtslogischen Widersprüchen, da nicht jedes rechtswidrige Verhalten auch bestraft werden muss.

49

50

51

10.2.2 Aussagen des BGH

Die richtlinienkonforme Auslegung wurde vom BGH erstmals in seinem „Pyrolyse-Urteil" v. 26.02.1991 praktiziert, in dem es um die Frage der Qualifizierung bestimmter Stoffe als „Abfall" i. S. d. § 326 I StGB ging.[82] Dieser in enger Anlehnung an den verwaltungsrechtlichen Kontext zu bestimmende Begriff umfasst sowohl

52

---
[80] EuGHE 1996, 6609, 6638.
[81] *Heger*, in: *Böse* (Hrsg.), EuStR, § 5 Rn. 124; *Popp*, wistra 2011, 169, 174 f.; *Satzger*, Europäisierung, S. 560 ff.; *Schröder*, Richtlinien, S. 390 ff.
[82] BGHSt 37, 333 ff.; vgl. hierzu *Esser*, EuStR, § 2 Rn. 94, 97; *Schramm*, IntStR, Kap. 4 Rn. 88.

Stoffe, derer sich der Besitzer entledigen will („subjektiver Abfallbegriff"), als auch Stoffe, deren geordnete Entsorgung zur Wahrung des Gemeinwohls, insbesondere zum Schutz der Umwelt, geboten ist („objektiver Abfallbegriff").[83] Die Vorinstanz erblickte in den fraglichen Stoffen, bei denen es sich um in Tankwagen abgefüllte und kontaminierte Öle handelte, keinen „Abfall", da diese als Wirtschaftsgut der Wiederverwertung zugeführt werden sollten. Der BGH trat dieser Wertung unter Hinweis auf zwei Abfallrichtlinien entgegen. Er referierte den unionsrechtlichen Hintergrund, den er sodann als Bestätigung seines nach nationalen Auslegungskriterien entwickelten Auslegungsergebnisses heranzog. In nur einem Satz teilte er mit, dass die nationalen Verwaltungen und Gerichte die Rspr. des EuGH zur Auslegung der Abfallrichtlinien bei ihrer Rechtsanwendung zu berücksichtigen haben. Der BGH praktizierte damit eine richtlinienkonforme Auslegung des nationalen Strafrechts, ohne diese explizit als solche zu benennen. Jedenfalls kann festgehalten werden, dass er mit seinem „Pyrolyse-Urteil" die unionsrechtskonforme Auslegung in den Kanon der strafrechtsrelevanten Auslegungsmethoden aufgenommen hat.[84]

53 Hiervon zeugt auch seine nachfolgende Judikatur. In seinem Urteil zur Betrugsstrafbarkeit der „Abofalle" im Internet (Rn. 18 f.) erkennt der BGH ausdrücklich an, dass das unionsrechtlich fundierte Gebot, im Wege der Auslegung Richtlinienkonformität zu erzielen, nicht nur die unmittelbar der Umsetzung einer RL dienenden Bestimmungen, sondern darüber hinaus auch alle sonstigen nationalen Rechtsvorschriften betrifft, mögen sie vor oder unabhängig von dem Erlass der RL erlassen worden sein.[85] Aus dem reichhaltigen Fundus weiterer Entscheidungen der höchstrichterlichen Rechtsprechung, die auf das Institut der richtlinienkonformen Auslegung rekurrieren, sind folgende hervorzuheben:

- Insiderhandel und Marktmanipulation nach dem WpHG;[86]
- Auslegung der §§ 106, 108 a UrhG;[87]
- Emissionszertifikate als „sonstige Rechte" i. S. d. § 370 I AO;[88]
- Verhältnis zwischen (leichtfertiger) Geldwäsche (§ 261 I, V StGB) und Hehlerei (§ 259 I StGB);[89]
- Vorenthalten von Sozialversicherungsabgaben bei Vorliegen einer sog. E-101-Bescheinigung (§ 266a I StGB);[90]

---

[83] S/S-*Heine/Schittenhelm*, § 326 Rn. 2b ff.
[84] *Dannecker*, BGH-Festgabe, S. 339, 366.
[85] BGH NJW 2014, 2595.
[86] BGH NJW 2017, 966; NZWiSt 2020, 123.
[87] BGH NJW 2013, 93.
[88] BGH NJW 2018, 480.
[89] BGHSt 50, 347; vgl. hierzu *Schramm*, wistra 2008, 245.
[90] BGHSt 51, 124; vgl. hierzu *Hauck*, NStZ 2007, 221; *Schramm*, IntStR, Kap. 4 Rn. 89. Zur aktuellen Rechtslage nach Ersetzung der früheren E-101-Bescheinigung durch die sog. A-1 Bescheinigung im Lichte von EuGH wistra 2018, 163 vgl. *Brand*, EuZA 2020, 440 ff.; *Mankowski*, EuZA 2018, 473 ff.

- Heranziehung ausländischen Gesellschaftsrechts i. R. d. § 266 I StGB;[91]
- Bestimmung des strafrechtlichen Abfallbegriffs (§§ 326 I Nr. 4 Buchst. a, 327 II Nr. 3 StGB);[92]
- Auslegung des § 184b I Nr. 1 Buchst. c StGB[93]
- Auslegung des § 261 II StGB[94]

Die Unionsrechtskonformität des nationalen Strafrechts lässt sich nach Auffassung des BGH aber nicht nur durch eine **richtlinienkonforme Tatbestandsauslegung** erzielen, sondern auch durch eine **richtlinienkonforme Handhabung strafprozessualer Verfahrensvorschriften**.

54

Fall 6 (BGH NJW 2020, 2816)

Im Rahmen einer Polizeikontrolle wird festgestellt, dass der albanische Staatsangehörige A sich ohne Aufenthaltstitel und trotz vollziehbarer Ausreisepflicht im Bundesgebiet aufhält. Hat sich A gem. § 95 I Nr. 2 Buchst. a AufenthG[95] strafbar gemacht? ◄

Lösungshinweise zu Fall 6

55

A hat dem Wortlaut nach den Tatbestand des § 95 I Nr. 2 Buchst. a AufenthG erfüllt, weil er sich ohne erforderlichen Aufenthaltstitel nach § 4 I S. 1 AufenthG und trotz vollziehbarer Ausreisepflicht im Bundesgebiet aufgehalten hat. Jedoch steht diese Strafvorschrift in einem gewissen Spannungsverhältnis zu der **RL 2008/115/EG**[96] (**RückführungsRL**). Diese schreibt ein unionsweit nach einheitlichen Regeln durchzuführendes Verwaltungsverfahren zur Rückführung von Drittstaatsangehörigen vor, die sich illegal in einem Mitgliedstaat aufhalten. Ein Abweichen von den Bestimmungen des Verfahrensablaufs sieht die Rückführungs RL nicht vor. Um den Vorrang des Rückführungsverfahrens auch praktisch wirksam zu sichern, sollen nach der Rspr. des EuGH gegen Drittstaatsangehörige, die sich illegal in einem Mitgliedstaat aufhalten, für diesen illegalen Aufenthalt keine freiheitsentziehenden Sanktionen verhängt und vollstreckt werden, weil diese geeignet sind, das Rückführungsverfahren zu verzögern.[97] Die Mitgliedstaaten müssten vielmehr für diesen Fall die in der RückführungsRL vorgesehenen Zwangsmittel zur Durchsetzung der bestehenden Ausreisepflicht anwenden.

---

[91] BGH NStZ 2010, 632; vgl. hierzu *Schramm/Hinderer*, ZIS 2010, 494.
[92] BGH NJW 2014, 91.
[93] BGH NStZ 2021, 41.
[94] OLG Oldenburg NZWiSt 2022, 492 = JuS 2023, 373 (*Hecker*) – Vernichten eines bemakelten Gegenstands ist keine Geldwäsche.
[95] Gesetz über den Aufenthalt, die Erwerbstätigkeit und die Integration von Ausländern im Bundesgebiet (AufenthG) i. d. F. v. 25.2.2008 (BGBl. I 2008, S. 162).
[96] RL 2008/115/EG des EP und des Rates vom 16.12.2008 über gemeinsame Normen und Verfahren in den Mitgliedstaaten zur Rückführung illegal aufhältiger Drittstaatsangehöriger (AblEU 2008 Nr. L 348, S. 98).
[97] EuGH BeckRS 2016, 81145 (Rz. 54, 63); BeckRS 2017, 118397 (Rz. 56).

56 Von einem Teil der Rspr. und Literatur ist daraus der Schluss gezogen worden, § 95 I Nr. 2 AufenthG müsse im Wege einer **Tatbestandsreduktion** richtlinienkonform dahingehend ausgelegt werden, dass der illegale Aufenthalt als solcher während eines laufenden Rückkehrverfahrens tatbestandlich nicht erfasst wird.[98] Demgegenüber halten der 3. und 5. Strafsenat des BGH – ohne sich im Ergebnis festzulegen – allenfalls den von einem Teil der Literatur[99] vertretenen Lösungsweg für gangbar, dem Vorrang des Rückführungsverfahrens durch Annahme eines **persönlichen Strafaufhebungsgrundes** zugunsten der illegal aufhältigen Person Rechnung zu tragen.[100] Dieser Ansatz verdient gegenüber der Tatbestandsreduktion schon deshalb den Vorzug, weil er die Richtlinienkompatibilität des § 95 I Nr. 2 AufenthG gewährleistet, ohne die Strafbarkeit eines Schleusers gem. § 96 I Nr. 2 AufenthG anzutasten, die akzessorisch an eine vorsätzliche und rechtswidrige Haupttat des Geschleusten anknüpft.[101] In seinem Urteil vom 24.06.2020 verwirft der 5. Strafsenat des BGH jedoch ausdrücklich das Konstrukt eines persönlichen Strafaufhebungsgrundes und praktiziert eine **strafprozessuale Lösung**.[102] Er entnimmt der EuGH-Judikatur, dass für den illegalen Aufenthalt eines Drittstaatsangehörigen vor Durchführung des Rückführungsverfahrens lediglich keine freiheitsentziehenden Sanktionen verhängt werden dürfen. Dies hindere die nationalen Gerichte aber nicht, durch einen Schuldspruch das begangene Unrecht zu kennzeichnen. Der Vorrang des Rückführungsverfahrens könne bereits durch eine unionsrechtskonforme (analoge) Anwendung des § 154b III StPO auf die Durchsetzung des Rückführungsverfahrens gesichert werden. Zudem werde beim Absehen von Strafe die Einstellungsmöglichkeit nach § 153b StPO eröffnet. Einen Freispruch aufgrund eines persönlichen Strafaufhebungsgrundes oder eine Einstellung wegen eines Verfahrenshindernisses sieht der 5. Senat nicht als gebotene Reaktion auf die rechtswidrige und schuldhafte Verwirklichung des in Rede stehenden Straftatbestands an. Auf der Grundlage dieser strafprozessualen Lösung ist gegen A ein Schuldspruch wegen einer Tat nach § 95 I Nr. 2 Buchst. a AufenthG zu erheben, jedoch von einer Bestrafung abzusehen.

57 Man mag kritisch sehen, dass A bei einem Schuldspruch trotz Absehens von Strafe mit der Kostentragung gem. § 465 I S. 2 StPO belastet wird, die bei einem materiell-rechtlichen Lösungsweg ausgeschlossen wäre.[103] Jedoch zwingt die Rspr. des EuGH nicht dazu, die Konformität mit der RückführungsRL durch den Ausschluss der materiellen Strafbarkeit zu erreichen.[104] Daher steht die strafprozessuale

---

[98] OLG Hamburg BeckRS 2012, 3849; *Hörich/Bergmann*, NJW 2012, 3339, 3340.
[99] MüKoStGB/*Gericke*, § 95 AufenthG Rn. 33 m. w. N.
[100] BGH (5. Strafsenat) NJW 2017, 1624, 1625 m. zust. Anm. *Kretschmer*, NJW 2017, 1625 f.; BGH (3. Strafsenat) NStZ 2018, 286, 288 mit zust. Anm. *Kudlich*, NStZ 2018, 288 f.
[101] *Kretschmer*, NJW 2020, 2819, 2820.
[102] BGH NJW 2020, 2816, 2819; vgl. auch BayObLG NStZ-RR 2023, 127.
[103] *Kretschmer*, NJW 2020, 2819, 2820.
[104] MüKoStGB/*Gericke*, § 95 AufenthG Rn. 33; *Lenk*, GA 2023, 141, 147 f.

Lösung nicht in Widerspruch zu der in diesem Lehrbuch vertretenen strafrechtsdogmatischen Umsetzung des Anwendungsvorrangs des Unionsrechts (Kap. 9 Rn. 10). Auch ist dem vom 5. Strafsenat favorisierten Lösungsweg zu bescheinigen, dass er den vom EuGH konkretisierten Vorgaben der RückführungsRL in der für die nationale Strafrechtsordnung schonendsten Weise Rechnung trägt.

10.2.3 „Strafbarkeitserweiternde" unionsrechtskonforme Auslegung

Vereinzelte Stimmen in der Literatur halten mit unterschiedlichen Begründungsansätzen eine sog. „strafbarkeitserweiternde" unionsrechtskonforme Auslegung, die zu Ungunsten des Beschuldigten von der bisherigen nationalen Auslegungspraxis abweicht, für schlechthin unzulässig. Sie erblicken hierin entweder einen Verstoß gegen Art. 103 II GG, da sich der Strafanspruch nicht mehr allein auf die deutsche Strafvorschrift, sondern auf Unionsrecht gründe[105] oder eine Missachtung des allgemeinen Rechtsgrundsatzes der Rechtssicherheit, da diese Rechtsanwendung im Ergebnis einer faktischen unmittelbaren Anwendung des Unionsrechts zu Lasten des Einzelnen gleichkomme.[106]

58

Bereits die Verwendung des Schlagworts „Strafbarkeitserweiterung" ist im Zusammenhang mit Interpretationsvorgängen verfehlt, zumindest aber missverständlich. Nach h. M. vermag eine frühere Auslegungspraxis, die für einen Beschuldigten günstiger gewesen sein mag, die Gerichte nicht zu binden. Grundlage der Strafbarkeit ist immer nur das Gesetz. Eine Rechtsprechungsänderung, die sich unter Beachtung der innerstaatlichen Verfassungsvorgaben für eine nach nationalen Auslegungskriterien vertretbare Auslegungsvariante entscheidet, ist aus verfassungsrechtlicher Sicht unproblematisch, mag die gewählte Auslegung im konkreten Fall für den Beschuldigten auch ungünstiger sein als die verworfene Auslegungsvariante. Das Vertrauen in den Fortbestand einer bestimmten Auslegungspraxis wird nicht geschützt, da Vertrauensgrundlage ausschließlich das nationale Gesetz ist, an dem sich der Normadressat zu orientieren hat. Zu Recht geht die h. M. daher davon aus, dass ein Rechtsprechungswandel nicht dem Rückwirkungsverbot unterliegt.[107] Wenn es somit schon kein Gebot einer starren, in sich verharrenden Interpretation strafrechtlicher Normen gibt, so überzeugt es nicht, eine unionsrechtskonforme Auslegung, die zu einer für den Beschuldigten gegenüber der früheren Rspr. ungünstigeren Rechtslage führt, generell für unzulässig zu halten. Ändert sich eine für

59

---

[105] *Hugger*, NStZ 1993, 421, 423.
[106] *Brechmann*, Richtlinienkonforme Auslegung, S. 275.
[107] BVerfG NJW 1990, 3140; NJW 2000, 1480; BGHSt 41, 101, 111; BayObLG NJW 1990, 2833; *Ambos*, IntStR, § 11 Rn. 53; *Esser*, EuStR, § 2 Rn. 96; S/S-*Hecker*, § 2 Rn. 7; *Rengier* AT, § 4 Rn. 17 f.; *Satzger*, IntStR, § 9 Rn. 107 f.; a.A. *Roxin/Greco*, AT I, § 5 Rn. 61 ff.; MüKoStGB/*Schmitz*, § 1 Rn. 40 ff.

den Täter günstige Auslegungspraxis, ohne dass er dies bei der Tat wissen konnte, kann diesem Umstand durch Annahme eines unvermeidbaren Verbotsirrtums (§ 17 StGB) Rechnung getragen werden.

60 Auch die vom EuGH im Zusammenhang mit der richtlinienkonformen Auslegung von Strafgesetzen herangezogenen allgemeinen Rechtsgrundsätze, insbesondere das Prinzip der Rechtssicherheit und das Rückwirkungsverbot, stehen einer unionsrechtskonformen Auslegung zu Ungunsten des Beschuldigten nicht entgegen. Der Gerichtshof will nur sichergestellt wissen, dass die strafrechtliche Verantwortlichkeit des Einzelnen nicht allein auf eine RL, sondern stets auf ein nationales Strafgesetz gestützt wird. Solange eine unionsrechtskonforme Auslegungsvariante gewählt wird, die sich innerhalb des nach nationalem Recht möglichen Interpretationsspielraumes bewegt, also keine Auslegung contra legem darstellt, schließen die allgemeinen Rechtsgrundsätze eine unionsrechtskonforme Auslegung nicht aus.[108] In diesem Rahmen ist es dem innerstaatlichen Gericht insbesondere erlaubt, eine RL als Bestätigung des aus dem nationalen Recht gewonnenen Auslegungsergebnisses heranzuziehen.

10.2.4 Anwendungsfelder der unionsrechtskonformen Auslegung

61 Im Folgenden sollen exemplarisch weitere mögliche Anwendungsfelder der unionsrechtskonformen Auslegung im Bereich des materiellen Strafrechts aufgezeigt werden.

10.2.4.1 Amtsanmaßung (§ 132 StGB)

62 § 132 StGB schützt die Autorität des Staates und seiner Organe als Voraussetzung für die Funktionsfähigkeit der staatlichen Verwaltung und Rechtsprechung.[109] Es stellt sich die Frage, ob auch die Autorität der supranationalen Organe der EU vom Schutzbereich dieser Strafnorm erfasst wird. Ein Teil der Rspr. und Literatur steht auf dem Standpunkt, ein „öffentliches Amt" könne nur ein inländisches sein.[110] Für diese Ansicht spricht die systematische Interpretation des § 132 StGB. Öffentliche Ämter werden von „Amtsträgern" wahrgenommen und bei diesen handelt es sich nach § 11 I Nr. 2 StGB um nach **deutschem Recht** bestellte Funktionsträger. Jedoch ist der Wortlaut des § 132 StGB für eine weitere Interpretation offen, da unter einem „öffentlichen Amt" auch Ämter der EU – als Trägerin supranationaler Hoheitsgewalt – verstanden werden können.[111] Angesichts der vielfältigen Verwaltungskompetenzen der EU könnte ein Vertrauensverlust bei den Bürgern durch

---

[108] *Hecker*, JuS 2014, 385, 389; *Heger*, in: *Böse* (Hrsg.), EuStR, § 5 Rn. 125; *Satzger*, Europäisierung, S. 557 ff.; *Schröder*, Richtlinien, S. 382.
[109] BGHSt 40, 8, 12; *Fischer*, § 132 Rn. 2; S/S-*Sternberg-Lieben*, § 132 Rn. 1.
[110] OLG Stuttgart NStZ 2007, 527, 528; *Fischer*, § 132 Rn. 4; S/S-*Sternberg-Lieben*, § 132 Rn. 1.
[111] A.A. *Vormbaum*, Schutz der Rechtsgüter, S. 155 (Verstoß gegen das Analogieverbot).

10.2 Unionsrechtskonforme Auslegung im Strafrecht

unberechtigte Inanspruchnahme hoheitlicher Funktionen zu schwerwiegenden Störungen bei der Aufgabenerfüllung der Union führen. Die EU bedarf daher ebenso des strafrechtlichen Schutzes wie ihn § 132 StGB im innerstaatlichen Bereich gewährleistet. Das aus Art. 4 III UA 2, 3 EUV abzuleitende Assimilierungsgebot legt den Mitgliedstaaten u. a. die Pflicht auf, den Unionsinteressen einen gleichwertigen strafrechtlichen Schutz angedeihen zu lassen wie den entsprechenden nationalen Schutzgütern (Kap. 7 Rn. 23 ff., 30). Der für eine unionsrechtskonforme Auslegung offene Tatbestand des § 132 StGB ist daher im Lichte des Loyalitätsgebotes dahingehend auszulegen, dass er auch „öffentliche Ämter der EU" erfasst.[112] Der Sinn des § 132 StGB wird durch diese weite, aber innerhalb der Wortlautgrenze liegende Ausdeutung nicht verfälscht oder in sein Gegenteil verkehrt. Eine entsprechende Klarstellung durch den Gesetzgeber – etwa in Form einer Gleichstellungsklausel – wäre angesichts des Streitstandes jedoch wünschenswert.[113]

> **Beispielsfall** 63
>
> Privatdetektiv A gibt sich zu Unrecht als Mitarbeiter der Europäischen Betrugsbekämpfungsbehörde OLAF aus und nimmt in einem Betrieb Handlungen vor, zu denen nach der VO Nr. 2185/96 des Rates v. 11.11.1996 betreffend die Kontrollen und Überprüfung vor Ort durch die Kommission zum Schutz der finanziellen Interessen der Europäischen Gemeinschaften vor Betrug und anderen Unregelmäßigkeiten[114] nur OLAF-Bedienstete befugt sind (Kap. 13 Rn. 14 ff.). Nach hier vertretener Auffassung hat sich A gem. § 132, 1. Alt. StGB strafbar gemacht. Falls A im Ausland gehandelt hat, ergibt sich die Anwendbarkeit deutschen Strafrechts aus § 6 Nr. 9 StGB, der als „Auffangnorm" sicherstellt, dass deutsche Strafbestimmungen, die dem Schutz von Unionsinteressen dienen, auf extraterritoriale Taten anwendbar sind (Kap. 2 Rn. 51). ◀

10.2.4.2 Verwahrungsbruch (§ 133 StGB)

§ 133 I StGB schützt die staatliche Gewalt über Sachen in dienstlichem Verwahrungsbesitz und das Vertrauen in deren sichere Aufbewahrung.[115] Wie bei § 132 StGB spricht auch bei § 133 I StGB der systematische Zusammenhang mit der Aufgabenerfüllung des öffentlichen Dienstes für eine Schutzzweckbeschränkung auf inländische Rechtsgüter.[116] Da der Wortlaut der Norm jedoch keine Beschränkung auf solche Sachen vorsieht, deren Verwahrung auf deutsche Hoheitsgewalt zurückzuführen ist, kommt auch hier eine unionsrechtskonforme Auslegung des Tatbestandes dahingehend in Betracht, dass auch solche Sachen dem Schutzbereich unterfallen, deren Verwahrung auf die Ausübung von Unionsgewalt zurückgeht. Dem unionsrechtlichen Loyalitätsgebot des Art. 4 III UA 2, 3 EUV folgend, muss

64

---

[112] *Esser*, EuStR, § 2 Rn. 78; Lackner/Kühl/*Heger*, § 132 Rn. 4; *Satzger*, IntStR, § 9 Rn. 114.
[113] Eine (aus seiner Sicht konstitutive) gesetzliche Regelung fordert *Fischer*, § 132 Rn. 4.
[114] ABlEG 1996 Nr. L 292, S. 2.
[115] BGHSt 38, 381, 386; *Fischer*, § 133 Rn. 2; Lackner/Kühl/*Heger*, § 133 Rn. 1.
[116] S/S-*Sternberg-Lieben*, § 133 Rn. 1/2; *Fischer*, Vor §§ 3–7 Rn. 9.

sichergestellt werden, dass die dienstliche Verfügungsgewalt von Unionsbehörden den gleichen strafrechtlichen Schutz genießt wie die von deutschen Behörden (Kap. 7 Rn. 23 ff., 30). § 133 I StGB ist daher unionsrechtskonform dahingehend auszulegen, dass unter „dienstlicher Verwahrung" auch eine solche fällt, die sich auf unionsrechtliche Hoheitsgewalt zurückführen lässt.[117]

65 **Beispielsfall**

A nutzt einen Aufenthalt in den Räumlichkeiten von OLAF, um Schriftstücke (oder andere bewegliche Sachen), die sich in dienstlicher Verwahrung der Europäischen Betrugsbekämpfungsbehörde befinden, an sich zu nehmen und zu vernichten. Nach hier vertretener Auffassung ist er gem. §§ 133 I, 6 Nr. 9 StGB strafbar. ◄

10.2.4.3 Urkundendelikte (§§ 267, 271, 274, 348 StGB)

66 Wie bereits dargelegt (Rn. 34), ist der Tatbestand der Falschbeurkundung im Amt (§ 348 I StGB) nach dem eindeutigen Wortlaut der Norm keiner Auslegung zugänglich, welche die Falschbeurkundung durch EU-Beamte erfasst. Diese Tat kann nur von einem **deutschen Amtsträger** begangen werden (vgl. § 11 I Nr. 2 StGB). Demgegenüber ist der Tatbestand der Urkundenfälschung von seinem Wortlaut her offen für eine unionsrechtskonforme Auslegung. § 267 I StGB bezweckt den Schutz der Sicherheit und Zuverlässigkeit des Beweisverkehrs mit Urkunden.[118] Nach zutr. Auffassung wird damit nicht nur der inländische, sondern auch der ausländische oder supranationale Rechtsverkehr geschützt (z. B. Vorlage einer unechten oder verfälschten Urkunde bei einer europäischen Institution).[119] Entsprechendes gilt für § 274 I StGB.

67 Schwieriger zu beurteilen ist die Frage, ob § 271 I StGB einer unionsrechtskonformen Auslegung zugänglich ist. Unter „öffentlichen Urkunden" könnten auch solche Urkunden zu verstehen sein, die von einer EU-Behörde oder einer ausländischen Stelle im Rahmen der Durchführung von Unionsrecht ausgestellt werden. Gegen diese Auslegung könnte aber das systematische Argument sprechen, dass § 271 I StGB lediglich der Schließung einer Lücke dient, die daraus resultiert, dass § 348 I StGB nur von deutschen Amtsträgern begehbar ist.[120] Ohne die Regelung des § 271 I StGB wären Handlungen, die darauf abzielen, einen Amtsträger zur Herstellung einer falschen Urkunde zu veranlassen, nicht strafbar, da die allgemeinen Grundsätzen der mittelbaren Täterschaft nicht eingreifen. Wenn § 271 I StGB insoweit also nur eine Strafbarkeitslücke schließt, lässt sich argumentieren, dass der Anwendungsbereich des § 271 I StGB im Hinblick auf seine Tatobjekte (falsche

---

[117] Lackner/Kühl/*Heger*, § 133 Rn. 3; *Satzger*, IntStR, § 9 Rn. 115.

[118] BGH NStZ 2016, 42, 44; Lackner/Kühl/*Heger*, § 267 Rn. 1; *Rengier*, BT II, § 33 Rn. 1.

[119] S/S-*Heine*/*Schuster*, § 267 Rn. 1b; Lackner/Kühl/*Heger*, § 267 Rn. 1; *Satzger*, Europäisierung, S. 579; *Vormbaum*, Schutz der Rechtsgüter, S. 124. Vgl. hierzu *Hecker*/*Zöller*, Fallsammlung, Klausur 10.

[120] S/S-*Heine*/*Schuster*, § 271 Rn. 1a.

öffentliche Urkunden deutscher Amtsträger) nicht über den des § 348 I StGB hinausgehen kann.[121] Der Wortlaut der Norm lässt indes eine weitergehende Auslegung zu, ohne hierdurch den Sinn der Strafbestimmung zu verfälschen. Im Hinblick auf das aus Art. 4 III UA 2, 3 EUV abzuleitende Gleichstellungsgebot (Kap. 7 Rn. 23 ff., 30) sollte § 271 I StGB daher unionsrechtskonform dahingehend ausgelegt werden, dass auch die öffentliche Beweiskraft von Urkunden mit EU-Bezug geschützt wird.[122]

10.2.4.4 Umweltdelikte (§§ 324a, 325, 325a StGB)

Vor Inkrafttreten des **45. StÄG zur Umsetzung der RL des EP und des Rates über den strafrechtlichen Schutz der Umwelt**[123] am 14.12.2011 (Kap. 8 Rn. 21) stellte sich das Problem, ob bei verwaltungsakzessorisch ausgestalteten Umweltdelikten, die – wie z. B. §§ 324a, 325, 325a StGB – an die Verletzung „verwaltungsrechtlicher Pflichten" anknüpfen, nur Verstöße gegen **deutsches Verwaltungsrecht** tatbestandsrelevant sind.[124] Demnach war zweifelhaft, ob z. B. eine Strafbarkeit gem. § 325 I StGB wegen grenzüberschreitender Luftverunreinigung durch eine im Ausland betriebene Anlage angenommen werden konnte, wenn hierdurch zwar gegen ausländisches, nicht aber gegen deutsches Verwaltungsrecht verstoßen wird (Kap. 2 Rn. 37 ff.). Inzwischen ist die Schutzbereichsfrage geklärt. Nach der Legaldefinition des neuen § 330d II Nr. 1 StGB stehen in Fällen, in denen die Tat in einem anderen Mitgliedstaat der EU begangen worden ist, einer „verwaltungsrechtlichen Pflicht" entsprechende Pflichten auf Grund einer Rechtsvorschrift des anderen Mitgliedstaats der EU oder auf Grund eines Hoheitsakts des anderen Mitgliedstaats der EU gleich, soweit damit Unionsrecht umgesetzt oder angewendet wird. Richtigerweise war bereits vor Inkrafttreten des 45. StÄG davon auszugehen, dass eine Verletzung verwaltungsrechtlicher Pflichten zu bejahen ist, wenn der Täter gegen **unmittelbar geltendes Unionsrecht** oder gegen **harmonisiertes nationales Umweltrecht** verstößt.[125]

68

10.2.4.5 Fahrlässigkeitsdelikte

Unionsrecht kann sich auch auf die Auslegung generalklauselartiger Tatbestandsmerkmale auswirken.[126] Ein Hauptanwendungsfall sind die Fahrlässigkeitsdelikte, die eine fahrlässig begangene Handlung (z. B. § 59 I Nr. 7, 60 I Nr. 2 LFGB i. V. m. § 11 I LFGB Rn. 15) oder das fahrlässige Verursachen eines Erfolgs (z. B. §§ 222, 229, 306d I, 319 III StGB) mit Strafe bedrohen.

69

---

[121] So im Ergebnis *Vormbaum*, Schutz der Rechtsgüter, S. 138.
[122] S/S-*Heine/Schuster*, § 271 Rn. 1a; Lackner/Kühl/*Heger*, § 271 Rn. 5; *Satzger*, Europäisierung, S. 580 ff.; vgl. hierzu *Hecker/Zöller*, Fallsammlung, Klausur 8.
[123] BGBl. I 2011, 2557; vgl. hierzu *Heger*, HRRS 2012, 211 ff.
[124] So die Auffassung von *Wimmer*, ZfW 1991, 140, 146.
[125] *Hecker*, ZStW 115 (2003), 880, 898 ff.
[126] *Esser*, EuStR, § 2 Rn. 83; *Hecker*, JuS 2014, 385, 392; *Satzger*, IntStR, § 9 Rn. 121 ff.

70 Das Fahrlässigkeitsmerkmal knüpft an die Verletzung einer Sorgfaltspflicht an. Inhalt der Sorgfaltspflicht ist es, die aus dem konkreten Verhalten erwachsenen Gefahren für das geschützte Rechtsgut zu erkennen und sich darauf richtig einzustellen, also die gefährliche Handlung nur unter ausreichenden Sicherheitsvorkehrungen vorzunehmen oder ganz zu unterlassen. Art und Maß der anzuwenden Sorgfalt ergeben sich nach h. M. aus den Anforderungen, die bei einer Betrachtung der Gefahrenlage ex ante an einen besonnenen Menschen in der konkreten Lage und in der sozialen Rolle des Handelnden zu stellen sind.[127] In zahlreichen Lebens- und Arbeitsbereichen kann der Rechtsanwender bei der Ausfüllung der Sorgfaltspflicht auf sog. **Sondernormen** zurückgreifen. Dabei handelt es sich um außerstrafrechtliche (nicht notwendigerweise gesetzliche) Verhaltensvorschriften oder allgemeine Erfahrungssätze, die zum Ausdruck bringen, wie sich der Einzelne in einer konkreten Situation zu verhalten hat (z. B. Verkehrsregeln, Unfallverhütungsvorschriften, Sport- und Wettkampfregeln, anerkannte Regeln der Technik, Produktsicherheitsbestimmungen, ärztliche Kunstregeln etc.).[128] Wenn sich der Täter an eine rechtlich verbindliche Sondernorm gehalten hat, wird man ein sorgfaltswidriges Verhalten regelmäßig ausschließen müssen („erlaubtes Risiko").[129] Der Rückgriff auf Sondernormen bildet das dogmatische „Einfallstor" zur unionsrechtskonformen Auslegung von Fahrlässigkeitstatbeständen. Unionsrechtliche Sondernormen können sich aus unmittelbar anwendbaren VO oder – weitaus häufiger – aus RL ergeben.[130]

71 **Beispiel**

Die **RL 2009/48/EG des EP und des Rates** v. 18.06.2009 zur Angleichung von Rechtsvorschriften der Mitgliedstaaten über die **Sicherheit von Spielzeug**[131] bestimmt, dass die Mitgliedstaaten alle zweckdienlichen Maßnahmen treffen, damit Spielzeug nur in den Verkehr gebracht werden kann, wenn es den in Anhang II angegebenen besonderen Sicherheitsanforderungen entspricht. Dieser Anhang enthält teilweise äußerst konkrete Sicherheitsanforderungen, wie z. B. die Festsetzung von Höchstmengen bestimmter gesundheitsgefährdender Stoffe in Kinderspielzeug. Seine Vorgaben sind so konkret, dass sie zumindest als Indiz für die anzuwendende Sorgfalt herangezogen werden können.[132] Hält der Hersteller die unionsrechtlich festgelegten Grenzwerte ein, so bewegt er sich in Bezug auf die Gesundheitsgefährdung der mit dem Spielzeug unter vorhersehbaren und normalen Umständen in Kontakt kommenden Kinder im Bereich des erlaubten Risikos. Freilich muss durch Auslegung der RL ermittelt werden,

---

[127] BGH NJW 2015, 96, 98; NJW 2020, 2124, 2125; KKOWiG-*Rengier*, § 10 Rn. 18.
[128] Vgl. hierzu nur Lackner/Kühl/*Heger*, § 15 Rn. 39 m. w. N.
[129] BGH NJW 2004, 237, 239; NJW 2020, 2124, 2126; *v. Schaumann-Werder*, Produkthaftung, S. 172 ff.; *Satzger*, IntStR, § 9 Rn. 123.
[130] *Esser*, EuStR, § 2 Rn. 83; *Satzger*, IntStR, § 9 Rn. 123; *Schröder*, NStZ 2006, 669 ff.
[131] ABlEU 2009 Nr. L 170, S. 1 ff.
[132] *Satzger*, IntStR, § 9 Rn. 123; *Schröder*, NStZ 2006, 669 ff.

inwieweit diese nur einen bestimmten Höchststandard herbeiführen will. Sollte sich ergeben, dass die RL nur auf die Herstellung eines unionsweiten Mindeststandards abzielt, so steht es den Mitgliedstaaten frei, im innerstaatlichen Recht strengere Sicherheitsanforderungen zu stellen, deren Verletzung in eine strafrechtliche Fahrlässigkeitshaftung münden kann. ◄

10.2.5 Rahmenbeschlusskonforme Auslegung nationalen Strafrechts

Rahmenbeschlüsse bildeten die wichtigste Handlungsform der **früheren 3. Säule der EU** (Kap. 5 Rn. 41).[133] Obwohl die PJZS eine vom supranationalen Gemeinschaftsrecht zu trennende intergouvernementale Kooperationsform darstellte, glich der EuGH in seiner wegweisenden Entscheidung „*Pupino*"[134] die Funktion von RB weitgehend derjenigen von RL an, indem er eine über das Postulat völkerrechtsfreundlicher Auslegung hinausgehende, **unmittelbar auf Unionsrecht beruhende Pflicht zur rahmenbeschlusskonformen Auslegung** statuierte. Die Pflicht der innerstaatlichen Stellen, ihr gesamtes nationales Recht (nicht nur Umsetzungsrecht) so weit wie möglich an Wortlaut und Zweck des RB auszurichten, ließ sich aus der **Loyalitätspflicht der Mitgliedstaaten** sowie dem **Umsetzungsgebot** des ex-Art. 34 II lit. b S. 1 EUV ableiten. Der Einwand, die Annahme einer Pflicht zur rahmenbeschlusskonformen Auslegung nationalen Rechts käme faktisch einer unmittelbaren Anwendbarkeit von Rahmenbeschlüssen gleich,[135] ist unbegründet. Da die rahmenbeschlusskonforme Interpretation innerstaatlicher Vorschriften **nur innerhalb der Grenzen des nach nationalem Recht bestehenden Auslegungsspielraumes** vorzunehmen ist, bleibt die vom EuGH ausdrücklich anerkannte **mitgliedstaatliche Rechtsetzungszuständigkeit in Strafsachen** unberührt. Der EuGH fordert zwar von den Gerichten, dass sie bestehende Auslegungsspielräume des nationalen Rechts unionsrechtskonform ausschöpfen, verlangt aber **keine Gesetzesanwendung contra legem**.[136]

Die Bedeutung der „*Pupino*"-Entscheidung liegt darin, dass der EuGH mit ihr zum ersten Mal eine aus Unionsrecht abgeleitete Befugnis und Verpflichtung mitgliedstaatlicher Gerichte statuierte, nationales Recht rahmenbeschlusskonform zu interpretieren. Der Gerichtshof löste die europarechtskonforme Auslegung damit aus dem supranationalen Bereich des damaligen Gemeinschaftsrechts heraus und weitete sie auf die intergouvernementalen Handlungsformen der PJZS aus.[137] Damit

---

[133] Vgl. hierzu nur *Baddenhausen/Pietsch*, DVBl 2005, 1562 ff.; *Streinz*, JuS 2005, 1023.
[134] EuGHE 2005, 5285 = NJW 2005, 2839.
[135] *Hillgruber*, JZ 2005, 841, 842.
[136] EuGH BeckRS 2019, 12042 (Rz. 76); BeckRS 2024, 538 (Rz. 24); *Heger*, in: *Böse* (Hrsg.), EuStR, § 5 Rn. 111.
[137] *Adam*, EuZW 2005, 558, 561; *Gärditz/Gusy*, GA 2006, 225, 232; *v. Unger*, NVwZ 2006, 46, 48.

bestätigte er den besonderen, über eine klassische völkerrechtliche Kooperationsform signifikant hinausreichenden Charakter der justiziellen Zusammenarbeit in der Union.

74 Durch den **Vertrag von Lissabon** wurde die PJZS in den einheitlichen Rahmen des Unionsrechts (Art. 67, 82–86, 87–89 AEUV) überführt (Kap. 5 Rn. 42). Die in der ehemaligen 3. Säule angenommenen Rechtsakte bleiben jedoch gem. Art. 9 des Protokolls über die Übergangsbestimmungen[138] so lange rechtswirksam, bis sie in Anwendung der Verträge (EUV/AEUV) für nichtig erklärt oder geändert werden. Folglich besteht auch das Institut der **rahmenbeschlusskonformen Auslegung** nationalen Strafrechts – als Unterfall der unionsrechtskonformen Auslegung – solange fort, bis alle RB durch RL ersetzt oder geändert worden sind.[139] Das entsprechende Auslegungsgebot folgt nunmehr aus dem in Art. 4 III UA 2, 3 EUV niedergelegten Grundsatz der Unionstreue sowie der Umsetzungsverpflichtung analog Art. 288 III AEUV. Für den **Beginn der Pflicht zur rahmenbeschlusskonformen Auslegung** gelten die für die richtlinienkonforme Auslegung entwickelten Grundsätze entsprechend (Rn. 26 ff.).[140]

75 Nach Inkrafttreten des Vertrags von Lissabon sind sind zahlreiche RB durch RL ersetzt worden (Kap. 8 Rn. 50 ff.). Praktische Bedeutung kommt der rahmenbeschlusskonformen Auslegung aber nach wie vor im Bereich des **Auslieferungsverkehrs** zwischen den EU-Mitgliedstaaten zu. Die einschlägigen Bestimmungen des IRG müssen so ausgelegt werden, dass sie im Einklang mit dem RB-EuHbf (Kap. 11 Rn. 7–25) stehen.[141] Weitere Anwendungsfelder für eine rahmenbeschlusskonforme Rechtsanwendung bilden das **Strafzumessungsrecht**[142] (Kap. 11 Rn. 27), der Tatbestand der **Volksverhetzung** (§ 130 I StGB)[143] und die **Betäubungsmitteldelikte** (§ 29 ff. BtMG).[144] Die Diskussion über eine rahmenbeschlusskonforme Auslegung der **Vereinigungsdelikte** (§§ 129 ff. StGB) hat sich erledigt, da durch das 54. StÄG v. 17.07.2017[145] in § 129 II StGB eine auch für § 129a StGB geltende neue Legaldefinition des Vereinigungsbegriffs eingeführt wurde, die im Einklang mit den Vorgaben des RB OK 2008 (Kap. 8 Rn. 51) und der RL TB 2017 (Kap. 8 Rn. 54) steht.

---

[138] ABlEU 2008 Nr. C 115, S. 322.
[139] EuGH NJW 2017, 457, 460; *Esser*, EuStR, § 2 Rn. 73 ff.; *Heger*, in: *Böse* (Hrsg.), EuStR, § 5 Rn. 126; *Satzger*, IntStR, § 9 Rn. 129.
[140] EuGH NJW 2017, 457, 460; BeckRS 2019, 12042 (Rz. 72 ff.); NJW 2024, 1489, 1493.
[141] EuGH NJW 2024, 1489, 1493; BGH NStZ-RR 2016, 290, 293; NStZ-RR 2020, 228; ausführlich *Burchard*, in: *Böse* (Hrsg.), EuStR, § 14 Rn. 22 ff. m. w. N.
[142] BGH NJW 2020, 3185 (Berücksichtigung von Verurteilungen im EU-Ausland).
[143] BGH NStZ 2017, 146, 147; S/S-*Sternberg-Lieben/Schittenhelm*, § 130 Rn. 1.
[144] BGHSt 50, 252, 256; *Weißer*, in: *Böse* (Hrsg.), EuStR, § 9 Rn. 32, 35 ff., 43 ff.
[145] BGBl. I 2017, 2440.

10.3 Zusammenfassung von Kap. 10

Nach st. Rspr. des EuGH sind die Träger öffentlicher Gewalt in den Mitgliedstaaten (Gerichte, Staatsanwaltschaften und Verwaltungsbehörden) nach Art. 4 III UA 2, 3 EUV i. V. m. Art. 288 III AEUV verpflichtet, insbesondere die der Umsetzung von RL dienenden Transformationsvorschriften, aber auch das gesamte sonstige nationale Recht so weit wie möglich unionsrechtskonform auszulegen. Die Verpflichtung zur richtlinienkonformen Auslegung setzt erst mit dem Ablauf der Umsetzungsfrist ein. Dem Gebot der unionsrechtskonformen Auslegung ist Genüge getan, wenn von mehreren nach nationaler Dogmatik und Verfassungsrecht vertretbaren Auslegungsergebnissen dasjenige gewählt wird, welches der – etwa in einer RL zum Ausdruck gelangenden – unionsrechtlichen Wertungsvorgabe am besten entspricht. Das Interpretationsgebot findet seine Grenzen sowohl im nationalen Verfassungsrecht (Art. 103 II GG) als auch im Unionsrecht (Grundsatz der Rechtssicherheit und Rückwirkungsverbot). 76

Die vom Gerichtshof im Zusammenhang mit der richtlinienkonformen Auslegung von Strafgesetzen herangezogenen Rechtsgrundsätze stehen der Änderung einer früheren Rechtsanwendungspraxis zu Ungunsten des Beschuldigten nicht entgegen. Der EuGH will nur sichergestellt wissen, dass die strafrechtliche Verantwortlichkeit des Einzelnen nicht allein auf eine RL, sondern stets auf ein nationales Strafgesetz gestützt wird. Wenn sich das innerstaatliche Gericht für eine unionsrechtskonforme Auslegungsvariante entscheidet, die sich innerhalb des nach nationalem Verfassungsrecht möglichen Interpretationsspielraumes bewegt, begegnet dies keinen Bedenken. 77

In seiner wegweisenden Entscheidung in der Rs. „*Pupino*" statuierte der EuGH eine Befugnis und Verpflichtung mitgliedstaatlicher Gerichte, nationales Recht rahmenbeschlusskonform auszulegen. Der Gerichtshof löste damit die unionsrechtskonforme Auslegung aus dem supranationalen Bereich des Gemeinschaftsrechts heraus und weitete sie auf die intergouvernemental-völkerrechtlichen Handlungsformen der ehemaligen 3. Säule der EU (PJZS) aus. Nach der inzwischen erfolgten Überführung der PJZS in den Rahmen des supranationalen Unionsrechts durch den Lissabonner Reformvertrag besteht das Institut der rahmenbeschlusskonformen Auslegung als Unterfall der unionsrechtskonformen Auslegung solange fort, bis alle RB durch RL ersetzt oder geändert worden sind. Die für die richtlinienkonforme Auslegung bestehenden Grundsätze sind entsprechend heranzuziehen. 78

Literatur

Ambos, Internationales Strafrecht, 5. Aufl., 2018, § 11 Rn. 49–60 (Unionsrechtskonforme Auslegung)
Brand/Blatter, Europarecht in der strafrechtlichen Fallbearbeitung, JuS 2016, 983
Esser, Europäisches und Internationales Strafrecht, 3. Aufl., 2023, § 2 Rn. 64–100b (Unionsrechtskonforme Auslegung)
Hecker, Die richtlinienkonforme und die verfassungskonforme Auslegung im Strafrecht, JuS 2014, 385

ders., Betrug durch irreführende Gestaltung einer Internetseite, JuS 2014, 1043

Heger, in: *Böse* (Hrsg.), Europäisches Strafrecht, 2. Aufl., 2021, § 5 Rn. 103–130 (Unionsrechtskonforme Auslegung)

Holterhus/Mittwoch/El-Ghazi, Die Einwirkung internationalen und ausländischen Rechts in die deutsche Rechtsordnung, JuS 2018, 313

Lienert, Die Europäische Verwaltungsakzessorietät des Umweltstrafrechts, 2022

Satzger, Internationales und Europäisches Strafrecht, 10. Aufl., 2022, § 9 Rn. 102–130 (Unionsrechtskonforme Auslegung)

Schramm, Internationales Strafrecht, 2. Aufl., 2018, Kap. 4 Rn. 83–95 (Unionsrechtskonforme Auslegung)

Wietfeld, Die richtlinienkonforme Auslegung – Auslegungsmethode oder Zielvorgabe, JZ 2020, 485

Rechtsprechungshinweise

EuGHE 1984, 1891 (Pflicht zur gemeinschaftsrechtskonformen Auslegung nationalen Umsetzungsrechts)

EuGHE 1990, 4135 (Pflicht zur gemeinschaftsrechtskonformen Auslegung des sonstigen nationalen Rechts)

EuGHE 1996, 4705 (Grenzen der richtlinienkonformen Auslegung im Strafrecht)

EuGHE 1996, 6609 (Erfordernis der Bestimmtheit von RL und Strafgesetz)

EuGHE 2005, 5285 (Pflicht zur rahmenbeschlusskonformen Auslegung nationalen Strafrechts)

EuGH NJW 2006, 2465 (Pflicht zur richtlinienkonformen Auslegung ab Ablauf der Umsetzungsfrist)

EuGH BeckRS 2012, 81321 (Grenzen der Pflicht zur richtlinienkonformen Auslegung)

BeckRS 2017, 118397 (Vorrang des Rückführungsverfahrens gegenüber strafrechtlichen Sanktionen)

EuGH NJW 2017, 457 (Pflicht zur rahmenbeschlusskonformen Auslegung nationalen Strafrechts)

EuGH BeckRS 2020, 31283 (Transnationale Kindesentführung und Freizügigkeitsrecht)

EuGH NJW 2020, 1873 (Pflicht zur unionsrechtskonformen Auslegung nationalen Strafverfahrensrechts)

EuGH EuZW 2021, 164 (Pflicht zur unionsrechtskonformen Auslegung nationalen Strafrechts)

BeckRS 2022, 3578 (Grenzen der unionsrechtskonformen Auslegung nationalen Sanktionenrechts)

BGHSt 37, 333 (richtlinienkonforme Auslegung des § 326 I StGB)

BGHSt 50, 252 (rahmenbeschlusskonforme Auslegung des § 29 BtMG)

BGHSt 50, 347 (richtlinienkonforme Auslegung des § 261 StGB)

BGH NStZ 2010, 339 (richtlinienkonforme Auslegung der Strafvorschriften des WpHG)

BGH NStZ 2010, 632 (Heranziehung ausländischen Gesellschaftsrechts i. R. d. § 266 I StGB)

BGH NJW 2014, 91 (Bestimmung des umweltstrafrechtlichen Abfallbegriffs)

BGH NJW 2014, 2595 („Abofalle" im Internet – UGP-RL und § 263 I StGB)

BGH NJW 2018, 480 (Emissionszertifikate als „sonstige Rechte" i. S. d. § 370 I AO)

BGH NZWiSt 2020, 123 (Insiderhandel und Marktmanipulation nach dem WpHG)

BGH NJW 2020, 2816 (Richtlinienkonforme Auslegung aufenthaltsrechtlicher Strafnormen)

BGH NStZ 2021, 41 (Richtlinienkonforme Auslegung des § 184b I Nr. 1 Buchst. c StGB)

OLG Oldenburg NZWiSt 2022, 492 (Richtlinienkonforme Auslegung des § 261 II StGB)

Europäisches Strafverfahrensrecht

11.1 Einführung

Das Strafverfahrensrecht ist ungeachtet der bestehenden und an Bedeutung zunehmenden europäischen Einflüsse nach wie vor eine Domäne des nationalen Rechts. Zwar können die Mitgliedstaaten der EU auf ein gemeinsames rechtskulturelles Erbe zurückblicken.[1] Dennoch handelt es sich bei den nationalen Strafverfahrensordnungen um komplexe dynamische Systeme, die unterschiedliche Strategien verfolgen, um ein rechtsstaatliches Strafverfahren zu gewährleisten.[2] Ihre konkrete Ausgestaltung divergiert teilweise erheblich, insbesondere was den Ablauf des Strafverfahrens, die rechtliche Stellung von Beschuldigten, Zeugen und Opfern, die Rechte der Strafverteidiger und die Beweisgrundsätze betrifft. Selbst die Zuständigkeiten und Kompetenzen der Strafverfolgungsorgane sind unterschiedlich geregelt. So nehmen in einem Mitgliedstaat Staatsanwaltschaft und Polizei federführend die Ermittlungsfunktionen wahr, die in einem anderen Mitgliedstaat dem Untersuchungsrichter vorbehalten sind. Idealtypisch betrachtet stellen die nationalen Strafverfahrensordnungen kohärente Ordnungssysteme dar, in denen die Rechte der Verfahrensbeteiligten nach Maßgabe gesetzlicher Vorgaben und justizieller Konkretisierungen austariert sind. Kohärenz und Ausgewogenheit sind aber nicht mehr ohne weiteres gewährleistet, wenn Strafverfahren grenzüberschreitend geführt werden und sich die Frage stellt, ob die in einem Mitgliedstaat („Ermittlungsstaat") erlangten Beweismittel von dem Gericht eines anderen Mitgliedstaates („Urteilsstaat") anzuerkennen und zu verwerten sind. Ein transnationaler Beweistransfer berührt in elementarer Weise die Rechte von Beschuldigten, die in den mitgliedstaatlichen Strafverfahrensordnungen unterschiedlich ausgestaltet sind.[3] Die

---

[1] *Sieber*, in: *Sieber u. a.* (Hrsg.), EuStR, Einführung Rn. 13 ff.; *Vogel*, GA 2010, 1, 4 ff.
[2] *Perron*, ZStW 109 (1997), 281, 288; *Satzger/Zimmermann*, ZIS 2013, 406 ff.
[3] *Gleß*, ZStW 125 (2013), 573 ff.; *Perron*, ZStW 112 (2000), 202, 211 ff.

nationalen Verfahrensrechte gewährleisten die Fairness eines Strafverfahrens nur systemimmanent durch unterschiedliche Einzelregelungen, die auf das jeweilige Verfahrensstadium abgestimmt sind. Divergierende rechtliche Standards im ausländischen Ermittlungsstaat und im inländischen Urteilsstaat begründen für den Beschuldigten die Gefahr, dass seine Rechtsposition in dem im Ausland gegen ihn geführten Ermittlungsverfahren schwächer ausgestaltet ist als im Inland und die ihm nach dem Recht des Ermittlungsstaates zum Ausgleich gewährte starke Rechtsposition in der gerichtlichen Hauptverhandlung in der anders strukturierten Verfahrensordnung des Urteilsstaats fehlt.[4] Es gehört daher zu den zentralen Aufgaben der europäischen Kriminalpolitik, für eine gerechte Balance zwischen den Belangen einer effektiven Strafrechtspflege einerseits und der rechtsstaatlich gebotenen Wahrung von Beschuldigten- und Verteidigungsrechten andererseits zu sorgen.

2   Nicht nur das materielle Strafrecht, sondern auch das Strafverfahrensrecht der Mitgliedstaaten wurde in den letzten Jahrzehnten zu einem Baustein des europäischen Integrationsprozesses (Kap. 1 Rn. 8) ausgeformt. Als zentrale Europäisierungsmechanismen lassen sich drei Hauptfaktoren identifizieren. Erstens das Paradigma der **gegenseitigen Anerkennung justizieller Entscheidungen** im Rahmen der transnationalen Zusammenarbeit (Rn. 4 ff.), zweitens die **Mindestangleichung der Verfahrensrechte** (Rn. 41 ff.) und drittens die Einbindung **supranationaler Polizei- und Strafverfolgungsinstitutionen** in grenzüberschreitend geführten Ermittlungsverfahren (Kap. 5 Rn. 43 ff., 48 ff.; Kap. 13 Rn. 39 ff.). Bereits der am 01.11.1993 in Kraft getretene **Vertrag von Maastricht** schuf gemeinsame Strukturen für eine intergouvernementale Zusammenarbeit der damaligen EG-Mitgliedstaaten in den Bereichen Justiz und Inneres (Kap. 5 Rn. 40). Diesem Vertragswerk kommt das Verdienst zu, die bis dahin in Gestalt einer Vielzahl von Arbeitsgruppen praktizierte informelle Zusammenarbeit in eine institutionalisierte Kooperationsform überführt zu haben. Der nächste bedeutsame Entwicklungsschritt erfolgte in dem am 01.05.1999 in Kraft getretenen **Vertrag von Amsterdam**, der die Grundlagen für das neue Unionsziel der Schaffung eines **Raumes der Freiheit, der Sicherheit und des Rechts** (ex-Art. 29 EUV) schuf (Kap. 5 Rn. 41). Mit dem Inkrafttreten des **Vertrags von Lissabon** am 01.12.2009 begann für die Justizielle Zusammenarbeit in Strafsachen (JZS) eine neue Zeitrechnung (Kap. 5 Rn. 42). Der Reformvertrag bildet das unionsverfassungsrechtliche Fundament für die Fortentwicklung der JZS zu einem **Europäischen Strafverfahrensrecht**. Er schreibt in Art. 82 I AEUV die **gegenseitige Anerkennung justizieller Entscheidungen** als grundlegendes Strukturprinzip primärrechtlich fest und überträgt der Union in Art. 82 II AEUV die **Befugnis zur Angleichung des nationalen Strafverfahrensrechts** durch Richtlinien, die das gesamte innerstaatliche Strafverfahren vom Ermittlungs-, über das Haupt- und Rechtsmittelverfahren bis zum Vollstreckungsverfahren erfassen.

---

[4] *Gleß*, ZStW 115 (2003), 131, 139 f.; *Radtke*, GA 2004, 1, 18; *Sieber*, ZStW 121 (2009), 1, 12, 29 f.

Artikel 82 AEUV bestimmt: 3

(1) [1] Die justizielle Zusammenarbeit in Strafsachen in der Union beruht auf dem Grundsatz der gegenseitigen Anerkennung gerichtlicher Urteile und Entscheidungen und umfasst die Angleichung der Rechtsvorschriften der Mitgliedstaaten in den in Abs. 2 und in Art. 83 genannten Bereichen.
[2] Das Europäische Parlament und der Rat erlassen gemäß dem ordentlichen Gesetzgebungsverfahren Maßnahmen, um
    a) Regeln und Verfahren festzulegen, mit denen die Anerkennung aller Arten von Urteilen und gerichtlichen Entscheidungen in der gesamten Union sichergestellt wird;
    b) Kompetenzkonflikte zwischen den Mitgliedstaaten zu verhindern und beizulegen;
    c) die Weiterbildung von Richtern und Staatsanwälten sowie Justizbediensteten zu fördern;
    d) die Zusammenarbeit zwischen den Justizbehörden oder entsprechenden Behörden der Mitgliedstaaten im Rahmen der Strafverfolgung sowie des Vollzugs und der Vollstreckung von Entscheidungen zu erleichtern.
(2) [1] Soweit dies zur Erleichterung der gegenseitigen Anerkennung gerichtlicher Urteile und Entscheidungen und der polizeilichen und justiziellen Zusammenarbeit in Strafsachen mit grenzüberschreitender Dimension erforderlich ist, können das Europäische Parlament und der Rat gemäß dem ordentlichen Gesetzgebungsverfahren durch Richtlinien Mindestvorschriften festlegen. Bei diesen Mindestvorschriften werden die Unterschiede zwischen den Rechtsordnungen und -traditionen der Mitgliedstaaten berücksichtigt.
[2] Die Vorschriften betreffen Folgendes:
    a) die Zulässigkeit von Beweismitteln auf gegenseitiger Basis zwischen den Mitgliedstaaten;
    b) die Rechte des Einzelnen im Strafverfahren;
    c) die Rechte der Opfer von Straftaten;
    d) sonstige spezifische Aspekte des Strafverfahrens, die zuvor vom Rat durch Beschluss bestimmt worden sind; dieser Beschluss wird vom Rat einstimmig nach Zustimmung des Europäischen Parlaments erlassen.
[3] Der Erlass von Mindestvorschriften nach diesem Absatz hindert die Mitgliedstaaten nicht daran, ein höheres Schutzniveau für den Einzelnen beizubehalten oder einzuführen.

11.2 Grundsatz der gegenseitigen Anerkennung

11.2.1 Gegenseitige Anerkennung justizieller Entscheidungen als grundlegendes Strukturprinzip der JZS

Am 15./16.11.1999 wurde – damals noch ohne primärrechtliche Grundlage – auf 4
dem Sondergipfel des Europäischen Rats in Tampere der Grundsatz der gegenseitigen Anerkennung justizieller Entscheidungen als „Eckstein" der strafjustiziellen Zusammenarbeit aus der Taufe gehoben.[5] Evident ist die Parallele zu dem gleichnamigen, aus dem europäischen Binnenmarktrecht stammenden Prinzip, wonach ein in einem Mitgliedstaat rechtmäßig hergestelltes Produkt grundsätzlich in jedem

---

[5] *Esser*, EuStR, § 5 Rn. 13; *Harms/Knauss*, Roxin-FS, S. 1479 ff.; *Satzger*, in: *Streinz*, EUV/AEUV, Art. 82 AEUV Rn. 9; *Weißer*, in: *Schulze u. a.* (Hrsg.), Europarecht, § 16 Rn. 83 ff.

anderen Mitgliedstaat verkehrsfähig ist.[6] Im Bereich der JZS bezieht sich die gegenseitige Anerkennung auf die justizielle Entscheidung eines Mitgliedstaats („Entscheidungsmitgliedstaat"), die von der zuständigen Justizbehörde eines anderen Mitgliedstaats („Vollstreckungsmitgliedstaat") grundsätzlich als gültig anerkannt und wie ihre eigene vollstreckt wird.[7] Als prominente Rechtsakte, die das Prinzip der gegenseitigen Anerkennung sekundärrechtlich ausformen, sind der Europäische Haftbefehl (Rn. 7–23) und die Europäische Ermittlungsanordnung (Rn. 33–37) hervorzuheben. Auch das in Art. 54 SDÜ statuierte transnationale Doppelbestrafungsverbot (Kap. 12 Rn. 11 ff.) basiert auf dem Prinzip der gegenseitigen Anerkennung.

5   In dem Katalog des Art. 82 I UA 2 lit. a–d AEUV (Rn. 3) werden die Bereiche der JZS abschließend festgelegt.[8] Nach Art. 82 I UA 2 lit. a AEUV erlassen das EP und der Rat im ordentlichen Gesetzgebungsverfahren (Art. 289 I, Art. 294 AEUV) Maßnahmen, um Regeln und Verfahren festzulegen, mit denen die Anerkennung aller Arten von *„Urteilen und gerichtlichen Entscheidungen"* in der gesamten Union sichergestellt wird. Auch in Art. 82 I UA 1 AEUV ist lediglich von der Anerkennung *„gerichtlicher Urteile und Entscheidungen"* die Rede. Der Wortlaut der deutschen Sprachfassung suggeriert, dass der Grundsatz der gegenseitigen Anerkennung ausschließlich bei Entscheidungen eines Richters bzw. Gerichts zum Tragen komme. Diese restriktive Lesart überzeugt nicht. Richtigerweise erstreckt sich der Anwendungsbereich des Art. 82 I UA 2 lit. a AEUV auf **Urteile und sonstige justizielle Entscheidungen**, sodass insbesondere auch staatsanwaltliche Entscheidungen erfasst sind.[9] Dieses Normverständnis wird nicht nur vom Wortlaut anderer EU-Amtssprachen (*„judicial decisions", „décisions judiciaire", „resoluciones judiciales"*) bestätigt, sondern entspricht auch dem Sinn und Zweck des Prinzips der gegenseitigen Anerkennung, die Strafjustizsysteme der Mitgliedstaaten für die Zwecke der effektiven Zusammenarbeit miteinander zu verbinden bzw. füreinander zu öffnen. Exemplarisch für diese Funktion des Gegenseitigkeitsprinzips steht die vom EuGH praktizierte extensive Auslegung des Merkmals *„rechtskräftige Aburteilung"* i. S. d. Art. 54 SDÜ, in welcher der weit gezogene Anwendungsbereich der gegenseitigen Anerkennung strafjustizieller Entscheidungen zum Ausdruck gelangt (Kap. 12 Rn. 19 ff.). Im Anwendungsfeld der Europäischen Ermittlungsanordnung (Rn. 33–37), bei der es sich nach dem Wortlaut des Art. 1 I UA 1 RL 2014/41/EU um eine *„gerichtliche Entscheidung"* handelt, wird als *„Anordnungsbehörde"* explizit auch der Staatsanwalt genannt (Art. 2 lit. c Ziff. i).[10] Auch entspricht es der ständigen Rspr. des EuGH, dass mit der für die Ausstellung eines Europäischen Haftbefehls zuständigen *„Justizbehörde"* (Rn. 9) nicht allein die Gerichte eines

---

[6] *Ambos*, IntStR, § 9 Rn. 27; *Plump*, Europäisches Strafrecht nach dem Vertrag von Lissabon, S. 276 ff.; *Satzger*, IntStR, § 10 Rn. 26.
[7] EuGH BeckRS 2018, 224 (Rz. 47 ff.); BeckRS 2019, 15 (Rz. 16); NJW 2024, 487, 489.
[8] *Böse*, in: *Böse* (Hrsg.), EuStR, § 4 Rn. 43; *Satzger*, IntStR, § 10 Rn. 94 ff.
[9] *Böse*, in: *Böse* (Hrsg.), EuStR, § 4 Rn. 30; *Esser*, EuStR, § 5 Rn. 14; *Satzger*, in: Streinz, EUV/AEUV, Art. 82 AEUV Rn. 9; G/H/N-*Vogel/Eisele*, Art. 82 AEUV Rn. 42 ff.
[10] EuGH NJW 2021, 1373, 1375; EuGH BeckRS 2024, 8796 (Rz. 73).

Mitgliedstaats gemeint sind, sondern darüber hinaus auch die Behörden, die an der Strafrechtspflege mitwirken.[11] Davon zu unterscheiden ist freilich die andere Frage, ob die Ausstellungsbehörde den im jeweiligen sekundärrechtlichen Regelungskontext gestellten Anforderungen genügt (Rn. 18).[12] Die praktische Bedeutung des Meinungsstreits über die Auslegung des Art. 82 I UA 2 darf nicht überschätzt werden, da die gegenseitige Anerkennung nichtrichterlicher Entscheidungen jedenfalls von dem Auffangtatbestand des Art. 82 I UA 2 lit. d AEUV erfasst ist („... Zusammenarbeit zwischen den *Justizbehörden* ... zu erleichtern.").

11.2.2 Übersicht – Rechtsakte auf Grundlage des Grundsatzes der gegenseitigen Anerkennung

Bereits im Rahmen der früheren 3. Säule der EU wurden auf der Grundlage des ex-Art. 31 EUV zahlreiche Rahmenbeschlüsse (RB) erlassen, durch die der Grundsatz der gegenseitigen Anerkennung bereichsspezifisch ausgeformt wurde. Diese Rechtsakte gelten gem. Art. 9 des Protokolls über die Übergangsbestimmungen[13] fort, bis sie aufgehoben oder durch eine nunmehr auf Art. 82 I UA 2 lit. a AEUV zu stützende Maßnahme (RL oder VO) ersetzt werden. Zum aktuellen Besitzstand des einschlägigen Sekundärrechts gehören folgende Rechtsakte:

6

- RB 2002/584/JI des Rates v. 13.06.2002 über den **Europäischen Haftbefehl** und die Übergabeverfahren zwischen den Mitgliedstaaten[14] (Rn. 7–25)
- RB 2005/214/JI des Rates v. 24.02.2005 über die Anwendung des Grundsatzes der **gegenseitigen Anerkennung von Geldstrafen und Geldbußen**[15] (Rn. 26)
- RB 2008/675/JI des Rates v. 24.07.2008 zur **Berücksichtigung** der in anderen Mitgliedstaaten der Europäischen Union ergangenen **Verurteilungen in einem neuen Strafverfahren**[16] (Rn. 27)
- RB 2008/909/JI des Rates v. 27.11.2008 über die Anwendung des Grundsatzes der **gegenseitigen Anerkennung** auf **Urteile in Strafsachen**, durch die eine **freiheitsentziehende Strafe oder Maßnahme** verhängt wird, für die Zwecke ihrer Vollstreckung in der Europäischen Union[17] (Rn. 28)
- RB 2008/947/JI des Rates v. 27.11.2008 über die Anwendung des **Grundsatzes der gegenseitigen Anerkennung** auf **Urteile und Bewährungsentscheidungen**

---

[11] EuGH BeckRS 2016, 82664 (Rz. 34); NJW 2019, 2145, 2147 (Rz. 50).
[12] Vgl. EuGH NJW 2019, 2145, 2147 ff. (Deutsche Staatsanwaltschaft ist nicht zur Ausstellung eines EuHb befugt, da sie nicht ausnahmslos unabhängig von der Exekutive agieren kann) sowie EuGH BeckRS 2020, 31838 (Rz. 54 ff., 70) zur „Vollstreckungsbehörde" i. S. d. Art. 6 II RB-EuHb.
[13] ABlEU 2008 Nr. C 115, S. 322.
[14] ABlEG 2002 Nr. L 190, S. 1, geändert durch Art. 2 RB 2009/299/JI (ABlEG 2009 Nr. L 81, S. 24).
[15] ABlEU 2005 Nr. L 76, S. 16, geändert durch Art. 3 RB 2009/299/JI (ABlEU 2009 Nr. L 81, S. 28).
[16] ABlEU 2008 Nr. L 220, S. 32.
[17] ABlEU 2008 Nr. L 327, S. 27.

im Hinblick auf die **Überwachung von Bewährungsmaßnahmen** und alternativen Sanktionen[18] (Rn. 28)
- RB 2009/299/JI des Rates v. 26.02.2009 zur Förderung der Anwendung des **Grundsatzes der gegenseitigen** Anerkennung auf **Entscheidungen**, die im Anschluss an eine **Verhandlung** ergangen sind, zu der die **betroffene Person nicht erschienen ist**[19] (Rn. 15)
- RB 2009/829/JI des Rates v. 23.10.2009 über die Anwendung des **Grundsatzes der gegenseitigen Anerkennung** auf Entscheidungen über **Überwachungsmaßnahmen als Alternative zur Untersuchungshaft**[20] – **Europäische Überwachungsanordnung** (Rn. 29–30)
- RL 2011/99/EU des EP und des Rates v. 13.12.2011 über die **Europäische Schutzanordnung**[21] (Rn. 31–32)
- RL 2014/41/EU des EP und des Rates v. 03.04.2014 über die **Europäische Ermittlungsanordnung** in Strafsachen[22] (Rn. 33–37)
- VO (EU) 2018/1805 des EP und des Rates v. 14.11.2018 über die **gegenseitige Anerkennung von Sicherstellungs- und Einziehungsentscheidungen**[23] (Rn. 39)
- VO (EU) 2023/1543 des EP und des Rates v. 12.07.2023 über **Europäische Herausgabeanordnungen** und **Europäische Sicherungsanordnungen für elektronische Beweismittel** in Strafverfahren und für die Vollstreckung von Freiheitsstrafen nach Strafverfahren (Rn. 38)

11.2.3 Europäischer Haftbefehl

11.2.3.1 Einführung

7 Auf der Tagung des Rates in Sevilla wurde am 13.06.2002 der **RB 2002/584/JI des Rates über den Europäischen Haftbefehl und die Übergabeverfahren zwischen den Mitgliedstaaten**[24] (RB-EuHb) angenommen. Als mittlerweile von allen EU-Mitgliedstaaten[25] in nationales Recht transferiertes neues Auslieferungsinstrument ersetzt der Europäische Haftbefehl (EuHb) den aus einer Vielzahl von Abkommen bestehenden „Regelungsdschungel" des klassischen Auslieferungsrechts (Kap. 2 Rn. 65 ff.). Seiner Verabschiedung waren zähe politische Verhandlungen vorausgegangen. Zwar vermochten die Mitgliedstaaten bereits auf der Sitzung des Rates in Laeken am 6./7.12.2001 eine grundsätzliche Einigung über das Vorhaben zu erzielen. Aufgrund des Widerstands Italiens gegen den Anwendungsbereich des

---

[18] ABlEU 2008 Nr. L 337, S. 102, geändert durch RB 2009/299/JI (ABlEU 2009 Nr. L 81, S. 24).
[19] ABlEU 2009 Nr. L 81, S. 24.
[20] ABlEU 2009 Nr. L 294, S. 20.
[21] ABlEU 2011 Nr. L 338, S. 2.
[22] ABlEU 2014 Nr. L 130, S. 1, berichtigt durch ABlEU 2015 Nr. L 143, S. 16.
[23] ABlEU 2018 Nr. L 303, S. 1.
[24] ABlEG 2002 Nr. L 190, S. 1, geändert durch Art. 2 RB 2009/299/JI (ABlEG 2009 Nr. L 81, S. 24).
[25] Zum Vereinigten Königreich nach Vollzug des „Brexit" Kap. 2 Rn. 66.

11.2 Grundsatz der gegenseitigen Anerkennung

EuHb, der sich nach der Vorstellung aller anderen Mitgliedstaaten auf einen Katalog von 32 Straftaten erstrecken sollte, musste das Projekt jedoch zurückgestellt werden. Italien wollte die Katalogtaten zunächst auf sechs Tatbestände beschränken und u. a. Geldwäsche und Korruption nicht mit aufnehmen. Dieser Vorschlag fand ebenso wie weitere nachgereichte Kompromissvorschläge Italiens nicht die Zustimmung der übrigen Mitgliedsländer. Unter dem öffentlichen Druck gab Italien daraufhin seine Blockadehaltung auf und machte damit den Weg frei für die Schaffung eines Instruments, das die traditionelle Form des Auslieferungsverkehrs durch ein **System des freien Verkehrs strafjustizieller Entscheidungen**[26] ersetzt.

Der mit dem EuHb eingeleitete Wandel des Auslieferungsverkehrs spiegelt sich bereits in der neuen Terminologie wider.[27] Der „ersuchende" Staat, der im tradierten Auslieferungsrecht um die Auslieferung einer verfolgten oder rechtskräftig verurteilten Person ersucht, wird zu dem Mitgliedstaat, der einen EuHb ausstellt („Ausstellungsmitgliedstaat"). Der „ersuchte" Staat, der bisher darüber zu entscheiden hatte, ob er das Auslieferungsersuchen bewilligt, wird zu dem Mitgliedstaat, der den EuHb vollstreckt („Vollstreckungsmitgliedstaat"). An die Stelle der „Auslieferung" im herkömmlichen Sinne tritt die „Übergabe". Von dem EuHb ist die (in Deutschland) ebenfalls als „Haftbefehl" bezeichnete nationale Haftentscheidung zu unterscheiden, die als Grundlage für den Erlass eines EuHb fungiert.[28] Stellt die um Vollstreckung ersuchte Justizbehörde fest, dass dem EuHb keine Haftentscheidung des Ausstellungsmitgliedstaats zugrundeliegt, darf sie den EuHb nicht vollstrecken.[29]

11.2.3.2 Regelungsgegenstand und Ziel des RB-EuHb

Bei dem EuHb handelt es sich gem. Art. 1 I, 6 I RB-EuHb um eine **justizielle Entscheidung** der Justizbehörde eines Mitgliedstaats, mit der die **Festnahme** und **Übergabe** einer gesuchten Person durch einen anderen Mitgliedstaat zur **Strafverfolgung** oder zur **Vollstreckung** einer Freiheitsstrafe oder einer freiheitsentziehenden Maßregel der Sicherung bezweckt wird. Durch den EuHb soll die Auslieferung von Straftätern innerhalb der EU-Mitgliedstaaten erleichtert und beschleunigt werden. Zu diesem Zweck statuiert der RB-EuHb ein vereinfachtes System der Übergabe, das an die Stelle des bisherigen Auslieferungsverfahrens tritt. Das traditionelle Auslieferungsverfahren, das eine Einbeziehung politischer Gesichtspunkte erlaubte, wird beseitigt. An mehreren Stellen verweist der RB auf die Zusammenarbeit der nationalen Justizbehörden mit Eurojust (Kap. 5 Rn. 48 ff.) und auf die Inanspruchnahme der Kontaktstellen des EJN (Kap. 5 Rn. 53), was die Einbindung des EuHb in ein entstehendes Europäisches Strafverfahrensrecht unterstreicht.

---

[26] Vgl. hierzu Erwgr. 5 RBEuHb; EuGH NJW 2017, 49, 50 (Rz. 32); BeckRS 2018, 224 (Rz. 46); *Meyer*, in: *v. d. Groeben/Schwarze/Hatje* (Hrsg.), EU-Recht, Art. 82 Rn. 20 ff.
[27] *Ambos*, IntStR, § 12 Rn. 47; *v. Heintschel-Heinegg*, in: *Sieber u. a.* (Hrsg.), EuStR, § 37 Rn. 1 ff.
[28] *Esser*, EuStR, § 24 Rn. 80. Auch ein Haftbefehl gem. § 230 II StPO kann Grundlage eines EuHb sein (OLG Nürnberg NStZ-RR 2024, 87).
[29] EuGH NJW 2017, 49, 51 ff.

11.2.3.3 Wesentlicher Inhalt des RB-EuHb

11.2.3.3.1 Verfahrensrechtliche Regelungen

10 Die wichtigste verfahrenstechnische Neuerung, die der RB-EuHb mit sich bringt, ist die **Abschaffung des gouvernementalen Bewilligungsverfahrens** (Kap. 2 Rn. 77). Während das traditionelle (zweistufige) Auslieferungsverfahren dadurch gekennzeichnet ist, dass zunächst ein Gericht die rechtliche Zulässigkeit der Auslieferung prüft und anschließend eine Regierungsbehörde darüber entscheidet, ob sie die für rechtlich zulässig erklärte Auslieferung bewilligt, sieht der RB-EuHb ein **rein justizielles Verfahren** vor. Demnach entscheidet nur noch die zuständige Justizbehörde des Ausstellungsmitgliedstaats über die Übergabe einer Person. Das Übergabeverfahren wird direkt zwischen den beteiligten Justizbehörden abgewickelt (Art. 9 I RB-EuHb). Der EuHb kann durch jedes sichere Mittel an die zuständige Justizbehörde übermittelt werden, wenn der Aufenthaltsort der gesuchten Person bekannt ist (Art. 10 IV RB-EuHb). Andernfalls kann eine Ausschreibung im SIS (Kap. 5 Rn. 36 ff.) erfolgen (Art. 9 II RB-EuHb).

11 Ein EuHb wird als **Eilsache** erledigt und vollstreckt (Art. 17 I RB-EuHb). Die endgültige Entscheidung über die Vollstreckung soll in den Fällen, in denen die gesuchte Person ihrer Übergabe zustimmt, innerhalb von zehn Tagen nach Erteilung der Zustimmung erfolgen (Art. 17 II RB-EuHb). In den anderen Fällen soll die endgültige Entscheidung über die Vollstreckung des EuHb innerhalb von 60 Tagen nach der Festnahme der gesuchten Person erfolgen (Art. 17 III RB-EuHb). Die Übergabe der gesuchten Person soll sobald wie möglich zu einem zwischen den Behörden vereinbarten Zeitpunkt stattfinden, spätestens aber zehn Tage nach der endgültigen Entscheidung über die Vollstreckung des Europäischen Haftbefehls (Art. 23 I, II RB-EuHb).

11.2.3.3.2 Materielle Bestimmungen

12 Art. 2 I RB-EuHb legt fest, dass ein EuHb bei **Handlungen** erlassen werden kann, die nach den Rechtsvorschriften des Ausstellungsmitgliedstaats mit einer **Freiheitsstrafe** oder einer **freiheitsentziehenden Maßregel der Sicherung im Höchstmaß von mindestens zwölf Monaten** bedroht sind, oder im Falle einer **Verurteilung** zu einer Strafe oder der Anordnung einer Maßregel der Sicherung, deren Maß **mindestens vier Monate** beträgt. Art. 2 IV RB-EuHb bestimmt, dass die Übergabe von der **beiderseitigen Strafbarkeit** der Handlung abhängig gemacht werden kann (vgl. auch Art. 4 Nr. 1 RB-EuHb).[30] Allerdings gilt dies nicht, wenn es sich bei der dem EuHb zugrunde liegenden Handlung um eine **Katalogtat** i. S. d. Art. 2 II RB-EuHb handelt, die im Ausstellungsmitgliedstaat im **Höchstmaß mit einer Freiheitsstrafe oder einer freiheitsentziehenden Maßregel der Sicherung im Höchstmaß von mindestens drei Jahren** bedroht ist. Unter diesen Voraussetzungen erfolgt eine Übergabe der verfolgten Person **ohne Überprüfung des Vorliegens der beiderseitigen Strafbarkeit**. Das Entfallen der Voraussetzung der beiderseitigen Strafbar-

---

[30] EuGH BeckRS 2022, 16623 (beiderseitige Strafbarkeit setzt keine Identität der Straftatbestände im Ausstellungs- und Vollstreckungsmitgliedstaat voraus).

11.2 Grundsatz der gegenseitigen Anerkennung

keit stellt eine Besonderheit des EuHb im Vergleich zum traditionellen Auslieferungsrecht (Kap. 2 Rn. 68) dar und beschleunigt das Verfahren erheblich.[31] Art. 27 II RB-EuHb hält aber grundsätzlich an dem klassischen Auslieferungsvorbehalt der **Spezialität** fest, der sicherstellen soll, dass der Auszuliefernde im ersuchenden Staat ausschließlich wegen der Tat strafrechtlich verfolgt wird, wegen der die Auslieferung vom ersuchten Staat bewilligt wurde (Kap. 2 Rn. 70).[32] Jedoch sind in Art. 27 I, III RB-EuHb Ausnahmen genereller und spezieller Art vorgesehen, was zu einem komplexen Regelungsgeflecht führt.

Art. 3 Nr. 1–3 RB-EuHb normiert die Gründe, bei deren Vorliegen die **Vollstreckung des EuHb zwingend abzulehnen** ist. Ein **obligatorischer Ablehnungsgrund** liegt vor, wenn

- die Straftat, aufgrund deren der Europäische Haftbefehl ergangen ist, im Vollstreckungsstaat unter eine **Amnestie** fällt und dieser Staat nach seinem eigenen Strafrecht für die Verfolgung der Straftat zuständig war (Nr. 1),
- sich aus den der vollstreckenden Justizbehörde vorliegenden Informationen ergibt, dass die gesuchte Person wegen derselben Handlung von einem **Mitgliedstaat rechtskräftig verurteilt** worden ist, vorausgesetzt, dass im Fall einer Verurteilung die Sanktion bereits vollstreckt worden ist, gerade vollstreckt wird oder nach dem Recht des Urteilsmitgliedstaats nicht mehr vollstreckt werden kann (**transnationales ne bis in idem**; Kap. 12 Rn. 11 ff.; Nr. 2),[33]
- die Person, gegen die der Europäische Haftbefehl ergangen ist, nach dem Recht des Vollstreckungsmitgliedstaats **aufgrund ihres Alters** für die Handlung, die diesem Haftbefehl zugrunde liegt, **nicht strafrechtlich zur Verantwortung gezogen werden kann** (Nr. 3).

Die vollstreckende Justizbehörde **kann die Vollstreckung des EuHb verweigern**, wenn einer der in Art. 4 Nr. 1–7 aufgeführten **fakultativen Ablehnungsgründe** vorliegt, nämlich

- in einem der in Art. 2 IV genannten Fälle die Handlung, aufgrund deren der Europäische Haftbefehl ergangen ist, nach dem Recht des Vollstreckungsmitgliedstaats keine Straftat darstellt (**beiderseitige Strafbarkeit**); dies gilt jedoch nicht in Steuer-, Zoll- und Währungsangelegenheiten (Nr. 1),
- die Person, gegen die der Europäische Haftbefehl ergangen ist, im Vollstreckungsmitgliedstaat wegen derselben Handlung, aufgrund deren der Europäische Haftbefehl ausgestellt worden ist, strafrechtlich verfolgt wird („**Rechtshängigkeit**"; Nr. 2),

---

[31] *Burchard*, in: *Böse* (Hrsg.), EuStR, § 14 Rn. 67; *Esser*, EuStR, § 24 Rn. 83; *Schäfer*, JuS 2019, 856, 856 f.; krit. *Ambos*, IntStR, § 12 Rn. 49 ff.
[32] EuGH NStZ 2021, 237 ff.; BGH NJW 2023, 3028 ff.; BeckRS 2023, 2194; *Burchard*, in: *Böse* (Hrsg.), EuStR, § 14 Rn. 70 ff.
[33] EuGH NJW 2011, 983 ff.

- die Justizbehörden des Vollstreckungsmitgliedstaats beschlossen haben, wegen der Straftat, aufgrund deren der Europäische Haftbefehl ausgestellt worden ist, kein Verfahren einzuleiten bzw. das Verfahren einzustellen, oder wenn gegen die gesuchte Person in einem **Mitgliedstaat** aufgrund derselben Handlung eine rechtskräftige Entscheidung ergangen ist, die einer weiteren Strafverfolgung entgegensteht (transnationales „**ne bis in idem**"; Nr. 3),
- die Strafverfolgung oder die Strafvollstreckung nach den Rechtsvorschriften des Vollstreckungsmitgliedstaats **verjährt** ist und hinsichtlich der Handlungen nach seinem eigenen Strafrecht Gerichtsbarkeit bestand (Nr. 4),
- sich aus den der vollstreckenden Justizbehörde vorliegenden Informationen ergibt, dass die gesuchte Person wegen derselben Handlung von einem **Drittstaat rechtskräftig verurteilt** worden ist, vorausgesetzt, dass im Fall einer Verurteilung die Sanktion bereits vollstreckt worden ist, gerade vollstreckt wird oder nach dem Recht des Urteilsstaats nicht mehr vollstreckt werden kann (transnationales „**ne bis in idem**"; Nr. 5),
- der Europäische Haftbefehl zur Vollstreckung einer Freiheitsstrafe oder einer freiheitsentziehenden Maßregel der Sicherung ausgestellt worden ist, sich die gesuchte Person im Vollstreckungsmitgliedstaat aufhält,[34] dessen Staatsangehöriger ist oder dort ihren Wohnsitz hat und dieser Staat sich verpflichtet, die **Strafe** oder die **Maßregel der Sicherung nach seinem innerstaatlichen Recht zu vollstrecken** (Nr. 6),
- der Europäische Haftbefehl sich auf Straftaten erstreckt, die a) nach den Rechtsvorschriften des Vollstreckungsmitgliedstaats ganz oder zum Teil in dessen Hoheitsgebiet oder an einem diesem gleichgestellten Ort begangen worden sind oder b) außerhalb des Hoheitsgebiets des Ausstellungsmitgliedstaats begangen wurden, und die Rechtsvorschriften des Vollstreckungsmitgliedstaats die Verfolgung von außerhalb seines Hoheitsgebiets begangenen Straftaten gleicher Art nicht zulassen (Nr. 7).

15   Der durch den **ÄnderungsRB 2009/229/JI**[35] v. 26.02.2009 eingeführte Art. 4a I RB-EuHb bestimmt als **Regelsatz**, dass die **Vollstreckung** des in einem Mitgliedstaat ergangenen **Abwesenheitsurteils verweigert werden kann**. Die Justizbehörde des Vollstreckungsmitgliedstaats ist jedoch verpflichtet, einen EuHb ungeachtet der Abwesenheit des Betroffenen in der Verhandlung, die zu der Entscheidung geführt hat, zu vollstrecken, wenn die in Art. 4a I lit. a–d RB-EuHb aufgestellten Voraussetzungen erfüllt sind.[36] Diesen unionsrechtlich autonom auszulegenden **Ausnahmefällen** ist gemein, dass die **Verteidigungsrechte des Verurteilten hinreichend gewahrt** wurden, z. B. weil der Verurteilte in der ihm persönlich zugestellten Ladung darauf hingewiesen wurde, dass im Falle seines Nichterscheinens

---

[34] EuGH NJW 2008, 3201 ff. m. Anm. *Böhm*, NJW 2008, 3183; EuGH NJW 2010, 283 ff.
[35] ABlEG 2009 Nr. L 81, S. 24.
[36] EuGH NJW 2024, 1489, 1492.

in der Hauptverhandlung ein Urteil auch in seiner Abwesenheit ergehen kann.[37] Der in Abwesenheit des Verurteilten erfolgte Widerruf einer Strafaussetzung zur Bewährung fällt nicht unter Art. 4a I RB-EuHb, sodass dieser Bestimmung kein Vollstreckungsverweigerungsgrund zu entnehmen ist.[38]

Art. 5 RB-EuHb sieht bestimmte Fälle vor, in denen die Vollstreckung des Europäischen Haftbefehls davon abhängig gemacht werden kann, dass der Ausstellungsmitgliedstaat bestimmte **Garantien** abgibt. Droht dem Betroffenen eine **lebenslange Freiheitsstrafe**, kann die Vollstreckung des EuHb an die Bedingung geknüpft werden, dass die Rechtsordnung des Ausstellungsmitgliedstaates eine **Überprüfung der verhängten Strafe** – auf Antrag oder spätestens nach 20 Jahren – oder **Gnadenakte** zulässt, die zur Aussetzung der Vollstreckung der Strafe oder der Maßregel führen können und auf die die betroffene Person nach dem innerstaatlichen Recht oder der Rechtspraxis des Ausstellungsmitgliedstaates einen Anspruch hat (Art. 5 Nr. 2).[39] Bei **eigenen Staatsangehörigen des Vollstreckungsmitgliedstaates** oder bei Personen, die ihren **Wohnsitz im Vollstreckungsmitgliedstaat** haben, kann die Übergabe davon abhängig gemacht werden, dass sie nach Gewährung rechtlichen Gehörs zur Verbüßung der Freiheitsstrafe oder der freiheitsentziehenden Maßregel der Sicherung, die im Ausstellungsmitgliedstaat gegen sie verhängt werden, **rücküberstellt** werden (Art. 5 Nr. 3).

Schließlich weist Art. 1 III RB-EuHb ausdrücklich darauf hin, dass der EuHb unter dem **Vorbehalt der Grundrechte** und der in Art. 6 EUV niedergelegten **allgemeinen Rechtsgrundsätze** steht, was auch die **Gewährleistung der Konventionsgarantien der EMRK** einschließt (Art. 6 III EUV).[40] Art. 1 III RB-EuHb formuliert einen – mittlerweile auch vom EuGH[41] akzeptierten – **europäischen Ordre public-Vorbehalt**.[42] Die Vollstreckung eines EuHb ist demnach zu verweigern, wenn sie die verfolgte Person im Hinblick auf die Haftbedingungen im Ausstellungsmitgliedstaat der konkreten Gefahr unmenschlicher oder erniedrigender Behandlung i. S. d. Art. 4 GRCh aussetzt.[43] Die Nichtbefolgung eines EuHb ist auch möglich, wenn die reale Gefahr der Verletzung des Grundrechts auf ein unabhängiges Gericht und damit des Grundrechts auf ein faires Verfahren nach Art. 47 II GRCh besteht.[44]

---

[37] EuGH BeckRS 2016, 81388 (Rz. 14 ff.); BeckRS 2017, 121046 (Rz. 14 ff.); *Burchard*, in: *Böse* (Hrsg.), EuStR, § 14 Rn. 85.
[38] EuGH NJW 2018, 924, 925 f.; *Burchard*, in: *Böse* (Hrsg.), EuStR, § 14 Rn. 86.
[39] Nach deutschem Recht besteht ein solcher Anspruch gem. §§ 57a, 67d, 67e StGB.
[40] *Schäfer*, JuS 2019, 856, 856, 858; *Vogel*, JZ 2002, 464, 468.
[41] EuGH NJW 2016, 1709 = JuS 2016, 853 (*Ruffert*); EuGH BeckRS 2018, 16206 = JuS 2018, 919 (*Payandeh*); Satzger, NStZ 2016, 514 ff.
[42] *Burchard*, in: *Böse* (Hrsg.), EuStR, § 14 Rn. 78; *Rung*, Grundrechtsschutz, S. 455 ff.; *Satzger*, IntStR, § 10 Rn. 31.
[43] EuGH NJW 2016, 1709, 1712 (Rz. 88 ff.).; BeckRS 2019, 24468 (Rz. 50).
[44] EuGH BeckRS 2018, 16206 (Rz. 60 ff.).

11.2.3.4 Umsetzung des RB-EuHb in Deutschland

18 Das der Umsetzung des RB-EuHb in deutsches Recht dienende **Europäische Haftbefehlsgesetz (EuHbG)** v. 21.07.2004 wurde mit Beschluss des BVerfG v. 18.07.2005 für nichtig erklärt, weil es das in Art. 16 II S. 2 GG verankerte Verbot der Auslieferung Deutscher in unverhältnismäßiger Weise beschränkte und außerdem keine gerichtliche Überprüfung der Bewilligungsentscheidung vorsah, was gegen die Gewährleistung des Art. 19 IV GG verstößt.[45] Nachdem die Umsetzung des RB-EuHb in nationales Recht im ersten Anlauf gescheitert war, bestand für den deutschen Gesetzgeber dringender Handlungsbedarf. Am 02.08.2006 trat das 2. EuHbG v. 20.07.2006 in Kraft.[46] Das 2. EuHbG hält an der traditionellen Terminologie („Auslieferung"; „ersuchender Staat"; „ersuchter Staat") und Systematik des IRG (Zweistufigkeit des Auslieferungsverfahrens) fest.[47] Die maßgeblichen Umsetzungsbestimmungen sind im achten Teil des IRG[48] (§§ 78–83 k IRG) enthalten.[49] Derzeit noch im Planungsstadium befindet sich eine gesetzliche Regelung, die die Freistellung der deutschen Staatsanwaltschaften vom ministeriellen Einzelweisungsrecht für sämtliche Instrumente der JZS vorsieht.[50] Hierdurch soll die mit Blick auf das Urteil des EuGH v. 27.05.2019[51] zu beanstandende deutsche Rechtspraxis, dass Staatsanwälte als „ausstellende Justizbehörde" i. S. d. Art. 6 I RB-EuHb fungieren, im Einklang mit dem RB-EuHb fortgeführt werden können. Bis zu einer entsprechenden Neuregelung muss jeder EuHb von einem Richter ausgestellt werden. Entsprechendes gilt für die Vollstreckung eines EuHb, nachdem der EuGH in einer weiteren Entscheidung v. 24.11.2020 die Anforderungen an die Unabhängigkeit der „ausstellenden Justizbehörde" auch auf die „vollstreckende Justizbehörde" i. S. d. Art. 6 II RB-EuHb übertragen hat.[52]

11.2.3.4.1 Abkehr vom Grundsatz der beiderseitigen Strafbarkeit

19 Eine der grundlegendsten Neuerungen des EuHb ist die Abkehr von dem Grundsatz der beiderseitigen Strafbarkeit (Rn. 12). Dieser Vorgabe trägt § 81 Nr. 4 IRG Rechnung, wonach die beiderseitige Strafbarkeit abweichend von der Grundregel des § 3 IRG nicht zu prüfen ist, wenn die dem Auslieferungsersuchen zugrunde liegende

---

[45] BVerfGE 113, 273 = NJW 2005, 2289 = JuS 2005, 931 (*Sachs*); *Satzger*, IntStR, § 10 Rn. 41.
[46] Ges. zur Umsetzung des RB über den Europäischen Haftbefehl und die Übergabeverfahren zwischen den Mitgliedstaaten der Europäischen Union (BGBl. I 2006, 1721).
[47] Krit. hierzu *Ambos*, IntStR, § 12 Rn. 56; *Satzger*, IntStR, § 10 Rn. 42.
[48] Ges. über die internationale Rechtshilfe in Strafsachen (IRG) i. d. F. der Bek. v. 27.6.1994 (BGBl. I 1994, 1537).
[49] *Esser*, EuStR, § 24 Rn. 85 ff.; *Meyer*, in: *A/K/R*, Rechtshilfe, Vor §§ 78 ff. IRG Rn. 765.
[50] Vgl. Referentenentwurf des BMJV für ein Ges. zur Stärkung der Unabhängigkeit der Staatsanwaltschaften und der strafrechtlichen Zusammenarbeit mit den Mitgliedstaaten der EU (siehe „Aktuelle Gesetzgebungsverfahren" Stand 05/2024 auf der Homepage des BMJV). Zu weiteren Defiziten und Reformbedarf im Bereich des gerichtlichen Rechtsschutzes im Rahmen der grenzüberschreitenden Strafverfolgung vgl. *Böse/Bröcker/Schneider*, JZ 2021, 81 ff.
[51] EuGH NJW 2019, 2145, 2147 ff.; *Böhm*, NZWiSt 2019, 325; *Wallenta*, Deutsche Staatsanwaltschaften, S. 16 ff.
[52] EuGH BeckRS 2020, 31838 (Rz. 54 ff., 70).

Tat nach dem Recht des ersuchenden Staates eine Strafbestimmung verletzt, die den in Art. 2 II RB-EuHb in Bezug genommenen Deliktsgruppen zugehörig ist. Scheidet eine Zuordnung der in Rede stehenden Tat zu einer der Deliktsgruppen eindeutig aus, so ist die beiderseitige Strafbarkeit weiterhin zu prüfen (§ 78 IRG i. V. m. § 3 IRG).[53] Das Erfordernis der beiderseitigen Strafbarkeit ist z. B. nicht erfüllt, wenn es sich bei der dem EuHb zu Grunde liegenden Auslandstat um eine Falschaussage gegenüber einem Polizeibeamten handelt, die nach deutschem Recht nicht von § 153 StGB erfasst wird[54] oder wenn die dem Verfolgten zur Last gelegte Trunkenheitsfahrt nicht gem. § 316 I StGB strafbar ist.[55]

11.2.3.4.2 Gesetzliches Prüfprogramm bei Auslieferung Deutscher

In § 80 IRG wird das vom BVerfG (Rn. 18) geforderte Prüfprogramm bei der Auslieferung deutscher Staatsangehöriger gesetzlich festgeschrieben. Die Auslieferung eines Deutschen zum Zwecke der Strafverfolgung ist nur zulässig, wenn

20

- gesichert ist, dass der ersuchende Mitgliedstaat nach Verhängung einer rechtskräftigen Freiheitsstrafe oder sonstigen Sanktion anbieten wird, den Verfolgten auf seinen Wunsch zur Vollstreckung in den Geltungsbereich diese Gesetzes zurückzuüberstellen (§ 80 I S. 1 Nr. 1 IRG), und
- die Tat einen maßgeblichen Bezug zum ersuchenden Mitgliedstaat aufweist (§ 80 I S. 1 Nr. 2 IRG).
- Ein **maßgeblicher Bezug zum ersuchenden Mitgliedstaat** liegt in der Regel vor, wenn die Tathandlung vollständig oder in wesentlichen Teilen auf seinem Hoheitsgebiet begangen wurde und der Erfolg zumindest in wesentlichen Teilen dort eingetreten ist, oder wenn es sich um eine schwere Tat mit typisch grenzüberschreitendem Charakter handelt, die zumindest teilweise auch auf seinem Hoheitsgebiet begangen wurde (§ 80 I S. 2 IRG).[56]

> **Beispiele (maßgeblicher Tatbezug zum ersuchenden Mitgliedstaat)**
> (1) Ein Deutscher ermordet in Frankreich einen Franzosen.
> (2) Deutsche Staatsangehörige beteiligen sich in Deutschland an der Vorbereitung eines terroristischen Anschlages, der auf dem Territorium eines anderen Mitgliedstaates begangen wird.

21

Wegen des maßgeblichen Auslandsbezugs ist eine Auslieferung der verfolgten deutschen Staatsangehörigen in beiden Fällen prinzipiell zulässig. ◄

---

[53] OLG Schleswig NJW 2018, 1699 („*Puigdemont*"); OLG Zweibrücken BeckRS 2022, 398 (Rz. 4); *Esser*, EuStR, § 24 Rn. 32.
[54] OLG Brandenburg BeckRS 2023, 20322 (Rz. 6).
[55] OLG Celle NStZ-RR 2023, 224 m. Anm. v. *Quarch*, NZV 2023, 376.
[56] OLG Brandenburg BeckRS 2023, 27680 (Rz. 8); *Meyer*, in: *A/K/R*, Rechtshilfe, § 83b IRG Rn. 846 ff.

22 Liegen die Voraussetzungen des § 80 I Nr. 2 IRG nicht vor (kein maßgeblicher Bezug der Tat zum ersuchenden Mitgliedstaat; Rn. 20), so ist die Auslieferung eines Deutschen zum Zweck der Strafverfolgung nach § 80 II S. 1 IRG nur zulässig, wenn

- die Voraussetzungen des § 80 I S. 1 Nr. 1 IRG (gesicherte Rücküberstellung des Verfolgten nach Deutschland; Rn. 20) vorliegen,
- die Tat keinen maßgeblichen Bezug zum Inland aufweist
- und auch nach deutschem Recht eine rechtswidrige Tat ist, die den Tatbestand eines Strafgesetzes verwirklicht oder bei sinngemäßer Umstellung des Sachverhalts auch nach deutschem Recht eine solche Tat wäre, und bei konkreter Abwägung der widerstreitenden Interessen das schutzwürdige Vertrauen des Verfolgten in seine Nichtauslieferung nicht überwiegt.

Beispiele

23 (1) Der Deutsche D versteigert von Deutschland aus im Internet betrügerisch Waren und schädigt dadurch zahlreiche Opfer im In- und Ausland, darunter überwiegend Deutsche. Da der Inlandsbezug der Tat überwiegt, ist eine Auslieferung des D unzulässig. D ist in Deutschland abzuurteilen.

(2) Der deutsche Staatsbürger A ist in einen Komplex bandenmäßig begangener Autodiebstähle und -verschiebereien verwickelt, die sich in Deutschland und Polen abspielen. Hierbei handelt es sich um einen sog. „Mischfall", da weder ein überwiegender Inlands- noch Auslandsbezug festgestellt werden kann. Die zuständige deutsche Behörde muss in diesem Fall in das von § 80 II S. 3, 4 IRG vorgeschriebene Prüfprogramm eintreten. Wenn A wegen dieser Taten in Deutschland bereits angeklagt und ein deutsches Gericht das Hauptverfahren eröffnet hat, spricht dies gegen die Zulässigkeit seiner Auslieferung (§ 80 II S. 4 IRG). ◄

11.2.3.4.3 Zwingende Auslieferungshindernisse

24 In § 83 I IRG werden die Vorgaben der Art. 3, 4, 4a RB-EuHb (Rn. 13–15) dergestalt umgesetzt, dass in den aufgeführten Fällen **zwingende Auslieferungshindernisse** bestehen, die **sowohl für Ausländer als auch für Deutsche** gelten:[57]

(1) Die Auslieferung ist nicht zulässig, wenn
  1. der Verfolgte wegen derselben Tat, die dem Ersuchen zugrunde liegt, bereits von einem anderen Mitgliedstaat rechtskräftig abgeurteilt worden ist, vorausgesetzt, dass im Fall der Verurteilung die Sanktion bereits vollstreckt worden ist, gerade vollstreckt wird oder nach dem Recht des Urteilsstaates nicht mehr vollstreckt werden kann,
  2. der Verfolgte zur Tatzeit nach § 19 des Strafgesetzbuchs schuldunfähig war oder

---

[57] *Esser*, EuStR, § 24 Rn. 94; *Meyer*, in: *A/K/R*, Rechtshilfe, § 83 IRG Rn. 888 ff.

3. bei Ersuchen zum Zweck der Strafvollstreckung die verurteilte Person zu der dem Urteil zugrunde liegenden Verhandlung nicht persönlich erschienen ist oder
4. die dem Ersuchen zugrunde liegende Tat nach dem Recht des ersuchenden Mitgliedstaates mit lebenslanger Freiheitsstrafe oder einer sonstigen lebenslangen freiheitsentziehenden Sanktion bedroht ist oder der Verfolgte zu einer solchen Strafe verurteilt worden war und eine Überprüfung der Vollstreckung der verhängten Strafe oder Sanktion auf Antrag oder von Amts wegen nicht spätestens nach 20 Jahren erfolgt.

Von der in § 83 I Nr. 3 IRG normierten Regel, dass keine Auslieferung zum Zwecke der Vollstreckung eines **Abwesenheitsurteils** erfolgt, sieht § 83 II Nr. 2–4 IRG **Ausnahmen** vor, die mit den Vorgaben des Art. 4a I RB-EuHb (Rn. 15) vereinbar sind.[58] Im Übrigen gilt der allgemeine Ordre-public-Vorbehalt (§ 73 IRG).[59]

11.2.3.4.4 Bewilligungsentscheidung

Da auch das 2. EuHbG an der **Zweistufigkeit des Auslieferungsverfahrens** (Kap. 2 Rn. 75 ff.) festhält, bleibt die Möglichkeit bestehen, dass eine Auslieferung nicht bewilligt wird, obwohl die Zulässigkeitsvoraussetzungen des IRG erfüllt sind. § 79 IRG normiert eine grundsätzliche **Pflicht zur Bewilligung** zulässiger Auslieferungsersuchen. § 83b IRG benennt **abschließend** die Gründe, die zur Ablehnung einer Bewilligung führen können.[60] Dies ist z. B. der Fall, wenn die Strafverfolgung vorrangig im Inland bzw. einem Drittstaat erfolgen soll (§ 83b I Nr. 1, 3 IRG) oder die Einleitung eines strafrechtlichen Verfahrens wegen derselben Tat, die dem Auslieferungsersuchen zugrunde liegt, abgelehnt oder ein bereits eingeleitetes Verfahren eingestellt wurde (§ 83b I Nr. 2 IRG). Die Bewilligungsbehörde trifft ihre Entscheidung nach pflichtgemäßem Ermessen mit einem auch außenpolitischen Erwägungen zugänglichen Spielraum.[61] Bewilligungsbehörden sind aufgrund der Übertragung der Bewilligungsbefugnis von der Bundesregierung auf die Länder und der von diesen vorgenommenen Delegationserlasse die Generalstaatsanwaltschaften der Länder. Um dem Betroffenen den vom BVerfG (Rn. 18) geforderten effektiven Rechtsschutz zu gewähren und dennoch zugleich das Verfahren zügig zu gestalten, trifft die Bewilligungsbehörde nach § 79 II IRG bereits vorab ihre mit Gründen versehene Entscheidung, ob sie im Falle einer vom Gericht rechtlich für zulässig erklärten Auslieferung Bewilligungshindernisse nach § 83b IRG sieht oder nicht.[62] Sieht sie Bewilligungshindernisse, wird das Auslieferungsersuchen bereits in diesem Stadium abgelehnt. Verneint sie hingegen das Vorliegen von Bewilligungs-

25

---

[58] *Meyer*, in: *A/K/R*, Rechtshilfe, § 83 IRG Rn. 909 ff.; vgl. hierzu OLG Brandenburg BeckRS 2022, 10327.
[59] BVerfG EuGRZ 2016, 570 ff.; OLG Zweibrücken NStZ-RR 2021, 223 ff.
[60] *Meyer*, in: *A/K/R*, Rechtshilfe, § 83b IRG Rn. 963.
[61] *Meyer*, in: *A/K/R*, Rechtshilfe, § 83b IRG Rn. 964, 997.
[62] OLG Karlsruhe NJW 2007, 617 f.; OLG Saarbrücken BeckRS 2023, 10817 (Rz. 16 ff.); OLG Stuttgart NJW 2007, 1702, 1703 f.; *Meyer*, in: *A/K/R*, Rechtshilfe, § 79 IRG Rn. 817 ff.

hindernissen, übermittelt sie ihre Begründung dem OLG zusammen mit dem Antrag, über die Zulässigkeit der Auslieferung zu entscheiden (§ 79 II S. 3 IRG).

11.2.4 Gegenseitige Anerkennung von Sanktionen

26 Der am 22.03.2005 in Kraft getretene **RB 2005/214/JI des Rates über die Anwendung des Grundsatzes der gegenseitigen Anerkennung von Geldstrafen und Geldbußen** v. 24.02.2005[63] bildet ein weiteres Beispiel für die sekundärrechtliche Ausformung des schon im Titel des RB anklingenden Strukturprinzips.[64] Die in einem Mitgliedstaat („Entscheidungsstaat") ergangene rechtskräftige Entscheidung[65] über die Verhängung einer Geldstrafe oder Geldbuße wegen einer in dem Katalog des Art. 5 I aufgeführten Straftat oder Verwaltungsübertretung (Ordnungswidrigkeit) ist gem. Art. 6 von dem Mitgliedstaat, dem diese Entscheidung zum Zwecke der Vollstreckung übermittelt wurde („Vollstreckungsstaat"), auch ohne Überprüfung des Vorliegens der beiderseitigen Strafbarkeit grundsätzlich anzuerkennen und zu vollstrecken.[66] Besteht für den Vollstreckungsstaat Anlass zu der Vermutung, dass im Entscheidungsstaat Grundrechte (Kap. 4 Rn. 39 ff.) oder allgemeine Rechtsgrundsätze gem. Art. 6 EUV (Kap. 4 Rn. 33) verletzt wurden, kann er die Anerkennung und Vollstreckung der Entscheidung verweigern (Art. 20 III), z. B. bei fehlender Übersetzung der zugrunde liegenden Entscheidung.[67] Im Übrigen kann der Vollstreckungsstaat die Anerkennung und Vollstreckung der Entscheidung nur aus den in Art. 7 abschließend aufgeführten Gründen verweigern, z. B. wenn die auferlegte Geldzahlung unter 70 EUR liegt (Art. 7 II lit. h). Bemerkenswert ist, dass nach Art. 9 III Geldstrafen oder Geldbußen, die gegen juristische Personen verhängt werden, selbst dann zu vollstrecken sind, wenn der Grundsatz der strafrechtlichen Verantwortlichkeit juristischer Personen im Vollstreckungsstaat nicht anerkannt ist.[68] Der RB wurde durch Ges. v. 18.10.2010[69] in deutsches Recht umgesetzt (§§ 87 ff. IRG).[70] Die praktische Bedeutung der Vollstreckung von in einem anderen Mitgliedstaat verhängten Geldstrafen oder Geldbußen ist vor allem mit Blick auf die straf- oder bußgeldbewehrten Straßenverkehrsdelikte sehr hoch.

---

[63] ABlEU 2005 Nr. L 76, S. 16, geändert durch Art. 3 RB 2009/299/JI (ABlEU 2009 Nr. L 81, S. 28).
[64] *Ambos*, IntStR, § 12 Rn. 100; *Morgenstern*, in: *Böse* (Hrsg.), EuStR, § 15 Rn. 94 ff.
[65] EuGH BeckRS 2022, 6806 (auch die Entscheidung einer nicht gerichtlichen Behörde ist erfasst).
[66] EuGH NZV 2020, 305, 307; NZV 2021, 632, 635.
[67] EuGH BeckRS 2021, 29085.
[68] Vgl. hierzu OLG Köln NZV 2012, 450.
[69] BGBl. I 2010, S. 1408; vgl. hierzu *Johnson/Loroch*, DAR 2013, 253; *Karitzky/Wannek*, NJW 2010, 3393; *Morgenstern*, in: *Böse* (Hrsg.), EuStR, § 15 Rn. 100 ff.
[70] Vgl. hierzu die scharfe Kritik von *Schünemann/Roger*, ZIS 2010, 515 ff.; *Schünemann*, ZIS 2010, 735 ff.; dagegen zutr. *Böse*, ZIS 2010, 607 ff.

11.2.5 Gegenseitige Anerkennung der Wirkung von Verurteilungen

Der am 15.08.2008 in Kraft getretene **RB 2008/675/JI des Rates v. 24.07.2008 zur Berücksichtigung der in anderen Mitgliedstaaten der Europäischen Union ergangenen Verurteilungen in einem neuen Strafverfahren**[71] statuiert den Grundsatz, dass eine in einem anderen Mitgliedstaat ergangene strafrechtliche Verurteilung mit den gleichen rechtlichen Wirkungen zu versehen ist, die das innerstaatliche Recht den im Inland ergangenen Verurteilungen zuerkennt (Art. 3).[72] Die hier angesprochenen Rechtswirkungen betreffen insbesondere die mitgliedstaatlichen Vorschriften zur Untersuchungshaft, die rechtliche Einordnung des Tatbestands, Art und Umfang der verhängten Strafe sowie die Vollstreckungsvorschriften. Deutschland setzte den RB mit dem Umsetzungsgesetz v. 02.10.2009[73] lediglich durch eine geringfügige Anpassung des § 56g II S. 1 StGB (Widerruf eines Straferlasses) um, indem die früher vorgesehene Beschränkung auf Verurteilungen im *„räumlichen Geltungsbereich dieses Gesetzes"* gestrichen wurde.[74] Weiteren Anpassungsbedarf sah der Gesetzgeber nicht, da die umfassende Berücksichtigung ausländischer Verurteilungen gängige Rechtspraxis sei und jedenfalls im Wege rahmenbeschlusskonformer Auslegung (Kap. 10 Rn. 72 ff.) erzielt werden könne.[75] Nach der Rspr. des BGH wird eine im Ausland erfolgte rechtskräftige Verurteilung des Angeklagten bei der Strafzumessung (§ 46 II StGB) berücksichtigt, wenn die Tat nach deutschem Recht strafbar und nicht tilgungsreif wäre.[76] Der für die praktische Umsetzung des RB erforderliche Austausch von Informationen aus den Strafregistern zwischen den zuständigen Behörden der Mitgliedstaaten erfolgt über das Europäische Strafregisterinformationssystem ECRIS (European Criminal Register Information System; Rn. 40).

Am 05.12.2008 ist der **RB 2008/909/JI des Rates v. 27.11.2008 über die Anwendung des Grundsatzes der gegenseitigen Anerkennung auf Urteile in Strafsachen, durch die eine freiheitsentziehende Strafe oder Maßnahme verhängt wird, für die Zwecke ihrer Vollstreckung in der Europäischen Union**[77] in Kraft getreten (**Europäische Vollstreckungsanordnung**).[78] Ziel dieses RB ist es, die soziale Wiedereingliederung der in einem Mitgliedstaat rechtskräftig verurteilten Person zu erleichtern (Art. 3 I). Zu diesem Zweck legt der RB die Regeln fest, nach denen ein Mitgliedstaat das in einem anderen Mitgliedstaat ergangene Strafurteil anerkennt und die Voll-

---

[71] ABlEU 2008 Nr. L 220, S. 32.
[72] EuGH BeckRS 2017, 125373; NJW 2021, 3107; NJW 2023, 1491; BGH NJW 2022, 1327; NStZ 2024, 32 m. Anm. v. *von Heintschel-Heinegg*.
[73] BGBl. I 2009, 3214.
[74] *Fischer*, § 56g Rn. 1; S/S-*Kinzig*, § 56g Rn. 9.
[75] BT-Drs. 16/13673, S. 5.
[76] BGH NStZ-RR 2012, 305; NJW 2020, 3185, 3187 m. Anm. *Exner-Kuhn*, NJW 2020, 3188 f.; *Fischer*, § 46 Rn. 38a; S/S-*Kinzig*, § 46 Rn. 32.
[77] ABlEU 2008 Nr. L 327, S. 27.
[78] Vgl. hierzu *Ambos*, IntStR, § 12 Rn. 99; *Hüttemann*, StV 2016, 519 ff.; *Morgenstern*, in: *Böse* (Hrsg.), EuStR, § 15 Rn. 45 ff.

streckung übernimmt. Der Vollstreckungsstaat ist – vorbehaltlich bestimmter Versagungsgründe (Art. 9) – verpflichtet, das ausländische Urteil anzuerkennen und nach seinem Recht (Art. 17 I) zu vollstrecken. Mit dem am 16.12.2008 in Kraft getretenen **RB 2008/947/JI des Rates v. 27.11.2008 über die Anwendung des Grundsatzes der gegenseitigen Anerkennung auf Urteile und Bewährungsentscheidungen im Hinblick auf die Überwachung von Bewährungsmaßnahmen und alternativen Sanktionen**[79] wird die gegenseitige Anerkennung justizieller Entscheidungen auf die **Vollstreckung von Strafen ohne Haftstrafe ausgeweitet**. Der RB 2008/947/JI verpflichtet die Mitgliedstaaten – vorbehaltlich bestimmter Versagungsgründe (Art. 11) – Bewährungsmaßnahmen und alternativen Sanktionen (Art. 4), die in dem Strafurteil eines anderen Mitgliedstaat verhängt wurden, anzuerkennen und deren Einhaltung zu überwachen (Art. 8).[80] Der deutsche Gesetzgeber hat den RB 2008/909/JI und den RB 2008/947/JI durch Ges. v. 17.07.2015[81] (vgl. §§ 84–85f IRG bzw. §§ 90a–90h IRG und §§ 90l–90n IRG) in deutsches Recht umgesetzt.[82]

11.2.6 Europäische Überwachungsanordnung – Überwachungsmaßnahmen als Alternative zur Untersuchungshaft

29 Anlass für den am 01.12.2009 in Kraft getretenen **RB 2009/829/JI des Rates v. 23.10.2009 über die Anwendung des Grundsatzes der gegenseitigen Anerkennung auf Entscheidungen über Überwachungsmaßnahmen als Alternative zur Untersuchungshaft**[83] (**Europäische Überwachungsanordnung – RB-EÜA**) war der Befund, dass gegen Ausländer oftmals allein wegen deren nicht vorhandenen Bindungen an den ermittelnden Staat Untersuchungshaft angeordnet wird, was dem von der Union verfolgten Freizügigkeitskonzept zuwiderläuft.[84] Vor diesem Hintergrund verfolgt der RB-EÜA folgende zentralen Ziele: Zum einen soll der Schutz der Allgemeinheit verbessert werden, indem gewährleistet wird, dass eine in einem Mitgliedstaat ansässige Person, gegen die in einem anderen Mitgliedstaat ein Strafverfahren anhängig ist, von den Behörden des Staates, in dem sie ansässig ist, bis zur Gerichtsverhandlung überwacht werden kann. Ferner sollen das Recht auf Freiheit (Art. 6 GRCh) und die Unschuldsvermutung (Art. 48 I GRCh) gestärkt sowie die Zusammenarbeit zwischen den Mitgliedstaaten in den Fällen sichergestellt werden, in denen eine Person vor einer endgültigen gerichtlichen Entscheidung Auflagen oder Überwachungsmaßnahmen unterworfen wird. Zu diesem Zweck nor-

---

[79] ABlEU 2008 Nr. L 337, S. 102, geändert durch RB 2009/299/JI (ABlEU 2009 Nr. L 81, S. 24).
[80] Vgl. hierzu EuGH NStZ 2020, 686 m. Anm. v. *Graf von Luckner*; *Ambos*, IntStR, § 12 Rn. 104; *Morgenstern*, in: *Böse* (Hrsg.), EuStR, § 15 Rn. 82 ff.; *Staudigl/Weber*, NStZ 2008, 17 ff.
[81] BGBl. I 2015, 1349.
[82] Vgl. hierzu *Morgenstern*, in: *Böse* (Hrsg.), EuStR, § 15 Rn. 66 ff.; 92.
[83] ABlEU 2009 Nr. L 294, S. 20.
[84] *Ambos*, IntStR, § 12 Rn. 102; *Burchard*, in: *Böse* (Hrsg.), EuStR, § 14 Rn. 63; *Esser*, EuStR, § 5 Rn. 19; *Morgenstern*, Untersuchungshaft, S. 727 ff., 781; *Satzger*, IntStR, § 10 Rn. 47.

miert der RB-EÜA einen Regelungsmechanismus für den grenzüberschreitenden Transfer sog. „Überwachungsmaßnahmen" (Art. 4 lit. a, Art. 8) gegenüber Beschuldigten, die sich in einem anderen als dem ermittlungsführenden EU-Mitgliedstaat aufhalten. Durch die möglichst weitreichende gegenseitige Anerkennung von im ermittlungsführenden Anordnungsstaat angeordneten Überwachungsmaßnahmen soll die grenzüberschreitende Freizügigkeit des Bürgers im Rechtsraum der EU auch dann gewährleistet werden, wenn dieser einer Straftat dringend verdächtig ist und nach nationalem Recht Untersuchungshaft gegen ihn vollzogen werden könnte.[85] Der RB-EÜA legt Regeln fest, nach denen ein Mitgliedstaat die im Anordnungsstaat als Alternative zur Untersuchungshaft erlassene Entscheidung über Überwachungsmaßnahmen anerkennt, die einer natürlichen Person auferlegten Überwachungsmaßnahmen überwacht und die betroffene Person bei Verstößen gegen diese Maßnahmen dem Anordnungsstaat übergibt (Art. 1).

Zwar verleiht der RB-EÜA als solcher einer verfolgten Person keinen Anspruch darauf, dass während eines Strafverfahrens eine Maßnahme ohne Freiheitsentzug als Alternative zur Untersuchungshaft angewandt wird (Art. 2 II S. 1).[86] Jedoch ist der RB-EÜA im Lichte des europäischen Grundrechtestandards auszulegen (Art. 5). Aus dem mit europäischem Verfassungsrang ausgestatteten Verhältnismäßigkeitsgrundsatz folgt das Gebot, vorrangig die Überwachungsmaßnahmen des Art. 8 wie z. B. Meldeauflagen, Kontaktverbote oder Sicherheitsleistungen auszuschöpfen, soweit diese im konkreten Fall hinreichend geeignet sind, der vom Haftrichter angenommenen Fluchtgefahr zu begegnen.[87] Der RB-EÜA wurde durch Art. 1 des 3. IRGÄndG v. 16.07.2015[88] in deutsches Recht transferiert. Seitdem ist der Mechanismus der Europäischen Überwachungsanordnung in den §§ 90o–90z IRG geregelt.[89]

30

11.2.7 Europäische Schutzanordnung

11.2.7.1 Regelungsgegenstand der RL 2011/99/EU

Am 13.12.2011 wurde auf der Grundlage der Art. 82 I lit. a und d AEUV die **RL 2011/99/EU des EP und des Rates über die Europäische Schutzanordnung**[90] verabschiedet. Die RL 2011/99/EU gilt für in Strafsachen erlassene Schutzmaßnahmen (Art. 2 Nr. 2), die speziell darauf abzielen, eine Person vor strafbaren Handlungen einer anderen Person zu schützen, die in irgendeiner Weise ihr Leben oder ihre physische, psychische und sexuelle Integrität bzw. ihre Würde oder persönliche Freiheit gefährden können, bspw. durch vorbeugende Maßnahmen gegen Belästigungen jeglicher Form bzw. gegen Entführungen, beharrliche Nachstellungen und andere Formen der Nötigung, und neue strafbare Handlungen zu verhindern oder die Auswirkungen voran-

31

---

[85] *Morgenstern*, in: *Böse* (Hrsg.), EuStR, § 15 Rn. 117 ff.
[86] *Morgenstern*, Untersuchungshaft, S. 771.
[87] *Burchard*, in: *Böse* (Hrsg.), EuStR, § 14 Rn. 55.
[88] BGBl. I 2015, 1197.
[89] *Morgenstern*, in: *Böse* (Hrsg.), EuStR, § 15 Rn. 125 ff.
[90] ABlEU 2011 Nr. L 338, S. 2; vgl. hierzu *Esser*, in: *Sieber u. a.* (Hrsg.), EuStR, § 53 Rn. 149 ff.

gegangener strafbarer Handlungen zu verringern (ErwGr. Ziff. 9). Für die Vollstreckbarkeit einer Schutzmaßnahme ist es nicht erforderlich, dass eine rechtskräftige Entscheidung über die Straftat ergangen ist. Auch ist unerheblich, ob eine Justiz- oder Verwaltungsbehörde die Schutzmaßnahme anordnet. Die RL 2011/99/EU legt Vorschriften fest, nach denen eine Justizbehörde oder eine entsprechende Behörde in einem Mitgliedstaat, in dem eine Schutzmaßnahme zum Schutz einer Person vor einer strafbaren Handlung einer anderen Person angeordnet wurde, die ihr Leben, ihre physische oder psychische Integrität, ihre Würde, ihre persönliche Freiheit oder ihre sexuelle Integrität gefährden kann, eine Europäische Schutzanordnung (Art. 2 Nr. 1) erlassen kann, die es einer zuständigen Behörde in einem anderen Mitgliedstaat ermöglicht, den Schutz der Person im Hoheitsgebiet dieses anderen Mitgliedstaats fortzuführen, wenn nach dem nationalen Recht des anordnenden Staats ein strafbares Verhalten oder ein mutmaßliches strafbares Verhalten vorliegt (Art. 1).

11.2.7.2 Wesentlicher Inhalt der RL 2011/99/EU

32 Eine Europäische Schutzanordnung kann nur erlassen werden, wenn zuvor eine innerstaatliche Schutzmaßnahme im anordnenden Staat ergangen ist, mit der der gefährdenden Person ein/eine oder mehrere der folgenden Verbote oder Beschränkungen auferlegt wurden:

- das Verbot des Betretens bestimmter Räumlichkeiten, Orte oder festgelegter Gebiete, in beziehungsweise an denen sich die geschützte Person aufhält, oder die sie aufsucht (Art. 5 lit. a)
- das Verbot oder die Regelung jeglicher Form der Kontaktaufnahme – auch telefonisch, auf elektronischem Weg oder per Post oder Fax oder mit anderen Mitteln – mit der geschützten Person (Art. 5 lit. b)
- das Verbot, sich der geschützten Person auf eine geringere als die festgelegte Entfernung zu nähern, oder eine Regelung dazu (Art. 5 lit. c)

Bei Eingang einer gemäß Art. 8 übermittelten Europäischen Schutzanordnung erkennt die zuständige Behörde des vollstreckenden Staats diese Anordnung unverzüglich an und trifft eine Entscheidung zum Erlass aller Maßnahmen, die nach ihrem nationalen Recht in einem vergleichbaren Fall vorgesehen sind, um den Schutz der geschützten Person zu gewährleisten, es sei denn, sie macht einen der Gründe für die Nichtanerkennung nach Art. 10 geltend. Der Vollstreckungsstaat kann gemäß seinem nationalen Recht straf-, verwaltungs- oder zivilrechtliche Maßnahmen ergreifen (Art. 9 I). Für den Erlass und die Vollstreckung der Entscheidung nach Art. 9 I gilt das Recht des vollstreckenden Staats, einschließlich der Vorschriften über Rechtsbehelfe gegen Entscheidungen, die im vollstreckenden Staat im Zusammenhang mit der Europäischen Schutzanordnung erlassen werden (Art. 11 I). In Deutschland wurde die RL 2011/99/EU durch Ges. v. 05.12.2014 umgesetzt.[91]

---

[91] Ges. zur Umsetzung der RL 2011/99/EU über die Europäische Schutzanordnung und zur Durchführung der VO (EU) Nr. 606/2013 über die gegenseitige Anerkennung von Schutzmaßnahmen in Zivilsachen v. 5.12.2014 (BGBl. I S. 1946).

11.2.8 Europäische Ermittlungsanordnung

11.2.8.1 Anwendungsbereich

Bereits in dem am 11.12.2009 vorgelegten **Grünbuch „Erlangung verwertbarer Beweise in Strafsachen aus einem anderen Mitgliedstaat"**[92] legte die Kommission dar, dass die (seit dem 22.05.2017 obsolete) **Europäische Beweisanordnung**,[93] deren Anwendungsbereich auf die Erlangung von Sachen, Schriftstücken oder Daten beschränkt war, nur der erste Schritt auf dem Weg zu einer umfassenden einheitlichen Regelung des europäischen Beweistransfers sei. Der Europäische Rat schloss sich dieser Auffassung an und forderte die Entwicklung eines umfassenden Regelungssystems, das sämtliche bestehenden Rechtshilfeinstrumente ersetzen, möglichst alle Arten von Beweismitteln erfassen, Vollstreckungsfristen vorsehen und Versagungsgründe so weit wie möglich beschränken soll. Am 21.05.2014 trat die auf Art. 82 I UA 2 lit. a AEUV gestützte **RL 2014/41/EU des EP und des Rates v. 03.04.2014 über die Europäische Ermittlungsanordnung in Strafsachen (RL-EEA)**[94] in Kraft. Die **Europäische Ermittlungsanordnung (EEA)** ersetzt seit dem 22.05.2017 (Art. 36 I RL-EEA) die bestehenden Rechtsakte zur Umsetzung des Prinzips der gegenseitigen Anerkennung und die bisher geltenden völkerrechtlichen Grundlagen der zwischenstaatlichen Zusammenarbeit (Art. 34 RL-EEA). Sie schafft einen einheitlichen Rechtsrahmen für den strafprozessualen Beweistransfer zwischen den Mitgliedstaaten der EU. Nach Art. 1 I UA 1 RL-EEA ist die EEA eine **gerichtliche Entscheidung**, die von einer Justizbehörde eines Mitgliedstaats („Anordnungsstaat") zur **Durchführung einer oder mehrerer spezifischer Ermittlungsmaßnahme(n)** in einem anderen Mitgliedstaat („Vollstreckungsstaat") zur **Erlangung von Beweisen** gemäß dieser RL erlassen oder validiert (bestätigt) wird. **Anordnungsbehörde** kann nach der Legaldefinition des Art. 2 lit. c Ziff. i RL-EEA nicht nur ein **Richter**, sondern auch ein **Staatsanwalt** sein, wenn nach dem Recht des Anordnungsstaats in einem rein innerstaatlichen Verfahren dieses Staates die originäre Erhebung dieser Beweismittel zwar von einem Richter hätte angeordnet werden müssen, ein Staatsanwalt aber dafür zuständig ist, die Übermittlung dieser Beweise anzuordnen.[95] Die EEA kann auch in Bezug auf die Erlangung von Beweismitteln erlassen werden, die sich bereits im Besitz der zuständigen Behörden des Vollstreckungsstaats befinden (Art. 1 I UA 2 RL-EEA). Die Mitgliedstaaten sind verpflichtet, jede EEA nach dem Grundsatz der gegenseitigen Anerkennung und gemäß den RL-Bestimmungen zu vollstrecken (Art. 1 II RL-EEA). Der

33

---

[92] KOM (2009) 624 endg.; vgl. hierzu *Ambos*, IntStR, § 12 Rn. 87; *Wörner*, in: *A/K/R*, Rechtshilfe, Kap. 4 Rn. 400.
[93] ABlEU 2008 Nr. L 350, S. 72; vgl. hierzu *Esser*, EuStR, § 5 Rn. 20; *Gleß*, in: *Sieber u. a.* (Hrsg.), EuStR, § 38 Rn. 8 ff., 23 ff.; *Satzger*, IntStR, § 10 Rn. 51; *F. Zimmermann*, in: *Böse* (Hrsg.), EuStR, § 16 Rn. 43.
[94] ABlEU 2014 Nr. L 130, S. 1; vgl. hierzu *Ambos*, IntStR, § 12 Rn. 88 ff.; *Brodowski*, ZIS 2015, 79, 94 ff.; *Böse*, ZIS 2014, 152 ff.; *Esser*, EuStR, § 5 Rn. 20a; *Lenk*, EuR 2024, 51, 58 ff.; *Satzger*, IntStR, § 10 Rn. 51 ff.; *Wörner*, in: *A/K/R*, Rechtshilfe, Kap. 4 Rn. 401 ff.
[95] EuGH NJW 2021, 1373, 1375; BeckRS 2024, 8796 (Rz. 77); vgl. zu der Anordnungskompetenz von Steuerbehörden EuGH wistra 2023, 200 m. Anm. v. *Rettke*.

Anwendungsbereich der EEA erfasst nach Art. 3 RL-EEA alle Ermittlungsmaßnahmen mit Ausnahme der gemeinsamen Ermittlungsgruppen (Kap. 5 Rn. 47, 51) und der grenzüberschreitenden Observation gem. Art. 40 SDÜ[96] (Kap. 5 Rn. 21 ff.). Erfasst werden nicht nur Strafverfahren, sondern alle Verfahren, die Verwaltungs- oder Justizbehörden wegen Handlungen eingeleitet haben, die nach dem Recht des Anordnungsstaats als Zuwiderhandlung gegen Rechtsvorschriften geahndet werden, sofern gegen die Entscheidung ein auch in Strafsachen zuständiges Gericht angerufen werden kann (Art. 4 RL-EEA). Der Beschuldigte oder sein Verteidiger sind nach Maßgabe des nationalen Rechts berechtigt, bei der Anordnungsbehörde einen Antrag auf Erlass einer EEA zu stellen (Art. 1 III RL-EEA).[97]

11.2.8.2 Verfahrensmechanismus

34 Beim Erlass einer EEA sind die Voraussetzungen und Schranken zu beachten, die auf einen vergleichbaren innerstaatlichen Ermittlungseingriff Anwendung finden (Art. 6 I lit. b RL-EEA). Die Anordnungsbehörde kann sich somit ihrer Bindung an das innerstaatliche Recht nicht entziehen. Darüber hinaus muss sie prüfen, ob die Ermittlungsmaßnahme notwendig und verhältnismäßig ist (Art. 6 I lit. a RL-EEA). Praktisch relevant wurde diese Frage in den sog. **„EncroChat"-Verfahren**, welche die Probleme des europäischen Beweisrechts wie in einem Brennglas bündeln.[98] Im Rahmen einer von französischen Strafverfolgungsbehörden geführten Untersuchung wurde festgestellt, dass Beschuldigte bei der Begehung von Straftaten (überwiegend Btm-Kriminalität) Kryptohandys nutzten, die unter einer Lizenz namens „EncroChat" liefen. Diese Mobiltelefone ermöglichten mit einer speziellen Software und einer modifizierten Hardware über einen in Frankreich stationierten Server eine Ende zu Ende verschlüsselte Kommunikation, die mit herkömmlichen Ermittlungsmethoden nicht zu überwachen war. Mit richterlicher Genehmigung gelang es der französischen Polizei in den Jahren 2018 und 2019, Daten von diesem Server zu sichern. Diese Daten ermöglichen die Entwicklung einer Trojaner-Software, die mit richterlicher Genehmigung auf den genannten Server aufgespielt und von dort aus über ein simuliertes Update auf den Mobiltelefonen installiert wurde. Insgesamt waren von der Ermittlungsmaßnahme über 30.000 Nutzer in 122 Ländern (davon rund 4700 in Deutschland) betroffen. Allein in Deutschland wurden auf der Grundlage der Informationen rund 2700 Ermittlungsverfahren eingeleitet. Der EuGH[99] stellte im Rahmen eines vom LG Berlin[100] initiierten Vorabentscheidungsverfahrens klar, dass die in Frankreich gewonnenen „EncroChat-Daten" von einem deutschen Staatsanwalt mittels einer EEA angefordert werden können. Art. 6 I RL-EEA verlange nicht, dass der Erlass einer EEA, die sich nur auf den Transfer von im Vollstreckungsstaat **bereits vorhandenen Beweisen** richtet, denselben rechtlichen Voraussetzungen unterliegen muss wie sie im Anordnungsstaat

---

[96] Vgl. hierzu ErwGr. 9.
[97] *Wörner*, in: *A/K/R*, Rechtshilfe, Kap. 4 Rn. 406.
[98] *Lenk*, EuR 2024, 51, 64.
[99] EuGH BeckRS 2024, 8796.
[100] LG Berlin BeckRS 2022, 28421.

für die Erhebung dieser Beweise gelten. Im Übrigen verweist der EuGH auf Art. 14 VII RL-EEA, wonach in einem im Anordnungsstaat geführten Strafverfahren bei der Bewertung der mittels einer EEA erlangten Beweismittel die Verteidigungsrechte gewahrt und ein faires Verfahren gewährleistet werden müssen. Es ist Sache der deutschen Gerichte, darüber zu entscheiden, ob die durch die französischen Behörden hervorgebrachten und auf der Grundlage einer EEA übermittelten Beweise in einem deutschen Strafverfahren verwertbar sind. Diese Frage wurde bisher von der deutschen Rechtsprechung nahezu einhellig bejaht,[101] während die h. L. hiergegen protestiert.[102] Nach Art. 9 I RL-EEA erkennt die Vollstreckungsbehörde (Art. 2 lit. d RL-EEA) eine nach dieser RL übermittelte EEA ohne jede weitere Formalität an und gewährleistet deren Vollstreckung in derselben Weise und unter denselben Modalitäten, als wäre die betreffende Ermittlungsmaßnahme von einer Behörde des Vollstreckungsstaats angeordnet worden, es sei denn, sie macht einen in der RL-EEA abschließend normierten Versagungsgründe geltend. Sie hält die von der Anordnungsbehörde (Art. 2 lit. c RL-EEA) ausdrücklich angegebenen Formvorschriften und Verfahren ein, soweit in dieser RL nichts anderes bestimmt ist und sofern die angegebenen Formvorschriften und Verfahren nicht im Widerspruch zu den wesentlichen Rechtsgrundsätzen des Vollstreckungsstaats stehen (Art. 9 II RL-EEA – Grundsatz „forum regit actum").[103] Auf diese Weise kann bspw. die Anwesenheit und Mitwirkung des Verteidigers bei einer Vernehmung des Beschuldigten im Vollstreckungsstaat gewährleistet werden. Die EEA ist von dem Vollstreckungsstaat grundsätzlich innerhalb von 120 Tagen auszuführen (Art. 12 RL-EEA).

11.2.8.3 Versagungsgründe

In den Art. 10, 11 RL-EEA sind **abschließend** die **Gründe für die Versagung** der Anerkennung oder Vollstreckung einer EEA geregelt, wobei sich diese in drei Kategorien einteilen lassen:[104] Die erste Kategorie von Vollstreckungshindernissen geht auf **traditionelle Rechtshilfehindernisse** zurück. Dies gilt etwa für den Vorbehalt zum Schutz öffentlicher Geheimhaltungsinteressen (Art. 11 I lit. b RL-EEA). Die zweite Kategorie nimmt Bezug auf **unionsrechtlich garantierte Grund- und Verfahrensrechte**. Hierzu gehören der europäische Ordre public-Vorbehalt (Art. 11 I lit. f RL-EEA) und der Grundsatz „ne bis in idem" (Art. 11 I lit. d). Die dritte Kategorie erfasst solche Beschränkungen der Vollstreckungspflicht, die sich aus der **entsprechenden Anwendung des innerstaatlichen Strafverfahrensrechts des Voll-**

35

---

[101] BGHSt 67, 29 ff.; BGH NStZ-RR 2023, 255; OLG Karlsruhe BeckRS 2021, 33716 (Rz. 30 ff.); OLG Köln BeckRS 2023, 45073 (Rz. 14 ff.); a.A. LG Berlin NStZ 2021, 696 ff.; BeckRS 2022, 28421 (Rz. 64 ff.).
[102] *Böse*, JZ 2022, 1048 ff.; *Brodowski*, StV 2022, 353 ff.; *Cornelius*, NJW 2022, 1546 ff.; *Derin/Singelnstein*, NStZ 2021, 449 ff.; *Lenk*, EuR 2024, 51, 72 ff.; MüKoStPO/*Rückert*, § 100a Rn. 51b ff.; *ders.*, NStZ 2022, 446 ff.; *Schmidt*, ZStW (134) 2022, 982 ff.; *Wahl*, ZIS 2021, 452 ff.; *Zeyer*, NZWiSt 2022, 248 ff.; *F. Zimmermann*, ZfIStw 2022, 173 ff.; a.A. *Pauli*, NStZ 2021, 146 ff.
[103] *Ambos*, IntStR, § 12 Rn. 89, 94; *Satzger*, IntStR, § 10 Rn. 53; *Wörner*, in: A/K/R, Rechtshilfe, Kap. 4 Rn. 413; *F. Zimmermann*, in: *Böse* (Hrsg.), EuStR, § 16 Rn. 46.
[104] *Ambos*, IntStR, § 12 Rn. 90 f.; *Böse*, ZIS 2014, 152, 154 ff.; *F. Zimmermann*, in: *Böse* (Hrsg.), EuStR, § 16 Rn. 47 ff.

streckungsstaats** ergeben. Diese Vollstreckungshindernisse sollen gewährleisten, dass das für das innerstaatliche Strafverfahren bestehende Schutzniveau auch bei der grenzüberschreitenden Beweissammlung gewahrt bleibt. Art. 10 RL-EEA regelt den Umgang mit einer EEA, wenn die angeordnete Maßnahme nach dem Recht des Vollstreckungsstaates entweder überhaupt nicht vorgesehen (Art. 10 I lit. a RL-EEA) oder in einem vergleichbaren innerstaatlichen Fall nicht zulässig ist (Art. 10 1 lit. b RL-EEA). Zu denken ist insbesondere an den Fall, dass die Maßnahme nur zur Verfolgung besonders schwerer Straftaten, nur gegen den Verdächtigen oder nur mit Zustimmung des Betroffenen ergriffen werden darf. Der Vorbehalt der fehlenden Strafbarkeit der Handlung, die der EEA zugrunde liegt, darf nicht geltend gemacht werden, wenn es sich um eine im Anhang zu Art. 10 lit. g RL-EEA aufgelistete Katalogtat handelt.[105] Falls kein Rückgriff auf eine andere, nach dem Recht des Vollstreckungsstaates zulässige Maßnahme möglich ist (Art. 10 I RL-EEA), muss der Vollstreckungsstaat die Vollstreckung verweigern (Art. 10 V RL-EEA).

11.2.8.4 Rechtsschutz

36 Aus Art. 47 I GRCh folgt, dass sowohl gegen den Erlass als auch gegen die Vollstreckung einer EEA im Anordnungs- bzw. Vollstreckungsstaat **gerichtlicher Rechtsschutz** zu gewährleisten ist. Die RL-EEA hat diese Anforderungen über das Gleichbehandlungsgebot präzisiert, indem sie vorschreibt, dass insoweit die gleichen Rechtsbehelfe zur Verfügung stehen müssen wie gegen die entsprechenden innerstaatlichen Maßnahmen (Art. 14 I RL-EEA).[106] Dieses sog. **Trennungsmodell**, wonach Rechtsschutz gegen den Erlass der EEA im Anordnungsstaat und gegen deren Anerkennung und Vollstreckung im Vollstreckungsstaat gewährt wird, dürfte einerseits dem Grundsatz der Staatenimmunität geschuldet sein und andererseits auf der pragmatischen Erwägung beruhen, dass das in dem jeweiligen Staat zuständige Gericht besser mit dem anwendbaren nationalen Verfahrensrecht vertraut ist als ein ausländisches Gericht.[107] Da die Sachgründe für den Erlass der EEA nur im Anordnungsstaat angefochten werden können (Art. 14 II RL-EEA), ist es für den im Vollstreckungsstaat von der Maßnahme Betroffenen aufgrund der zu überwindenden räumlichen Distanz, fehlender Sprachkenntnisse und der mangelnden Vertrautheit mit einer fremden Rechtsordnung schwerer, Rechtsschutz zu erlangen als in einem rein innerstaatlichen Verfahren.[108] Immerhin bleiben aber trotz Aufteilung des Rechtswegs die Grundrechtsgarantien im Vollstreckungsstaat unberührt (Art. 14 II, 2. HS RL-EEA). Die in Art. 14 VII S. 1 RL-EEA Pflicht zur Berücksichtigung der erfolgreichen Anfechtung der Anerkennung oder Vollstreckung einer EEA enthält –

---

[105] *Ambos*, IntStR, § 12 Rn. 91; *Böse*, ZIS 2014, 152, 154; *Wörner*, in: *A/K/R*, Rechtshilfe, Kap. 4 Rn. 429; *F. Zimmermann*, in: *Böse* (Hrsg.), EuStR, § 16 Rn. 51.
[106] EuGH BeckRS 2024, 8796 (Rz. 102 f.); *Ambos*, IntStR, § 12 Rn. 92; *Wörner*, in: *A/K/R*, Rechtshilfe, Kap. 4 Rn. 416.
[107] *Böse*, ZIS 2014, 152, 159 ff.; *Wörner*, in: *A/K/R*, Rechtshilfe, Kap. 4 Rn. 417; *F. Zimmermann*, in: *Böse* (Hrsg.), EuStR, § 16 Rn. 55.
[108] *Ahlbrecht*, StV 2013, 114, 117; *Ambos*, IntStR, § 12 Rn. 93; *Böse*, ZIS 2014, 152, 160; *Meyer*, in: *v. d. Groeben/Schwarze/Hatje* (Hrsg.), EU-Recht, Art. 82 AEUV Rn. 13.

etwa was die Frage der Verwertbarkeit von Auslandsbeweisen betrifft[109] – lediglich einen vagen und letztlich unzureichenden Lösungsansatz. De lege ferenda sind zwei Wege denkbar, um den Zugang zum gerichtlichen Rechtsschutz im Anordnungsstaat zu erleichtern:[110] Zum einen könnte der Rechtsschutz im Vollstreckungsstaat konzentriert werden, indem das dort angerufene Gericht in einem Verfahren über die Rechtmäßigkeit von Anordnung und Vollstreckung entscheidet. Zum anderen wäre denkbar, die Einlegung des Rechtsbehelfs im Vollstreckungsstaat zugleich als Anfechtung der Anordnung zu behandeln und an das zuständige Gericht des Anordnungsstaates weiterzuleiten. Soweit die Vollstreckung nicht bereits aus anderen Gründen rechtswidrig ist, könnte das Gericht des Vollstreckungsstaates die Entscheidung im Anordnungsstaat abwarten und sodann auf dieser Grundlage über den Rechtsbehelf entscheiden.

11.2.8.5 Umsetzung der RL-EEA in Deutschland

Deutschland hat die RL-EEA in den §§ 91a–91j IRG umgesetzt.[111] Über die Anerkennung der vom Anordnungsstaat erlassenen und übermittelten EEA soll unverzüglich, spätestens aber 30 Tage nach Eingang der EEA entschieden (§ 91g I S. 1 IRG) und im Fall des Ersuchens um Sicherstellung von Beweismitteln soll soweit möglich innerhalb von 24 h nach Eingang der EEA entschieden werden (§ 91g I S. 2 IRG).[112] Die Ermittlungsmaßnahme soll unverzüglich, spätestens aber 90 Tage nach Bewilligung durchgeführt werden, sofern keine ausdrücklichen Zurückweisungsgründe bestehen (§ 91g II IRG). Die Zurückweisungsgründe sind in §§ 91b, 91c IRG entweder als zwingende Zulässigkeits- oder in § 91e IRG als fakultative Bewilligungshindernisse abschließend aufgeführt.

11.2.9 Grenzüberschreitender Zugriff auf elektronische Beweismittel (E-Evidence)

In elektronischer Form gespeicherte Informationen, insbesondere Handystandortdaten oder Inhaltsdaten aus E-Mails, SMS oder Nachrichtenanwendungen (Messaging Apps), können nicht nur für typische Cybercrimedelikte, sondern für fast alle Deliktsbereiche wichtige Beweismittel in transnationalen Strafverfahren sein (z. B. WhatsApp-Chatverläufe). Da sich solche auch als **E-Evidence** bezeichneten Daten häufig nicht im federführenden Strafverfolgungsstaat befinden, bereitet ihre Erhebung trotz einschlägiger Regelungen der EEA (Rn. 33) in der Praxis Proble-

---

[109] *Wörner*, in: *A/K/R*, Rechtshilfe, Kap. 4 Rn. 420; *F. Zimmermann*, in: *Böse* (Hrsg.), EuStR, § 16 Rn. 57.

[110] *Böse*, ZIS 2014, 152, 160; *Wörner*, in: *A/K/R*, Rechtshilfe, Kap. 4 Rn. 419, 421.

[111] Viertes Ges. zur Änderung des Ges. über die internationale Rechtshilfe in Strafsachen v. 05.01.2017 (BGBl. 2017 I, 31); vgl. hierzu *Böhm*, NJW 2017, 1512 ff. und rechtsvergleichend *Knytel*, Umsetzung der EEA in Deutschland und Frankreich, passim.

[112] Vgl. zu den in Deutschland bestehenden Rechtsschutzmöglichkeiten BT-Drs. 18/9757, 30; krit. hierzu *Böhm*, NJW 2017, 1512, 1515.

me.[113] Denn die ausländischen Diensteanbieter sind nach derzeitiger Rechtslage nicht verpflichtet, den inländischen Strafverfolgungsbehörden den Zugriff auf diese Daten zu ermöglichen. Die Strafverfolgungsbehörden müssen daher den mit Blick auf die in der RL-EEA normierten Versagungsgründe (Rn. 35) keineswegs immer erfolgversprechenden Rechtshilfeweg beschreiten. Da die Frist zur Vollstreckung einer EBA bis zu 120 Tage betragen kann (Art. 12 RL-EEA) scheitert die Erhebung elektronischer Beweismittel in vielen Fällen bereits daran, dass die entsprechenden Daten vom jeweiligen Diensteanbieter bereits gelöscht worden sind. Der europäische Gesetzgeber reagierte hierauf mit dem Erlass der **E-Evidence-VO**,[114] die ab 18.08.2026 in allen Mitgliedstaaten unmittelbar anwendbar ist (Art. 34 II E-Evidence-VO). Kern der E-Evidence-VO ist die Einführung von zwei neuen Instrumenten, die einen wesentlich effizienteren Zugriff auf elektronische Beweismittel ermöglichen: die **Europäische Herausgabeanordnung** (Art. 3 Nr. 1, Art. 5 E-Evidence-VO) und die **Europäische Sicherungsanordnung** (Art. 3 Nr. 2, Art. 6 E-Evidence-VO). Die Anordnungsbehörden eines Mitgliedstaats (Art. 4 E-Evidence-VO) können unter den in Art. 5, 6 E-Evidence-VO genannten Voraussetzungen von dem jeweiligen Diensteanbieter (Art. 2 I, 3 Nr. 3 E-Evidence-VO) in Form einer Bescheinigung (Art. 9 I E-Evidence-VO) verlangen, elektronische Beweismittel innerhalb einer zehntägigen Frist unmittelbar zu übermitteln oder zu sichern (Art. 1 I, 10 II, III E-Evidence-VO); in Notfällen ist die Frist auf 8 Stunden reduziert (Art. 3 Nr. 18, Art. 10 IV E-Evidence-VO).[115] Versagungsgründe sind auf ein Minimum beschränkt (Art. 12 E-Evidence-VO). Vorgaben zum Rechtsschutz sind in Art. 18 E-Evidence-VO enthalten. Ergänzt wird die E-Evidence-VO durch die **E-Evidence-RL**.[116] Diese verpflichtet Diensteanbieter, Niederlassungen oder rechtliche Vertreter in der EU zu benennen, an welche die Behörden der Mitgliedstaaten Anfragen zur Übermittlung elektronischer Beweismitteln richten können.

11.2.10 Gegenseitige Anerkennung von Sicherstellungs- und Einziehungsentscheidungen

39   Das europäische Gewinnabschöpfungsrecht, das die Sicherstellung und Einziehung von Tatwerkzeugen und Erträgen aus Straftaten regelt, beruht maßgeblich auf der

---

[113] *Babucke*, wistra 2024, 57; *Hamel*, in: *Hoven/Kudlich* (Hrsg.), Digitalisierung und Strafverfahren, S. 107; *Pfeffer*, eucrim 2023, 170.

[114] VO (EU) 2023/1543 des EP und des Rates v. 12.07.2023 über Europäische Herausgabeanordnungen und Europäische Sicherungsanordnungen für elektronische Beweismittel in Strafverfahren und für die Vollstreckung von Freiheitsstrafen nach Strafverfahren; AblEU 2023 Nr. L 191 S. 118. Vgl. hierzu krit. *Böse*, KriPoZ 2019, 140 ff.; *Krumwiede*, ZflStw 2024, 202 ff.

[115] *Babucke*, wistra 2024, 57, 60 f.; *Hüttemann*, NZWiSt 2024, 81, 85 ff.; *Weiß/Brinkel*, RDi 2023, 522, 525 ff.

[116] RL (EU) 2023/1544 des EP und Rates v. 12.07.2023 zur Festlegung einheitlicher Regeln für die Benennung von benannten Niederlassungen und die Bestellung von Vertretern zu Zwecken der Erhebung elektronischer Beweismittel im Strafverfahren; AblEU 2023 Nr. L 191 S. 181.

11.2 Grundsatz der gegenseitigen Anerkennung

am 19.05.2014 in Kraft getretenen RL 2014/42/EU[117] (Kap. 8 Rn. 88 ff.). Mit Blick auf die grenzüberschreitende Kriminalität zielt die EU-Kriminalpolitik darauf ab, die in den Mitgliedstaaten getroffenen Gewinnabschöpfungsmaßnahmen in den Rechtsrahmen der gegenseitigen Anerkennung zu integrieren. Die in einem Mitgliedstaat ergangene Sicherstellungs- und Einziehungsentscheidung soll grundsätzlich auch von jedem anderen Mitgliedstaat akzeptiert und vollstreckt werden. Maßnahmen zur **vorläufigen Sicherung von Vermögenswerten** innerhalb der EU richteten sich bisher nach dem RB 2003/577/JI des Rates v. 22.07.2003.[118] Die gegenseitige Anerkennung von **Einziehungsentscheidungen** wurde den Mitgliedstaaten von dem RB 2006/783/JI des Rates v. 06.10.2006[119] vorgegeben. Beide Rechtsakte wurden mit Wirkung vom 19.12.2020 durch die **VO (EU) 2018/1805 des EP und des Rates v. 14.11.2018** über die gegenseitige Anerkennung von Sicherstellungs- und Einziehungsentscheidungen[120] ersetzt. Es handelt sich bei dieser VO um den ersten auf Art. 82 I UA 2 lit. a AEUV gestützten Rechtsakt auf dem Gebiet der gegenseitigen Anerkennung justizieller Entscheidungen, der in allen an sie gebundenen EU-Mitgliedstaaten – ausgenommen sind Irland und Dänemark – unmittelbar anwendbar ist.[121] Der EU-Gesetzgeber verspricht sich von der VO eine Steigerung der Effizienz der Rechtshilfe, indem strikte Zeitvorgaben eingeführt, Ermessen reduziert und Verfahren vereinfacht werden. Die VO legt die Vorschriften fest, nach denen die Mitgliedstaaten in ihrem Hoheitsgebiet Sicherstellungs- und Einziehungsentscheidungen anerkennen und vollstrecken, die von anderen Mitgliedstaaten im Rahmen von Verfahren in Strafsachen erlassen wurden (Art. 1 I). Als **Sicherstellungsentscheidung** ist eine Entscheidung erfasst, die von einer Entscheidungsbehörde (auch ein Staatsanwalt; Art. 2 VIII lit. a) erlassen oder bestätigt wird, um die Vernichtung, Veränderung, Verbringung, Übertragung oder das Beiseiteschaffen von Vermögensgegenständen im Hinblick auf deren Einziehung zu verhindern (Art. 2 I). Unter einer **Einziehungsentscheidung** versteht die VO eine rechtskräftige Strafe oder Maßnahme, die von einem **Gericht** im Anschluss an ein Verfahren im Zusammenhang mit einer Straftat verhängt wird und die zur endgültigen Entziehung von Vermögensgegenständen einer natürlichen oder juristischen Person führt (Art. 2 II). Sicherstellungs- oder Einziehungsentscheidungen werden **ohne Überprüfung des Vorliegens der beiderseitigen Strafbarkeit** der Handlungen, die zu diesen Entscheidungen geführt haben, vollstreckt, wenn diese Handlungen im Entscheidungsstaat mit einer Freiheitsstrafe im Höchstmaß von mindestens drei Jahren bedroht sind und nach den Rechtsvorschriften des Entscheidungsstaats eine in Art. 3 I aufgeführte Katalogtat darstellen. Die VO führt in Art. 8 (Sicherstellung) bzw. Art. 19 (Einziehung) abschließend die Gründe auf, die zur Versagung der Vollstreckung führen können (fakultative Versagungsgründe).[122]

---

[117] ABlEU 2014 Nr. L 127, S. 39.
[118] ABlEU ABl. 2003 L 196, S. 45.
[119] ABlEU 2006 Nr. L 328, S. 59.
[120] ABlEU 2018 Nr. L 303, S. 1.
[121] *Hüttemann*, NZWiSt 2019, 248 ff.; *Morgenstern*, in: *Böse* (Hrsg.), EuStR, § 15 Rn. 113.
[122] *Hüttemann*, NZWiSt 2019, 248, 254 ff.

Im deutschen Recht sind die Bestimmungen zur Durchführung der VO (EU) 2018/1805 in §§ 96a–96e IRG enthalten.

11.2.11 Europäisches Strafregisterinformationssystem

40 Der am 27.04.2009 in Kraft getretene **RB 2009/315/JI des Rates v. 26.02.2009 über die Durchführung und den Inhalt des Austauschs von Informationen aus dem Strafregister zwischen den Mitgliedstaaten**[123] ermöglicht einen vereinfachten Austausch von Strafregisterdaten, indem die Mitgliedstaaten dazu verpflichtet werden, strafgerichtliche Verurteilungen einer Person, die die Staatsangehörigkeit eines anderen EU-Mitgliedstaats besitzt, dem Herkunftsmitgliedstaat mitzuteilen (Strafnachrichtenaustausch). Dem Herkunftsmitgliedstaat wiederum obliegt es, alle entsprechend mitgeteilten ausländischen Strafurteile zu speichern und den anderen Mitgliedstaaten der EU auf deren Auskunftsersuchen mitzuteilen. Das Strafregister des Herkunftsstaates des Staatsangehörigen eines EU-Mitgliedstaates ist dadurch zentraler Anlaufpunkt für die gesamte EU – hier sollen alle Informationen zu strafrechtlichen Verurteilungen einer Person aus allen Mitgliedstaaten gesammelt und abrufbar sein. Auf der Grundlage des RB 2009/315/JI wurde zum 27.04.2012 das **Europäische Strafregisterinformationssystem ECRIS** (European Criminal Register Information System) errichtet. Die am 27.06.2019 in Kraft getretene **RL (EU) 2019/884 des EP und des Rates v. 17.04.2019 zur Änderung des Rahmenbeschlusses 2009/315/JI des Rates im Hinblick auf den Austausch von Informationen über Drittstaatsangehörige und auf das Europäische Strafregisterinformationssystem (ECRIS)**[124] führt neue Vorschriften ein, um den Austausch von Informationen zu Verurteilungen von Drittstaatsangehörigen zwischen den Mitgliedstaaten zu verbessern. Das reformierte Europäische Strafregisterinformationssystem umfasst auch eine zentrale Datenbank mit Informationen zu Verurteilungen von Drittstaatsangehörigen und Staatenlosen.

11.3 Harmonisierung des Strafverfahrensrechts

11.3.1 Einführung

41 Nach zutreffender Auffassung der Kommission setzt eine effiziente Anwendung des Grundsatzes der gegenseitigen Anerkennung allseitiges Vertrauen voraus. Nicht nur die Justizbehörden, sondern alle an Strafverfahren beteiligten Personen müssten Entscheidungen der Justizbehörden der anderen Mitgliedstaaten als gleichwertig zu ihren eigenen ansehen dürfen und keinen Anlass haben, deren justizielle Funktion und die Wahrung des Rechts auf ein faires Verfahren anzuzweifeln.[125] Die

---

[123] ABlEU 2009 Nr. L 93, S. 23; vgl. hierzu *Esser*, in: *Böse* (Hrsg.), EuStR, § 19 Rn. 221 ff.
[124] ABlEU 2019 Nr. L 151, S. 143.
[125] KOM (2004) 328 endg. (Rz. 28).

Kommission legte daher am 28.04.2004 einen **Vorschlag für einen RB des Rates über bestimmte Verfahrensrechte in Strafverfahren innerhalb der Europäischen Union**[126] vor. Hintergrund dieser Kommissionsinitiative bildete die Prognose, dass die Zahl ausländischer Angeklagter aufgrund verschiedener Faktoren, vor allem höhere berufliche Mobilität, vermehrte Auslandsreisen, Migrationsbewegungen sowie Anstieg der Asylbewerber- und Flüchtlingszahlen, weiterhin zunehmen werde. Mit zunehmender Ausübung des Rechts, sich in der Union frei bewegen und aufhalten zu dürfen, werde auch die Zahl der Unionsbürger aus anderen Mitgliedstaaten, die in Strafverfahren verwickelt sind, steigen. Es sei Aufgabe der Mitgliedstaaten, sicherzustellen, dass die strafprozessualen Verfahrensrechte der Unionsbürger, gegen die in einem anderen Mitgliedstaat als ihrem Herkunftsstaat ein Strafverfahren anhängig ist, angemessen gewahrt werden. Nachdem die Etablierung strafprozessualer Mindeststandards bei den Verfahrensrechten zunächst gescheitert war, machte die schwedische Ratspräsidentschaft die Vereinheitlichung und Stärkung der Beschuldigtenrechte zum Gegenstand des am 10./11.12.2009 vom Europäischen Rat beschlossenen Stockholmer Programms,[127] dessen Zielvorgaben in Abstimmung mit der Kommission in einem **Fahrplan zur Stärkung der Verfahrensrechte von Verdächtigen oder Beschuldigten in Strafverfahren**[128] konkretisiert wurden. Dieser sieht eine schrittweise Harmonisierung einzelner Beschuldigtenrechte vor. Die Kommission präsentierte am 20.04.2010 einen Aktionsplan zur Umsetzung des Stockholmer Programms[129] Auch hielt sie eine **Stärkung der Opferrechte** im Strafverfahren für dringend geboten.[130] Dieser Forderung schloss sich der Rat in seiner Entschließung vom 10.06.2011 über einen **Fahrplan zur Stärkung der Rechte und des Schutzes von Opfern**[131] an.

11.3.2 Übersicht – Rechtsakte zur Angleichung strafprozessualer Verfahrensgarantien

Mit dem von dem Lissabonner Reformvertrag eingeführten Art. 82 II AEUV (Rn. 3) steht eine primärrechtliche Grundlage zur Verfügung, die eine Rechtsangleichung in den unter Art. 82 II UA 2 lit. a–d AEUV genannten Bereichen[132] ermöglicht. Die grundlegenden Aspekte der mitgliedstaatlichen Strafrechtsordnungen werden – wie im materiellen Strafrecht (Art. 83 III AEUV; Kap. 8 Rn. 39 ff.) – durch eine verfahrensrechtliche „Notbremse" geschützt (Art. 82 III AEUV). Seit dem Jahre 2010 wurden die vom Rat angenommenen Fahrpläne (Rn. 41) sukzessive abgearbeitet und auf der Grundlage des Art. 82 II UA 2 AEUV zahlreiche RL zur Stärkung der

42

---

[126] KOM (2004) 328 endg.
[127] ABlEU 2010 Nr. C 115, S. 1, 10; vgl. hierzu *Ambos*, IntStR, § 10 Rn. 144 m. w. N.
[128] ABlEU 2009 Nr. C 295, S. 1, 3.
[129] KOM (2010) 171 endg.
[130] KOM (2011) 274 endg.
[131] ABlEU 2011 Nr. C 187, S. 1.
[132] *Satzger*, IntStR, § 10 Rn. 94 ff.

Verfahrensrechte von Verdächtigen oder Beschuldigten sowie der **Rechte und zum Schutz der Opfer von Straftaten** verabschiedet, die wesentliche **Bausteine des Europäischen Strafverfahrensrechts** darstellen:

- RL 2010/64/EU des EP und des Rates v. 20.10.2010 über das **Recht auf Dolmetschleistungen und Übersetzungen** in Strafverfahren[133] (Rn. 43)
- RL 2012/13/EU des EP und des Rates v. 22.05.2012 über das **Recht auf Belehrung und Unterrichtung** in Strafverfahren[134] (Rn. 44–46)
- RL 2012/29/EU des EP und des Rates v. 25.10.2012 über Mindeststandards für die **Rechte, die Unterstützung und den Schutz von Opfern von Straftaten** sowie zur Ersetzung des RB 2001/220/JI[135] (Rn. 47–50)
- RL 2013/48/EU des EP und des Rates v. 22.10.2013 über das **Recht auf Zugang zu einem Rechtsbeistand** in Strafverfahren und in Verfahren zur Vollstreckung des Europäischen Haftbefehls sowie über das **Recht auf Benachrichtigung eines Dritten bei Freiheitsentzug** und das **Recht auf Kommunikation mit Dritten und mit Konsularbehörden während des Freiheitsentzugs**[136] (Rn. 51–53)
- RL (EU) 2016/343 des EP und des Rates v. 09.03.2016 über die Stärkung bestimmter Aspekte der **Unschuldsvermutung** und des **Rechts auf Anwesenheit in der Verhandlung** in Strafverfahren[137] (Rn. 54–57)
- RL (EU) 2016/800 des EP und des Rates v. 11.05.2016 über **Verfahrensgarantien in Strafverfahren für Kinder**, die Verdächtige oder beschuldigte Personen in Strafverfahren sind[138] (Rn. 58–60)
- RL (EU) 2016/1919 des EP und des Rates v. 26.10.2016 über **Prozesskostenhilfe** für Verdächtige und beschuldigte Personen in Strafverfahren sowie für gesuchte Personen in Verfahren zur Vollstreckung des Europäischen Haftbefehls[139] (Rn. 61–62)

11.3.3 Recht auf Dolmetschleistungen und Übersetzungen

43   Die **RL 2010/64/EU des EP und des Rates v. 20.10.2010 über das Recht auf Dolmetschleistungen und Übersetzungen** in Strafverfahren[140] legt Mindestvorschriften im Bereich von Dolmetschleistungen und Übersetzungen zugunsten von verdächtigen oder beschuldigten Personen fest, um das Recht auf ein faires Verfahren zu gewährleisten. Ihr Anwendungsbereich umfasst alle in den Mitgliedstaaten

---

[133] ABlEU 2010 Nr. L 280, S. 1.
[134] ABlEU 2012 Nr. L 142, S. 1.
[135] ABlEU 2012 Nr. L 315, S. 57.
[136] ABlEU 2013 Nr. L 294, S. 1.
[137] ABlEU 2016 Nr. L 65, S. 1.
[138] ABlEU 2016 Nr. L 132, S. 1.
[139] ABlEU 2016 Nr. L 297, S. 1.
[140] ABlEU 2010 Nr. L 280, S. 1; Vgl. hierzu *Ambos*, IntStR, § 10 Rn. 146; *Esser*, EuStR, § 5 Rn. 42.

11.3 Harmonisierung des Strafverfahrensrechts

geführten Strafverfahren (auch solche ohne grenzüberschreitende Dimension) und Verfahren zur Vollstreckung eines EuHb (Art. 1 I). Das Recht auf Dolmetschleistungen und Übersetzungen gilt für Personen ab dem Zeitpunkt, zu dem sie von den zuständigen Behörden eines Mitgliedstaats durch amtliche Mitteilung oder auf sonstige Weise davon in Kenntnis gesetzt werden, dass sie der Begehung einer Straftat verdächtig oder beschuldigt sind, bis zum Abschluss des Verfahrens, worunter die endgültige Klärung der Frage zu verstehen ist, ob sie die Straftat begangen haben, ggf. einschließlich der Festlegung des Strafmaßes und der abschließenden Entscheidung in einem Rechtsmittelverfahren (Art. 1 II). Die RL 2010/64/EU schreibt den Mitgliedstaaten vor, verdächtigen oder beschuldigten Personen, die der Sprache des betreffenden Strafverfahrens nicht mächtig sind, während des gesamten Verfahrens und insbesondere für den Kontakt mit ihrem Rechtsbeistand Dolmetschleistungen zur Verfügung zu stellen (Art. 2 I, II). Um dieses Recht umfassend zu gewährleisten, können auch Kommunikationstechnologien wie Videokonferenz, Telefon oder Internet eingesetzt werden, es sei denn, die persönliche Anwesenheit des Dolmetschers ist für die Gewährleistung eines fairen Verfahrens erforderlich (Art. 2 VI). Außerdem müssen die Mitgliedstaaten sicherstellen, dass die verdächtigen oder beschuldigten Personen innerhalb einer angemessenen Frist eine schriftliche Übersetzung aller für die Wahrnehmung ihrer Verteidigungsrechte wesentlichen Unterlagen erhalten (Art. 3 I). Hierzu gehören insbesondere Anordnungen einer freiheitsentziehenden Maßnahme, Anklageschriften und Urteile (Art. 3 II).[141] Im Sinne eines fairen und rechtsstaatlichen Verfahrens müssen auch nicht in der Gerichtssprache verfasste Schriftstücke, wenn ihnen ersichtlich nicht jede Verfahrensrelevanz fehlt, übersetzt werden (Art. 3 III).[142] Die Entscheidung hierüber obliegt den zuständigen Behörden. Verdächtigen oder beschuldigten Personen muss die Befugnis eingeräumt werden, eine innerstaatlich getroffene Entscheidung, dass keine Dolmetschleistung benötigt wird, im Einklang mit dem im innerstaatlichem Recht vorgesehenen Verfahren anzufechten (Art. 2 V, 1. Hs.). Wenn eine Dolmetschleistung zur Verfügung gestellt wurde, muss die Möglichkeit bestehen, die Qualität der Dolmetschleistungen als für die Gewährleistung eines fairen Verfahrens unzureichend zu beanstanden (Art. 2 V, 2. Hs.).[143] Die Inanspruchnahme der Dolmetschleistungen ist für die begünstigten Personen kostenlos. Für die in Anwendung der Art. 2 und 3 entstehenden Dolmetsch- und Übersetzungskosten kommen unabhängig vom Verfahrensausgang allein die Mitgliedstaaten auf (Art. 4). In Deutschland erfolgte die **Umsetzung der RL 2010/64/EU** durch das **Gesetz zur Stärkung der Verfahrensrechte von Beschuldigten im Strafverfahren v. 02.07.2013**.[144]

---

[141] Auch Strafbefehle (§ 407 ff. StPO) sind einbezogen; vgl. hierzu EuGH NJW 2018, 142, 143.

[142] Nach Auffassung von EuGH NJW 2016, 303, 304 (Rz. 47 ff.) besteht keine Pflicht zur Übersetzung des Einspruchs gegen einen Strafbefehl (§ 410 StPO); zu Recht krit. hierzu *Esser*, EuStR, § 5 Rn. 46. BGH NStZ-RR 2018, 57, 58 hat klargestellt, dass dies nur für den unverteidigten Beschuldigten gilt.

[143] EuGH NJW 2022, 601 (608) mAnm. *Oğlakcıoğlu*.

[144] BGBl. I 2013, 1938; vgl. hierzu *Christl*, NStZ 2014, 376 ff.

11.3.4 Recht auf Belehrung und Unterrichtung

11.3.4.1 Regelungsgegenstand der RL 2012/13/EU

44 Die **RL 2012/13/EU des EP und des Rates v. 22.05.2012 über das Recht auf Belehrung und Unterrichtung in Strafverfahren**[145] legt gemeinsame Mindestvorschriften fest, die bei der Belehrung über die Rechte und bei der Unterrichtung über den Tatvorwurf gegenüber Personen, die der Begehung einer Straftat verdächtigt oder beschuldigt werden, anzuwenden sind. Ihr Anwendungsbereich umfasst alle in den Mitgliedstaaten geführten Strafverfahren (auch solche ohne grenzüberschreitende Dimension) und Verfahren zur Vollstreckung eines EuHb (Art. 1). Die nach der RL 2012/13/EU zu gewährleistenden Rechte gelten ab dem Zeitpunkt, zu dem eine Person von den zuständigen Behörden eines Mitgliedstaats davon in Kenntnis gesetzt wurde, dass sie der Begehung einer Straftat verdächtig oder beschuldigt ist, bis zum Abschluss des Verfahrens, worunter die endgültige Klärung der Frage zu verstehen ist, ob der Verdächtige oder die beschuldigte Person die Straftat begangen hat, ggf. einschließlich der Festlegung des Strafmaßes und der abschließenden Entscheidung in einem Rechtsmittelverfahren (Art. 2 I). Sieht das Recht eines Mitgliedstaats die Verhängung einer Sanktion wegen geringfügiger Zuwiderhandlungen durch eine Behörde vor, die kein in Strafsachen zuständiges Gericht ist, und kann gegen die Verhängung einer solchen Sanktion bei einem solchen Gericht ein Rechtsbehelf eingelegt werden, so findet die RL nur auf das Verfahren vor diesem Gericht nach Einlegung eines solchen Rechtsbehelfs Anwendung (Art. 2 II). Damit ist das deutsche Bußgeldverfahren dem Anwendungsbereich der Richtlinie weitgehend entzogen.[146] In Deutschland erfolgte die **Umsetzung der RL 2012/13/EU** durch das **Gesetz zur Stärkung der Verfahrensrechte von Beschuldigten im Strafverfahren v. 02.07.2013**.[147]

11.3.4.2 Wesentlicher Inhalt der RL 2012/13/EU

11.3.4.2.1 Belehrungspflicht

45 Mit den in der RL 2012/13/EU statuierten Belehrungs- und Unterrichtungspflichten korrespondiert ein entsprechendes **Belehrungs- bzw. Unterrichtungsrecht des Verdächtigen oder Beschuldigten**. Nach Art. 3 I haben die Mitgliedstaaten sicherzustellen, dass diese Personen umgehend entweder mündlich oder schriftlich in einfacher und verständlicher Sprache (Art. 3 II) **mindestens über folgende Verfahrensrechte in ihrer Ausgestaltung nach dem innerstaatlichen Recht belehrt werden**:

- das Recht auf Hinzuziehung eines Rechtsanwalts (Art. 3 I lit. a)
- den etwaigen Anspruch auf unentgeltliche Rechtsberatung und die Voraussetzungen für diese Rechtsberatung (Art. 3 I lit. b)

---

[145] ABlEU 2012 Nr. L 142, S. 1; vgl. hierzu *Ambos*, IntStR, § 10 Rn. 147; *Esser*, EuStR, § 5 Rn. 43.
[146] *Esser*, Wolter-FS, S. 1329, 1339.
[147] BGBl. I 2013, 1938; vgl. hierzu *Christl*, NStZ 2014, 376 ff.

- das Recht auf Unterrichtung über den Tatvorwurf (Art. 3 I lit. c)
- das Recht auf Dolmetschleistungen und Übersetzungen (Art. 3 I lit. d)
- das Recht auf Aussageverweigerung (Art. 3 I lit. e)

Festgenommene oder inhaftierte Personen müssen umgehend eine schriftliche Erklärung der Rechte in einer einfachen und ihnen verständlichen Sprache erhalten (Art. 4 I). Zusätzlich zu der Belehrung gem. Art. 3 muss die Erklärung weitere Hinweise zu den folgenden Rechten in ihrer Ausgestaltung im innerstaatlichen Recht enthalten:

- das Recht auf Einsicht in die Verfahrensakte (Art. 4 II lit. a)
- das Recht auf Unterrichtung der Konsularbehörden und einer Person (Art. 4 II lit. b)
- das Recht auf Zugang zu dringender medizinischer Versorgung (Art. 4 II lit. c)
- den Hinweis darauf, wie viele Stunden oder Tage der Freiheitsentzug bis zur Vorführung vor eine Justizbehörde höchstens andauern darf (Art. 4 II lit. d)

Die Erklärung der Rechte muss auch einige grundlegende Informationen über jede im innerstaatlichen Recht vorgesehene Möglichkeit vermitteln, die Rechtmäßigkeit der Festnahme anzufechten, eine Haftprüfung zu erwirken oder einen Antrag auf vorläufige Haftentlassung zu stellen (Art. 4 III).

11.3.4.2.2 Unterrichtungspflicht

Die Mitgliedstaaten müssen gem. Art. 6 I sicherstellen, dass Verdächtige oder beschuldigte Personen umgehend und detailliert **über die strafbare Handlung unterrichtet** werden, derer sie verdächtigt oder beschuldigt werden (Kap. 1 Rn. 23 zur praktischen Bedeutung im Rahmen eines transnationalen Strafbefehlsverfahrens). Bei festgenommenen oder inhaftierten Personen muss zusätzlich eine **Unterrichtung über die Gründe für ihre Festnahme oder Inhaftierung** erfolgen (Art. 6 II). Spätestens mit der Erhebung der Anklage verdichtet sich die Unterrichtungspflicht der Strafverfolgungsbehörden auf „detaillierte Informationen über den Tatvorwurf", einschließlich der Art und der rechtlichen Beurteilung der Straftat sowie der Art der Beteiligung der beschuldigten Person (Art. 6 III). Dieser Vorgabe ist auch Genüge getan, wenn der Verteidigung erst nach Einreichung der Anklageschrift bei Gericht detaillierte Informationen über den Tatvorwurf erteilt werden, bevor das Gericht mit der inhaltlichen Prüfung des Tatvorwurfs beginnt.[148] Art. 7 normiert Vorgaben für ein **Recht auf Einsicht in die Verfahrensakte**.[149] Wird eine Person in irgendeinem Stadium des Strafverfahrens festgenommen und inhaftiert, so müssen die Mitgliedstaaten sicherstellen, dass alle Unterlagen zu dem gegenständlichen Fall, die sich im Besitz der zuständigen Behörden befinden und für eine wirksame Anfechtung der Festnahme oder Inhaftierung gemäß dem innerstaatlichen Recht wesentlich sind, den festgenommenen Personen oder ihren Rechtsanwälten zur Verfügung gestellt

46

---

[148] EuGH BeckRS 2018, 10157 (Rz. 99).
[149] *Esser*, EuStR, § 5 Rn. 44; *ders.*, Wolter-FS, S. 1329, 1346 ff.

werden (Art. 7 I). Die Mitgliedstaaten müssen außerdem gewährleisten, dass Verdächtigen, Beschuldigten oder ihren Rechtsanwälten Einsicht in alle im Besitz der zuständigen Behörden befindlichen Beweismittel gewährt wird (Art. 7 II). In zeitlicher Hinsicht stellt Art. 7 III für das Einsichtsrecht nach Art. 7 II die Vorgabe auf, dass der Zugang zu den genannten Unterlagen so rechtzeitig gewährt werden muss, dass die Verteidigungsrechte wirksam wahrgenommen werden können, spätestens aber bei Einreichung der Anklageschrift bei Gericht (Art. 7 III). Die Einsicht in bestimmte Unterlagen kann verweigert werden, wenn hierdurch das Leben oder die Grundrechte einer anderen Person ernsthaft gefährdet werden könnte oder wenn dies zum Schutz eines wichtigen öffentlichen Interesses unbedingt erforderlich ist, wie bspw. in Fällen, in denen laufende Ermittlungen gefährdet oder die nationale Sicherheit ernsthaft beeinträchtigt werden könnte (Art. 7 IV S. 1). Die Beschränkung des Einsichtsrechts darf nur von einer Justizbehörde angeordnet werden und muss einer gerichtlichen Überprüfungsmöglichkeit zugänglich sein (Art. 7 IV S. 2). Jegliche Belehrung oder Unterrichtung, die nach Art. 3 bis 6 erfolgt, muss gemäß dem Verfahren für Aufzeichnungen nach dem Recht des betreffenden Mitgliedstaats schriftlich festgehalten werden (Art. 8 I). Ferner muss gewährleistet werden, dass Verdächtige, Beschuldigte oder ihre Rechtsanwälte das Recht haben, ein etwaiges Versäumnis oder die etwaige Verweigerung einer Belehrung oder Unterrichtung gemäß dieser RL durch die zuständigen Behörden nach den Verfahren des innerstaatlichen Rechts anzufechten (Art. 8 II).[150]

11.3.5 Opferschutz

11.3.5.1 Regelungsgegenstand der RL 2012/29/EU

47 Mit der **RL 2012/29/EU des EP und des Rates v. 25.10.2012 über Mindeststandards für die Rechte, die Unterstützung und den Schutz von Opfern von Straftaten sowie zur Ersetzung des RB 2001/220/JI**[151] soll ein im Vergleich zu dem ersetzten RB höheres Niveau des Opferschutzes in der gesamten Union gewährleistet werden. Dem Verletzten sollen aufgrund seines Status als Opfer einer Straftat individuelle Ansprüche auf Information, Unterstützung und Schutz zuerkannt werden. Auch ist ihm ein Recht auf Beteiligung am Verfahren einzuräumen (Art. 1 I). In Art. 2 Nr. 1 lit. a RL 2012/29/EU wird der Begriff des **„Opfers"** legaldefiniert. Im Sinne der RL bezeichnet dieser Ausdruck

- eine natürliche Person, die eine körperliche, geistige oder seelische Schädigung oder einen wirtschaftlichen Verlust, der direkte Folge einer Straftat war, erlitten hat sowie
- Familienangehörige einer Person, deren Tod eine direkte Folge einer Straftat ist, und die durch den Tod dieser Person eine Schädigung erlitten haben.

---
[150] EuGH NJW 2023, 2707, 2708.
[151] ABlEU 2012 Nr. L 315, S. 57; vgl. hierzu *Esser*, in: *Sieber u. a.* (Hrsg.), EuStR, § 53 Rn. 141 ff.; *Meier*, Wolter-FS, S. 1387 ff.

Die RL 2012/29/EU statuiert Rechte des Opfers auf **Information und Unterstützung** (Art. 3–9), auf **Teilnahme am Strafverfahren** (Art. 10–17) sowie bestimmte **Schutzansprüche** (Art. 18–24). In Deutschland erfolgte die **Umsetzung der RL 2012/29/EU** durch das **3. Opferrechtsreformgesetz v. 21.12.2015**.[152]

11.3.5.2 Wesentlicher Inhalt der RL 2012/29/EU

11.3.5.2.1 Recht auf Information
Nach Art. 4 I RL 2012/29/EU ist das **Opfer ab der ersten Kontaktaufnahme** mit einer zuständigen Behörde unverzüglich **zu informieren über**: 48

- die Art der möglichen Unterstützungsleistungen einschließlich des Zugangs zu medizinischer Unterstützung, spezialisierter Unterstützung, psychologischer Betreuung und alternativer Unterbringung (Art. 4 I lit. a)
- die Verfahren zur Erstattung von Anzeigen hinsichtlich einer Straftat und die Stellung des Opfers in diesen Verfahren (Art. 4 I lit. b)
- die Voraussetzungen des Zugangs zu Opferschutzangeboten einschließlich Schutzmaßnahmen (Art. 4 I lit. c)
- die Voraussetzungen des Zugangs zu Rechtsbeistand, Prozesskostenhilfe oder sonstigen Beistand (Art. 4 I lit. d)
- die Voraussetzungen der Opferentschädigung (Art. 4 I lit. e)
- die Voraussetzungen auf Zugang zu Dolmetschleistung und Übersetzung (Art. 4 I lit. f)
- besondere Maßnahmen, Verfahren oder Vorkehrungen, die zum Schutz der Interessen des Opfers in dem Mitgliedstaat, in dem die erste Kontaktaufnahme mit der zuständigen Behörde erfolgt, getroffen werden können (Art. 4 I lit. g)
- verfügbare Beschwerdeverfahren für den Fall, dass die die im Rahmen des Strafverfahrens tätige Behörde die Rechte des Opfers verletzt (Art. 4 I lit. h)
- Kontaktangaben für den Fall betreffende Mitteilungen (Art. 4 I lit. i)
- verfügbare Wiedergutmachungsdienste (Art. 4 I lit. j)
- die Voraussetzungen der Erstattung von Ausgaben, die dem Opfer infolge der Teilnahme am Strafverfahren entstehen (Art. 4 I lit. k)

11.3.5.2.2 Recht auf Teilnahme am Strafverfahren
Das **Recht auf Teilnahme des Opfers am Strafverfahren** umfasst folgende Teilrechte: 49

- Anspruch auf rechtliches Gehör und Beibringung von Beweismitteln (Art. 10 I)
- Recht auf Überprüfung der Entscheidung, auf die Strafverfolgung zu verzichten (Art. 11 I)

---

[152] Ges. zur Stärkung der Opferrechte im Strafverfahren (3. Opferrechtsreformgesetz) v. 21.12.2015 (BGBl. I 2015, 2525); vgl. hierzu *Ferber*, NJW 2016, 279 ff.; *Haverkamp*, ZRP 2015, 53 ff.

- Recht auf Schutz vor sekundärer oder wiederholter Viktimisierung, vor Einschüchterung und Vergeltung bei Teilnahme an einem Wiedergutmachungsverfahren (Art. 12 I)
- Anspruch auf Prozesskostenhilfe (Art. 13) und Kostenerstattung (Art. 14)
- Recht auf Rückgabe von Vermögenswerten (Art. 15)
- Recht auf Entscheidung über Entschädigung durch den Straftäter (Art. 16 I)
- Recht auf Minimierung von Schwierigkeiten, wenn das Opfer seinen Wohnsitz in einem anderen Mitgliedstaat als dem Tatortstaat hat (Art. 17)

11.3.5.2.3 Recht auf Schutz

50 Der von der RL 2012/29/EU intendierte Opferschutz umfasst neben einem allgemeinen Anspruch auf opferschützende Maßnahmen (Art. 18) folgende **Rechte des Opfers**:

- Recht auf Vermeidung des Zusammentreffens mit dem Straftäter (Art. 19)
- Recht auf Schonung während der strafrechtlichen Ermittlungen (Art. 20)
- Recht auf Schutz der Privatsphäre (Art. 21)

Opfern, deren **besondere Schutzbedürfnisse** gemäß Art. 22 I ermittelt wurden, sind **während der strafrechtlichen Ermittlungen** folgende Maßnahmen zur Verfügung zu stellen:

- das Opfer wird in Räumlichkeiten vernommen, die für diesen Zweck ausgelegt sind oder diesem Zweck angepasst wurden (Art. 23 II lit. a)
- die Vernehmung des Opfers wird von für diesen Zweck ausgebildeten Fachkräften oder unter deren Mitwirkung durchgeführt (Art. 23 II lit. b)
- sämtliche Vernehmungen des Opfers werden von denselben Personen durchgeführt, es sei denn, dies ist nicht im Sinne einer geordneten Rechtspflege (Art. 23 II lit. c)
- Opfer sexueller Gewalt, geschlechtsbezogener Gewalt oder von Gewalt in engen Beziehungen werden von einer Person des gleichen Geschlechts wie das Opfer vernommen, wenn das Opfer dies wünscht und der Gang des Strafverfahrens dadurch nicht beeinträchtigt wird, es sei denn, die Vernehmung erfolgt durch einen Staatsanwalt oder einen Richter (Art. 23 II lit. d)

Besonders schutzbedürftigen Opfern i. S. d. Art. 22 I sind **während der Gerichtsverhandlung** zur Verfügung zu stellen:

- Maßnahmen zur Verhinderung des Blickkontakts zwischen Opfern und Tätern – auch während der Aussage der Opfer – mit Hilfe geeigneter Mittel, unter anderem durch die Verwendung von Kommunikationstechnologie (Art. 23 III lit. a)
- Maßnahmen zur Gewährleistung, dass das Opfer insbesondere mit Hilfe geeigneter Kommunikationstechnologie vernommen werden kann, ohne im Gerichtssaal anwesend zu sein (Art. 23 III lit. b)

- Maßnahmen zur Vermeidung einer unnötigen Befragung zum Privatleben des Opfers, wenn dies nicht im Zusammenhang mit der Straftat steht (Art. 23 III lit. c) und
- Maßnahmen zur Ermöglichung des Ausschlusses der Öffentlichkeit während der Verhandlung (Art. 23 III lit. d)

11.3.6 Recht auf Zugang zu einem Rechtsbeistand

11.3.6.1 Regelungsgegenstand der RL 2013/48/EU

Die **RL 2013/48/EU des EP und des Rates v. 22.10.2013 über das Recht auf Zugang zu einem Rechtsbeistand in Strafverfahren und in Verfahren zur Vollstreckung des Europäischen Haftbefehls sowie über das Recht auf Benachrichtigung eines Dritten bei Freiheitsentzug und das Recht auf Kommunikation mit Dritten und mit Konsularbehörden während des Freiheitsentzugs**[153] statuiert Mindestvorschriften für die bereits im Titel der RL genannten Rechte von Verdächtigen und beschuldigten Personen (Art. 1). Diese Mindeststandards sind ab dem Zeitpunkt zu gewährleisten, zu dem die betroffenen Personen von den zuständigen Behörden eines Mitgliedstaats durch amtliche Mitteilung oder auf sonstige Art und Weise davon in Kenntnis gesetzt wurden, dass sie der Begehung einer Straftat verdächtig sind oder beschuldigt werden, bis zum Abschluss des Verfahrens, worunter die endgültige Klärung der Frage zu verstehen ist, ob der Verdächtige oder die beschuldigte Person die Straftat begangen hat, ggf. einschließlich der Festlegung des Strafmaßes und der abschließenden Entscheidung in einem Rechtsmittelverfahren (Art. 2 I).[154] Entsprechendes gilt in Verfahren zur Vollstreckung eines EuHb ab dem Zeitpunkt ihrer Festnahme im Vollstreckungsmitgliedstaat gemäß der in Art. 10 getroffenen Regelung (Art. 2 II).[155] Vom Anwendungsbereich der RL 2013/48/EU ausgenommen ist die Verfolgung von Fällen leichter Kriminalität, für die Sanktionen außerhalb eines strafgerichtlichen Verfahrens angeordnet werden können oder keine Freiheitsstrafe in Betracht kommt (Art. 2 IV). Der deutsche Gesetzgeber setzte die RL 2013/48/EU durch das **Zweite Gesetz zur Stärkung der Verfahrensrechte von Beschuldigten im Strafverfahren und zur Änderung des Schöffenrechts v. 27.08.2017** um.[156]

11.3.6.2 Wesentlicher Inhalt der RL 2013/48/EU

11.3.6.2.1 Recht auf Zugang zu einem Rechtsbeistand

Die Mitgliedstaaten müssen sicherstellen, dass Verdächtigen und beschuldigten Personen das Recht auf Zugang zu einem Rechtsbeistand so rechtzeitig und in einer

---

[153] ABlEU 2013 Nr. L 294, S. 1; vgl. hierzu *Ambos*, IntStR, § 10 Rn. 148 ff.; *Esser*, EuStR, § 5 Rn. 51a ff.; *ders.*, Kühne-FS, S. 539, 550 ff.
[154] EuGH BeckRS 2020, 3317 (Rz. 25 ff.).
[155] EuGH BeckRS 2019, 31230 (Rz. 55).
[156] BGBl. I 2017, 3295; vgl. hierzu *Esser*, KriPoZ 2017, 167 ff.; *Gerson*, KriPoZ 2017, 104 ff.

solchen Art und Weise zukommt, dass sie ihre Verteidigungsrechte wirksam wahrnehmen können (Art. 3 I). Allerdings können die Betroffenen unter den in Art. 9 genannten Bedingungen jederzeit und widerruflich auf dieses Recht durch eine schriftliche oder mündliche Erklärung verzichten. Aus Art. 3 II lit. a–d lassen sich vier mögliche **Zeitpunkte** entnehmen, zu denen die Verdächtigen oder beschuldigten Personen **Zugang zu einem Rechtsbeistand erhalten müssen**.[157] Anzuknüpfen ist dabei an die **verfahrensrechtliche Situation, die zeitlich zuerst eintritt**, d. h.

- vor ihrer Befragung durch die Polizei oder andere Strafverfolgungs- oder Justizbehörden (Art. 3 II lit. a)
- ab der Durchführung von Ermittlungs- oder anderen Beweiserhebungshandlungen (Art. 3 II lit. b)
- unverzüglich nach dem Entzug der Freiheit (Art. 3 II lit. c)
- rechtzeitig vor dem Erscheinen des Betroffenen vor Gericht (Art. 3 II lit. c)

Im Sinne der RL 2013/48/EU umfasst die Befragung nicht die vorläufige Befragung durch die Polizei oder andere Strafverfolgungsbehörden zu dem Zweck, die Identität der betreffenden Person festzustellen, den Besitz von Waffen festzustellen oder andere, ähnliche Sicherheitsfragen zu klären oder festzustellen, ob Ermittlungen eingeleitet werden sollten, bspw. im Laufe einer Straßenkontrolle oder bei regelmäßigen Stichprobenkontrollen, wenn ein Verdächtiger oder eine beschuldigte Person noch nicht identifiziert worden ist (ErwGr. Ziff. 20). Das **Recht auf Zugang zu einem Rechtsbeistand umfasst mindestens die Ermöglichung**

- mit dem Rechtsbeistand unter vier Augen zusammenzutreffen und mit ihm auch vor der Befragung durch die Polizei oder andere Strafverfolgungs- oder Justizbehörden zu kommunizieren (Art. 3 III lit. a)
- der Anwesenheit des Rechtsbeistandes bei der Befragung und seiner Teilnahme daran (Art. 3 III lit. b)
- der Teilnahme des Rechtsbeistands bei Identifizierungsgegenüberstellungen, Vernehmungsgegenüberstellungen und Tatortrekonstruktionen (Art. 3 III lit. c).

Unter außergewöhnlichen Umständen und nur im vorgerichtlichen Stadium können die Mitgliedstaaten vorübergehend von der Anwendung der nach Art. 3 III gewährten Rechte abweichen, wenn dies angesichts der besonderen Umstände des Falles zur Abwehr einer Gefahr für Leib oder Leben oder für die Freiheit einer Person dringend erforderlich ist (Art. 3 VI lit. a i. V. m. Art. 8) oder wenn ein sofortiges Handeln der Ermittlungsbehörden zwingend geboten ist, um eine erhebliche Gefährdung eines Strafverfahrens abzuwenden (Art. 3 VI lit. b i. V. m. Art. 8).

11.3.6.2.2 Vertraulichkeit der Kommunikation

53 Die Mitgliedstaaten haben die **Vertraulichkeit der Kommunikation** zwischen Verdächtigen oder beschuldigten Personen und ihrem Rechtsbeistand bei der Wahr-

---

[157] EuGH BeckRS 2020, 3317 (Rz. 32 ff.); vgl. hierzu *Martínez Cantón*, GA 2021, 512 ff.

nehmung des im Rahmen dieser Richtlinie vorgesehenen Rechts auf Zugang zu einem Rechtsbeistand zu gewährleisten (Art. 4). Eine solche Kommunikation umfasst auch Treffen, Schriftverkehr, Telefongespräche und sonstige nach nationalem Recht zulässige Kommunikationsformen. Festgenommenen Personen muss zudem das **Recht auf unverzügliche Benachrichtigung** mindestens einer von ihnen benannten Person, beispielsweise einen Angehörigen oder einen Arbeitgeber, von dem Freiheitsentzug eingeräumt werden (Art. 5 I). Handelt es sich bei dem Verdächtigen oder der beschuldigten Person um ein Kind (Person unter 18 Jahre), so ist sicherzustellen, dass die erziehungsberechtigte Person möglichst rasch von dem Freiheitsentzug und den Gründen hierfür informiert wird, es sei denn, dies wäre dem Wohl des Kindes abträglich (Art. 5 II). Von der Anwendung der nach Art. 5 I, II gewährten Rechte kann vorübergehend abgewichen werden, wenn dies angesichts der besonderen Umstände des Falles zur Abwehr einer Gefahr für Leib oder Leben oder für die Freiheit einer Person (Art. 5 III lit. a i. V. m. Art. 8) oder zur Abwendung einer erheblichen Gefährdung eines Strafverfahrens dringend notwendig ist (Art. 5 III lit. b i. V. m. Art. 8). **Festgenommenen Personen** muss ferner die Möglichkeit eingeräumt werden, mit **mindestens einem von ihnen benannten Dritten**, wie beispielsweise einem **Angehörigen** und ggf. mit ihrer **Konsularbehörde** zu kommunizieren (Art. 6 I, 7 I). Das nationale Recht muss einen **wirksamen Rechtsbehelf** vorsehen, der es Verdächtigen oder beschuldigten Personen in Strafverfahren sowie gesuchten Personen in Verfahren zur Vollstreckung des EuHb ermöglicht, die Verletzung ihrer Rechte nach dieser Richtlinie zu rügen und einer justiziellen Kontrolle zu unterziehen (Art. 12 I).

11.3.7 Unschuldsvermutung und Recht auf Anwesenheit

11.3.7.1 Regelungsgegenstand der RL (EU) 2016/343

Am 09.03.2016 wurde die **RL (EU) 2016/343 des EP und des Rates über die Stärkung bestimmter Aspekte der Unschuldsvermutung und des Rechts auf Anwesenheit in der Verhandlung in Strafverfahren**[158] verabschiedet. Sie zielt darauf ab, das Recht auf ein faires Verfahren in Strafverfahren zu stärken, indem gemeinsame Mindestvorschriften für bestimmte Aspekte der Unschuldsvermutung (Art. 3–7) und das Recht auf Anwesenheit in der Verhandlung (Art. 8–9) festgelegt werden. Der von den Mitgliedstaaten zu gewährleistende Mindeststandard gilt für natürliche Personen, die Verdächtige oder beschuldigte Personen in Strafverfahren sind, und zwar für alle Abschnitte des Strafverfahrens ab dem Zeitpunkt, zu dem eine Person verdächtigt oder beschuldigt wird, eine Straftat oder eine mutmaßliche Straftat begangen zu haben, bis zum rechtskräftigen Abschluss des Verfahrens (Art. 1, 2).[159] Rechtliche Maßnahmen und Rechtsbehelfe, die erst nach dem rechtskräftigen Abschluss des Verfahrens zur Verfügung stehen, einschließlich Individualbeschwerden beim EGMR, unterfallen nicht dem Anwendungsbereich dieser RL

54

---
[158] ABlEU 2016 Nr. L 65, S. 1; vgl. hierzu *Ambos*, IntStR, § 10 Rn. 151; *Esser*, EuStR, § 5 Rn. 52.
[159] EuGH BeckRS 2018, 22084 (Rz. 40); BeckRS 2019, 29509 (Rz. 27).

(ErwGr. Ziff. 12). In Deutschland wurde die RL (EU) 2016/343 durch das **Ges. zur Stärkung des Rechts des Angeklagten auf Anwesenheit in der Verhandlung v. 17.12.2018**[160] umgesetzt.

11.3.7.2 Wesentlicher Inhalt der RL (EU) 2016/343

11.3.7.2.1 Unschuldsvermutung

55 Die RL (EU) 2016/343 bezweckt, eine Stigmatisierung von strafrechtlich verfolgten Personen zu vermeiden. Die Mitgliedstaaten müssen daher gewährleisten, dass Verdächtige und beschuldigte Personen als **unschuldig** gelten, bis ihre **Schuld rechtsförmlich nachgewiesen** wurde (Art. 3).[161] Insbesondere darf in **öffentlichen Erklärungen von Behörden** und in nicht **die Frage der Schuld betreffenden gerichtlichen Entscheidungen** nicht so auf die betreffende Person Bezug genommen werden, als sei sie schuldig (Art. 4 I S. 1). Dies hindert die Strafverfolgungsbehörden jedoch nicht an dem Erlass vorläufiger Entscheidungen verfahrensrechtlicher Art, die auf Verdachtsmomenten oder belastendem Beweismaterial beruhen, wie etwa einer Entscheidung über die Fortdauer der Untersuchungshaft, soweit der Verdächtige oder die beschuldigte Person darin nicht als schuldig bezeichnet wird.[162] Auch steht Art. 4 I S. 1 RL (EU) 2016/343 nicht einer richterlich zu genehmigenden Verfahrensabsprache zwischen dem Beschuldigten und der Staatsanwaltschaft entgegen, in welcher der Beschuldigte im Gegenzug für eine Strafmilderung ein Geständnis ablegt und hierbei auch einen Dritten als Tatbeteiligten benennt, der sich nicht schuldig bekannt hat. Allerdings muss in einer solchen Vereinbarung ausdrücklich darauf hingewiesen werden, dass gegen den Dritten ein gesondertes Strafverfahren geführt wird und seine Schuld nicht rechtsförmlich nachgewiesen worden ist.[163] Das Gebot zur Beachtung der Unschuldsvermutung hindert die Behörden nicht daran, Informationen über ein Strafverfahren öffentlich zu verbreiten, wenn dies im Zusammenhang mit den strafrechtlichen Ermittlungen oder im öffentlichen Interesse unbedingt erforderlich ist (Art. 4 III). Verdächtige und beschuldigte Personen dürfen vor Gericht oder in der Öffentlichkeit nicht durch den Einsatz von **physischen Zwangsmaßnahmen** so dargestellt werden, als seien sie schuldig (Art. 5 I). In Art. 6 I wird der Grundsatz formuliert, dass die **Beweislast für die Feststellung der Schuld** von Verdächtigen und beschuldigten Personen **bei der Strafverfolgungsbehörde** liegt. Zweifel sollen grundsätzlich dem Verdächtigen oder der beschuldigten Person zugutekommen (Art. 6 II). Die RL (EU) 2016/343 regelt nicht die Voraussetzungen, unter denen die Untersuchungshaft angeordnet werden kann. Art. 6 ist demnach nicht auf nationale Rechtsvorschriften anwendbar, die die Freilassung einer in Untersuchungshaft befindlichen Person davon abhängig machen, dass diese den Eintritt neuer Umstände nachweist, die ihre Entlassung aus der Haft rechtfertigen.[164]

---

[160] BGBl. I 2018, 2571.
[161] EuGH BeckRS 2019, 21519 (Rz. 71 ff.).
[162] EuGH BeckRS 2018, 22084 (Rz. 48); BeckRS 2019, 29509 (Rz. 29, 36).
[163] EuGH BeckRS 2019, 20131 (Rz. 50).
[164] EuGH BeckRS 2019, 29509 (Rz. 42).

11.3.7.2.2 Schutz der Aussagefreiheit

Die Mitgliedstaaten müssen sicherstellen, dass Verdächtige und beschuldigte Personen das Recht haben, in Bezug auf die Straftat, derer sie verdächtigt oder beschuldigt werden, die **Aussage zu verweigern** (Art. 7 I) und sich **nicht selbst belasten zu müssen** (Art. 7 II – **nemo tenetur se ipsum accusare**). Dieses Recht steht nicht der Beschaffung von Beweismitteln entgegen, die mithilfe gesetzlich vorgesehener Zwangsmittel rechtmäßig erlangt werden können und unabhängig vom Willen der Verdächtigen oder beschuldigte Personen existieren (Art. 7 III), z. B. aufgrund einer gerichtlichen Anordnung erlangtes Material oder Material, zu dessen Abgabe auf Verlangen eine rechtliche Verpflichtung besteht, wie Atemluft-, Blut- und Urinproben und Körpergewebe für einen DNA-Test (ErwGr. Ziff. 29). Die Wahrnehmung des Rechts, die Aussage zu verweigern, oder des Rechts, sich nicht selbst belasten zu müssen, darf weder gegen die Beschuldigten verwendet werden noch als Beweis dafür gewertet werden, dass sie die betreffende Straftat begangen haben (Art. 7 V).

11.3.7.2.3 Recht auf Anwesenheit in der Verhandlung

Art. 8 I RL (EU) 2016/343 statuiert ein **Recht auf Anwesenheit in der Verhandlung**. Jedoch **können** die Mitgliedstaaten vorsehen, dass eine **Verhandlung**, die zu einer Entscheidung über die Schuld oder Unschuld eines Verdächtigen oder einer beschuldigten Person führen kann, in seiner bzw. ihrer **Abwesenheit durchgeführt werden kann**, sofern

- der Verdächtige oder die beschuldigte Person rechtzeitig über die Verhandlung und über die Folgen des Nichterscheinens unterrichtet wurde (Art. 8 II lit. a) oder
- der Verdächtige oder die beschuldigte Person, nachdem er bzw. sie über die Verhandlung unterrichtet wurde, von einem bevollmächtigten Rechtsanwalt vertreten wird, der entweder von dem Verdächtigen oder der beschuldigten Person oder vom Staat bestellt wurde (Art. 8 II lit. b).

Eine Entscheidung, die im Einklang mit Art. 8 II getroffen wurde, kann gegen die betreffende Person vollstreckt werden (Art. 8 III). Wenn **Mitgliedstaaten die Möglichkeit vorsehen, Verhandlungen in Abwesenheit des Verdächtigen oder der beschuldigten Person zu führen**, es jedoch **nicht möglich ist, die in Art. 8 II genannten Voraussetzungen zu erfüllen**, weil der Verdächtige oder die beschuldigte Person trotz angemessener Bemühungen nicht aufgefunden werden kann, so **können die Mitgliedstaaten vorsehen, dass gleichwohl eine Entscheidung ergehen und vollstreckt werden kann**. In einem solchen Fall muss jedoch sichergestellt sein, dass Verdächtige oder beschuldigte Personen, wenn sie über die Entscheidung unterrichtet werden, insbesondere wenn sie festgenommen werden, auch über die **Möglichkeit, die Entscheidung anzufechten**, sowie über das **Recht, gem. Art. 9 eine neue Verhandlung zu verlangen oder einen sonstigen Rechtsbehelf einzulegen, unterrichtet werden** (Art. 8 IV). Wenn gegen nicht anwesende Verdächtige oder beschuldigten Personen verhandelt wurde und die in Art. 8 II genannten Voraussetzungen nicht erfüllt wurden, muss diesen Personen das Recht auf eine neue Verhandlung oder auf Einlegung eines sonstigen Rechtsbehelfs eingeräumt werden, die bzw. der eine neue Prüfung des Sachverhalts, einschließlich neuer Beweismittel, ermöglicht und zur Aufhebung der ursprünglichen Entscheidung führen kann (Art. 9 S. 1).[165] In diesem Zusammenhang müssen die Mitgliedstaaten gewährleisten, dass diese Verdächtigen und beschuldigten Personen das Recht haben, anwesend zu sein, im Einklang mit den Verfahren des nationalen Rechts effektiv mitzuwirken und ihre Verteidigungsrechte wahrzunehmen (Art. 9 S. 2). Das nationale Recht muss einen **wirksamen Rechtsbehelf** vorsehen, der es diesen Personen in Strafverfahren ermöglicht, die Verletzung ihrer Rechte zu rügen und einer justiziellen Kontrolle zu unterziehen (Art. 10 I).

11.3.8 Verfahrensgarantien in Jugendstrafverfahren

11.3.8.1 Regelungsgegenstand der RL (EU) 2016/800

58 Die **RL (EU) 2016/800** des EP und des Rates v. 11.05.2016 über Verfahrensgarantien in Strafverfahren für Kinder, die Verdächtige oder beschuldigte Personen in Strafverfahren sind[166] legt Mindestrechte fest, die gewährleisten sollen, dass **Kinder**, d. h. **Personen im Alter unter 18 Jahren** (Art. 3 Nr. 1), die Verdächtige oder beschuldigte Personen in Strafverfahren sind, diese Verfahren verstehen, ihnen folgen und ihr Recht auf ein faires Verfahren ausüben können. Die Verfahrensgarantien gelten für Kinder, die Verdächtige oder beschuldigte Personen in Strafverfahren sind, und zwar für alle Abschnitte des Strafverfahrens ab dem Zeitpunkt, zu dem sie der Begehung einer Straftat verdächtigt werden, bis zum rechtskräftigen Abschluss des Verfahrens (Art. 2 I) sowie für Kinder, die gesuchte Personen sind, ab dem Zeitpunkt ihrer Festnahme im Vollstreckungsmitgliedstaat gem. Art. 17 (Art. 2 II).[167] Wenn die Anwendung der RL (EU) 2016/800 insgesamt oder teilweise unter Berücksichtigung aller Umstände des konkreten Falles (einschließlich Reifegrad und Schutzbedürftigkeit der betroffenen Person) angemessen ist, soll sie auch für Verdächtige oder beschuldigte Personen in Strafverfahren und für gesuchte Personen gelten, die bei Verfahrensbeginn Kinder waren, im Verlauf des Verfahrens jedoch das 18. Lebensjahr vollendet haben (Art. 2 III S. 1). Die Mitgliedstaaten können beschließen, diese RL nicht anzuwenden, wenn die betroffene Person das 21. Lebensjahr vollendet hat (Art. 2 III S. 2). Die nationalen Vorschriften zur Bestimmung des Alters der Strafmündigkeit bleiben unberührt (Art. 1 V). In Deutschland wurde die RL (EU) 2016/800 durch das **Ges. zur Stärkung der Verfahrensrechte von Beschuldigten im Jugendstrafverfahren v. 09.12.2019**[168] umgesetzt.

---

[165] EuGH BeckRS 2020, 35402 (Rz. 44 ff.).
[166] ABlEU 2016 Nr. L 132, S. 1; vgl. hierzu *Ambos*, IntStR, § 10 Rn. 152; *Esser*, EuStR, § 5 Rn. 53.
[167] EuGH BeckRS 2018, 224 (Rz. 36 ff.).
[168] BGBl. I 2019, 2146.

11.3.8.2 Wesentlicher Inhalt der RL (EU) 2016/800

11.3.8.2.1 Besondere Verfahrensgarantien

Die RL (EU) 2016/800 legt für den von ihr erfassten Anwendungsbereich einen Katalog von Mindestrechten fest, die über die bereits in den RL 2010/64/EU (Rn. 43), RL 2012/13/EU (Rn. 44–46), RL 2013/48/EU (Rn. 51–53) und 2016/343/EU (Rn. 54–57) statuierten Verfahrensgarantien hinausreichen. Dieser Katalog beinhaltet ein

59

- Auskunftsrecht des Kindes über die in dieser RL festgelegten Rechte in einfacher und verständlicher Sprache (Art. 4)
- Recht des Kindes auf Information des Trägers der elterlichen Verantwortung (Art. 5)
- nicht disponibles Recht auf Zugang zu einem Rechtsbeistand und auf bestimmte Unterstützungsleistungen durch eine Rechtsbeistand (Art. 6)
- Recht auf individuelle Begutachtung unter Berücksichtigung der besonderen Bedürfnisse von Kindern in Bezug auf Schutz, Erziehung, Ausbildung und soziale Integration (Art. 7)
- Recht auf eine medizinische Untersuchung einschließlich des Rechts auf medizinische Unterstützung (Art. 8)
- Recht auf die Begrenzung des Freiheitsentzugs und auf die Anwendung alternativer Maßnahmen, einschließlich des Rechts auf regelmäßige Überprüfung der Haft (Art. 10, 11)
- Recht auf besondere Behandlung während des Freiheitsentzugs (Art. 12)
- Recht auf Schutz der Privatsphäre (Art. 14)
- Recht, vom Träger der elterlichen Verantwortung in anderen Phasen des Verfahrens als den Gerichtsverhandlungen begleitet zu werden (Art. 15 IV)
- Recht, persönlich zu der Verhandlung zu erscheinen (Art. 16)
- Recht auf Prozesskostenhilfe (Art. 18)
- Recht auf einen wirksamen Rechtsbehelf (Art. 19)

Die in Art. 4, 5, 6, 8, 10 bis 15 und 18 statuierten Rechte gelten für Kinder, die gesuchte Personen sind, nach ihrer Festnahme aufgrund des Verfahrens zur Vollstreckung des EuHb im Vollstreckungsmitgliedstaat entsprechend (Art. 17).

11.3.8.2.2 Besondere Verfahrensvorschriften

Die von der Polizei oder einer anderen Strafverfolgungsbehörde während des Strafverfahrens durchgeführten **Befragungen müssen audiovisuell aufgezeichnet** werden, wenn dies unter den Umständen des Falles verhältnismäßig ist, wobei unter anderem zu berücksichtigen ist, ob ein Rechtsbeistand zugegen oder dem Kind die Freiheit entzogen ist (Art. 9 I). Sofern nicht audiovisuell aufgezeichnet wird, ist die Befragung auf andere Art und Weise aufzuzeichnen, etwa mit einem schriftlichen Protokoll, das gebührend überprüft wird (Art. 9 II).

60

Die Mitgliedstaaten müssen alle angemessenen Maßnahmen ergreifen, um sicherzustellen, dass **Strafverfahren, an denen Kinder beteiligt sind, mit Vor-**

rang und mit der gebotenen Sorgfalt bearbeitet werden (Art. 13 I). In jedem Fall müssen Kinder auf eine Art und Weise behandelt werden, die ihre Würde schützt und die ihrem Alter, ihrem Reifegrad und ihrem Verständnis entspricht und jegliche besonderen Bedürfnissen einschließlich etwaiger Kommunikationsschwierigkeiten, die sie möglicherweise haben, berücksichtigt (Art. 13 II).

Die Mitgliedstaaten müssen dafür sorgen, dass das Personal der Strafverfolgungsbehörden und Hafteinrichtungen, die Fälle mit Beteiligung von Kindern bearbeiten, dem Umfang ihres Kontakts mit Kindern angemessene spezifische Schulungen in Bezug auf die Rechte von Kindern, geeignete Befragungsmethoden, Kinderpsychologie und die Kommunikation in einer kindgerechten Sprache erhalten (Art. 20 I). Unbeschadet der Unabhängigkeit der Justiz und der Unterschiede in der Organisation der Justizsysteme der Mitgliedstaaten und mit gebührender Achtung der Rolle derjenigen, die für die Weiterbildung von Richtern und Staatsanwälten zuständig sind, ergreifen die Mitgliedstaaten geeignete Maßnahmen, um sicherzustellen, dass die **Richter und Staatsanwälte, die Strafverfahren mit Beteiligung von Kindern bearbeiten, besondere Sachkunde in diesem Bereich, tatsächlichen Zugang zu speziellen Schulungen oder beides haben** (Art. 20 II).

11.3.9 Prozesskostenhilfe

11.3.9.1 Regelungsgegenstand der RL (EU) 2016/1919

61 Die **RL (EU) 2016/1919 des EP und des Rates v. 26.10.2016 über Prozesskostenhilfe für Verdächtige und beschuldigte Personen in Strafverfahren sowie für gesuchte Personen in Verfahren zur Vollstreckung des Europäischen Haftbefehls**[169] statuiert gemeinsame Mindestvorschriften, die darauf abzielen, die Effektivität des in der RL 2013/48/EU (Rn. 51–53) vorgesehenen Rechts auf Zugang zu einem Rechtsbeistand zu gewährleisten (Art. 1 I lit. a, 2 I, II). Gleiches gilt für gesuchte Personen, gegen die ein Verfahren zur Vollstreckung eines EuHb anhängig ist (Art. 1 I lit. b). Dem Anwendungsbereich der RL (EU) 2016/1919 unterfallen außerdem Personen, die ursprünglich nicht Verdächtige oder beschuldigte Personen waren, aber während der Befragung durch die Polizei oder eine andere Strafverfolgungsbehörde zu Verdächtigen oder beschuldigten Personen werden (Art. 2 III). In Fällen, in denen das mitgliedstaatliche Recht die Verhängung einer Sanktion durch eine Behörde vorsieht und in denen gegen die Verhängung einer solchen Sanktion bei einem Gericht ein Rechtsbehelf eingelegt werden kann oder dieses Gericht mit der Verhängung der Sanktion befasst werden kann, oder in Fällen, in denen Freiheitsentzug nicht als Sanktion verhängt werden kann, findet die RL nur auf das Verfahren vor einem in Strafsachen zuständigen Gericht Anwendung (Art. 2 IV). In Deutschland erfolgte die Umsetzung der RL 2016/1919/EU durch das **Ges. zur Neuregelung des Rechts der notwendigen Verteidigung v. 10.12.2019**.[170]

---

[169] ABlEU 2016 Nr. L 297, S. 1; vgl. hierzu *Ambos*, IntStR, § 10 Rn. 153; *Esser*, EuStR, § 5 Rn. 54.
[170] BGBl. I 2019, 2128; vgl. hierzu *Böß*, NStZ 2020, 185 ff.; *Kraft/Girkens*, NStZ 2021, 454 ff.; krit. *Meyer-Mews*, ZRP 2019, 5 ff.; *Spitzer*, ZRP 2019, 183; *Wolf*, StraFo 2022, 185 ff.

11.3.9.2 Wesentlicher Inhalt der RL (EU) 2016/1919

Nach Art. 4 I RL (EU) 2016/1919 müssen die Mitgliedstaaten sicherstellen, dass Verdächtigen und beschuldigten Personen, die nicht über ausreichende Mittel zur Bezahlung eines Rechtsbeistands verfügen, Anspruch auf Prozesskostenhilfe haben, wenn es im Interesse der Rechtspflege erforderlich ist. Dieses Recht kann von einer Bedürftigkeitsprüfung (Art. 4 III) und/oder aufgrund der Prüfung des Rechtspflegeinteresses nach den im jeweiligen Mitgliedstaat geltenden Bewilligungskriterien (Art. 4 IV) abhängig gemacht werden (Art. 4 II). Nach Art. 4 IV gelten die materiellen Kriterien als erfüllt, wenn eine verdächtige oder beschuldigte Person in jeder Phase des Verfahrens im Anwendungsbereich dieser RL einem zuständigen Gericht oder Richter zur Entscheidung über eine Haft vorgeführt wird und wenn sie sich in Haft befindet. Die Mitgliedstaaten müssen gewährleisten, dass Prozesskostenhilfe unverzüglich und spätestens vor einer Befragung durch die Polizei, eine andere Strafverfolgungsbehörde oder eine Justizbehörde oder vor der Durchführung einer der in Art. 2 I lit. c genannten Ermittlungs- oder Beweiserhebungshandlungen bewilligt wird (Art. 4 V).[171] Prozesskostenhilfe soll ab dem Zeitpunkt ihrer Festnahme auch denjenigen Personen gewährt werden, die auf Grundlage eines EuHb in einem Mitgliedstaat inhaftiert sind (Art. 5 I). Dieser Anspruch, der von einer Bedürftigkeitsprüfung abhängig gemacht werden kann (Art. 5 III), richtet sich sowohl gegen den Vollstreckungsmitgliedstaat als auch gegen den Ausstellungsmitgliedstaat (Art. 5 II).

11.4 Zusammenfassung von Kap. 11

Der Vertrag von Lissabon bildet das unionsverfassungsrechtliche Fundament für die Fortentwicklung der JZS zu einem **Europäischen Strafverfahrensrecht**. Er schreibt in Art. 82 I AEUV die **gegenseitige Anerkennung justizieller Entscheidungen** als grundlegendes Strukturprinzip primärrechtlich fest und überträgt der Union in Art. 82 II AEUV die **Befugnis zur Angleichung des nationalen Strafverfahrensrechts** durch Richtlinien, die das gesamte innerstaatliche Strafverfahren vom Ermittlungs-, über das Haupt- und Rechtsmittelverfahren bis zum Vollstreckungsverfahren erfassen.

Im Bereich der JZS bezieht sich die gegenseitige Anerkennung auf die justizielle Entscheidung eines Mitgliedstaats („Entscheidungsmitgliedstaat"), die von der zuständigen Justizbehörde eines anderen Mitgliedstaats („Vollstreckungsmitgliedstaat") grundsätzlich als gültig anerkannt und wie ihre eigene vollstreckt wird. Als prominente Rechtsakte, die das Prinzip der gegenseitigen Anerkennung sekundärrechtlich ausformen, sind der **Europäische Haftbefehl** (Rn. 7–23) und die **Europäische Ermittlungsanordnung** (Rn. 33–37) hervorzuheben.

---

[171] Nach Auffassung von BGH NJW 2022, 2126, 2127 ergibt sich aus dieser RL-Vorgabe aber nicht, ob die Bewilligung von Amts wegen oder nur auf Antrag zu erfolgen hat; krit. hierzu mit Blick auf die Ermöglichung einer effektiven Wahrnehmung des Rechts auf Zugang zu einem Rechtsbeistand *Kretschmer*, JR 2022, 542 ff.; *Schork*, NJW 2022, 2129; *Spitzer* StV 2022, 554 ff.; *Wachter*, JZ 2022, 902 ff.

65 Seit dem Jahre 2010 wurden auf der Grundlage des Art. 82 II UA 2 AEUV zahlreiche RL zur Stärkung der **Verfahrensrechte von Verdächtigen oder Beschuldigten** sowie der **Rechte und zum Schutz der Opfer von Straftaten** verabschiedet, die wesentliche **Bausteine des Europäischen Strafverfahrensrechts** darstellen. Diese RL etablieren einen unionsweiten Mindeststandard in den Bereichen **Dolmetschleistungen und Übersetzungen** (Rn. 43), **Belehrung und Unterrichtung** (Rn. 44–46), **Opferschutz** (Rn. 47–50), **Zugang zu einem Rechtsbeistand** (Rn. 51–53), **Unschuldsvermutung** und **Recht auf Anwesenheit in der Verhandlung** (Rn. 54–57), **Verfahrensgarantien in Jugendstrafverfahren für Kinder** (Rn. 58–60) sowie **Prozesskostenhilfe** (Rn. 61–62).

Literatur

Ambos, Internationales Strafrecht, 5. Aufl., 2018, § 10 Rn. 142–153 (Harmonisierung der Verfahrensrechte) u. § 12 (Justizielle und polizeiliche Zusammenarbeit)

Babucke, E-Evidence – grenzenlose Beweiserhebung, wistra 2024, 57

Böse, in: *Böse* (Hrsg.), Europäisches Strafrecht, 2. Aufl., 2021, Kap. 4 Rn. 27–49 (Europäisches Strafverfahrensrecht)

ders., Der Auslandsbeweis im deutschen Strafprozess – die Encrochat- Entscheidung des BGH im Spiegel der Lehre von den strafprozessualen Verwertungsverboten, JZ 2022, 1048

Böse/Bröcker/Schneider, Rechtsschutz in der internationalen Rechtshilfe in Strafsachen – Defizite und Reformbedarf, JZ 2021, 81

Burchard, in: *Böse* (Hrsg.), Europäisches Strafrecht, 2. Aufl., 2021, Kap. 14 (Auslieferung – Europäischer Haftbefehl)

Esser, Europäisches und Internationales Strafrecht, 3. Aufl., 2023, § 5 (Europäisches Strafverfahrensrecht) u. § 24 Rn. 77–95a (Europäischer Haftbefehl)

Gleß, in: *Sieber u. a.* (Hrsg.), Europäisches Strafrecht, 2. Aufl., 2014, § 38 (Europäisches Beweisrecht)

Hauck, in: *Böse* (Hrsg.), Europäisches Strafrecht, 2. Aufl., 2021, Kap. 11 (Europarechtliche Vorgaben für das nationale Strafverfahren)

Hüttemann, in: *Leible/Terhechte* (Hrsg.), Europäisches Rechtsschutz- und Verfahrensrecht, 2. Aufl., 2021, § 42 (Strukturen und Perspektiven der strafjustiziellen Zusammenarbeit in Europa)

dies., Grundlagen und Bedeutung der grenzüberschreitenden Vermögensabschöpfung unter besonderer Berücksichtigung der VO (EU) 2018/1805 – Teil 1, NZWiSt 2019, 201 u. Teil 2, NZWiSt 2019, 248

dies., Die E-Evidence-Verordnung: Pioniermodell für das digitale Zeitalter oder Preisgabe der Staatlichkeit?, NZWiSt 2024, 81

Krumwiede, Das neue E-Evidence-Gesetzespaket – Eine kritische Analyse, ZfIStw 2024, 202

Lenk, Die Entwicklung des europäischen Beweisrechts im Lichte der „EncroChat-Verfahren", EuR 2024, 51

Meyer, in: *Leible/Terhechte* (Hrsg.), Europäisches Rechtsschutz- und Verfahrensrecht, 2. Aufl., 2021, § 43 (Verfahren der strafrechtlichen Zusammenarbeit in Europa)

Morgenstern, in: *Böse* (Hrsg.), Europäisches Strafrecht, 2. Aufl., 2021, Kap. 15 (Vollstreckungshilfe)

Satzger, Internationales und Europäisches Strafrecht, 10. Aufl., 2023, § 10 (Strafverfolgung in Europa)

Schäfer, Grundlagen des Europäischen Haftbefehls, JuS 2019, 856

F. Zimmermann, in: *Böse* (Hrsg.), Europäisches Strafrecht, 2. Aufl., 2021, Kap. 16 (Beweisrechtshilfe)

Rechtsprechungshinweise

EuGH NJW 2007, 2237 = JuS 2007, 854 (EU-Vertragskonformität des RB-EuHb)
EuGHE 2008, 6077 = NJW 2008, 3201 (Auslieferung ausländischer Unionsbürger – Auslegung des Art. 4 Nr. 6 RBEuHb)
EuGH NJW 2009, 1057 = NStZ 2010, 35 (Spezialitätsgrundsatz im Recht des EuHb)
EuGH NJW 2010, 283 (EuHb und unionsrechtliches Diskriminierungsverbot – Auslegung des Art. 4 Nr. 6 RBEuHb)
EuGH NJW 2011, 983 (Auslegung des Tatbegriffs in Art. 3 Nr. 2 RBEuHb)
EuGH NJW 2013, 1215 (Katalog der Ablehnungsgründe in Art. 3, 4 und 4a RBEuHb ist abschließend)
EuGH NJW 2016, 1709 (Unionsrechtliche Begrenzung der Vollstreckungspflicht eines EuHb)
EuGH NJW 2017, 49 (Nationale Haftentscheidung als Voraussetzung eines EuHb)
EuGH BeckRS 2018, 16206 (Verweigerung der Vollstreckung eines EuHb wegen systemischer und allgemeiner Mängel in Bezug auf die Unabhängigkeit der Justiz im Ausstellungsmitgliedstaat)
EuGH NJW 2019, 2145 (Anforderungen an die Unabhängigkeit der Anordnungsbehörde im Recht des EuHb)
EuGH BeckRS 2020, 31838 (Anforderungen an die Unabhängigkeit der Vollstreckungsbehörde im Recht des EuHb)
EuGH BeckRS 2021, 29085 (Verweigerung der Vollstreckung einer ausländischen Geldbuße bei fehlender Übersetzung der zugrunde liegenden Entscheidung)
EuGH BeckRS 2022, 16623 (beiderseitige Strafbarkeit i. S. d. Art. 4 Nr. 1 RB-EuHb setzt keine Identität der Straftatbestände im Ausstellungs- und Vollstreckungsmitgliedstaat voraus)
EuGH NJW 2023, 1491 (Ausländische Vorverurteilung und nationale Gesamtstrafen-Obergrenze)
EuGH NJW 2024, 487 (Grundsatz der gegenseitigen Anerkennung – Auslegung der Art. 31 II, 33 EuStA-VO)
EuGH NJW 2024, 1489 (Verpflichtung zur Vollstreckung eines EuHb – Auslegung des Art. 4a I RB-EuHb)
EuGH BeckRS 2024, 8796 („EncroChat"-Verfahren – Auslegung des Art. 6 I RL-EEA)
BVerfGE 113, 237 = NJW 2005, 2289 (Nichtigerklärung des EuHbG v. 21.7.2004)
BGH NJW 2020, 3185 (Berücksichtigung einer im Ausland erfolgten Verurteilung bei der Strafzumessung)
BGHSt 67, 29 = NJW 2022, 1539 (Verwertbarkeit von im Ausland gewonnenen „EncroChat"-Daten)
BGH NJW 2023, 3028 (EuHb und Gesamtstrafe – Spezialitätsgrundsatz)
BGH NStZ 2024, 32 (Ausländische Vorverurteilung und nationale Gesamtstrafen-Obergrenze)
OLG Schleswig NJW 2018, 1699 („*Puigdemont*" – Beiderseitige Strafbarkeit)
OLG Brandenburg BeckRS 2022, 10327 (Unzulässige Auslieferung bei Abwesenheitsurteil)
OLG Nürnberg NStZ-RR 2024, 87 (Haftbefehl gem. § 230 II StPO als Grundlage eines EuHb)

Transnationales Doppelbestrafungsverbot 12

12.1 Einführung

Fall 1

Der deutsche Staatsangehörige A verübte in Straßburg (F) einen bewaffneten Banküberfall. Ohne Beute floh er mit seinem Wagen über den offenen Grenzübergang nach Deutschland. In Offenburg (D) geriet er in eine Verkehrskontrolle. Dabei stellte sich heraus, dass er nicht im Besitz einer Fahrerlaubnis ist. Noch bevor die deutschen Strafverfolgungsbehörden von der Beteiligung des A an dem Banküberfall in Straßburg Kenntnis erlangen, verurteilt ihn das AG Offenburg wegen Fahrens ohne Fahrerlaubnis (§ 21 I Nr. 1 StVG) zur Zahlung einer Geldstrafe. Das Urteil wird rechtskräftig.

Frage 1: Darf A in Deutschland wegen des in Straßburg begangenen Banküberfalls strafrechtlich verfolgt werden?

Frage 2: Angenommen, in Deutschland hätte nach dem Vorfall in Straßburg noch keine Strafverfolgung gegen A stattgefunden. Würde deutsches Verfassungsrecht (Art. 103 III GG) oder eine allgemeine Regel des Völkerrechts i. S. d. Art. 25 GG einer Strafverfolgung durch die deutsche Staatsanwaltschaft bzw. einer gerichtlichen Aburteilung des A in Deutschland entgegenstehen, wenn dieser wegen des Banküberfalls zuvor bereits von einem französischen Gericht rechtskräftig zu einer Freiheitsstrafe verurteilt worden ist, deren Vollstreckung zur Bewährung ausgesetzt wurde? ◄

Der bereits in der römischen Rechtslehre bekannte Rechtssatz **ne bis in idem** konnte sich über die Jahrtausende hinweg zu einem strafprozessualen Menschenrecht entwickeln, das – freilich in unterschiedlicher Ausprägung – Eingang in alle rechtsstaatlichen Strafrechtsordnungen der Welt gefunden hat.[1] In der deutschen Rechtsordnung ist der Grundsatz **„Niemand darf wegen derselben Tat aufgrund der allgemeinen Strafgesetze mehrmals bestraft werden"** in der Verfassung (Art. 103 III GG) verankert und implementiert ein **Strafverfolgungshindernis**, welches zur Verfahrenseinstellung gem. §§ 206a, 260 III StPO führt.[2] Man spricht hierbei von einem **Strafklageverbrauch**. Über den zu eng gefassten Wortlaut („*bestraft*") hinaus erfasst Art. 103 III GG nicht nur den Fall einer rechtskräftigen Verurteilung, sondern auch und erst recht den eines rechtskräftigen Freispruchs. Die Einmaligkeit der strafrechtlichen Verfolgung eines Täters wegen derselben Tat nimmt im Recht der Gegenwart den unbestrittenen Rang einer **allgemeinen Regel des Völkerrechts**[3] ein – wobei jedoch eine bedeutsame Einschränkung nicht übersehen werden darf: **Das völkerrechtliche Doppelbestrafungsverbot hindert nur die mehrfache Aburteilung derselben Tat im Inland**. Nach wie vor gilt, was das Bundesverfassungsgericht bereits im Jahre 1987 feststellte:

> „Es existiert keine allgemeine Regel des Völkerrechts, die es gebietet, die Strafverfolgung gegen eine Person wegen eines Lebenssachverhaltes zu unterlassen, dessentwegen sie bereits in einem dritten Staat verfolgt und rechtskräftig abgeurteilt worden ist."[4]

3   Zwar wird diese Rechtsprechung von einigen kritischen Stimmen in Frage gestellt.[5] Aber vor dem Hintergrund, dass die meisten Staaten – darunter auch die Bundesrepublik Deutschland (Art. 103 III GG) – nur ein **rechtsordnungsinternes Doppelbestrafungsverbot**[6] kennen und auch **Art. 4 I des 7. ZP zur EMRK**[7] v. 22.11.1984 sowie **Art. 14 VII des Internationalen Paktes über bürgerliche und politische Rechte (IPBPR)**[8] v. 19.12.1969 explizit nur ein **innerstaatliches ne bis in idem** fordern, wird man ein **staatenübergreifendes Doppelbestrafungsverbot** derzeit **nicht als allgemeine Regel des Völkerrechts** anerkennen können.[9]

---

[1] *Liebau*, Ne bis in idem, S. 74 ff.; *Mansdörfer*, Ne bis in idem, S. 53 ff.; *Stein*, Europäisches ne bis in idem, S. 33 f.; *Thomas*, Einmaligkeit der Strafverfolgung, S. 23 ff.
[2] *Meyer-Goßner/Schmitt*, StPO, Einl. Rn. 145b, 171 ff. m. w. N. Zur Rechtsnatur und dogmatischen Fundierung des Grundsatzes „Ne bis in idem" vgl. *Dannecker*, Kohlmann-FS, S. 593, 600 ff.; *Liebau*, Ne bis in idem, S. 45 ff., 58 ff., 67 ff.; *Thomas*, Einmaligkeit der Strafverfolgung, S. 31 ff.
[3] BVerfGE 75, 1, 23.
[4] BVerfGE 75, 1,18 ff.; BVerfG NJW 2012, 1202, 1203; vgl. auch BGHSt 34, 334, 340; KG BeckRS 2023, 4914 (Rz. 20).
[5] *Endriß/Kinzig*, StV 1997, 665, 667; *Hußung*, Tatbegriff d. Art. 54 SDÜ, S. 106; *Schomburg*, StV 1999, 244, 249.
[6] *Radtke*, in: *Böse* (Hrsg.), EuStR, § 12 Rn. 3.
[7] ETS Nr. 117; vgl. hierzu *Esser*, in: *Hochmayr* (Hrsg.), Ne bis in idem, S. 27 ff.
[8] UNTS Vol. 999 Nr. 14668; *Esser*, EuStR, § 7 Rn. 6; *Radtke*, in: *Böse* (Hrsg.), EuStR, § 12 Rn. 1.
[9] BVerfG NJW 2012, 1202, 1203; OLG Frankfurt NStZ-RR 2014, 27, 28; *Esser*, EuStR, § 7 Rn. 10; *Kerner/Karnowski*, Kühl-FS, S. 778, 791, 794; *Kniebühler*, Ne bis in idem, S. 353, 356; *Mansdörfer*, Ne bis in idem, S. 19 ff., 126; *Vogel/Norouzi*, JuS 2003, 1059, 1060.

Lösungshinweise zu Fall 1

Materiellrechtlich besteht gegen A ein deutscher Strafanspruch gem. §§ 249, 250 II Nr. 1, 22, 23 I, 7 II Nr. 1 StGB. Allerdings steht einer strafrechtlichen Verfolgung des A der in Art. 103 III GG festgeschriebene Grundsatz ne bis in idem entgegen. Bekanntlich dominiert im deutschen Strafverfahrensrecht ein **prozessualer Tatbegriff**, demzufolge unter „Tat" i. S. d. § 264 StPO nicht etwa das verwirklichte Delikt, sondern das **gesamte Täterverhalten** zu verstehen ist, **das nach natürlicher Auffassung einen einheitlichen historischen Lebensvorgang** bildet.[10] Die Flucht über die Grenze und damit das Fahren ohne Fahrerlaubnis steht mit dem in Straßburg verübten Banküberfall in einem so engen räumlichen, zeitlichen und sachlichen Zusammenhang, dass es einer unnatürlichen Aufspaltung eines einheitlichen Geschehens gleichkäme, wenn man diese Ereignisse getrennt aburteilen würde.[11] Die materielle Rechtskraft des amtsgerichtlichen Urteils bewirkt somit auch hinsichtlich des Banküberfalles einen **Verbrauch der Strafklage**, der durch Art. 103 III GG verfassungsrechtlich abgesichert ist.

Antwort auf Frage 1

A darf in Deutschland wegen des von ihm in Straßburg begangenen Banküberfalls nicht mehr strafrechtlich verfolgt werden.

Antwort auf Frage 2

Weder Art. 103 III GG noch eine allgemeine Regel des Völkerrechts i. S. d. Art. 25 GG stehen der strafrechtlichen Verfolgung des A in Deutschland wegen derselben – in Frankreich rechtskräftig abgeurteilten – Tat entgegen (Rn. 2–3). Die Staatsanwaltschaft kann jedoch gem. § 153c II StPO von der Verfolgung der Straftat des A absehen, wenn wegen dieser Tat im Ausland schon eine Strafe gegen ihn vollstreckt worden ist und die in Deutschland zu erwartende Strafe nach Anrechnung der ausländischen nicht ins Gewicht fiele. Falls ein deutsches Gericht die Tat des A aburteilt, wird die in Frankreich vorausgegangene Verurteilung des A lediglich über das Anrechnungsprinzip des § 51 III StGB berücksichtigt, d. h. auf die neue Strafe wird die ausländische angerechnet, soweit sie vollstreckt ist. Den Anrechnungsmaßstab bestimmt das deutsche Gericht nach seinem Ermessen (§ 53 IV S. 2 StGB). Vor diesem Hintergrund kommt dem **transnationalen Doppelbestrafungsverbot des Art. 54 SDÜ**, das im konkreten Fall einer erneuten Aburteilung des A in Deutschland entgegensteht, eine erhebliche praktische Bedeutung zu (Rn. 11 ff.).

Das Risiko, in mehreren Staaten wegen derselben Tat strafrechtlich verfolgt und abgeurteilt zu werden, hängt vor allem mit der Ausdehnung der nationalen Strafgewalten aufgrund der Bestimmungen des Internationalen Strafrechts zusammen (Kap. 2 Rn. 2 ff.). Der heutige Mobilitätsgrad der Bürger und ihr nahezu unbeschränkter räumlicher Aktionsradius lassen zahlreiche Fallkonstellationen entste-

---

[10] BGH NJW 2022, 2349, 2350; NStZ-RR 2024, 81; *Esser*, EuStR, § 7 Rn. 4; *Meyer-Goßner/Schmitt*, StPO, § 264 Rn. 2 ff.

[11] Vgl. hierzu BGH NStZ 1996, 41, 42 in einer vergleichbaren Fallkonstellation.

hen, die mehr als einen nationalen Strafanspruch auszulösen vermögen[12] (Jurisdiktionskonflikte Rn. 67 ff.). Dabei ist nicht nur an Sachverhalte aus dem Bereich der seit jeher international operierenden OK zu denken, wie Rauschgifthandel, Waffenschmuggel oder Kfz-Verschiebung. Bereits das recht triviale Ereignis eines Taschendiebstahls, der von einem italienischen Gelegenheitsganoven zum Nachteil einer deutschen Touristin während eines Kurzbesuchs im Elsass verübt wird, führt zu einer Kumulation konkurrierender nationaler Strafansprüche und begründet damit das Risiko einer mehrfachen Strafverfolgung und Aburteilung wegen derselben Tat.

6   Das Fehlen eines transnationalen Doppelbestrafungsverbots im innerstaatlichen Recht der meisten Staaten und im Völkerrecht stellt nicht nur aus **individualrechtlichen** Gründen ein lösungsbedürftiges Problem dar. Konkurrierende nationale Strafansprüche bergen auch ein nicht unbeträchtliches **zwischenstaatliches Konfliktpotenzial**. So führten die unterschiedlichen Drogenbekämpfungsstrategien in den NL und Deutschland immer wieder zu Irritationen. Das nachbarschaftliche Verhältnis wurde erheblich getrübt, als das LG Düsseldorf Mitte der 1980er-Jahre einen holländischen Cannabishändler zu einer Freiheitsstrafe von zehn Jahren verurteilte. Der Verurteilte war zumindest für einen Teil der von ihm zwischen 1978 und 1981 ausschließlich in Arnheim (NL) begangenen Taten schon im Jahre 1981 vom Gerichtshof in Arnheim zu einer Gefängnisstrafe von 20 Wochen verurteilt worden. Das Ausmaß der durch das Düsseldorfer Strafverfahren verursachten Verstimmung zeigte sich u. a. daran, dass der niederländische Justizminister nicht nur jede Rechtshilfe verweigert, sondern darüber hinaus auch offiziell um Einstellung des Verfahrens gebeten hatte. Der BGH hob das Düsseldorfer Urteil später im Rahmen eines Revisionsverfahrens wegen Verstoßes gegen ein Beweisverwertungsverbot zwar auf. Er bestätigte aber unter Heranziehung des Weltrechtsprinzips (§ 6 Nr. 5 StGB) ausdrücklich die Existenz eines deutschen Strafanspruches, dem das in Art. 103 III GG mit Verfassungsrang ausgestattete Doppelbestrafungsverbot nicht entgegenstehe.[13]

7   Ein prominenter Vertreter der niederländischen Strafrechtslehre nahm diesen Fall zum Anlass, die Einmischung Deutschlands in innerstaatliche Angelegenheiten zu beklagen. Die deutsche Justiz würde den NL das deutsche Bekämpfungsmodell aufoktroyieren, das nicht in die niederländische Drogenpolitik passe. Dem kleinen Nachbarn, dessen Strafrecht bereits seit über 100 Jahren jedes ausländische Strafurteil als Strafverfolgungshindernis akzeptiere, sei es schwer zu vermitteln, dass sich die deutsche Justiz als „Weltrichter für Strafzumessungsfragen" aufspiele.[14] Zu einer Neuauflage des in den 1980er-Jahre spielenden Falles wird es nicht mehr kommen, da eine erneute Strafverfolgung eines in den NL rechtskräftig abgeurteilten Täters wegen derselben Tat in Deutschland nach Inkraftsetzung des Art. 54 SDÜ ausgeschlossen ist (Rn. 11 ff.).

---

[12] *Hußung*, Tatbegriff d. Art. 54 SDÜ, S. 83 ff.; *Thomas*, Einmaligkeit der Strafverfolgung, S. 113 ff.
[13] BGHSt 34, 334.
[14] *Rüter*, JR 1988, 136, 137 f.

Das Bestreben der Staaten, ihre Souveränität gerade im Bereich des Strafrechts 8
zu verteidigen, ist durchaus nachvollziehbar, wenn man sich bewusst macht, dass in
den nationalen Strafgesetzbüchern die **fundamentalen sozialen, kulturellen** und
politischen Wertentscheidungen eines Gemeinwesens zum Ausdruck gelangen.[15]
In welchem Umfang und in welchen Bereichen eine Rechtsordnung gerade das repressive Mittel Strafrecht einsetzt und in welchen Bereichen nicht, stellt eine eminent politische Entscheidung dar. Das rechtsunterworfene Individuum gerät dabei
freilich allzu leicht in die Gefahr, zwischen den nationalen Interessen zerrieben und
auf dem Altar konkurrierender Strafansprüche geopfert zu werden.[16] Vor diesem
Hintergrund kann es nur begrüßt werden, dass die Vermeidung von Mehrfachverurteilungen aus international-strafrechtlicher Sicht inzwischen als ein vorrangig zu
lösendes Problem erachtet wird.[17] Die Association internationale de droit pénal
(AIDP) forderte bereits auf ihrem XVI. Kongress die Anerkennung der Einmaligkeit der Strafverfolgung als Menschenrecht, das einer Bestrafung derselben Tat
durch mehrere Staaten entgegensteht.[18] In Betracht zu ziehen sei vor allem die
Möglichkeit, ein transnationales Doppelbestrafungsverbot im IPBPR (Rn. 3) sowie
in den regionalen Menschenrechtskonventionen zu verankern.[19]

Bestrebungen des Europarates, ein zwischenstaatliches Doppelbestrafungsverbot 9
in den Mitgliedstaaten des Europarates zu etablieren, waren bislang nicht von Erfolg
gekrönt. So statuiert das **Europ. Übk. über die internationale Geltung von Strafurteilen** v. 28.05.1970 (ETS Nr. 70)[20] in Art. 53 zwar ein staatenübergreifendes Verbot, eine Person, gegen die ein rechtskräftiges „europäisches Strafurteil" ergangen ist,
wegen derselben Handlung erneut zu verfolgen oder abzuurteilen. Nach Ablauf von
50 Jahren haben aber lediglich 23 von 46 Mitgliedstaaten des Europarates das Übereinkommen ratifiziert. Bei realistischer Betrachtung ist also nicht damit zu rechnen, dass
sich das Projekt eines paneuropäischen Doppelbestrafungsverbotes nach dem Modell
der genannten Europaratskonvention in einem absehbaren Zeitraum realisieren lässt.

Das EP hatte bereits in seiner Entschließung v. 16.03.1984 die staatenüber- 10
greifende Anwendung des Grundsatzes „ne bis in idem" innerhalb der EG gefordert.[21] Im Jahre 1987 unternahmen die EG-Mitgliedstaaten schließlich einen ersten Anlauf zur Durchsetzung eines gemeinschaftsweiten Doppelbestrafungsverbots.
Ihre Regierungen schlossen am 25.05.1987 das **Übk. zwischen den Mitgliedstaaten der Europäischen Gemeinschaften über das Verbot der doppelten
Strafverfolgung** (EG-ne bis in idem-Übk.),[22] das in Art. 1 bestimmt:

---

[15] BVerfG NJW 2009, 2267, 2287; *Perron*, ZStW 109 (1997), 281, 288; *Rüter*, ZStW 105 (1993), 30, 35; *Weigend*, ZStW 105 (1993), 774, 789.
[16] *Jung*, StV 1990, 509, 517.
[17] *Jung*, Schüler-Springorum-FS, S. 493, 500; *Lagodny*, ZStW 101 (1989), 987, 1004 ff.
[18] *Vogel*, ZStW 110 (1998), 973 ff.
[19] Vgl. hierzu den Resolutionstext (B. 4.) in ZStW 112 (2000), 723 ff.
[20] Das Übk. trat am 26.07.1974 nach Hinterlegung der dritten Ratifikationsurkunde in Kraft. Der jeweils aktuelle Ratifikationsstand kann abgerufen werden unter http://conventions.coe.int.
[21] ABlEG 1984 Nr. C 104, S. 133.
[22] Abgedruckt in *Schomburg/Lagodny/Gleß/Hackner*, in: *Schomburg/Lagodny* (Hrsg.), IRhSt, III E (mit Vertragstabelle).

> „Wer in einem Mitgliedstaat rechtskräftig abgeurteilt worden ist, darf in einem anderen Mitgliedstaat wegen derselben Tat nicht verfolgt werden, vorausgesetzt, dass im Fall einer Verurteilung die Sanktion bereits vollstreckt worden ist, gerade vollstreckt wird oder nach dem Recht des Urteilsstaats nicht mehr vollstreckt werden kann."

Die EG-Mitgliedstaaten praktizierten damit eine intergouvernementale justizielle Zusammenarbeit, die später mit dem Vertrag von Maastricht (1992) als sog. 3. Säule der EU institutionalisiert wurde (Kap. 5 Rn. 40). Da das EG-ne bis in idem-Übk noch nicht von allen Mitgliedstaaten ratifiziert wurde, steht das Datum seines Inkrafttretens noch nicht fest. Neun Mitgliedstaaten – namentlich Belgien, Dänemark, Deutschland, Frankreich, Irland, Italien, Österreich, Portugal und die Niederlande – haben jedoch von der Möglichkeit Gebrauch gemacht, das Übereinkommen im Verhältnis untereinander schon vorzeitig anzuwenden.[23]

12.2 Transnationales Doppelbestrafungsverbot des Art. 54 SDÜ

11 Ein inhaltlich mit Art. 1 EG-ne bis in idem-Übk übereinstimmendes **transnationales Doppelbestrafungsverbot** statuiert **Art. 54 Schengener Durchführungsübereinkommen (SDÜ)**:

> „Wer durch eine Vertragspartei rechtskräftig abgeurteilt worden ist, darf durch eine andere Vertragspartei wegen derselben Tat nicht verfolgt werden, vorausgesetzt, dass im Fall einer Verurteilung die Sanktion bereits vollstreckt worden ist, gerade vollstreckt wird oder nach dem Recht des Urteilsstaats nicht mehr vollstreckt werden kann."

12 Das SDÜ dient der Umsetzung der bereits im Schengener Abkommen v. 14.06.1985 beschlossenen Abschaffung der Personenkontrollen an den Binnengrenzen und sieht Ausgleichsmaßnahmen für hierdurch befürchtete Sicherheitsverluste vor (Kap. 5 Rn. 16 ff.). Deswegen enthält das SDÜ u. a. Bestimmungen über die Kontrollen an den Außengrenzen, die polizeiliche grenzüberschreitende Kooperation, die Einrichtung des Schengener Informationssystems und die Erleichterung der Rechtshilfe in Strafsachen. Nach der Gemeinsamen Erklärung zu Art. 139 SDÜ in der Schlussakte bedurfte das am 01.09.1993 in Kraft getretene Regelungswerk noch einer **ausdrücklichen Inkraftsetzung** in den Schengener Vertragsstaaten. Diese erfolgte am 26.03.1995 zunächst für Deutschland, die Niederlande, Belgien, Luxemburg, Frankreich, Spanien und Portugal. Seit 1995 traten Italien, Griechenland, Österreich, Dänemark, Finnland und Schweden dem SDÜ bei, wobei das SDÜ für die drei nordischen Staaten erst am 25.03.2001 in Kraft gesetzt wurde. Island, Norwegen, die Schweiz (Rn. 15) und Liechtenstein sind assoziierte Vertragsparteien, die das SDÜ anwenden (Kap. 5 Rn. 17).[24] Gem. Art. 1 des Ratsbeschlusses v.

---

[23] *Schomburg/Lagodny/Gleß/Hackner*, in: *Schomburg/Lagodny* (Hrsg.), IRhSt, III E Rn. 9.
[24] *Dannecker*, EuZ 2009, 110, 112.

28.02.2002[25] wendet auch Irland die Bestimmungen über das transnationale Doppelbestrafungsverbot an. Entsprechendes galt bis zum Vollzug des EU-Austritts auch für GB.[26] Nach dem am 01.05.2004 erfolgten EU-Beitritt von zehn Staaten, dem Beitritt von Kroatien am 01.07.2013 und dem EU-Austritt von GB am 31.01.2021 erstreckt sich der **räumliche Anwendungsbereich des Art. 54 SDÜ** derzeit auf insgesamt **31 europäische Staaten** (alle EU-Mitgliedstaaten sowie vier assoziierte Vertragsstaaten).

Die **Charta der Grundrechte der Europäischen Union**[27] (Kap. 4 Rn. 35) normiert in **Art. 50 GRCh** ein räumlich auf das Gebiet der Union[28] beschränktes **Doppelbestrafungsverbot**:

„Niemand darf wegen einer Straftat, derentwegen er bereits in der Union nach dem Gesetz rechtskräftig verurteilt oder freigesprochen worden ist, in einem Strafverfahren erneut verfolgt oder bestraft werden."

Dieses Justizgrundrecht beinhaltet eine **innerstaatliche** (rechtsordnungsinterne), **horizontal-transnationale** (zwischen den EU-Mitgliedstaaten) und **vertikal-transnationale** (zwischen der Union und ihren Mitgliedstaaten) **Dimension** (Kap. 4 Rn. 44).[29] Die Strafverfolgungsbehörden und Gerichte der EU-Mitgliedstaaten sind gem. Art. 51 I S. 1 GRCh an Art. 50 GRCh gebunden, wenn sie Unionsrecht durchführen. Dies ist der Fall, wenn sie ihre Strafgewalt in den Dienst des Schutzes und der Durchsetzung von Unionsinteressen stellen (Kap. 4 Rn. 35 ff.). Auch sind die Mitgliedstaaten untereinander an Art. 50 GRCh gebunden, wenn sie Art. 54 SDÜ anwenden.[30] Allerdings schützt das transnationale Doppelbestrafungsverbot einen Verdächtigen nicht davor, dass er möglicherweise wegen derselben Tat in mehreren Vertragsstaaten aufeinanderfolgenden Ermittlungen ausgesetzt ist.[31] Zum Verhältnis von Art. 54 SDÜ zu Art. 50 GRCh vgl. Rn. 38–39.

Fall 2

Der niederländische Staatsangehörige S machte sich Mitte Juli 1992 mit den in seinem Wagen versteckten 85 kg Haschisch von Amsterdam aus auf den Weg nach Mailand, um die Drogen dort weiterzuverkaufen. Dazu kam es aber nicht, da das Schmuggelgut bei der Ausreise von Deutschland in die Schweiz von Schweizer Grenzbeamten entdeckt und beschlagnahmt wurde. Nach seiner Ent-

---

[25] ABlEG 2002 Nr. L 64, S. 20.
[26] Art. 1 Ratsbeschluss v. 29.05.2000 (ABlEG 2000 Nr. L 131, S. 43).
[27] ABlEU 2010 Nr. C 83, S. 313.
[28] Vgl. zu den Vorbehaltserklärungen von Polen, Irland und Tschechien EuGH NVwZ 2019, 1109, 1110; *Jarass*, GRCh, Art. 51 Rn. 44 f.
[29] EuGH NJW 2013, 1415, 1417; NJW 2018, 1233, 1234; *Hochmayr*, Frankf. Komm., Art. 50 GRCh Rn. 7; *Radtke*, in: *Böse* (Hrsg.), EuStR, § 12 Rn. 1.
[30] BVerfG NJW 2012, 1202, 1204; *Hochmayr*, Frankf. Komm., Art. 50 GRCh Rn. 6.
[31] EuGH NStZ-RR 2009, 109, 110; BVerfG BeckRS 2022, 17795 (Rz. 40); OLG Braunschweig BeckRS 2022, 25122 (Rz. 17).

lassung aus der rund zwei Monate andauernden Untersuchungshaft in der Schweiz kehrte S in die NL zurück. Das AG Basel-Stadt verurteilte ihn im Dezember 1992 in Abwesenheit wegen Verstoßes gegen das Schweizer BtMG zu einer bedingten Haftstrafe von 18 Monaten. Fast vier Jahre später, im Oktober 1996, wurde S bei seiner Einreise nach Deutschland festgenommen und in Untersuchungshaft verbracht. Im Frühjahr 1997 wurde er wegen desselben Sachverhalts, der schon der Schweizer Verurteilung aus dem Jahre 1992 zugrunde lag, von einem deutschen Gericht wegen unerlaubten Handeltreibens mit Betäubungsmitteln (§ 29a I Nr. 2 BtMG) zu einer Freiheitsstrafe von drei Jahren verurteilt. Die Revision des S wurde vom BGH unter Hinweis auf die lediglich rechtsordnungsinterne Wirkung des Art. 103 III GG verworfen.[32]

Frage: Angenommen, dieser Fall spielt sich in der Gegenwart ab. Kann sich S gegenüber den deutschen Strafverfolgungsbehörden auf Art. 54 SDÜ berufen? ◄

Lösungshinweise zu Fall 2

15 Nach Inkrafttreten des im Rahmen der „Bilateralen II" geschlossenen Assoziierungsabkommens zwischen der Schweiz, der EU und der EG v. 26.10.2004 und (davon zu unterscheidender) Inkraftsetzung am 12.12.2008 ist Art. 54 SDÜ im Verhältnis zwischen der **Schweiz und den EU-Mitgliedstaaten** anwendbar. Einer erneuten Aburteilung des S in Deutschland steht daher der rechtskräftige Verfahrensabschluss in der Schweiz (Abwesenheitsurteil; Rn. 19) entgegen.

16 Im Übrigen bleibt es im Hinblick auf den **beschränkten räumlichen Anwendungsbereich** des Art. 54 SDÜ (entsprechendes gilt für Art. 50 GRCh) dabei, dass ein in einem Nichtvertragsstaat abgeurteilter Täter nicht davor geschützt ist, in Deutschland oder einem sonstigen Vertragsstaat wegen derselben Tat erneut strafrechtlich verfolgt zu werden. Der Forderung, über eine den räumlichen Anwendungsbereich des Art. 54 SDÜ erweiternde Auslegung nachzudenken,[33] kann nicht gefolgt werden. Auch eine Erstreckung des transnationalen „ne bis in idem"-Grundsatzes auf Nichtvertragsstaaten, die der EMRK beigetreten sind, kommt nicht in Betracht. Denn diese Geltungsbereichserweiterung würde sich sowohl über den Willen der Vertragsparteien als auch über den spezifischen europapolitischen Kontext hinwegsetzen, in den ihre besonders enge Kooperation eingebunden ist. Hierzu gehören ausweislich der Präambel des SDÜ der Abbau der Grenzkontrollen und die Erleichterung des Personen- und Warenverkehrs im Schengener Rechtsraum.

17 Immerhin ist mit Art. 54 SDÜ ein **teileuropäisches Doppelbestrafungsverbot** auf den Weg gebracht worden, dessen Bedeutung für die Strafrechtsentwicklung in Europa gar nicht hoch genug geschätzt werden kann. Zählt doch die **gegenseitige Anerkennung strafjustizieller Erledigungsakte** – wie nunmehr auch Art. 82 I AEUV bestätigt – zu den elementarsten Grundlagen und Voraussetzungen der inter-

---

[32] Dieser Fall wird mitgeteilt von *Endriß/Kinzig*, StV 1997, 665 f.
[33] *Endriß/Kinzig*, StV 1997, 665, 668.

national-arbeitsteiligen Strafverfolgung im europäischen Rechtsraum (Kap. 11 Rn. 4 ff.). Die bei der Auslegung des Art. 54 SDÜ durch Rechtsprechung und Literatur gewonnenen Erkenntnisse sind auch für das Verständnis des in Art. 50 GRCh normierten Doppelbestrafungsverbots maßgeblich. Mit der in Art. 50 GRCh enthaltenen Formulierung „verurteilt" bzw. „freigesprochen" sind gegenüber dem hiervon abweichenden Begriff „abgeurteilt" in Art. 54 SDÜ keine sachlichen Änderungen verbunden.[34] Auch hinsichtlich des Tatbegriffs als Bezugsgegenstand des Art. 50 GRCh bzw. Art. 54 SDÜ ergeben sich keine prinzipiellen Differenzen zwischen den beiden Normen.[35]

12.3 Auslegung und Anwendungsbereich des Art. 54 SDÜ

12.3.1 Vorabentscheidungskompetenz des EuGH

Vor Inkrafttreten des Amsterdamer Vertrages am 01.05.1999 fehlte im Rahmen der früheren 3. Säule der EU ein Verfahrensmechanismus zur Gewährleistung einer unionsweit einheitlichen und verbindlichen Norminterpretation. Den mit der Auslegung des Art. 54 SDÜ befassten nationalen Strafgerichten war insbesondere die Möglichkeit versagt, den EuGH zur Vorabentscheidung anzurufen. Es war daher vorbildlich, dass der BGH in den von ihm zu entscheidenden Fällen stets eine bilaterale Verständigung mit dem jeweiligen Erstverfolgerstaat herbeiführte.[36] Durch die mit dem Inkrafttreten des Amsterdamer Vertrages erfolgte Einbeziehung des Schengen-Besitzstandes in den Rahmen der dritten Säule der EU (Kap. 5 Rn. 41) wurde die Voraussetzung dafür geschaffen, dass der EuGH eine Zuständigkeit für die Auslegung des Art. 54 SDÜ erhielt.[37] Dies galt freilich nur für diejenigen Staaten, die – wie die Bundesrepublik Deutschland – von der gem. ex-Art. 35 II EUV eröffneten Möglichkeit des „opt-in" Gebrauch gemacht hatten. Durch den am 01.12.2009 in Kraft getretenen Vertrag von Lissabon wurde die PJZS in den einheitlichen Rahmen des Unionsrechts überführt (Kap. 5 Rn. 42). Die Zuständigkeit des Gerichtshofs für Vorabentscheidungen über die Auslegung des Art. 54 SDÜ ergibt sich seitdem aus Art. 267 AEUV. Mit seiner reichhaltigen Judikatur hat der EuGH wesentlich zu einer einheitlichen Auslegung und Anwendung des transnationalen Doppelbestrafungsverbotes in den Mitgliedstaaten beigetragen. Zwar ist seine Einschaltung unvermeidbar mit Verzögerungen der Verfahrenserledigung auf nationaler Ebene verbunden. Das im Jahre 2008 eingeführte Eilvorabentscheidungsverfahren (Art. 107 ff. VerfO-EuGH) hat aber immerhin zu einer deutlichen Verkürzung der Verfahrensdauer geführt (Kap. 6 Rn. 21).

18

---
[34] *Esser*, EuStR, § 7 Rn. 37 f.; *Zöller*, Krey-FS, S. 501, 517.
[35] EuGH BeckRS 2023, 4924 Rn. 32 ff. = JuS 2023, 692 (*Hecker*); BGH NStZ-RR 2016, 290, 291; *Radtke*, in: *Böse* (Hrsg.), EuStR, § 12 Rn. 50.
[36] BGHSt 45, 123; BGH NStZ 1998, 149.
[37] OLG Köln NStZ 2001, 558, 560; *Hecker*, StV 2001, 306, 307; *Schomburg*, NJW 2000, 1833, 1839.

12.3.2 Das Merkmal „rechtskräftige Aburteilung"

19 Unter den Voraussetzungen des Art. 54 SDÜ bewirkt die **rechtskräftige Aburteilung** durch eine Vertragspartei im gesamten Rechtsraum der Vertragsstaaten den Verbrauch der Strafklage und schafft damit ein Verfahrenshindernis, das jeder **erneuten Strafverfolgung** aus Anlass der abgeurteilten Tat entgegensteht.[38] Des Weiteren wird jedenfalls im Rechtsverkehr zwischen den Vertragsstaaten ein **Auslieferungshindernis** begründet.[39] Nach überzeugender Auffassung des EuGH sperrt die in einem Schengen-Staat erfolgte rechtskräftige Aburteilung einer Person auch deren Auslieferung an Drittstaaten (Kap. 2 Rn. 71).[40] Als gesichert gilt die Erkenntnis, dass jedenfalls das in einem Vertragsstaat gefällte (aus tatsächlichen oder rechtlichen Gründen) **freisprechende**[41] oder **schuldig sprechende Gerichtsurteil**[42] die Strafklage im gesamten Rechtsraum verbraucht. Dies gilt auch für **Abwesenheitsurteile**.[43] Eine weitere dogmatische Klärung des Aburteilungsmerkmals ist dringend geboten, da die Rechtsordnungen der Vertragsstaaten eine Fülle strafprozessualer Erledigungsakte kennen, die nicht in Gestalt eines förmlichen Gerichtsurteils ergehen. Man denke nur an die im deutschen Justizalltag tausendfach praktizierte Erledigung von Strafsachen im Strafbefehlswege (§§ 407 ff. StPO) sowie in Form eines richterlichen oder staatsanwaltlichen Beschlusses über die Einstellung des Verfahrens wegen Geringfügigkeit bzw. nach Erfüllung von Auflagen (§§ 153, 153a StPO). Umgekehrt stellt sich aus deutscher Sicht die Frage, welche Wirkung ausländischen Verfahrensabschlüssen beizumessen ist, die in der deutschen Rechtsordnung kein prozessuales Pendant finden.[44] Die Problemlage kann exemplarisch anhand der folgenden Erledigungsarten aufgezeigt werden: belgische bzw. niederländische „transactie" (**Fall 3 und 5**), österreichisches Straferkenntnis (**Fall 4**) und deutscher staatsanwaltlicher Einstellungsbeschluss gem. § 153a I StPO (**Fall 5**).

---

[38] BGHSt 56, 11; 59, 120, 123; BGH StV 2018, 589.
[39] OLG München NJW 2007, 788, OLG Hamm BeckRS 2014, 02240 (§ 83 I Nr. 1 IRG); *Schomburg*, Eser-FS, S. 829, 837; *Schomburg/Suominen-Picht*, NJW 2012, 1190, 1192.
[40] EuGH NJW 2023, 349, 354 m. Anm. v. *Exner-Kuhn*; OLG Frankfurt a. M. NStZ-RR 2020, 288, 290; BeckOK-StPO/*Inhofer*, Art. 54 SDÜ Rn. 57; a.A. OLG München BeckRS 2022, 18788 (Rz. 60 ff.); BeckRS 2020, 6724.
[41] EuGH NJW 2006, 3403; EuGHE 2006, 9350; BGH NJW 2001, 2270; NStZ-RR 2007, 179; *Esser*, EuStR, § 7 Rn. 16; BeckOK-StPO/*Inhofer*, Art. 54 SDÜ Rn. 19; *Radtke*, in: *Böse* (Hrsg.), EuStR, § 12 Rn. 42; *Satzger*, IntStR, § 10 Rn. 75.
[42] BGHSt 45, 123, 127; BGH NStZ 1998, 149, 152; BayObLG StV 2001, 263; *Ambos*, IntStR, § 10 Rn. 121.
[43] EuGH NJW 2009, 3149 = JuS 2010, 176 (*Hecker*); *Esser*, EuStR, § 7 Rn. 18; *Radtke*, in: *Böse* (Hrsg.), EuStR, § 12 Rn. 42.
[44] Vgl. zu den verfahrensbeendenden Entscheidungen im französischen und niederländischen Strafprozess *Stein*, Europäisches ne bis in idem, S. 359 ff.; 407, 439 ff. und im belgischen Recht *Kniebühler*, Ne bis in idem, S. 35 ff., 136 ff.

12.3.2.1 Belgische „transactie"

Fall 3 (BGH NStZ 1999, 250)

Die StA wirft den beiden Angeklagten mit der zur Hauptverhandlung zugelassenen Anklage vor, in der Zeit von Oktober bis Dezember 1988 in Hamburg, Antwerpen, Brüssel und Monaco gemeinsam mit andern Beteiligten durch neun selbstständige Handlungen belgische Eingangsabgaben in Höhe von DM 2,9 Mio. verkürzt zu haben, indem sie als Angestellte der Hamburger Firma E Breitbandstahl und Blechplatten aus Jugoslawien mit gefälschten Ursprungszeugnissen als türkische Erzeugnisse in Belgien abfertigen ließen, um die Erhebung von Antidumpingzoll in der Europäischen Gemeinschaft zu umgehen (§ 370 I Nr. 1, VI AO). Wegen dieses Sachverhaltes wurden in Belgien und Deutschland Ermittlungsverfahren gegen die Beteiligten geführt. Das von den belgischen Zollbehörden eingeleitete Verfahren wurde am 30.12.1991 durch eine „transactie" abgeschlossen, durch die sich der Inhaber der Firma E gegenüber dem Finanzministerium verpflichtete, die angefallenen Zölle, eine Zollstrafe und die Säumniszinsen zu zahlen. Das LG Hamburg stellte die gegen die Angeklagten in Deutschland durchgeführten Verfahren wegen eines Verfahrenshindernisses (Strafklageverbrauch) ein. Hiergegen richtet sich die Revision der StA.

Frage: Steht Art. 54 SDÜ einer strafrechtlichen Verfolgung der Angeklagten entgegen? ◄

Erste Lösungshinweise zu Fall 3

Die belgische Rechtsordnung sieht die Möglichkeit vor, ein Steuerstrafverfahren niederzuschlagen, indem der Beschuldigte sich einem von der Finanzbehörde vorgeschlagenen verwaltungsrechtlichen Vergleich, der sog. „transactie" unterwirft, der ihn zur Begleichung des hinterzogenen Betrages sowie zur Zahlung einer von der Behörde festgelegten Geldsumme verpflichtet. Nach vollständiger Erfüllung der Zahlungspflicht ist im Inland eine erneute Strafverfolgung wegen derselben Sache ausgeschlossen.[45] Ob die Erledigung einer Steuerstrafsache durch ein in Belgien abgewickeltes Transactieverfahren in Deutschland nach Art. 54 SDÜ zu einem Verfolgungshindernis führt, hängt davon ab, ob man die belgische „transactie" als „rechtskräftige Aburteilung" wertet. Diese Frage wurde von dem erstinstanzlich zur Entscheidung berufenen LG Hamburg[46] bejaht, vom OLG Hamburg[47] indessen abgelehnt. Vor dem Hintergrund, dass das deutsche Recht die Steuerhinterziehung mit Freiheitsstrafe bis zu fünf Jahren bedroht (§ 370 I AO) erblickte das OLG Hamburg in der belgischen „transactie" gar einen willkürlich anmutenden „Freikauf von Strafe". Der BGH ließ die Beantwortung der Rechtsfrage in seinem Urteil v. 02.02.1999 aufgrund der gegebenen Sachverhaltskonstellation ausdrücklich offen.[48] Durch eine belgische

---

[45] *Kniebühler*, Ne bis in idem, S. 47 ff.; *v. d. Wyngaert*, NStZ 1998, 153.
[46] LG Hamburg wistra 1995, 358; ebenso LG Hamburg wistra 1996, 359.
[47] OLG Hamburg wistra 1996, 193.
[48] BGH NStZ 1999, 250; ähnliche Überlegungen BGH NStZ 1998, 149, 152.

„transactie" trete jedenfalls dann kein Strafklageverbrauch ein, wenn es sich um ein Verfahren handele, in dem die „transactie" unmittelbar eine juristische Person betreffe und die Wirkung im Rahmen des verwaltungsrechtlichen Vergleichs auf Dritte (hier: die Angeklagten) erstreckt werde, ohne dass diese ihrerseits Leistungen zu erbringen haben. Der BGH gab zwar zu bedenken, dass nach dem Willen der Vertragsparteien nur **Gerichtsurteilen** – zumindest aber **gerichtlichen Entscheidungen** – eine strafklageverbrauchende Wirkung zukommen sollte. Den Urteilsgründen lässt sich jedoch die bemerkenswerte Andeutung entnehmen, dass der Senat im Hinblick auf eine fortschreitende rechtliche Integration der EG-Mitgliedstaaten auch eine weite Auslegung des Art. 54 SDÜ, die Verfahrenserledigungen nach Art der belgischen „transactie" erfasst, nicht generell ausschließt (weitere Lösungshinweise Rn. 26 ff.).

12.3.2.2 Österreichisches Straferkenntnis

Fall 4 (BayObLG StV 2001, 263)

22   Der Angeklagte A fuhr am 12.02.1997 gegen 3:40 Uhr von Innsbruck kommend mit seinem PKW auf der Inntalautobahn Richtung Kufstein, obwohl er infolge vorangegangenen Alkoholgenusses nicht mehr in der Lage war, sein Fahrzeug sicher zu führen. An sich wollte er an der Anschlussstelle Kufstein-Nord die Autobahn verlassen und nach Hause fahren. Da er jedoch die Ausfahrt übersah, gelangte er nach einer Fahrtstrecke von 800 m auf deutschem Staatsgebiet an den Grenzübergang Kiefersfelden-Autobahn zur Einreise in das Bundesgebiet. Eine bei ihm am 12.12.1997 um 4:25 Uhr entnommene Blutprobe ergab eine Blutalkoholkonzentration von 1,93 Promille im Mittelwert. Aufgrund eines Straferkenntnisses der (österreichischen) Bezirkshauptmannschaft Kufstein wurde A mit einer Geldstrafe von ATS 10.000,- wegen einer Verwaltungsübertretung belegt. Das AG Rosenheim verurteilte A am 04.11.1997 wegen derselben Trunkenheitsfahrt (§ 316 II StGB) zu einer Freiheitsstrafe von sechs Monaten ohne Bewährung. Das LG Traunstein änderte als Berufungsgericht am 01.04.1998 das Urteil dahingehend ab, dass die gegen A verhängte Freiheitsstrafe zur Bewährung ausgesetzt wurde. Gegen dieses Urteil legte A Revision zum BayObLG ein, mit der er die Einstellung des Verfahrens wegen Strafklageverbrauchs begehrte.
Frage: Kann sich A auf Art. 54 SDÜ berufen? ◄

Erste Lösungshinweise zu Fall 4

23   Die Beantwortung der Rechtsfrage hängt davon ab, ob das österreichische Straferkenntnis eine „*rechtskräftige Aburteilung*" i. S. d. Art. 54 SDÜ darstellt. Dem könnte entgegenstehen, dass es sich bei dem gegen A nach österreichischem Recht erlassenen Straferkenntnis nicht um eine richterliche Entscheidung handelt. Vielmehr wurde das Trunkenheitsdelikt des A als bloße **Verwaltungsübertretung** behandelt, die von der Bezirkshauptmannschaft – einer Verwaltungsbehörde – geahndet wurde. Während der BGH in seiner oben aufgeführten Entscheidung (**Fall 3** Rn. 21) immerhin eine gewisse Offenheit gegenüber einer weiten Auslegung des Aburteilungsmerkmals signalisierte, vertrat das BayObLG in seinem Urteil v. 26.05.2000 einen

12.3 Auslegung und Anwendungsbereich des Art. 54 SDÜ

eindeutig restriktiven Standpunkt.[49] Nach Auffassung des BayObLG vermögen nur **Gerichtsurteile**, zumindest aber **gerichtliche** Entscheidungen ein staatenübergreifendes Doppelbestrafungsverbot auszulösen. Der Senat lehnte es daher ab, dem in Österreich ergangenen Strafurkenntnis strafklageverbrauchende Wirkung in Deutschland zuzuerkennen (weitere Lösungshinweise Rn. 26 ff.).

12.3.2.3 Niederländische „transactie" und staatsanwaltliche Verfahrenseinstellung gem. § 153a StPO

Fall 5 (EuGH NJW 2003, 1173)

Der EuGH hatte infolge der Vorabentscheidungsersuchen eines deutschen und eines belgischen Gerichts über die Auslegung des Art. 54 SDÜ zu entscheiden. Dem lagen folgende Ausgangsverfahren zugrunde: 24

(1) Der Beschuldigte G, ein türkischer Staatsangehöriger mit Wohnsitz in den Niederlanden, betrieb in Heerlen (NL) eine Imbissstube. Dort beschlagnahmte die niederländische Polizei im Rahmen zweier Betriebsdurchsuchungen im Januar und Februar 1996 größere Rauschgiftmengen. Die niederländische Staatsanwaltschaft stellte das Strafverfahren gegen G ein, nachdem er ihr Angebot, Geldbeträge in Höhe von NLG 3000,- bzw. NLG 750,- angenommen und gezahlt hatte („transactie"). In der Folgezeit wurde G in Deutschland festgenommen und von der Staatsanwaltschaft Aachen wegen gewerbsmäßigen Handels mit Betäubungsmitteln angeklagt (§ 6 Nr. 5 StGB). Am 13.01.1997 verurteilte ihn das AG Aachen zu einer Gesamtfreiheitsstrafe von einem Jahr und fünf Monaten, deren Vollstreckung zur Bewährung ausgesetzt wurde. Nachdem G hiergegen Berufung eingelegt hatte, stellte das LG Aachen das Verfahren gegen G mit Beschluss v. 27.08.1997 ein. Zur Begründung wurde auf den durch den niederländischen Verfahrensabschluss eingetretenen Strafklageverbrauch verwiesen, der gem. Art. 54 SDÜ auch für die deutsche Strafverfolgung verbindlich sei. Hiergegen legte die StA Aachen sofortige Beschwerde beim OLG Köln ein. Der Senat setzte das Verfahren aus und legte dem EuGH die Frage vor, ob gem. Art. 54 SDÜ Strafklageverbrauch eintrete, wenn nach niederländischem Recht wegen desselben Sachverhaltes die Strafklage verbraucht sei.

(2) Der Beschuldigte B, ein deutscher Staatsangehöriger mit Wohnsitz in Deutschland, wurde von der belgischen StA wegen einer Körperverletzung angeklagt, die er im Oktober 1997 in Ostduinkerke (Belgien) zum Nachteil von Frau L begangen haben soll. Zuvor hatte die Staatsanwaltschaft Bonn das wegen dieser Tat gegen B geführte Verfahren nach Erfüllung einer Geld-

---

[49] BayObLG StV 2001, 263; auf der gleichen Auslegungslinie *Stein*, Europäisches ne bis in idem, S. 468 ff.; *v. d. Wyngaert*, NStZ 1998, 153, 154; *Vogel*, Schroeder-FS, S. 877, 888; dagegen *Kniebühler*, Ne bis in idem, S. 270 ff. und *Mansdörfer*, Ne bis in idem, S. 173, die die Begründung des BayObLG mit Recht für unzureichend halten.

bußenauflage von DM 1000,- eingestellt. Gem. § 153a I S. 5 StPO kommt diesem Einstellungsbeschluss eine eingeschränkte materielle Rechtskraftwirkung dergestalt zu, dass die Tat des B nicht mehr als Vergehen verfolgt werden kann. Die belgische Rechtbank van Eerste Aanleg Veurne setzte das Verfahren aus und legte dem EuGH die Frage vor, ob Art. 54 SDÜ einer Strafverfolgung in Belgien entgegensteht. ◄

Erste Lösungshinweise zu Fall 5

25 Der EuGH beantwortete die ihm vorgelegten Fragen in einer gemeinsamen Entscheidung dahingehend, dass das in Art. 54 SDÜ aufgestellte Verbot der Doppelbestrafung auch für zum Strafklageverbrauch führende Verfahren der in den Ausgangsverfahren in Rede stehenden Art gilt, in denen die **Staatsanwaltschaft ohne Mitwirkung eines Gerichts** ein in diesem Mitgliedstaat eingeleitetes Strafverfahren einstellt, nachdem der Beschuldigte bestimmte Auflagen erfüllt und insbesondere einen bestimmten, von der Staatsanwaltschaft festgesetzten Geldbetrag entrichtet hat.[50] Dabei stellte der EuGH maßgeblich auf den **Sinn und Zweck des transnationalen Doppelbestrafungsverbotes** ab. Artikel 54 SDÜ soll verhindern, dass eine Person, die von ihrem **Recht auf Freizügigkeit** Gebrauch macht, wegen derselben Tat in mehreren Mitgliedstaaten verfolgt wird. Zur Verwirklichung dieses Zieles könne Art. 54 SDÜ nur beitragen, wenn er auch auf solche strafklageverbrauchende Entscheidungen anwendbar ist, die ohne Mitwirkung eines Gerichts und nicht in Form eines Urteils ergangen sind. Der EuGH führte klarstellend aus, dass das Doppelbestrafungsverbot den durch die Straftat Geschädigten nicht hindere, eine zivilrechtliche Klage auf Ersatz des erlittenen Schadens zu erheben.

12.3.2.4 Vertiefende Diskussion

Weitere Lösungshinweise zu den Fällen 3–5

26 Wie die nachfolgende Diskussion zeigt, vermag die vom OLG Hamburg (Fall 3 Rn. 21) und BayObLG (Fall 4 Rn. 23) vertretene restriktive Interpretation des Aburteilungsbegriffes nicht zu überzeugen, während die Entscheidung des EuGH (Fall 5 Rn. 25) Zustimmung verdient.[51] Im Hinblick auf die völkervertragsrechtliche Natur des SDÜ sind für die Interpretation des Art. 54 SDÜ die in Art. 31 der Wiener Vertragsrechtskonvention (WVK) kodifizierten Auslegungsmaximen heranzuziehen.[52] Danach ist ein Vertrag nach Treu und Glauben in Übereinstimmung mit seiner gewöhnlichen, seinen Bestimmungen im Zusammenhang zukommenden Bedeutung und im Lichte seines Zieles und Zweckes auszulegen.[53] Die spezifische

---

[50] EuGH NJW 2003, 1173; bestätigt von EuGH NJW 2021, 2348, 2350; NJW 2024, 886, 888 = JuS 2024, 893 (*Hecker*).
[51] *Esser*, EuStR, § 7 Rn. 23, 33; *Kniebühler*, Ne bis in idem, S. 263 ff.; *Satzger*, IntStR, § 10 Rn. 72 ff.; *Schramm*, IntStR, Kap. 4 Rn. 32 f.; krit. *Ambos*, IntStR, § 10 Rn. 174 ff., 180 („zu weitgehend"); *Radtke/Busch*, NStZ 2003, 281, 283; *Stein*, Europäisches ne bis in idem, S. 478, 486 ff.
[52] *Stein*, Europäisches ne bis in idem, S. 97 ff.
[53] Das WVK v. 23.05.1969 ist abgedruckt bei *Schomburg*, in: *Schomburg/Lagodny* (Hrsg.), IRhSt, Anhang 12. Die dort enthaltenen Auslegungskriterien werden als kodifiziertes Völkergewohnheitsrecht angesehen; vgl. hierzu BGH NStZ 1998, 149, 151; *Dörr*, DÖV 1993, 696, 702.

12.3 Auslegung und Anwendungsbereich des Art. 54 SDÜ

Ziel- und Zweckbestimmung des Art. 54 SDÜ muss dabei den Anhaltspunkten entnommen werden, die der Text des Vertrages einschließlich seiner Präambel und Anlagen liefert, da andere Auslegungsaspekte – wie etwa die Entstehungsgeschichte des Abkommens – nach Art. 32 WVK nur ergänzend und bei Vorliegen bestimmter Voraussetzungen herangezogen werden können. Da das SDÜ in drei amtlichen Sprachen (deutsch, niederländisch und französisch) abgefasst wurde und Art. 142 II S. 4 SDÜ jeden Wortlaut für gleichermaßen verbindlich erklärt, ist von der in Art. 33 III WVK angeordneten Vermutung auszugehen, dass die Ausdrücke des Vertrages in jedem authentischen Text die gleiche Bedeutung haben. Durch die Einbeziehung des SDÜ in den Rahmen des Unionsrechts (Rn. 18) ist nunmehr zwar der Wortlaut aller Amtssprachen der EU verbindlich.[54] Dies ändert aber nichts daran, dass die grammatikalische Auslegung des Art. 54 SDÜ anhand der Textfassung der drei ursprünglich authentischen Rechtssprachen vorzunehmen ist, denn nur diese geben sprachlich den originären Regelungsgehalt wieder, der nunmehr als sekundäres Unionsrecht weitergelten soll.[55] Es überzeugt daher nicht, etwa unter Hinweis auf die portugiesische Fassung des Art. 54 SDÜ („... *definitivamente julgado **por um tribunal** ...*") eine restriktive Interpretation des Doppelbestrafungsverbotes herzuleiten, die nur noch Gerichtsurteilen transnationale Erledigungswirkung zuerkennt.[56] Vielmehr ist der portugiesische wie jeder andere mitgliedstaatliche Gesetzgeber verpflichtet, eine sprachliche Fassung des Art. 54 SDÜ zu wählen, die den materiellen Regelungsgehalt der Norm, wie er sich aus den ursprünglich für verbindlich erklärten Rechtssprachen ergibt, zum Ausdruck bringt. Andernfalls hätten es die Mitgliedstaaten in der Hand, je nach der von ihnen gewählten Übersetzung des Art. 54 SDÜ den Anwendungsbereich des Doppelbestrafungsverbotes neu zu bestimmen.

12.3.2.4.1 Wortlautinterpretation

Setzt man zunächst bei der Wortlautauslegung der deutschen Textfassung an, so scheint diese an eine ganz spezielle Form der Verfahrenserledigung anzuknüpfen, nämlich an ein **Gerichtsurteil**. Artikel 54 SDÜ spricht ausdrücklich von dem „Urteilsstaat" und auch in der Vorbehaltsregelung des Art. 55 SDÜ ist von einem „*ausländischen Urteil*" die Rede.[57] Dieses Begriffsverständnis kann sich auf die Tradition früherer „ne bis in idem"-Abkommen berufen, die auf der Ebene des Europarates ausgearbeitet wurden. In diesen Übereinkommen wurde stets zwischen **gerichtlichen** Urteilen und **nichtgerichtlichen** Verfahrenserledigungen unterschieden.[58] Auch die in Art. 58 SDÜ verwendete Bezeichnung „*Justizentscheidung*" legt

27

---

[54] *Böse*, GA 2003, 744, 747; *Schomburg*, InRhSt, Art. 54 SDÜ Rn. 9; *Stein*, Europäisches ne bis in idem, S. 57.
[55] *Ambos*, IntStR, § 0 Rn. 177 (Fn. 964); *Kniebühler*, Ne bis in idem, S. 275; a.A. *Hußung*, Tatbegriff d. Art. 54 SDÜ, S. 184.
[56] So *Böse*, GA 2003, 744, 749, 756.
[57] Wie sich der Denkschrift der deutschen Regierung entnehmen lässt, gingen diese bei Vertragsabschluss davon aus, dass Art. 54 SDÜ nur bei Vorliegen eines ausländischen Gerichtsurteils zur Anwendung gelangen soll (BT-Drs. 12/2453, S. 91, 93).
[58] *Kniebühler*, Ne bis in idem, S. 184; *v. d. Wyngaert*, NStZ 1998, 153.

ein enges Begriffsverständnis nahe.[59] Der Sprachgebrauch der deutschen Fassung des SDÜ ist jedoch nicht einheitlich. So findet sich in Art. 57 SDÜ, der die wechselseitige Erteilung von Auskünften über die in einem Vertragsstaat erfolgte Aburteilung einer Person regelt, der weite Begriff „*Entscheidung*". Auch das in Art. 54 SDÜ enthaltene Vollstreckungselement zwingt nicht etwa dazu, nur vollstreckbaren Gerichtsurteilen die Qualität einer rechtskräftigen Aburteilung zuzuerkennen. Denn die Formulierung „*... vorausgesetzt, dass im Fall einer Verurteilung die Sanktion bereits vollstreckt worden ist ...*" kann auch so verstanden werden, dass sie nur bei Verfahrensabschlüssen Bedeutung erlangt, denen typischerweise eine Vollstreckung nachfolgt. Bei allen sonstigen Erledigungsakten ist das Vollstreckungselement schlicht gegenstandslos. Die niederländische Formulierung „*vonnis*" bezeichnet ebenso wie der französische Ausdruck „*jugement*" zwar in erster Linie ein Gerichtsurteil. In den jeweiligen Rechtssprachen werden diese Bezeichnungen aber auch für sonstige Entscheidungen, z. B. richterliche Beschlüsse, verwendet.[60] Die grammatikalische Interpretation vermag demnach keine eindeutige Antwort auf die gestellte Auslegungsfrage zu liefern. Dem Wortlaut nach ist es also – wovon auch der EuGH ausgeht[61] – zumindest nicht ausgeschlossen, unter den Begriff „*rechtskräftige Aburteilung*" nicht nur förmliche Gerichtsurteile zu subsumieren, sondern auch sonstige verfahrenserledigende Entscheidungen, an denen kein Gericht mitgewirkt hat.

12.3.2.4.2 Systematische Interpretation

28 Für eine Beschränkung des Anwendungsbereiches des Art. 54 SDÜ auf in Urteils- oder Beschlussform ergangene richterliche Entscheidungen könnte der systematische Zusammenhang mit der in Art. 58 SDÜ getroffenen Regelung sprechen. Nach Art. 58 SDÜ stehen die vorstehenden Bestimmungen – also auch Art. 54 SDÜ – der Anwendung weitergehender Bestimmungen des nationalen Rechts über die Geltung des Verbots der Doppelbestrafung in Bezug auf „ausländische Justizentscheidungen" nicht entgegen. Artikel 58 SDÜ stellt mithin klar, dass Art. 54 SDÜ keine abschließende Regelung des transnationalen Doppelbestrafungsverbotes darstellt, sondern lediglich einen von allen Vertragsparteien einzuhaltenden verfahrensrechtlichen Mindeststandard garantieren soll. Den Vertragsstaaten steht es also frei, auf nationaler Ebene das Verbot der Doppelbestrafung großzügiger auszugestalten. Wenn man den Terminus „*rechtskräftige Aburteilung*" i. S. d. Art. 54 SDÜ als Unterfall des (Ober-)Begriffes „*ausländische Justizentscheidungen*" auffasst, könnte man hieraus den Schluss ziehen, dass in grenzüberschreitenden Konstellationen nur gerichtlichen Entscheidungen strafklageverbrauchende Wirkung beizumessen seien.[62] Zwingend ist diese restriktive Auslegung freilich nicht, da sich im SDÜ selbst keine Definition oder sonstige erläuternde Bemerkung zu dem Terminus „*ausländische*

---

[59] *Stein*, NJW 2003, 1162, 1163.
[60] LG Hamburg wistra 1996, 359, 361; *Ambos*, IntStR, § 10 Rn. 176; *Schomburg*, StV 1997, 383, 384; *Stein*, Europäisches ne bis in idem, S. 197 ff.
[61] EuGH NJW 2003, 1173, 1174 (Rz. 42).
[62] So BGH NStZ 1998, 151; a.A. Generalanwalt *Ruiz-Jarabo Colomer*, EuGHE 2003, 1348, 1371 (Rz. 108).

Justizentscheidung" findet.[63] Auch nach Auffassung des EuGH folgt aus Art. 58 SDÜ nicht, dass Art. 54 SDÜ ausschließlich auf Urteile oder gerichtliche Entscheidungen anwendbar sein soll. Vielmehr räume diese Bestimmung unabhängig von der Natur der fraglichen ausländischen Entscheidungen den Mitgliedstaaten das Recht ein, nationale Rechtsvorschriften anzuwenden, die dem Doppelbestrafungsverbot eine größere Tragweite verleihen oder seine Anwendung an weniger strenge Voraussetzungen knüpfen.[64]

12.3.2.4.3 Teleologische Interpretation

Da weder die Wortlautauslegung noch die systematische Interpretation zu eindeutigen Ergebnissen führt, kann eine Präzisierung des Aburteilungsbegriffes letztlich nur anhand einer an Sinn und Zweck orientierten Interpretation des Art. 54 SDÜ gelingen. Von der Rechtsentwicklung überholt ist mittlerweile der vom OLG Hamburg[65] (Fall 3 Rn. 21) vertretene Standpunkt, es handle sich bei Verfahrensabschlüssen wie der belgischen transactie lediglich um nationale Besonderheiten, die schon deshalb nicht als „rechtskräftige Aburteilung" i. S. d. Art. 54 SDÜ gewertet werden können, weil sie nicht mit den Rechtsordnungen sämtlicher Vertragsstaaten harmonieren. Würde Art. 54 SDÜ nur Verfahrenserledigungen erfassen, die im nationalen Recht aller Vertragsstaaten anerkannt sind, wären nur Gerichtsurteile geeignet, ein transnationales Doppelbestrafungsverbot auszulösen. Eine solche Auslegung des Aburteilungsbegriffes auf dem „kleinsten gemeinsamen Nenner" des Strafprozessrechts aller Vertragsstaaten würde eine Vielzahl sonstiger, nicht in Urteilsform ergehender Verfahrensabschlüsse aus dem Anwendungsbereich des Art. 54 SDÜ ausklammern. Dies vermag schon aus rein praktischen Gründen nicht zu überzeugen. Kein gut beratener Beschuldigter würde einer Verfahrenseinstellung gem. § 153a StPO zustimmen oder auf das Einlegen eines Einspruchs gegen einen Strafbefehl verzichten, wenn er befürchten müsste, in einem anderen Vertragsstaat mangels Aburteilung in Urteilsform wegen derselben Tat erneut zur Rechenschaft gezogen zu werden. Justizentlastende Erledigungsformen, die einen Verfahrensabschluss ohne gerichtliche Hauptverhandlung ermöglichen, würden faktisch entwertet – ein Effekt, der angesichts der nicht nur in Deutschland knappen Justizressourcen nicht sachgerecht erscheint.[66]

29

Bei einer an Sinn und Zweck des transnationalen Doppelbestrafungsverbotes orientierten Norminterpretation muss – worauf auch der EuGH[67] (Fall 5 Rn. 25) hinweist – berücksichtigt werden, dass die Vertragsparteien in einen bereits fortgeschrittenen und stetig fortschreitenden Integrationsprozess im Rahmen der Europäischen Union eingebunden sind.[68] Alle Vertragsstaaten sind dazu verpflichtet, an

30

---

[63] *Ambos*, IntStR, § 10 Rn. 177; *Plöckinger/Leidenmühler*, wistra 2003, 81, 85.
[64] EuGH NJW 2003, 1173, 1174 (Rz. 43, 45).
[65] OLG Hamburg wistra 1996, 193, 195.
[66] *Hecker*, StV 2001, 306, 307; *Plöckinger/Leidenmühler*, wistra 2003, 81, 86.
[67] EuGH NJW 2003, 1173, 1174 (Rz. 36 f.).
[68] Dieser Aspekt wird auch von BGH NStZ 1998, 149, 152 gesehen.

dem in Art. 67 I AEUV formulierten Ziel der Herstellung eines „*Raumes der Freiheit, der Sicherheit und des Rechts*" mitzuwirken. Dieses Ziel wird vor allem durch eine Intensivierung der polizeilichen und justiziellen Kooperation zwischen den Mitgliedstaaten erreicht (Art. 82, 87 AEUV). Innerhalb des europäischen Rechtsraumes hat diese Zusammenarbeit bereits eine sehr konkrete Gestalt angenommen – etwa in Form der operativen Zusammenarbeit der Polizei- und Strafverfolgungsbehörden (Kap. 5 Rn. 19 ff.), des Informationsaustausches aufgrund des SIS II (Kap. 5 Rn. 36 ff.) sowie der Erleichterung der Rechtshilfe (Kap. 11 Rn. 7–25 und Rn. 33–38). Das Zusammenwachsen der Vertragsstaaten zu einem Rechtsraum, in dem die Kräfte der nationalen Strafgewalten im Interesse einer effektiveren Kriminalitätsbekämpfung gebündelt werden, darf nicht zu einer Aushöhlung elementarer Beschuldigtenrechte führen. Es muss verhindert werden, dass ein Vertragsstaat die ihm zugänglichen Informationen oder Ermittlungsergebnisse eines Erstverfolgerstaates nutzt, um eine dort bereits rechtskräftig abgeschlossene Strafsache im Inland erneut aufzurollen. Insoweit stellt die Ausformung eines möglichst weitreichenden transnationalen Doppelbestrafungsverbotes ein unabdingbares rechtsstaatliches Korrektiv gegenüber einer international-arbeitsteilig operierenden Strafverfolgung dar.[69]

31 Die im SDÜ vorgesehene Abschaffung der Personenkontrollen an den gemeinsamen Grenzen dient der Vollendung des europäischen Binnenmarktes. Das Binnenmarktziel korrespondiert mit der Idee, einen gemeinsamen Rechtsraum zu schaffen, in dem die divergierenden nationalen Rechtsvorschriften keine Störung des freien Verkehrs von Personen, Gütern und Kapital mehr darstellen.[70] Dieses Ziel kann nur durch eine Harmonisierung des Rechts oder durch die Anwendung des Prinzips der gegenseitigen Anerkennung realisiert werden. Da die divergierenden nationalen Strafrechtssysteme einer Angleichung derzeit allenfalls beschränkt zugänglich sind, kann sich ein gemeinsamer Rechtsraum im Bereich der Strafrechtspflege nur auf der Basis der **gegenseitigen Anerkennung** verfahrensabschließender Erledigungsakte herausbilden.[71] Hieraus folgt für die Auslegung des Art. 54 SDÜ, dass die Definitionsmacht über den nationalen Rechtsakt, an den das staatenübergreifende Doppelbestrafungsverbot anknüpft, ausschließlich beim Erstverfolgerstaat liegt. Entscheidend ist also, dass **nach dem Recht des erstverfolgenden Staates** die ergriffene Maßnahme eine erneute Verfolgung derselben Tat im Inland ausschließt.[72]

---

[69] *Jung*, Schüler-Springorum-FS, S. 493, 501; *Kniebühler*, Ne bis in idem, S. 190; *Schomburg*, StV 1999, 246, 247; *Thomas*, Einmaligkeit der Strafverfolgung, S. 283.
[70] Vgl. zum Schutzzweck der Freizügigkeit EuGH NJW 2016, 2939, 2941; NJW 2021, 2348, 2350 f.; NJW 2023, 349, 351; NJW 2024, 886, 889 f. = JuS 2024, 893 (*Hecker*)
[71] *Bürger*, Dannecker-FS, S. 389, 391; *Kniebühler*, Ne bis in idem, S. 193 f., 211; *Vogel*, Schroeder-FS, S. 877, 881, 887.
[72] EuGH NStZ-RR 2009, 109, 110; *Dannecker*, Kohlmann-FS, S. 593, 611, 614; BeckOK-StPO/*Inhofer*, Art. 54 SDÜ Rn. 20; *Liebau*, Ne bis in idem, S. 282 ff.; *Thomas*, Einmaligkeit der Strafverfolgung, S. 297, 303.

12.3.2.4.4 Definition des Merkmals „rechtskräftige Aburteilung"

Auf der Grundlage einer teleologischen Interpretation des transnationalen Doppelbestrafungsverbotes, wird folgende Definition des Aburteilungsmerkmals vorgeschlagen: 32

> „Rechtskräftige Aburteilung" i. S. d. Art. 54 SDÜ ist grundsätzlich jede verfahrensabschließende und rechtskraftbewirkende Entscheidung, die nach dem Recht des Erstverfolgerstaates zu einem Verbrauch der Strafklage führt.

Nach der Rechtsprechung des EuGH ist einer solchen **Entscheidung** jedoch die **transnationale Erledigungswirkung ausnahmsweise zu versagen**, wenn die Entscheidung im Erstverfolgerstaat **ohne hinreichende Sachprüfung** getroffen wurde (Rn. 34–36).

Verfahrensabschließende Entscheidungen wie die belgische (Fall 3 Rn. 20) bzw. 33 niederländische transactie (Fall 5 Rn. 24), das österreichische Straferkenntnis (Fall 4 Rn. 22) oder der staatsanwaltliche Einstellungsbeschluss gem. § 153a I StPO (Fall 5 Rn. 24) sind geeignet, im Umfang der ihnen vom Recht des Erstverfolgerstaates zuerkannten Sperrwirkung (materielle Rechtskraft) im gesamten Rechtsraum der Vertragsstaaten ein Verfahrenshindernis auszulösen.[73] **Als „rechtskräftige Aburteilung" i. S. d. Art. 54 SDÜ sind folgende Verfahrensabschlüsse des deutschen Rechts anzuerkennen**:

- Gerichtsurteile (Rn. 19)
- richterliche Verfahrenseinstellung gem. § 153 II StPO[74]
- staatsanwaltliche Verfahrenseinstellung gem. § 153a I StPO[75] (Fall 5 Rn. 24)
- gerichtliche Verfahrenseinstellung gem. § 153a II StPO[76] (Fall 11 Rn. 60)
- Verwerfung eines Klageerzwingungsantrages gem. § 174 StPO[77]
- Nichteröffnungsbeschluss gem. §§ 204, 211 StPO[78] (Rn. 61)
- Einstellungsbeschluss nach § 206a I StPO[79]
- Einstellungsbeschluss nach § 206b StPO[80]

---

[73] Zur damit einhergehenden Aufwertung des Opportunitätsprinzips vgl. *Petropoulos*, Schöch-FS, S. 857 ff.
[74] BGH NStZ 2004, 218, 219; OLG Jena BeckRS 2015, 5449; MüKoStPO/*Peters*, § 153 Rn. 62; a.A. BeckOK-StPO/*Inhofer*, Art. 54 SDÜ Rn. 29; *Wegener*, HRRS 2016, 396, 402.
[75] EuGH NJW 2021, 2348, 2350; *Esser*, EuStR, § 7 Rn. 19; BeckOK-StPO/*Inhofer*, Art. 54 SDÜ Rn. 25; *Radtke*, in: *Böse* (Hrsg.), EuStR, § 12 Rn. 42; *Wegener*, HRRS 2016, 396, 402.
[76] BeckOK-StPO/*Inhofer*, Art. 54 SDÜ Rn. 25; *Radtke*, in: *Böse* (Hrsg.), EuStR, § 12 Rn. 42; *Wegener*, HRRS 2016, 396, 402.
[77] OLG Innsbruck NStZ 2000, 663, 665; *Wegener*, HRRS 2016, 396, 403; a.A. *Dannecker*, EuZ 2009, 110, 118.
[78] BeckOK-StPO/*Inhofer*, Art. 54 SDÜ Rn. 20; *Radtke*, in: *Böse* (Hrsg.), EuStR, § 12 Rn. 42; *Wegener*, HRRS 2016, 396, 403; vgl. hierzu EuGH NJW 2014, 3010 zu einem vergleichbaren belgischen Verfahrensabschluss.
[79] OLG Stuttgart StV 2008, 402; BeckOK-StPO/*Inhofer*, Art. 54 SDÜ Rn. 23; *Wegener*, HRRS 2016, 396, 403.
[80] *Meyer-Goßner/Schmitt*, StPO, § 206b Rn. 12; *Wegener*, HRRS 2016, 396, 403.

- Einstellungsurteil nach § 260 III StPO[81]
- Strafbefehl gem. §§ 407, 408 III, 410 III StPO[82] (Fall 11 Rn. 59)
- Beschluss gem. § 408 II StPO, mit dem der Erlass eines Strafbefehls abgelehnt wird[83]

Keine Sperrwirkung und damit auch **keinen transnationalen Strafklageverbrauch nach Art. 54 SDÜ** entfalten demgegenüber folgende Verfahrensabschlüsse:

- staatsanwaltliche Verfahrenseinstellung gem. § 170 II StPO[84]
- staatsanwaltliche Verfahrenseinstellung gem. § 153 I StPO[85]
- staatsanwaltliche Verfahrenseinstellung gem. § 154 I StPO[86]

Fall 6 (EuGH NJW 2016, 2939)

34   Dem K wird von der StA Hamburg vorgeworfen, am 02.10.2005 in Hamburg eine schwere räuberische Erpressung begangen zu haben. Am 20.10.2005 stellten die polnischen Behörden das von K in Deutschland entwendete Fluchtfahrzeug bei einer Straßenverkehrskontrolle sicher und nahmen K zur Vollstreckung einer in Polen gegen ihn verhängten Haftstrafe in anderer Sache fest. Das von der StA Kolobrzeg (Polen) wegen der am 02.10.2005 in Hamburg begangenen Tat gegen K eingeleitete Ermittlungsverfahren wurde mit Beschluss vom 22.12.2005 mangels hinreichenden Tatverdachts eingestellt. Zur Begründung führte die StA aus, dass K die Aussage verweigert habe. Ferner wohnten sowohl der Geschädigte als auch ein – durch die StA Hamburg identifizierter – Zeuge vom Hörensagen in Deutschland, sodass sie im Rahmen des Ermittlungsverfahrens nicht in Polen hätten vernommen werden können. Die zum Teil ungenauen und widersprüchlichen Angaben des Geschädigten, die dieser gegenüber der StA Hamburg gemacht hat, seien vor diesem Hintergrund nicht überprüfbar gewesen. Im Februar 2014 wurde K in Berlin festgenommen. Das LG Hamburg lehnte die Eröffnung des Hauptver-

---

[81] *Bürger*, Dannecker-FS, S. 389 ff.; *Meyer-Goßner/Schmitt*, StPO, § 260 Rn. 48; *Radtke*, in: *Böse* (Hrsg.), EuStR, § 12 Rn. 42; *Wegener*, HRRS 2016, 396, 402; vgl. hierzu EuGH NJW 2006, 3403 (Freispruch wegen Verjährung in Portugal); LG Mannheim NZWiSt 2019, 397 (Gerichtliche Verfahrenseinstellung wegen Verjährung in Italien).

[82] *Esser*, EuStR, § 7 Rn. 18; BeckOK-StPO/*Inhofer*, Art. 54 SDÜ Rn. 23; *Radtke*, in: *Böse* (Hrsg.), EuStR, § 12 Rn. 42; *Satzger*, IntStR, § 10 Rn. 80; *Wegener*, HRRS 2016, 396, 402.

[83] *Meyer-Goßner/Schmitt*, StPO, § 408 Rn. 10; *Wegener*, HRRS 2016, 396, 403.

[84] *Ambos*, IntStR, § 10 Rn. 181; BeckOK-StPO/*Inhofer*, Art. 54 SDÜ Rn. 27; *Radtke*, in: *Böse* (Hrsg.), EuStR, § 12 Rn. 44; *Wegener*, HRRS 2016, 396, 403.

[85] *Ambos*, IntStR, § 10 Rn. 181; BeckOK-StPO/*Inhofer*, Art. 54 SDÜ Rn. 28; MüKoStPO/*Peters*, § 153 Rn. 61; *Radtke*, in: *Böse* (Hrsg.), EuStR, § 12 Rn. 46; a.A. Strafgericht Eupen, wistra 1999, 479.

[86] OLG Nürnberg BeckRS 2009, 20924; *Ambos*, IntStR, § 10 Rn. 181; *Radtke*, in: *Böse* (Hrsg.), EuStR, § 12 Rn. 46; *Wegener*, HRRS 2016, 396, 403; a.A. BVerfG BeckRS 2022, 17795 (Rz. 50) unter Hinweis auf Vertrauensschutz, was aber angesichts fehlender materieller Rechtskraft der nach § 154 I StPO ergehenden Opportunitätsentscheidung nicht zu überzeugen vermag.

fahrens mit der Begründung ab, dass durch den Einstellungsbeschluss der StA Kolobrzeg ein Strafklageverbrauch gem. Art. 54 SDÜ eingetreten sei. Gegen diesen Beschluss legte die StA Hamburg sofortige Beschwerde ein (§ 210 II StPO). Das zuständige OLG Hamburg setzte das Verfahren aus und legte dem EuGH gem. Art. 267 III AEUV u. a. die folgende Frage zur Vorabentscheidung vor:

„Ist Art. 54 SDÜ dahin auszulegen, dass er der Strafverfolgung eines Angeschuldigten in einem Mitgliedstaat – hier Deutschland – entgegensteht, dessen Strafverfahren in einem anderen Mitgliedstaat – hier Polen – von der Staatsanwaltschaft ohne die Erfüllung ahndender Auflagen und ohne eingehende Ermittlungen aus tatsächlichen Gründen mangels hinreichenden Tatverdachts eingestellt wurde und nur wiedereröffnet werden kann, wenn wesentliche, zuvor unbekannte Umstände bekannt geworden sind, ohne dass solche neuen Umstände konkret vorliegen?" ◄

Lösungshinweise zu Fall 6
Der EuGH bestätigt in seinem Urteil v. 29.06.2016, dass grundsätzlich auch eine auflagenfreie Einstellung des Verfahrens durch die StA eine „rechtskräftige Aburteilung" i. S. d. Art. 54 SDÜ sein kann, wenn der Einstellungsbeschluss nach dem Recht des Erstverfolgerstaats die Strafklage endgültig verbraucht (Rn. 25).[87] Allerdings gilt dieser Grundsatz nach Auffassung des EuGH nicht völlig bedingungslos. Art. 54 SDÜ impliziere zwingend, dass ein **gegenseitiges Vertrauen** der Vertragsstaaten in ihre jeweiligen Strafjustizsysteme besteht und dass jeder von ihnen die Anwendung des in den anderen Vertragsstaaten geltenden Strafrechts akzeptiert, auch wenn die Durchführung seines eigenen nationalen Rechts zu einem anderen Ergebnis führen würde. Das gegenseitige Vertrauen könne nur gedeihen, wenn der Zweitverfolgerstaat in der Lage ist, sich auf der Grundlage der ihm übermittelten Unterlagen zu vergewissern, dass die im Erstverfolgerstaat getroffene Entscheidung eine hinreichende Prüfung in der Sache enthält. Der EuGH erblickt in der unterlassenen Vernehmung des Geschädigten und eines möglichen Zeugen ein Indiz dafür, dass im Ausgangsverfahren keine eingehenden Ermittlungen durchgeführt worden sind. Einer solchen Einstellungsentscheidung die transnationale Rechtskraftwirkung des Art. 54 SDÜ zuzusprechen, lasse sich nicht mit der Zielsetzung des Art. 3 II EUV vereinbaren, die Verhütung und Bekämpfung der Kriminalität im Raum der Freiheit, der Sicherheit und des Rechts zu fördern. Unter diesen Umständen ist dem Einstellungsbeschluss der StA Kolobrzeg nicht die Qualität einer „rechtskräftigen Aburteilung i. S. d. Art. 54 SDÜ" zuzuerkennen.[88] Die deutsche Justiz ist nicht daran gehindert, den K wegen der am 02.10.2005 in Hamburg begangenen schweren räuberischen Erpressung strafrechtlich zu verfolgen.

35

---

[87] Vgl. hierzu und zum Nachfolgenden EuGH NJW 2016, 2939, 2940 ff. = JuS 2016, 1133 (*Hecker*); bestätigt von EuGH NJW 2021, 2348, 2350; NJW 2024, 886, 888 = JuS 2024, 893 (*Hecker*) m. krit. Bespr. v. *Böse*, NStZ 2024, 201 ff.

[88] Zust. *Ambos*, IntStR, § 10 Rn. 181; *Gaede*, NJW 2016, 2942; BeckOK-StPO/*Inhofer*, Art. 54 SDÜ Rn. 21; *Radtke*, in: *Böse* (Hrsg.), EuStR, § 12 Rn. 45; *Satzger*, IntStR, § 10 Rn. 80; *Wegener*, HRRS 2016, 396 ff.; vgl. hierzu auch BGH NJW 2016, 3044 u. OLG Karlsruhe BeckRS 2022, 6691 (kein transnationaler Strafklageverbrauch bei einer ohne hinreichende Sachprüfung erfolgten Verfahrenseinstellung im Erstverfolgerstaat).

36 Die **Begrenzung des transnationalen Strafklageverbrauchs** bezieht sich nur **auf evidente Ausnahmefälle**.[89] Keinesfalls wird man einer im Erstverfolgerstaat ergangenen Verfahrenserledigung die Wirkung des Art. 54 SDÜ nur deshalb versagen können, weil einzelne Ermittlungsmaßnahmen unterblieben sind. Anderenfalls könnte ein Beschuldigter generell nicht mehr darauf vertrauen, dass eine rechtskräftige Entscheidung die Strafklage auch in den anderen Mitgliedstaaten verbraucht, was letztlich zu einer Aushöhlung der von Art. 54 SDÜ abgesicherten Freizügigkeitsgarantie (Rn. 25) führen würde.[90]

12.3.3 Vollstreckungselemente des Art. 54 SDÜ

37 Nach Art. 54 SDÜ ist das Verbot doppelter Strafverfolgung an die weitere Voraussetzung geknüpft, dass im Fall einer Verurteilung die Sanktion

- bereits vollstreckt ist (Rn. 42),
- gerade vollstreckt wird (Rn. 43–45) oder
- nach dem Recht des Urteilsstaats nicht mehr vollstreckt werden kann (Rn. 46–53).

12.3.3.1 Das Verhältnis von Art. 54 SDÜ zu Art. 50 GRCh

38 Klärungsbedürftig ist die Frage, ob die genannten **Vollstreckungselemente im räumlichen Anwendungsbereich des Art. 50 GRCh**, d. h. in den EU-Mitgliedstaaten (Rn. 13), überhaupt noch von Bedeutung sind. Da dieses Justizgrundrecht nach seinem Wortlaut im Gegensatz zu Art. 54 SDÜ keine Vollstreckungskomponente enthält, könnte man zu der Auffassung gelangen, dass der transnationale Strafklageverbrauch zwischen den EU-Mitgliedstaaten nicht mehr davon abhängt, dass die Sanktion bereits vollstreckt ist, gerade vollstreckt wird oder nach dem Recht des Erstverfolgerstaates nicht mehr vollstreckt werden kann.[91] Die Gefahr eines missbräuchlichen „forum shopping" und sogar eines „forum fleeing" wäre bei dieser Rechtslage nicht von der Hand zu weisen.[92] So könnte ein Beschuldigter sich zunächst in einem EU-Mitgliedstaat mit geringer Strafdrohung der Strafverfolgung stellen und sich nach Eintritt der Rechtskraft eines gegen ihn ergangenen Urteils vor Vollstreckungsbeginn in einen anderen Mitgliedstaat absetzen. Nach dem Wortlaut des Art. 50 GRCh hätte er dann dort wegen der abgeurteilten Tat keine Strafverfolgung mehr zu befürchten, obwohl er die im Erstverfolgerstaat verhängte

---

[89] So explizit EuGH NJW 2024, 886, 890 = JuS 2024, 893 (*Hecker*); vgl. auch *Wegner*, StV 2017, 227 („Ernsthaftigkeitskontrolle").
[90] BeckOK-StPO/*Inhofer*, Art. 54 SDÜ Rn. 21.
[91] So *Anagnostopoulos*, Hassemer-FS, S. 1121, 1137; *Böse*, in: Ambos (Hrsg.), EuStR post-Lissabon, S. 57, 70 ff.; *Eser/Kubiciel*, in: *Meyer/Hölscheidt* (Hrsg.), GRCh, Art. 50 Rn. 15; *Heger*, ZIS 2009, 406, 408; *Reichling*, StV 2010, 237 f.; *Stalberg*, Anwendungsbereich des Art. 50 GRCh, S. 167 ff., 179; *Zöller*, GA 2016, 328, 332 ff. Vgl. hierzu *Hecker/Zöller*, Fallsammlung, Klausur 3.
[92] *Papakyiakou*, Dannecker-FS, S. 457, 463; *Pauckstadt-Maihold*, Heintschel-Heinegg-FS, S. 355, 358; *Radtke*, in: *Böse* (Hrsg.), EuStR, § 12 Rn. 60; *Zöller*, Krey-FS, S. 501, 519.

12.3 Auslegung und Anwendungsbereich des Art. 54 SDÜ

Strafe nicht verbüßt hat. Dass mit dem Europäischen Haftbefehl (Kap. 11 Rn. 7–25) ein Instrument der erleichterten Auslieferung zur Verfügung steht, entschärft die aufgezeigte Problematik nur teilweise.[93] Aus der Gewährleistung des Art. 50 GRCh folgt indes – wie nachfolgend zu zeigen ist – nicht zwingend, dass den Vollstreckungselementen des Art. 54 SDÜ keine rechtliche Relevanz mehr beizumessen ist.

Nach überzeugender – auch vom BVerfG[94] und EuGH[95] bestätigter – Ansicht wird die **Reichweite des in Art. 50 GRCh verankerten transnationalen Doppelbestrafungsverbots gem. Art. 52 I GRCh auf den von Art. 54 SDÜ abgesteckten Gewährleistungsumfang beschränkt.**[96] Nur wenige fundamentale Garantien dürfen unter keinen Umständen eingeschränkt werden. Hierzu gehören die Achtung der Menschenwürde (Art. 1 GRCh) sowie das Verbot der Todesstrafe (Art. 2 II GRCh), Folter (Art. 4 GRCh) und Sklaverei (Art. 5 GRCh). Alle sonstigen Rechte der GRCh vermögen keine absolute Geltung zu beanspruchen.[97] Wie sich aus dem gegenüber Art. 52 I GRCh spezielleren Art. 52 II GRCh ergibt, sollen die Rechte in der Charta nicht anders ausgelegt und eingeschränkt werden als ihre Gegenstücke in den europäischen Verträgen. Artikel 52 II GRCh ist mithin Ausdruck einer strengen Akzessorietät zwischen GRCh und den europäischen Verträgen, um die Kohärenz des Unionsrechts zu wahren. Da das in Art. 54 SDÜ ausgeformte transnationale Doppelbestrafungsverbot aber nicht zu dem in den europäischen Verträgen enthaltenen Primärrecht, sondern zum Besitzstand des Sekundärrechts gehört, ist es im Zusammenhang mit der **allgemeinen Einschränkungsbestimmung des Art. 52 I GRCh** zu würdigen.[98] Jede Einschränkung der Ausübung der in der GRCh anerkannten Rechte und Freiheiten muss demnach **gesetzlich** vorgesehen sein und den Wesensgehalt dieser Rechte und Freiheiten achten. Der in Art. 52 I GRCh normierte **Gesetzesvorbehalt** knüpft an Rechtsnormen an, die dem unionalen wie dem mitgliedstaatlichen Rechtskreis entstammen können.[99] Art. 54 SDÜ fungiert mit seinen zusätzlichen Vollstreckungskomponenten als eine solche Schrankenbestimmung, durch die der Gewährleistungsumfang des Art. 50 GRCh begrenzt wird. Die „Schranken-Schranken" des Art. 52 I S. 1, 2 GRCh (Wesensgehaltsgarantie, Verhältnismäßigkeit) werden von Art. 54 SDÜ eingehalten. Folglich ist das transnationale Doppelbestrafungsverbot auch im räumlichen Anwendungsbereich des Art. 50 GRCh an die in Art. 54 SDÜ enthaltenen Vollstreckungselemente gebunden.

39

---

[93] *Esser*, EuStR, § 7 Rn. 41; *Satzger*, Roxin-FS, S. 1516, 1522 f.; a.A. *Zöller*, Krey-FS, S. 501, 519 f.
[94] BVerfG NJW 2012, 1202, 1204 (Rz. 42 ff.).
[95] EuGH NJW 2014, 3007 = JuS 2014, 845 (*Hecker*).
[96] BGHSt 56, 11 = JuS 2012, 261 (*Hecker*); *Ambos*, IntStR, § 10 Rn. 189; *Esser*, EuStR, § 7 Rn. 43; *Pauckstadt-Maihold*, Heintschel-Heinegg-FS, S. 355; *Satzger*, IntStR, § 10 Rn. 67; krit. *Böse*, in: *Hochmayr* (Hrsg.), Ne bis in idem, S. 171, 172 ff.; *Duesberg*, ZIS 2017, 66 ff.; *Gaede*, NJW 2014, 2990, *Meyer*, HRRS 2014, 269; *Weißer*, ZJS 2014, 589.
[97] *Schwerdtfeger*, in: *Meyer/Hölscheidt* (Hrsg.), GRCh, Art. 52 Rn. 27.
[98] BVerfG NJW 2012, 1202, 1204 (Rz. 40, 44); *Satzger*, IntStR, § 10 Rn. 65, 67.
[99] *Schwerdtfeger*, in: *Meyer/Hölscheidt* (Hrsg.), GRCh, Art. 52 Rn. 30.

Fall 7 (OLG Saarbrücken NStZ 1997, 245)

40   A wurde von einem belgischen Gericht wegen unerlaubten Besitzes von Betäubungsmitteln rechtskräftig zu einer Gefängnisstrafe von drei Monaten unter Gewährung eines auf zwei Jahre befristeten Strafaufschubs und daneben zur Zahlung einer Geldstrafe (zwei Monate Ersatzgefängnisstrafe) verurteilt. Die Geldstrafe hat A noch nicht gezahlt.
Frage: Steht Art. 54 SDÜ einer strafrechtlichen Verfolgung des A in Deutschland wegen derselben Tat entgegen? ◄

Erste Lösungshinweise zu Fall 7

41   Zunächst ist festzustellen, dass A wegen des von ihm begangenen BtM-Delikts durch das Gericht eines anderen Vertragsstaats (Erstverfolgerstaat) i. S. d. Art. 54 SDÜ rechtskräftig abgeurteilt wurde. Da A von dem belgischen Gericht zu einer zur Bewährung ausgesetzten Freiheitsstrafe und zur Zahlung einer Geldstrafe verurteilt wurde, hängt die Beantwortung der Frage, ob Art. 54 SDÜ einer strafrechtlichen Verfolgung des A in Deutschland wegen derselben Tat entgegensteht, davon ab, ob eines der drei Vollstreckungselemente gegeben ist.

12.3.3.2 Erstes Vollsteckungselement

42   Das erste Vollstreckungselement („*... bereits vollstreckt worden ist ...*") ist nur bei **vollständiger Erledigung der Vollstreckung** einer Sanktion erfüllt, z. B. nach Verbüßung einer Gefängnisstrafe, Zahlung einer Geldstrafe, Erfüllung einer Auflage oder nach Erlass einer Bewährungsstrafe.[100] In **Fall 7** hat A weder die gegen ihn verhängte Freiheitsstrafe verbüßt noch die ihm auferlegte Geldstrafe gezahlt. Somit ist das erste Vollstreckungselement nicht verwirklicht.

12.3.3.3 Zweites Vollstreckungselement

43   Das zweite Vollstreckungselement („*... gerade vollstreckt wird ...*") beschreibt eine Situation, in der die **Vollstreckung** der verhängten Sanktion **bereits eingeleitet** wurde und **noch andauert**. In **Fall 7** stellt sich mithin die Frage, ob dieses Vollstreckungselement erfüllt ist, obwohl A „unter Bewährung" steht, also die gegen ihn verhängte Freiheitsstrafe derzeit nicht verbüßt. Das OLG Saarbrücken stellte sich auf den Standpunkt, eine Freiheitsstrafe werde nur dann „gerade vollstreckt", wenn der Verurteilte sich zwecks Strafverbüßung im Strafvollzug befinde.[101] Diese Auffassung vermag nicht zu überzeugen. Bereits bei der Interpretation des Merkmals „rechtskräftige Aburteilung" wurde darauf hingewiesen, dass die Ausformung eines möglichst weitreichenden transnationalen Doppelbestrafungsverbotes ein unabdingbares rechtsstaatliches Korrektiv gegenüber einer international-arbeitsteilig operierenden Strafverfolgung darstellt (Rn. 30). Mit dieser zentralen Funktion des transnationalen Doppelbestrafungsverbots ist die Herausnahme der bedingten Freiheitsstrafe aus dem Anwendungsbereich des Art. 54 SDÜ unvereinbar,

---

[100] BGH NJW 2008, 2931, 2932; *Ambos*, IntStR, § 10 Rn. 187; *Satzger*, IntStR, § 10 Rn. 83.
[101] OLG Saarbrücken NStZ 1997, 245.

handelt es sich bei der Bewährungsstrafe doch um eine in allen Vertragsstaaten höchst praxisrelevante Sanktionsform.

Der Wortlaut des Art. 54 SDÜ steht einer weiten Auslegung des zweiten Vollstreckungselements nicht entgegen. Da der Verurteilte nur bei genauer Einhaltung aller Bewährungsauflagen vom Strafvollzug im Verurteilungsstaat verschont bleibt, darf man davon ausgehen, dass eine bedingte Freiheitsstrafe auch schon während der laufenden Bewährungszeit „vollstreckt" wird. Jeder Verstoß gegen eine Bewährungsauflage kann den Widerruf der Bewährung nach sich ziehen. Sinn und Zweck des zweiten Vollstreckungselements ist es, zu verhindern, dass der in einem Vertragsstaat rechtskräftig Verurteilte, dem vor vollständiger Erledigung der Strafvollstreckung die Flucht in einen anderen Vertragsstaat gelingt, sich dort unter Berufung auf Art. 54 SDÜ einer neuerlichen Verfolgung und letztlich der Vollstreckung des Ersturteils entziehen kann. Das Ziel, eine Vollstreckungsvereitelung zu verhindern, wird auch erreicht, wenn man bereits den Beginn der Bewährungszeit als gegenwärtige Vollstreckung der Freiheitsstrafe erfasst. Wird die Strafaussetzung zur Bewährung von dem Erstverfolgerstaat widerrufen, so kann er in jedem anderen Vertragsstaat um Auslieferung zur Vollstreckung oder Übernahme der Vollstreckung ersuchen.[102] Das **zweite Vollstreckungselement** ist daher mit der überzeugenden, vom EuGH[103] bestätigten h. M. auch bei Verhängung einer **Freiheitsstrafe** erfüllt, **deren Vollstreckung zur Bewährung ausgesetzt** ist.[104] **44**

Weitere Lösungshinweise zu Fall 7
Nach den bisherigen Ausführungen wird die von dem belgischen Gericht gegen A verhängte Sanktion – eine zur Bewährung ausgesetzte Freiheitsstrafe – „gerade vollstreckt". Der Anwendung des Art. 54 SDÜ könnte aber entgegenstehen, dass A die ihm zugleich auferlegte Geldstrafe nicht gezahlt hat. Es stellt sich somit die Frage, ob die beiden kumulativ verhängten Strafen als **Gesamtsanktion** zu verstehen sind, die kein Doppelbestrafungsverbot gem. Art. 54 SDÜ auslöst, wenn auch nur eine der beiden Strafen die Vollstreckungsvoraussetzungen nicht erfüllt.[105] Von diesem zutreffenden, auch vom EuGH[106] vertretenen Standpunkt aus ist A in den anderen Vertragsstaaten nicht vor einer erneuten Strafverfolgung wegen derselben Tat geschützt, solange er die ihm in Belgien auferlegte Geldstrafe nicht gezahlt hat.[107] **45**

---

[102] *Ambos*, IntStR, § 10 Rn. 190.
[103] EuGH NJW 2007, 3412, 3414.
[104] BGHSt 46, 187; BGH BeckRS 2017, 114286 (Rz. 22); *Esser*, EuStR, § 7 Rn. 30; BeckOK-StPO/*Inhofer*, Art. 54 SDÜ Rn. 30; *Radtke*, in: *Böse* (Hrsg.), EuStR, § 12 Rn. 52; *Satzger*, IntStR, § 10 Rn. 84.
[105] So OLG Saarbrücken NStZ 1997, 245; krit. hierzu *Schomburg*, StV 1997, 383, 384.
[106] EuGH NJW 2014, 3007, 3010.
[107] *Hecker*, JuS 2014, 845, 847; BeckOK-StPO/*Inhofer*, Art. 54 SDÜ Rn. 31; *Radtke*, in: *Böse* (Hrsg.), EuStR, § 12 Rn. 52; *Satzger*, IntStR, § 10 Rn. 85; a.A. *Ambos*, IntStR, § 10 Rn. 190; *Gaede*, NJW 2014, 2990, 2991; *Plöckinger/Leidenmühler*, wistra 2003, 81, 88.

Ergebnis
Art. 54 SDÜ steht der strafrechtlichen Verfolgung des A in Deutschland wegen der bereits von einem belgischen Gericht abgeurteilten Tat nicht entgegen.

12.3.3.4 Drittes Vollstreckungselement

46 Typische Anwendungsfälle des dritten Vollstreckungselements („... nach dem Recht des Urteilsstaates nicht mehr vollstreckt werden kann ...") sind die **Amnestie**, **Begnadigung** oder **Vollstreckungsverjährung** (§ 79 I StGB).[108] Die Auslegung des dritten Vollstreckungselements bereitet in der Praxis Schwierigkeiten, wie der folgende Fall zeigt.

> **Fall 8 (OLG München StV 2001, 495)**
>
> 47 B – eine deutsche Staatsbürgerin – hat ihre Mutter vorsätzlich getötet, indem sie am 11.10.1996 in Las Aguilas/Puerto de la Cruz (Teneriffa/Spanien) der auf dem Bett liegenden Frau ein Kopfkissen auf Mund und Nase drückte, ihr sodann einen mitgebrachten Plastikmüllbeutel über den Kopf stülpte und diesen so lange zuhielt, bis der Tod eintrat. Das zuständige spanische Geschworenengericht in Santa Cruz de Tenerife wertete diese Tat als Totschlag und verhängte in seinem Urteil v. 24.12.1997 gegen B unter Berücksichtigung strafmildernder Umstände eine Freiheitsstrafe von fünf Jahren unter Anrechnung der seit 15.10.1996 vollzogenen Untersuchungshaft. Mit Beschluss v. 06.08.1998 verfügte das Gericht gem. Art. 89 código penal, die verbleibende Restfreiheitsstrafe durch die Ausweisung der B für die Dauer von fünf Jahren aus dem nationalen Hoheitsgebiet zu ersetzen, verbunden mit der Mahnung, dass B im Falle einer Wiedereinreise nach Spanien die ihr auferlegte Freiheitsstrafe zu verbüßen hätte. B wurde am 19.08.1998 in die Bundesrepublik Deutschland abgeschoben. Das AG München erließ am 29.09.1999 wegen derselben Tat einen Haftbefehl gegen die untergetauchte B. Am 26.03.2001 wurde B durch Zielfahnder des LKA München in Wiesbaden ausfindig gemacht und sodann in Untersuchungshaft genommen. Nachdem der von B eingelegten Haftbeschwerde vom Haftrichter des AG München nicht abgeholfen wurde, hob das LG München I mit Beschluss v. 24.04.2001 den Haftbefehl auf. Hiergegen richtete sich die Beschwerde der StA, über die das OLG München zu entscheiden hatte.
> **Frage**: Steht die in Spanien erfolgte Verurteilung der B dem Erlass eines Haftbefehls in Deutschland entgegen? ◄

Lösungshinweise zu Fall 8

48 Der für den Erlass eines Haftbefehls gem. § 112 I StPO vorausgesetzte dringende Tatverdacht muss sich auf eine prozessual verfolgbare, rechtswidrig und schuldhaft begangene Tat beziehen.[109] Ein deutscher Strafanspruch wegen des von B im Ausland begangenen vorsätzlichen Tötungsdelikts lässt sich aus § 7 II Nr. 1 StGB

---

[108] *Ambos*, IntStR, § 10 Rn. 191; *Esser*, EuStR, § 7 Rn. 31; *Satzger*, IntStR, § 10 Rn. 86 f.
[109] Vgl. nur *Meyer-Goßner/Schmitt*, StPO, § 112 Rn. 5.

i. V. m. §§ 212, 211 StGB ableiten. Fraglich ist, ob die in Spanien erfolgte rechtskräftige Verurteilung der B gem. Art. 54 SDÜ eine erneute strafrechtliche Verfolgung der B in Deutschland sperrt. Das OLG München bejahte diese Frage und verwarf die Beschwerde der StA als unbegründet. Diese Entscheidung verdient Zustimmung,[110] wie die nachfolgende Subsumtion zeigt:

Sowohl die Bundesrepublik Deutschland als auch Spanien sind Vertragsparteien des SDÜ. Auch stellt das in einem förmlichen Verfahren erlassene Gerichtsurteil eine „rechtskräftige Aburteilung" i. S. d. Art. 54 SDÜ dar. Die von dem Geschworenengericht verhängte Sanktion – hier: Freiheitsstrafe von fünf Jahren – ist nicht „bereits vollstreckt" worden, da dieses Vollstreckungsmoment nur bei vollständiger Verbüßung einer Gefängnisstrafe oder nach Erlass einer Bewährungsstrafe erfüllt ist (Rn. 42). Bei dem erfolgten Procedere kann auch nicht davon gesprochen werden, dass die Sanktion „gerade vollstreckt" wird, wie dies etwa bei einer Freiheitsstrafe der Fall ist, deren Vollstreckung von Anfang an oder nach Teilverbüßung zur Bewährung ausgesetzt worden ist (Rn. 44). Vielmehr wurde die weitere Vollstreckung der verhängten Sanktion abgebrochen und durch die Ausweisung der B aus dem spanischen Hoheitsgebiet ersetzt.[111] Nach alledem hängt die Entstehung eines Verfahrenshindernisses von der entscheidenden Frage ab, ob die Sanktion „*nach dem Recht des Urteilsstaates nicht mehr vollstreckt werden kann*".

12.3.3.4.1 Wortlautauslegung
Ob das dritte Vollstreckungselement erfüllt ist, kann mit einer bloßen Wortlautauslegung nicht zweifelsfrei entschieden werden. Einerseits kann man die Klausel „*nach dem Recht des Urteilsstaat nicht mehr vollstreckt werden kann*" als nicht erfüllt ansehen, da die weitere Vollstreckung der gegen B verhängten Freiheitsstrafe – anders als in den (typischen) Fällen einer Amnestie, Begnadigung oder Vollstreckungsverjährung – nach spanischem Recht nicht schlechthin ausgeschlossen, sondern nur unter der Bedingung ausgesetzt ist, dass B innerhalb der Fünf-Jahres-Frist nicht wieder nach Spanien einreist. Auf der anderen Seite lässt sich aber auch argumentieren, dass das in Art. 54, 3. Var. SDÜ beschriebene Erfordernis gegeben sei, weil Spanien sich durch die Ausweisung der B der faktischen Möglichkeit zur weiteren Strafvollstreckung begeben und die einzige Bedingung für eine Fortsetzung der Vollstreckung – die Einreise der B in spanisches Hoheitsgebiet – dem Willen der B unterstellt habe. Da beide – zu gegensätzlichen Ergebnissen führenden – Auslegungsmöglichkeiten vom Wortlaut des Art. 54 SDÜ gedeckt sind, kommt abermals der teleologischen Interpretation ausschlaggebende Bedeutung zu.

12.3.3.4.2 Teleologische Auslegung
Begreift man Art. 54 SDÜ als Gradmesser und Katalysator der strafrechtlichen Integration Europas, muss die Auslegung des Art. 54 SDÜ von einer größtmöglichen

---
[110] *Ambos*, IntStR, § 10 Rn. 191; *Hecker*, StV 2002, 71 ff.; *Mansdörfer*, Ne bis in idem, S. 181 ff.
[111] Eine entsprechende Verfahrensweise sieht das deutsche Recht in § 456a StPO vor.

Toleranz und Akzeptanz anderer Rechtsordnungen im Rechtsraum der Vertragsparteien ausgehen.[112] Hierzu gehört die Bereitschaft, etwa bestehende abweichende Rechtsgrundsätze und Gerechtigkeitsvorstellungen, die in der inländischen Justizpraxis des Zweitverfolgerstaats möglicherweise zu einer anderen Behandlung der im Ausland erledigten Strafsache geführt hätten, zurücktreten zu lassen. Für die Lösung von **Fall 8** (Rn. 47) bedeutet dies, dass bei wertender Betrachtung die von dem spanischen Gericht verfügte Ausweisung der B der Gewährung einer Strafaussetzung zur Bewährung bzw. einem Gnadenerweis – beides anerkannte Anwendungsfälle des Art. 54 SDÜ – gleichzustellen sind. Die teleologische Auslegung des Art. 54 SDÜ spricht dafür, das dritte Vollstreckungselement bereits dann zu bejahen, wenn der Verurteilungsstaat den Verurteilten ausweist und die Vollstreckung der verhängten Freiheitsstrafe mit der Maßgabe abbricht, dass diese nur im Falle seiner erneuten Einreise fortgesetzt werden kann.

Ergebnis
Art. 54 SDÜ steht dem Erlass eines Haftbefehls gegen B in Deutschland entgegen.

52   Die Formulierung „*... nach dem Recht des Urteilsstaates **nicht mehr** vollstreckt werden kann ...*" wirft die Frage auf, ob Art. 54 SDÜ zur Anwendung gelangt, wenn die im Erstverfolgerstaat verhängte Sanktion **zu keinem Zeitpunkt** vollstreckt werden konnte. Mit dieser Problematik musste sich der EuGH im Rahmen eines vom LG Regensburg initiierten Vorabentscheidungsverfahrens befassen.

> **Fall 9 (EuGH EuGH NJW 2009, 3149)**
>
> Der fahnenflüchtige B, ein deutscher Staatsangehöriger, wurde im Jahre 1961 durch ein französisches Gericht in Abwesenheit wegen vorsätzlicher Tötung verurteilt. Das Gericht sah es als erwiesen an, dass B am 04.05.1960 an der algerisch-tunesischen Grenze einen anderen Legionär, der ihn am Desertieren hindern wollte, erschossen hat. Nach zwanzig Jahren, während derer B nicht ergriffen werden konnte, trat nach französischem Recht Verjährung ein, sodass eine Vollstreckung des Urteils endgültig ausgeschlossen war. Im Jahre 2002 klagte die Staatsanwaltschaft Regensburg den B wegen Mordes an. Dem vorlegenden Gericht stellte sich die Frage, ob Art. 54 SDÜ dahingehend zu verstehen ist, dass die rechtskräftige Verurteilung durch einen Erstverfolgerstaat nur dann einer erneuten Strafverfolgung in einem anderen Vertragsstaat entgegensteht, wenn sie **zu irgendeinem früheren Zeitpunkt vollstreckbar** gewesen ist. ◄

Lösungshinweise zu Fall 9
53   Die reine Wortlautinterpretation des dritten Vollstreckungselements lässt durchaus die Auslegung zu, dass Art. 54 SDÜ einer erneuten strafrechtlichen Verfolgung des

---

[112] EuGH NJW 2003, 1173, 1174 (Rz. 33); NJW 2009, 3149, 3150 (Rz. 37); *Hecker*, StV 2001, 306, 309; *Jung*, StV 1990, 509, 517; *Lagodny*, NStZ 1997, 265, 266; *Landau*, Söllner-FS, S. 627, 630, 633.

12.3 Auslegung und Anwendungsbereich des Art. 54 SDÜ

B wegen der bereits in Frankreich abgeurteilten Tat nicht entgegensteht, weil die gegen B verhängte Strafe zu keinem Zeitpunkt vollstreckt werden konnte. Nach Auffassung des EuGH[113] gebietet jedoch das dritte Vollstreckungselement nicht, dass die Sanktion nach dem Recht des Urteilsstaats **unmittelbar** vollstreckbar gewesen sein muss. Die Worte „nicht mehr" würden sich auf den Zeitpunkt der Einleitung einer neuen Strafverfolgung beziehen, in deren Rahmen das zuständige Gericht zu prüfen habe, ob die Voraussetzungen des Art. 54 SDÜ erfüllt sind. Zur Bestätigung seiner Auslegung führt der EuGH das auf dem **Prinzip der gegenseitigen Anerkennung** beruhende Freizügigkeitskonzept an. Das **Recht auf Freizügigkeit** könne in einer Situation wie der des Ausgangsverfahrens nur dann effektiv gewährleistet werden, wenn der Betroffene die Gewissheit habe, dass er sich nach seiner Verurteilung im Erstverfolgerstaat im Schengen-Gebiet frei bewegen kann, ohne befürchten zu müssen, dass er in einem anderen Vertragsstaat nur deshalb verfolgt wird, weil die Sanktion im Erstverfolgerstaats nicht unmittelbar vollstreckt werden konnte. Vor diesem Hintergrund hängt die Anwendbarkeit des Art. 54 SDÜ nicht davon ab, dass eine Vollstreckbarkeit im Erstverfolgerstaat jemals bestanden hat.[114]

Ergebnis
Art. 54 SDÜ steht einer erneuten strafrechtlichen Verfolgung des B in Deutschland entgegen.

12.3.4 Der Tatbegriff des Art. 54 SDÜ

Der Bezugsgegenstand, auf den sich der transnationale Strafklageverbrauch nach Art. 54 SDÜ bezieht, ist die **„abgeurteilte Tat"**. Es stellt sich somit die Frage, wie der in Art. 54 SDÜ genannte Tatbegriff[115] zu bestimmen ist. Da es im Rechtsraum der Schengen-Vertragsstaaten lediglich eine Koexistenz nationaler Strafrechtssysteme und somit kein vereinheitlichtes Straf- und Strafprozessrecht gibt, liegt es in der Natur der Sache, dass die in den nationalen Strafrechtsordnungen geltenden Tatbegriffe divergieren.[116] Vor diesem Hintergrund hat der EuGH einen nach unionsrechtlichen Maßstäben auszulegenden **europarechtlichen Tatbegriff** entwickelt, der dem Zweck des Art. 54 SDÜ Rechnung trägt, das Recht auf Freizügigkeit effektiv zu gewährleisten (Rn. 55). Der Gerichtshof will sichergestellt wissen, dass sich jeder Bürger im Schengenraum frei bewegen kann, ohne befürchten zu müssen, wegen einer von ihm begangenen Tat in einem anderen Vertragstaat erneut strafrechtlich verfolgt zu werden, weil dieser die Tat anders bewertet als der Aburteilungsstaat. Daraus folgt, dass die Möglichkeit divergierender rechtlicher Quali-

54

---

[113] EuGH NJW 2009, 3149, 3151 = JuS 2010, 176 (*Hecker*).
[114] Zust. *Ambos*, IntStR, § 10 Rn. 191; *Esser*, EuStR, § 7 Rn. 31; *Satzger*, IntStR, § 10 Rn. 86.
[115] Vgl. zur Problematik des Tatbegriffes *Dannecker*, EuZ 2009, 110, 119 ff.; *Radtke*, NStZ 2012, 479 ff.; *Stein*, Europäisches ne bis in idem, S. 183 ff., 203 ff.; *Thomas*, Einmaligkeit der Strafverfolgung, S. 188 ff.
[116] *Satzger*, IntStR, § 10 Rn. 82.

fizierungen „derselben Tat" in zwei verschiedenen Vertragsstaaten die Anwendung des Art. 54 SDÜ nicht hindern kann. Auch muss das Kriterium der Identität des geschützten rechtlichen Interesses unberücksichtigt bleiben, da dieses von einem Vertragsstaat zum anderen variieren kann.

55 Das einzig maßgebende Kriterium für die Anwendung des Art. 54 SDÜ erblickt der EuGH in der

> „Identität der materiellen Tat, verstanden als das Vorhandensein eines Komplexes unlösbar miteinander verbundener Tatsachen, unabhängig von der rechtlichen Qualifizierung dieser Tatsachen oder von dem rechtlich geschützten Interesse."[117]

Mit dem so formulierten faktisch geprägten Tatbegriff („idem factum") hat der Gerichtshof Bestrebungen nach einer normativen Aufladung des Tatbegriffes[118] („idem crimen") eine Absage erteilt. Ob die tatsächlichen Voraussetzungen der Tatidentität im konkreten Einzelfall gegeben sind, obliegt der Beurteilung durch die zuständigen nationalen Gerichte.[119]

Fall 10 (BGH NStZ-RR 2019, 259)

56 Der spanische Staatsangehörige A fasste Ende 2011 den Plan, mindestens 80 kg qualitativ hochwertiges Haschisch von einer Kurierin in einem hierfür umgebauten Schmuggelfahrzeug von Spanien nach Hamburg bringen zu lassen, um es dort gewinnbringend zu verkaufen. Die von ihm ausgewählte Kurierin wurde auf der Fahrt von Spanien nach Hamburg in der Nacht auf den 07.02.2012 an der französischen Grenze angehalten. In dem Fahrzeug wurden 80 kg Haschisch sichergestellt. Im Rahmen eines anderen, in Spanien geführten Strafverfahrens fanden Ermittler im Juli 2012 bei einer Durchsuchung auf einem von A genutzten Grundstück weitere 60 kg Haschisch. Wegen Besitzes dieser zum Verkauf bestimmten Drogen wurde A am 03.04.2013 vom Strafgericht Malaga rechtskräftig verurteilt und befand sich dort bis zu seiner Überstellung nach Deutschland in Strafhaft. A lässt sich zum Tatvorwurf unwiderlegt dahingehend ein, er habe eine Lieferung von insgesamt etwa 140 kg Haschisch aus Marokko bestellt, das – bedingt durch das geringere Fassungsvermögen des in das Kurierfahrzeug eingebauten Drogenverstecks – in 2 Lieferungen nach Hamburg transportiert und dort weiterverkauft werden sollte. Das Haschisch habe er zunächst auf seinem Grundstück gelagert. Aus dieser Menge habe er die bei der Kurierin sichergestellten Betäubungsmittel entnommen.
Frage: Steht Art. 54 SDÜ einer strafrechtlichen Verfolgung des A wegen Handeltreibens mit Betäubungsmitteln in nicht geringer Menge (§ 29 a I Nr. 2 BtMG i. V. m. § 6 Nr. 5 StGB) entgegen? ◄

---

[117] EuGH NJW 2006, 3406; NJW 2006, 1781, 1783; NJW 2007, 3412, 3413 f.; NJW 2007, 3416, 3417; NJW 2011, 983, 985; BeckRS 2021, 24499 (Rz. 79 ff.); NJW 2023, 349, 354 f.
[118] *Ambos*, IntStR, § 10 Rn. 184; *Böse*, GA 2003, 744 ff.
[119] Der europarechtliche Tatbegriff wird rezipiert von BGHSt 52, 275 ff.; BGH NJW 2014, 1025 ff.; BeckRS 2017, 114286 (Rz. 12); NStZ-RR 2019, 259 ff.; BeckRS 2021, 2253 (Rz. 4); OLG Frankfurt a. M. NStZ-RR 2020, 288, 289; StV 2020, 620; BeckRS 2023, 12493 (Rz. 17).

Lösungshinweise zu Fall 10
Art. 54 SDÜ steht der Strafverfolgung des A in Deutschland entgegen, wenn es sich bei der ihm vorgeworfenen Tat um dieselbe handelt, deretwegen er bereits am 03.04.2013 vom Strafgericht Malaga rechtskräftig verurteilt worden ist. Maßgebendes Kriterium für die Anwendung des Art. 54 SDÜ ist die Identität der materiellen Tat, verstanden als das Vorhandensein eines Komplexes konkreter, in zeitlicher und räumlicher Hinsicht sowie nach ihrem Zweck unlösbar miteinander verbundener Tatsachen (Rn. 55). Nach der unwiderlegten Einlassung des A bezog sich sein Handeltreiben auf die Gesamtmenge des im Februar und Juli 2012 sichergestellten Rauschgifts. Es schloss also die Drogenmenge ein, die bereits Gegenstand der Verurteilung durch das Strafgericht Malaga war. Da sich das in Spanien rechtskräftig abgeschlossene und das in Deutschland geführte Strafverfahren auf dasselbe zum Verkauf in Deutschland bestimmte Rauschgift beziehen, besteht eine objektive Verbindung zwischen den in beiden Strafverfahren zu beurteilenden Handlungen.[120] Es handelt sich somit bei der in Spanien rechtskräftig abgeurteilten Handlung und der nunmehr in Deutschland strafrechtlich verfolgten Handlung um „dieselbe Tat" i. S. d. Art. 54 SDÜ.

Ergebnis
Art. 54 SDÜ steht einer Strafverfolgung des A in Deutschland entgegen.

12.3.5 Reichweite der Erledigungswirkung

Fall 11

Der deutsche Staatsangehörige A verübte in Straßburg (F) einen bewaffneten Banküberfall. Ohne Beute floh er mit seinem Wagen über den offenen Grenzübergang nach Deutschland. In Offenburg (D) geriet er in eine Verkehrskontrolle. Dabei stellte sich heraus, dass er nicht im Besitz einer Fahrerlaubnis ist.
Variante 1: Noch bevor die deutschen Strafverfolgungsbehörden von der Beteiligung des A an dem Banküberfall in Straßburg Kenntnis erlangen, erlässt das AG Offenburg gegen A einen Strafbefehl (§ 407 StPO) wegen Fahrens ohne Fahrerlaubnis (§ 21 I Nr. 1 StVG). A lässt die Einspruchsfrist (§ 410 I StPO) verstreichen und zahlt die ihm auferlegte Geldstrafe.
Variante 2: Das AG Offenburg stellt das wegen Fahrens ohne Fahrerlaubnis gegen A geführte Strafverfahren gem. § 153a II StPO nach Zahlung einer Geldbußenauflage endgültig ein.
Frage: Kann der später in Frankreich festgenommene A von der französischen Justiz wegen des in Straßburg begangenen Banküberfalles strafrechtlich verfolgt werden? ◄

---

[120] BGH NStZ-RR 2019, 259, 260.

12.3.5.1 Strafbefehl und Art. 54 SDÜ

Lösungshinweise zu Fall 11 (Variante 1)

59 Bei der vom AG Offenburg im Strafbefehlsverfahren abgeurteilten Tat handelt es sich i. S. d. Art. 54 SDÜ um „dieselbe Tat" (Rn. 55), die zeitlich nachfolgend Gegenstand der strafrechtlichen Verfolgung des A in Frankreich ist. Nach Ablauf der Einspruchsfrist steht der Strafbefehl einem Urteil gleich (§ 410 III StPO) und entfaltet deshalb wie dieses eine unbeschränkte materielle Rechtskraftwirkung. Als verfahrensabschließende und rechtskraftbewirkende Entscheidung, die in Deutschland zu einem Verbrauch der Strafklage führt, stellt der Strafbefehl eine „rechtskräftige Aburteilung" i. S. d. Art. 54 SDÜ dar (Rn. 33). Zwar lässt § 373a StPO bei Verfahrenserledigungen durch Strafbefehl – über § 362 StPO hinausgehend – eine Wiederaufnahme des Verfahrens zuungunsten des Verurteilten zu, wenn neue Beweismittel oder Tatsachen beigebracht sind, die allein oder in Verbindung mit den früheren Beweisen geeignet sind, die Verurteilung wegen eines Verbrechens zu begründen. Die Befugnis, die Rechtskraft des Strafbefehls auf diesem Wege zu durchbrechen, steht aber nur dem zuständigen deutschen Gericht zu (§ 373a StPO i. V. m. § 370 StPO).

Ergebnis
A kann im Hinblick auf den in Deutschland gegen ihn erlassenen rechtskräftigen Strafbefehl von der französischen Justiz nicht wegen des in Straßburg verübten Banküberfalls verfolgt werden.

12.3.5.2 Einstellung des Verfahrens nach Erfüllung einer Auflage

Erste Lösungshinweise zu Fall 11 (Variante 2)

60 Bei dem vom AG Offenburg erlassenen Beschluss über die endgültige Einstellung des Verfahrens gem. § 153a II StPO handelt es sich zwar um eine „rechtskräftige Aburteilung" i. S. d. Art. 54 SDÜ (Rn. 33). Zu beachten ist jedoch, dass dem Einstellungsbeschluss nach § 153a I S. 5 StPO lediglich eine **beschränkte materielle Rechtskraftwirkung** dergestalt zukommt, **dass die Tat nicht mehr als Vergehen** verfolgt werden kann. Da der von A in Straßburg verübte Banküberfall ein **Verbrechen** darstellt, steht der Einstellungsbeschluss des AG Offenburg einer erneuten Strafverfolgung wegen derselben Tat durch die deutsche Justiz nicht entgegen. Hieran schließt sich die Frage an, ob Art. 54 SDÜ die Strafverfolgung in einem anderen Vertragsstaat (hier: Frankreich) ausschließt, wenn die Verfahrenserledigung im Aburteilungsstaat nur eine beschränkte materielle Rechtskraft entfaltet. Nach hier vertretener Ansicht hängt die Beantwortung dieser Frage von der jeweiligen Qualität des Verfahrensabschlusses (Sachentscheidung oder reine Opportunitätsentscheidung) ab.[121]

---

[121] *Hecker*, Heintschel-Heinegg-FS, 2015, S. 173, 186.

12.3 Auslegung und Anwendungsbereich des Art. 54 SDÜ

Vertiefende Lösungshinweise zu Fall 11 (Variante 2)
Der EuGH formt das in Art. 54 SDÜ normierte transnationale Doppelbestrafungsverbot in der Weise aus, dass eine Person wegen derselben Tat nach rechtskräftiger Aburteilung nur im Verfahren und unter den Voraussetzungen des Wiederaufnahmerechts des Aburteilungsstaates erneut verfolgt und bestraft werden darf mit der prozessualen Folge, dass auch nur dessen Justizorgane über eine Wiederaufnahme zu entscheiden haben (**Zuständigkeitskonzentration**).[122] Im Einklang mit dieser Judikatur ist davon auszugehen, dass jedenfalls ein mit beschränkter Rechtskraft ausgestatteter **Nichteröffnungsbeschluss** (§§ 204, 211 StPO) eine Zuständigkeitskonzentration im Erstverfolgerstaat bewirkt. Das Recht auf Freizügigkeit wäre nicht hinreichend gewährleistet, wenn der Beschuldigte befürchten müsste, dass er trotz einer auf gerichtlicher Sachprüfung beruhenden Verfahrenseinstellung im Erstverfolgerstaat in einem anderen Vertragsstaat unter Hinweis auf „neue" Tatsachen oder Beweismittel erneut verfolgt wird. Die Novität der geltend gemachten Belastungsmomente muss aus der Perspektive des Erstverfolgerstaates heraus beurteilt werden. Andernfalls wären transnationale Wertungsfriktionen vorprogrammiert, weil die Novität einer Tatsache oder die Beweiskraft eines Beweismittels von dem Gericht des Zweitverfolgerstaates anders beurteilt werden könnte als von dem Gericht des Aburteilungsstaates. Nach hier vertretener Auffassung bewirken jedoch bloße **Opportunitätsentscheidungen** wie die Verfahrenseinstellung nach § 153a II StPO (Rn. 60) keine aus Art. 54 SDÜ abzuleitende Zuständigkeitskonzentration im Erstverfolgerstaat. Da das Strafverfahren gegen A auch **ohne Auftauchen neuer Belastungstatsachen oder Beweismittel** bei **Verbrechensverdacht** jederzeit fortgesetzt werden kann (§ 153a I S. 5 StPO),[123] genießt er im Erstverfolgerstaat Deutschland von vornherein kein schutzwürdiges Vertrauen, wegen „derselben Tat" nicht doch noch verfolgt zu werden. Ohne „Vertrauenstatbestand" entfällt zugleich der Anknüpfungspunkt für das von Art. 54 SDÜ geschützte Recht jedes Bürgers, sich im Schengen-Gebiet frei bewegen zu können, ohne befürchten zu müssen, wegen einer von ihm begangenen Tat in einem anderen Vertragstaat erneut strafrechtlich verfolgt zu werden (Rn. 54).[124]

Ergebnis
Art. 54 SDÜ steht der Strafverfolgung des A durch die französische Justiz nicht entgegen.

---

[122] EuGH NJW 2014, 3010; zust. *Gaede*, NJW 2014, 2990, 2992; *Hecker*, JuS 2015, 1045, 1047; EuGH EuGH NJW 2024, 886, 888 = JuS 2024, 893 (*Hecker*); krit. *Burchard*, HRRS 2015, 26, 31 f.; *Satzger*, IntStR, § 10 Rn. 80; vgl. hierzu *Hecker/Zöller*, Fallsammlung, Klausur 15.
[123] Vgl. hierzu *Meyer-Goßner/Schmitt*, StPO, § 153a Rn. 54 mit dem Beispiel des schlichten Übersehens eines Verbrechensvorwurfs, der sich aus dem Akteninhalt ergibt.
[124] So auch BeckOK-StPO/*Inhofer*, Art. 54 SDÜ Rn. 26.

12.3.6 Anwendbarkeit des Art. 54 SDÜ auf Entscheidungen im Bußgeldverfahren

Fall 12

62 A begeht auf deutschem und französischem Staatsgebiet eine Trunkenheitsfahrt, die nach dem Recht beider Staaten eine Straftat darstellt. Während dieser Fahrt wird er in einer deutschen Ortschaft von einem Geschwindigkeitsmessgerät „geblitzt".
Variante 1: Noch bevor A in Deutschland oder Frankreich wegen der Trunkenheitsfahrt strafrechtlich verfolgt wird, verurteilt ihn ein deutsches Gericht wegen Überschreitung der zulässigen Höchstgeschwindigkeit durch Gerichtsbeschluss nach § 72 I OWiG zur Zahlung einer Geldbuße.
Variante 2: Der von einer deutschen Verwaltungsbehörde wegen Geschwindigkeitsüberschreitung gegen A erlassene Bußgeldbescheid wird rechtskräftig.
Frage: Steht Art. 54 SDÜ einer Strafverfolgung des A wegen Trunkenheitsfahrt durch die französische Justiz entgegen? ◄

12.3.6.1 Gerichtliche Verurteilung zu einer Bußgeldzahlung

Lösungshinweise zu Fall 12 (Variante 1)
63 Die durch **rechtskräftiges Urteil** oder **Beschluss** (§ 72 I OWiG) eines deutschen Gerichts erfolgte Verurteilung eines Betroffenen zur Zahlung einer Geldbuße wegen einer von ihm begangenen Ordnungswidrigkeit bzw. der diesbezügliche Freispruch stehen gem. § 84 II OWiG einer Verfolgung derselben Tat als Straftat entgegen. Hieran anknüpfend bewirkt Art. 54 SDÜ den Verbrauch der Strafklage im gesamten Rechtsraum der Vertragsparteien.[125] Gem. § 85 III S. 1 OWiG ist eine Wiederaufnahme des Verfahrens zuungunsten des Betroffenen unter den in § 362 StPO genannten Voraussetzungen zu dem Zweck zulässig, die Verurteilung nach einem Strafgesetz herbeizuführen. Darüber hinaus ist eine Wiederaufnahme des Verfahrens zuungunsten des Verurteilten gem. § 85 III S. 2 OWiG bereits dann zulässig, wenn neue Beweismittel oder Tatsachen beigebracht sind, die allein oder in Verbindung mit den früheren Beweisen geeignet sind, die Verurteilung wegen eines Verbrechens zu begründen. Die Befugnis, die Rechtskraft des Gerichtsbeschlusses auf diesem Wege zu durchbrechen, steht aber nur dem zuständigen deutschen Gericht (§ 85 IV OWiG) zu (Zuständigkeitskonzentration Rn. 61).

Ergebnis
Art. 54 SDÜ steht der Strafverfolgung des A in Frankreich entgegen.

---

[125] *Hecker* StV 2001, 306, 310; *Kniebühler*, Ne bis in idem, S. 252 ff.

12.3.6.2 Erledigungswirkung eines rechtskräftigen Bußgeldbescheids

Lösungshinweise zu Fall 12 (Variante 2)
Schwieriger zu beurteilen ist die transnationale Erledigungswirkung des von einer deutschen Behörde in Form eines **rechtskräftigen Bußgeldbescheids** verhängten Bußgeldes. Nach zutreffender Auffassung stellt dieser Erledigungsakt – obgleich von einer Verwaltungsbehörde erlassen – eine „rechtskräftige Aburteilung" i. S. d. Art. 54 SDÜ dar.[126] Für eine Gleichstellung des Bußgeldbescheids mit einer strafprozessualen Aburteilung spricht sein **repressiv-punitiver Charakter**.[127] Zu beachten ist jedoch die beschränkte materielle Rechtskraft des Bußgeldbescheids. Nach § 84 I OWiG steht der Bußgeldbescheid der erneuten Verfolgung derselben Tat nur unter dem Aspekt einer Ordnungswidrigkeit entgegen. A kann daher in Deutschland weiterhin wegen der von ihm begangenen Trunkenheitsfahrt (§ 316 StGB) strafrechtlich belangt werden. Da A nicht darauf vertrauen darf, wegen der dem Bußgeldbescheid zugrunde liegenden Tat doch noch strafrechtlich verfolgt zu werden, entfällt zugleich der Anknüpfungspunkt für das von Art. 54 SDÜ geschützte Freizügigkeitsrecht (Rn. 61).

Ergebnis
Die französische Justiz ist nicht gem. Art. 54 SDÜ daran gehindert, den A wegen der in Frankreich begangenen Trunkenheitsfahrt strafrechtlich zu verfolgen.[128]

12.3.6.3 Kumulierung von Strafen und punitiven Sanktionen

Fall 13

Gegen M wurde von der italienischen Finanzverwaltung ein Verwaltungsverfahren durchgeführt, in dem ihm vorgeworfen wurde, es unterlassen zu haben, die sich aus der Jahressteuererklärung ergebende Mehrwertsteuer in Höhe von insgesamt 280.000 € innerhalb der gesetzlich festgelegten Fristen abzuführen. Die Finanzverwaltung verhängte gegen M eine Verwaltungssanktion in Höhe von 30 % der Steuerschuld. Dieser Bescheid wurde bestandskräftig. Nach dem endgültigen Abschluss dieses Verwaltungsverfahrens klagte die italienische Staatsanwaltschaft den M wegen derselben Tat an.
Frage: Steht der strafrechtlichen Verfolgung des M wegen eines Steuerdelikts entgegen, dass er wegen dieser Tat bereits mit einer bestandskräftigen Verwaltungssanktion belegt wurde?[129] ◄

---

[126] *Hecker*, StV 2001, 306, 310; *Zöller*, Krey-FS, S. 501, 517; a.A. *Kniebühler*, Ne bis in idem, S. 251.
[127] EuGH NJW 2018, 1233, 1234 ff.; BeckRS 2018, 6055 (Rz. 26 ff.); *Radtke*, in: *Böse* (Hrsg.), EuStR, § 12 Rn. 41.
[128] So auch BeckOK-StPO/*Inhofer*, Art. 54 SDÜ Rn. 26.
[129] EuGH BeckRS 2018, 6055; vgl. auch EuGH NJW 2024, 33 m. krit. Bespr. v. *Meyer*, JZ 2024, 242 ff.

Lösungshinweise zu Fall 13

66 Der strafrechtlichen Verfolgung des M könnte Art. 50 GRCh entgegenstehen, weil er wegen der Steuerhinterziehung bereits mit einer bestandskräftigen Verwaltungssanktion belegt wurde (innerstaatliche Dimension des ne bis in idem; Rn. 13). Für die Beurteilung, ob es sich bei der dem M auferlegten Verwaltungssanktion um eine in den Schutzbereich des Art. 50 GRCh fallende punitive Sanktion handelt, sind nach der Rechtsprechung des EuGH drei Kriterien maßgebend: erstens die rechtliche Einordnung der Zuwiderhandlung im innerstaatlichen Recht, zweitens die Art der Zuwiderhandlung und drittens der Schweregrad der dem Betroffenen drohenden Sanktion.[130] Die strafrechtliche Natur der in Rede stehenden Verwaltungssanktion ist mit Blick auf ihre (zumindest auch) repressive Zielsetzung und den hohen Schweregrad zu bejahen. Somit greift die strafrechtliche Verfolgung derselben Tat, deretwegen M bereits durch bestandskräftigen Bescheid der Finanzbehörde strafrechtlich sanktioniert wurde, in den Schutzbereich des Art. 50 GRCh ein. Allerdings unterliegt die Gewährleistung des Art. 50 GRCh möglichen gesetzlichen Einschränkungen nach Maßgabe des Art. 52 I GRCh (Rn. 39). Nach überzeugender Auffassung des EuGH kann eine Kumulierung von Verfolgungsmaßnahmen und Sanktionen strafrechtlicher Natur gerechtfertigt sein, wenn mit diesen Verfolgungsmaßnahmen und Sanktionen legitime Ziele verfolgt werden, die ggf. verschiedene Aspekte desselben rechtswidrigen Verhaltens betreffen.[131] Insoweit erscheint es bei Zuwiderhandlungen im Bereich der Mehrwertsteuer legitim, dass ein Mitgliedstaat zum einen mit der Verhängung von pauschal festgesetzten Verwaltungssanktionen von jedem Verstoß gegen die Regeln über die Erklärung und Erhebung der Mehrwertsteuer abschrecken und ihn ahnden will, und zum anderen von schweren Verstößen gegen diese Regeln, die für die Gesellschaft besonders schädlich sind und die Verhängung schwerer strafrechtlicher Sanktionen rechtfertigen, abschrecken und sie ahnden will. Der EuGH legt daher das Justizgrundrecht des Art. 50 GRCh dahin aus, dass es einer nationalen Regelung nicht grundsätzlich entgegensteht, nach der eine Person, die die geschuldete Mehrwertsteuer nicht innerhalb der gesetzlichen Fristen abgeführt hat, in einem Strafverfahren verfolgt werden kann, obwohl sie wegen derselben Tat bereits mit einer bestandskräftigen Verwaltungssanktion strafrechtlicher Natur belegt wurde.

Ergebnis

Der strafrechtlichen Verfolgung des M wegen eines Steuerdelikts steht nicht entgegen, dass er wegen derselben Tat bereits von der Finanzbehörde mit einer Verwaltungssanktion belegt wurde.

12.3.7 Vorbehaltserklärungen nach Art. 55 SDÜ

67 Nach Art. 55 I SDÜ ist es den Vertragsparteien gestattet, bei der Ratifikation, der Annahme oder der Genehmigung des Übereinkommens in bestimmten Fällen Vor-

---

[130] EuGH BeckRS 2018, 6055 (Rz. 26 ff.); BeckRS 2023, 8994 (Rz. 41 ff.); NJW 2024, 33, 35.
[131] EuGH BeckRS 2018, 6055 (Rz. 44 ff.).

behalte zu erklären mit der Folge, dass sie nicht gem. Art. 54 SDÜ gebunden sind. Die Bundesrepublik Deutschland hat bei der Ratifikation des SDÜ von dieser Möglichkeit Gebrauch gemacht und in der Bekanntmachung v. 20.04.1994 über das Inkrafttreten des SDÜ v. 14.06.1985[132] erklärt:

> „Die Bundesrepublik Deutschland ist durch Art. 54 des Übereinkommens nicht gebunden,
> a) wenn die Tat, die dem ausländischen Urteil zugrunde lag, ganz oder teilweise in ihrem Hoheitsgebiet begangen wurde;
> b) wenn die Tat, die dem ausländischen Urteil zugrunde lag, eine der folgenden Strafvorschriften erfüllt hat:
> aa) Vorbereitung eines Angriffskrieges (§ 80 StGB) und Aufstacheln zum Angriffskrieg (§ 80a StGB);
> bb) Hochverrat (§§ 81–83 StGB);
> cc) Gefährdung des demokratischen Rechtsstaats (§§ 84–90b StGB);
> dd) Landesverrat und Gefährdung der äußeren Sicherheit (§§ 94–100a StGB);
> ee) Straftaten gegen die Landesverteidigung (§§ 109–109k StGB);
> ff) Straftaten nach §§ 129, 129a StGB;
> gg) die in § 129a Abs. 1 Nr. 1–3 StGB aufgeführten Straftaten, sofern durch die Tat die innere Sicherheit der Bundesrepublik Deutschland gefährdet worden ist;
> hh) Straftaten nach dem Außenwirtschaftsgesetz;
> ii) Straftaten nach dem Gesetz über die Kontrolle von Kriegswaffen.
> Als Tat wird in Anwendung des Art. 54 seitens der Bundesrepublik Deutschland derjenige geschichtliche Vorgang verstanden, wie er in dem anzuerkennenden Urteil aufgeführt ist."

Zu beachten ist, dass der unter Buchst. a erklärte Vorbehalt nach der Rückausnahme des Art. 55 I lit. a, 2. Halbs. SDÜ nicht eingreift, wenn die Tat auch in dem Hoheitsgebiet der Vertragspartei begangen wurde, in dem das Urteil (gemeint ist die „rechtskräftige Aburteilung" i. S. d. Art. 54 SDÜ) ergangen ist. Die rechtspraktische Bedeutung dieser Vorbehaltserklärung ist daher gering.[133]

In der Literatur wird streitig über die Frage diskutiert, ob die von Deutschland und anderen Vertragsparteien abgegebenen einseitigen Erklärungen (Vorbehalte) mit der Einbeziehung des Schengen-Besitzstandes in den Rahmen der früheren 3. Säule der EU in Wegfall geraten sind.[134] Generalanwalt *Bot*, der sich im Rahmen des Vorabentscheidungsverfahrens in der Rechtssache „Strafverfahren gegen *Piotr Kossowski*" mit der Frage der **Fortgeltung des Art. 55 I lit. a SDÜ** auseinandersetzte, teilt zwar nicht die Auffassung, dass ein nach dieser Vorschrift erklärter Vorbehalt bereits durch die Einbeziehung des Schengen-Besitzstands in den Rechtsrahmen der Union seine Gültigkeit verloren hat. Er gelangt aber zu dem überzeugend begründeten Ergebnis, dass der in Art. 55 I lit. a SDÜ vorgesehene Vorbehalt den Wesensgehalt des in Art. 50 GRCh garantierten Unionsrechts verletzt und daher für

68

---

[132] BGBl. II 1994, 631.
[133] Vgl. nur BGHSt 46, 307, 308; BGH NStZ-RR 2007, 179; BeckRS 2017, 114286 (Rz. 28).
[134] So *Anagnostopoulos*, Hassemer-FS, S. 1121, 1128; *Hackner*, NStZ 2011, 425, 427; *Plöckinger/Leidenmühler*, wistra 2003, 81, 82 f.; a.A. *Ambos*, IntStR, § 10 Rn. 170; *Böse*, Kühne-FS, S. 519, 521 ff., 524 ff.; BeckOK-StPO/*Inhofer*, Art. 55 SDÜ Rn. 2; *Radtke*, in: *Böse* (Hrsg.), EuStR, § 12 Rn. 34.

ungültig zu erklären ist.[135] Die erhoffte Klärung durch den Gerichtshof blieb jedoch aus. Dieser ließ die aufgeworfene Frage unbeantwortet, weil sie im konkreten Fall nicht entscheidungserheblich war.[136]

Fall 14

69 Dem vom OLG Bamberg initiierten Vorabentscheidungsverfahren liegt ein gegen B in Deutschland geführtes Ermittlungsverfahren wegen Verdachts der Bildung einer kriminellen Vereinigung (§ 129 I, V S. 1, 2 StGB) sowie gewerbs- und bandenmäßigen Betrugs (§§ 263 I, III 2 Nr. 1, V, 25 II StGB) zu Grunde.[137] Dem B wird zur Last gelegt, gemeinsam mit weiteren Mitbeschuldigten ein betrügerisches Anlagesystem geschaffen zu haben, in dessen Rahmen in verschiedenen europäischen Ländern (darunter auch Deutschland und Österreich) wohnhaften Anlegern über das Internet chancenreiche Geldanlagen angeboten wurden. In Wirklichkeit wurden die eingezahlten Beträge zugunsten von B, einem der Rädelsführer der kriminellen Vereinigung, veruntreut. Nachdem die Anleger eine Einzahlung getätigt hatten, simulierten die Beschuldigten ihnen gegenüber den angeblichen Handel mit Finanzinstrumenten und spiegelten ihnen im weiteren Verlauf unter Einsatz einer speziellen Software einen Anlageverlust vor. Die eingezahlten Gelder wurden in einem europaweit installierten Geldwäschenetzwerk verteilt. Da die Tätigkeit dieser kriminellen Vereinigung (§ 129 II StGB) auch auf die Schädigung deutscher Anleger abzielte, ist die Tat nach deutschem Recht strafbar (§ 129b I S. 1, 2 StGB). B wurde am 01.09.2020 vom Landesgericht Wien wegen gewerbsmäßigen schweren Betrugs und Geldwäscherei zu einer Freiheitsstrafe von vier Jahren verurteilt. Nachdem er einen Teil dieser Freiheitsstrafe verbüßt hatte, wurde ihre weitere Vollstreckung ab dem 29.01.2021 zur Bewährung ausgesetzt. B wurde jedoch mit Entscheidung vom selben Tag aufgrund eines vom AG Bamberg erlassenen Europäischen Haftbefehls und eines nationalen Haftbefehls in österreichische Übergabehaft genommen. Nach Ablauf des Haftzeitraums am 18.05.2021 wurde er in Abschiebehaft mit dem Ziel Israel genommen. Mit Beschluss des LG Bamberg v. 08.03.2021 wurden die Beschwerden des B gegen die Haftbefehle als unbegründet verworfen. Hiergegen richtet sich die weitere Beschwerde (§ 310 I Nr. 1 StPO) des B, mit der das vorlegende OLG Bamberg befasst ist. Ist die Beschwerde des B begründet? ◄

Lösungshinweise zu Fall 14

70 Der Aufrechterhaltung der gegen B in Deutschland ergangenen Haftbefehle könnte das Verfahrenshindernis des Art. 54 SDÜ entgegenstehen. Der zu Grunde gelegte dringende Tatverdacht bezieht sich auf „dieselbe Tat" (Rn. 54), deretwegen B bereits durch das Urteil des Landesgericht Wien v. 01.09.2020 rechtskräftig zu einer

---
[135] Generalanwalt *Bot* BeckRS 2015, 82067 (Rz. 32 ff., 68).
[136] EuGH NJW 2016, 2939, 2942 = JuS 2016, 1133 (*Hecker*).
[137] OLG Bamberg BeckRS 2021, 44002.

12.3 Auslegung und Anwendungsbereich des Art. 54 SDÜ

Freiheitsstrafe verurteilt wurde. Denn B hat zusammen mit seinen Mittätern eine kriminelle Vereinigung i. S. d. § 129 II StGB in Gestalt eines international agierenden betrügerischen Netzwerks gebildet, dessen Tätigkeit darauf angelegt war, eine Vielzahl von Personen in mehreren Ländern mittels gleichartiger Begehungsweise zu schädigen. Das in Österreich ergangene Urteil erfasst alle aus dieser kriminellen Vereinigung heraus begangenen betrügerischen Handlungen, also auch diejenigen, die zum Nachteil von deutschen Staatsbürgern begangen worden sind. Auch wird das Urteil des Landesgericht Wien während der andauernden Bewährungszeit i. S. d. Art. 54 SDÜ „gerade vollstreckt" (Rn. 44). Allerdings hat Deutschland bei der Ratifikation des SDÜ nach **Art. 55 I Buchst. b, II SDÜ** erklärt, nicht an Art. 54 SDÜ gebunden zu sein, wenn die dem ausländischen Urteil zugrunde liegende Tat eine Straftat nach § 129 I StGB ist. Das OLG Bamberg hat hierzu in seinem Vorlagebeschluss mitgeteilt, dass seines Erachtens der den Mitgliedstaaten von Art. 55 I Buchst. b SDÜ eingeräumte Gestaltungsspielraum durch die in Rede stehende Vorbehaltserklärung nicht überschritten sei.[138] Generalanwalt *Szpunar* vertrat demgegenüber in seinem Schlussantrag die Auffassung, dass ein gem. Art. 55 I Buchst. b SDÜ erklärter Vorbehalt den Wesensgehalt des Art. 50 GRCh verletze und daher nichtig sei.[139] Der EuGH gelangt zu einer differenzierenden Auslegung. Er hält die Vorbehaltsermächtigung des Art. 55 I Buchst. b SDÜ zwar grundsätzlich für eine nach Maßgabe des Art. 52 I GRCh zulässige Einschränkung des Art. 50 GRCh. Allerdings sei ein nationaler Vorbehalt in Form einer Ausnahme vom Grundsatz ne bis in idem nur zulässig, wenn es um eine Tat geht, die sich gegen die Sicherheit des Staates oder andere gleichermaßen wesentliche Interessen richtet. Dies sei bei einer ausschließlich vermögensdeliktisch agierenden kriminellen Vereinigung nur der Fall, wenn sie den Staat selbst schädige. Der Gerichthof teilt mit, dass in Anbetracht der ihm vorliegenden Informationen trotz des Umfangs der Vermögensschäden bei den geschädigten Personen nicht ersichtlich sei, dass die Handlungen der in Rede stehenden kriminellen Vereinigung bewirkt hätten, dass die Bundesrepublik Deutschland selbst geschädigt worden wäre.[140]

Die Entscheidung des EuGH verdient Zustimmung. Eine sachlich beschränkte Ausnahme von dem in Art. 50 GRCh garantierten Verbot der Doppelbestrafung ist als zulässige Einschränkung iSd Art. 52 I GRCh nur zu dem Zweck zuzulassen, einen Staat in die Lage zu versetzen, Straftaten zu ahnden, die gegen ihn selbst gerichtet sind. Dies ist insbesondere bei Taten der Fall, die sich gegen die innere und äußere Sicherheit des Staates oder gegen dessen verfassungsmäßige Ordnung richten. Von der deutschen Justiz verfolgbar sind aber auch die aus einer kriminellen Vereinigung (§ 129 II StGB) heraus begangenen Taten, durch die staatliche Einrichtungen geschädigt werden (sollen). Zu denken ist bspw. an einen auf Lösegeld-

71

---
[138] OLG Bamberg BeckRS 2021, 44002 (Rz. 50).
[139] Generalanwalt *Szpunar* BeckRS 2022, 28083 (Rz. 52 ff.).
[140] EuGH BeckRS 2023, 4924 (Rz. 80 ff.) = JuS 2023, 692 (*Hecker*) mAnm. *Ostermeier*, IWRZ 2023, 239 (243).

zahlung abzielenden erpresserischen Angriff auf das Informationssystem einer Behörde mittels Ransomware, die den Zugriff auf Daten sperrt. Demgegenüber können aus einer kriminellen Vereinigung heraus begangene Taten, die ausschließlich auf eine Schädigung von privatem Anlegervermögen abzielen, in jedem Vertragsstaat strafrechtlich verfolgt werden. Insoweit muss der Leitgedanke des gegenseitigen Vertrauens der Vertragsstaaten in ihre jeweiligen Strafjustizsysteme zum Tragen kommen (Rn. 35).

Ergebnis
Der von Deutschland gem. Art. 55 I Buchst. b SDÜ erklärte Vorbehalt greift im konkreten Fall nicht ein. Daher steht das aus Art. 54 SDÜ abzuleitende Verfahrenshindernis der Strafverfolgung des B in Deutschland wegen einer Tat nach § 129 I StGB entgegen.

12.4 Jurisdiktionskonflikte

72 Jurisdiktionskonflikte (Kompetenzkonflikte) resultieren daraus, dass mehrere Staaten nach Maßgabe ihres nationalen Strafanwendungsrechts hinsichtlich derselben Tat eines Täters die Strafgewalt für sich reklamieren (Kap. 2 Rn. 56).[141] Auf grenzüberschreitende Fallgestaltungen oder auf solche, an denen Täter bzw. Opfer mit unterschiedlicher Staatsangehörigkeit beteiligt sind, kommen regelmäßig für dasselbe strafrechtsrelevante Geschehen die Strafgesetze mehrerer nationaler Rechtsordnungen zur Anwendung. Art. 54 SDÜ steht der Durchführung paralleler Strafverfahren in mehreren Vertragsstaaten gegen denselben Beschuldigten wegen derselben Tat nicht entgegen, solange im Erstverfolgerstaat keine Verfahrenserledigung erfolgt ist, die einen transnationalen Strafklageverbrauch bewirkt. Insoweit bietet Art. 54 SDÜ für die Problematik der Jurisdiktionskonflikte keine adäquate Lösung.

73 Die Kommission hat sich bereits in ihrem am 23.12.2005 vorgelegten **Grünbuch über Kompetenzkonflikte und den Grundsatz ne bis in idem in Strafverfahren**[142] mit dem Problem konkurrierender nationaler Strafgewalten befasst und instruktiv folgendes dargelegt:

> „In dem Maße, wie Straftäter zunehmend international agieren, ist die Strafjustiz in der EU immer häufiger mit Situationen konfrontiert, in denen mehrere Mitgliedstaaten in einem bestimmten Fall für die Strafverfolgung zuständig sind. Sog. positive Kompetenzkonflikte, d. h. die Behörden mehrerer Mitgliedstaaten ermitteln in ein und demselben Fall, dürften heute zudem häufiger auftreten, da der Zuständigkeitsbereich der einzelstaatlichen Strafverfolgungsbehörden in der Vergangenheit vielfach erheblich erweitert wurde. Die Mehrfachverfolgung derselben Straftat steht im Widerspruch zu den Rechten und Interessen der Betroffenen und hat u. U. unnötigen Doppelaufwand zur Folge. So kann es dazu kommen, dass Beschuldigte, Opfer und Zeugen in mehreren Ländern vor Gericht geladen werden.

---

[141] *Hecker*, ZIS 2011, 60; *Radtke*, in: *Böse* (Hrsg.), EuStR, § 12 Rn. 20; *Thorhauer*, Jurisdiktionskonflikte, S. 42 ff.
[142] KOM (2005) 696 endg.

Sie werden durch Mehrfachverfahren in ihren Rechten und Interessen, z. B. in ihrer Freizügigkeit, eingeschränkt. Die anwaltliche Vertretung wird komplizierter und zieht höhere Kosten nach sich. Damit einher geht auch eine stärkere psychische Belastung. In einem Raum der Freiheit, der Sicherheit und des Rechts sollten solche negativen Wirkungen nach Möglichkeit vermieden und die Mehrfachverfolgung wegen ein und derselben Straftat begrenzt werden. Den einzelstaatlichen Behörden steht es derzeit frei, in einem bestimmten Fall parallel zu den Strafverfolgungsmaßnahmen anderer Behörden eigene Ermittlungen anzustellen. Die einzige rechtliche Schranke ist das Verbot der doppelten Strafverfolgung (ne bis in idem) in den Art. 54–58 SDÜ. Dieser Grundsatz verhindert jedoch keine Kompetenzkonflikte, wenn in zwei oder mehr Mitgliedstaaten parallel Strafverfolgungsmaßnahmen laufen. Er kommt nur dann zum Tragen, wenn ein Strafverfahren in einem Mitgliedstaat mit einer rechtskräftigen Entscheidung beendet wurde. Eine zweite Strafverfolgung wegen desselben Tatbestands ist dann ausgeschlossen. Zu bedenken ist auch, dass der Grundsatz ne bis in idem ohne eine Zuständigkeitsregelung, auf deren Grundlage einem geeigneten Gericht die Zuständigkeit für einen bestimmten Fall übertragen wird, zu zufälligen oder gar willkürlichen Ergebnissen führen kann. Wenn das Gericht den Vorzug erhält, das als erstes in der Lage ist, eine rechtskräftige Entscheidung zu erlassen, läuft der Grundsatz im Ergebnis darauf hinaus, dass nach dem Motto „wer zuerst kommt, mahlt zuerst" verfahren wird."

Der von der Kommission unterbreitete Lösungsvorschlag sucht die Durchführung von Parallelverfahren durch wechselseitige Information und Konsultationsprozesse zur Förderung einvernehmlicher Lösungen zwischen den Mitgliedstaaten zu vermeiden. Die nachfolgend darzustellenden EU-Rechtsakte basieren auf diesem Mechanismus.

12.4.1 Bereichsspezifische Vorgaben zur Erzielung einer Verfahrenskonzentration

Eine auf den Kriminalitätsbereich Terrorismus bezogene Bestimmung, die auf die **Vermeidung von Jurisdiktionskonflikten** abzielt, findet sich in **Art. 19 III** der am 20.04.2017 in Kraft getretenen **RL (EU) 2017/541 des EP und des Rates v. 15.03.2017 zur Terrorismusbekämpfung**[143] (RL TB 2017 Kap. 8 Rn. 58). Art. 19 III RLTB 2017 statuiert eine **Kooperationspflicht** der EU-Mitgliedstaaten. Im Falle einer Mehrfachzuständigkeit soll auf der Grundlage einer einvernehmlich getroffenen Absprache – ggf. mit Unterstützung von Eurojust – eine **Verfahrenskonzentration** dergestalt angestrebt werden, dass die Strafverfolgung federführend von einem Mitgliedstaat übernommen wird. Auch der auf den Kriminalitätsbereich Geldwäsche bezogene **Art. 10 III** der am 02.12.2018 in Kraft getretenen **RL (EU) 2018/1673 des EP und des Rates v. 23.10.2018 über die strafrechtliche Bekämpfung der Geldwäsche** (GeldwRL-StR)[144] zielt auf eine Verfahrenskonzentration in einem federführenden Mitgliedstaat ab und benennt sogar explizit vier zur Zuständigkeitskoordinierung heranzuziehende Kriterien (Tatort, Staatsangehörigkeit

74

---

[143] ABlEU 2017 Nr. L 88, S. 6.
[144] ABlEU 2018 Nr. L 284, S. 22.

oder Wohnsitz der Täter bzw. Opfer, Ergreifungsort Kap. 8 Rn. 87). Aus den in den vorgenannten RL getroffenen Regelungen folgt lediglich eine Verpflichtung zu einer effektiven Zusammenarbeit mit dem Ziel, eine Verfahrenskonzentration in einem Mitgliedstaat zu erreichen. Kein Mitgliedstaat ist jedoch verpflichtet, seine Zuständigkeit gegen seinen Willen abzutreten oder auszuüben.

12.4.2 Allgemeine Vorgaben zur Erzielung einer Verfahrenskonzentration

75 Unionsrechtliche Regularien zur Vermeidung parallel laufender Strafverfahren in den Mitgliedstaaten enthält der der am 15.12.2009 in Kraft getretene **RB 2009/948/ JI des Rates v. 30.11.2009 zur Vermeidung und Beilegung von Kompetenzkonflikten in Strafverfahren,**[145] der nicht auf bestimmte Kriminalitätsbereiche beschränkt ist. Der RB sieht im Hinblick auf die angestrebte Vermeidung von Mehrfachverfolgungen den Weg über direkte Konsultationen und Informationsaustausch der betroffenen Strafverfolgungsbehörden vor, um Einvernehmen über eine „effiziente Lösung" herbeizuführen, bei der die nachteiligen Folgen von parallel geführten Verfahren vermieden werden (Art. 1 II lit. b, 2 I lit. a, b). Diese Konsultationen können ggf. **„zu einer Konzentration der Strafverfahren in einem einzigen Mitgliedstaat"** führen (Art. 10 I). Kommt es zu keiner Einigung, ist Eurojust im Rahmen seiner Zuständigkeit zu befassen (Art. 12 II). Das in dem RB vorgesehene Verfahren zur Beilegung von Kompetenzkonflikten ist allerdings weder justiziabel noch obligatorisch. Kein Mitgliedstaat ist verpflichtet, die Zuständigkeit gegen seinen Willen abzutreten oder auszuüben. Solange kein Einvernehmen über die Zusammenlegung der Strafverfahren erzielt wurde, behalten die zuständigen Behörden der Mitgliedstaaten die Möglichkeit, wegen jeder Straftat, für deren Verfolgung sie nach ihrem innerstaatlichen Recht zuständig sind, ein Strafverfahren fortzuführen. Ein im Gesetzgebungsverfahren vorgesehener Kriterienkatalog für die Ermittlung des adäquaten Forums wurde fallengelassen. Der RB 2009/948/JI greift auch nicht das im Grünbuch der Kommission zur Diskussion gestellte Verweisungsverfahren auf, mit dem die Fälle einem geeigneten Gericht zugewiesen würden. Am 02.06.2014 legte die Kommission einen Bericht vor, in dem sie mitteilt, dass der RB bislang lediglich von 15 Mitgliedstaaten (darunter Deutschland[146]) in nationales Recht transferiert wurde.[147] Im Lichte dieses Berichts soll darüber entschieden werden, ob weitergehende Maßnahmen zur Vermeidung bzw. Beilegung von Kompetenzkonflikten zu ergreifen sind. Artikel 82 I UA 2 lit. b AEUV überträgt der Union insoweit eine Kompetenz zur Richtliniensetzung.[148]

---

[145] ABlEU 2009 Nr. L 328, S. 42; vgl. hierzu *Ambos*, IntStR, § 4 Rn. 25; *Eckstein*, ZStW 124 (2012), S. 490, 505 ff.; *Eisele*, ZStW 125 (2013), S. 1, 17 ff.; *Sinn*, ZIS 2013, 1, 3 ff.; *Thorhauer*, Jurisdiktionskonflikte, S. 464 ff.; *F. Zimmermann*, Strafgewaltkonflikte, S. 305 ff.
[146] Vgl. hierzu die Aufnahme des RB in Anlage II zu Anhang II RiVASt.
[147] KOM (2014) 313 endg.
[148] *Meyer*, in: *v. d. Groeben/Schwarze/Hatje* (Hrsg.), EU-Recht, Art. 82 AEUV Rn. 28 ff.

12.4.3 Lösungsvorschläge aus der Wissenschaft

Eine von dem Osnabrücker Strafrechtslehrer *Arndt Sinn* geleitete internationale Forschungsgruppe hat zwei **Modellentwürfe eines Regelungsmechanismus zur Vermeidung von Jurisdiktionskonflikten** in Form konkreter Richtlinienvorschläge vorgestellt.[149] Das **„Modell der vereinbarten Gerichtsbarkeit"**[150] knüpft als gegenwartsbezogene Konzeption an die Regularien des bestehenden RB (Rn. 75) an und entwickelt diese durch Aufstellung eines verbindlichen Kriterienkatalogs (mit Regelvermutung für das Territorialitätsprinzip) weiter. Wenn die nationalen Behörden keine Einigung über den für die Durchführung des Strafverfahrens am besten geeigneten Mitgliedstaat erzielen können, soll Eurojust eine verbindliche Entscheidung treffen. Diese Auswahlentscheidung soll auf Antrag der verfolgten Person oder eines betroffenen Mitgliedstaates vom EuGH auf Ermessenfehler überprüft werden können.[151] Im Grundansatz dem vorgenannten Konsultationsmodell folgend hat *Frank Zimmerman* einen abstrakt-generellen Regelungsvorschlag ausgearbeitet, in dessen Mittelpunkt eine Hierarchisierung strafanwendungsrechtlicher Anknüpfungspunkte mit grundsätzlichem Vorrang des Handlungsortes steht.[152] Das **„Modell der gesetzlich bestimmten Gerichtsbarkeit"**[153] verfolgt das Ziel, einen Konkurrenzlösungsmechanismus zu erarbeiten, der in Fällen von Strafverfahren mit Anknüpfungspunkten in mehreren Staaten schon vor der Tatbegehung eine möglichst eindeutige Zuordnung der zuständigen Strafgewalt ermöglicht. Um dieses Ziel zu erreichen, sollen die internationalstrafrechtlichen Anknüpfungspunkte reduziert werden.[154] Ein entsprechender Regelungsentwurf wurde von *Böse*, *Meyer* und *Schneider* vorgelegt.[155] Die hierzu erforderliche Harmonisierung der nationalen Strafanwendungsrechte[156] ist freilich ein sehr ehrgeiziges Unternehmen, das jedenfalls kurz- und mittelfristig kaum Aussicht auf praktische Umsetzung hat.[157]

76

---

[149] Vgl. hierzu die Beiträge von *Anders*, *Eser*, *Gropp*, *Hecker*, *Herrnfeld* und *Sinn*, in: *Sinn* (Hrsg.), Jurisdiktionskonflikte, passim.

[150] *Sinn*, ZIS 2013, 1, 4 ff.

[151] Noch weitergehend fordern *Schomburg/Suominen-Picht* (NJW-Forum 2012, 1190, 1194), einem EU-Strafgerichtshof die Letztentscheidungskompetenz zuzuweisen.

[152] *F. Zimmermann*, Strafgewaltkonflikte, S. 469 ff.

[153] *Sinn*, ZIS 2013, 1, 6 ff.

[154] In die gleiche Richtung gehen auch die Überlegungen von *Böse/Meyer*, ZIS 2011, 336, 337 ff.; vgl. auch *Böse*, Wolter-FS, S. 1311, 1318 ff.

[155] *Böse/Meyer/Schneider*, GA 2014, 572, 574 ff.

[156] Vgl. hierzu die Landesberichte über das jeweilige nationale Strafanwendungsrecht in 17 Staaten in: *Sinn* (Hrsg.), Jurisdiktionskonflikte, passim.

[157] *Meyer*, in: *v. d. Groeben/Schwarze/Hatje* (Hrsg.), EU-Recht, Art. 82 AEUV Rn. 29; *Radtke/Mahler*, Rüping-FS, S. 49, 57.

12.5 Zusammenfassung von Kap. 12

77 Das Völkerrecht kennt ebenso wie die meisten nationalen Rechtsordnungen lediglich ein **rechtsordnungsinternes** Verbot doppelter Strafverfolgung und Bestrafung wegen derselben Tat. Das in **Art. 54 SDÜ verankerte transnationale Doppelbestrafungsverbot** (ne bis in idem) erstreckt die Erledigungswirkung der in einem Erstverfolgerstaat getroffenen „**rechtskräftigen Aburteilung**" einer Tat auf alle Vertragsparteien – derzeit insgesamt 31 europäische Staaten (27 EU-Mitgliedstaaten sowie Island, Norwegen, die Schweiz und Liechtenstein als assoziierte Staaten). Erfasst sind neben den von einem Gericht nach Durchführung einer Hauptverhandlung in Urteilsform gefällten Schuld- und Freisprüchen auch sonstige Verfahrensabschlüsse, die nach dem Recht des Aburteilungsstaates materielle Rechtskraft entfalten. Hierzu gehören exemplarisch die Erledigung durch Strafbefehl (§§ 407 ff. StPO), Nichteröffnungsbeschluss (§§ 203, 210 StPO), Einstellung des Verfahrens gem. § 153 II StPO bzw. § 153a I, II StPO oder Bußgeldbescheid. Verfahrensabschlüsse mit beschränkter Erledigungswirkung, die nach der Judikatur des EuGH gleichwohl als „rechtskräftige Aburteilung" i. S. d. Art. 54 SDÜ zu qualifizieren sind, entfalten eine Sperrwirkung für potenzielle Zweitverfolgerstaaten (Zuständigkeitskonzentration im Aburteilungsstaat), wenn das Wiederaufnahmerecht des Aburteilungsstaates eine erneute Strafverfolgung wegen derselben Tat nur in einem hierfür vorgesehenen justizförmigen Verfahren zulässt, in dem das Vorliegen neuer Belastungstatsachen oder Beweismittel zu prüfen ist.

78 Nach dem vom EuGH entwickelten **europarechtlichen Tatbegriff** ist das einzig maßgebende Kriterium für die Anwendung des Art. 54 SDÜ die Identität der materiellen Tat, verstanden als das Vorhandensein eines Komplexes unlösbar miteinander verbundener Tatsachen, unabhängig von der rechtlichen Qualifizierung dieser Tatsachen oder von dem rechtlich geschützten Interesse („idem factum"). Art. 54 SDÜ knüpft die transnationale Erledigungswirkung im Fall einer Verurteilung an das Erfordernis, dass die Sanktion bereits vollstreckt worden ist, gerade vollstreckt wird oder nach dem Recht des Urteilsstaats nicht mehr vollstreckt werden kann. Demgegenüber findet sich im Wortlaut des Art. 50 GRCh keine Vollstreckungskomponente. Da jedoch die Reichweite des in Art. 50 GRCh verankerten Justizgrundrechts nach der überzeugenden Rspr. des EuGH auf den von Art. 54 SDÜ abgesteckten Gewährleistungsumfang beschränkt ist, ist das **transnationale Doppelbestrafungsverbot auch im räumlichen Anwendungsbereich des Art. 50 GRCh** (EU-Mitgliedstaaten) an die in Art. 54 SDÜ enthaltenen **Vollstreckungselemente** gebunden.

79 Wenn mehrere Staaten nach Maßgabe ihres nationalen Strafanwendungsrechts hinsichtlich derselben Tat eines Täters die Strafgewalt für sich reklamieren, kann es zu einem **Jurisdiktionskonflikt** kommen. Art. 54 SDÜ steht der Durchführung paralleler Strafverfahren in mehreren Vertragsstaaten gegen denselben Beschuldigten wegen derselben Tat nicht entgegen, solange im Erstverfolgerstaat keine Verfahrenserledigung erfolgt ist, die einen transnationalen Strafklageverbrauch bewirkt. Insoweit bietet Art. 54 SDÜ keine adäquate Lösung. Der am 15.12.2009 in Kraft getretene **RB zur Vermeidung und Beilegung von Kompetenzkonflikten in Strafverfahren** zielt

mit einem Mechanismus wechselseitiger Information und Konsultationsprozesse zur Förderung einvernehmlicher Lösungen darauf ab, eine Zuständigkeitskonzentration in einem federführenden Mitgliedstaaten zu erreichen.

Literatur

Ambos, Internationales Strafrecht, 5. Aufl., 2018, § 10 Rn. 163–198 (Europäisches Doppelbestrafungsverbot)
Böse, Die transnationale Geltung des Grundsatzes ne bis in idem und das Vollstreckungselement, GA 2011, 504
ders., Der Grundsatz „ne bis in idem" und der Europäische Haftbefehl: europäischer ordre public vs. gegenseitige Anerkennung, HRRS 2012, 19
ders., Ausnahmen vom grenzüberschreitenden „Ne bis in idem"? – Zur Fortgeltung der Vorbehalte nach Art. 55 SDÜ, Kühne-FS, 2013, S. 519
ders., Die Ermittlung der „besten" Strafgewalt im Spannungsfeld von Strafanwendungsrecht und internationaler Zuständigkeit, Wolter-FS, 2013, S. 1311
ders./Meyer/Schneider, Die Regulierung strafrechtlicher Jurisdiktionskonflikte in der Europäischen Union, GA 2014, 573
Bürger, Geltung des ne bis in idem-Prinzips nach verjährungsbedingter Verfahrenseinstellung, FS für Gerhard Dannecker, 2023, S. 389 (zit.: *Bürger*, Dannecker-FS)
Duesberg, Das Vollstreckungselement des Art. 54 SDÜ im Spannungsfeld zwischen Europäisierung und nationalen Sicherheitsinteressen, ZIS 2017, 66
Eisele, Jurisdiktionskonflikte in der Europäischen Union: Vom nationalen Strafanwendungsrecht zum Europäischen Kollisionsrecht, ZStW 125 (2013), 1
Esser, Europäisches und Internationales Strafrecht, 3. Aufl., 2023, § 7 (Ne bis in idem)
Hecker, Schließt Art. 54 SDÜ die Strafverfolgung in einem anderen Vertragsstaat aus, wenn die Verfahrenserledigung im Aburteilungsstaat nur eine beschränkte materielle Rechtskraft entfaltet?, Heintschel-Heinegg-FS, 2015, S. 173
Hochmayr, Gudrun (Hrsg.), „Ne bis in idem" in Europa – Praxis, Probleme und Perspektiven des Doppelbestrafungsverbots, 2015
Inhofer, Kommentierung des Art. 54 SDÜ, in: BeckOK-StPO, 52. Ed., Stand: 01.07.2024
Radtke, Der Grundsatz „ne bis in idem" und Jurisdiktionskonflikte, in: *Böse* (Hrsg.), Europäisches Strafrecht, 2. Aufl., 2021, § 12
Satzger, Internationales und Europäisches Strafrecht, 10. Aufl., 2022, § 10 Rn. 60–88 (Verbot der Doppelbestrafung)
ders., Auf dem Weg zu einer „europäischen Rechtskraft"?, Roxin-FS, 2011, S. 1515
Schramm, Internationales Strafrecht, 2. Aufl., 2018, Kap. 4 Rn. 25–35 (Das Doppelbestrafungsverbot)
Sinn (Hrsg.), Jurisdiktionskonflikte bei grenzüberschreitender Kriminalität, 2012
ders., Die Vermeidung von strafrechtlichen Jurisdiktionskonflikten in der Europäischen Union – Gegenwart und Zukunft, ZIS 2013, 1
Zimmermann, Strafgewaltkonflikte in der EU, 2014
Zöller, Die transnationale Geltung des Grundsatzes ne bis in idem nach dem Vertrag von Lissabon, Krey-FS, 2010, S. 501

Rechtsprechungshinweise

EuGH NJW 2003, 1173 (transactie bzw. staatsanwaltliche Verfahrenseinstellung gem. § 153a I StPO sind „rechtskräftige Aburteilung" i. S. d. Art. 54 SDÜ)

EuGH NJW 2005, 1337 (staatsanwaltliche Verfahrenseinstellung ohne Sachprüfung ist keine „rechtskräftige Aburteilung" i. S. d. Art. 54 SDÜ)
EuGH NJW 2006, 3403 (Freispruch wegen Verjährung ist „rechtskräftige Aburteilung" i. S. d. Art. 54 SDÜ)
EuGH NJW 2006, 3406 (Freispruch aus Mangel an Beweisen ist „rechtskräftige Aburteilung" i. S. d. Art. 54 SDÜ)
EuGH NJW 2007, 3416 (Tatbegriff des Art. 54 SDÜ)
EuGH NJW 2009, 3149 (Abwesenheitsurteil ist „rechtskräftige Aburteilung" i. S. d. Art. 54 SDÜ)
EuGH NStZ-RR 2009, 109 (Polizeiliche Verfahrenseinstellung ist keine „rechtskräftige Aburteilung" i. S. d. Art. 54 SDÜ)
EuGH NJW 2011, 983 (Auslegung des Tatbegriffs in Art. 3 Nr. 2 RBEuHb)
EuGH NJW 2014, 3007 (Art. 54 SDÜ als Schrankenbestimmung zu Art. 50 GRCh)
EuGH NJW 2014, 3010 (Gerichtlicher Einstellungsbeschluss mit beschränkter Sperrwirkung ist „rechtskräftige Aburteilung" i. S. d. Art. 54 SDÜ – Zuständigkeitskonzentration im Aburteilungsstaat)
EuGH NJW 2016, 2939 (staatsanwaltliche Verfahrenseinstellung ohne Sachprüfung ist keine „rechtskräftige Aburteilung" i. S. d. Art. 54 SDÜ)
EuGH NJW 2018, 1233 (Behördliche Verwaltungssanktion ist „rechtskräftige Aburteilung" i. S. d. Art. 54 SDÜ)
EuGH BeckRS 2018, 6055 (Strafrechtliche Verfolgung nach Erlass einer punitiven Verwaltungssanktion)
EuGH BeckRS 2021, 24499 (Kein Verstoß gegen Art. 50 GRCh, wenn die Sachverhalte der Selbstgeldwäsche und der Vortat nicht identisch sind)
EuGH NJW 2021, 2348 (Staatsanwaltliche Verfahrenseinstellung gem. § 153a I StPO ist eine „rechtskräftige Aburteilung" i. S. d. Art. 54 SDÜ)
EuGH NJW 2023, 349 (Anwendbarkeit des Art. 54 SDÜ bei Auslieferung an Drittstaat)
EuGH BeckRS 2023, 4924 (Gültigkeit und Reichweite einer Vorbehaltserklärung nach Art. 55 I lit. b SDÜ)
EuGH NJW 2024, 33 (Strafrechtliche Verfolgung nach Erlass einer punitiven Verwaltungssanktion)
EuGH NJW 2024, 886 (Staatsanwaltlicher Einstellungsbeschluss mit beschränkter Sperrwirkung ist „rechtskräftige Aburteilung" i. S. d. Art. 54 SDÜ)
EuGH NJW 2024, 1165 (Tatbegriff des Art. 54 SDÜ; Einholung von Auskünften gem. Art. 57 SDÜ)
BVerfGE 75, 1 (Zum Grundsatz „ne bis in idem" im allgemeinen Völkerrecht)
BVerfG NJW 2012, 1202 (Verhältnis zwischen Art. 50 GRCh und Art. 54 SDÜ)
BVerfG BeckRS 2022, 17795 (Staatsanwaltliche Verfahrenseinstellung gem. § 154 I StPO begründet Verfahrenshindernis aus Art. 50 GRCh)
BGH NStZ 1999, 250 = StV 1999, 244 („transactie")
BGHSt 45, 123 = StV 1999, 478 („ordonnance den non lieu")
BGHSt 52, 275 = NJW 2008, 2931 (Strafklageverbrauch bei „Schmuggelfahrt" durch mehrere EU-Mitgliedstaaten)
BGHSt 56, 11 = NJW 2011, 1014 (Verhältnis von Art. 54 SDÜ zu Art. 50 GRCh)
BGH NJW 2014, 1025 (Tatbegriff des Art. 54 SDÜ)
BGH NJW 2016, 3044 (kein transnationaler Strafklageverbrauch bei einer ohne hinreichende Sachprüfung erfolgten Verfahrenseinstellung im Erstverfolgerstaat)
BGH BeckRS 2017, 114286 (Tatbegriff und zweites Vollstreckungselement des Art. 54 SDÜ)
BGH NStZ-RR 2019, 259 (Tatbegriff des Art. 54 SDÜ)
BGH BeckRS 2021, 2253 (Tatbegriff des Art. 54 SDÜ)
OLG München, StV 2001, 495 (Ausweisung mit Abbruch der Vollstreckung nach Aburteilung eines Tötungsdelikts in Spanien)
OLG Karlsruhe BeckRS 2022, 6691 (kein transnationaler Strafklageverbrauch bei einer ohne hinreichende Sachprüfung erfolgten Verfahrenseinstellung im Erstverfolgerstaat)
LG Mannheim NZWiSt 2019, 397 (transnationaler Strafklageverbrauch aufgrund gerichtlicher Verfahrenseinstellung wegen Verjährung in Italien)

Teil IV

Strafrechtlicher Schutz der EU-Finanzinteressen

Strafrechtlicher Schutz der EU-Finanzinteressen

13.1 Unionsfinanzen als Angriffsfläche für kriminelle Praktiken

Fall 1[1]

Eine rumänische Tätergruppe hinterzog mindestens ECU 84,5 Mio. Eingangsabgaben, indem sie hochwertiges Rindfleisch bei der Einfuhr in die damalige EG (von Rumänien nach Deutschland) als „genießbaren Schlachtabfall" (insb. Zwerchfellmuskulatur) deklarierte. Aufgrund der Zerkleinerung des Fleisches war eine serologische Untersuchung der Ware zum Zeitpunkt ihrer Einfuhr nicht möglich. Das Täuschungsmanöver wurde aber durch eine Überprüfung der Plausibilität der gemachten Angaben aufgedeckt. Die Täter hatten eine Einfuhrmenge von 10.870 t angeblicher Zwerchfellmuskulatur geltend gemacht. Da bei der Schlachtung eines Rindes maximal ein Kilogramm Zwerchfell anfällt, hätten 10,87 Mio. Rinder geschlachtet werden müssen, um die angegebene Einfuhrmenge zu erreichen. Wenn die Angaben der Täter zuträfen, dürfte es in Rumänien keine lebenden Rinder mehr geben. ◄

Fall 2

Mit Hilfe eines neuen biochemischen Untersuchungsverfahrens sind Karlsruher Zollfahnder Subventionsbetrügern auf die Schliche gekommen. Ein Importeur angeblich estnischer Butter hatte zu Unrecht Subventionen in Höhe von zwei Millionen Euro erhalten. Bei einer Untersuchung stellte sich heraus, dass die Butter nicht aus Estland kam. Die Fahnder hatten die eingeführte Butter mit der

---

[1] Mitgeteilt von *Sieber*, ZSchwStrR 114 (1996), 357, 363.

sog. Stabilisotopenanalyse untersucht. Dabei werden Proben des landestypischen Erdbodens mit landwirtschaftlichen Produkten verglichen. Die Tests zeigten, dass die Milch für die Butter nicht von estnischen Kühen stammen konnte. Zudem war die Butter in Blöcken von 25 kg verpackt – in Estland sind jedoch nur 20-Kilo-Blöcke üblich. ◄

13.1.1 Einführung

3   Die EU hat ein vitales Interesse an einer rechtmäßigen Vereinnahmung und Verausgabung ihrer Finanzmittel. In allen einnahmen- und ausgabenrelevanten Bereichen bietet der EU-Haushalt indes breite Angriffsflächen für betrügerische Praktiken (Rn. 8 ff.). Der Kommission wurden im Jahr 2022 von den EU-Mitgliedstaaten 12 455 (darunter 1139 betrügerische) Unregelmäßigkeiten[2] gemeldet, deren Schadensvolumen ca. 1,77 Mrd. € beträgt.[3] Neben der Einbuße materieller Ressourcen der EU bergen diese Angriffe – jedenfalls wenn sie gehäuft auftreten – in bestimmten Wirtschaftssektoren die Gefahr von Wettbewerbsverzerrungen.[4] Sollte sich bei den Steuerzahlern der Eindruck bilden und verfestigen, dass „Brüssel" (scheinbar) tatenlos zusieht, wie Jahr für Jahr horrende Summen aus dem „europäischen Subventionstopf" in „unsichtbaren Kanälen" versickern, sind auch ideelle Schäden in Form eines dem europäischen Einigungsprozess abträglichen Ansehensverlustes der Union nicht auszuschließen.[5]

4   Der Schutz der EU-Finanzinteressen steht seit Jahrzehnten im Zentrum der europäischen Kriminalpolitik.[6] Ihm kommt eine Vorreiterrolle als „Motor" der Entwicklung des Europäischen Strafrechts zu.[7] Die Notwendigkeit, Angriffen auf die EU-Finanzen auch durch den Einsatz kriminalstrafrechtlicher Maßnahmen zu begegnen, wird seit jeher im Grundsatz einhellig bejaht. Allerdings ist die Union hierbei mangels eigener Gesetzgebungskompetenz auf strafrechtliche Schutzmaßnahmen der Mitgliedstaaten angewiesen. Mit seinem bahnbrechenden Urteil im Fall „Griechischer Mais"[8] (Kap. 7 Rn. 23 ff.) setzte der Gerichtshof im Jahre 1989 ein klares Signal. Das aus dem Loyalitätsgebot (Art. 4 III EUV; ex-Art. 10 EGV) abgeleitete **Gleichstellungserfordernis (Assimilierungsprinzip)** sowie das Gebot

---

[2] Unter „Unregelmäßigkeit" versteht man jeden Verstoß gegen eine Bestimmung des EU-Rechts durch einen Wirtschaftsbeteiligten, die sich zum Nachteil der EU-Finanzinteressen auswirkt oder auswirken könnte; vgl. Art. 1 II VO (EG) Nr. 2988/95.
[3] Vgl. hierzu den 34. Jahresbericht der Kommission über den Schutz der finanziellen Interessen der EU und die Betrugsbekämpfung 2022 – KOM (2023) 464 endg., S. 17 ff.
[4] *Waldhoff*, in: *Calliess/Ruffert* (Hrsg.), EUV/AEUV, Art. 325 AEUV Rn. 1.
[5] *Fromm*, Finanzinteressen der EG, S. 16 ff.; *Zöller/Bock*, in: *Böse* (Hrsg.), EuStR, § 22 Rn. 2.
[6] *Dannecker/Schröder*, in: *Böse* (Hrsg.), EuStR, § 8 Rn. 21.
[7] *Dannecker/Bülte*, Hb. WiStR, 2. Kap. Rn. 301; *Fromm*, Finanzinteressen der EG; S. 6; *Grünewald*, JR 2015, 245.
[8] EuGHE 1989, 2965 = NJW 1990, 2245.

wirksamer, verhältnismäßiger und abschreckender Sanktionen („**Mindesttrias**") fanden mit der deklaratorischen Bestimmung des ex-Art. 280 EGV (Art. 325 AEUV) Eingang in das kodifizierte Primärrecht. Da das Assimilierungsprinzip nur eine begrenzte Rechtsangleichung ermöglicht, arbeitete die Kommission auf der Grundlage einer umfassenden Betrugsbekämpfungsstrategie verstärkt daran, den strafrechtlichen Schutzstandard weiter auszubauen.[9] In institutioneller Hinsicht ist bereits am 01.06.1999 mit der Schaffung des **Amtes für Betrugsbekämpfung (OLAF)** eine neue Ära in der unionsrechtlichen Betrugsbekämpfung eingeleitet worden (Rn. 14–19). Von besonderer Bedeutung ist die Ausgestaltung des materiellen Strafrechts der Mitgliedstaaten. Am 17.10.2002 trat nach über siebenjähriger Ratifikationsphase das **Übk. v. 26.07.1995 über den Schutz der finanziellen Interessen der Europäischen Gemeinschaften (PIF-Konvention)**[10] nebst erstem Zusatzprotokoll[11] betreffend Bestechung und Bestechlichkeit sowie einem weiteren Protokoll,[12] welches die Zuständigkeit des EuGH für die Auslegung der PIF-Konvention festlegt, in Kraft. Die PIF-Konvention verpflichtete die Mitgliedstaaten zur Schaffung eines **angeglichenen Betrugsstrafrechts** (Rn. 20).[13] Heute wird der über ihre Vorgaben hinausreichende strafrechtliche Mindestschutzstandard im Bereich der EU-Betrugsbekämpfung durch die **RL (EU) 2017/1371 des EP und des Rates v. 05.07.2017 über die strafrechtliche Bekämpfung von gegen die finanziellen Interessen der Union gerichtetem Betrug (PIF-RL)**[14] etabliert (Rn. 22–33). Eine **Europäische Staatsanwaltschaft (EUStA)** verfolgt als erste supranationale Strafverfolgungsbehörde die von der PIF-RL erfassten Straftaten (Rn. 39–55).

13.1.2 Unionsfinanzen

Dass der strafrechtliche „Eigenschutz" zu einem vordringlichen Anliegen der früheren EG bzw. heutigen EU geworden ist, hängt maßgeblich mit der **Finanzreform der Gemeinschaften** im Jahre 1970 zusammen, insbesondere mit der Umstellung der Finanzierung von einer Fremdfinanzierung durch die Mitgliedstaaten zu einem **System der Eigenfinanzierung**.[15]

5

---

[9] *Dannecker/Schröder*, in: *Böse* (Hrsg.), EuStR, § 8 Rn. 31 ff.
[10] ABlEG 1995 Nr. C 316, S. 49; PIF = Protection des Intérêts Financiers.
[11] ABlEG 1996 Nr. C 313, S. 2.
[12] ABlEG 1997 Nr. C 191, S. 1.
[13] *Ambos*, IntStR, § 11 Rn. 14; *Dannecker/Schröder*, in: *Böse* (Hrsg.), EuStR, § 8 Rn. 34 ff.; *Wirth*, EuStA, S. 84 ff.
[14] ABlEU 2017 Nr. L 198, S. 29.
[15] *Dannecker/Schröder*, in: *Böse* (Hrsg.), EuStR, § 8 Rn. 22; *Strobel*, OLAF, S. 58 ff.

13.1.2.1 Eigenmittel der EU

6   Die Eigenmittel der EU umfassen:

- **Agrarabschöpfungen**: Agrarzölle, die auf Einfuhren von einer Gemeinsamen Marktorganisation unterliegenden Agrarerzeugnissen erhoben werden
- **Zuckerabgaben**: Produktionsabgaben, die im Rahmen der Gemeinsamen Marktorganisation für Zucker vorgesehen sind und zur Stützung des Marktes verwendet werden
- **Zölle**: Einnahmen, die sich aus der Anwendung des Gemeinsamen Zolltarifs auf den Zollwert der aus Drittländern eingeführten Waren ergeben
- **Mehrwertsteuereigenmittel**: Einnahmen, die sich aus der Anwendung eines einheitlichen Satzes auf der nach den Unionsvorschriften harmonisierten Mehrwertsteuerbemessungsgrundlage eines jeden Mitgliedstaats ergeben
- **Bruttosozialprodukteigenmittel**: Einnahmen, die sich aus der Anwendung eines jährlich im Rahmen des Haushaltsverfahrens unter Berücksichtigung aller sonstigen Haushaltseinnahmen festgelegten Satzes auf das Bruttosozialprodukt der Mitgliedstaaten ergeben
- **Sonstige Einnahmen**: Einnahmen aus laufender Verwaltungstätigkeit der EU (z. B. aus Verkäufen, Vermietungen, Vergütungen für erbrachte Leistungen, Geldbußen und Zwangsgeldern)

13.1.2.2 Ausgaben der EU

7   Bezüglich der Ausgaben der EU enthält das Primärrecht keine ausdrücklichen Vorgaben. Vielmehr folgt aus der Zuweisung einer Aufgabenkompetenz an die EU notwendig auch deren Befugnis, diese Aufgaben durch Einsatz entsprechender Mittel zu erfüllen. Die folgenden Ausgabenbereiche sind – wie die oben aufgeführten Einnahmen – potenzielle Objekte strafwürdiger Angriffe auf die EU-Finanzinteressen:

- **Agrarausgaben**: Ausgaben zur Finanzierung der Gemeinsamen Agrarpolitik, insbesondere Maßnahmen der Marktregulierung, Erstattungen bei Ausfuhr in Drittstaaten und direkte Einkommensbeihilfen
- **Strukturmaßnahmen**: Ausgaben mit struktureller Zweckbestimmung zur Förderung des wirtschaftlichen und sozialen Zusammenhalts innerhalb der EU (z. B. zur Entwicklung strukturschwacher Regionen, Entwicklung des ländlichen Raumes, Förderung von Vorhaben im Bereich des Umweltschutzes)
- **Interne Politiken**: Ausgaben zur Finanzierung von Programmen in den Bereichen Bildung, Kultur, Jugendaustausch, Energiepolitik und Umwelt, Verbraucherschutz, transeuropäische Netze sowie Forschung und technologische Entwicklung
- **Externe Politiken**: Ausgaben zur Finanzierung von Maßnahmen in Drittstaaten (z. B. Reformprogramme für die mittel- und osteuropäischen Staaten, humanitäre Hilfsmaßnahmen, Beiträge zu Hilfsprogrammen internationaler Organisationen),
- **Verwaltungsausgaben**: Kosten für Personal, Dienstgebäude, Material, Veröffentlichungen und sonstige Verwaltungsausgaben

13.1.3 Erscheinungsformen der EU-Betrügereien

Wie die Erfahrungen in den vergangenen Jahren zeigen, bildet der EU-Finanzhaushalt eine attraktive Zielscheibe für eine facettenreiche Vielzahl betrügerischer Praktiken, welche letztlich darauf abzielen, das Finanzaufkommen der EU zu schmälern.[16] Dabei sind auf der Einnahmenseite insbesondere die Zölle und Mehrwertsteuereinnahmen, auf der Ausgabenseite vor allem die Aufwendungen für die Agrar- und Strukturpolitik (Subventionen, Erstattungen) betroffen.[17] Als Hauptursache für auftretende Unregelmäßigkeiten wird häufig das planwirtschaftliche System staatlich gelenkter und geordneter Agrarmärkte genannt.[18] Die EU erhebt **Agrarabschöpfungen** und **Einfuhrzölle** auf viele Waren aus Drittstaaten, um die niedrigen Weltmarktpreise künstlich auf ihr Preisniveau anzuheben, damit die teureren EU-Produkte innerhalb des Europäischen Binnenmarktes überhaupt absetzbar sind. Für die **Ausfuhr** von EU-Erzeugnissen werden dem Exporteur **Erstattungen** bezahlt, weil bestimmte Produkte auf dem Weltmarkt sonst nicht konkurrenzfähig wären. Sowohl die Einfuhrzölle als auch die Ausfuhrerstattungen bilden einen erheblichen Anreiz für „schwarze Schafe" aus der Import- und Exportbranche, durch Manipulationen unberechtigte Gewinne zu Lasten des EU-Haushalts zu erzielen. Täuschungen werden sowohl im Zusammenhang mit der Einfuhr von Drittlandswaren in die EU begangen, um die unionsrechtlichen Zölle nicht oder nicht vollständig bezahlen zu müssen, als auch bei der Ausfuhr von Waren in Drittländer, um höhere Erstattungen zu erlangen. Die Aussicht, bei relativ niedrigem Entdeckungsrisiko eine erhebliche finanzielle Leistung ohne jedwede Gegenleistung nur aufgrund vorgetäuschter Abgabentatbestände bzw. Erstattungs- oder Subventionskriterien zu erhalten, macht diese dirigistischen Steuerungsmittel zu einem kriminogenen Faktor ersten Ranges. Außerdem ist die Scheu der Täter, Delikte zu Lasten des EU-Haushalts zu begehen, gering, weil ein sichtbarer Geschädigter fehlt.

13.1.3.1 Hinterziehung von Abgaben bei der Wareneinfuhr

Eine klassische Methode der Abgabenhinterziehung ist die unterlasse Anmeldung (Deklaration) von Waren bei deren Einfuhr in die EU (Schmuggel).[19] Praktisch noch bedeutsamer sind Falschanmeldungen der Warenmengen nach Zahl und Gewicht sowie Täuschungen über die Warengattung oder deren Qualität (vgl. hierzu den in **Fall 1** mitgeteilten Sachverhalt). Häufig erfolgt die Hinterziehung von Abgaben auch durch falsche Angaben über das Ursprungsland oder die Zweckbestimmung der eingeführten Waren. Die Falschangaben werden dabei nicht selten mit gefälschten Zollstempeln oder unrichtigen Urkunden (z. B. Ursprungszeugnisse, veterinärärztliche Zeugnisse) belegt.

---

[16] Vgl. zum typischen modus operandi *Dannecker/Bülte*, Hb. WiStR, 2. Kap. Rn. 308 f.; *Sieber*, SchwZStrR 114 (1996), 357, 361 ff.; *Strobel*, OLAF, S. 67 ff.; *Wirth*, EuStA, S. 31 ff.

[17] *Hedtmann*, EuR 2002, 122; *Wolffgang/Ulrich*, EuR 1998, 616, 624 f.

[18] G/H/N-*Magiera*, Art. 325 AEUV Rn. 22 ff.; *Waldhoff*, in: *Calliess/Ruffert* (Hrsg.), EUV/AEUV, Art. 325 AEUV Rn. 3.

[19] *Dannecker*, ZStW 108 (1996), S. 577, 580 ff.; *Sieber*, SchwZStrR 114 (1996), 357, 361 ff.

13.1.3.2 Erschleichung von Erstattungen bei der Warenausfuhr

10 Die Täuschungsmanöver zur Erschleichung von Erstattungen bei der Ausfuhr von Waren in Drittländer entsprechen – spiegelbildlich – im Wesentlichen denjenigen bei der Hinterziehung von Abgaben. Um zu Unrecht in den Genuss von Ausfuhrerstattungen zu gelangen, werden unrichtige Angaben über Menge, Gewicht, Gattung und Ursprungsland der Waren gemacht. Während beim Import hochwertige Erzeugnisse als minderwertige deklariert oder zu geringe Mengen angegeben werden, um die zu zahlenden Abschöpfungsbeträge zu senken, werden beim Export minderwertige Erzeugnisse als hochwertige deklariert oder höhere Exportmengen angegeben, um überhöhte Ausfuhrerstattungen zu erschleichen. Hinzu kommen Falschangaben bezüglich des Bestimmungslandes oder Verwendungszwecks der ausgeführten Waren.

13.1.3.3 Abgabenhinterziehung und Subventionserschleichung innerhalb der EU

11 Innerhalb der EU werden zahlreiche Beihilfen und sonstige Vergünstigungen gewährt. Eine verbreitete Methode der Vorteilserlangung besteht dementsprechend darin, durch Falschangaben das Vorliegen eines Subventionstatbestandes zu behaupten (vgl. hierzu den in **Fall 2** mitgeteilten Sachverhalt). Um eindeutige Betrugsfälle zu Lasten der EU-Finanzinteressen handelt es sich bei betrügerischen „Karussellgeschäften" oder beim Erschleichen mehrfacher Subventionsgewährung für dieselben Produkte.[20] Auch werden durch Schein- oder Umgehungsgeschäfte Gesetzeslücken oder mehrdeutige Gesetzesformulierungen ausgenutzt.[21]

13.1.3.4 Täterstrukturen

12 Die zum Nachteil des EU-Finanzhaushalts begangenen Betrugs-, Steuer- und Zolldelikte stellen typische Erscheinungsformen der Wirtschaftskriminalität dar. Sie werden von intelligent operierenden Tätern bzw. Tätergruppen mit der Zielrichtung begangen, durch geschickte Manipulationen (z. B. Falschdeklarierungen, Fälschung von Urkunden, Zertifikaten, Stempeln) hohe Gewinne zu erzielen und zugleich Entdeckungsrisiken zu minimieren. Eine typische Methode zur Verschleierung von Sachverhalten ist die Einschaltung einer Vielzahl von Gesellschaften unter Einbeziehung von Strohmännern und Briefkastengesellschaften. Ein Großteil der Betrügereien erfolgt im Namen von Unternehmen oder Gesellschaften, die ausschließlich zum Zweck der Deliktsbegehung gegründet wurden.[22] Zudem weisen diese Taten zunehmend transnationale Bezüge auf und betreffen einen Bereich, der für die OK von besonderem Interesse ist.[23] Weil sich der durch straff organisierte Tätergruppen geprägte illegale Markt durch eine oligopolistische Struktur auszeichnet, führt selbst die Verhaftung von Führungspersonen und die damit einhergehende

---

[20] *Dannecker*, ZStW 108 (1996), 577, 581; *Wirth*, EuStA, S. 34 ff.
[21] *Dannecker*, ZStW 108 (1996), 577, 582 f.; *Tiedemann*, NJW 1990, 2226, 2230 f.
[22] *Dannecker/Schröder*, in: *Böse* (Hrsg.), EuStR, § 8 Rn. 24.
[23] *Sieber*, SchwZStrR 114 (1996), 357, 372 f.

Zerschlagung ganzer Tätergruppen häufig nur dazu, dass deren Marktanteile sofort von einer anderen Tätergruppe übernommen werden.[24]

13.1.4 Präventionsstrategien

Kriminalstrafrechtliche Sanktionen kommen regelmäßig zu spät, denn sie greifen immer erst ein, wenn das „Kind schon in den Brunnen gefallen ist". Es sollten daher alle nur erdenklichen **administrativen Präventionsmaßnahmen** ausgeschöpft werden, um Missbrauchsmöglichkeiten einzudämmen.[25] Neben der Verbesserung der institutionellen Zusammenarbeit zwischen den europäischen (OLAF) und den mitgliedstaatlichen Akteuren (Zoll- und Steuerverwaltungen sowie Polizei- und Strafverfolgungsbehörden) gilt es, die Zollerhebungs-, Erstattungs- und Subventionsverfahren sowie die darauf bezogenen Kontrollmechanismen so zu gestalten, dass Vermögenseinbußen, Fehlleitungen von Finanzmitteln, Zweckentfremdungen von Zuschüssen usw. nach Möglichkeit schon im Ansatz verhindert werden und zugleich ein hohes Entdeckungsrisiko geschaffen wird.[26] Im Agrarbereich finden sich noch viele produktbezogene Subventionen und Zölle, die an schwer zu kontrollierende Parameter anknüpfen. Durch ein erhöhtes Maß an Prävention sowie durch einen **Abbau betrugsanfälliger Subventionsmechanismen** auf EU-Ebene könnte bereits eine deutliche Verringerung des Schadensvolumens bewirkt werden. Das Strafrecht vermag allein keinen flächendeckenden Schutz für ein – pointiert ausgedrückt – „kriminogenes Subventionierungssystem" bieten. Kriminalstrafrechtliche Maßnahmen greifen zu kurz, solange die notwendige Reform des bestehenden Subventionierungswesens aussteht, das sich als äußerst anfällig für Unregelmäßigkeiten, Verschwendung, Zweckentfremdung, Korruption und Betrug erwiesen hat.

13.2 Europäisches Amt für Betrugsbekämpfung (OLAF)

13.2.1 Einführung

Die strafrechtliche Bekämpfung der Kriminalität zum Nachteil der EU-Finanzinteressen ist eine von den Mitgliedstaaten und der Union arbeitsteilig wahrzunehmende Aufgabe (Art. 325 I AEUV). Bereits im Jahre 1988 hat die Kommission zu diesem Zweck eine Task Force zur Bekämpfung von Betrügereien zu Lasten der Gemeinschaft eingerichtet, die **Unité de Coordination de la Lutte Anti-Fraude**

---

[24] *Sieber*, ZRP 2000, 186, 187.
[25] Vgl. hierzu bereits *Hecker*, Kreuzer-Freundesgabe, S. 181, 187 f.; *Fromm*, Finanzinteressen der EG, S. 30 ff.; *Hedtmann*, EuR 2002, 123, 124 ff.; *Magiera*, Friauf-FS, 1996, S. 13, 20 f.; *Sieber*, ZRP 2000, 186, 187 ff.; *Wattenberg*, StV 2000, 95, 102.
[26] *Sieber*, SchwZStrR 114 (1996), 357, 377.

(**UCLAF**), eine zentrale Koordinierungsstelle innerhalb der Kommission. Diese wurde am 01.06.1999 durch die Nachfolgeorganisation **Office Européen de Lutte Anti-Fraude (OLAF)** abgelöst.[27]

15 UCLAF hatte die Aufgabe, die Aktivitäten der Gemeinschaft auf dem Gebiet der Betrugsbekämpfung zu koordinieren, die Kommission in diesem Bereich zu vertreten sowie eine eigene Betrugsbekämpfungspolitik zu entwickeln und durchzuführen. Die operative Tätigkeit der UCLAF-Kontrolleure konzentrierte sich im Wesentlichen auf **Ermittlungen außerhalb der Kommission**, vorrangig in mitgliedstaatlichen Wirtschaftsunternehmen. Wenn sich nach der Durchführung von Kontrollen Anhaltspunkte für das Vorliegen strafrechtlich relevanter Sachverhalte ergaben, konnten die Kontrolleure die mitgliedstaatlichen Strafverfolgungsorgane auffordern, Ermittlungen durchzuführen. Die Verfolgung von Betrügereien mit grenzüberschreitender Dimension unterstützte UCLAF durch Koordinierung der Ermittlungen. Stets war UCLAF jedoch auf die Kooperationsbereitschaft der nationalen Ermittlungsbehörden angewiesen.

16 Eine Rechtsgrundlage für die Vornahme **kommissionsinterner** Ermittlungen wurde erst im Jahre 1998 geschaffen.[28] Einer wirksamen Durchführung interner Untersuchungen stand jedoch die fehlende Unabhängigkeit von UCLAF, die selbst in die hierarchische Struktur der Kommission eingebunden war, entgegen – was einer der maßgeblichen Gründe für die Ablösung von UCLAF durch OLAF war. Mit der Schaffung dieser supranationalen Betrugsbekämpfungsbehörde, deren Befugnisse neben der externen auch die **unionsinterne administrative Betrugsaufklärung** umfasst, ist eine neue Ära in der europäischen Betrugsbekämpfung angebrochen.[29] OLAF ist zum einen mit der Durchführung von **Verwaltungsuntersuchungen**[30] beauftragt, die der Bekämpfung von Betrug, Korruption und sonstigen rechtswidrigen Handlungen zum Nachteil der EU-Finanzinteressen dienen. Zum anderen unterstützt und koordiniert OLAF die mitgliedstaatlichen Maßnahmen der Betrugsbekämpfung. Zwar ist OLAF organisatorisch der Kommission zuzurechnen. Anders als seine Vorgängerinstitution fungiert OLAF jedoch als **unabhängige Dienststelle** der Kommission und verfügt dadurch über weitreichende Befugnisse und Entscheidungsautonomie.[31]

---

[27] *Strobel*, OLAF, S. 31 ff.; *Weitendorf*, Interne Betrugsbekämpfung, S. 27–107; *Wirth*, EuStA, S. 53 ff.; *Zöller/Bock*, in: *Böse* (Hrsg.), EuStR, § 23 Rn. 1.

[28] Beschluss der Kommission v. 28.04.1999 zur Errichtung des Europäischen Amtes für Betrugsbekämpfung (OLAF); ABlEG 1999 Nr. L 136, S. 20; vgl. hierzu *Dannecker/Bülte*, Hb. WiStR, 2. Kap. Rn. 324; *Zöller/Bock*, in: *Böse* (Hrsg.), EuStR, § 23 Rn. 2, 9.

[29] *Gleß*, EuZW 1999, 618, 621; *Haus*, EuZW 2000, 745 ff.; *Hetzer*, ZfZ 2005, 185 ff.

[30] *Brüner/Spitzer*, in: *Sieber u. a.* (Hrsg.), EuStR, § 43 Rn. 2; *Zöller/Bock*, in: *Böse* (Hrsg.), EuStR, § 23 Rn. 5; vgl. hierzu zutr. *Esser*, EuStR, § 3 Rn. 12 („hybride" Institution) u. *Strobel*, OLAF, S. 231 ff. (partiell strafprozessuale Natur der OLAF-Untersuchungsverfahren).

[31] *Kuhl/Spitzer*, in: *Sieber u. a.* (Hrsg.), EuStR, § 8 Rn. 10 ff.; *Weitendorf*, Interne Betrugsbekämpfung, S. 117–152; *Zöller/Bock*, in: *Böse* (Hrsg.), EuStR, § 23 Rn. 5.

13.2.2 Befugnisse des OLAF

Die Befugnisse des OLAF bei der Wahrnehmung seiner Aufgaben richten sich nach der im Wesentlichen auf Art. 325 AEUV gestützten **VO (EU/Euratom) Nr. 883/2013 des EP und des Rates vom 11.09.2013 über die Untersuchungen des OLAF und zur Aufhebung der VO (EG) Nr. 1073/1999 des EP und des Rates und der VO (Euratom) Nr. 1074/1999 des Rates (OLAF-VO)**.[32] OLAF ermittelt betrugsrelevante Sachverhalte in voller Unabhängigkeit, also ohne an Weisungen der Kommission gebunden zu sein (in Form eines sog. „unionsunmittelbaren Vollzugs") und vermag durch die Weitergabe seiner Ermittlungsergebnisse Strafverfolgungsmaßnahmen auf mitgliedstaatlicher Ebene auszulösen (Art. 11 I OLAF-VO).[33] Die mitgliedstaatlichen Strafverfolgungsbehörden entscheiden nach pflichtgemäßer Überprüfung des von OLAF übermittelten Beweismaterials, ob sie strafrechtliche Ermittlungen aufnehmen, wobei die von den Kontrolleuren gesammelten Beweismittel in nationalen Strafverfahren gerichtsverwertbar sind (Art. 11 II OLAF-VO). Auch sind die Mitgliedstaaten verpflichtet, der Union kontinuierlich Bericht zu erstatten über finanzielle Unregelmäßigkeiten und Betrügereien, die Gegenstand einer ersten amtlichen oder gerichtlichen Feststellung gewesen sind. Um den OLAF-Kontrolleuren eine ordnungsgemäße Auswertung der mitgeteilten Informationen zu ermöglichen, legt die VO im Einzelnen fest, welche Informationen zu übermitteln sind. Dazu gehört u. a. die Angabe der Vorschrift, gegen die verstoßen wurde, das Schadensvolumen, die beim Begehen der Unregelmäßigkeit angewandten Praktiken sowie Informationen über hieran beteiligte natürliche oder juristische Personen.

Die OLAF-VO stellt eine Vielzahl einheitlich anwendbarer Vorgaben und Grundsätze auf, die gleichermaßen für das interne und das externe Untersuchungsverfahren gelten (Art. 3, 4, 9 OLAF-VO). Die Untersuchungen werden unter der Verantwortung eines **weisungsunabhängigen Generaldirektors** durchgeführt (Art. 7 OLAF-VO). Dieser kann eine Untersuchung einleiten, wenn – ggf. auch aufgrund von Informationen von dritter Seite oder aufgrund anonymer Hinweise – hinreichender Verdacht auf Betrug, Korruption oder sonstige rechtswidrige Handlungen zum Nachteil der finanziellen Interessen der Union besteht. Zum Zwecke interner Untersuchungen erhalten die OLAF-Kontrolleure ohne Voranmeldung unverzüglich Zugang zu sämtlichen Informationen und Räumlichkeiten der Unionsorgane, Einrichtungen, Ämter und Agenturen, um deren Rechnungsführung überprüfen zu können (Art. 4 II OLAF-VO). OLAF darf auch bei den Mitgliedern des EP Durchsuchungen zu Kontrollzwecken vornehmen, soweit hierdurch die Immunität der Parlamentarier nicht beeinträchtigt wird.[34]

17

18

---

[32] AblEU 2013 Nr. L 248, S. 1 ff.; vgl. hierzu *Esser*, EuStR, § 3 Rn. 8; *Kuhl/Spitzer*, in: *Sieber u. a.* (Hrsg.), EuStR, § 8 Rn. 13 ff.; *Zöller/Bock*, in: *Böse* (Hrsg.), EuStR, § 23 Rn. 10.
[33] *Brüner/Spitzer*, in: *Sieber u. a.* (Hrsg.), EuStR, § 43 Rn. 61; *Zöller/Bock*, in: *Böse* (Hrsg.), EuStR, § 23 Rn. 16 ff., 23.
[34] EuG Slg. 2002, II-579 (Rz. 66 ff.).

13.2.3 Kontrolle des OLAF

19 Die **administrative Kontrolle** der Tätigkeit von OLAF obliegt einem auf Art. 15 OLAF-VO basierenden **Überwachungsausschuss**, der sich aus fünf Persönlichkeiten zusammensetzt, die in ihren Ländern die Voraussetzungen erfüllen, um hochrangige Aufgaben in Zusammenhang mit dem Tätigkeitsbereich des Amtes wahrzunehmen. Sie werden vom Parlament, dem Rat und der Kommission im gegenseitigen Einvernehmen für eine Zeit von fünf Jahren ernannt. Allein von diesen fünf Personen hängt es ab, wie gut die „Kontrolle der Kontrolleure" funktioniert oder ob diese Kontrollkonzeption neu überdacht werden muss.[35] Der Überwachungsausschuss ist keine Individualbeschwerdeinstanz. Diese Funktion bleibt einem noch einzurichtenden Beratungs- und Kontrollverfahren einschließlich einer Rechtmäßigkeitsprüfung vorbehalten, mit dem u. a. die Verfahrensgarantien (Art. 9 VO) und Grundrechte der von Untersuchungen Betroffenen Personen gewährleistet werden sollen (Art. 17 VII OLAF-VO).[36] Im Übrigen unterliegt OLAF als Dienststelle der Kommission den im AEUV vorgesehenen **justiziellen Kontrollmechanismen**.[37] Betroffene von internen Untersuchungen (Mitarbeiter und Bedienstete der EU) können gegen eine sie beschwerende Maßnahme eine Beschwerde an den Generaldirektor von OLAF richten.[38] Gegen den daraufhin ergehenden Bescheid ist der Rechtsweg zum Gericht erster Instanz (EuG) bzw. zum Gericht für den Öffentlichen Dienst der EU eröffnet. Für die gerichtliche Kontrolle einer externen Untersuchung, durch die ein Wirtschaftsteilnehmer unmittelbar in seinen Rechten betroffen wird, bietet sich die Nichtigkeitsklage gem. Art. 263 IV AEUV an.[39]

13.3 Harmonisierung des materiellen Strafrechts

13.3.1 PIF-Konvention

20 Am 17.10.2002 trat nach über siebenjähriger Ratifikationsphase das auf der Grundlage von Art. K.3 EUV (ZBJI Kap. 5 Rn. 40) getroffene **Übk. v. 26.07.1995 über den Schutz der finanziellen Interessen der Europäischen Gemeinschaften (PIF-Konvention)**[40] in Kraft. Die PIF-Konvention ging auf intensive Bemühungen um einheitliche Strafrechtsregelungen gegen betrügerische Handlungen zum Nachteil der EG in den 1990er-Jahren zurück. Durch die Schaffung eines einheitlichen

---

[35] *Brüner/Spitzer*, in: *Sieber u. a.* (Hrsg.), EuStR, § 43 Rn. 75 f.
[36] *Zöller/Bock*, in: *Böse* (Hrsg.), EuStR, § 23 Rn. 29.
[37] *Brüner/Spitzer*, in: *Sieber u. a.* (Hrsg.), EuStR, § 43 Rn. 78 ff.; *Zöller/Bock*, in: *Böse* (Hrsg.), EuStR, § 23 Rn. 34 ff.
[38] *Zöller/Bock*, in: *Böse* (Hrsg.), EuStR, § 23 Rn. 35.
[39] *Brüner/Spitzer*, in: *Sieber u. a.* (Hrsg.), EuStR, § 43 Rn. 81 ff.; *Zöller/Bock*, in: *Böse* (Hrsg.), EuStR, § 23 Rn. 36.
[40] ABlEG 1995 Nr. C 316, S. 49; PIF = Protection des Intérêts Financiers.

13.3 Harmonisierung des materiellen Strafrechts

Betrugsstrafrechts sollte verhindert werden, dass transnational operierende Täter bzw. Tätergruppen die Strafrechtsdivergenzen der Mitgliedstaaten für ihre kriminellen Zwecke ausnutzen.[41]

In Deutschland wurde die PIF-Konvention durch das **EG-Finanzschutzgesetz v. 10.09.1998**[42] umgesetzt. Die Kommission beanstandete in ihrer Mitteilung v. 26.05.2011[43] allerdings, dass die PIF-Konvention bis zu diesem Zeitpunkt von lediglich fünf Mitgliedstaaten vollständig umgesetzt wurde. Nach Auffassung der Kommission würden die nach wie vor bestehenden Divergenzen im Bereich des materiellen Strafrechts die Wirksamkeit der EU-Politik zum Schutz ihrer finanziellen Interessen beeinträchtigen. Von einer weiteren Angleichung der Straftatbestände versprach sie sich eine Effektivierung der Strafverfolgung und eine Verstärkung des Abschreckungseffekts. Für potenzielle Täter würde sich der Anreiz verringern, ihre kriminellen Machenschaften in Länder mit einem geringeren Strafverfolgungsdruck zu verlagern. Die Kommission unterbreitete daher am 11.07.2012 einen auf Art. 325 IV AEUV gestützten **Vorschlag für eine RL des EP und des Rates über die strafrechtliche Bekämpfung von gegen die finanziellen Interessen der EU gerichtetem Betrug (PIF-RL)**,[44] der den rechtlichen Rahmen für die Verfolgung und Ahndung von gegen den EU-Haushalt gerichteten Straftaten vereinheitlichen soll. Dieser baut auf der PIF-Konvention auf, beinhaltet aber auch einige über sie hinausgehende Neuerungen. Hervorzuheben sind in diesem Zusammenhang die Erweiterung des Betrugstatbestandes auf Vergabebetrug und missbräuchliche Verwendung von Mitteln, die genauere Festlegung des vorzusehenden Mindeststrafrahmens sowie die Angleichung der Verjährungsbestimmungen.[45]

21

13.3.2 PIF-Richtlinie

13.3.2.1 Regelungsgegenstand der PIF-RL

Am 05.07.2017 wurde – gestützt auf Art. 83 II AEUV (Kap. 8 Rn. 29 f.) – die **RL (EU) 2017/1371 des EP und des Rates über die strafrechtliche Bekämpfung von gegen die finanziellen Interessen der Union gerichtetem Betrug (PIF-RL)**[46] verabschiedet, die am 17.08.2017 in Kraft trat. Die PIF-RL legt Mindestvorschriften für die Definition von Straftatbeständen und Strafen zur Bekämpfung von Betrug und sonstigen gegen die finanziellen Interessen der EU gerichteten rechtswidrigen Handlungen fest, die zu Lasten der Einnahmen- und Ausgabenseite und der Vermögenswerte des Gesamthaushalts sowie des gemeinsamen Mehrwertsteuersystems

22

---

[41] *Ambos*, IntStR, § 11 Rn. 14; *Dannecker/Schröder*, in: *Böse* (Hrsg.), EuStR, § 8 Rn. 34 ff.
[42] BGBl. II 1998, 2322.
[43] KOM (2011) 293 endg.; vgl. hierzu *Brodowski*, ZIS 2011, 940, 943 f.
[44] KOM (2012), 363 endg.
[45] *Ambos*, IntStR, § 11 Rn. 14; *Dannecker/Schröder*, in: *Böse* (Hrsg.), EuStR, § 8 Rn. 58.
[46] ABlEU Nr. L 198, S. 29.

begangen werden (Art. 1, 2). Sie steht in einem engen funktionalen Zusammenhang mit der Errichtung der **Europäischen Staatsanwaltschaft (EUStA)**, die – neben den Strafverfolgungsbehörden der Mitgliedstaaten – für die Verfolgung der „PIF-Delikte" zuständig ist (Rn. 44).[47]

13.3.2.2 Betrügerische Handlungen

23   Art. 3 I PIF-RL statuiert eine **Pönalisierungspflicht** bezüglich der in **Art. 3 II** definierten **betrügerischen Handlungen**, die im Zusammenhang mit **Ausgaben** (lit. a, b) und **Einnahmen** (lit. c, d) stehen:

(1) Die Mitgliedstaaten treffen die erforderlichen Maßnahmen, um sicherzustellen, dass vorsätzlich begangener Betrug zum Nachteil der finanziellen Interessen der Union eine strafbare Handlung darstellt.

(2) Für die Zwecke dieser Richtlinie sollte Folgendes als „**Betrug zum Nachteil der finanziellen Interessen der Union**" angesehen werden:

  a) **in Bezug auf Ausgaben, die nicht im Zusammenhang mit der Auftragsvergabe stehen**, jede Handlung oder Unterlassung betreffend
   i) die Verwendung oder Vorlage falscher, unrichtiger oder unvollständiger Erklärungen oder Unterlagen mit der Folge, dass Mittel oder Vermögenswerte aus dem Gesamthaushalt der Union oder aus den Haushalten, die von der Union oder in deren Auftrag verwaltet werden, unrechtmäßig erlangt oder zurückbehalten werden,
   ii) das Verschweigen einer Information unter Verletzung einer spezifischen Pflicht mit derselben Folge oder
   iii) die missbräuchliche Verwendung dieser Mittel oder Vermögenswerte zu anderen Zwecken als denen, für die sie ursprünglich gewährt wurden;
  b) **in Bezug auf Ausgaben im Zusammenhang mit der Auftragsvergabe**, zumindest wenn sie in der Absicht begangen wird, dem Täter oder einer anderen Person durch Schädigung der finanziellen Interessen der Union einen rechtswidrigen Vorteil zu verschaffen, jede Handlung oder Unterlassung betreffend
   i) die Verwendung oder Vorlage falscher, unrichtiger oder unvollständiger Erklärungen oder Unterlagen mit der Folge, dass Mittel oder Vermögenswerte aus dem Gesamthaushalt der Union oder aus den Haushalten, die von der Union oder in deren Auftrag verwaltet werden, unrechtmäßig erlangt oder zurückbehalten werden,
   ii) das Verschweigen einer Information unter Verletzung einer spezifischen Pflicht mit derselben Folge oder
   iii) die missbräuchliche Verwendung dieser Mittel oder Vermögenswerte zu anderen Zwecken als denen, für die sie ursprünglich gewährt wurden, wodurch die finanziellen Interessen der Union geschädigt werden.

---

[47] *Dannecker/Schröder*, in: *Böse* (Hrsg.), EuStR, § 8 Rn. 59 ff.; *ders./Bülte*, Hb. WiStR, 2. Kap. Rn. 100b, 314a ff.; *Satzger*, IntStR, § 9 Rn. 46; *Wirth*, EuStA, S. 84 ff.

c) **in Bezug auf Einnahmen**, bei denen es sich nicht um die unter Buchst. d genannten Einnahmen aus Mehrwertsteuer-Eigenmitteln handelt, jede Handlung oder Unterlassung betreffend
   i) die Verwendung oder Vorlage falscher, unrichtiger oder unvollständiger Erklärungen oder Unterlagen mit der Folge, dass Mittel aus dem Haushalt der Union oder aus den Haushalten, die von der Union oder in deren Auftrag verwaltet werden, rechtswidrig vermindert werden,
   ii) das Verschweigen einer Information unter Verletzung einer spezifischen Pflicht mit derselben Folge oder
   iii) die missbräuchliche Verwendung eines rechtmäßig erlangten Vorteils mit derselben Folge;
d) **in Bezug auf Einnahmen aus Mehrwertsteuer-Eigenmitteln** jede im Rahmen eines grenzüberschreitenden Betrugssystems begangene Handlung oder Unterlassung betreffend
   i) die Verwendung oder Vorlage falscher, unrichtiger oder unvollständiger Mehrwertsteuer-Erklärungen oder -Unterlagen mit der Folge, dass die Mittel des Unionshaushalts vermindert werden;
   ii) das Verschweigen einer mehrwertsteuerrelevanten Information unter Verletzung einer spezifischen Pflicht mit derselben Folge oder
   iii) die Vorlage richtiger Mehrwertsteuer-Erklärungen zur betrügerischen Verschleierung einer nicht geleisteten Zahlung oder zur unrechtmäßigen Begründung von Ansprüchen auf Erstattung der Mehrwertsteuer.

13.3.2.3 Geldwäsche

Art. 4 I PIF-RL regelt die Pflicht zur strafrechtlichen Bekämpfung der **Geldwäsche** (Kap. 8 Rn. 82 ff.), soweit sich die Geldwäschehandlung auf Vermögenswerte bezieht, die aus den von der PIF-RL definierten Straftaten zum Nachteil der EU-Finanzinteressen („PIF-Delikte") stammen:

24

„Die Mitgliedstaaten treffen die erforderlichen Maßnahmen, um sicherzustellen, dass Geldwäsche gemäß der Beschreibung in Art. 1 III der RL (EU) 2015/849, die sich auf von der vorliegenden Richtlinie erfasste Gegenstände aus Straftaten bezieht, eine Straftat darstellt".

Die Geldwäsche wird hierdurch neben den in der PIF-RL definierten Betrugs- (Rn. 23) und Korruptionsstraftaten (Rn. 25) zu einem weiteren „PIF-Delikt", auf das sich die Verfolgungszuständigkeit der EUStA erstreckt (Rn. 44).

13.3.2.4 Korruption

In **Art. 4 II PIF-RL** werden Mindestvorschriften zur strafrechtlichen Bekämpfung von **Korruption** zum Nachteil der finanziellen Interessen der Union festgelegt:

25

(2) Die Mitgliedstaaten treffen die erforderlichen Maßnahmen, um sicherzustellen, dass vorsätzliche **Bestechlichkeit** und vorsätzliche **Bestechung** Straftaten darstellen.

a) Im Sinne dieser Richtlinie bezeichnet der Ausdruck „Bestechlichkeit" die Handlung eines öffentlichen Bediensteten, der unmittelbar oder über eine Mittelsperson für sich oder einen Dritten Vorteile jedweder Art als Gegenleistung dafür fordert, annimmt oder

sich versprechen lässt, dass er eine Diensthandlung oder eine Handlung bei der Ausübung seines Dienstes auf eine Weise vornimmt oder unterlässt, dass dadurch die finanziellen Interessen der Union geschädigt werden oder wahrscheinlich geschädigt werden;
b) Im Sinne dieser Richtlinie bezeichnet der Ausdruck „Bestechung" die Handlung einer Person, die einem öffentlichen Bediensteten unmittelbar oder über eine Mittelsperson einen Vorteil jedweder Art für diesen selbst oder für einen Dritten als Gegenleistung dafür verspricht, anbietet oder gewährt, dass der Bedienstete eine Diensthandlung oder eine Handlung bei der Ausübung seines Dienstes auf eine Weise vornimmt oder unterlässt, dass dadurch die finanziellen Interessen der Union geschädigt werden oder wahrscheinlich geschädigt werden.

13.3.2.5 Missbräuchliche Mittelverwendung

26 Die **missbräuchliche Mittelverwendung durch öffentliche Bedienstete** ist Gegenstand des in **Art. 4 III PIF-RL** statuierten Pönalisierungsgebots:

[1] Die Mitgliedstaaten treffen die erforderlichen Maßnahmen, um sicherzustellen, dass die vorsätzliche missbräuchliche Verwendung eine Straftat darstellt.

[2] Im Sinne dieser Richtlinie bezeichnet der Ausdruck „missbräuchliche Verwendung" die Handlung eines unmittelbar oder mittelbar mit der Verwaltung von Mitteln oder Vermögenswerten betrauten öffentlichen Bediensteten, auf jedwede Weise Mittel entgegen ihrer Zweckbestimmung zu binden oder auszuzahlen oder sonstige Vermögenswerte entgegen ihrer Zweckbestimmung zuzuweisen oder zu verwenden, wodurch die finanziellen Interessen der Union geschädigt werden.

Unter einem **„öffentlichen Bediensteten"** ist nach der Legaldefinition des Art. 4 IV PIF-RL ein Unionsbeamter oder nationaler Beamter, einschließlich eines nationalen Beamten eines anderen Mitgliedstaats und eines nationalen Beamten eines Drittlands zu verstehen.

13.3.2.6 Strafbarkeit von Teilnahme und Versuch

27 Art. 5 I PIF-RL bestimmt, dass die **Anstiftung und Beihilfe** zur Begehung einer Straftat i. S. d. Art. 3 (Rn. 23) und Art. 4 (Rn. 24–26) mit Strafe zu bedrohen ist. Nach **Art. 5 II PIF-RL** muss der **Versuch** der Begehung einer Straftat i. S. d. Art. 3 und des Art. 4 III (Rn. 26) als Straftat erfasst werden.

13.3.2.7 Verantwortlichkeit juristischer Personen

28 Die **Verantwortlichkeit juristischer Personen** für Straftaten nach Art. 3, 4 und 5 ist nach Maßgabe des **Art. 6 PIF-RL** sicherzustellen:

(1) Die Mitgliedstaaten treffen die erforderlichen Maßnahmen, um sicherzustellen, dass eine juristische Person für eine Straftat i. S. d. der Art. 3, 4 und 5 verantwortlich gemacht werden kann, die zu ihren Gunsten von einer Person begangen wurde, die entweder allein oder als Teil eines Organs der juristischen Person gehandelt hat und die eine Führungsposition innerhalb der juristischen Person innehat aufgrund

a) einer Befugnis zur Vertretung der juristischen Person,
b) einer Befugnis, Entscheidungen im Namen der juristischen Person zu treffen, oder c) einer Kontrollbefugnis innerhalb der juristischen Person.
(2) Die Mitgliedstaaten treffen zudem die erforderlichen Maßnahmen, um sicherzustellen, dass eine juristische Person verantwortlich gemacht werden kann, wenn mangelnde Überwachung oder Kontrolle durch eine der in Abs. 1 des vorliegenden Art. genannten Personen die Begehung einer Straftat i. S. d. Art. 3, 4 oder 5 zugunsten der juristischen Person durch eine ihr unterstellte Person ermöglicht hat.
(3) Die Verantwortlichkeit einer juristischen Person nach den Abs. 1 und 2 des vorliegenden Art. schließt die Möglichkeit eines strafrechtlichen Verfahrens gegen natürliche Personen als Täter einer Straftat i. S. d. Art. 3 und 4 oder als gem. Art. 5 strafrechtlich verantwortliche Person nicht aus.

13.3.2.8 Strafen und Sanktionen

Die für **natürliche Personen vorzusehenden Strafen** sind in **Art. 7 PIF-RL** geregelt: 29

(1) Die Mitgliedstaaten stellen in Bezug auf natürliche Personen sicher, dass Straftaten im Sinne der Art. 3, 4 und 5 mit wirksamen, verhältnismäßigen und abschreckenden strafrechtlichen Sanktionen geahndet werden können.
(2) Die Mitgliedstaaten treffen die erforderlichen Maßnahmen, um sicherzustellen, dass Straftaten im Sinne der Art. 3 und 4 mit einer Höchststrafe geahndet werden können, die Freiheitsentzug vorsieht.
(3) [1] Die Mitgliedstaaten treffen die erforderlichen Maßnahmen, um sicherzustellen, dass Straftaten im Sinne der Art. 3 und 4 mit einer Freiheitsstrafe im Höchstmaß von mindestens vier Jahren geahndet werden können, wenn sie einen erheblichen Schaden oder Vorteil beinhalten.
[2] Als erheblich gilt der Schaden oder Vorteil aus einer Straftat im Sinne von Art. 3 Absatz 2 Buchst. a, b oder c und im Sinne von Art. 4, wenn der Schaden oder Vorteil mehr als 100.000 € beträgt.
[3] Der Schaden oder Vorteil aus einer Straftat im Sinne von Artikel 3 Absatz 2 Buchst. d gilt vorbehaltlich des Art. 2 Absatz 2 stets als erheblich.
[4] Die Mitgliedstaaten können auch aufgrund anderer in ihrem nationalen Recht festgelegter schwerwiegender Umstände eine Freiheitsstrafe im Höchstmaß von mindestens vier Jahren Freiheitsentzug vorsehen.
(4) Beinhaltet eine Straftat im Sinne von Art. 3 Absatz 2 Buchst. a, b oder c oder im Sinne von Art. 4 einen Schaden von weniger als 10.000 € oder einen Vorteil von weniger als 10.000 €, so können die Mitgliedstaaten andere als strafrechtliche Sanktionen vorsehen.

Nach **Art. 8 PIF-RL** ist stets von einem **erschwerenden Umstand** auszugehen, wenn eine Straftat i. S. d. Art. 3, 4 oder 5 innerhalb einer **kriminellen Vereinigung** i. S. d. RB 2008/841/JI[48] (Kap. 8 Rn. 122) begangen wird.

---

[48] ABlEU 2008 Nr. L 300, S. 42.

30 Für die nach Art. 6 verantwortlichen **juristischen Personen** trifft **Art. 9 PIF-RL** hinsichtlich der **Sanktionen** folgende Regelung:

> „Die Mitgliedstaaten treffen die erforderlichen Maßnahmen, um sicherzustellen, dass gegen eine i. S. d. Art. 6 verantwortliche juristische Person wirksame, verhältnismäßige und abschreckende Sanktionen verhängt werden können, zu denen Geldstrafen oder Geldbußen gehören und die andere Sanktionen einschließen können, darunter:
>
> a) Ausschluss von öffentlichen Zuwendungen oder Hilfen,
> b) vorübergehender oder dauerhafter Ausschluss von öffentlichen Ausschreibungsverfahren,
> c) vorübergehendes oder dauerhaftes Verbot der Ausübung einer Handelstätigkeit,
> d) Unterstellung unter gerichtliche Aufsicht,
> e) gerichtlich angeordnete Auflösung,
> f) vorübergehende oder endgültige Schließung von Einrichtungen, die zur Begehung der Straftat genutzt wurden."

13.3.2.9 Sicherstellung und Einziehung von Tatwerkzeugen und Erträgen

31 Nach **Art. 10 PIF-RL** müssen die Mitgliedstaaten gewährleisten, dass **Tatwerkzeuge und Erträge aus Straftaten** i. S. d. Artikel 3, 4 und 5 nach Maßgabe der RL 2014/42/EU[49] (Kap. 8 Rn. 89 f.) **sichergestellt und eingezogen** werden können.

13.3.2.10 Gerichtsbarkeit

32 Art. 11 PIF-RL regelt die auf das **Territorialprinzip** und das **Personalitätsprinzip** gestützten Anknüpfungspunkte für die **Begründung der Gerichtsbarkeit**:

(1) Jeder Mitgliedstaat trifft die erforderlichen Maßnahmen, um seine Gerichtsbarkeit für Straftaten i. S. d. Art. 3, 4 und 5 in den Fällen zu begründen, in denen
  a) die **Straftat ganz oder teilweise in seinem Hoheitsgebiet begangen** worden ist oder
  b) es sich bei dem **Straftäter um einen seiner Staatsangehörigen** handelt.
(2) Jeder Mitgliedstaat trifft die erforderlichen Maßnahmen, um seine Gerichtsbarkeit für Straftaten i. S. d. Art. 3, 4 und 5 in den Fällen zu begründen, in denen der Täter zum Zeitpunkt der Straftat dem Statut unterliegt. Jeder Mitgliedstaat kann von der Anwendung der in diesem Absatz festgelegten Vorschriften zur Gerichtsbarkeit absehen oder diese nur in bestimmten Fällen oder unter bestimmten Umständen anwenden, und setzt die Kommission davon in Kenntnis.
(3) Ein Mitgliedstaat unterrichtet die Kommission, wenn er sich dafür entscheidet, seine **Gerichtsbarkeit für Straftaten** i. S. d. Art. 3, 4 oder 5, die **außerhalb seines Hoheitsgebiets begangen** wurden, zu begründen, in den folgenden Fällen:
  a) der gewöhnliche Aufenthalt des Straftäters liegt in seinem Hoheitsgebiet,

---

[49] ABlEU 2014 Nr. L 127, S. 39.

b) die Straftat wird zugunsten einer in seinem Hoheitsgebiet ansässigen juristischen Person begangen, oder
c) es handelt sich bei dem Täter um einen seiner Beamten bei der Ausübung seiner Dienstpflichten.
(4) In den in Abs. 1 Buchst. b genannten Fällen treffen die Mitgliedstaaten die erforderlichen Maßnahmen, um sicherzustellen, dass die Ausübung ihrer Gerichtsbarkeit nicht an die Bedingung geknüpft wird, dass die Strafverfolgung nur nach einer Anzeige des Opfers an dem Ort, an dem die Straftat begangen wurde, oder nach einer Benachrichtigung durch den Staat, in dem sich der Tatort befindet, eingeleitet werden kann.

13.3.2.11 Verjährungsfristen

Schließlich werden in **Art. 12 PIF-RL** Mindestvorgaben für die **Verjährungsfristen** sowie die **Hemmung und Unterbrechung der Verjährung** aufgestellt:

(1) Die Mitgliedstaaten treffen die erforderlichen Maßnahmen zur Festlegung einer Verjährungsfrist, durch die Ermittlungen, Strafverfolgungsmaßnahmen, Gerichtsverfahren und gerichtliche Entscheidungen zu Straftaten i. S. d. Art. 3, 4 und 5 für einen ausreichend langen Zeitraum nach der Begehung dieser Straftaten ermöglicht werden, damit diese Straftaten wirksam bekämpft werden können.
(2) Die Mitgliedstaaten treffen die erforderlichen Maßnahmen, um bei Straftaten i. S. d. Art. 3, 4 und 5, die mit einer Freiheitsstrafe im Höchstmaß von mindestens vier Jahren geahndet werden können, Ermittlungen, Strafverfolgungsmaßnahmen, Gerichtsverfahren und gerichtliche Entscheidungen für einen Zeitraum von mindestens fünf Jahren ab dem Zeitpunkt der Begehung der Straftat zu ermöglichen.
(3) Abweichend von Abs. 2 können die Mitgliedstaaten eine Verjährungsfrist von weniger als fünf Jahren, aber nicht weniger als drei Jahren festlegen, sofern die Frist bei bestimmten Handlungen unterbrochen oder ausgesetzt werden kann.
(4) Die Mitgliedstaaten treffen die erforderlichen Maßnahmen, damit Folgendes vollstreckt werden kann:
a) eine Freiheitsstrafe von mehr als einem Jahr, oder alternativ dazu
b) eine Freiheitsstrafe im Fall einer Straftat, die mit einer Freiheitsstrafe im Höchstmaß von mindestens vier Jahren geahndet werden kann, welche nach einer rechtskräftigen Verurteilung wegen einer Straftat i. S. d. Art. 3, 4 oder 5 verhängt wurde, für mindestens fünf Jahre ab dem Zeitpunkt der rechtskräftigen Verurteilung. Diese Frist kann Verlängerungen der Verjährungsfrist aufgrund einer Unterbrechung oder Aussetzung beinhalten.

13.3.3 Umsetzung der PIF-RL in Deutschland

Die PIF-RL war bis zum 06.07.2019 in nationales Recht umzusetzen. Da die nach ihren Vorgaben unter Strafandrohung zu stellenden Handlungen bereits von den

Straftatbeständen des deutschen Strafrechts (vgl. insbes. §§ 261, 263, 264, 331–334 StGB, § 370 AO) weitgehend abgedeckt waren, bestand nur ein geringer Umsetzungsbedarf.[50] Hinsichtlich der Verantwortlichkeit juristischer Personen genügen die bestehenden Instrumente der §§ 30, 130 OWiG den RL-Vorgaben[51] (Rn. 28, 30).[52] Gleiches gilt für die Mindesthöchstfreiheitsstrafen nach Art. 7 PIF-RL (Rn. 29), die Strafschärfungsgründe nach Art. 8 PIF-RL (Rn. 29), die Abschöpfung nach Art. 10 PIF-RL (Rn. 31), das Strafanwendungsrecht nach Art. 11 PIF-RL (Rn. 32) und die Verfolgungs- und Vollstreckungsverjährung nach Art. 12 PIF-RL (Rn. 33).[53] Anders als bei dem im Jahre 2015 im Bereich des Korruptionsstrafrechts gewählten Weg, die erforderliche Anpassung an EU-Vorgaben im Kernstrafrecht zu lozieren (Kap. 8 Rn. 99–100), entschied sich der Gesetzgeber im Jahre 2019 dafür, die der Umsetzung der PIF-RL dienenden Straftatbestände in einem eigenen Stammgesetz außerhalb des StGB zu verorten.[54] Am 28.06.2019 trat das **Ges. zur Stärkung des Schutzes der finanziellen Interessen der Europäischen Union (EU-Finanzschutzstärkungsgesetz – EUFinSchStG)** v. 19.06.2019 in Kraft.[55]

13.3.3.1 Missbräuchliche Verwendung von Leistungen der EU

35 Der Umsetzung des Art. 3 II lit. b Ziff. iii PIF-RL (Rn. 23) dient der durch das EU-FinSchStG neu eingeführte untreueähnliche Straftatbestand des § 1, der im Hinblick auf **Ausgaben im Zusammenhang mit der Auftragsvergabe** den nicht bereits von § 264 StGB erfassten strafrechtlichen Schutz der EU-Finanzinteressen vor missbräuchlicher Verwendung vervollständigt.[56] Die Tatbestandsverwirklichung setzt den Eintritt eines Vermögensnachteils voraus, der sich an den Schadensbegriff des § 266 I StGB anlehnt. Erfasst ist daher auch ein Gefährdungsschaden, bei dem der endgültige Vermögensverlust noch nicht eingetreten ist, und deckt damit den Versuch einer Tat nach Art. 3 II lit. b Ziffer iii PIF-RL (Art. 5 II PIF-RL Rn. 27) ab.[57]

> **§ 1 (Missbräuchliche Verwendung von Leistungen der Europäischen Union)**
> Wer in der Absicht, sich oder einem Dritten einen rechtswidrigen Vermögensvorteil zu verschaffen, dem Vermögen der Europäischen Union dadurch einen Nachteil zufügt, dass er ihm aus öffentlichen Mitteln der Europäischen Union gewährte Leistungen, deren Verwendung durch Rechtsvorschrift oder Vertrag beschränkt ist, entgegen dieser Verwendungsbeschränkung verwendet, wird mit Freiheitsstrafe bis zu fünf Jahren oder mit Geldstrafe bestraft. Satz 1 gilt nicht für Subventionen i. S. d. § 264 VIII Nr. 2 des Strafgesetzbuches.

---

[50] BT-Drs. 19/7886, 1, 9, 12 ff.
[51] BT-Drs. 19/7886, 18.
[52] Vgl. zur geplanten Reform des Verbandssanktionenrechts den von der Bundesregierung vorgelegten Entwurf eines Ges. zur Stärkung der Integrität in der Wirtschaft (BT-Drs. 19/23568).
[53] BT-Drs. 19/7886, 19 f.
[54] Krit. hierzu *Satzger*, IntStR, § 9 Rn. 46.
[55] BGBl. I 2019, 844.
[56] BT-Drs. 19/7886, 10, 25 ff.
[57] BT-Drs. 19/7886, 12.

13.3.3.2 Rechtswidrige Verminderung von Einnahmen der EU

Als mit Strafe zu bedrohende Tathandlungen beschreibt Art. 3 II lit. c Ziff. i PIF-RL 36
die Verwendung oder Vorlage falscher, unrichtiger oder unvollständiger Erklärungen oder Unterlagen, während Ziff. ii das Verschweigen einer Information unter Verletzung einer spezifischen Pflicht erfasst (Rn. 23). In beiden Fällen muss die Tathandlung zur Folge haben, dass Mittel aus dem EU-Haushalt oder aus den Haushalten, die von der EU oder in deren Auftrag verwaltet werden, rechtswidrig vermindert werden. Diese auf eine Verminderung von EU-Mitteln gerichteten Handlungen wurden von den geltenden Strafnormen bisher nicht oder nur unzureichend erfasst.[58] Dem bestehenden Anpassungsbedarf trägt der neue Straftatbestand des § 2 EUFinSchStG Rechnung. Die Strafbestimmung enthält zwei an die Struktur des § 370 AO angelehnte Tatbestandsvarianten.[59]

> **§ 2 (Rechtswidrige Verminderung von Einnahmen der Europäischen Union)**
> Mit Freiheitsstrafe bis zu fünf Jahren oder mit Geldstrafe wird bestraft, wer die Einnahmen der Europäischen Union dadurch rechtswidrig vermindert, dass er einen Irrtum erregt oder unterhält, indem er
>
> 1. einer für die Verwaltung von Einnahmen der Europäischen Union zuständigen Stelle über einnahmeerhebliche Tatsachen unrichtige oder unvollständige Angaben macht oder
> 2. eine für die Verwaltung von Einnahmen der Europäischen Union zuständige Stelle pflichtwidrig über einnahmeerhebliche Tatsachen in Unkenntnis lässt.

13.3.3.3 Bestechlichkeit und Bestechung mit Bezug zu den EU-Finanzinteressen

Nach Art. 4 II lit. a und b PIF-RL (Rn. 25) sind Bestechlichkeit und Bestechung von 37
den in Art. 4 IV definierten „öffentlichen Bediensteten" (Rn. 26) unter Strafe zu stellen. Gegenleistung des öffentlichen Bediensteten für den zugewandten Vorteil muss dabei das Vornehmen oder Unterlassen einer Diensthandlung oder einer Handlung in Ausübung des Dienstes sein, durch die die finanziellen Interessen der EU geschädigt oder wahrscheinlich geschädigt werden. Diesen Vorgaben entspricht das deutsche Korruptionsstrafrecht mit den Straftatbeständen der Bestechlichkeit und Bestechung deutscher Amtsträger bzw. ausländischer und internationaler Bediensteter (§§ 332, 334, 335a StGB), der Bestechlichkeit und Bestechung von Mandatsträgern (§ 108e StGB) sowie der Bestechung ausländischer Abgeordneter im internationalen geschäftlichen Verkehr (Art. 2 § 2 des Ges. zu dem Übk. v. 17.12.1997 über die Bekämpfung der Bestechung ausländischer Amtsträger im internationalen Geschäftsverkehr – IntBestG) bereits weitgehend.[60] Allerdings setzen die Korruptionsdelikte der §§ 332, 334 und 335a StGB jeweils voraus, dass die erkaufte Diensthandlung Dienstpflichten bzw. die erkaufte richterliche Handlung richterliche Pflichten verletzen würde. Demgegenüber verlangt die PIF-RL, dass die

---

[58] BT-Drs. 19/7886, 11.
[59] BT-Drs. 19/7886, 27 ff.
[60] BT-Drs. 19/7886, 11.

Diensthandlung bzw. richterliche Handlung die finanziellen Interessen der EU schädigt oder wahrscheinlich schädigt, ohne ausdrücklich auf die Pflichtwidrigkeit der Diensthandlung bzw. richterlichen Handlung abzustellen. Die für die Begehung von Korruptionsstraftaten in Betracht kommenden Vorteilsnehmer (Amtsträger, Europäische Amtsträger, für den öffentlichen Dienst besonders Verpflichtete und den Amtsträgern nach § 335a StGB gleichgestellte Personen) werden in den einschlägigen Fällen in aller Regel durch eine Schädigung oder Gefährdung der finanziellen Interessen der EU ihre Dienstpflichten verletzen, sodass bei einer erkauften Diensthandlung zum Nachteil der EU-Finanzinteressen regelmäßig bereits von einer Strafbarkeit nach den §§ 332, 334 und 335a StGB auszugehen ist. Um gleichwohl Zweifelsfälle zu vermeiden, soll durch § 3 EUFinSchStG gesetzlich klargestellt werden, dass für die Anwendung der §§ 332 und 334 StGB, jeweils auch in Verbindung mit §§ 335, 335a StGB, auf eine Tat, die sich auf eine zukünftige richterliche Handlung oder eine zukünftige Diensthandlung bezieht, eine Schädigung oder Gefährdung des Vermögens der EU einer Dienstpflichtverletzung gleichsteht.[61]

> **§ 3 (Bestechlichkeit und Bestechung mit Bezug zu den finanziellen Interessen der Europäischen Union)**
> Für die Anwendung der §§ 332 und 334 des Strafgesetzbuches, jeweils auch in Verbindung mit den §§ 335 und 335a des Strafgesetzbuches, auf eine Tat, die sich auf eine künftige richterliche Handlung oder eine künftige Diensthandlung bezieht, steht einer Verletzung der dienstlichen oder richterlichen Pflichten eine Beschädigung oder Gefährdung des Vermögens der Europäischen Union gleich.

13.3.3.4 Anpassung des § 264 StGB

38 Nach Art. 5 II PIF-RL (Rn. 27) sind die Mitgliedstaaten verpflichtet, eine Versuchsstrafbarkeit für Straftaten nach den Art. 3 (Rn. 23) und 4 III (Rn. 26) zu schaffen. Dem insoweit für das deutsche Recht bestehenden Umsetzungsbedarf trägt die Ausweitung des Tatbestands des Subventionsbetrugs (§ 264 StGB) Rechnung, indem in einem neuen Abs. 4 der Versuch von Taten nach § 264 I Nr. 2 StGB unter Strafandrohung gestellt wird.[62]

13.4 Die Europäische Staatsanwaltschaft

13.4.1 Einführung

39 Die durch den Vertrag von Lissabon geschaffene Kompetenznorm des **Art. 86 I AEUV** sieht vor, dass der Rat zur Bekämpfung von Straftaten zum Nachteil der finanziellen Interessen der Union gemäß einem besonderen Gesetzgebungsverfahren durch VO eine **Europäische Staatsanwaltschaft (EUStA)** einsetzen kann.[63] Erforderlich ist insoweit ein einstimmiger Beschluss des Rates nach Zustimmung des

---

[61] BT-Drs. 19/7886, 29 f.
[62] BT-Drs. 19/7886, 12, 30.
[63] Zur Vorgeschichte der EUStA vgl. *Zöller/Bock*, in: *Böse* (Hrsg.), EuStR, § 22 Rn. 3 ff., 10; *Herrnfeld*, in: *Herrnfeld/Esser* (Hrsg.), Hb. EUStA, § 2 Rn. 1 ff.; *Satzger*, IntStR, § 10 Rn. 21.

EP. In Art. 86 II AEUV wird die Aufgabe der EUStA dahingehend festgelegt, dass sie für die **strafrechtliche Untersuchung und Verfolgung** sowie die **Anklageerhebung** in Bezug auf Personen zuständig ist, die **Straftaten zum Nachteil der finanziellen Interessen der Union** begangen haben, welche in der zu erlassenden VO aufgeführt sind. Die EUStA soll vor den zuständigen Gerichten der Mitgliedstaaten die Aufgaben der Staatsanwaltschaft wahrnehmen. In der zu erlassenden VO sollen außerdem die Satzung der EUStA, die Einzelheiten für die Erfüllung ihrer Aufgaben, die für ihre Tätigkeit geltenden Verfahrensvorschriften sowie die Regeln für die Zulässigkeit von Beweismitteln und für die gerichtliche Kontrolle der von der EUStA bei der Erfüllung ihrer Aufgaben vorgenommenen Prozesshandlungen festgelegt werden (Art. 86 III AEUV).

Am 17.07.2013 veröffentlichte die Kommission ihren auf Art. 86 I AEUV gestützten **Vorschlag für eine VO des Rates über die Errichtung der Europäischen Staatsanwaltschaft**.[64] Nach einer mehrjährigen Diskussion über den Kommissionsvorschlag stellte der Rat auf seiner Tagung v. 07.02.2017 fest, dass über seine Annahme keine Einstimmigkeit bestand. Eine Gruppe von 17 Mitgliedstaaten beantragte daraufhin mit Schreiben vom 14.02.2017, den Europäischen Rat gem. Art. 86 I UA 2 AEUV mit dem Verordnungsentwurf zu befassen. Dieser stellte auf seiner Tagung am 09.03.2017 abermals fest, dass i. S. d. Art. 86 I UA 3 AEUV kein Einvernehmen erzielt wurde. Am 03.04.2017 haben Belgien, Bulgarien, Deutschland, Finnland, Frankreich, Griechenland, Kroatien, Litauen, Luxemburg, Portugal, Rumänien, die Slowakei, Slowenien, Spanien, die Tschechische Republik und Zypern dem EP, dem Rat und der Kommission mitgeteilt, dass sie eine Verstärkte Zusammenarbeit zur Errichtung der EUStA begründen möchten. Die Bemühungen dieser Staatengruppe mündeten schließlich nach der am 05.10.2017 erteilten Zustimmung des EP in dem Erlass der **VO (EU) 2017/1939 des Rates v. 12.10.2017 zur Durchführung einer Verstärkten Zusammenarbeit zur Errichtung der Europäischen Staatsanwaltschaft (EUStA-VO)**.[65] Die supranationale Strafverfolgungsbehörde der EU mit Sitz in Luxemburg, die am 01.06.2021 ihre operative Arbeit aufgenommen hat, wird derzeit von 22 EU-Mitgliedstaaten getragen. Nicht beteiligt sind Dänemark, Irland, Polen, Schweden und Ungarn.[66] Im Herbst 2019 nominierten das EP und die EU-Mitgliedstaaten die rumänische Juristin *Laura Codruţa Kövesi* als erste Generalstaatsanwältin der EUStA.

13.4.2 Status, Aufbau und Organisation der EUStA

Die EUStA ist eine **unabhängige Einrichtung der Union mit eigener Rechtspersönlichkeit** (Art. 3 I, II, 6 I, 8 I EUStA-VO).[67] Sie ist nach Art. 4 I S. 1 EUS-

---

[64] KOM (2013) 534 endg.; vgl. hierzu *Ambos*, IntStR, § 13 Rn. 24 ff.; *Esser*, StV 2014, 494, 496 ff.; *Grünewald*, HRRS 2013, 508 ff.; *Magnus*, GA 2014, 398 ff.; *Schramm*, JZ 2014, 749 ff.
[65] ABlEU 2017 Nr. L 283, 1.
[66] *Heger*, ZRP 2020, 115, 116.
[67] *Duesberg*, NJW 2021, 1207 ff.; *Herrnfeld*, in: *Herrnfeld/Esser* (Hrsg.), Hb. EUStA, § 2 Rn. 27 ff.; *Wirth*, EuStA, S. 225 ff.; *Zöller/Bock*, in: *Böse* (Hrsg.), EuStR, § 22 Rn. 12.

tA-VO für die strafrechtliche Untersuchung und Verfolgung sowie die Anklageerhebung in Bezug auf Personen zuständig, die als Täter oder Teilnehmer Straftaten zum Nachteil der finanziellen Interessen der Union begangen haben, die in der PIF-RL (Rn. 23–30) definiert sind. Zur Erfüllung ihrer Aufgaben arbeitet die EuStA eng mit Eurojust (Kap. 5 Rn. 48–52), OLAF (Rn. 14–19) und Europol (Kap. 5 Rn. 43–47) zusammen (Art. 100–102 EUStA-VO). Da ein supranationales Strafgericht auf Unionsebene – denkbar als Fachgericht gem. Art. 257 AEUV[68] – bis auf weiteres nicht zur Verfügung steht, nimmt die EUStA bei den zuständigen **Gerichten der Mitgliedstaaten** die **Aufgaben der Staatsanwaltschaft** wahr, bis das Verfahren endgültig abgeschlossen ist (Art. 4 I S. 2 EUStA-VO). Die EUStA gliedert sich in eine **zentrale** und eine **dezentrale Ebene** (Art. 8 II EUStA-VO).

13.4.2.1 Zentrale Ebene

42 Die zentrale Ebene der EUStA besteht aus der **zentralen Dienststelle** am Sitz der EUStA (Art. 8 III S. 1 EUStA-VO).[69] Diese setzt sich aus dem **Kollegium** (Art. 9 EUStA-VO), den **Ständigen Kammern** als Kontrollgremium (Art. 10 EUStA-VO), dem **Europäischen Generalstaatsanwalt** (Art. 11 I EUStA-VO) und seinen **Stellvertretern** (Art. 11 II EUStA-VO), den **Europäischen Staatsanwälten** (Art. 12 II EUStA-VO) und dem **Verwaltungsdirektor** (Art. 18 EUStA-VO) zusammen (Art. 8 III S. 2 EUStA-VO). Dem Europäischen Generalstaatsanwalt obliegt die Leitung der Europäischen Staatsanwaltschaft (Art. 11 I EUStA-VO). Jeder Mitgliedstaat ist auf der zentralen Ebene durch einen **Europäischen Staatsanwalt** vertreten. Die Europäischen Staatsanwälte sind für und ggf. auf Weisung der Ständigen Kammern für die Beaufsichtigung der mit der konkreten Durchführung der Ermittlungs- und Strafverfahren in den Mitgliedstaaten betrauten **Delegierten Europäischen Staatsanwälte (DESTA)** zuständig (Art. 10 II, Art. 12 I EUStA-VO).[70] Die DEStA unterliegen den Weisungen einer Ständigen Kammer und des beaufsichtigenden Europäischen Staatsanwalts (Art. 13 I EUStA-VO). Sie fungieren als **Bindeglied zwischen der zentralen und der dezentralen Ebene**.

13.4.2.2 Dezentrale Ebene

43 Die dezentrale Ebene der EUStA besteht aus den **Delegierten Europäischen Staatsanwälten (DEStA)**, von denen es in jedem Mitgliedstaat mindestens zwei geben muss (Art. 13 II EUStA-VO). Die DEStA handeln im Namen der EUStA in ihrem jeweiligen Mitgliedstaat und haben neben und vorbehaltlich der ihnen übertragenen besonderen Befugnisse und des ihnen zuerkannten besonderen Status und nach Maßgabe der EUStA-VO in Bezug auf Ermittlungen, Strafverfolgungsmaßnahmen und Anklageerhebung die gleichen Befugnisse wie nationale Staatsanwälte (Art. 13 I EUStA-VO). Ungeachtet ihrer organisatorischen Einbindung in die

---

[68] *Böse*, RW 2012, 172, 180; krit. hierzu *Schneiderhan*, DRiZ 2013, 100, 103.
[69] *Herrnfeld*, in: *Herrnfeld/Esser* (Hrsg.), Hb. EUStA, § 2 Rn. 38; *Zöller/Bock*, in: *Böse* (Hrsg.), EuStR, § 22 Rn. 14.
[70] *Zöller/Bock*, in: *Böse* (Hrsg.), EuStR, § 22 Rn. 15.

EUStA bleiben sie Mitglieder der nationalen Justiz und dürfen zusätzlich zu ihrem Mandat auch nationale Strafverfolgungsaufgaben wahrnehmen (Art. 13 III EUStA-VO; „**Doppelhut-Modell**").[71]

13.4.3 Das Mandat der EuStA

13.4.3.1 Sachliche Zuständigkeit
Die **sachliche Zuständigkeit der EUStA** ist in Art. 22 EUStA-VO geregelt.[72] Diese umfasst: 44

- die Straftaten zum Nachteil der finanziellen Interessen der Union, die in der PIF-RL („„PIF-Delikte"; Rn. 23–30) in ihrer Umsetzung in nationales Recht festgelegt sind, ungeachtet dessen, ob dieselbe strafbare Handlung im nationalen Recht als andere Art von Straftat eingestuft werden könnte (Art. 22 I S. 1)
- die Straftaten, die in Art. 3 II lit. d der PIF-RL (Mehrwertsteuerbetrug; Rn. 23) in ihrer Umsetzung in nationales Recht festgelegt sind, wenn die vorsätzlichen Handlungen oder Unterlassungen nach dieser Bestimmung mit dem Hoheitsgebiet von zwei oder mehr Mitgliedstaaten verbunden sind und einen Gesamtschaden von mindestens 10 Mio. € umfassen (Art. 22 I S. 2)[73]
- die Straftaten bezüglich der Beteiligung an einer kriminellen Vereinigung i. S. d. in nationales Recht umgesetzten RB 2008/841/JI[74] (Kap. 8 Rn. 122), wenn der Schwerpunkt der strafbaren Aktivitäten der kriminellen Vereinigung auf der Begehung von Straftaten nach Art. 22 I EUStA-VO liegt (Art. 22 II)[75]
- alle anderen Straftaten, die mit einer unter Art. 22 I EUStA-VO fallenden strafbaren Handlung untrennbar verbunden sind („Zuständigkeit kraft Sachzusammenhangs"), wobei die Zuständigkeit für diese Straftaten nur im Einklang mit Art. 25 III EUStA-VO ausgeübt werden darf (Art. 22 III)[76]

Um die Anwendung des Art. 22 I EUStA-VO in der Praxis zu erleichtern, ist vorgesehen, dass alle Mitgliedstaaten gem. Art. 117 S. 3 EUStA-VO der EUStA eine Liste der Bestimmungen des nationalen Rechts übermitteln, die i. S. d. Art. 22 I EUStA-VO als Umsetzung der PIF-RL anzusehen sind. Art. 22 IV EUStA-VO stellt klar, dass die EUStA nicht für Straftaten in Bezug auf nationale direkte Steuern und auch nicht für die mit diesen untrennbar verbundenen Straftaten zuständig ist.

---

[71] Der DESt Asetzt – bildlich gesprochen – in seiner Funktion als Organ der EUStA seinen nationalen (z. B. schwarz-rot-goldenen) Hut ab und seinen europäischen (blauen, mit 12 goldenen Sternen versehenen) Hut auf; *Magnus*, HRRS 2018, 143, 144; *Wirth*, EuStA, S. 176 ff.
[72] *Esser*, EuStR, § 3 Rn. 86 ff.; *Herrnfeld*, in: *Herrnfeld/Esser* (Hrsg.), Hb. EUStA, § 5 Rn. 9 ff., 49 ff.; *Wirth*, EuStA, S. 247 ff.; *Zöller/Bock*, in: *Böse* (Hrsg.), EuStR, § 22 Rn. 23 ff.
[73] *Wirth*, EuStA, S. 253 ff.
[74] ABlEU 2008 Nr. L 300, S. 42.
[75] *Wirth*, EuStA, S. 256 ff.
[76] *Wirth*, EuStA, S. 258 ff.; *F. Zimmermann*, in: *Niedernhuber* (Hrsg.), EuStA, S. 21 ff.

13.4.3.2 Territoriale und personelle Zuständigkeit

45 Die **territoriale und personelle Zuständigkeit der EUStA** bestimmt sich nach dem **europäischen Territorialitätsprinzip** (Art. 2 Nr. 1, 23 lit. a EUStA-VO) und dem **aktiven Personalitätsprinzip** nach Maßgabe des jeweiligen nationalen Strafanwendungsrechts (Art. 23 lit. b, c EUStA-VO).[77] Das Mandat der EUStA erstreckt sich demnach auf die Verfolgung der in Art. 22 EUStA-VO genannten Straftaten, wenn diese

- ganz oder teilweise im Hoheitsgebiet eines oder mehrerer Mitgliedstaaten begangen wurden (Art. 23 lit. a)[78]
- von einem Staatsangehörigen eines Mitgliedstaats begangen wurden, sofern ein Mitgliedstaat über Gerichtsbarkeit für solche Straftaten verfügt, wenn sie außerhalb seines Hoheitsgebiets begangen wurden (Art. 23 lit. b)
- außerhalb der in lit. a genannten Hoheitsgebiete von einer Person begangen wurden, die zum Zeitpunkt der Straftat dem Statut oder den Beschäftigungsbedingungen unterlag, sofern ein Mitgliedstaat über Gerichtsbarkeit für solche Straftaten verfügt, wenn sie außerhalb seines Hoheitsgebiets begangen wurden (Art. 23 lit. c)

13.4.3.3 System der geteilten Zuständigkeit

46 Die in der EUStA-VO angelegte Zuständigkeitsverteilung zielt darauf ab, parallele Ermittlungstätigkeiten wegen derselben Tat auf unionaler und nationaler Ebene zu vermeiden. Grundsätzlich besteht eine **vorrangige Zuständigkeit der EUStA**.[79] Wenn diese entscheidet, ihre Zuständigkeit auszuüben, üben die zuständigen nationalen Behörden ihre eigene Zuständigkeit in Bezug auf dieselbe strafbare Handlung nicht aus (Art. 25 I S. 2 EUStA-VO). Gleiches gilt, wenn die EUStA von ihrem **Evokationsrecht** (Art. 27 EUStA-VO) Gebrauch macht und ein bereits auf mitgliedstaatlicher Ebene eingeleitetes Ermittlungsverfahren an sich zieht (Art. 27 V EUStA-VO).[80] Konkretisierende Regelungen über die Zuständigkeitsverteilung finden sich in Art. 22 I–IV und 25 II–VI EUStA-VO.[81] Besteht zwischen der EUStA und den nationalen Behörden Uneinigkeit darüber, wer für das Ermittlungsverfahren im betreffenden Fall zuständig sein soll, so entscheidet gem. Art. 25 VI EUStA-VO die nationale Behörde, die üblicherweise für Kompetenzkonflikte zuständig ist (in Deutschland nach § 143 III S. 1 GVG der Generalbundesanwalt).[82]

---

[77] *Herrnfeld*, in: *Herrnfeld/Esser* (Hrsg.), Hb. EUStA, § 5 Rn. 54 ff.; *Wirth*, EuStA, S. 241 ff.; *Zöller/Bock*, in: *Böse* (Hrsg.), EuStR, § 22 Rn. 28.

[78] Die territoriale Zuständigkeit der EuStA ist auch eröffnet, wenn sich die Tat in einem nicht an der Verstärkten Zusammenarbeit teilnehmenden EU-Mitgliedstaat abspielt; vgl. hierzu *Brodowski*, GA 2022, 421, 424 f.

[79] *Herrnfeld*, in: *Herrnfeld/Esser* (Hrsg.), Hb. EUStA, § 5 Rn. 67; *Wirth*, EuStA, S. 266 f.; *Zöller/Bock*, in: *Böse* (Hrsg.), EuStR, § 22 Rn. 30; krit. hierzu *Satzger*, IntStR, § 10 Rn. 23.

[80] OLG München BeckRS 2022, 31766.

[81] *Herrnfeld*, in: *Herrnfeld/Esser* (Hrsg.), Hb. EUStA, § 5 Rn. 68 ff.; *Wirth*, EuStA, S. 278 ff.; *Zöller/Bock*, in: *Böse* (Hrsg.), EuStR, § 22 Rn. 30.

[82] *Duesberg*, NJW 2021, 1207, 1209; *Herrnfeld*, in: *Herrnfeld/Esser* (Hrsg.), Hb. EUStA, § 5 Rn. 84 ff.

Beispiele

(1) Die deutsche Staatsanwaltschaft ist zuständig für die strafrechtliche Verfolgung eines in Deutschland begangenen und nach § 370 AO strafbaren Mehrwertsteuerbetrugs (PIF-Delikt gem. Art. 3 II lit. d PIF-RL; Rn. 23), durch den ein Schaden von unter 10 Mio. € verursacht wurde (Art. 22 I S. 2 EUStA-VO).

(2) Der von einem „Import-Export"-Geschäftsmann G begangene Subventionsbetrug (PIF-Delikt gem. Art. 3 II lit. a PIF-RL; Rn. 23), der mit Hilfe eines von G bestochenen EU-Beamten ermöglicht wurde (Kap. 7 Rn. 55 ff.), wird von der EUStA verfolgt (Art. 22 I S. 1 EUStA-VO). Auch wenn der durch diese Tat verursachte Schaden weniger als 10.000 € beträgt, kann die EUStA ihre Zuständigkeit ausüben, weil ein EU-Beamter in diese Tat verstrickt ist (Art. 25 II lit. b EUStA-VO). ◄

Die für die Aufnahme ihres Mandats notwendigen Informationen erhält die EUStA vorrangig von den nationalen Behörden und anderen Einrichtungen der Union (insbes. OLAF, Eurojust und Europol), denen umfängliche Melde- und Kooperationspflichten obliegen (Art. 24 I–III EUStA-VO).[83] Aus ErwGr. Ziff. 49 EUStA-VO ergibt sich, dass die EUStA auch Informationen von anderen Quellen wie privaten Dritten erhalten oder einholen kann.

13.4.4 Strafverfolgungstätigkeit der EUStA

13.4.4.1 Zentrale Grundsätze

Art. 5 EUStA-VO legt zunächst einige zentrale Grundprinzipien fest. Die EUStA muss bei ihrer Tätigkeit die in der **GRCh verankerten Rechte beachten** (Art. 5 I EUStA-VO) und sie wird auf die Grundsätze der **Rechtsstaatlichkeit** und der **Verhältnismäßigkeit** verpflichtet (Art. 5 II EUStA-VO). Sie hat ihre Ermittlungen **unparteiisch** durchzuführen und auf alle **sachdienlichen (belastende wie entlastende) Beweise** zu erstrecken (Art. 5 IV EUStA-VO). Artikel 6 EUStA-VO regelt die **Unabhängigkeit der EUStA**, die **externe Weisungsfreiheit** der dort tätigen Staatsanwälte sowie die **Rechenschaftspflicht der EUStA** gegenüber dem EP, dem Rat und der Kommission.

47

13.4.4.2 Ermittlungsverfahren

Die zentralen Bestimmungen zur Strafverfolgungstätigkeit der EUStA sind in Kap. 5 (Art. 26–39) EUStA-VO enthalten. Nach Art. 26 I EUStA-VO, der dem **Legalitätsprinzip** Ausdruck verleiht,[84] leitet der DEStA ein Ermittlungsverfahren

48

---

[83] *Schneider*, in: *Niedernhuber* (Hrsg.), EuStA, S. 39 ff.; *Trautmann*, in: *Herrnfeld/Esser* (Hrsg.), Hb. EUStA, § 6 Rn. 52 ff.; *Wirth*, EuStA, S. 267 ff., 410 ff.

[84] *Niedernhuber*, in: *Herrnfeld/Esser* (Hrsg.), Hb. EUStA, § 7 Rn. 22; *Wirth*, EuStA, S. 221 ff., 274 ff.; *Zöller/Bock*, in: *Böse* (Hrsg.), EuStR, § 22 Rn. 31.

ein, wenn nach dem anwendbaren nationalen Recht Grund zu der Annahme besteht, dass eine in die Zuständigkeit der EUStA fallende Straftat (Rn. 44) begangen wird oder wurde. Die Einleitung des Ermittlungsverfahrens sowie alle fallrelevanten Informationen werden in einem **Fallbearbeitungssystem (Case Management System)** abgespeichert, das aus befristet geführten Arbeitsdateien und einem Index personen- und nichtpersonenbezogenen Daten besteht (Art. 44 EUStA-VO).[85] Für den Fall, dass mehrere an der Errichtung der EUStA teilnehmende Mitgliedstaaten Gerichtsbarkeit für die Tat haben, regelt Art. 26 IV S. 1 EUStA-VO die interne Zuständigkeitsverteilung. Grundsätzlich soll das **Ermittlungsverfahren** von einem **DEStA eingeleitet und geführt** werden, in **dessen Mitgliedstaat** der **Schwerpunkt der strafbaren Handlung** liegt bzw. in dem ein **Großteil der Straftaten** begangen wurde. Im **Ausnahmefall** kann davon abgewichen werden, wobei die in Art. 26 IV S. 2 lit. a–c EUStA-VO aufgeführten Kriterien (gewöhnlicher Aufenthaltsort des Beschuldigten; Staatsangehörigkeit des Beschuldigten; Ort, an dem der Hauptteil des finanziellen Schadens eingetreten ist) in der dort angegebenen Rangordnung zu beachten sind.[86]

49 Gem. Art. 28 I EUStA-VO soll der **mit dem Verfahren betraute DEStA** im Einklang mit der EUStA-VO und dem Recht seines Mitgliedstaates **Ermittlungsmaßnahmen** und **andere Maßnahmen entweder selbst treffen** oder **die zuständigen Behörden seines Mitgliedstaates hierzu anweisen**. Art. 30 I EUStA-VO verpflichtet die Mitgliedstaaten bei Straftaten, die mit einer Freiheitsstrafe im Höchstmaß von mindestens vier Jahren bedroht sind, sicherzustellen, dass der DEStA die dort unter lit. a bis f aufgeführten Arten von Ermittlungsmaßnahmen anordnen oder beantragen kann.[87] Hierzu gehören insbesondere die

- Durchsuchung von Wohnungen, Gebäuden, Grundstücken, Kleidung, persönlichen Gegenständen oder Computersystemen und entsprechende Sicherungsmaßnahmen
- Erwirkung der Herausgabe von Beweisgegenständen, Herausgabe von gespeicherten Computer-, Bankkonto- und Verkehrsdaten
- Sicherstellung von Tatwerkzeugen oder Erträgen aus Straftaten, Vermögenswerten, deren Einziehung durch das Prozessgericht zu erwarten ist
- Überwachung der elektronischen Kommunikation des Beschuldigten über alle von ihm genutzten elektronischen Kommunikationsmittel;
- Verfolgung und Ortung von Gegenständen mit technischen Mitteln, einschließlich kontrollierter Warenlieferungen

---

[85] *Niedernhuber*, in: *Herrnfeld/Esser* (Hrsg.), Hb. EUStA, § 7 Rn. 182 ff.
[86] *Magnus*, HRRS 2018, 143, 151; *Niedernhuber*, in: *Herrnfeld/Esser* (Hrsg.), Hb. EUStA, § 7 Rn. 46 ff.; *Zöller/Bock*, in: *Böse* (Hrsg.), EuStR, § 22 Rn. 32.
[87] *Niedernhuber*, in: *Herrnfeld/Esser* (Hrsg.), Hb. EUStA, § 7 Rn. 93 ff.; vgl. hierzu und zu Beschränkungen durch Zeugnisverweigerungsrechte *Schneider*, in: *Niedernhuber* (Hrsg.), EuStA, S. 44 ff., 53 ff.

Nach Art. 30 IV EUStA-VO sind die DEStA befugt, zusätzlich zu den in Art. 30 I EUStA-VO genannten Maßnahmen andere Arten von Maßnahmen zu beantragen oder anzuordnen, die ihnen in ihrem Mitgliedstaat in vergleichbaren Fällen zur Verfügung stehen. **Für die Anordnung und Durchführung der Ermittlungsmaßnahmen gelten die Verfahrensvorschriften des nationalen Rechts** (Art. 30 V S. 2 EUStA-VO). Im deutschen Recht zählen hierzu z. B. die Wohnraumüberwachung gem. § 100c StPO, die akustische Überwachung außerhalb der Wohnung gem. § 100f StPO, der Einsatz verdeckter Ermittler gem. § 110a StPO oder die Durchführung einer Quellen-Telefonüberwachung gem. § 100a I S. 1 bis 3, V, § 100e StPO. Art. 33 I EUStA-VO bestimmt, dass der **DEStA** im Einklang mit dem nationalen Recht, das in einem vergleichbaren innerstaatlichen Fall anwendbar ist, **anordnen oder beantragen kann**, dass der **Beschuldigte festgenommen** oder in **Untersuchungshaft** genommen wird. Ist die Festnahme oder Übergabe einer Person erforderlich, die sich nicht in dem Mitgliedstaat aufhält, in dem der betraute DEStA angesiedelt ist, so erlässt Letzterer einen **EuHb im Einklang mit dem RB 2002/584/JI** (Kap. 11 Rn. 7–25) oder ersucht die zuständige Behörde jenes Mitgliedstaats um Erlass eines solchen Haftbefehls (Art. 33 II EUStA-VO).

13.4.4.3 Grenzüberschreitende Ermittlungen

Art. 31 EUStA-VO regelt abschließend die grenzüberschreitende Zusammenarbeit der DEStA.[88] Von dem Grundsatz ausgehend, dass die DEStA nur in ihrem jeweiligen Mitgliedstaat handeln können, sieht Art. 31 EUStA-VO vor, dass der „betraute", d. h. der das Ermittlungsverfahren führende DEStA zwar die Entscheidung über die Anordnung einer Ermittlungsmaßnahme trifft, sich jedoch im Übrigen eines sog. „unterstützenden" DEStA in dem Mitgliedstaat bedient, in dem die Maßnahme durchgeführt werden soll. Nach Art. 31 I EUStA-VO entscheidet der mit den Ermittlungen betraute DEStA über die Erforderlichkeit einer bestimmten Maßnahme und weist sie dem unterstützenden DEStA eines anderen teilnehmenden Mitgliedstaates zu. Gem. Art. 31 II EUStA-VO kann der betraute DEStA alle Maßnahmen zuweisen, die ihm gem. Artikel 30 EUStA-VO nach dem Recht seines Mitgliedstaats zur Verfügung stehen. Der unterstützende DEStA soll sodann die ihm zugewiesene Maßnahme nach dem Recht seines Mitgliedstaats durchführen (Art. 32 EUStA-VO). **Art. 31 III EUStA-VO** sieht **besondere Regelungen** für den Fall vor, dass die von dem betrauten DEStA beabsichtigten Maßnahmen in einem oder in beiden der betroffenen Mitgliedstaaten einem **Richtervorbehalt**[89] unterliegt:

50

[1] Ist nach dem Recht des Mitgliedstaats des unterstützenden Delegierten Europäischen Staatsanwalts eine richterliche Genehmigung für die Maßnahme erforderlich, so ist sie von dem unterstützenden Delegierten Europäischen Staatsanwalt nach dem Recht seines Mitgliedstaats einzuholen.

---

[88] *Niedernhuber*, in: *Herrnfeld/Esser* (Hrsg.), Hb. EUStA, § 7 Rn. 126 ff.; *Zerbes*, in: *Niedernhuber* (Hrsg.), EuStA, S. 73 ff.; *Zöller/Bock*, in: *Böse* (Hrsg.), EuStR, § 22 Rn. 31.
[89] *Niedernhuber*, in: *Herrnfeld/Esser* (Hrsg.), Hb. EUStA, § 7 Rn. 132 ff.

[2] Wird die richterliche Genehmigung für die zugewiesene Maßnahme verweigert, so zieht der betraute Delegierte Europäische Staatsanwalt die Zuweisung zurück.

[3] Ist nach dem Recht des Mitgliedstaats des unterstützenden Delegierten Europäischen Staatsanwalts eine solche richterliche Genehmigung nicht erforderlich, verlangt aber das Recht des Mitgliedstaats des betrauten Delegierten Europäischen Staatsanwalts eine solche, so ist sie von dem betrauten Delegierten Europäischen Staatsanwalt einzuholen und zusammen mit der Zuweisung zu übermitteln.

Beispiel[90]

Ein deutscher DEStA führt ein Umsatzsteuerhinterziehungsverfahren, in dem zur Beweismittelgewinnung Firmenräume in Frankreich durchsucht werden sollen. Er beantragt hierfür einen Durchsuchungsbeschluss bei dem für ihn zuständigen deutschen Ermittlungsrichter und übersendet diesen Beschluss mit einem sog. assisting request über das EUStA-interne Fallbearbeitungssystem an einen französischen DEStA, der die Durchsuchung mit Unterstützung nationaler französischer Ermittlungsbehörden umsetzt. Die über Art. 31 EUStA-VO in Frankreich gewonnenen Beweise werden an den deutschen betrauten DEStA übermittelt und sind in seinem Verfahren unmittelbar verwertbar (Art. 37 I EUStA-VO).

Hinweis: Ist nach dem Recht des Vollstreckungsstaats eine richterliche Genehmigung für die Vornahme der Ermittlungsmaßnahme erforderlich, so erstreckt sich die Kontrolle nur auf Vollstreckungsaspekte, nicht aber auf die Begründung und Anordnung der Maßnahme.[91] ◄

13.4.4.4 Abschluss des Ermittlungsverfahrens

51 Art. 35 EUStA-VO enthält interne Verfahrensbestimmungen über den Abschluss des Ermittlungsverfahrens und die Vorbereitung der Entscheidung über das weitere Vorgehen. Der DEStA hat gem. Art. 35 I EUStA-VO einen Abschlussbericht einschließlich eines Beschlussvorschlags zu verfassen und diesen über den aufsichtsführenden Europäischen Staatsanwalt der zuständigen Ständigen Kammer zur Entscheidung zu übermitteln. Grundsätzlich ist es Aufgabe des DEStA, zu entscheiden, ob die Ermittlungen als abgeschlossen zu erachten sind.[92] Er kann aber nicht selbst über die Erhebung der Anklage (Artikel 36 EUStA-VO) bzw. die Durchführung eines „Vereinfachten Verfahrens" (Art. 40 EUStA-VO)[93] oder die Einstellung des Verfahrens (Art. 39 EUStA-VO) entscheiden, sondern muss zuvor der zuständigen

---

[90] *Krauße-Ablaß/Hauck*, wistra 2023, 441, 446.
[91] EuGH NJW 2024, 487 m. Anm. v. *Duesberg*.
[92] *Gut*, in: *Herrnfeld/Esser* (Hrsg.), Hb. EUStA, § 9 Rn. 1 ff.; 118 ff.; *Zöller/Bock*, in: *Böse* (Hrsg.), EuStR, § 22 Rn. 34.
[93] *Zöller/Bock*, in: *Böse* (Hrsg.), EuStR, § 22 Rn. 35.

Ständigen Kammer berichten. Dies gilt auch für die Entscheidung, das Verfahren nach Art. 34 EUStA-VO einer zuständigen mitgliedstaatlichen Behörde zur Übernahme anzubieten. Jedoch kann die Ständige Kammer nicht beschließen, das Verfahren einzustellen, wenn der Beschlussvorschlag des DEStA vorsieht, Anklage zu erheben (Art. 36 I S. 2 EuStA-VO).[94]

13.4.4.5 Strafverfolgung vor nationalen Gerichten

In Verfahren der EUStA vertreten die DEStA auch die Anklage vor den Gerichten der Mitgliedstaaten. Die EUStA-VO enthält weder Regelungen über das Verfahren der Zulassung der Anklage durch das Gericht der Hauptsache noch für das gerichtliche Hauptverfahren. Insoweit **gilt uneingeschränkt das jeweilige nationale Strafverfahrensrecht.** Nach Art. 36 III S. 1 EUStA-VO soll die **Anklage grundsätzlich in dem Mitgliedstaat des betrauten DEStA erhoben** werden. Die Ständige Kammer kann allerdings beschließen, das Verfahren einem DEStA **in einem anderen Mitgliedstaat zum Zwecke der Anklageerhebung** zu übertragen, **wenn hinreichende Gründe vorliegen, die dies rechtfertigen** (Art. 36 III S. 2 EUStA-VO).[95] Hierbei sind die gleichen Kriterien zu berücksichtigen, die schon bei der Zuweisung des Falles zu einem DEStA heranzuziehen sind (Art. 36 III S. 2 i. V. m. Art. 26 IV, V EUStA-VO Rn. 48). Ebenso kann die Ständige Kammer beschließen, mehrere Verfahren miteinander zu verbinden, wenn Ermittlungen von verschiedenen DEStA gegen dieselbe(n) Person(en) geführt wurden, damit die Strafverfolgung vor den Gerichten eines einzigen Mitgliedstaats, der nach seinem Recht für jedes dieser Verfahren Gerichtsbarkeit hat, erfolgen kann (Art. 36 IV EUStA-VO). Sowohl die grenzüberschreitende Übertragung nach Art. 36 III EUStA-VO wie auch die grenzüberschreitende Verbindung von Verfahren nach Art. 36 IV EUStA-VO sind regelmäßig mit Nachteilen für den Beschuldigten verbunden. Denn mit der Übertragung des Falles auf eine andere nationale Gerichtsbarkeit geht ein Wechsel des anwendbaren materiellen Rechts und Prozessrechts einher, was die Verteidigung des Beschuldigten erschwert.[96] Vor diesem Hintergrund weist ErwGr. Ziff. 87 UA 2 EUStA-VO darauf hin, dass Verfahrenshandlungen, welche die Wahl des Mitgliedstaates betreffen, dessen Gerichte für die Entscheidung über die Anklage zuständig sein sollen, *„Rechtswirkung gegenüber Dritten"* entfalten und daher *„der gerichtlichen Kontrolle durch die einzelstaatlichen Gerichte spätestens im Hauptverfahren unterliegen"* sollten.[97] Auf das Hauptverfahren, einschließlich der Aufgaben, Rechte und Pflichten der EUStA findet das Recht des jeweiligen Mitgliedstaates Anwendung. Die in Art. 36 VII EUStA-VO getroffenen Regelungen

---

[94] *Brodowski*, StV 2017, 684, 691; vgl. zum Ganzen ausführlich *Pfister*, wistra 2024, 358 ff.
[95] *Esser*, in: *Herrnfeld/Esser* (Hrsg.), Hb. EUStA, § 11 Rn. 294; *Zöller/Bock*, in: *Böse* (Hrsg.), EuStR, § 22 Rn. 36; krit. hierzu *Satzger*, IntStR, § 10 Rn. 24 (Forum Shopping nicht ausgeschlossen).
[96] *Rackow*, in: *Böse* (Hrsg.), EuStR, § 24 Rn. 1 und zu Abhilfemöglichkeiten durch eine Institutionalisierung europäischer Verteidigung *ders.*, § 24 Rn. 8 ff.
[97] *Niedernhuber*, in: *Herrnfeld/Esser* (Hrsg.), Hb. EUStA, § 10 Rn. 6 ff.

betreffen lediglich die internen Verfahren der EUStA und verpflichten den DEStA, ggf. Weisungen der Ständigen Kammer im Hinblick auf den weiteren Verfahrensgang bei Einlegung eines Rechtsmittels und bei Zustimmung zur gerichtlichen Einstellung des Verfahrens einzuholen.

13.4.4.6 Grundsatz des freien Beweisverkehrs

53 Art. 37 I EUStA-VO ordnet an, dass beigebrachte Beweismittel nicht allein deshalb als unzulässig abgelehnt werden dürfen, weil sie in einem anderen Mitgliedstaat oder nach dem Recht eines anderen Mitgliedstaates erhoben wurden. Wie sich aus Art. 37 II EUStA-VO ergibt, berührt dies nicht die **Befugnis des Prozessgerichts**, die vom Angeklagten oder von den Staatsanwälten der EUStA beigebrachten **Beweismittel frei zu würdigen**.[98] Das in Art. 37 I EUStA-VO zum Ausdruck gelangende **Prinzip des freien Beweisverkehrs**[99] soll verhindern, dass aus rein formellen Gründen die grenzüberschreitende Verwertbarkeit von Beweismitteln erschwert wird. In Ermittlungsverfahren der EUStA sind regelmäßig Ermittlungsmaßnahmen in mehr als einem Mitgliedstaat durchzuführen. Die dabei von der EUStA in einem anderen Mitgliedstaat gewonnenen Beweismittel sollen grundsätzlich im Hauptverfahren Verwendung finden können. Aus dem Gebot, beigebrachte Beweismitteln nicht allein deswegen abzulehnen, weil sie nach dem Recht eines anderen Mitgliedstaates erhoben wurden, bedeutet freilich nicht, dass das erkennende Gericht daran gehindert ist, die **Verwertbarkeit eines Beweises** auch nach Maßgabe der diesbezüglich geltenden Anforderungen der eigenen Rechtsordnung zu prüfen.[100] ErwGr. Ziff. 80 EUStA-VO unterstreicht dies mit den Worten, die EUStA-VO dürfe *„nicht in dem Sinne ausgelegt werden, dass sie es den Gerichten verbietet, die Grundprinzipien des nationalen Rechts hinsichtlich der Fairness des Verfahrens anzuwenden, wie sie in ihren nationalen Rechtsordnungen, einschließlich denen des Common Law, gelten."*

13.4.5 Beschuldigtenrechte

54 Die Tätigkeiten der EUStA werden in vollem Einklang mit den in der GRCh verankerten Rechten Verdächtiger und Beschuldigter, einschließlich des Rechts auf ein faires Verfahren und der Verteidigungsrechte, durchgeführt (Art. 41 I EUStA-VO).[101] Ab dem Zeitpunkt, zu dem sie verdächtigt werden, eine Straftat begangen zu haben, genießen Beschuldigte die in dem Katalog des Art. 41 II lit. a–e EUStA-VO aufgeführten Beschuldigtenrechte, die als **Mindestgewährleistung** zu verstehen sind:

---

[98] *Magnus*, HRRS 2018, 143, 150; *Niedernhuber*, in: *Herrnfeld/Esser* (Hrsg.), Hb. EUStA, § 10 Rn. 37.

[99] *Zöller/Bock*, in: *Böse* (Hrsg.), EuStR, § 22 Rn. 37.

[100] *Ambos*, IntStR, § 13 Rn. 29; *Magnus*, HRRS 2018, 143, 145 f.; *Niedernhuber*, in: *Herrnfeld/Esser* (Hrsg.), Hb. EUStA, § 10 Rn. 38; *Wirth*, EuStA, S. 380 ff.

[101] *Esser*, in: *Herrnfeld/Esser* (Hrsg.), Hb. EUStA, § 11 Rn. 29, 112 ff.; *Yolaçan*, Verteidigung in grenzüberschreitenden Ermittlungen, S. 175 ff.

- das Recht auf Dolmetschleistungen und Übersetzungen gem. der RL 2010/64/EU (Kap. 11 Rn. 43)
- das Recht auf Belehrung oder Unterrichtung und das Recht auf Einsicht in die Verfahrensakte gem. der RL 2012/13/EU (Kap. 11 44–46)
- das Recht auf Zugang zu einem Rechtsbeistand und das Recht auf Kommunikation mit Dritten und auf Benachrichtigung eines Dritten im Falle einer Festnahme gem. der RL 2013/48/EU (Kap. 11 Rn. 51–53)
- das Recht auf Aussageverweigerung und Unschuldsvermutung gem. der RL (EU) 2016/343 (Kap. 11 Rn. 54–57)
- das Recht auf Prozesskostenhilfe gem. der RL (EU) 2016/1919 (Kap. 11 Rn. 61–62)

Nach Art. 41 III EUStA-VO bleiben die einem Beschuldigten vom nationalen Recht zuerkannten Verfahrensrechte unberührt, insbesondere das Recht, Beweisanträge zu stellen oder selbst Beweismittel beizubringen.[102]

13.4.6 Justizielle Kontrolle

Die **justizielle Kontrolle der Verfahrenshandlungen der EUStA** ist grundsätzlich von den **mitgliedstaatlichen Gerichten** zu gewährleisten (Art. 42 I EUStA-VO).[103] Wenn der nationale (auch erstinstanzlich zuständige) Richter Zweifel an der **Gültigkeit einer Verfahrenshandlung der EUStA nach Unionsrecht** hegt, so muss er das Verfahren aussetzen und die Frage dem Gerichtshof zur Vorabentscheidung (Art. 267 AEUV) vorlegen (Art. 42 II lit. a EUStA-VO).[104] Konkretisierend wird hierzu in ErwGr. Ziff. 88 III EUStA-VO ausgeführt, dass nationale Gerichte dem Gerichtshof **keine Vorabentscheidungsfragen zur Gültigkeit von Verfahrenshandlungen der EUStA im Hinblick auf nationales Verfahrensrecht oder nationale Maßnahmen zur Umsetzung von RL** vorlegen können, selbst wenn die EUStA-VO auf diese Bezug nimmt. Die in Art. 42 II lit. b und c EUStA-VO enthaltenen Bestimmungen regeln nicht den Rechtsschutz gegenüber der EUStA, sondern dienen lediglich der Klarstellung, dass die übrigen Zuständigkeiten des EuGH nach Art. 267 AEUV unberührt bleiben. Dem Betroffenen selbst steht nur bei Einstellungsentscheidungen, die ausschließlich nach Maßgabe von Unionsrecht angefochten werden, gem. Art. 42 III EUStA-VO der Weg offen, beim EuGH Individualnichtigkeitsklage gem. Art. 263 IV AEUV zu erheben.[105]

---

[102] *Esser*, in: *Herrnfeld/Esser* (Hrsg.), Hb. EUStA, § 11 Rn. 213 ff.
[103] *Esser*, in: *Herrnfeld/Esser* (Hrsg.), Hb. EUStA, § 12 Rn. 25 ff.; *Wirth*, EuStA, S. 387 ff.
[104] *Esser*, in: *Herrnfeld/Esser* (Hrsg.), Hb. EUStA, § 12 Rn. 28, 92 ff.; *Wirth*, EuStA, S. 396 ff.
[105] *Wirth*, EuStA, S. 393 ff.

13.4.7 Zwischenbilanz und Durchführungsmaßnahmen in Deutschland

56   Die Errichtung der EUStA ist ein Meilenstein in der Entwicklung des Europäischen Strafrechts.[106] Im Interesse einer effektiveren strafrechtlichen Verfolgung von Straftaten zu Lasten des Unionshaushaltes kann die Schaffung einer genuin europäischen Strafverfolgungsinstitution nur begrüßt werden. Sie hat bereits innerhalb von zwei Jahren nach Aufnahme ihrer Tätigkeit dazu beigetragen, Vermögenswerte im Umfang von rund einer halben Milliarde Euro zu sichern.[107] Der von der EUStA-VO geschaffene Rechtsrahmen legt die europäischen und nationalen Verfolgungszuständigkeiten fest und weist die gerichtliche Kontrolle der Verfahrenshandlungen der EUStA im Wesentlichen den nationalen Gerichten zu. Durch die in diesem Rechtsakt getroffene Entscheidung für eine starke Bindung der EUStA an das – freilich weitgehend harmonisierte – innerstaatliche Recht und gegen die Schaffung eines supranationalen Strafverfahrensrechts wird den Mitgliedstaaten die Strafverfolgung als Teil ihres Gewaltmonopols überlassen. Sowohl auf europäischer als auch auf mitgliedstaatlicher Ebene gilt es nun, die für die operative Tätigkeit der EUStA erforderlichen personellen, sachlichen und organisatorischen Strukturen zu schaffen.[108] Zwar bedarf die EUStA-VO als unmittelbar geltendes Unionsrecht grundsätzlich keiner Umsetzung in das nationale Recht. Jedoch bleibt nach Art. 5 III EUStA-VO das nationale Recht anwendbar, soweit eine Frage in der EUStA-VO nicht geregelt ist. Insoweit bedarf es in den Mitgliedstaaten, die an der Verstärkten Zusammenarbeit teilnehmen, der Schaffung von Durchführungsbestimmungen. Vor diesem Hintergrund hat der deutsche Gesetzgeber am 10.07.2020 das **Ges. zur Durchführung der VO (EU) 2017/1939 des Rates vom 12.10.2017 zur Durchführung einer Verstärkten Zusammenarbeit zur Errichtung der Europäischen Staatsanwaltschaft und zur Änderung weiterer Vorschriften**[109] verabschiedet, das am 17.07.2020 in Kraft getreten ist. In einem neuen Stammgesetzes (Europäische-Staatsanwaltschaft-Gesetz – EUStAG) werden diejenigen Vorschriften des deutschen Rechts, die wegen des Vorrangs der EUStA-VO keine Anwendung finden, für nicht bzw. modifiziert anwendbar erklärt.[110] Des Weiteren wird durch Ergänzungen des GVG klargestellt, dass die Bestimmungen des GVG, der StPO und anderer deutscher Rechtsvorschriften in Ermittlungsverfahren der EUStA subsidiär Anwendung finden.

57   Die 21 deutschen DEStA sind in Berlin, Frankfurt, Köln, Hamburg und München angesiedelt. Gem. § 3 III EUStAG sollen diese Dienstorte der DEStA als

---

[106] *Brodowski*, GA 2022, 421 ff.
[107] *Krauße-Ablaß/Hauck*, wistra 2023, 441.
[108] *Duesberg*, NJW 2021 1207, 1208; *Thomas*, KriPoZ 2021, 106, 114.
[109] BGBl. I 2020, 1648.
[110] BT-Drs. 19/17963, S. 16 ff.; *Heger*, ZRP 2020, 115, 117 f.; *Herrnfeld*, in: *Herrnfeld/Esser* (Hrsg.), Hb. EUStA, § 2 Rn. 24 f.; *Thomas*, KriPoZ 2021, 106, 112 ff.

"Sitz" der EUStA in der Bundesrepublik Deutschland gelten, soweit die StPO zur Bestimmung der örtlichen Zuständigkeit des Ermittlungsrichters an den Sitz der Staatsanwaltschaft bzw. ihrer Zweigstelle anknüpft. Unabhängig davon wird durch § 143 VI GVG bestimmt, dass die Zuständigkeit der DEStA sich auf das gesamte Bundesgebiet erstreckt, mithin abweichend von § 143 I GVG nicht an die örtliche Zuständigkeit des Gerichts gebunden ist. Durch diese Regelung wird gewährleistet, dass die DEStA befugt sind, im gesamten Bundesgebiet Ermittlungsverfahren zu führen und ggf. Anklage zu erheben.

13.5 Zusammenfassung von Kap. 13

Der EU-Finanzhaushalt bildet eine attraktive Zielscheibe für eine facettenreiche Vielzahl betrügerischer Praktiken, welche letztlich darauf abzielen, das Finanzaufkommen der Union zu schmälern. Dabei sind auf der Einnahmenseite insbesondere die Zölle und Mehrwertsteuereinnahmen, auf der Ausgabenseite vor allem die Aufwendungen für die Agrar- und Strukturpolitik (Subventionen, Erstattungen) betroffen. Die zum Nachteil des EU-Finanzhaushalts begangenen Betrugs-, Steuer und Zolldelikte stellen typische Erscheinungsformen der – auch organisierten – Wirtschaftskriminalität dar. Sie werden von intelligent operierenden Tätern bzw. Tätergruppen mit der Zielrichtung begangen, durch Manipulationen hohe Gewinne zu erzielen und zugleich Entdeckungsrisiken zu minimieren. Der Schutz der EU-Finanzinteressen steht daher seit Jahrzehnten im Zentrum der strafrechtsrelevanten Aktivitäten auf Unionsebene.

Eine Vorreiterrolle auf dem Weg zu einem unionsweit angeglichenen Betrugsstrafrecht nahm das Übereinkommen v. 26.07.1995 betreffend den Schutz der finanziellen Interessen der EG (PIF-Konvention) ein, das am 17.10.2002 nach über siebenjähriger Ratifikationsphase in Kraft trat. Die Kommission beanstandete in ihrer Mitteilung v. 26.05.2011 allerdings, dass die PIF-Konvention bis zu diesem Zeitpunkt von lediglich fünf Mitgliedstaaten vollständig umgesetzt wurde. Sie forderte daher, bestehende Divergenzen im Bereich des materiellen Strafrechts zu beseitigen, um den Anreiz für potenzielle Täter zu verringern, ihre kriminellen Machenschaften in Länder mit einem geringeren Strafverfolgungsdruck zu verlagern. Auf der Grundlage ihres am 11.07.2012 unterbreiteten Rechtsetzungsvorschlags wurde am 05.07.2017 die RL (EU) 2017/1371 des EP und des Rates über die strafrechtliche Bekämpfung von gegen die finanziellen Interessen der Union gerichtetem Betrug (PIF-RL) verabschiedet, die am 17.08.2017 in Kraft trat. Die PIF-RL legt Mindestvorschriften für die Definition von Straftatbeständen und Strafen zur Bekämpfung von Betrug und sonstigen gegen die finanziellen Interessen der EU gerichteten rechtswidrigen Handlungen fest, die zu Lasten der Einnahmen- und Ausgabenseite und der Vermögenswerte des Gesamthaushalts sowie des gemeinsamen Mehrwertsteuersystems begangen werden. Sie steht in einem engen funktionalen Zusammenhang mit der Errichtung der Europäischen Staatsanwaltschaft (EUStA), die – neben den Strafverfolgungsbehörden der Mitgliedstaaten – für die Verfolgung der "PIF-Delikte" zuständig ist.

60 Auf der Grundlage der VO (EU) 2017/1939 des Rates v. 12.10.2017 zur Durchführung einer Verstärkten Zusammenarbeit zur Errichtung der Europäischen Staatsanwaltschaft (EUStA-VO) hat die erste supranationale Strafverfolgungsbehörde der EU mit Sitz in Luxemburg am 01.06.2021 ihre operative Arbeit aufgenommen. Sie wird derzeit von 22 EU-Mitgliedstaaten getragen. Nicht beteiligt sind Dänemark, Irland, Polen, Schweden und Ungarn. Im Herbst 2019 nominierten das EP und die EU-Mitgliedstaaten die rumänische Juristin *Laura Codruţa Kövesi* als erste Generalstaatsanwältin der EUStA.

61 Die EUStA besteht aus eine zentralen und einer dezentralen Ebene. Die auf der dezentrale Ebene fungierenden Delegierten Europäischen Staatsanwälten (DEStA), von denen es in jedem Mitgliedstaat mindestens zwei geben muss, handeln im Namen der EUStA in ihrem jeweiligen Mitgliedstaat und haben neben und vorbehaltlich der ihnen übertragenen besonderen Befugnisse und des ihnen zuerkannten besonderen Status und nach Maßgabe der EUStA-VO in Bezug auf Ermittlungen, Strafverfolgungsmaßnahmen und Anklageerhebung die gleichen Befugnisse wie nationale Staatsanwälte. Ungeachtet ihrer organisatorischen Einbindung in die EUStA bleiben sie Mitglieder der nationalen Justiz und dürfen zusätzlich zu ihrem Mandat auch nationale Strafverfolgungsaufgaben wahrnehmen (sog. „Doppelhut-Modell"). Nach dem in der EUStA-VO angelegten System der geteilten Zuständigkeit besteht grundsätzlich eine vorrangige Zuständigkeit der EUStA. In Verfahren der EUStA vertreten die DEStA die Anklage vor den Gerichten der Mitgliedstaaten. Beigebrachte Beweismittel dürfen nicht allein deshalb als unzulässig abgelehnt werden, weil sie in einem anderen Mitgliedstaat oder nach dem Recht eines anderen Mitgliedstaates erhoben wurden (Prinzip des freien Beweisverkehrs). Die justizielle Kontrolle der Verfahrenshandlungen der EUStA obliegt grds. den mitgliedstaatlichen Gerichten.

62 In Deutschland trat am 17.07.2020 das Ges. zur Durchführung der VO (EU) 2017/1939 des Rates vom 12.10.2017 zur Durchführung einer Verstärkten Zusammenarbeit zur Errichtung der Europäischen Staatsanwaltschaft und zur Änderung weiterer Vorschriften in Kraft. In einem neuen Stammgesetzes (Europäische-Staatsanwaltschaft-Gesetz – EUStAG) werden diejenigen Vorschriften des deutschen Rechts, die wegen des Vorrangs der EUStA-VO keine Anwendung finden, für nicht bzw. modifiziert anwendbar erklärt. Des Weiteren wird durch Ergänzungen des GVG klargestellt, dass die Bestimmungen des GVG, der StPO und anderer deutscher Rechtsvorschriften in Ermittlungsverfahren der EUStA subsidiär Anwendung finden. Die 21 in Berlin, Frankfurt, Köln, Hamburg und München angesiedelten deutschen DEStA sind nach § 143 VI GVG befugt, im gesamten Bundesgebiet Ermittlungsverfahren zu führen und ggf. Anklage zu erheben.

Literatur

Ambos, Internationales Strafrecht, 5. Aufl., 2018, § 13 Rn. 24–30 (Europäische Staatsanwaltschaft)
Brodowski, Die Europäische Staatsanwaltschaft als Meilenstein supranationaler Kriminalpolitik, GA 2022, 421

Dannecker/Schröder, in: *Böse* (Hrsg.), Europäisches Strafrecht, 2. Aufl., 2021, § 8 Rn. 21–92 (Schutz der finanziellen Interessen der Europäischen Union)
Dannecker/Bülte, in: *Wabnitz/Janovsky* (Hrsg.), Handbuch des Wirtschafts- und Steuerstrafrechts, 5. Aufl., 2020, 2. Kap. Rn. 300–340 (Bekämpfung von Unregelmäßigkeiten zu Lasten des Haushalts der Europäischen Union)
Duesberg, Die Europäische Staatsanwaltschaft – Anklage im Namen der Europäischen Union, NJW 2021, 1207
Esser, Europäisches und Internationales Strafrecht, 3. Aufl., 2023, § 3 Rn. 80–95 (Europäische Staatsanwaltschaft)
Heger, Einführung der Europäischen Staatsanwaltschaft in das deutsche Recht, ZRP 2020, 115
Herrnfeld/Esser (Hrsg.), Europäische Staatsanwaltschaft – Handbuch, 2022
Krauße-Ablaß/Hauck, Zwei Jahre Europäische Staatsanwaltschaft – Erfahrungen und Perspektiven aus deutscher Sicht, wistra 2023, 441
Niedernhuber (Hrsg.), Die neue Europäische Staatsanwaltschaft, 2023 *Pfister*, Die Verfahrenseinstellung bei EUStA-Verfahren, wistra 2024, 358
Satzger, Internationales und Europäisches Strafrecht, 10. Aufl., 2022 § 8 Rn. 29–35 (Projekte für ein „Europäisches Strafrecht") und § 10 Rn. 18–24 (OLAF und Europäische Staatsanwaltschaft)
Thomas, Die Europäische Staatsanwaltschaft – Ein Ausblick, KriPoZ 2021, 106
Wirth, Die Europäische Staatsanwaltschaft,
Yolaçan, Verteidigung in grenzüberschreitenden Ermittlungen der Europäischen Staatsanwaltschaft, 2023
Zöller/Bock, in: *Böse* (Hrsg.), Europäisches Strafrecht, 2. Aufl., 2021, § 22 (Europäische Staatsanwaltschaft)
Zöller/Bock, in: *Böse* (Hrsg.), Europäisches Strafrecht, 2. Aufl., 2021, § 23 (OLAF)

Rechtsprechungshinweise

EuGH NJW 2024, 487 (Auslegung der Art. 31 II, 33 EuStA-VO)

Stichwortverzeichnis

A

Abkommen von Schengen (Schengen I), **5** 16
Abtreibungstourismus, **2** 24 ff., **9** 35 ff.
Aburteilung (i. S. d. Art. 54 SDÜ), **12** 19 ff.
   gerichtliche Verfahrenseinstellung als, **12** 33, 60
   Nichteröffnungsbeschluss als, **12** 61
   staatsanwaltliche Verfahrenseinstellung als, **12** 24 ff., 33
   Strafbefehl als, **12** 33, 59
Ad-hoc-Strafgerichte, **2** 81 f.
Äußerungsdelikte im Internet, **2** 29 ff.
Akteneinsichtsrecht, **3** 54
Aktives Personalitätsprinzip, **2** 41 f.
Allgemeine Erklärung der Menschenrechte, **5** 5
Allgemeiner Teil
   des Völkerstrafrechts, **2** 83
   des VStGB, **2** 91
   Harmonisierung, **1** 11, **8** 28, 46, **13** 27
Amtsanmaßung, **10** 62 f.
Amtsträger, **10** 34, 62, 66 f.
   Europäische, **7** 54
Analogieverbot, **4** 43, **10** 23, 31
Annexkompetenz
   strafrechtliche der EU, **8** 2 ff., 27 ff.
   Grenzen der strafrechtlichen, **8** 31 ff.
   Reichweite der strafrechtlichen, **8** 38
Anti-Folter-Komitee, **3** 6
Anwendungsvorrang des Unionsrechts, **9** 9 ff.
Assimilierungsprinzip, **7** 1 ff., 23 ff.
Auslegung
   autonome des Unionsrechts, **4** 54, **7** 42, **11** 15
   autonome der EMRK, **3** 36 ff.
   contra legem, **10** 23, 33 f., 60, 72

   der GRCh, **4** 38
   unionsrechtskonforme, **7** 4, 10, 14, 43, 53, 56 **10** 1
   Grenzen der unionsrechtskonformen, **10** 31 ff.
   rahmenbeschlusskonforme, **10** 72 ff.
   richtlinienkonforme, **10** 2
   strafbarkeitserweiternde, **10** 60 ff.
   unionsrechtskonforme, **10** 58 ff.
Auslegungsmonopol, **6** 2
Auslieferung, **2** 60, 65 ff., **11** 7 ff., 18 ff.
Auslieferungshindernisse, **2** 71, **3** 38 ff., **11** 13 ff.
Auslieferungsverfahren, **2** 72 ff., **11** 18 ff.
Aussagedelikte, **7** 8 ff.
Ausweisung, **9** 48 f.

B

Beitritt der EU zur EMRK, **3** 75
Beschränkungsverbote, **4** 34, **9** 40
Beschuldigtenrechte, **3** 53 ff., **4** 39 ff., 45 f., **11** 42 ff., **13** 54
Bestechung, **8** 94
   Rahmenbeschluss zur Bekämpfung der im privaten Sektor, **8** 94 ff.
Bestimmtheitsgrundsatz, **7** 62, 76 f., **10** 48 ff.
Betrug gegen EU-Finanzinteressen, **13** 20 ff.
Beweisanordnung
   Europäische, **11** 33
Beweisverwertungsverbot, **3** 55, **4** 40
Bilaterale Zusammenarbeit mit Drittstaaten, **5** 54
Bindung der EU an die EMRK, **3** 74 ff.
Binnenmarkt, **8** 10 f., 27, 29, 32, 82, 107
Blankettstrafgesetze, **7** 59 ff.
Brexit, **2** 66, **4** 9, **5** 12

C

Cassis de Dijon, **9** 12
Charta der Grundrechte der EU, **1** 8, **4** 35 ff.
   Auslegung der, **4** 38
   Bindungswirkung, **4** 35 ff.
   Justizielle Garantien, **4** 39 ff.
   Materiell-rechtliche Garantien, **4** 45 f.
Comité Européen de la Lutte Antidrogue (CELAD), **5** 15
Cyber Crime, **8** 111 ff.
Cyber-Crime-Konvention des Europarats, **3** 11

D

Denial of Service-Angriff, **8** 117
Delegierte Europäische Staatsanwälte **13** 42 ff.
Deutscher
   als Opfer einer Straftat, **2** 43
   als Täter einer Straftat, **2** 41 f.
Deutsch-schweizerischer Polizeivertrag, **5** 54
Dienstleistungsfreiheit
   aktive, **9** 31, 45 ff.
   passive, **9** 36 ff.
Direct Enforcement Model, **2** 81
Diskriminierung
   sverbot, **4** 34, **9** 7, 13, 31, 39, 50 ff., **10** 5, 17
   Inländer, **9** 34, 40, **10** 19
Distanzdelikte, **2** 29 ff.
Doppelbestrafung
   Kumulierung von Strafen und punitiven Sanktionen **12** 65 f.
   sverbot als allgemeiner Grundsatz des Unionsrechts, **4** 33
   sverbot im nationalen Recht, **12** 2 ff.
   transnationales Verbot der, **12** 11 ff.
Drogenhandel, **5** 40 f., 45, **8** 74 ff., 79 ff.
   RB 2004/757/JI zur Bekämpfung des illegalen s, **8** 74 ff.
Durchgriffswirkung
   von Richtlinien, **4** 50, **9** 23 ff.

E

E-Evidence **11** 38
VO (EU) 2023/1543 Europäische Herausgabeanordnungen und Sicherungsanordnungen für elektronische Beweismittel (E-Evidence-VO) 11 **38**
EG-ne bis in idem-Übk, **12** 10
Einzelermächtigung
   Prinzip der begrenzten, **4** 31, 60, **8** 3

Einziehung
   Erträge und Tatwerkzeuge, **8** 57, 77, 88 ff., 93, 135, **11** 39
   RL 2014/42/EU Sicherstellung und , **8** 57, 89 f.
   VO (EU) 2018/1805 Sicherstellungs- und Einziehungsentscheidungen, **11** 39
Elektronische Beweismittel **11** 38
EncroChat-Verfahren **11** 34
Entsprechungsklausel, **7** 75 f.
Erfolgsort
   bei Gefährdungsdelikten, **2** 32 ff., 38
   beim Unterlassungsdelikt, **2** 19
   beim versuchten Delikt, **2** 18, 22
   beim vollendeten Delikt, **2** 18 ff.
   der Teilnahme, **2** 20 f.
EU-Betrug (PIF-Delikte), **13** 23 ff.
Euro
   RL 2014/62/EU zum strafrechtlichen Schutz des, **8** 101 ff.
Eurojust, **5** 48 ff.
Europa
   als kriminalgeographischer Raum, **1** 19, 30
   der zwei Geschwindigkeiten, **5** 16
   Verfassung für, **1** 3
Europäische
   Beweisanordnung, **11** 33
   Ermittlungsanordnung, **11** 33 ff.
   Kommission **4** 9 ff.
   Menschenrechtskonvention, **3** 4, 12 ff., **4** 33, 38, 40 ff.
   Rechtsgüter, **7** 30
   Schutzanordnung, **11** 31 f.
   Staatsanwaltschaft, **13** 39 ff.
   Überwachungsanordnung, **11** 29 f.
   Vollstreckungsanordnung, **11** 28
   Union (EU), **4**
Europäischer
   Gerichtshof (EuGH), **4** 19 ff.
   Gerichtshof für Menschenrechte (EGMR), **3** 6, 19 ff., 23 ff.
   Haftbefehl, **11** 7 ff.
   RB 2002/584/JI über den Europäischen, **11** 7
   Umsetzung des RB 2002/584/JI, **11** 18 ff.
   Rat, **4** 3
   Rechnungshof, **4** 28 ff.
Europäisches
   Amt für Betrugsbekämpfung (OLAF), **4** 17 ff.
   Auslieferungsübereinkommen (EuAlÜbk.), **2** 66, 68 ff., **3** 13
   Haftbefehlsgesetz (EuHbG), **11** 18 ff.
   Justizielles Netz (EJN), **5** 53
   Kartellrecht, **4** 11, 55

Parlament, **4** 13 ff.
Strafrecht, **1** 5 ff.
Strafregisterinformationssystem, **11** 40
Strafverfahrensrecht **11**
Übk. über die internationale Geltung von Strafurteilen, **12** 9
Übk. über die Rechtshilfe in Strafsachen (EuRhÜbk), **3** 11, 13
Übk. über Geldwäsche, **5** 15
Übk. zur Datennetzkriminalität (Cyber-Crime-Konvention), **5** 11, **8** 112
Verfassungsrecht, **1** 17
Verwaltungssanktionenrecht, **4** 55 ff.
Europarat, **3** 1 ff.
Europarecht, **1** 16
European Committee on Crime Problems (ECCP), **3** 10
Europol, **5** 43 ff.
Expertenstrafrecht **7** 63, 65, 67, 76

F
Fahndungskategorien im SIS, **5** 38
Fahndungsunion, **5** 36
Fahrlässigkeitsdelikte **10** 69 ff.
Fair-trial-Prinzip, **3** 52 ff., **4** 33, 40 ff.
Financial Action Task Force on Money Laundering (FATF), **5** 9
Flaggenprinzip, **2** 40
Folterverbot, **3** 52, **4** 45 f.
Frage- und Konfrontationsrecht, **3** 57 ff.
Freizügigkeitsrecht, **9** 50 ff.
Fremdenfeindlichkeit, **8** 45, 50, 130 ff.
  Rahmenbeschluss zur Bekämpfung von Rassismus und, **8** 130 ff.
Frustrationsverbot, **10** 28

G
Gebietsgrundsatz → Territorialitätsprinzip
Gegenseitige Anerkennung, **9** 12, 24, 46, 52, **11** 2 ff.
  als grundlegendes Strukturprinzip der JZS, **11** 4 ff.
  der Wirkung von Verurteilungen, **11** 27
  von Sanktionen, **11** 26
  von Sicherstellungs- und Einziehungsentscheidungen **11** 39
Geldfälschungsdelikte, **8** 101 ff.
Geldwäsche, **8** 10, 82 ff., **13** 24
  Europäisches Übk. über, **5** 15
Geldwäscherichtlinien, **8** 10, 82 ff.
Gemeinsame Außen- und Sicherheitspolitik (GASP) **4** 1

Gemeinsame Ermittlungsgruppen, **5** 47
Genuine link, **2** 9
Gesetzlicher Richter
  EuGH als, **6** 7 ff.
Gesetzlichkeitsprinzip, **4** 43
Gleichstellung der Beamten (Art. 42 SDÜ), **5** 30 ff.
Gleichstellungsgebot, **7** 23 ff.
Gleichstellungsbestimmungen, **7** 53 ff.
Grenzüberschreitende Nacheile (Art. 41 SDÜ), **5** 25 ff.
Grenzüberschreitende Observation (Art. 40 SDÜ), **5** 21 ff.
Grenzüberschreitende Werbekampagne, **9** 32 ff., **10** 21
Griechischer Maisskandal, **7** 23 ff.

H
Hacking, **8** 111, 116
Haftbefehl
  RB 2002/584/JI Europäischer, **11** 7
  Europäisches Haftbefehlsgesetz (EuHbG), **11** 18 ff.
Handlungsort, **2** 16 f., 30
Harmonisierung
  des materiellen Strafrechts, **8**, **13** 23 ff.
  des Strafverfahrensrechts **11** 41 ff.
  kraft Annexkompetenz der EU, **8** 1 ff.
  kraft originärer Harmonisierungskompetenz der EU, **8** 42 ff.
Horizontale Gruppe Drogen (HDG) **5** 15

I
Implied powers, **4** 27, 64, 67, **8** 3
Indirect Enforcement Model, **2** 81
Individualbeschwerde, **3** 19, 22 ff.
Individualschutzprinzip, **2** 45
Informationsaustausch
  Strafverfolgungsbehörden **5** 20
Informationsaustausch über Strafregistereinträge, **11** 40
Informationssystem (SIS II) **5** 4, 18, 36 ff.
  Angriffe auf, **8** 111 ff.
  RL 2013/40/EU über Angriffe auf, **8** 111 ff.
Informationsverarbeitungssystem (Europol) **5** 46
Informelle Zusammenarbeit, **5** 2, 13 ff.
Inländerdiskriminierung, **9** 34, 40, **10** 19
Inlandsbegriff, **2** 12

Intergouvernementale Zusammenarbeit in der EU, **4** 61, **5** 40 ff.
IPBPR, **5** 5, **12** 3
Internationaler Strafgerichtshof (IStGH), **2** 82
Internationales Strafrecht, **2** 2 ff.
Interpol, **5** 3
Irreführungsverbot
  lebensmittelrechtliches, **10** 13 ff.

J
Joint Investigation Teams, **5** 47
Jurisdiktionskonflikte, **2** 55 f., **12** 5, 72 ff.
JZS, **5** 42, **11** 2, 4 f.

K
Kautionsverfall, **4** 57
Kinderpornographie, **8** 68 ff.
  RL 2011/93/EU zur Bekämpfung der, **8** 68 ff.
Kindesentziehung, **9** 50 ff., **10** 16 f.
Kollision
  direkte, **9** 20
  echte, **9** 18, 20 f.
  indirekte, **9** 21 f.
  scheinbare, **9** 14
Kommission der EU, **4** 9 ff.
Kompetenzkonflikte, **2** 55 f., **12** 5, 72 ff.
Kompetenzverteilungsprinzip, **2** 11, 55
Komplementaritätsprinzip, **2** 85 f., 88
Kongress der Gemeinden und Regionen Europas, **3** 5
Kontrollierte Lieferung, **5** 19, 47, 55, 57, 62
Konventionsorgane der EMRK, **3** 23 f.
Konventionsrechte als Auslieferungshindernis, **3** 40 ff.
Korruption
  Anti-Korruptionsübk. des Europarats, **3** 11
  OECD-Konvention zur Bekämpfung der, **5** 9
  UN-Konvention gegen, **5** 7
Kriminalpolitik
  Europäische, **1** 10 f.
Kriminologie, **1** 15

L
Lebensmittelstrafrecht, **7** 61, 74 ff., **9** 12, **10** 13 ff.
Legalitätsprinzip, **13** 48
Legitimierender Anknüpfungspunkt, **2** 9
Lex-mitior-Grundsatz, **7** 68, **9** 16 ff.
Lockspitzel, **3** 54, **4** 40

Lotterieveranstaltung
  grenzüberschreitende, **9** 30 ff.
  Werbung für, **9** 31
Loyalitätsgebot, **7** 2 ff., 23 ff., 30, **10** 6 f., 62, 64

M
Mehrphasiger Interpretationsakt, **10** 2, 20 f.
Menschenhandel, **8** 61
  RL 2011/36/EU zur Bekämpfung des s, **8** 61 ff.
Mindesthöchststrafe, **8** 28
Mindesttrias, **7** 25, 47 ff.
Mindestvorschriften
  zur Angleichung des materiellen Strafrechts, **8** 3 ff., 42 ff., **13** 23 ff.
  zur Angleichung des Strafverfahrensrechts, **11** 41 ff.
Ministerkomitee, **3** 4 f., 24, 30

N
Ne bis in idem
  im nationalen Recht, **12** 2 ff.
  im allgemeinen Völkerrecht, **12** 2
  transnationales, **12** 11 ff.
Neutralisierung
  von Strafrechtsnormen, **9** 9 ff.
Nichteinmischungsgebot, **2** 9 ff., 90
Nichteröffnungsbeschluss, **12** 61
Nichtigkeitsklagen, **4** 25
Niederlassungsfreiheit, **9** 24, 31, 37 ff.
Notbremse
  als verfahrensrechtliches Instrument, **4** 70, **8** 39 ff., 49, **11** 42
Notwehr
  im Lichte der EMRK, **3** 69 ff.

O
OECD, **5** 2, 8 f.
Office de la Lutte Anti-Fraude (OLAF), **13** 4, 14 ff.
Opferrechte, **11** 47 ff.
Ordre public, **2** 54, 71, **11** 17, 24, 35
Organe
  der EU, **4** 2 ff.
  des Europarates, **3**
Organisierte Kriminalität, **1** 10, 15, 32, **5** 10, 14, 43, 49, **8** 10, 43, 61, 80, 82, 85, 88 ff., 107, 113, 121 ff., **13** 20
  RB 2008/841/JI zur Bekämpfung, **8** 121 ff.
Originäre Harmonisierungskompetenz der EU, **8** 42 ff.

P
Parlamentarische Versammlung, **3** 5
Parlamentsvorbehalt, **7** 63, 66, 73, 75, 77
Passives Personalitätsprinzip, **2** 43
PIF-Delikte, **13** 23 ff.
PIF-Konvention, **13** 20
PIF-RL, **13** 22
  Umsetzung der in Deutschland, **13** 34 ff.
PJZS, **5** 2, 12, 41 f.
Polizeilicher Informationsaustausch, **5** 20
Primärrecht, **4** 33 ff.
Prinzip der begrenzten
  Einzelermächtigung, **4** 31
Punitive Sanktionen, **4** 55 ff.

R
Rahmenbeschluss
  als Handlungsform im Rahmen der
    PJZS, **5** 41
  konforme Auslegung, **10** 72 ff.
  2009/299/JI,
    Abwesenheitsentscheidungen, 11 **15**
  2005/222/JI Angriffe auf
    Informationssysteme, **8** 113
  2008/841/JI Bekämpfung der OK, **8** 121 ff.
  2003/568/JI Bestechung im privaten
    Sektor, **8** 95 ff.
  2009/829/JI Europäische
    Überwachungsanordnung, **11** 29
  2008/909/JI Europäische
    Vollstreckungsanordnung, **11** 28
  2002/584/JI Europäischer Haftbefehl,
    11 7 ff.
  2005/214/JI Gegenseitige Anerkennung
    von Geldstrafen, **11** 26
  2004/757/JI Illegaler Drogenhandel, **8** 75 ff.
  2006/960/JI Informationsaustausch
    Strafverfolgungsbehörden **5** 20
  2008/913/JI Rassismus und
    Fremdenfeindlichkeit, **8** 44, 130 ff.
  2003/80/JI Schutz der Umwelt durch das
    Strafrecht, **8** 14
  2002/946/JI Schleuserkriminalität, **8** 126 ff.
  2008/947/JI Überwachung von
    Bewährungsmaßnahmen, **11** 28
  2009/948/JI Vermeidung und Beilegung
    von Kompetenzkonflikten, **12** 75
  2008/675/JI Verurteilungen in einem
    anderen Mitgliedstaat, **11** 27
Rat der EU, **4** 4 ff.
Rechtshilfe in Strafsachen, **2** 60 ff., **11** 7
  ff., 18 ff.
Rechtsprechungswandel, **10** 59
Rettungsfolter, **3** 52, **4** 46

Richtlinie
  2013/40/EU Angriffe auf
    Informationssysteme, **8** 113 ff.
  2011/36/EU Bekämpfung
    Menschenhandel, **8** 61 ff.
  2011/93/EU Bekämpfung sexueller
    Missbrauch und Kinderpornografie,
    8 68 ff.
  2012/13/EU Belehrung und Unterrichtung
    in Strafverfahren, **11** 44 ff.
  2019/713/EU Betrug und Fälschung
    unbare Zahlungsmittel, **8** 107 ff.
  2010/64/EU Dolmetschleistungen und
    Übersetzungen in
    Strafverfahren, **11** 43
  2014/41/EU Europäische
    Ermittlungsanordnung, **11** 33 ff.
  2011/99/EU Europäische
    Schutzanordnung, **11** 31 f.
  2023/1544/EU Festlegung einheitlicher
    Regeln für die Benennung von
    benannten Niederlassungen zu
    Zwecken der Erhebung
    elektronischer Beweismittel **11** 38
  2015/849/EU Geldwäsche und Terroris-
    musfinanzierung (5. GeldwRL), **8** 82
  2023/977/EU Informationsaustausch
    Strafverfolgungsbehörden **5** 20
  2012/29/EU Opferrechte und Opferschutz,
    11 47 ff.
  2016/1919/EU Prozesskostenhilfe, **11** 61 f.
  2017/2103/EU Psychoaktive
    Substanzen, **8** 74
  2014/42/EU Sicherstellung und
    Einziehung, **8** 57, 89 f.
  2017/1371/EU Strafrechtliche Bekämpfung
    EU-Betrug (PIF-RL), **13** 22 ff.
  2018/1673/EU Strafrechtliche Bekämpfung
    Geldwäsche, **8** 82 ff.
  2014/62/EU Strafrechtlicher Schutz des
    Euro, **8** 102 ff.
  2008/99/EG Strafrechtlicher Schutz der
    Umwelt (UmwStR-RL 2008),
    8 18 ff.
  2024/1203/EU Strafrechtlicher Schutz der
    Umwelt (UmwStR-RL 2024), **8** 23 ff.
  2017/541/EU Terrorismusbekämpfung,
    8 51 ff.
  2016/343/EU Unschuldsvermutung und
    Recht auf Anwesenheit, **11** 54 ff.
  2016/800/EU Verfahrensgarantien in
    Strafverfahren für Kinder, **11** 58 ff.
  2013/48/EU Zugang zu einem
    Rechtsbeistand in Strafverfahren,
    11 51 ff.

Richtlinien, **4** 49 ff.
    Durchgriffswirkung von, **4** 50, **9** 23 ff.
    Erfordernis der Bestimmtheit von, **10** 45 ff.
    Unmittelbare Anwendbarkeit von, **4** 50
Richtlinienkonforme Auslegung, **10** 2
    Beginn der Pflicht zur, **10** 26 ff.
    Grenzen der Pflicht zur, **10** 31 ff.
Rom-Statut (IStGH-Statut), **2** 82 ff.
Rückverweisung, **7** 71 ff.
Rückwirkungsverbot, **3** 39, **4** 43, **10** 23, 33, 39, 59 f.

S
Sanktionstypen des Unionsrechts, **4** 54 ff.
Schengen-acquis (Schengen-Besitzstand), **5** 41
Schengener Durchführungsübereinkommen (SDÜ), **5** 16 ff.
Schengener Informationssystem, **5** 4, 18, 36 ff.
Schleuserkriminalität, **8** 61, 126 ff.
    RB 2002/946/JI zur Bekämpfung der, **8** 126 ff.
Schonungsgebot
    strafrechtsspezifisches, **8** 38
Schutz der EU-Finanzinteressen, **13**
Schutzbereich
    eines Straftatbestandes, **2** 4 ff.
Schutzbereichsausdehnung
    auf Rechtsgüter der EU, **2** 6 ff., **7** 30, 53 ff., **10** 62 ff.
Schutzbereichsbeschränkung
    auf inländische Rechtsgüter, **2** 4 f.
Schutzprinzip, **2** 44 f.
Sekundärrecht, **4** 47 ff.
Sicherstellung
    Erträge und Tatwerkzeuge, **8** 57, 77, 88 ff., 92, 135, **11** 39
    RL 2014/42/EU und Einziehung, **8** 57, 89 f.
    VO (EU) 2018/1805 s- und Einziehungsentscheidungen, **11** 39
Sicherungsverwahrung, **3** 39
Sondernormen, **10** 70
Sorgfaltspflichten
    unionsrechtliche Überlagerung von, **10** 70 f.
Staatenverbund
    EU als, **4** 1
Staatsschutzprinzip, **2** 44
Strafanwendungsrecht, **2** 2 ff.
Strafbarkeitslücken
    durch Wegfall des Verweisungsobjekts, **7** 68 ff.
Strafbefehl, **12** 33, 59

Strafklageverbrauch
    im deutschen Recht, **12** 2 ff.
    transnationaler, **12** 11 ff.
Strafrechtsangleichung → Harmonisierung
Strafprozessuale Verfahrensgarantien, **3** 53 ff., **4** 39 ff., **11** 41 ff.
Strafrechtsdogmatik, **1** 12
Strafrechtsetzungskompetenz der EU, **4** 58 ff.
    bereichsspezifische, **4** 62 ff.
Strafrechtsrelevante Garantien der EMRK, **3** 18, 35 ff.
Strafrechtsrelevante Garantien der GRCh **4** 39 ff., 45 f.
Strafrechtsvergleichung, **1** 13
Strafverfahrensrecht, **1** 14
    Europäisches, **11**
Subsidiaritätsprinzip, **4** 67, **8** 31 ff., 48
Supplementary Information Request at the National Entry (SIRENE), **5** 37
Supranationale Straftatbestände, **4** 68 ff.
Supranationale Verweisungen, **7** 6 ff.
Supranationaler Gesamttatbestand, **7** 6, 11

T
Tatbegriff (Art. 54 SDÜ), **12** 54 ff.
Tatortstrafbarkeit, **2** 43, 54 ff.
Tatprovokation, **3** 55, **4** 40
Tempelarchitektur
    der früheren EU, **1** 3, **4** 1, 58
Territorialitätsprinzip, **2** 12 ff.
    europäisches, **7** 50, **13** 45
Terrorismus, **1** 10, 30, **5** 7, 10, 13, 42 f., 47, 69, 84, **8** 51 ff.
    RL 2017/541/EU Bekämpfung des, **8** 51 ff.
Todesstrafe
    Verbot der, **3** 18, 41 ff., **4** 45 f.
Todeszellensyndrom, **3** 44
Transactie, **12** 20 ff.
Transnationale Beweiserhebung **11** 33 ff., 38
Transnationales Strafrecht, **2** 59 ff.

U
Ubiquitätsprinzip, **2** 16 ff.
Umweltstrafrecht **2** 35 ff., **8** 11 ff., **10** 68
Unionsrecht
    als Obergrenze für nationales Strafrecht, **4** 34 ff., **7** 37, 39 ff., 48 ff.
    als Untergrenze für nationales Strafrecht, **7** 34 ff.
    Anwendungsvorrang des s, **9** 1 ff.
Unionsrechtskonforme Auslegung, **10**
    Begründung der Pflicht zur, **10** 3 ff.

Grenzen der Pflicht zur, **10** 31 ff.
strafbarkeitserweiternde, **10** 60 ff.
United Nations (UN), **5** 5 ff.
UN-Sicherheitsrat
  sicherheitsratsgestützte Zuständigkeit des IStGH, **2** 84
Unschuldsvermutung, **3** 18, 56, 64 f., **4** 33, 39, 41, **11** 54 ff.
Untätigkeitsklagen, **4** 26
Untersuchungshaft, **3** 26, 51, 64 ff., **11** 6, 27, 29 f.
  Europäische Überwachungsanordnung als Alternative zur, **11** 29 f.
  überlange, **3** 65 ff.
Urkundendelikte
  Unionsrechtskonforme Auslegung der, **10** 66 ff.

V
Verbraucherleitbild
  europäisches, **10** 15, 19, 21 ff.
Verbrechen gegen die Menschlichkeit, **2** 46, 80, 83, 92
Vereinte Nationen (UN), **5** 5 ff.
Verfahrensdauer
  überlange, **3** 61 ff.
Verfahrenseinstellung
  Gerichtliche, **12** 33, 60
  staatsanwaltliche, **12** 24 ff., 33
Verfahrenshindernis, **3** 55, **4** 40, **12** 2, 19
Verfahrensrechtliche Notbremse **4** 70, **8** 39 ff., 49, **11** 42
Verfahrensverzögerungen
  vorlagebedingte, **6** 21
Verhältnismäßigkeit
  als Eingriffsschranke, **3** 35, **4** 34, 42, 46, **9** 31, 40 ff., 43
  als Grenze der Harmonisierungsbefugnis, **4** 67, **8** 31, 33, 35 ff., 48
  als Obergrenze für mitgliedstaatliches Strafrecht, **7** 40
  als Untergrenze für mitgliedstaatliches Strafrecht, **7** 25, 27, 36 f., 51 f., **8** 16
  der Strafe, **3** 51, **4** 43, **9** 49
Verordnungen, **4** 48
Vertrag von Amsterdam, **4** 8, 17, 28, **5** 14, 41, **11** 2
Vertrag von Lissabon, **1** 3, 6 ff., **4** 1, 5, 8, 17, 27, 58 ff., 66, 69, **5** 2, 42 f., **8** 2, 17, 27, 42 ff., 49, **11** 2, 42, 63

Vertrag von Maastricht, **4** 17, 28, **5** 14, 40
Vertragsverletzungsklagen, **4** 24
Verwaltungssanktionrecht
  Europäisches, **4** 55 ff.
Verweisung
  Außenin Blankettstrafgesetzen, **7** 60, 67
  Binnenin Blankettstrafgesetzen, **7** 60
  dynamische in Blankettstrafgesetzen, **7** 60, 66 f.
  statische in Blankettstrafgesetzen, **7** 60 f., 63, 67
Völkermord, **2** 46 f., 80, 83, 88, 92
Völkerstrafgesetzbuch (VStGB), **2** 88 ff.
Völkerstrafrecht, **2** 79 ff.
Vollstreckungselemente des Art. 54 SDÜ, **12** 37 ff.
Vollstreckungshilfe, **2** 60, **11** 28
Vollstreckungslösung, **3** 62
Vorabentscheidungsverfahren, **4** 23, **6**
  im Rahmen des Ermittlungsverfahrens, **6** 17 ff.
  im Rahmen des Haupt- und Zwischenverfahrens, **6** 15 ff.
Vorlageermessen, **6** 16
Vorlagepflicht, **6** 5 f.
  Missachtung der, **6** 7 ff.
Vorrang des Unionsrechts, **9**
  Anwendungs, **9** 9 ff.

W
Warenverkehrsfreiheit, **9** 12, 20, 33
Werbung
  grenzüberschreitende, **9** 33 f.
Weltrechtsprinzip, **2** 11, 46 ff., 89 f.
Wettbewerbsverzerrung, **8** 11, 82
Whistleblowing **3** 34
Wortlaut
  als äußerste Grenze der Auslegung im Strafrecht, **7** 56, **10** 31, 34, 47, 61

Z
Zahlungsmittel
  RL 2019/713/EU Betrug und Fälschung unbare, **8** 107 ff.
Zuwiderhandlung gegen EU-Verordnung, **7** 59 ff.

SPRINGER NATURE

GPSR Compliance

The European Union's (EU) General Product Safety Regulation (GPSR) is a set of rules that requires consumer products to be safe and our obligations to ensure this.

If you have any concerns about our products, you can contact us on ProductSafety@springernature.com

In case Publisher is established outside the EU, the EU authorized representative is:

Springer Nature Customer Service Center GmbH
Europaplatz 3
69115 Heidelberg, Germany

The manufacturer's authorised representative in the EU is Springer Nature Customer Service Centre GmbH, Europaplatz 3, 69115 Heidelberg, Germany. If you have any concerns regarding our products, please contact ProductSafety@springernature.com

Printed and bound by CPI Group (UK) Ltd, Croydon, CR0 4YY

25/03/2026

02078191-0018